Le grant vita cristi en francoys

¶ Sensuyt le prologue de frere Guillaume
lemenand de lordre des freres mineurs de lobseruance, Translateur de ce noble et vtile liure nomme le vita christi.

Ihesu s filz de dieu
le vif / et seconde
psonne en la trinite
par lequel / le pere
a cree toutes cho-
ses / iterrogue des
iuifs vne foys en-
tre les aultres / se il
estoyt le vray mes-
sias promys en la loy. Respōdit ce qui est
escript en leuangile sainct Iehan on cinquies
me chapitre / et dist. Les oeuures et oper-

cions que ie faiz testifient qui ie suys. En-
queres / demandes / et estudies les escriptures. Comme se il disoyt. Le messias pro
mis en la loy doyt estre vertueux / bening /
misericors a tous / pleyn de puissance a fai
re chose que nul prophette fit oncqs. Cou
siderez ma vie / regardez ma facon de viure / voyes les miracles q̃ ie fai, si merueil
leur. que iamais nul de mes pdesseurs pro
phettes les fit. Estudies les escriptures.
ausquelles sont mises les condicions et p
prietez du grāt messias. et se voyez que ce

a ii

moy soyent/croyes q̃ suis celuy. Surquoy
auons instruction q̃ le filz de dieu ne se̅st p̃
raisons/auctoritez/ou probacions aultrez
en cestuy pas proue estre le vray messias
se non en enuoyãt considerer ses oeuures
et lescripture/laquelle demoustre q̃ est bië
et mal/vice et vertu/quelle chose dieu ay-
me/et quelle il hayt/car les bons et vertueux sont en sa grace/et les puers et vicieux
sont en sa hayne. Parquoy si le doulx ihesus estoit ne de vierge sans aulcũe corrup-
cion/viuoit iustement sans simulee fictio/
A vng chescun estoit misericordieux/en p̃
donnant pechies/sans de aulcune p̃sonne
accepcion/par p̃pre puissance miracles faisoyt sur humayne condicion/pouoyent les
clercz en estudiant les escriptures cognoy-
stre/que cestoyt celluy/duquel souuent estoyt faite si grãde de dieu p̃mission/et par
les prophettes longue anõciacion. Et saches q̃ lescripture est diuisee en troys/lune
est reprouuee/lautre est p̃mise et suportee/
la tierce est retenue et approuuee. La premiere sont les liures des heretiques repro-
uez et appocrifes/desquelz il est escript en-
droyt par toute la distinction quinziesme:
Les liũ̃es plusieurs/lesquelz estudier po̅r
ensuyuir/engendrent plus tost mal q̃ bien.
Ignorance de dieu et erreur/que cognoissance et verite Les liures lesquelz q̃ en eulx
estudient/sont honteur destre sceuz et cogneuz. Les liures a brief parler enqlz oncques hõme estudiãt/ne vint a bien ne de a-
me/ne de renom. Desquelz est dit en la distinction trẽte et septiesme du decret en plusieurs chapitres. La seconde escripture ac-
ceptee non reprouuee sont aulcuns liures
de la bible/ausoitz desquelz croire nest pas
de necessite de salut/touteffoys les lyre et
faire ce quilz enseignent p̃ offite a bien viure Sont aussi les liures des philozophes
et poetes/aydans et conferens a bien scauoir entendre et declairer la sainte escripture La tierce est celle/laquelle sans engin/ẽ
sans entendemẽt humain/a este reuelee du
benoist sainctespe̅r.../anoncee par les pro-
phettes/de͡c ͡iree et mise a execucion par
le filz de marie ihũs/et par͜ ceulx q̃ de cue̅r

pur et net la voulẽt ensuyuir Cest le vieulx
et nouueau testament/lesqlz et si plusieurs
choses contiẽnent/touteffoys vne mesme
loy/foy et verite dient/cõme declairent les
docteurs sur la premiere vision a ezechiel
faicte/escripte on p̃mier chapitre de son liure. Ceste escripture deuement est approuuee. car cõme dit monseigne̅r saint gregoyre ou vingtyesme liure de ses morales/elle
transcende et exede toute aultre escripture
en ce qlle dit et presche verite plus fort que
nulle aultre. Elle inuite au pays celeste/et
reuoque le cueur de ceulx q̃ en elle estudiẽt
de tous desirs terriens Par ditz obscurs
et difficiles a entendre/elle exerce lentendement des clercz et saiges/et p̃ sermõ doulx
et parole moyene/blandist et adoulcist len-
gin des petis/et qui ne sont pas de grãt capacite. Et encore dit celuy mesmez sait gregoyre ou secõd liure desdictes morales La
sainte escripture est mise cõme vng mirouer deuant les yeulx de nostre pensee/a ce q̃
la face de nostre ame contemple sa beaulte
ou vilte. Et zepherin pape cõe il est escript
ou chapitre. Sicut/en la distinction trente
et huytiesme du decret dit. Cõme la nuyct
ne obfusque poit la clarte des estoilles qui
so̅nt on firmament/ainsi mondaine iniquite ne obscure mye lame de ceulx q̃ se adherent et estudient au firmament de la saincte
escripture Et monseig̅r sait iherosme escripuant a vng religieux dit Quiconque ayme
la lecon de la saincte escripture/iamais ne
aymera les vices de la chair. Le saint euãgile touteffois/et nouueau testament excede en quatre choses toute aultre escripture
etiam permise ou approuuee/selon que declaire maistre nycolas de lira/sur le pseaul-
me Celi enarrent. Verset. Lex dñi inma-
culata. Parquoy plus en luy doyuent les
crestiens estudier et se occuper. La premiere est q̃ le nouueau testamẽt/plus q̃ nulle aultre lecture ẽ science/confond et vitupere pe-
chie/et mal nul souffre ou p̃met bien la loy
de moyse/et les loix ciuiles et canoniques
et pour ceste cause il est dit lex imaculata
c̅est la loy sans tache. La seconde est. car il
ordonne tout lomme/et quant au corps de

hors/et quāt a laine et pēsee debās/a mes
z a bien La loy de moyse ne deffendoit pas
pprement peche mētal cōe fait la loy nouuel-
le.cōme il appert en leuāgile de saīt mathieu
on.v.chapitre. Et a cause d̄ ce nostre loy est
dicte couertens alias. cest quelle adroisse nō
seulement les faictz du dehors/mais aussi de
laine en monstrāt q̄lle cogitaciō est bōne et
q̄lle male Tiercement la loy nouuelle excede
toute aultre escripture en ce quelle meyne loi
aulmēt a pfection ceulx q̄ selon elle viuēt/car
elle dōne grace par laq̄lle gloire sensuyt.Et
pourtāt au cōmaucement des euangiles est es
cript Faictez penitēce/et le royaulme du ciel
vo9 sera dōne/et ainsi nest pas des aultres
escriptures Et pour ce no9 appellōs ceste loy
testimoniū fidele/elle est loyal tesmoignay-
ge/car ce q̄lle pmet elle rēd.Quartement ce q̄l
le dit est cler et appt La loy de moyse cōe dit
sait paul on.x.chap.de la pmiere epistre des
corīthiens estoyt en figure de la loy de ih̄us
et en signe de ce/moyse ploit au peuple la fa
ce couuerte cōe il est escriptē exode on.xxxiiii
chap.Et pour ce no9 disons nr̄e loy/o͞stare sa
pieciam puulis/dōner instructiō et sapiēte a
ceulx de petit entēdo͞.. Et pour brief cōcluy
re/le sōmaire et la resolucion de toute vraye
z seure doctrine/est nō gramaire nō logiq̄ a
strologie.ou philozophie/cōme il est dit octua
gesima sexta disticiōe Cū multa z capitulo
Om neccessitas Mō la loy anciēne mais la
loy de ih̄us Et de ce auōs exēple en saint cri
sant filz de polemye de la cite de alexādrie et
puys senateur de rōme/que philozophie/po
eterie/ne mathēmatiq̄/ausq̄lles sciences es
toit grādemēt expert/nullement le pretoyēr ius
ques a ce q̄l trouua le saint euāgile la ou cō
prīnt questoit le vray messias/et toute vraie
sciēce/ēsemble et forme de biē viure Plusieurs docteurs diuersez sur leuāgile ont fait
exposicions z cōmans/mais nouuell ment
de lordre des chartreurs a este vng religieux
de saīte vie nōme ludolphe/leq̄l a faict vng
liure distīnt en deux pties intitule le liure des
meditaciōns sur la vie de ih̄ucrist/et sur les e
uangiles des dymanches/onq̄l a doctrine z
matiere singuliere pour retirer laine deuote d̄
mal et occupaciōns trāsitoires et la vnir a son
dieu et aux chosez eternelles Onq̄l aussi est

ordōneement mise la vie et couersaciō du vray
messias ih̄us/et les ditz/faitz et miracles q̄
en ce mōde a dit et fait po9 nr̄e instructiō exē
ple et forme de viure et pour croire q̄l estoyt le
vray sauluer pmis La a prēnēt petis z grās
clercs et lais/pfaits et impfaits Cestuy liure
de meditaciōs si saintes vo9 tresbault treser
cellant et trespuissant prince et mōtresredoub
te seigr Jehan duc de bourbō et dauuergne
septiesme filz en droicte ligne du a bō dropt
glorieux roy monseigr saint loys/z secōd de
ce nō a la corōne de frāce singulierement loyal
pme appt p le tiltre/duq̄l oultre duc et cōte
estez ennobly/car cōnestable de frāce chief
de guerre.tenāt deuāt le roy lespee nue pour
abatre to9 aduersaires du royaulme/et pa-
rentemēnt q̄reler pour la partie du roy trescres-
tien charles.viii.de tel nō/voyās estre loue
et prise de gēs deuotz ensuyuās la loy z vole
de dieu/par plusieurs foiz obien q̄ commander pouoyez moy frere guillaume le menand
humble et indigne vr̄e seruiteur z indeuot ora
teur de lordre des freres mineurs de lobseruāce /auez prie q̄ de latin en pmun lengaige
trāsportasse Laq̄lle chose pcideras estre vti
le z touteffoiz difficile.ma plong tēps retar
de Cōstans neātmoins de laide de dieu.du
q̄l pler vng chescun se doit delecter. et regar
dās vr̄e ardēt en luy desir ce q̄ souuēt auez de
mande.maintenāt se pmāce/en pmettāt q̄ le
plus q̄ pourray selon la lectre procederay. en
trāslatāt gramaticalemēnt. et rien du mie se ie
puis ne mectāt Prenez donc o prince tresnoble et tresredoubte filz de saluaciō cestuy pe
tit don/ou trouueres/z q̄ auec vo9 sōnt forme de bien viure q̄ est nr̄e dieu.q̄ pour nous a
fait et q̄ apres ce mōde a credōs Et si en la di
cte trāslaciō deffault se troue/reputerez ou
a mon petit entendement/ou a lincorrectiō du
liure En toutes chosez me soubmetz soubz
la feurle des clercs /et sentence des bien disans. Oraison
Oy vraye de dieu sapiēce/q̄ a to9 en
verite ta doctriue declayrans/et tes
faitz sans fictiō ensuyuās pmetz la
vie eternelle/humblemēt supplye q̄ tellemēt
mō entēdement enlumines/et ma langue auec
discreciō si diserte facez q̄ tes saintz faitz es
criptz aux saintz euangiles/exposez p le do-

a iii

not chartreurs puisse en cōmuⁿ lengaige du latin transporter /a ce que /et clercz /et laiz en lisant telz haultz faitz. puissent te cognoistre et ensuyure /qui es la voye de perfection /la verite de toute doctrine /la vie que nous actendons Amen.

S'ensuyt le prologue du venerable pere ludolphe de lozdre des chartreux acteur de ce liure des meditatiōs sur la vie de ihūcrist

L'apostre saint paul dit /q̄ a nul edifice spirituel peut on metre fondement aultre q̄ celuy q̄ est mys /c'est nostre redepteur ihū crist. Cōme dit monseigⁿ saint augustin /dieu est chose souuerainement souffisante /et hōme est chose grandement deffaillante. Et aussi dieu est tel biē que nul biē peut venir a ceulx q̄ le mesprisent et delaissent. Et pourtāt q̄ veult fuyr et euader la ruyne de ses deffaultz et pechiez /z en lesperit estre repare /luy conuient de ne soy departir du fondemēt dessusdit /car la trouuera tous remedes pour toutes ses necessitez   pecheur donc desirant soy despoiller de la charge et somme de ses peciez /et au vray repoz de lame puenir ouye et entende premieremēt nostre dieu qui appelle les pecheurs a pardon /en leur disant Venez a moy vous tous qui laboures on labour de peche z de vices z estez chargez du faisseau de plusieurs peches /et ie voᵘ refectionneray en guerissant voz plaies,et reconfortant,& en ce faisant trouuerez repos en voz ames en ce mõde & en lautre. Le malade ouyoyt voulentiers le doulx et soliciteur medicin et viẽne a luy par parfonde cõtricion et solicituse confession et studieux propos de tousiours decliner mal et faire bien. Secondement le pecheur qui par vraye penitẽce est ia reconcilie & fait loyal seruiteur de dieu se doyt estudier diligemment a soy vnir et ioindre a son medicin & acquerir sa familiarite,en recogitãt de toute sa deuocion la saincte vie de cestuy medicin. Se garde touteffois que quant mediterra en la sainte vie du doulx ihũs ne la vaste & pẽse pas en couremẽt la lisant,mais ordõneement doit chescũ iour emprendre aulcune chose en quoy passe la iournee en saincte et pyteuse meditacion de ihesucrist,en ramenãt toutes ses cogitacions et affectiõs oraysons et louanges de tout le iour a ce quil aura prins de la vie de nostre seigneur,affin quil se puisse delecter en ycelle,et reposer des tumultes & empeschemẽs des choses mondaines et exteriores,et dormir et reposer doulcemẽt en telle meditacion. Et se doit ainsi tellemẽt excercer en ycelle que en tous assaulx et temptaciõs de lennemy et diuerses passiõs humaines,lesquelles cõtinuellement impugnẽt les seruiteurs de dieu ait tousiours son seur et piteux refuge en la vie de nostre seigneur. Et se il ne peut auoir toute ceste saincte vie en memoyre et en son entendemẽt recourre aumaitz aux principaulx poïntz cõme est,lincarnacion,natiuite,circuncision,apparicion,presentacion ou temple,passion,resurrection ascension, infusion du sainct esperit, et aduenement au iugement,qui sont les beaulx et especiaulx poïtz dignes de toute recordacion recreacion spirituelle et consolacion. Aussi celluy qui veult proufiter en la vie de nostre seigneur,tellemẽt la doit lire q̃ a son pouoir estudie de ensuyure les nobles meurs et doctrines qui sont en icelle. Bien peu prouffite lire en ceste sainte vie et ne lensuiure mye. Dequoy dit saint bernard. Que te puffite souuẽt lire en liures

et estudier le nom du doulx ihũs saulueur du monde se tu ne le veult ensuyure en ses meurs et en sa vie. Et crisostome dit. Celluy q̃ veult en lysãt les liures trouuer dieu haste soy de viure selon dieu,affin q̃ sa bõne cõuersacion luy soit cõme lumiere deuãt les yeulx de son entẽdement et de son cueur en luy ouurirã la voye de verite. Ceste vie qui est du doulx ihũs doit estre au pecheur en grãt desir,et pour plusieurs et diuerses causes. La lumiere est pour la remissiõ de ses peches,car quãt il a fait iugemẽt de soy par bonne et vraye afessiõ soy accusant et de soy faisant iustice,en prenãt penitence volũtayre,et cheminãt soigneusement auec son dieu en meditãt en la vie de nostre seigneur il recoyt de ses peches grãde purgaciõ,car le dieu auql il adhere est feu q̃ consume tous peches. La seconde cause est pour estre enlumine,car dieu lequelle penitent desire est lumiere luysant en tenebres,par la q̃lle lumiere il est enseigne a ordonner sa vie selon celle de nostre seigneur et les choses celestes a luymesmes & a son puchai et es choses terrestres. La tierce cause est pour obtenir la grace de pleurs & de larmes,qui est chose necessayre au pecheur en ceste vallee de misere. laq̃lle chose nostre seigneur q̃ est la fontaine des iardins,et le puis des eaues viues a acoustume de dõner es pecheurs q̃ se adherent a luy. La quarte cause est pour la reparaciõ des peches cotinuelz desquelx nr̃e seigneur relieue tousiours ceulx q̃ se ioignent a luy ainsi quil dist a moyse ffay vug serpent de harain,& le mectz pour signe,& cellup qui sera mors des aultres serpẽs et le regardera viura,et ia ne mourra de celle morsure. La quinte cause est pour la doulce et desirable degustacion,laq̃lle il a en soy ainsi q̃ est escript on psaultier. goustes et regardes car nr̃e seigneur est doulx et amiable. La. vi. cause est pour la cognoyssance de la souuerayne maieste q̃ est dieu,laq̃lle on ha seulement par nostre saulueur,ainsi q̃l dit en leuãgile sait mathieu. Nul cognoist le pere si non le filz et cellup a qui le filz le vouldra reueler. La. vii. cause est pour

a iiii

auoir seure yssue de ceste vie tant perilleuse. Certes au loyal pecheur q̃ en ce mõde de iour en iour recoit nostre seigneur en la maison de tout son cueur en luy preparant vng petit lyct flory de deuotes et doulces meditacions/aps ceste vie dieu fera le cas pareyl en le receuant eternellement en son grãt palays du ciel/affin q̃ son desir soyt tout acomply. Ceste vie est la vie bõne pleine de ruisseaux nectoyãs et renouuellans en vie nouuelle les pecheurs en elle cheminãs/en les faisant citoyens du royaulme de dieu. Elle est a aymer et doulce a ensuyure/sa conuersacion na amertume ne ennuy/aincois toute ioye et liesse. Elle est delicieuse et sauoureuse/dõnant en lame q̃ en elle se excerce toute refection/aussi ayant en horreur tout ce que a elle ne cõuient Car selon saint ambroise Celluy est refectiõ ne de grandes et spirituelles delices qui recoyt nostre seigneur ou secret amyable de son ame. Ceste vie est aussi moult consolatiue aux sequestres du mõde et solitaire et non sans cause/car celluy duquel elle est/est celluy qui acõpaygne la creature en toute ioyeuseté/en la soulageãt ⁊ confortant encontre toutes tribulacions et tẽptacions/et est la tour forte et donion contre tous les ennemys. Aussi la vie de nostre seigneur est fort pleine et legiere pour contempler le createur. de laquelle contemplaciõ nul se peut excuser/et l'en se peut bien raisõnablement excuser de contempler la souueraine maieste de dieu/car la creature imparfaycte dentendement ne peut si tost paruenir a ycelle haulte contẽplacion/si non que elle se excerce premierement a prouffiter en contemplant la vie de nostre redempteur. laquelle tous commẽtans a petis prouffitãs et parfaitz peuuẽt auoyr et y peuuent trouuer souuerayn refuge/et en ycelle peuuẽt trouuer nyd pour mucer tous leurs amoureux et chastes desirs/comme petis pouletz chescũ selon sa capacite. Ceste vie rend moult les benoitz saitz de paradis fauourables doulx et benings enuers ceulx q̃ y meditent. Exemple. Iamais la benoiste vierge mere de

misericorde/de pitie et de grace/ne te pourra o creature despriser ou ses yeulx de toy esloigner/non obstant que soyes pecheur quant verra non seulement vne fois le io' mais souuẽt son benoist enfant quelle ayme sur toutes choses demourer par sainte recordacion entre tes bras et entre tes mamelles/cest en ton cueur Commẽt dy moy te pourroit elle laisser qui ainsi portes son filz en le gardant en ton cueur si soigneusement sans le courroucer en ce q̃ test possible en le seruant tous les iours en toute deuociõ/certes iamais ne le pourroit Ainsi est des aultres sainctz qui tresuoulentiers regardẽt ceulx auec lesquelz dieu par sa grace veult habiter/comme il soit ainsi que ceste vie face ceulx qui en elle labourẽt compaignons des sainctz/car cest leur vie et ioye. Clerement doncques ceste vie peut estre vite la vie de la mere de nostre seigneur/ car cest celle qui doulcement la nourry et seruy en tout son ieune eage. Cest aussi la vie des apostres qui adherẽt a nostre seigneur en toute perseuerãce iusques a la fin. Cest la vie des sainctz de paradis/qui perpetuellemẽt contẽplent dieu et se esmerueillent de ses grans faictz et sans fin luy sont assistans Ceste vie est la tresbonne part/qui est seoir aux piez de nostre seigneur/et ouyr sa saincte parolle et qui maintenant la possede par grace iamais ne luy sera ostee/ car cest la retribuciõ qui est donnee au saige seruiteur Et a brief parler/nulle langue pourroyt souffisamment et dignement louer la noblesse de ceste vie/qui est tant bonne et saincte q̃ cest la tresdigne sur toutes aultres vies/ et aussi le commencement de toute haulte contemplaciõ et vie angelique/ et celle q̃ on actend a auoir apres la vie de ce mõde. Ce semble il peu de chose estre continuellemẽt auecques ihesucrist/lequel les anges desirent veoyr. Si doncques tu veulx eternellement regner auec luy/ commance maintenant a y regner/et ne le laisser point/en ensuiuant sa saincte vie/car le seruir nest autre chose q̃ regner auecq̃s luy
Approuche toy de luy p cueur piteux a

ce que soyes tesmoing auecq̄s lange com‑
mēt il est descendu de la dextre du pere en
sa vierge mere/et te esioys en pure foy de
saincte concepcion/en contemplant la glo
rieuse vierge ayant en ses benoitz flans le
souuerayn soleil de iustice. Soyes en
sa natiuite et circuncision comme le bon ser
uiteur ioseph/et va en bethleem auec les
trois roys pour adorer lenfant roy comme
eulx. Ayde a porter lenfant au temple/et
le presenter auecques ses parēs Acompai
gne les doulx pastours et les apostres en
regardant des yeulx de ton entendement
les miracles glorieux que il faict. Soyes
a sa mort auecques sa doulce mere τ saint
iehan en compassion et regardant par pi‑
tye les playes que ton saulueur a souffert
pour toy. Quiers le en sa resurrection a‑
uecques la benoiste magdalē‑ e iusques
a ce que le puisses trouuer. Esmerueille
toy a sa glorieuse ascension/τ te tyens en
la maison qui estoyt sur la montaigne do‑
liuet en te seant auecques les apostres et
layssant toutes choses exteriores/affin q̄
puysses desseruyr de auoir la grace du
saint esperit. Et se par vng peu de temps
ensuys ainsi ton createur en terre/de cueur
doulx humble et deuot/il te elleuera a‑
uecques soy on ciel/la ou il est seant a la
dextre de son pere/ainsi que il a promys a
ceulx q̄ le seruirōt en disant. Qui me veult
seruir me ensuyue/et la ou ie suis ie veulx
q̄ mon seruiteur soit. Quelcōques donc
ques pecheur saura se estudier amyablemēt
de ensuir la vie de nostre seigneur ne doit
point doubter q̄ a la fin dieu le recognoistra
cōme son enfant. Car il est escript es puer‑
bes de salomon. Ie ayme dit dieu ceulx q̄
me aymēt. Et sainct bernard dit. Dieu na
poit la p̄sonne agreable/se elle ne estudie
a luy plaire/car celluy q̄ se estudie a plai‑
re a dieu/dieu ne le peut despriser. Se cō
regarde prudentement touteffois le loyal
seruiteur de samays en q̄lque estat q̄l soyt
nauoir confiāce en ses merites/mais cōme
vng poure mendien tout nud et cōme celluy
q̄ na riens/demāde laumosne au seigneur
duq̄l tout bien viēt. et ne le face pas en hu

milite faicte en muffant ses merites et oeu
ures/mais saiche certainemēt q̄ nulle crea
ture peut estre iustifiee deuant le souue
rain iuge. car tant seulemēt de noz cogita
cions ne pourriōs rēdre raison sil vouloit
disputer contre nous en iugemēt. En ceste
maniere celuy nest pas appelle p̄sūptueur
q̄ se ingereroit de aler au bō dieu en tou
te timeur et reuerāce. car il appelle les pe
cheurs ainsi q̄ font les poures du siecle q̄
de tant q̄lz sont plus nuz de tāt pl9 se inge
rēt a demāder laumosne aux riches. Et cō
bien q̄lz sont aulcunemēt importuns/ tou
teffois veu leur grāt pourete ne sont point
reputes p̄sūptueur. aincoys les bons ri
ches les regardent en pitie. Le glorieux
saint bernard auoit moult ceste vie en recō
mandaciō. de laq̄lle il faisoit vng faisseau
de mirre cest vng assemblemēt des amari
tudes q̄ il cuilloit de la vie et des labours
de n̄re seigneur. et les colloquoit entre ses
mamelles cest entre ses affecciōs en disant
A toy quiconq̄s soyes q̄ veulx trouuer aul
cune saueur en ceste vie cōuiēt q̄ ensuyues
la prudēce de lespouse en ayāt au p̄cipal
de ton ame vng fardel de mirre si p̄cieux q̄
ne souffres ne par vng momēt q̄l se depar
te de ta memoyre cest des amaritudes et
doleurs q̄ le benoist filz de dieu a souffert
pour toy/affin q̄ puisses dire les douleurs
de mō amy me sont cōme vng faysseau de
mirre/leq̄l demeure par cōtinuelle recorda
cion entre mes mamelles. Et vous dis dit
saint bernard mes freres q̄ des le cōmence
ment de ma conuersacion me suys estudie
a cueillyr ce faisseau de myrre et le collo
quer entre mes bras et mamelles pour a‑
croystrere et fayre vng grant assemblment
de merites lesquieulx ie sauoye nestre poit
en moy. Et ay cueilly ce fardel de toutes
les anxietes peynes τ amaritudes de mon
seygneur ihesus. Cest assauoyr premiere
mēt les necessites q̄l eust en son enfāce/et
puys les labours q̄l eust en p̄schāt/les las
semēs en chemināt/les vigiles en pryant/
les temptacions en ieunant/les larmes en
ayant cōpassiō/les aguectes τ escouteurs
faulx q̄l auoit a sō parler/les perilz, en ses

faulx freres/en sa passion les conuicions
tranchemens/collees subsanacions/moc
queries/exprobracios/douleur de clouz/
desquelz son precieux corps estoyt percie/
et moult daultres choses semblables/ les
quelles il a souffert en grant habondance
pour le salut de lumain lignaige/côe il ap
pert en la fourest de son euangile/ouql fo
rest et grant boys sont tant de arbres odo
riferâs q ie nay pas voulu passer sans en
cueillir aucunes brâches/et singulieremêt
du mirre duql il fut abreue en sa passiô/et
duql il fut oingt en sa sepulture/desqueulz
le pmier il a applicq a luy en lamertume d
mes peches/et le secod a dedie en la incor
rupciô q doit venir a mô corps. Et a cause
de ce tât q ie uiuray ie pnôceray la memoi
re de labôdâce de sa doulz. encore sait ber
nard dit q mediter en ces choses est vraye
sapiêce/z quât a moy iay mis la pfectiô d
ma iustice en ces choses/car en elles sôt ri
chesses habôdâtes et grâdes merites Cer
tes delles mest fait aulcunesfois vng boy
re salutayre de toute amertume/et dere
chief mest fait vne vnctiô de toute doulcz
et côsolaciô. Ces choses mediter me cô
tregardent et retiênent en mes aduersites/
me despriment en psperite/et entre ioyes
et tristesses de la vie psente. Cest la voye
reale a celluy q y chemine/et meine seure
ment la psonne par lune et par lautre voye
cest par la voye de prosperite et de aduer
site en la gardât des maulx q luy pourroiêt
auenir. Ces choses mediter appaisent en
uers moy le iuge de tout le môde/et me de
monstrent celluy q creignêt les puissances
celestes et le iaccessible et terrible es roys
et princes de la terre/estre doulx et debon
naire amiable et de legier placable. Et vo9
saues mes freres que ces choses deuât di
ctes ont este souuêt en ma bouche et côme
dieu scet familieremêt tousiours ont este
en mô cueur. Cest ma grâde philozophie
ou iay estudie de sauoir et cognoistre bien
ihus et icelluy crucifie Et pourtât ie vous
prie mes bien ames freres q de sa vie cueil
les vng faisseau pour le mectre ou parfôd
de vostre cueur. Garnisses bien les adres

ses de vostre cueur de ces choses deuât di
ctes/affin que elles demeurent entre voz
mamelles Ayes les tousiours nô pas der
riere voz espaules mais deuât voz yeulx a
ce que en le portant les odoures et que le
faix vous soyt plus doulx a porter. Ayes
memoyre q symeon le print entre ses bras
Marie sa mere le porta en son ventre et le
nourryt en son giron/et elle espouse le col
loqua entre ses mamelles. Je pense aussi
que au bon ioseph espoux de la vierge ma
rie qui souuêt en son giron lenfant tenoyt
lenfant rioyt. Regardes que symeon ma
rie et ioseph le auoyêt deuât eulx z nul der
riere en vo9 dônant exemple que faciès en
telle maniere/car se vous aues deuât voz
yeulx celluy q vous portes po2 certain en
voyât les douleurs et angoisses de vostre
seigneur porteres plus legieremêt les vo
stres. Tous ces beaulx motz a dit monsei
gneur saint bernard Et pource que plu
sieurs pensent peu a ces choses/tatost sôt
lasses en la vie spirituelle/car silz pensoy
ent bien a tout ce qui est deuant dict ne se
royent pas si tost lasses de bien oeuurer.
La vierge sainte cecile auoit bien en me
moyre ceste sainte vie/car delle est escript
que entre les vertus et louâges qui estoy
ent en elle /lune estoit singuliere/ cest qlle
portoit tousiours leuangile de nostre sei
gneur muce en son cueur. Laquelle chose
on doit ainsi entendre que elle auoit esleu
aulcunes deuotes meditaciôs de la vie de
nostre seigneur q est escripte par les euâ
giles esquelles iour et nuyt meditoit auec
ques cueur pur et entier en souueraine en
tencion et feruente/et quât elle auoit acô
ply sa meditaciô derechief recômancoyt
car en les ruminant en toute doulceur et
suauite elle les auoit collocquees par pru
dent côseil en larche de son cuez. Je te cô
seille q tu faces ainsi/car certes entre to9
les exercices de la vie spirituelle/ie croy
que telles meditaciôs sont plus necessai
res et plus prouffitables et qui meynêt la
persône a plus grande perfection que aul
tres choses Car iamais ne trouueras ou
tu soyes si bien enseigne contre les tribu

lacions et aduersitez/contre les temptacions de lennemy/et ptre les vices et peches comme en la vie de nostre seigneur/laquelle fut tresparfaicte sans nulle faulte. Par la cōtinuelle meditacion de sa vie/lame est enflambee en son amour/et a confiance et familiarite a luy/et est stable cōtre les choses vaynes et caduques de ce monde pour les contempner et vilipender/ainsi que faisoit la benoiste vierge cecile/laquelle auoit tellement remply son cueur de la vie de nostre seigneur/que nulles choses vaynes/y pouuoyent entrer/comme fut demōstre en la pompe de ses nopces/la ou tant de choses vaines estoyent faictez/car elle estant entre la melodie des orguez chantoyt seulement a nostre seigneur de cueur stable et immobile/en disant/Helas sire ie te prie q̄ mon cueur soit fait sans imundicite et soyleure/affin que deuant toy ne soye confondue. Aussi par cste vie est la psonne fortiffiee contre les tribulacions et aduersitez tellemēt que len ne les craīt pas tant/ainsi q̄ appert aux glorieux martirs. Surquoy dit saint bernard. Lespouse est appellee colombe/pourtant que elle demeure es pertuys de la pierre/car toute la deuocion de lame deuote espouse de dieu et colombe/est aux playes de son amy/et par cōtinuelle meditaciō demeure en icelles/& en ce faisant elle a grāde fiance euers le souuerain seigneur/car le doulx roy veult que son deuot cheualier tourne le visaige et les yeulx en regardāt ses playes/a ce que il ait meilleur couraige/et plus de force a porter les assaulx & tēptacions de lennemy. car quād il regardera parfaictemēt les plaies de son seigneur bien pou sentira les siennes. Mō obstant que le corps du martir soit dilacere et destranche de toutes pars/encore se tiēt constānement et ioyeusement/en regardant son digne sang yssir de toutes pars de son corps. Ɒ dit encore saint bernard. Ou est a ceste heure lame du martir Certez elle est seuremēt Elle est aux playes de nostre seigneur qui sont ouuertes a ceulx qui y veulent entrer. Et se elle estoit en elle mesmes/en parfaictement pensant en ses douleurs et sentant les playes que on luy a fait, elle ne porteroit point la doleur/aincoy seroyt surmontee Mais pource quelle habite en la pierre/q̄ est dieu/se nest pas de merueillez se elle est dure cōme la pierre/et se elle ne sent point les doleurs du corps/veu q̄ le est toute hors de soy Et qui fait tout cecy. Certez amour onq̄l son sens est soubzmys/non obstant quil y ayt grant douleur touteffoys elle le contempne. Et par ce appert que toute la force du martir vient de la pierre qui est ihūcrist Et tout ce a dit sainct bernard. Et aussy est que moult de confesseurs sont et ont este trouuez/nō seulemēt paciens en leurs labours/mais auecqs ce si ioyeulx/que par deuote meditaciō de la vie et passion de nostre seigneur/leur ame nestoit point en leurs corps/aincoy estoyt toute immergee aux playes du benoist filz d̄ dieu. Encore ceste vie est instituee cōtre les temptacions de lennemy et les vices/affin que on sache que on doit faire/et q̄ on doyt laisser/et aussi que on ne puisse errer ne faillir Cōe il soit ainsi q̄ en elle on trouue la pfection de toutes vertus/car iamais tu ne trouueras matiere/exemple ou doctrine/de pourete/de humilite/charite, pitie pacience/obedience/et des aultres vertus comme en la vie du seigneur de vertus/duquel toute la perfection qui est en leglise est tiree. De quoy dit sait bernard O qui vo⁹ glorifiez des vertus/dictes moy quelle perfection de vertus poues auoir/si ignores ihūcrist qui est la vraye vertuz de dieu. O hōme dy moy ou est la vraye prudēce/si nō en la doctrine de ihesucrist Ou est la vraye iustice/si nō en la misericorde de dieu. Ou est la vraye temperance/si non en la vie de ihesucrist Et ou est la vraye force/si nō en la passion du filz de dieu Seulement donc ceulx q̄ sont enseignes par sa doctrine doiuent estre appelles prudens. Ceulx seulement iustez qui ont obtenu par sa misericorde remission de leurs pechies. Seulement ceulx actrempes/qui se estudient en suyuir sa vie. Seulement ceulx fors/qui tiennent fort en leurs aduersites les enseignemens de sa paciēce En vain certes celuy laboure po⁺ acqrir vert⁹/q̄ pense les auoir dautre q̄ du seign⁺ des vertuz/duq̄l la doctrine est oeuure de iustice/duquel la vie est mirouer de temperance/duql la mort est le signe de force. Et de ce aussy dit sainct gregoyre. Quest ce que lespouse nenomme son amy mirre/aincoys vng faisseau de mirre/sinō en demonstrant que quand la saincte ame considere de toutes pars la vie de nostre seigneur/par limitacion de sa vie/elle assemble toutes les vertuz qui sont repugnantes aux vices/desquelles elle faict vng fardel de mirre/par leql elle nectoye toute la pourriture de peche qui est en elle. De ce aussi dit sainct augustin. Combien que dieu par sa diuine sapience medicine les ames selō lopportunite des temps/touteffois iamais ne donna a lumain lignaige plus grant benefice/q quand la sapience de dieu qui est son seul filz eternel et esgal par sa grāt dignacion voulut prādre toute nostre humanite/car le verbe cest le filz de dieu/est fayt homme/et habite auec nous. Les satellites et mondains appetoyēt mauluaisemēt les richesses et voluptes de ce mōde/mais le filz de dieu a voulu estre poure. Ilz estrinoyent pour auoir honneur et seigneuries/et le filz de dieu na point voulu estre roy en ce monde. Ilz pensoyent que cestoit grant benediction auoir grande lignee charnelle/et ihesus contēpna telle lignee/et tel mariage. Ilz auoyent en grant horreur les cōtumelies et afflictions de ce mōde/τ le filz de dieu a soustenu toutes manieres de tormens. Ilz croyent chose impossible pouoir soustenir iniures. Mais quelle iniure peut estre plus grande/que condempner a mort vng innocent/qui a este flagelle et tormēte iusques a la mort. Ceulx du monde reputoiēt la mort de la croix/estre le plus ignominieux tormēt qui fust/et le filz de dieu a este crucifie. Tout ce q desirons/a cōtempne et desprise/car len ne peut commectre pechie/si non en appetant et desirant les choses quil a contempnees/ou quand on reffuyt ce quil a soustenu. Toute la vie doncqs quil a mene en terre selon humanite/laquelle luy a pleu prandre pour nous a este discipline de bonnes meurs. Et pour ce entant que sommes hommes ne sommes pas dignes de ymiter ou ensuyuir la vie de si grant roy et seigneur/sinon que le regardons de nostre pensee/luy q est faict hōme affin quil enseignast cōme homme deuroit viure. Regarde et pense/ce que saint iehā dit/cest que celuy qui demeure auec ihesucrist doit ainsi cheminer cōme il a cheminé et en ceste maniere ne fauldra point a lensuyuir. Les choses dit sainct augustin. Et aussi dit bede. Celuy qui doit demourer auec ihesucrist/doyt aller ainsy quil est allé. Cest adire/ne querir point les hōneurs du monde/ne ensuyuir les vaynes richesses/mais desirer tout mesprisement du monde pour acquerir la gloyre pdurable/et vouloir prosfiter a tous. Ne faire iniure a nully et/se on luy en fait aulcūes les porter paciement/voire et demāder pardon a dieu pour ceulx qui luy dōnent tribulacion. Donc ques nous deuons ensuyuir la vie et conuersacion du doulx ihesus/car comme dit sainct ambroyse/par la cognoyssance de luy nous auons sapiēce et saluacion/et de rechief auons toutes choses en luy/et il a toutes choses en nous. Si tu veulx auoyr guerison de tes playes/cest le medicin. Si tu as chaleur de fieures/il est fontayne. Si tu es griefue par peche/il est iustice. Si tu desires le ciel/il est la voye. Si tu as besoing daide/il est vertu et force. Si tu crais la mort/il est la vie. Si tu declines les tenebres/il est lumiere. Si tu quiers viande/il est nourrissemēt. Et pource il est bien dit p vng saige Hoc est nescire. La personne qui scet plusieurs choses/et ne cognoist le benoist ihesucrist/est reputee riens sauoir au regart de la vraye science de lame. Mais si elle scet et cognoist bien nostre seigneur/il luy souffit/etiam se elle ne scet les aultres sciences. A ma voulente les saiges de ce mōde assauourassent et entendissent bien ces choses/et cōmuassent leur science en iceste. Celluy doncques qui ensuyt ihesucrist/ne peut errer ne faillir. car le cueur est enflambe et anyme par la continuelle meditacion de sa vie ensuyuir/et acquerir les vertuz qui sont en ycelle/par telle faicon que plusieurs simples hommes/et sans lectres ont este enlumines par la vertu diuine/et ont cogneu grandes et parfondes choses des secretz de dieu car la on y trouue vne vnction/laquelle petit a petit purifie et eslieue lame. et leseigne de toutes choses/par quoy en toutes vertus et bonnes meurs. ayes tousiours deuant toy ce bel et cler mirouer/et lexemple de toute sainctete/cestassauoyr la vie et les meurs du filz de dieu nostre saulueur ihucrist. Leql nous a este enuoye du ciel. affin quil allast deuant no[us] en la voye de vertus. et par son exeple no[us] donnast la loy de vie et de discipline/ et no[us] enseignast comme soy mesmes/a ce que ainsi que naturellement sommes crees a son ymaige /laquelle auons soylle par pechie/ Aussi soyons reformes en la similitude de ses meurs/par limitacion des vertus selon nostre possibilite/car de tant que vne personne se sera estudiee a soy conformer par ymitacion aux vertus qui sont en ihesus/ de tant sera elle plus pres de luy/et plus esleuee au pays de gloire. Considere donc ques tous les eages de nostre seigneur/et te estudie ensuyuir selon ta possibilite toutes les vertus que y trouueras/come vng loyal disciple/et en tous tes labours / tant exteriores q̃ ineriores/pense les labours et aduersites de luy. Et quand en aulcune chose te sentiras gryeue recours tantost a luy qui est le pere piteur des poures/comme le petit enfant estant au giron de sa mere a elle se tourne /et luy reuele et commetz tout ton fait/et sãs doubte il fera cesser toute tempeste/et te relieuera. Et nõ seulemẽt dois entendre en la vie de nostre seigneur quand tu veilles/mais aussi quãd te reposes ou lict. Et quand tu prens ta refection soies en toy mesmes en la maniere de saint Iehan euãgeliste/le chief encline sur sa poytrine/en suggeãt ses mamelles/ affin que dormes et reposes en paix auec luy Et po[ur] ton prouffit/en tous tes ditz et tes faitz regarde tousiours en nostre seigneur ihesucrist/comme a ton exemple/en allant/en estant/en seant/en couchant/en boyuant/en mengant/en parlant. en toy taisant seul ou acompaigne. Et en ce faisant tu laymeras plus fort/et obtiendras de luy plus grãde familiarite de grace/et de foy/et seras en toute vertu plus parfait. Et fais que ta sapience et ton estude soyt tousiours de penser aulcune chose d ihucrist/parquoy soies prouoque a lensuyuir/et auoir affection d le aymer. Et en te occupant en bõnes estudes et diuines/et meditant es oeuures de la vie de ihesucrist/employeras le tẽps bien vtilemẽt/τ esmenderas tes meurs en la forme de sa vie/quand en tous tes affaires regarderas tousiours en luy qui est le mirouer et exeple de toute perfection. Et de tant que plus frequenteras ces meditaciõs / de tant te serõt plus familieres et te viendrõt plus facilement au deuant/τ te donneront plus ioyeuse refection. As tu veu o deuote creature a quel excellant et hault degre/les meditaciõs de la vie de nostre seigneur meynent la personne. Maintenant me efforceray de te mectre aulcunement en ycelles meditacions. non pas en traictant tout ce qui est escript es euangiles /mays pour plus te les imprimer /en eslisant dycelles aulcunes choses de deuocion. Aussi tu ne doys pas croire que no[us] puyssons mediter tout ce qui est escript que nostre seigneur a fait/ou dit/mais pour plus enflãber ton affection/ie te racõteray aulcunes choses /qui sont aduenues ainsy q̃ on peut croire/ou qui ont este faictes selon la verite/ou selon aulcunes ymaginacions /ou representacions/que lentendement peut prẽdre en diuerses manieres Certes en moult de manieres pouuons exposer/entendre/ et mediter sur la saincte escripture /selon q̃ nous sauons quil est expedient/mays que ce ne soit contre la verite de vie et de iustice ou de doctrine/cest adire ptre la foy/ou cõtre bõnes meurs. car affermer aulcune chose de dieu q̃ nest pas certaine par naturelle raison. ou par sinderese/ou par foy /ou p la saincte escripture /est presumpcion et pechie. Et pource quand tu me trouueras racontant aulcune chose q̃ nr̃e seign[eur] ihucrist a dit ou fait/et ne se prouuera par lescripture/ne le prens aultrement que saincte meditacion le requiert/ainsi comme se ie disoye Ie medite et pense que nostre seigneur ihesus a fait ou dit telle chose/et ainsi des semblables. Et si tu desires auoir fruyt de ces choses/tu doys de toute ton affection diligemment et meurement en mectant hors de ton ame toutes aultres affectiōs ou occupaciōs mōdaines/estre present aux choses qui sont faictes et dictes par nostre seigneur ihesucrist/ainsi que se tu les oyes de tes oreilles/et veoyes de tes yeulx/car elles sont tresdoulces a ceulx qui les meditent par grant desir/et tressauoureuses a ceulx qui ont la grace de les gouster en affection. Et non obstant q̄ plusieurs de ces choses sont racontees/comme estre ia faictes et passees touteffoys tu les dois mediter/comme presentement faictes. car sans doubte par ce tu y trouueras plus grand doulceur et suauite. Lys dōcques les choses qui sont faictes/come se on les faisoyt Metz deuant tes yeulx les faitz passez come presens/et ainsi tu sentiras toutes choses sauoreuses et ioyeuses. Et note pour reigle generale/que quād tu ne trouueras aux choses cy aps declairees/meditaciōs generales/il te doyt souffir/que tu mectes deuant tes yeulx la chose estre faycte ou dicte par nostre seigneur ihesucrist/et te estudies a conuerser/et auoir familiarite auec luy/et en ce tu trouueras plus grand doulceur et plus efficace oraison/enquoy est le fruyt de toutes ces meditacions. Donc ques en tous lieux rde nostre seigneur ihesus deuotement. ses faictz /et en ses meurs/comme quand il est auec ses disciples/auec les pecheurs/quand il parle/quand il presche/quand il va/quand il se syet/quand il dort/quand il veille/quand il menge/quand il administre aux aultres quand il guerist les malades/ou quand il fait aultres miracles/et escripz en ton cueur ses meurs et ses faictz. en quelle humilite il se auoit entre les hōmes/en quelle doulceur entre ses disciples. en quelle misericorde enuers les poures/ausquelz il se est

voulu faire en toutes choses semblable/comment il na nul desprise/ne a eu en horreur fust ladre ou aultre/comment il ne flatoyt ne aduloyt point aux riches/comp̄t il fut deliure de toutes cures mondaynes/et afflige pour les necessites du corps. O quelle pacience il auoyt en contumelies/et quelle doulceur en ses responses. Comment il ne se est point venge par parolle aspre/ou mordante/mais en toute doulce response a guery la malice daultruy. Comment il estoyt bien compose en tout son maintien/quelle solicitude il auoit du salut des ames pour lesquelles il est voulu mourir. Comment luy mesmes se est baille en exemple de tout bien/quelle cōpassion il auoit de ceulx qui auoyent affliction. Comment il condescendoit a leinfermete des imparfaitz Cōment il na pas desprise les pecheurs/et en quelle doulceur receuoit les penitens. Cōment il estoit obedient a ses pares/et pres de seruir et ministrer a tous/en disant. Ie suys au meillieu de vous comme celuy qui ministre Comment il declinoyt toute iactāre/orgueil/et ostentacion. Comment il a escheue tout scandale. En quelle actrempance il se auoyt en boyuāt et en mengant Cōment il auoyt une vergoigne en son regard q̄mēt il estoyt soigneur a soy mectre en oraison. quelle sobresse il auoit aux vigiles. quelle pacience en labours et en peynes. comment il estoit debonnayre a tous. Et semblablement selon ceste maniere en tous les ditz et faitz que lyras. ou ouyrras de nostre seigneur ihesucrist. tu peuz mediter ses meurs. et sa maniere. comment il se auoyt en toutes choses oportunes/et en tresgrande perfection selon que tu pourras penser/ou extimer/car il se portoyt en toutes choses tresparfaictemēt/luy qui estoyt la perfection de toutes choses. Il estoyt de regard doulx/en parolle affable/et en toute sa conuersacion bening Et specialement/si tu peuz veoyr ou contempler sa face p̄ aulcune ymaginaciō. nō obstāt q̄ ce soyt chose sur toutes difficile/telle saite face dōneroit ioyeuse refection a ton ame.

Les choses deuant dictes te soyent pour doctrine memoire τ recours de tout ce qui sensuit, cest adire quant tu ouyras raconter aulcun dit, ou fayt de nostre saulueur se il nya singuliere meditacion, ou mesmes que les generales meditacions dictes sussent obliees, recours en ce lieu cy et te doit souffyre ce que maintenant generalement est dit. Et ad ce que puisses mieulx contempler la face forme ou figure de nr̄e seigneur et en ce tous ses meurs, ses faitz et sa maniere iay extime chose vtile de mectre icy aucunes choses de celles mesmes qui sont en aultre lieu escriptes. On lict que ihesucrist qui fut appelle des payes prophete de verite, fut de grande stature moyenne touteffois, plaisant a regarder, ayant le visaige venerable par leq̄l ceulx qui le regardoient le pouuoyent craindre et aymer. Il auoit les cheueulx en la maniere dune noix de coudre moult meure en tyrāt sur le vert et le noir a la couleur de la mer, crespes et iusques aux oreilles pendans, et sur les espaules ventilans, on millieu de son chief deux parties de cheueulx en la maniere des nazareez, ayāt le front plain et moult plaisant, la face sans fronce playes et taiche, et modereemēt rouge, et le nez cōpetemēt long, et sa bouche conuenablement large sans aulcune reprehension, non longue barbe mais asses et de la couleur des cheueulx et au manthon forchue. le regart simple et mortifie, les yeulx clers, estoyt terrible en reprenāt, en admonnestant doulx et amiable. Joyeulx en gardant toute greuete Il a ploure aulcūeffois mais iamais ne rist. En la forme de son corps estoit bien compose et droit. Ses bras et mains estoyent a regarder tous playsans. En parler poissant et raisonnable peu de parolles τ bien actrempees, et en toutes choses bien composees. Et pourtant non sans cause, le psalmiste dit de luy q̄ il est de belle forme sur tous les filz des hōmes. Estudie toy deuāt toutes escriptures de auoir tousiours le sainct euangile, lequel selon sainct augustin precede toutes aultres escriptures τ auctorites diuines, qui sont contenues es liures sainctz, et le confere continuellemēt en ton cueur. Car la pourras clerement estre enseigne de la vie τ des meurs de ton saulueur ihesucrist et de tout ce qui est necessaire a ton salut. Et selon crisostome en leuangile est cōtenu toute la perfection de la creature raisonnable. Et sainct iherosme dit que leuangile est et monstre la perfection de la loy, car en luy sont demōstrez pleinement les cōmandemens et exemples de bien viure. Et crisostome dit il nestoyt pas necessaire de auoir lectres et escriptures mais estoit necessaire de mener en toutes choses vie necte po² auoir la grace du sainct esperit, laquelle nous est enseignee par les escriptures ainsi que les liures sont faitz par le moyen de la plume. Mais po² tant que nous nauons pas este contens de ceste grace et que lauons mise hors de nous conuient il de entendre a ce qui est escript. Et a cause de ce les escriptures sont donnees non seullement a ce que les ayons es liures, mais affin que les assemblions en nostre cueur. Sil est ainsi que le dyable ne ose venir, ne approucher en la mayson ne en lieu ou le sainct euangile est mis ou escript, par plus forte raison ne touchera ia mais ne peche viendra a celluy qui meditera en son cueur le sainct euangile de dieu. Doncques par le moyen du saint euangile santifie ton corps et ton ame en layant tousiours en ta bouche et en ton cueur, car se il est ainsi q̄ orde parolle souille lame et appelle les diables, cest chose manifeste q̄ la lecon spirituelle la santifie, et acroist la grace du saint esperit. Accedons dōc tous et estudiōs aux escriptures diuines et si nō a toutes, au moins au sainct euangile leq̄l ayōs tousiours deuāt noz mains et en to² noz faitz. Certes si tu demeures en son estude iusques a la fin tu despriseras toutes mondanites, et te mocq̄ras de tout ce q̄ est en ce mōde, et se tu es riche reputeras cōmeries richesses, et se tu es poure voulētiers lendureras. Car lors ne vouldras estre, ne auaricieux ne rapineux, mais en desprisāt toutes rychesses conuoyteras pouurete. Ceulx le sauēt q̄ en ont lesperiēce. Et enco

re dy moy q̃ est chose en ce mõde q̃ soyt es-
galle aux sainctz euãgiles On sainct euãgile est demõstre q̃ dieu a cõuerse en terre/
q̃ lõme mõte ou ciel q̃ vne cõpaignie est fai
cte des hõmes des anges/archãges/et de
tous saintz esperitz angeliq̃s. La peut on
veoir q̃ la beaulte de lenemy anciẽ est toute dissolue et cõfuse ⁊ que dieu est recõsilie
a hõme. Par leuãgile le dyable est tout cõ
fuz les ennemis le fuiẽt/la mort est abolie
paradis ouuert/la maledictiõ est ostee/er-
reur est deboute/verite retournee/la paro
le de pitie en toutes places est semee/la cõ
uersacion celeste est en terre plãtee/les ver
tus celestielles sont familieremẽt auecq̃s
nous et descendẽt souuãt en terre pour nr̃e
salut En voiãt toutes ces choses nous pou
uons auoir ferme esperance de la vie a venir Et pour ces choses ceste histoire est appellee euãgile/car toutes aultres sciences
par lesq̃lles on cognoist la vanite du mon
de et p̃ lesq̃lles on cognoist a despriser les
choses p̃sentes ont este aprises par maystres q̃ les ont mõstrees aux autres/mais
les paroles q̃ nous sont anõcees par les p̃
cheurs q̃ sont les apostres de nr̃e seigneur
p̃p̃remẽt sont appelles euãgiles/car elles
nous sont dõnees en toute facilite. Nous
ne les auõs pas receues par noz labours
ou par doleur ou peine/mais seulemẽt par
la grãde charite ⁊ amour q̃ dieu a eu a nous
Tout ce dit crisostome. Et saint augustin
dit q̃ ce nom euangile est interp̃te en latin
bõ messagier ou bõne anõciacion. Et pour
tant quãt on anõce aulcun bien on le peut
tousiours appeller euãgile/pp̃remẽt touteffois ce nom euãgile appt̃ient a lanõcia
cion q̃ est faicte de nr̃e saulueur/car ceulx q̃
ont escript de la venue ⁊ passiõ de nr̃e seig
ihūs sont pp̃remẽt appelles euãgelistes.
Or est assauoir aincois q̃ entros a listoire
du saint euãgile/q̃ les euãgelistes salutai
remẽt par la p̃mission du sait espit/ont aul
cuneffois anticipe ou mis deuãt ce q̃ doyt
venir ap̃s. Aucuneffois ont rememore et re
corde ce q̃lz auoyent laisse. Aulcuneffoys
ont recapitule et repete ce q̃ auoyt este ia
dit ⁊ bien q̃ dieu ne vouloit pas q̃lz fussent

escriptz autremẽt. Et tout est fait pour nr̃e
grãde vtilite. Sur quoy dit saint augustin
Il est chose p̃bable q̃ vng chescũ des euã
gelistes croioit q̃ il deuoit escripre selõ lor
dre quil plaisoyt a dieu de luy anõcer. En
leuangile tu trouueras le mistere de lincar
nacion du filz de dieu/les cõmandemẽs et
p̃messes par lesquelles tu as voye verite
et vie Si doncq̃s tu veulx biẽ viure pres
exẽple a nr̃e seigneur ihūs/regarde en ses
cõmandemẽs par lesquelz tu apr̃egnes a
bien viure/cõsidere a ses p̃missions Pour
ces troys choses est de necessite de mectre
hors de nous troys choses q̃ y sont. C'est
impuissance/ignorãce et negligẽce/car lig
norant sera ignore/on ne cognoistra le ne
gligẽt/et le mauluais simulateur/⁊ q̃ se ex
cuse sur son impuissãce sera mis hors de la
cõpaignie des iustes Ame deuote et crestiẽ
ne lieue toy pour cheminer en ceste plaisan
te voye des cõmãdemẽs de dieu. Esueille
toy actens ⁊ discute diligẽment toutes les
choses dessusdictes de nostre saulueur et
redẽpteur. Traicte les et cõsidere en grant
maturite/en ensupuãt la trasse et chemi de
ton seigneur Pour toy il est descẽdu de son
siege celestiel en terre/et pour toy mesmes
fuis les choses terrestres et desire les celestes. Le monde est ort et sale/et pour ce lie
ue toy de luy et le fuis/chemine ⁊ ne soyes
par ceux a ce q̃ ne perdes le lyeu au pays
de paradis: Oraison

Ostre ihesucrist filz de dieu le vif
dõne a moy miserable pecheur
auoir tousiours deuant mes y-
eulx ta vie et tes meurs ensuiuir
selon ma possibilite et me faiz prouffiter et
croistre en iceulx iusq̃s en bõe p̃fait et estre
ton saint tẽple. O sire ie te prie que enlumi
nes mõ cueur de la lumiere de ta grace laq̃lle
tousiours me p̃uiegne ⁊ me suiue en la ay
ant guid een toutes mes voyes en acõplis
sant ce q̃ te plaist et mesprisant ce q̃ te des
plaist Ie te prie souuerain dieu q̃ adroiss
ses selon ta loy mes cogitaciõs p̃oles faitz
et conseilz affin que ie face en toutes choses ta voulente et que par toy puysse desseruir estre saulue. Amen

De la diuine et eternelle generacion de ihesucrist.

Nous desirans et couuoictans de puyser aulcunes gouttes de pluye de la plenitude du sainct euangile, prenons nostre cōmencement a la diuine generacion du filz de dieu, de laquelle leuangeliste sainct iehan parle specialement en amenant tous les dits de son euāgile, a ce que la diuinite du verbe filz de dieu soit par tout manifestee, et singulieremēt cōtre aulcuns heretiques q̄ disoient nostre seigneur ihūcrist estre seulement pur hōme, et par consequant a cause de le natiuite temporelle ne estre pas deuāt marie sa mere. Et pour ceste cause leuangeliste cōmence a leternite du verbe en demonstrant la diuine nature de ihūcrist, par laq̄lle eternellemēt il p̄cede sa mere marie. et met cīcq choses des personnes diuines Lesquelles par ordre se ensuyuēt. Premierement il declaire leternelle generacion du filz de dieu procedāt du pere en disant. In pricipio erat verbum Au p̄mēcemēt, cest a dyre en dieu le pere qui de to⁹ est suppose premier principe cause et commencement estoyt le verbe. cest adyre q̄ le filz est auec le pere coeternel. parquoy na pas son cōmencement de la vierge marie. mais du pere q̄ est cōmencemēt sans cōmencement, et le filz est p̄mēcemēt du p̄mēcemēt. Saīt iehā appelle le filz de dieu verbe plus tost que filz ou sapiēce ou vertus de dieu, car le filz ha regart seullement et comparayson au pere, et le verbe a comparayson et a celluy qui le dit, et a la choseque on dit par parole, et a la voix de laquelle la parole se veist et couure. et quartement a la doctrine que on administre a aultruy moyennant la parolle. Et pource que le filz de dieu ne doit pas estre ycy escript seulement en la comparaisō par laq̄lle il procede du pere, mais aussi par comparaison aux creatures quil a faictes τ crees, et a lumanite quil a prinse, et aux enseignemēs quil nous a dōnes et bailles, tresconuenablement il est escript soubz le nom de verbe veu q̄ ce nom regarde toutes les choses deuant dictes, ne soubz le ciel pourroit len trouuer nom qui luy fust plus cōuenable. Puis doncques quil est ainsi que en dieu p̄p̄remēt et par faictement est le verbe, et verbe de sa nature dit, est chose procedante de celluy duq̄l il est dit et verbe et filz sont vne mesme chose, sensuyt vrayement que en la diuinite a eternelle generacion, et que le verbe dīuin est dieu le filz dune mesme nature diuine egal et infiny cōme le pere. Secondement leuāgeliste declaire la distinction p̄sonnelle du pere et du filz en disant. Et verbum erat apud deum. Cest adyre que le verbe estoit en dieu le pere. Le nom dieu en ceste clause est nom personnel, car quant il dit q̄ le verbe estoit en dieu, y se entend on pere on quel le filz tousiours estoit, et le pere tousiours au filz. Ceste p̄posicion apud denote non pas distinctiō de essence mais de persōnes, car nulle p̄sonne est p̄premēt dicte estre en elle mesmes. ainsy q̄ on ne dit pas vng hōme estre en luy mesmes. Et pourtant entre le verbe et le cōmēremēt du quel est le verbe a distinction personnelle. Et cestuy verbe ne p̄cede pas du pere ainsi que faict la parolle de celluy qui la proffere par dehors mais demeure tousiours dedans luy. et selon ce le filz demeure tousiours dedans le pere duq̄l est verbe, car le verbe estoit en dieu ainsi que vne chose en lautre, touteffois est distinct dicelluy cōme dit est. Il declaire tiercement le pere et le filz estre dune mesme substāce en disant. Et deus erat verbū. Et dieu estoyt le verbe. Le nom deus en ceste clause est essencial, cōme quāt on dit que dieu est verbe, et que sa nature est de substance diuine, τ ce affin que on ne die quil soit auecques dieu et non pas dieu, car riēs nest en dieu qui ne soit dieu. Combien doncques que le verbe soit en dieu, touteffois ce nest pas chose distincte de sa diuine nature ainsi que est nostre parolle, mais est de nature diuine, laquelle ne peut estre que vne indiuisee et tressimple. Et ainsi en ceste clause sont liees et impliqueees les trois personnes. Le pere en ce nom deus, Le filz en ce nom verbum, et le saint esperit en ceste p̄-

b i

poſicion apud. ¶ Quartement il declayre la coeternite du pere et du filz en diſant Hoc erat in principio apud deum. Ceſt q̃ le verbe duquel il a deuant parle, eſt en dieu le pere des le comencement de ſon eternite, ceſt deuant les ſiecles, et eternellement come ſe il diſoyt. Ceſtuy filz de dieu que ie appelle icy verbe iamais ne fut ſepare de dieu le pere. Car certes le pere ne fut oncques ſans ſon filz come iamais ne peuſt eſtre ſans ſa vertu ne ſans ſa ſapience Nous diſons et appellons pere celluy qui a filz, car aultre choſe ne eſt eſtre pere fors que auoir filz, Et po̧ ce q̃ dieu le pere q̃ a conceu ce verbe dieu le filz eſt eternellemẽt, nous diſons q̃ le verbe q̃ la engendre eſt egal a luy eternelment et non pas par tẽps. De quoy il eſt dit q̃ au comencemẽt dieu a cree le ciel et la terre, ceſt au comencemẽt de ſon eternite, de quoy auſſi eſt dit. Ex vtero ante luciferu̧ genui te. ceſt a dire. Dieu le pere dit a ſon filz Je te ay engẽdre, de ma ſubſtance deuant la creacion du monde. Et pource quant il dit Hodie. au iourduy ie tay engẽdre. hodie ſe doit entẽdre du iour de ſon eternite qui cõprent tout temps, ainſi que ce nom principium ſe prẽticy pour eternite et deſſus po̧ pere ¶ Moralement nous ſommes enſeignes par les choſes deuant dictes que dieu doyt eſtre le commencemẽt de toute noſtre intencion, car le verbe eſtoit au commencemẽt et le verbe eſtoyt dieu. Et ſe tu veulx ſauoir ſe ton operacion, tant interiore que exteriore eſt diuine et ſi dieu oeuure en toy regarde ſi dieu eſt la fin de ton intencion, et ſe tu trouues quil ſoit ainſi, tõ oeuure eſt diuine. Car le comencemẽt et la fin eſt vne meſme choſe ceſtaſſauoir dieu. Puis ap̃s que leuãgeliſte a declaire la generaciõ du verbe et filz de dieu, conſequamment il declaire ſon operacion, en mectant le cincq̃ſme point qui eſt lopperacion indiuiſee du pere et du filz, et dit. Omnia per ipm̃ facta ſunt. Toutes choſes ſont faictes par lui ainſi que par le pere. Et ſine ipſo factum eſt nichil. Et ſans luy le pere riẽs neſt fait ſoit choſe viſible ou intelligible. Jcy ceſte ppoſicion per, denote la cauſe efficiente, et non pas aulcune aide ſeruice ou inſtrument. dieu a faict toutes choſes par ſa ſapience, et riens na faict ſans elle. Et ſemblablemẽt le ſaint eſperit auecques yceulx Car les oeuures de la ſaincte trinite ſont indiuiſees, et toutes choſes ſont faictes enſemble. mais elles furent diuiſees et diſtinguees par le temps de ſix iours. Si doncques toutes choſes ſont faictes par luy et ne ſeſt pas fait luymeſmes, car il ſeroit aincoys q̃l fuſt, y ſenſuit q̃ de ce verbe ne ſoit pas fait. Et ſelõ ſait auguſtin Si le filz de dieu neſt pas fait il neſt pas creature, et ſil neſt pas creature et eſt, ſeſuit q̃l eſt dune meſme ſubſtãce auecq̃s le pere Car toute ſubſtance q̃ neſt dieu eſt creature, et toute ſubſtãce q̃ neſt creature eſt dieu. Ap̃s encore que leuãgeliſte a mõſtre que le verbe eſt la cauſe productiue de toutes choſes mõſtre par q̃lle maniere il eſt la cauſe de elles en diſant. Quod factum eſt in ipſo vita erat. Tout ce qui eſt fait par ce verbe auoyt vie et viuoit en luy, ainſi q̃ le feure ou menuſier fait pmierement larche en ſon entendemẽt et puis la faict par dehors, et ce qui eſt en ſon entendemẽt a vie auecques luy, et ce q̃ il faict ſe mue cõe le tẽps. Toutes choſes qui ſont faictes nont pas vie et ne ſont vie en elles, ceſt adire en leur nature en laquelle elles ſont cõme creatures. Touteſſoys en tant quelles ſont en dieu et en la penſee diuine qui eſt en ſoy vie, elles ont vie. car la elles ont lexemplaire et raiſon viuifiante. Toutes choſes qui ſe font et ſont faictes tẽporellemẽt, eternellemẽt ſont ordõnees eſtre faictes, car dieu les cognoiſſoyt deuant q̃ elles fuſſent faites et viuoyẽt en ſon entendemẽt et en ſa preſence et auoient vigueur, et deuant la conſtitucion du monde toutes choſes eſtoient ymaginees eſtre faictes cõme dit boece en ſon liure de conſolacion O qui ppetua O toy qui es le bel des tresbeaulx, tu auoyes toutes choſes eternellemẽt en toy cõme en exemple en po̧tant le monde en ta penſee, et en le formãt en ton ymaginacion. A moralement parler eſt icy a nocter que loeuure de vertu eſt oeuure de vie, ainſi que les oeuures de pe che sont dictes oeuures de mort. Or nul ne peut faire oeuure vertueuse se non en dieu. Et pour ce se tu veulx sauoir se ton oeuure est viue, c'est a dire si c'est oeuure de vertu, regarde si elle est faicte en dieu, et pour l'amour de luy. Car il est escript en cestuy euangile que toutes choses qui sont faictes en luy auoyent vie et viuoient. Or est assauoir que tout ce que ce fait en charité est fait en dieu, et tout ce qui n'est pas faict en dieu n'a ne comencement ne fin meritoire. Puys que l'euangeliste a monstré coment le verbe ceha a toutes creatures en general consequamment monstre coment il se ha a tous hommes en especial en disant. Et vita erat lux hominum. La vie estoit la lumiere des hommes, car le verbe qui est en soy vie, en laquelle et par laquelle les creatures viuent, estoyt la lumiere des hommes, de laquelle les creatures raisonnables deuoient estre enluminees, affin qu'elles fussent benoistes. Ceste lumiere ne fault point enuoyer son ray et sa clarté sur tous hommes qui se disposent et conuertissent a luy par cognoissance et amour.

Moralement parler la bonne vie est la lumiere des hommes, car saincte vie enlumine et edifie plus le proyme que ne font paroles. Pourquoy dit sainct Iherosme. On entend myeulx ce qu'on voit des yeulx, que ce qu'on ouyt des oreilles. Et aussi seneque dit. Le chemin est bien long par demander, mais il est brief et de grant edificace par exemple. Et pourtant nostre seigneur comença premierement a faire et puis a enseigner. Et lux in tenebris lucet. Et ceste lumiere luyt en tenebres, c'est a dire es pecheurs. Car le verbe quant est de soy les enlumine par lumiere de sa grace, mais ilz sont tenebreux, car ilz s'esloignent de l'influace de la lumiere diuine. Et pourtat s'ensuit il. Et tenebre eam non comprehenderunt. Et les tenebres n'ont point comprins ceste lumiere, car les pecheurs ne l'ensuyuent pas, et pource ne la peuent actaindre, non pas par deffault de elle, mais pour leur propre deffault. Sur quoy dit sainct augustin. Ainsi que l'omme aueugle est mis deuant le soleil et la lumiere du souleil luy est presente, et touteffoys

il deffault a la lumiere, par telle façon toute personne folle et inique est aueuglee de cueur, car elle ne peut veoir la diuine sapience qui est tousiours presente, et iamays ne s'esloygne de la creature si la creature ne s'esloigne premier d'elle. Que fera donques ceste personne qui est ainsi aueuglee, il conuient qu'elle se nectoye, affin qu'elle puisse veoir dieu, et qu'elle oste de son ame les peches et iniquites, et ainsi elle verra la sapience diuine qui est tousiours presente, car dieu est ceste sapience dequoy il est dit. Benoitz sont ceulx qui ont le cueur nect, car ilz verront dieu. Selon origene la lumiere luyt en tenebres, car en nostre nature qui est de soy inferme y a aulcunes tenebrositez, lesquelles le filz qui est verbe de dieu, vie et lumiere des hommes ne laisse point enluminer. Et pource que ceste lumiere est de toute creature incomprehensible il est dit. Tenebre eam non comprehenderunt. Les tenebres ne l'ont point comprinse. Sur ce dois noter qu'il y a trois manieres de comprehension. Premierement par enclouture, c'est a dyre quant on peut enclorre aucune chose on dit que on la comprinse. Secondement par clere vision. Et tiercement par adhesion de foy et de charité. En la premiere maniere, dieu ne peut estre comprins de aulcune creature, car il est infini et creature finie. En la seconde maniere, il est comprins des benoictz sainctz qui sont en gloyre. Et tiercement il est comprins de ceulx qui sont encore en la voye de ce monde. Iamais touteffois en nulle de ces manieres est comprins des mauluais. Et pource est il dit que les tenebres ne l'ont poit comprinse. On dit vne chose estre comprinse quant parfaictement elle est cogneue et seulement l'entedement diuin entent ceste lumiere totalement. Moralement la lumiere luyt en tenebres, car vertu se manifeste et est parfaicte en aduersité. Nul dit sainct gregoire cognoist combien il prouffite, fors que en tribulation. Quelle est la creature par dedans en son cueur, seulement aduersité le preuue. Et pourtat que nulle aduersité peut surmoter les sainctz, ne les separer de l'amour de ihesucrist, il est dit que les tenebres

b ii

ne l0nt poit comprinſe/et ſe aduerſite moleſte les benoiſtz ſainctz hōmes en ce mōde touteffois elle ne les ſurmonte poit. aincoys en elle ſe delectēt et eſioyſſent Ou len peut dyre que la lumiere luyt en tenebres quant dieu donne conſolacion a ceulx qui ont tribulacion. Selon ce qui eſt eſcript q̄ noſtre ſeigneur eſt pres et auecques ceulx qui ſouſtienent tribulaciō. Et les tenebres ne l0nt point comprins/car toutes les peines de ce monde/et tout ce q̄ creature peut ſouffrir nullement eſt a comparer a la gloire que les bōs actendent a la fin de ce mōde. car dieu remunere et paye la perſonne plus q̄lle na deſſeruy ne gaigne. et pugniſt moins que ſes pechez ne meritent. Ou on peut dire que la lumiere luyt en tenebres. car le createur luyt et apparoiſt en ſes creatures Car ainſi que dieu en paradis eſt le mirouer des creatures onquel elles luyſēt et onquel nous verrōs toutes choſes qui appartyennent a noſtre iope/ainſi en ceſte vie et voye au contraire les creatures ſont le mirouer du createur. Car non ſeullemēt droicte foy ne eſcripture ne teſmoigne pas que dieu eſt/mais auecq̄s ce les choſes crees/et raiſon naturelle le teſtiſie/les ſaintz le p̄ſchent/et toute creature dit ſelon ſa nature q̄ la faite et nō pas elle luy/Dieu eſt la voye de nature par laq̄lle toutes choſes belles teſmoignent quileſt treſbel/ toutes choſes doulces teſmoignent quil eſt treſdoulx/haultes q̄ eſt treſhault. pures. treſpur. fortes. treſfort. ꝛ ainſi des aultres Et ceſt ce q̄ dit lapoſtre. que les choſes inuiſibles de dieu ſont cogneues de la creature par les choſes faictes viſibles du monde. Garde toy bien touteffois quant tu oyes choſes deuant dictes que le filz de dieu eſt engendre du pere de auoir en ta cogitacion aulcūe choſe charnelle. et que ne vueil les enquerir comment ſe peut faire. car ne prophete ne ange en a heu cognoiſſance/ mais croy ſimplement en contemplant viuement/que le filz qui eſt la ſplendeur du pere/eſt ne de ceſte grande treſſimple/treſreſplendiſſant et treſſecrete lumiere. et po² ce eſt eternel et de vne meſme ſubſtāce que le pere/car il eſt la ſouueraine vertu/et ſapience/par laquelle dieu le pere a diſpoſe toutes choſes eternellement/et par lequel a fait le mōde et gouuerne/ et ordonne toutes choſes a ſa gloire/les vnes par nature les aultres par grace/aulcunes par iuſtice et les aultres par miſericorde/affin q̄ riēs en ce monde ne demeure ſans ordonnance Et de ce dit ſainct auguſtin. Nous entendons le filz de dieu eſtre engēdre de la ſubſtance du pere ɔme la clarte naiſt de la ſubſtance du ſoleil Et ſe on trouue aux creatures aulcune choſe procedant de lautre/et touteffois eſtre en vng meſmes temps cōme eſt le ſoleil et ſa clarte le feu et ſa chaleu car on ne peut dire que la ſplēdeur ou clarte du ſoleil/ou la chaleur du feu ſoit apres le ſoleil ou le feu/non obſtant q̄ elle ha ſa naiſſance de luy/po² quoy doubtes tu que on ne le puiſſe dire/ne quil ne puyſſe eſtre fait du createur de toute creature. Ainſi q̄ la reſplendeur et clarte qui naiſt du ſouleil rempliſt toute la terre de ſa lumiere et ne ſe deſpart point de celluy qui lengendre/ainſi le filz engendre du pere/eſt par tout ꝛ ne ſe dept point du pere/car il demeure touſiours en luy Et ainſi que ſubſtancialemēt la clarte eſt on ſouleil/ et le ſoleil en la clarte/ainſi ſubſtancialemēt le pere eſt ou eſt le filz et le filz ou eſt le pere Et ainſi que ce neſt que vne ſubſtance la clarte et le ſoleil ꝛ neſt pas vne p̄ſonne/car nous ne diſons pas que la clarte eſt le ſoleil/ne q̄ le ſoleil eſt la clarte. ainſi le pere et le filz ɔbien q̄ ſoient vne meſme eſſence. touteffois ilz ne ſont pas vne perſonne. Et ainſi q̄ le ſoleil par ſa ſplendeur et clarte eſchauffe enlumine ſeiche blanchiſt noirſiſt et fait ſon operacion ſelon ce q̄ luy eſt ordonne de dieu/ ainſi nous liſons que le pere a fait toutes choſes p̄ ſon ſeul filz. Les choſes dit ſaint auguſtin. Et encore dit quil eſtoyt vng·diſciple de platon philoſophe qui diſoit que ce cōmancement du ſaint euangile de ſaint iehan deuoit eſtre eſcript de lectres dor. et le deuoyt on mectre par toutes les egliſes en haulx lieux a ce quil fuſt veu de tous.

Oraiſon.

O Sire dieu pere toutpuissant/q̃ as engẽdré eternellemẽt ton filz esgal et de vne mesme substãce cõme toy en telle maniere que creature ne pourroyt le raconter/auecq̃s lequel/et le sainct esperit/tu as cree toutes choses visibles et inuisibles/et entre les aultres moy poure pecheur aussi as cree/ie te adoure/ie te loue/ ie te glorifie Soyez a moy poure pecheur propice z misericors/et ne me desprise pas qui suys loeuure de tes mains/mais pour ton sainct nom saulue moy/et me aide Baille et monstre ta puyssance a loeuure de tes mains/ayde a la fragilite charnelle. Toy qui mas faictrefays moy qui suys infect de vices. Toy qui mas forme/reforme moy q̃ suys corrumpu de pechies/a ce que selon ta grande misericorde tu saulues ma poure ame Amen.

¶ Comment fut trouue le remede pour sauluer lumain lignayge/et de la natiuite nostre dame Chapitre second.

Quant au cõmencement du monde par ce verbe eternel/lucifer eust este cree se esleua cõtre son createur et au clignet z batre dũg oeil fut gecte en enfer. et a cause de ce dieu ordonna de creer lumain lignaige pour restaurer par icelluy la cheutte de lucifer. et

de ses compaignons. Et pour ceste cause le dyable heut enuye de lomme en luy contrariant si fort/et par tel moyen quil fit les premiers parens trespasser les commandemens de dieu. Et print vne maniere de serpent q̃ cheminoyt sur sa poictrine et auoyt le chief de vierge et la face/et ainsy le deceut et tout lumain lignaige/et parloit par sa bouche parolles deceuables/et failloyt que tous fussions mis en la prison denfer du quel ne pouuions par nous estre rachetes Mais le pere de redempcion/et le seigneur de toute consolacion/piteusement regarda lestat de nostre dampnacion/et decreta par luymesmes nous racheter dequoy nous en donna signe par loliue que la colombe porta aux prisonniers en larche/laq̃lle denotoyt la misericorde de dieu deuoyr descẽdre aux limbes Des le commancement du monde adam forme de terre on chãp de damascene pres de ebron et mys en paradis de volupte et ẽ delices/et eue formee de la coste de adam/et donnee licence de labourer/et garder ledit paradis/et mis hors diceluy/la miseracion et bonte diuine/ne delaissa de inciter les hommes a bien par occultes inspiracions/ne de rappeller et reuoquer a penitẽce la creature errãte/en luy donnant esperance de pardon/et de remission/en luy pmectant laduenemẽt du saulueur. Et a ce que par aduenture/par ignorance/ou par ingratitude/la pitie de dieu fust sans effect a nostre salut/na point laisse a denoncer laduenement de son filz par les cinq eages de ce monde/cest par les patriarches/par les iuges/pstres rois/et prophettes/despuis le pmier iuste abel/iusq̃s a sainct Iehan baptiste. affin q̃ par moult de milliers de ans/et de tẽps en maintez manieres il esleuast nostre entendemẽt a la vraye foy/et enflãbast nostre affection par grãs et amoureux desirs. Dont dit leon pape. Maintenãt cesse la querelle et murmure q̃ est cause de la tardite et longue demure de la natiuite du filz de dieu/en disant q̃ ce a este fait en la derraine eage du mõde/na point este exhibe a ceulx du tẽps passe. Le sacrement du salut humain q̃ est lincarna-

b iii

tion du verbe en nul temps a cessé de denoncer estre a faire ce qui estoyt ia faict. Car ce que les apostres ont presché, les prophetes l'ont denoncié, et n'est point tard accomply ce que tousiours a esté creu. La sapience et benignité salutifere de dieu en la demeure de son oeuure nous a fait plus veritables de sa vocacion, affin que ce q auoyt esté denoncié par si long temps en tant de signes, et de voir et õ ministres, en ce temps ou nous sommes, on ne doubtast point a croire on sainct euãgile. Et aussi affin que la natiuité de nostre seigneur engendrast en nous plus ferme foy que de auoir esté faicte de tant que la denonciacion dicelle a precedé par long et merueilleux temps deuant. Dieu doncques na point mué nouuel conseil es choses humaines, et na pas demoustré seullement sa miseracion en la derrayne eage, mais du commencemẽt du monde a institué vne seule cause de salutatoꝰ. Car la grace de dieu par laquelle toute creature est iustifiée, et si elle a heu en la natiuité de nostre seigneur accroyssement, elle na pas heu touteffoys la son commencement. Et ce sacrement de pitié a esté tant puissant, mesmes en ses significaciõs, que ceulx qui croyoient quil deuoit venir, et qil estoit promis, n'auoyent pas meins de merite, que ont ceulx qui croyent quil est accõply. Ces choses dit Leon pape. Et saiche selon sainct augustin, q̃ nostre seigneꝰ n'est pas voulu venir plus tost, affin que l'omme fust couaincu tãt en la loy de nature q̃ escripte. Car si le filz de dieu fust tãtost venu, l'omme eust dit quil pouuoyt estre saulué par la loy naturelle, et que croire son aduenement estoit superflu. Semblablement l'en pouoit ainsi dire de la loy escripte, mais quant la creature a cogneu q̃ par ceste maniere elle ne pouoit estre saulué veu q̃ tous descendoyẽt es enfers, adoncqs le filz de dieu est venu, car il estoit le temps quil deuoit auoir pitié de sa creature, et deuãt n'estoyt point necessité qil veinst, car la medicine spirituelle nullemẽt prouffite si non que celuy qui la recoypt la desire. De aussi il n'est pas venu plus tard, affin q̃ la foy et esperance que on auoit de sa promission ne perist. Se il eust encore tardé a venir de ioꝰ en iour le desir des sainctz se fust refroidy, lesquelz selonq̃ mesmes dit sainct augustin, grant desir auoyent de veoir son aduenement et humanité, car ilz scauoyent bien quil deuoyt venir. Et non seullement les patriarches et prophetes desiroyẽt son aduenemẽt, mais aussi tous ceulx qui menoyent bonne vie en disant. O si ceste natiuité du filz de dieu me pouoyt trouuer encore en ce monde, ou se ie pouoye veoyr de mes yeulx ce que ie croy. Se doncques ces leaulx peres anciens desiroyent ainsy nostre seigneur Iesus qui estoit encores auenir, que deuroient faire ceulx qui l'ont ia receu. Mays malediction est bien sur nous aultres poures meschans qui sommes en ce temps present, et n'auons pas tant daffection ne de deuocion a la grace que dieu nous a donnée côme auoyent les saintz peres a ce que leur estoit pmis. Dont dit sait bernard. Quant ie pense souuent le desir que auoyent ceulx qui souspiroyent veoyr la presence de nostre seigneꝰ en son humanité, iay en moy compunction, et suis confondu en moy mesme par telle faicon que a peyne me puis contenir de plourer pour la honte et negligence du temps present, au regart du desir que auoyent les anciens enuers l'aduenement du filz de dieu. O qui est maintenant celluy de nous, qui soyt si enflambé et rẽply de ioye, de la grace et benefice que dieu nous a fait et exhibé, comme estoyent les sainctz peres de la promission qui leur estoyt seulement faicte. Ces choses a dit saint bernard. Adoncqs quãt par tres long tẽps, c'est par lespace de cincq mille et pres de deux cens ans, lumain lygnaige fust en captiuité infernale, et nul ne peust monter en la beatitude eternelle pour le peché du pmier hôe, les benoitz esperitz angeliqs eurẽt ꝓpassion de telle ruine, et furent soliciteux de leꝰ restauraciõ. Et bien q̃ plusieurs fois p auãt euffet prié nr̃e seigꝰ, touteffoys le temps acomply, le supplioyent plus instantement et plus deuotemẽt. Poꝰ quoy misericorde frapoyt le cueꝰ du pere ayāt auecques elle paix/ affin quelle aidast a la pouure creature. mais verite apant auecques elle iustice disoit le contraire. et entre elles grande cōtrouersie fut faicte. ainsi que raconte saint bernard en vng sermon de lanonciacion bien au long de laquelle longue narraciō la somme et substance est telle. Misericorde disoit a dieu. La creature raisonnable a besoīg de la miseracion et pitye diuine/ car elle est faycte moult poure et meschante/ le temps de luy ayder et de luy secourir est venu. mais verite disoit le contraire. Ie te prie que la parole que tu as dicte soit acomplie/ cest que adam meure auecques tous ceulx qui sont en luy. car il a gousté de la pōme en trespassant ton cōmandemēt. Misericorde disoyt lhelas sire et pour quoy mas tu faicte. Verite cest que ie suys perdue si tu nas mercy de moy. Au cōtraire verite disoit. Se tu es preuaricateur de ta sentence deuāt dicte ta verite perira. et ne demourra point auecques toy pperuellemēt. Ceste questiō fut anoncee p le pere au filz Et verite et misericorde disoient ainsi deuant le filz cōme el les auoiēt fait deuant le pere. On ne pouoit veoir par quelle maniere misericorde et verite peussent estre ensemble cōseruees en la deliurance de lōme. Le filz escript la sentence q̄ sensuyt/ cestassauoir. verite dit. Ie periz se adam ne meurt. et misericorde dit Ie periz se hōme ne obtient misericorde. Soit faicte vne bōne mort. et chescune aura ce q̄ elle demāde. Cest assauoyr que adam meure et quil obtienne misericorde. Toutes sesmerueillerent en la parolle de sa sapience. et consentirēt que adam mourust et quil eust misericorde. Mais q̄ royēt et demādoiēt cōmēt la mort peut estre faite bōne. car elle est horrible seulemēt a ouir nōmer Le roy respōdit. la mort des pecheurs est mauluaise. mais celle des sainctz est precieuse. et est la porte et entree de vie perdurable Soit doncques trouué vng qui meure par charite. et qui ne soyt point coulpable de sa mort. et ainsi la mort ne le pourra tenir oblige. mais fera en luy vng pertuys par lequel len pourra au deliure passer et

seurement. Le cōseil pleust a toutes. mais dirēt elles. ou pourra estre tel trouué Verite ala par toute la terre et ne trouua personne necte de peche non pas vng enfant dung iour. Et de son quartier misericorde regarda au ciel et ne trouua creature q̄ eust souffisāte charite a faire ceste chose et pour quoy la victoire luy deust estre deue. car il fauldroyt quil eust si grande charite que il baillast son ame pour ses seruiteurs inutiles. Retournēt doncques au iour cōstitue moult tristes et ennuyees/ pource quelles nauoyent pas trouué ce que desiroyent. mais paix les consoloyt en disant. Et ne sauous pas que il nya que vng seul qui face bien/ cellui porte le fais et face layde qui a dōne le conseil. Tantost le roy les entendit. et dist. Ie me repens dauoyr faict homme/ car peine me tient/ et est necessayre que ie soustienne peyne pour homme q̄ iay cree. Et appella lāge gabriel et luy dist Va et dy a la fille de syō/ vees cy tō doulx roy qui vient en toy. Tantost lange se hasta et dist. Adorna thalamum tuum syon. O fille de syō vierge glorieuse parera chābre pour receuoir le roy en ycelle Toy dōcques o creature peuz veoir quel estoit le peche du premier pere/ et en quel peril estoyt mis et quelle difficulte y eust a y trouuer remede. On q̄l se consentirent les deuantdictes vertus. Et adoncques fut acomplic q̄ est escript Misericorde et verite se sont rencontrees ensemble/ iustice et paix se sōt entrebaisees. Dont dit leon pape. Ainsy que le dyable nauoit pas fait trop grande violence au premier homme pour le fayre cheoyr en pechie/ car il cheut par consentement de son franc arbitre. ainsi a destruire pechie le conseil et consentement de marie fut des vertus voluntayre et vtile/ affin q̄ la reygle de iustice ne contredyst point au don de grace. Doncques en tout lumayn lignaige seullement fut trouué vng remede par rayson occulte/ lequel peust soubuenir a ceulx qui estoyēt prosternes. lequel deuoyt estre innocent et franc de la preuaricacion originelle des filz adam et proufiteroit aux aultres par exemple et par me

b iiii

rite. Et pource que la naturelle generaciō ne le pouuoyt par mectre, le seygneur de dauid est faict filz de dauid. et ainsi la lignee est nee sans vice du fruyt de la lignee promise. Surquoy dit sainct anselme. Nostre nature au commencement fut cree a la similitude de dieu. affin que sans cesser elle eust fruicion on temps aduenir en iceluy dieu, et que apres elle eust participacion a sa gloyre sans corrupcion et sans mutabilite. mais tantost elle perdit ce grant bien es premiers parens, et cheut es miseres et calamites de ce monde. et encores plus pourement deuoyt cheoyr es peines eternelles, apres le decours de ceste vie presente. Le temps estoit ia passe, et la grādeur de la dampnacion des filz des hōmes estoyt tousiours enforce et roboree, car la souueraine sapience de dieu ne pouuoyt trouuer aulcune voye en toute humaine creature par laquelle ainsi quil auoit dispose vit pour soubuenir au monde qui estoyt en telle ruyne, z en telle perdicion iusques a ce que le temps de ceste vierge, de laquelle nous parlons fust venu. mais tantost quelle vit au monde, par la lignee de humaine nature, elle resplēdist tant en tout bien et en toute vertu et constance que la sapience de dieu la iugea vrayement estre digne que par elle il viendroyt en homme et effaceroyt non seullement le pechie des premiers parens, mais auecques ce ceulx de tout le monde, et le mectroit hors des mains du dyable son ennemy et auecques ce restabliroit lomme ydoyne de paruenir au pays celeste, lequel il auoyt perdu par son pechie. Qui doncques regarde bien ces choses peut extimer de quelle louange est digne celle qui a desseruy estre moyenne de tant de biens deuant toutes aultres creatures Ces choses dit sainct anselme. Aussi on ne doit pas croire que ceste vierge fust par aduenture et subitement trouuee, mais fut predestinee de dieu deuant le commancement du monde, cestassauoir eternellemēt dont dit damascene. Celle mere de dieu par le conseil diuin fut predestinee, z pueue de dieu eternellement, et deuāt tout temps et fut preschee ymaginee et figuree des patriarches z prophettes par linspiracion du benoist sainct esperit en diuerses ymaginacions figures, et sanctificacions. Or esleuons noz entendemens cueurs et desirs en actions de graces z referons louanges a dieu pour la grant pitye quila eu de nous en disant auecques sainct anselme. O thesucrist roy disrael nous adourons toy qui es la lumiere des gens, le prince des roys de la terre. seigneur de la cheualerie du ciel vertu de dieu trespuissante Nous te adourons toy qui es le precieux prix de nostre redempcion, hostie pacifiant, qui par la doulceur inestimable de ton odeur as encline le pere qui habite en hault iusques a regarder les choses humbles, et les as rendus au filz de ire, paisible et apaisie. Ces miseracions nous preschons, o thesucrist nous preferons en toute habondance la memoyre de ta doulceur. A toy thesucrist sacrifions sacrifice z louange pour la multitude de ta doulceur, laquelle as demonstre a nous qui sommes semence mauluayse, et filz de toute perdicion. O sire quant encore nous estions tes ennemys z la mort ancienne excercoyt encores sa seyngneurie sur toute creature, laqlle elle tenoyt par la coulpe du premier parent, tu as eu souuenance de ta doulce misericorde, et as regarde de ta haulte habitacion en ceste vallee miserable et toute pleyne de pleur. O seygneur tu as veu lafflicion de ton peuple z toy par dedās frappe de charite as voulu penser pour noz cogitacions de paix et de redēpcion Ces choses dit sait anselme En tour et pres doncques le vingt et septiesme an de lēpereur august, ceste benoite vierge fut nee de la racine de iesse, laqlle fut gresle p pourete, flexible p humilite, droycte par intencion et charite Laquelle nous a engendre la tresbelle fleur nostre seigneur thesucrist, sur lequel la grace du saint esperit auecqs ses sept dons sest reposee Ceste vierge fut prefiguree par la porte que dieu mostra a ezechiel, laquelle ne deuoyt iamays ouurir, mais seullement le seigneur vouloit passer par elle, elle estant close, car ainsi que la fleur ne viole poit larbre mais lembellist, ainsi le filz de dieu na point violé la vierge, mais la ebellye de grans dons et de graces. Elle est nee de son pere ioachim de nazareth, et de sa mere anne qui estoit du chasteau de sephoz qui est a deux lieues de nazareth tous deux iustes devant dieu. La vierge est descedue d la lignee de iuda et de dauid. Car comme dit crisostome, cestoit chose digne et conuenable au diuin mistere que marie qui deuoyt estre mere du filz de dieu selon la chair, fust nee de royalle lygnee et sacerdotale, de laquelle le filz de dieu qui est roy et prestre eternel, a prins humaine nature. Les parens de ceste fille voyans que par vingt ans nauoyent point de lignee, prieret nostre seigneur quil luy pleust de leur doner lignee, en vouant quilz lofferoyent a dieu. Et quant le prestre de la loy ysacar vist ioachim voulant offrir oblacion a dieu auecques ses compaygnons le desprisa en luy improperant sterilite, lequel ioachim pour honte qil en eust sen alla a ses pastoureaux, et la luy apparut lange de dieu en le reconfortant et disant que ses oraysons et aulmosnes estoyent montees iusques devant dieu. Il donnoyt la tierce partie de sa substace aux poures, et lautre tierce partie au temple et aux ministres, et de lautre tierce partye viuoyt auecques sa famille. Et luy dist lange. Ta femme anne enfantera vne fille, laquelle tu appelleras marie. Elle sera consacree a dieu ainsi que tu las voue, et sera remplye du sainct esperit dez le ventre de sa mere, et sa conuersacion sera au temple de dieu. Les choses aussi lange denonca a anne. Et par la monicion angelique alerent tous deux en iherusalem pour rendre graces a nostre seigneur, et puis apres retournerent en leur maison. Les choses faictes anne conceut et enfanta vne fille, laquelle nomma marie. Et fut deuant figuree par la fille du roy astragis, lequel comme il est escript en listoyre scolastique vist en vision, que vne belle vigne croissoit du ventre de sa fille, laquelle se dylatoyt en fleurs et en branches, z apportoyt fruit en telle maniere quelle vmbreoit tout son royaulme. On luy dist que vng grant roy deuoyt naistre de sa fille, laquelle engendra apres le roy cyrus, leql deliura les enfans disrael de la captiuite babilonique. Aussy fut il dit a ioachim quil auroit vne fille qui porteroyt le roy Ihesucrist, lequel nous deliureroyt de la captiuite τ seruitude diabolique, lequel fut la vraye vigne q sest dilatee par tout le monde, laquelle vierge par priuilege singulier fut purgee et preseruee on ventre de sa mere, du pechie et coulpe originelle. Dont dit sainct bernard, Entre les belles prerogatiues de la vierge marie ceste est vne grande que sans doubte elle fut auant sainte que nee. Je pense que pl9 copieuse benediction descendyt en elle des le ventre de sa mere, que en nul aultre sanctiffie, laquelle benedictio ne sanctiffieroit pas seullemet sa natiuite, mays auecques cela garderoyt toute sa vie necte de peche Car il appartenoit bien que par priuilege singulier, elle menast vie sans pechie, elle qui deuoyt enfanter le dieu qui estoyt destructeur de pechie et de mort. Et pource cestoyt rayson quelle eust et obtint le don de saincte vie, et de iustice deuant tous aultres. Et sainct augustin dit que la benoiste vierge deuant la concepcion du filz de dieu, fut santiffiee en telle maniere quelle pouoyt bien pecher venielement, mais apres la concepcion du filz de dieu, elle ne pouoyt pecher venielement ne mortelement. Et ceste chose fut prefiguree par la fontaine qui estoyt ou iardin enclouse de toutes pars, car le sainct esperit la sanctiffiee des le ventre de sa mere onquel elle estoyt encores enclouse, et la signa tellement du signe de la saincte trinite que oncques despuys en elle ne entra chose q la peust souiller ne coinquiner. Et pourtant apres que la vierge eut troys ans, elle fut portee au temple, et la de ses parens presentee, et demoura dedans lencloux du temple auecques les aultres vierges, affin quelle aprist sciece, et qlle seruist a nre seigneur et demoura ainsi iusqs a leage de .xiiii. ans. Loblacion de ceste vierge fut demonstree par la table du soleil, de laquelle lystoyre scolastique raconte quilz estoyent aulcuns pescheurs qui mirent leurs ratz en la mer et tirerent dauenture vne table toute doz, laquelle fut presentée au temple du soleil materiel que ces gens adoroient. Lequel temple estoyt ediffie sur la ryue de la mer ou sablon. Ainsi la vierge marie fut offerte au temple du soleil eternel. Et bien conuenablement fut figuree par la table doz, car par elle nous est donnee la viande celestielle. Elle nous a apporte le filz de dieu nostre seigneur ihesucrist qui nous a refocilles de son precieux corps et de son precieux sang. Item elle fut prefiguree par le temple que salomon ediffya a dieu. Le temple estoit ediffie de pierres moult bien polies et adournie par dedans de or fort precieux et tresnect. Aussi la vierge marie estoit tresblanche par la blancheur de la pure chastete qui estoit en elle, et si estoit par dedans paree doz de tresparfaicte charite quelle auoit. Item elle fut demostree par la fille de iepte, laquelle fut offerte en rendant graces de la victoyre de ses ennemys temporelz. Aussi marie fut offerte deuant la victoyre pour obtenir victoyre des ennemis infernaulx. Ou elle fut prefiguree par larche du testament, en laquelle estoyent encloures les commandemens de la loy, car la auoit deux tables esquelles estoyent escriptz les dix commandemens, lesquelz marie gardoit tresdiligemment. Aussi en larche estoyt le liure ou estoyt la loy escripte, car marie lisoit voulentiers es liures de la saincte escripture. En larche estoyt la verge de aaron, laquelle auoit flory, et marie florit, et a porte en son ventre le benoist fruyt de vie. En larche estoyt aussi la manne que dieu auoit fait garder a moyse en tesmoygnaige. Et marie nous a apporte la vraie manne celeste. Larche estoit faite de bois de sethin que ne pourrist point, et marie nest point retournee en pouldre ne en pourriture. Larche auoit es coustez quatre aneaulx doz, et marie auoit en elle les quatre vertus cardinales que sont la racine et commancement de toutes vertus. Larche estoyt doree dehors et dedans. Marie reluysoyt dehors et dedans de belles vertus. Comment elle seruit a dieu et quelle vie mena fut demonstre ou iardin que le roy de perse planta a sa femme sur vng hault ediffice, duquel elle pouuoit veoir son pais, qui estoyt loing delle, parquoy est demonstree la vie contemplatiue que menoit marie, laquelle estant au temple contemploit tousiours le pais celestiel, car par la grace diuine qui pouuoit en son vsaige de raison, quant ses parens leurent laissee au temple constitua en son cueur quelle auroit dieu en pere, et se fit enseygner la loy de dieu, et souuet pensoit deuotement quelle chose pourroit faire pour estre plaisante a dieu, affin quil luy pleust de luy donner sa grace. Elle demandoit a dieu tresaffecteusement grace de garder ses commandemens, et qui luy pleust de luy faire aimer tout ce quil aymoyt, et hair tout ce quil haioyt. Demandoit aussi toutes les vertus par lesquelles elle peust estre gracieuse deuant luy, et si prouffitoit de myeulx en myeulx au seruice de dieu. En tout temps elle vaquoit en contemplacion, oraison, lecon, ou operacion, car elle prioyt sans cesser pour le salut de lumain lignaige. Elle lisoit voulentiers les escriptures qui parloient de la uenement de nostre redempteur ihesus, et tout ce quelle trouuoit de lincarnacion du filz de dieu relisoit doulcement en le baisant et accollant. Elle estoit la premiere es vigiles, la plus enseignee en la sapience de dieu, la plus humble de toutes, la plus ioyeuse en seruant dieu, la plus gracieuse en amour en toute purte, la plus pure et la plus parfaicte en toute vertu. Elle estoit constante et immobile en passant le temps de mieulx en mieulx. Nul oncques la vist courroucee, car sa parole estoit si pleine de toute grace, que mesmes en sa langue on cognoissoyt dieu. Elle estoyt soygneuse enuers ses compaignes, a ce que aulcune ne fust offesee de chose quelle dist, et iamais ne esleua sa voix en ris dissolus, et orgueil ou iniure ne demonstra enuers son pareil par quoy, elles offensassent dieu, lequel en tout temps benoyssoyt. Et affin quelle ne fust ēpeschee de orgueil quāt aulcū la saluoyt/elle respondoyt deo gracias/dieu soit loue. Et delle vint premierement que quāt on salue les sainctz hommes/ilz dient deo gracias a ceulx qui les saluēt. Elle fut aussy la pmiere qui voua a dieu le veu de virginite/si dieu ne ordōnoyt delle aultre chose. Lequel veu nul auoit fait despuis le cōmancement du monde. Elle se maintenoyt tant prudentement/humblement et deuotemēt/que sa vie bailloit a tous exemple de bien viure. De laquelle vie saint ambroyse dit en ceste maniere. Soyt la vie de marie escripte deuant nostre ymaginacion/en laquelle comme en vng beau mirouer reluyst la beaulte de chastete/et la forme de toute vertu/car elle estoyt vierge de corps et de pensee. de cueur humble/griefue en parole prudente de couraige/pou parloyt studieuse estoit en la saincte escripture/mectant son esperance en la priere des pouures/et non pas en vaynes richesses/ententiue a oeuurer/honteuse en parolle/desirant de toute son ame plaire a dieu/et non aux hōmes/ne nuyre a nully/vouloir bien a tous Aux anciens portoyt honneur/ne portoyt enuie a ses parcilz/fuyoit iactance et vantance/ēsupuoyt le iugemēt de raison/et aymoit vertus. Qui est celluy q̄ peut dire q̄ en fait ou en pēsee ceste fille oncq nuisist a son proyme/ne q̄lle mesprisast lumble/ou q̄ se mocquast du debile/ou du souffreteux El le nauoyt riēs de puers en sa veue/et nestoit point pcace en ses poles. mays en toꝰ ses faictz auoit vne vergoigne. en telle maniere q̄ son corps estoit la psentacion de sa pēsee/et forme de toute pbite. La glorieuse vierge marie fut telle que seullement sa vie estoyt exemple et discipline/a tous/ de biē faire Et pource si elle qui a mene ceste saincte vie nous plaist/monstrons luy par oeuure/et affin q̄ si desirons auoyr merite auec elle lēsuyuons par exemple Cest nostre guyde prefiguree par lestoille q̄ balaā auoyt pphetise naistre de la lignee de iacob Maria insi q̄ fait lestoille enlumine et dōne clarte a ceulx q̄ floctent aux vndes de la mer de ce monde et les pduit a bon port et sans elle ne pouons ceste mer dangereuse passer ne venir au port du royaulme celeste. Et de elle dit saint anselme. Aps q̄ la vierge fut nee/et q̄lle eust passe les ans denfance/qui est celuy q̄ seulement puysse penser ne cōiecturer cōment elle ordōna sa vie et comment elle vesquit deuotement et dignement selon dieu. Certes il nest point a doubter que son treschaste corps/et sa tressainte ame ne fust pseruee par la continuelle garde angelique de tout pechie cōme celle qui estoyt la sale/en laquelle le createur de tout le monde deuoyt habiter/et de laq̄lle deuoyt prēdre nostre humanite et la cōioindre a soy par diuine operaciō merueilleuse Et nul merueiller sen doit/car len trouue bien entre les mōdains ceste maniere de faire obien que on ne doyt poīt faire comparaison des choses celestes aux terriennes/car noꝰ voyōs que quant vng grāt seigneur/ou vng riche hōme veult en aulcū lyeu loger/les messagiers q̄rent hōneste lyeu et le gardent/le necroyēt et parent/affin quil soyt conuenable et plaisant au seigneur qui y veult habiter. Et se on fait tel appareil pour receuoyr vng seigneur terrien/ et de puyssance mondaine/que pensons nous quel fust lappareil de tout bien on cueur de la tressaincte vierge pour lad uenemēt du roy celeste et eternel/lequel ne deuoit pas seullement en passant loger en elle/mais auecce deuoit estre fait de sa substāce en forme dhōme Aussy elle fut pfiguree quāt a sa natiuite par la verge nee et yssue de la race et lignee de iesse pere de dauid de laq̄lle flez tresdoulx cest ihūcrist saillit et fut pduit sur leq̄l les sept dōs du saīt esperit reposerēt Donc ame deuote diligemmēt considere icy les vertus et meurs de la vierge marie/et de ton pouuoyr les ensuyuir te estudie et efforce Oraison

Marie vierge des vierges/q̄ nas pareille ne sēblable deuāt ne apres toy q̄ as voue a dieu le veu de virginite pmiere q̄ toutes fēmes/et luy as offert ce glorieux don/leq̄l faire de nulle creature estoyes instruycte ensuyuir ne par dit ne par exemple/pour laquelle vertu de virginite et les aultres qui estoyent en toy/as este playsante a dieu/et as layse exemple bien viure a tous qui seront apres toy/ ie prie ta bonte qui est tresgrande/ que toy q̃ es mon souucrain confort/ adressez ma vie et me fais ensuiuir a mon pouuoyr tes vertus et exemples/ et concede q̃ ta grace soyt tousiours auecques moy Amen.

Des espousailles de nostre dame chapitre. iii.

Ainsi doncques comme marie vierge croyssoyt en eage naturel/ aussi elle croissoit de iour en iour en vertu. Et po⁹ ce q̃ son pere et sa mere lauoiēt laisse/ nostre seigneur la prīt a luy/ et la faisoyt to⁹ les iours visiter des anges et luy donnoyt nouuelles consolacions quil a gardoyt de faire mal/ et la faisoyt habonder en tout bien. Elle vesquit en telle maniere/ cest on temple iusques a son quatorziesme an. Et lors lues que fut denonce publiquement/ que les vierges qui estoient au temple/ et qui estoyēt en tel eage retournassent en leur maison po⁹ les ioindre a mariage. Auquel mandement furent toutez prestes de obeir/ excepte la vierge marie/ qui respondit quelle ne pouuoit faire ceste chose/ car ses parens comme elle disoyt lauoyent donnee au seruice de dieu/ et aussy quelle mesme auoit voue a dieu le veu de virginite. Lors leues que fut en grant soucy. Car il ne pouuoyt enfraindre la saincte escripture/ qui dit Vous qui aues voue aulcun veu a dieu rendes luy ce que luy aues voue. Ne aussi il nosoit mectre sus vne chose iacoustumee au peuple des iuifz comme estoyt le veu de virginite. Par le conseyl des anciens il commanda que tous retournassent en oraison. affin q̃l pleust a dieu de reueler sa voulente. Et tantost vne voix fut ouye de tous que selon la prophecie dysaie qui dit Egredietur virga de radice iesse. Une vierge ystra de la racine de iesse on deuoit querir vng homme auquel seroit marie espousee. Doncques selon ceste prophecie il commanda que tous ceulx de la maison de dauid non maries habiles a mariage apportassent chescun vne verge a lautel du temple. Et tātost sans demeure la verge de ioseph floryt/ et au bout se seoyt vne colombe qui estoyt descendue du ciel. Par quoy on cogneust q̃ ce estoyt celluy auquel la vierge deuoyt estre espousee. Et combien que selon sainct augustin marie et ioseph deuant quilz fussent espouses ensemble eussent propoz de garder virginite. toutesfoys par la reuelaciō du saint esperit/ lung et lautre consentit a mariage. Car sans lenseignement du sainct esperit lung ne se fust point consenty a lautre/ ne lung neust point cogneu le propoz de lautre. Et apres quilz eurent reuele leur propos lung a lautre vouerēt virginite par parole ensemble. De quoy dit hugues de sait victor. Que combien q̃ la vierge eust voue virginite/ et ses parens vouloyent quelle fust mariee/ elle craignāt estre inobediente a ses parēs et ne voulant point laisser son propoz de virginite/ fut enseignee par le sainct esperit/ quelle se commist toute a dieu en ayant telle fiance en luy/ que sa diuine misericorde la gardcroit tellement quelle pourroyt garder obedience a ses parens en prenant lestat de mariage/ et toutesfoiz ne seroyt point contraincte de froysser le veu de virginite. Et baille exemple de abraham/ a qui dieu auoyt baille repromyssion en son filz ysaac, auquel commāda apres qu'il le immolast pour l'amour de luy sur la montaygne, auquel commandement obeist en sachant de certain que z selon humaine raison le commandement estoyt veu contraire a la promission, touteffoys selon la puissance par laqlle toutes choses sont possibles a dieu il croioit que auecques lobedience de immolacion dieu pouuoit acoplir sa promesse et repromission. Et ainsi fut fait que son obedience luy aideroit a auoir merite enuers dieu z la promission ensuyuroit son effect. En ceste maniere peut estre au propos de la benoiste vierge marie. De quoy dit saint anselme q pour certain elle aymoit moult ces deux choses virginite et fecōdite. Virginite car elle sauoit q virginite plaist en toutes choses a dieu. Fecondite ou maternite, car elle creignoyt la malediction de la loy charnelle, que on gardoit encores a celles qui estoient steriles. Deux choses doncques estoient en lame de la vierge qui fort bataillotēt lune cōtre lautre, cestoit amour de garder virginite a dieu, et crainte de encourir la malediction de la loy. Touteffois amour de garder virginite vainquit en elle la crainte de encourir la malediction de la loy. Doncques la vierge tendre et delicate, de lignee royalle et la plus belle des belles de toute son intencion de tout son amour z son estude ne tendoit en aultre chose fors quelle cōsacrast son corps et son ame a dieu perpetuellement, par le veu de virginite, car elle sauoit bien que de tāt quelle garderoyt en elle plus sainctement le veu de virginite, de tant plus celluy q est le treschaste, voire q est mesme la chastete sapproucheroit delle. En embrassant doncq ce quelle cogneust estre plº plaisant au seigneº de la loy eust esperance, et creust qlle esuaderoit pleinement la malediction que la loy auoit donnee, reputāt auoir auecqs soy la chose de si grāde bonte et de si grāde sapience, et si seure qlle ne pouoit penser selon sa conscience chose q fust meilleure et de plus seur cōseil, a ce qlle peust escheuer tout pechie, et en ce ne fut pas deceue. Qui est celluy q

a eu esperance en dieu, et a este delaisse de luy, nul. En la vierge estoit saincte intencion chaste propos, ferme foy, esperance si constante et charite sans faillir. Considere ṗmēt le pere de misericorde auoit son oeil sur elle, affin quelle ne fust frustree de son intencion, et que si chaste virginite ne fust violee, et que ferme foy ne fust amaindrie, et que sa cōstante esperance ne chancelast, et que la plenitude de charite qui estoit en elle ne deffaillist et luy fut donē son aide qui la deliura de ce quelle creignoyt, et la garda a ce q'ce quelle aymoyt ne luy fust oste. Et affin que nul ne doubtast q elle encorust la malediction de la loy luy donna fecondite et auecques virginite le fruyt de maternite. Et est ycy assauoir pour la cognacion et lignee de marie de quoy il est fait souuēt mencion en leuangile que saincte anne eut successiuemēt troys maris. Le premier ioachi, Le secōd cleophe frere de ioseph, Le tiers salome, de chescun deulx elle eut vne fille, lesqlles nomma marie et chescūe eut sō mary. La p̄miere eut ioseph. La secōde alphee. Et la tierce zebedee. La premiere enfanta nostre seigneur ihūcrist. La seconde saint iacques le mineur, et ioseph le iuste q est appelle barsabas, auecques sainct simon et sainct iude. La tierce saint iacqs le maiour et saint iehan leuangeliste. Et combien q sainct iacques filz de zebedee soit le dernier ne, touteffoys il est dit le maiour, pource q'il fut premierement appelle de nr̄e seigneur. Et pour ceste distīction saint iacques filz de alphee est dyt le moindre, lequel sainct iacqs mineur et ses troys freres sur tous les aultres sont appelles freres de nostre seigneur, car ilz nestoiēt pas seullemēt cousins de deux seurs mays auecques ce estoyent filz de deux freres, cestassauoyr de ioseph et de cleophas. Touteffoys entre tous les aultres saint iacqs le mineur est dit frere de nostre seigneur par vne figure q se nōme athonomasie, car il luy ressēbloit moult p̄faictemēt en la face et en la grādeº de corps. Et saichez q nr̄e seigº voulut q sa mere eust mary, et voulut estre ne elle estant en lestat de mariage po² plusieurs causes/desquelles aulcunes sont prinses de la partie de lenfant/les aultres de la partie de la mere/et les aultres de aultre partie. De la partye de lenfant sont prinses cincq raysons. La premiere selon saint iherosme/pour declarer sa natiuite/affin q̃ la lignee de la vierge marie fust monstree par la generacion de ioseph/duquel elle estoyt cousine/et q̃ la genealogie de nostre seigneur fust selõ la maniere des escriptures escripte p̃ hõme τ nõ pas par fẽme. La secõde selon saint ambroise est pour oster toute suspicion/affin q̃l ne fust veu q̃ on fist iniure a la loy q̃ condẽpne lenfantemẽt sans mariage. La tierce aussi selon sainct ambroyse/pour oster toute calumpniacion/affin q̃ herode et les iuifz ne fussent veuz persecuter nostre seigneur iustemẽt cõme celluy qui seroit ne en adultere τ q̃l ne fust deboute des infidelez cõme illegitime. La quarte selon origene/pour la substẽtacion de lẽfant quãt il deut estre porte en egipte/affin quil fust nourri du saint hõme ioseph. Et pour ceste cause ioseph est appelle nourrisseur de nostre seigneur. La quinte selon origene/ambroyse/et iherosme/po² celer la natiuite du filz de dieu/affin q̃le mistere et lenfantemẽt de nostre seigneur fust cele au diable q̃ pensoit q̃l ne fust pas ne dune vierge/mays dune mariee. Aultres cincq causes sont prinses de la partie de la mere. La p̃miere selon saint ambroise/affin quelle ne fust diffamee quãt on eust veu q̃lle eust este grosse sans estre mariee/et pource nostre seig² parmist plustost q̃ on doubtast de sa natiuite que sa mere fust diffamee. La seconde selon bede et iherosme/po² euiter la peine a ce q̃ les iuifz ne la calũpniassent et ne la lapidassent iustement cõme adultere. La tierce selon iherosme/et origene/pour luy donner soulaigemẽt/et cõsolacion/affin q̃ en allant en egypte et en retournãt/elle fust substantee par le seruice du bon hõme ioseph. La quarte selon la glose pour enforcer la foy/affin que on adioustast plus grande foy aux paroles de la vierge/car se elle eust este grosse sãs estre mariee/il eust semble q̃lle eust menti/et on ne leust point creue quãt elle se fust dicte vierge. La quinte est pour auoir participacion a chescun estat/affin que la mere de nostre seygneur eust aucũe chose de lestat de virginite/mariage et vesuaige. Derechief cincq raysons sont baillees po² aultres causes. La premiere selon saint ambroise/pour oster toute excusacion de pechie/affin que aux vierges qui sont sans honte et viuent mal/elle ne baillast aulcune couuerture de excusacion/par quoy il semblast que la mere de nostre seigneur fust diffamee. La secõde selon origene/pour la confirmacion de mariage cõtre aulcuns heretiques qui deuoient dire que mariage nestoit pas bon/ou affin que les deux estas de vierges et de mariees fussent approuues/quant on veoit quil estoit ne de vierge et mariee. La tierce est pour oster tout obprobre et honte affin que en la personne de la vierge marie obprobre ẽcouru par la p̃miere femme fust oste de lestat des femmes tãt vierges que mariees/q̃ aussi vesues. La quarte est pour dõner exemple/affin quil fust demõstre que apres ce que on est espose auant q̃ on soit cõuenu ẽsemble/on peut eslire frãchement meilleur estat/et fayre veuz plus solempnes/cõme est entrer en religiõ sans le cõsentemẽt du mary/ainsi quil fut demõstre en la benoiste vierge marie. La quinte selon crisostome/a la demõstrance du mistere p̃ment sainte eglise est espouse de nostre seigneur ihesucrist/laq̃lle est tousiours vierge sans souilleure et sans taiche/de la quelle vierge nous sommes filz en la foy de nostre seigneur. car selon leon pape. le crestiẽ naist du corps de leglise de tel esperit p̃me nostre seigneur ihesucrist est ne du corps de la vierge. cestassauoyr du sainct esperit. Et pource selon crisostome la vierge marie fut espousee a vng feure de bois cest auec vng charpentier. car ihesucrist es pour de leglyse deuoyt ouurer le salut de tous par le bois de la croix. Et selon saint augustin nostre seigneur ihesucrist ne de mere qui estoit espouse dung feure tua et esmourtit tout lorgueil et enfleure de noblesse charnelle. Ceste vierge fut figuree par la vierge sarra fille de raguel espouse du ieune thobie laquelle garda son ame de toute concupiscence charnelle. Et plus fort la vierge marie espouse de ioseph, laquelle demoura vierge perpetuellement sans aulcune taiche. Semblablement ceste vierge est comparee a la tresforte tour qui estoit appelle baris, laquelle comme il est escript en listoire scolastique pouoit estre deffendue seulement par deux hommes contre tous ses enemys. Et la vierge marie a este tresforte et inuincible de laquelle le souuerain dieu qui est eternelle sapience estoyt sa principale garde. La vie aussi delle estoit comparee a la tour de dauid, en laquelle pendoient mille scutz et boucliers reluysans car elle reluysoyt en toutes bonnes vertus desquelles sa vie estoyt deffendue contre tous ennemys, en telle maniere quelle surmontoyt tout pechie et toutes temptacions et non seulement de elle mesme, mais auecques ce par la grace qui estoyt en elle, elle rebutoyt toutes temptacions du cueur daultruy. Or considere maintenant combien de femmes et de vierges ont este deuant ceste vierge, et touteffoys elle seule a desseruy estre mere du filz de dieu. Pour certain cest grant grace et difficile a raconter que vne seule entre tant de milliers soyt esleue a ceste dignite. Elle fut esleuee deuant toutes femmes, car elle les precedoyt en saincte de vie. Dont dit sainct anselme. Dieu qui encerche les cueurs et les rayns deuant toutes celles qui estoyent au monde a esleu ceste vierge seulement, et la sacree a ce quil habitast en elle corporellement, laquelle pardeuant la nourrissoyt pleyne de vertus, et lembrassoyt spirituellement. Je croy quelle precedoyt toute femme en sainctete comme on le peut veoir qui bien le considere, car les aultres ont desseruy enuers dieu auoyr aulcunes parties de grace, mais ceste vierge fut saluee de lange estre toute pleyne de grace.

Orayson.

Ie te salue verge de iesse flourissant et fructiffiant, marie vierge tresbenoicte, de laquelle est procede celle seule fleur et singulier fruyt, duquelle germe de toute vertu spirituelle est produyct fleur tresdoulce, enuoyant toute odeur, fruyt tressauoureux, enuoyant toute doulceur. Fleur duquel la bonte oste toute tristesse, et fruyct duquel la saciete donne toute lyesse. Benoicte soyt la verge procedant de la racine de iesse. Benoycte soit la fleur qui est montee de telle racine, benoist soyt larbre, benoist soyt le fruyt de vie. O doncques roy vierge marie, qui es benoycte perpetuellement, par ta fleur ma vie recree, et par ton fruyt deliure moy de toute misere. Amen.

De la concepcion de sainct iehan baptiste chapitre quart.

Aux iours que herode roy de iudee regnoyt, vng prestre estoyt nomme zacharie de la lignee de abia, qui auoyt vne femme nommee helizabeth, de la lignee de aaron. Tous deux estoyent iustes deuant dieu, non pas ainsi que les ypocrites qui font bones euures deuant le monde, et cheminoyent en tous les commandemens, quant a lobser uance des commandemens moraulx/et estoyent iustes deuant dieu/quant a lobseruance des iudiciaulx. Car enuers leurs prochains paisiblement se gouuernoyent/et nauoyent point de filz pour la sterilite/q̃ est la principale cause quãt a la femme/et aussi po² la vieillesse/q̃ est cause cõmune/tant a lomme que a la femme/par quoy appert que la conception de sainct iehan fut miraculeuse. Car elle ne fut pas seulement par nature/mais auecques nature/la grace de dieu y fut adioustee. Et est icy assauoyr que combien que moyse eust institue vng seul souuerain prestre/lequel mort vng aultre par ordre luy succederoyt. Dauid voyãt augmẽter le seruice diuin ou temple de dieu/institua de vingt et quatre familles q̃ estoyent descendues de la lignee de aaron vingt et quatre prestres/desquelx seulement vng estoit souuerain/et estoit dit prince des prestres. Il ordonna encores/que chescun a son tour ministreroit par sepmaine/depuis vng samedy iusques a laultre. Et le temps de leur sepmayne se deuoyent estudier a toute chastete/et lors ne deuoyẽt pas retourner en le² propre maison/mais deuoyent demourer en petites maysonnetes qui estoyent pres du temple/et la deuoyent coucher. Et ordonna a chescun sa sepmaine/laq̃lle se bailloyt par sort/et le sort cheust/et vint sur abiam/duquel zacharie pere de sainct iehan descendoit. Lequel en son ordre doyuant faire le mistere du p̃stre selon le sort qui estoit la huytiesme sepmaine/yssit de la maison ou il auoyt vestu les vestemens du prestre/et entra on temple de dieu pour offrir encẽs a dieu. cestassauoyr le quart iour du septiesme moys/q̃ est septembre/et le peuple prioit hors du tẽple/car nullemẽt estoyt licite de estre au tẽple de dieu. Par ce peut apparoistre q̃ zacharie nestoit pas souuerain prestre/mais simple. Moralement par zacharie/qui est interprete ayans memoyre de nostre seigneur/est signiffie le bon prelat/lequel doyt porter en sa poictrine la memoyre de dieu pour son salut/et pour ceulx qui luy sont commis. Lequel bon prelat/entre on

temple de dieu/par soigneuse diligence du seruice de dieu/et offre encens par deuote oraison/et le peuple prie par son instructiõ. Len doit auoir memoyre de troys choses qui sõt en dieu/cestassauoir de sa puissãce quant aux oeuures de creacion/de sa sapience/quant a celles de recreacion/et de sa bonte/quant a celles de retribucion. La p̃miere est raportee au pere/la seconde au filz la tierce au sait esperit. Lãge gabriel apparut a zacharie estant a la dextre de lautel/ou il offroit encens/et quãt il le veist eut grant paour. pour le regart de la haulte et puissante nature angelique/laquelle il nauoit pas acoustume de veoyr. Toutesfoys/il y a differance du bon ange au mauuais/car le mauluais continue toufiours paour et horreur a la personne/et selon bede/il nest point mieulx surmõte/que en ferme foy sans cremeur/mais le bon/tantost conforte et console la personne. Et pource lange dist tantost zacharie ne ayes paour comme se il disoit Ie viens a ta consolacion/et pourtant il adiousta apres. Car ton oraison est exaulcee. zacharie ne prioit pas dieu pour auoir lignee/car il ny auoit poit desperãce/mais le prioit pour les pechies du peuple et pour laduenemẽt de messyas. Et pourtant q̃ le peuple deuoit estre sauluee/par la venue de nostre seigneur iesucrist/lange luy anonca quil auroit vng filz lequel prepareroit les cueurs du peuple a leur saulueur en p̃schant penitẽce et vraye foy/et luy dist le nom de lenfant/car il deuoyt auoir nom iehan. Sur quoy dit bede. Iehan est interprete en quoy est grace/ou grace de dieu. Lequel nom fut premieremẽt declayre a ses parẽs/parquoy ilz pouuoyent veoyr/que le filz qui a eulx anciẽs estoyt donne/venoyt de la grace de dieu/ Aussi a luymesme iehan estoit declayre q̃l deuoyt estre grant deuant dieu/ car des le ventre de sa mere le sainct esperit luy enseigna de viure. Aussi es enfans de israel est donne a entendre/que iehan estoyt celluy q̃ les deuoit ꝗuertir a le² seig². Aussi lange denõca a son pere q̃l en deuoit auoyr ioye interiore et exultacion exteriore. Exultaciõ proprement est vne ioye qui est si grande par dedans que on ne peut contenir quelle ne se demonstre par dehors. Lange aussi promist que plusieurs auroyent liesse en sa natiuite, car non seullement ses parens sen esiouyrent, mais aussi plusieurs, et encore en ce temps present nous voyons quil est acompli quant non seulement les crestiens festoyent le iour de sa natiuite. mays aussi les sarrazins et plusieurs autres creatures Bede. A bon droit et non sans cause le pere se esiopst de ce quil eust en sa vieillesse vng enfant plein de telles graces. Et non seulemēt luy sen esiopst, mais aussi ceulx sen esioyssoyent auxquelz lentree du royaulme du ciel na poit este anōcee ne preschee. Et saint ambroyse dit. On doit auoir grant liesse en la generacion et natiuite des iustes, car le saict nest pas seulemēt gloyre a ses parens, mais auecques ce est cause du salut de plusieurs. Et po^r tāt no^9 sommes admonnestes de nous esioyr en leur natiuite. Moralemēt en chescun de nous pouuons trouuer zacharie et sa femme elizabeth, qui luy engēdre vng filz duquel le nom doit estre iehan, et duquel on doit auoir ioye et exultacion et plusieurs se doyuent esioyr en sa natiuite. Par elizabeth femme de zacharie on peut entendre la chair que se ioinct a lesperit. car ainsi que lōme gouuerne τ chastie la femme. ainsi lesperit doit gouuerner τ chastier la chair affin quelle ne soit maistresse, et quelle ne chee en pechie de fornicacion. laquelle enfante iehan quant lesperit moyennant le corps excerce bonne operacion, cōme donner aulmosne, vestir le pouure, visiter le malade, enseuelir le mort, et les autres oeuures de misericorde. Adoncques la femme est cōme la vigne habondant en tout bien en la maison de son mary. Lenfant doit auoir nom iehan quest grace de dieu. car nul ne se doit attribuer le bien qil fait, mais seullement a la grace de dieu. Et de cestuy ēfant luy viendra ioye et exultacion quant il se esioyra en dieu par le moyen de la bōne oeuure quil faict, laquelle bonne tousiours a lesperit ioye. Moult doncques se esioyront en la natiuite de sainct iehan, car vng chescun se doyt esiouyr du bien de son prouchain.

Et pource souueraynement nous deuons prouuoyr, que quant nous esioyssons corporellement en aulcune sollēnite aussi nous esiouyssons en nostre ame spirituellement, τ que la fin de nostre ioye corporelle soit refferee a la spirituelle, affin que les reliques de noz cogitacions facent feste a nostre seigneur. Certes les mauluais ne pouuent auoir ceste ioye tant quilz perseuerent en mal. Et pourtant nectoions noz ames de tout pechie, affin que puyssions dignement celebrer la ioye de telle sollēnite. Lange aussi anonca la grandeur et magnificēce que lenfant deuoyt auoyr quant a dieu en vertu sainctete et dignite. Laquelle grandeur est en quatre choses selon quatre dimensiōs. ainsi que dit sait paul Cest assauoir en haulteur de conuersaciō en profonde humiliaciō. en largeur de charite. en longueur de perseuerance finale, lesquelles quatre choses eust saint iehan Et po^r ce selon le tesmoignaige de nostre saulueur de femme nest ne plus grant de iehan. Encores auecqs ce lange en moult de manieres expose la grandeur de lenfant et magnificēce, en faisant memoyre de plusieurs priuileges qui seroyent en luy, quāt il dist que sa vie seroyt en toute abstinence et quil ne deuoyt point boyre de beuurage qui le peust enyurer, comme est vin ou ceruoyse. car il nest pas decēt au vaisseau qui est dedie a la grace celeste de seruir aux alechemēs du monde. Enquoy appert qil deuoyt estre nect de tous les vices qui pouuēt subuertir lestat et desir de lame. Il dist aussi quil deuoit estre remply du saint esperit quant a la purificacion du pechie originel, et quāt a operaciō vertueuse, enquoy est demonstre que luy ne au monde deuoit fructifier et resplendir en toutes vertus. Il dist aussi quil quertiroyt plusieurs des enfans disrael a leur seigneur qui est ihesucrist. laquelle chose il fit en preschāt et en baillant tesmoignaige de luy. En oultre lange dist quil deuoyt preceder nostre seigneur et aler deuant luy en la vertu et en le

c i

sperit de helye. Premierement pour la similitude de l'office, car ainsi que helye precedera le second aduenement de nostre seigneur, aussi saint iehan a pcedé le premier. Secondement pour la similitude de la vie car lung et lautre a esté austere en viande et en vestement. Tiercement pour la similitude de la doctrine, car lug et lautre a constantement redargue les vices mesmes de grandes personnes. Et pour ceste fin deuoit preceder a ce quil conuertist les cueurs des peres auecques ceulx des filz, c'est en donnant vng mesme entēdement des escriptures. Et aussi deuoit conuertir les cueurs des incredules auecques ceulx des iustes quant a l'obseruance & obedience de la foy. Et ouy disposer a nostre seigneur peuple parfaict, quant a la grace du vieil et nouuel testament qui est le sainct euangile, car la loy vieille ne mene ame a parfection, et pource elle est appellee loy de timeur, car se retraire de mal pour cause de la peine appartient aux imparfaictz. Mais la loy euangelique est dicte loy d'amour, car se retrayre de faire mal pour l'amour du bien appartient aux parfaitz. Ainsi doncques que tel et si grant enfant est ne de parens steriles & vieilz, aussi souuent aduient que aulcūs qui sont ia de grant eage et steriles en bōnes oeuures par le don et grace de dieu, font apres grant fruyt en l'eglise, comme il appert de sainct augustin et de saint denis qui auoyent ia grant eage quant ilz furent appelles a la foy de nr̄e seigneur. Mais zacharie considerant la sterilite de sa femme et la vieillesse de to⁹ deux ne creut pas ce que lange luy disoyt, et pour ceste cause il fut muet iusques a la natiuite de l'enfant en signifiance, que a la venue de ihūcrist la loy et les prophettes se deuoient tayre. Sur quoy dit crisostome. Pource zacharie prestre des iuifz fut muet, car il failloyt que les sacrifices que il offroit po⁹ les peches du peuple prisent fin, car le seul p̄stre venoyt lequel se offroyt a dieu en sacrifice pour les pechiés de tout le monde. Aussi pource q̄ en doubtant il fut faict muet, est signifié que la langue dicelluy qui doubte

et la foy est mue, car son oraison n'est poit playsante ne acceptable a dieu. Aussi par ce que apres la reuelacion qui luy fut faycte fut muet, est signifiance que apres que aulcune reuelacion ou vision est faite a hōme, se doit taire comme muet, car nullemēt sen doit esleuer par elacion. Apres q̄ les iours de l'office de zacharie furēt acōplys retourna en sa maisō, en laq̄lle n'estoit pas licite de retourner durāt l'office ne on ne deuoit poit boyre de vin ne de chose q̄ peust enyurer. Et se le prestre de la loy estoit tenu en faisant cest office a telle continence, abstinence et reuerence, en quelle nectete & purté deuroyt viure le prestre euangelique qui consacre si grant sacremēt. Et a l'exemple de ce entre aulcuns religieux est vne hōneste coustume, car lebdomader q̄ est moié entre le conuent & dieu ne part toute la sepmaine du cloistre, et ne fait aulcun excercice exterioré, mais seulemēt entent aux choses diuines. Aussi en aulcunes religions lebdomader sa sepmaine ne ple poit auec les freres. Et entre aulcūs chanoines lebdomader dort et couche en dormite². Apres ces choses helizabeth conceut, c'est assauoir le huytiesme iour deuant les kalendes d'octobre, et la sexte ferie. Et pource quelle estoit vieille par vne saincte vergoygne se muſſoyt par l'espace de cincq moys iusques a ce que la vierge marie eust conceu, et saint iehan son enfant eust prophetizé, et se fut esiouy en son corps de la venue de nostre seigneur. Et combien quelle se esouyst d'auoir conceu et que l'opprobre de sterilité luy fust osté, touteſfoys elle en auoit honte pour sa vieillesse en estant veue en tel eage vacquer a libidinité, car les anciens esquelz n'estoit esperance de lignee ne conuenoient point ensemble. Bede. Helizabeth monstre q̄lle cure et soing doyuent auoyr les sainctz a ce quil n'y ayt en eulx chose de quoy doyuent auoyr honte, & de quoy leur renommee soit meindree quant elle auoit honte mesme de ce quelle desiroit auoir. Estudie toy auoir honte de toutes choses illicites et te en abstenir non seulement deuāt les hōmes, mais plus de uant dieu/et ses anges. Car côme tesmoigne boece Grande necessite nous est enioincte de droictement viure a nous qui faysons toutes noz oeuures deuant les yeulx du iuge, regardant toutes choses Et saint augustin dit. Dieu est present/a tout ce q̃ ie feray/comme celluy qui est le souuerain regardeur de toutes cogitacions/intencions/et operacions. Quant bien ie conside re/iay en moy confusion/en toute honte et en toute timeur suis confondu/car ie regarde quil est en tous lieux present. et q̃l veoit tous les secretz de ma pensee. Certes il y a en moy moult de choses/desq̃lles iay grãt hôte deuãt luy. Et encore dit anselme. Seullement faiz pechie/la ou penses que dieu nest poit. Et vng aultre docteur dit. Quãt tu fais aulcune chose/de la quelle tu as hôte/que les hommes te voyẽt/pourquoy ne as tu plus honte de faire chose deuant dieu qui veoit toutes choses/comme est pechie/ou fraction des ses commandemens Certes entre les proprietes de lomme vne est a uoir hôte et vergoigne en mal fait/ou fayre fait laid/et deshonneste. Et pource ceulx q̃ sont sans hôte/sont incorrigibles car ilz muẽt honneur de leur raison/en nature de beste/et sont entre les hommes raisonnables/comme tous effrontes

Oraison.

O Sainct iehan qui es conceu par la denonciacion du mesme ange/qui a denonce lincarnacion du filz de dieu/et qui as este loue de lange/aincoys que fusses de pere engendre. Tu es celluy duquel dieu dist/que entre les enfans des femmes nul est ne plus grant. A toy doncques sire qui es tant sainct/tant benoict/tant grant voys a refuge/en doubtant de mon salut, car ie suis certain de mes grans pechies, mais esperant de ta grant grace efface les enuers dieu. O grant iehan/tes merites sont si grands/quilz pẽuent souffire et a toy/et a moy. Et se ilz prouffitent a moy/pourtant riens ne ten sera diminue Ta grande doncques habondãce supplie a ma pourete/a ce que me esiouysse en toy qui me auras ayde a enrichir et a me sauluer. Amen.

De la concepcion du filz de dieu ⁊ de la salutacion angelique. Chapitre. v.

OU sixiesme moys aps la cõcepcion du precurseur de nostre seigneur venue, la plenitude du tres sacre et tresheureux temps/cest assauoir le commancement du sixiesme eage/ouquel la souueraine trinite eternellement auoit ordonne a prouuoir et aider a lumain lignaige/par lincarnacion du verbe filz de dieu/dieu le tout puissant appellant lange gabriel vng des premiers princeps de son royaulme/lenuoya en la cite de galilee/appellee nazareth/a la vierge marie espouse de ioseph homme de sa lignee car ilz estoyent tous deux de la mayson de dauid lignee royale/et sur toutes les aultres maisons plus noble et plus religieuse Ainsi que dit saint bernard. Il a pleu a dieu de reconseiller lomme a luy/en la maniere et ordre q̃l cognoissoit estre cheu. Il estoit cheu/le diable enuoyant/le serpent excitant/le dyalogue entreuenant/et la femme consentant. Aussi il fut repare en ceste maniere/combiẽ quelle fust contrayre/cest assauoyr/dieu enuoyant/le sainct ange excitant/le dialogue ou parolle entreuenant et la vierge consentant. Les parolles ycy mises sont pleynes de grans mysteres/et pource comme dit bede/on les doyt noter

c ii

bien et solennellemēt/ et de tant mectre au parfond de nostre cueur/ quil appert que en elles est toute la somme de nostre redēpcōn. Nous deuons voulentiers auoyr memoyre du commancement de nostre redēpcō. Est doncques a noter/ que le nombre sixiesme nest pas mys sans grant mystere. Et nostre seigneur ihesucrist a este conceu en la sixiesme eage/ car par luy toutes choses deuoyent estre parfaictes. Le nombre sixiesme est nombre parfaict. Aussy a este conceu la sixiesme cpliade/ qui est le sixiesme mil an/ ou commancemant du monde/ en signiffiant quil est la determinacion/ et fin de toutes choses creez. ffut aussi cōceu au sixiesme moys, car en celuy moys le mōde fut faict/ lequel deuoyt estre repare par luy/ ainsi que par luy auoyt este cree. Aussi la sixiesme ferie/ car lōme fut cree en tel iour/ lequel deuoit estre recree par luy. Et semblablemēt en ce mesme eage/ en ce mesme moys/ et en ceste mesme ferie/ il a souffert mort pour nous trente et trois ans passes. Et par aduenture/ a ce q toutes choses puissent cōuenir ensemble/ on peut dyre quil fut conceu en la sixiesme heure/ car a ceste heure il souffrit mort/ et a ceste heure hōme pecha/ et ainsi par aulcune ōgruite/ en leure que la pmiere femme fut seduycte par le dyable/ marie fut enseignee par lange du mystere de nostre redempcion. Missus est igitur angelus gabriel. Doncques lāge gabriel q est interpte force de dieu/ est enuoye pour denoncer/ q la vertu et sapience de dieu venoit prendre/ nostre humanite/ en laqlle il apperroit humble pour batailler contre les puissances diaboliqs. Et bien conuenablemēt cestuy ange deuoit estre de lordre des archāges. car il deuoyt anoncier grandes choses. Quant on dit q dieu enuoya lange/ par dieu/ on doit entēdre toute la trinite/ touteffois ceste mission par especial/ est actribuee au pere/ Le pere doncques la enuoye. car a lui appartenoit la prouidence de lespouse/ et de la mere de son filz. Aussi le filz la enuoye/ car cestoyt celuy qui deuoit venir en la vierge. Le saict esprit la aussi enuoye/ car il deuoyt telle mere sanctiffier/ et obombrer. ffut enuoye lāge en la cite de galilee/ qui est interpretee transmigracion/ car elle deuoyt lapsser lincredulite des iuifz/ et retourner a la foy de nostre seigneur. Le nom de la cite estoit nazareth/ qui est interprete fleur. Il est bien conuenable/ que la vraye fleur qui est nostre seigneur ihesucrist/ fust conceue en la fleur/ qui est la vierge marie/ et auecques fleurs/ cest en temps de fleurs. Et aynsy nous dyrons/ la fleur de fleur/ entre les fleurs. Nostre seigneur ihesus est appelle fleur/ pour la plenitude et beaulte de sa saincte conuersacion. pour le fruyt de sa passion/ pour lodeur et suauite de sa bonne operacion. et pour le prouffyt et vtilite de la conuersacion de tous leaulx crestiens. Ceste fleur flourist en la concepcion/ apparut en sa natiuite/ fut pallie en sa passion/ reprist sa vigueur en sa resurrection. Si tu veulx doncques cueillir ceste fleur/ ensuys la beaulte de sa conuersacion/ presche lodeur de son operacion/ et ainsi tu auras le fruyt de sa passion. Nostre seygneur na pas voulu en ses nopces eslire grande cite/ ainsi que font les roys terryens/ esquelles nopces/ il ioignist en luy nature humaine/ mays a voulu eslire nazareth petite cite/ pour monstrer exemple de humilite/ affin quil nous enseignast eslire tousiours petis/ et humbles lyeux. Aussi a esleu souffrir en iherusalem qui est grande cite/ en nous enseignant/ que nous ne deuons point auoyr honte de souffrir pour lamour de luy obprobres/ et iniures/ deuant plusieurs. Gabriel doncques est enuoye a la vierge de pensee/ de corps/ et de profession. Nostre seigneur a voulu estre conceu et ne dune vierge. Premier selon saict bernard/ car cestoit chose congrue que se dieu deuoyt estre conceu et ne que ce fust de vierge. Aussy se la vierge deuoyt concepuoir et enfanter/ ce ne deuoyt estre que dieu. La seconde rayson selon damascene/ que ainsy que celuy qui ha es cieulx pere sans mere/ eust en terre mere sans pere. La tierce selon sainct augustin en de-

monstrant que ses membres selon le saint
esperit deuoyent naistre de leglise mistique
qui est vierge, et pourtant luy q̃ est le chief
a voulu nasquir de vierge. La quarte, car
ainsi que le premier adam auoit este fayct
de la terre vierge, ainsi le second adam se
royt faict homme par la vierge. La quinte
a ce que ainsi que la perdicion de lumain li
gnaige auoit este faicte par la vierge eue,
ainsi la reparacion dicelluy fust faicte par
la vierge marie. Lange doncques fut en
uoye a la vierge espousee a homme. Pour
quoy dieu a voulu estre cõceu et naistre ou
temps que sa mere estoit espousee dessus
a este declaire on chapitre de la desponsa
cion de marie. Et est a nocter q̃ en lescrip
ture on trouue quatre hõmes de grant re
nom, q̃ ont eu nom ioseph. Le premier fut
ioseph filz de iacob, ouq̃l est denotee pru
dence, car il exposa le songe de pharaõ pru
dentement. Le second ioseph fut lespour
de marie, ouquel est denotee temperance,
car il garda la vierge marie en son bon p̃
pos. Le tiers fut ioseph ab arimathia, ou
quel est denotee force car il ala hardiemẽt
a pilate pour demander le corps de ihus
qui pendoit en la croix. Le quart estoit io
seph le iuste, ouquel est denotee iustice, τ
pource il estoit appelle iuste. Leuangeliste
appelle ioseph espour de la vierge hõme,
non pas selon saint bernard comme mary
seullement, mais pource quil estoyt hõme
de grant vertus et auecques ce estoyt iuste
et ainsi il fust tesmoing legitime. Et pour
tant Ioseph est dit accroissant par quoy
est signiffie quil prouffitoyt cõtinuellemẽt
en vertus. Tel nom doncq̃s deuoit auoyr
lespour de marie ou quel on trouueroyt le
mistere, et secret de toute vertus. Leuange
liste a aiouste de la maison de dauid pour
signiffier que nostre seigneur est descendu
de la lignee de dauid comme deuant auoyt
este prophetise par les pphettes. Car cõ
bien que ioseph ne fust pas pere de nostre
saulueur, touteffoys la vierge marie de
la quelle il a prinse nostre humanite, estoit
de la lignee mesme de son espoux Ioseph
cestoit de la lignee de dauid. Nõ sans cau

se aussi ce nom maria y est alouste. Car ce
venerable nom ha trois interpretacions se
lon trois lenguaiges. En hebreu, il est iter
prete stella maris estoille de mer ou illumi
nãt. En latin il est ethimologie mare ama
rum mer amer. En la langue de syrie, il est
appelle domina dame. Ceste glorieuse vi
erge fut estoille de mer en la natiuite du
filz de dieu, car lors elle enuoya son rays
en illuminant tout le monde. Elle fut mer
amere, en la passion de son filz, car adonc
ques le glaiue cest la passiõ de son filz trã
persa son ame de toute amertume. Mais
elle fut dame, en son assumpcion, quant el
le fut esleuee sur tous les ordres des ãges
Aussi elle est dite estoille de mer en menãt
les pecheurs et les conduysant par la mer
de ce monde au port de penitence et de sa
lut, a ce quilz puissent paruenir a son filz
Et en ceste signifiãce lestoille apparut aux
trois roys en la natiuite de nostre seigneur
et les mena iusques au lieu ou lẽfant estoit
ne. Et pource tous les yeulx des pecheurs
la doyuẽt regarder ainsi que les yeulx des
mariniers regardent leur estoille. Sainct
bernard. Si tu ne veulx point estre absorbe
de tempeste garde que tu ne tournes les y
eulx de ceste estoille. Or doncques quel
que soyes qui cognois bien q̃ en ce monde
tu es plus entre les flotz et perilz de la mer
que en surte de terre, ne diuertis mie tes y
eulx, mais cõuertis toy a regarder la splẽ
deur de ceste estoille, et appelle marie. Si
tu es degecte de la tempeste τ tout couuert
et noye des vndes de ceste mer, regarde le
stoille et appelle marie. Si les vens de tẽp
tacion seslieuent, si tu es hurte aux roches
de tribulacion, regarde ceste estoille et ap
pelle marie. Se ire auarice volupte d chair
brisent la vaisselle de ton ame, regarde le
stoille et appelle marie. Se tu es agyte de
vaine gloire, si tu es trouble pour la multi
tude ou grãdeur de tes pechiez ou de la se
dite de ta conscience, si tu es espouuãte de
lorreur du iugement de dieu, τ si te semble
q̃ tu cõmances ia icy souffrir la pugnicion
de dieu, si tu es tout degecte en abysme de
tristesse, pẽse a marie. En perilz en angois

c iii

ses en choses doubteuses inuoque marie/ pense a marie/faiz quelle ne se departe de ta bouche/quelle ne soit loing de ton cueur. Et affin que tu impetres le souffrayge de son oraison ne laisse point lexemple de sa conuersacion. Quant tu lensuiuras ne te foruoyeras mye/quant tu la prieras ia ne te desespereras/quant en elle penseras ne erreras/ Quant marie te tiendra tu ne cherras point/tu nauras ia paour soubz sa protection/tu ne seras ia trauaille tāt q̄l le te meinera. et par sa doulceur elle te fera paruenir a la fin a quoy tu tends/et ainsy par ces choses auras en toy experience certaine/combien a bon droit le nom de la vierge marie est dit estoille de mer Aussi elle est dicte illuminatrix enlumineresse/car elle a enlumine le monde par lexemple de sa tressaincte vie/et par la splendeur de la grace qui estoit en elle Et po⁷ ce leglise chante delle/de laq̄lle la belle vie enlumine toutes les eglises. Saint bernard. Oste de ce monde le souleil/ou sera le iour. Oste marie ceste estoylle de mer/et que demourra sinon caliginosite/vmbre de mort/et grandes tenebres. Cest la vraye estoille de cestuy grāt mer tenebreux/la ou sont tāt de maulx que on ne scet le nombre. Le ciel ha plusieurs estoilles/mais la mer nen a que vne qui est plus clere et meilleure que toutes/cest marie resplendissant par merites. enluminant par exemples. car de ceste seulement est ne le vray soleil de iustice/par lequel toutes choses sont enluminees Elle fut demonstree a balaam long temps par auant par lestoille qui deuoit naistre de la lignee de iacob. car marie la conduypresse singuliere des fluctuans qui ayde a vng chescun est souueraine estoille sans laquelle nul ne peut passer ceste perilleuse mer

Aussi elle est dicte mer amere en la cōuersion des pecheurs. laquelle chose elle impetre/affin quilz se conuertissent de leurs pechiez/en leur puertissant leaue de charnelle delectacion en vin de cōpunction. Ce nom aussi luy conuient bien pprement/car en toute sa vie la mer de ce present monde luy fut amer et sans saueur/pour le desir q̄lle auoit de veoir son filz en son royaulme du ciel. Cest celle dont vient habondāce de toutes graces ainsi que toutes eaues viennent de la mer. Aussi selon la langue latine/elle est de riuee de mer/en tāt que en elle a confluance de toutes graces/ainsi q̄ tous les fleuues et eaues retournent et confluent a la mer Aussi elle est appellee dame/pour secourir a toutes temptaciōs/en nous deliurant de tous perilz et angoisses car elle le peut et veult faire/pource quelle est royne du ciel/et mere de misericorde. Aussi le nom de dame luy cōuient entant q̄ elle est dame non seullemēt des hōmes en terre/mais aussi des anges ō ciel/et des dyables en enfer Et pource en toute temptacion/et plus encores contre les infestacions de lennemy/on doit appeler marie. Car selon saint bernard/les ennemis visibles ne creignent pas tant la grande multitude de leurs ennemys qlz voyent venir a eulx/cōe font les puyssances de lair q̄ sont les diables/linuocaciō ayde et exemple du nō de marie. Car aisi q̄ la pouldre se spāt deuāt le vēt/et ainsi q̄ la cyre se amollist deuāt le feu/aisi les enemis sen fuyēt et selbe prēt quāt on appelle deuotemēt le nō d̄ marie. Et derechief dit Ou lieu ou le nom de marie est appelle le diable sen fuyt/et pardon est dōne au pecheur/medicine au malade/force a ceulx qui sont de petit courayge/consolacion a ceulx qui ont affliction/ aide aux pelerins. Ou aultremēt on peut dire quelle signiffie par son nom les troys estatz des saulues. car en ce quelle est mare amarum/mer amere/elle signiffie lestat des actifs. En ce quelle est illuminatrix enluminant/elle signiffye les contemplatifs. et en ce q̄lle est dame/elle figure lestat des platz. Doncqs lange fut enuoye de dieu a marie vierge pour luy anōcer et dire que le filz de dieu auoit couuoite sa beaulte/et lauoit esleue pour sa mere en luy admōnestant et disant quelle receust cest enfant en toute ioye/car dieu auoit ordōne q̄ par lui le salut de lumaī lignaige seroit fait. Sait bernard Biē est heureuse la vierge marie a laq̄lle humilite na point defailli ne aussi

virginite/Affin dõcques quelle qui deuoit
concepuoir le saint des sainctz ensemble τ
enfanter fust sainte de corps/elle obtint le
don de virginite/τ aussi a ce quelle fust sai
cte de pensee/elle eust le don de humilite.
Sãs doubte par ces choses la vierge roy
alle paree des pierres precieuses de vertus
reluysant de double beaulte, cest de corps
et de esperit/cogneue es cieulx par sa sem
blance et beaulte/par son regard prouoca
les citoyens du ciel/en telle maniere quel
le inclina le couraige du roy po^2 la couuoi
ter en tant quil luy enuoya vng messagier
celeste pour la saluer. Et ingressus ange
lus ad eã. Et lange entra a elle. Mais ou
est entre lange a elle. Je croy dit saint ber
nard que on lieu secret de la treschaste cou
chette la ou elle prioyt son pere en secret a
huys clos sur soy. Et on ne doit pas auoir
suspicion que lange trouuast huys de la vi
erge ouuert. laquelle auoit propos de eui
ter la cõpaignye des hommes/et escheuer
parolles vaines/a ce que ne troublassent
le repos et silence de son oraison. Ou aus
si a ce que son bon propos de garder cha
stete/ne luy fust empesche. Certes la tres
prudente vierge auoyt a celle heure clos
luys de son habitacion sur soy aux hõmes
et non pas aux anges. Marie dõc nestoit
pas es lieux ou places quelle perdist son
temps, et si ne demouroit pas en lieu pu
blique. Elle estoit en sa chambre et se seoit
et nestoit pas seule/mais enuironnee de si
grant compaignye de si belles vert^9. Cri
sostome. Lange ne trouua pas marie va
gant dehors/mais vacquant a solitude et
contemplacion. Et pource quelle ne quist
pas grace deuant le monde/elle la trouua
enuers dieu. Ambroyse. A lentree de lan
ge marie fut trouuee en son secret et sans
compaignie/affin q aucun ne luy interrum
pist son oraison/et lempeschast. Et aussy
elle ne desiroyt pas la compaignye des fẽ
mes elle qui auoit bõnes cogitacions po^2
cõpaignes. Et luy sembloit quelle nestoit
pas seule/quant elle estoit toute seule. Cõ
ment pouuoit estre toute seule/elle qui a
uoit tãt de beaulx liures auecques soy/tãt

de archangelz/et de prophettes. Certes
lange gabriel la trouua/la ou il auoyt de
coustume de la visiter. Sainct jherosme.
Tu auras vne chambrette/la ou tu seras
tout seul/aincoys ne seras pas tout seul
la turbe ãgelique demourra auec toy. Au
tant de compaignons auras q en paradis
a de sainctz. Lis en leuangile les apostres
et les prophettes et ihesus parle auec toy
Je te demãde. Pourras tu auoir autre cõ
paignie/fors celle auec qui tu parles Cer
tes non. Sainct bernard. Jamais ne suys
moins seul/que quãt ie suis tout seul. On
doyt croyre q ceste vierge/a celle heure la
estoit toute abstraicte en tresdeuote oraisõ
ou internelle contemplacion par aduẽture
speciallemẽt sur la meditacion du salut de
lumain lignaige/cõmẽt il deuoit estre saul
ue p le moyẽ dune vierge. Et po^2 ce aulcũ
diet q a celle heure/elle lisoit ce q dit ysaie
Une vierge ꝯceura. Se estoit chose raiso
nable q a leure q le verbe eternel se voulut
vnyr a elle corporellement/a telle heure el
le fust spirituellemẽt vnye auec luy en haul
te et esleuee contemplaciõ. Lange dõc en
tra a la vierge/et luy apparut en humayne
figure/et la salua et luy dist. Aue gracia
plena dominus tecum. Je te salue pleyne
de grace nostre seygneur soyt auec toy/tu
es benoiste sur toutes les femmes. Et po^2
ce q lange luy anoncoyt q cellug qui est en
soy inuisible/vouloit prẽdre en elle corps
visible/cestoit chose cõgrue τ decete q luy
apust en espece humaine. et po^2 tant se for
ma vng bel et resplendissant corps/car se
lon sainct augustin. il apparut a la vierge
en face rutillant/et en vestemẽt blanc. Dõc
tresconuenablemẽt lincarnacion du verbe
est denoncee a la vierge/affin q premiere
ment elle le conceust en son cueur par soy/
que en son corps par chair. Et lange mu
ant le nõ de eua dist a la vierge/aue en luy
demonstrãt q elle estoit deliure de toute ma
lediction. Laqlle aussi est bien dicte pleyne
de grace, car es autres la grace est donnee
a mesure/mais elle seule desseruyt grace
q nul deuant elle auoit heue/cest estre rem
plie de cellug q donne la grace. Si ceste vi

c iiii

erge estoit pleine de grace deuant la cōcepcion de son filz. qui est celluy qui peut penser en quelle habondāce elle heut grace apres telle cōcepcion. Sainct iherosme. Et bien est dicte pleyne de grace. car aux aultres la grace est prestee par parties. mays en marie toute la plenitude de grace fut infuse. Vrayement elle est bien pleine de grace. par laquelle la rosee du saint esperit est distillee en toute creature. Laquelle a donne gloire aux cieulx/a respondu dieu/paix en terre/foy aux payens/fin aux vices/ordre a la vie/et discipline a meurs. Et luy fut dit aussi de lange. Dns tecum. Nostre seigneur soit auec toy: cestassauoir que cel luy qui est en ta pensee/et en ton ame/soyt aussi en ton ventre. ꝗ que celluy qui rēplist ton ame rēplisse aussi ton ventre. Soyt dōc auec toy non seulement par essence/puyssance/et presence comment il est en toutes choses/ne seullement par grace/comme il est es sainctz hommes/mais aussi par assumpcion de chair de ton trespur sang. Et saiches/que si toute la salutacion angeliq̄ est a la vierge marie tresagreable/toutesfoys ceste clause Dominus tecum/la resioupst merueilleusemēt. et po² ce on la doit dire en singuliere deuocion. Combien q̄l fust ia auec la vierge/touteffois luy ēuoya nouuel messagier. car il voloit estre auec elle en maniere singuliere Aussi elle seule est dicte benoiste deuāt toutes les aultres fēnies. car toute femme corrūpue estoit subiecte a la maledictiō de dieu/disant que en douleur femme enfanteroyt. et toute vierge estoit mauldicte en la loy/car celles qui ne portoyent lignee en israel estoyēt mauldictes/mais la vierge marie escheua toutes les deux maledictiōs La maledictiō de die'u quant elle demoura apres son enfantemēt vierge. la maledictiō de la loy/ quāt elle eust vng enfant. et pource quant elle offrit ꝑmier sa virginite a dieu/elle abolit la malediction de la loy. Et conuenablement. elle est dicte benoiste/car le monde ꝑ sa benediction/est deliure de toute malediction Et est a noter sur ceste salutacion

laquelle dieu le pere a dictee/et par lāge a la vierge enuoyee/que a son entendement. et ha ulteur nul homme peut paruenyr ne on ne peut saluer marie/de salutacion qui luy soit plus doulce/ou plus gracieuse/ veu que en chescune parole sont enclos misteres de toute doulceur Certes dieu le pere par sa puissance la cōfermee/affin quelle fust frāche de toute maledictiō/laquelle chose emporte ce nō aue Le filz aussi la ainsi enluminee par sa puissance/affin quelle fust la belle estoylle/par. laquelle/le ciel et la terre ont este enlumines/laquelle chose est signiffiee par ce nom maria. qui signi estoille de mer. Le saint esperit en la penetrant de sa doulceur/la faicte tant gracieuse/que tous ceulx qui querront grace par le moyen delle la trouueront. Laquelle chose est signiffyee/par ces deux motz gracia plena. On est aduise et instruit par ces motz dominus tecum/de lunion et operacion ineffable/que toute la trinite a parfaicte en elle/quāt la diuine nature en vne persōne a este conioincte en substance naturelle de sa chair/en telle maniere que dieu est fait homme/et homme dieu/ Quelle ioye et q̄lle doulceur/elle eust a telle heure/oncques homme nen eut pleyne esperience Par ceste clause Benedicta tu in mulieribus/toute creature en soy esmerueillāt la cognoist et tesmoigne estre benoiste/ et exaulcee sur toutes creatures/tant celestes que terrestres. Et par benedictus fructus ventris tui/le fruit de ton ventre est benoit est exaulce le tresexcellant fruit virginal/le quel a viuiffie/sanctiffie et benoist eternellemēt toute creature Ceste benoiste vierge ouyāt la salutaciō angelique/fut troublee/ꝣ ne respōdit riēs/touteffoys sa turbaciō ne fut pas d' incredulite cōe celle d' zacharie/ou d' autre chose coulpable/ne aussi de la vision angelique/car souuent elle voioyt les anges/mais fut troublee. Premierement selon crisostome pour la nouuelle apparicion de lange. car combien q̄l le fust acoustumee de veoir les anges/touteffois maintenant cestuy luy apparut en nouuelle espece corporelle/et auec grande clarte. Et pour ceste cause elle fut aulcunement par troublee/et pourtant leglise chãte. Expauescit virgo de lumine. La vierge eust paour de la lumiere. Secondemẽt pour la vereconde de sa chaste virginite/ Car comme dit sainct ambroyse Il appartient aux vrayes vierges auoyr paour a lentree de tout homme/et doubter toutes leurs parolles. Tiercement pour la forme nouuelle de la salutacion/laquelle il denoncoyt par sa parolle Les anges nauoyent point de coustume de la saluer en ceste maniere/ ne oncques auoyt ouy telles parolles. Et pource elle prudente et honteuse/ne respondit riens/pensant en elle mesmes/et examinant ces parolles/ou consistoyre de sa pensee. Sainct ambroyse. La vierge sesmerueilloyt de la forme/de la salutacion nouuelle/laquelle parauant iamays nauoyt este dicte, car a marie seullement/estoit gardee. Quartement/elle fut troublee pour la haulte louange/de laq̃lle lange la preferoyt par ses parolles/esquelles lumble dame se voyoyt tant honnouree et louee. Et le auoyt bien cause de se troubler. car la cõdicion des vrays humbles est/que de tãt quilz voyent que on les exaulce par louanges. de tant sont plus honteux et craintifz Elle fut donc troublee par honte et vergoigne/vertueuse et honneste/et non pas parturbee. sur quoy dit sainct bernard. La cause pour laquelle marie estoyt troublee fut pour sa vergoigne virginale/et ce quelle ne fut en riens parturbee/fut pour le don de force, et q̃/elle pensa en soy taisant fut p le don de prudence et de discrecion. Or lange regardant la vierge et cognoyssant par dehors que en son cueur auoyt diuerses cogitacions. et aussi sachant la cause de sa parturbacion, doulcement la conforta, et comme se il la cogneust familieremẽt et benignement lappella par son nom. et la exhorta de nauoyr point de paour en disant. Ne timeas maria. O marie ne vueilles doubter des choses que ie te dis. et ne soyes point espouuantee ne honteuse des louanges que ie te apporte. car toute verite est en ycelles. Comme se il disoyt selon crisostome. Celluy ne doit riens craindre/ qui seulement quiert trouuer grace enuers dieu. Tu as donc dist lange trouue grace enuers dieu par le merite de ton humilite, par ta bonte, par ta chastete, par la purte de ta conscience. Du premier merite dit crisostome. Comment ẽreceura aulcun la grace de dieu. si non par le moyen de humilite car dieu ne donne sa grace sinon aux humbles. Des aultres deux dit sainct gregoyre. La vierge a trouue grace enuers dieu, car elle a prepare habitacle conuenable a dieu, en parant sa propre ame de la beaulte de chastete. Et non seulement elle sestudia a ceste vertu. mais aussi garda sa conscience en toute purte. Donc vierge sacree tu as trouue grace. cestassauoyr la paix de dieu et des hommes. destruction de mort. et reparacion de vie. en telle maniere que par toy. dieu a rachepte. enlumine. et reuoque le monde a vie pardurable. Celle dõc qui estoit ia pleyne de grace a trouue grace. mais cest pour la dispenser aux aultres Sainct augustin. O marie tu as trouue grace enuers dieu. et celle as desseruy espandre par tout le monde. Et pource lange dist tu as trouue. et ne dist pas tu as eu ou as acquis. car la chose que on ha heue ou que on a acquise. iustement/on la peut retenir cõme propre. mais qui trouue vne chose perdue est tenu la restituer. Donc ques marie a trouue la grace que eue auoyt perdue, et non seulement la trouue pour elle. mais aussi pour nous. car si nous neussions este pecheurs. dieu neust poit prins nostre humanite mortelle. E pource nous tous qui auõs perdu la grace de dieu por noz pechies. seurement retournons a celle qui la trouue. ʒ impetrons enuers elle par larmes et deuotes oraisons. quil luy plaise nous la restituer. car elle est tant realle. iuste debõnaire. ʒ ppice q̃lle ne se peut denyer a personne qui la demande. Elle est tant encline enuers les pecheurs. que quelconque psonne la requiert de bõ cueur luy octroye sa demande. Saint bernard Marie est en toutes choses a tous Elle ouure le sein de misericorde a tous affin que tout le monde ayt de ce quelle a en habondance, cestassauoir les prisonniers redempcion, les malades guerison, les tristes consolacion, les pecheurs pardon, les iustes grace, les anges ioye, et toute la trinite gloire. Et derechief dit saint bernard. Ceste vierge est leschelle des pecheurs. En elle iay ma tresgrande fiance et la raison de mon esperance. Je vous dys que si de vous est appellee ou inuoquee piteusement, elle en aura compassion, et ne deffauldra point a nostre necessite, ne de voulete, ne de faculte, car elle est royne des cieulx, et mere de misericorde. Et pource tout bon crestien nest point digne de viure, si vne foys la iournee ne luy presente aucune bonne oraison, et sil le faict point ne doubte, quelle ne luy soit tousiours en toutes ses necessites secourable. Pource mes amys disposons nous de la seruir bien et deuotement ainsy que somes tenus. Et derechief ie vo⁹ prye que regardons bien parfondement de quel honneur dieu a voulu que honnourassons ceste vierge, qui a mis habondace de tout bien en elle, affin que cognoissions que si en nous est aulcune esperance de salut ou aulcune grace tout vient de la redondance de marie. Et aussi tout bon crestien doit auoir tousiours en toutes ses aduersites son cueur et sa pensee a la tresdoulce et tendre vierge marie, car elle est plus curyeuse, et plus amoureuse de nous ayder, quant la voulons inuoquer a nostre ayde, que ne sommes de la requerir. Et pource mes tres doulx amis ayes remembrance en voz cueurs en voz pensees, et en toutes voz cogitacions de ceste doulce et tresdigne dame mere de ihesucrist. Aussi nre seigneur a concluded de rien nous donner, si premier ne passe par les mains de marie. Or veu que le seyg et maistre luy a donne ceste puissance auansons nous luy presenter nre deuote oraison. Je dy donc a toy vierge que tu as trouue grace, car tu es celle qui doys conceuoir le createur de grace, et tu conceueras en ton ventre sans pechie vng enfant, lequel enfanteras sans douleur, en demourant vierge, et a lenfantement et a la concepcion. Et lange dist bien, tu le conceupras en ton ventre, car par auant elle lauoit conceu en son cueur par foy et par deuocion, et en ceste maniere nous le deuons conceptuoir par deuocion et enfanter par saincte operacion. Et sera le nom de cest enfant ihesus. Lange ne dist pas, tu luy imposeras, car ce nom luy fut impose de dieu le pere eternellement et par lange diuulgue a marie et a ioseph, et par eulx aux aultres. Aussi ce nom luy fut impose selon la propriete et figure, car lumain lignaige deuoyt recouurer salut par ihesus qui est interprete salut. Et po² ce lange dist apres que ihesus sauueroit et deliureroit son peuple de leurs pechies, voire le peuple qui se ioinct a luy par foy, en les suyuant par bonnes oeuures. Et par ce lange le demonstre vray dieu, a qui seullement appartient pardonner pechie et racheter le peuple. Et comme dit crisostome, le peuple de ihucrist non seulement est la nacion des iuifs, mais tous ceulx qui viennent a cognoissance de luy par vraye foy. Donc ce filz que tu porteras sera grant homme, car il est tousiours et sera grant dieu. Et la grandeur que le filz de dieu ha par sa nature diuine eternellement, luy mesmes filz de la vierge la deuoit prendre par grace en aucun temps. Ne sera donc pas seullement grant comme sainct iehan, duquel est dit quil sera grant enuers dieu, cest comme homme, mais cestuy sera grant comme dieu, et filz de dieu. Et po² ce sensuyt il. Et sera appelle filz naturel du souueraryn seygneur qui est dieu, q seul est treshault sur toutes creatures. Et le seigneur dieu luy donnera le siege de dauid son pere, cestassauoir le royaulme. Selon bede, en ce que lange dist, premierement q ihesucrist est filz du treshault et puis ap^s appelle dauid son pere, est demonstre clerement que en crist qui est vne personne ha deux natures, cest la diuine, selon laqlle il est filz de dieu, et lumaine selon laql le il est filz de dauid. Donc dieu luy dora le siege d dauid non pas le terrien mais le celeste

Non le figuratif/mays le vray leql est dit estre de dauid car le siege onquel il se seoit corporellement signiffioyt celluy siege eternel qui est en paradis. Bede. Nostre seigneur a pris le siege ou le royaulme de dauid/car ainsi que dauid qui estoit roy temporel bailloyt gouuernement et exemple de iustice a la gent de son royaulme/et se efforcoyt de lenflamber a la foy et amour de son createur/par les doulx hymnes et cantiques spirituelz quil leur chantoyt/ainsi nostre seygneur ladicte mesme gent du royaulme de dauid a appellé par oeuures par parolles/par dons/par promissions on royaulme celeste et immortel/et la conduyct iusques a la vision eternelle de son pere. Lange ne parle pas icy du royaulme temporel. car nostre seygneur ihesucrist le denya deuant pilate en disant mon royaulme nest pas de ce monde/non obstant que de droyct heritayge estoyt des iuifz. mais parle du royaulme celestiel et spirituel/car ihesucrist regnera en ce monde en saincte eglise et ou ciel Et pource il dit apres quil regnera en la maison de iacob/et sur tous les esleus eternellement/car de la mayson de abraham et de ysaac aulcuns furent reprouues/comme ysmael et esau. mais tous les enfans de iacob sont des sainctz docteurs reputes entre les esleus/car combien que aulcuns deulx pechassent/touteffoys firent penitence. Iacob est interprete supplanteur. Nostre seigneur doncques regne en ceulx qui suppeditent les vices et pechies. mais le dyable regne en ceulx qui sont surmontes de pechie Et ihesucrist ne regnera pas seulement en la maison de dauid qui est la lignee de iuda/mais auec ce en la maison de iacob/cest adire en tout le peuple disrael/et en toute leglise/et en tous ceulx qui ensuyuront la foy et iustice de dauid et de iacob /car ilz sont les sieges spirituelz et eternelz de dauid/et de la mayson de iacob en laquelle ihesucrist se serra et regnera eternellement /maintenant par grace et apres par gloire. Benoictz sont ceulx esquelz ihūs regnera icy tousiours/car ilz regneront apres en gloire auec luy.

Et son royaulme naura point de fin/car nostre seigneur ihesucrist non seulement en tant quil est dieu regnera perpetuellement mais auec ce en tant quil est homme/et non seulement sur les hommes/mais aussi sur tous les anges. De quoy dit sainct bernard O obie ce royaulme est glorieux onql tous les roys sont assembles et venus en vng pour louer et glorifier celluy qui est sur tous roy des roys et seigneur des seigneurisans/O par la tresclere contemplacion de luy/les iustes resplendiront comme le soleil on royaulme de leur pere. O si ihesus auoit memoire de moy peché ql luy pleust me nombrer entre son peuple quant il viendra en son royaulme. O u sil luy playsoyt moy visiter en ce iour onquel il baildra le royaulme a dieu son pere/et ses esleus le verront et se esioyront en luy/affin que de moy peust estre loue auec tout son herytaige. O sire ihesus ie te prieque en actendant/tu viegnes oster tous scandales de ton royaulme. cest de mon ame/affin que seullement y regnes/car tu es mon roy/et mon dieu qui enuoyes salut a iacob. Et quant lange eust si grant chose raconte la vierge fu ten parplerite. Car selon sainct ambroise /elle deuoit croire a ce que lange luy disoit/et ne deuoit pas vser en temerite des choses diuines/pource voulāt estre certifiee du premier elle quiert la maniere de la concepcion en dysant. Quomodo fiet istud. Ange de dieu comment se fera ce que tu me promectz/cest que ie enfanteray vng filz. Ie ne cognois charnellement homme et ay voue en ma pensee garder a dieu ma virginite. comme si elle disoit. Ie croy bien la chose. mais ie demāde la maniere de faire. Ambroyse. Elle ne doubte mye quil ne se puisse faire/mais elle demande comment il se pourra fayre/car elle auoyt leu. Ecce virgo concipiet. La vierge concepura et enfantera vng filz. Et pource elle creust bien quil deuoit aduenir/mais elle nauoit point leu ne trouue par deuant la maniere de faire/car la maniere nauoit point este reuelee au pphete ne a nul hōe/et seulemēt deuoit estre gardee a lāge/et la deuoit pronōcier et demonstrer a la vierge. Et lange respondoit. Je te dis quil se fera non pas par maniere humaine, mays diuine/non pas par homme, mais par operacion du saint esperit qui suruiendra en toy, comme feu diuin enflabant ta pensee et sanctissiant ta chair, laquelle pour sa trespurte doit estre vnye au filz de dieu, et par maniere singuliere concepuras saulue ta virginite. Le saint esperit est venu premierement en marie en la premiere sanctificacion en la purgeant du peche originel, mais en la concepcion du filz de dieu vit encores en plus grand habondance en conferant a la vierge plus grant don de grace descendant sur elle comme fait la vertu du soleil sur la rose et sur le liz, et luy donna vertu de conceuoir. Et combien que ceste inenarrable concepcion soit faite par loperacion de toute la trinite, car les oeuures de la trinite sont indiuisibles par dehors, touteffois plus speciallement elle est appropriee au sainct esperit pour plusieurs raisons. La premiere selon sainct augustin pour monstrer que la grace de dieu est donnee sans merites, car par ce que on dit quil est conceu du sainct esperit, est demonstré que seulement cest par sa grace, et non pas par le merite de quelconque creature, car nul merite auoit precede si grant grace, et la grace est actribuee au sainct esperit. Et dit la glose. Le sainct esperit est celluy a qui est actribuee toute la grace qui est inspiree de dieu. La seconde cause selon sainct ambroyse est pour la vertu de loeuure, car il est conceu par loperacion et vertu du saint esperit, auquel les oeuures de pitie et de clemence sont actribuees. La tierce selon le maistre des sentences est pour demonstrer son excessiue charite, laquelle est actribuee au sainct esperit, en demonstrant que lincarnacion du filz de dieu est faite par la charite inestimable, que dieu auoit a la creature, quant pour elle a baille a mort son seul enfant. Et virtus altissimi. Et la vertu du treshault. Cestassauoir le verbe ou le filz de dieu le pere, lequel selon lapostre est appelle la sapience et vertu du pere se obombrera en toy, cest quil prendra de toy vng corps comme vmbraige, ouquel se mussera comme le claueau est musse soubz la viande. La vertu diuine se mussa soubz lombre du corps en la vierge marie. Ou aultrement il sen vmbrera en toy, affin que ceste chose qui est impossible a femme mortelle, cestassauoir la presence de la majeste diuine, tu puisses endurer par le moyen du corps quil prendra en toy, luy qui est selon sa diuine lumiere inaccessible en la maniere du soleil, lequel quant ne le voyons luyre, cest pour ce quil y a aulcun vmbrayge entre luy et nous comme nuee ou aultre chose. Sainct bernard. Pour ce que dieu est chose spirituelle, et nous sommes creatures, il sest actrempe a nous soubz lombre de son corps, affin que par le moyen de son humanite voyons le verbe eternel en corps mortel, le souleil en la nuee, la lumiere au couuert, le cierge en la lanterne. Ce que on chante en la preface de nostre dame, cest assauoir que la vierge pour lobombracion du sainct esperit a conceu le ton seul filz, ne repugne point a ce que nous dysons que lobracion de la lumiere diuine a este faite par le moyen du corps de nostre seigneur. Car tant le filz que le sainct esperit sont les vertus du pere, et le corps de ihesucrist conuient a lung et a lautre vertu, cestassauoir au filz comme a celuy a qui il est vny, et au sainct esperit comme a celluy par lequel il est forme. Par ce appert que ceste obombracion peut conuenir a lung et a lautre. Or considere ycy comment lange demonstre a la vierge toute la trinite. Premierement il luy nomme le sainct esperit en son propre nom. Apres le filz soubz ce nom de vertus, et consequemment le pere soubz le nom du treshault. Et les demonstre en loperacion de ceste incarnacion, en actribuant au pere lauctorite, au filz lassumpcion du corps, et loperacion au saint esperit, en telle maniere que ce que lung fait lautre fait. Combien que seullement le filz ayt prins nostre humanite, et non pas le pere ne le saint esperit, affin que la reparacion du monde fust faite par celle mesme sapience par laquelle dieu lauoit cree. Et ainsi il estoit filz de dieu en sa diuinite/ fut filz de lomme en son humanite/ affin que le nom du filz ne passast point en autre q̃ ne fust filz de dieu par eternelle natiuite. Et auons le semblable en troys pucelles/ vestans vng vestemēt a vne delles/ desquelles on peut dire que toutes sont vng oeuure/ et ce que faict lune/ faict lautre/ et touteffoys/ lune seule est vestue. Ideoq; et quod nascetur ex te. Et pource celluy sainct qui naystra de toy/ sera appelle filz de dieu/ qui touteffoys a este filz eternellement, mais nestoyt pas appelle ou manifeste par aulcun nom si non en temps debu Saint bernard Que veult ce dyre que tu conceperas du sainct esperit/ et non pas de homme. Certes vierge glorieuse tu conceperas la vertu du souuerayn/ cest adire le filz de dieu/ celluy qui naystra de toy/ Cest de ton precieux corps/ sera sainct et appelle filz de dieu/ cest que non seullement/ celluy qui est venu du sein du pere/ en ton p̃cieux vētre po᷍ soy enymbrer en toy/ sera appelle filz de dieu mais par la chose q̃l a pris de ta substance et ta acōpaignee a soy/ sera appelle z repu te tō filz/ luy q̃ est engēdre du pere/ deuāt tout le monde. Et en ceste maniere/ celluy qui est ne de luy sera tien/ et celluy qui naystra de toy sera syen/ affin que ce soyt vng seul filz/ et non pas deux Et combien quil ayt prins aultre chose de toy que de luy/ touteffoys desormays chescun naura pas le syen, mais seulement vng filz sera a toy deux. Et note que lange nomme a la vierge le filz de dieu/ Sanctum/ sainct/ sans adiouster aultre chose/ car se il eust dit /la sainte chair/ le saint homme/ ou aultre chose semblable/ eust semble qui neust pas asses dit/ et neust pas asses exprime la sainctete de luy. Il a mys doncques sans determinacion. Sanctū/ saint/ car sans doubte/ ce que la vierge a engendre/ a este syngulierement sainct Et affin que la vierge neust aulcune doubte de lenfantement/ et aussi/ que par lange/ la foy fust confermee par exemple /il luy anonca/ la non esperee fecondite de la sterile et vieille femme/ affin quil luy mōstrast que toutes choses sont possibles a dieu/ combien quelles soient veues contre lordre de nature/ en demonstrant/ que celluy qui auoyt donne a la sterile conce puoyr/ qui estoyt chose sur nature/ le pouuoyt aussi donner/a la vierge. Et a ce que tu croyes plus legierement a mes parolles/ dist lange a la vierge/ ie te demonstre ta cousine helisabeth/ combien quelle fust vieille/ et appellee sterile pource que on nauoyt point desperance q̃l eust lygnee/ touteffoys ilya ia six moys passes/ quelle a conceu vng filz par la vertu de dieu Et pourtāt que cestuy exemple nest pas parfaict totalement/ car cest plus grand chose que la vierge ayt conceu/ que la sterile/ lange monstre efficace raison par la toute puyssance de dieu/ en dysant/ quil nya riens impossible a dieu Et par consequent il peut bien acomplir ce quil a promys p̃ sa parolle/ car le dire de dieu est entendu pour faire/ comme il est escript/ que il a dyt et est faict. Toutes choses/ ou nya contradiction/ sont a dieu possibles/ comme est lenfantement de la vierge/ mays les choses qui ont en elles contradiction/ comme de deux contredisans en vne matiere/ leurs raisons pouuoyr estre vrayes/ et ce qui est faict/ ne estre point faict/ et aultres choses semblables /nullement sont possibles a dieu/ non pas pour limpossibilite qui soyt en dieu/ mais pour limpossibilite de la chose. Comme se lange disoyt que la vierge/ ne la sterile/ ne peust conceputoyr/ par la vertu et operacion de nature/ mays bien par la puissance diuine. Selon sainct bernard. Lange dist a la vierge/ toute parolle/ et non pas toute chose faisable/ car ainsi que de legier les hommes peuuēt dyre z parler ce quilz veulent/ ainsi incōparablement/ plus facillement/ dieu peut acomplir ce que ne pourrions dyre de bouche/ ou par quelconque parolle. Aussi selon y celluy saint bernard La concepcion de sait iehan est denoncee a la vierge/ affin que la ioye soyt agrandie / quant elle veoyt que myracle est adiouste a myracle. Et aussy helizabeth sa mere se muffoyt par lespace de six moys/et raisonnablement/car il appartenoit que la vierge en eust pmierement la cognoissance/affin que elle cognoissant les faitz tant du filz de dieu/que la puyssance du pere/les eseignast apres aur euagelistes. Aussi la cõcepcion de helizabeth luy fut denoncee pour la sanctificacion de saint iehan/lequel nostre seigneur ihesus vouloyt sanctiffier estant encores on ventre de sa mere. et aussi a ce qlle allast seruir sa cousine qui estoyt ia ancienne/et acomplir la vertus de humilite. Marie et helizabeth estoyent cousines voyre on second degre, car elles estoient filles des deux seurs cestassauoir de anne et de hysmerie/et estoyent dune mesme lygnee/car de la lygnee de iuda. Regarde donc bien et medite ycy/comment toute la trinite est presente en ce lieu/actendant chescun la respõce de sa fille singuliere/regardans amyablement et doulcement/la vereconde/et les meurs de la vierge et en escoutant ses doulces parolles. O quelle est la maison ou tieulx sont/ et ou telles choses sont excercees, car combien que la sainte trinite soit en tous lieux touteffois elle est ycy plus singulierement a cause de loperacion singuliere. Regarde aussi et medite comme lange en toute reuerence/et en doulce face enhorte diligemment sa dame. et comment il ordonne saigement ses parolles/affin que en ce merueilleuse oeuure puisse parfaire et acomplir la voulente de son seigneur. Et aussi regarde cõment la doulce vierge se maintient en toute timeur et humilite/la face honteuse comme celle qui estoit preuenue de lage/et qui estoit despourueue de luy respondre. Certes de chose quelle ayt ouy/ne sen esleue point/ne na de soy aulcune reputacion/combien quelle ayt ouy grandes choses dire de soy/et si grandes que a nulle creature deuant elle ayent este dictes/mays comme prudente elle actribue tout a la grace diuine. Maintenant lange ayant acomply lembassade de sa legacion/actend la respõce de la vierge. Sainct benard. De toy o vierge/qui as ouy que concepuras/et non pas par operacion humayne, mays par le sainct esperit. lange actend responce. Il est temps quil retourne au seigneur qui la enuoye. Et nous dame actendons la parolle de miseracion/qui sommes soubz la sentence de miserable dampnacion. Helas dame/tu veops que on te offre le prys de nostre salut/si tu y consens tantost serons deliures. O vierge piteuse et debonnayre/ceste chose te supplye adam auecques toute sa pouure posterite excillee/et myse hors de paradis. Aussy faict dauid ton pere auecques les aultres bons peres qui ne desirent aultre chose/lesquelz habitent en la region de vmbre de mort. Mesme tout le monde vierge glorieuse/prosterne a tes pieds/de toy actend ceste responce. O da me respons la parolle/que la terre/que les enfers/et que les cieulx actendent de toy. Respons vne parolle/et recoys le verbe. Prononce la tyenne/et recoys le diuin. Metz hors ce qui est transitoyre/embrasse ce qui est sans fin. Et saint augustin. O vierge marie glorieuse/tout le monde qui est en captiuite/prye que tu te consentes a ceste chose. O dame/le monde te fayt pleige de sa foy. O vierge/ne fais plus de demeure/legierement et hastiuement respõs au messagier vne parolle et recoiz vng filz.

Adonc la tresprudente vierge ouyes les parolles de lange consentit/et comme on dit elle flechit ses genoulx en parfonde deuocion/en ioignant les mains/et les yeulx esleuans on ciel/et ainsi en humilite inextimable prononca/ceste parolle tresdesiree que on doyt ouyr en toute affection cordiale en disant. Ecce ancilla domini. Veez cy lancelle de dieu. Elle qui est esleue mere de dieu se nomme chamberiere de dieu/en ayant tousiours deuant ses yeulx sa fragilite et la misericorde que dieu luy fayt. Comme si elle disoyt. De moy ne suys ryens/ ce que iay vient de luy/et le ma donne/et po ce tout est en sa puyssance/me soyt fait selon ta parolle. O tresmagnifique et tresvertueuse parole de la vierge glorieuse. fiat soyt faict/par laquelle dieu le souuerayn pere crea toutes choses au commancemēt Car il dist ffiat/et toutes choses furēt faictes. Aussy nous qui estions perdus/ceste glorieuse vierge a reparez a vie en respondant a lange fiat. Sur laquelle parolle sainct augustin se exclame en disant. O bienheureuse obedience. O grande et merueilleuse grace que estoyt en ceste vierge/ laquelle quant humblement donna foy a ce que lange luy disoit/desseruit que le filz de dieu prit humanite en elle. Anselme. O foy accceptable a dieu. o humilite agreable O obedience offerte a dieu/et luy estant plus agreable q̄ nul aultre sacrifice. O vierge souueraine mere de dieu. O mere hūble ancelle de dieu quelle chose pourroyt estre plus haulte. O mere humble chāberiere de dieu qui pourroit de toy sentir pl9 humble humilite. Regarde la deuociō Elle se nōme chāberiere q̄ est esleue mere Elle ne sest point esleuee soubdainemēt de la pmission q̄ lāge luy faisoit/ne elle ne attribuoyt pas a soy la progatiue de telle grace q̄ elle fist ce q̄ est p̄māde. car cestoit chose bien decente q̄ elle qui deuoyt enfanter le doulx et le humble/deuant toutes choses humilite fust trouuee en elle. Et sainct bernard. La vertu de humilite est tousiours preste de receuoir la diuine grace car dieu resiste aux orgueilleux et donne grace aux hūbles Dōc respond la humilite de la vierge a lange. a ce que le siege soyt dispose. Ecce ancilla domini. Veez cy lancelle de dieu. O qui est ceste si haulte humilite/ laquelle ne se depart point quant on lōnore et ne veult auoyr gloire de chose quelle face Certes ce nest pas grande vertu estre humble en abiection/mais cest grant vertu/et a peyne que on la peut trouuer estre humble entre tant de honneurs. La benoicte vierge estoit esleuee en honneur deuāt tous les hommes du monde par lanonciacion que lange luy faisoit/et touteffoys en soy elle se humilioit tresparfondement. et po9 ce humilite incomparable est louee en elle deuant toutes les aultres vertus/car deuāt toutes lumilite de la vierge pleust tant au filz de dieu que elle le feist descendre du ciel/et prendre humayne nature en elle/ainsi q̄ le fer est tire de layment Saint augustin. O benoiste humilite par laquelle dieu a este dōne aux hommes/la vie aux mortelz/paradis ouuert/et les ames des hommes deliurees de peine. Lumilite de marie est faicte eschele de paradis par laquelle dieu est descendu en terre. Cestoyt chose bien conuenable comme dyt bede/ que ainsi que par lorgueil de eue la mort estoit entree au monde/que par lumilite de marie lentree de vie fust ouuerte. Ceste parole que la vierge dist. ecce ancilla domini pleust tant au filz de dieu/que souuent en lescripture se appelle plus le filz de lacelle que le filz de la vierge/parquoy appert q̄ lumilite de marie luy pleut plus que sa virginite. Et combien q̄ les parolles de cest euangile soient pleines de grans misteres touteffoys ces parolles que la vierge dist en consentant a ce que lange luy disoit principalemēt ont en elles moult de belles vertus. car en ces six parolles quelle dist sont demonstrees six vertus qui estoyent en elle. Dist donc. Ecce/veez cy en quoy est demonstree la prompte obedience qui estoyt en elle. Ancilla/ancelle/en quoy est signifiee son humilite parfaicte Domini/du seigneur/en quoy est demonstree sa virginite sans taiche. fiat soit faicte/en quoy est signifyee sa charite ardente quelle auoyt a dieu/et a son prouchain. Michi a moy/en quoy est demōstree sa seule esperāce. Secūdū verbū tuū selō ta parole. en quoy est demonstree la grant foy quelle eust es parolles de lange. Et sans faulte la vraye foy estoyt bien en la vierge/car elle creust que ce que oncques na uoyt este ouy ne trouue ne veu ne pense de qulcun de ce mōde pouuoyt et deuoyt estre fait en elle/ainsi que lange luy disoit. De ceste foy dit sainct bernard. Troys choses merueilleuses feist dieu en ceste incarnacion. La premiere car dieu et homme sont coniouictz ensemble. La seconde Celle en laquelle est faicte ceste cōionction est mere 7 vierge. La tierce que en ces choses le cueur de lomme humai a adiouste p̄faite foy Et p̄bien q̄ ceste tierce conionction soyt moindre q̃ les deux premieres/toutesfoys elle nest pas moins forte Cest bien chose merueilleuse q̃ cueur humayn ayt peu adiouster foy a ces deux choses/cōment il peut croire que dieu estoit homme/et que la mere qui lenfanta fust vierge deuant et apres. Certes ces deux choses ne se peuuẽt assembler si nō par la vertu du sainct esperit. Quant donc la vierge eut dit ces parolles tantost en ceste heure tressaincte/le sainct esperit descendit en elle/par lequel la vierge glorieuse cōceut le filz de dieu lequel entra tout en son precieux ventre duquel il print nostre humanite et demeura tout ou seyn du pere. Le corps de nostre seigneur fut tout forme en vng instāt/et lame raisonnable cree et lug et lautre coioinctz a la diuinite en la personne du filz de dieu/affin quil fust dieu et homme en saulnant la propriete des deux natures. Le corps du filz de dieu fut forme du pur sang de la vierge et non pas de la chair/et en vng instant et moment fut le sang separe/le corps forme et figure anime et deifie/et fut en cest instant nostre seigneur plein et parfaict homme en corps et en ame selon tous les membres du corps/mais il estoyt si petit que a grant peine de veue humaine on eust peu discerner la distinctiō de ses membres/car naturellemẽt il creust apres oũ ventre de sa mere comme font les aultres/combien que la distinctiō de ses membres ne aussy linfusion de son ame ne luy fut point prolonguee cōme aux autres. Aussi il fut parfait dieu et parfaict homme selon humaine nature/laquelle ha son estre de corps humain et de ame raisonable Et quil fust dieu et hōme ce fust par la conionction du verbe eternel/a lame et au corps en vne personne/car ainsi que en la deite est vne essence et troys personnes. aussi au contrayre en nostre seigneur Ihesucrist est vne personne et troys essences/cestassauoir la deite lame et le corps/cest a dire leternel/le nouuel et lancien. La deite est eternelle/lame nouuelle/et la chair ancienne procedāt du vieil adam. Nostre seigneur donc selon la diuine nature est engẽ

dre/selon lame est cree/et selon le corps est fait. Et furent en luy troys vnions.cestassauoir la deite a lame/et lame a la deite/et la deite au corps et le corps a la deite/la me au corps et le corps a lame. Les deux premieres vnions demeurent en luy tousiours mais la tierce fut separee en sa mort Lunion dōcques de la diuinite a humayne nature/nest pas pour lunion de vne mesme nature/mais est en vne personne et nō seulement personne humaine/mais aussy diuine qui est seulement du verbe eternel/car il est impossible que nature diuine conuiegne auec aultre/ou quelle soyt muee en aultre/ou aultre en elle. et pource la diuine et humaine nature ne sōt pas vnies en vne nature/mais en vne personne. et ceste vnion ne peut estre en la personne et suppost de homme mais de dieu. Et pource dieu en vne de ces trois personnes est fait suppost a humayne nature. Hugues de saint victor. Quant dieu print humanite il print toute la nature de lomme cest le corps et lame et non pas la personne/mais lomme en la personne/car le corps et lame deuant quilz fussent ioinctz au verbe en vne personne nestoient pas conioinctz ensemble en vne personne et seulement vne vniō du verbe de la chair et de lame fut faite en vng ensemble. ne le corps et le verbe ne furent pas conioinctz auant que lame y fust. ne le verbe et lame auant que le corps fust forme/ne le corps et lame deuant le verbe/mais tout enseble/le verbe lame et le corps Et pource le verbe en personne print la nature de lomme et non pas la personne/affin q̃ celluy qui recoyt/et ce quil recoyt fust vne personne en la trinite. Et a cause de ce nostre seigneur descendit es enfers en persōne selō seulemẽt lame/et dormit et geust au sepulchre selon seulemẽt le corps/et estoit en personne par tout selon seulemẽt la diuinite Mais tu pourras demander pourquoy il est escript q̃ nostre seygneur fust et geust tout au sepulcre/quant il ny fut que en partie/et pourquoy on mect le tout po partie. Il semble que par ce on donne occasion de penser que troys choses auoyẽt

compose nostre seigneur ihesucrist. cestaſ-
sauoir la diuinite/lame/ et le corps. Il nest
pas ainsi/car en luy nauoit pas plusieurs
parties/comme la deite vne partie/et lumaꝰ
nite vne partie/mais estoit tout homme et
tout dieu. car la diuinite ne fut pas en luy
par parties pource quelle ne peut estre diꝰ
uisee. mais en lumanite furent deux parties
lame et le corps. Et la ou lune de ces deux
choses est/la partie de lõme est. Il est dõc
verite que nostre seigneur geust au sepul-
chre/et touteffois il ny geust pas tout hõꝰ
me/combien que il y fust tout homme/car
lame et le corps furent vnis en vne personne au verbe eternel. Et pource la ou estoit
le corps le verbe et la diuinite estoiẽt. De ceste incarnacion/dit en ceste maniere sainct
anselme. O sire toy qui as veu lafflicion
de ton peuple/par la grant charite qui est
en toy as voulu penser sur noz cogitaciõs
de paix et de redempcion, car cõme tu fuſ-
ses le filz de dieu eternel/et dune mesme substance auec dieu le pere/et le sainct esperit/
habitant en lumiere inaccessible/ gouuernant toutes les choses seulement de ta pa-
rolle/ne as pas heu besoing de incliner ta
haulte maieste en ce monde qui est lieu de
toute misere et de captiuite/affin que gouſ-
tasses et absorbasses nostre misere/et que
nous reparasses a la felicite perpetuelle.
O sire ihesucrist il te sembloit par la grãt
amour que tu auoyes a nous/q ne te souffist pas pour faire la consumacion de noꝰ-
stre salut/denuoyer vng cherubin/ou vng
seraphin/ou vng aultre ãge/mais ta pleu
de venir a nous/pour le commandement
de tõ pere. Certes sire en ceste oeuure nouſ
apparceuõs bien le grant amour que has
a nous. Tu es venu en ce monde/non pas
en te muant de lieu en lyeu/mays par exhibicion de ta presence soubz lõbre de nostre humanite/en descendant de ton hault
et royal siege en vne pucelle humble et abiecte en ses yeulx/cest adire en sa reputaci-
on/et laquelle se nomme ta chamberiere. et te auoit voue le veu de contenence vir-
ginale/ou ventre de laqlle par la seule vertu du sainct esperit qui est inenarrable/te

a fait concepuoir et naistre en la nature de
nrẽ humanite/en telle maniere q loccasion
de ceste natiuite ne violeroyt point en toy
ta diuinite/ne en elle son entiere virginite.
Icelluy sainct anselme encores dist a sa
seur. Je vueil que toy estant en ta cham-
brete retournes premierement les liures q
parlent et prophetisent de laduenement de
ihesucrist. et la regarde lange et escoute cõment il salue la vierge. et en te esmerueillant de paour et de ioye salue ta tresdoulce dame auec lange en disant et exclamant
Aue maria/en reputant souuent quelle eut
ceste plenitude d grace. De quoy tout le mõde a receu sante et guerison par le verbe e-
ternel de dieu qui est faict homme/et contemple en grant admiracion que le seigneur
qui remplist le ciel et la terre est enclos dedans le corps dune pucelle. laquelle le pere a sanctiffie/le filz a enrouse/et le sainct
esperit la enumbre. O doulce dame de quelle doulceur es tu maintenant enpuree/ de
quel amour es tu enflambee/quãt tu sens
en tõ ame et en ton corps la presence de telle mageste/quant tu voys que il prent de
ton corps nostre humanite/ouquel corps
deuoyt habiter toute la plenitude de la diꝰ
uinite. O si tu pouuoys sentir quel enflam-
bement fut enuoye du ciel a ceste vierge. et
quelle consolacion luy fut infuse/en quelle haultesse fut esleuee la vierge. en quelle noblesse fut esleue lumayn lignayge. et
comment la diuine mageste sest descendue
a nous. Si tu pouuoys ouyr le doulx cantique que chante ceste vierge en toute ioye
ie pense que tu chanteroyes auec elle pour
cest grant benefice qui nous est exhibe. et
ne cesseroyes eu rendre graces a dieu. Affin doncques que tu puisses auoyr souuẽt
la ioye que auoit ceste vierge en ton cueur.
ne cesse de la saluer deuotement du doulx
salut de quoy lange la salua. et en la salu-
ant doulcement prosterne toy au moins a
ses piedz. en les baisant et en te commandant en sa saincte garde en luy presentant
Aue maria. De quoy dit sainct bernard.
O toy vierge marie. ie croy que il test aussi
grant ioye de ouyr ce verset plein de tou-

d i

te doulceur, duquel lange te salua qui est Aue maria. Comme se on se offroyt ung doulx baiser Et pour ce mes freres, mectons nous deuant lymaige de la vierge et nous enclinons deuers elle, en luy offrant ung doulx baiser et disant Aue maria. Et de rechief dit, Quant ie dis aue maria, les cieulx ryent, les anges chantent, le monde sesioyst, les ennemys ont paour. Moralement icy sont touchiez six condicions que doit auoir lame qui veult conceuoir spirituellement nostre seigneur ihesucrist. Elle doyt premierement habiter en aulcun lieu secret esloigne de toute delectacion mondaine, cest a dire quelle doyt habiter en galilee, qui est transmigracion, laquelle ne prent plaisir en nulle chose cree, si non entant que en celle chose reluyst lymaige et la perfection du createur, cest quar elle ne ayme aulcune chose qui soit contre dieu, ou contre son prochain Secondement telle ame doit habiter en aucun champ fleury par operacion plaisante a dieu, ainsi que faisoit ceste vierge qui demouroit en nazareth, qui est interprete fleur saincte, et conseruacion. Cest adire que telle ame doit flourir par la blancheur de innocence, par la doulceur de la diuine influence, et par la splendeur de verite. Tiercement telle ame doyt estre vierge, et quelle se restraigne non seulement des mouuemens sensuaulx, mais auec ce de toute aultre delectacion, en telle maniere que en elle riens ne entre qui la puisse maculer ne souiller, ne par la voye de son entendement en autre chose qui la face tendre a curiosite Certes comme dit saint augustin. Lame qui a telles condicions peut bien estre appellee vierge. Quartement telle ame doyt estre espousee, cest a dire quelle restraygne sa foy et son amour a ung seul bien qui est dieu, affin quelle ne constitue sa fin a chose incertaine, comme font celles qui ayment maintenant vne chose, et demain vne aultre Et doit estre espousee a ioseph qui est interprete accroissant, affin que elle accroisse en foy et en amour, car en la voie spirituelle qui ne va auant, recule. Et non sans cause il est escript que ioseph estoit de la maison de dauid qui est interprete main forte, car qui veult pusfiter en la vie spirituelle il se fault fort efforcer a faire operacion vertueuse, car il nest tel labour que soy exerciter spirituellement. Quintement il est escript que le nom de ceste vierge estoit marie, en quoy est signifie que lame doit estre enluminee, affin que la lumiere diuine soyt signee sur elle et qlle ayt en son cueur tousiours la ioye spirituelle qui vient de dieu. Sextement il est escript que lange gabriel entra, la salua, et conforta en quoy est signiffie, que telle ame doyt estre confortee de dieu, par le don de force qui est don du saint esperit, car lange gabriel est interprete force de dieu. Et quant lame contemplatiue est fortiffiee de dieu, elle se esleue en esperance en desirant la presence de dieu, la plenitude de grace et aulcune singuliere benediction sur toutes aultres creatures. Toutesfoys specialement enuers la tierce condicion est assauoir, que mistiquement par ce que nostre seigneur ihesucrist fut conceu et forme par loperacion du saint esperit on ventre virginal est signiffie, que spirituellement il est conceu et forme en la pensee par la pure operacion du sainct esperit, car il fault que la pensee qui veult conceuoir le verbe eternel soit toute vierge, non seulement de peché, mais aussi de toutes especes de choses crees, de toute delectacion et corrupcion et toute esloygnee de chose qui la puisse souiller, car comme il soit ainsi que toute creature soit subiecte a vanite, quant lame nest totalement esloignee de toute espece de chose cree, elle est conioincte a vanite et par ce elle ne se peut esleuer a la contemplacion des choses diuines, et est aulcunement corrumpue par ce quelle adhere trop aux choses crees, en delaissant le createur A ceste abstraction exorte saint denis le disciple de saint paul thimotee en disant. O toy mon amy thimotee, laisse par forte abstraction tous tes sens et tes operacions intellectuelles ou sensibles, et te efforce de venir a celluy qui est sur toute substance et cognoissance Certes en telle abstraction ceste beatitude est parfaicte de laquelle no stre seigneur dit. Benoictz sont ceulx qui ont le cueur nect, car ilz verrõt dieu, le cueʳ est nect quant il est purge de toute espece contraire a son salut. La cõcepcion du filz de dieu fut prefiguree par le buisson ardãt qui soubstint le feu et ne perdit point sa verdeur. Aussi la vierge marie conceupt vng filz et ne perdoit point sa virginite. Dieu habitoit on buisson ardant et luy mesmes a demeure on ventre virginal. Il descendit on buisson poʳ deliurer les iuifz de la terre de egipte. Il descendit en marie pour noʳ deliurer denfer. Quant il voulut prẽdre nostre humanite deuãt toutes femmes esleut marie, et cela fut figure en la toyson de gedeon laqlle retenoit seulemẽt la roufee du ciel et toute la terre autour estoyt toute seiche, ainsi la vierge estoit remplie d̃ la roufee diuine, car au monde nestoit point trouuee plus digne que elle Ceste cõcepcion est faicte par la nonciation de lange gabriel, laqlle fut figuree au seruiteᵘ de abraham et en rebecca fille de bactuel. Abraham enuoya son seruiteur affin quil peurast a son seul filz vne espouse q̃ fust vierge La vierge rebecca dõna a boire au messagyer et il cogneust que cestoit celle que deuoit auoir le filz de son seigneᵘ a espouse. Ainsi le pere celestiel enuoya son ange affin quil querist vne mere qui fust vierge a son filz, lequel trouua vne tresconuenable vierge qui luy donna a boire, car elle bailla son consentement a ce que luy anonceoit. Rebecca non seulemẽt dona a boire au messagier, mais auec a ses chameulx, aussi marie a dõne tãt aux hommes que aux anges la fontayne de vie. Donc lange gabriel ayãt acomply sa legation et ce quil luy estoit enchargie se clina reuerãment en prenant congie de sa dame τ se disparust et despartit delle en se retournant a grant ioye au pays celeste et en racomptant a ses compaignons ce quil auoit fait lesquelz feyrent nouuelle feste τ nouuelle ioye en grant exultatiõ. Lespoux estoyt ia venu et pource le messagier se departit en laissant lespoux en la chãbre tressaincte de sõ espouse, car le mariage estoit

acomply. Lange se despartit de la vierge quant a la nouuelle forme quil auoit prinse mais moult de miliers, danges demourerent auec elle pour la reuerance de leur seigneur qui estoyt en elle. On doit bien considerer icy quelle est la sollempnite du iour duy, oncqs ne fut ouye au monde telle, car au iourduy est la feste de dieu le pere qui a fait les nopces de son filz en espousant humayne nature laquelle au iourduy le filz a vny a soy inseparablement Auiourduy est la sollempnite des nopces du filz d̃ dieu on ventre virginal. Aussi auiourduy est la sollempnite du sainct esperit poʳ ceste oeuure merueilleuse q̃ lui est actribuee, car auiourduy il commança a monstrer sa benignite τ doulceʳ a lumain lignaige. Auiourduy est la sollempnite de nostre glorieuse dame laquelle a este recogneue et prinse du pere celestiel en fille, du filz en mere, et du sainct esperit en espouse. Auiourduy est la sollempnite de toute la court celestielle, car sa reparation est cõmancee. Encores auiourduy est la sollempnite de humayne nature, car son sauluement est cõmance τ la redẽpcion et recõsiliation de tout le monde et auiourduy elle est moult esleuee et comme deifiee car oncques le filz de dieu na prins nature angelique en vne personne, mays seulement nature humaine Auiourduy le filz de dieu a receu de son pere nouuelle obedience pour parfayre nostre salut. Auiourduy yssant du souuerain ciel se esiouyst et prist playsir a courir par la voye de nostre salut et se enferma on ventre virginal Aussi au iourduy il est fait semblable a vng de nous et nostre frere, et commença a estre pelerin comme nous. Auiourduy la vraye lumiere du ciel est descendue, pour nous hoster hors de toutes tenebres. Auioʳduy le pai de vie qui donne vie au monde, est confist on vẽtre virginal, et sera cuyt en la croix cõme en vng four. Auiourduy le verbe eternel de dieu est fait homme, affin quil habitast auecques nous τ est appelle emanuel qui vault autant a dyre comme dieu auec nous, cestassauoir dieu et homme Auiour

d ii

duy sont acomplyes toutes les figures, et enseignemēs des escriptures/ et les desirs des prophettes/ et pource ladueuement de nostre seigneᵘ est appelle plenitude de tēps Les sainctz peres desiroyent cest aduenement de desir q̄ on ne pourroit racōter/ ⁊ attēdoyēt tresardētemēt la iournee du iourduy Certes la sollēpnite du iourduy/ est le cōmancemēt de toutes aultres festes / et le cōmācement de tout bien/ car iusq̄s auiourduy dieu estoit courrouce contre le pouure lignayge humain, pour le peche des premiers parens. et mayntenant voyant que son filz est fayt homme/ ne se pourroyt iamais courroucer a nous. A donc considere/ en toy esmerueillant comment ceste feste et cest ocuure/ doyt estre sollempnize/ car tout ce qui est fait est delectable et plein de toute ioyeusete/ tout desirable et a receuoir en toute /veneracion/ deuocion/ et ioye spirituelle. Estudye toy a mediter en ces choses deuant dictes /et prens en elles delectacion/ et en ce faysant tu habonderas en toute ioye spirituelle/ et dieu par aduenture te monstrera plus grans choses.

Orayson

O Ihesus filz de dieu le vif/ qui par la voulēte du pere/ et operacion du sainct esperit/ es yssu du sein dicelluy pere cōme fleuue yssant du lyeu de toute plaisance/ en toy humiliantē la vallee de ce monde /et en regardāt lumilite de tō ancelle/ es descendu en son ventre virginal onquel tu as prins nostre humanite/ et as este conceu indiciblement. Je te prye sire ihesus misericors/ par les meritez de ta mere que ta grace descende sur moy/ qui suys ton seruiteur tresindigne/ par laquelle grace puysse desirer et conceuoir ton amour/ en mon ame/ et ycelle oeuurāt en moy puisse faire et apporter le fruyt de bonnes oeuures salutaires Amen.

De la natiuite et circoncision de sainct iehan baptiste chapitre. vi.

Les choses dessusdictes acomplies marie pensant aux paroles que lange luy auoyt dictes de sa cousine/ la voulut visiter/ pour se esiouyr auecques elle /et la seruir car ihesus qui estoyt en son ventre vouloit sanctiffier sainct iehan/ qui estoyt encores ō ventre de sa mere. Donc la vierge se leuant du lyeu ou elle estoyt/ cest du repos de contemplacion et doraison/ ouquel elle se seoyt/ car sur toutes aultres operacions elle se excercitoit en contemplacion et orayson/ alla par la licence de ioseph/ de la cite de nazareth en vne montaigne/ qui est enuers mydy/ en laquelle la maison de zacharie estoit situee/ et la voye par laquelle elle alloyt estoyt pierreuse /et moult labourieuse. Touteffoys elle y alla hastiuement/ en demonstrant que vne fille vierge/ ne doyt point demourer en lyeu public /ne auoyr lengaiges en telz lyeur auec homme. Et aussi affin que nous fussions instruictz q̄ nous deuons nous haster fayre bonnes oeuures /et que sans demeure deuons faire tout le bien que pourrons. Car comme dit crisostome. Il nest chose si nuysante a nostre vie /q̄ dissimuler fayre bonnes oeu ures et differer de iour en iour/et souuent telles choses nous font cheoir de tous biens car quant nous voulons nous ne pouons Et pour ce dit ung saige/que iamais on ne doit differer faire bien /a ce que quant len le vouldra faire on ne soyt empesche daultre occupacion/mais le mal on le doit(tousiours differer. Donc marie ayant conceu le verbe eternel de dieu/alla visiter helizabeth Et selon saint ambroise/elle ne le feit pas comme incredule/de ce que lange luy auoit dit/ne cōme incertaine du messagier/ qui luy estoyt enuoye/ne comme doubtant de lexemple de helizabeth/lequel luy estoyt baille/mais elle comme ioyeuse de lacomplissement de son desir/religieuse pour loffice de la seruir/hastiue pour la ioye q elle auoit conceue se hasta de laler visiter. Regarde maintenant comment la dame du ciel et de la terre/va nō pas a cheual/mais a pie auec aulcunes vierges quelle auoyt auec elle partant longue et si aspre voye/ car de nazareth iusques en iherusalem/ya trente et cincq milles/et de la iusques a la maison de zacharie quatre desquelz deux font vne lieue. Seconde humilite pourete/et honnestete/et toutes les vertus vont auec elle/et mesmes le seigneur des vertus Ceste dame ha grande et honnourable cōpaignie et non pas comme ceulx de ce mōde pompeuse et vaine/ne elle nestoit point greue ne poysante de la concepcion du filz de dieu/comme sont les aultres femmes d leurs enfans.car nostre seigneur ihesucrist ne fut point a sa mere en charge . O que celluy eust este heureux qui eust racontrer marie en ce chemin et q eust este digne dauoir este salue delle. Quant la vierge vint ala montaigne/elle entra en la mayson de zacharie/et visita la maison religieuse/en manifestant tousiours sa doulceur et son humilite. Et elle entree salua helizabeth comme luy faisant ioye du don que elle auoit receu en conceuant son filz saint iehan baptiste . Et pour deux choses premierement marie salua helizabeth. La premiere pource quelle estoit plus humble. La seconde pource quelle estoit sur sa cousine en di-

gnite. La premiere raison est selon la maniere des regions et pays esquelz les maindres saluent premier les anciens en leur mōstrant signe de reuerance. La seconde est selon la coustume des lieux ou les plus grās saluent les maindres/en demonstrant que toute benediction vient de hault Moralement a lexemple de marie icy sommes enseignes de six choses. La premiere est de nous leuer de toute paresse et negligence et de tous desirs terriens esquelz par nostre negligence auons longuemēt demoure. La seconde est que montons en la montaigne de parfaicte vie en approuchant du ciel par bonnes operations. La tierce que nous deuons nous haster a bien fayre. La quarte que nous entrons en la cite d iudee qui est interpretee confession.cest a dire en leglise/pour rendre louange au sainct nom de dieu/en luy seruāt de toute nostre force La quinte est que nous entrons en la maison de zacharie/en ne suyuāt pas noz pensees vaines/mais plus tost deuōs auoir memoyre des cōmandemens de dieu/car zacharie est interprete ayant memoyre de dieu. La sixyesme est que nous saluons helizabeth en ayant en horreur lamour des creatures et constituant seulemēt la saturite de nostre desir en dieu/lequel seul le peut remplir d tout bien/car helizabeth est interpretee la saturite de mon dieu. Et encores nous est demonstre par ce que nous deuons communiquer les biens q̄ dieu nous donne a nostre prouchain ainsi que fit marie a helizabeth et a son enfant. Car incontinent que la vierge eust saluee helizabeth sainct iehan fut remply du saint esperit ainsi que lange auoit pmis. Et luy sentāt la presēce de son seigneur se mouuoit par grant ioye ou ventre de sa mere comme se il se vouloyt leuer saillir et aler a son encōtre Et adōc nostre seigneur fist son precurseur iehan premierement pphete. Et cōme voulant cōmancer son office de precurseur ce que ne pouoit dire de bouche demonstroit par signe et mouuement de liesse/car estant encores ou ventre de sa mere euangeliza laduenement du filz de dieu cōme sil cryoit. Aces

d iii

cy laignel de dieu cest celuy q̃ oste les pechies du mõde. Crisostome La cause pourquoy nostre seigneur fit saluer par marie helizabeth est a ce que la parole procedãt de la bouche et du ventre de la vierge/ou habitoit le seigneur/entrant aux oreilles de helizabeth descendoit iusques a iehan/affin quil fust oingt en pphette/car tantost q̃ les paroles vindrent aux oreilles de la mere/lenfant soy resiouyssant comenca a prophetiser/et sinõ de voir touteffois de mouuement. O enfant le tresgrãt des prophetes q̃ couenablemẽt seras appelle plusque pphette/dis nous dontre vient ceste exultacion/par laquelle tu monstres telle ioye. Tu nes pas encore ne/et ia prophetises/et cognois laduenemẽt de nostre seigneur leq̃l toy ne pouãt par parole saluer/en toy resiouyssant fais ce q̃ tu peus. O combien prois ioyeusement au deuant de luy/si tu estoyes hors de la pryson ou tu es. O toy estant encores enclox ou ventre de ta mere le cognoissoies et te efforsoies daler au deuant de luy. Puis la mere fut remplye du saint esperit par les merites de son filz/car ihūcrist par la grant habondance de grace qui estoit en luy/espandoit par la salutacion de la vierge/grace de sanctificatiõ en iehan en telle habõdãce/q̃lle redõdoit iusq̃s a sa mere. Et pource elle toute ioyeuse et enflãbee du sainct esperit/ebrassoyt & accolloyt trestendremẽt la doulce vierge/en telle maniere q̃ non seulemẽt elle la ressalua/mais auec ce se escria en grande deuocion/entãt que tel cry pouuoit estre ouy du ciel. Et est assauoir q̃lle ne sescria pas haultemẽt de voir de bouche/mays demonstroit le grãt desir qui estoit en son cueur/ainsi que faysoit moyse. quãt dieu luy dist. pourquoy o moyse cries tu amoy/lequel toutesfoys ne crioyt pas p clamor de bouche/mais p desir de cueʳ Sait augustin Le cry q̃ on doyt faire a dieu doit pceder de gradeʳ de cueʳ et de feruer damour. car tousiours on demande ce q̃ on desire. Lesperit de lenfant qui ne pouoit crier/fit crier sa mere a haulte voir en signe de grãde affection/ pource q̃lle recogneust le grant don de dieu/et q̃lle auoit en son ventre celuy q̃ estoit la voix

du verbe Et dist helizabeth a la vierge/tu soies benoicte sur toutes les fẽmes/et entre celles q̃ serõt benoictes/tu soyes la pl⁹ excellante en benediction. car nulle deuant toy a este si ennoblie de grace cõme tu es. ne aussi sera apres toy trouuee telle. Tu es doncq̃s bien benoicte/et encores seras replie de plusgrãde bñdictiõ/et aussi le frupt de ton vẽtre soit benoist/par leq̃l toute bñdictiõ vient aux aultres. Leq̃l entrant q̃l est hõme est benoist de bñdictiõ de grace. car il est plein de to⁹ les dons du saint espit/ et selon ce q̃l est dieu est benoist de bñdictiõ de gloire deuãt le pmãcement du mõde/et sera pourablemẽt Et poʳ ce tu es benoicte car il ta puenue en bñdictiõ de toute doulceur. Marie est benoicte ainsi q̃ dessus luy auoit dit lãge/car elle a repare la ruyne de leglise triũphante Mais icy elle est benoicte de helizabeth/car elle a ressuscite leglise militante/q̃ estoit pme toute morte. Bede Ceste vierge est benoicte dũe mesme voir de lãge et de helizabeth/poʳ demõstrer de q̃l hõneur elle est a hõnorer/tãt des anges q̃ des hões Et est a noter q̃ cicq fruitz sont cueillis de ceste benoicte vierge. Le pmier est le fruit de sõ vẽtre/et icy est la generatiõ par laq̃lle no⁹ est cõmuniq̃ le fruit d vie Le secõd est le fruit de son ame/et de sa pẽsee. q̃ est la ppassion q̃lle ha euers ceulx q̃ sont en affliction/& euers les pecheurs Le tiers est le fruit de sa bouche qui est oraison. Le quart est le fruit de tout bon oeuure/et cestuy est dit deffensiõ Le q̃nt est de son nom par leq̃l est entendue deuotiõ/laq̃lle bõs & mauluais doiuẽt auoir enuers son benoist nom/car on la doit appeller en to⁹ perilz et necessites Et dist helizabeth Et vnde hoc michi Quelz sont mes merites/et dõ viẽt que a moy/qui suis vieille sterile. et selon la reputacion des hommes mauldicte/la mere de mõ seigneur q̃ est vierge/& fecũde viengne si humblement/qui dois estre sa chamberiere/ Ce nest pas par mes merites/car nulle parfection ne nulle noblesse/ ma faicte digne de si grãt hõneur/et de si grãt beneurete/mais cest la seule grace de dieu. Je deuoye pl⁹ tost aler a toy o vierge. mais lumilite de ton filz et de toy ta ptraite de venir a moy Et saiches q̃ la mere de nostre seigneur vient aux pecheurs. premierement par compassion. entant que son nō est interprete mer amere. en leur donnant amertume de contriction. Elle vient aussi a ceulx qui sont en affliction. entāt quelle est dame pour les deffendre et deliurer. Et aussi vient a ceulx qui sont en tristesse pour leur donner consolacion et liesse. entant quelle est estoille de mer. Sainct augustin. Sancta maria succurre miseris. O toy marie vierge et saincte. secours aux pouures pecheurs. cest quant au premier. Iuua pusillanimes. aide aux feibles de couraige. et ce quant au second Cōsole les tristes et doulans. et ce quant au tiers Et veritablemēt tu es benoiste. et le fruit de ton ventre est benoist. Certes vierge ie me esmerueille de ceste visitacion que tu faiz par ton humilite. pour la grant magnificence de vertu q̃ appert en toy. Car en ton aduenemēt et salutacion. non seulement me esioys, mays si fait lenfaut qui est encores en mon ventre. et ce que ne peut exprimer de parolles il confesse de ioye. Ainsi donc helizabeth cogneust lincarnacion du verbe. et le miracle, et entendit que marie estoit mere de dieu, laquelle estoit remplie de grace & auoit conceu du sainct esperit, et que la exultacion que faisoit son enfant signiffioit que la mere de celluy estoyt venue, duquel il deuoit estre precurseur Et pource elle qui auoit premierement honte, dauoir conceu et qui se mussoit a cause quelle estoit grosse, et ne scauoit pas encore le secret de dieu maintenant louant dieu, et donnāt benediction, se gloriffie quelle est mere dung prophete. et mesmes ce quelle auoyt cogneu, par secrete inspiracion. maintenant le denonce apertement a tous ceulx qui le vouleut ouyr en disant. Et benedicta que credidisti. O vierge tu es bien benoiste quant tu as creu a lange car par le pſentemēt de ta foy tu as cōceu. Certes au temps aduenir les choses qui te ont este dictes par lāge, dieu te anōcant, et par le sainct esperit ton ame enlumināt. et sans docteur et moyen te enseignant serōt parfaites en toy. On peut

veoir icy clerement q̃ helizabeth cognoyssoit par le saint esperit les parolles que lāge auoyt dit a marie. Benoiste soyes tu doncqs toy qui as creu, aussi ceulx sont benoictz qui ouyent ceste merueille et la croyent. Cōsidere o creature de q̃lle vertu est la salutacion de la vierge marie la q̃lle donne ioye, fait auoir et dōner le saint esperit et reuelacion des secretz diuins, et esperit de prophecie. Et por ce on la deuroyt tousiours saluer, affin q̃ on eust esperance destre ressalue delle pour le bien qui en viēt.
Doncques la vierge ouyant la respōse de helizabeth, laquelle lauoit prophetisé estre mere de dieu, en la appellāt & disant estre benoiste et louant fort sa foy. ne peut plus celer ne taire, les dōs quelle auoit receu de dieu, car ce q̃ parauant auoyt cele par son humilite et bonte virginale. cest assauoir la merueilleuse cōcepcion du filz de dieu, maintenant en tēps congru, le manifeste. Et pource en soy esioyssant se dilata en vng cantique de liesse, leq̃l elle composa en louant dieu et disant Magnificat anima mea dn̄m. Les hebreux auoient coustume de cōposer vng cantique, et le dire et chanter a dieu, quant ilz fasoyent aulcune chose digne de louange, ou quant dieu faisoit pour eulx aulcune chose merueilleuse Et certes ceste vierge deuant, et plus que tous, doit bien icy magnifier nr̄e seigneur. Ceste vierge tenant la maniere des humbles, ne publia pas tantost ce grant mistere q̃ luy estoit reuele, aincoys le tint secret iusques a ce q̃l fust reuele par aultre, cest p helizabeth Et pourtant quāt elle cogneut que helizabeth lauoit sceu par le sait esperit, elle entendit q̃ cestoit la voulente de dieu q̃l fust reuele. et lors le reuela, et magnifia dieu en disant. Magnificat. Cest a dire q̃lle loue et pſche grāt en toutes ses oeuures. celuy q̃ en soy ne peut croistre ne appetisser. cōme si elle disoit. O helizabeth tu me magnifiez des biēs q̃ tu vois en moy mais mō ame en ces choses q̃ tu diz, magnifie pfesse, et loue dieu le pere son createur duq̃l sont toutes choses. Et exultauit spiritus meꝰ. Et mon esperit se reioyst en dieu

d iiii

mon saulueur ceſt le benoiſt filz de dieu p̱ lequel le saulvement du monde eſt reparé. Et combien quil ſoit saulueur de tous, touteſfois le fut ſingulierement de ſa mere po̾ les dignites et prerogatiues quil luy donna. Ceſte vierge comprent toutes les puiſſances de lame ſur ces deux motz, anima et ſpiritus, ame et eſperit, car par lame ſõt c̱priſes les puiſſances inferiores quãt au corps, et leſperit emporte la ſubſtance de lame, ſelon les puyſſances ſuperiores, par leſquelles elle eſt rauye et eſleuee ſur ſoy, par la doulceu̾ de contẽplacion. Donques marie rend actions de graces et louange a dieu deuotement de ſon ame, et de ſon eſperit, c'eſt de toutes ſes puyſſances, des beneficés quil luy a pleu fayre. Cõme ſi elle diſoyt ſelon ſaint ambroyſe. Dieu ma tant eſleuee par dõs quil a voulu eſpãdre ſur moy, que ie ne le pourroye racõter de bouche, mais ie luy offre po̾ luy en rẽdre graces, toute l'affection de mon ame interiore & toute ma vie le veulx ſeruir d̃ tout ce quil me donne, c'eſt de mon ame, de mes ſens, & de mon entendement, en cõtẽplãt ſa grant magnificence, et en gardãt ſes cõmandemens, car celluy doyt magnifier noſtre ſeigneur, on ql̃ la bonte de dieu eſt magnifiee et louee, ainſi q̃ le mayſtre eſt loué en ſes diſciples, et les ouuriers en leu̾ ouuraige. Dieu donc eſt magnifie et loué en nous quant noſtre ame q̃ eſt faicte a ſon ymaige ſe cõforme a iheſucriſt qui eſt ymage du pere par iuſtice et oeuures vertueuſes, par leſquelles elle eſt faicte grande. Et quãt elle vit ſelon les cõmandemens de dieu, & quãt elle luiſt par bonnes oeuures, et ſeſtudie monſtrer bon exemple a ſon prochain. Et po̾ ce dit l'apoſtre, magnifies et portes dieu en vr̃e corps. Et notez que en trois manieres dieu eſt magnifie & loué de ſes beneficés: Premierement quãt on actribue ce q̃ on ha ceſt les b̃nfices d̃ dieu a dieu. Secõdement quãt on luy rẽd graces d̃ to̾ ſes biẽs. Tiercement quãt on excerce & mect en oeuure ce q̃ dieu admõneſte eſtre de faire et le bien q̃ luy plaiſt a nous dõner cõme fit ceſte ſainte vierge, laquelle ſe dilata en

actions de graces cõme il appert par ce cãtique. Auſſi ſaichez q̃ on ne trouue point en leſcripture q̃ la vierge marie parlaſt ſi nõ bien peu et en pou de poles, et en tout elle parla ſept foys, en demõſtrant q̃lle eſtoyt pleine des ſept dons du ſaint eſperit. Elle pla deux fois auec l'ange. La premiere fut Quomõ fiet iſtud, ange, comment ſe fera ce q̃ anõces. La ſecõde fut Ecce ãcilla dñi, ãge veois cy la chamberiere du ſeigneur. Deux fois pla auec heliſabeth. La pmiere quãt elle la ſalua. La ſeconde quant elle diſt, magnificat, mon corps et mon ame louẽ gent dieu. Auec ſon filz pla deur foys. La pmiere quãt elle luy diſt Fili qd feciſti nobis ſic, filz po̾ quoy ainſi no̾ as tu faictz. Et la ſecõde aux nopces quãt elle luy diſt. Vinum non habet, ilz nont poit de vin. et vne fois en ce lieu meſmes aux ſeruiteurs pla, quãt elle le̾ diſt Quodcũq̃ dixerit vobis facite, faites tout ce q̃ mon filz vo̾ dira. Et eſt a noter q̃ ces ſept ſentences, elle les diſt en quatre temps, et en quatre fois et a cheſcune fois ne parla pas ſans maniſeſte vtilite, car il en vint quatre miracles, C'eſt aſſauoir en l'anonciacion angelique, en laquelle elle conceut le filz de dieu. en la viſitacion de heliſabeth, en laq̃lle l'enfant ſaint iehã ſe reſiopſt on ventre de ſa mere. Aux nopces eſq̃lles l'eaue fut muee en vin et on temple, car en ce le filz de dieu ſe rendit ſubiect a elle. Auſſi en ces ſept lengaiges elle parla paroles auec quatre perſonnes, c'eſt aſſauoir auec l'ange, auec heliſabeth vieille, auec ſon filz, et auec les miniſtres. En quoy nous eſt demõſtre treſbel enſeignemẽt, c'eſt q̃ la ieune pucelle, & principalemẽt q̃ eſt en religiõ, treſpeu doit parler, ſi non auec l'ange, c'eſt le preſtre lequel le pphete appelle ange de dieu, en confeſſion pour ſoy cõfeſſer, ou auec vne matrõne honneſte, et cecy en briefue et petite cõſolacion, ou auec le filz de dieu, par deuote oraiſon et lecon, ou auec ſes miniſtres en demandant ſes neceſſites. Conſidere doncques ame deuote, cõmet ces deux meres ſe ſiouyſſent et louent dieu de l'une & de lautre pcepcion, et ainſi paſſoyẽt la iournee en actions de graces, et en toute lyesse de espoir. O quelles sont les maisons, ou reposent et habitent telles meres. cest marie et helizabeth pleynes et grosses de telz enfans. O ame deuote si tu sauoyes monter en la montaigne auec ta dame et maistresse marie, si tu sauoyes considerer le doulx embrassement delles deux, et coment elles se saluēt, ie croy que ce saint cantique magnificat auec la vierge par chāt moult doulx chanteroyes, et auec le petit enfant saint iehan pphete auec liesse, et exultation, adoureroyes la merueilleuse cōcepcion de la vierge. Sur quoy dit saint anselme escripuant a sa seur Maintenāt maintenāt o seur auec ta dame tresdoulce mōte en la montaigne de la sterile et de la vierge Considere lem brassee, et le saluer, onquel le seruiteur au maistre. le herault au iuge. la voix au verbe clos et serre dedans le ventre virginal. cogneust et de grant ioye pphetisa. Benoistz sont les ventres desquelz tout le salut du mōde doit saillir Ensuis lexēple de ceste humilite Quel exēple d'humilite peut estre demōstre plus grāt que marie, venir a helizabeth. ihūcrist a saint iehā. la dame a la chāberiere. le seigneur au seruiteur. Et certes la vierge specialemēt se gloriffie en son cantique d' ceste vertu de humilite. elle qui estoit pleyne de toutes vertus en dysant. Quia respexit. Et pourtāt a lexemple de marie, de toy ne sens que choses humbles et quelque biē que tu aies, actribue le a dieu comme elle faisoit non pas a tes merites. Doncques marie fut auec helizabeth par lespace de troys moys pour luy dōner cōsolacion, et pour humblement la seruir en tout ce que pouuoit cōme si elle eust oblye quelle fust mere de dieu, et royne de tout le monde. car elle vouloyt en tout acomplyr la perfection de humilite. Et par sa contemplacion elle ne layssa pas la vie actiue. ne par la vie actiue diminua sa contemplacion. Et pourtant on list en son assumpcō leuāgile qui est escript de la vie actiue de marthe. et de la vie contemplatiue de marie magdaleyne, pource quelle mena en ce mōde la vie actiue comme il appert par ce

stuy seruice fait a helizabeth. et la vie contemplatiue. car elle gardoit en son entendement et contemployt tous les faitz de son filz. Marie demoura auec helizabeth iusqs a ce qu'elle vist la natiuite du pcurseur de son seigneur, pō laquelle chose elle estoyt venue cest a ce quelle le seruist auec sa mere. Et aussi longuement demoura la a ce qu'elle ne fust veue en voye ne en lieu publicq et quelle creust tousiours de vertu en vertu Et certes si sainct iehan et sa mere en laduenement de marie et de son filz furent rēplys du saint esperit, encores plus de graces eurent ilz en la demeure de si singuliere mere. et si digne enfant. Le temps acomply que helizabeth deuoyt enfanter enfanta vng filz. cest la huitiesme kalēde de iuillet. et la sixiesme ferie qui est le vendredy. auquel ne et aussi a sa mere la benoiste vierge seruit en toute humilite. en aimant plꝰ en maison estrange seruir que destre en sa maison seruie. Et audierunt vicini et cognati eius Et leurs voisins et cousins et qui estoyent de leur lignayge ouyrent que nostre seigneur auoyt manifeste sa misericorde. en helizabeth. en luy ostant lopprobre de sterilite. et luy donnant vng tel filz leql auoit este ainsi merueilleusement de lange anoncie, et conceu sur nature. et se iouyssoyent auec elle de ce grant don. que dieu lui auoit dōne. ainsi que lange auoyt dit a zacharie. que moult de gens se iouyroyent en sa natiuite. Ceste ioye signiffioyt la saicte te qui deuoyt estre on petit iehan. Aussi vng chescun se doyt esiouyr du bien de son prouchain qui est contre les enuieux qui se esioyssent du mal. et ont desplaysance du bien. Et saiche, o, de ceste leissō liseur que en ce iōr saint iehan leuāgeliste trespassa. mais pō le grāt office des deux iehās baptiste et euāgeliste leglise ne pouoit celebrer sa feste au iourduy pourquoy la trāsporte au iour onquel on la celebre maintenant. car aussi a ce iour fut son eglise dediee. et la sollēnite d' sait iehā baptiste demeura a sō iōr autentiq. car lāge auoyt denoncie que en ce iōr seroit faicte ioye de la natiuite du pcurseur. Et pō ce chiers freres honorons ces deux souuerains amys de dieu/lesqlz resplendissent entre la compaignie des anges, en les enuoyant deuãt le trone de grace/ et les priant q̃ par culx puissons trouuer misericorde et grace en temps opportun. Mais len pourroit demander pourquoy nous celebrõs la natiuite saint iehan baptiste plus q̃ dung aultre saint. La cause selon saint augustin est/que nul des aultres saintz deuant leur natiuite a creu en ihesu crist. mays aps quilz ont este nez/ la vraye foy sest adioustee a eulx/a croire ce qlz ont trouue en la saincte escripture/quãt ilz ont este en ce monde. Or la natiuite saint iehã pphetisa mesmez laduenemẽt du filz de dieu, en ce monde/lequel il salua estant encores ou ventre de sa mere. et ainsi sa natiuite est celebree. car il fut dõne par grace de dieu. aussi fut ne au cõmancement du tẽps de grace/lequel deuoit pscher la grace du nouuel testament/de laqlle il fut rẽply ãcoys q̃ fust ne. Aulcuns alumẽt grans fallotz et torches et feuz le iour de la natiuite saint iehã/par quoy est signifie q̃ cest la natiuite de celluy duql nostre seigneur dist Ille erat lucerna ardens et lucẽs Iehan baptiste estoit lumiere ardẽte et luysante. Le huytiesme iour de la natiuite du pcurseur acomply vindrent les parens pour circoncire lenfant selon le cõmandement de la loy Et pourtant q̃ en ceste circoncision on imposoit le nom a lenfant cõme on fait maintenãt au baptesme/en leuãgile leu de ce est escript. et vocabant eum Ilz lappelloyent et luy vouloyẽt imposer le nom de son pere zacharie/car la coustume des ancies estoit de imposer le nõ des peres aux pmiers nez/ et plus ẽcores a ceulx aps lesquelz on nauoit esperance en auoir daultres apres

Et saiche que non sans cause on imposoyt le nom a la circoncision. Car nul nest digne q̃ son nom soyt escript ou liure de vie/si premier ne meet de luy hors toute chose charnelle/laqlle est signiffiee par la circoncision. Oyant cecy la mere respondit. Nequaq̃/nullemẽt sera appelle zacharie. mais iehã/car il luy auoit este reuele de dieu. Et ne auoit pas ce nom iehã ouy dy-

re a son pere q̃ estoit muet/lequel mesmes fut interrogue par signe du nom de lenfãt par quoy on peut entendre q̃ zacharie nestoit pas seulement muet/mais aussi sourd Lors zacharie demanda par signe nõ pas par parolle, pugillarem/cest vne petite tablette q̃ on peut biẽ porter en son poig en laqlle il escripst. Iohãnes est nomen eius Le nom de lenfant est iehã. Il ne dist pas son nom sera/mais est iehan/cõme sil disoit/son nom est ia impose de dieu et aussi de lange Et est a noter q̃ ce nom iehã luy fut ppre pour trois choses. Premieremẽt pour la plenitude de grace q̃ estoit en luy Secondement pour le tẽps de grace/leql il cõmancoyt Tiercemẽt pour le relẽte grace/laqlle il pscha pmier/cest remission des pechez et collacion de grace. Adonc tous les assistans sesmerueillerent pour la conuenance et cõcordance/q̃ estoit entre le pere et la mere/du nom de lenfant/car lors fut ouuerte la bouche du pere/et sa langue mise a deliure/et la foy ouurit ce q̃ incredulite auoit clour. Par leql fait est demõstre q̃ la grace du nouuel testamẽt est ouuerte. et manifestee et ploit zacharie en benoissãt dieu des benefices q̃l luy faisoit Alors vne grande crainte d'admiracõ fut faite sur tous les voisins des choses q̃ estoyẽt faictes a la natiuite de saint iehã/ cest de lenfantemẽt de la sterilite/et de limposicion du nom/et tiercemẽt de la restitucion de la parolle Et par aduenture auoyẽt ilz paour de la punicion de dieu/quãt ilz voioyẽt vng hõme de si bõne vie estre ainsi pugny/car il doubta et ne creut pas a ce que lange luy disoit, en considerant en eulx mesmes q̃ ce nest pas seure chose de offẽcer dieu. Et toutes ces choses deuantdictez q̃ sont grãs miracles estoiẽt publiees par toute la mõtaigne/ou ilz demouroyẽt, et a lentour. Et tous ceulx q̃ les ouyoyẽt les mectoiẽt en leur cueur/en considerant entre eulx quelle chose auiendroit a lẽfant/et disoyẽt. Quis putas, puer iste erit. Cõme se ilz disoyent/cest enfant sera vne foys de grant louange/et reputacion. Ce nest pas de merueilles silz disoiẽt telles choses de cest enfant/car la vertu de dieu deuuroit en luy es merueilles q̃ estoient faytes enuers luy/par lesquelles raisõnablement len pouuoit concluyre/de quelle grandeur cest enfant deuoit estre deuãt dieu. Et son pere zacharie fut remply du sainct esperit/et prophetizant cõposa vng bel cantique/de la louẽge diuine en disant Benedictus dominus de⁹ israel/tout au long Il appert bien que la bonte et largesse diuine est grande enuers nous/se nous sõmes prõptz et appareilles de la receuoir car nous voyons que la parolle qui seulement auoit este ostee a luy deffiant et doubtant/fut restituee/luy creat auec lesperit de prophecie/et la ou pechie premierement habonde/vertus et prophecie regnẽt. Et põ ce nostre seigneur donne souuent a la personne plus quil ne luy oste/car ceulx quil a guerys corporellement/premierement en leurs ames les guerissoyt spirituellement Ambroyse. Regarde combien dieu est bon et legier a pardonner les pechies/car il ne restitue pas seulement ce quil oste/mais auec ce donne aultres dons/comme nous voyons/que celuy q̃ auoit este muet/maintenant prophetise. Cest grant grace de dieu que zacharie maintenant confesse celuy auquel nauoit pas creu. Et pource nul ne doit auoyr desfiance de la bonte de dieu/ ne pour quelque pechie quil ait faict se desesperer de la misericorde diuine/car dieu peut muer la sentẽce se tu te muez de mal a bien/de pechie a vertu. Aps ces choses la vierge print congie de helizabeth et de zacharie en benissant lenfant sainct iehan/ et retourna en nazareth apres la natiuite de saint iehan/ainsi que la plus commune opinion des docteurs tient. Par ce que ampres lenfantement de sa cousine elle retona en sa maison/no⁹ est demõstre/que ce nest pas chose honneste/de demourer en maison estrange sans office. Icy est belle consideracion de penser en quelle anxiete/ furent zacharie et helizabeth/et comment ilz plouroyent tendrement/du departemẽt de ceste vierge/car la ioye du monde/et les toylle de mer/retournoit en sa mayson.

Aussi nest pas a doubter que sainct iehan nen fust courroucie lequel sestoyt tant esiouy en son aduenemẽt Estudie toy de ramener en ta memoire la pourete/que marie eust a son retoᵘ/car elle alloyt en la maison en laquelle ny auoyt ne pain ne vin ne aultre chose necessaire/Elle auoyt este en la maison de zacharie enuiron trois moys asses habondantement/et maintenant elle retourne a sa pouurete/car il fayllo q̃ elle querist sa vie par le labour de ses mains/ Ayes donc compassion delle et te embrase en lamour de pouurete. Lenfant sainct iehan croissoit/quant a la croissemẽt de grace et de vertus/car ainsi quil croissoyt corporellement/aussi croissoit il virtueusemẽt Et estoit quant a la perfection de sa cõuersacion es desertz qui sont licur puenables a oraison et contemplacion/et la demeura despuys son septiesme an/iusques a ce q̃l pleust a dieu le demonstrer au peuple disrael/qui fut quant il vint au fleuue de iourdain prescher le baptesme de penitence/lequel il cõmenca le quinziesme an de lempereur tybere cesar. En ce tẽps il yssit des desertz pour prescher au peuple. Considere par les choses deuant dictes la magnificẽce de sainct iehan / auec plusieurs aultres priuileges lesquelz on trouue de luy.

Oraison

O Sainct iehan baptiste/qui as este premier plein de dieu que ne d̃ mere/premier cognoissãt dieu/que cogneu du monde. a toy sire que la grace de dieu a fait tãt amy de luy me retourne tout las τ trauaille moy duquel liniquite a fait ennemy de dieu Toy donc sire ayes remembrance/que ainsi que la grace de dieu ta si hault esleue que ta misericorde me relieue car mes pechies me ont moult humilie Je te prie sire q̃ tu obtiẽnes de dieu/que moy meschant me puisse resiouyr au second aduenement de nostre saulueur/auec les sainctz en gloire/ainsi que tu te esioys a son premier aduenement Amen

De la genealogie de nostre seigneur. chapitre .vii.

Escripte la naissance du precurseur de nostre seigneur, consequentment fault escripre la genealogie de nostre saulueur, car elle precede sa natiuite, de laquelle dit sait mathieu. Liber generationis, c'est le liure de la generaciō tēporelle de ihūcrist, filz de dauid et de abraham, est celle q̄ sensuyt. Le liure que feist sainct mathieu, est dit le liure de la generacion de ihūcrist, z le script en hebrieu, et pource il commāce son euangile a la generacion de nostre saulueur, car la coustume des hebrieux est que au commancement de leurs liures ilz nomment celluy ou ceulx desquelz veulent parler. Donc saint mathieu commancant a abraham, z descendans par lignee iusques a dauid pmier roy en la lignee de iuda, escript toute la generacion descendant de dauid iusques a ioseph, affin quil demōstre que nostre seigneur ihēsucrist selon lumanite est descendu de la semence de abraham, leql

fut principal entre les patriarches, et de la lignee de dauid qui fut principal entre les roys, et de la lignee de iuda, qui entre les douze lignees fut la principale. En demōstrant aussi que de droit appartenoyt a nostre seigneur ihēsucrist la dignite de prestre quant a abraham, et la royaulte z estre roy quāt a dauid, car seulemēt a abrahā et a dauid on vieil testament est faicte expresse repromission de nostre seigneur, lequel deuoit descendre deulx selon le corps, et duquel auoyt este prophetise par iacob, q̄ par droicte nayssance il viēdroyt de la lignee de iuda. Leuāgeliste a mys premier dauid que abraham, combien que abraham fust deuant luy de temps, et pour deux causes, car la dignite royale est plus digne que la priorite et antiquite temporelle. La seconde, car dauid qui fut grant pecheur est mis deuant le iuste pour demōstrer que nostre seigneur est venu en ce mōde pour sa seule misericorde, et aussi que ceste promission a este faicte a dauid, plus souuēt, plus fermement, et plus euidentement, et affin que lordre de la genealogie ne fust partroublee car la fin dune clause est le commancemēt de lautre. Et pource quāt il eut commance il mist apres Abraham genuit ysaac, en descendant iusques a ioseph. Et dit en singulier nōbre, le liure de la generacion, car combien que plusieurs generacions soyēt la par ordre recitees, touteffoys c'est pour querir vne generacion qui est de ihēsucrist pour laquelle toutes les aultres sont mises et repliquees. Et est appelle ihesus, quant a la nature diuine, et xpristus quāt a lumanite. Et ce nom de ihesus est nom propre, et xpristus est nom commun z de grace. Il est aussi a considerer que saint mathieu donne la generacion de ihēsucrist en descendant, pource quil parle de son humanite, par laquelle il est descendu a nous, en demonstrant quil a prinse nostre enfermete. Et pource il commence a abraham, en demonstrant la maniere, comment dieu est venu au monde, en descendant selon lumanite de la lignee des anciēs peres, et proce de iusques a ioseph mary de marie. de laquelle vierge seulement a voulu naistre materialement/car du pere il est ne essencialement. Au contraire saint luc escript ceste generacion en montant pour demonstrer comment les filz de grace doyuent monter au royaulme de leur pere. et coment humaine nature est reduyte en dieu/ par ihesucrist. Et a cause de ce il commance au baptesme de nostre seigneur/auquel les filz de grace sont faitz et engendrez/et pcede iusques a adam/car la generacion spirituelle coprent tous ceulx qui veulent estre filz de dieu. Et po² ce pme dit sait hilaire Saint luc escript la genealogie de nre seigneur selon lordre sacerdotale/laqlle sainct mathieu escript/ selon la dignite royalle po² prouuer la gloire et dignite de nre seigneur/q est roy et pstre eternel en lune et en lautre lignee. Car ioseph descedit par salomon/et la vierge p nathan son frere Et po² ce lung et lautre euangeliste cocordent q dauid est leur pere. Sait augustin. En la loy seulement le pstre et le roy estoyent oingtz/par lesquelz estoit entedu ihucrist, po² demonstrer q luy estant roy et pstre no² gouuerne/et prie pour no² en no² faisant ses mebres/affin ql soyt en nous/et no² auec luy. Ceste genealogie est escripte p troys quatorzeines de generacions /desquelles aulcunes furet deuat la loy/aulcunes au teps de la loy/et la derrayne/cestassauoir la genealogie de nre seigneur ihus on teps de grace leql temps comença a sa coceptio. Et p ce est signifie/ q aulcuns en ces troys teps/ont este saulues par la foy de ihucrist/car selon crisostome/quat trois quatorzeines de generacions furent acoplies lestat du peuple des iuifz fut mue. car despuys abraha iusqs a dauid/ilz furent soubz les iuges/despuys dauid iusques a la trasmigracio soubz les roys/z despuis la transmigracion iusqs a ihucrist soubz les euesques/en demostrat aux homes q aisi q acopliez les troys quatorzeines des generacions/lestat des iuifz fut mue et chage /ainsi despuis la venue d ihucrist lestat du mode est mue/en demonstrant aussi/ql est iuge roy et euesque/et q

en luy fut acoplie lobedience des comandemes/et la verite euagelique/q est fodee en la foy de la saincte trinite. en laqlle il nous a done puissance destre faitz filz de dieu/z que par obseruance des choses dictes/luy q est soleil de iustice viet en no² par illuminacion spuelle. Aussi est assauoyr q troys quatorzeines sont quarate et deux generacions/par lesquelles no² venos a ihucrist/ qui no² est pmys po² loyer/ainsi q les enfans disrael par quarate et deux mansios vindret a la terre q leur estoit pmise. Aussy p ces troys quatorzeines sont signifies trois teps/cest le teps deuant la loy/z des soubz la loy/ et le teps de grace. La pmiere quatorzeyne/est de abraha iusques a dauid. La secode de dauid iusques a la trasmigracion des filz disrael en babiloine. Et la tierce despuis la transmigracio de babiloyne iusques a ihucrist. La pmiere cotiet les patriarches/la secode les roys /la tierce les euesques et ducz. En la pmiere sont mis pmierement ceulx q furet nez deuat qlz descendissent en egipte /la ou il dit/ iudas aute genuit phares. Secondement ceulx qui furet nez en egipte/la ou il dit/phares genuit esron. Et tiercement ceulx q furet nez apres ce qlz furet hors de egipte/la ou il dit naason aute genuit salmo. La pmiere quatorzaine signiffie la generacion de ihucrist par grace/q fait nre seigneur en lame penitente. La secode celle ql fait en lame proufitante Et la tierce celle ql fait en lame parfaicte. La generacion spirituelle que fayt nostre seig en lame penitete est demostree selon les trois degres de penitence. Le premier est au comancement. le secod en proufitant/et le tiers en acoplissant et consummant A comacer vraye penitece/trois choses sont requises/cestassauoir choses pcedentes/cöstituetes/ et coseruates. Les precedentes sont en deux/cestassauoyr foy de la bote diuine/q est signifiee par abraham et esperace de pdon/q est signifiee p ysaac. Les costituates sont en trois/cest en corricio en laqlle est bataille en detestat pechie q on auoit deuat aime q est signifie p iacob en pfessio q est signifiee p iudas/et en sa tiffaciõ q̃ est significee par ses freres Les choses conseruantes penitence sont trois cestassauoir craincte de plus offenser dieu laquelle est entendue par phares qui est interprete diuision. Amour de gloire pardurable entendue par zaren qui est dit oriens horreur.et craincte de la peyne perpetuelle entendue par hesron/qui vault autant adire comme sagicta saiecte. Apres vient la spirituelle generacion que nostre seigneur faict en lame/qui a commance de faire penitence/laquelle contient quatre generacions selon quatre choses qui luy sont expediates La premiere est election de bien ou de mal qui est signifie par aran/qui est interprete electus esleu. La seconde est auoir voulente parfaicte de ensuiuir le bien qui est signifie par aminadab qui est dit spontaneus de son bon gre. La tierce est prudence de discerner le bien du mal/entendu par naason/qui est dit serpentinus /serpentin. La quarte est la ioye que on ha en complaisãt a soy/entedu par salmon qui est dit sensibilis sensible. Apres vient la tierce generacion que fait nostre seigneur en la consummacion de penitence pour lexpediance/de laquelle sont quatre generacions requises selon quatre choses qui sont expediantes a pcelle. La premiere est force contre les teptacions et mal de coulpe/qui est signifiee par booz/par lequel est entendu force. La seconde est la promptitude de obeir aux amonicions/que dieu par le moyẽ de sa grace enuoye a sa creature/entẽdue par obeth qui vault autant adire comme seruant La tierce est constance contre les persecuciõs d toute peine/q̃ est signifiee p iesse/q̃ est a dire lisle de liba/lisle est tousiours frappee des vndes de leaue La quarte est force de finale perseuerãce en penitence/par dauid entendue/qui est interprete/ manu fortis/ fort et puissant de main. Apres cõmance la seconde quatorzaine/par laquelle est signifie spirituelle generaciõ/que nostre seigneur fait en lame prouffitant selon quatre degrez. Duquel le pmier est en voulẽte de bien.le second a decliner le mal/le tiers a garder les cõmandemẽs/le quart en accõplissemẽt des consaulx. Au premier degre

appartienẽt troys choses/cestassauoyr repos de cueur q̃ doit auoir la psonne en soy mesmes/qui est signifiee par salomon qui est interprete pacificq/paisible. Aussi doyt auoir largesse de charite quãt a son prouchain/q̃ est signifie par roboan q̃ est latitudo populi/largesse du peuple Doit auoyr aussi sa voulente subiecte a dieu/entẽdue p abia/cest pere seigneur/ou q̃l est entendu subiection damour et de craicte. Aussi au secõd degre q̃ est decliner le mal apptienẽt troys choses/cestassauoir q̃ on doit escheuer esclaudre q̃ est signifie par asa/qui signiffie outãt. On doit aussi escheuer fol iugemẽt entendu p iosaphat q̃ signiffie iugeant/et soy garder de mespriser ou contẽpner son pchain/entẽdu par ioran/q̃ signifie excellent. Par le pmier est demõstre pment on doit escheuer le mal en effect/par le second en pẽsee/et p le tiers en affectiõ. Au tiers degre q̃ est en la pfection des cõmãdemẽs appartienẽt quatre generaciõs/car on doit garder les cõmãdemẽs de dieu/en teps de aduersite et de psperite. Au teps d aduersite apptienẽt deux chosez/cestassauoir force por entrepredre choses difficiles/laq̃lle est signifiee par ozias/cest fort de nrẽ seignr Et pacience en soustenãt choses contraires q̃ est signifiee p ioathan/cest pfaict/car paciẽce ha oeuure pfaict. Aussi au tẽps de psperite apptienẽt deux chosez/cestassauoir q̃ on se doit cõtenir dauoir trop grãde delectaciõ au bien variable et trãsitoire/cest aux biẽs de ce mõde en delaissant le createur qui est signifie par achas/cest ptinent. Cõfortaciõ en bien inmuable. et inuariable/q̃ est signifie par ezechias/q̃ est conforte de nrẽ seigneur Au quart degre q̃ est en accõplissemẽt des pfaulx/sont necessaires quatre choses. La pmiere est oblier les choses terriẽnes de ce mõde/q̃ est signifie par manasses q̃ est obliẽce La seconde est la succession de la grace diuine/q̃ est cõme spirituel nourrissemẽt de lame. q̃ est signifie p amou q̃ signifie nourry/et pourtãt il dit ailleurs venez a moy toꝰ et ie voꝰ refectioneray La tierce est la deuocion que on ha maintenãt a seruir a dieu/et garder ce q̃l cõmande qui est signifie p iosias/cest encẽt ou bõ odore ment de nostre dieu. La quarte est preparacion que la creature fait en ce monde present pour recepuoir aulcun loyer de dieu apres ceste vie presente entendue par Jeconias qui signiffie preparacion. Derniere ment commance la tierce quatorzaine, laql le signifie la generacion que ihesucrist fait par grace en lame parfaicte, selon quatre degrez, desquelz le premier est cõsiderer quant a la perfection des religieux. Le second des prelatz. Le tiers des actifz, et le quart respond communement a tous pserueras Doncques apres la transmigracion de babiloine, cest adire apres que lõ passe de lestat de imperfection a lestat de perfection qui est lestat des religieux apptienẽt trois choses, cestaffauoir obedience prompte qui est signiffiee par Jechonias, lequel vault autant que preparacion. pou urete voulẽtaire, qui est telle q̃ lle ne quiert en ce monde aultre chose que dieu, laquelle est signiffiee par Salathiel, cest ma peticion et demande cest dieu. A tous bon exẽple et discipline entendue par zorobabel, cest maistre disciplinãt la confusion de pechie. Aussi a la perfection du prelat apptiennent quatre choses. cestaffauoyr solicitude paternelle quant a ses subiectz, qui est signiffie par Abiud, cest cestuy est mõ pere. doctrine pour exciter les paresseux et negligens, entendue par Eliachim, qui signiffie ressuscitant. Science pour enseigner les ignorans, q̃ est signiffie par Azor cest voyant lumiere. Sainctete de vie pour donner bon exemple a aultruy entendue p Sadoch, cest iuste. Aussi a la perfection des actifs appartiennent quatre choses. cestaffauoir la perfection de charite, quãt a leurs prouchains, qui est signiffiee par Achim, cest mon frere. parfaict amor a dieu entendu par Eliud, cest mõ dieu. Parfaicte fiance en dieu en aduersite, entẽdue par Eleazar, cest mon dieu aideur. Parfaicte humilite en prosperite, qui est quant on repute que tout ce que on ha vient de dieu, qui est signifie par Nathan, qui est don. Aussi a la perfection cõmune des perseueras appartienẽt troys choses. cest assauoir supplanter les vices et pechyes q̃ est signiffie par Jacob, cest supplantateur Continuel labour pour acquerir vertus, qui est signifie par Joseph, cest acroissãt Et ferme et constante foy sans doubter, q̃ est signiffiee par ce que ioseph est appelle mary de marie, qui est interpretee estoylle de mer, q̃ est vne estoille iamais ne se mouant. Les trois choses sont necessaires a perseuerance. O hõme icy considere les parẽs de nostre seigneur. et comment il na pas desdaygne naystre selon lumanite de ceulx qui estoiẽt de petite reputacion et pecheurs, en demõstrant q̃ tu ne te doys poit glouffier de la noblesse de ton lignaigne, ne des vertus ne des bonnes operacions qui sont en toy, affin que ne diminues ou du tout perdes le loyer que dieu te doit dõner. Crisostome. Icy reluyt la dignite de nostre seigneur, non pas quil ait en sa genealogie grans z puissans parẽs selon lumanite. mais pource quilz sont de petite reputacion et abiectz. car la gloire est grande et moult merueilleuse, quant grans personnes se humilient de leur bon gre a moindre deulx. Se on dit que cest chose merueilleuse, q̃ le filz de dieu na pas voulu seullement receuoir mort pour nous. mais auec ce a voulu estre crucifie et ensevely. aussy on peut dire q̃ en sa generaciõ nest pas seulement digne de admiracion, en ce quil a prinse nostre humanite, et a voulu estre hõme. mais en ce quil luy a pleu de auoir telz parens cõme celluy qui nauoyt pas honte de nostre vilite et ordure. En nous dõnãt exemple q̃ iamais ne ayons honte de quelle reputacion noz parens soyent, ou nobles ou laboureurs. affin q̃ seulement querõs a nous ennoblir de la noblesse des belles vertus. Certes nul nest a louer ne a blasmer des vertus ou des vices de ses parẽs car por eulx il nest ne plus bel ne plus lait Et pour clerement parler nous ne sauõs de quelle reputacion celluy est digne q̃ est ne de parẽs vicieulx et pecheurs ou de petite lignee. selon le corps et qui estudie a soy ennoblir par acquisicion des vertus. Doncqs nul se doyt orgueillir ne esleuer de la noblesse de ses parēs, car la considracion des parens de nostre seigneur selō le corps doit opzimer et oster tout orgueil de nostre pensee, et seullement on se doyt glorifier en vertus. Nous voyons que le pharisien qui se glorissioyt en ses merites fut faict pyre que le publicain, qui se nommoit pecheur. Donc toy quelconqs soies ne vueilles gecter en vain, et corrumpre le fruyt de tes labours. Ne vueilles pas employer ta peyne pour neant, ne euacuer le fruyt de tes merites, car certainement tō dieu cognoist mieulx que toy le merite de tes vertus. Ne nous enorgueillissions dōc point, mays disons de nous mesmes que noꝰ sommes seruiteurs inutiles, affin que soyons comptes entre les vtiles. Certes si tu dis que tu es digne de louange, tu es digne destre reprouue, non obstant que par deuant fusses digne de louange. Et se tu te dys et reputes inutile, tu es ia faict vtile deuant dieu, etiam, si par deuant fusses digne de reprobacion. Et pourtant se nous voulōs prousfiter est de necessite de oblier toutes les vertus passees, et tout le bien q̄ auons faict, car si nous en glorissions et mectons en nostre memoyre comme ceulx qui veulent vendre aucunes marchandises nous armons et prouoquons contre nous nostre ennemy, et se mocque de nous et le prouocquons a toute tromperie et dolositē. mais se nul aultre scet le bien que nous faisons fors celluy a qui nulle chose est occulte, alors noz biens qui sont choses precieuses sont en lieu seur. Et pourrātne ventilez et ne descouures les biēs q̄ tu faiz, affī que par aduenture ne perdes tout, ainsi q̄ feit le pharisien qui seullement portoyt le bien quil faisoyt en sa langue. et le dyable beut tout. Gardons doncques q̄ de nous ne disōs chose glorieuse ou dequoy y peust venir propre louange, car telle chose nous fait estre hais des hommes, et abominables deuant dieu. Et de tant plus que ferons grans choses et dignes de louāge, de tant plus deuons sentir moins de nous, et nous reputer tousiours seruiteurs inutiles de dieu, et en ce faisant acquerrōs enuers les hōmes hōneur, et enuers dieu gloire, et grāt loyer, et aussi parfaicte retribucion car sans doubte quant nous faisons aulcune chose digne de louange pour lamoꝛ de luy nous le faisons nostre debteur. Et quant nous sentirōs en nostre cueur sans faintise, que ce nest ryens de ce que nous faisons, nous actrayons plus la beniuolence de dieu enuers nous, que pour toutes aultres bonnes oeuures que faysons. Et pourtant le bien de humilite surmonte les merites de toutes vertus, car la ou elle deffault, toutes autres vertus ne sont poit meritoires. Se donc tu veulx faire tes oeures grādes ēuers dieu, ne les repute mye grandes, et ne te en loue, car elles ne seroyent grandes ne fructueuses. Jay a lexemple de centurion, qui disoit a dieu. Sire ie ne suis pas digne que tu entres en ma mayson, et pour ceste humilite desseruit que dieu alast auec luy, et le loua par dessus tous les iuifz. Et aussi sainct paul disoit. Je ne suis pas digne destre appelle apostre, Et pour ceste cause fut faict le premier apostre Aussi sainct Jehan baptiste dist Je ne suis pas digne de deslier la courroye de son solier, il fut amy de lespoux, et de la main de laquelle se disoyt indigne et insouffisant d̄ deslier la courroie des soliers d̄ nostre seigneur, il le baptisa apres ou fleuue iourdain Aussi sainct pierre disoyt a nostre seigneꝰ Sire despars toy d̄ moy, car ie suis homme pecheur. Et pour ceste confession desseruit estre le fondement de leglise, car il nest chose qui face la creature tant agreable et amie de dieu, que quant elle se repute la moīdre et la plus humble de toutes les aultres, Laquelle vertu de humilite ne naist, et nest nourrie daultre chose, si non de lame qui a cōpunction de ses pechies, et qui ne se despartoit de la discussion de soy mesmes, car certes celluy, qui est humble de cueur, et qui a contricion de ses deffaultz nest point surmonte par vaine gloyre, ne naure de la playe denuye, ne trauaille de la fureur dyre, et ne récoyt en son ame aūlcūe aultre passion Escoute que nostre seigneur dist. Aprenes de moy q̄ suys humble et doulx de cueur, et vous trouuerés repos en voz ames. A ce donc que en ce monde et en l'autre puissions auoir vray repos en noz ames, plaisons et entons humilité sur toutes choses q̃ est mere de tous biens, et ainsi par le moyen d'elle pourrons passer seurement la grant mer de ce monde sans turbacion et venir au port trespaisible de salut qui est dieu. Oraison.

O Seigneur ihesucrist, qui es nostre esperance et fiance, soyes recors des choses que tu as prinses pour nostre redempcion. Ayes remembrance q̃ toy, créateur de toutes choses, en espousant et prenãt nostre nature, te es digne faire semblable a nostre figment. O sire tu es venu pour les pecheurs, affin que effaçasses les pechiés de tous. Quelle chose te peut on rendre, ne quelle chose peut on faire digne de retribucion. Je te loue de toutes mes affections, je te rens graces pour tes grans benefices, par lesquelz tu as secouru a lumain lignaige qui estoit perdu, et te prie sire tres piteur que ainsi que pour nous tant tes humilié, que as voulu estre homme cõme nous, que en nous par ta miseracion ne seuffres estre perdu ce q̃ as decreté par ta grãde misericorde prendre de nous, et me fais rendre seruice deu et agreable a toy Amen

Comment ioseph voulut layſſer noſtre dame chapitre. viii.

ET a cauſe que en la geneaologie de ihesucrist dessus dicte, sainct mathieu a monstré la vraye humanité de nostre seigneur, consequemment monstre sa diuinité, par la maniere de sa conception merueilleuse, en disant Xp̃isti autem generacio sic erat Cõme s'il vouloit dire Il n'est pas a croire q̃ ihucrist en tant q̃ hõme soit engendré p͂ cõmixtion de homme et de femme, cõme sont les aultres hommes mis en sa geneaologie et nõmes deuant, mais a este conceu et engendré par plus merueilleuse maniere, q̃ après luy sainct mathieu declaire, en disant Cum esset desponsata Marie donc espouse de ioseph, retournée de la maison de helizabeth en sa maison de nazareth, vint ioseph son espour de iudée en galilée, et la voulut mener comme son espouse en sa maison. Et aincoys q̃ilz conuisent, c'est a dire deuant que la solempnité des nopces fust celebrée, et aincois q'il la menast et habitassent ensemble en une maison, car après quilz furent espousés, ioseph retourna en sa maison, et la vierge en la sienne, veu q̃ il n'estoit pas licite selon la coustume des iuifz, que l'espour et l'espouse demourassent ensemble en une maison, deuãt q̃ la feste des nopces fust faicte. Deuant quilz couuinsent ensemble, ce n'est pas a dire aincois q̃ilz couuinsent ensemble en fayt de mariage, ainsi que aulcuns faulx heretiques vouloyãt affermer, mais est une façon de dire et par maniere d'une figure, que on appelle tropus, ainsi que se on disoyt, deuant q̃ tel se repentist, la mort la preuenue ce n'est pas a dire q̃ apres sa mort eust repentence. Inuenta est maria Marie fut trouuée de ioseph grosse, et ne cognoissoit pas ioseph manifestement que ce estoit du sainct esperit. Et luy veoyant telle chose, et ignorant le secret de tel et si merueilleux mistere fut troublé, et la voulut laisser occultemẽt a ses parens desquelz l'auoyt prinse, et ne la vouloit pas diffamer publiquement, affin quelle ne fust lapidée comme adultere, et aussi ne la vouloyt pas mener en sa maison a demourer auec luy. Icy considerõs que marie n'a pas passé ce monde sans tri

e i

bulaciõ. Elle veoyt q̃ ioseph estoit trouble et pource nestoyt pas sans cause se elle se troubloit. Touteffois humblement elle se taisoit, et mussoyt le don de dieu, aymant mieulx estre reputee maulaise et vile, que publier le secret de dieu et dire aulcune chose de soy dequoy peust auoir ne monstrer aulcune iactãce, mais prioit nostre seigneᵘʳ quil luy pleust mectre a ceste chose remide. Regarde en qlle tribulacion et anxiete estoyt, et la vierge et ioseph, et cõment dieu par met ses amys estre temptes et tribou les pour acroistre leur merite, et aussi comme nostre seigneur ne layssa pas quil ne pourueust a lung et a laultre. En ce que ioseph pẽsoit laisser la vierge marie auõs cuscignement q̃ on doit longuement deliberer et ne estre pas precipitãt ne hatif en chose doubteuse et incertaine, affin que on ne peche du pechie de legierte. Lors nostre seigneᵘʳ enuoya a ioseph son ange dit gabriel selon sainct augustin, pour troys choses selon crisostome. Premierement affin q̃ lõme iuste ne fist chose iniuste de voulente deliberee. Secõdement poᵘʳ lõneur de la mere de nostre seigneᵘʳ, affin qlle ne demourast seule et quelle ne fust notee de lay de suspection. Tiercement affin que ioseph entendist la maniere de la conceptiõ et ql se eust plus reueremẽt enuers la vierge. Le quel ange luy apparut en dormant, et non pas en manifeste et cleire vision, car son entendement estoit oppme de doubte, ainsi que du sommeil de infidelite, et luy dist. O ioseph filz de dauid. Par ce qil lappelle filz de dauid, selon crisostome luy ramene a memoyre la promission faicte a dauid de laduenemẽt du filz de dieu. Noli timere. Ne veilles craindre ne doubter de prendre marie ton espouse et de demourer auec elle. Il nest pas a entendre que lange ladmõnestast de la prendre pour cõsummer le mariage, car il semble q̃ saint augustin vueille dire, que la premiere desponsacion, de laquelle nous auons dit par auant fust faite par paroles de present, et ia ẽtre eulx le mariage estoit consumme. Et a cestuy exemple de marie et de ioseph se aulcuns feaulx

crestiens en mariage estoient dung cõmun accord et consentement de demeurer en lestat de continence et de soy abstenir le poᵘr royent faire et seroyent ditz et nõmes mariés. On voyt cecy en ioseph et en marie q̃ sont nõmes et appelles maries, car mariage est non seullement par commission de corps, mais par perpetuelle et inuiolee affection de volunte. Et ioseph ainsi est appelle mary de marie pourtant quil luy gardoit la foy et loyaulte de mariage p deuote administracion de couraige qlz auoient ẽsemble. Disoit dõc lange a ioseph. Nayes point de suspeccon q̃ ceste concepcion soit par operacion humaine et charnelle, car ce qui est conceu en marie est oeuure et operation du benoist saint esperit. Maistre en elle vault autent ẽme estre conceu, et naistre de elle est estre mis et produit en lumiere et au mõde. Surquoy est assauoir ql y a double natiuite, cest au ventre et au mõde. Noᵘˢ nayssons ou ventre, quant nous sommes ᵓceuz, mais nous naissons du ventre quãt nous sommes produitz en la lumiere de ce monde. Ioseph par auant cognoissoyt en la vierge marie estre aulcune chose diuine et la creoit estre saite femme, mais maintenant lange luy explique et declaire de quelle vertu et saitete elle est, quãt il luy dist, qđ in ea, cest ce qui est ne et conceu en elle, est oeuure de dieu q̃ est quant a la pmiere natiuite, et quãt il adiousta, pariet filiũ. Elle enfantera vng enfant, cest assauoir quãt le temps sera congru de sa natiuite hors qui est la secõde natiuite, ainsi qlestoille pduit la lumiere, et larbre la fleur. Et tu lappelleras ihus, cest a dire saulueᵘʳ. Et dit la cause car il saulera et deliurera son peuple d̃ pechie qui nest pas peu de chose, car il nest si miserable seruice q̃ seruir a pechie si vil et si detestable. Et en ce lange mõstre ihũ crist estre vray hõme, entant quil deuoit naistre de femme, et estre vray dieu en ce ql deuoyt pdonner les pechies. Ioseph aisi certifie de la bõte de marie se leua du sõmeil de infidelite et p la voir de lange prit son espouse et luy seruit cõme a sa dame, en te informant o homme que tout ce q̃ dieu cõmande tu es tenu de lacomplir incontinent que tu auras lopportunite, τ mesmes les veuz que on faict sans exprimer aulcun temps, on les doyt aussi tantost acomplir qui peut. Crisostome Joseph est enseigne et admonneste par lange du diuin et celestiel mistere et secret, a laquelle admonicion ioyeusement obtempere, et acomplist en grant ioye les commandemens diuins, car il print la saincte vierge, et en soy esiouyssant se glorisfie de ce quil auoyt desseruy a ouyr de lange quil estoit espoux de la vierge, q̃ estoyt mere de si grande magesté. Par ioseph pensant delaisser marie, τ certifie du cas, creut a lange, est entendu lome doubtant en la foy ou en la bonne operation, lequel est conferme par le bon prescheur, ou confesseur, et se soubmect a bonnes monicions. Et ne la cogneut pas iusq̃s ad ce q̃lle eust enfante son pmier enfant, cest adire q̃ quāt lenfāt fut ne, il sgneust la grāde dignite de quoy la mere estoit. Crisostome. Vraiement ioseph ne cognoissoit pas p auant de q̃lle dignite estoit marie, mais apres quelle eut enfante la cogneust, car elle estoyt plus belle et plus digne que tout le monde, quant luy que tout le monde ne pouoit comprendre ne contenir, elle seule receut en la chambrette estroicte de son ventre. Oui ioseph ne la cognoyssoit pas en fait de mariage pour les choses que lange luy auoyt dit. On doit prendre ceste diction, donec, po iamays, car il est icy negatif de tout temps, τ est prins po nūq̃, cest pour iamais non. Pourquoy est a noter que ceste diction donec, aulcunes foys est vne signifficacion de temps determine, lequel quant il est passe on fait aucune chose. Comme on dit celluy la na point menge, donec, iusques a ce, quil fust leure de serte, laquelle acomplie a menge. Aulcunes fois aussi elle est affirmatiue de tout temps, et est prise po touriours, côme est icelle Sede a dextris meis, donec ponam, cest a dire, touriours syes toy a ma dextre, dit dieu le pere au filz. Aulcunes fois ceste diction donec est prinse pour iamais, ōne en ce p poz, nous disons que se ioseph ne la pas cogneue auant son enfantement, par plus

forte raison ne la pas cogneue apres, en voyant tant de signes et de miracles, en la natiuite du filz de dieu, τ cognoissant quil estoit dieu et homme. Veritablement ne deuant, ne apres son enfantement ioseph ne la cogneust en fait charnel. Aulcuns exposent ceste cognoissance de la face de la vierge, en disant, que en sa face pour la presence de nostre seigneur, qui estoit en son ventre luysoit vne telle clarte, que ioseph ne la pouuoit regarder pleinement on visayge, ne en la face, iusques apres la natiuite du filz de dieu. Comme on list que les enfans disrael ne pouoient regarder en la face de moyse, tant resplendissoit pour la familia rite q̃l auoit heu de parler auec dieu. Aussi disent que ce quil pensoit de la laisser, ne estoit pas pour le vice de incredulite, mays estoit pource quil se reputoit indigne, destre en sa compaignie. Iherosme. Cecy est le tesmoignaige de la virginite d̃ marie, en ce que ioseph saichant sa chastete, et se esmeruelant de ce qui estoit aduenu, se tay soyt et celoit le mistere, lequel il ne pouoyt comprendre. Crisostome. O louenge inestimable de marie, Joseph auoit pl grande extimacion de sa chastete, et plus a la grace quil veoit en marie quil nauoyt que par oeuure charnel et naturel elle eut faict mal ou peche. Il voyoit la pceptiō, et ne pouoit suspeçōner, que ce vit de fornicaciō. Il croyoit estre plus possible, que vierge peust cōceuoir sans homme q̃ marie peust faire peche. Et quant la tribulaciō fut cessee apres vint grande consolacion, car le bon homme ioseph par la monicion angelique, demoura ioyeusement auec sa saincte et benoiste espouse, et layma de chaste amour, plus que onne pourroit raconter, et eust soig delle en toute loyaulte, τ la dame demouroit auec luy cōfiamment, et ensemble viuoient, en leur pouurete ioyeusement, et ainsi nous pourroit aduenir, se en noz tribulacions auions paciēce. Aussi le benoist iḣesus se tint neuf moys on ventre de sa mere enclos, selon la maniere des autres enfans, affin quil ramenast to ceulx q̃ sont en la misere de ce monde, et enclos

e ii

es enfers a sa cōpaignie des neuf ordres des anges. Il se tinst benignemēt. et soustint paciēment et actendit le temps dehu a sa natiuite Ayes compassion de luy. et re garde a quelle parfonde humilite il est venu. τ ne te esleue par quelque bien qui soit en toy Et pource que de ce seul benefice. quil a voulu estre ou ventre de sa mere si lō guemēt pour lamour de nous/ne luy pouuons satiffaire dignement/aumoins recognoissōs le de cueˣ et luy rendōs graces de toute nr̄e affection de ce q̄l luy a pleu nous prendre dentre les aultres et nōˢ enclorre pour estre continuellement a son seruice, car tout est de luy. et non pas par noz merites. Le grant benefice nous doyt estre moult acceptable, venerable et de grande reputaciō. car il ne nous a pas enclos po peine. mais par cautelle. en la trescheure τ haulte tour de religion. en laquelle les saiectes de ce mauluais monde toutes enuenimees. ne peuuent paruenir ne actaindre: si non par nostre temerite et malice. Parforsons nous dōc de tout nostre cueur estre enclos et oster de nostre pensee. les affections caduques de ce monde. sans laql le chose faire. peu prouffite reclusaige du corps. Sainct gregoire. Que te prouffyte la solitude du corps. se la solitude de lame te deffault. Que te prouffite demourer de corps en cloistre. et auoir le cueur parmy le monde. Aussy efforsons nous en toutes choses luy rendre graces et de tout nostre cueur le louer. car entre les vertus vne chose moult noble τ moult resplendissant deuant dieu. est que homme au cōmencemēt de obedience estant en exil pouure cōtēpne et mesprise. enferme/tant corporellemēt que spirituellement. vueille. saiche et puisse beneistre dieu. et le louer ioyeusemēt en toutes ses oeuures. Sainct bernard. Celluy est bienheureux qui ordonne les passions de son corps selon la reigle de iustice. et q̄ tout ce q̄l seuffre et porte soyt pour lamour du filz de dieu. en telle maniere. q̄ toute murmuraciō soit ostee de son cueˣ. τ en sa bouche soit touʃ actions de graces et voix de louenge. Certes qui bien cōsi dereroit que a ceulx q̄ ayment dieu parfaictemēt. toutes choses leur tournent en biē il viendroit a grant repos de pensee/ et seroit trouue en luy ce que le saige dit. Le iuste ne se contristera pour quelque chose q̄l luy aduiegne. car tout ce qui nous aduient selon saint augustin. est par la parmission diuine. et non pas par la puissance de noz ennemys. Et tel aussy pourroit dire cōme faisoit le saint hōme iob. Ainsi quil a pleu a nostre seigneur il a este fait/le nom de di eu scit benoist. Dōc tu ne doys point doubter tribulaciō. car dieu ne parmet pas q̄l le viegne a ses amys/sinon pour leur vtilite. Cōme aulcuneffoys a ce que lomme se destourne de lamour mondayn. mesprise les delectacions tēporelles. et a dieu se cōuertisse/et que desire les ioyes eternelles. Et sait augustin dit. q̄ la psōne pfaictemēt ne se conuertist a dieu/sinon quant elle se destourne de lamour du monde/Et plus conuenablement/ne peut estre diuertie de lamour de ce present monde/si non que di eu mesle en ses mauluayses playsances et delectacions/labeurs peines douleurs/ et tribulacions. Et si dieu cessoit de mistionner les amertumes de ce mōde/auec les felicites/tantost loblierions Et a cause de ce dit le psalmiste. Tu as multiplie leurs enfermetes /cest a ceulx qui sont en ce monde as donne persecucion/ et ilz se sont auances de toy aymer Dieu donne aulcunesfoys des tribulacions/ a ce q̄l corrige noz peches. Et pource dit saint augustin/ que ainsi que la lyme oste la rougle du fer, et la fournaise lordure de lor. et le fleau la bale du grain, ainsi tribulacion fait a lomme iuste. Et pourtant les freres de ioseph disoyent /a bon droit nous souffrons ceste aduersite de famine. car nous auōs peche cōtre nostre frere. Aulcunessois aussi dieu enuoye tribulacion a aulcun/ a ce que quant il se trouuera sans ayde/ cognoysse plus clerement son imperfection. Et pourtant dit le psalmiste. Jay dit en ma prosperite/ que perpetuellement/ne declineroye de tō amour. mais a ce que clerement me demōstrasses mon impuissance/ et que sans toy riens ne puis/tu as tourne ta face de moy. et iay este trouble et afflige. Aulcuneffoiz donne des tribulacions/pour plus nous faire tenir en crainte/et en humilite/a ce q̃ ne presumons de noz merites/et ne nous esliewons en orgueil. Et de ce dit lapostre A ce que pour plusieurs reuelacions que dieu me monstroyt/ne me esleuasse en orgueil me fut donne de luy laguillon de ma chair/qui fut lange sathan/ qui grãdemẽt me soufflette. Aulcuneffoys/a ce que lẽ saiche/que grant mal est/dauoir laisse dieu/et de dieu estre delaisse. Dont dit saint iherosme. Saiche et regarde/quant grant mal est de auoir laisse ton dieu/ton seigneur et ne auoir point la crainte de luy auec toy Aulcuneffois a ce quil no⁹ declaire la pacience de aulcun/et par les exemples des sainctz instruye vng chescun de la vertus de pacience. Et de ce dit iob. Cecy me soit vne consolacion que dieu me afflige/et si luy plaist adiouste encores douleur/ car ia ny contrediray. Aulcuneffois/a ce que les mauluais craignẽt plus ⁊ se conuertissent plus tost a bien viure. Et de ce dit le saige. Le pestillãt et mauluais/voyãt flagelle le fol ⁊ peche⁺ en sera plus sayge Aulcunes foys/a la commandacion et louange de dieu/qui enuoye les tribulacions/comme a este la maladie de celluy qui estoit ne aueugle/et la mort du ladre. Aulcuneffoys a ce que pensons et recognoissons par signe/ que dieu nous ayme. Et de ce dit saint the rosme/que cest grant misericorde a ceulx qui en ce monde ont aduersites/et les portent paciemmẽt quãt dieu ne leur oste pas Et sainct augustin dit. Quant dieu ne corige le pecheur en ce monde/cest signe quil est moult courrouce enuers luy/car il le p̃mect cheoir de pechie en pechie. Aulcunes foys/affin que on ayt plus grande fiance et esperance en luy. Saint augustin Quãt tu es en prosperite en ce monde/tu doys estre en grande crainte. Ne seroyt il pas mieulx estre tempte et prouue/que destre nõ tẽpte ⁊ de dieu reprouue. Et saint bernard dit. Que le plus grant courroux que dieu ayt a sa creature/est quant il ne se courrou

ce a elle/car quant on sent quil est courrouce par aulcunes tribulacions quil enuoye/ on doit auoir grande esperance quil pardonnera tout apres/ et aussi quantil a este courrouce/il luy souuient de misericorde. Aulcuneffois aussi il enuoye tribulacion/ affin que la personne saiche comment dieu est tousiours prest de secourir/quãt on recourt de tout son cueur a luy. Et pourtant dit le psalmiste. Jay crie a dieu quãt iestoye tribule/et il ma exaulse. Aulcunesfoys/ affin que la personne soit prouuee se elle ayme dieu/ et se vraye vertu est en elle/ Sainct gregoyre. La personne est interroguee par tribulacion et peine/ se elle ayme parfaictement dieu. car en temps de paix/ nul recognoist sa force. Certes si les batailles et tribulacions deffaillẽt/ les experimens de vertus ne se monstrent point par dehors. Aulcuneffoys/affin que par ce la personne soit plus approuuee. et quelle acquiere plus grant couronne par le merite de sa pacience/comme il appert de iob/ et des bons martirs. Sainct iacques. Benoist est celuy qui souffre et soustient temptacion/et tribulacion. car quant il sera bien prouue/il aura la couronne de vie/laquelle dieu promect a ceulx qui layment. Et selon cresostome/celluy qui est en tribulaciõ doit prẽdre certain signe/quil ya en luy aulcun bien/lequel lennemy sefforce de lui faire perdre. car il ne daigneroit venir a luy/ sil ne le voyoit en aulcun honneur/comme nous auons du premier homme/lequel il veist en grant honneur et dignite. et pour ce sesleua contre luy a le tempter. Et aussi se esleua contre le sainct iob/quant le vist estre de dieu haultement couronne. En oultre no⁹ sommes aulcuneffoys affliges en ce monde/non pas pour estre purges/ mais pour commancer la peine q̃ on doyt souffrir pardurablement. Laquelle chose est aux reprouues/comme aduint au roy antiochus/et a herode/ et en telz est acomply le dit du prophette. Sire afflige les de double afflictiõ. cest en ce mõde/ et en lautre. Mais nostre seigneⁿ enuers ses amis fait selon sa misericorde/ et pour leur vti

e iii

lite par met que souffrent plusieurs maulx et pource tousiours/z en toutes choses est a louer. Sainct augustin. La vraye humilite des amys de dieu est/en nulle chose soy orgueillir z murmurer/ne estre ingrat ne se coplayndre. mais rendre graces a dieu en tous ses iugemens/et len louer/duquel toutes les oeuures ou sont iustes ou benignes. En consideant ces choses deuant dictes/estudie ainsi toy/fermer/establir/et ordoner/que de tout ce quil plaira a dieu te euoyer/en riés ne te desplaise/mais le recoyues paciemment et ioyeusement/et te ercercite ainsi en la voye de lesperit/que mesmes pour lamour du doulx ihus desires auoir tribulacio/lequel en soy et en ses mentbres a tenu/et demostre ceste voye haulte/z a laisse exemple a tous ceulx qui vouldroyent cheminer par ceste voye. Il veult bien que les enfans de son royaulme seuffrent aulcune chose en ce monde present. car selon lapostre/ceulx q sont hors de la discipline de leur pere ne sont pas dignes destre appelles filz. mais bastards. Et selon saint augustin/qui est exempt en ce monde/de tribulacion et flagellacion/est exempt du nombre des enfans de dieu Et pource nul doit presumer/ou penser auoir aultre chose que leuagile luy promect cest en ce monde tribulacion. laqlle est necessaire iusques a la fin/comme on dit es escriptures/lesquelles ne nous promectent en ce monde/si non tribulacions/angoisses/augmentacios de douleurs/et de temptacions. Et pourtant principalemēt a telles choses deuons nous preparer. affin q ne deffaillons quant playra a dieu nous les enuoyer. Or est assauoyr que aulcuneffois les pecheurs en ceste vie/ne sont poit flagelles/si non bié peu. La cause est/pource que on na point desperance de leur correctio. Mais ceulx ausquelz la vie eternelle est appareillee/est necessitē/q en ce monde ayent tribulacion/car leur pere/flagelle et bat par tribulacion/to' ceulx qui recoyt ou quil doit receuoyr/en leritaige eternel. Notez bien quil dit tous ceulx/car mesmes son ppre enfant qui estoit sās pechie a flagelle. Celluy donc/qui flagelle son propre et naturel enfant qui est sans pechie/laissera il lenfāt qui nest que adopte et en pechie/sans flageller/Non certes Son filz fut sans peche/mais touteffois il ne fut pas sans flagellacion Il nous en a bien monstre exemple en ses passiōs Et pource ne nous troublons pas/quant voions aulcune saincte personne souffrir grādes persecucions/mais pēsons qlles choses a souffert le iuste des iustes. et le saint des saintz/qui desprisa toutes choses terriennes/pour nous monstrer exemple de les contempner/et soustint tout le mal de ce monde/affin que on ne querist/en mondanite felicite/et affin que en perdant tribulacions/on eust paor de trouuer infelicite. Il est donc expediant que soyons affliges/car souuent les tribulacions nous retirent de faire mal/et pource elles ne no' doyuent pas suppediter/ne faire impaciens. mais les deuons appeter et desirer et fuyr les choses contraires a aduersite/come plaisance et prosperite q souuent nous induysent a mal.

Oraison

O Seigneur ihucrist/qui es mur inexpugnable/a tous ceulx qui ont en toy esperance/soyes mō singulier refuge en ma tribulacion/voyez mes tribulacions et angoisses/ayes mercy de moy/et me secoure par toutes tes miseracions Regarde mon enfermete/et me deffens par ta pitie paternelle/affin que par ta pudēce et ayde. iamais ne soyes laissie sās ta cōsolacion et misericorde. Sire ayes memoire de ta creature/z reiecte de moy mes ennemys qui sont ennimes contre moy. a ce que par ta misericorde/puisse recognoistre la doulceur de ta bonte/et de ta face/z acomplyr digne penitence pour mes pechies. Amen.

De la natiuite de nostre seigneur ihesu crist chapitre. ix.

lequel fut appelle august, pource q̄ moult grandement augmēta la chose publicque z lempire de rōme Et pourrāt les aultres empereurs apēs luy sont appelles aussi au guste/augmeteurs. Leq̄l octouien retenāt le surnom de son oncle/cestassauoir cesar auec son premier nom q̄ estoit august fut appelle cesar august. Duquel aussi vint le nom du moys quilz auoient/que on appelloit sertilis/leq̄l on appelle maintenant aoust/pource que en celluy moys il fut ne ou q̄ il eust victoire de ses ennemis/et a cestuy commenca la puissance de lempereur et regna empereur cinquante et sept ans et demy/et par douze ans auāt la natiuite de ihūcrist fut en pleyne paix/et en ceste paix ihesucrist nasquit/car paix luy est subiecte et soit la quise et ceulx qui lō tles veult veoyr/ Il est roy et prince de paix/et pource chose cōgrue fust q̄ paix pcedast son createur/et q̄lle fust messagier de luy qui venāt au monde/demourāt au monde/se partāt du monde la prescha/et laissa. Parquoy aussi est entēdu/q̄ dieu ne demeure que en cueur paisible/selon ce q̄ est dit on psalmiste Son lieu est en paix. Doncq̄s tous les royaulmes et regions par tout le mōde generalement mises en paix/fit lempereur la description dessusdicte, laquelle fut premierement faicte de syrin qui presidoyt en syrie/lequel auoit este enuoye de lempere' pour gouuerner celluy pays la/et lo pays de iudee nauoit point pour celluy tēps propre presidāt qui fust de la lignee des iuifz mais estoit gouuerne du cōmissaire et presidant de syrie/pource que cestoit une partie de la prouince de syrie. On peut dire aussy/que ceste description fut premierement faicte la/pource que iudee est on millieu d la terre/et pource fut ordonne que syrinus commāceroit/et apres luy les autres presidens qui estoyent es aultres regions entour luy. Ou la premiere description/cestassauoyr des chiefs se faisoyt en la cite de par le psident. La seconde qui est des cites se faisoit en la region ou pays de par le legat de cesar. La tierce/cest des regions/se faisoit en la cite de romme deuāt cesar. La

En celluy temps/cestassauoyr q̄ marie estoit ēcores grosse Exiit edictum a cesare augusto/yssit et fut donne vng edict/de cesar august, cestoyt de octouien second empereur/on temps duquel commancerent premierement les ordonnances politiques/lequel voulāt sauoir le nombre des regions cites/pays de tout le monde/cōmanda q̄ tout le monde fust escript/affin que par ce il sceust le nōbre des pays et le nōbre des cites en chescun pays/et en chescune cite quantz chief dostelz auoyt Or est a noter q̄ le premier empereur des rōmains fut iulius cesar/lequel selon ysidore fut appelle cesar/pource que sa mere morte faillut trācher et ouurir pour le auoir/car il estoit en son ventre. Ou il fut ainsy appelle/pource q̄ il resistoit fort a ses ennemys. Et pource les empereurs dapres retindrēt ce nom de cesar. Quāt donc iulius cesar fut mort/octouien luy succeda qui estoyt son nepueu/

e iiii

quelle chose comment il semble se faisoyt tous les ans ainsi que il est escript en leuāgile Magister vester Vostre maistre/disoyent ceulx qui receuoyent le tribut aux apostres/na point paye le tribut ceste ānee. Elle estoyt appellee descripcion. pource q̄ le nombre des chiefz dostel/que on trouuoit en chescune cite estoit mys en escript. Sainct gregoire. Le mōde est escript en la natiuite de nostre seigneur/car celluy venoit soubz nostre humanite/lequel feroyt escripre ses esleuz en son eternite Je te pesire que me facez de tes esleuz/a ce que me escripues on liure de ton eternite. Et alloyent tous en leur cite metropolitaine/ affin que vng chescun confessast estre subiect a lempyre de romme/en baillant au prince de la cite vng denier/qui valoit dix mailles ou petis deniers qui couroyent/et failloit eu le baillant au president de la prouince le mectre sur son chief/et de sa propre confession se recognoistre subiect a lempereur de rōme/et estre escript/et ainsi en trois faicōs on se rendoyt subgect a lempereur/cestassauoir en fait/en poyant le denier/en parole /en soy confessant subiect a lempereur/ en escripture car on estoyt escript. Noꝰ de uons aussi faire en ceste maniere/car nous deuons payer et cōfesser a nostre roy le denier de foy et de iustice Auquel nous deuons vng denier/cestassauoir nostre ame signee et formee a son ymaige. Ou les dix pmandemens de la loy/esquelz nous trouuons la voulente de dieu/et que est a faire et a laisser. Car ainsi que nul estoit excepte de payer le denier/aussi nul nest excepte de lobseruance des commandemens de dieu   Approuchant donc le terme de neuf moys/ioseph se partist de nazareth qui estoit en galilee/la ou il demouroit/et monta auec marie son espouse et encaincte preste dacoucher en iudee cite dicte bethlee q̄ estoit cite d dauid/car la y furne et roy otigt. et aussi marie et ioseph estoyēt de la maison de dauid/affin q̄lz feissent pfessiō a lēpereur de rōme ōme les aultres Regarde icy cōment nostre seigneur est pour toy escript en terre/affin q̄l te escripue au ciel.

En quoy il dōne exemple de parfaicte humilite laquelle il commenca a sa natiuite et la continua iusques a la mort de la croix. Bede On ne doyt pas passer sans considerer la grande et benigne humilite de nostre saulueᵘ/lequel na pas voulu seulemēt prendre nostre humanite pour nous sauluer/mays auec ce a voulu prendre par sa dignacion on temps que on deuoit escripre le monde pour payer le tribut a cesar lēpereur/ace q̄ luy mesmes fust escript pour nous demonstrer que pour nostre deliurance /se est soubmis a seruitute Considere encore/car combien que la benoiste vierge eust conceu le seigneur du ciel et de la terre touteffois elle voulut obeyr a ledit de lempereur/affin quelle peust dire auec son filz Il nous appartient dacomplir toute iustice en nous donnant exemple de obtemperer a noz souuerains qui ont puissance sur nous Maintenāt la dame trauaille et chemine encores grāt chemin. car de nazareth iusques en iherusalē ha trente et cincq mille/ dequoy les deux font vne lyeue/ et de iherusalē iusques en bethleem quatre mille/qui font deux lieues. Sōme dix et neuf lieues fit On peut veoir que combien que la vierge fust grosse preste de acoucher/ touteffois pour le fruyt quelle portoyt en son ventre nestoit poit greuee en son corps quant elle alloyt de prouince en prouince/ car come dit sainct augustin/quant elle cognoissoit quelle estoit vierge et grosse denfant/elle se esiouyssoyt de ioye inenarrable. La lumiere certes quelle portoit ne pouoit auoir poysanteur.   Moralemēt par ioseph qui est interprete acroissant est entendu vng cheschun de noꝰ desirant acroystre spirituellement/lequel sil veult payer au souuerain roy le tribut de deuociō doit cheminer selon les vertus/et aller de galilee cest des plaisances mondaynes en iudee qui est confession et louēge diuine. Et ainsi cheminant montera de nazareth en bethleem/cest de la vie actiue/ qui est actiō florie des vertus/ a la refection de la vie cōtemplatiue en laquelle le repos des ames sainctes est trouue. Ioseph donc ala auec marie/car tousiours deuons auoyr auec nous marie/cestassauoyr mer amere/par quoy est entendue penitence. Et quant ilz furent en bethleem/ne peurent trouuer logis/pource quilz estoyent pouures/et que moult de gens y arriuoiēt pour la cause dessusdicte. Ayes maintenant compassion de ceste dame/et regarde vne pucelle tendre et delicate/en leage de quinze ans/ lassee pour le trauail du long chemin quilz auoyent fait/estant entre les hommes toute honteuse/cherchant et demandant ou se pourroyt reposer/et nul ne la veult loger/ mais tous la lycencient. Et pourtant elle se mist en vng diuersoyre et estable qui estoyt en la voye commune/ dedans la cite pres dune des portes soubz vne roche/et nauoit ladite estable couuerture q̄ de la roche Selō bede, vng diuersoire, est vng lieu et vne espace qui est entre deux rues/ a pas de chescun couste mur/ et de chescun couste porte/ affin quil y ayt yssue a chescune rue Ayans par dessus couuerture pour garder les gens qui la venoiēt aux festes pour les garder de la pluye/ ou de aultre tempeste. Et figure leglise qui est moyene entre paradis/et le monde/ laquelle recoypt tous ceulx qui a elle se veulent conuertir/et destourner des folyes du monde. En cestuy lyeu ceulx qui venoyent pour leurs affayres en la cite/ auoyent coustume de loger leurs bestes. Et pource il estoyt appellé diuersoire/car en ce lyeu les hommes se diuertoyent. Et est bien a croyre quilz furent loges ēpres les bestes. Crisostome. Toy quiconques es pouure/prens ycy consolacion/car ioseph et marie mere de nostre seigneur nauoyent seruiteur ne chamberiere. Ilz viennent de galilee seulz. Ilz nauoyent poit de bestes/pour les soulager Ilz sont seigneurs et seruiteurs/cest chose nouuelle/et bien merueilleuse. Ilz entrent en vng diuersoyre/pource quilz nont qui les loge en la cite. Ilz ont craincte en leur pourete/car ilz nosoyent conuerser entre les riches. En ce lieu quant leure de lenfantement de la vierge fut venu/cestassauoyr on millyeu de la nuypt du iour du saint dymanche/ certes le iour onql dieu dist. Fiat lux. Lumiere soyt faicte/ et lumiere fut faicte/ la vraye lumiere dorient nous visita/ la vierge enfanta son premier enfant/ non pas quelle en eust apres/mais est appelle son pmier enfant/pource q̄lle ne eust point de aultres parauant. Le filz de dieu a voulu naistre de mere temporellemēt selon lumanite/ affin quil acquist plusieurs freres par regeneracion desperit. Aussi il est mieulx appelle en leuangile/ primogenitus/ que vnigenitus/ premier ne que seul ne car comme dit bede/nostre seigneur ihesucrist est vng seul selon la diuine substāce, mays il est premier ne en la suscepcion de nostre humanite. Il fut ne de nuyt/car il vint occultement/ affin quil ramenast ceulx qui estoyent en la nuyt derreur/ en la lumiere de verite. Quant lenfant fut ne/ la mere le adoura come dieu/et lenueloppa elle mesmes/en drappeaulx qui estoyent de petite valeur Et pourtant les pouures sont appelles peilleur/car ilz ont vestement cousus de plusieurs pouures pieces de draps Et le coucha non pas en lict de grant paraige ne adourne/ mais en vne creche vile on millyeu de deux bestes/ car il ny auoyt aultre lieu/ou len le peust mectre. Regarde la grant pourete de nostre seigneur. Nō seullement nauoyt propre maison a sa natiuite pour y naistre/ mays auec ce nauoyt ou diuersoire/lieu ou on le peust colloquer sinon entre les bestes/ et encores a peyne peust obtenir vng petit lieu. Et en ce fut veriffiee lescripture/ qui dit que les bestes de la terre ont des fosses/et les oyseaulx du ciel leurs nydz/mais le filz de lomme/cest de la vierge na ou puisse reposer son chief en ce mōde. Considere p ce qui est dit/q̄ il ōmācoit ia a nous enseigner par exēple lestat de perfection, leql est en humilite/ en austerite et en pourete Tu veois q̄lle pourete il auoyt/ et les lieux ou il se reposa Premierement il se reposa on vētre de la vierge sa mere/ secōdemēt en vne vile estable et creche tiercemēt on giber de la croix/ et quartemēt en vng sepulcre qui nestoit pas sien, affin qu'il peust dire veritablement cela du psalmiste. Pauper sum ego, et in laboribus. Je suis poure, et en labours des mon enfance. Icy sont condempnes les honneurs de ce monde, pompes et vanites, les delices des delectacions de la chair, les supfluites et habondances en richesses. Sainct anselme. O dignacion a aymer et a esmerueiller. Toy q̃ es souuerayn dieu de gloire, nas pas eu en desdaing destre fait come ver contemptible. Toy q̃ es seigneur de toutes choses, as voulu apparoistre come seruiteur. Il te sembloit pou de chose q̃ fusses nostre pere tu as voulu par ta pitie estre nre frere. Et toy sire de toutes choses q̃ de riens nas defʳault au comacemēt de ta natiuite nasl pas heu horreur de gouster lausterite de tresabiecte et estroicte pouurete. Car come dit le scripture, quant tu nasquis en ce monde, il ny auoit lieu ne berseul on diuersoyre, ou len peust coucher ne receuoir ta tendre humanite, mays en vne vile mengeouere, en vile horde estable fus colloque et enueloppe de petis drappeaulx, toy q̃ en uironnes et encloz toute la terre. Et encores failluſt q̃ ta mere empruntast le lieu des bestes brutes, et q̃ sont sans raison. Consoles consoles vous, vous q̃ estes nourris en pourete, car dieu est auec vous en toute pourete. Il nest point couche en delices ne en lictz pares. Il nest point trouue aueccqs ceulx qui ont leurs plaisances en ce monde. O toy riche q̃ nes que terre, pourquoy te glorifies tu en lictz en painctures et delices, quant le roy des roys a voulu honnourer en son coucher les pailles, le foin et les couches des poures. Pour quoy detestes tu dures choses, quãt le tendre efant, en la main duquel sont toʳ les royaulmes du monde, a plus tost esleu pour naistre le lieu dur ou sont les iumens que le lieu ou sont les beaulx lictz pares d̃ soye ou de tapisserie. Saint bernard. Lenfance de ihesucrist ne console point les iangleurs et trop parleurs, ne ses larmes les mocqueurs des poures et simples gens. Ne ses drappeaulx ceulx q̃ cheminēt en ce monde en grands pompes et honneurs.

Ne lestable, ne la creche ceulx qui ayment les premiers lieux et veulēt q̃ on les appelle seigneurs. Mais la ioye de ceste natiuite est anoncee aux pastoureaulx veillans, esquels fut dit que le saulueur estoit ne. Aux poures fut anoncee ceste natiuite et non pas aux riches qui ont en ce monde leur consolacion et nont point la diuine. Et derechief dit saint bernard. Le filz de dieu leq̃l pouuoit eslire tels temps qu'il vouloit a sa natiuite, a esleu le temps plus dur, specialement a luy petit enfant et a sa poure mere, laquelle auoit a peyne vng pou de drappeaulx pour lenuelopper, vne creche pour le coucher et colloquer. Et non obstant si grand necessite, touteffois ie ne ouyes point faire mencion, ne de peaulx ne de fourreure. Certes nostre saulueur, q̃ ne peut estre deceu, a esleu ce qui est plus dur au corps, en nous enseignant que nous le deuons eslire comme la meilleure et plus vtile chose. Et se aulcun nous enseigne aultre chose, nous le deuons euiter comme traitre, et seducteur. Et touteffoys mes freres, cestuy enfant auoit este parauant longuement proᵐys par ysaye, lequel dit de luy q̃ sauroit eslire le bien, et reprouuer le mal, par quoy appert, que la volupte du corps est maluaise, et lafliction dicelluy bonne, laquelle cestuy enfant sayge a esleu, et reprouue laultre, luy qui est verbe eternel de dieu, en vng corps tendre en ferme, leq̃l est a tout labour impuissãt. Et pour ce homme charnel fuis voluptes car apres ellene vient que mort perpetuelle. Fays penitence, par laqlle on vient au royaulme de paradis. Ceci q̃ ie dis nous prusche cest estable, les membres du petit enfãt lanocent, ses larmes leu āgelizent. O la grãde durte de mon cueur, a la mienevoulente sire, ainsi que toy verbe eternel de dieu es fait chair pour nous, ainsi mon cueur puisse estre fait tout charnel, ainsi que tu as promys par le prophette, en disant Je leur osteray le cueur de pierre, et qui est sans doulceur, et leur douray cueur amoureux, doulx, et charnel. Voys tu doncques creature, la natiuite de si hault, et trespuyssant seigneur et prince, as tu veu et semblablement lenfantemēt de la royne du ciel tu peuz veoir la grande pourete qui est en tous deux Cest la vertu q̄ est appellee en leuangile la pierre precieuse/pour laquelle auoyr et achepter toutes aultres choses sont a vendre. cest le fondement de tout ledifice spirituel/et la voye de salut/come lef fondemēt de humilite est la racine de pfection/de laquelle vient moult de fruit/combien q̄ maī tenant soyt secret et muce. Tu aussi peuz cōsiderer la tresparfonde humilite de tō̗ deux/Jlz nont point desprisé vng estable non la creche non le foin non les aultres chosez viles/en nous donnant exemple de parfaicte humilite/sans laquelle vertus/la creature ne peut estre sauluee/car nulle oeuure fait en orgueil/peut plaire a dieu. Certes humilite dessert q̄ dieu donne a la personne les aultres vertus/et quil les cōferme et meine a cōsumacion. Tu peuz encores penser tafflicion corporelle quilz auoyent/et plus encores le petit enfant ihesus. Entre les aultres vne fut/que quāt sa mere le colloqua en la creche/elle nauoyt point de coissin ou aultre chose molle po coucher ce tendre enfant/pour luy mectre soubz sa teste/mais elle luy mist vne grand pierre dure. Laquelle chose elle ne fit pas sans grande amertume de cueur/et par aduenture y auoit vng peu de foin entre lenfant et la pierre/quelle print deuant les bestes qui estoyent la/et come on dit/en memoyre de ce/encores est la pierre au lyeu. Estudie toy dōc de tout tō pouoir/ ensuyuir et embrasser pouurete/humilite/afflicion de corps a lexemple de ton saulueur et redempteur ihesucrist. Sainct bernad. Pour nous a demonstre par trois exemples la voye par laq̄lle le deuons ensuyuir La premiere est pouurete/car en ce mōde il na point voulu auoyr richesses/laq̄l le vertu fait hōme legier/ et expedient po courrir en la voye des cōmandemens. La seconde est humilite/car il desprisa la gloire du mōde/laquelle humilite/rend lōme petit/pour estre plus muce cōtre les temptacions de lennemy. La tierce est pacience car il a pour nous soustenu moult de mal.

paciēce rend lōme fort et puissant a porter tribulaciō. Selon saint anselme Nostre redēpteȝ a mis sur noz yeulx aueugles/de la vraye lumiere oingnement par son incarnacion/affin que nous q̄ ne pouuōs veoyr dieu on secret de sa mageste/le puissions veoir moyēnant n̄re humanite. et en le voyant le cognoissions/en le cognoissant laymons. et en le aymant no̗ esforcions/de puenir a sa benoiste gloire Il est venu en ce monde selō lumanite/pour no̗ reuocquer on royaulme du ciel. Il est fait participāt de nostre mutabilite/affin q̄l nous fist participans de son imutabilite. Il sest encline a nostre humilite/affin q̄l no̗ esleuast en sa sublimite. Et selon crisostome. le filz de dieu naturel a voulu aussi estre filz de dauid/affin q̄l nous fist filz de dieu Il a voulu q̄ son seruiteur ayt este son pere. affin q̄l fist q̄ dieu fust le nostre Il est ne selon la chair/affin q̄ no̗ naquissions selon lesperit. Et pource q̄ enfanter vient aps la concepcion/chose congrue a este/que ihūcrist q̄ auoit este pceu en flour/cest en nazareth q̄ est interprete flour/naquist en fruyt/cest en bethleē/qui est interpte maison de pain ou de refection q̄ appartient au fruyt/ car ihesucrist est le vray pain descendu du ciel qui ressasie les ames des eleus/par refection internelle. Il est ne en bethleem/q̄ est la meindre de toutes les cites de iudee/ en demōstrāt q̄l ne q̄roit poit gloire/ne sublimitaciō en cite terrienne. A toute heure est cōceu en nazareth/et naist en bethleē/q̄ quāt aulcun prent la flour de la saincte escripture/et en soy corrigēt se fait hitaciō du filz d̄ dieu q̄ est pai celeste Aussi na pas voulu naistre en la maison de ses parens/mays en la voye/pour demonstrer quil estoyt pelerin/et que son royaulme nestoit point de ce monde/leq̄l mesme dit Ego sum via, veritas, et vita. Je suis la voye par laquelle lon vient en paradis/Il sest faict petit po̗ nous faire grandz/et pour no̗ oster tout orgueil. A este enueloppe de petis drappeaulx/affin quil nous deliurast des lyēs de la mort/et nous reuestist/de la premiere estole/cest de immortalite. Ses pieds/

ses mains sont estrainctz/affin que les nostres fussent francz et deliures/pour bien oeuurer/et que noz piez fussent adroisses en la voye de paix. A souffert l'estre mys ou diuersoyre/affin q̃ l no⁹ ppare grãdes mãsions/en la maisõ de son pere. Aussi il est colloque en vne estroicte creche/a ce quil reprouuast les choses delicates/et grãs edifices/et aultres mondanitez/et dilatast en nous les ioyes du royaulme celestiel/et q̃ eslargissons seulemẽt/a luy le lieu de nostre cuer/ainsi quil nous requiert en disant Fili prebe cor tuũ michi. Mon enfant baille moy ton cueur. Il est couche deuant les bestes/sur vng peu de foin/lesquelles miraculeusement le cogneurẽt/ z adorerẽt les genoulx flechis/et selõ leur pouoir/le louerẽt pour demõstrer/que hõe qui est fait beste par peche/recogneust son createur/et fust aps cõme innocent. Le beuf qui signifie le peuple des iuifz/et lasne qui signifie les payens/ont heu ihũcrist on millieu de eulx/et miraculeusemẽt lõt cogneu et adoure. Saint ambroyse. O creature/entẽs tu le cry de lenfant/et ouys le cry du beuf sõ seigneur cognoissant/le beuf a cogneu son possesseur/z lasne la creche de son seigneur Gregoire nazazenne honnoure ceste creche par laquelle tu es refectionne du pain vif celeste. Toy qui parauant estoyes cõe beste sans raison/cognois cõme le beuf tõ possesseur Et a ce que soyes du nõbre des bestes/qui rongent/ydoines au sacrifice de dieu pur z nect/ramene souuẽt en ta memoire/ce que le verbe eternel dieu a voulu estre fait hõme pour toy. Par marie peut estre entẽdue leglise/et par ioseph sõ espoux leuesque. lequel cõme espour porte au doit laqueau. Et aisi q̃ marie a enfãte par grace/ainsi leglise enfante les crestiẽs par la grace de dieu Mõtet en bethleem leur cite celeste. et cõfessent estre seruiteurs de lempereur de tout le monde. Leglise en chescune personne enfante vng enfant/quant on mect a effect le bien conceu/z on lenuelope de drapelletz/q̃ atlen celle son bienfait pour nen prẽdre louãge/on le mect en la creche/quant de tel bien la personne nen prent orgueil/mays plus se humilie. Quant nostre seigneur fut ne les anges lẽuironnoyent/et sans differer le adouroyent. Et pastores erant in regione eadẽ. Et pastoureaulx estoyent en celle region veillans sur leurs bestes/vng mylle loing pres dune tour appellee la tour du trouppeau des bestes. Et ecce angelus dñi. lange de dieu gabriel q̃ auoit fait lanõciacion enuiron la quarte vigile de la nuyt/la nuyt ha quatre vigiles/vint a eulx/et se tinst ps deulx/en vestement blãc/et en face rutilãt et ioyeuse/car gabriel se esiouissoit/z sollicitoit les aultres a ioye de lacõplissement de sa legacion. Et claritas dei. Et la clarte de dieu les enuironna de toutes pars/en corps par dehors/et en ame par dedans en signe q̃ le soleil de iustice estoit ne/lange vint en lumiere/car il venoit anoncer celuy q̃ en ce monde enlumine tout homme. Plus tost apparut lange aux pastours/q̃ a aultres gens. Premieremẽt pour ce quilz estoiẽt poures/et pour les poures le filz de dieu venoit en ce mõde/et il a dit pour la misere et gemissemens des poures/ie suis venu en ce monde selon lumanite. Secõdement pource qlz estoyent simples. car comme il est escript aux prouerbes/sa parolle est auec les simples. Tiercemẽt pource qlz veilloyent. car cõme il est escript aur prouerbes/ceulx q̃ matin veillerõt a moy/me trouueront. Quartemẽt pour le mistere. car la doctrine/des platz et pastours doyt venir iusques aux subiectz. Et tunuerunt timore magno. Et ces pastoureaux eurent grant paour pour la vision angelique/qlz nauoyẽt pas acoustume de veoyr. et aussy pour la subite clarte/de laquelle ilz furent enuironnes. mais lange les cõsoloit en disant Nolite timere Ne doubtes mye. et leur dist la cause. Ecce euangelizo vobis. Ie vous annonce grant ioye/qui sera a tout le monde/cestassauoir a leglise/qui doyt estre assemblee du peuple des iuifz/et des payens. car celluy est au iourdouy ne pour vous/cest pour vostre vtilite/et de tous les hommes/il assemblera/cest/iuifz/et paiens. Et est a noter que lange ne dist pas en ceste nuyt, mais au iourduy, car celle nuyt par clarte diuine fut enluminee come le iour, aussi desia la nuit a precede le iour. Est ne le saluateur, cest a dire le ame le reparateur de salut, q est crist, quant a lumanite, en laql le il fut oingt de dieu le pere, et de toute la trinite p plenitude d grace Seigneur quant a la diuinite est ne en la cite de dauid, cest en bethlee on dauid estoit ne. Et a bōdroit cristus est dit oingt, car il estoit roy z euesque lesquelz comme appert par lancienne loy seulement deuoyent estre oingz. Selon bede, aultrement lange instruit marie, aultrement ioseph, et aultrement les pastours, car marie fut instruicte de ce quelle deuoit conceuoir. Ioseph que il estoyt conceu, Les pastours quil estoit ne, a ce que et lange souffisamment les hommes instruyst et continuellement seruist a son createur. Et hoc vobis signum. Et cecy vous sera en signe a la facon des iuifz, qui demandoyent signes. Inuenietis. Vous trouueres come muce non se monstrant le petit enfant, nō parlant, et routeffois estant le verbe et filz de dieu, de drappeaulx non de soye enueloppe. Veez ycy sa pouurete. A ce q les pastours qui estoyent poures, simples et humbles, neussent paour daler veoir cestuy mystere, leur fut donne le signe de pourete, et de humilite estre en ihesucrist, quāt a son premier aduenement, mais aultres signes aura au second. Et positum in presepio. Et est mis en la creche, non pas ou ber et couchedor. Moralement par ce sommes instruictz, desquelz et coment ihucrist est trouue, car seulement des purs et simples comme nous argue son enfance, et des poures comme nous argue ce quil fut de drappeaulx enueloppe, et des humbles et qui ne font cōpte deulx, comme nous argue ce qil fut recline en la creche. Et ces trois choses sont comprinses es trois veuz de religion, cest chastete quant au premier, pourete quant au second, et obedience quant au tiers. Bien conuenablemēt lange apparut aux pastoureaux qui veilloyent quant le grant et souuerain pastour fut ne, pour demonstrer qlz deuoyent estre les pastours

de leglise, cest humbles, et vigilans sur la vie de leurs subiectz, et sur leurs ames affin quilz ne perissent, par la morsure des loups denfer. Et bede dit, que a parler selon le sens mistique, la nuyt signiffie le peril des temptacions, desquelles ceulx q sont parfaictement vigilans ne cessent de garder tous ceulx qui leur sont commys, z lange se tient aupres deulx, pour les garder, et la clarte de dieu les enuironne, pour les mener le droit chemin. Et nō seulemēt les euesques, prestres, diacres, ou gouuerneurs de monnasteres, doyuēt estre appelles pastours, mais aussi toute personne q ha a gouuerner sa mayson, et famille, car elle doyt soigneusement veiller, sur ce que dieu leur a donne, et nō pas le dissiper sans raison. Et aussi la personne peut auoir nō de pastour, quant elle nourrist les puissances de son ame, de spirituelle refection, z garde les vigiles de la nuyt, sur ce quil lui est commys, en assemblant bonnes cogitacions de dieu, et de sainte escripture, z en euitant tout ce qui luy peut nuyre a son bō propos et desir. Et quāt les pastoureaux sesmerueilloyent de ce quilz auoyent veu, et ouy, a ce que le tesmoygnaige dung ange, ne fust veu de petite auctorite, vindrent plusieurs tesmoingz tantost, cest grāt multitude dāges, cheualiers du souuerai roy, lesqlz pour nous bataillēt contre les puissances infernales. Subitement auec lange, lequel auoyt anoncie la natiuite de nostre seigneur, et louerent et benycirent dieu de ceste natiuite, pource quilz sauoyent, que par celluy qui estoyt ne, leur ruyne deuoyt estre reparee, et ensemble dirent vng cantique, cest Gloria in excelsis deo. Gloyre soit a dieu aux cieulx, car la gloire de dieu reluist plus on ciel que en terre. Selon bede vng ange anoncat la natiuite du filz de dieu subitement, vne grant multitude dāges commenca ensemble a louer nostre createur, en acomplissant ce pourquoy ilz sont faictz, et nous enseygnant que toutesfoys, que nous ouyons aulcune saincte erudicion procedāt de la bouche de nostre frere, ou que nous ramenōs a nostre memoire les choses esquelles nous sommes tenus, tantost nous deuons rēdre louange a dieu de cueur, de bouche, ⁊ de operacion. Aussi cela fut fait pour demonstrer q̄ par ceste natiuite, les hommes estoyent a conuertir, a la paix, de vne foy, de vne esperance, et de vne charite. et pour donner louanges et gloire a dieu, comme si lange disoit, ô plusieurs, dieu est despise en terre mais on ciel il est de tous gloriffie. et dit apres. Et in terra par. Paix soyt en terre, aux hommes, et non pas a tous, mays a ceulx de bonne voulente. Lōme est dit simplement bon par bonne voulente, plus q̄ par aultre puissance de lame. car la voulente, moeurs, les aultres puyssances a leurs operacions. et pource la bonte ou mauuaistie dicelle redōde aux aultres puissances. Aux mauluais lesquelz par male voulente sont deuises de deu, et aussy par male vie, nya point vraye paix, mais seulement a ceulx qui ayment le nom de nostre seignr̄ et ny contredisent mye. Auoir paix auec dieu selon lyon pape, est acōplir ce q̄l cōmande, et ne vouloir faire ce quil deffend. et la vraye paix du crestien est, ne vouloir estre separe de la voulente de dieu, et seulement soy delecter es choses qui appartiennent a luy. Aussi appert par ceste parole de lange, que ceste paix, laquelle principalemēt auoit este promise par les p̄phettes a ladueneument de nostre seigneur, estoit paix interiore, a ceulx de bonne voulēte, et est celle q̄ nous desirōs. en la messe on tiers agnus dei. cōe dit albert le grant. et non pas la paix de prosperite tēporelle. car la paix temporelle qui estoit on temps de ceste natiuite quand lempire de rōme estoit en celle trās quillite tresgrande, nestoit que figure de ceste paix interiore. laquelle principalement dieu demande. car ihesucrist nest q̄ en cueur paisible. cōme dit le psalmiste. Sa demeure et sō lieu est fait en paix. Aussy il est bien dit q̄ gloire soit a dieu. et paix aux hommes. car dieu le pere est gloriffye. par nostre seigneur ihesucrist. et paix est faicte entre dieu et homme. entre ange et homme et entre iuifz et payens. On dit que sainct hilayre adiousta ce qui sensuyt, laudamus te. ⁊ anastase pape listitua chanter certais iours a la messe. De la ioye de ceste iournee dit cassiodore. sur ce ver du psaultier. Hec est dies quam fecit dominus. Cestuy iour est celluy que dieu a fait. Combien dit il, que dieu aye fait. et cree tous les iours. touteffoys singulierement, il a fayt le iour qui est dedie et sacre a la natiuite d̄ nostre seigneur ihesucrist. en laq̄lle non sans cause on se doit esiouyr. car par luy le dyable a perdu la puissance quil auoit sur la creature. et le mōde a receu par luy salut. Les anges apres quilz heurent rendus graces a leur createur de ce grant don. quil exhyboit et donnoit a humaine creature. montèrent on ciel et denoncerent a leurs compaignons. le fait et le cas. qui aussy rendirent graces et louenges a dieule pere. et venoient touꝰ par leur ordres. veoyr la face de leseigneur. et le adouroyent auec sa glorieuse mere. en toute reuerēce et louenges. Certainement en nul deulx pouuoyt cheoyr si grant orgueil. que telles nouuelles ouyāt ne visitassent leur seygneur. ainsi humblement costitue en la terre. Sur quoy dit la postre. Quāt dieu le pere enuoya son seul filz au monde il dist. Et adorent eum omnes angeli dei. Tous les anges de dieu le adourent. Et augustin dit. Le filz de dieu est ne en vne estable. et est estraict de sa mere marie. de poures drappellez. et couche en vne creche d̄ bestes. car elle nauoit point de mayson, faycte de cedre p̄cieur. ne lict de grant parage. ou q̄l le chalit fust dyuoyre. ou q̄l elle enfantast le createur. ne le lieu ou elle peust colloquer le redempteur. Et pource rōme estrāge et pelerine. enfanta le seigr̄ du monde en estrange maison. et ome poure fēme lenueloppa, nō pas en soye. mais en poures drappeaulx et ladoura ome dieu. tantost quelle leust enfante. O estable heureux, o creche benoite. en laq̄lle le filz d̄ dieu est ne. et le dieu de toute creature recline. Les saiges fēmes estoient les puissances angeliques. et toute la cōsolaciō de ceste vierge estoyt des anges. car la estoyēt a mille de milliers d̄ages. en dōnant gra ces a dieu/et mesmes ou ciel estoyt faycte merueilleuse liesse. Nostre seigneur pleure en lestable/ɫ touteffois de luy sesiouyst la grãt multitude des anges/en disant/gloyre soit au souuerain dieu ou ciel/et paix en terre aux hõmes de bonne voulente/car la bonte du ciel est nee en terre. La vraie paix estoit descendue du ciel/deuãt laq̃lle les anges sesiouyssoyent/deuãt laq̃lle sa doulce mere se tient en grant timeur/et se esiouyst en crainte et ainsi pseuere en crainte et exultacion. Les chantz acõpliz/et les paroles fournies et dictes/les pastoureaux ployẽt ensemble en disãt/alons iusques en bethleem et voyons ce verbe et parolle digne de memoyre. Ce mot verbũ verbe ou parolle souuent en la saincte escripture est prins pour chose digne et honnourable/ainsi q̃l est escript en ysaie du roy ezechias. Quod non erat verbũ. y ny auoit chose en sa maison quil neust mõstre aux messagiers que le roy de babiloyne/luy auoyt enuoyes. Quod dominus fecit. Laquelle chose dieu a faicte/car aultre ne la pouoit faire Et ostendit nobis/et nous la reuelee p lange Ou on le peut exposer aultrement. Alons veoir le verbe/qui estoit au commencemẽt du monde en dieu le pere/et est maintenãt fait homme/lequel toute la trinite a ainsy constitue estre fait. car de nous ne pouoyt estre veu en sa deite. Et vindrent hastiuement/de grant ioye et desir quilz auoyent de veoyr lenfant/en quoy est demonstree leur deuocion et solicitude de le querir/car nul ne dessert veoyr ihesucrist qui le quiert en paresse et ennuy. Auquel aller selon bede nest pas aller des piez corporelz/mays prouffiter tousiours en foy/et de vertu en vertu Et inuenerunt mariam et ioseph ɫc. Et trouuerẽt marie et ioseph/et lenfant en la creche des bestes. A cause de la grand paix qui estoit par tout le monde/les portes des cites estoient ouuertez/et aussi por la multitude du peuple qui venoit et alloit pourtant les pastours peurẽt entrer et saillir en bethleem Ilz trouuerent ihesucrist auec marie et ioseph/et en la creche/p quoy nous est donne a entendre/que qui veult auoir ihesucrist doit estre net de cueur quãt

a soy/ɫ cecy est signifie p marie/iuste quãt a son proyme signifie par ioseph/humble et reuerent quant a dieu signifie par lumble creche. Et eulx voyans lenfant selon le corps des yeulx corporelz/coguerent par foy interiore que cestoit le filz de dieu/et q̃ tout ce q̃ leur auoyt este dit estoyt de luy/p quoy lappert que on vient a la cognoissance de la diuinite/p cognoissance de lumanite Et en adourãt lenfãt racõtoiẽt a la mere ɫ au bon ioseph/et aps a tous ce q̃ lange le auoyt dit. Et les ouyãs sesmerueilloiẽt du mistere de ceste incarnacion, et de ce q̃ les pastoureaux disoyẽt ɫ testifioyẽt Moralemẽt par ces choses note que trois choses sont necessaires a ceulx qui spirituellement veulent trouuer ihesucrist/cest parler par estude/et meditacion des escriptures/ passer par contemplacion des creatures/ soy haster par degustaciõ et sauour de grace Ou a ceulx qui desirent trouuer ihesus fault parler par p̃fession de leurs pechiez passer par abiectiõ des choses charnelles et temporelles/soy haster par feruẽt desir et ainsi venir en bethleem maison de pain par degustaciõ des choses diuines et trouerons lefant ihesus en la creche/qui no9 monstrera sa deliciense p̃sence/car il a dit que son plaisir est/estre auec les hommes

Aussi moralemẽt et anagogiqmẽt bethleem interpr̃tee maison de pain/signifie le pays celeste/la ou est le pain/duq̃l est dit en leuãgile celui est benoist q̃ mẽge le pain ou royaulme de dieu. Et pour y paruenir nous deuons passer par trois passaiges. Le p̃mier est des vices a vertus. Le secõd de vertus en vertus Le tiers de mort a vie de ce monde a dieu nostre pere. Or selon bede alõs a lexemple de ces pastours iusq̃s en bethleem cite de dauid/en dignemẽt celebrãt lincarnacion du filz de dieu. Passons iusq̃s en bethleẽ cite et maison souueraine du pain de vie en mectãt hors de no9 toutes concupiscences charnelles. en recordãt q̃ le filz de dieu est fait hõe pour nous et q̃l est monte en ceste maison celeste et se siet a la dextre de son pere, et lensuiuons de tout nostre pouoyr en chastiãt nostre corps/a ce q̃ ainsi q̃ les pastours le virẽt en la creche/aussi le puissions veoyr regnant on hault regne de son pere. Certes on ne doit pas querir telle beatitude en paresse/ne en negligence. mais diligemment ensuiuir le chemin que nostre saulueur ihesucrist a monstre. Et ainsi q̃ en le veoyant ilz le cogneurent/aussi hastons nous de embrasser par amour/toutez les chosez qui sont dictes de nostre seigneur/affin que apres ce present monde en puissions auoyr parfaicte ioye.

Mais marie la tresprudente/gardoyt en son cueur toutes ces parolles dessusdictez cestassauoir de la nonciacion de lange/de la exultacion que feist saint iehan on ventre de sa mere/de la natiuite de nostre saulueur/de la melodie q̃ a ce iour firent les anges/de la foy des pastoureaux/et les conferoit en son cueur/auec les escriptures des prophettes. Veoys icy tresbonne disciple qui mectoit en sa memoire/ce quelle auoit ouy et ne mectoyt riens en obly/et le rememoroit souuent. et y prenoit plaisir/et aps fut puffitable a leglise/car on a escript ce q̃lle enseigna aux apostres et euangelistes/lesq̃lz par elle sceurent moult des faitz de nr̃e seigneur/en especial de ce q̃l fit auant quil les appellast/et recouroient tous a elle come a la maistresse/ Et pource elle demoura au monde apres lascension de son filz/pour mieulx et plus familierement les instruire. Elle estoit larche contenant les diuins secretz de dieu. Et pour ce quelle auoit leu les saintes escriptures/et sauoit les pp̃hettes/elle consideroit prudentement coment les pp̃hecies estoient acomplies/en cest enfant nouueau ne/et de tant plus croioit veritablement/et ladouroit come dieu. Elle auoyt leu en ysaie vne vierge concevra et enfantera vng enfant et elle veoyt quelle estoit vierge et quelle auoit conceu et enfante vierge. Elle auoyt leu/bos cognouit possessorem suũ. Le beuf a cogneu son possesseur/et lasne la creche de son maistre. et veoit son enfant entre ces deux bestes. Elle auoit leu Egredietur virga de radice iesse Une verge ystra de la lygnee de iesse/et se veoyt estre nee de la lygnee de dauid. Elle auoit leu. Nazareus vocabitur. Il sera appelle nazaree et veoit quelle auoit conceu du sainct esperit en nazareth Elle auoit leu. Et tu bethleem terra iuda/et toy bethleem terre de iudee/tu ne seras pas des petites entre les princes de iuda/et ainsi elle veoit que ce q̃ les prophetes auoyent dit par auant/de cest enfant/estoit acomply de fait. Et ce quelle auoyt deuant ouy/elle veoit de ses yeulx. et en ces chosez regardoit la concorde dune chose a aultre en adioustant foy. Touteffoys elle ne vouloit pas reueler les secretz quelle sauoit de nostre seigneur/car elle nestoit pas meins chaste et necte de bouche q̃ de corps mais actendoit reueramment le temps cõgrũ onq̃l et coment dieu le vouloit reueler. O q̃ est celluy qui puisse penser la ioye q̃ auoyt ceste vierge/quant elle se veoyt estre mere de dieu. Car come dit saint anselme/oyre seulement de la vierge marie q̃ elle est mere de dieu/excede toute haultesse et dignite/que on peut oyre et penser apres dieu.

Apres ces choses les pastoureaux sen retournerent en grãt ioye pour garder leur bestiail/en glorifiant dieu de cueur/et en le louant de bouche de cest tresgrant beneficie/q̃ dieu auoit exhibe a tout le monde/leq̃l specialement leur auoit este monstre Ilz trouuerent tout ce q̃ leur auoit este dit de lange estre veritable. En ce ilz sont loues de deuocion/car apres la contemplacion du saulueur retournerent a operacion vertueuse. En quoy est donne exemple aux pastours de leglise/quilz doyuent veiller quant les autres dorment/et aler aulcuneffois iusq̃s en bethlecm de contemplacion/et a lestude de la saincte escripture/affin q̃ eulx ainsi refectiones du pain de doctrine/retournent plus ioyeusement a leurs subiectz. Et pource il est escript en ezechiel q̃ les bestes alloyent et retournoyent. Et toy ame deuote donc va maitenãt veoir le verbe par leq̃l toutes choses sont faictes/qui est faict homme pour toy En toy agenouillant adoure ton vray createur/et sa doulce mere/et salue reueramment le sainct vieil homme ioseph en baisent les piedz du petit enfant ihesus qui est couche en la creche, et prie la dame qu'il luy plaise le te bailler, ou permectre que le preignes, τ regarde diligemment sa face, laquelle les anges desirent veoyr, et le bayse reueramment. et te delicte en luy de tout ton cueur. Tu peulx cecy faire ardiemēt car le doulx seigneur, q pour les pecheurs est venu en ce monde si humblement, le te permectra bien paciemment. En apres rēds le a sa mere, et te appareille, a seruir et ayder a la dame, laquelle tant soigneusement la alaicte et gouuerne, touteffoys tousiours en toute reuerance et timeur, affin que par presumpcion, ne soyes digne destre deboute, et mis hors de telle compaignie. Anselme. Va auec la mere de cest enfant iusqs en bethleem, en toute reuerence et deuocion et soyes present auec elle au logis ou se loge, et sers le petit enfant, qui est colloque en la creche, en tout ce qui te sera possible. en disant a haulte voix de exultacion cōme ysaye. Paruulus natus est nobis. Le petit enfant nous est ne, et le filz de dieu nous est donne, en embrassant celle diuine creche ou lenfant est couche. fais que amour a doulcisse honte, et que affection deboute crainte, en mectant ta bouche aux pies de cest tressaint enfant, en les baisant doulcement. Et puis considere cōme les pastours par nuyt viennent a luy, en toy esmerueillant de la louange que faict la cheualerie celestielle, a la venue de ce roy, τ chante de cueur et de bouche auec eulx. Gloria in excelsis deo τc. Gloire soyt a dieu on ciel et paix en terre aux hommes de bonne voulente. Augustin. Quant on list leuangile, onquel est anoncee la natiuite de nostre seigneur ihesucrist, nous ouyōs en elle la voix des anges, lenfantement de la vierge, lanōciacion qui fut faicte de ceste natiuite aux pastoureaulx, et cōment les anges disoient gloria in excelsis deo. Ceste nuyt est moult ioyeuse, non seulement a la vierge marie laqlle a heu enfant sans operacion dōme, mais a tout lumain lignaige, pour lequel, et auquel, elle a enfante le sauluer de tout le monde. Disons doncqs tant que pourrōs de cueur loyal, et en voix haulte. Gloria i excelsis deo τc. et medictōs ces diuines parolles, selon nostre pouuoir, en grande considéracion, en foy, en esperance, τ en charite. Car ce sont les louanges de dieu, le chant des anges, et la ioye de toute creature humaine. Et gregoire nazazene honoure lenfant auec les pastoureaulx, chante hymne auec les anges, et si tu ne te peulx esiouyr, cōme sainct iehan faisoit on ventre de sa mere, aumoins esiouys toy cōme faisoit dauid deuant larche de dieu. Honnoure ceste natiuite, par laquelle tu es deliure des liēs de la natiuite terriēne. Aussy viēs tous les iours veoyr ihus en la creche spirituelle, cest a la table de laultier, affin que du sainct froment de sa chair auec les sainctes bestes puisses estre ressaisie. Or est assauoir que nostre saulueur ihesucrist ha troys natiuites. Cestassauoir, la diuine la humaine, et la gratuite. La premiere est du pere eternellement sans mere. La seconde, est temporellement de mere sans pere. et la tierce, est en lame spirituellement, ayant pere et mere, selon ce quil dit. Quiconques fera la voulente de mon pere, qui est on ciel, est mon frere, ma seur, et ma mere. Du pere naist tousiours, de la mere vne foys, en lame souuent. Les troys natiuites de nostre seigneur, representent leglise au iour de ceste natiuite. La premiere est en la messe, que on dit a minuyt, car la diuine natiuite nous est occulte, et ne la pouuōs cognoistre. La seconde, en celle que on dit au point du iour, car la natiuite humayne fut en partie occulte, quant a la maniere, τ en partie manifeste, quāt a leffect. La tierce est representee en la grant messe, que len dit au iour, car la natiuite gratuite, est manifeste, en lame, en laquelle dieu est cōceu par affection, ne par effect, et nourry par bōnes operations. Honnoure maintenant la petite cite de bethleem, laquelle premierement fut appellee efrata, mais pour vne famine qui vint au pays, elle fut dicte bethleem maison de pain, pour labondāce des victuailles, qui estoyent en ycelle. En elle fut ne, et oingt dauid en roy, la fut le mariage de ruth, et de booz celebre, qui estoit

f i

figure de lunion de la diuine et humaine nature en ihesucrist. En bethleem a este faicte et consacree vne fort triumphante et grande eglise cathedrale a lonneur de la vierge marie, laquelle fit faire saincte helene, mere de lempereur constantin, et y a vug bel aultel de marbre en vug roch, et la, la vierge enfanta. En celle eglise est le sepulcre des innocens, et de sainct iherosme, et de paule et eustoche, et vne cisterne en laquelle selon aulcuns cheut lestoille des roys. Plusieurs personnes de bien a cause de telle noble natiuite ont voulu fuyr grandz cites, et villes, et la habiter. Elle est en montaigne longue et estroicte, et a la partie de orient, est le rocher ou estoit le diuersoire, onquel le souleil de iustice, nostre dieu a voulu naistre. Et a quatre ou cincq piez de la, contre la partie de occident, estoit la creche des bestes, ou le doulx enfant fut recline. Bethleem donc nest pas moindre des autres en excellence de dignite. Et de elle dyt sainct bernard. O bethleem petite cite, tu es bien ennoblie de dieu, celluy ta bien magnifiee qui en toy a este fait de grant petit. O cite de dieu, grandes choses sont dictes de toy, car len dit veritablement, que le saulueur est ne en toy, affin quil deliurast lome, qui estoyt en captiuite, lequl fut prefigure au bouteiller de pharaon, auquel estat en prison, estoit aduis, que deuant luy, de la terre croissoyt vne vigne, ayant troys branches, laquelle commenca a flourir, et porter fruyt, lequel fruyt, cestassauoyr grappes de raisins, il prenoit et les espreignoit ou calice de pharaon, et luy en bailloyt a boyre, lequel selon linterpretacion de son songe fut deliure. En ceste maniere quant le poiure humain lignaige estoit en miserable captiuite, la vigne, cest nostre seigneur ihesus croissoit de la terre, cest de marie, et auoit en soy troys braches, cestoit le corps lame, et la deite. Et le tiers iour apres que son precieux sang fut espraint en la croix, et offert a dieu le pere, il en fut si enpure quil deliura lumain lignaige de la captiuite ou il estoit, et luy pardonna toute loffence. Et cestuy vin nous a laisse, ou sainct sacrement

de lautel, a ce que chescun iour fust offert a dieu, pour tout le peuple. Et pource, est ce que en la natiuite du filz de dieu, les vignes de angady flourirent, en monstrant que la vraye vigne estoyt venue. La maniere de ceste natiuite fut figuree en la verge de aaron, laquelle flourit et porta fruit cestassauoyr algmandes, car ainsy que la verge miraculeusement, et contre nature flourit et germa. Aussi marie sur lordre de nature merueilleusement conceut le filz de dieu. La verge de aaron, sans estre plantee, a porte fruit, aussi come dit crisostome, marie sans semence de homme a enfante vng enfant, lequel come la noix sest ioinct a larbre de la croix, et est aulcuneffoys appelle fleur, aulcuneffois fruit. Car selon sainct ambroyse, il est comme le fruyt du bon arbre, qui maintenant flourist, maintenant porte fruyt, par lacroyssement des vertus quil nous donne, et en nous est repare par la resurrection du corps retournant a vie. Il est aussi appelle lung et lautre, car il est anoncie, en tous les deux testamens. Il est fleur en la lectre, fruyt en lesperit, fleur en la loy, fruit on temps de grace et de verite, fleur au premier tabernacle, fruit ou second fleur en lobseruace des sacrifices de la loy, fruit en lintelligence spirituelle des misteres quil signiffioyt. Ainsi que la fleur demonstre, que le fruit vient apres elle, ainsi ihucrist estoit signiffie a venir par les cerimonies qui estoyent en lancienne loy. Et ainsi que le fruyt napparoyst point tant que la fleur soit en sa verdeur, aussy la verite de nostre seigneur, na poit este demostree tat q telles obseruances ont dure. Mais quant la fleur est seiche, on veoit apres le fruit, car la loy deffaillant, la grace et verite qui est faicte par nostre seigneur ihesucrist est tenue. Ainsi q soubz le test de lalgmende, est cachee le doulx noyau, ainsi soubz le test de la chair de ihesucrist, estoit cachee la tresdoulce deite. Aussi en la verge de aaron, nous trouuons la verdeur des branches, la soyuete des fleurs et labondance des fruytz. Ainsi marie a heu en soy la verdeur de virginite, la doulceur de pi

tie et labondance de perpetuelle refection
et saciete. Jesucrist ne demostra pas seule
ment aux iuifz. mais auecq ce aux payés sa
natiuite/en denotant ql est celuy/qui veult
sauluer tout home. Et po̅ ce on list q̅ lem
pereur octouien/q̅ en ce temps la estoit sei
gneur de tout le monde/et estoit repute des
romains come dieu/se conseilloit a vne pro
phette q̅ auoyt nom sibille/se au monde de
uoit venir vng q̅ fust plus grāt que luy/la
qlle le iour q̅ n̅re seigneur fut ne veist emps
le soleil vng bel et plaisant cercle/onql vne
tresbelle vierge estoyt q̅ auoit en son giron
vng tresbel enfāt/et sibille le mōstra a lem
pereur octouien/et luy dist/q̅ le roy q̅ estoyt
ne/estoit plus puissant q̅ luy. Tu dois donc
bien mediter en toute ioye/p bien est grāde
la sollēpnite du io̅ duy/car auiourduy n̅re
seigneur ih̅u crist est ne Et ainsi cest le vray
iour de la natiuite du roy eternel/et du filz
de dieu le vif Au io̅ duy le petit enfant no̅
est ne/et le filz no̅ est donne Au io̅ duy le so
leil de iustice q̅ estoit en la nue nous est ap
paru clerem̅et Au iourduy lespoux de legli
se/q̅ est chief des esleuz/est yssu de sa chā
bre/et venu en public Au iourduy le pl̅ bel
de to̅ les filz des hōes a mōstre sa desiree
face au monde Au iourduy le io̅ de n̅re re
demption no̅ a enlumines de la reparaciō
longuem̅et pmise/et de sa felicite eternelle.
Au iourduy paix est denōcee et faite es hō
mes de bōne voulente/cōme len chante en
lympne angeliq̅ Au io̅ de ceste sollēpnite
on chāte q̅ par tout le monde. les cieulx sont
faitz distillās miel Au iourduy la benigni
te et humanite de n̅re saulue̅ est mōstree et
apparue/car cōme dit saīt bernard/sa puis
sance apparoyt en la creacion des choses
du monde/sa sapience en la gubernaciō di
celles/et maintenāt sa doulceu̅ et benignite
est apparue en son humanite Au io̅ duy a
uec n̅re seigneur no̅ sommes engēdres spi
rituellem̅et/car la generaciō du filz de dieu
est le cōmācem̅ent et naissance du peuple cre
stien Au io̅ duy ces deux miracles sont ad
uenus/lesquelz surmontēt tout entēdement
et seulem̅et foy les cōprēt/cest q̅ dieu est ne
et que celle q̅ la enfante est vierge. Au io̅

duy/moult daultres merueilleux misteres
sont apparuz au monde/car toutes les cho
ses q̅ sont dictes de lincarnacion du filz de
dieu/apparoyssent pl̅ clerem̅et au io̅ duy
q̅ par auant. Doncq̅s no̅ sans cause ce io̅
est de sollempnite de ioye/de exultacion/et
de grande liesse. Orayson
O Doulx ihesus, q̅ as voulu naystre
de ton humble ancelle/et roy ne hū
blem̅et estre eueloppe de petis dra
peaulx/et en vne creche colloq̅. O sire tres
clem̅et donne moy par ton inenarrable nati
uite estre regenere en sainctete de vie nou
uelle/et tellement me humilier soubz labit
de ma religion/que ie puysse actaindre a la
perfection de vraye humilite/et estre collo
que entre les estroitz estudes de discipline
reguliere/cōme en vne creche/et estre par
ticipant de ta diuinite et eternite/ainsy quil
te a pleu estre participant de nostre humili
te/humanite/et mortalite. Amen
De la circoncisiō de n̅re seigneur. x. ch

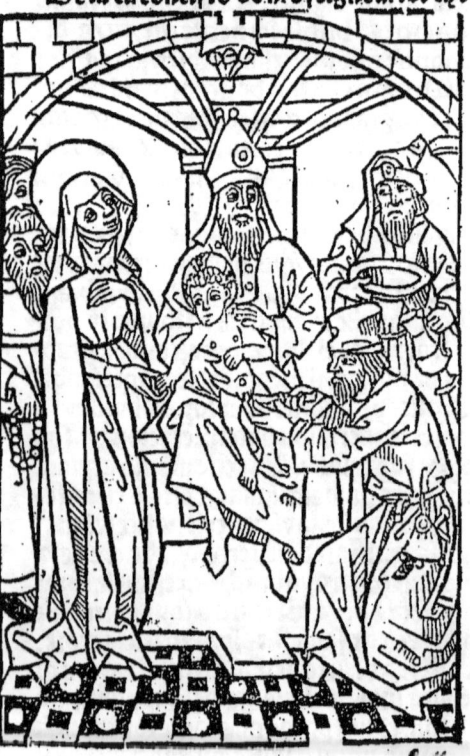

Apres la natiuite de nostre seygneur huyt iours acomplys, en comprenant le premier et le dernier, q̃ failloit selon le comandement de la loy circoncire lenfant, car cestoyt le temps ordonne a la circoncision, fust lenfant circoncis et apppelle ihesus, cest adire saulueur, car en la circocision on mectoit le nom a lenfant, lequel nom auoyt este denonce par lange a la vierge, auant quelle leust conceu. Donc nostre seigneur ihesus commencant a humilite, qui est la racine et garde des vertus, est circoncis en mostrant que pour nous na point differe, de espandre son sang, et quil est le saulueur, qui auoyt este promys aux peres, et estoyt semblable a eulx en toutes choses, fors en ignorance, et peche. Deux grandz choses sont faictes au iourduy. La pmiere est que le nom de ihesus est manifeste, lequel nom selon origene, est doulx et glorieux, et tresdigne de reuerece, et de adouracion. Il ne appartenoit pas que le nom qui est sur tous noms fust premierement impose des hommes, ne deult fust apporte au monde, mais estoyt digne destre impose de plus excellete nature, comme est la nature angelique. Et combien que ce nom hebreu ihesus qui signifie en latin saulueur fust parauant impose a aultres que a luy, touteffoys il estoyt nouuel et propre quant a luy, entant quil luy fut impose comme general saulueur, laquelle propriete ne fut pas aux aultres, quant a la generalite de sauluer et deliurer cobie q̃ aucũs plusieurs en deliur assent et feissent grans faitz sur les aduersaires. Il est appelle saulueur pmierement par puyssance quil ha de sauluer, z ainsi ce nom luy conuient eternellement. Secondement il est appelle saulueur, par labit et continue quil ha de sauluer, et ainsi luy fut impose de lãge des le commancement de sa concepcion. Tiercement il luy fut impose a sa circoncision, pour ce quil deuoyt sauluer lumain lynguaige par sa passion. Et pource selon crisostome, le nom de nostre seigneur qui est ihesus, lequel fut ainsi nomme des le ventre de sa mere, ne luy est pas nouuel, mays ancien, car il est appelle saulueur selõ la chair luy qui lestoyt selon la diuinite. La dignite de ce nom est en quatorze faissons. La pmiere, que eternellement il fut ordonne et consacre. La seconde, quil fut nomme par la bouche de dieu. La tierce que des patriarches et prophettes fut desire. La quarte des prophettes fut prophetize. La qñte que anciennement en iosue dit ihesu naue fut prefigure. La sixiesme par lange a ioseph et a marie anonce. La septiesme par la vierge publie. La huytiesme de ioseph au iourduy impose. La neufuiesme par les anges diuulgue. La dixiesme des apostres magnifie. La vnziesme des martirs testifie. La douziesme des confesseurs commade. La trezieme des sainctes vierges comme huille espandu, gouste et sauoure. La quatorziesme des crestiens honoure. Il ya come dit sainct augustin, difference, entre ce nom ihesus, et xpristus, car ce nom ihesus est propre nom, mays xpristus est nom comun et de mistere. Aussy ce nom xpristus est nom de grace, et ihesus est nom de gloire. Ainsi que en ce monde par la grace du baptesme de ce nom crist, nous sommes dictz crestiens, ainsi en paradis, de ihesus serons dictz iesuitez et saulues. Or de tant quil ya differãce, entre grace et gloyre, de tant ya difference entre ihesus et xpristus. Cest doncq̃s le nom, qui est sur tout nom et nest aultre nom soubz le ciel, par lequel puissons estre saulues. Car ce nom ihesus selon sainct bernard, est myel en la bouche, melodie en loreille, ioye au cueur, lequel nourrist en le pensant, adoulcist et oingt en lappellant. Et selon pierre de rauenne. Cest le nom, qui a donne veue aux aueugles, ouye aux sourds, aux boeteux cheminer, aux muetz la parolle, la vie aux mors, et a fait fuyr toute la vertu dyabolique des corps d̃ ceulx lesquelz il possidoit. Et sainct anselme dit que ce nom ihũs, est doulx et delectable cõfortant le pecheur, et est de bõne esperance. Or ihũs soyes moy ihũs. Cest nõ vertueux selon lapostre q̃ dit Vous estes laues sanctiffies, et iustiffies par le nom de nostre seigne̅ ihesucrist. Le nom de ihũs a puyssance de lauer la taiche et la deformite d̃ pechie. Il est vert9 sanctifi ante en effaçant la coulpe/et aussi vertus et puissance iustifiante/quant a pardonner la peine et lobligacion. Comme il soit ainsi que on pechie soient trois choses/la taiche/la coulpe/et la peine deue pour la coulpe/apert que toutes ces trois choses sont pardonnees par le nom de ihesus. Dont dit monseigneur saint iehan Par le nom de ihesus noz pechiez sont pardonnes. En reuerence de cestuy nom/tous genoulx sont fleschis/et en paradis/et en terre/et es enfers Et pourtant quiconcques lappellera en vraye foy sera saulue. Car luy mesmez dit Quelque chose que vous demanderez a mon pere/en mon nom/ie vous donnera. Et pource en toutes noz oraisons deuons vser de ce nom/et faire noz demandes a dieu. Et a cause de ce les oraysons de leglise sont faictes/et formees en ce nom en disant Per dominum nostrum ihm/ou chose semblable. Celluy ne demande pas au nom de ihesus/qui demande aulcune chose contre la disposicion diuine/ou contre son salut/ou le salut des aultres. Vrayement donc et proprement il est appelle ihesus/car nous ne pouuons obtenir salut si non/par ce seul nom Et pour ce il dit de soy mesmes. Ie suis le commencement et la fin car ainsi q̃ par le verbe eternel toutes choses sont produyctes/aussy par icelluy verbe vny au corps/toutes choses sont reparees/pmeuez/et finies. La seconde grand chose qui au iourduy fust faicte/est que ihesus commenca a espandre son trespcieux sang pour nous/Il commenca bien tost a souffrir pour nous. Et luy q̃ nauoit point pechie/commenca au iourduy a porter peines pour noz pechies. et non seulement en sa force/mais en son enface/a voulu espandre son sang pour nous. Lenfant ihesus ploura auiourduy/pour la douleur quil sentit en son corps. Mais las quant sa doulce mere le vist plourer/se pouuoyt elle contenir quelle ne plourast/certes elle ploureroit auec luy. Ayez compassion deulx et ploures auecques lenfant ihus. car au iorduy il ploura moult fort. Et combien que en ces sollempnites presentes nous deuons

bien nous esiouyr pour nostre salut q̃l queroit/touteffois nous deuons auoir compassion pour les angoisses q̃ pour nous a soustenues/et deuons bien estre animes a souffrir aulcune peine pour noz pechies pres quãt nous voyons/q̃ tant il a souffert pour les pechies daultruy. Dequoy dit saint bernard. Qui est celluy q̃ ne doyue auoir honte de refuser aulcunes petites peines en ce monde pour ses pechies/quant il cognoist que le filz de dieu a tant souffert non pas pour soy mesmes/mais pour aultruy. Et est a noter q̃ par six foys il a espandu son sang en ce monde pour nous. Premierement en ceste circoncision/et la fut le commencement de nostre redempcion. Secondement en orayson/et la fut monstre le desir quil auoyt de nostre redempcion. Tiercement en la flagellacion. Quartement/quant il fut couronne despines/et la estoyt le merite de nre redempcion/car nous somes gueris par la doule de ses playes. Quintement en sa crucifixion/et la fut le pris de nostre redempcion/car la il payoit ce q̃l nauoit pas acreu. Sextement en louuerture de son cousté/et cela fut en sacrement de nre redempcion. car par ce nous donna enseignement de estre nectoyes par le sacrement de baptesme/lequel ha son efficace du seing de nre seigneur. Par le premier nous sommes enseignes q̃ deuons estre spirituellement circoncis/en boutant hors de nous tous pechies. Par le second q̃ nous deuons voulentiers endurer aulcune peine pour nostre salut. Par le tiers que nous deuons chastier nostre corps Par le quart/que nous deuons parer nostre ame de vertus. Par le quint q̃ nous deuons lier noz membres aux commandemens de dieu pour les acomplir. Et par le sixiesme/auoir nre cueur naure en la charite/et amour de nostre seigneur ihucrist. Tu vois donc combien de foys nre seigneur ihucrist a espandu son sang pour nostre redempcion. Ou sont maintenant noz larmes/les gemissemens/les actions de graces q̃ luy rendons pour la grande effusion de son sang/quil a espadu pour nous Car comme dit saint bernard Il eust souffiz pour la redempcion de

f iii

tout le mõde/vne goute seule õ son pcieux sang. mais il a voulu espandre en grãt habondance/affin que la vertu de laimãt fust demonstree/en la recordacion du benefice car enuers lui est copieuse matiere de redẽpcion. La maniere de la circõcision vint & eust son cõmancemẽt au saint hõme abraham/quãt il eust accroissemẽt de son nom. car ainsi que deuãt il estoit appelle abram cest a dire hault pere/ ainsi apres la circõcision pour le merite õ la foy quil eust/fut appelle abraham. cest adire pere de plusieurs gens. Et mesme aussi sa venerable femme desseruit q̃ son nom fust mue. car p̃mieremẽt/elle estoit appellee saray/cest a dire ma pricesse. & de sa maisõ seulemẽt. Apres/elle fut appellee sara/ cest adire princesse de toutes les fẽmes qui viuroyent selon dieu Et pource despuis vint en coustume/que les nõs estoyent imposes aux enfans en leur circoncision. Abraham donc croyant auant la circoncision/quil auroyt vng filz /ainsi q̃ dieu luy auoyt p̃mis en signe de ce receut dieu la circoncision/ affin quil vist q̃ pour la foy quil auoit heue/ estoyt iustifie. Donc ceste circoncision premieremẽt/fut donnee a abraham pour le merite de sa foy/ a ce que ainsi que par foy estoit differant des autres gẽs/aussi le fut par le signe de la circõcision Et aussi affin q̃ le peuple q̃ de sa lygnee deuoyt naystre fust cogneu p̃ aulcũ signe/q̃ cestoit le peuple de dieu/ et quil estoit descendu de la semence de celuy/ lequel par sa foy receut ce signe de dieu. et que quãt ilz estoiẽt tuez en bataille des autres gens/ fussent cogneuz par tel signe quilz estoiẽt de sainte & noble lignee. et q̃ on les mist en terre. Et pourtãt au desert on ne les circõcisoit poit/ pource quilz estoyẽt tous seulz sans estre meslez auec aultres gens. Aussi ceste circõcisiõ fut dõnee pour remede du pechie originel et pour reprimer la cõcupiscẽce charnelle. Aussi elle fut dõnee en p̃paracion de la suscepciõ de la foy/ car la circõcision/ est cõe vne pfession et actestaciõ de la loy de moyse/ pour la garder/ cõme est le baptesme en la loy euangelique/ car par lobseruãce de la circõcision/ les gens estoyent disposes de receuoir la loy de grace. La circõcisiõ fut donc cõmandement et signe de la p̃mission de nostre seigneur ih̃ucrist. Et vserẽt de ce signe iusques a ce q̃ nostre seigneur qui estoyt pmys a abraham fut ne/ leq̃l ne faillut q̃ le signe de la promissiõ cessast Et ceste circõcision estoit faicte de cousteaulx de pierre/ car elle deuoit ioidre les deux parops ensemble/ cest les iuifz et les payens.

Nostre seigneur voulut estre circõcis par plusieurs causes/ non obstant q̃l ne fust en ries subgect a la loy. La premiere po͂r mõstrer q̃l estoit de la lignee de abraham/ auquel fut premieremẽt cõmandee la circõcision. La seconde/ affin quil fust semblable aux peres. et quil satisfist aux iuifz. en leur ostant tout scandale/ et toute occasion. La tierce/ affin q̃l approuuast la loy ancienne laquelle dieu auoit ordonnee/ en monstrãt quelle estoyt bonne et saincte. La quarte/ affin quil monstrast par exemple/ la vertu de obedience et de humilite/ en gardant le cõmandemẽt de la loy/ auquel nestoyt pas tenu La quinte/ affin q̃l acomplist luy mesmes la loy/ laquelle il auoyt donnee aux aultres/ et quil ne desprisast pas le remede par lequel la creature deuoit estre nectoyee de pechie. luy q̃ seulement estoit venu en ce mõde en similitude de pechie. La sexte/ affin q̃ luy mesmes soustint le faiz de la loy/ et quil deliurast les aultres/ qui ne pouuoyent porter la charge/ q̃ la loy cõmandoyt/ car il se soubzmectoit a la loy /pour racheter ceulx q̃ estoyẽt soubz la loy. La septiesme/ affin q̃ non seulemẽt en hõme parfaict espandist son sang pour nous/ mais auec ce en son ieune eage, & quil cõmencast bien tost a souffrir pour nous. La huitiesme/ affin quil demõstrast en soy/ la verite de humaine nature/ en cõfondãt les heretiques qui ont dit/ quil nauoit pas prise vraye humanite/ mais vng corps fantastique. La neufuiesme/ affin q̃l reprouuast les concupiscences charnelles/ qui ont grant dominacion/ singulieremẽt en celluy mẽbre. Et pource la circõcision estoit faicte/ ou membre par leq̃l le pechie originel /estoit venu on monde, car ou est la voye a pechie, la doit on mectre le remede. La dixiesme, affin quil feist fin a la charnelle circoncision et quil commançast la spirituelle qui estoyt figuree par icelle en nous la commandant, car ainsi que pour nous il est ne, et a souffert mort et passion, aussi pour nous est circoncis, et non pas pour luy. Certes comme dit lapostre, il est la fin de la loy, a tous vrais crestiés. Au iourduy prent donc fin la circoncision corporelle, et auons pour elle maintenant le baptesme, qui est de plus grant grace et efficace, et de meindre peyne. Saint gregoire. Ce q maintenant nous vault leaue du baptesme pour les enfans valoit la foy des anciés, ou pour les grans laver tu du sacrifice, ou pour ceulx qui estoyent de la lignee de abraham le mistere de la circoncision. Mais comme dit bede, il y a difference, car la circoncision ne ouuroyt pas la porte de paradis, come fait maintenant le baptesme, combien que le baptesme ne le face pas de soy, si non que le merite de la passio y soyt adiouste, et si la passion eust este ensemble auec la circoncision, la circoncision eust ouuert padis. Or est assauoir q la circoncision spirituelle, par laquelle lame est nectoyee de pechie, est signifiee par la circoncision corporelle. Car selon sainct bernard, il est double circoncision, qui doit estre faicte en nous, cest assauoir linterioze et lexterioze. Lexterioze est en trois choses cest en nos vestemens, quilz ne soyet trop curieux, en nostre operacion, quelle ne soit reprehensible, et en la parolle, qlle ne soyt desprisee et contempnee. Semblablement la circoncision interioze est en trois choses cest en la cogitacion quelle soit saincte, en laffection, quelle soit pure et necte, et en lintencion, quelle soit droicte. Nous deuons doncques estre circoncis en cueur de cogitacions nuysantes et ordes, de iugemens faulx et folz, et de intencions mauluaises et que ayons honte de auoir en nostre cueur chose deuant dieu, de laquelle aurios hote de dire ou faire deuant les homes. Aussi nous deuons estre circoncis, en la langue de parolles laides diffamatoires, mensonges, folles et superflues, car de toute parolle oyseuse, voyre mesme profferee ignoramment on rendra raison au iour du iugement, comme des tres petites cogitacions. Nous deuons aussi estre circoncis en tous les membres et en tous les sens du corps en les retrayant des choses illicites et defendues, en nous abstenant de toutes voluptes et supfluites, et no seulemet d celles q en soy sont pechie, mais aussi qui ont occasion de pechie. car selon pie pape. Riés ne prouffite a lome ieusner, prier, ou faire aultrez bones oeuurez, se il ne garde sa pesee d mal et sa lague d detractio. Il ne puffite vrayement riens quant a la vie pardurable, touteffois il peut prouffiter quant a la vie temporelle. Bede. Nul doit penser quant il ouyt parler de ceste circoncision, quil doit souffire auoir seulement vng mebre circocis, cest faire vne seule bonne operacion, comme soy garder de fornicacion, ou honnestement vser de mariage, ou estre vierge et faire daultre part peche, car il nous est commande de circoncir toutes cogitacions vaynes et inutiles de nre cueur, et toutes operacions illicites. Celluy est vrayement circoncis, lequel estouppe ses oreilles, affin quil ne oye aucune chose empeschant son ame a prouffiter spirituellement qui garde ses voyes, affin q̃ ne deling en sa langue, qui laue ses mains de tout mal cõe innocet, q̃ garde ses pies de la voye de tout mal, q̃ sur toutes choses chastie son corps et le rend subgect a lesperit, et garde son cueʳ de toutes pars, car la vie de lame procede de luy. Autant de fois que la personne se retourne a penitence apres son pechie, autant de foys se circoncist. car la circoncision charnelle, nest aultre chose si no lincision de la superfluite de la chair, et en lome riens nest superflu si non pechie, car toutes aultres choses en luy sont crees de dieu moult bonnes. Et si ceste circoncisio nest faicte, lame est fille de perdicion. Et a cause de ce il est dit en geneze. Le masle du quel la chair ne sera circoncise, sera bany et exclus de son peuple. Et fault que en lame huyt illuminacios precedent ceste cir

f iiii

concisiō/lesquelles sont signifiees par les
huyt iours precedans/⁊ ainsi le huytiesme
iour la circōcision est celebree/cestassauoir
퍼cr̄sion du peche̓ a dieu. cognoissāce de pe
chie/contricion/confession/satiffacion de
testaciō d pechie/se garder biē cautemēt ou
temps aduenir. et puis vient le huytiesme.
cest iustificaciō du pecheur. par la grace de
dieu qui lui est infuse. laquelle oste la sup
fluyte de pechie. Aussi ces huit iours peu
uent estre appelles les sept dōs du sainct e
sperit. ou les sept vert⁹ pr̄icipales. auecq̄s
finale perseuerāce. qui est dicte la huytiesi
me Et est a noter que en somme il ya trois
circoncisions. La pr̄miere est sacramentelle
cestassauoir celle q̄ se faisoit au corps Les
deux aultres sont. l'effect de ce sacrement.
cestassauoyr la circoncision de pechie/qui
tous les iours se fait en lame de ceulx qui
quierent et ayment dieu. Lautre circonci si
on est qui se fait de toute peyne/de pechie
qui sera en la derniere res̄urrectiō en corps
et en ame.

Oraison

O Jhesus misericors et debonnaire
ne de la vierge. qui as voulu soubz
la loy estre circoncis/circoncis les
cogitaciōs/parolles/et oeuures de ton ser
uiteur/affin que ne face riens cōtre ta vou
lunte/en pensee/en parolle/et en oeuure/
mais soient mes pensees selon raison/se
lon dieu/et toutes mes parolles/et toutes
mes oeuures/soyent dirigees selon tes cō
mandemens. Sire maintenant sont deuāt
toy/mon cueur/ma langue/mes sens/et
tous mes mēbres q̄ sefforcent de bien faire
mais deulx mesines ne peuuent riens sans
toy. Sire supplee et fay en moy ce q̄ ne peu
uent. et parfaiz en biēs/le desir de moy pe
cheur/toy q̄ as de coustume de donner aux
iustes leur bon desir Amen.

De lepyphanie et apparicion de nostre
seigneur. xi. chapitre.

LE treziesme iour apres la natiui
te. lenfant Ih̄us se manifesta aux
troys roys payés appelles/ma
gi/mages/nō pas quilz fussent
enchanteurs: mais pour la grande scien
ce de astrologie q̄ estoit en eulx. car ceulx q̄
les hebrieux appellent scribes/et les grecz
philozophes/et les latins saiges/ceulx de
perse les appellēt/magez/et po⁹ ce ilz sont
appelles roys/car en ce tēps la/les philo
zophes ⁊ saiges auoiēt coustume d regner
Et dit seneque plant de la felicite du tēps
ancien Brant felicite estoit entre les payes
car nul ne pouoit estre roy si non le meilleⁱ
En celluy temps que nous disons dore cō
mander estoit office/non pas regner. Sās
art et sans difficulte on se gouuernoit. Ain
si que nous lisons de dyogenes qui voiant
vng ēfant boire auec la main/rōpit le vais
sel auec lequel il beuuoit/et se corrigoyt en
disant. O moy fol quelle charge ignorāmē
mēt ay ie porte. Et po⁹ dormir esleut vng

tonneau. Saint gregoyre. Les sainctz hōmes sont appelles roys, car ilz sceuent bien dominer et gouuerner tous les mouuemēs de la chair et nen sont point suppedites en desordonne consentement. Et selon ysidore, les roys sont appelles roys p̄ les droytes operacions quilz font. Et pource celuy qui faict bien peut auoyr le nom de roy, et celuy qui fait mal le pert. Ō quelle difference y a entre les gouuerneurs d̄ ce tēps present et de celluy duquel nous parlons. Maintenaūt ilz font tout au cōtraire, car ilz ne quereut que honneurs richesses plaisances corporelles, et pource par aduenture ilz auront piz en lautre monde que ne auront les payens. Et venerunt ab oriente. Et les trois roys vindrent de orient, cest assauoir des parties, lesquelles au regart de iherusalem, sont vers orient. pour demonstrer selon crisostome, que le commancemēt de la foy est procede du lieu ou le soleil vaist, car foy est lumiere des ames. Et selon saint bernard, nō sans cause, ces roys vindrent de orient, lesquelz annonceoyent le soleil de iustice qui nouuellement noꝰ est ne, par lequel tout le monde est enlumine. Aulcuns dient que ces roys regnoyent en la region de sabbea, laquelle prēt son nom dung fleuue appelle sabba. Les aultres dient quilz descendirent de la lignee de balaam, lequel comme il est escript on liure des nombres prophetisa, que vne estoille deuoit naistre de la lignee de iacob, et pource auoyēt grāde affection que ceste prophecie fust acomplie en leur temps, et enqueroyent diligemment du temps, ouquel ceste estoille deuoyt apparoistre. Et comme on peut veoir par ces deux choses, cestassauoir quilz estoyent de la lignee de balaā et que en si peu de temps vindrent la ou est royt nostre seygneur. ilz ne vindrent pas de la longtaine arabie, laquelle est ioincte au pays de ynde, en la quelle continuellement est iour, car elle est loing de iherusalem lespace de vne ānee de chemin. Mais vindrent de arabie qui est pres de iudee et de perse, de mede, et de caldee, la ou est fleuue de sabba, duquel la region de sabbee prent son nom, et est pres de arabie en

laquelle balaā estoit ne, et la le stoille nouuelle eust son commancement, laquelle seulement ces roys veoyent, et en elle appoysoit vng petit enfant, sur le chief duquel resplendissoit vne croix toute dor. Et ouyrēt vne voix qui leur dist. Allez en iudee, et la trouuerez le nouueau roy ne. Et acomplis sans le commandement suyuoyent ceste estoille, laq̄lle differoyt des aultres en plusieurs manieres. La premiere est en substance, car la matiere des estoilles est de nature celeste, et de la quinte essence, mais ceste fut de nature corruptible. La seconde quant a son facteur et commancement, car les aultres ont este creez de dieu sans ayde de creature, et ceste a este faicte de dieu par le seruice des anges. La tierce en duracion, car les aultres furent creez des le commancement du monde et perpetuellement dureront, ceste fut faicte ih̄ūrist ne, et puys perdit son estre. La quarte est quant ou lieu, car les aultres sont on firmament, et ceste estoit en lair pres de la terre. La quinte est en grādeur, car selon tholomee chescune estoille du firmament que nous voyons est plus grande que toute la terre, et ceste icy nauoit que deux ou troys coudeez et ainsi estoit trespetite, en quātite. La sixiesme est en mouuemēt, car les autres se meuuent comme le ciel circulierement, et ceste alloyt droyt de orient en midy. La septiesme, car les aultres iamais ne cessent, et ceste cessoyt et aloit selon que les roys faysoyent. La huytiesme est, car ceste se apparoissoit et se occultoit, ainsi q̄l appert quāt ilz entrerēt en iherusalem. La neufuiesme car les aultres luysent seulement la nuyt, τ ceste luysoyt iour et nuyt, car selon crisostome le soleil lusiāt a midy elle luysoyt, τ ses rayōs surmontoiēt ceulx du soleil. La dixiesme en signification, car les aultres signifient la diuision des iours et des ans, et ceste denotoyt la natiuite de ih̄esucrist. La vnziesme quant a effect, car les aultres ont leur operacions sur les corps inferiores τ ceste seulement estoyt faicte pour monstrer la natiuite. La douziesme, car ceste seulemēt seruoit a dieu, et les aultres seruēt a tout le mōde. La.xiii.en appicion, car ceste seule ment estoit veue des roys/et les aultres de tous ceulx q̃ sont soubz leur cercle. La quatorziesme/car ceste auoyt vng ange/pour son propre moteur/et les aultres nen ont point. En ceste estoille nouuelle/donc ces roys par diuine inspiracion/entendoyent celluy/lequel par son humilite deuoyt suppediter tout lorgueil du monde. Plusieurs et grandes choses furent faictes en ce iour par nostre seigneur ihesucrist enuers son eglise. Premierement/en la personne des troys roys/leglise est receue de luy en espouse/laquelle est assemblee des paiens car le iour de sa natiuite en la personne des pastoureaur apparut aux iuifz/desquelz bien peu receurent la parolle de dieu/mais auiourduy apparut aux payés/qui ont emply saincte eglise. et pource proprement auiourduy est la feste de leglise du peuple crestien. Et a cause de ce/elle est appellee par ce nom epyphanie/qui vault autant comme apparicion faicte de hault/cest p̃ lestoille. Secondement au iourduy leglise est cõioincte a son chief ihesucrist par baptesme lequel a tel iour a son trentiesme an a pleu de prendre Et po͞ ce on chante au iourduy ioyeusement. Hodie celesti sponso iuncta est ecclesia. Au iourduy leglise est ioincte a son espour celestiel/car par le baptesme q̃ a pris vertu en baptesme de ihesucrist/lame est faicte son espouse. Et pource leglise nest aultre chose/q̃ la congregacion des ames baptisees. Aulcuns sont qui appellent ceste feste theophanie/qui vault autãt adire cõme apparicion de dieu/pource que a ce iour/le pere clariffia son filz en disant. Ucez icy mon filz bien ayme. Tiercement auiourduy vng an reuolu ap̃s son baptesme/feist aux nopces le p̃mier miracle/car il mua leaue en vin Et pource cause aulcuns lappellent bethphanie/cõme apparicion faicte en la maison. En oultre selõ origene/au iourduy il ressaisia quatre mille hõmes de sept pains z de pou de poissons Et po͞ ce dit maxime euesque aux anciẽs liures/ceste feste est nõmee dies epiphaniarum le iour des apparicions en plurier mays seullement de la premiere voulons maintenant parler Or selon la prophecie de michee/ainsi que nostre seigneur ihesus estoit ne en bethleem/region de iudee et ainsi appellee/a differance dune aultre bethlee q̃ est en la terre d̃ la lignee d̃ zabulõ Aux iours que regnoyt herode/qui estoyt le trentiesme an de son regne/parquoy appert que le temps de laduenemẽt du filz de dieu estoit venu/car le patriarche iacob auoyt prophetise/que le messyas viendroyt quant le roy ou duc deffauldroyt de la lygnee de israel. et ceste chose fut acomplye en ce roy herode ascolonite qui estoit de ydumee/et fut le premier roy estrangier qui regna on peuple des iuifz/gens estrãges qui rep̃sentoyent toute leglise vindrent des parties dorient en iherusalem cite royalle/enquerant en icelle de la venue de nostre seigneur et disant. Ou est le roy des iuifz qui est nouuellement ne Ucez cy le tiltre de ce roy qui est anonce des roys/reprouue des iuifz/quant ilz dirent a pylate/ne vueilles pas escripre quil est roy des iuifz/cõferme de lescripture oudit pylate/la ou il respondit ce que iay escript/est escript. Nous auons veu dirẽt ces roys son estoille en oriẽt/laquelle il a cree pour soy demonstrer et pource no͞ venõs pour le adourer Selõ aulcuns docteurs/quant les roys entrerẽt en la terre de iudee/lestoille se desparut. affin que eulx ayans perdue celle q̃ leur monstroyt le chemin fussent cõtrains de retourner en la cite royalle/et demãder le lieu ou le nouueau roy estoit ne. Les aultres dient que quant les roys entrerent en la cite po͞ enquerir de lenfant/lestoille se desparut/car en demandant laide humain/iustemẽt deseruirent perdre le diuin/en signiffiant que ceulx ne sont pas dignes de auoir layde diuin/qui preferent laide humain au diuin. On peut entendre par ceste estoille illuminacion de grace/car quãt les bons demandent conseil aux mauluais ilz perdent la vraye illuminacion de grace. Mays se ceste estoille se desparut/deuãt q̃lz entrassent en la terre d̃ iudee ou ap̃s/tout fut fait de dieu pour plusieurs causes. La p̃miere po͞ ces roys/affin q̃ ainsi q̃ p̃ auãt auoiẽt este admonnestes par signe celeste, aussy fussent confermes, par ledit du prophette et par les docteurs q̃ estoient en ceste cite. La seconde po̅ nr̅e seigneur, affin q̃ sa natiuite fust publiee en la cite, et q̃ la p̃phecie du lieu de sa natiuite fut monstree estre acõplie. La tierce, affin que la paresse des iuifz fust cõdempnee, par la diligence de ces roys, qui estoyent si soigneur de quierre ihesucrist, et eulx iuifz nen firent compte La quarte, a ce que les iuifz fussent sans excusacion, se ilz ne vouloyent receuoir nostre seigneur, et croire quil ne fust venu, cõme il fust ainsi, que ces roys monstroyent le temps aux iuifz, et les iuifz le lyeu aux roys. Les roys estoyent fermes en la craicte de dieu, et confermes en foy, car cõbien quilz sceussent, que le dit estoyt tel, q̃ quiconques nommeroit aultre roy que celluy qui estoit subgect a lempereur de rõme deuoit auoir la teste couppee, non obstãce, hardiement confessent nostre seigneur ihesucrist. Crisostome. Les roys ne sauoyent ilz pas bien, que en iherusalẽ regnoit herodes, et que quicõques nõmeroyt aultre roy deuoit estre pugny en sang. Certes ouy. Mais quãt ilz cõsideroyẽt, le roy aduenir, ilz ne craignoient point celuy qui estoit present. Ilz nauoyent point encores veu nostre seigneur, et ia estoyent appareilles mourir pour luy. O benoictz roys lesquelz auant quilz eussent veu le sauluez estoyent prestz de mourir po̅ luy, par ung roy trescruel, et estoyent vrays cõfesseurs de son sainct nom. Le roy herode, ouyant ces choses, fut trouble, craignant que cest enfãt roy ne regnast sur luy qui estoit estrangier. Augustin. Quelle chose sera ce de ce roy quant il sera en son iugemẽt, veu que luy estant petit en la creche, faisoit paour aux roys orgueilleux. Craignons dõcques ce roy, qui se siet a la dextre de son pere, lequel le mauluais roy craignoyt estãt encores a la mamelle de sa mere. Et non pas luy tant seullement fut trouble, mays toute la cite, ou la plus part de iherusalẽ, voulant luy fauoriser, car ilz le craignoiẽt et souuẽt le peuple dõnet plus grant faueur et aulcunesfoys iniustement a ceulx qui craiut, que aux autres. Et aussi les roys et princes mauluais, vont seruiteurs mauluais et flateurs. Estoyẽt aussi troubles, et les ungs et les autres, car les mauluais ne se peuuent esiouir de la venue des bõs. Donc herode assẽbla les saiges des iuifz et leur demanda, et enqueroyt ou ihesus deuoit naistre. Et luy rospondirẽt, que en bethleem, qui est en la terre de iudee, ainsi que le prophete michee dit. Selon saint augustin. Les iuifz en demõstrant aux autres la fontaine de vie, sont mors de seycheresse. Et estoyent semblables aux pierres qui monstrẽt le chemin par ou len doit aller, lesquelles pourtant ne se mouuent, et signiffient les docteurs, qui enseignent a bien viure, et touteffois eulx mesmes viuent mal. Lors herode secretement appella les roys, en leur demandãt le temps en quel lestoille leur estoit appue. Car quãt il eut cogneu des iuifz le lyeu de la natiuite de nostre seigneur, il vouloit sauoir des roys le temps de sa natiuite, affin que silz ne retournoyent a luy, peust fayre occire nostre seigne̅ par la cognoissance du lieu et du temps. Et pource quil estoit estrangier, ne se confioit pas aux iuifz, et ne leur voulut pas dire tout son p̃seil. Et enuoya ces roys n bethleem, en leur dysant par fainte et raison. Allez en bethleem, et demandes diligemment de lenfant nouuellement ne, affin que quãt retourneres me le dicies, a ce que puysse aller aussi le adourer. Selon crisostome. Il promectoyt deuocion, mais en ce acuyoit son glayue. et d la coulcur de humilite, peignoyt la malice de son cueur. La coustume des mauluais est telle, que quant ilz veulent occultement nuyre a aultruy, premier luy monstrent signe damine, et de humilite. Et selon rabane herode feynst tant de visaige que de parolle, quil vouloyt adourer celuy que par mauluaise cogitacion pensoyt tuer. Et le faysoyt affin que les roys retournassent plus voulẽtiers a luy, et affin que les iuifz desquelz il deuoyt estre roy, tellement ne le muffassent, q̃l ne le peust trouver. Leq̃l herode signiffie to⁹ ypocrites, lesquelz ne pouuẽt iamais trouuer dieu, car ilz le querent fictement, et en dolosite. Et ainsi que herode soubz vmbre de bien vouloyt occire nostre seigneur ihesucrist, aussi les ypocrites, entant que en eulx est, le occient et le tuent, ainsi que dit lapostre, encores en eulx mesmes, les ypocrites crucifient le filz de dieu. Car comme dit saint gregoire sainctete simulee est double iniquite. Et selon crisostome, ceulx qui indignement vsent le saint sacrement de lautel, sont semblables a herode. Ilz feignent ladourer, et de tãt que est en eulx le tuent, ainsi que dit lapostre. Qui mẽge et boyt indignemẽt, le corps de dieu, et le sang precieux se dampne. Et quãt les roys eurent ouy herode, se departirent de luy, en nul mal pensans, et alloyent vers bethleem, ainsi quilz auoyent este enseignes par la pphecie. Et quant ilz furent hors de iherusalem, lestoille qui se estoit disparue deulx, derechief leur apparut, car en laissant le conseil humain, recouurerent le diuin, et alloit deuant eulx et le² monstroit la voye, iusques a ce quelle vit sur le lieu ou estoyt lenfant, et se tenoyt en laer sur le chief de lenfant, comme se elle disoit. Icy est celuy qui est ne, lequel ie tesmoigne estre roy. Et pource q̃lle ne le pouoit dire de parolle, le demonstroyt en soy arrestãt. Et descendirent ces roys, en grãde ioye, iusques au lieu ou estoit nostre seigneur. Il y a icy difficulte, cestassauoir se ces roys, estans en orient, virẽt ceste estoille en orient, et les mena en la terre de iudee ou se la virent sur la terre de iudee comme inimobile. La commune oppinion des docteurs, et ainsi le sent crisostome est, q̃ ceste estoille peust naistre en oriẽt, et les mener en les precedant iusques en iudee. Touteffoys il semble a fulgence, que premierement ilz la virent immobile, sur la terre de iudee, et leur donnoit signe de venir en ceste terre, et vindrent en iherusalem, qui estoit cite royalle et le chief d̃ toute celle terre. Et les roys entrerent en la maison, cest a dire on diuers oyre, et trouuerent lenfant auec marie sa mere, par aduenture se seant

et a celle heure le tenant sur ses genoulx, et furent moult ioyeulx. Crisostome. Pource, ces roys sont faitz ioyeulx, car ilz auoyent trouue ce q̃ longuement auoyẽt queru et desire. Et aussi estoyent messagiers de verite, et nestoyent pas venus sans cause de loing pays. O que marie est heureuse. Ihesus nest point ne sans marie, car elle estoit ministre de son incarnaciõ. Aussi ihesus nest point trouue sans marie, car cestoyt celle qui le nourrissoit, et ne fut point crucifie sans marie, car elle estoit compaygne de sa passion. Selon crisostome, nulle mencion est faicte de ioseph, car on ne parle point des choses qui appartiennent au nourrissement de lenfant. Ou selon hylaire et rabane, par la diuine dispẽsaciõ peut estre fait, que a celle heure il estoit absent, affin que ces roys ne le pensassent estre pere de lenfant, et neussent occasion de penser quil ne fust pas dieu, auquel estoyent venus offrir leurs premisses. Eulx doncq̃s entres et prosternes, tant de cueur, que de corps, humblemẽt flechissent les genoulx deuant lenfant ihesus, adourent le verbe de dieu, en corps le honnourent, comme roy, et adourent cõme dieu. Par quoy appert quilz heurent cognoissance de sa diuinite, par diuine inspiracion, car il nest pas a pẽser, que eulx voyans lenfant enueloppe de pouures drapeaulx, estant ou giron de sa pouure mere, non ayãt aulcun signe de dignite royalle, luy eussent fait si grande reuerence, se ilz ne ussent cogneu en luy aulcune chose dessus nature. Sainct bernard. Les roys adourent et offrent dons a celluy qui est encores a la mamelle de sa mere. Mais o vous roys dictes, ou est le vestemẽt de pourpre de ce roy. Ce sont ses drappeaulx, desquelz est enueloppe. Se il est roy, ou est son dyademe. Certes vo⁹ le voyes, ou dyademe vray, duquel sa mere la couronne, cest le sac de nostre mortalite. De quoy il dist en sa resurrection. Lõscidisti saccum meum. O vous estrangiers dont vous vient que adoures ihesucrist. Nous ne trouuons point telle foy en ysrael. Vous nestes point scandalizes, de la pource habitacio et estable/ou est loge cest enfant/ne de la creche pouure la ou est couche/ne de la presence de sa pouure mere/q̃ vo⁹ voyes q̃ a alaicte ce petit enfant. Que faictes vous roys/que faictes vous/adoures vous vng petit enfant que sa mere alaicte en vng pouure lieu/enueloppe de petis drappeaulx. Penses vous que cestuy enfant soit dieu. Certes il est dieu en son sainct temple/et son siege est on ciel/et vo⁹ le queres en vng vil estable/estant on gyron de sa mere. Que faictes vous quant luy offres or/il semble quil soit roy. Mais ou est sa salle royalle/ou est son trosne/ou sont les segneurs qui frequentent sa court et sa maison Uous semble il que lestable soyt sa salle/la creche soit son trosne/et ioseph et marie soyent les seigneurs et les courtizans de sa court. Coment sont faitz ces saiges roys come folz Las ilz adourent vng poure enfant/duq̃l on ne tient coptetant/po⁹ son eage/q̃ pour la pourete de ses parens. Ilz se sont faitz folz/affin quilz fussent saiges ainsi que les auoyt enseigne le sainct esperit. Et lapostre dit. A celluy qui veult estre sayge/fault premier estre foul affin que apres soyt saige. Ne deuoyt on pas craindre mes freres dit sainct bernard que ces roys ne fussent scādalizes/que on se fust mocque deulx/quant ilz voyent telle pourete/et choses a estat royal indignez en cest enfant. On les enuoye de la cite royalle ou ilz pensoient estre ne celuy quilz queroyent/en bethleem petite cite Et quant y furent/entrerent dedans vng estable/et trouuerent vng petit enfant enueloppe de drappeaulx/et se prosternerent deuant luy en le adourant comme dieu/ et en le honnourant comme roy. Lestable ne leur est point en horreur/et ne sont point offenses a cause des petis drappeaulx/ne scandalizes par lenfance de lenfant/que on a laictoyt Certainement celluy qui les auoit amenez/et les auoit enseignes les admonestoyt/par lestoylle de dehors/et les enseignoit en secret de leur cueur par diuine inspiracion. Augustin. Lenfant nouueau ne/estoit colloque en la creche/en vng petit corps/et contēptible par pouurete/mais certes aulcunes choses grandes estoyent mussees en luy/qui le monstroyent a ces roys estre dieu Crisostome. Et intrantes domum inuenerunt puerum cum maria matre etus. Ces roys entrans en la mayson trouuerent lenfant auec marie sa mere. Je oy sa mere combien quelle mestoit pas couronnee/de dyademe resplendissant/ne couchee en lict pare. aincoys a grant peyne auoyt vne robbe/non pas pour parer son corps/mais pour couurir sa nudite. Je te demande quelz paremens et vestemēs pouoyt auoir lespouse dung charpētier/estāt hors de son pays. Donc si ces troys roys fussent venus querir vng roy terrie ilz eussent heu plus de cōfusion que de ioye/po ce que sans cause eussent faict tant de chemin/mais pource quilz queroyēt le roy celeste/combien que en luy ne veissent de yeulx corporelz aulcun signe royal/toutesfoys estoient contens et ioyeulx seulement du tesmoignayge de lestoille/et le sainct esperit monstroyt en leur cueur que cest enfant estoit terrible et a craindre. Leon pape. Non sans cause ces troys roys lesqls la nouuelle estoille menoyt adourer lenfāt ne trouueret pas lenfant mōstrant sa puissance de commander aux dyables de resusciter les mors/de donner aux muetz parler/veue aux aueugles/aux boeteur cheminer/et de pouuoir faire aultres grans diuines vertus/mays le trouuerent enfant sans voix/paisible/constitue soubz la solicitude de sa mere/sans aulcun signe de regalite/leur monstrant miracle/et exemple de parfaicte humilite/car toute la vie que lēfant a mene en ce monde/na este que toute humilite et toute pacience et benignite/par lesquelles il a suppedite lēnemy/et le monde. Tous les iours de sa vie ont estez auec persecucion/et tribulacion/ne luy estant enfant deffaillit la memoyre/langoisse et la douleur de sa passion/ne luy estant hōme parfait deffaillit lumilite/et la doulceur de son enfance. Realemēt toute la perfection de sapience crestienne/nest pas en facunde de beau parler/non en cautelle et curiosite de disputer/nō a desirer hōneur et gloire. mais en vraye et voulentaire humilite/laquelle nostre seigneur ihūcrist des le ventre de sa mere iusques au tourment de la croix pour toute force/puissance/et seigneurie/a esleu et presche. Et pource affin que tu puisses le mōde et le dyable vaincre a lexēple de nostre seigneur/esforce toy de toute ta puissance garder la vertu de humilite et de paciēce/car quant tu seras garny d ces deux vertus/tu pourras de legier suppediter tous les ennemis/tant visibles que inuisibles. Et quant les roys heurent trouue lenfant ouurirēt leurs tresors/par quoy moralement sommes enseignes/que en la voye ne on chemin/ne deuons ouurir noz tresors/iusques a ce que les ennemys soyent passez et que soyons auec dieu. Et obtulerunt ei. Et offrirent chescun deulx a lenfant ihesus/or/encens/τ mirre. La coustume des anciens estoit/que nul deuoyt aller a dieu ne au roy vuyde/ql ne portast aulcun present. Or les arabes qui habondent en or/et en aultre maniere de diuers oignemens/ont de coustume de offrir telz presens. et pource ces roys qui estoient de celluy pays/offrirēt telles choses a nostre seigneur. Et combien que en leur offrande declairassent la coustume de leu pays/touteffoys tout fut fait par diuine inspiraciō fin que par ce demonstrassent aulcun mistere/et cōfessassent la vraye foy/par dōs mistiques/en adourant la saincte trinite en la personne de nostre seigneur/en signifiant quil estoyt dieu et hōme mortel/en hōnourant en luy la puissance et mageste diuine/et humaine mortalite/car ces roys choses cogneurent ces troys roys/estre en nostre seigneur ihesucrist/cōme il appert quāt ilz dirēt Ubi ē q natus est Ou est celuy q est ne. Veez cy lumanite. Rex iudeoru/roy des iuifs/quant a la puissance royalle. Venimus adorare eū. Nous sommes venus pour le adourer/quāt a sa diuinite. Par lor qlz offrirent/est signiffiee la puissance royalle laquelle estoit en nrē seigneur. car lor pour sa noblesse et pciosite est don royal/et pource en ce faisant ilz monstroyēt/q cest enfāt estoit roy. et que telle chose luy appertenoyt Aussi par lencens/est signiffiee la diuine mageste/lequel encens len offre a dieu en sacrifice/et par ceilz demonstroyent/q cest enfant estoit dieu. Aussi encens/estoit oblacion/que deuoyēt faire les prestres/et cest enfant estoyt prestre/auql oncqs prestre ne fut esgal Aussi par la mirre est signiffiee lumaine mortalite/de laqlle mirre on a dcoustume de oīgdre les corps des mors/nostre seigneur q estoit roy et prestre/voulut mourir pour le salut de tout le monde. Augustin. On luy offre or cōme au grant roy. encens/cōme a dieu/et mirre pour demonstrer q pour tous deuoit mourir Selon saint remy/ces roys ne offrirēt pas lung or/lautre encens/et lautre mirre/mais chescū offrit de tous les troys/et ainsi chescun par ces trois dōs/le pfessoiēt roy/dieu/et hōme/et semblablemēt il cōuenoit a la signification et au mistere. car vng chescun crestien est tenu cōfesser ces troys choses/estre en nrē seigneur ihesucrist. et aussi doyt auoyr foy ētiere de la indiuisee trinite. En oultre celuy qui desire veoir dieu/se doyt garder de mauluaises cogitacions/locucions operacions auec sa memoire et entendemēt/lesqlles il doyt occuper en bōnes et saintes opacions. Nous auons selon sainct hylaire en ces trois significaciōs grāde cognoissance des sacremēs/car entant q lenfant est hōme auōs demōstrāce de sa mort entant ql est dieu/de sa resurrection. entant ql est roy de son iugemēt. Selon sainct bernard/ilz offrirēt or/pour la substētacion de lenfant/et pour aider a la poure mere/encēs q est de bon odeur/ptre la puanteur du vil estable/et mirre/qui est bon oignemēt pour enforcer les tendres membres du petit enfant Et dit derechief. Nous offrons or a nrē saulueur/quāt pour lamour de luy laissōs ētre reint la substāce d ce mōde Et pour ce q il est necessite que ceulx qui ont laisse les biens du monde, desirent de tout leur cueur les biens celestes. et couuient quilz offrēt encens qui est bonne odeur et bon renom. et deuote oraison. car par lencens sont signifiees les oraisons des sainctz. Et ne souffist pas de contēpner le mōde, mais fault chastier sō corps, et le faire subiect a lesperit q̄ est signifie par le mirre. Et quāt oray son ha ces deux esles, cest contempnement du mōde, et afflictiō corporelle. il nest poīt a doubter, quelle ne penetre le ciel, et q̄ne soit presentee et offerte, comme lencēs deuant dieu. Doncques ainsi que nous offrons a dieu ce q̄ est sien, qui est vraye foy laquelle il nous a donne, par laquelle no⁹ le croyons estre dieu et homme, offrōs luy aussi ce qui est nostre, et q̄l nous a donne, cestassauoir lor nostre ame, qui est la plus noble de toutes creatures, laq̄lle est signifiee par lor. La mirre, cest nr̄e corps faict amer par penitence, encens cest saincte cōuersacion dame, et de corps, car ainsi que lencens ne sent point bon se il nest mys on feu, aussi nostre cōuersacion, ne rend poīt bonne odeur a dieu, se elle nest passee par le feu de tribulacion. Et ces trops dons plaisent moult a dieu. Les roys offrirent a nostre seigneur, de trops substāces, cest assauoir de la corporelle, car ilz se prōsternerent deuant luy, de la spirituelle, car ilz ladourerēt, et de la tēporelle, car ilz luy dōnerent de leurs biens. et autre chose na hōme, si non son corps, son ame, et les biens tēporelz. Moralement leglise a or en pfecte science, et doctrine et droyete foy, encens en deuote oraison, en bonne et saincte cogitacion, et bien redolēt a dieu, par droicte cōuersacion, mirre en amertume de penitēce, et mortificatiō dē chair et bōne operacion. Les docteurs offrent lor, les martirs, et les confesseurs lencēs, la mirre, les pecheurs soy repētans. Toute oblaciō et offrende, est cōtenue en ces trois dōs Les roys doncq̄s offrirēt a ihesucrist oblaciōs par lesquelles sont signifieez, et la verite de la foy, et toute la perfeccion et discipline de leglise. Aussi nous deuons offrir a nostre

seigneur, lor damo⁷, car pour nostre salut il a souffert la peine de sa passiō et le mirre de compassion, par la recordacion de sa douloureuse mort, et lencēs de deuote louenge et oraison. Aussi nous luy deuōs offrir, foy, esperance, et charite. lesquelles doit auoir cheschū q̄ le veult adourer Les trois roys furēt pfigures par les trois robustez et fors q̄ apporterēt au roy dauid de leaue de la cisterne d bethleē, et ne craignerent point lost de leurs ennemis, mais passerent par dedans virilement, et puisereut de leaue. Aussi ces trois roys ne craygnoyent poīt la puissance de herode, et entrerent hardiemēt en la terre de iudee, et interroguerēt du nouueau roy ne Et a la facon q̄ ces trois fors allerent iusq̄s en bethleem pour auoir de leaue de la cisterne terrestre, aussi ces trois rois vindrēt en bethleem po⁷ auoir leaue de la grace eternelle, laq̄lle ilz puiserēt a la fontaine du bouteiller celeste. Ceste cisterne q̄ estoit en bethleem, figuroit q̄ deuoit naistre en bethleē le bouteiller celeste, q̄ dōroit leaue de grace et de vie, a to⁹ ceulx q̄ auroient soif, et q̄ la demāderoiēt La figure de ce nouueau roy, et de ceste offrende fut demōstree par auant ou regne de salomō, leq̄l residoit en vng trosne fait de yuoyre tresblanc, lequel trosne estoit vestu, et couuert tout dor trespur. Tous les roys de la terre desiroiēt veoir la face de salomon, et luy apportoyent dons trespcieux, ōme apert en la royne de sabba, q̄ luy offrit tant et de si grans dōs q̄ par auāt nauoiēt point este veuz en iherusalē La benoiste vierge marie, est le trosne de salomō, en laq̄lle reside et demeure nr̄e seigneur, q̄ est la vraye sapiēce Le trosne est fait de yuoyre tresblāc, et de pur or Lyuoyre p sa blancheur et froideur, signifie la chasteté et purte virginale. Et quāt lyuoire est vieil, il se retourne en rougeur, et longue chastete, est reputee po⁷ martire Aussi lor po⁷ ce que en valeur il pcede to⁹ autres metaulx signiffie charite q̄ est mere de toutes vertus Ainsi la vierge est comparee a lor, pour sa tresparfaycte charite. Et bien conuenablement, charite est conioincte a virginite. car deuant dieu virginite nest riens/sans charite. Le trosne de salomō estoit hault de six degrez/et marie est esleuee/et excelle les six estas des sainctz/cestassauoir des patriarches prophettes/apostres/martirs/confesseurs/et vierges. Et sur les six degrez auoyt douze petis lyons/qui paroyent ce trosne. car les douze appostres ministroyent a marie/comme a la royne du ciel/et aussy douze patriarches estoyent ses parens/et progeniteurs. Le dessus du trosne estoyt tout rond/car marie estoit toute necte sans soilleure. Deux mains tenoyēt la chaire de cestuy trosne de deux parties. car le pere celeste et le benoist saint esperit tenoiēt par grace/la mere du filz de dieu sans se separer d'elle. Apres q ces troys roys eurent reueramment adoure nostre seigneur/deuotement bayserent ses piedz/en receuant de luy la benedictiō/ et en grāde ioye se departirent. Et ainsi quilz deliberoyent/par qlle voye retourneroyent/heurent responce de lange en leur dormyr/de non retourner a herode/car il nest pas cōuenable/apres la verite cogneue. de retourner a erreur. Aussi par cecy sommes informes de tousiours euiter la compaignie des mauluais. Seneq Soy seper derrē/ et de faulce doctrine tātost q on a pgneu la verite/nest pas inconstance/ne legerete/et muer raisonnablement conseil nest pas mal. Et po' ce ces roys demandoyent a dieu en leur conscience sa voulente/ainsi que nous auons que moyse de cue' crioit a dieu/et de parole ne disoyt rien. Ilz parloyent a dieu par affection se cestoit sa voulente/quilz retournassent a herode/et desseruirent a auoir respōce interiore/faicte par le seruice angelique et descendirent en tharsis/et vindrent par mer iusques ou royaulme de silicie/et ainsi retourneret en leur pais par aultre voye. Car selon sainct iherosme/ilz ne deuoyēt pas estre meslez en linfidelite des iuifz. Et comme len dit pour ceste cause/le roy herode courrouce/fit brusler toutes les nefz de tharsis/selō que auoit dit le prophette dauid. In spiritu vehemēti/conteres naues tharsis. Tu destruiras/o herodez les nefs de tharse/en ton esperit furieux. Crisostome. Regarde la foy de ces troys roys/et cōme ilz ne sont pas scandalizes en disant. Se cest enfant est grant/et puissant/quelle necessite est il de fuyr/et retourner occultement. Certes cest signe de grant foy/de non querir les causes de ce q est iustemēt et veritablement commande. mais y soubmectre simplemēt sa voulente. Nous sōmes ycy admonnestes mectre tout nōstre salut/ et nostre esperance/en nostre seigneu' et de venir deuotement a luy/et entendre a tout ce quil commande. et nous garder de retourner au chemin que nous tenions auant que nous venissions a luy. Augustin. Nous ne deuons mye retourner p la voye par laquelle sōmes venus/ne repeter les trasses de nostre premiere conuersacion/car si la voye est muee. aussy doyt estre la vie. Et gregoire. Les roys. en ce quilz retourneret en leur pays par aultre voye qlz ne sout venus. nous enseignent aulcune grand chose. cest que nostre pays est paradis. auquel apres la cognoissance de Jhesus. nous est deffendu y retourner. par la voye. par laquelle nous sommes venus. Nous sommes departis de nostre pais p orgueil. et in obedience. en ensuyuant les choses visibles. et en goustāt la viāde deffendue. Et est necessayre y retourner. par pleurs. obediences. contempnemens des choses visibles. et en refrenāt lappetit sensual et charnel. Quant ces roys furēt retournes en leurs pays. ilz honnourerēt et glorifierent dieu plus que par auant. et informerent et enseignerent plusieurs de la foy catholique. Diteusement on peut croire que la vierge glorieuse. se donnoyt grāde ioye quāt elle veoyt son enfant nouuellement enfante. estre adoure cōme dieu. et honnoure cōme roy. Ø que en grande sollicitude le gouuernoit. Ø en quelle reueran ce et saincte crainte traictoit celluy quelle cognoissoit estre dieu. et son filz selon humanite. Ø quelle lalaictoit voulentiers. Ø en quelle ioyeusete. confiance. et auctorite maternelle. le accolloit. et lestreignoit doul cement entre ses bras. O en quelle maturite elle le baisoyt, et que souuent curieusement et prudentement ses doulx et tendres membres enuelopoyt en petis drappeaulx car ainsi quelle estoit treshumble, aussi elle estoit tresprudente. Et pource en toutes chosez soigneusemēt elle luy administroyt non seulement en son enfance, mais aussy quand il fut grant et luy veillant et dormāt. Monseigneur sainct augustin en parlant doulcement a elle dit en ceste maniere. O mere alaicte ihesucrist ton filz et seigr, alaicte le pain descendu du ciel, alaicte celuy q̄ ta fait telle, affin que en toy fust fait tel, lequel en sa cōcepcion ta aporte le don de fecondite, et ne ta point oste en sa natiuite le don de virginite. Anselme. Il est chose veritable et le doys penser, que quand ceste vierge veoyt ce petit enfant entre ses bras pendre entre ses doulces mamelles et plourer ainsi que font petis enfans de grāt affection pouuoyt estre meu son doulx couraige, et de grant soing son corps treschaste estoit prest de luy secourir en toutes ses necessites. Aussi saint bernard raconte du saint hōme ioseph, que souuēt quand il tenoyt lenfant ihesus sur ses genoulx, le petit luy faisoit chiere et luy ryoyt. Et pource chescune ame deuote, et plᵉ encores la me religieuse, deuroit au moins chescū ioᵉ vne foys, despuis le iour de sa natiuite iusques a la purificacion visiter lenfant et sa mere estans en ceste creche et diuersoire, ⁊ contempler affectueusement leur pourete affliction et humilite. Et a lexemple que le filz de dieu a par plusieurs iours en cest estable et diuersoyre demoure pacientemēt, ne nous deuroit pas estre grief de demourer pour son amour on cloistre et religion, ou aussi en nostre secret et oratoyre. As tu veu donc quantes choses nouuelles ont este faictes a la natiuite de nostre seignr, lesquelles le prouuent estre vray filz de dieu. Crisostome Toutes choses nouuelles et dignes de grande admiracion, sont faictes en la natiuite du filz de dieu. Premierement lange parle a zacharie on temple, et luy promect q̄ helizabeth sa femme aura

vng filz. Il ne creut pas a lāge et fut muet La sterile et aussy la vierge cōceupt. Iehā on ventre de sa mere se esiouyst La vierge enfanta. La natiuite de ihesucrist est anoncee aux pastoureaux, et que le nẽ est sauueur du mōde. Grant lyesse est faicte, on ciel des anges et en terre. Lestoille, cest le nouuel signe du ciel, est demōstre aux roys par laquelle est congneu, que le dieu du ciel de la terre et des iuifz est ne. Et combien q̄ ceste benoyste mere fust au iourduy enrichee et honnouree par dons singulieremēt par lorsque ces troys roys luy donnerent, touteffois on peut piteusement croire quelle estoyt amoureuse de vraye pouurete, et entendant la voulente de son filz, pou de temps apres donna lor aux poures, ⁊ pource quād lossroit on temple elle nauoit pas argent pour acheter vng aigneau, mais fit de tourtourelles ou colombes son oblacion. Regarde en deux choses la noble pouurete. Premieremēt ihesucrist au iourduy et sa mere receurent come poures laumosne. Secondement la dame tout donna, car non seulement elle ne mectoyt point sa cure de acquerir biens tēporelz, mais ne vouloit retenir ce que on donnoyt a son filz, et ainsi le desir de pouurete croissoit en elle et la parfondite de humilite, se monstroit en son filz, laquelle oncques ne voulut laisser Aulcuns se reputent vilz et abiectz en eulx mesmes, mais ne veulent pas que les aultres sentēt ainsi deulx. Leufant ihesu seigneur de toutes choses na pas voulu ainsi faire, aincoys a voulu q̄ les aultres ayent eu de son abiection cognoissance, et non seulemēt les petis, mais aussi les roys, et ceulx qui estoyent en leur compaygnye, et mesme on temps onql on deuoit bien craidre Ilz venoyēt de la subuersion de la foy querir le roy des iuifz, lequel croyoient estre dieu. Or en voyant telles choses, et si viles enuers luy, pouoyent doubter quilz ne fussent deceuz et ainsi se retourner sans aulcune deuocion et foy Et non obstant ce lamoureur de humilite ne la point delaisse pour quelcōques choses, en nous donnāt exemple, que ne la deuons iamais laysser

g i

soubz espece daulcun bien apparēt, et aussi que aprenons vouloyr apparoystre deuant les aultres vilz et abiectz, quelque bien qui soit en nous.

Oraison.

Bon ihesus ne de la vierge, qui te es voulu reueler aux roys par la conduycte de lestoylle, lesquelz tu feis retourner en leur pays par aultre voie Je te prie misericors ihesus, que tu enlumines les tenebres de ma conscience, de la lumiere de ta grace, et me donne par ta ioyeuse apparicion, pleyne cognoyssance de toy et de moy, affin que ie te trouue dedās mon cueur, et te voye, et que offre a ta mageste la mirre de compunction internelle, encens doraison deuote, et or de dilection piteuse. Et moy qui me suys departy par la voye de tenebres, et de coulpe du pays de la felicite souueraine, fais retourner en icelle, par la voye de verite et de grace, et que soyes seulement mon ducteur Amen.

Comme lenfant ihesus fut presente on temple chapitre .xii.

Se approuchant le quarantiesme iour de la natiuite de nre seigr lequel selon la loy estoyt le tēps de la purificacion et de purgacion de pechie, la vierge yssit de lestable auec ioseph et lenfant pour acomplir la loy combien que en elle ny eust riens a purger car elle auoyt conceu sans peche. En la circoncision, lenfant estoit purge de la coulpe originelle, laquelle il auoyt contraict de ses parens, et en la purificacion estoyt purgee la mere du pechie, quelle auoyt conceu en plaisance charnelle, mais riēs ny auoit de ces choses, ne en lenfant ihesus, ne en la vierge sa mere. Et tulerūt puerū. Et porterēt lenfant ia circōcis, de bethleē en iherusalem, affin q̄ selō la loy, loffrissent a dieu on tēple, et dōnassent lostie ordōnee selon la loy pour luy. Pourquoy est assauoir que en la loy il y auoyt double commandement des enfans nez. Lung estoit general quant a tous, cest assauoyr que quand le temps de la purgacion de la mere seroyt acomply, les parens deuoyent porter lenfāt au temple, et deuoyent offrir poᵘ eulx, les riches vng aigneau dung an, les poures vne payre de tourtourelles, ou deux ieunes poulcins d̄ colombz en sacrifice, mais la loy de la purificacion estoit, que toute fēme laquelle par semence domme auroit enfante enfant masle, fust immunde par sept iours, et separee de la compaignye de tout homme, et indigne de entrer on temple, et de toucher les choses sacrees, et le huytiesme iour apres la natiuite, lenfant seroit circoncis, et la mere seroit rendue necte et cōuenable pour demourer en la compaignye des hommes, mais encores elle deuoit demourer immunde iusques a trente et troys iours quant au regart de entrer on temple et de toucher les choses sacrees, et tout cel luy temps ne deuoyt yssir de sa mayson. Mays les trente et troys iours auec les sept precedans acomplyz, et le quarantiesme venu, elle deuoyt entrer on temple, et porter son enfant, et le presenter a nostre seigneur, en offrant pour soy et pour len fant sacrifices ainsy comme est dit dessus. Et se elle auoyt faict vne fille, les iours se doubloyent, quant a la compaygnye des hommes, et quant a lentree du temple. Lautre commandement estoyt special des premiers engēdres, tant des creatures raisonnables que des bestes, car despuis le temps que dieu fit mourir les premiers enfans des egiptiens, en deliurāt, et en saul uant les enfans disrael, il commanda que tous les premiers nez des enfans disrael luy fussent offers. Et ainsi comme il voulut que les premiers fruyctz de la terre luy fussent offers, ainsi les pmiers nez des bestes mūdes, et les pmiers des imūdes, vouloyt estre tuees ou chāgees. Et si pour mōstrer que nous luy deuōs offrir toutes choses qui sont en nous, premieres et tresgrādes, meilleures et plus chieres. Au pere de toute humilite, ne souffit pas, se soubz mectre a dieu son pere, auquel il est esgal, mais aussi se soubzmectre a lumble vierge et a la loy. Et cecy pour plusieurs raisons. Premierement, pour approuuer la loy. Secondement, affin que en la gardant, la consommast et terminast. Tiercemēt, pour oster aux iuifz occasiō de murmurer. Quarement, a ce quil nous deliurast de la seruitude et charge de pechie. Quintement pour nous dōner exemple de humilite et de obedience. Aussi non obstant que la vierge ne fust subgecte a la loy des femmes, car elle ne conceupt pas en leur faicon, mays par vertus du sainct esperit, touteffoys pour plusieurs raisōs elle se soubzmist a la loy. La premiere, a ce quelle ne mesprisast les femmes, mais a elles se conformast ainsy que son filz a voulu estre cōforme aux aultres hommes. Et de ce dit sainct bernard. O benoiste vierge veritablemēt tu nas poit cause ne necessite destre purgee ainsi q ton filz ne auoit besoing destre circōcis. Mais tu te fais semblable aux femmes, et cōme vne dicelles, car ton filz veult estre entre les aultres enfans cōme vng deulx. La seconde, a ce que ainsi que son filz se soubzmec toit a la loy pour nous deslier du lien de la loy, ainsy elle pour nous si soubzmectoyt. La tierce pour euiter scandale et murmuracion qui fust venue entre les iuifz, en disant quelle nauoyt point este purgee. La quarte, pour terminer la loy de la purificacion ainsi que son filz. La quinte, pour nous mōstrer exemple de parfaicte humilite, laquelle, elle ne pouoit enseigner publicquement par parole pour cause de la fragilite de fēme. Donicqs marie et ioseph ont porte le seigneur du temple, cest ihesus enfant ou temple. Et combien quilz craignissent herode, lequel actendoit parauenture encore la responce des roys, touteffoys ilz ne oserent pas trespasser la loy, enquoy nous est demonstre que pour nulle krainte et paour ne deuons violer ne trespasser les commādemens de dieu. Et quand ilz entrerēt on temple, achaterent deux tourtourelles, ou deux poulcins de colombes, et les offrirēt pour luy cōme estoit coustume doffrir pour les pouures. Et pource quilz estoyent trespoures, nous deuons mieulx croyre quilz achaterent deux petites colombes, car on les trouue plus legierement et pour moindre prix, et a cause de ce en la loy ilz sōt mis on dernier lieu. Et leuangeliste se taist de laigneau, car cestoit loffrande des riches cōme est dit dessus. Et ainsi le seigneur cōbien quil fust riche, voulut que len dōnast pour soy loffrande des poures, affin quil nous fist riches par sa pouurete en ce monde de foy, et heritiers on royaulme du ciel Certes ainsi quil a voulu prendre nostre mortalite pour nous donner immortalite, ainsi a voulu prendre nostre pouurete, pour nous donner et eslargir ses richesses eternelles. Et pource ressemblons nostre seigneur et aymons voulentaire pouurete, et soyons contens dauoir nostre vie ̅ nostre vestemēt. La cause pour quoy on ne deuoit poit offrir toutes colombes en general cōme les tourtorelles, mais seulemēt les poulcins de colombes declaire sainct bernard. et dit Combien que le saint esperit soit demonstre et signifie par la colombe, touteffoys, car elle est oiseau libidineux, na poit

g ii

este conuenable destre offerte ou sacrifice de nostre seigneur, si non en eage immune et pur de toute libidinosite. Mais en quel eage on deust offrir la tourtorelle nestoyt point ordonne en la loy, ne en leuangille, car elle est chaste, en tout eage. et aussy est contête de ung seul masle, lequel perdu ia mais nen recoyt aultre, en reprenāt les hōmes qui ne sont pas contens de fayre vne foys nopces. et nous monstrant exemple conuenable de garder lestat et loeuure de saincte vesuete. Quād elle est seule et vesne tousiours ploure, et se tiēt sur le hault des montaignes et des arbres, et non iamais en lieux verdoyans, pour nous aprēdre de fuyr les verdures venimeuses des plaisances du monde, et que desprisons les choses basses et terriennes. Lesquelles deux choses sont conuenables a ceulx qui ont voulente et propos de garder saincte chastete. Et symeon renomme entre les prestres de la loy qui estoit iuste, en faisant bien, et craintif en se gardant de mal et de peschie. Ou estoyt iuste, au regart de son proyme, et craintif quant a dieu, car difficilement iustice se peut garder sans la crainte de dieu chaste et filiale. La craincte de nostre seigneur, est la garde des aultres vertus, et de tant que le iuste se garde dof fenser dieu, de tant il layme plus ardentement. et la vertu de iustice acompaigne les oeuures de ceulx qui sont enlumines de la craincte de dieu. tesmoygnant le psalmiste qui dit. Bien eure est lomme qui craint nostre seig*, car il a grant voulente de garder ses cōmandemens. Et aussi salomon dit, q̄ celluy qui craint dieu ne desprise et ne oublie rien. Symeō dōc estoit bien iuste, et droictement se auoit a son proyme, car non seulement ne desiroyt pas son propre salut. mais aussi celluy de tout le monde, et actendoyt la consolation du peuple disrael. en grant desir et esperance du bien qui luy estoit promys, cest la venue de nostre seign en chair humaine. Les imparfaictz et moindres de vertus en celle loy, actendoyent la consolacion temporelle, et estre deliures a laduenement du sauueur de lopression q̄ leur faisoyt herode. Mais les sainctz peres replis de douleur et de tristesse pour le pechie originel, croyoient fermement estre consoles par son incarnacion. Et ceste consolacion actendoit symeon qui est interprete obedient, duqʼl leage meur et ancien par force tyssir de ce monde, mais par grant desir de veoir nostre seigneur demouroyt en vie. Et le sainct esperit par presence du souuerayn bien estoyt en luy. quant a plenitude de grace, car symeon non seulement eut grace iustifiante, comme communement ont les aultres iustes, mays aussi quant a speciales illuminacions et cōsolacions diuines. Et leuangeliste voulant dire de symeon que le sainct esperit estoit en luy. deuant dit quil estoit iuste et craintif, car dieu habite es cueurs de ceulx qui le craignent et gardent iustice. Pour laquelle chose il interrogue par le prophette, sur lequel reposera son esperit, si non sur lumble et paysible et qui crainct, et reuere ses parolles. Et symeon auoyt receu response en sēs orayons deuotes en son ame. et infalliblement par secrete inspiracion du sainct esperit qui habitoit en luy par grace. quil verroit le filz de dieu des yeulx corporels deuant quil mourust, leqʼl ia veoyt des yeulx spirituelz. Et par cecy appert clerement, q̄ deuant quil vist le filz de dieu en chair humayne, il auoyt pour le veoyr prie dieu, et esperoyt et actendoyt la consolacion disrael. Alors estoyt oppinion commune de tous ceulx qui entendoyent les escriptures que laduenement du filz de dieu sapprouchoit fort, selon les signes donnez des patriarches et prophettes. Et pour ce symeō de ce plus hardiement prioit dieu, et en le sperit, cest par reuelacion du sainct esperit qui estoit en luy vint au temple, affin que ainsi quil auoyt eu responce et promesse, veyst deuant quil mourust le crist du seygneur, cest celluy qui estoyt oingt de dieu le pere, par plenitude de grace. Peu

quel grant desir ce benoit ancien/lequel ia
leage parforcoyt saillir de ce monde/mais
la respõce de dieu le retenoyt estoyt embra
se veoir nr̄e seignr̄ Il desiroit ce. il traictoit
en son amee t pensoit tousiours en disant
Ie scay q̃l viendra Ie scay que ie le verre
Mais quãt viendra il/quant le verray ie
O seigneur ihesus/maintenant vien moy
deslier de ces liens. et me permetz aller en
paix. Et luy embrase de si grant desir/et di
sant en son ame ce q̃ est dit dessus. le sainct
esperit luy dist. veoy cy celuy que tu actens
Maintenant tu verras celuy que tu dema
des Lieue toy hastiuement/haste toy va
au temple. Et quant ardemment/et basti
uement/entroit on temple/et le veist incõti
nent le cogneut par lesperit de prophecye.
et en alant au deuant/fleschit les genoulx
en terre/et le adoura entre les bras de sa
mere/et tendit ses bras et dist a ses parẽs
donnes le moy/il mest deu/il appartient a
mon office. A ce ie suys enuoye. A ce serui
ce ie suys garde. La mere cognoyssant la
voulente de son filz/luy bailla entre ses
bras. et se resiouyssãt en grãt ioye de cuer̄
le receut/en lembrassant. et incontinent la
debilite de vieillesse le laissa. et fut muee et
chãgee en vigueur/et force de ieunesse Et
ainsi que dit le docteur grec La clarte de lẽ
fant indicible/illumina si parfaictement la
me de lancien symeõ/que de celle heure la
toutes choses aduenir luy estoyent notoy
res et manifestes. Donc se leuant de ge
noulx/portoyt celluy duquel il estoit porte
et celluy qui portoyt toutes choses par sa
polle tresvertueuse. Symeõ portoyt luma
nite de celluy de la diuinite/duquel il estoit
porte. Et de ce/a ceste feste leglise chante
Senex puerum portabat. Lancien portoyt
lenfant/et lenfant gouuernoit lancien. En
ce appert la grande puissance du seigneur
dieu/et sa grande humilite/Celluy lequel
le ciel et la terre ne peuuent comprendre/se
laisse porter entre les bras dung ancie͂. Il
nest point a doubter que le sainct homme
symeon neust moult grandes consolaciõs
quãt il tenoit ainsi le doulx ihesus/lequel
sainct homme beneist et loua dieu/en luy

rendant graces de si grãt benefice. Lestas
sauoir de lacomplissement de la promissiõ
et exhibicion de nostre salutacion. et de ce
quil veoyt des yeulx corporelz nostre re
dempteur. Et composa ce bel cantique en
disant. Nunc dimicttis domine. Ie te prie
sire que maintenant tu me laisses en paix
moy qui suys ton seruiteur/et que de ceste
vie transitoyre ie vaise au repos de mon
cueur/cest on limbe auec les sainctz peres.
Le bon homme auoyt grant ioye de desce͂
dre on limbe des peres/pource quil sauoit
que le sauluenr estoyt ne/qui les deuoyt
deliurer par sa passion. Mais comme͂t po
uoyt aller et mouryr cest bon homme en
paix/quant tous descendoyent es tene
bres denfer et du limbe. Saiches quil de
mandoyt la paix/et le repos du cueur/et
non pas la paix de la frupcion diuine/la
quelle estoyt differee iusques apres la pas
sion. Symeon estoyt bien parfayct qui a
uoyt la vie de ce monde en pacience/et la
mort en desir. Parquoy est a noter/que
les peres du vieil testament/en aulcunes
choses ont este aussi parfaitz que ceulx du
nouueau. Selon bede qui veult tenir ihe
sucrist/en ses mains et lembrasser/et estre
laisse en paix/se doit de tout son labour es
forcer/quil ait le sainct esperit por̄ meneur
et quil demeure en iherusalem/par conuer
sacion celeste et spirituelle/en soy tenã ton
temple/en souspirant/et en demandant
vne chose seule a dieu/cest quil demeure t
habite tousiours en la mayson de dieu/en
actendant de iour en iour lad uenement
de son seigneur. Et ainsi meritera de prendre
et auoyr le filz de dieu en ses mains/et lem
brasser en ses bras/par foy/esperance/ et
charite Celluy est moult heureur qui ses
tudie de veoir nostre seigneur ihesus des
yeulx de son cueur. car il sera laisse en paix
veu que en son cueur ha la vie et conuersa
cion de nostre seigneur/par meditaciõ qui
est la paix que nous actendons. Sainct ber
nard. Celluy est laysse en payx qui porte
ih̄u crist en son ame. Il est nr̄e paix O toy
poure ame maleureuse q̃l chemi tiẽdras tu
q̃ has ignorance de ih̄us   Moralement

g iii

par symeon qui est interprete obedient/est signifye le bon religieux qui demeure en iherusalē. Cesta a ouyr en paix interiore/ et exteriore. car il est iuste quant a son pro-chain/ et craintif quant a dieu/ actendāt la consolacion de israel/ q̄ est vision diuine. Israel vault autant a dire cōme voyāt dieu/ et le saint esperit habite en luy par le be-nefice de grace. Et a tel est donne ihūs a te-nir et a accoller/ crauec le bon symeon be-noist dieu/ et desire yssir de ce monde/ af-fin quil ayt pleine fruicion et vision de son createur. Moralemēt aussi en cestuy fait somes enseignes de plusieurs choses. Pre-mieremēt q̄ ihesucrist est pris par les bras cest par bōnes oeuures. Secondemēt que lancien soigneusemēt porte ihūcrist/ cest q̄ oustons de noz vieillesse de pechie/ et por-terons ihūs. Tiercemēt en ce q̄ celuy q̄ por-te toutes choses/ a voulu estre porte/ auōs exemple de humilite. Quartemēt/ en ce q̄ sy-meon leua dieu/ auons exēple de rēdre gra-ces a dieu de tous les biens q̄l nous dōne.

En ce cantique q̄ feist symeon/ nostre sei-gneur ihūs est cōmande et loue/ en quatre choses/ esquelles en brief est la pfectiō de tout le saint euangile. Il est nōme pmiere-ment paix/ car il est moyē entre dieu et hōe. En ce mot sont pprins les misteres de son incarnaciō. car il vnist lune et lautre nature en vng suppost/ en dōnāt paix a ceulx q̄ es-toyent loig/ et q̄ estoiēt pres en recōsiliant dieu a hōme. Il est secondemēt appelle lu-miere/ pource q̄l est le vray ducteur. En ce mot sont pprinses les misteres de sa pdica-cion/ puersaciō miracles/ et oeuures mer-ueilleuses. Ainsi q̄ luy mesme dit. Je suys la lumiere du mōde. Mais les misteres dē sa mort/ et passion/ z redēpcion sont pprins en ce tiers mot salutare/ qui vault autant a dire cōme saulue z redēpteur. Et les mi-steres q̄ regardent la resurrection et lascen-sion/ sont pprins sur ce quart mot/ gloria/ cest cōme remunerate. Et pource q̄ ce can-tique ainsi ptient toute plenitude de louā-ge et de pfolacion de ihūs/ et la psolacion du saint anciē q̄ vouloit mourir/ on le chā-te a la fin du ioz. cest assauoir a cōplie. Et

erat pater. Et estoit le bon hōme ioseph q̄ estoit appelle pere de ihūs/ pource quil le nourrissoit/ et sa vraye mere marie/ esmer-ueillez nō pas q̄lz en doubtassent. mais se esioissoiēt des choses que on disoit de len-fant ihesus/ lesquelles estoient dignes de grant admiraciō. Ambroise. Lincarnaci-on du filz de dieu/ ne fut pas seulement tes-moignee des anges/ prophetes et patriar-ches. mais auec ce des anciens iustes de lung et lautre sete. La vierge concept. La sterile enfante. Le muet parle. Helizabeth prophetise. Les roys le adourent. Lenfant on ventre de sa mere se esiouyst. La vesue le confesse/ et le iuste lactend. Et le bon hō-me symeon beneist ses parens. cest quil de-sira quilz eussent la benedictiō de dieu. Et combien que en saincteté fussent en plus grant degre que nestoit le bon hōme/ tou-teffoys il les precedoyt quant a loffice de prestre/ et selon la loy luy apptenoit dōner la benediction. Et combien que ioseph ne fust pas pere de nostre seigneur/ touteffoys il ne fut pas priue de la benediction. Et le saint hōme simeon cogneust par reuelaciō de celuy q̄l portoit en ses bras/ que cestuy enfant estoit seulement de la vierge/ et nō pas de ioseph. et pource a elle adroisse sa parolle/ et luy dist ce q̄ estoit auenir. Ecce positus est hic. Cest enfant par son auene-ment est ordonne z constitue de dieu pour abatre et confondre la ruyne des orgueil-leur/ esquelz il semble estre ferme et stable desquelz il dit. Se ie ne fusse venu au mō-de/ et neusse ple en redarguāt les pecheurs de leurs maulfaitz/ ilz neussent poīt de pe-chie. Et in resurrectionē/ et est venu pour la resurrection de plusieurs/ cest des hū-bles/ lesquelz par la foy quilz ont a dieu se relieuent de leur pechie. Et cōuenablemēt est dit en israel. car plusieurs iuifz cheu-rent par leur infidelite de la cognoisance d dieu/ et ainsi furent aueugles. Et in sig-num. Cest en signe de alience/ et de recon-siliacion/ entre dieu et homme. Cui con-tradicetur/ Auquel sera contredit. Pre-mierement des iuifz/ Secondement des payēs/ et puis des heretiques/ z de ceulx qui en luy ne croyent. Pourquoy selon origene est a noter, que en toutes les choses q̃ sont p̱ les crestiens racontees de nostre saulueur ihesus, les incredules et infideles ont trouue contradiction, desquelz il se plainct au psaultier en disant. Les mauluais tesmoing3 se sont esleues contre ma doctrine, mais en toutes leurs fallaces il3 ont este trouues menteurs. Aussi les mauuais crestiens luy contredient, en oeuures et en meurs mauluaises. Desquelz dit la postre, quilz p̱fessent dieu par parolle seulement, mais par oeuure le nyent. Vint donc le filz de dieu a aulcuns en ruyne, car il3 prenent occasion de pecher, en mal pensant des faict3 de ihesus. A aulcuns il est venu en resurrection, car il est cause de leur saulvement. Aussi il peut venir a vng mesme homme et en resurrection, et en ruyne, car iamais on ne peut construire ledifice des vertu3, se la ruyne des vices ne p̱cede deuant Sainct bernard. La vertu auec le vice, ne peut croistre. et a ce q̃ la vertu ayt vigueur en lame, on ne doit point laisser croistre le vice. Oste de ton ame les superfluites, et les choses salutaires y croistront On peut exposer ceste clause en aultre maniere. Orgueil est abatu, en humilite de nostre saulueur. Auarice, est abatue en sa pouurete. Luxure, en sa chastete. Enuye en sa benignite. Glotonye, en sa sobresse. Ire, en sa pacience. Paresse, en son labour. Car selon crisostome, quant lorgueilleur est fait humble Le luxurieux chaste. Lauaricieux misericor3, et ainsi des autres, en vne mesme personne est faite la ruyne des vices, et lacroissement des vertus. Ainsi nostre seigneur en ediffiant le royaulme des vertus a abatu celuy des vices, car dieu le pere lenuoya en ce monde come le signe de la fleche, affin q̃ chescun selon son plaisir dist ce q̃l vouldroit de luy Et symeo pphetisant de sa passion, dist a sa mere. Et tua ipsius anima ptransibit gladius. O marie, le glayue, cest adire la douleur de sa passion transpercera ton ame. Car come dit saint iherosme. Pource quelle souffrit en la ptie q̃ est impassible, elle fut plus que martire Et re

uelentur ex militis cordibus cogitacioes. La passion du filz de dieu, fut cause q̃ les cogitacions de plusieurs cueurs furent reuelees, car en icelle les dit3 des pphettes et les misteres occult3 sont acomplis et consumés Et ceste chose signifia le voille du teple, lequel en la mort de nostre seigneur fut tranchie en deux parties, affin que les secret3 misteres fussent a tous ouuers et manifestes. Encores est assauoir, que les cogitacions de plusieurs en ceste passion furent reuelees, car aulcuns creurent en ihucrist, et les autres ny voulurent point croyre. Et ainsi selon bede, fut faicte la diuisio des fideles crestiens, et des infideles iuif3 Encores en vne aultre maniere expose ce cy origene, cestassauoir d̃ la reuelacio des pechies secret3 q̃ se fait en confession, lesquels pechie3 estoyent par auant musses, mais maintenant par merite de ceste passion sont pardonnes a ceulx qui humblement les confessent, et en font digne penitence. Et a celle heure que symeon parloyt, ainsi du doulx ihesus la bonne anne q̃ estoit pphete, vint par reuelacion du saict esperit, et en ladourant confessoit quil estoit le vray fil3 de dieu par confession de louenge, et actions de graces de si grãt benefice quil exhiboit au peuple. Et en baillant tesmoignaige du fil3 de dieu parloit en enseignant tous ceulx qui actendoyent la redempcion disrael, et disant que le saulueur estoit ne, lequel lumai lignaige auoit long temps par auant desire pour le deliurer, tãt de la main du cruel herode q̃ des aultres tirãnies corporelles, et spirituelles Ceste venerable femme estoyt bien digne de bailler tesmoignaige du fil3 de dieu, de laquelle la nobesse et prophecie et continence est louee, leage est p̃mande, la religion est psehee Ceste anne selon origene, desseruit iustemẽt enuers dieu lespit de pphecie auql degre elle estoit mõtee par grãs ieusnes et lõgue chastete. Et cõme dit saint anselme, fut ihucrist offert ou teple, et receu de la saincte vesue, en dõnant exẽple q̃ ceulx q̃ le veulẽt ensupuir doyuẽt voulentiers frequenter la maison de dieu, affin que la il3

g iiii

soyent dignes de le receuoir Il a voulu estre receu et loue du bon ancien symeon, en demonstrant quil ayme grauete de vie, et maturite de meurs. Esiouys toy donc auecques ce bon ancien symeon, et auec ceste bonne anne. Ua au deuant du filz et de la mere il n'y a que amour vainque verecōde, et affliction mecte hors toute craincte. Prens lenfant en tes bras, et dis auecques lespouse. Leuui cum nec dimittam Je lay tenu, ie ne le laisseray point Ua et chante auec ce saint homme en disant. Nunc dimictis domine.
Moralement par la purgacion de marie, laquelle est interpretee estoille de mer ou mer amere, est signiffiee lame qui est en la lumiere de la vie contemplatiue, ou en la mertume de la vie actiue. A vne chescune desquelles, bien est necessayre purgacion cestassauoir q̃ lame contemplatiue se doyt purger de tout orgueil, laquelle chose se fait par craincte, et lame actiue se doyt purger de toute negligence, laquelle chose se fait par labour et peine, q̃ on doyt a son corps car nul nest porte en la cite de iherusalē celestielle, iusques a ce q̃ les iours de sa purgacion soyent acomplis, et quil soyt aussi nect que le iour de son baptesme. Et telle purgacion est celebree en ce monde par penitence et tribulacion, ou es peynes de purgatoire. Apres ces choses le bon homme symeon rendit ioyeusemēt lenfant a sa mere, laquelle le print tresuoulentiers. Et puis vont a lautel en faisant belle et venerable procession. Et combien quilz fussent peu de personnes, touteffois ilz estoyent de grāde reputacion, car ilz representoyēt tous degrez, tout sexe, et tous estas tant hōes q̃ fēmes, anciens z ieunes vierges, vesues et mariez, affin q̃ tous tesmoignassent de la natiuite de celluy q̃ pour le salut de tous, a voulu p̃ rēdre humaine nature. Les deux sainctz anciens, ioseph et symeon, vont deuant en grande ioye. et apres eulx la doulce mere, portant ioyeusement le roy ihesus, et la bonne anne les acompaigne. Et quant ilz vindrent a lautel marie et ioseph qui estoient les parens presenterent lenfant ihesus a dieu son pere Et

pour ceste cause la vierge est figuree bien cōuenablement, on chandelier tout dor, qui estoit en iherusalem, on tēple de dieu, sur lequel estoyent sept lampes ardentes, lesquelles figuroyent les sept oeuures de misericorde qui estoient en marie. lequel chādelier, et sa chandelle honnourons, quant a sa purificacion, portōs chandelles ardentes, car a ce iour elle offrit vne chandelle a dieu. Et lors symeon chantoyt Lumē ad reuelationem genciū. O lumiere est venue, de laquelle doit estre enlumine tout le monde. Nostre seigneur ihesus filz de marie est bien compare a la chandelle, por trois choses, qui sont en elle. cestassauoyr le lumignon et meche, le feu, et la cire Semblablement en nostre seigneur sont troys choses. cestassauoir la chair lame et la deite. Ceste chandelle fut offerte a dieu le pere, pour tout humain lignaige, par laquelle la nuyct de noz tenebres, est enluminee. Loblacion de ceste benoiste chandelle fut prefiguree en lenfant samuel. lequel enfant dieu donna a sa mere anne qui estoyt sterile. et donna aussy a la vierge, sur et contre le cours de nature, par linspiracion du sainct esperit vng filz. Anne offrit son filz, lequel deuoyt deffendre les iuifz de leurs ennemis, Marie offrit son filz q̃ deuoit rachepter tout le monde. Lenfant de anne fut resfuse des iuifz. Le filz de marie, est des iuifz condempne a mort tresuile. Cecy est de ce que symeon en prophetisant preschoit a la vierge marie, quant il luy dist, q̃ la passion de son filz deuoit estre si tresgrāde quelle trespasseroit son ame. Eulx ainsi venus iusques a lautel, la mere auec toute reuerence, flechit les genoulx, et presenta son filz sur lautel, en rendant graces a dieu le pere de si grant don. cest, que elle estant vierge, auoit enfante celluy q̃ estoit sēblable au pere en la diuinite. Et cecy fut principalement la cause pourquoy marie offrit son filz a dieu, et pourquoy lenfant voulut estre offert, cest po᷃ rendre graces a dieu. Et non obstant, que aussi len offroit les enfans au temple le quaratiesme iour, pour les consacrer a dieu, et pour les recō mander a luy, touteffoys pour cecy ne fut point lenfant ihesus porte au temple, luy qui tantost quil fut conceu, fut pleinement par grace consacre a dieu, et par vnion qui estoit auec la diuinite a dieu recommande et de luy garde. On ne list point quelles furent les parolles que la vierge dist en son oblacion. touteffoiz elles peurent estre telles. Seigneur dieu pere ie te presente ton enfant eternellement de toy ne, et de moy temporellement Ie te presente cellui qui tousiours test present, ie te remercie q̃ ainsi par ta grace lay merueilleusement coceu et enfante. O pere sait ie te offre nouuelle oblacion, cest ton filz et le myen, qui se doit soy mesmes offrir, pour le salut du monde, en larbre de la croix. O quelle est ceste oblacion, iamays telle ne fut faicte. Bernard. O vierge sacree offre ton filz, et presente a dieu le benoist fruyt de tõ ventre. Offre la reconsiliacion de nous et de tout le monde offre lostie plaisant a dieu. En apres furent appelles les prestres du temple. et cõme seruiteur le seigneur de tout le monde est rachete de cincq pieces dargent, qui valoyent vingt mesgles, duquel pris deuoyent estre rachettes tous les premiers nez, exceptez ceulx de la lignee de leui, qui deuoyẽt demourer au temple. Ihesucrist estoit de la lignee de iuda, et pource deuoyt estre rachette selõ sa lignee. Et la mere prit de la main de ioseph les oyseaulx, et agenoulx les offrit sur lautel comme vne poure femme, lung pour son filz, lautre poᵘ son pechie, en soy soubmectãt a la loy des pecheresses, combien quelle fust toute saincte. Dont dit saint bernard. O mes freres ceste oblacion est bien precieuse, et prõptement racontee. car le filz est presente au tẽple, est rachepte, et sõt offertz les oyseaux et tantost fut raporte a la mayson. Certes le temps viendra, q̃ cest enfant ne sera pas offert au temple, ne porte entre les bras de symeon. mais sera offert hors de la cite, a dieu le pere entre les bras de la croix. Le temps viendra, quil ne sera pas rachette dargent daultruy, mais rachettera les aultres de son sang propre. En ceste oblacion est le sacrifice du matin, mais en lautre sera celuy du vespre. A parler mistiquemẽt par loblacion des premiers nez, est signifie cellui seul filz de dieu, qui par sa misericorde a voulu naistre p̃mier de toute creature, en dignite il est vray sainct et immole a dieu pour nostre pechie. A parler moralement par les premiers nez sont signyfiez les commancemeus de noz bõnes actions, lesquelles enfantons par la grace de dieu. Nous sommes donc admõnestes de offrir a dieu noz premiers nez, cest q̃ tout le bien q̃ ferons, le refferons en luy, et luy en rendõs graces en disant Non nobis domine. Sire le bien que nous faisons ne vient pas de noᵘ, mais de ta grace. Et si noᵘ enfantons quelque beste immũde cest aulcun pechie, le deuons tuer, en totalement noᵘ amendãt, en declinãt le mal et faisant le bie. Aussi sõmes admõnestes q̃ se on tre peau de noz oeuures trouuons laignel innocent, cest charite, chastete, humilite, pacience et semblables vertus, les offrons a dieu en disant, que sans luy qui dõne couraige vouloir et acheuer de bien fayre, ne pouõs riẽs. Et si noᵘ sõmes tãt pouures q̃ nayõs ne aignel ne richesses poᵘ luy offrir aumoins offrons luy deux tourtourelles ou deux petis coulons, qui sont deux especes de cõpunction, cestassauoir craynte et amour, tant pour les pechies de noz proymes, que pour les nostres, et aussi pour auoyr toutes vertus, et la gloyre celeste.

Moralemẽt icy sõt a cõsiderer trois choses Cest le mistere de la purgacion de marie, le sacrement de porter ihũcrist on temple, et de loblacion faicte la signifiance. Quant au p̃mier saichõs que marie q̃ est dite estoille de mer, ou mer amere signyfie lame qui est, ou en la lumiere de la vie contemplatiue, ou en lamertume de la vie actiue. Et a lune et a lautre vie, purgacion est necessayre. La vie cõtemplatiue doit estre nectoyee de orgueil par crainte, et lactiue de negligẽce, par rigueur et labeur, car en iherusalẽ cest en paradis vision et tẽple de paix, nul y va si premier les iours de purgacion ne sont acomplis, ou en ce monde par penitẽ ce/ou en purgatoire et nest rendu en lestat dinnocéce côme apres le baptesme Quât au second nous deuons sauoir/que en cincq lieux ihesucrist a este porte ou mene. Cest iherusalem/egipte/le desert/la montaigne haulte/et le pinacle du temple/et signifiêt cincq lieux ausquelz ihesucrist est trouue. Iherusalem signifie la vie contemplatiue ou est vision de paix Egipte signifie la vie actiue/en laquelle ya peine/angoisse et tribulacion. Le desert signifie religion/en laqlle sont ieunes et austeritez de vie La môtaigne signifie la dignite et haultresse de prelacion. Le pinacle du teple est le siege des docteurs des iuges et des seigneurs. Et en to² ces lieux ihûcrist est trouue. Mais psidere q̃ le porta en iherusalé et en egipte z tu trouueras q̃ ce fut sa mere z ioseph/cest lestoille de mer/et lomêtacion de foy q̃ est charite. On desert la mene le sainct esperit mais sur la montaigne et sur le pinacle/la mene le diable. Et po² ce doyuêt bien craidre/les prelatz/les maistres/seigneurs et iuges/que le dyable ne les ayt en tel honneur porte. Quant au tiers est a noter q̃ loblacion est indeterminee/ou de la tourtourelle/ou des coulons. Par la tourtourelle qui est solitaire/est signifiee la vie contemplatiue Par la colombe qui vole en côpaignye/et est feconde la vie actiue. Et lune et lautre ha pleur pour son chât/mais indifferêtemêt Le gemir de la tourtourelle appartient aux côtemplatifs/et est double car aussi ya deux tourtourelles/Le pmier plour est de amour. Duquel dit lapostre/ Nous plourons en acteindant estre adoptez comme enfans de dieu Le second plour est de deuocion/de laquelle par lapostre est dit/quelle prie pour nous par plours et larmes inenarrables Le gemir de la colombe/appartiêt aux actifs. et est en deux faicons/car les colombes estoient deux/ Lung est po² noz propres peches selon le dit de psaye. Nous plourerons côme colobes/en meditant Le second est po² les peches des aultres/selon quil est escriptaux lamentaciôs de iheremie. Toutes les portes de iherusalem sont destruictes. et po² ce les prestres plourêt Les quatre faicôs de plour doyuent offrir ceulx qui nont laiguel de innocence. En recoligent tout ce q̃ est maintenant dit. sachez que ceste purgacion/portemêt ou temple/et oblacion/est signifie/que qui est purge de original et d̃ negligence. est dispose de monter a la contemplacion de dieu/et de descendre a sa ppre consideracion. Et en mon̂rât ploure p amour/et par deuocion. Aussi en descendant ploure par contriction/et compassiô Et en ces choses est la perfection de lame deuote a dieu. Et pource q̃ ces voyes/cest la contemplatiue et lactiue/sont acceptables a dieu. il nest point determine. se pour ihesucrist furent offertes tourtourelles ou colôbes/mais est mys soubz disiunction/ tourtourelles ou colombes As tu veu p ces choses la pourete de ihûcrist et de ses pares/q̃ ont seulemêt loblaciô des poures Se tu veulx estre informe de son humilite regarde son oblacion/comme il fut rachete/et comme il gardoit la loy. Aussi regarde côme elle va en acroissant/car en sa natiuite/il est nud côme pouure homme. en sa circoncision/est fait comme hôme pouure et pecheur. mais auiourduy est mis/côme hôme pouure pecheur et seruiteur Ie dis que auiourduy il sest fait côme poure/car il a voulu eslire loblaciô des poures Sest monstre côme pecheur/en ce quil a voulu estre rachete par oblacion/auec sa mere/ et côme seruiteur/en ce quil sest voulu faire rachete. Et apres la circoncision du filz/et la purgacion de sa mere/fut lenfât porte au temple. et presente a dieu. Et par ces trois choses/tous crestiens sont enseignes/que quant ilz veulent entrer ou temple materiel de dieu/cest en leglise/se doyuent conformer a ihesucrist/et a sa benoyste mere en ces trois circonstances Lestaf sauoir quilz soyent purges et circoncis de tous pechiez quant au pmier/y soient portes des bras de saincte mere leglise/quant au second/et soyent tousiours reillez et ordônes par la fin de droicte intencion/quât au tiers. Premierement doncques qui veult entrer en leglise doit estre sans couscience de pechie et circoncis/car Ihesucrist voulut estre circoncis ⁊ sa mere purgee/non obstant que nul besoing estoit. aincoys q̃ entrassent on temple/en denotant que nul ny doit entrer en peche mortel/et se premierement nest confesse/ou aumoins sil ne peut auoir le prestre pour soy confesser/auoyr generale contricion/voire mesmes pouse que a celle heure na conscience de aulcun mortel ou veniel pechie particulier. car la coustume des bonnes ames est recognoystre la coulpe/ou coulpe nest point a lexemple de la benoiste vierge qui nul besoing auoit de purificacion. Et pour ceste cause la coustume est que len mect leaue benoiste a lentree de leglise/affin que ceulx qui entrẽt dedans soient purges par lasperfion dicelle/aumoins des pechiez veniels. quant a ceulx qui nont pechie mortel. Et en figure de ce vng bacyn estoit a lentree du temple/ onquel aaron et ses enfans/quant ilz y entroyent lauoyent leurs mains et leurs piez Secondement nous deuons comme ihesucrist y estre portez des bras de saincte eglise car les heretiques/qui errent en la vraye foy/les scismatiques q̃ desuoyẽt de charite, et to⁹ escõmunies sont separes et hors des bras et du corps de saincte eglise/et ne sont point ydones dentrer en ycelle. Liprien Nul ne peut auoir dieu a pere qui ne tient lunite de la mere saincte eglise/laq̃lle deulx ne peut dire ce q̃st escript en osee. ie les portoye en mes bras. Tiercement nous deuõs entrer en leglise par droicte intencion/cest assauoir pour cause doraison et de deuocion/et non pas pour cause de vaine simulacion comme font les ypocrites. Ne aussi pour cause de ostentaciõ et de vayne gloyre comme font ceulx qui se parent de vestemens curieux. quant ilz doyuent aller a leglise pour apparoistre aux hommes. Ne aussi pour cause de sensualite/cõme ceulx qui y vont pour veoyr les femmes/et les conuoicter/et les femmes qui y vont pour estre veues et conuoictees. Ne aussi pour cause de vanite rys et soulas/comme font ceulx qui ny font que vacquer a fables/et dire parolles inutiles. Ne aussi pour cau-

se dauarice et de pecune/cõe font les clercz qui seulement y vont po⁹ gaigner leurs distribucions. Toutes ces manieres de gẽs po⁹ ce q̃lz nont pas droicte intẽciõ/ne sont pas dignes de entrer on temple de dieu. Et pource ilz ne voyent point ihesucrist/et si ne le peuuẽt embrasser des bras spirituelz de leurs ames. Par ce aussi que nostre seigneur fut porte au temple/to⁹ les aultres temples sont sanctiffies/et en son nom de diez/ainsi que par sa saincte chair qui toucha vne partie de leaue du fleuue iourdain a son baptesme. toutes eaues furent sanctifiees. Et pour cecy fut ordonne q̃ en toutes eglises la presence corporelle de nostre seigneur y soit tousiours on saint sacremẽt de lautel. et aussy les reliques des corps sainctz y reposent/et la est faict le mystere des anges. Et pourtãt cest biẽ digne chose que on ayt leglise en grande reuerence/ et que on la frequente en toute deuocion/ ainsi quil est escript. Seigneur dieu toute sainctete appartient a ton temple. Aussi cecy se peut exposer du temple spirituel/ cest de lame/onquel tous les iours le verbe eternel est receu de ceulx qui dignement luy preparent habitacion. Duquel temple dit lapostre. Le temple de dieu est sainct/le quel vous estes. Et pource que la noblesse de chescũe chose est prinse selon ses causes la noblesse de ce tẽple/est demonstree par ces quatre causes. La premiere est par la noblesse de sa cause efficiente. La seconde par la preciosite de sa matiere. La tierce p. la beaulte de sa forme. La quarte par la magnificence de sa fin. Donc par la p̃miere cause de cestuy temple q̃ est lame raysonnable cree du souuerain dieu sans moyen/est demonstree sa grãde noblesse/ car a la creer na appelle creature. mais seulement dist. Faciamus hominem ad ymaginem. Faisons homme quant a lame a nostre ymaige et semblence. Laquelle parolle comme dit saint augustin/dieu ne disoit pas aux anges. mais dieu le pere ladroyssoit aux aultres personnes de la diuinite/ parquoy est demõstre que ceste oeuure est seulement de la saincte trinite. Quant a la seconde cause/saiches que lame raisonnable nest point faite ne cree daulcune matiere precedente/mais de riens. car veu quelle est plus noble que les quatres elemens et que le souleil/et que tous les corps celestes/et q̃ les cieulx/on ne pouuoit trouuer matiere asses noble/de laquelle peust estre faite. Quant au tiers appert que la forme de lame raisonnable/est tresnoble actẽdu quelle est faicte a lymaige de dieu. Car dieu ne luy a point imprime lymaige daulcune chose cree. mais seulement de luy mesmes/en telle maniere que la forme de lame raisonnable nest autre chose que vne reluisance de la benoiste trinite. ne aussy la benoycte trinite/ne pouuoyt plus ennoblyr lame/que la faire semblable a elle/affin q̃ ainsi la similitude et semblance daulcune chose/est cause de dilectiõ/ainsi lame deust conuertir toute son affection/a la dilectiõ de son createur/en considerant que elle ne pourroyt trouuer entre les choses crees/chose semblable a elle. Le quart appert car dieu na cree lame raisonnable a aultre fin/sinon quil habitast en elle/et q̃lle fust son temple/et son habitacion. Et pource quelle est faicte a ceste cause/souueraynement il desire a demourer auec elle/ainsy que luymesmes le demande aux prouerbes en disant. Fili prebe cor tuum michi. Mon filz donne moy ton cueur. car il dit ou liure de sapience que mes delices et plaisances sont/demourer auec les enfans des hommes. Et quant dieu vient en telle ame/ainsi pparee/il peut dire ce qui est escript Hec requies mea. cest Mon repos est demourer en telle ame. Je habitere en elle/et en elle ay esleu ma demeure. Donc ame deuote si par les choses dessusdictes cõsideres ta noblesse/iamais ne pecheroies. Bernard O toy ame raisonnable/si bien cognoyssoyes ta noblesse et dignite/tu auroyes tout pechie en abhominacion. car cest vng sainct et noble orgueil/que reputer toutes choses mondaines/caduques et transitoires/vaines et inutiles/⁊ en elles ne se vouloir entaycher/ne souiller. Lequel orgueil auoit vng payen nomme seneque/qui dysoyt. Se le sauoye que les dieux me deussent pardonner/et que les hõmes neussent cognoissance de mes pechies/encores põ la vilte qui est en peche/ie laisseroye de pecher Le temple spirituel/duquel nous parlons/affin quil soyt playsant a dieu/doit estre peinct de diuerses couleurs/cest assauoir de diuerses vertus/õme de blanc par laq̃lle est signiffyee chastete/de rouge en demonstrant/que on est prest de souffrir pour lamour de dieu/de bleu/en demonstrãt le desir que len a de paruenir au ciel. De iaune cest de ioye spirituelle. De vert qui est excercice vertueux. De or par lequel est signiffiee charite De noir qui signiffie humilite. En ce temple ainsi pare/de uos mener lenfant ihus/et la luy offrir toutes noz operacions et affectiõs Trois choses rendent ceste feste solempne. La p̃miere/car nostre seigneur fut en personne porte on temple. et a cause de ce/ceste feste est appellee presentacion La seconde/car ses parens firent pour luy loblaciõ cõmandee en la loy. et a cause de ce/la feste se appelle purificacion/car la vierge fit loblacion commandee en la loy/pour les femmes qui deuoyent estre purgees/non obstant quellen heust besoyng. La tierce est/la salutayre cõsollacion de lancien symeon/et a cause de ce elle est dicte chandeleuse/ou feste de lumiere. car iauiourduy se portent les chandelles benoistes alumees en procession. Cestuy sainct temple de nostre seigneur est edifiie en la montaigne nõmee morie. Et est celle en laquelle abrahã voulut immoler son filz ysaac. Sur laq̃lle aussi iacob en son dorment vit vne eschelle droicte/touchant despuis la terre iusques au ciel. Sur elle dauid vit lange tuant son peuple/et cheut a terre/et pria/et adoura dieu/et lange cessa. Sur ceste montaygne estoit la caiche et le vaisseau dor õ iebusee lequel dauid auoit achete/pour edifier la vng temple a dieu/car en la dicte montaygne il auoit trouue pardon. En ceste montaigne salomõ fit le temple de dieu/et aps luy offrit sacrifice/et vne neble vint qui rẽplit le temple ⁊ apparut la gloire de nostre seigneur/et le feu descendit du ciel/et consuma tous les sacrifices. Et salomon a genoulx fit sa priere a dieu/en requerant que quiconcques entreroyt on temple pour demander aulcun don a dieu/ses prieres fussent receues. Dieu se apparut a luy/et dist que ses prieres estoyent exaulcees/et quil auoyt esleu ce lyeu et le se dedioyt/et sainctiffioyt. Aussi eliodor enuoye du roy antioche pour destruyre cest temple et pour le piller/fut on temple fort naure de diuerses playes et bastu. Le temps passe il se appelloyt le temple de dieu/et maintenant est sacre a lonneur du saulueur du monde/et de marie sa saincte mere. Lequel a este destruyt par les babiloniens et par les romains/mais par les bons religieux et crestiens a este repare en maniere ronde. En celluy temple la vierge marie et les aultres pucelles seruoyent a dieu/adouboyent les vestemens du prestre/et les courtines du temple. Aprenoyent la loy et aultres sainctes escriptures. Jeusnoyent/veilloyent/et prioyent. En ce lyeu a zacharie priant et faisant sacrifice/lange apparut/et luy dist que son oraison estoyt exaulcee. et quil auroyt vng beau filz nomme iehan. En ce lieu aussi que dit cestuy euangile ihesucrist a este offert par ses parens a dieu/prins et receu de symeon/presche et anonce par la saincte femme anne vesue/a tous ceulx qui actendoyent la redempcion. En ce temple fut trouue ihesucrist de sa mere et de ioseph a leage de douze ans/disputant de la loy auec les docteurs. Sur le pinacle de cestuy temple fut ihucrist mis par le dyable quand le tempta de se mectre bas. De ce temple ihesucrist myst hors les banquiers/acheteurs/et vendeurs de colombz et de colombes/de beufs et de vaches/et daultres bestes. Il preschoyt et enseignoit en ce temple le peuple et les iuifz enuieux. En ce temple deliura la femme adultere de ses accusateurs. Aussi sa passion se approuchant tous les iours estoit en cestuy temple/et la nuyt aloit en bethanie. A sa mort le vele et la courtine de ce temple/fut tellement rompue que on pouoit veoir sancta sanctorum qui est

toit le secret du temple Du pinacle de ce temple saint iaques premier euesque de iherusalem fut a terre rue ius/et martirize de vng baston de foulon de draps. Entre cestuy temple et lautel q̃ est hors a la porte vers midy. zacharie filz de barachie fut martirize. Cestuy temple rond est tout clos de muraille/et dedans ya colompnes merueilleuses de marbre deuisees par trois/et le meillieu est hault et clos a la façon dune fornaise. Et au hault on premier degre et ordre des colompnes par dedans est escript. Syre escoute loraison q̃ au iourduy fait ton seruiteur. et ouure tes yeulx et tes oreilles iour et nuyt sur ceste maison. Et par dehors contre et a lentree de la muraille. sont escriptz les versetz qui sensuyuent en si grosse lectre que on les peult lyre de toute la cite Sur le muraille q̃ regarde contre la cite est escript. Paix eternelle du pere eternel soyt en ceste maison Contre le temple des cheualiers est escript La maison de dieu est fondee sur pierre ferme. Contre la partie qui regarde le cloistre du temple est escript. Tous loueront dieu et luy donront gloyre en sa mayson. Contre la partie qui regarde la montaigne doliuet Benoistz sont ceulx qui habitent en ta maison. Contre la partye qui regarde la montaigne de iosaphat. Soyt benoyste et louee la gloyre de dieu en cestuy lyeu. Contre la partie qui regarde la montaigne de syon. Le temple de nostre seigneur est saint. cest le lieu ou il est honnoure/cest son bastiment et son edifice. Aussi contre la cite daultre part est escript. Nous entrerons ioyeusement en la maison de nostre seigneur. Ce temple est edifie on bas de la cite dune partie pres de la muraille q̃ regarde en orient/et de lautre partie pres de celle qui est enuers midy. En ceste eglise auoit chanoynes et abbe reigles selon lordre de saint augustin. Pres de cestuy est vng aultre temple moult grand et honnourable/lequel edifia salomon. et faisoit la ses iustices et iugemens/et enseignoit le peuple. Et a la difference du temple de dieu/sappelle la maison des bois de liban/ou le temple de salomon.

Nous deuons en ce temple celebrer spi
rituellement vne procession des quatre per
sonnes deuant dictes. Par symeon/qui
est interprete ouyant/est signifie que en ce
temple len doit voulentiers ouyr la parole
de dieu. Par anne/qui est interpretee gra
ce/car elle ne se departoyt ne iour ne nuyct
du temple/est signifie que en ce temple spi
rituel on doit faire continuelle oraison.
Par ioseph/qui est interprete accroyssant
et qui auoyt soigneuse cure et soing de len
fant ihesus/est signiffie q̃ ne deuons point
cesser de accumuler bonnes oeuures en no
stre temple qui est nostre ame. Par marie
qui est interpretee illuminee/laquelle a por
te nostre seigneur ih̃us/est signifiee la tres
parfaicte vnion/que nous deuons auoyr
en nostre createur. Symeon porte la lumie
re de saincte meditacion. Anne la lumiere
de deuocion. Joseph a celle de accroissant
en bonnes operacions/Et marie/celle de
souueraygne contemplacion. Doncques
apres que la vierge et ioseph eurẽt parfait
ce quilz deuoyent selon la loy/se departy-
rent de iherusalem/voulans retourner en
leur cite de nazareth. Va tousiours auec
eulx/et leur ayde a porter lenfant ihesus/
et les sers en tout ce que te sera possible.

Oraison.

O Jhesus desirable/qui par ta mise
ricorde te es baille au temple au iu
ste symeon/te desirant a veoir et a-
coler/vien & te donne par ta clemence a cel
luy qui de tout son cueur te desire & actend
Boute hors de moy par ta grace purifia-
te tout ce que tu trouueras en moy de im-
mundicite/et parfaiz par ta dignacion mõ
cueur qui est ton temple pour y habiter/af
fin que en celluy/ie te trouue/et acole des
bras de mon desir. O fontayne de lumiere
qui es yssue du pere/donne moy que ie te
puisse tousiours desirer/et que ne parte d̃
ceste vie iusques a ce que des yeulx de mõ
cueur ie te voye/qui es amour et desir/vie

et loyer a tous ceulx qui perfaictement te
desirent Amen

De ce que ihesus fut porte en egypte et de la mort des innocens .xiii. chapitre.

Q Vand donc marie et iosep aloy
ent vers la cite de nazareth eulx
ne sauans pas encores le cõseil
de dieu/et quil vouloyt faire de
cest enfant/duquel la renommee estoyt ia
grande. Lange de dieu apparut a ioseph
en son dormant/et luy dist quil se lieuast/
et quil print lenfant et la mere/et sen fuyst
en egypte/car herode le deuoit faire querir pour loccire et perdre. Icy est a noter que la parfaicte humilite/specialement
doit estre adornee et acõpaignee de troys
aultres vertus.cest de pouurete. en fuyãt
les richesses/et toutes choses qui peuuẽt
induyre a orgueil/de pacience/en portant
toute persecucion.de obedience en obeissant a aultruy pour lamo[r] de dieu. Et po[ur]
ce lenfant ihesus est porte en egipte cõme
poure et pelerin. Il est occis en petis en-
fans/qui pour luy sont occis. Et quand il
fut retourne de egypte en son pays de na-
zareth/il estoyt subgect a ses parens/tel-
lement/que par vng petit mouuement ne

se vouloyt departir deulx, si non quand en
leage de douze ans il demoura au temple
lequel la bonne mere querut en grant dou
leur, et trouua en grant ioye. Quand io
seph fut esueille, crita la mere, et luy raco
ta ce que lange luy auoyt dit, laquelle in
continent et sans delay se lieua et se prepa
ra pour cheminer, car en ouyant ce que lan
ge auoit dit, tout son corps commenca a
trembler de paour quelle auoit de son en
fant, duquel garder, ne vouloyt pas estre
trouuee negligente. Regarde, et medite
bien ces choses, et comme lenfant thesus
dormant, la mere le lieue, et ainsi importu
nement esueille, ploure a la maniere des
aultres. Si en toy a aulcune pitie, ayes co
passion deulx La fille delicate qui de nou
ueau se lieuoit denfant, en pays incogneu
et ydolatre, et loing auec son enfant fort
tendre et lancien ioseph, et de nuyt se de
part et alloyt vers les parties degipte, af
fin que plus secretement peust euader les
perilz, car combien que de ceste chose eus
sent eu reuelacion diuine, touteffois ne
uoyt pas laisser a faire son pouuoyr selon
la voye humayne. Tu veoys donc ihesus
sen fuyr z de nuyt, pour demonstrer que la
fuyte qui de soy est difficile, fut faicte plus
difficile a cause de lobscurite de la nuyct.
Il sen fuyt en egypte, affin que pmier gue
rist, et enluminast de sa lumiere de grace,
ceulx que aultreffois auoyt persecute. Au
gustin Escoute vng grant secret et mistere
Moyse vng temps fut auoyt priue de io
et de clarte les mauluays de egypte, et no
stre saulueur alant en ce pays, rendit la lu
miere a ceulx qui se seoyent en tenebres et
en lombre de mort. Crisostome. Dieu qui
ne punist point deux foys, a eu recordan
ce quelz et quantz maulx il auoyt faict sur
la terre de egypte, et pource enuoye son en
fant en ycelle, en monstrant signe de recon
ciliacion, et de perpetuelle amytie, a ce que
vne medicine peust guerir les dix playes q
dieu leur auoyt infligees. O quelle muta
cion de la dextre et puissance de dieu, car le
peuple q auoyt este psecute du pmier peu

ple de dieu, fut aps garde de son seul filz
Aussi le petit enfant est enuoye en egipte
a ce que du feu de foy embrasast la region
laquelle estoit embrasee du feu de iniquite
en donnant a entendre, que par sa venue,
tous les pays deuoyent estre meilloures,
et aussi a ce que nous aprenons, que des
le commancement de nostre vie deuos no⁹
preparer a temptacions, car nostre seigne⁻
commeca les auoir de son enfance, en no⁹
monstrant exemple, que quand no⁹ aurons
aulcunes tribulacions, ou persecucions,
ne les craignons point mais ainsi q luy vi
rilement les portons pour lamour de luy.
en saichant que tribulacions sont compay
gnes de vert⁹. Aussi a pl⁹ tost voulu fuyr
en egypte que en vng aultre pays, pour se
monstrer vray moyse. Moyse a deliure le
peuple disrael de la seruitude de pharaon
et de egipte, et le mene en la terre de pro
myssion. Le filz de dieu a deliure le peuple
crestien de la puissance du dyable et prison
defer, et la mene on royaulme de paradis.
Moult de belles choses on peut mediter
en ceste presente oeuure et matiere. Pre
mierement, comment nostre seigneur en sa
personne, apres prosperite a eu aduersite.
Car en sa natiuite, il fut des pastoureaulx
magnifie come dieu, et vng pou apres fut
circonciz come pecheur Les roys vindrent
qui merueilleusement le honnourerent, et
touteffoys tousiours se tenoyt en lestable
entre les bestes, et plouroyt comme lenfant
dung pouure homme. Apres fut presente
au teple, leql symeon, et anne exaulcerent
merueilleusement, et maintenant lange auo⁻
ce q̃l sen fuye en egipte. Et moult aultres
telles choses pourras veoir en toute sa vie
lesquelles pouons appliequer a nostre in
struction. Crisostome. Nostre seigneur q
est tout misericors aux desolez et courrou
ces, mesle aulcuneffoys ioye auec tristesse
a tous ceulx quil ayme, car en ce monde il
ne laisse point auoir ioye ne tristesse con
tinuelle, mays erde aduersites et de pro
sperites la vie des iustes est texue et cou
sue en ce miserable monde, comme nous

voyons icy, car quand le sainct homme Ioseph vit la vierge q estoit grosse il cheut en vne grande turbacion, mais tantost lange de dieu se apparut en luy ostant toute suspicion, et en estaignant en luy toute crainte. Lequel sainct homme fut reply de toute ioye et exultacion en la natiuite de lenfant. Et tantost apres ceste ioye vint vne grande turbacion, car toute la cite de Iherusalem fut esmeue quand herode queroit le lieu ou estoyt lenfant ne. Mais apres se ensuyuit grande liesse, quand la belle et nouuelle estoille apparut aux troys roys. Apres ceste ioye derechief vient vng grand peril z doubte quand herode quiert lenfāt pour le faire mourir, en telle maniere quil fut necessite de sen fuyr en estrāge region. Donc quād tu auras aulcune consolaciō actens apres tribulacion, et par le contrayre quand tu auras tribulaciō apres actēs consolaciō Et pource poꝰ quelque consolacion que nous ayons, ne nous en deuōs point esleuer, ne aussi en tribulacion ne noꝰ deuons point desgecter. Dieu de sa bonte nous dōne consolacions pour esleuer nostre esperance, affin que en la voye ne deffaillons Aussi il nous donne tribulacions pour nous garder tousiours en humilite, affin que en ognoissant nostre misere et en fermete tousiours nous tenons en sa crainte. Secondement on peut cōsiderer les consolacions et beneficez de dieu, et dire q cellup qui les recopt ne se doit point preferer a cellup qui ne les recoyt Et aussi celuy qui ne les recoyt ne se doit point degecter en vne tristesse desordōnee, et ne doyt poit auoir enuye de cellup a qui dieu les donne Et en figure de ce, lange de dieu parloyt a ioseph, et non pas a le vierge, combiē que en dignite il fust moindre que elle Aussi ce luy qui de dieu recoyt telles consolacions se il ne les recoit selon son vouloir pourtāt ne doit pas estre ingrat ne cheoir en murmuracion, quand il voit que ioseph qui estoyt si grāt enuers dieu, ne les receuoit pas manifestemēt, mais en son dormir. Tiercement considere cōment dieu permect que

ses ampe soyent verez de tribulacions et de persecuciōs Quelle chose pouoyt estre plus griefue a la vierge et au bon homme ioseph que de ouyr de lange que on queroyt lenfant ihesu, pour le faire mourir. Toy donc quād tu as aulcune tribulacion, aiez pacience, car tu ne doys pas croire que dieu te donne aultre priuilege quil ne sest dōne, ne a sa mere. Quartement ōsidere la bonte z benignite de nostre seigneur ihesu crist Regarde comme tost il soustient persecucion, en telle maniere quil fault len fuyr de la terre de sa natiuite, et comment beni gnement donne lieu a la fureur de celluy le quel il pouoit perdre en vng moment. Ce luy est grant pacience. z encores son humilite y est demonstree plus grande. Celuy a qui les anges admiuistrēt sen fuyt deuant la face de son psecuteur. Il est dieu, mais il sen fuyt cōme hōme. Et luy qui est refuge de tous ne vouloit pas rendre a son persecuteur mal pour mal. ne le offenser. mais en fuyant vouloit euiter ses cautelles. En quoy nous donne doctrine q aulcuneffois les bōs sont gectez hors de leurs dignites par les maulais, desquelz ne deuōs querir vengence. mais paciēment endurer et donner lieu a leur fureur. et comme il ensei gne en aultre lieu prier pour eulx. Les bōs aulcuneffois doyuent donner lyeu a la persecucion des mauluays, quand leur fuyte prouffite a saincte eglise comme fit celle de saint paul Moralement par ceste fuyte en egipte est signifie ōme le iuste doit fuyr le peril et dangier de pechie, et venir a penitēce, et en elle perseuerer iusqs a la mort de herode, cestassauoir iusques a ce q les temptacions soyent cessees. Donc nostre seigneur fuyoit deuant la face de son seruiteur, ou du seruiteur du dyable, non pas quil craingnist la mort, mays affin que en temps congru la soustinst. Et le portoyt sa doulce mere tēdre et delicate pucelle, et le sainct homme ioseph alloyt deuant par la voye du bois qui estoit obscure, vmbreuse, et inhabitable, laquelle estoyt moult grant et longue, car on dit que a vng hom me de cheual le chemin est de douze ou de quinze iournees/et pour aduenture estoyt pour eulx lespace de deux moys ou plus. Car comme on dit/ilz allerent par le desert onquel les enfans disrael furent quarante ans. Mais comment firent ilz de ce quilz deuoyent menger et comment ilz se porterent/et ou se pouuoiēt reposer de nuyt/car en tel desert on ne trouue pas souuēt maysons a soy logier. Ayes compassion deulx et regarde quelle consolacion pouuoyt auoyr la doulce mere/qui estoyt vne pucelle delicate. Leur labour et trauayl est moult difficile. Va auec eulx et ayde a porter lenfant ihesus/en les seruant en tout ce quil te sera possible. Le labour de penitence que nous faysons pour noz pechiez ne nous deuroyt pas estre veu long/ne aulcune aduersite a porter quant nous voyons que telles personnes ont tant prins de labour pour nous. Anselme. Ne vueillez pas en ta meditacion et pensee oblier celuy qui senfuyt en egipte/en regardant le petit enfant ihesus suffant doulcement les mamelles de la mere 7 vierge glorieuse. Quelle chose peuz tu veoyr plus ioyeuse/ne plus delectable. Regarde celuy qui est sur toutes creatures pendant au col de sa mere/en laccolant de ses doulx et petiz bras/7 dis en toy mesmes ie suys bieneureuse/car ie veois celluy que les roys desiroyent veoyr/et ne lont pas veu. On doit bien desirer veoyr celluy qui est le plus bel de tous les enfans des hommes. Pense bien et contrepense de quelle affection sa tresdoulce mere le tenoyt entre ses bras/elle qui sauoit quel roy et seigneur cestoit/comment elle se esiouyssoyt/7 quāt elle le veoyt plourer sur ses genoulx/elle le consoloyt tant quelle pouuoit/et comment doulcement elle le regardoyt/en luy exhybant tout honneur et seruice tant quil luy estoyt possible. On dit quilz furent prins on desert des larrōs/en lacompaignie desquelz estoit le filz du prince des larrons/lequel regardant lenfant ihesus ou giron de sa mere/vit yssir d sa tresbelle face vne clarte et splēdeur de sa majeste p laqlle chose

il cogneut ql estoit sur et plus q hōme/et en laccollant et en lēbrassant p grāt amour luy dist. O tresbenoist sur tous les efans ie te prie si le tēps aduenir de toy ay a faire ql te souueigne de moy/et ne vueilles pas oblier ce temps present/auquel ie te deliure des mains de mes compaignons qui te eussent mys a mort. On dit que ce fut le larron qui a sa dextre fut crucifie/lequel reprenoyt celluy qui blasphemoyt dieu/en disant/tu ne crains point dieu/car nous auōs bien desseruy la mort iustement/mays cestuy ne la pas desseruy/et en ce disant il tourna sa face luy estant en la croix enuers nostre seigr et vit en luy la splendeur quil auoit veue en ce desert/quant il estoyt enfant/et luy souuient de la requeste quil luy auoyt faicte/7 luy dist. Sire ayez memoyre de moy quant tu viendras en ton royaulme. Or cōme dit sainct anselme/on peut bien croyre piteusement ceste chose/en ostant toute oppiniatre affirmacion. Herodez voyant que les roys ne retournerent point a luy/ne par la voye ou estoyent allez en bethleem/pensa quilz auoyent este deceuz par la vision de lestoille/et quilz auoyent honte de retourner a luy/et pour ce ne luy chalut plus enquerir de lenfant. Mais puis apres quil ouyt ce q auoit este fait on temple/et ce q le saint homme symeon auoit dit de lenfant/et ce q anne auoyt prophetise/et que la fame et renommee de lenfant croissoit/eust grant paour/et fut plus trouble que deuant/tant a cause que les roys lauoyent mocque et contempne que aussi de la paour quil auoit de perdre le royaulme. Et pource pensa comment il feroit mourir les enfans innocens affin que ihesucrist qui luy estoit incogneu fust occis auec eulx. Il ne pensoyt pas luy meschant/quil nest conseil ne sapience/ne prudence humayne/contre celle de dieu. Entre les oppinions de plusieurs la commune et vsitee sentence est que herode fut cite a romme par ledict de lempereur/et pour ceste cause fut par aulcun temps empesche de la persecucion de ihesucrist/et luy retorne de romme/onquel voyage demoura bien

h i

lespace dung an/fit occire tous les enfans qui estoient nez apres la natiuite de nostre seigneur/et par lapparicion de lestoille sa uoit que nostre seigneur auoyt vng an et aulcuns iours oultre. Et pource/il fit occire tous les enfans qui estoyent de cest eage/cest de vng an ou deux iusques a celluy qui nauoyt que vng iour/en creignant que len fant auquel les estoilles seruoyent et obeissoyet ne transformast sa face/et semblast estre plus eage quil nestoyt. Adoncques fut acomply ce que dit iheremye. Vox in rama audita est. La voix est ouye en hault laquelle dung couste et daultre/est moult disperse et espadue/car il y auoit grant ple quant aur enfans/et grat cry quant a leurs meres. En voyant telle crudelite/ne homme ne femme se pouuoyent contenir a plourer. Ou aultremet se peut exposer La voix est ouye en hault/car le sang des innocens demanda vengence iusques au ciel contre ceulx qui les auoyent occis/selon ce que dieu dist a cayn de son frere abel La voix du sang de ton frere abel crye amoy. Rabanne docteur. Herode nulle maniere tint en sa crudelite/car il ne fut pas content de fayre occire les enfans de bethleem/mays auec ce de tous les lieux denuiron Et est escript que rachel plouroyt les enfans de iuda/q est bethleem nez de sa seur lya/comme silz estoyent siens propres/ou a cause que par aduenture rachel fut eterree en bethleem/ou aussi que la lignee de iuda et de beniamin estoyent prouchaines/et herode non seulement auoyt commade que les enfans de bethleem/fussent mys a mort/mays aussy ceulx qui estoient la prouchains/parquoy plusieurs des enfans de rachel et de beniamin/a cause quilz estoyent pres furent occiz. Noluit autem consolari. Rachel ne se voulut point consoler/car ses enfans estoient occis/et nestoyet plus sur terre. Par ce pleur que faisoyt rachel est signifiiee leglise/qui ploure les bons/comme la mere ses enfans/quant elle veoyt que on les persecute a tort. Mays quant elle veoyt/que par ce ilz vont a beatitude et a gloyre/elle

rien veult receuoyr consolacion temporelle mays bien eternelle. En oultre elle ploure les mauluays quelle voyt aller a dampnacion et nen veult receuoyr consolacion. car elle les veoit perdus irremediablemet. Et saiche quil est troys manieres de martire/aulcuns sont qui souffrent de faict et de voulente/comme sainct estienne. Aulcuns de voulente/et non de fait/come saint iehan Aulcuns de faict/mais non pas de voulente/come les innoces. Et a cause de ce leurs festes sont ordonnees apres la natiuite de nostre seigneur/selon la dignite du martire. La premiere feste est sainct estienne/la seconde de sainct iehan/et la tierce des innocens. Aussi pour diuerses causes aulcun peut estre fait martir. cest assauoyr pour iustice/comme abel. Pour la loy de dieu/comme les machabees Pour soustenir verite/comme ysaye/et iheremye. Pour reprendre pechie/comme sainct iehan baptiste. Pour le salut du peuple/comme nostre saulueur ihus. Pour le nom de la foy de ihesus/comme sainct estienne Pour la liberte de leglise garder/comme sainct thomas de canturbiere Pour ihesucristo ou en lieu de ihesucrist/comme ces innocens/lesquelz combien que de bouche ne le peussent confesser/touteffoys en mourant le tesmoygnoyent/et dieu supplea le deffault de le voulente. Crisostome. En bethleem tous les innoces sont occis/lesquelz pource qlz meurent pour nostre seigneur/doyuent estre appellez premiers martirs et tesmoings et ont heu la parfaicte louange de martire Augustin. O benoictz enfans/maintenat nez/et non iamays temprez/iamays ne bataillastes et estes ia couronnez/iamais vostre aduersaire/ne vous eust tant prouffite en vous aymant/quil fit en vous hayant. car de tant que son ire estoyt plus ardent contre vous/de tant la grace de dieu habondoit en vous. Sainct augustin dit Quant herodes persecute en ces enfans nostre seigneur il luy acompaigne vne multitude a iournee destolles tres luysates et cleres.

Considere icy comment ihesucrist, qui estoit encores enfant tresdelicat commence a souffrir en soy et en syens, et ayes compassion de luy. Anselme. O filz de dieu ihesucrist mesmez ta tendre eage de face n'a pas este sans persecucion des enemis. Toy estant encores entre les doulces mamelles de ta mere, lange apparut a ioseph en son dormir, en disant, lieue toy et prens lenfant et la mere, et fuys en egipte, et soyez la iusqa ce que ie reparle a toy. O bon ihesus depuis ce temps tu commencas souffrir, et non seulement ceste veracion q tu heuz en ton enfance fut en toy, mais aussi aux tiens, quant herode roy grant, fit occire moult de miliers denfans qui pendoyent aux mamelles de leurs meres. Par la cruelite du roy herode qui occist les innocens, sont entendus les persecuteurs des martirs, qui cuidoyent estaindre la religion crestienne. Et par les innocens occis sont entendus les humbles et innocens persecutes. Mais la religion fondee sur ihesucrist, ne sera pas ainsi estaincte, ne meindree, aincoys comme dit sainct leon pape, leglise plus est creue et augmentee Selon bede et sainct bernard Se aulcun empesche ce qui appartient au salut daultruy, ou a lacroissement de religion, ou de saincte vie, il ressemble a ceulx q faisoyent occire les enfans disrael en egipte, et a herode q persecutoit la nativite du filz de dieu. La persecucion que nostre seigneur eust en son enfance, signiffie, que ce monde durant, y aura tousiours persecuteurs, qui persecuteront les esleuz de dieu iusques a la fin, ainsi que dieu dit en leuangile Silz mont persecute, et ilz vous persecuteront Et lapostre dit Tous ceulx qui iustement veulent viure en dieu souffreront persecucion. Ce que les enfans furent occis et nostre seigneur euada, signiffie que les mauluais peuuent tuer les corps et oster les biens aux bons, mais nullement peuent oster de leur cueur ihesucrist, pour lequel ilz souffrent mort, et persecucion, car mourons ou viuons si bons sommes, tousiours auons dieu auec nous et sommes syens. Moralement les enfans sont occis de plusieurs et en moult de manieres. Le roy pharaon, les fit gecter en la riuiere, herode leur fit trancher la teste. Anthiochus les feist pendre, et ceulx de mede, les ont fait archeer et mourir p fleiches. Par les iectes on fleuue, est signifiee la delectacion de ceste vie presente. Par les tranches la teste, est denotee lafliction de laduersite de ce monde present. En ceulx qui estoient pendus, est signiffiee lambicion mondaine. En la fleche qui frappe de loing, est entendue craincte de souffrir on temps aduenir, et ainsi le diable entendu, par pharaon, par herode, par anthiochus, et par les medes, ha plusieurs faicons de dampner le monde. Quant marie et ioseph auec lenfant, entrerent en egipte, toutes les ydoles de la prouince en leurs temples cheurent, ainsi quil auoyt este prophetise par ysaye. On dit q ainsi q quant les enfas disrael yssirent degipte, ny eust maison ou ne mourust le premier ne des egipciens, ainsi maintenant ny auoyt temple, ou les ydoles ne fussent a terre, comme dagon cheut larche de dieu estant mise pres de luy. Aussi on lict en listoire scolastique, que ihereimas fut mene en egipte, et la pphetisa q on temps aduenir, vne vierge deuoit enfanter vng enfant q deuoyt destruyre tous les dieux et toutes les ydoles des temples. Et lors les egiptiens firent fayre lymaige de vne vierge, tenant vng enfant en son giron, et ymanderent q on luy portast honeur. Maintenant quant nostre seigneur entra en egypte auec sa mere ceste prophecie fut acomplye, et par telle cheutte les ydoles testifioyent la vierge auoir enfante Ceste chose fut figuree en moyse et en pharaon. Car comme il est escript en listoyre scolastique, pharaon le roy degipte auoyt vne couronne royalle, en laquelle estoit lymaige de son dieu hamon. Et la fille de pharaon, laquelle auoyt adoupte moyse pour son filz, pensa vne foys quelle le bailleroit a son pere pour veoyr, lequel pharaon se iouant, luy myst sa couronne sur la teste, et moyse la prinst et la gecta en terre et fut rompue. Et ainsi que le roy le vouloyt fayre occire, les sayges dentour,

b ii

luy diſtrent/que lenfant lauoyt fait par folye/et moyſe eſchappa des mains de pharaon. Auſſi noſtre ſeigneur par la voulenté de dieu euada le glaiue de herode Moiſe naquit affin quil deliuraſt les enfans de iſrael de la ſeruitude de pharaon. et dieu eſt faict homme/affin quil nous deliuraſt de la puiſſance de lennemy d'enfer. Moyſe rompit le dieu du r... de egipte/et ſa couronne/et iheſucriſt anichila tous les dieux de egipte/et les ydoles. Ceſte ruyne et deſtruction des ydoles/fut figuree en la ſtatue que nabuchodonoſor veiſt en ſon dormant. Il luy ſembloyt quil veoyt vne ſtatue/et de vne montaigne/ſans mail/ſans marteau/et ſans mains fut tiree vne pierre laquelle deſcendoit de force iuſqs aux pies de la ſtatue/et la rompit et froiſſa/et miſt en pouldre/et la pierre apres creuſt en vne grant montaigne. Ceſte pierre ſigniffye iheſucriſt/qui a eſte tire de la montaigne/ceſt de la vierge nee/ſans mains. car ſans aulcuns embraſſemens de homme/ne ſenſualite. et derompit toutes les ydoles de egypte/de quelque matiere quelles fuſſent/et creuſt en vne grant montaigne. car apres que ydolatrie fut deſtruycte/la foy de iheſucriſt a eſte fort augmentee. Et encore eſt creu/ſi grant/et ſi hault/que par ſa grandeur/il a remply le ciel et la terre. Selon criſoſtome/par ce que iheſucriſt eſt porte de iudee en egypte/eſt ſigniffie/que les apoſtres pour la perſecucion des iuifz paſſeroyent aux payens. Par ioſeph ſont entendus les preſcheurs/par lenfant/foy et cognoiſſance de iheſucriſt/par marie legliſe et la ſaincte eſcripture/par la perſecucion de herode/la perſecucion des iuifz contre les apoſtres. Donc noſtre ſeygneur myſt hors de egypte les tenebres de ignorance et repara le vray ſeruice de dieu/par telle faicon que puis apres/les deſertz de egypte furent remplis de ſainctes perſonnes q ardoyent en lamour de dieu. Sur ce dit criſoſtome. Si aulcun conſidere les deſertz de egypte/il luy ſemblera/quilz ſont plus dignes et ſollempnes/que neſt le ciel La ſont pluſieurs ſainctz hommes playſans a dieu/comme les anges. et vne compaignie de cheualiers aſſemblee/pour luy ſeruir. Certes le ciel ne luiſt pas tant par la diuerſite de ſes eſtoilles τ des planettes que egipte reluiſt τ reſplendiſt par la diuerſite des habitacions/chambrettes et monaſteres de religieux et moynes Les nuitz la ſont menees et debuyctes en ſainctes meditacions/et les iours a la faycon apoſtolique/ſont deputes a ſainct labour Quãt la vierge/et le ſainct homme ioſeph furẽt en egipte. ilz alerẽt en vne cite nõmee eliopolis/on pays de tebayde/en vne petite maiſon/et la demourerent par leſpace de ſept ans On liſt que la vierge filoit et couſoyt/et de cela qroyt ſes necceſſites/et de ſon enfant. On peut bien penſer/que ces pouures eſtrangiers/nauoyent pas toutes leurs plaiſances/et que ſouuent on leſ faiſoyt moult de iniures/leſquelles ilz portoyent paciemment Or penſe que ſe lenfãt demandoyt aucuneſſoys du pain/et la mere nen euſt/en quelle dol'elle eſtoyt Touteffoys le conſoloyt/ainſi quelle pouuoyt. et aulcuneſſoys gardoyt de ſon mengier pour donner a ſon filz/quant il luy demanderoyt. Et ſil luy eſtoyt necceſſaire querir ſa vie/par oeuure et labour manuel/que dirons nous des veſtemens/des vtencilles/et des aultres necceſſites de mayſon. Ie croy que leurs veſtemens neſtoiẽt pas doubles ne ſuperflus ne curieux/attendu que telles choſes ſont contre pouurete Et combien quilz les euſſent peu auoyr/touteffoys pour lamour de pouurete/nen tenoyt compte Auſſy ladame en couſant/ou faiſant aultre labour. ne ſempeſchoyt pas de curioſite/et de fayre oeuuraige dyſſolu/car ceſt choſe moult perplleuſe/et tres grant mal/comme ſera dit apres. Regarde maintenant la doulce dame/laborant/et ayant grant peine en gouuernant la maiſon/et en veyllant ſouuent en orayſon/et ayes delle compaſſion/et penſe quelle na pas heu le royaulme du ciel pour nyant/elle qui en eſtoit maiſtreſſe. Et meſme le ſaint homme ioſeph/qui eſtoit faure et charpentier/oeuuroyt aulcuneffois de ſon meſtier

Et quãd tu auras ainsi fait vng pou de demeure auec eulx troys en tes sainctes meditacions/et auras eu grant compassion de eulx/demãde leur humblement õgie et licence de toy departir/et requiers deuotement les genoulx flechis en terre et auec parfons des larmes leur benediction/et premierement celle du petit enfant Ihesus/et puys aprez celle de la saincte mere/et dernierement celle du bon hõme ioseph/et les salue/en pensant quilz sont estrangiers/et õme bannis et mys hors de leur pays sans cause/demourent en pelerinaige et viuent de la sueur et du labeur de leur corps/lespace de sept ans.

Oraison.

Seigneur Ihesucrist/qui as voulu toy estant encorez enfant souffrir persecucions et exil/et les enfans as souffert et pmis estre occis por toy/dõne a moy poure et meschãt toutes ces choses/et aussi sil conuent la mort pacientement souffrir pour toy/en desprisant toutes les richesses et les prosperitez du mõde/et ne craignant quelconquez aduersitez Et aussi vous tressainctz innocens fleurs et commancement des martirs/qui estes p vostre innocence et victoire et palme de martire coioinctz et unyz au filz de dieu/ie vo9 prie q̃ lvo9 plaise p la plenitude et habõdãce devrẽ grace/et parvre innocẽce impetrer pdon z grace enuers celuy tresdoulx filz ð dieu de mes enfermetez miseres et pechez Amen.

Du retour que fit nostre seigneur degipte/et du commancement de la penitence de sainct Iehan. xiiii. chapitre.

Quasi les sept ans acomplis de la peregrinacion de nostre seigneur en egipte/et herode mort/dieu rappella son filz Ihucrist Selon que bien les hystoires nostre seigneur fut ne le trentiesme an du regne de herode/et le trente et huytiesme an herode mourut. Tout cecy fut fait/affin q lescripture fust acomplie que dit dieu par le prophette Ex egipto vocaui filium meum. Jay rappelle mon filz de la terre degypte. Ceste autorite z sielle sentẽt selõ la lectre du peuple disrael q̃ estoit ẽfant de dieu z deliure ð la terre degipte/toutesffois mieulx sentẽt du filz de dieu naturel/car les aultrez sont enfans adoptifs. Dõc le premier an du regne de archelaus qui estoit le premier filz de herode nostre seigneur ayãt huit ans/lange apparut a ioseph en son dormant/et luy dist. Prens lenfant et sa mere/et retourne a la terre disrael/cest en iudee/car ceulx qui le queroient mectre a mort/cestassauoir herode/et ceulx qui luy fauorisoyent/sont mors Selon Iosephus le roy herode fit prendre plusieurs petis enfans des pl9 nobles disrael/et cõmanda que apres sa mort on les tuast pour faire plourer et trister les iuifz/lequel sauoit et estoyt comme certayn que de sa mort se siouproyet. Selon saint iherosme les scribes et pharisees ia fauorisoyent a herode sur la mort de nostre seigneur Et saint remy dit/que par ce que lange apparut a ioseph en dormãt/est mistiquemẽt signifie q̃ ceulx qui iamais ne se occupent aux choses terriennes et aux negoces seculieres/sont dignes dauoir la vision angelique/et la psolacion diuine. Adonc ioseph se lieua cõme prompt de curieusement seruir a lenfant/et a la mere/et de tãtost retourner de la terre disrael en la terre de promission et de iudee. Sen vont et repassent par le desert/par lequel estoyent venus/et les labours et peynes quilz auoyent euz a venir leur sont renouuellees Et est acõply ce q̃ le prophette dauid auoit dit/en la personne de nostre seigneur. Je suys pouure/et suys en labours des le commancement de mon enfance z tantost que fu ne/car nostre seigneur a soustenu grãs labours et dures afflictiõs sur son corps/et tresconstãment et sembloyt q̃il se hayoit pour lamour q̃l auoyt a nous. Certes ce seul labour duq̃l parlõs maintenant/eust souffiz grandemẽt pour nostre redempcion. O ame deuote auec luy z considere bien tout/et en aye cõpassion et pitie/car la matiere y est grande. On dit que pres de la fin de ce desert saint iehan baptiste commancoyt ia fayre peni-

h iii

tence combien quil fust sans pechie, car comme len dit il esta on desert en leage de sept ans, et par ce lieu aussi passerent les enfans disrael quand ilz vindrent de egypte. Celluy qui deuoyt prescher penitence commenca si tost quil peut, mener dure et aspre vie on desert, a laquelle vie aspre donna son ieune eage, affin que a ses auditeurs demoustrast se departir du monde pour mieulx vaquer a contemplacion, et pour puyser a la parfonde fontayne de sapience, ce que apres espandroyt au peuple. Et a son exemple est bon porter le ioug et la charge de dieu quant leage est ieune, et soy acoustumer a bien faire. Par cecy on prent arguement que les imparfaictz ne doyuent pas estre maistres. Sainct iehan habitoyt et demouroyt on desert, la ou layr est plus nect, et le ciel plus ouuert, et dieu plus familier, affin quil peust auant le temps de baptiser et de prescher vaquer a oraison, et conuerser auec les anges, et que apres neust honte ne craincte de reprendre nully, veu que en luy nauoyt que reprendre, et aussy a ce quil fust digne de foy, luy qui deuoyt testifier et tesmoygner laduenement du filz de dieu. Et nul ne peut estre vray tesmoyng daultruy, si premier ne lest de soy mesmes. Il fuyt donc le monde, affin quil ny print aulcune tache de male renommee, ou de scandale, et que sa vie ne fust souyllee de vayne et legiere parole, ou de pechie, quelque fust, car selon crisostome. ainsy quil est impossible, que vng arbre plante pres du chemin puisse garder son fruyt iusques a maturite, ainsi est il impossible, que les hommes qui sont tousiours au monde et viuent selon le monde iusques a la fin de leur vie gardent innocence et purte de vie. Et combien que aulcuns arbres soyent plantes es iardins, et bien enmures et bien enclos, tellement que les passans ne pouuent toucher au pyed, touteffoys ilz croyssent aulcuneffoys tant en branches, que les passans en peuuent prendre le fruyt. Ainsy est il des religieux qui se impliquent aux affayres mondains, car souuent perdent le bon fruyt de saincte operacion. La vie de cestuy enfant saint iehan est moult digne et cellente et merueilleuse. De laqlle pierre de rauene docteur escript, en telle maniere, et dit. Ce benoist et saint enfant en son ieune eage fut mene par inspiracion du saint esperit on desert, car combien que selon nature son eage fust foyble pour endurer tel labour, touteffoys dieu luy donnoyt force de porter toute peyne, car pour lamour de luy laissa totalement le monde et fuyt les hommes. Il laissa son pays il desprisa ses parens, et seulement eut loeil et le regard a la contemplacion de la diuine bonte, et aux choses celestes. O merueilleuse conuersacion de homme qui a peyne entre au monde, et ia laisse le monde auec toute sa cupidite, en oubliant tout, et en querant seulement demourer et estre auec dieu. Cest enfant oblie son eage, et la noblesse de ses parens pour vacquer seulement a la deite, en monstrant de viure aux religieux et aux anachorites et moynes la maniere et lexemple de toute religion. Crisostome. Ainsi q les apostres sont les princes des prestres, ainsi saint iehan est prince des religieux. O religieux consideres vostre dignite, car saint iehan le prince de vostre vie quant a conuersion, tantost qil fut ne fut moyne et hermite, et alla on desert, et la fut nourry, et actendit la le filz de dieu en sollitude. Il ne voulut point demourer en la compaignie des hommes, mais auec les anges estoit sa conuersacion. Il voulut aprendre la vraye science on desert en solitude. Bieneureuse est telle conuersacion cest desprisier les hommes, querir les anges, laisser les cites, querir et trouuer ihesucrist en solitude et en secret. Il ne le queroit pas on temple et en public lieu, mays on desert. Bien sont eureux ceulx q ensuyuent la penitence et la vie de saint iehan, auquel entre les enfans nez de femme nul est a comparer, ne si digne. Les religieux et cloistriers, qui ne ensuyuent saint iehan leur prince, et patron, mays plus tost desirent conuerser auec les mondains, et ausquelz solitude est prison, et les villes et chasteaux paradis, sont bien mauldits et maleureux. Ainsi ne sentoyt pas saint iheros mie qui disoyt/voyant et bient qui vouldra vng chescun habonde en son sens Quant a moy la ville mest vne chartre et prison/ et la solitude et reclusaige mest vng paradis Le moyne doyt cognoistre son nom. Monos en grec/cest seul en latin/et achos/cest triste. Et pource le moyne est dit vng et triste Se seye donc seul et triste/et vacque a ce q̃ son nom luy enseigne/et ne vsurpe loffice daultruy. Touteffoys sil veult prescher/et enseigner les aultres/oy le coseil de hugues de sainct victor qui dit. O moyne la vilte de ton habit/et la simplesse de ta face et la sainctete de ta conuersacion/doyuent enseigner les hommes/et myeulx les enseigneras en les fuyant/que en les suyuant. Et selon sainct gregoire/le religieux doyt porter reuerence a son habit qui demostre tout bien/en oeuures/en parolles/en cogitacions/et se doyt estudier a parfaictement laisser ce monde/affin que ce quil monstre deuant les hommes par son habit pretende auoyr en sa conscience deuant dieu par bonnes meurs. O religieux donc ne te gloriffie point/de ce que tu es en religion/ou en solitude/ou que tu y as demoure longuement si tu ne te estudies a bien viure/car riens ne te prouffite/mays nuyst grandement estre appelle religieux/et nen mener pas la vie. Iherosme. Auoyr este en iherusalem nest pas fort de louer/mais est grandement a louer auoyr bien vescu en iherusalem. Et sainct augustin dit a ses freres hermites Mes freres/riens ne no9 prouffite auoir laisse le monde si nous viuons ainsi que ferions si estions au mõde. Que nous peut prouffiter labitacion du lieu secret/quant ire ou malice regne en nostre ame/ou quant no9 faisons nos oeuures pour playre plus au monde/que a dieu/ou que sommes hors du monde/et touteffois par diuerses passions tenons le monde enclos en nous/en telle maniere que nous auons plus besoing des prieres du peuple/auql deuons ayder/que le peuple na des nostres Il nest point a doubter/que lame en laql le regne la concupiscence des voluptes mondaynes/et qui est faicte logis et habitaciõ

de conuersaciõ vayne/ne peut estre digne dauoyr le royaulme de dieu/tãt quelle soyt en cestuy estat Et pource mes freres dit encores sainct augustin/considerez vostre vocacion/car cest souueraine perfectiõ de laisser le monde et venir ou desert et a lermitage/mays ne viure pas selon lestat que on prent/cest grande dampnaciõ. Quelle chose prouffite si le corps est en lieu secret et paisible/et lame est troublee et agitee des passions/et affections desordonnees. Je demande/que prouffite tenir silence ou monastere/se la conscience des habitans/est en tumulte de vices ou de pechies. Que pfite/se par dehors tenons vie necte/ et de paix/et dedãs auons tempeste et troublement. Certes nous ne sommez pas venuz en ce lieu/affin que le monde nous suyue et nous serue/et que habondõs en toutes delices/et ayons toutes nos plaisances Mo ne sommes pas venus en ce lieu po9 auoir repos/ne pour estre en seurete/mais sommes venuz pour batailler contre les vices et passions qui dominent en nous/comme est refraindre la langue/ou ne rendre pas mal pour mal/et quant on nous le fera/le porter paciemment pour lamour de dieu. Mays helas auiourduy/peu de religieux sont trouues/qui sestudient prouffiter de bien en myeulx/et qui montent de vertu en vertu. Saint bernard. Plus facilemẽt et de legier tu trouueras seculiers qui se conuertissent au seruice de dieu/que vng religieux prouffiter de bien en myeulx. Cest vng oysel que on ne trouue gueirez en terre que le religieux sestudie monter du degre lequel vne fois il a prins en religion. Touteffois il est de necessite/ou que on monte/ou que on descende/car se on se cuide tenir en vng estat on cheit Une persone ne doit point estre appellee bonne/se elle ne sestudie estre meilleure/car quant len fuyt destre meilleur/on deffault destre bon. Donc ioseph/marie/et lenfant passerent le fleuue iourdain/et vindrent en la terre disrael selon le commandement de lange. Or lange nauoyt point determine yeu special en la terre disrael/onquel ilz deussent demou

h iiij

rer/affin que ioseph fust en crainte τ doub
tast tousiours/et lange retournast pour le
consoler/et ainsi fust plus seur et plus con
sole de la continuelle visitacion angelique
Et ioseph ouyāt que archelaus ancien
filz de herode/et son heritier deuant tous
ses freres/regnoit en iudee qui estoit la ter
re de deux lignees/cest de iuda et de benia
min craignit y aller/car celluy archelaus a
uoit fort a cueur fayre garder les faictz de
son pere Et luy admonneste par lange/en
son dormāt alla en galilee ou demouroyt
lautre filz de herode/cestassauoir herodes
anthipas/car combien que son pere leust
priue de son heritaige/touteffoys les rommains luy auoyēt baille ceste partie du ro
yaulme des iuifz/et habita en la cite de naza
reth/ou il pouuoit demourer seurement/
car cestuy ieune herode tenoit des faytz de
son pere peu de compte/veu quil lauoit des
herite. Tout cecy fut fait/affin que lescrip
ture fust acomplye/qui dit que cest enfant
sera appelle nazareus/qui veult dire con
sacre et saint a dieu. Le nom luy estoit bien
propre/tant pour ce que en ce lyeu il auoyt
este conceu et nourry/tant aussi pour la sy
gnificacion du nom qui signifie floury/car
il est essencialement la fleur de toute sainte
te/et le sainct des saintz Tu veoys que
lenfant ihesus est retourne degipte/et vie
nent les seurs et amys de nostre dame pou
le visiter et demeurēt en nazareth/et menēt
poure vie. Le bon ioseph/ainsi quil auoyt
acoustume/oeuuroyt de son mestier/et la
vierge labouroyt en filant et cousant ainsi
quelle pouuoyt/car elle estoyt moult diligente τ soigneuse enuers son enfant Saīt
anselme dit/quil nest engin/ne science/qui
peust penetrer. ne langue qui peust racon
ter en quelle doulceur la vierge nourrissoit
ce petit enfant, et de quel seruice elle le seruoyt en son ieune eage. Et ainsique apres
elle reuela a vne deuote personne/moult de
foys quāt elle tenoyt son enfant en son girō
de la grāt doulceur de deuocion qlle auoyt a
luy/elle luy enclinoit son chief/et plouroit
si tendrement/que de ses larmes fort amou
reuses/arrousoyt le chief et la face de son
filz en luy disant. O la ioye et le salut de
mon ame. Et qui est celluy qui se peust con
tenir de plourer/en ouyant/ou en meditant
en son cueur telles choses. On ne list plus
ryens de lenfant ihesus ne de ses parens/
iusques au douziesme an. On dit/et est
chose veritable/que en nazareth est encores vne fontaine petite/de laquelle lenfant
ihesus souuent puysoyt/et amassoyt aux
champs des herbes pour menger. Et se
on leust peu trouuer seul a seul/en faisant
ces oeuures de humilite/ie pense que on
eust eu de luy doulces paroles/car en telz
seruices/il seruoyt sa doulce mere/et nauoyt aultre qui luy aydast en ses necessites
Le maistre de humilite commēca bien tost
a soy excercer en icelle/de laquelle sur tou
tes les aultres se gloriffioyt/en disant. A-
prenes de moy/car ie suis humble et doulx
de cueur. Anselme. Ne penses pas que ce
soyt pou de chose/se en tes meditacions/
tu veoys lenfant ihesus en nazareth/auec
les autres enfans/et aussi si tu veoys com
ment doulcemēt τ humblement sert a sa me
re/et a son nourrysseur ioseph/en tout ce
quil peut selon son humanite.

Oraison
O Ihesus tresdoulx ne de la vierge/
q te trāsportas aux parties degip-
te/et toy rappelle/retournas en la
terre disrael/rappelle moy ton seruiteur q
suys loing de deuāt tes yeulx gecte en lexil
de egipte/qui est ce monde/et en tenebres
de peregrinacion. O sire fay moy retour-
ner/de corps/de ame/et de voulente des
parties de cest egypte/et des tenebres de
conuersacion mondayne/et me fay laysser
les vices/et me transferer aux vertus/et te
plaise de me faire entrer en la terre de pro-
myssion maintenant par foy/esperance/et
charite/et on temps aduenir en vision τ ve
rite τ glorificacion Amen.

De ce que ihesucrist demoura au temple et la de sa mere fut trouue. xv. chapitre

Selon leuangile de saint luc/ lenfant ihesus croyssoyt et estoit conforte/ tant en grandeur/ que en vigueur. Et a ce/ que personne ne ymagine quil creust selon lame/ comme il faisoyt selon le corps/ leuangeliste dit/ apres quil estoyt pleyn de sapience quant a lame/ et la grace de dieu estoyt en luy quãt a tous deux/ cest quant a lame et quant au corps. Bede Pource que en lenfant ihesus habitoyt plenitude de diuinite/ il estoyt plein de sapience et nauoyt besoing de accroissement ne de confort/ car il estoit le verbe eternel de dieu/ mais entant quil estoyt homme/ grace estoit en luy/ et luy fut donnee si grande selon son humanite quil fut parfaict si tost quil fut homme/ ainsy que sainct iehan escript de luy quil estoit pleyn de grace et de verite/ car il auoit plenitude de toutes vertus/ et des dõs du sainct esperit excepte foy et esperance/ en lyeu desqlles il auoit certitude de science et ferme possession/ car des linstãt de sa conception/ il estoit benoist/ et cõprehẽseur Donc quant on dit que nostre seigneur estoit cõforte ou croissoit/ ou telles aultres choses/ on doit penser selon le corps Saint bernard. Lenfant ihus estoit homme auant quil fust ne non pas par eage/ mais par sapiẽce et selõ lame/ et non pas selon le corps/ car il neust point meindre sciẽce en sa conception que en sa natiuite/ ne estant petit q̃ grãt quant a lame/ bien auoit meindre pouoir quãt au corps et aux oeuures exterieures Luy donc estant on ventre de sa mere/ ou estãt ne/ ou en interrguãt les saiges/ ou enseignant le peuple on tẽple/ fut plein du sainct esperit. Touteffois il proufitoit selon la cognicio sensuelle et exprimentale/ car son sens de nouuel se puertissoit a aucunes choses/ esquelles deuant ne se puertissoit pas cõme dit lapostre qil a apris obediẽce p les choses qil a souffert Lapostre ne dit pas quil neust pmier qil nasquist la vertu dobediẽce. mays dit qil aprit p experiẽce/ cest p actualemẽt obeir a dieu et a sa mere et a ioseph Bernard. Il fault si tu veulx auoyr cõpassion de la misere dautuy/ q̃ premieremẽt tu cognoisses la tienne/ affin que en ta pensee tu trouues celle de ton prouchain/ et ainsy en te cognoissant tu aprẽdras cõmẽt tu lui dois subuenir Le benoist filz de dieu quãt quil se humiliast en prenant la forme de son seruiteur/ par experiẽce ne cognoissoit point q̃ cestoyt de misericorde ne de obediẽce/ car il nauoit point experimẽte q̃ cestoyt de misere ne de subiection mais quãt il sest humilie iusqs a prẽdre nr̃e humanite en laq̃lle il pouoit souffrir passion/ et subiection il eust experiẽce de misericorde et dobedience Touteffois par ceste experience/ science ne fut poit accreue ne augmẽtee/ mais tout ce faisoit affin que en luy nous eussons plus grande fiance/ quant nous voyõs q̃ celuy no[us] est fait tresprouchain/ duql par nr̃e misere estiõs despriz Qui est celuy de tout le monde q̃ eust peu approcher d lui sil fust demeure en son ipassibilite et mageste Maintenant no[us] sommes admonnestes/ que par vraie foy alons au trosne de sa grace/ quãt nous cognoyssons quil a soustenu en son corps noz douleurs et langueurs. Et pour ce ne doyuons point doubter, que pource quil a souffert a apris a uoir compassion de nous. Et alloyent ses parens tous les ans en iherusalem en la sollepnite de pasques, comme religieux et deuotz obseruateurs de la loy. Et saichez que les iuifz auoyent par leur loy sollempnites comunes comme le sabbat en memoyre q dieu auoyt cesse celuy iour de creer z la neomenie qui estoyt au renouueau de la lune en memoyre du createur qui a cree toutes choses, et aussi auoyent sollempnitez annuelles comme pasque, en memoyre de leur liberacion degipte, et cinquate iours apres la penthecousse quant la loy fut donnee a moyse, et le p[re]mier iour de septembre la feste des trõpettes, car alors ilz sonnoyent de trõpettes et de cornetz de bestes, en memoyre que a tel iour ysaac fut deliure du sacrifice que abraham son pere vouloyt fayre de luy, et le dixiesme iour de septembre la feste de propiciacion, car a celluy iour moyse leur appozta, que lyre de dieu estoyt appaysee sur eulx, quil auoit eu a cause de ladouracion du veau, et le quatorziesme iour de septembre la feste des tabernacles, car alors ilz demouroyent en tentes, en memoyre que par quarante ans leurs peres auoyet este sans maisons soubz tetes. Mais sur toutes ces festes troys estoyent principales, cest pasque, penthecoste, et scenophegia ou des tabernacles, et duroyent sept iours. et en ces troys sollempnitez, tous les hommes deuoyent aller et apparoistre deuant dieu, et non pas les femmes de necessite mais touteffoys plusieurs y alloyent par deuocion Et pource la benoiste vierge y aloyt, car elle ne vouloyt pas laysser son enfant sans garde. Donc lenfant ihesus ayant douze ans alla a la feste auec ses parens selon la coustume de la loy. Parquoy est demonstre que les hõmes se doyuent acoustumer a seruir dieu des leur ieune eage. Maintenant lenfant ihesus trauaille pour le long chemin quil luy conuient fayre, et vayt au temple pour honnourer son pere celeste en ses sollempnitez, gardant humblement la loy, luy qui en estoyt seigneur. Et pource quil estoyt venu en ce monde pour donner exemple de humilite et de toute perfection il a voulu garder la loy tant quil a este en ceste vie. Bede. Le doulx ihũs garda la loy quil auoit donne, pour nous monstrer que nous qui sommes purs hommes, deuons garder tout ce que dieu commande. Donc se nous le desirons veoyr en sa mageste et gloire, nous deuons estudier lensuiuir par le chemin et conuersacion de son humanite Nous donc qui sommes seruiteurs, a lexemple de nostre seigneur deuõs en grãt soing et cure par bõnes oeuures preuenir les sollempnitez et soigneusement garder les cõmandemẽs de dieu. Il estoit vng religieux qui auoit telle deuocion aux festes de nostre seigneur, de nostre dame et de tous les sainctz, que deuant chescune feste il se preparoyt par ieusnes, oraisons, et castigacions corporelles a receuoir telle sollempnite, et tãt quelle duroit occupoit son ame en meditaciõs deuotez, selon la feste que cestoyt. Moralement nous sommes ycy enseignez que aux iours des festes specialement chescun crestien doit aller au lieu que nostre seigneur a esleu pour estre prie, cest a leglise, et non pas aux ieux, ne a la tauerne, car aux iours de feste, on doyt vacquer a louer dieu, et non pas aux vanitez et aux vaces On doyt entẽdre a aulmosnes, non pas a vsure ou a larrecin. On doit entendre a bõnes oeuures, non pas a curiositez, a gourmander et paillarder, et de ceulx qui font aultrement dit dieu par ysaye. Mon ame a hay voz follempnitez, et chansons et kalendes. Apres donc que nostre seigneur fut en leage de douze ans, lequel nõbre figuroyt le nombre des saulues par la doctrine des douze apostres, par la religion et conuersacion des douze patriarches et en la election des douze lignees, il manifesta sa sapience, en demonstrãt ce quil deuoyt a son pere celeste, et a sa mere selõ humanite. Et ainsi quil auoit rendu et exhibe a ses parens ce quil leur deuoyt, en allant auec eulx comme hõme en iherusalem pour offrir a dieu sacrifice, aussi il vouloyt rendre ce quil deuoyt a son pere celeste en vacquant a doctrine saincte et predicacion.

Quand donc la sollempnite et les huyt iours dicelle, ce sont les octaues furent acomplis, lenfant ihesus demoura en la cite de iherusalem, apres que ses parens et amys sen furent allez, non pas que ce fust pour la negligence deulx, ou quilz leussent oblie, mays tout fut faict selon son ordonnance et sa voulente, affin que en leage de son enfance demostrast et enseignast a tous le zele quil auoyt aux choses spirituelles et diuines. Et ne apperceurent point ses parens quil fust demoure, mais le pensoient certaynement estre en la compaignye des vngz ou des aultres de ses parens, ou de ses amys. La cause pourquoy il voulut ainsi demourer sans leur sceu estoyt, a ce quil ne fust p eulx empesche, ou se il ne leur eust obey quil ne leur eust semble les auoyr contempnez et mesprises. Aussi pour donner enseignement, que les enfans sans le sceu de pere ou de mere, ou de aultres amys et parens peuent eslire vie de perfection, come est lestat de saincte religion. Et pource que la coustume estoit pour mieulx garder mondicite et chastete, que les hommes alloyent dune part, et les femmes de aultre a laller et au reuenir, et les enfans pouuoyent aller indifferament, ou auec leurs peres, ou auec leurs meres, ou auec leurs aultres amys, la vierge creoyt que son enfant ihesus fust en la compaignye de ioseph son pere estime et putatif, et ioseph p le contraire pensoyt quil fust en la compaignie de la vierge sa vraye mere. Et ainsi quilz eurent chemine et fait vne iournee, au soyr vindrent au lieu ou deuoyent loger, et la dame mere voyant que lenfant nestoyt pas auec ioseph son mary, fut moult troublee et desolee, et le queroyt par les maisons et hostelleries auec ioseph en grans douleurs, larmes et amertume de cueur. Va et toy ame deuote tousiours auec eulx z quers lenfant ihus ton maistre iusques a ce q le trouues. Regarde bien aussy ceste doulce mere, et ayes compassion delle, car despuys leure

quelle fut nee iusquez a maintenant ne fut en telle angoysse ne tribulacio. Quelle ioye pouuoyt elle auoyr qui auoyt perdu ihus. Et combien que ses amys la reconfortassent tant quilz pouuoyent, toutesfoys elle ne pouuoyt prendre en rien psolacion. Ne nous troublons point donc quand dieu nous enuoye tribulacion si grande soyt, car il na pas espargne sa mere, mais luy donna des affaires. Il pmect que ses amys ayent tribulacions, et par elle leur mostre signe damour. Quad la dame ne trouua point lenfant, elle retourna en son hostellerie et en sa chambre, et se conuertit a grans larmes et a oraysons, et par toute la nuyt son ame estoyt en grant amertume de la perte quelle auoyt faite de son enfant tresbien ayme. Et le matin venu se partirent elle et ioseph de lostelerie et du logis, et le queroyent par les chemins et voyes par lesquelles on pouoyt venir de iherusalem, et le demandoyent souuent a leurs amys parens et cousins e a ceulx qui le cognoissoyent et estoyent en la compaignie et aux aultres. Et quad ne le trouueret poit, la doulce mere sans esperance de le trouuer estoyt en vne cotinuelle angoisse. Et qui est celluy qui peut penser de quelles playes a celle heure son cueur estoit naure, et quelz souspirs et gemyssemens elle mectoit hors, et quelles angoisses alors sentoit. Certes elle comancoyt ia auoir experience de la douleur qui estoit a venir en la passion, laqlle symeo luy auoyt deuant dict. Elle ne sauoyt que faire, ne q dire, car elle auoit perdu le tresor que dieu luy auoit baille en garde. Elle pouoyt bien dire auec grans plours et larmes ce qu e disoit ruben de son frere ioseph comme il est escript en genese. Helas lenfant ne se troue point et moy pouure ou iray ie. Considere maintenant o crestien, que la vierge na point perdu son enfant ihesus elle estât en egipte qui estoit estrange pays, ne en tout le téps qlle fut en tribulacion, mays quad elle ioyeusement alla a la feste le perdit. Parquoy est donne a entendre que ihesus est tousiours garde en aduersite, mais souuent on le perd en fortune z prosperite.

Et retournerent le tiers iour en Iherusalem On peut bien pēser que ce nestoit pas sans grant labour ne sans grans plours. Et pouuoyt bien proprement la vierge dire ce qui est escript aux cantiques. Je ay queru celluy que mō ame ayme/ne lay quis et ne lay poit troue/cestassauoyr entre ses parens et cousins. Je me lieueray en le qurant de lyeu en lyeu/et circuyray la cite par les places z rucs/et querray celuy que mō ame desire. Et apres le troysiesme iour qͥl fut abscent de sa mere par quoy sont figures les troys iours d̄ sa mort. ausqlz iours aulcuns pensoyent quil fust perdu sans ia mais resusciter Le quatriesme iour au matin le trouuerēt au temple. affin selon saint ambroyse quil donnast enseignement quil resusciteroit apres le tiers iour de la victoire de sa passion/luy q̄ on creoyt estre mort. et fut trouue en gloire de son immortalite Ilz ne le trouuerēt pas aux ieux ne au marchie/comme on trouue souuent les aultres enfans. mais le trouuerent au lieu saint/q̄ estoit depute a doctrine/et a oraison. car le filz demeure voulentiers en la mayson de son pere. Celluy qui voulentiers demeure en leglise monstre quil est filz de dieu/z celluy qui se tient voulentiers a la tauerne mōstre qͥl est filz du dyable/car il demeure en la maison de son pere. Je dis donc quilz le trouuerent au temple. non pas en courant de ca et de la 'cōme la coustume est des aultres enfans/mays comme fontayne de sapience se seoyt composeemēt au milieu des docteurs/affin quil les peust mieulx ouyr/ et conferer auec eulx/en monstrant signe de humilite. Et les interrogoyt/ et ouyoyt premier quil les enseignast /en donnant exemple aux saiges et docteurs /quilz soyēt plus promptz a ouyr que a enseigner/ car celluy se monstre fol qui respond auant qͥl ouye. Il les interrogoit/non pas quil en eust besoing. ne quil voulsist aprēdre /mais affin qͥl nous donnast la forme et maniere daprēdre. z dauoyr zele z amo^r a la saincte escripture/ et q̄ ce que nous nentendōs/ne ayons point de honte le demander/laquel

le chose ne font pas plusieurs orgueilleux qui ayment plus demourer en leur ignorāce/que demander. Selon bede. pour demōstrer quil estoyt homme /il escoutoyt humblement les hōmes maistres/et pour prouer quil estoyt dieu/quand ilz parloyent / leur respondoyt si haultement que tous ceulx q̄ le ouyoient se esmerueilloyent/en voyant son enfance/et la prudence q̄ estoit en luy /en interroguant /en opposant z en respondant. Ilz consideroyent cestuy enfant estre homme et non pas dieu. Ilz veoyent quil ouyoit humblement/queroyt prudentement. et respondoyt saygement/ luy qui estoyt encores enfant. Il interrogoyt/ z souloit ses questions/et celles des aultres/en tenant la maniere du saige maistre qui enseigne ses disciples en les interrogant/et en leur respondant. Et mesmes ses parens le voyant assis ou meillieu des docteurs se esmerueilloyent pource que iamays ne luy auoyent veu faire telles choses. Et sa mere le voyant comme reuenant de grant douleur en ioye/rendit a dieu graces et louenges   Et lenfant Ihesus voyant sa mere/vint a elle/laquelle le receupt doulcement en le baisant z en le regardant en sa doulce et plaisante face/et luy disant. Fili quid fecisti nobis sic Comme si elle disoit. O mō cher enfant cōment auons peu soustenir que vostre mere tant soigneuse z tant diligente de vous ayt eu telle douleur La vierge mere laquelle lauoit queru par troys iours /apres quelle leur trouue estāt entre ioye et douleur doulcement le reprenoyt. Elle parloit et non pas ioseph/duq̄l on ne list point q̄ iamays luy parlast. Aussy ioseph ne presuma pas luy parler. veu quil ne doubtoyt point quil ne fust filz de dieu. Mays la mere /en laquelle auoyt este plus grant douleur du grāt amour qͥ le auoyt a luy presumoyt le reprendre/ car amour excellant ne scet auoir maniere Gregoyre. La mere attraicte par compassion a son filz monstre vne inquisicion piteuse/ et cōe mere tout son desir. toute son affection hardiemēt et humblemēt exprime /en disāt fili/enfant pourquoy nous as tu ainsi fait Et saint anselme ainsi dist. O ame deuote si tu auoyes queru diligentement lenfant ihus estant en leage de douze ans auec sa mere par troys iours. O qui se pourroyt contenyr de plourer quant on veoyt la mere doulcement/comme chastiant son enfāt et luy disant. O filz pourquoy nous as tu fait telle chose. On peut aussi dire que elle ne le reprenoit pas/mais que benignemēt se complaygnoyt de ce quil auoyt este tant long temps separe delle/en luy disant Ecce pater tuus et ego. O mon enfant tu veoys ton pere/qui ainsi est appelle/pource quil te nourrist/et moy auec luy te querons doulans de ce que tauons perdu/car ta p̄sence nous est tresdoulce. En quoy auons morale instruction/que no⁹ deuons auoir douleur quant nous perdons thesus/laquelle chose se fait/quant nous pechons Et le deuons querir/par les troys iours de penitence. cestassauoir par contriction douloureuse. par confession honteuse/et par satiffacion laborieuse. Et se ainsy le querons/il nest poīt a doubter que le trouuerons Mais helas plusieurs sont auiourduy plus courrouciez de perdre les biens temporelz/que les biens spirituelz/et de salut eternel. Bernard. La beste cheout/et trouue q̄ la relieue/lame perist/et nul est q̄ luy secoure Adonc lenfant oyant ainsi sa mere/dist/en lenseignant/plus tost que en la reprenant. Pourquoy est ce/que ainsi me queres Ne saues vous pas quil me cōuient estre aux choses qui appartiennent a mon pere/cestassauoir au temple/en doctrine/et en oeuures/par lesquellez il est manifeste. Comme sil disoyt/vous ne vous deues point esmerueiller/car ie doys plus regarder aux oeuures de celluy duquel ie suys filz eternel/et selon la nature diuine/que a vous mere/qui seulement suis voṡtre filz selon lumanite/ne que a vous ioseph/ auquel suis filz seullement par nourriture Et combien quil aymast ses parens/z quil leur obeyst. touteffoys principalemēt vouloyt honnourer dieu son pere. En quoy est donne enseignement que le seruice de

dieu est a p̄ferer a celuy des parens. Moralement nous sommes enseignes en ce q̄ nostre seigneur corrige la parolle de sa mere/laquelle lauoyt quis entre ses cousins et amys/que celluy qui est entre ses amys/ et qui donne a son corps ses plaisances ne peut sinon a grant peyne paruenir a grāt perfection/et aussy que lomme souuēt deffault d̄ p̄fectiō po⁹ laffectiō q̄l ha a ses parens Et est a noter q̄ ceste parole q̄l respōdit a sa mere/fut la premiere que on list estre profferee de sa bouche/en laquelle il demonstra expressement sa diuinite. Et fut si hault/et si grāde/que ioseph et marie ne lentendyrent point/comme appert par ce qui est mys apres/car ilz nestoyent point a coustumes douyr de luy telles parolles. Il leur vouloyt demonstrer que la cure du temple luy appartenoyt/comme a son pere/et le gouuernemēt de toutes choses spirituelles/car en tous deux nya que vne mageste/et vne gloyre/vne operacion/vng siege/vne mayson/non seullement spirituelle/mais aussy materielle. On aussi lē peut dyre/que bien lentendyrent/car fermement ilz croyoyent quil estoit filz de dieu/mays nentendoyent pas encores si clerement les misteres et secrets de la nature diuine/comme puis apres firēt. Cecy fait et dit a la requeste de sa mere/retourna auec eulx en nazareth pour leur consolacion/en leur recompensant les douleurs q̄lz auoyent heuz pour luy. Icy nous demonstre ses deux natures/car comme filz de dieu/il demeure au temple/et comme filz de lomme/il retourne en nazareth/auec ses parens/et estoyt subiect a eulx/pour nostre instruction/et pour confondre nostre orgueil/car souuent nous ne voulons obeyr a noz souuerains/Ie diz quil estoyt subgect a eulx/voyre en la nature/en laq̄lle il est meindre que le pere. car comme dit sainct austin Lenfant ihesus selon lumanite estoit meindre que ses parens Et toy doncques soyes subgect et obedient po⁹ lamour de luy/affin que pour la charge et labour de obedience et subiection tu retornes a luy/leq̄l auoyes layssie p̄ orgueil et par inobedience. Icy nostre saulueur no[us] a demonstre et exhibe lexemple de humilite, et la forme dobediece, q[ua]nt luy qui est le souuerain imperateur, et auquel tout le monde est subiect a voulu humblement estre subiect a homme. Ouyes vo[us] qui estes subiectz et vo[us] esiouysses en vostre humilite et subiection, en pensant que celluy qui est le prelat de to[us] na pas reffuse a estre subgect. Aussi se gardent les prelatz de eulx orgueillir, car aulcuneffoys les subgectz sont plus grans en merite que les prelatz. Regarde aussi de quelle dignite est la glorieuse mere vierge, car celluy auq[ue]l toute creature est subiecte luy obeist. Saict augustin. La vierge eust ce singulier priuilege, que celluy luy fut subiect, auquel non seulemet nature humaine obeist, mais aussi nature angelique ladoure, et luy faict reuerence. Bernard. Esmerueille toy de ces deux choses, cest assauoir de la grant benignite du filz de dieu, et de la grant dignite de la vierge, car lung et lautre est bien a esmerueiller. Cest humilite non pareille, que dieu ayt voulu estre subiect a femme, et dignite sans compaigne, que la vierge ait dieu pour son subiect. O toy homme apres obeyr. O terre aprens estre subgecte. O pouldre aprens obtemperer. O cendre orgueilleuse, tu doys auoir grat honte q[ua]nt dieu se humilie et tu veulx te exaulcer. Dieu se fait subiect aux hommes, et tu quiers auoyr seygneurie sur eulx, et en ce te veulx preferer a ton createur. car toutesfoys que homme veult presider a autre, il se efforce aller deuant dieu, et en ce faisant ne gouste pas les biens de dieu. Il est a noter, que le filz doyt plusieurs choses a ses parens. Premieremet, il leur doyt amour de cueur. Secondement honneur en oeuures. Tiercement, substentacion en neccessite. Quartemet, seruice en leurs affaires. Quitement reuerence en parolles. Sextiesmement obedience en choses honnestes. Septiesmemet, leur doit demander pardon quant il les offense. Huytiesmement, en aduersite tollerance. Et len pourroit demander, que fist lenfant ihesus en ces troys iours.

Et pour responce, regarde diligemment, comment il se loge toutes les nuitz, en aulcun hospital de poures, luy qui estoyt ho[s]teur, et boyt et menge auec les poures. De ceste matiere parle sainct bernard, en luy demandant en ceste maniere. O sire q[ui] vous a substante, en ces troys iours Et respo[n]d a luy mesmes, et dit O sire ihesucrist affin que en toutes choses fussies conforme a nostre pourete, vous auez q[ue]ri[t] vostre vie de huys en huis en ce mo[n]de, co[m]me vne poure creature helas qui me donra estre participant dung morceau du pain que demandiez, et estre engraisse des reliefz qui demourope[n]t de vostre sainct mengier. Regarde aussi son estre entre les docteurs en visaige plaisant et saige, et co[m]ment en toute reuerence les interrogue, comme sil fust ignorant, et les escoute en humilite, affin quilz neussent vergoigne de leur ignorance, en ouyant ses merueilleuses responses.

Moralement en ces choses deuant dictes, tu peus penser troys beaulx notables. Le premier est que celluy qui se veult ioindre a dieu, ne doyt point demourer auec ses pares charnels, mais se departir deulx, car quant lenfant ihesus voulut entendre aux choses de son pere, il laissa sa tresdoulce mere, et aussi elle ne le trouua pas entre ses parens selon lumanite, car il nest point trouue en compaignie charnelle. Bernard. La doulce vierge quist lenfant ihesus, entre ses cousins, mais elle ne ly trouua pas. Et pource fuys tes freres et toy mesmes, si tu veulx trouuer ton salut, et oblie to[n] peuple et la mayson de to[n] pere, et q[ua]nt tu le feras le roy desirera ta beaulte. Et derechief dit O bo[n] ih[esu]s, si tu nes pas trouue entre tes pares, o[u] me[n]t te pourray ie trouuer entre les myens. Comme[n]t te pourray ie trouuer en viua[n]t ioyeuseme[n]t en ce monde, q[ua]nt ta doulce mere, en grant douleur a peine te peust trouuer. Aussi le doulx ih[esu]s ne peut estre trouue en la compaignie de plusieurs co[m]me en la multitude des mondains, mais seullement on le trouue au dedans de son ame, en laquelle est le temple de dieu. Le second enseignement si est, que celluy qui vit spirituellemēt ne se doit point esmerueiller ne esbahir sil est aucuneffois tout froit et tout sec en ses deuocions et desirs, tellement quil luy soyt aduis quil est de dieu delaisse, quant il veoit que dieu la bien parmys a sa mere, car sil le quiert en toute perseuerance z diligence, comme sont bons exercites, meditacions, oraisons, et aultres bonnes oeuures, saichez de vray q̃l le trouera. Selō origene il ne fault pas q̃ celuy q̃ quiert ihūs soit negligent ou dissolu, ainsi que sont plusieurs qui le q̃erent z point ne le trouuēt, mais qui le veult trouuer le fault querir en grant labour et douleur. Sainct bernard. Se nous ne voulons pas querir dieu en vain, querons le veritablemēt, cest a dire que soubz lombre de luy nous ne querons aultre chose. Querons le feruentement, cest que auec luy ne q̃rons aultre chose. Querons le perseueramment, cest que ne le laissons point en retournāt a aultre chose, car cest chose plus facile que le ciel et la terre finissent, que cellui qui ainsi le quiert ne le trouue, et q̃ ainsi le demande nen ayt experience. Le tiers enseignement est que nul se doit arester a son ppre sens, ou a sa propre voulente, car cōbien q̃ nostre seigr̃ eust dit quil failloit quil entendist aux oeuures de son pere, touteffois il mua conseil et ensuiuit la voulente de sa mere et du saict hōme ioseph, et sen alla auec eulx, et leur estoit subgect. Et sa mere gardoit toutes ces choses en son cueur cōme grandz choses, lesquelles nauoit point encorez ouyes de luy. Et des enseignemens de son filz elle vsoit par toute sa vie ōme dune loy et dune reigle, en nous enseignant q̃ par la meditacion des ditz et faitz de nostre seigneur nous deuons rebouter de nostre cueur toutes mauluaises cogitacions. Et pource se aulcun a besoing de bō enseignement doit recourir a elle, qui en sa memoire garde les ditz et faitz de nostre saulueur ihesus. Et lenfant ihūs prouffitoit en eage, sapience, et grace enuers dieu et les hōmes. Leage appartient au corps, sapiēce a lame, et grace au salut de lung et de lautre. Et aussi len peut dire quil prouffitoit selon les effaictz quil faisoit. Ainsi que len dit que vng sage prouffite quant il fait de iour en iour chose plus merueilleuse, et dōne doctrine plus sayne. Car selon quil croyssoyt en eage, il faisoit choses plus merueilleuses, et cest ce que dit leuangeliste. Apud deum et homines. Ihesus prouffitoit z enuers dieu z enuers les hommes. Ou aultrement selon sainct ambroyse il prouffitoyt en sapience quāt a manifestacion et vsaige, car sa sapience z grace de plus en plus se manifestoit. Ou aussi selon sainct gregoyre il prouffitoit aux aultres, cest a ceulx qui prouffitoyent en sa doctrine, et en ses exemples, ainsi que nous disons que vng maistre descole prouffite quant les escoliers prouffitent soubz luy, et ce prouffit est au regart de dieu et des hōmes, car dieu en est loue, et les hommes en ont prouffit. Ou selon theophile, il prouffitoit enuers dieu, et enuers les hommes, car premier len doyt plaire a dieu et puys aux hommes.

Oraison

O Seigneur ihesucrist filz de dieu le vif, qui fuz queru par troys iours de tes parens moult tristes et doulens, et apres fuz trouue au temple, a moy miserable donne te desirer, en te desirant, te querir, en te querāt, te trouuer, en te trouuant te aimer, en te aymant toꝰ mes maulx racheter, et en les rachetant iamais ne les reiterer. Et ie te prie toy qui dōnes a celluy qui te demande, et es trouue par celluy qui te quiert, et ouures a celluy qui te appelle, que a moy pouure et humble ne desuoyez ce que prometz a tous. Et pource que a la voulente de tes parens retournas en nazareth, et fuz subgect a eulx en demonstrant la vraye forme de obedience, donne a moy dur rompre ma propre voulente, affin que non tant seulement te soye subgect, mays pour lamour de toy a toute humayne creature Amen.

De ce que ihesus fit depuis douze ans iusques a leage de trente ans Chappitre xvi.

LE seigneur donc retourne du tē ple et de la dispute sollēpne faycte en iherusalem/en nazareth auec ses parēs ausquelz il estoyt subgect demeura en ce lyeu auec culx iusques au commencement de son trentiesme an. Or cest chose merueilleuse/En lescripture on ne trouue point quil fist par tout ce temps quelle chose donc pourrons nous mediter. Se peust il tenir tant de temps oyseux/ouquel ne fist riens qui fust digne de recitacion. Par aduenture lescripture sen taist z deporte en parler/affin que les faitz du ieune enfant ne fussent trop tost publies Mais icy actens paciemment/et appertement tu pourras veoyr/que en ne faysant riens il fit grās choses/car de tous ses faitz riens ne vacque a mistere Certes ainsi que en grande vertu il parloit et ouuroit/ainsi vertueusement se taisoyt/et des hommes se soubtrayoit. Cest bien a croyre comme dit le docteur grec/que deuant et apres/sans ostencion de miracle public il conuersoyt ainsi entre les hommes/comme sil eust este vng de culx/iusques a ce quil vit en eage parfaict. Et pource de luy dit sainct Iehan baptiste. Cellui que vous ne cognoissez/est ou millieu de vous Saict luc en brief comprend tout ce temps/en disant quil descendit auec ses parens en nazareth/et estoyt subgect a culx. Et pourtant ce temps durāt ne fit nul miracle/affin que on ne cuidast que le mistere de lincarnacion fust chose fātastique/se il ne se fust tenu en son ieune eage comme enfant/mais actendit a demonstrer sa science et sa vertu/iusques au temps que les aultres hommes ont acoustume estre en vigueur de science z de vertu Le souuerain maistre qui deuoit enseigner les vertus/et la voye de vie/commenca de son ieune eage fayre oeuures vertueuses. mais en maniere merueilleuse z incogneue et on temps passe non ouye/cestassauoyr se rendant deuant les hōmes inutile et abiect/et non faichant/ainsi que deuotement on le peut penser sans nulle folle asserciō Et auec ceste modificacion/ie te afferme tout ce que ie dis/combien que lescripture nen baille point dauctorite ainsi que lay recite on prologue. Le doulx ihesus donc se soustrayoyt de la compaignye des hommes et euitoyt leurs tumultes et bruyt/car il estoyt esleue en grandes oraisons et contemplacions. Il alloyt en la synagogue/cest en leglise/et la se mectoyt en vng lyeu humble et bas pour fayre son orayson/et puys apres retournoyt et se tenoyt auec sa mere/et son nourrisseur ioseph/et aulcunes foys leur aydoit/et ainsi quil estoit enfant il prouffitoyt en eage/sapience et grace enuers dieu et enuers les hommes. Cestuy enfant croyssant vint en leage du vingtiesme et du vingt et cinquiesme an/et ne faysoit chose publiquement que on peust veoir estre digne de reputacion et de louange/dequoy les hommes fort sen esmerueilloyent/et se mocquoyent de luy qui estoyt ieune et bel/et ne se donnoyt a aulcun public exercice/et le reputoyent vil et abgect. Laquelle chose le prophete en sa personne par auant auoyt bien dit. Ie suys ver et nō homme fayct en obprobre des hommes/et en abiection du peuple. Tous ceulx qui me veoyent se sont mocques de moy/tant par signe que par parole. Le doulx ihesus se rendoit a tous humble et comme le plus abgect. Ce semble il q̄ ces choses ne sont pas de grāde perfection. Certes en tou tes nos oeuures il nest chose plus grande ne plus difficile que conuerser humblemēt auec tous. Celuy qui peut paruenir a ce degre est repute estre au plus hault, et au pl[9] difficile de perfection, cest veritablement et non par faintise vaincre son cue[r] et son couraige, et dominer ainsy son ame, et son orgueilleuse charoigne, que on ne tienne cōpte de estre repute et loue, mais plus tost desirer estre desprise. Et iusques a ce que on soit paruenu a ce degre, a nul ne doyt sembler auoir proffite. car selō la parole de nostre seigneur, nous sommes veritablement inutiles seruiteurs. et viuons en fainte, et non en verite iusques a ce que sommes paruenus a ce degre de abiection. Et pourtāt ne nous decepuons point. car selon lapostre. quand aulcun cuide en sa reputaciō estre aulcune chose, veu qnest riens, il se decoipt. Certes en tout ce q[ue] no[us] faisons po[ur] acquerir nostre salut, il nest meilleur ne pl[9] vtile excercice ne medicine a lame, que despriser soymesmes. Et quand aulcun te desprise, ou contempne, tu le doys reputer ton ayde, et ton amy. car il faict ce q[ue] tu deusses faire pour estre saulue. et a luy te doys mōstrer plus priue. et plus doulx q[ue] a vng aultre. mais a celluy que tu auras vitupere ou faict iniure, rendz toy humble et vergoingneur. Estime celluy estre ton amy qui te a fait iniure. Repute aussi a ton proffit le dōmaige z les obprobres qui te sont faictz. et ne cesse de prier dieu pour ceulx qui les te font. Selō vng saige, le vray humble se resiouyst quād il est mesprise et est triste quād len le honnoure. Il ploure en prosperite. et se esiouyst en aduersite. Richesse luy est crainte, et delices pleur. Habondance torment pourete gloire. Desprise toutes louenges transitoires, et se estime indigne de tout honneur. Il a en horreur toute ypocrisie, rien ne simule, ayme toute verite. Oblie toutes choses temporelles, desire les eternelles. Ne scet que cest du monde, a ce quil puysse gaigner le ciel. Iamais ne presume de soy. Ses merites et graces ne les actribue ne a luy ne a son sens, aicoys humblement recognoist que ce sont dons de dieu.

A ce que ne soyt entasche de iactance et orgueil, desire que nul saiche rien de ses vertus, saulue tousiours le bon exemple quil doit dōner a son propsme. Et qui est en ce monde vng tel, et nous le louerons Saint bernard. Appeter louēge de humilite, nest pas humilite, mays subuersion. Le vray humble veult estre repute vil, et non pas estre presche humble. Il se esiouyst de ce que on le desprise. Donc si tu demandes pour quoy nostre saulueur ihesus viuoit ainsy. Ie te respondz que nul besoing en sauoyt, mais le faisoit pour nous enseigner. et po[ur] ce si nous ne apprenons de luy humilite et fuyr le monde, nous sommes sans excusacion. Cest chose bien abominable, que vng pouure vers se orgueillisse, qui doyt estre viande a vers la ou le seigneur de magesté se est humilie. Et se il semble a aulcun que ce soyt chose moult indecente que tel seigne[ur] se tint si long temps sans faire aucune oeure digne destre veue, et que les euangelistes ont plusieurs de ses faictz laisse sans escripre, on peut respondre, que ce nestoyt pas pou de chose de demoustrer lexcercice de si grande vertus, comme est humilite, q[ui] est le fondemēt stable de toutes aultres vertus. Comme dit sainct bernard, et est allegue en ce liure ou chapitre du baptesme de nostre seygneur enuiron la fin, le bon seygne[ur] deuoit prescher aprenez de moy, et regardes comme ie suys humble, et pource il vouloyt deuant fayre que enseigner, et nō pas par fiction, mais de cueur parfait, car en luy ne pouuoyt cheoir aulcune simulacion. Et pource il se fonda en parfonde humilite, vilite et abiection et soy anyenta deuant les hommes tellemēt que apres quil preschoit choses diuines, et q[ue] faisoit grās miracles ilz ne tenoyent compte de luy, aincoys le vilipendoyent, en disant. Qui est cestuy. Nest ce pas le filz du charpentier z moult daultres paroles de desprisemēt, lesquelles paciennemēt portoyt, car en elles de longtemps estoit exerce. Et en cela la parole de saint paul lapostre fut bien verifiee q[ui] dit que le filz de dieu se est bien aniante en prenant humanite, non pas de quelconque

i i

indifferant seruiteur, mais du seruiteur in
utile par conuersacion humble et abiecte.
Considere bien tous ses faictz, car en to⁹
humilite reluyst. Il la forgee, et a demonstre comment on la doyt acquerir. c'est assa
uoyr par vilite, et abiection de soy mesmes et deuant les aultres et par continuel
excercice de faitz et de operacion humbles
Or si tu veulx vraye humilite acquerir, il
fault que humiliacion et excercice en choses humbles et abiectes precede Bernard
humilite a laquelle meyne humiliacio est
le fondement de tout ledifice spirituel, & hu
miliacio est la voye a humilite, ainsy que
est pacience a paix, et leccon a science Et si
tu appetes la vertus de vraye humilite, ne
refuse point la voye de humiliacio. car si tu
ne va par ceste voye, tu ne peux estre humble, ne paruenir a ceste vertu. Certes que
on sache dit encore saint bernard, et q on co
gnoisse mon impuissance et insipience, et estre de ceulx qui la sauent mesprise grandement me proffite, car souuent m'est aduenu
estre iniustement loue de ceulx qui ne me co
gnoissoyent, et c'est grant peril ouyr de soy
plus que on ne sent en soy. Qui est celluy
qui me fera et donra estre tant humilie deuant les hommes des deffaultz qui sont veritablement en moy, comme faulcement, et
indignement on ma esleue & loue de ce qui
n'estoit pas en moy. Certes se on le me fay
soit, ie diroye en moy estre acomply ce que
le prophette dauid dit. Exaltatus autem
et humiliatus. Ie suys eraulce et honnou
re des hommes, mais non pourtant suis humilie. Et ce pphette mesmes disoit a sa feme michol fille de saul Ludam et vilior fia
Ie ioueray deuant dieu, et seray mocque,
et fait vil et abiect deuant les hommes. Bo
est le ieu duquel michol se courrouce. et di
eu prent plaisir Bon est le ieu, le ql semble
aux hommes moquerie et folye. mays baille
aux anges grat delectacio Ie diz q le ieu est
bon par lequel nous sommes faitz obprobres aux orgueilleux. A ce ieu honeste et re
ligieux iouoyt saint paul lapostre, q disoit
Nous sommes faitz regart & abiectz au mo
de aux anges et aux hommes A ce ieu iou
ons et soyons mocques. affin que soyons

humbles iusques a ce que celluy viegne q
deposera les orgueilleux, et exaulcera les
humbles pardurablement. Et encores dit
celuy bernard. Qui desire puenir aux haul
tes choses diuines, luy fault sentir humble
ment de soy, affin q en pensant de soy gras
choses, ne tres buche tout bas. et les haultz
secretz de dieu ne se peuuent obtenir, si no
par la vertu de humilite. C'est celle seule, q
dessert la grace de dieu. Quand donc tu te
verras humilie, prens le pour bon signe, et
pour certain arguement de grace qui doyt
venir en ton ame. car ainsi que deuant la ruy
ne le cueur de la personne se esleue, ainsy
deuant son exaltacion, conuient qu'il se hu
milie. C'est ce que lapostre saint iaques dit
que nostre seigneur resiste aux orgueilleux
et donne sa grace aux humbles. C'est pou
de chose prendre paciemment, quad dieu p
luy mesmes nous humilie, si aussi ioyeusemt
ne le prenons quand par aulcun aultre no⁹ hu
milie Et de ce prens vng merueilleux exem
ple on prophette dauid, qui fut aulcunes
foys mauldit de son seruiteur, mais de tel
le iniure ne sentoit riens en son ame, car la
grace de dieu lauoit preuenu. Cestuy pphe
te estoit bien homme selon le cueur de dieu
lequel rendoit bien pour mal, et prioyt po
ceulx qui le mauldisoient, et pource il aprit
les iustificacions de dieu, c'est que de dieu
fut iustifie. Veoiz tu q vraye humilite no⁹
iustifie deuat dieu et non pas humiliacion.
Ie dis humiliacion, car plusieurs sont hu
milies q ne sont pas humbles. Aulcus sot
q se humiliet p force, aucūs p paciece & les
autres p affectio & voulete Les pmiers sot
pecheurs, les secōdz sont sans coulpe, & les
tiers sont iustes, car non obstant q innoce
ce soit vne partie de iustice, toutesfoiz la co
sumacion dicelle est enuers l'umble Nostre
seigne'ne done pas sa grace a ceulx q sot hu
milies p craincte ou par coactio, mais aux
humbles de cueur & par affectio. Celluy est
vray humble q couertist son humiliacio en
humilite, & ainsi peut dire a dieu, il me pfite
q tu me as humilie Et saches q cincq cho
ses selō saint bernard pfitet & aidēt a la crea
ture auoir humiliacio & huilite. La pmiere
est amour des choses viles & abgectes & qrir

les liens ausquelz on pourra estre vilipen-
de. La seconde assiduite de longuement
estre subgect/est desirer estre tousiours a-
uec aulcun que on craigne et honnoure/af
fin que on apreigne rompre sa propre vou
lête. La tierce est que en lexercice de humi
lite/on regarde tousiours lomme meilleur
et plus plaisant a dieu/affin que en le con
templant/on se estudie de auoir la grace q̃
tel ha en soy/en obliant ce que on ha/& en
acquerant ce que on na pas. La quarte
est continuelle meditacion de sa propre fra
gilite/et la mectre deuant tout mouuemêt
de elacion en disant souuêt en soy mesmes
O terre et cendre/pourquoy te veulx tu or
gueillir. La quinte est psideracion du hault
contempleur et iusticier dieu, car ainsi que
aulcun qui souuêt sest confesse secretemêt
des parolles que orgueillusement a dic-
tes/se apres aduient/que deuant celluy a
qui se est confesse il retourne dire sembla
bles parolles luy sera honte. Ainsi celluy
qui considere bien dieu/qui scet tout et ve
oyt tout/doit auoir honte de penser ou dy
re chose deuant luy/qui luy desplaise. Et
pource est vne chose moult vtile a la crea-
ture/et qui fait de legier resister a tous vi
ces/auoir tousiours dieu deuant ses yeulx
et penser quil veoyt tout ce que on fait/pê
se ou dit Je te prie donc que de tout tõ po
uoir/ensuyues humilite/sans laquelle tu
ne peuz prouffiter spirituellement/ne acq̃
rir vertus/de laquelle dit sainct bernard.
Humilite est plus necessaire/q̃ toutes aul
tres vertus. car sans elle toutes autres ver
tus ne sont point vertus. Je te dis que q̃l
que vertu q̃ dieu donne a la personne, soit
charite. ou autre. humilte le dessert & le fait
car il donne grace aux personnes humbles
Elle garde les aultres vertus en lame/car
le sainct esperit ne se repose/si non sur lu
ble et paisible Elle consume et meine a p
fection toutes aultres vertus. Premierement humilite dessert perfection/et cõsum
macion de grace/ainsi que dit le prophete
Qui emictis fontes in conuallibus. Tu es
celuy o dieu q̃ enuoyes tes fontaines es va
lees, cest adire q̃ tu donnes ta grace aux hu

bles Inter medium moncium p̃ transibunt
aque, Entre les montaignes passent les
eaues. Deux montaignes sont deux especes dorgueil/desquelles la p̃miere procede
des biens temporelz/lautre des biens
spirituelz Entre ces deux montaignes est
la vallee de humilite, ne declinant iamays
a aulcune espece dorgueil/et par cestuy mi
tan q̃est humilite, passet les eaues de grace Secondemêt humilite dessert augmêta
cion de grace/et pource celluy qui desire a
uoir grant grace de dieu, doit sentir humblemêt de soy et nõ pas soy esleuer Trois
signes sont par lesquelz on cognoist si vne
personne ne se esleue poit des dons de dieu q̃l ha. Le p̃mier est sil ne veult point po
quelque don ou grace q̃l ait/q̃ on luy face
plus donneur ne de reuerêce q̃ a vng aultre
Le second se il est prest de receuoyr contep
nemêt et soustenir necessite et labour cõme
vng aultre. Le tiers est q̃ quant on luy fait
aulcun desplaisir, il croit que on ne luy fait
point iniure, mais iustice Tiercement humilite est la garde de la grace/q̃ dieu dõne
a la creature. car ainsi que la cendre garde
le feu/ainsi humilite garde la grace en la
me q̃ est le feu spirituel Le feu est garde en
plusieurs manieres. Premieremêt par ap
posiciõ de bois/aussi la grace d̃ dieu en la
me est gardee par apposiciõ de bõnes oeu
ures Secondement p̃ souffler/aussi la gra
ce de dieu est gardee par feruante medita
ciõ/q̃ est cõme vne soufflaciõ. Tiercemêt
par preseruacion de son cõtraire. Aussy la
grace/est gardee par elongaciõ de tout pe
chie. Mais retournons a regarder les
faitz et la vie de nostre seigneur ihũcrist/q̃
est nostre mirouer et le principal de nostre
p̃pos. Doncrés toy en toutes ces choses
cõme p̃sent/et considere ceste famille petite par humilite/haulte et benoiste/par les
dons de dieu q̃ estoyent sur elle/menãt po
ure et humble vie. Le bon saint homme io
seph queroit et gaignoit de son mestier ce
q̃l pouoit. La glorieuse vierge cousoyt &
filoit a chescun q̃ la vouloyt faire gaigner
Elle appareilloit le boyre et le mengier de
son espoux/et de son filz/et faisoit les aul

i ii

tres besoygnes de loſtel, et labouroyt de ſes mains, car elle nauoyt point de ſeruiteur Ayes cõpaſſion delle, et auſſi du doulx iheſus, qui luy ayde loyaulment, et laboure en ce quil peut. car, comme il dit apres il eſt venu en ce monde pour ſeruir, et non pas pour eſtre ſerui. De ce dit ſaint baſille. Le doulx iheſus a eſte obedient a ſes parens de ſon petit eage. car humblement et reueremment au commencement de ſa vie, il a ſouffert labour corporel. Ses parens eſtoyent gens honneſtes et iuſtes, touteſfoys poures et ſouffreteux, ainſi que eſt teſmoygne par la creche, en laquelle myſrent lenfant. Coſidere comment eulx trois prenent tous les iours leur refectiõ ſur vne petite table. On peut bien penſer quilz nauoyent pas viandes exquiſes, ne grandement appareillees, mais eſtoyent poures et ſobres, et parloiẽt enſemble, nõ pas paroles vaines ne inutiles, mais paroles pleynes du ſainct eſperit en toute ſapience, car il eſt bien a croyre quilz donnoyent plus de refection a lame que au corps Auſſi regarde comment apres telles recreaciõs cheſcũ ſe tenoit en oraiſon en ſa petite chãbrette. car ilz nauoyent pas grand maiſon mais bien petite. Regarde bien comment le doulx iheſus apres ſon orayſon ſe renoyt compoſe en ſon petit lit cheſcune nuyt Vne cheſcune ame deuote le deuroit tous les ſeoirs regarder en ſõ lit, et auoir cõpaſſion de luy qui ſi long temps ſouffre telle pouurete pour nous. Touteſſoys en toutes les pouretes quilz ſouffroyent, la doulce mere eſtoyt remplye de grant ioye, de la preſence de ſon benoiſt enfant, comme dit ſainct anſelme, car elle ſauoit biẽ que celuy eſtoit createur et ſeigr de toutes choſes, qil le voyt en ſa cõpaignie boire et menger, et lenſeigner de tout ce quelle luy demandoit Penſe quant et quel ſingulier amour ilz auoyent lung a lautre. Conſiderez tu donc la pouurete de ton ſeigneur. Ou ſont ceulx qui quierent oyſiuete et choſes impertinentes a leur eſtat, cõme veſtemens ſuperfluz curieux, et vains. Telz gens nont pas apris telle leiſſon de ce ſaige maiſtre Ie te

demãde ſe nous voulõs eſtre plus ſaiges que luy, il nous a enſeigne de fait et de parolle, humilite, pouurete, labour, et affliction de corps. Enſuyuons le donc luy qui eſt le ſouuerain maiſtre, et qui ne peut et ne veult deceuoir nully, en ayant ſelon la doctrine de lapoſtre noſtre vie, et a veſtir hõneſtement, et non pas a ſuperfluyte, et ſoyons contens. et puis nous eſtudyons de acquerir les aultres vertus Prens enſeignement en toy meſmes de ce qui eſt dit d noſtre ſeigneur ihũs, ceſt aſſauoir toy deſpriſer et deſirer que les aultres te meſpryſent et te excerce en choſes viles et abgectes. et ſaichez que tu ne trouueras choſe q̃ te humilie, et te rẽde plus humble, que toy meſmes ſi tu regardes bien tes deffaulx et ſans fiction et non pas ceulx des aultres. Bernard. Ie veulx que cheſcune ame apreigne premierement cognoiſtre ſoy meſmes Telle ſcience nenfle point, mais edifie et rend la perſonne humble. car ledifice ſpirituel ne ſe peut lõguemẽt tenir ſinõ ſur le ferme fõdemẽt de humilite. Quãt lame cõſidere bien, il neſt choſe ſi efficace ou elle trouue ſi grãde matiere de humilite, q̃ en elle meſmes. Mais ſi elle veult en ſoy trouuer ceſte pierre pcieuſe de humilite vraye. il fault bien quil uy ayt en elle fraulde ne decepcion Il fault quelle ſe mecte deuant elle meſmes, et quelle ne ſe eſloigne de ſoy meſmes en conſiderant aultres choſes Et ſainct auguſtin dit, que ce neſt pas petit cõmencement de beatitude auoir bonne cognoiſſance de ſa pourete et miſere. Et por ce en tous tes faitz, locucions, et operacions, reprens toy et eſtudie de trouuer en toy matiere de compunction, en penſant q̃ les biens que tu faiz ne ſont pas parfaytement biens ne faictz en telle ſerueur qlz deuſſent. mais ſont moult ſouilles de pluſieurs negligences. Coſidere et penſe ſouuent en grant paour, que toute laptitude a bié, et toute la ſollicitude que tu as de acquerir vertu, ne vient pas de toy, mais iheſucriſt te la donne de ſa ſeule grace, que ſil vouloit il la pourroit donner a vng ribault et pecheur, et te loſter, et te laiſſer en lordu re de pechie. Et comment se pourra aulcũ actribuer le bien venir de luy, qui tant de foiz a experience de son impossibilite eu q̃l que bien quil face grant ou petit, et veoyt et cognoist que quãd le peut faire ne veult et quand il veult ne peut. si non que la grace diuine lexite par vne feruer merueilleuse, laquelle grace dieu ne donne pas si tost affin que la creature cõgnoisse que delle ne peut riens de bien sans layde daultruy. Et po² ce telle impossibilite, dieu parmect lõg temps en la persone. affin quelle apreigne estre humble et a ne soy orgueillir de riens mais quelle actribue tout le bien a dieu nõ seulement de bouche ou de parolle, mays le sente estre ainsi du parfond de son cueur

Cõsidere aussi q̃l nest si poure peche²au quel si dieu luy auoit donne la grace quil a a toy. quil ne te seruist mieulx que toy, et q̃l ne recogneust mieulx ses benefices que ne faiz. Et en ceste consideracion tute peux iu ger estre plus vil et abiect que toutes aultres personnes, et doiz doubter que ihesu crist ne te deboute de sa compaignye pour ton ingratitude. Ce dois en aulcune simili tude penser en toy les pechies daultruy, en disant en ta conscience, helas tel est ho micide, tel fornicateur. et ainsi des aultres. et moy qui commetz tous les iours plus grans choses. car ie mabandonne aux sub gectz des ennemis, en laissant mon crea² et en tuant ma pouure ame. Tu doys aussi auoir en toy sentement de deux choses, cestassauoir que tu sentes de toy comme d vng corps mort pleyn de vers que tous les hommes desprisent veoir et regarder, et q̃ si on faisoyt iustice de toy, comme te oster les yeulx ou le nars, ce seroit a iuste cause. car de tout ton teps tu as offendu dieu, et es digne de tout obprobre et honte. Aussy fault que totalement tu ayes deffidence de toy mesmes et de tous les biens que tu as faitz et q̃ tu peuz faire toute ta vie, et q̃ seu lemẽt, tu reposes et enclines sur les bras du doulx ihũs trespoure humble, despect, et mort pour toy, et ne ten doys bouger, iusques a ce q̃ en ton sentement soyes tout mort, et que seulement le doulx ihesus vi ue en ton cueur et en ton ame, et q̃ tu le sen tes cordialement en ton cueur, et que ne de sires a ouyr et veoir si non ihesus estant en la croix estendu et mort pour toy. Par ces choses deuant dictes, sengendrera en toy celle vertus qui est mere et commancement de toutes aultres vertus, cestassauoir hu milite qui ouure les yeulx de lentendement pour veoir dieu en purgãt le cueᵘ humain de toute superflue pensee. Car la person ne en soy vilifiant en soy reprenant, en soy detestant, en soy adnichilant, en bien con siderant son ame et son imperfection mect hors de elle toute occupacion temporelle, et la mect en obly, et aprent souuẽt a reto² ner en soy mesmes. et de tant quelle est pl⁹ en soy, elle approuche de la iustice originel le, et de la purte spirituelle, en dilatãt loeil de sa contemplacion. et en esleuant vne es chelle, par laquelle elle peut contempler le sperit ãgelique et diuin. Et sachez q̃l fault que lame qui desire venir a ceste purte, me cte hors d soy toute chose materiale, ainsi que a celluy qui veult veoir le soleil materi el, fault quil laisse de regarder toutes aul tres choses materielles. Par telle contẽ placion lame se enflambe a desirer les cho ses celestielles. et ne tenir compte des tem porelles. Par telle chose charite se com mance a eschauffer en lame qui est celle qui consume toute la rougle des vices qui sont en lame. et ainsi vray amour occupe telle ment lame q̃ vanite nya point de lieu Tout ce quelle pense, parle et oeuure, vient et pro cede du iugement de charite. Affin donc que tu puisses perseuerer, soyes et te tiens continuellement en la crainte de dieu, et re cognois que tout bien vient de luy, et luy demande qui luy plaise toy donner perse uerance. Et si tu ne veulx cheoyr, ne iuge pas les aultres mays fayz tousiours tes maulx plus grãs que les aultres. et les aul tres excuse. Et garde que cõtre aultruy ne te esmeues et ne te courrouces p indigna cion si tu les veoiz en aucune chose deffail lir, mays en ayes compassion et prie pour eulx, en pensant que toy ny eulx ne pouues riens, si non tant quil plaist a dieu de don

i iii

ner sa grace/laquelle il ne nous donne pas pour noz meritez/mais de sa seule bonté ⁊ voulété Se tu pensez ⁊ medites en ces choses deuant dictes/saches que tu es seurement. Je te demande qui est la cause pourquoy tant de personnes commancent fayre tant de abstinences/et aultres oeuures de penitence/et tant pou sont qui perseuerent/ou pour la debilite de leurs corps ou pour la froidur de leur esperit. Certes aultre cause nya pourquoy ilz ne meynent pas leur oeuure a perfection/si non pour leur elacion et presumpcion/quand ilz presument deulx mesmes en desprisant aultruy/et en le iugant en leur cueur Et pource dieu leur soubstrayt son don et sa grace/et aduient souuent quilz sont plus deffectueux/car communement il aduient que quand aulcun iuge vng aultre en aulcun deffault/dieu le pmect au temps aduenir cheoir en pareil deffault ou en plus grant que nauoyt deffailly celluy quil iugeoit Et pource quand elacion se presente a toy/prens la discipline de ppre reprehension/affin que nostre seigneur ne se courrouce a toy/et que tu ne choyes de la droicte voye. Et briefuemét ensuy la doctrine de saint anselme moult vtile/qui dit.

O creature regarde souuet a quoy ton ame est subiecte et a quelles passions/et a tout ce q faitz tous les iours/et pense bien a qlle fin tu rendz. Et ie croy que si tu ne es fol tu feras les oeuures p lesquelles pourras obtenir ioye et felicite pardurable/et lapsseras fayre ce dequoy te pourroit venir tristesse a ton ame ou torment pardurable

Oraison

O Doulx ihesus forme de vraye pacience/et exemple de humilite/gecte de moy toutez les voyes dorgueil et to9 les appetiz de vaine gloire auec toutes les branches de tel vice et de telle malice. O Sire en moy ton seruiteur ne soit et ne puisse estre veu par dehors aulcun signe d tel mal et de telle poicion/ne en mes meurs ne en mes paroles ne en mes faitz ne deuant toy en mes cogitacions. O Sire fonde moy en vraye et parfonde humilite/a ce que en moy nul lieu soit ouuert a mes enemyps ⁊ me donne que soye petit en mes yeulx/affin q deuant ta mageste puisse trouuer pleine grace Amen.

De loffice et de la vie de saint iehan baptiste. xvii. chapitre

L aissés tous aultres faitz et oeuures de lenfance de nostre saulueur ihucrist/les euangelistes eurent cure et soing de escripre les faitz et ditz ql fit selon son plein eage/cest selon home pfait. Et premierement de son baptesme/cest come il fut baptise de saint iehan baptiste/et de loffice et predicacion dudit saint iehan. Donc en ce temps que ihus habitoit encore en nazareth/cest assauoir en lan. xv. de tybere empereur cesar q regna aps octouien epereur/soubz lequel nostre seig' fut ne/cest at pilate en iudee procureur de lempereur. car en ce temps la/le royaulme des iuifz cessa/et le deuiseret les romains en quatre pties et seigneuries po abaisser leur orgueil/desquelles archelaus en auoyt les deux/cest la iudee et labiline et les aultres deux ses deux freres. cestassauoir philippes et le ieune herode/mays po2 la mauluaistie de archelaus/lepereur le fit mectre en exil/et le pays de iudee commença estre gouuerne par les officiers des romains/desquelz le quint estoit ponce pilate/et auoyt son sur nom poncio/qui estoyt le nom de vne ysle ou il auoyt demoure. Et nestoyt pas prince ordinayre/mays vicaire ou delegue, et pource est il dit procureur de Iudee, et Vicelius fut president de lautre partie de Iudee dicte Syrie, et Abiline fut baillee a Lisanie nepueu de Herode ascalonite, selon que dit Iosephus. Et dit leuangeliste q̃ ces choses furent faictes soubz le temps des prestres de la loy, Anne et Cayphe. Ces deux estoyent conioinctz ensemble par affinite, et estoyt la seigneurye des prestres gouuernee par eulx, car Anne estoyt souuerain prestre, en lan que nostre seigneur fut baptise, et Cayphe en lan quil fut crucifie. Et troys ans furent despace entre ces deux auxquelz regnerent et furent trois aultres euesques, cest assauoir Ysmael, Eleazar, et Symon, desquelz on ne fait a present mencion. En ce que la predicacion de sainct iehan est si solennellement escripte, cest assauoyr par le temps des empereurs, euesques et princes de la loy, est demonstree lexcellence de celluy lequel venoit anoncer celluy qui estoit le souuerain empereur, euesque et gouuerneur de tout le monde. Adoncques factum est verbum domini, cest assauoir diuine inspiracion fut faicte en lame de saint Iehan, laquelle inspiracion est appellee parolle, car elle parle en lame par dedans selon que dit le prophette. Audiam quid loquatur. Ie ouyray ce que nostre seigneur dira en mon ame. Ou parolle selon Crisostome est ycy prinse pour commandement, car sainct Iehan, non pas de soy, mais par le commandement de dieu, estoit appelle a tel office. Ceste parolle fut faicte sur sainct Iehan filz de Zacharie, estant en desert qui adonc estoit en lan trentiesme de son eage, qui est eage conuenable a predicacion, car lors la personne est en sa force, lequel en baptisant et en preschant anonçoyt ladueniment du filz de dieu et la redempcion et soulas du peuple disrael. Et affin q̃ le baptesme de ceulx qui se conuertissoyent en sa predicacion ne fust differe par deffault de eaue, et affin aussy que sa predicacion eust plus grant efficace, il se despartit du desert la ou il auoit ja comencé prescher, de fayre penitence, et vint en la region pres de Iourdain, la ou auoit habondance deaues et de

peuple, aussi pour baptiser et prescher le baptesme de penitence en la remission des pechés. Et en ce donnoit exemple aux prescheurs qlz deuoyent querir lieux fructueux pour anoncer la parolle de dieu. Le baptesme de sainct Iehan disposoit les hommes a receuoir ihesucrist, et pource il ne baptisoit que les iuifz, ausquelz principalement estoit promis ihesucrist, et aussi ne baptisoit fors ceulx lesquelz il veoit penités, car son baptesme estoit vne monicion a penitence. Les femmes nestoient point baptisees, car elles deuoyent estre enseignees de leurs maris, ne aussi les enfans, car ilz nentendoyent point le mistere de ce baptesme, duquel la cognoyssance estoyt necessaire, mays le baptesme de ihesucrist est a toutes personnes indifferentement a tout sexe, en tous eages en remission des pechés. En ce qil dict que sainct Iehã baptiste baptisoit en remission des pechies, ce nest pas a entendre q̃ son baptesme donnast et feist auoir remission des pechiez, ainsi que fait celuy de ihesucrist, lequel est donne a toute personne, tant petis que grans, mais ce qui faisoit a uoir la remission des pechies estoit la penitence q̃ estoyt annexee ou baptesme, car seulement penitence faysoyt auoyr remission des pechies. Remis docteur. Le baptesme de sainct iehan figuroit les cathecumines, car ainsi que maintenant les enfas sont cathezises, affin quilz soyent dignes de receuoir le baptesme. Ainsi sainct iehan baptiste baptisoyt, affin que ceulx qui estoyent baptises fussent dignes de receuoir aprés le baptesme de ihesucrist. Crisostome. Donc bien conuenablement aprés que leuangeliste a mis que saint iehan preschoit le baptesme de penitéce, adiouste. In remissionez peccatorum, en la remission des pechies, ainsi come sil disoit. Saict iehã enhortoyt le peuple a faire peniteéce, affin q̃ ceulx q̃ croioient en ihūcrist obtinssent plus facilement pardon de leurs pechies, car ce baptesme nestoit aultre chose q̃ vne preparacion a la foy de ihūcrist. Et encore dit Crisostome. Le baptesme de sainct iehan fut donne en penitéce, celluy de ihūcrist en grace. En celluy de

i iiii

sainct iehan a victoire, en celluy de ihesu‍crist pardon. Et est a noter selon saint gre‍goire nazazene, quil ya cincq manieres de baptesme. Le premier estoit comme vne fi‍gure, duquel baptisa moyse, z nõ tant seu‍lement se faisoit en eaue, mais en la mer et en la nue. Le second estoit vne preparaciõ duquel nous parlons maintenãt. Le tiers est parfaict qui est celuy de ihesucrist q̃ est du saint esperit. Le quart est suphabondãt qui est en sang, ouql les martirs estoyent baptises, et est plus noble que les aultres pource que on nest point contamine apres que on la receu. Le quint est celluy qui est fait en larmes tous les iours pour les pe‍chies actuelz, et est de plus grãt peine que les aultres. Il est aussi a noter que saint ie‍han baptisoit pour plusieurs raisons. La premiere est en signiffiãce du baptesme de ihucrist, et ainsi son baptesme estoit sacre‍ment. La seconde selon crisostome, affin q̃ soubz le nom et vmbre de baptiser, plus grant peuple vint a luy, auquel anonceast ihesucrist. La tierce selon sainct grego pre est affin que les hõmes se acoustumassent au baptesme de ihesucrist. La quarte est se‍lon bede, affin que les hommes se prepa‍rassent au baptesme de ihucrist. La quinte est selon sainct iehan euangeliste, affin que le filz de dieu fust manifeste au peuple de israel par la voix du pere et du sainct espe‍rit. Conuenablement il baptisoit au fleu‍ue iourdain, qui est interprete descension, a ce q̃ les hõmes descendissent de lorgueil du vieil hõe, z vinssent au nouuel q̃ est ihu‍crist z innocẽce. Donc disoit saint iehã luy estãt au desert, et aussi pres du fleuue iour‍dain a ceulx qui estoyent esmeuz par sa pa‍rolle et par son exemple. Penitenciam a‍gite. Faictes penitẽce des maulx de vostre vie passee, car le royaulme des cieulx ap‍prouche a ceulx qui font penitence. Selon saint remys. Le royaulme des cieulx est dit en quatre manieres. Cestassauoir ihucrist qui est dit royaulme des cieulx, selon ce q̃ l dist a ses apostres Le royaulme des cieulx est dedãs vo9. La sainte escripture aussi est le roiaulme des cieulx, de laquelle il est es‍

cript le roiaulme de dieu vo9 sera oste, z se‍ra donne a la gẽt q̃ fera et en portera le fruit Sãte eglise aussi est dicte le royaulme des cieulx selon ce qui est escript. Le royaulme des cieulx est semblable aux dix vierges. Le souuerain ciel est dict le royaulme des cieulx selon ce q̃ nostre seigneur dit. Moult de gens viendront de orient et occident, et seront receuz on royaulme des cieulx, z se‍lõ ces quatre manieres le royaulme peut icy estre entendu. On doit faire penitence non pas tard, ainsi que font les dampnes ne aussi en cõtraincte come font les larrõs ne fainte ainsi q̃ font les ypocrites, ne en desesperacion, cõme font les perdus, mais on la doit faire vraye, qui est selõ crisosto‍me, celle qui nectoye le cuer, enlumine les sens, est preparacion a receuoir ihucrist dignement en son cueur. Ainsi q̃ dit saint iherosme, saint iehan psche premierement le royaulme du ciel, affin que le pcurseur d‍ nostre seigneur soit hõnoure de ce priuile‍ge. Et pource pierre de rauãne dit, q̃ apres le pechie de adam, et apres le diluge, fut esleu vne grande infinite de iustes, auec lesquelz dieu parloyt face a face, et estoyt cogneu deulx. Et apres q̃ le docteur a nõ‍bre les patriarches, peres et pphettes du vieil testament, dit que nul deulx a parle, ou fait memoire de la masiõ z maison ppe‍tuelle du royaulme des cieulx, ne en toutes leurs escriptures nulle mencion en est faite car nul pphete en pphetisa. Ceulx tu ouir dit celluy docteur grant chose. Considere et reuolue tous les esleuz despuis le comã‍cement du mõde iusques a saint iehã bap‍tiste, et ne en leurs sermõs ne en leurs oeu‍ures, ne pourras trouuer la doulceur de ce royaulme des cieulx. Viens donc a sainct iehan, et ouyes la voix de exultacion et de liesse, la parole de misericorde, le sermõ de gloire, la largesse de grace, laquelle dieu auoit celee, les anges lauoyẽt tenue mus‍see, estoit aux patriarches non cogneue, z les pphettes iamais nen parlerent. Il dit penitẽciam agite, faictes penitence, car par ce le royaulme des cieulx vo9 approuchera La parolle de penitẽce doulce et glorieuse et la parole du royaulme du ciel ioyeuse estoit conuenablemēt gardee a celuy q̄ estoit le premier fondement du nouuel testamēt. car dès nostre p̄mier pere adam iusques a saint iehan baptiste, nostre ioye estoit tournee en pleur, pource que les pechiez habōdoyent et nestoit point trouue lieu de penitence, mais saint iehan a monstre la medicine des plaies. c'est au peche penitēce, et pardon au mauluais. C'est la p̄miere voix quil p̄posa au desert, ⁊ est la voix de la tourourelle q̄ est ouye en nostre terre. Et pour ce doit estre en nostre bouche chā con nouuelle a nostre seigneur, et actions de graces. car misericorde est exaulcee sur iugemēt Aux pecheurs est p̄donne, pitie regne, iustice est dissimulee, et le souuerain seigneur quiert occasion de pardōner, et nō pas de pugnir. Leuangeliste escript la souffisance de saint iehan pour demōstrer q̄l estoyt ydoyne de tesmoygner laduenemēt du filz de dieu, premieremēt par la saintete de sa vie, car il vsoyt de here, et de robbe de la peau dure des chameaulx, en quoy sōmez admōnestes, q̄ pour refraidre la chair de nous deuōs vser de aspres vestemēs Iherosme. Saint iehan auoit vestemēs de peaulx, et nōpas de laine. Lung est signe de austerite, lautre p̄uoquemēt a luxure Crisostome. Il nest pas cōuenable aux seruiteurs de dieu, auoir vestemēs de ostensiō et beaulx a veoir, ou plaisans aux delices de la chair. mais seulemēt pour couurir sa nudite, car saint iehan auoit vestement nō pas mol ne delicatif, mais dur et aspre qui deprimoit plus le corps q̄l ne le nourrissoit en demōstrant par son habit la vertu q̄ estoit en son ame. Secondemēt sa cōtinence est demonstree en ce q̄l auoit vne ceincture de peau aspre a ses rains, ausquelz est le siege de luxure, en mōstrant q̄l crucifioit sa sa chair aux vices et cōcupiscences. Laq̄lle chose appartient p̄premēt a ceulx q̄ sont de la partie d' ihūcrist Crisostome. La coustume des iuifz estoit q̄lz vsoiēt de ceinctures de layne, et pource saint iehan vouloit faire plus dure chose en vsant de ceinctures de peaulx. Crisostome mōstre allego-

riquement, que signiffioyent sa robbe, et sa ceincture, en disant. Sainct iehan signifioyt la loy, laquelle estoit vestue d' peaulx de chameaulx, car elle ne pouoyt auoyr la peau de laignel, duquel il est escript. Ecce agn⁹ dei. Et auoit vne ceincture a ses rais car seulement les iuifz reputēt estre peche ce qui est fait p̄ operaciō exterio̅re. En oultre nostre seigneur ihesucrist qui fut veu en lapocalipse entre les sept chādeliers auoit vne ceincture toute dor, nō pas en ses rains, mais en sa poictrine La loy est ceincte aux rains, mais ihesucrist, c'est leuangile, non seulement condempne lexterio̅re operacion, mais aussi la cogitacion. Et aussi font to⁹ crestiēs Tiercement est demonstre p̄ lausterite de sa viande. car il mengeoyt langoustes, c'est assauoir herbes ainsy appellees, et myel sauluaige, qui est selon rabane fueilles blanches et tendres de aulcūs arbres, lesquelles froissies entre les mains auoyent saueur et goust de myel que font les mouches dedans les arbres Ou par auenture estoit iust et liqueur doulx, lequel croist en rouseaux ou semblable herbe Ce nom locusta ha plusieurs significaciōs Il signifie racines, herbes, oyseaulx. mays il nest pas chose a croyre, que sainct iehan vsast de chair, car il ne vsoyt de chose qui fust cuite, ne de pain ne de telles choses Le benoist sainct iehan, en ce demonstre bien appertement, que il ne tenoit que vng pou de compte de ce monde present, ne de tous ses alechemens, veu quil vsoit de si vil vestement et si aspre viande. Et pource quil preschoit penitence cōme bon maystre demonstra en soy mesmez par exemple comment les penitens deuroyent viure. Car la terre estoyt son lict, sa mayson estoyt estroicte, ses vestemens estoyent de peaulx, eaue estoit son boyre, locustes sa viande, la ceincture de vne peau. Et en ce ne monstre pas seullement, contempner le monde mais aussi semble q̄l plourast les pechies de tout lumain lignaige. En sainct iehan est demonstre le vray prescheur de leuangile. P̄remier quant a doctrine, car il doyt prescher penitence, et ce qui fayct laysser pechie q̃ fait paruenir ou royaulme du ciel Secondement quãt a continence/car il est necessite que le prescheur soit continent cõme il appert par figure en iheremye/auql dieu dist quant il le voulut enuoyer pscher Ceins tes rains. Tiercement quãt a la vie car celluy qui presche penitence et choses aspres et reprẽt les aultres de mal/il fault quil demonstre en luy mesmes habit de penitence comme en aspre vestement/en petite refection/car austerite de vie est moult requise au prescheur du sainct euangile/ainsi que dit laposte. Je chastie mon corps/et le rends en seruitute/affin que ie ne presche aux aultres chose que ie ne face/et ainsi que soye reprouue. Sainct iherosme Le vestement/le boire/le mengier de sainct iehan demonstroit lausterite et abstinence q̃ doyuent auoir ceulx qui preschent le sainct euangile. Crisostome. Il conuenoyt que le precurseur de nostre seigneur fust comme prophete et apostre/lequel se dõnast tout a dieu/en desprisant toutes les choses de ce monde. Et pource non sans cause il est appelle de dieu āge/car lui estant en ce monde desprisoit le monde, en menant vie angelique. Si celluy q̃ estoit ainsi pur et nect plus cler que le ciel/plus grant que les prophetes/et que tous les hommes/et si familier de dieu maceroyt ainsi son corps par les labours de penitence en desprisant par austerite de sa vie toutes plaisances charnelles, et toutes richesses du monde/quelle excusacion pouuons nous auoyr qui apres tant de benefices de dieu/et tant de grans pechies que auons commys ne en suyuons mye la moindre castigacion et penitence quil faisoit/mais que pis est/sommes habandõnes a gormãderies/et ebrietes/en toutes manieres nous relachons/en faisant de nous proye a lenemy. Adõc le peuple oyant telle renommee de sainct iehan venoyt a luy et mesmes plusieurs d iherusalem/et se faisoient baptiser ou fleuue de iourdain/en cõfessant leurs peches et croyant quilz pouoyent estre effaces par laduenement du filz de dieu/car sainct iehan ne le pouuoyt fayre/mais seulement le denoncoyt/et se disposoyent a le receuoir. Et ainsi se entend ce qui est escript es faitz des apostres que sait iehã baptisoit le peuple du baptesme de penitence/en disant Je vous baptise en nom de celluy qui doit venir aps moy/cest ihesucrist a ce qlz creussent en luy. Voyans donc plusieurs pharisiens et saducees venir a son baptesme par fiction et pour crainte du peuple/leur dist Ô generaciõ serpẽtine pleine de venin q̃ vous a enseigne fuyr lyre de dieu auenir qui ne voules faire penitence. Comme sil disoit/nul ne le vous peut monstrer iusques a ce que vous laisses voz peches/et vostre ypocrisie/et facies penitence/car dieu scet la simulaciõ q̃ vous faictes deuãt les hõmes Asprement les reprenoit/a ce q̃ laissasẽt leurs pechiez et se retournassent a penitẽce. Selõ sait gregoyre lyre de dieu auenir/est le iour du iugemẽt/lequel le pecheur ne peut euader/car adonc ne peut retourner a faire penitence Les prestres de la loy sont appelles pharisees a phares/qui est dict diuision/car en habit/en viande/et en gestes ilz estoyent distingz des aultres/en signe de plus grant humilite. Saducees sont dictz de ce nom sadoth comme iustes et sont ceulx qui ne croyent point aux prophettes/ne la darniere resurrectiõ/ne les anges. Et sainct iehan voyant entre les iuifz ces pharisiens et saducees/estre les plus grans et les plus honnoures constãment les reprenoit de leurs vices et pechies pour le venin dypocrisie/et erreur qui estoit en eulx/en les appellant generacion serpẽtine. Selon saint remy la coustume des saictes escriptures est de imposer les noms a aulcũs/selõ les faitz et oeuures q̃lz ẽsuyuẽt Et ces dessusditz estoiẽt tous venimeur z serpẽtis/z po͂ ce sait iehã les appelle filz de serpens Et a cause quilz auoyẽt besoig de plus grande penitence et correction que les aultres/les exorte laisser pmier leur venin dypocrisie/a ce quilz soyẽt dignes de receuoyr son baptesme/et cest ce quil leur dit faictes dignes fruitz de penitẽce. Crisostome Il ne souffist pas aux penitẽs laisser les pechies mais cõuient faire fruyt de penitence, car il est escript. Laisse le mal et fay le bien. ainsi quil ne souffit pas a guerir vne playe oster la fleche, mais y fault mectre les medicines Saint iehanne dit pas seulemēt fruit. mais fruitz de penitēce. en demōstrāt q̄ on doit faire grant penitence Et ne dit pas tous fruitz, mais dit dignes fruytz de penitence, cest a dire selon la quātite de la coulpe. car cōme dit saint gregoire, de tāt q̄ aucun a fait plus de mal, et plus offense dieu, et plus perdu de bien, de tant se doit efforcer de faire dignes fruitz de penitence Et cest ce qui est escript en lapocalipse Au tant quil sest gloriffie et a pris plaisir en peche et en vanites, autant donne luy torment et pleur. Pierre chantre de paris. Mays quest il de faire de celluy q̄ est cheut en plusieurs pechiez, touteffois se confesse, et se repent, et aulcunement satiffait. mays non pas totalemēt ne selō la grande˚ du pechie Je te diz q̄ touteffois q̄l se repētira. tu luy dois enioindre penitēce. non pas aulcunesfois selon la quātite du peche. affin q̄ par ennuy et par la grādeur de penitence. ne la laisse faire, et que charite ne se refroide en luy Certes il luy vault mieulx quil supplee le demourāt de sa penitence, en purgatoire que le mectre en enfer en punicion pourable, et le pechie nest point pardonne, se on ne fait penitence en ce monde ou en lautre car seuremēt ou dieu ou hōme punist. Et si tu cognois o pecheur q̄ le confesseur ne te baille pas penitēce selon la quātite de ton pechie, tu la dois supplier et acōplir selon ta possibilite. car discrecion est autāt necessaire au penitent que au pfesseur, et la peyne doit estre mesuree selon la grandeur de la coulpe Mais les pharisens soy gloriffians de la noblesse et sainctete de leur lignee, cestassauoir quilz estoyent descendus de abraham psumoient estre saulues sans faire penitēce, et pourtant saint iehan leur dist. Et ne vueilles dire de parole ou de pēsee par faulce extimacion, que vostre pere est abraham, duquel estes descendus, et pource presumes de sa iustice, en croyant que poues estre saulues sans penitence, car nul saint peut sauluer vng peche˚ sans aulcun fruyct de penitence, Ainsy semble a plusieurs crestiens, qui ont deuocion speciale a aulcuns sainctz que par le merite de telz sainctz, pourront estre saulues sans faire aulcun bien, ne penitence. Et cecy est aussy le dit et la gloyre daulcuns religieux, qui se gloriffient de la sainctete et bonte de leurs fondateurs et patrōs et des peres de leur religion. ausquelz on peut dyre si vous estes filz de abraham, fayctes les oeuures de abraham. Semblablement cecy est la gloyre daulcuns folz et miserables qui se gloriffient follement de lestat et noblesse de leurs parens. Crisostome. Que prouffite grand noblesse, et grand lignee a celluy qui ne tient compte de acquerir noblesse de bonne vie. Et que peut nuyre basse lignee a celluy qui se estudie auoyr sainctete de meurs, car lor nayst de la terre, et nest pas terre, et lor est agreable et ayme, et la terre laissee. Cest meilleur estre bel et luysant par belles vertus, et estre de petite lignee, que estre de noble lignee, et contempne de dieu. Il vault plus que aulcun se estudie que ses parens se gloriffient en luy que soy gloriffier en ses parēs. Et pour ce disoyt saint iehan aux iuifs, ne vo˚ vueilles point gloriffier de vostre pere, en disant Nous auons nostre pere abraham, mays ayes honte que estes filz de tel pere, veu q̄ ne lesuyues pas en sainctete de vie. Il semble que ceulx qui nensuyuent leur pere en bien, soyent bastars z dignes de perdre la dignite de leur lignaige Certez vile ne basse lignee ne nuyst point a ceulx qui sont ennoblys de belles et grādes vert˚ De quoy dit sainct iherosme. Jepte est nombre par sainct paul entre les saintz hommes, et touteffois il fut filz de vne femme non chaste. Esau fut noble de lignee, car il nasquit de ysaac et de rebecca, et non obstant ce il estoit et de corps et de ame tout aspre et mal gracieux, en demonstrant que noblesse nō principalement est de nobles parens, mais plus de dignite de meurs. Aussy nostre seygneur non seullement a voulu naystre de chastes parens, mays aussy non chastes, en nous donnant grant fyance, que soyent noz parens telz ou telz / seulemant ensuyuons les meurs et vertus de ihesucrist ne nous separons point de son corps q̃ est leglise / de laquelle nous sõmes membres Et encores monseigneur saint paul preschoit. Si vous estes enfans de ihesucrist/ aussi certes et de abraham. et heritiers du royaulme du ciel. Les iuifz estoyent enfãs de abraham selon la chair / et non pas enfans de dieu par imitacion. Et pource q̃lz auoyent perdu la foy que abraham auoyt de ihesucrist, aussi ilz auoiẽt perdu le tiltre et le nom destre enfans de abraham Au cõtraire les payẽs qui ont receu deuotement a la p̃dicacion des apostres la foy de ihesucrist sont faitz enfans de abraham. Et a cause de ce dit saint iehan / que dieu est puissant de susciter les enfans de abraham des pierres que vous voyes. On dit que a la lectre saint iehan monstra du doy les douze pierres / lesquelles iosue auoyt fait p̃dre on parfõd du fleuue iourdain. par les douze ducz des enfans disrael et porter en terre seiche / et les douze aussi quil auoit fayt p̃dre en terre ferme / et gecter on fleuue en lyeu des aultres. En signifiant par les p̃mieres pierres que les iuifz qui auoyẽt cognoissance de dieu deuoient estre asseichez et les payẽs deuoiẽt venir a leaue de baptesme. Les payẽs deuoyẽt estre plunges en la lumiere de foy / et les iuifz noyes en infidelite. Les payens sont bien signiffiez par la pierre. car ilz adouroyent ydoles faictez de pierre / et aux choses diuines auoient le cueur dur cõme vne pierre. et furẽt faitz enfans de abraham quãd ilz furẽt vniz a luy par foy cõme dit est Ainsi donc selon rabane / le messagier de verite voulãt inciter les iuifz faire dignes fruitz de penitẽce / les puoque p̃mierement a humilite / sans laq̃lle nul ne peut faire digne penitence / pource q̃ le prescheur de verite nõ seulemẽt doit ardemment cõfondre les vices / mais aussi dire la peine q̃ aurõt les pecheurs / Sait iehã rẽd la raison po᷒ quoy on doit faire penitẽce et dit La coignee est ia a la racine d̃ larbre. cest la seuerite d̃ la diuine iustice / est ia p̃ste de copper les pechẽs q̃ sont obstines en ceste p̃sẽte vie po᷒ les metre ardre en enfer Ou la

coignee cest le passer de ceste vie p̃sente / est mise a la racine de larbre car tãtost q̃ hõme est ne / il tend et tire a la mort / z selon saint augustin viure nest aultre chose q̃ passer d̃ vie a mort. La nuyct et le iour sont comme deux charpẽtiers q̃ couppẽt larbre / et tant lieuent et ostent de piecez q̃ au dernier conuient quil choye. et en lieu on q̃l cherra demourera / soit paradis ou enfer Car cõme dit lecclesiastes / en quelque lieu que larbre cherra / ou vers aquilõ / ou vers austerq̃ est le vent de la pluie / ou vers midy / de necessite y demeure. Auster dit sait bernard en la saincte escripture / a bõne signification y signifie ou chaleur ou chose legiere / mays d̃ aquilon vient tout mal Les hõmes sont ainsi q̃ les arbres. Bonc larbre / cest lõme est couppe a la mort / et en q̃l estat dieu le trouera / a celle heure / le iugera / ou en peyne ou en ioye / et la sera irremediablemẽt. Or bien regarde la p̃sõne en quel lieu elle peut choir. car ap̃s sa cheute iamais ne se relieuera. Et si tu veulx sauoyr en q̃lle part larbre peut cheoir / considere la p̃tie ou elle a plus grãt quantite de brãches / car de tant q̃l y a plus de branches / de tant elle poyse plus / et fault q̃ de celuy coste choie si elle est coppee quãd les brãches p̃sont. Noz brãches sont noz desirs / lesquelz estendons a midy q̃ est le chault du iour / si nous aymons les choses celestes et diuines Mais se les estendons a charnalite / no᷒ les mectõs en aquilon q̃ est toute froidure tirãt le corps a soy / et poisant plᵒ. Et dit ap᷒s saint iehã Omnis arbor nõ faciẽs fructũ. Tout hõme generalemẽt sans exception de personne q̃ ne fera en ce mõde bon fruyt / sera couppe a la mort de la cõpaignie des bons et mis p̃petuellemẽt au feu d'enfer sans remede. Par ce appert q̃ seulemẽt obmission de biẽ / cõdẽpne la p̃sõne / cõme auons p̃ exẽple du seruitẽ paresseur Et po᷒ ce au iugemẽt sera fait reproche aux mauluais du biẽ quilz ont laisse de faire / car il ne souffit pas a la p̃sonne laisser le mal. mais auec ce doit faire bien. Dieu ne ayme point en sa v̾gne ou en son champ arbres infructueur / ap̃sy q̃ en paradis terrestre / nul arbre estoyt qui ne portast fruyct. Et pource si celuy qui ne fait bien fruyt est a mectre au feu/que sera il fait de celluy qui le faict mauluays. Aulcuns arbres sont totalement steriles z infructueux/comme les payens z incredules Aulcuns sont verdz/comme les maulais crestiens. Et entre ces arbres verdes aulcuns sont infructueuses/et de nul fruict comme les oyseux/et paresseux. Aulcuns sont fruyt/mais non meritoire/comme les ypocrites Aulcuns le sont tout plein de venin mortel/comme sont les heretiques qui en preschant font fruit/mais dampnable/et tous ces arbres sont couenables au feu denfer Les aultres font bon fruyt comme les bons catholiques qui obeissent aux commandemens de dieu. Les racines de larbre sont les cogitacions ou voulentes/desq̃lles procedent les bonnes ou mauluayses ocuures/par lesquelles nous sommes esleucz en hault ou ciel/ou dignes de descendre en enfer. Or come dit sainct ambroyse face celluy qui pourra fruit de grace/et celluy qui doit face fruit de penitence/car certes dieu demandera le fruyt. Ceulx qui le porteront bon seront viuifies/et les steriles seront bruslees. Le peuple ouyant la menasse de la peine eternelle/tant pour le pechie commis/que pour les biens laisses demandoyt a sainct iehan. Quid faciemus. que ferons nous/a ce que ne soyons mys en ce feu eternel. Nous sommes prestz de nous corriger. Et sainct iehan respondyt. Qui habet duas tunicas. Celluy qui a vestement superflu/en donne a celluy qui nen a point/et de boire et de menger face le semblable Et ainsi est a entendre de toutes aultres choses que on en ha a superfluite car on doit secourir a son prouchain en necessite/selon lestat de la personne. Et saiche que celuy qui na riens/ou il est en extreme necessite/telle q̃l ne se peut passer sas estre secouru z aide/ou nest pas en telle necessite q̃l ne se puisse passer sans aide. Si tel est en extreme necessite/celluy qui a aulcune chose superflue/tāt a luy que a ceulx qu'il ha a gouuerner/desquelz plus grāt soing z cure luy appartient/et luy sont plus pres que les aultres/est tenu de commandement ayder a celluy qui est en ceste extreme necessite/et sil ne le faut oste au pouure le sien et sa vie car a celuy qui est ainsi pouure/les choses superflues sont deuez come siennes/mais si aulcun nest pas en telle necessite/cest q̃l se puisse licitement passer/en ce cas doner du sien ne gist point de commandement/mais de conseil. Sainct basille. En ce sommes instruitz que tout ce que auons a habondance sur la necessite de nostre viure/le deuons donner a celuy qui na rien/et ce pour lamour de dieu lequel nous a donne tout ce que possedos. Et gregoire. Pour tant que en la loy est escript Ayme ton prochain come toy mesmes/celluy est prouue ne aymer pas son prouchain/qui le voyant en necessite ne luy secourt/car par petite chose on est puue quel on seroit en grande Qui ne donne pas pour lamour de dieu sa robbe on temps de paix/coment donera il son ame en temps de persecucion. Affin donc que la vertu de charite ne soit vaincue ou temps de persecucio et soit nourrye par misericorde on temps de paix/la personne apreigne p̃mier donner de ses biens pour lamour de dieu/et puis soy mesmes sil en est necessite Augustin Charite p̃mierement est nee. puis est nourrie et roboree et a la fin parfaicte Et alors dit/ie desire mourir et viure auec Ihesucrist Doncques les riches ne soiet point paresseux de subuenir z aider aux poures. car come dit crisostome/dieu a fait les riches pour le proffit z utilite des poures. lesq̃lz il pouoyt substanter sans aulcun aide des riches/et a fait les poures pour lutilite des riches/lesq̃lz seroyent on temps aduenir steriles et infructueux si les poures nestoyent. Sainct iehan ne commande pas au peuple qui estoit de rude entendement choses difficiles/comme ieusnes vigiles ou telles choses/mais seulemēt leur enioinct pour faire dignes fruitz de penitence/les oeuures de misericorde/desquelles dieu auiour du iugement fera disceptacion/et de quoy il est escript Date eleimosinam. Donnes laumosne/et tous vos pechies vous seront pardonnes. Bede. Lordre de preschier est que apres peni tence/on suggere les oeuures de misericorde, car celluy est iuste penitent/qui impetre pardon pour luy/t qui secourt a son prochain de cequil peut/quāt il le veoit en necessite. Mais au cōtraire a celluy q̄ detourne son oreille/a ce quil nentende le poure crier/loraison ne sera deuant dieu de valeur Et pource sainct iehan admonnestoyt le peuple faire dignes fruitz de penitence/affin que par leur sterilite/ne fussent mys en feu denfer/et leur baille conseil salutayre en disant Celuy qui a deux robbes/en dōne a celluy qui nen a point, et ainsi face du boire et du mengier Icy est a noter selon sainct gregoire/cōbien pour faire dignes fruytz de penitence valent les oeuures de misericorde/lesquelles sont commandees sur toutes autres choses. Et nō sās cause sainct iehan fait mencion de la robbe/laquelle nous couure par le dedans/et est plus necessaire que le manteau /et semblablement de la viande pour soustenir le corps que de aultre chose, car a fayre dignes fruytz de penitence/appartient que non seulement donnōs a nostre prouchain les choses exterioes/et qui sont pou necessaires/mais aussi que lui diuisons les choses tresnecessaires /selon nostre puyssance. Et en ce a uous argument que se icy nous est commande/que se nous auons deux robbes/en donons vne a celluy qui nen a point/par plus forte raison est commande a celluy qui ha deux benefices/en donner vng a celuy qui nen a point, car licitement il ne peut seruir a deux autelz. Par les robbes et viandes on peut entendre les vertus de lame/ et la saincte escripture/qui est la viande spirituelle/lesquelles celluy qui les ha doit donner et applicquer au bien de son prouchaī

Les publicans qui recuilloyent les peages et aultres publics tributz/ou qui gaignoyent leur vie par marchandises publiques/venoyēt a sainct iehan/en quoy appert que apres le menu peuple vindrēt les grās et riches po⁹ estre baptises de luy et luy demandoyēt. Magister q̄d faciemus. Maistre que ferons nous pour auoyr la vie perdurable. Sainct iehan leur respondit Ne prenes en voz recepies plus que ce qui est acoustume et ordonne par les loix et coustumes approuuees. Il leur bailloit ceste doctrine/pource que ceulx qui sont ordonnes a leuer tel argent/souuent sont enclins de demāder plus que ne leur est cōmande /affin que le surplus leur demeure. Il ne les admonneste pas au commencement de faire grans aulmosnes/mais q̄lz se gardent de rapine. car premierement on doit restituer la utruy que faire licitement t iustemēt aulmosne ainsi que dit bede Les cheualiers et gens de guerre aussi interrogoyent sainct iehan /quid faciemus/que ferons nous pour estre saulues. Et leur disoit /ne affliges point les poures qui ne se peuuent deffendre/t ne faictes point de calumpnie /ne de force/en imposant faulx crimes aux riches t faitz illicites pour les affliger sans rayson/pour auoyr leur argent et leur pecune. et soyes ƿtens des gaiges lesquelz vous sont ordōnes/pour deffendre le bien public. A telle chose sainct iehan induisoit les gens de guerre et cheualiers. car voulentiers ilz sont prōptz de faire loppiste en prnāt par force les biēs des poures/lesquelz ilz doyuēt deffendre Sur quoy dit pierre blesēsis. Au iourduy la doctrine et meurs des gens de guerre/totalement est euanouye et anichilee Anciennement se obligeoyent/tant roys que cheualiers par serment de deffendre la chose publique/de non fuyr de la bataille /de auoir lutilite de la chose publicque/sur leur propre vie/encores au iourduy receuent leurs espees de dessus lautel/pour confesser q̄lz sont filz de leglise/deffendeurs du clergie qui est cheualier de Ihesucrist et du peuple pour fayre vengence des malfaycteurs/et pour garder en paix le pais. mais maintenant tout est tourne au contraire. car tantost quilz sont honnoures du nom de cheualerie /se esleuēt comme calumpniateurs contre le clergie et se efforcent de oster le patrimoine du crucifix /despouillent t ostent a leurs poures subgetz leurs biēs et sans misericorde affligent le menu peuple/po⁹ acomplyr leurs appetis illicites/et leurs voulentes tresdesordonnees. Et pourtant telz doyuent bien craindre que on temps a venir ne soyent esloignes et forcluz du royaulme des cieulx/lequel appartiēt aux poures. car selon saint augustin/telz sont cōdempnes par la sentence de saint iehan. Par les cheualiers peuuent estre entēdus tous les prescheurs de nostre mere saincte eglise/lesquelz lapostre saint paul arme. en leur disant. Accipite armaturam dei. Prenes larmeure de dieu/et le glayue qui est la parolle de dieu. A eulx est dit. Ne mesprisez et ne confondes nul par vostre predicacion et doctrine tresaspre/en mectant le peuple en desesperacion. Et aussi ne fayctes scandale en soubstrayant vostre parole/et en ne voulant prescher Et tāt a religieux possedans q̄ mendiēs/que aussy a aultres qui preschent par le monde est dit. q̄ls soyent contens des gaiges et aulmosnes qui leur sont assignees et donnees par les seigneurs et par le peuple. O combien seroyent heures tant le peuple menu/marchās publicans/que aussy les cheualiers/se ilz gardoyent bien la doctrine de saint iehan. Mais helas qui est au iourduy cellui qui donne vne robe aux poures sil en a deux ou plusieurs. Qui est le marchant qui fayt sa marchandise sans fraude et tromperie. Qui est le commissayre et lofficier/qui ne prent voulentiers plus que on ne luy doyt Qui est le cheualier et le seigneur/tant soit grant/riche/et puissant/q̄ ne calumpnie z̄ mesprise ses subgectz et poures/z̄ qui bien se cōtente de ses gaiges et de son payemēt. Certes on en trouue bien pou Et est a noter que sainct iehan preschoit/et espandoit sa parolle selon la disposicion des escoutans/z̄ a ce que quand ilz auroient acōply les meidres choses/peussent venir oyr et acomplir les difficiles et les pl⁹ grandes Crisostome. Sainct iehan vouloyt introduyre et mener les cheualiers et publicans et collecteurs et exacteurs des deniers publicz par ses paroles a grand et haulte perfection/mais pource que encores nestoyēt pas ydoynes et souffisans dy paruenir le donne legiere et petite doctrine et commandemens faciles/affin que plus voulentiers

et de plus grāt cueur y vaquassent Et saint ambroyse dit aussy. Sainct iehan baptiste a tout homme et a chescun estat en commun bailloyt response doctrine et reigle conuenable selō la capacite des auditeurs z̄ des assistans/et quilz pouuoyent entendre/et pour lors garder. Aux publicans disoyt/quilz ne prinsent rien de lautruy/ne plus q̄lz ne deuoyent et que ne leur estoit deu. Aux cheualiers commādoit quilz ne fissent violance ne greuance a aultruy en ostāt aux poures leurs biens A to⁹ en general/tant publicans q̄ cheualiers/marchans/officiers ou aultres gens enioignoit misericorde pitie compassion et aulmosne q̄ doit estre cōmune a tous. Et pource tant publicans q̄ cheualiers riches et poures sont admonestes donner et eslargir de leurs biens a ceulx qui en ont necessite. car misericorde q̄ est la perfection et consummacion de vertus et cōme la forme et patronne de toutes vertus/est a tous pposee. preschee et enioincte et toutesfoys en tout on doit garder discrecion et mesure. cest que on desparte de ses biens aux poures selon que la possibilite se peut estendre.

Oraison

O Tresbenoist et glorieux saint iehā baptiste/precurseur/messagier/et hairault du roy ihesucrist/et aussy vierge pur z̄ tressaint q̄ as psche auec grāt feruer et discrecion aux pecheurs penitēce/et las demōstre p fait et par exemple/en menant vie austere/et aspre en viande/ en vestemēt et en fuyant et te esloignāt du monde ie te requiers et teprie q̄ impetres p tes saintes prieres/q̄ le seigⁿ dieu me dōne congrue et digne abstinēce/cōme de boire et de mēger/de cogitacion/locucion/z̄ operaciō et q̄ me garde de toute pollucion/et ordure tant de corps q̄ de ame z̄ de pensee/et q̄ tāt q̄ seray en ceste vie temporelle me sepe des vices/et q̄ bataille fortet cōstamēt cōtre eulx et p telle maniere face dignes z̄ vrais fruitz de penitence q̄ puisse auoir et obtenir pardon de tous mes pechez/et paruenir a la vie eternelle Amen

De ce que saint iehā fut enuoye de dieu po⁹ pscher laduenemēt de ihūs xviii. c.

A Cause que sainct luc euangeliste a dit on chapitre precedant/que la parole de dieu a este faicte sur sainct iehan filz de zacharie/estant on desert/que signifie ceste chose sait iehan leuageliste le declare/en disant ffuit homo missus a deo Ung homme/cest saĩt iehan fut de dieu enuoye/du desert/ou il estoit/pour baptiser et pour bailler tesmoygnaige du filz de dieu. Saint iehan ne prit pas loffice de prescher et de baptiser en p̃sumant de soy ou de sa sainctete et de sa p̃pre auctorite. mais fut enuoye d̃ dieu pour donner tesmoygnaige de la mageste/puissance et venue de ihu crist/qui est la vraye lumiere du pere/affin que par son tesmoignaige tous creussent en ihesucrist/& comme vray obedient et ydopne a prescher/car il estoyt pleyn de grace/ainsi que signifie son nom iehan precedopt le createur de grace. Et sache que leuangeliste en cestuy euangile appelle le filz de dieu verbum/verbe/cest la parolle du pere/lucem et lumen, Lappelle luce/clarte/car lux dit clarte en sa seule purte sans aultre chose/mais ce nom lumen lumiere dit clarte non pure/mais conioincte auec aultre chose/et ainsi on dit/q̃ la clarte d̃ lair nest pas lux/mais lumiere, Et pour ce que sainct iehan estoyt enuoye pour donner tesmoignaige de ihesucrist/onquel est vnion de humaine nature auec le verbe/leuangeliste dit/quil deuoyt porter tesmoygnaige de la lumiere. Or les iuifz eurẽt extimacion que sainct iehan fust ihesucrist/et pourtant leuangeliste leur oste leur faulse oppinion en disant. non erat ille lux Saint iehan nestoit pas la vraye lumiere par essence/car luy ne les aultres sainctz ne sont pas lumiere. effectiuement/et ceulx qui creent la lumiere/mais sont lumiere enluminee de la premiere lumiere. Et ceste lumiere/de laquelle bailloit tesmoignayge sainct iehan estoyt eternellemẽt vraye lumiere/sans fallace/sans vmbre et sans participacion daultre lumiere. Elle estoyt lumiere par essence/laquelle enlumine par sa grace tout homme venant en ce mõde tenebreux car selon sainct augustin nul en ce monde est enlumine que ce ne soit de ceste lumiere. Et selon crisostome/il enlumine tout homme/tant que en soy est/et que a luy appartient. Et aulcuns sont qui ne sont pas enlumines/mays sont tenebreux. Et ceste tenebrosite ne procede pas de la nature de la lumiere/mais de la malice qui est en eulx laquelle repugne & contrarie a vraye lumiere/car ilz clouent les yeulx de leur pensee et ne veulent receuoyr les rays de ceste lumiere. Et pource tout homme est inexcusable/qui ne se prepare a receuoyr la lumiere de grace/qui est la sapiẽce de dieu le pere, par laquelle lumiere le mõde a este faict Ju mundo erat. Elle estoyt au monde des le commancemẽt/comme la cause est en son effect. Par lequel filz de dieu toutes choses sont faictes/car il reluyst en toutes ses creatures/tãt par creacion/que par gubernacion. Dieu est en tous lieux present par sa puissance/car sa vertus se extent en toutes choses/comme le roy en tout son royaulme. Il est aussi en tous lieux par sa presence/car toutes choses sont nues et patentes deuant ses yeulx. Il est aussi par essence en toutes choses/esquelles il dõne pas seulement estre/mais aussi les conserue en leur estre. Mundus per ipsum factus est. Le monde a este fait par luy/et par sa bõte affin quil peust creatures, ausquelles il desp̃tist sa grace Et le mõde cest adire les mõ dains/et les amoureux du monde ne sont point cogneu/car les cogitacions mondaines qui sont en leurs cueurs empeschent la cognoissance des choses diuines/mais ceulx qui estoyent amys de dieu le cogneurent deuant son incarnacio. Ou aultrement le monde ne la point cogneu/cest lome demourat au monde ne la point cogneu/par sa rudesse/car combien quil fust au mode vniuersalement en toutes creatures/touteffois il ne sensuyt pas quil fust cogneu d tous. Et affin quil peust estre veu de tous il est venu au mode en propre personne/en prenant nostre humanite/en laquelle il se est monstre ou monde. Et specialement est venu en iudee au peuple auquel estoit faycte ceste promission Il estoit au mode par sa deite/mais il est venu par son humanite/car venir ou aller/est selon lumanite/et demourer/est selon la diuinite. Et doit on ainsi entendre/Venit/cest adire il sest apparu visiblement. Et sui eum non receperunt/et les siens/cest les hommes lesquelz il a faitz a son ymaige/ou les iuifs/ne sont point voulu receuoir par foy et par charite car grant partie du monde na voulu croyre en luy. Ainsi au io²duy plusieurs clercz qui au regard des gens laiz plus proprement sont a luy/ne le veullent receure. Ain coys par leurs paruersez meurs le regectet deulx plus que ne font aulcuns seculiers.

Moralemet dieu est venu en son ppre car il est venu aux ames de ceulx qui totalement renoncent a leurs pres desirs en telle maniere/quilz ne viuent pas selon le propre sens/mays selon la voulente de dieu/car ceulx qui quierent faire leurs voulentes et desirs/ne le recoyuent point en leur ame. Et pource ceulx qui desirent que dieu viegne en leur ame/il fault quilz soyent filz de dieu Le filz de dieu ne viet poit si non en son prepre. toutesfois aulcuns cobien que pou a comparaison de tous/lont receu par foy formee de charite/en le confessant estre vray dieu et vray home. Mais tu pourras demander/que leur prouffyta ceste recepcion Je te dys que grandement leur prouffita. car vniuersalement a tous ceulx sans distinction destat/ou de condicion/de sexe/ou deage/qui lont receu/a done puissace estre filz de dieu adoptifs par grace et p̄ regeneracio de baptesme/voire a tous ceulx qui croyent en son nom/en le confessant estre dieu et home et vray saulueur du monde. car comme dit saint iehan tous ceulx qui croyent que ihesus est vray filz de dieu/sont nez de dieu Et est a noter que leuangeliste dit/dedit eis potestatē Il leur a donne puyssance. Et ne dit pas/fecit eos filios dei/les a faitz filz de dieu/et cecy pour plusieurs causes La premiere est selon crisostome pour demonstrer que a grant estude et grant soing/on doit garder lymaige de la filiacion de nostre saulueur/sans souilleure et sans taiche depechie qui est reformee en nous par le sacrement de baptesme. La seconde cause est a signiffier/que nul ne nous peut oster ceste puissance fors nous mesmes. La tierce est pour demonstrer que ceste grace nest donnee si non a ceulx qui la desirent/et qui se estudient la garder/car il appartiet a dieu donner sa grace/et est a la voulente de lomme de y adiouster foy. Tu veois quel fruit vient de laduenement du filz de dieu/ car par luy home est fait par grace/ce quil ne peut estre par nature/ainsi come dit lapostre. Se nous somes filz de dieu/no² sommes heritiers de son royaulme Augustin. O grade beniuolence. Le seul filz de dieu est ne/et touteffoys il na pas voulu demourer seul. Il na mye crainct auoir auec luy heritiers/car son royaulme nest point meindre pour la multitude des possedens et habitans Et pource que aulcuns pourroyent penser/que ceste natiuite eust este charnelle/leuangeliste dit apres la maniere comment nous obtenons ceste filiacion Qui non ex sanguinibus/cest que ceste natiuite nest pas de semence dome et de femme/ne de concupiscence et delectacio de chair/cestassauoir de feme Et pourtant q̄ la chair a moins de force q̄ les os/par elle est entendu le sexe plus frayle/cest la feme Neqȝ ex voluntate viri/cest adire/ne de la cocupiscence et delectacion de home/mais

K i

telz sont nez de dieu/par le sacrement de baptesme/et par generacion spirituelle/par laquelle ilz recoyuent la grace de dieu et la generacion spirituelle/et sont tires et faitz participans de la nature diuine. Moralement on peut prendre icy enseignement q̃ nulle chose humaine ou mondaine se doit engendrer en nous/affin que seulement puissons estre nez de dieu. Apres leuangeliste manifeste la maniere comment le verbe/cest le filz de dieu/est venu au monde/car il nest pas venu quil ne fust par deuant/mais en nouuelle maniere a comence estre/en soy humiliant par la sumpcion de nostre enfermeté. et cest ce quil dit apres. Et verbum caro factum est. Le verbe qui est filz de dieu/est uny a nature humaine/en copulant en vne persone nostre humanite auec sa deite. Le nom/caro/est prins icy par vne figure que on appelle synodoches/qui est prendre vne partie pour le tout/comme sil dysoyt selon sainct augustin. Le filz de lome ha ame et corps. le filz de dieu qui est verbe eternel a prins homme comme lame ha le corps/car ainsy que lame ayant le corps ne fayt pas deux personnes/mais seulement ung homme/ainsi le verbe ayant prins homme/ne fait pas deux personnes/mais vne qui est ihucrist. Quest ce que home. Cest ame raysonnable ayant corps. Que est ce que ihesucrist. Cest le verbe et filz de dieu le pere ayant homme. Crisostome. A cause que pour le peche de adam/tout homme auoit encouru la sentence et peyne de mort/tant du corps que de lame/il estoit necessayre. que le filz de dieu print lung et lautre/affin quilles sauluast tous deux. Leuangeliste icy na point voulu nommer tout/pour demonstrer la singuliere et grande vnion du verbe a home/laquelle est si grande/q̃l ne luy souffist pas que seulement soyt home et home soit dieu/mais auec ce est en chescune partie separee d̃ lome/tant de la chair que de lame/car chescune partie est le verbe. Et combien que lame soyt plus noble que la chair/touteffoys leuangeliste nõme plustost la chair que lame/en nous baillant plus grande certifficacion de ceste vnion/car on

pouuoit auoir plus grant doubte selle verbe auoyt prins la chair q̃ lame. A parler moralement leuangeliste conuenablement nõme la partie plus vile/pour demonstrer la condescense inenarrable de la benignité/ et humilite de dieu/et en confondant lorgueil de plusieurs/lesquelz quant ilz racontent aulcune chose de leur lignee/nõment premierement ceulx qui sont en plus grand dignite/come soy disans estre nepueux de tel riche et puissant home/et se taisent des poures qui par aduenture leur sont plus pres que ceulx qlz nõment. A ce on raconte vng exemple fabuleux du mullet/auquel on demanda qui estoit son pere. Respondit que le courcier du roy estoit son oncle/ayant honte de dire q̃ lasne estoit son pere. Et habitauit in nobis. Et le verbe a habite en no[us] non pas quil ait prins vng chescun suppost de nous/mais en nature humaine a habite laqlle il a comune auec nous/et la supposite a soy filz de dieu/et auec nous demeure perpetuellement. Ou il a habite en no[us]/cest au monde/selon ce q̃ est escript en baruth. In terris visus est. il a este veu en terre et a couerse auec les homes/cest a moralement pler en noz ames par grace. car depuis q̃ le filz de dieu a prins nostre nature/ce grant bien nous en vient/cest q̃ spirituellement il habite en nous. Et vidim[us] gloriã eius. Et nous auons veu et cogneu la glorieuse mageste de sa diuinite. Icy veoir se prent tant pour vision corporelle que pour cognoyssance de entendement. Et selon ces deux faicons/tant sainct iehan que les apostres/le virent/car ilz le virent corporellement/ et par les miracles et vertu quil faisoit et doctrine quil donoit cogneurent sa diuinite mussee soubz la chair. Et expose q̃ est ceste gloire que auons veu en disant. Quasi vnigeniti a pre/come le vray seul filz de son pere/non pas par adopcion/mais par vraye nature. Et note q̃ cest aduerbe/quasi/est indicatif de verite. Et est selon crisostome vne maniere de parler/come si aulcun auoit veu le roy cheuauchant en grant gloire et triumphe/et en racontant aux aultres/ne peust dire toute la noblesse et magnificence quil auroit veu en brief diroit Mais que vault tāt dire de choses s'il cheuauchoyt cōme roy, et ainsi q̄l luy apptenoit. Sēblablemēt en ce lyeu pource q̄ leuangeliste ne pouuoyt pas raconter toute la gloire du verbe eternel, laquelle il auoit veu, en brief la cōprint en disant Vidimus gloriā eius Nous auōs veu sa gloire, c'est cōme les anges l'ont glorifie, les pastours l'ont veu, les roys moyenāt l'estoille sont venuz ladourer, les diables ont estes gectes des corps, les malades gueryz, les mors ressuscites, et briefuemēt toute creature mesmes dieu le pere a testifye le roy des anges estre venu, et auoir la gloyre q̄ appartient au filz de dieu selon sa dignite Et est vng seul egēdre du pere dyt premier ne en grace, et nostre frere, entant q̄l est accompaigne auec nous. Or est assauoyr q̄ la cognoissāce q̄ eurēt les apostres du verbe q̄ est dieu, et ceulx q̄ croyēt en luy, estoit selon l'une et l'autre nature, et pource leuāgeliste dit, selon la diuine nature, nous auōs veu sa gloire, et quāt a l'umanite il dit aps nous l'auons veu plein de grace. car il receut tous les dōs du saint esperit sans mesure Il estoit plein de grace por purger et effacer les peches Il estoit plein de verite por acomplir les pmesses. Et est a noter que cestuy euangile est de si haulte intelligence, et en luy sont ztenus misteres si parfōs et pricipalement en ce pas Verbū caro factum est, q̄ saint Jehan se cōfesse indigne de le declairer ⁊ n'est point a doubter q̄ les parolles q̄ y sont, ne soyēt de grant efficace et la coustume est bien a louer de le lyre a la fin de la messe. De son efficace, aulcunes choses en brief reciteray p exēple Ou païs de guyēne estoyēt deux demoniacles, mendians, et voyant l'ung q̄ on dōnoyt plus a son cōpaignon que a luy, secretemēt dist a vng pstre. Se tu veulx faire ce q̄ ie te diray c'est assauoir lire aux oreilles de mon cōpaignon leuāgile saint Jehā, in principio erat verbū, et q̄ le loup point, l'enemy se departira de luy. Le pstre cōsiderant la maulaistie du demoniacle, a haulte voix cōmeca a lire, in principio erat verbū. Et quant il vint a dire, verbū caro factum est, tantost

les enemys se departirent, et furent tous deux deliures. Derechief on dit que le dyable dist a vng saint hōme q̄ l'y auoit aux euangiles vng mot q̄ les enemys craignoiēt fort Le sait hōme interrogua l'enemy quel mot c'estoit, mais ne luy voulut dire Le bō hōme se aduisa d produire plusieurs motz des saintz euangiles, mais le dyable disoit que ce n'estoit pas celluy q̄ il pferoit Tant vint que le bon hōme lui demāda si c'estoit poit ce mot, verbum caro factum est. Il ne luy respōdit riēs, mais se disparut en grāt cry. Encore on list que le diable se apparut a vng abbe, en forme d'une belle femme en le temptant de pechie Et ainsi quilz estoyent tous deux en vng vergier tous seulz, l'abbe se retournant en soy, et considerant la maluaistie de l'enemy se seignāt et dist Verbum caro factum est, et habitauit i nobis, et tantost le diable auec grant bruit et tumulte se despartut. Aussi on list d'ung moine q̄ ouyoyt cestuy euāgile in pricipio erat verbum, que quant on vint a verbum caro factum est, il ne se agenouylla point, et ne fit aulcune reuerence, et tantost le dyable luy dōna vne iouee en disant. Se on lisoyt que le verbe se fust fait dyable, iamays ne cesserions de n'agenouiller. Parquoy appert que on doit auoir cestuy euāgile en grāde reuerāce, car celuy duq̄l il est, et fait mencion nous auons veu tellement pleyn de grace et de verite, q̄ de sa plenitude tous auons receu, tant les douze apostres, que aussi tous ceulx qui sont et q̄ serōt, et pour ce nous pouuons bien dire q̄l estoyt pleyn Pourquoy est assauoir q̄ en moult de manieres on distingue ce mot, plenitude. L'une plenitude est de nombre et de multitude laquelle generalement est en l'eglise selō diuerses personnez, esquelles dieu dōne plusieurs et diuers dōs L'autre plenitude est de souffisance, laquelle fut en saint Estiēne et aux aultres saintz, et mesmes est a cheschun iuste selon sa capacite. La tierce est de prerogatiue et d'abondance, et ceste fut en la benoicte mere de dieu, laquelle excedoit en dōns de grace tous les sainctz, car ainsi que dieu a mys au souleil les vertus de

k ii

toutes les estoilles/aisi dieu a mis en marie des vertus de tous les sainctz Et pour ce il ne souffist pas quelle ait plenitude de souffisance/se elle na auecce prerogatiue singuliere/et en si grant habondance quelle puisse redonder et influyre sur les pecheurs/ de laquelle grace ihesucrist est seulemēt acteur La quarte plenitude est de consumacion ou de excellence z supefluence/laquelle fut en ihesucrist/et de ceste parle icy sait Iehan/car non seulement il eust la plenitude que pouuoyent auoir les aultres saintz mais aussi auoyr plenitude qui pouuoit redonder aux aultres Car la plenitude des dons que ont tous les esleus/procede de ihesucrist/comme du chief aux membres/ et cōme par petis ruysceaux/la donne a vng chescun sur ses merites. cestassauoir grace pour grace. Grace de reconsiliacion/ et de salut/pour grace de foy/par laquelle nous croyons en luy Grace de vie eternelle/pour grace preuenante et iustifiante Grace de remuneracion/pour grace de merite. Il nous dōne grace/affin que par elle apōs la gloyre de paradis/laquelle est la consummacion de grace. Et en brief tout ce q̄ est adiouste/et est donne apres la grace preuenante est grace pour grace/selon ces vers. Quidquid habes meriti. Tout ce que tu as ō me rite/la grace de dieu preuenant te donne. Car dieu ne couronne en nous/si non ses dons. Augustin. La grace /pour laquelle nous auons prins la foy de ihesucrist/est appellee grace voluntayrement dōnee/laquelle grace le pecheur recoyt pmierement quant ses pechies luy sont pardonnes. Et par ceste grace/ en laquelle nous viuons en la foy de ihesucrist/nous deuons receuoyr aultre grace/cestassauoir la vie eternelle qui est le loyer de vraye foy Et pour ce quil est dit /que tous auons eu et prins grace/de labondante grace qui est en ihesucrist. nous deuons sauoyr que ainsy que en vne fontayne pleyne vngchescun vaysseau peut puiser/tant quil peut tenir/et selon sa capacite/z se il ne puise que vng pou ce nest pas par deffault de la fontaine qui est pleyne. mais est par deffault du vaysseau /ainsy nous au regart de ihesucrist q̄ est la fontayne pleyne de vie/receuons de luy grace selon la capacite de noz cueurs/ Et aisi que vng vaisseau qui est bas et large prent plus que ne fait vng qui est hault et estroit. ainsi le cueur bas par humilite z large par charite est plus capable/et recoyt plus de grace que vng cueur hault par orgueil/et estroit par auarice. Et le deffault ne vient pas de la part du donnant qui est dieu mais de la part du receuant/Donc en tant q̄ nous est possible nous deuons nous preparer a la receuoir par humilite z dilection ysidore. Il nest chose qui face si facilemēt obtenir la grace de dieu et des hommes q̄ soy estudier estre humble z charitable Certes comme dit sainct augustin/ ceste grace nestoyt point ou vieil testament/pource q̄ la loy menassoit et ne deliuroyt pas les pecheurs Elle commandoyt et demonstroyt les deffectueux et coulpables. et ne les absouloit pas/Elle demōstroit la lāgueur z ne lostoyt mye/Tant seulement elle disposoyt le malade au medicin aduenir/qui deuoit aporter auec luy grace et verite. Et a cause de ce /leuangeliste apres demonstre la maniere de receuoir ceste grace en disant Lex per moysen data est/La loy fut donnee par moyse/laquelle estoyt messagiere de salut. mais la grace laquelle est donnee auec vertus et auec les dons du sainct esperit. et les sacremens de saincte eglise/z par laquelle/le salut des hommes est fait/z la verite laquelle est acomplissement des figures et des pmissiōs faictes en moult de manieres de nostre saulueur et redempteur ihesus/et par luy souffisantement donnee Augustin. La grace laquelle estoyt promise en la loy/et non pas obtenue/ estoyt la mort de nostre seygneur et saulueur ihesucrist laquelle nous deliure de mort eternelle et temporelle/quant a plusieurs cas Le uangeliste demonstre encore /comment ceste grace et verite ont este faictes en disant Deum nemo vidit vnq̄/ Nulle creature a iamais veu dieu/comme il est/cestassauoir par vision de comprehension. car comme dit crisostome/ange ne archange ne cheru bin ne seraphin/ont comprins lessence de dieu/et par consequent nul homme mortel la veu. Toutesfoys côme dit sainct gregoyre en ce môde on le peut bien veoir par aulcunes representacions et figures/mays en sa nature et essence/on ne peut/car qui se veult estudier a ceste côtemplacion/il fault quil meure totalement en ce monde/et que nulle chose qui y soit retiegne son amour. Aultremêt selon saint augustin/on ne peut paruenir a ceste vision. Leuangeliste dit/ĝ est celluy qui conprent ceste grace et voyt dieu et dit apres Unigenit⁹ filius Le seul filz qui demeure en secretz de son pere eternel comprend dieu/et reuele a ses amys son essence et sa nature/en les enseignant des secretz de la deite. comme du mistere de la trinite/et de plusieurs aultres qui nauoyent point este demonstres en la loy ne aux prophettes en la maniere que le filz de dieu les a demonstres/ainsi que dit crisostome. Et pource il a ouuert la voye de salut a tous ceulx qui croyent en luy. Bede. Le filz de dieu fait homme/a declaire ce qui estoit a croyre de lunite de la trinite/et comment on se doit preparer pour paruenir a la contemplacion dicelle/et par quelles oeuures on y paruient

Oraison

Seigneur ihesucrist filz de dieu le vif qui es la vraye lumiere enluminant tout homme venant en ce môde/moy meschant qui suys de toutes pars obfusque de espesses tenebres/te adoure/en priant ta misericorde ĝ enluminez mon ame/informes ma pensee/disposes mes cogitacions/ordônes mes sens/et adroisses mes parolles/et mes faitz/en telle maniere que lacteur de iniquite/ et amoureur de tenebres/ne me surpreigne/ne ĝ en moy trouue son signe. Je te prie quil soyt espouante de la fouldre de ceste tresbenoyste lumiere/a ce quil se desparte loing de moy. z que puisse par sentier cler/et chemin droyt tendre a toy qui es acteur de vraye lumiere et peruenir a ta gloire perpetuelle Amen.

De ce que sainct iehan ꝓfessa aux iuifz nestre pas ihesucrist/mays son precurseur et messagier. xix. chapitre.

Les pharisiens oyans loppiniô des turbes qui auoyent extimacion/que sainct iehâ baptiste fust ihesucrist en la loy promis/tant pour sa merueilluse natiuite/poᵘ sa saincte vie/pour sa prudente doctrine/que aussi pour la nouuellete de son baptesme/furent esmeuz contre luy. veu que côtre la loy et leurs ordonnances auoit prins loffice de baptiser. Et eulx mesmes ayant doubte ĝ ne fust messias en la loy promys/enuoyrent a luy les seigneurs de iherusalem/les prestres et dyacres/pour luy demâder quil estoyt/et pourquoy il baptisoit. Toutesfoys les sages et scribes pouuoyent bien sauoir quil nestoyt pas ihesucrist/car il deuoyt estre de la lignee de iuda/et sainct iehan estoit de la lignee de leuy. Doncĝs luy demanderent Tu quis es/qui es tu. Sur ce moticy tu peuz noter quatre questions ĝ vngchescun peut faire de luy. cestassauoir quel il est en nature/en persone/en forme/et en stature. Considere donc ĝ tu pourras respondre a dieu/quand il te interroguera de ces choses Et premierement quel tu es en nature Tu luy doys respôdre troys choses. car

k iii

tu es selon le corps terre/et en ce te doiz humilier contre orgueil. Tu es selon lame esperit/affin que tu te eslieues en hault/contre auarice. Tu es selon lung et lautre creature raysonnable/affin que tu viues selon raison/qui est contre luxure. Et pource dieu te demande/o toy orgueilleux/qui es tu Tu es de nature. car maintenant tu ne es pas terre toy humiliant/mais es aer toy esleuāt. Tu nes pas esperit querant les choses spirituelles. mais es chair/ sauourant les choses terriennes Tu nes pas homme vsant de rayson/mais es beste viuāt brutalement. La seconde question est quel tu es en personne. Et ceste questiō on te fera quant tu frapperas a la porte de paradis/ en disant sire/sire ouure moy. Et si on te demande qui tu es/tu pourras par aduenture respondre ie suys crestien. Mays escoute que dit saint ambroyse. Cest meterie se dire crestien. et ne fayre pas les oeuures de crestien. Ou par aduenture tu pourras respondre. Amicus sum Je suys amy. Escoute lesquelz sont que dieu appelle ses amys. Vos amici mei estis ʒc. Vous estes mes amis si vous faictes ce que ie vo⁹ cōmande. Donc se tu nes ne lung ne lautre/tu ourras amen dico vobis/nescio vos. ie vous dis certaynement que ie ne vous cognois. La tierce question est/quel tu es en forme/en oeuures/en meurs/tant exteriores/que interiores/car tu dois diligemment considerer combien tu prouffites ou deffault La quarte question cōbien grāt tu es en stature spirituelle/comme tu es petit par humilite/ɤ si tu es tel que puissez entrer en la vie eternelle par lestroycte porte. Aussi combien tu es grant par charite/affin que tu sachez quel lieu te est deu on ciel Sainct iehan doncques interrogue quil estoyt/confessa verite et ne la nya point. car aultrement il eust nye ihesucrist. qui est verite. Et confessa et dist. Je vous dis/que ie ne suys pas ihesucrist. Enquoy appert qʼl respōdoit myeulx selon la pensee de ceulx qui le interroguoyent/que selon les paroles proposees. car combien que clerement ne le interrogassent pas sil estoit ihesucrist

touteffois selō crisostome/ilz auoyēt ceste pensee en leur cueur/ainsi qʼl appert par la responsce qʼl leur fit. Il confessa nestre point celluy quil nestoyt pas/et ne nya pas estre ce qʼl estoit Il ayma myeulx estre des membres et du nōbre de ihesucrist/en recognoissant humblement son enfermete/que vsurper sans merite son nom/et estre separe de luy Icy lumilite de saint iehan no⁹ est biē recōmandee et louee/lequel estoit entre les iuifz de si grande auctorite et reputacion/ et en telle haultesse de vert⁹ qʼlz croyoiēt qʼl fust ihesucrist/ɤ touteffois ne sen est point esliue par orgueil/en vsurpant le nom ɤ lōneur daultruy. car cōme dit crisostome. la maniere des bōs seruiteurs/est de nō vsurper seulement la gloyre et honneur qʼ est deue a leur seigneur/mais auec ce/si on leur offre la reffuser. Lucifer neut pas lumilite ō saint iehan qui vouloit vsurper la diuinite/leqʼl ensuyuent les tyrās de ce monde/qʼ sont en office par force. et les ambicieux qʼ par soy esleuer faulsemēt demandent et quierēt estre au dessus. Aussi noz pmiers parens ne eurent pas ceste humilite/qui vouloyent vsurper la diuine sapience/lesquelz les heretiques/et les hommes pleyns de sapience mondayne ensuyuent. Encores auiourduy plusieurs sont qui le veullent ensuiuir qui veulent plus sauoyr que ne leur appartient. Mais considerons la merueilleuse cecite des iuifs qui croyoient que sainct iehan fust ihesucrist. et touteffois ne vouloyent croire qʼ ihesucrist fust le saulueᵘʳ du mōde/leqʼl saint iehan mesmes le tesmoigne ɤ approuue par si grans signes Et ainsi que le peuple des iuifs actēdoit la venue de ihesucrist/ainsi ilz actēdoyēt qʼ helyas le deust pceder. Et pourtāt oyans qʼ saint iehan ne stoit pas ihesucrist/luy demāderēt Helyas es tu/es tu helye. Et il leur respōdit. Nō sum. Je ne le suis pas/car il nestoyt pas helye en psonne ne en corps/mais biē de vert⁹ ɤ despit. ainsi qʼ nre seigʳle tesmoigne En ses oeuures sait iehā demōstroit assez la similitude ō helie Ilz querseretō⁹ deux au desert/ɤ vesgrēt en sobresse/ɤ furēt sēblables en vestemēs Helie sera messager ō lauenemē du grant iuge. Saint iehā a este messagier de laduenement du redempteur et saulue du monde. Et ainsi que helye auoyt en soy vng grant zele/ainsy sainct iehan est mort pour soustenir verite. Ilz reprenoyent tous deux les roys et ne pouuoyent porter leur maluaistie. Helye voulāt se separer de helisee et sen aller en paradis terrestre, diuisa le fleuue iourdain. Sainct iehan par le baptesme que il faisoit on fleuue iourdain plusieurs conuertit. Et pource que sainct iehan leur dist quil nestoit pas helye/luy demanderent, ppheta es tu/es tu prophette? Cestassauoir celluy duquel leur auoyt dit moyse, que dieu susciteroit vng prophette de leur lignee/et lequel ilz ouyroyent comme luy, et selon verite cestuy prophette deuoyt estre ihesucrist, mais les iuifz lentendoyent aultrement/cest que deuant la venue de ihesucrist deuoyt venir vng grant prophette. Sainct iehan leur dist quil nestoyt pas ce prophette/en ne voulāt pas que on eust extimacion quil fust ihesucrist, ne helye, ne ce grant prophette/qui est bien contre ceulx qui se vantent/de la noblesse de leur lignee/ou de science/ou daultre chose vertueuse qui est en eulx. Et pourtāt que instamment linterrogoyent quil estoit affin quilz ne retournassēt pas sans respōce a ceulx qui les auoient enuoyez leur dist Ego vox clamantis in deserto. Je suis la voix qui crioyt on desert faictes droycte la voie du seigneur/ainsi que ysaie a dit cōme sil disoyt. Je suis celluy duquel lescripture de ysaye a dit/que vne voix doyt crier on desert de iudee/affin que les hommes se preparent a laduenement du filz de dieu. Saint iehan auoit bien conuenablemēt la proprieté de la voix/car ainsy que la voix humaine est signifiance de ce qui est en la pensee/ainsi sainct iehan estoit anonciateur du verbe diuin. Et ainsi que la voix precede de la parolle/ainsi sainct iehan precedoyt ihesucrist. Nous appellons voir le son q̄ yst de la bouche de celluy qui veult parler mais touteffois nest pas parolle/car la parole signiffie aulcūe chose que ne fait pas la voix. Encore la voix est plus pres de la parolle que nest le son/car premier on oyt le son et puis apres la voix et tiercement vient la parolle. Ainsi sainct iehan estoyt plus pres de ihesucrist que les aultres prophetes desquelx la prophecie estoyt cōme le son au regart de saint iehan/car ilz anōceoyent ihesucrist de loing, mais saint iehan de pres la demonstre en disant. Ecce agnus dei. Saint iehan donc a bon droyt est appelle precurseur de nostre seigneur et voir qui le precedoit veu quil la precede en naissāt/en baptisant, en pschāt, en mourāt. Or sainct luc dit/quelle chose sainct iehan crioyt en ce desert/cest. Parate viam domini. Preparez la voye de dieu/quant a lacomplissement de ses commandemens Rectas facite semitas eius Faictes droitz ses sentiers/quant a la supererogacion de ses consaulx/affin quil luy playse de venir et de habiter en nous. Ce sont les voyes et sentiers par lesquelles on vient bien tost a ihesucrist/et on pays du ciel/lesquelles on fait mieulx droictes en solitude et en elongacion des mondains/que on ne fait en conuersant auec eulx, car on se peut bien souuent foruoyer qui ne regarde a son chemin Aulcuns sont aussi en religiō qui font les sentiers obliques/quant ilz mōstrent par dehors vne maniere de sainctete/et touteffoys ne cheminent pas droict en leurs obseruances regulieres/ne selon les commādemens et consaulx des euangiles/esquelz est la rectification de lymaige de dieu. Et selō sait bernard/ceulx sōt appelles droitz qui sont esloignes totalement des choses terriennes et esleues en la contemplacion et dilection des celestes. De quoy il dit sur ce mot des cāticques. Recti diligunt te. Querir et sauourer ce qui est sur la terre fait lame courbe. Mais elle est droicte quant elle medite et desire les choses celestes Quelle rectitude doit auoir lame/mesmes la statue du corps humain le demōstre De quoy dit saint bernard. Cest chose indecente auoir le corps droit/et lame courbe et bossue. Cest bien chose contrefaycte que le corps ayt ses yeulx en hault/et ses sens interiores et affectiōs en terre Et dit aps saint

k iiii

iehan. Toute vallee sera emplie/cest adyre que tous humbles/ou le peuple payen seront emplis de biens spirituelz/⁊ toute montaigne sera humiliee/par quoy sont entendus les orgueilleux qui perdent la grace/⁊ la gloire de dieu/laquelle est donnee aux humbles. Et erunt praua in directa Les cueurs des maulnais/qui ne sont pas bien droitz par leurs mauluaises affections et iniustices/seront adroisses par le quite de iustice Et aspera/et les pensees ireuses rudes/⁊ sans doulceur/seront conuerties par infusion de grace a toute benignite et doulceur car les cueurs qui auront pense mal de ihesucrist seront adoulcis. Et videbit omnis caro. Et tout homme/cest adire plusieurs des hommes verront le salutaire de dieu/qui est ihesucrist filz de dieu/a son premier aduenement. On peut aussi entendre ceste parolle de la veue spirituelle/par laquelle ceulx qui sont conuertis en la foy le voyent Ou aussi on le peut entendre du secod aduenement au iour du iugemet/auquel tous le verront en forme humaine/tant esleuz q̃ reprouues/tant iuifs que payes ausquelz la generalite des hommes anciennement estoyt deuisee/car tous estoyent iuifz ou payens. Les messagiers et embassadeurs des iuifs/ouyans que sainct iehan nestoyt aulcun de ces trois solennelles personnes quilz actendoyent luy demanderent apres Pourquoy donc baptises tu/en induysant nouuelle maniere/et iacoustumee en la loy et en vsurpant loffice daultruy/quãt tu nes pas ihesucrist/auquel par propre puyssance appartient baptiser/ne helye qui en passãt cestuy fleuue iourdain signiffioit le baptesme. ne prophette auquel de office appartient baptiser/comme il appert de helysee/qui enuoya baptiser naaman/Sainct iehã estoit precurseur de ihesucrist/ estoit helye en vertu/non pas en personne/estoyt non pas le prophette que actendoyent les iuifs mais plus que prophette/et pource il pouoyt baptiser Toutesfoys il leur respondoit en baillant tousiours tesmoignaige de ihesucrist. Ego baptizo in aqua. Je baptise en eaue/et en penitence/et non pas on sainct esperit, par lequel est faicte remyssion des pechies. Je vous enseigne faire penitence/mais ie ne vous puis absouldre. Je baptise voirement en eaue/en lauant et disposant seulement les corps/pour vous signiffier celluy qui est avenir/et qui doyt baptiser on sainct esperit/et ha auctorite de absouldre et lauer les ames/ainsy que les prophettes anciens ont denoncie/non tant par leurs prophecies et parolles/que par leur vie et par leurs faictz. Et po² ce ie baptise en eaue et en penitence/par laq̃lle sont purgees les ames. Je laue le corps en instituant lusaige de baptyser. et en disposant la voye a celluy q̃ doit venir et est plus fort et vertueux que moy/car il nectoye les ames par vertu du sait esperit. Mon baptesme est icomplet/⁊ imparfect/car il ne laue que le corps/et le vray baptesme laue le corps et lame Et pource vo⁹ ne deues pas imputer mon fait a audace ou a presumpcion/veu que ie ne baptise que par dehors/et en eaue. Ambroyse. Tantost sainct iehã se porroit estre pas ihesucrist par la dyuersite des operacions de to⁹ deux/et dist a bien entendre/home est compose de deux natures/cest de ame inuisible/et de corps visible. Et le visible p mistere visible doyt estre par dehors nectoye/et linuisible par mistere inuisible doit estre consacre par de dans. Leaue visible est celle qui purge le corps/et le sainct esperit, inuisible nectoye les pechies de lame. Or est il ainsi que ihesucrist nectoye lame par le sainct esperit/et par le baptesme de grace/et moy seulemet le corps en vmbre et figure dung meilleur baptesme/et la forme de mon baptesme est Je te baptise en nom du messias q̃ est avenir/sensuit q̃ ie ne suis pas luy Le baptesme de saint iehã estoit touteffois de grant puffit aux homes/car cobien q̃l ne nectoy ast pas les pechiez neautmoins il iugeoyt tous ceulx q̃ se baptisoyent estre liez du lien de pechie/et q̃lz deuoyent querir et demander celluy q̃ les pouoit nectoyer/et pource il baptisoit en penitece/cest adire affin q̃lz feissent penitece en cofessant leurs pechiez ⁊ q̃lz fussent appareilles tantost q̃ ihucrist viendroyt receuoyr son baptesme/veu q̃ ia estoiet acostumes par le baptesme de sait

iehan/a troys choses/donc estoyt valable
cest pour estre acoustume a baptesme/pour
amader leur vie/et pour manifester ihūcrist
Et dit aps. Medius autē vestrū stetit Cel
luy q̄ ie vous anonce est on millieu de vous
et est mediateur entre dieu et les hōmes/
et vous ne le cognoisses/et pourtāt par ce
stuy baptesme ie vous dispose a le cognoy
stre. Icy est a norer q̄ on list souuent q̄ nō
stre seigneur ihūcrist a esleu le millieu/car
cest le lieu des humbles/ainsi q̄l dist a ses
apostres/Ie suis on millieu de vous/ainsi
q̄ celuy q̄ administre est on millieu de ceulx
qui sont entour luy Aussi cest le lieu cōmun
car cellup q̄ est on millieu se ha equalemēt
a tous. Et saint pierre dit/q̄ dieu nest poīt
accepteur de persōnes. Aussi cest le lyeu de
vniō, car les extremites sont vnyes on mil
lieu, et ihūcrist est on millyeu/car cōme dit
lapostre/il est nōstre paix q̄ a conioinct diuer
ses choses en vng. Cest aussi le lieu de sta-
bilite/car le millieu du monde est ferme et
stable. Aussi cest le lieu de proximite/car
celuy qui est on millieu est puchain a tous
ceulx q̄ sont autour de luy. Et saint iehan
dit aps de nōstre seigneur Ipse ē qui post me
ventu. Cest celuy q̄ vient aps moy/lequel cō
me pcurseur ie vous anōce. Selon sait remy
en cicq' manieres nōstre seigneur ihūcrist est ve
nu aps saint iehā Premierement selō sa na
tiuite Secōdement selon sa pdicacion Tier
cemēt selon son baptesme Quartemēt selō
sa passion Quitemēt selō sa descēdue aux
enfers Qui ante me factus est. Ceste dictiō
ante/en cestuy lieu ha signiffiāce de ordre
nō pas de tēps Cōme se il vouloit dire/se
lon crisostome Se ie suis venu deuant luy
pour baptiser/pourtāt ne penses pas q̄ ie
soye plus grāt q̄ luy/car cōbien q̄l soit ve
nu p sa natiuite aps moy/touteffoys il est
en dignite deuāt et sur moy/et doit estre p
pose a moy en noblesse/et en dignite. Et
nō ostāt q̄ ihūcrist fust selō sa natiuite tēm
porelle ia venu au mōde quāt saīt iehā di
soit ces polles/touteffois il disoit q̄l estoit
a venir quāt au baptesme a cause q̄l ne se ef
toit point encore manifeste en pdicaciō/ne
en faisāt miracles/ne en acōplissāt le miste
re de nōstre redēpciō Or saict iehā demōstre

q̄ ihūcrist le pcedoit quāt il dit Quia prior
me. erat Il est pmier q̄ moy non pas selon
lumanite laq̄lle il a prise en tēps/mais selō
sa deite/en laq̄lle il est deuāt toute creatu
re Il est dōc deuāt moy eternellemēt/car ie
suis en ce mōde tēporellemēt Il est seigneur ie
suis son seruiteur Il est empereur ie suis che
ualier/et pource il est plus fort q̄ moy/car
il est le dieu fort et puissant/et ie suis hōme
fraile et impuissant Rabane Saīt iehā est
bien fort veu q̄l est digne dauoir en luy le sa
inct esperit/mais encore est plus fort cellup
q̄ luy peut dōner Cellup est bien fort q̄ pσ
che le royaulme des cieulx/mais encore est
plus fort celuy q̄ le dōne Il est bien fort q̄
baptise en cōfession des pechies/mais en
cores est plus fort q̄ pdonne tous pechies Et
de sa dignite dit saīt iehan aps Cui' non
sum dign's Ie ne suis pas digne de deslier
la courroye de ses soliers/laq̄lle chose est
vil et hūble seruice Cōme sil disoit, il est si
grāt/et tant deuāt moy hōnourable q̄ ie ne
suis pas digne d̄ le seruir/ne destre appel
le le meīdre de ses seruiteurs Saint iehā
ple icy a la faicon cōmune de pler/quāt on
veult humiler τ louer aulcū, car on dit ie ne
suis pas digne de toucher ses soliers. Et
ihūcrist ne portoit nulz soliers/et pour ce sa
inct iehā ploit par similitude Ce nest pas
de merueilles/si saīt iehā dit de soy ces cho
ses/car toute creature tant grāt soit a la cō
paraison de dieu nest riens sinō pouldre et
cendre/ne q̄lque creature est digne de le ser
uir si non q̄ de sa grace la digne. Ou selon
le sens allegoriq̄/et lexpose saint gregoire
on peut entēdre par le soulier lumanite/p
les piez la deite/et par la courroye/laq̄lle
ioinct le soulier on pie/lunion de lame/et
du corps a la deite/laq̄lle ne saīt iehā ne
aultre est digne ou souffisant de explicer
selon que dit ysaie. Qui est cellup qui ra
contera sa generacion. De lumilite de saīt
iehan dit encores sainct gregoire. Nous
deuons ycy bien penser commēt les saints
hommes a ce quilz gardēt en eulx la vertu
de humilite/combien quilz saichēt de mer
ueilleuse choses/touteffoys sestudient ra
mener deuant les yeulx de leur pensee ce
quilz ne sceuent/affin quilz cognoissent le

enfermete/et daultre part que leur ame ne se slieue pour quelque sainctete qui soit en eulx. Et pource il fault que lame voulant garder en soy la vertu d humilite se desprime en tout ce quelle fait/affin que le vent de vanite et de eslacion nemporte toute le bien lequel elle peut assembler. O mes freres quant vous faictez bien/tousiours reuocques et amenes deuant vostre pensee/les maulx lesquelz aues faitz/a ce q quant vo9 regarderes en quoy aues offense/iamays ne vous eslieues de aulcune bonne oeuure faicte par vo9 Consideres vos prouchais et affins/ausquelz et si par aduenture voyes faire aulcuns deffault publiques/touteffois ne scaues pas les biens quilz font secretement Nul bien est bon ou agreable a dieu/sil nest assoysonne et confis de humilite Celluy est semblable a la personne qui porte la pouldre au vent/qui assemble les vertus sans humilite Apres sainct iehan dit. Ipse vos baptizabit non solum aqua/tc. Il vous baptisera non seulemet en eaue pme moy/mais aussi on sainct esperit en vous donnat le feu de charite si le receues coe vo9 deues et le myen ne fait pas telle grace Crisostome Autre estoit le baptesme de saint iehan/et aultre chose le baptesme de nostre seigneur. Celluy de sainct iehan estoit en penitece/celluy de nostre seigneur en satiffacion et grace. Auquel le sainct esperit en maniere de feu fait operacion en bruslant les pechies et nectoyant les ordures du corps et de lame de tous ceulx qui y croyent Bede. Nous sommes baptises de dieu en saint esperit/non seulemet quar le iour de nostre baptesme en eaue sommes nectoyes de tous pechies, mais aussi de iour en iour quant par la grace de celuy sainct esperit sommes enflames et animes de faire ce q plaist a dieu. Et est assauoir quil est vng baptesme qui se faict en eaue/ vng qui se fait par feu en penitence/et vng qui se fait en sang en martire. En apres que saint iehan a donne tesmoignaige aux iuifz du premier aduenemet du filz de dieu il baille tesmoignaige du second/en recomandant et louant ihesucrist de ce quil ha

auctorite et puissance de iuger/et dit Cui9 ventilabrum est in manu eius Ventilabru est vng instrumet duquel on nectoye le ble et separe de la paille/Car quat le ble et la paille sont ensemble dedans le vent/on les gecte en hault/et la paille sen va et le ble demeure Ainsi saint iehan parle par similitude/entendant par le vent le diuin iugemet lequel diuise les bons des maulais/et est en sa main/cest en sa puissance/car dieu le pere a donne tout iugement au filz. Et permundabit Et parfaictemet nectoyera son eglise/en laquelle maintenant la paille est auec le grain/car les bos sont mesles auec les maulais. Et assemblera le froment q est maintenant en plusieurs lieux espandu Cest que les bos lesquelz a la maniere du froment sont dedans blans par mudicite/ rouges par pacience/graues et pesans en meurs/vtiles en paroles/multipliables en la conuersacion des aultres mectra en son guernier/cest en son royaulme celeste. les pailles qui sot les reprouues par orgueil pailles par enuye/frayles par ire/secz par auarice/infructueux/par paresse/vilz par concupiscece charnelle bruslera au feu qui iamays ne se estaint. En moult daultres choses sainct iehan exhortoit et enseignoit le peuple/par quoy appert/que tous ses ditz et faitz ne sont pas escriptz Moralement sainct iehan donne la maniere de viure/de pschier/et de fructiffier. Sa vie fut dure quant a son viure qui estoit dur et austere/quant a son vestir qui estoyt aspre/et quant au lieu qui estoit le desert Sa doctrine tant de dieu que de soy et de son proyme estoyt vraye. Son operacion estoyt fructueuse/car il baptisa plusieurs gens et les instruit. En premier il fut exemple aux religieux/en secod aux docteurs/et en tiers aux prelatz. Ces choses deuant dictes furent faictes en bethanie oultre le fleuue de Iourdain/la ou il baptisoyt/et est vne iournee loing de iherusalem a difference de la bethanie qui est pres de iherusale deux mille vers le mont doliuet. Car comme dit crisostome il ne anonceoyt pas la venue du filz de dieu en vne maison/ne en vng lieu petit mais estoit oultre le fleuue iordain on mi lieu du peuple/en la presence de tous ceulx qui se faisoyent de luy baptiser. Et bien conuenablement baptisoyt a la fin du fleuue iourdain/lequel lieu estoyt le cōmancement du pays des payens. et la fin de celluy des iuifz/pour demonstrer que le baptesme est commun a tous/et que plus communemēt les payens qui estoyent incredules receuoyent le baptesme/que les iuifz qui deuoyēt croyre en dieu.

Oraison

Tresbienheure iehan precurseur de Ihesucrist/messagier du iuge/amy de lespour/voix du verbe diuin/q as desseruy anoncer le soulas de nostre redempcion/impetre a moy meschant enuers celuy seigr ihucrist p tes tressaintes prieres que soye purge des vices/et orne des vertus/et que ie appareille selon tes salutayres amonicions la voye a nostre seigneur. et que face droitz ses sentiers .en telle maniere que au dernier iour du iugemēt quād il nectoyera son eglise/et separera le froment de la paille/desserue estre trouue entre les grains du froment cest entre ses esleus/et estre mis auec eulx au grenier de la maison celeste Amen

De penitence par laquelle on approche du royaulme du ciel. xx. chapitre.

Cause que aux chapitres precedans a este parle aulcunemēt de la vertu et du sacrement de penitence/par laquelle le royaulme des cieulx approuche et est donne a la personne/et la voye de receuoyr nostre seignr est disposee et appareillee/a present en fault et conuient parler et en veoir vng pou plus longuement et au playn. Surquoy deuōs premierement sauoyr que a faire vraye penitence. laquelle est cause de amour de dieu et de desplaisanse de pechie/deux choses sont sur toutes les aultres requises. Cest assauoir q le pechr ayt desplaisance de ses pechies commis et passes. et ferme propos et voulente de iamays ne les reiterer et ne les fayre/car sans ces deux choses vraye et entiere penitence/ne peut estre/et dieu ne pardōne point les pechies/et le prestre ne peut par sa puissance z auctorite absouldre. Sur cecy dit ainsy le benoyst saint bernard. Digne et vraye penitence/est auoyr continuelle desplaisance des pechies passes/et les gemir et plourer en telle maniere que on ne les veuille plus commectre ne faire/car celluy est mocqueur et trompeur/ et non pas vray penitent et vray contrit/ qui commect encores ce de quoy il sest vrayement repentu et puremēt z entierement confesse. Si dōc o pecheur tu veulx estre vray penitent/laisse ton mal et ton pechie/et auec ce/garde que ne veuilles plus pechier/ car la penitence est infructueuse/ inutile et nulle/qui est entaichee par pechie reitere. Et selon monseigneur sainct gregoyre pape/fayre penitence/est gemyr/et plourer les pechies passez/et ne les vouloyr plus reiterer ne commectre/car celluy qui ploure les pechies passez/et en commect daultres ignore/ou dissimule fayre vraye/et digne penitence. Et saint augustin aussy dit que la penitence est vayne et inutile/laquelle est entachee et souillee par la coulpe ensuiuant. Rien ne prouffite plourer et gemir z demander a dieu pardon/sy encores les pechiés sont repliquez et reiteres Et encores saint augustin dit. O vous penitens si touteffoys estes penités et non mocquens mues vostre vie/et vous reconsilies auec dieu. Fais tu penitence/flechis tu les genoulx en terre/ioins tu les mains et rys et te mocques/tu prouocques la pacience de dieu. Se tu es vray penitent/pechie te desplaist/sil ne te desplaist/tu nes point penitent. Et si le mal que tu as comys/te desplaist/pourquoy le reiteres tu. De quoy on doit faire penitence le note saint augustin/en disant quil ya troys choses/desqlles on doit auoyr douleur. La premiere est de tous les pechez passez et que iamais on fit. Cest celle qui ameyne les pecheurs a bien/et les fait hommes nouueaux et bōs et dignes de receuoyr les sacremens de suicte eglise. car toute personne qui est constituee en son franc arbitre/quād elle viēt aux sacremens de saincte eglise/se la vie anciēne quelle a parauāt mene/ne luy desplayst ne peut cōmancer la nouuelle. De ceste penitence seulement les petis enfans que on baptise sont exceptes/car ilz ne peuēt vser de leur franc arbitre. Tous aultres ne peuuent venir a la vie nouuelle de ihesucrist se premier ne commancent estre ce quilz nestoyent pas. et se la vie precedente ne leʳ desplaist. Lautre maniere de penitence/est celle que on doit faire en humblemēt et paciēment portant le temps de ceste presente et miserable vie/car nul parfaictement desire la vie pardurable/se premierement ceste vie temporelle ne luy desplaist. Qui est celluy q̄ ne doit despriser la felicite de ceste vie mortelle pour plus tost et plus legierement courre a celle qui est sans fin. Qui est celuy qui desire demourer au pays celeste/si non celluy a qui cestuy pelerinage ennuye Qui est cellup/qui ne doit plourer/et qui ne doit monstrer par penitence/que demourer ainsi luy desplaist. Et combien que plusieurs pechent de pechiez qui ne naurent pas lame iusques a la mort. touteffoys petis pechies assembles peuuent la naurer iusques a la mort perpetuelle si non que tous les iours ony adiouste la medicine de penitence. Certes qui considere bien diligenment les perilz et dangiers de ce pelerinaige/il voit la difficulte qui est devenir a nostre seigneur. La tierce maniere de penitēce est celle que on doit faire pour les deffaultz q̄ l en a faitz contre les commandemēs de dieu. Et en ceste penitence/vngchéscun doyt excercer en soy vne grande seuerite/et doit iuger soy mesmes/affin quil ne soyt iuge d́ dieu. Monte donc lomme pecheur en soy mesmez/et on lieu et siege de iustice Et ray son soit iuge/et la pensee soyt laccuseur. la conscience le tesmoing/et crainte execute et soit le bourreau/et laccuse gecte sang pour larmes. Et puis la sentence soit proferee. cestassauoir que la personne se rende indigne de la participacion du precieur corps et sang de nostre seigneur ihesucrist/car ainsi quil doubte estre separe du royaulme des cieulx par la sentēce derniere du souuerain iuge, ainsi se doit rendre indigne de receuoir les sacremens de sainte eglise pour les pechiez quil a fait. Et en ces choses doyt estre iuge soymesmes. et doyt conuertir sa voulente et sa vie en mieulx quand il peut. affin que quand il ne pourra vser de sa propre voulente. ne soit iuge de dieu contre sa dicte propre voulente. Et si tu es desespere de sante corporelle ou spirituelle. car tu es au parfond des peches. touteffois ne te desespere de tō salut. et ne adiouste peche a pechie ainsi quil est escript. peccator cum in profundum venerit contēpnit. Le peche² quand il vient au parfond de ses peches il contempne les remedes. mays crie du parfond de pechie. et demande pardon a dieu en quelque estat q̄ tu te trouues. car tu veois que ceulx de niniue qui estoyent grans pecheurs criérēt et demanderent pardon a dieu. et il leur donna ĵpl⁹ de legier fut euacuee la cōminacion q̄ le pphette leur auoit faicte. que ne fut humiliacion de leur penitēce. car quelq̄ peche q̄ tu ayes fait. encores es tu en ceste vie. de laqlle dieu te osteroit se il ne te vouloit guerir Ignores tu q̄ la paciēce de dieu ta amene a penitence/et ta fait si longuement viure pour toy pardonner. Et come il a este dit/on ne doit pas seulement fayre penitence des gras pechies/mays aussi des petis que on comet tous les iours Et combien quilz semblet estre petis/touteffoys ne sont pas a despriser car comme dit saint gregoyre. Nul pechie est si petit ql ne croisse quat il est mis a nonchaloir z a negligece. Et derechief dit. Le pechie qui nest efface par penitence/est si grief/que tatost en tirera par son poiz vng aultre Sainct ambroyse. Le maindre pechie commys a son essient/est plus grief/et plus pesant que tout le monde. Et augustin. Ne veulles pas contempner les petis et meindres pechies/et si tu les mesprises/regarde combien ilz peisent. car plusieurs petis peisent bie vng grat. Moult de goutes deaue empliffent et font grande riuiere/z plusieurs grains font vng grant monceau. Et pource on ne doyt point negliger les petites faultes et on ne se doit poit desesperer pour les grandes/car selon sainct augustin/nul pechie est mortel quant il desplaist/et nul veniel quant il plaist Sans dilacion on doyt faire penitence/z quant on peut/affin que subitement on ne soyt surpris/et que on la quiere faire quant dieu ne dorra pas le teps de la faire. Augustin On ne doit point differer les remedes de soy conuertir a dieu/ affin que par la tardiuete le temps de correction ne se passe. Certes cellui qui a promys pardon au repentant/na point promis de demain au dissimulant. Et encores dit sainct augustin. Si aulcun constitue en extreme necessite de maladie/cest la mort veult faire penitence et soy reconsilier a dieu. et ainsi sen va de ce monde Je cofesse que ne luy denyons pas penitence sil la demade/mais nous ne presumons pas que seurement saille de ce monde. Le crestien loyaulment viuant seurement sen va. Aussi le baptise incontinant mourat seuremet se part Celluy qui fait penitence/et se reconsilie auec dieu quant il est sain et le residu de sa vie vit bie/seuremet de ce mode se pt Celluy qui fait penitence au dernier de ses iours/et se reconsilie/si seurement sen va

ie ne suis pas seur/et de ce de quoy ie suis seur ie donne seurete/car ie puis bailler penitence/et non pas seurete. Je ne dis pas quil soyt dampne/aussy ie ne afferme pas quil soyt saulue/Le veulx tu oster du dangier/Veulx tu euader ce qui est incertain Fays penitece tant que tu es sain. car a leure de la mort/tu es seurement/pource que tu as fait penitence ou temps q tu pouoies pechier. Mays si tu veulx faire penitence quant tu ne peuz plus pechier/les pechez te laissent/et non pas toy eulx/Il ya en to fait deux choses/ou dieu te pardonra ou non. Je ne scay laquelle de ces deux choses te est aduenir. Tiens donc le certain et laisse lincertain. Sainct augustin doubte de ceulx q font penitence a leure de la mort et non pas deuant. car telz gens semble mi eulx quilz facent penitence par craincte qlz ont destre dampnes que pour lamour de iustice et de dieu. Donc ne tarde point en ta sante fayre penitence/et oster de toy le fays de pechie. car selon sainct augustin/ cest bien folle chose de viure en tel estat auquel on noseroyt mourir. Et est plus hardy qui dort auec vng pechie mortel/que celluy qui dort entre sept de ses enemys Souuent le monde promect longue vie/pource que on est ieune et de bonne complexion ou fort. mais telz ne scauent/que en brief leur est aduenir/et ne pensent pas que pou sont qui meurent de mort naturelle/et plusieurs sont qui meurent par inconueniens comme de fieures/aposteme/z aultres maladies qui souuent souruiennent a la creature. Et touteffoys on croyt que chescun meurt en meilleur estat. Hugues de sainct victor. Saiches que ne iuste ne maulvays ne enfant ne ieune iamais ne meurent qlz ne soiet au poit et terme de la bote/ou de la malice/leql iamais ne passeroyet/se plus longuemet viuoyet Touteffoys plusieurs sont deceuz/soubz espoyr de longuement viure. Et a cause de ce dit crisostome. Il nest chose qui tant decoyue les hommes comme vayne esperance de viure longuement. Car comme dit sainct augustin Nous auons certaine esperiece/q plusieurs sont trespasses et mors qui tousiours differoiēt eulx amender. Et pose que lomme fust certayn de viure longuement/touteffois nullement deuroyt differer fayre penitence/iusques en sa vieillesse/veu que en tel eage les hommes sont plus foibles a soustenir aulcun mal et labour/et a peyne on trouue vng ancien qui laisse les pechies acoustumes. Donc tresbon conseil/et souueraine prudence est/q̄ la personne se dispose tant quelle est sayne/par vraye contricion/par entiere confession/et par cōdigne satisfaction a bien mourir/et q̄lle oste de soy tout ce qui la peut empescher de paruenir a la vie eternelle/et que se tiegne en tout temps en tel estat/comme si elle deuoyt au iourduy mourir/et partir de ceste vie. Homme peut faire penitēce iusques a la fin de sa vie/car iusques la peut pecher/et obtenir pardon par la diuine misericorde de dieu/laquelle est plus grande que toute malice. Mais a peine telle penitence faite a la fin est vraye veu que a celle heure on na pas distincte ne souffisante desplaisance de ses pechies/et contricion souffisāte est requise a ce que le pechie soit pardonne/car la vehemēte passion et douleur en la partie sensitiue/laq̄lle ont cōmunement les hommes en larticle de la mort/empesche on penitent tellemēt lusaige de raison quil ne peut bien deliberer de son pechie. Esiouys toy donc de penitence se on la te enioinct/ou si tu la fays voluntairement/et en rens graces a dieu/auquel a pleu par sa misericorde toy actendre a la faire. Ne soyes pas ingrat/car tu as le temps present/onquel te peux corriger. Estoyes tu hyer mauluais/soyez au iourduy bon. Pense combien plusieurs au iourduy meurent/ausquelz sil estoyt preste vne heure faire penitence/laquelle test cōcedee hastiuement courroyent par les eglises/et la a genoulx/et prosternes seroyent/en pleurs et en souspirs deuant dieu iusques a ce quilz obteinssent pardon de leurs pechies. Et toy en boyuant/et mengeāt/en iouant/en riant/et en viuant en oysiuete pers le temps/lequel dieu ta preste pour querir sa grace/et pour desseruir la ioye pardurable. Et si lamour de dieu ne te peut aboulcir/aumoins ayes paour des las et lyens de la mort/de la craincte du iugement de dieu et des peynes denfer/et doubte de y cheoyr. Pense cōment en enfer les ames sont tourmentees/sans esperance de iamais auoir misericorde. Mais helas pou sont auiourdhuy a qui en souueigne/et telz gens abusent bien de la misericorde et pacience q̄ dieu leur faict. Bernard. Au iourduy les fils des hommes desprisēt le salut de leurs ames/et acomplyssent le desir de leurs corps en toutes plaisances. Ne craignent point pechier/mais seulemēt estre pugniz. Ne sestudient a auoyr vertu de cueur et de ame/mais seulement sante de corps et toute volupte. Et cecy ont apris de lescole de ypocras et des epycuriēs. Certes cestuy temps est donne aux ames/non pas aux corps. Cest le temps de salut/non pas de volupte. Nulle chose est plus precieuse q̄ le temps/lequel auiourdhuy nest rien estime. Les iours dacquerir salut passent/et a peu en chault. Nul ne plaint que vng moment de temps perdu iamais ne se peut recouurer. Et pour certain en ceste vie/nulle chose est si precieuse que le temps. Car en vne briefue heure vne personne peut acquerir pardon de ses pechies/et grace et gloyre de dieu/et obtenir et desseruir plus que tout le monde ne vault/car il nest si petite heure/en laquelle on ne puysse fayre oeuures spirituelles/lesquelles sont de plus grant valeur/que les choses terriennes. Pense aussy que en ce monde/plus vault vng iour de penitence/que ne fait en purgatoyre vng an/ainsy que dieu le dist a ezechiel. Itē pro anno dedi tibi. Et toutesfoys la peyne de purgatoyre/excede/et surmonte toute la peyne que on peut souffrir en ce monde. Car comme dit sainct augustin/le feu de purgatoyre/est plus dur q̄ toutes peynes/lesquelles en ce monde personne pourroyt sentyr/veoyr ou penser. Et pourtāt on doyt auoir plus grant soig et cure dauoyr bonne et saincte vie que longue. De quoy dit seneque. On doyt penser cōme len vit et q̄ ie se en bōne vie/et nō pas combien. Mesurons nostre vie selon la mesure de bien viure/non pas selon le temps. Et est assauoir quil y a troys parties de penitence/qui sont/contricion de cueur/confession de bouche/et satifacion de oeuure. Lescripture commande que on tranche son cueur et non pas ses vestemens et aussi que on confesse lüg a lautre ses pechies/et que on face dignes fruitz de penitence/car ainsy que tout pechie est comps de cueur de bouche/ou de oeuure/chose iuste est quil soyt ainsi purge/et que le pecheur deteste le pechie de tout son cueur p parolle et de fait/cest quil monstre par oeuure/que pechie luy desplaist. Ce sont les trois diettes et iourneez/par lesquelles on va a la terre de promyssion/desquelles est dit en exode Deus hebreorum etc. Le dieu des hebrez/nous appelles a ce que alos on desert/par la voye de troys iours/et sacrifions a nostre seigneur dieu/affin que peste/cest coulpe et pechie/en cestuy present monde/ou glayue/cest peyne on temps auenir ne viegne sur nous. Par ces troys iours aussi la vierge marie quist son enfãt et au quatriesme le trouua Cest leschelle a troys eschallons/que veist le patriarche iacob/de laquelle le dessus touchoyt au ciel/et dieu estoit apuye sur elle/pour trois choses Premierement/affin quil la soustiengne. Secondement/affin quil baille la main a celluy qui monte sil en ha necessite. Tiercement/a ce que quant celluy qui monte sera trauaille et lasse/que a luy regarde pour demander ayde/et mecte en luy toute sa fiance. Certaynement dieu nest pas si cruel que il le laisse cheoir Donc la pmiere partie de penitence/est contricion de cueur/q est voluntaire douleur prins voulontairement pour ses pechies/en entencion de les cõfesser/et den satiffaire/car nul nest vray contrict/sil na le vouloir de ainsi faire/En laquelle contricion lõme doit amener toutes ses pechies en iugement deuant sa pensee et la soy accusant en amertume de son ame doyt auoir desplaisance dicculx/et puis a pres soy en confesser. Crisostome. Ainsi que pour les rays du soleil on voyt en layr

de petites ordures/lesquelles sans le rays du souleil iamais ne seroyent veues/ainsi a lame enluminee de sa propre consideracio apparoissent plusieurs deffaultz/lesquelz ne voyent poit les paresseur et nõchalens de leur salut. Or est assauoir que de chescun pechie mortel/contricion singuliere est requise/si on en ha memoyre distincte/car a diuerses maladies on doit adiouster diuerses medicines. Contricion est siguliere medicine contre vng chescun peche mortel Et si on demande combien de temps on doit auoir desplaisance de son pechie/len peut respondre que quant dieu absoult la personne de pechie et de la peyne eternelle/il loblige et lye a en auoyr perpetuelle detestacion. Car cest chose iuste/que celluy qui a pechie contre la voulente de dieu eternel et sans fin/aye detestacion et douleur en son eternel/cest tant quil viura en ce monde. Et pource il est vtile quant la personne se confesse generalemẽt/que le prestre luy enioigne aulcune penitence perpetuelle tant petite soyt elle/affin que pource elle ait aulcunement recordacion de ses pechies passes/et quil luy en desplayse. Detestacion perpetuelle de peche est/en double maniere. Lune est/que la personne ayt tousiours actuellemẽt memoyre de ses pechies/a laqlle on nest pas tenu de necessite /toutesfois qui le feroit/ce seroyt grãde perfectiõ. Ainsi qon list q saint pierre plouroit tousiours aps quil eust renye nre seigneur Et le saint dauid disoit/mon pechie est tousiours deuãt moy. Lautre detestaciõ est habituelle a laqlle la psone est tousiours tenue mesmes aps la pleine remissiõ de ses pechez. De laqlle dit saint augustin Le penitẽt doit reputer tous les fruits de sa penitẽce petiz/et iamais ne luy doit souffire faire penitẽce Doit auoir tousiours douleur/et de cestuy douleur se esioyr/et encore luy doyt desplayre de ce quil na pas tousiours eu desplaisãce/et doyt estre hõteux deuãt dieu leql il a offese Et derechief dit Il fault si ie suis penitẽt q iaye ptinuel doleur de mes pechiez en ma vie/ou que les tourmens eternelz tourmentent mõ ame.

Mais au iourduy plusieurs plourent bien leurs pechies, non pas que le pechie leur desplayse ne pour lamour de dieu, mays pour la peine. Aulcuns aussi seulement se repentent dauoir peche pour lordure qui est on pechie. Fructueuse contricion est quant aulcun ploure le pechie par lequel il a offensé dieu et pour lamour de iustice le mal luy desplaist. Et de tant q̃ la personne est pl⁹ vraye penitente, de tãt plus tost dieu a qui seulement appartient pardonner, luy pardonne ses pechies, et par sa grace le relache en ce monde de la peyne eternelle q̃ luy est deue pour son pechie. Ainsi donc la peyne eternelle deue a peche mortel, est pmuee en temporelle, affin que la delectacion illicite ou volupte charnelle par lame commyse, soit purgee pendant quelle est en ce monde par digne satifacion, a ce que en lautre ne soit plus rigoureusement iugee, car nul mal passe impugny. Il y a double gemissement de penitence. Le pmier est quant no⁹ plourons ce que nous auons mauluaysement fait. Le second quant nous plourons de ce que nauons fait ce que deuyõs fayre.

La seconde ptie de penitece est pfession de bouche, p la q̃lle la maladie qui est en lame est ouuerte en esperãce de pdon. Sur quoy est assauoir quil est double pfession. Lune est mentale, que on faict seulement deuant dieu, et ceste est de droit naturel. Lautre est vocale, la q̃lle est faicte a lõme et nest point de droit naturel. Et pource deuant lincarnacion du filz de dieu, souffisoit la mentale confession que on faisoit seulement a dieu, car dieu nestoit pas encore hõme, mais apres que dieu a este fait hõme, il demande que on luy face confession cõme a homme. Et pourtant que en forme humaine ne peust estre psentauec no⁹ en to⁹ lieux, il a pstitue les hõmes ses vicaires, desquelz le premier fut saint pierre, et les aultres apostres, et puys apres eulx les prestres, ausquelz il a dit Quelconq̃s choses que vous lieres en terre, sera lyee on ciel. Et entant que aux ministres des sacremens, il a donne puissãce de lier et de deslier, il demonstre q̃ confession doit estre faicte a eulx cõme aux iuges de leglise. Et ainsi appert q̃ ihesucrist a institue confession tacitement, et apres luy les apostres la publierent. Et a cause de ce elle se doit faire a hõme vicaire de ihucrist, affin que nos pechies soyent celes au diable Augustin. Mes treschiers freres par toutes les escriptures diuines nous sommes admonnestes vtilemẽt et salutairement que deuons souuẽt et humblement non seulement a dieu, mais aussi aux saintz hõmes q̃ ont la puissãce de dieu, confesser nos pechiez. Dieu ne veult point que luy confessons nos pechiez, comme si par aultre voye ne les peust scauoir, mais desire que les confessons a hõme cõtre la voulente du diable, q̃ les desire sauoir, et vouldroit que nullement nous en cõfessissõs, a ce que nous accussast au grãt iugement, et desire que plus tost les deffendons que les accusons. Au contraire nostre dieu, q̃ est doulx et misericors, veult que en ce monde les confessons, affin que pour eulx ne soyons confondus en lautre siecle. Et po⁹ ce le diable saichãt la vertu, õ la vraye z entiere confessiõ de tout son pouoir sefforce dempescher lomme de ne soy confesser. Et ainsi q̃ il a suggere a pecher, ainsi par loppposite suggere de ne soy cõfesser, car il scet bien q̃ par aultre maniere ne nous peut estre pardonne. Lest pis ne vouloyr confesser son pechie, q̃ contempner la loy. Lest pys de ne vouloir appaiser dieu par satifacio de loffence que on a commise contre luy, q̃ de offenser la bonte de dieu par pechie. Et combien que par contricion le peche soyt pardonne, toutesfois confession vocale et de fait, est necessaire quant on ha lopportunite et la coppie du cõfesseur, ou en ppos z voulente quãt on est en article de necessite et que on le fait par contempnemẽt du sacrement ou de leglise. Et ainsi necessite de soy confesser apres contricion en tel cas, nest pas necessaire po⁹ remede, mais pour obligacion du commandement. Confession est conuenablement instituee, premierement pour demonstrer que celluy qui estoit en son franc arbitre et neust point offẽce dieu sil neust voulu, et sil ny eust donne

sa voulente, apres quil a offense, nest pas
en sa puissance de retourner a dieu sil ne se
soubmet par humilite et deuocion au iuge
ment daultruy, cest au prestre vicaire de di
eu et iuge et medicin, auquel on doyt recou
rir et monstrer les playes de son ame, af
fin que le pecheur pour plus grand humili
te recoyue daultruy et non de soy la medi
cine de satiffacion, car les sacremens sont
comme emplastres. Et selon le conseil de
sainct augustin, le penitent se doyt mectre
totalement soubz la puissance de cestuy iu
ge, en ne se reseruant ryens, et doyt estre
prest de faire ce que luy sera commande po⁹
receuoyr la vie de lame, ainsi ql feroyt po⁹
euiter la mort corporelle. Aussi confession
est instituee raisonablement, car les homes
seroyent plus promptz a pechiez silz ne pe
soyent, quil faillist reueler la honte de leur
pechie a aulcun. Et pource que confession
est commancement de toutes bonnes oeu
ures, cest chose moult vtile et prouffitable
a lame de frequeter confession, car souuet
aduient que en confession, le cueur qui a
uoyt este par auant contrict et humilie, est
totalement conferme. Et plusieurs foys ad
uient, que le pecheur se presente deuant le
prestre seulement par crainte ou par cou
stume de leglise, et par la puissance qui est
donnee au prestre, sen retourne de deuant
luy tout contrit et enflabe de charite. Aussi
aduient que aulcuns ne se tournent pas de
confession totalement conctritz, et non ob
stant cela penitence quilz recoyuent nour
rist en eulx petit a petit humilice auec chari
te, et laissent aulcuneffoys a pecher pour
honte quilz ont de eulx confesser, honte et
vergoygne auec humilite qui est confessio
est vne grant partie de penitence, et pource
honte nen pesche ta confession. Crisosto
me. Confession des pechies, est signe de
bonne ame et tesmoignaige de bonne con
science et de celle qui craint dieu, mais crai
cte parfaicte adnichile toute honte. Celuy
seulemet ha honte de soy confesser, qui ne
craint point les peynes apres le iour du
iugement. Et pourtant que auoyr honte,
est vne grant peine, dieu commande a con

fesser noz pechies, affin que souffrions ce
ste honte pour vne partie de la peyne que
nous auos desserny pour yceulx. Valere
Celluy est digne dauoir pardon de ses pe
chies, qui en sa confession ne quiert point
de excusacion, car la ou est confession, la
est remission, et pource confession vergoy
gneuse, faite pour lamour de ihesucrist, est
moyen de retourner a innocece. Augustin
Pour cause que cest grant honte de cofes
ser ses pechies, celluy qui ha honte pour la
mour de ihucrist, est digne de obtenir par
don, et tant plus que aulcun confessera lor
dure de ses pechies, en esperance de miseri
corde et de pardon, tant plus facilemet ob
tient grace et remission enuers dieu. O fol
dit encore saint augustin, pourquoy as tu
honte de dire a homme ce de quoy tu nas
pas heu honte fayre deuant dieu. Oste de
toy toute crainte et honte, et cours au pre
stre, et luy reuele ton secret, en confessant
ton pechie, aultrement riens ne te prouffite
contricion de cueur, se auecce ne sensuit co
fession de bouche si le peuz faire, car con
fession est le salut des ames, et la destruye
resse des vices, celle qui restaure les vert⁹
qui impugne les ennemys. Cest celle qui es
toupe la bouche denfer, ouure la porte de
paradis. Et saint gregoyre en louant con
fession. Aulcuns sont qui sesmerueillet de
la ptinence et chastete des iustes. Les aul
tres de lintegrite de iustice qui estes bons
Les aultres des oeuures de pitye que les
iustes exercent aux membres de ihucrist,
mais en toutes ces chosez ie ne me merueil
le point tant que ie faiz de lumble cofessio
du pecheur, qui humblement confesse ses
pechies, et me semble estre plus grant cho
se que toutes aultres vert⁹. Aussi cest cho
se moult vtile et salutayre, de frequenter
de plusieurs foys soy confesser mesmes
des pebies que on a ia confesse. Car com
bien que reiterer confession ne soyt pas de
necessite de salut, touteffois elle est moult
prouffitable tant pource que la persone ne
scet si en la premiere confessio a heu de son
pechie souffisante contricion et repentace
tant aussi que plus grat humilite et vergoi

l i

gne cause et acquiert a la personne pl[us] grāt merite/et aussy que par la vertu du sacrement de confession tousiours est diminuee aulcune partie de la peyne que la personne a desseruy pour ses pechies/et luy est conferee aulcune grace/car il est conuenable q̄ le prestre par la vertu des clez ⁊ de la puissance qui luy est baillee/relasche aulcune chose de la peine dehue au pechie duquel on se confesse. Et aulcun se pourroyt si souuent cōfesser que sans peyne de purgatoyre sen voleroyt au ciel. Et combien que aulcuns veulent dyre/ que seullement la premiere absolucion ha effect par la vertu des clez et les aultres absolucions non. veu quelles ne trouuent riēs a absouldre/touteffois selon la plus benigne oppinion/cela ne repugne poit a ce que iay dit/cest que len se peut dung pechie souuent confesser car combien que telle absolucion seconde ne trouue nul pechie. touteffoys elle trouue la peine/alaquelle le pecheur est oblige pour ses pechies Et se elle ny trouue peyne touteffois elle vault a augmentacion de grace/tant par la vertu des clez que par la contricion que la personne ha. Quelle chose donc est meilleure/que soy confesser souuent/iusques a ce q̄ par cent ou mille foys toute la peyne soyt relaschee de celluy qui se confesse. Et est a noter que la confessiō generale que on fait deuant la messe/purge et nectoye les pechies veniels. et efface les mortelz obliez. Moult caut et aduise doyt estre le cōfesseur de tenir bien le secret de confession/et se garder de riens reueler mesmes de la licence du confessant/car selon le cōmandement de la loy diuine et euāgelique/nul en peut dispenser. Et si le cōfesseur na point puyssance dabsouldre la personne du pechie/duquel elle se confesse/et quil luy conuiengne la renuoyer a pl[us] grant de luy/ou quil ayt besoyng dauoyr meilleur conseil sur le faict de la conscience du penitent/en ces deux cas il luy doyt faire dire son pechie hors de confession/et adoncle peut dyre au souuerayn/et en demander conseil. Et saichent tous confesseurs que pour mourir/ne soubz le seel de confession/ne peuuent ⁊ ne doyuēt dire oū reueler le secret daulcune personne sils lōt ouye en cōfession/ne demonstrer par quelque signe par quoy on puisse auoyr aulcune coniecture sur la personne qui est cōfessee. La tierce ptie de penitēce est satiffaciō de oeuure/car il fault payer digne peyne selon la quātite de la coulpe/ainsi que admōneste saint iehan baptiste/qui dit/faytes dignes fruitz de penitence Sainct gregoyre. Sainct iehan ne dit pas seullemēt q̄ on face fruitz de penitēce/mais que on face dignes fruitz de penitence. car de la loy naturelle a celuy q̄ a meins peche/nest pas deu si grande satiffacion cōme a celluy qui est cheu en grans pechies/ou a celluy q̄ na poit peche/cōme a celuy qui a peche Par cecy appert q̄ vngchescun selon q̄ la peche et que sa conscience le iuge doyt querir faire plus grande penitēce/et racheter ses pechies par bonnes oeuures/et de tant quil cognoist q̄ a perpetre choses illicites/⁊ cōtre la voulēte de son createur/de tant aps se doit abstenir mesmes daulcunes choses licites/affin q̄ puisse satiffayre a son createur/car ainsi quil a cōmys choses deffendues/se dignement veult satiffaire se doyt abstenir/mesmes des choses concedees. Saint bernard. A cause q̄ nous abstenons des choses licites/les choses illicites que nous auions par auant cōmyses/no[us] sont pardonnees. Par quoy appert que pour faire dignes fruitz de penitence il fault faire lopposite de ce en quoy on auoyt peche Crisostome. Iappelle penitence/non seulement ce q̄ nous laissons les pechies passes/mais aussi les bōs fruitz desquelz no[us] remplissons noz ames selon la monicion de saint iehan/qui dit faites dignes fruitz de penitence. Et en q̄lle maniere pourrōs nous fructiffier. Certes ce sera quant no[us] ferons lopposite de ce q̄ nous tire a pechie Exemple As tu raup lautruy/cōmēce a dōner du tien. As tu este par long temps fornicateur/abstiēs toy mesmes de chose qui test cōcedee/et te estudie le peu de temps q̄ tu as a viure chastement. As tu fait iniure a aulcun/ou en fait ou en dit/rens luy louange/et bon tesmoygnaige. Et a ceulx qui tu as frappe ou iniuries/metz peine de le satiffayre/et complayre/maintenãt par seruice/maitenãt par benefices/car il ne souffist pas a celluy qui est naure pour recouurer la sante luy oster la fleche du corps/mais auec ce fault donner remedez a la plaie Te es tu habandōne a toutes tauerneries et delices/recompense a present lũg et lautre/en viuant en pain et en eaue/a ce q̃ puisses euiter la fain importable. As tu veu de tes yeulx impudicques la beaulte des femmes/maintenãt ne les regarde plus/ne ce q̃ te peut tirer a pechie. mais ainsi que dit lescripture/decline le mal τ faiz le biē/enq̃rs paix/et lensuy parfaictemēt. ie ne dis pas seulement la paix que on peut auoyr auec les hommes/mais aussi celle qui fait estre ioinct auec dieu/laquelle est deboutee de toutes pars/et a peyne on la peut trouuer en terre/mais est on ciel colloquee. et la po uons reuoquer derechief et auoyr auec nous si no² voulons oster de nous les empeschemens/cōme est ire/orgueil iactance et to⁹ aultres empeschemens en ensuyuãt doulceur/benignite/en conuersant en purte de vie. Or est assauoyr que satiffacion doyt estre faicte p̃ oeuures penibles/car il fault guerir les playes par satiffacion parfaicte et les medicines des pechies/sont peynes necessaires a satiffacion Non obstant que a dieu ne puissons riens oster ne sustrayre touteffois le pecheur entāt que est en luy en pechant oste lamour a dieu. Et pource q̃ satiffacion est vne recompēsacion/il fault q̃ le penitēt en faisant sa penitence se soubtrahe aulcune chose laquelle soit a lonneur de dieu. Cecy ne peut estre se nō aucun biē touchant lōneur de dieu/penable touchāt le pecheur. Or nous nauons q̃ troys biēs cest ceulx de lame/du corps/et les biens exterioꝛes. Par aulmosne nous no⁹ soubtrahons les biens de fortune/par ieusne les biens du corps/et par oraison nous soubmectons nostre ame et toutes ses puissances au seruice de dieu Aussy ces trois manieres de satiffacion sont contre les troys racines de pechie/car ꝯtre la concupiscēce

de la chair est ieusne/contre la concupiscēce des yeulx est aulmosne/et cōtre orgueil est oraison. Et pource cōme il a este dit selon la quātite de la coulpe doit estre la grādeur de penitence. Et cest contre ceulx, qui ont cōmis grans pechiez/et ne veulent porter q̃ vng peu de penitence Et pource quāt le prestre ne enioinct pas souffisante penitence/ou se il lenioinct/τ on ne lacōplist le penitent nest pas absoubz de peyne condigne. Sainct bernard. Je ne ten flaycteray point Saichez q̃ si legiere penitence est enioincte a celuy qui aura griefmēt peche/ou q̃ le prestre a qui il se confesse est ignorant de luy enioindre ou luy mesmez dissimuler de lacōplir/que le demeurant acheuera ou feu de purgatoire/car le souuerain seigneur demande dignes fruits de penitence/la q̃lle nest pas seulement en la maceracion du corps/ou en longueur de temps/mais est mesuree en ꝓtricio de cuer/τ est celle q̃ dieu a plus agreable/car enuers dieu la lōgueur du temps/nest pas de si grant valeur/comme la peyne et le labo² ne abstinēce de boyre et de mengier/cōme mortificacion des vices. Et po² ceste cause les canons et droitz laissent la mesure du temps a faire penitēce a la voulente du p̃stre/qui est saige et discret/en abregant le temps du penitent selon la foy et cōpunction q̃l voyt en luy. Et aussi si le voyt negligent a faire penitēce/luy doyt prolonguer selon sa discreciō. Et mesmes la contricion peut estre si grande/quelle ostera toute la peyne qui est deue au pechie/car dieu ha plus acceptable lassection du cueur q̃l na les oeuures exterioꝛes Or par les oeuures exterioꝛes le pecheur est absoulz de peyne et de coulpe/τ p plus forte rayson par contricion de cueur τ par affection quil ha a dieu est absoulz totalement. Et est assauoyr que la grādeur de la contricion/se peut entendre en deux manieres/lune est de la partie de charite/laquelle cause vne desplaisance de ce que on a offense dieu. Et moyenãt ceste charite la personne ne deffert pas seulement que ses pechies luy soyent pardonnes/mays aussy absolucion de toute peyne. Lautre manie

l ii

re de contricion est celle que prouoque et excite la voulente/cest quāt par dehors on ha douleur sensible et penible/comme ieusner plourer et faire grādes abstinēces exteriores/et peut estre ceste peyne et contricion si grande q̄l souffiroyt a effacier la coulpe et la peyne. Et si lomme ne peut par soy satiffayre de tous ses pechies/veu que la peyne quil doyt souffrir excede toutes ses puissances/toutesfoys a laide daultruy le peut faire. Pour ceste cause dieu par sa grande misericorde/a ordonne que auec le pecheur et pour le peché satifface premierement le merite de la passiō de nostre sauueur ihesucrist/lequel na pas seulement racheté le mōde. mais auec ce a desseruy que le merite de ceste passion satifface pour les pecheurs. Secondemēt veult q̄ pour le pecheur satifface le merite de toute leglise militante. De quoy dit saint augustin/que les aulmosnes/et oraisons que on fait en saincte eglise subuienent et aydent a celluy qui se confesse et qui recognoist sa faulte Tiercement veult que subuiene et ayde au pecheur sa propre satiffaciō. Et de ces trois choses dessusdictes/cest du merite de la passion de nostre seigneur/et de leglise/ et de la propre satiffaciō que la personne fait est compose le talent poysant asses plus q̄ le pechie. Et est assauoyr selon saint iherosme que ainsi que lennemy sestudie a mectre les pecheurs en desesperacion par la grant penitence que on leur baille a cause de leurs pechies/ainsi il sestudie faire que on leur soyt trop doulx/a ce quilz ne layssent leurs pechies. mais comme dit le saige en tel cas on ne doyt decliner ne a dextre/ ne a senestre. Or affin que tu soyes plus esmeu faire penitēce/pense se vng seul pechie de nostre premier pere adam/a este si estroictement pugny/que neuf cens ans et plus/fust en la misere de ceste vie/et nauoit point daide ne de cōfort de plusieurs instrumens mechaniques/desquelz nous nous aydons maintenant. Et apres ceste vie fut lespace de quatre mille ans en tenebres denfer/comment seront pugnys nos pechies si grans ⁊ en si grant nombre/veu que le iuge auquel nous en deuons rendre compte/nōbre la multitude. Poise la grādeur diceulx. et mesure la longueᵉ du tēps onquel nous sommes demoures. Et poᵉ ce on se deuroit biē estudier a rachetter les pechies/ausquelz la mort eternelle est deue par plusieurs bonnes oraisons et ieusnes et que on en fist satiffacion digne. Pense bien encores parfondement quelles choses as perdu par pechie/et en quoy tu es encouru. Tu as perdu lamytié de la saincte trinite/des anges/apostres/et de tous les sainctz/la beaulte de ton ame/les souffraiges de leglise. Tu as escouru les las de tes fors ennemys qui sont trescruelz Tu es en estat tresperilleux/tu as perdu la grace de dieu/et encouru la mort de ton ame. Tu as offense celluy qui ta cree/et qui poᵉ toy a souffert mort. lequel ta donne plusieurs beaulx dons/et apres tout ce/te a uoyt promys la vie perdurable. Certes se tu pensoyes continuellement ces choses deuant dictes/ie ne croys point que tu neusses douleur et desplaisance de tes pechies Mais pense encore quilz sont peu de gens bien a prins a faire vraye penitence/car combien que plusieurs soyent qui facent penitence. toutesfoys ce nest pas vraye penitence/car selon saint ambroyse/saint augustin et aultres ont trouue plus de gens qui ont garde innocence/que qui ayent fait vraye penitēce. Et a cause de ce peu sont qui ne passent par le feu de purgatoyre. Sainct bernard Sente et iuge de soy vng chescun ainsi quil vouldra/car certes ie nay point cogneu encores vng vray penitēt/que ie estime qui nayt besoing apres ceste vie du feu de purgatoyre. Ie croy que auec moy fera dieu grāt misericorde se ie suis iusques au ioᵉ du iugemēt on feu de purgatoyre/poᵉ nectoyer toute la rougle de mes pechies/⁊ que a ce iour la puisse aler tout net deuant le grant iuge. Tu veoys quelle esperance peuuent auoir les meschās pecheurs quāt tel hōe et si saint ainsi craict et doubte de soy mesmes/affin donc q̄ tu puisses faire vraye penitence/et par elle auoyr remission parfaicte de tes pechies/tu doys auoyr grant cautelle, c'est que soyes circoncis et purge de ton pechié par confession, et demeures selon le commandement de Iosué, dedans le chasteau de ta pensée, iusques a ce que soyes parfaictemẽt guery. Laquelle chose se fera se tu menges le pain de penitence et de douleur, hors et a part de toute tourbe et compaignie auec silence, en toy retirant des regars et ieux mondains, et des compaignyes donnans occasion de pechier. Circoncis donc toute occasion et suspiciõ de pechié, les personnes, les lyeux, et les compaignies auec lesquelles tu auoyes acoustumé de pechier. Circoncis tes sens par lesquelz as esté transgresseur des commandemẽs de Dieu, et entre en la chambre te de ta pensée, et cloz ton huys contre toꝰ les ruysseaux des pechies, et prye secretement ton pere q̃ est es cieulx, car ung vray penitẽt au temps de sa penitence ne se doit point euaguer ne courir a festes, ieux, ne a semblables choses. Marie magdaleyne se seist aux piez de nostre seygneur, en les arrousant de ses larmes, et en les essuyant de ses cheueulx, iusques a ce quelle ouyt ses pechies luy estre pardonnés. Et affin que ne soyes ennuyé du labour de penitence, pense et repẽse ie te prie le dur vestemẽt de sainct Iehan, et la viande de laquelle viuoyt. Les labours et fatigacions de sainct Pol, les vigiles de saint Bartholemy, le sac et le pain de sainct Iherosme, la robe et vestemẽs ronces et espines de sainct Benoist, le suayre et les larmes de Arsenij, la nudité et racines de Marie egipciace, le roy Dauid qui descendit de son trosne pour faire penitence en cendre et en la haire. En outre pense quelle penitence faisoyt sainct Iacqs le mineur, lequel combiẽ quil fust sainct, et quil eust receu le sainct esperit des le ventre de sa mere, et estoit de si grant merite q̃l fut esleu des apostres le premier euesque de Iherusalem, et estoyt de tous reputé sait et appellé iuste, et fut certain de la vie eternelle, touteffoys iusques en la fin de sa vie perseuera en dure et aspre vie et penitence, en telle maniere que mesme luy viuant tous ses membres estoyent ia mors.

Il ne beuoyt vin et ne mengeoyt chair, et aultres innumerables peynes portoyt poꝰ l'amour de Dieu et ses genoulx par continuellement se agenouiller, et se prosterner en terre estoyent endurcis comme lõgle d'ung chameul. Prens consolacion en ces choses deuant dictes, et toy excerce en ycelles. Tu peux estre aprins cõment feras penitẽce es vers qui sensuyuent. Sit tibi potus aqua. O toy pecheur q̃ veulx faire vraye penitence et soustenir dignes peynes poꝰ les pechies q̃ tu as õmis, estudie que ton boire soyt eau, ton mengier sec, aspre vestement, la verge au dos, brief dormir, et dur lict, encline le genoyl, frappe ta poictrine, prie le chief descouuert, la bouche iointz a la terre, la pensée au ciel, le cueꝰ die ce q̃ la langue parle, la main soit large a donner, souuent ieusne, l'ame humble, simple oeil, le corps net, le cueꝰ piteur, foy droicte, ferme esperãce, double amour, tousiours seruant en priant les saintz par prieres continuelles. Escoute encore q̃ dit sait Bernard. Le vray penitent ne pert riens du temps, le temps passé recouure par cõtricion, gaygne le present par bõne operacion, ties le futur par ferme ꝓpoz de bien. Ayes donc bon cueur penitent, et ne deffaille point, car ceulx qui en ce monde sement en larmes moyssonnerõt en ioye en lautre siecle. Soit en faisant penitence ton cueur conforté. Et saichez selon Crisostome que ceulx qui viuent en penitence peuuent estre comparés aux martirs. Certaynement plus griefue est la longue fuyte, que la briefue mort. Et aussi nostre seigneur les pnonce estre benoictz, en leur pmectant consolacion, en disant. Beati q̃ lugẽt. Benoictz sont ceulx q̃ pleurẽt, car apꝭ seront consolez. Nostre seigneur veult recompenser le pleur des penitens, en ioye perpetuelle. Des louenges de penitẽce dit Cyprien. O penitence q̃ pourray ie dire de nouuel de toy, tu desliez tout ce q̃ est lié, tu ouures tout ce qui estoyt cloz, tu adoulcis toute aduersité, tu gueris toutes choses contraires, tu esclarzis toutes choses obscures, tu donnes couraige a toꝰ ceulx qui tendent a desespoir.

l iii

Orayson.

Ma vie me espouuante, car elle bien regardee, et discutee, ne me appert que pechie ou sterilite, et infructuosite. Et si aulcun fruyt est veu en elle, ou il est pallye, ou imparfaict, ou aulcunement corrompu. Donc q̃ reste plus a moy pouure pecheur, fors q̃ tout le temps de ma vie pleurer et gemir. O sire dieu ie suis certain q̃ mes pechies ont desseruy eternelle dãpnacion. Encore suis plus certain que ma penitence ne souffist pas, pour en fayre satiffacion. Et encores suys trescertain que ta misericorde surmõte toute offense. Dõc sire fay auec moy misericorde, et me donne pardon de mes pechies, car tout mon merite, o mon dieu est ta misericorde et pardon Amen.

Du baptesme de nostre seigneur ihesu crist. xxi. chapitre.

Le seigneur ihesus, ayant accomply de eage vint et neuf ans, esquelz il auoyt vescu en grant peine et abiection, approuchant du trentiesme an, aux iours que sainct iehan baptiste baptisoyt, et preschoyt auant quil fust mis en la chartre, dist ledit ihesus nostre seigneur a sa mere, quil estoyt temps quil allast pour glorifier et manifester son pere, et pour soy demonstrer au monde, auquel il auoyt este long temps musse, et quil vouloit labourer pour le salut des ames, pour lesquelles son pere lauoit enuoye en terre. Icy selon rabane sommes enseignes que nul doyt estre fait prestre, ne preschez du sainct euangile, ne auoyr dignite en leglise, iusques a ce quil soyt en parfaict eage. Mais helas auiourdhuy telz sont mys pour gouuerner aultruy, q̃ ne se sceuent pas gouuerner eulx mesmes. Et telz sont constitues procureurs du crucifix, qui ne sceuent pas garder leurs biens propres. Et telz sont mys et preferes sur les aultres, q̃ ont necessite destre gouuernes. Car comme dit bede, ihesus fut baptise a son trentiesme an, et commenca en tel eage de faire signes euidens, et prescher publiquement, et de enseigner le peuple, en demõstrant que on ne doyt pas prendre le sacrement de prestrise, ne loffice de predicacion, iusques a ce que on soyt en parfait eage. Et se on argue que ieremye et daniel eurent lesperit de prophecie en leur ieune eage. Ie respons que a ce que on doyt faire de droyt les miracles ne sont pas a prendre et tyrer en exemple. Et selon crisostome. A leage de trete ans ihesus vit au baptesme, car iusques en tel eage, il demoura soubz la loy, en la complissant entierement, affin que apres quil la romproyt en ordonnant la loy euangelique, nul ne peut dire quil leust rompue pource q̃l ne la pouuoit acomplir. Luy donc prenant congie reueremment de sa mere et de son nourrisseur ioseph, laisse nazareth, et sen va, les nudz piez par si longue espace, cest iusques au fleuue iourdain, qui estoyt pres de iherico, ou estoyt sainct iehan et la on y a fait vne chappelle a lõneur du dict sainct iehan. Regarde le deuotement et ayes de luy grand compassion, car il ne meyne pas auec soy grant compaygnye de cheualiers ne de cheuaulx nul ne va deuant pour apprester le logis Il n'a nulle chose mondayne que nous pouures demandons, et en quelles nous delectõs Mais celluy auquel en son royaulme seruẽt mille milliers danges, va tout seul, et laboure iusques a fatigacion. Bien dysoyt que son royaulme nestoit pas de ce mõde Luy qui sest anyanty en prenant non pas la forme de roy, mais de seruiteur, demonstroyt quil estoyt venu poᵘ seruir et non pas poᵘ estre seruy. Il a voulu estre en ce monde comme pelerin τ estrangier, affin quil noᵘ peust ramener en son royaulme. Il a voulu estre serf, affin quil nous feist roys. Il a monstre la voye, par laquelle nous deuons cheminer, et pource ne la desprisons pas, mais nous humilions et solliciteusement fuyons les mondanites. La cause pourquoy nous aymons ainsy bonneurs est pource que nous cõstituons nostre royaulme en ce mõde, et ne pesons point estre cõme pelerins et estrangiers. Et est la cause pour laquelle nous encourons tant de maulx, car les choses transitoyres, et vaynes pour les vrayes, les caducques pour les certaines des temporelles pour les eternelles nous acceptons de tout nostre cueᵘ

Ihesucrist donc vit au fleuue iourdain et trouua sainct iehan qui baptisoyt les pecheurs, et grant peuple venu pour ouyr sa predicacion, car ilz lauoyent en reuerence comme ihesucrist Le seigneur vint pour estre baptise, auec les seruiteurs, le iuge auec les pecheurs, non pas quil eust besoyng de estre lauᵉ des eaues, mays affin q̃ les sanctiffiast, et pour confermer le baptesme, et la predicacion de saint iehan Anselme. O aignel innocent filz de dieu quãt la plenitude du temps est venue, en laquel le tu deuoyes mectre la main a fortes choses en courant pour le salut de tout le peuple, la voye de toute nostre misere Premie

rement a ce que en toutes choses te monstrasses estre semblable a tes freres, tu es venu comme pecheur a ton seruiteur q̃ baptisoit les pecheurs en penitence, en luy requerant baptesme. Quel besoing as tu o aignel de dieu innocent destre baptise, ou q̃lle scintelle est en toy, ou taiche de peche ou de souilleure. Certes ce nest pour autre cause, fors que en toy les eaues fussẽt sanctiffiees, et non pas toy en ycelles, et affin que en ycelles tu nous sanctiffiaces. Crisostome. Celluy qui deuoyt donner nouuel baptesme pour le salut et remission des pechies de lumain lignaige, a voulu premier estre baptise, nõ pas pour estre nectoye de peche ne pour acquerir la grace ou le dõ du sainct esperit, mais a ce quil sanctiffiast les eaues par lesquelles les pechies des croyans seroyent effaces, car nullemẽt les eaues du baptesme eussẽt peu nectoyer les pechies, si premierement neussent este sanctiffiees en la touchemẽt du precieux corps de nostre seigneur. Il a voulu donc estre baptise, affin que fussions lauez de noz pechiez. Il a voulu prendre le lauement de regeneracion, affin que nous fussions regeneres, par leaue et par le sainct esperit, car le baptesme de ihesucrist, est le nectoyemẽt de noz pechies et renouuellement de vie salutaire. Par le baptesme nous mourõs a pechie, et viuons en ihesucrist. Nous sommes despoilles de lerreur du vieil homme, et recouurons le vestement du nouuel hõme. Nostre seigneur ouure pour nostre salut, et commence premier a faire que a enseigner, et commence a la porte des sacremens et au fondement des vertus, en ce quil veult estre baptise de sainct iehan Auquel il dist Je te prie que me baptises auec ceulx cy. Sainct iehan le regardant, et ayant cognoyssance par reuelacion diuine q̃l estoit dieu et homme se esmerueilla, et humblement luy dist. Sire moy qui suis terrien doyz estre baptize de toy qui es celeste. Je baptize les pecheurs en penitence, toy qui es sans pechie poᵘ quoy veulx tu estre baptize. Je suys pecheur, car ie suis homme,

l iiii

mais tu es sans pechie, car tu es dieu Bernard. O doulx ihesus veulx tu estre baptise. Et pourquoy. Quelle necessite as tu de baptesme. Le sain na besoing de medicine, et le net ne peut estre nectoye. Et dont test venu le pechie, pour lequel baptesme te soyt necessaire. Quelle tasche peut auoir laignel sans tasche Crisostome Cest chose raisonnable sire que tu me baptises, affin que ie soye fait iuste et digne dauoyr le ciel mais nulle raison est que de moy soyez baptise. Tout bien qui est en terre vient de toy qui es du ciel, et ne monte pas de la terre, cest de moy qui suis terre ou ciel. Leon pape. O sire que faiz tu. Ilz me lapideront, comme menteur, car ie leur ay presche & dit grans choses de toy, et tu viens comme vne simple personne et comme hoste & passant. Tu es ou ciel et en terre, comme filz de roy, et en nul lieu monstres ta maieste reale monstre maintenant ta dignite, pourquoy es tu venu seul en si grande humilite. Ou est la compaignye des anges Ou est le seruice du cherubins, ayant six esles. Ou est la puissance et auctorite de iuger. Tu glorifias moyse en la clere nuee, et en la columpne de feu, et maintenant tu me inclines le chief. O sire ne fays pas cecy, car tu es le chief de toute creature, tu as demonstre les choses humbles, maintenant monstre les haultes. Baptize tous ceulx qui sont presens, et moy deuant tous. Pourquoy veulx tu estre baptise, q nas point de souilleure Et si ie te veulx baptiser, le fleuue de iourdain ne le peut souffrir, car en te congnoyssant son createur retournera ses eaues derriere. Certes ce nest pas de merueilles si sainct iehan se esbeist, car comme dit saint bernard, le chief qui est adoure des anges et reuere des puissances, craint des principautez, est encline soubz les mains du baptesme de sainct iehan baptiste. Quelle merueille est ce, si homme craint, et sil nose toucher au sainct chief de dieu. Qui est celluy qui pense seulement a ceste chose et na paour. O combien cestuy chief maintenant encline, sera hault au iugement. Nostre seigneur ne repreuue pas le seruice que luy faict son loyal seruiteur, car il luy manifeste le secret de son ordonnance, et de sa dispensacion, en disant. Sine modo. Permetz maintenant que de toy soye baptize en eaue, affin que apres de moy soyez baptise du sainct esperit, car tout ce que ie faiz sert a mistere Enquoy selon crisostome ihesucrist demonstre, quil baptiza puys apres sainct iehan et dist. Sic enim Ce que ie faiz cest que soye baptize de toy, moy qui suys ton maistre, et destre baptize ne suys indigent, est pource quil me fault acomplir toute iustice. Iustice nest pas icy prinse pour vertus speciale contrayre a auarice, mays pour lacomplissement de tous les commandemens, en demonstrant que acomplir les commandemens de dieu est la vraye iustice Comme sil disoit. ie me soubmetz maintenant a toy, affin que les grans nayent desdayng de estre baptizes, ou gouuernes de menores deulx. Crisostome. Mon sans cause nostre seigneur a voulu estre baptize, car ce a este tout pour nous, affin quil acomplist toute iustice Cest bien chose iuste que celluy qui enseygne aux aultres fayre aulcune chose, quil la face premier. Et pource que le maystre et seygneur de lumain lygnaige, estoyt venu, il a voulu demonstrer par son exemple ce qui estoyt a fayre, affin que les disciples et seruiteurs ensuyuissent leur maystre. Ou selon rabane. Il me appartient de donner tel exemple de acomplyr toute iustice au baptesme, sans lequel la porte du ciel nest point ouuerte, affin que les hommes saichent, que nul ne peut estre parfaict, sil na premier receu le sacrement de baptesme. Vel omnem iusticiam. Cest adire superhabondante humilite, car humilite est la plus grant partye de iustice. Il ya vne humilite souffisante, laquelle est necessayre a tous iustes, cest de soy soubmectre a plus grant de soy, pour lamour de dieu, et ne soy preferer a son esgal. Et humilite habondante qui est, soy foubmectre a son esgal/et ne soy preferer point a meindre de soy. Humilite parfaicte et superhabondante/est soy soubmectre a meindre de soy/et ne soy preferer a nulle personne Et ce tiers degre de humilite ihesucrist tinst en ce lyeu cy/et pource il accomplist toute humilite. Bernard. Il y a une iustice qui est moult estroycte/en telle maniere que si tost que tournes ton pie/tu cheoys en la fosse de peche/cest de ne soy pposer a son esgal/ne de soy fayre esgal a son souverayn. La diffinicion de ceste iustice est rendre a ung chescun ce qui est syen. Il y a une aultre iustice plus large et plus ample/cest de ne soy faire esgal a son pareil/ne de soy preposer a meidre de soy. Ainsi comme souuerain et intollerable orgueil/est soy pposer a son souuerain. Aussy se soubmectre a meindre de soy/est souueraine et pleyne iustice. Donc ce que sait Iehan dit. Ego debeo a te baptizari. Ie doys estre de toy baptize fut de la premiere iustice/par laquelle il se soubmectoyt a son souuerain/mais ce que ihesucrist fist/ fut de pleyne et parfaycte iustice. cestassauoyr quil se voulit encliner soubz les mais de son seruiteur. Regarde ung chescun sil ensuyt celluy qui tant se humilie/ou celluy qui tant se esliue sur tout/ce qui est adoure dieu/cest le dyable denfer. O mon ame dit encore sainct bernard/ne seres vous pas subiecte a dieu. Ie vous dys que cest pou de chose estre seullement subiect a dieu/se vous nestes auec ce subiecte a toute humaine creature pour lamour de luy. car il nous appartient acomplyr toute iustice. Sainct bernard constitue la consummacion de ceste iustice/en la perfection de humilite Va donc o homme a meindre de toy/si tu veulx estre parfaict en iustice/honnore plus bas de toy. En ce appert la iustice de lumble/car a ung chescun rend son dzoyt/ne usurpe point lonneur qui est deu a dieu/ne actribue point a soy/ce qui est deu a aultruy mays donne louange a dieu et a son prouchain/et retient a soy vilite/ne blesse nully/

ne iuge ame/ne se prefere a nully/mays se repute le meindre de tous/et eslist et desire tousiours le derrain lyeu. Considere et pense bien comment lumilite de nostre seigneur va tousiours en acroissant au choses cy deuant declayrees. Premierement fut subiect a ses parens/et ycy est subiect a son seruiteur/et se anyantist/et exaulce son seruiteur. Iusques a maintenant a voulu conuerser comme inutile et abiect. Icy a voulu estre baptise presens les pecheurs/et entre les homes apparoistre comme pecheur Mais ne deuoit il point doubter/que quant il vouldroyt vacquer a doctrine et a predicacion on le desprisast comme pecheur veu que ainsy auoyt este baptize. O le maistre de humilite ne la delayssa point/quil ne se humiliast tres parfondement/car pour nous enseigner a voulu apparoistre ce quil nestoyt pas en subgection/en abiection/et en despection/Et nous au contrayre voulons apparoistre ce que ne sommes pour auoyr gloyre et louenge. Et si nous faisons aulcune chose de prouesse nous voulons tantost quil soyt sceu/et mussons tant que pouons nos deffaultz En ce mesmes que nostre seigneur receut le baptesme et se voulsit soubmectre a la loy/relupst sa grande humilite /car il estoyt dessus la loy/mays en ce monde il na point queru de prerogatiue singuliere/ainsi que font plusieurs qui sont en congregacion/qui veulent auoyr deuant les aultres prerogatiues. Quant donc sainct iehan cogneut quil failloit ainsi acomplir toute iustice/le sainct esperit en vng moment lui enseigna ce quil ne sauoit pas par auant /et ne voulut plus resister et consentit a ce que ihesus luy disoyt/car lumilite est vraye/qui est acompaignee de obedience/et deuotement exerca son office/lequel il auoit refuse par auant. Sainct bernard Saint iehan obtempera et obeist et baptiza laignel de dieu/et le laua en eaues Nous sommes nectoyes non pas luy. Maintenant regarde le seigneur du ciel qui se despoylle comme ung autre de la tourbe Et

le createur des elemens, a lelement se soubmect, et pour lamour de nous en temps de
grant froyt, a entre eu eaues froydes. Il
fayct grans choses pour acquerir nostre
salut, en demonstrant en quelle joye les
cruiteurs doyuent courir au baptesme du
seigneur, quant le seigneur a voulu prendre le baptesme de son seruiteur. Et pour
ce nul doyt refuser le lauement de grace et
de penitence, car le maistre ne la pas refuse. Il espouse maintenant luniuersale eglise, car en la foy du baptesme toutes loyales ames sont espouses de ihesucrist, ainsy
quil dit par le prophette. Je te espouseray en foy. En ce que nostre seigneur a este
baptise en eaue, et aussy que eaue yssit de
son couste en sa passion, on consacre le baptesme par toute sainte eglise en eaue, et ne le
peut ou doyt on fayre daultre chose, pour
ce que cest une chose que on trouue en toutes regios. Et affin que par faulte du baptesme nul perille. Et combien que le sainct
esperit nectoye lame par dedans, toutesfois
la lauacion de leaue est necessaire, car ainsy que homme est compose de deux choses
cest du corps et de lame, ainsy de deux choses il est regenere en vie nouuelle, cest du
sainct esperit et de leaue. Et ainsi quil fut
baptise auec le peuple, luy saillant hors de
leaue pria pour ceulx qui estoyent a baptiser, affin quilz receussent le sainct esperit,
et tantost a son orayson le ciel se ouurit.
Cest adyre que une telle lumiere le enuirona, comme si len veist le ciel empire ouuert.
Crisostome. Les cieulx furent ouuers au
baptesme de ihesus, a ce que apreignes que
quant tu es baptise, ceste operacion est faicte inuisiblement en toy, pource que dieu
te appelle au ciel en toy exhortant, que ne
doys ryens auoyr commun auec la terre.
Et encore dit celluy docteur. Leuangeliste dit, que le ciel fut ouuert au baptesme
de ihesucrist, en denotant que deuant auoit
este ferme. Maintenant le parc souuerain
est vny en ung auec le parc bas, qui est ce
monde, et ha ung seul pasteur. Le ciel a este ouuert, et lomme terrien est acompaigne
des anges. Bede. Ihesucrist estant baptise, et pryant fut ouuert le ciel, car quant
ihesus en lumilite de son corps entra les
undes du fleuue jourdain, il nous ouurit
par sa puissance diuine les portes du ciel.
Et quant sa chair innocente fut enuironnee des eaues froides, comme par contraire remede amortit et estinct le glayue enflabe contre noz pechies. Pourquoy nostre
seigneur a voulu prier luy mesmez, bede le
demonstre, et dit. Nous ne deuons point
doubter que lorayson que fit ihesucrist, ou
quel est tout ce qui est et apartient au pere
apres son baptesme ne fust pour nostre instruction, en nous demonstrant que apres
le sacrement de baptesme, ne deuons pas
viure en occiosite, mais en ieusnes prieres
aulmosnes et oraysons. Car combien que
les pechies soyent tous pardones au baptesme, toutesfoys la fragilite de la chair ne
est pas encores du tout affermee quelle ne
chee derechief en lassiuite. Et comme les
enfans disrael se resiouyrent moult quant
ilz virent noyer leurs ennemys, et toutesfoys ou desert moult trauaillerent, ainsy
nous resiouissons par le sacrement de baptesme, et par la purgacion du pechie originel, mais encores demourons ou desert de
mondayne conuersacion, ou noz ennemys
souuent vienent contre nous, lesquelz deuons vaincre moyenant la grace de ihesu
crist en la sueur et peyne de penitence, jusques a ce que paruenons a nostre pays celeste. Et le sainct esperit descendit visiblement en espece de colombe, et se reposa sur
luy en se seant sur son chief, affin selon saict
iherosme que on ne pensast, que ce fust la
voix de sainct iehan. Je te dis quil descendit non pas par grace, car des linstant de sa
concepcion il fut plain du saint esperit. Et
descendit en signe visible po[ur] troys causes
et raisons. La premiere pour demonstrer
aux aultres, que en luy estoyt plenitude de
grace. La seconde pour enseigner que au
baptesme, le saint esperit est donne a ceulx
qui y vont vrayement, non pas fictement. La tierce pour demonstrer quil est celuy qui baptise

par le sainct esperit/en nectoyant tout pechie. Le sainct esperit apparut visiblement en espece de colombe/pour demonstrer quil est doulx et simple sans fel/et sans aulcune amertume/et quil habite voulentiers en ceulx qui sont doulx et humbles/et principalement charitables. Crisostome. Le saint esperit a voulu se demonstrer en espece de colombe/laquelle sur toutes aultres bestes signiffye charite. car toutes les especes de iustice que ont les seruiteurs de dieu selon verite/aussy les seruiteurs du dyable les peuuent auoir en simulacion seule charite exceptee/laquelle le mauluays esperit ne peut ensuyuir. Et pource le sainct esperit a uoyt reserue a se monstrer en ceste espece/ par laquelle est signiffiee charite/car on ne peut myeulx cognoistre ou est la grace du sainct esperit/que la ou est charite. Et selon mesme crisostome/ceste chose se conferme a la figure du vieil testament/car ainsi que au diluge la colombe apporta vng rameau de oliue a ceulx qui estoyent demoures du diluge/en signe de la clemence de dieu/et quil estoit appaise a lumain lygnaige/ainsi est il a present au baptesme/ car le saint esperit vint au baptesme de nostre seigneur en espece de colombe. en signe que dieu est moult clement a ceulx qui sont baptises/en pardonnant leurs pechies/et leur donnant grace. Touteffois tout homme baptize doyt estre remply des sept vertus qui sont signifiees en la colombe/car vne personne parfaicte/doit estre parfaycte quant a soy mesme/quant a son prouchain et quant a dieu/et toutes ces choses sont signifiees par les proprietes de la colombe. Quant a soy en double propriete/ car la colombe ha pleur pour chant/et na point de fel. Ainsi lomme doyt auoyr contricion de ses pechies/et ne doyt point auoir damer/qui est pechie et ire irraisonnable. Quant a son prouchain il doyt auoir troys proprietes. Premierement ainsi que la colombe ne blesse nul de son bec/ainsi le sainct homme ne dit mal de nully. La colombe ne prent riens auec ses ongles/ainsi le

bon homme ne veult riens auoyr de lautruy. La colombe nourrist les petis pyons des aultres comme les siens/ainsi le bon homme distribue ses biens par compassion/a ceulx qui en ont indigence. Quant a dieu il doyt estre en double propriete/car la colombe demeure voulentiers sur les eaues/affin que quant elle veoyt lombre de lesparuier en leaue venir a elle se puisse mettre dedans leaue/et par ainsi euader le peril/ainsi le bon homme doit demourer sur les fleues de la sainte escripture/et en ycelle doit auoir loeil/affin quil puysse euader les astuces et fallaces de lennemy. La colombe eslist le plus bel et bon grain quelle peut trouver/et menge tousiours choses nectes ainsi le saint homme eslist de la saincte escripture les belles sentences/ausquelles il prent sa reffection. Et ainsi que la colombe faict son nyd es pierres/ainsi le sainct homme faict son nyd es playes de nostre seigneur/esquelles il met toute son esperance. Et vox patris intonuit. Et la voix du pere baillant tesmoignaige de son filz fut ouye de hault/cest de la nuee en disant Hic est filius meus dilectus Cestuy est mon filz bien ayme sur tous aultres/car il nest pas adopte comme sont les aultres/mays est naturel. Crisostome. Il est sien non pas par adopcion de grace/ne par election de creature/mais est sien par propriete de generacion/et verite de nature. In quo michi complacui Cest adire que en luy et par luy iay constitue ce qui me playst estre faict/et ce quil fault faire/cest racheter lumain lygnaige. Lautre euangeliste dit. Tu es filius meus dilectus Tu es mon filz bien ayme/lequel tousiours mas pleu. Cest adire que totalement et parfaictement me as obey et pleu. Jamays ihesucrist ne despleut a dieu son pere comme nous faisons qui sommes premiers filz de ire. Sainct bernard. Veritablement cest celluy/auquel na chose qui desplaise au pere ne qui offense les yeulx de sa mageste Car il dit quil faict tousiours ce qui luy est playsant Selon bede/ceste splendeur/et clarte cura autant que on myſt a ouyr la voix du pere/car auec la voix elle finyſt et termina. Apres le pere nous admonneſte ouyr croire et obeyr a ſon filz en diſant. Ipſum audite/ouyes le. A qui deuons nous croyre ſi non a la ſapience/iuſtice et verite de dieu. Bernard, Ouyes le dit le pere. O ſire iheſucriſt parle maintenant/car tu as licence de parl r de par ton pere/toy qui es la ſapience et vertu du pere/entre le peuple come inferme/et non ſaichant. Iuſqs a quāte muſſes tu. Iuſques a quant ſouffreras tu eſtre appelle filz dung feure/toy qui es le treſnoble roy du ciel. O humilite treſ haulte de noſtre ſeigneur iheſucriſt/tu confons la haulteſſe de ma folie/et de ma vainete A peyne ie ne ſcay riens/et ie veulx apparoiſtre ſaichant/en moy ingerant et monſtrant aultre que ne ſuys/Prompt a parler/legier a enſeigner/tardif a ouyr/et ie veoys que le filz de dieu tant de temps ſeſt teu. Quant ainſy ſe muſſoyt/auoyt il paour dauoyr vayne gloyre. Que pouuoyt il doubter/luy qui eſt la vraye gloyre du pere. Sans doubte il doubtoyt non pas poͬ luy mais nous mōſtroyt ce q̄ deuons craindre/ceſt vayne gloyre Il noꝰ faiſoit cautz et nous enſeignoyt/et ſe taiſoyt de bouche et demonſtroyt par oeuure ce que deuoyt dire apres par parolle/ceſt. Diſcite a me/quia mitis ſum. Aprenes de moy/car ie ſuis doulx et humble de cueur. Bien pouſie entendz de lenfance de noſtre ſeigneur. A peyne on trouue quil ayt riens faict iuſques en leage de trente ans/mais maintenant ne ſe peut plus tayre et muſſer/luy q̄ eſt tant manifeſte du pere. Et pource a ſon exemple eſtudie toy a taciturnite/car qui d̄ toutes choſes ſe tayſt de toutes choſes a paix. Ie te dis q̄ tu te y eſtudies/et te y efforces. Car comme dit ſaint ambroyſe/on trouue meins de gens bien ſe taiſans/que on ne fait bien parlans. Tu veoys donc en toutes choſes la vertu de humilite/reluyre en noſtre ſeygneur iheſucriſt/ſi grande et ſi neceſſayre. Et pource on la doyt ſoygneuſemēt querir/et laymer de toute affection. En ce bapteſme toute la trinite en maniere ſinguliere ſe apparut. Le pere en la voyx/le filz en vnite de ſuppoſt/ceſt la deite auec lumanite/et le ſainct eſperit en la colombe. Nous diſons que la chair du filz de dieu eſtoyt vnye au filz en vnite de ſuppoſt/et ne la voix ne la colombe eſtoyent point vnies au ſuppoſt du pere/ou du ſainct eſperit/mais la colombe tant ſeulement eſtoyt en ſigne/car le ſainct eſperit eſtoyt en la colombe/et le ſainct eſperit neſtoyt pas colōbe pource quelle ne fuſt pas vnie auec luy/car nulle creature fut onc̄s vnie a dieu/fors lumayne nature. Ne auſſi le ſainct eſperit/ne fut pas en ycelle par grace/mais par ſigne dapparicion/car apres ce fait elle retourna en la matiere dōt elle a uoyt eſte prinſe. Et ainſi eſt a entendre des aultres figures/eſquelles dieu ſe eſt apparu. Et par telle apparicion de la trinite qui fut faicte on bapteſme de noſtre ſeigneur fut ſigniffye/que le bapteſme ſe deuroyt conferer en nom du pere/et du filz et du ſainct eſperit. Touteffois au commēcement de legliſe il eſtoyt baille au nom de iheſucriſt ſeullement/affin que on leuſt en plus grande reuerence/et a euiter celluy erreur qui dit/que le bapteſme eſt donne en vertus du miniſtre/et non pas de dieu/ainſi que dit ſainct paul. Ego ſum pauli. Et ces cauſes ceſſantes/legliſe eſt retournee a ſa premiere forme. ycy ſont mys troys effectz que faict le bapteſme apres la paſſion de iheſucriſt. Le premier eſt quil ouure le ciel/car ſi le baptiſe tantoſt mouroyt/tātoſt yroyt en paradis. Le ſecond eſt la miſſion du ſaint eſperit/et ſa grace qui eſt dōnee en collacion du bapteſme. Le tiers eſt la locuciō du pere qui regenere les baptiſes en enfans adoptifz/car les enfans de ire par le bapteſme/ſont faictz enfans de grace. Conſidere toutes ces choſes diligēment/et eſlieue ton eſperit en ceſte belle trinite/en toute humilite/et perſeuere/a ce q̄ tu deſſerues obtenir le don du ſaīt eſpit et fruit de la polle de dieu le pere Anſelme Le filz de dieu ſoy inclināt ſoubz les mais de sainct iehan on fleuue iourdain, ouyt la voix du pere, et receust le sainct esperit en la colombe, en nous enseignant que nous deuons demourer en humilite de pensee, laquelle est entendue par le fleuue iourdain, car iourdain vault autant comme descension, et la deuons estre honourez de la parolle du souuerain pere, duql il est dit que auec les simples est sa parolle, et estre esleuez de la presence du sainct esperit, leql repose sur les humbles. Et ce se doyt fayre soubz la main de sainct iehan qui est interprete enquoy est grace, affin que ce que nous receuons de dieu latribuons, non a noz merites, mais a sa grace. Le baptesme fut deuant prefigure au lauouer dareyn, qui estoit en iherusalem deuant le temple ouquel les prestres qui deuoient entrer au temple de dieu, se deuoyent lauer. Ainsy ceulx qui veulent entrer on temple celeste, de necessite doyuent estre laues du sacrement de baptesme. Douze beufz portoyent ce lauouer, en figure que les douze apostres deuoyent porter le sacremēt de baptesme par tout le monde. Celluy lauouer estoit tout autour pare et aourne de mirouers, affin que ceulx qui entroiēt on temple veissent sil y auoyt en eulx aulcune ordure et taiche. Ainsi le baptesme requiert, q̃ on regarde en sa conscience, en ayant desplaysance des pechies auec contricion de cueʳ

Cestuy baptesme est aussi signiffie p̃ naaman lepreux, lequel au cōmandement de helisee sept foys deuoyt estre laue on fleuue iourdain, et sa chair seroit comme la chair dung petit ēfant. Le baptesme nectoye des sept pechies mortelz, et rend la creature en lestat de innocence. Aussi il fut prefigure au passement du fleuue iourdain, quātles enfans disrael entrerent en la terre de promission, lequel ne uoit passer aincoys q̃lz y entrassent. Aussi tous ceulx qui desirent paruenir a la vraye terre de promissiō fault que p̃mier passent par le sacrement de baptesme. Larche du testament qui estoyt au millieu du fleuue iourdain, figuroit nostre seignʳ ihesucrist, lequel y deuoit estre baptise. Et les douze pierres, lesquelles le peu-

ple disrael emporta pour perpetuelle memoyre, signiffient les douze apostres qui ont testifie le baptesme par toute le monde.

Il est assauoyr que nostre seignʳ a institue les sacremēs de saincte eglise en diuerses manieres. Aulcuns auant son aduenement, comme mariage et penitence, et puis les conferma et conclut en la loy euangelique, quant il fut aux nopces, et quant il p̃scha penitence. Les aultres cinq nostre seygneur ihūcrist seul les cōmēca, cestassauoir le baptesme, leql il institua τ ꝑ ferma. Institua et par fait en le receuāt et en enuoyant ses disciples poʳ baptiser ꝑ tout le mōde, et par parole quant il dist celuy qui ne sera rene par eaue et par le sainct esperit nentrera point en paradis Le conferma aussi, et par fait, quant de son coste yssit sang et eaue, et par parolle, quant apres sa resurrection il enuoya ses apostres baptiser. Le sacrement de confirmacion aussi seul commenca, quant il mectoyt ses mains sur les petis enfans Le sacremēt de vnction quāt il enuoyoit ses disciples poʳ dōner guerison aux maladez ou poʳ les oigdre d̃ huile Le sacremēt de ordre, en dōnāt puissance de lier et de deslier, et de consacrer. Le sacrament de lautel quant il le dōna a ses disciples le iour de la cene pres de sa passiō. Les sacremens furent institues pour plusieurs causes. La premiere poʳ humiliacion. Cest grāt humilite de querir salut aux choses visibles qui sont meindres que home sil se fust garde en sa rectitude, laquelle il perdit pour orgueil. La seconde cause est pour nostre erudicion, a ce que lomme fust enseigne et promeu par les choses visibles a entendre et cognoystre les choses inuisibles. La tierce cause est pour la congruyte, car veu que lomme par son pechie estoit soubzmis par affection aux choses corporelles, bien conuenable chose estoyt, que dieu donnast la medicine spirituelle aux hommes, par aulcuns signes corporelz. La quarte cause pour excercitacion, affin que par ce, homme euite oysiuete, et choses mauluayses, et quil se excercite en toutes bōnes oeuures, en ouyāt messe en receuant le sacrement de lautel/et aultres bonnes choses. La quinte pour la cōgruite de la medicine/car aisi que le medicin est dieu et hōme/cest chose bien cōgrue que la medecine ayt aulcune chose diuine en soy/cest grace inuisible et auec ce aulcune chose temporelle/cest la forme visible. La siriesme cause et cōgruite est de la part du malade/car cōme il soyt ainsi que le malade soyt hōme compose de corps et de ame/lesperit estant au corps ne peut receuoyr les choses spirituelles/si non par le moyen des corporelles/conuenable chose fut donner les medicines spirituelles/en choses corporelles. La septiesme cause est pour augmentacion de merite/car il vault moult a lacroyssement de merite/quant on croyt en dieu par le moyen des choses visibles desquelles humaine raison ne peut auoir experience. Le sacremēt est en choses en faitz/et en paroles. Les choses du sacrement sont/leaue huyle/et semblables choses visibles. Les faitz sōt/gecter leaue sur lēfant au baptesme. Les ditz sont les motz et parolles necessaires a tel ou a tel sacrement. Le mot sacramentū nest aultre chose que signe visible de la grace inuisible/comme quant nous voyōs aulcun baptiser/la abluciō exterioze du corps laquelle nous voyōs nest aultre chose q̄ signe de labluciō de lame interioze/laq̄lle est en la remissiō des pechies q̄ nest point veue. Nous sommes par le baptesme mys hors degipte/ainsi q̄ par la mer rouge/par laq̄lle passerent les enfans disrael/et signiffie le precieux sang de nostre seigneꝰ ihesucrist. Et pource le baptesme ha son efficace en la mort/et leffusion du sang de n̄re seigneur. ainsi q̄ ont tous les aultres sacremēs/tāt ceulx q̄ sont deuāt la loy q̄ ceulx qui sont en la loy. Par le baptesme donc dieu pardonne les pechies/aide a la personne poꝰne les cōmectre plus/et la faict paruenir la ou nul pechie est commis. La cause pourquoy il y a sept sacremens et non plus est/car les sacremēs sont ordōnes cōtre trois manieres de coulpe et quatre manieres de peyne. Le baptesme est ordonne contre pechie originel/penitence contre pechie mortel. La derniere vnction contre veniel/confirmaciō/contre impuissance/ordre cōtre ignorance. Le sacrement de lautel/contre malice/mariage contre concupiscence/laquelle concupiscence mariage atrempe ⁊ excuse. Et pource que caractere est vng signe en lame qui iamais ne peut estre esface et distinct ⁊ deuise de ceulx q̄ ne lont pas de ceulx q̄ lont et est perpetuel/ne se donne mye en sacremens qui se peuuent reiterer comme est le sacremēt de penitence/de mariage/de extreme vnctiō/et de lautel/mais bien en baptesme/confirmaciō et ordre q̄ iamais ne se reiterent se imprime le caractere/par lequel vngchescun qui les recoit est distint/et cogneu des aultres qui ne les receuent mye. Par le baptesme est faicte distinciō des croyans et des iufideles/par confirmaciō/des fors et des foibles/par ordre/des clercz et des laiz. Et non obstāt que ces trois sacremens ne se peuuent reiterer pour cause de limpression du caractere/touteffoiz cest chose cōmune a tous les sacremēs de ne se pouuoir reiterer sur vne mesme personne et sur vne matiere/et pour vne mesme cause/et ce est affin que on ne face deshonneur aux sacremēs/car par ce on pourroit croyre que les sacremens premieremēt donnes ou dispenses fussent de nulle valeur et sans efficace.

Oraison.

O Ihesus tresclement/qui as voulu estre baptise par les mains de sait iehan baptiste a cause que par peche ay irrite la foy que auoye prise au premier baptesme. Iay recours par penitence au second lauement/et moy pecheur et coulpable cōfesse a toy dieu/que iay griefuemēt peche/en cogitaciō/locuciō/operaciō/et omissiō/et sont mes pechies innumerables/et leurs circonstances/car nō seullement me suis enlace des liens de pechie/mais auec ce plusieurs ont peche par ma suasion/exemple/negligēce/ou aultre occasion/pour les pechiez desquelz ⁊ des myens humblement ie te prye/que misericordieusement nous le pardonnes Amen.

Du ieusne et des temptacios de nostre seigneur. xxii. chapitre.

Baptise le seigneur du monde ihesucrist/ et parti du fleuve iourdain tout plein du sainct esperit par plenitude de superhabondance/ de laquelle nous tous participons inconnent sans demeure fut mene au desert sur vne grande motaigne/appellee la quarantaine/ qui est entre iherico et iherusalem pres de iherico deux mille/ et de iherusalem douze. et sappelloit le temps passe domyn cest sang/ car la habitoyet les larrons qui faysoyent moult de maulx. Et fut naure la pres celuy qui venoyt de iherusalem en iherico q fut mis pour guerir en domyn/q aultrement est dit vng casal et maison/ qui est ou millieu du chemin de iherusalem et de iherico Ala donc ou desert τ por plusieurs causes. La premiere/affin quil fust tempte du dyable/ contre lequel il estoyt venu batail

ler pour demonstrer que qui veult parfayctement les las de ses ennemis surmonter/ doyt fuyr aulcuneffoys de corps/ et tousiours de ame/ non seulement la tourbe des ennemys/ mais aussy la compaignie des maulvais hommes a lexemple de celluy q estoyt en siege royal/et seigneur de tout le peuple qui disoyt. Ecce elongaui fugiens. Jay fuy et me suis esloigne/ et ay demoure en solitude et desert. La seconde cause affin que la il offrist son esperit a dieu son pere en orayson pour nous/ et affin que par ieusnes macerast sa chair innocente pour nous/ en nous demonstrant que nous devons offrir a dieu nous mesmes/ en ieusnes et en oraysons. La tierce cause a ce qil consacrast a ses parfaitz imitateurs la vie heremitique. En nous enseignant selon crisostome que ceulx qui sont baptises/ doyuent laysser les playsances et alechemens du monde et la compaignie des maulvais et soy estudier a garder les comandemens de dieu/ car affin que lame ne soyt surmontee du corps/ il est necessite qlle resiste aux temptacions de lennemy/ et quelle serue a dieu son createur Augustin Veulx tu que ton corps serue a ton ame/ faiz que ton ame serue a dieu. Tu doys estre gouverne de dieu/ affin q tu puysses gouverner ton corps. La quarte cause pour nous donner exemple de vser et faire dure penitece. La quinte pour nous donner vraye forme et exemple de faire ceste penitence/ car penitence doyt estre pure sans nulle admixtion de ypocrisie. cest a dire q on ne doyt point retourner a fayre ce de quoy on fait penitence. Et pource nostre seigneur la commenca tantost apres le baptesme. Aussy elle doyt estre dure sans aulcune volupte/ car comme dit saint augustin/ riés ne prouffite tous les iours ieusner/ et longuement/ si aps la me est abatue par grandeur et suauite du boyre et du mengier. Et ainsi nostre seygneur demonstroyt par le lyeu ou il estoyt que on devoyt batailler contre le dyable en choses dures/ et aspres. pource que nostre premier pere adam estat en paradis de volupte/fut vaincu par choses delicieuses Aussi penitence doyt estre discrete/cest adire que le penitent demande tousiours a dieu quil le veuille adroysser selon sa voulente/que nulle bonne doctrine desprise/affin que par folle presumpcion et confiance ne perde les vertus du corps/et de lame/ainsi q̃ souuent est aduenu a plusieurs. Pour ceste cause nostre seigneur fut mene on desert du sainct esperit. car lumanite de ihesu crist estoyt lorgane de la diuinite/et pource il le mouuoyt a faire tout ce quil faisoit/et to⁹ ceulx que le saint esperit remplist/il les enuoye batailler spirituellement et leur donne force. Uenant donc nostre seigneur on desert/ieusna quarante iours/et quarante nuytz sans mẽgier/on y adiouste les nuitz affin que on ne die que sil ieusnoyt de iour il mẽgeoyt de nuyt. Je dis quil ieusna po⁹ nous monstrer exemple que nous deuons vaincre les temptacions par ieusnes/car selon basille/sobriete est necessaire a celluy q̃ veult suppediter les temptacions. Po⁹ demonstrer aussi que linnocence baptismale souuent perille/en la vie de playsance/car ceulx qui par baptesme se ioignent a ihesu crist/doiuẽt chastier τ crucifier leurs corps de leurs concupiscẽces/et extimer q̃lz sont mors dessus la terre. Crisostome. Affin q̃ tu apreignes quel bien est ieusne/τ cõment cest vne grant deffence et escu contre le dyable/et que apres le baptesme on ne doyt pas vacquer/a delices ne a ebrietes/mays fault estre entendif a abstinẽces/nostre seigneur ieusna luy q̃ nen auoyt besoing Car ainsi que se aulcun vouloit faire vng malade sain/il luy cõmãde faire ce pourquoy la maladie peust estre guerie/ainsi est il de present/que apres le baptesme nostre seygneur monstre a ieusner õtre le vice de voracite et incontinence/lequel vice auoyt adam mis hors de paradis terrestre Et par incontinence le diluge fut sur terre on tẽps de noe Par voracite et incontinẽce les sodomites furent consummes par fouldres. Et mesmes les iuifz ont encouru moult de maulx par leurs ebrietes et delices. Pour ces causes nostre seigneur voulut ieusner pour nous monstrer la voye de salut. Ambroyse Nostre seigneur fit ceste ieusne po⁹ la cause de nostre salut/affin quil ne enseignast pas seulement de parolle ce qui no⁹ estoit prouffitable/mais aussi le monstrast de fait. Quel crestien es tu. Ton sauueur ha faim et tu es remply. Il a soustenu fain pour ton salut/et tu as paour de ieusner pour tes pechies. Saiches quil nest chose tant aueugle/ne tãt perilleuse õme la doulceur mondaine/laquelle quant elle adoulcist/lesperit luy oste la vie de grace/et fayt perdre le sens de lame. Et pource bien conuenablement nostre seigneur par son ieusne τ par le desert ou il estoit nous informe contre les voluptes mondaynes/et a voulu soustenir les tẽptacions de lennemy po⁹ nous monstrer que pour lamo⁹ de luy no⁹ deuons estudier a vaicre toutes voluptes et toutes temptacions qui nous peuuent venir Il est assauoyr que nostre seigneⁱ a receu en soy plusieⁱs medecines/affin q̃l nous guerist. Il nous a voulu guerir par diette/quant pour no⁹ a voulu ieusner quarante iours et quarante nuytz Par electuayre/quãt a la cene donna son corps a ses disciples Par sueur quãt sa sueur fut faycte comme gouttes de sang courant en terre Par emplastre/quant sa face fut toute crachee Par boyre/quant il gousta le vin aygre mesle auec fiel Par minucion/quãt il fut naure de la lance et des clou. Considere ycy donc et regarde nostre seigneⁱ ihesucrist/car il te mõstre lexẽple de plusieurs vertus Il va en solitude/il ieusne/il prye et veille il gist et dort sur la terre nue/et cõuerse humblement et paisiblemẽt auec les bestes sauluaiges. Anselme. O sire ihesu crist de ton baptesme tu es entre on desert en lesperit de force/affin q̃ en toy on peust prendre lexemple de vie solitaire. En laq̃l le solitude tu as soustenu p̃ quarãte iours durs ieusnes/fain et temptacions. O creature ces choses sont faictes par toy/aymc cellluy qui les a faictes/et ensuys ce quil a fait En ce lieu cy quatre choses sont touchees/cestassauoir/solitude/ieusne/orayson/et affliction de corps/lesquelles merueilleusement se aydent lune a lautre, et par lesquelles nous pouuons venir a purte de cueur, laquelle deuons bien desirer, car elle contient en soy toute remocion de vices, et qui nest vertueux ne la peut auoir Et pource il est dit es collacions des peres, que tout lexercice des moynes doyt estre pour auoyr purte de cueur. Par icelle lomme de sert veoyr dieu, ainsi que nostre seigneur le dict. Benoictz sont ceulx qui ont le cueur nect, car ilz verront dieu. Et selon sainct bernard, celuy qui est plus cler et plus nect, est plus prouchain de dieu, et estre trescler, et tresnect, cest ia estre venu iusques a luy. A auoyr ceste purte, vault moult feruente, et continuelle oraysion, laquelle on ne peut auoir auec ebriete, et delices corporelles. Et pource il est requis ieusne et afflictio de corps, Et a la consummacion de ces choses, solitude est moult necessayre, car a peyne en grant noise et bruit, len peut bien conuenablement esleuer son cueur a dieu, par feruente oraysion. Et veoyr et ouyr plusieurs choses, se peut faire sans offence et impurte, car souuent la mort de nostre ame, entre par noz sens exteriores, et pour les suruenans souuent affliction corporelle et abstinence est relachee. Quiers doncques solitude se tu veulx en cueur pur estre ioinct a dieu. Fuys grans lengaiges, z mesme pour le bien de taciturnite cesse aulcuneffois de bônes parolles. Ne quiers point nouuelles amities car delles viennent nouuelles parolles, et fuys comme venin tout ce qui peut empescher la paix de ton ame. Saiches que non sans cause, les sainctz peres desiroyent les lieux solitayres, et mandoyent a ceulx qui demouroyent aux monnasteres, quilz fussent aueugles, sourdz, et muetz, car par ces choses ilz pouuoyent estre conioinctz a dieu. Crisostome. Quant le sainct esperit descendit sur nostre seygneur, incontinent le fit aller ou desert. O combien de moynes sont qui habitent auec leurs parens, que si le sainct esperit descendoyt et demouroit sur eulx, tantost les en iecteroit et les meneroit au desert Certes le sainct esperit ne habite point voulêtiers la ou il y a grât frequentacion de peuple, ne la ou il y a discencions et noyses, mais propremêt son siege est en solitude, pour ceste cause nostre seigneur estoit de iour auec ses disciples, et de nuyt quant il vouloyt prier son pere plus ententiuement se departoyt de eulx. Donc si nous voulons prier on secret plus tost que en public, ayons des desertz, ayons vne celle, soyôs en solitude. Augustin Mes freres le plus tost que pouons estudyons nous de mectre fin a parolles oyseuses, detractions et scurrilites, en fuyât de toute nostre force, les empeschemens de ce monde, z querôs aucunes heures es salles pour le salut de noz ames, puissiôs vacquer a orayson ou alecon Apres aussi a lexemple de ihesucrist a conuerser humblemêt entre les bestes sauluaiges ainsi que faisoyt ton dieu, lequel estoit paisiblemêt auec les ours, lyôs z aultres bestes cruelles, et les anges luy seruoyent, et te estudye a porter ioyeusement ceulx qui te semblent aulcuneffoys irraisounables, car cest chose angelique habiter et conuerser entre les hommes qui sont cômme bestes, et demourer en hermitaige, cest en solitude de pêsee, et en contemplacion leccon et orayson, sans maculer ou souiller sa vie. Bede. Nostre seigneur demeure entre les bestes comme homme, mais les anges luy administrêt z seruent comme a dieu. Et nous quantion desert de saincte côuersation portôs paciemment les males meurs des hômes bestes par peche, deseruons que les anges nous administrent, auec lesquelz serons portes apres nostre mort. Iherosme. Les bestes nous sont paisibles quant la chair ne repugne a lesperit, et les anges lors nous sont enuoyes pour nous esiouyr et côsoler Aisi te souuêt ton seigneur en ceste solitude, z ayez de luy compassiô, car tousiours et en tous lieux et principal en ce lieu sa vie est bien peneuse et afflictiue au corps Et pour ce lame deuote le deuroit visiter cheschun iour vne fois despuis lepiphanie iusques a quarâte iours ausquelz demoura en ce desert. z humblemêt se recommâder a luy. Le nombre de quarante iours est en moult de manieres cōsacre, car dieu repeust les enfans disrael au desert quarante iours. Quarante sepmaynes il fut on ventre de sa mere la vierge marie. Quarante moys il prescha au monde. Quarante heures il fut mort. Quarante iours apres sa resurrection, il fut au monde auec ses disciples. Quarāte iours il ieusna comme nous disons a present. Aussi selon saint ambroyse, quarante iours pleurent et descendirent les eaues du diluge, par lesquelles les pecheurs furent noyes, et puis vint le beau serain, en signifience que par le ieusne de quarāte iours, les pechies sont effaces, et dieu monstre sa belle face. Or est assauoir que quarante sont composes par quatre foys dix. Par les quatre est signiffie le nouuel testament qui est contenu aux quatre euangiles. Par les dix est signiffie le nouuel testament lequel est contenu aux dix commandemens de la loy, parquoy appert que ieusner quarante iours, est garder tout ce que commandent les deux testamens. Touteffois leglise ne commance pas ieusner tantost apres lepyphanie, mais enuiron quarante iours apres, en signiffiant que son ieusne doyt estre continue tantost apres celluy de ihesucrist. Et aussi appartiēt bien que la resurection de nostre seigneur soyt en la fin de la quarantayne. Bede. La quarantayne des ieusnes ha auctorite en lancien testament par le ieusne de moyse et de helye, et en leuangile par le ieusne de nostre seigneur lequel a ieusne autant de iours, en demōstrant, que leuangile nullement discorde de la loy, et des prophettes. En la personne de moyse la loy, et en la personne de helye les prophettes sont entendus, entre lesquelz nostre seigneur sest monstre glorieux en la montaigne, a ce que la parolle de lapostre fust veriffiee, laquelle est, que nostre seigneur a tesmoignaige de la loy et des prophettes. Et albin. Ainsi que moyse dedia la loy par ieusne, et helye par prophecie, ainsi nostre seigneur a dedie la predicacion euāgelique, par le ieusne de quarante iours. Augustin. Moyse et helye, et mesmes nostre seigneur, ont ieusne, pour nous monstrer, tant en moyse, que en helye, et en leuangile, que nullement nous deuons conformer a ce monde present, mais deuons crucifier le vieil homme, et ne acōplir pas les plaisances de nostre corps en delices. Cest chose bien conuenable, que nous qui deuons celebrer la passion de nostre seigneur ihesucrist, faycons en nous vne croix, en reprimant les voluptes charnelles. Laquelle croix le crestien doyt prendre par toute sa vie, qui est pleyne de toutes temptacions. Il nest pas temps en ceste vie darracher les clour, desquelz le psalmiste dit. Confinge timore tuo. Endoue des clour de ta crainte ma chair, mais est necessaire se clouer à la craicte de dieu. En oultre par ce nōbre de quarāte, nous payōs a dieu les premisses et decimes des iours. Et pource en ce temps de la quarantayne nous deuōs plus vaquer a oraisons et abstinences, et plourer les negligences q̄ lautre temps. Et ainsi que sommes cheuz des ioyes de paradis, par la viande qui estoyt deffendue a nostre premier pere, en tant q̄ il est possible nous deuōs nous releuer par abstinence. Nostre seigneur ne prolonga son ieusne oultre quarante iours et quarāte nuytz, affin que ce ne fust chose incredible quil eust prins nostre humanite, et aussi affin que la vertu de la diuinite fust celee au dyable, car moyse et helye ieusnerēt tant de temps, combien que aulcuneffoys eussent faim, et nostre seigneur non iusques apres les quarante iours, et encores neust pas ceste faim pour necessite, mays seulement par sa voulēte, se parmist auoir fain, pour demonstrer en soy la verite de enfermete humaine, et aussi quil donnast occasion au dyable de le tempter, et pour demonstrer comment on le deuoyt vaincre. Selon crisostome, en ce que par quarāte iours na ouyr fain, nestoit pas selon homme, aussi apres auoir fain, ne appartenoyt pas a dieu, et pourtāt le diable, ayāt ainsi doubte de ihucrist vint po^2 le tēpter, et premiere ment de gueule en disant. Si filius dei es dic vt lapides isti tc. Si tu es filz de dieu naturel/et par consequant esgal a luy/en puissance /dy que ces pierres soient faitez pain. Selon sainct hylayre/le dyable ne veult pas seulement auoir experience se il est dieu /mais comme homme le vouloit alecher/par delectacion indeuhe/ affin que par la faim quil auoit le feist pecher du peché de gueule. Mais il ne peust deceuoir son maistre/car en la temptacion il fit tellement quil ne le succomba point/ne auec ce neust coguoissance de sa deite/et ne nia pas quil ne fust filz de dieu/ne aussi ne afferma pas quil le fust/mais seulement le conuainquit par auctorite de la saincte escripture/en disant Non in solo pane viuit homo hôme ne vit pas seulement de pain corporel/mais aussi de toute parolle procedante de la bouche de dieu. Comme sil disoit. Il ne fault point muer ces pierres en pain/car combien que iaye faim toutesfoys dieu peut substanter le famelique de sa seule parolle. Ceste chose est vraye/ non tant seulement de la viande spirituelle mais aussi de la corporelle/comme il appt de moyse/qui ieusna quarante iours seulement substante de la parole de dieu. Augustin. Mes treschiers freres saiches certaynement/que ainsi que le corps qui nest nourry par long temps de viande corporelle/est debilite et se meurt/ainsi fait laine qui nest nourrye continuellemēt de la parolle de dieu. Selō crisostome/il produit tesmoignaige du vieil testament/en nous commandāt que en quelque chose que souffrons/soyt faim ou autre chose/iamais ne de nōs laisser dieu. Ihesucrist eust peu muer les pierres en pain/mays pour cincq choses ne le voulut faire. La premiere a ce que la diuinite fust celee au dyable. La seconde pour nous monstrer que temptacion est plus facilement surmontee par humilite et sapience /que par puyssance et confiance de soy. La tierce pour nous aprendre fuyr tout orgueil. La quarte affin qil mesprisast la voulente du tempteur/car ce eust este indecent

que nostre seigneur a la voulente du dyable/ eust fait miracle /et le dyable est vaincu/ quant il se veoyt mesprise. La quinte po² nous monstrer que pour le dyable on ne doit riens faire/ mesmes sil conseilloit a bien faire Moralement souuēt le diable no² admōneste q̄ la pierre/cest a dire la durte de penitence soubz aulcune espece de discrecion/ soyt conuertie en pain/cest en delices et plaisances du corps/en disant/Tu es ia filz de dieu/tu nas plus besoing de telle austerite et penitence. Et ainsi achas conuertit la vigne de naboch en vng iardin de herbes. Et pareillement la montaigne de liban est conuertie en chermel. qui vault autant a dire q̄ mol/ laquelle chose se faict souuent/ pour lonneur daulcune feste/ ou pour aulcune copaignie. Et ainsi les iuifz demanderent a pylate que ihesucrist ne de mourast point en la croix le iour de la feste
Icy a lexemple de nostre seigneur /premierement on doit resister au vice et pechie de gueule/car la on doyt cōmancer/si no² voulons suppediter les aultres vices et pechies/veu que celluy qui est vaincu du pechie de gueule est rendu moult foible a vaincre les aultres pechies. Bede. Pour neant laboure lōme a suppediter les pechies se p̄mieremēt ne sestudie a suppediter le pechie de gueule. Et pource lennemy tempta dieu premierement de ce pechie/car cest la premiere temptacion q̄ la personne ha des son enfance /et apres vienent les aultres/ car nul ne peut estre en ce mōde sans tēptacion. Sainct bernard. Je veult mes freres que vous soyes premuniz que nulle creature peut viure corporellement en ce monde sans temptacion. Se il est deliure de lune/tantost de certain doit actendre la autre. Et quant il reqrt a dieu deliurance de lune de certain tantost viēdra lautre Et souuent nostre seigneur laisse vne personne demourer en vne tēptacion /affin que apres elle nen sourde vne plus vehemente. Ou souuent /deliure tantost daulcune temptacion/ affin q̄ en autre on se puisse ercercer. Nous ne sommes pas certains si ces temp

m ii

tacions furent faictes toutes en vng iour/ ou en plusieurs τ sucessiuemēt/car les escriptures ne le declerērpoint. Et voyant le dyable quil ne pouuoit ainsi vaincre nostre seigneur/pēsa en soy mesmes selon crisostome et dist. Cestuy homme est repute comme sainct. Et si les sainctz ne sont vaincus par gloutonnye bien souuēt sont vaincus par vaine gloyre. Et ainsi le print et le porta en la saincte cite de iherusalem/laqlte estoit dicte saincte/pource quelle estoyt necte de toute ydolatrie/et que la estoyent et le temple et les choses sainctes/et maintenant est dicte saincte a cause de nostre redempcion Considere icy la benignite/τ la paciēce de nostre seigneʳ. Il se pmect porter non pas par impuissance selon crisostome/mais par son humble paciēce/de celle cruelle beste qui desire son saing et celuy de tous ses amys. Et nest pas merueille selon sainct gregoyre/se ihesus sest pmis estre porte du dyable/veu quil a bien pmys estre crucifie/des membres du dyable Et pource se nous voyōs que nostre seigneʳ a este ainsi traicte/ne nous esmerueillons point se sommes temptes. Et pourtāt que par tout vainquit/auons besoing de son ayde/affin q puissons vaincre. τ en nulle de noz vertus de nōs auoir ꝯfiance/mais de nōs metre en lui toute nrē esperance et nrē foy. Selon la glose il est vray semblable/q le dyable sapparut en forme humaine/et selon aulcunes il le portoyt entre ses bras/ et selon aultres il le menoit par la main/et lē suyuoit le doulx ihesus comme vray champion alant a la temptacion de son bon gre touteffoiz cecy se faisoit tellement q nul ne le veoyt/et le mist sur le pinacle du temple Saiches que le temple auoyt trois mansions. La pmiere estoyt celle qui estoit a terre. La seconde estoit trente couldees plus haulte Et la tierce iusques a la couuerte q estoyt toute playne et pauee auoyt quarāte coudez/et chescune mansion auoyt vne galerie Et le dyable mist ihūcrist sur la pl⁹ haulte/ou sur la basse galerie/ou se mectoyent les scribes et prestres quāt ilz preschoyent la loy au peuple. Ainsi entend la glose le pinacle qui dit que le diable temptoyt ihesucrist de vayne gloyre/on lieu onquel parauant en auoit deceu plusieurs. Donc il le tempta secondement de vayne gloyre en disant. Si filius dei ꝯes/ Il pensoyt que sil descendoyt en volant en lair quil estoyt filz de dieu, et le mōde sesmerueilleroyt de veoir telle chose/et de ce prendroit occasion en soy de vaine gloire quant toute la cite le loueroit et manifieroyent. Veritablement cest bien la voix diabolique prouocāt a descendre non pas a mōter/et qui sesforce de faire cheoir lōg de la haultesse de vertu nō pas y mōter/mais dieu/relieue ceulx q sōt cheuz pechie Et dist le diable. mictre te deorsum. Gecte toy enbas. Il manifeste son impuissāce/car a nul ne peut nuyre se il ne se met pl⁹ bas q luy Crisostome Il ne dit pas/ie te mectray au bas/affin quil ne semblast luy faire aulcune force/mays dist/mictre te deorsum/pour demōstrer que vng chescun de nous cheoyt par son franc arbitre et voulente en pechie/et de pechie en la mort. Il nous peut persuader de pechier mais en nous est de surmōter ses ꝑsuasions par lobseruāce de la loy. Et poʳce que ihesucrist en la premiere temptacion a vse de auctorite de saincte escripture/lennemy prent aussi lauctorite de lescripture/ non pas que par ce il veulle edissier les vertus/mais affin quil induyse erreurs/et dist Scriptum est. Quoniam angelis suis mādauit. Il est escript de toy/que dieu a māde a ses anges de toy garder en telle faicō que nulle pierre ne te pourra nuire/ne a pie ne a main. Ceste auctorite nest pas a propos/car selō saint iherosme/elle ne se doyt pas entendre de nostre seigneur ihesucrist lequel porte toutes choses/et de riēs nest porte/mais se doyt entendre de chescun de ses membres/et de chescun iuste. Laquelle auctorite selon la glose/doyt estre ainsi exposee O toy hōe iuste quicōque soyes/ dieu a ꝯmande a ses anges q sont esperitz crees qlz te portēt en leurs mais/cest a dire quilz te aydent et que tellemēt te gardent q tu ne offenses ton pye/c'est l'affection de ta pensee/a la pierre/c'est en aulcun peché Parquoy on peut cognoystre que les anges sont deputez a garder la vie des bons et des sainctz en ce monde/et ont deux mais c'est double puissance/c'est assauoir puissance de mal qui est la main senestre/ et puissance de pmouvoir a bien q est la dextre/mais le dyable interprete maulvaisement la saincte escripture et puertist son sens/et ainsi la legue imparfaictement/car si elle estoit dicte de ihesucrist/au moins ce qui vient aps y deuroit estre adiouste. C'est assauoir Super aspidem et basilicum ambulabis. Le diable est le basilique/ et aspis/le lyon/et le dragon/lequel ihesucrist a suppedité en ses temptacions/et pource côme orgueilleur il mect au deuant de l'escripture ce qui est pour luy/et laysse comme astut ce qui est contre luy. Et icy mesme est vaincu par auctorite de l'escripture/car nostre seigneur tempere sa responce/affin quil soit frustre de l'intencion ou il veult venir. Il dit Scriptum est. Non temptabis dominum deum tuum Il est escript et est dit a vng chescun homme. Tu ne tempteras pas ton seigneur dieu/ tant que par aultre maniere pourras euader Je suis home/et pource par aultre maniere puis descendre sans moy precipiter p iactace. En moult de manieres aulcun tempte dieu. C'est assauoir en indebuemet eprouant sa puissance/ou sa voulente ou sa sapience/ou en querant experience de ce que on peut faire de soy mesmes. Sur quoy auons enseignement que quant la personne peut faire aulcune chose selon voye humaine/ou selon raison/coseil ou aide pour euader le peril elle ne le doit point laysser/en demandant miracle ou experience de dieu. car selon sainct augustin/ se elle ne escheuoit le peril quelle peut bien escheuer/ elle tempteroit dieu et nauroyt pas esperance en luy. Car côbien que dieu puisse tout toutefois il dit a ses disciples. Se on vous persecute en vne cite fuyes en lautre. Et luy mesmes sen fuyt/et se mussa. Et pour cecy l'espreuue du fer chault/et des ioustes

est deffendue on droyt côme illicite. Et si raison et prudence humaine deffault et que lomme ne saiche plus q fue aire. Alors seulement peut demander layde et puyssance de nostre seigneur/non pas en le temptant/mais en ayant en luy confiance/et en soy commectât a sa providence. Or a descendre de celluy pinacle et de celle galerie y auoyt bons eschellons/par lesquelz ihesucrist pouuoit descendre/et pource disoyt il au dyable. Non temptabis. Tu ne tempteras point ton seigneur. Crisostome. Nostre seigneur ne fut poit esmeu/ne indigne aincois respondit au diable par la voix de la saincte escripture/pour nous enseigner que il fault vaincre le dyable par pacience et souffrance/et non pas par aulcuns signes. car nous ne deuons riens faire pour nous monstrer/ne pour en auoir en nous vaine gloyre. Et iterum. Regarde côment nostre seigneur n'est point trouble/et humblement confere et dispute des escriptures auec lennemy. Estudye de ta puyssance a toy conformer a ton dieu. Le dyable cognoyst bien les armes/par lesquelles il a este suppedité du filz de dieu/c'est benignite et humilite. Quant doncques tu verras aulcun ton aduersayre/estudie toy le vaincre en la maniere que nostre seigneur a vaincu lennemy. Soyes actentif que a l'exemple de ihesucrist en toutes tes temptacions te garnisses des auctorites de la sainte escripture/affin que si tu es tempte de l'appetit donneur respondes. Scriptum est. Quid superbis terra et cinis. Il est escript o terre et cendre/pourquoy te veulx tu orgueillir. La vie est bien briefue a tous ceulx qui ont puissance en ce monde. Se tu es tempte de lappetit de richesses/respons ce que dit iob. Nudus egressus sum de vtero matris mee. Je suys yssu du ventre de ma mere nud/et nud y retourneray. Et se tu es tempte de lennemy/ des delices et playsances charnelles/respons. Caro et sanguis regnum dei non possidebût. Il est escript q la chair et le sang/c'est adire les operaciôs charnelles ne possiderôt poit le royaulme

m iii

de dieu. Et ainsi peuz tu respondre aux tẽp
tacions des aultres vices. Moralement
le dyable eslieue plusieurs en hault, affin
que plus de legier les atire a plus grãs pe
chies, ainsi que la corneille lieue la noix en
hault, affin q̃lle la laisse cheoir et q̃lle la caſ
se. Ainsi le batailleur eslieue son cõpaignõ
a ce quil le puisse getter a terre. Plusieurs
sont menes en haultesse de prelacion, et
sont gettes a terre, lesquelz en leur simple
et humble estat estoiẽt seurs. Les fors de
israel cheurẽt aux montaignes de gelboe.
Augustin. De tant q̃ vne personne est en
plus hault lieu, de tant elle est en plus grãt
peril. Et selon crisostome elaciõ a fait che
oir moult de platz. Et po⁹ ce nr̃e seigñr se
pmist estre porte en ce lieu, et ne cõsentit pas
au dyable, po⁹ monstrer q̃ les prelatz doy
uent resister au dyable. Selõ sait bernard
pource que nostre seigneur nul signe mon
stra de sa diuinite, le dyable extima quil es
toyt pur hõme, et le tẽpta tiercement cõme
hõme, et le prit de la, et le porta sur vne haul
te montaigne, et luy monstra tous les roy
aulmes du mõde. Cõme selon crisostome
se aulcũ estoit en hault lieu, et mõstrast de
loing en disãt, de ceste partie est affricque
et de lautre palestine, et ainsi des aultres sem
blables. Vel ostẽdit. Cest a dire q̃ en vng
moment il luy exposa la pompe, la gloire, la
magnitude de tous les royaulmes, et tout
ce qui estoyt cõcupiscable au monde, cõme
sont delices, richesses et hõneurs, affin q̃l
le peust tourner a desirer telles choses, et p
ainsi le surmontast. Ce mot momẽtum, est
la quarte partie dũg poit, ou la quarãties
me partie dune heure, par quoy est signif
fiee briefuete des biẽs du mode. Ambroy
se. Bien est dit que nablemẽt q̃ en vng mo
ment, les terriennes et seculieres choses
sont monstrees. Par vng moment de tẽps
elles sont toutes passees, et souuent lonneur
du siecle est passe deuant q̃l soit venu. En
le temptant dauarice, il luy promist faul
cement ce q̃l ne pouuoit donner, en disant
Hec omnia tibi dabo. Je te dõneray tou
tes ces choses si tu chez en moy adourant.
Veritablement cestoit bien cheoir de soy

soubmectre ainsi au dyable. Crisostome.
Il nest riens qui face lomme tant subgect
au dyable que soy delecter desordonemẽt
aux richesses d̃ ce mõde, estre suppedite de
desir et de les acquerir faulcemẽt. Ambroy
se. Ambicion ha vng peril bien pres delle,
cest quelle sert pmier que donner aux aul
tres. Et ainsi quant elle veult estre la plus
grande, elle est faicte la plus petite. Tou
te puissance vient de dieu, et ambicion et
conuoitise de puissance vient du dyable, et
puissance nest pas maulvaise, mais celluy
q̃ mal vse de puissance est mauluais. Donc
par ce sommes enseignes a despriser ambi
cion po⁹ ce quelle se soubmect a la puissan
ce du dyable. Quant donc tu desires et ap
petez estre graut, saiches que le dyable te
monstre les royaulmes du monde, et si tu
veulx auoyr ce que tu desires, il est necessi
te que tu chees et adoures le diable, car cel
luy q̃ le doit adourer chet deuãt, et iamais
sans cheoyr il nest adoure. Par lordre de
ces temptacions appert q̃ le dyable cõmẽ
ca aux pl⁹ legieres, et pceda aux plus grã
des, et a la fin aux tresgriefues. Il cõmen
ca au pechie de la gueule, et apres a auari
ce, et puis a ydolatrie. Et sont bien iointz
lung apres lautre. Car auarice nest aultre
chose que seruitude de ydoles. Mais icy
ce menteur homicide fut succombe veu que
luy qui na riens, promet toutes choses. Et
nostre seigneur ihũcrist cõme victorien, le
menassa en le boutant hors par auctorite,
et disant. Vade sathana. Va ten sathan
au feu denfer qui est eternel. Icy auons eñ
seignement, que nous deuõs porter paciẽ
mẽt noz ppres iniures, et nullemẽt deuõs
soustenir celles que on faict a dieu. Criso
stome. Quant ihesucrist eust souffert les ĩ
iures des temptaciõs que le diable luy fai
soit, en disant. si fili⁹ dei es etc. Il nen fut
point trouble, ne pour cela blasma le dya
ble, mais maintenant quant le diable vsur
pe lõneur qui est deu a dieu, en disant. Hec
omnia tibi dabo. Je te dõray toutez ces cho
ses si tu te humilies a moy et me adoures
le reprit tresasprememẽt et le rebouta, en dy
sant. Vade sathana, affin que aprenons

par son exemple/que deuons porter nos iniures benignement/les iniures de dieu nullement porter ne ouyr. C'est chose louable destre pacient en ses propres iniures/mais c'est chose mauluaise de dissimuler les iniures de dieu Apres nostre seigneur dit Dominum deum tuum adorabis. Il est escript po[ur] tout homme. Tu adoureras ton seygneur et ton dieu/et a luy seul seruiras. Selon sainct augustin/par ce on ne exclud pas le seruice des seigneurs temporelz/car selon bede cecy n'est pas entendu de la seruitude qui est dicte dulya/qui est dehue aux creatures mises en aulcune excellance. Et combien que leuangeliste ne mecte que troys temptacions de nostre seigneur/touteffois comme dit sainct bernard. cellui ignore les scriptures/qui ne trouue la quarte temptacion. laquelle dit/que la vie de l'omme sur la terre n'est que temptacion. Et l'apostre dyt que nostre seigneur a este tempte par toutes choses Nostre seigneur a voulu estre tempte pour plusieurs causes et raysons. La premiere selon sainct gregoire/affin q[ue] par sa temptacion nous deliurast des nostres. La seconde selon sainct augustin po[ur] nous donner exemple de batailler/et par ce nous enseigner q[ue]l n'est pas seulement mediateur par ayde/mais auec ce par exemple La tierce selon sainct lyon/affin que en vain quant le dyable luy ostast sa vertu et hardiesse. La quarte selon l'apostre affin quil eust compassion des temptes/et de sa misericorde nous donnast esperance/car vne pso[n]ne temptee de legier a pitie des autres temptees. La quinte selon crisostome/pour no[us] donner couraige/et q[ue] ne nous troublissions des temptacions q[ue] nous aduiennent quant nous voyons que n[ot]re seigneur a este subgect a temptacio[n]s. Moult de tribulacio[n]s sont/no[n] pas a vng chescun/mais principalement aux iustes. Ceulx que dieu ayme souuent les chastie/affin que apres q[u']ilz seront prouuez ayent la couronne de gloire. Ambroyse. L'escripture saincte te enseigne/q[ue] tu ne doys pas seulement auoir bataille co[n]tre la chair et le sang. mais co[n]tre les embusches spirituelles. La couronne est proposee/mais il fault entrer aux batailles/car nul ne peut estre couro[n]ne si premier n'a vai[n]cu/et nul peut vaincre s'il n'a bataille. De ceste couronne le fruit est plus grant quant le labour est plus grant. Et po[ur] ce iamays ne deurions craindre temptacion. Ainçoys plus tost nous en deurions glorifier en disant/que quant nous sommes temptes/ nous sommes plus puissans. Oste la bataille du martir/et tu as oste sa couronne/ Oste les tourmens/et tu as oste la beatitude. Nous ne deuons pas craindre les te[m]tacio[n]s de ce mo[n]de/par lesquelles les biens eternelz sont achetes : mays plus tost deuons prier de nous soubmectre a celles lesquelles pourrons porter selon la condicion de vie humaine. La sixiesme selo[n] sainct hilaire/affin quil nous face cau[l]tz/et q[ue] nul tant soit saint presume estre seur des temptacions. Et po[ur] ce ap[re]s le baptesme et ieusnes voulut estre tempte/en no[us] demo[n]stra[n]t par ce q[ue] cellui qui entre au desert de penitence est plus fort tempte de l'ennemy/ainsi que dit l'escripture. Fili accedens ad seruitutem dei Toy filz qui entres au seruice de dieu/p[re]pare ton ame a temptacion/c'est adire pour resister aux temptacions qui te peuuent aduenir/car ap[re]s la perception de grace/apres labour de ieusnes/apres le propos de saincte vie/le tempteur s'esliefue pl[us] aigrement contre nous/pour nous desto[ur]ner et paruertir du bo[n] propos q[ue] auons co[m]mance. Certes il te[m]pte plus les bons q[ue] les mauluais/car ainsi que dit sainct gregoire/il ne luy chault de te[m]pter ceulx q[ui] sont de droit siens. et po[ur] ce on doyt bien doubter quant on est te[m]pte et plus encores qua[n]t on ne l'est point Car selon ysidore. lors tu es griefuement impugne de l'enemy/qua[n]t tu ne sces si tu es te[m]pte Et prosper. La matiere de te[m]ptacion/est reseruee aux loyaulx crestiens/ po[ur] leur gra[n]t vtilite/ affin que en quelque saincteté soit la personne/ne s'en orgueillisse/combien quelle sente son ennemy enferme La septiesme affin q[ue]l do[n]nast co[n]solacio[n] aux te[m]ptes Il fut te[m]pte tantost ap[re]s q[ue]l fut baptise/et quant du pere fut appelle filz/et quant le sainct esp[ri]t demoura sur luy en espece d co

m iiii

lombe/et quant le ciel fut ouuert sur luy/et quant il eust ieusne quarante iours et quarante nuytz/en donnant par ce a entendre q̄ se aulcun est tempte/il nest pas pourtant meins net de pechie ⁊ ne digne de la filiacion de dieu/ne meins plein du sainct esperit/ne meins digne dauoir le ciel/et nest en sa penitence meins acceptable a dieu. Et po² ce se tu ieusnes et es tempte/ne dis pas pourtant iay perdu le fruyt de mon ieusne car sil ne te a prouffite a ce que tu ne fusses tempte/toureffoys/te prouffitera/a ce que tu ne soyes vaincu par tēptacions. La huitiesme/est affin que luy en surmontant les temptacions/nous donnast puyssance de les surmonter. ainsi comme il voulut mourir pour destruyre nostre mort. Nostre seigneur vainquit les temptacions/promptement et au commancement/car incontinent q̄ le diable les luy presentoyt/tantost les reboutoit/et ainsi doit faire la personne tantost quelle se sent estre temptee. Car comme dit saint iherosme/le serpent ancien qui est le diable/est lubrique tellement que sil nest tenu par la teste/tantost tout le corps va apres. Le serpent infernal ha chief et teste/cest mauluaise suggestiō/ha corps/cest le consentemēt/ha queue/cest la consummacion de oeuure. Et la ou il met le chief d̄ suggestion/tantost met le corps de consentement. Et la ou est le consentement/tantost est la queue de operatiō/Et pource en son chief/cest au commancement/il est a estaindre et a escachier/et ne pourra puis nuyre/ne quant au corps ne quant a la queue. car quant il ha le chief de suggestiō coupe/toute sa force est perdue. Il est assauoyr que specialement le diable tempte en six manieres. Les bons/par elacion/les mauluays par desesperacion/les oyseur/de luxure/les marchans/par turbacion/les iuges/de crudelite/les misericors/par adulacion et flaterie. Et combien que en moult de manieres il tempte/touteffois en quatre manieres specialement il decoyt. La premiere en suggerant le bien pour male fin/cest a sauoir quant il suade a vne personne instable/quelle entre en religion/affin que aps

elle soit apostate. La seconde en suggerāt le mal soubz espece de bien/comme est soy pariurer pour garder les biens daultruy. La tierce/en dissuadant le bien comme chose nuysible/comme quant il dissuade a vng bon homme lentree de religion/pour paour de sen repētir/en luy suggerant que sil sailloit il seroit confondu. Ou quant il dissuade vne personne de non faire oraison/ou aulmosne/affin quelle ne encoure vayne gloire. La quarte/en dissuadant le mal affin quil en viengne peis/comme quant il dissuade linatrempance de boire et de mēgier/affin quil la meine a indiscrete abstinence quiest pire chose. Tous donc grandement se doyuent garder quilz ne soyent prins aux espies de lennemy/et quilz ne soyent enueloppes en ses las/lesquelz las il tend par tout en diuerses manieres. Leon pape. Lennemy aduersaire qui se transfigure en ange de lumiere/ne cesse en tous lieux de tendre les las de ses decepcions. Il cognoist ceulx quil veult enflamber du feu d̄ cupidite/ceulx q̄l veult faire cheoir en glotonnie/ceulx lesquelz il veult esmouuoir a luxure/ceulx ausquelz il veult espandre le venin de ire/ceulx quil veult deceuoyr par courroux/ceulx quil veult espouuanter de craincte desordonee. Il discute toutes les condicions dungchescun/et la ou il verra vne personne plus occupee/et mectre ses affectiōs/sestudiera de plus luy nuyre. Et toute temptacion consummee et suppeditee/a laquelle acomplir lucifer estoyt venu ne saichant q̄l deuoit faire en ouyāt le nom de dieu/laissa ihū crist/lequel touteffoys iamais ne tint/et se despartit de luy iusques a vng temps. Selon crisostome/le diable ne se despartit pas comme obedient/mais la diuinite de ihū crist/et le sainct esperit q̄ estoyt en luy/le regecta de la. Laq̄lle chose prouffite a nostre cōsolacion/car il ne tēpte pas les creatures tant q̄l veult/mais tāt que dieu pmect. Et si dieu nous laisse aulcun pou tempter/cest po² nostre prouffit et vtilite. Et quant il veoit que cest temps/il fait cesser pour nostre enfermete et debilite/car iamais ne nous pmect souffrir oultre ce que pouons. Augustin. Si le dyable pouoit nuyre a la personne tãt quil vouldroit nul iuste en terre demourroit En ces trois premises temptacions esquelles escores la bataille crestienne est excercee/toute temptacion est cõsummee/car en ces troys/cest assauoir/gloutonnie/orgueil/et auarice/ toute maniere de pechie et de vice est contenue et alliee/desquelz on se doit bien garder des le commencement. Car comme dit sainct iehan. Tout ce qui est on monde/ou cest concupiscence de chair/ou concupiscẽce des yeulx/ou orgueil de vie Ausquelles troys fleches de lennemy nous deuons opposer troys escuz/affin que noz les deboutons Cest ieusne ptre concupiscence/oraison/contre orgueil/aulmosne contre auarice. Et ainsi ce mauluais ennemy se despit de nostre seigneur par vng temps/et a sa passion retourna/non pas en traison et secretement/mais limpugna appertenient par ses ministres/en le cuidãt degecter par craincte de mort. Aussi aulcuneffoys cesse de nous tempter/et quantil veoyt quil ne prouffite rien se depart de nous iusques a vng aultre temps ouql il reuient/et nous assault plus fort que deuant. Nous sommes donc par ces choses enseignes de auoir en nous cautelle/car combiẽ que noz suppeditons aulcunes temptaciõs/toutesfois nous deuõs estre tousiours prestz de impugner le dyable. On temps de la passion de nostre seignr le diable fut du tout vaincu/et lie en enfer/et on temps de lanticrist il sera deslie ainsi que dit sainct iehan en son apocalipse Sainct augustin dit que ce temptateur fut lucifer/qui fut le premier ange qui voulut estre esgal a dieu/et q surmonta le premier homme. Et la glose dit. voyes tu maintenant lancien orgueil du diable. Ainsi que au cõmancement il se voulut faire pareil a dieu/ainsy maintenant il veult vsurper sa seigneurie. Or est a noter que lordre des temptaciõs de nostre seigneur ihucrist que saint mathieu met en cestuy euangile est selon lordre des temptacions de nostre premier pere adam/lesquelles furent premierement. Inquacũqz die

comederitis En quelconque iour que voz mengeres/cest le pechie de gueule. Secondement. Eritis sicut dii. voz seres comme dieux/cest vaine gloire. Tiercemẽt/scietes bonum et malum. saichant bien z mal/cest auarice/laquelle nest pas seulement en pecune/et richesse/mays aussy en sublimpte et science/quant leu veult estre esleue oultre mesure. Selon saint augustin/nous ne sauons pas certainement laquelle fut la seconde ou la tierce. car les euãgelistes saint mathieu et sainct luc/en parlent variablement/lung dit lune z lautre dit lautre/de laquelle diuersite rend la cause sainct remy/ en disant Pour ceste cause lung des euangelistes met lune deuant lautre/car vayne gloire et auarice sengendrent lune de lautre Donc ihesucrist surmonta le dyable quant a la temptacion de la gueule/et cecy fut pfigure en lydole de bel et du dragon qui estoyent en babiloine/adoures poz dieu Bel boyuoit z mengeoit moult ainsi q on faisoit accroyre au roy/et daniel le destruist et fit occire les prestres de celluy ydole Aussi en babiloine en vne cauerne estoit vng dragon musse/lequel les babiloniens estimoyent estre dieu/et le prestre de la loy a certaines heures ordonnees luy offroyt de la viande Daniel pphette fit vng pain d pege ou de poix/et de graisse et d pieulx et le gecta en la gueule du dragon/et tãtost quil eust auale cela le ventre luy creua/et lydole et le dragon cõme il appert furent destruitz par daniel. Par daniel est signifie ihucrist/lequel surmonta premierement le vice de la gueule. Aussi ihesucrist surmõta secondement le diable en la temptacion dorgueil. Et ceste chose long temps deuãt auoit este pfiguree en dauid/et en la mort de goliath/lequel cõme tresorgueilleux se vantoit de sa force/et dauid le gecta a terre de sa fonde/et le tua de son ppre glayue Dauid tua golyath de troys pierres du torrẽt/et ihucrist le diable d troys tesmoignages de la loy Golyath tient la figure de lorgueilleux lucifer/et dauid le pastour q cestuy orgueilleux a prosterne/est ihesucrist. lequel par humilite fut victorieu de la tẽptacion dorgueil. Tiercement ihesucrist surmonta le dyable en la temptacion dauarice, laquelle chose fut prefiguree ou lyon et en lours q̄ dauid tua. Le lyon et lours signifient auarice, laquelle ilz com̄ectoyēt en rauissant la brebis de dauid. Dauid deliura de la gueule du lyon et de lours son oueille et les tua. Ainsi ihūcrist ayant la temptacion dauarice degecta sathan de soy, et ainsi que apres ceste victoire les enfans disrael couronnerēt dauid en roy, par telle faicon apres la victoire de nostre seigneur les anges vindrent et luy administrerent. Icy est lordre des le commancement du monde ordonne par la diuine clemence, et garde, cest que tous ceulx qui resisteront perseueremment a leurs temptacions receuropent de dieu consolacion apres leur tribulaciō. De quoy est escript en thobie. Sire tu es celluy qui apres tempeste faiz tranquilite et donnes ioye et consolacion apres pleur et lamentacion. Et saint pol dit. Benoist soit dieu le pere des misericordes et le dieu de toute consolacion, qui nous console en toutes nos tribulacions. Selon ceste ordre abraham, iacob, ioseph, dauid, daniel, et aultres infiniz, desquelz on ne scet le nombre, ont este consoles de dieu apres leurs tribulacions. Ainsi les apostres furent consoles apres la turbacion quilz heurent de la passion de nostre seigneur ihūcrist, par la mission du sainct esperit. Et est assauoyr quil y a troys manieres de consolacions desq̄lles les amys et esleuz de dieu sont consoles aps leurs tribulaciōs, cestassauoyr substraction de leurs temptacions, reuelacion des secretz diuins, et multiplicacion de tous biens. La pmiere est substraction des tribulacions et turbaciōs, laquelle aduient quant toutes manieres de temptacions lesquelles ont trauaille et tourmēte la deuote psonne, sont estaintes par la psence de dieu. Ceste consolacion desiroyt iob quant il disoit Quis michi tribuat vt sim iuxta menses pristinos. Qui est celluy qui me donra estre selon les moys passez, cest adire selon les iours esquelz dieu me gardoit, et quant sa lumiere resplendissoit sur mon chief, ceste consolacion est moult agreable a ceulx qui ont e estē long temps en afflictiō, car ainsi q̄ apres grās pluies le tēps serain est moult agreable, et apres grādes maladies la sante est plus acceptable, et apres grans guerres et diuisions, la doulceur de paix est plus delectable, ainsi en longue tribulacion, la tranquilite de consolacion est plus desiree, et aps possedee plus ioyeusement, de laquelle il est dit par le prophette naum. Afflixi te, et non affligam te vltra. Je tay afflige et plus ne te affligeray et maintenāt ie rompray la verge de ton dos. La seconde consolacion, est en diuines et secretes inspiracions, lesquelles sont en habondance de grace et de ioye spirituelle, desquelles de tant q̄ nous les cognoissons meins, de tant nous sommes plus indignes den parler. Touteffois nous mecrons en parolles, ce que les sainctz hom̄mes desquelz la vie est biē loing de la nostre, ont heu en secret par experiēce, affin que ceulx qui en ont gouste par experience entendent ce que nous disons. Ceste consolacion donc est en linflāmacion de charite, en illustracion de sapience, en la merueilleuse et ieffable degustaciō de la doulceur de dieu, en la reuelaciō de ses secretz en lexhibicion de son infinie amytie, en la confirmacion de perpetuelle inseparabilite, en la merueilleuse et cōe ptinuelle visitacion internelle, et en linnouacion de graces. En moult de manieres dieu pmect ses consolacions, par son prophette ysaie, en disant Ego ipse consolabor vos. Je vous consoleray moy mesmes. Et pource que le consolateur est infiny, les consolacions quil dōne de soy, et en soy sont infinies. La tierce consolacion est en la delectacion des bōnes et vertueuses oeuures. Et combien q̄ au commancement lexercice des vertus semble estre amer, touteffoys par long exercice viennēt en habituacion, et alors elles refectionnent lame dōulcemēt, et on les possede delectablement. Ceste tierce consolacion clost lestat de lomme en ceste vie, et le meyne a pleyne perfection, ne il ne reste plus que actendre en silence, salutare dei.

Laquelle silence n'est aultre chose que extinction et repos de toutes inquietacions et assaulx. Et pource maintenant toy disciple de Jhesucrist quiers solitude auecques ton maistre, et te fais compaignon des bestes sauluaiges. Garde que soyes participant des choses secretes de dieu, lesquelles sont reuelees en secret, et silence et en orayson deuote, a ceulx qui ayment longs ieusnes et aspres. Tous tes assaulx retourne a luy, car ainsi que dit lapostre, nous ne auons pas euesque qui ne puisse auoir compassion de noz enfermetes, en mectant toute ton esperance en luy, affin que soyes digne de la compaignie angelique. La victoyre faicte et le tempteur surmonte, et pour honte s'en allant, les anges subiectz au seigneur, lesquelz se estoyent pour vng pou de temps separez de luy a ce que la diuinite fust plus muffee au diable, vindrent pour luy administrer. Et de ce dit saint anselme. Le filz de dieu apres quarante iours et son ieusne acomply, ayant suppedite le diable auec toutes ses temptacions, fut glorifie par le seruice angelique en nous enseignant que tout le temps de ceste vie presente deuons decliner la delectacion des choses temporelles, et mectre soubz noz piedz le monde auec son price. Et par ainsi nous pourrons auoir la communicacion de la garde angelique. Bernard. Apres qu'il eust suppedite les temptacions et que l'ennemy s'en fut fuy, les anges vindrent et luy administroient. Et donc se tu veulx auoyr la compaignie angelique, et estre garde par leur seruice, fuys les consolacions du monde, et resiste aux temptacions du dyable, et refuse toutes consolacions foraines. Crisostome. Tant quil fut en la bataille nullement parmist que les anges sapparussent a ce que l'ennemy ne s'en fuyst auant qu'il fust surmonte. Puis apres quil fut vaincu, et le filz de dieu eust commande quil s'en fuyst, lors les anges se apparurent, parquoy doiz aprendre, que apres que auras obtenu la victoire du dyable, tantost les anges se esiouyront de toy, et en tous lieux te honoureront, ainsi quilz firent le ladre, lequel apres la fournaise de pourete, de fain, et de toute angoisse le receurent et le porterent en repos. En trois manieres on peut prendre cestuy mot administrabant. Premierement de adoracion, comme se on disoit ministrabant, les anges adouroyent Jhesucrist humblement comme dieu. Secondement de louenge et de ioye quilz auoyent, comme se on disoit ministrabant, ilz se iouyssoyent de ce que Jhesus batailloyt et vainquoyt l'ennemy. Tiercement de ce quilz luy aidoyent au corps, comme il semble que ainsi le sent crisostome la ou il dit. Les anges de loing regardoyent la bataille de Jhesucrist, affin que on ne dist que par leur ayde il eust vaincu, mais quant il eust victoyre, ilz vindrent, et luy administroyent. Et que luy administroyent ilz, l'escripture n'en fait point de mencion. Certes c'est chose bien a croire quilz luy administroyent aulcune chose a menger comme seruiteurs et ministres, car on list quil eust fain, et ceste chose ne fut pas pour necessite de l'impuissance de Jhesucrist, mais pour luy faire reuerence, et pour honnourer sa puissance. Il n'est pas dit quilz luy aidoyent, mais quilz luy administroyent. De quelle maniere de viande luy administroyent nous ne lisons point. Si nous considerons sa puissance il pouoit creer telle viande quil vouloit, et a sa voulente pouoit auoir ce quil vouloyt. Et p bien quil ayt vse de ceste puissance, pour le peuple qui l'en suiuoit, touteffoys on ne list point que pour luy ne pour ses disciples, il en ayt vse. On list bien de ses disciples que luy mesme present froyssoyent les espis de ble, en leurs mains pour la fain quilz auoyent, et les mengeoyent. Aussi semblablement quant il fut lasse, et qu'il se seoyt sur le puis et parla a la samaritaine, on ne trouue point quil creast aulcunes viandes, mais on list bien quil enuoya ses disciples en la cite pour en acheter. Ne aussi on ne doit point croyre que par miracle se pourueust de ce qui luy estoit necessaire, car il faisoit les miracles en la presence de plusieurs pour leur edificacion, et icy n'auoit que les anges. Et pource nous pouuons penser piteusement et deuotement que deux des anges par la voulente de no stre seigneur se partirent/ z en vng moment furent deuant sa mere et la saluerent reueramment et luy raconterēt lestat de son filz et prindrent vng pou de viande q̃lle auoit appareille po̸ elle et pour Joseph auec aultres choses necessaires. Et eulx retournes d/sposerent la table sur la plaine terre/et la benediction faicte solēnellemēt seruoyent leur seigneur. Regarde le maintenant en tout ce que la se fait. Il se seoyt a terre bien cōpose/et menge moult sobrement. enuirō nne danges qui le seruent z sont grāt ioye et grant feste/en chātant hymnes/ de canticis syon. Et cecy est chose couenable a dire. Ceste feste est meslee de passion /et moult deuons plourer. Ilz le regardent reueramment et considerēt leur seigneur et dieu et createur de tout le monde/qui donne viande a tout hōme. ainsi humilie et indigent de viande corporelle. et mengoyt cōme vne aultre simple personne. et ont grāt compassiō de luy. Et ie croy que si de cue affectueux le regardoyes en cest estat. se aulcunement le aymoyes/par grande compassion tu ploureroyes. Apres q̃ nostre seigneur ihūs eust prins sa refection et rendues actions de graces /voulāt retourner a sa mere/cōmenca a descendre de la montaigne. Regarde bien maintenant cōment il va seul nudz piedz /luy qui est le seigneur de tout le monde/et ayes de luy compassion/et va tousiours en ta pensee auec luy/ en le seruant diligēmēt en toutes choses.

Oraison

O Jhesus tresbon/qui fuz mene du bon esperit au desert/et ieusnas quarante iours et quarante nuytz et apres heuz grāt fain/et surmōtas et vainquis ton tempteur O ihūs misericors donne moy la vertu de abstinence et de continēce et ieusner de vices et de pechies/en ayāt fain et soif dacomplir iustice /affin que mon tempteur/voire qui plus est mes tempteurs /cest le monde/la chair et le dyable/ par ta grace et par ton ayde puisse suppediter. Et po̸ ce que nostre vie sur la terre nest que temptacion et misere/o seigneur ayez memoyre de nostre misere /et de nostre labour/et fais que ne cheyons en temptacion /mais par vertu de ta temptacion tousiours puissons vaincre z estre deliures de toutes temptacions Amen.

De ce que ihesucrist fut loue de saint iehan qui dist. Ecce agn̄ dei.xxiii. chapitre

U Ng iour apres que ihesus fut retourne du desert vint au fleuue de iourdain/et saint iehan le voyant venir le mōstra du doy / en soy escriant et disant Ecce agn̄ dei Veez cy laignel de dieu/cest celuy qui efface et pardonne aux pecheurs et mondayns les pechies. Icy est touche le tesmoygnaige que sainct iehan dōna a nostre saulue̸ en double maniere. Premieremēt quāt a sa vraie humilite/en laquelle il a este sacriffie pour nous cōme hostie tresagreable a dieu Secondement quant a sa diuinite /en disant q̃ tollit peccata mundi/car pardōner les pechies appartient pp̄remēt a dieu. Il estoyt ia venu/mais il nestoit pas cogneu/z po̸ ce sainct iehan le demonstroit/ comme se il disoit Cest cestuy que les patriarches ont desire/les pp̄hettes ont prenōce/la loy a prefigure. Maintenant linnocent est entre les pecheurs/le iuste entre les mauluays. le piteux entre les cruelz/onquel nul peche est. Et combien que on immolast les aultres bestes en la loy/comme le beuf/la chie ture, le veau, et plusieurs aultres, toutesfoys Ihesucrist est plus nomme aignel que aultre beste pour deux raisons. La premiere, car laignel paschal entre les aultres figures du vieil testament signiffioyt Ihesucrist, car tel aignel estoit sans taiche et par son immolacion les enfans d'Israel furent deliures de la seruitude des egipciẽs. Ainsy nous sommes deliures de la seruitude du dyable, par la passion de Ihesucrist qui estoit sans pechie et innocent et simple car ainsi que laignel mene poz immolerne dit mot, ainsi Ihesucrist a voulu souffrir pour nous sans excuser. La seconde raison est car combien que aultres sacrifices se feissent on temple en diuers temps, toutesfois il en y auoit vng cothidian, cestoit q̃ au matin on offroit vng aignel, et au soir vng aultre, et cecy iamais ne se muoyt, mais estoit garde comme principal sacrifice, et les aultres se faisoyent en temps determine, et signiffioyt la perpetuite de beatitude, et nostre seigneur Ihesucrist est appelle nostre beatitude perpetuelle. Theophile. Sainct Iehan ne dit pas que Ihesus ostera les pechies du monde, mais dit quil les oste, come si tousiours le faisoit, car il ne les a pas seulement ostes, quant pour nous souffrit mort, mais despuis celluy temps la iusq̃s a present les oste. Il nest pas tousiours crucifie, mais seulemẽt a offert a dieu son pere vne oblacion, laquelle tousiours purgeroz pechies. Il oste les pechies, en faisant satiffacion a dieu le pere pour nous, par le tresoz de sa tresdouloureuse passion et en les lauant, par son precieux sang, et nous ayde a ce que plus ne pechõs et noꝰ conduyt en la vie ou iamais ne pourrons pechier. Non seulement nous laua quant pour nous espandit son sang, ne quãt sommes baptises, mais aussy nous laue tous les iours en son sang quar la memoyre de sa passion est repliquee au sacremẽt de lautel, la ou le pain et le vin est transubstancie en son precieux corps et sang, par la ineffable sanctificacion du sainct esperit. Et poz ce quil oste noz pechies et quil nous ayde a passer ce pelerinagge, nous disons aux

deux premiers agnus de la messe, miserere nobis, et au tiers dona nobis pacem, q̃ sera en celle beatitude. Selon crisostome Ihesucrist pour deux causes apres son baptesme vint a sainct Iehan. La premiere affin q̃ nul neust suspicion quil fust venu a luy pour la cause, que les aultres y venoyent, cestassauoir pour confesser ses pechies, ou poz les nectoyer par penitence, car sainct Iehã en disant Ecce agnus dei, totalement destruist ceste suspicion, pource quil estoyt impossible que Ihesucrist ostast les pechies des aultres, sil nestoit tout necrde pechie. La seconde, affin que ceulx qui auoyẽt ouy le premier tesmoignaige que sainct Iehan auoit fait de Ihesucrist le creussent plus fermement, en le ouyant la seconde foys. Et pource dit aps sainct Iehan. Hic est de quo dixi. Post me venit vir. Cest celuy du quel iay dit deuant, quil vansist au baptesme, apres moy est venu lomme qui est en dignite fait deuant moy, car en son eternite il est p̃mier que moy. Et ego nesciebam eum. Et ie ne le cognoissoye pas quãt a sa personne determinee aincoys q̃l vit a moy, mais affin quil soit manifeste ou peuple d'Israel ie suis venu baptiser en ceste eaue, en preschant penitence, et pource iay laisse le desert et la solitude pour decsẽdre on playn lieu, et ay commance a baptiser, affin que ie le peusse manifester au peuple venant de toutes pars a moy. Tout loffice que sainct Iehan auoit en baptisant, et en preschant, estoyt ordonne pour manifester Ihesucrist au peuple, et pource il luy fut cõmande de dieu, quil baptisast on nom de celuy qui estoyt aduenir, et preparast le peuple a le receuoir. En apres derechief il baille tesmoignaige en disant. Quia vidi spiritum descendentem. Pour ce ie vous baille tesmoygnaige de luy. Car iay veu le sainct esperit descendant du ciel comme vne colombe, et se seiant et demourant sur luy. Ceste chose vist sainct Iehan, quant il le baptisa. Le saint esperit demoura en Ihesucrist des sa concepcion, ⁊ non seulement quãt il fut baptise, mais aux aultres il vient aulcunefoys et se depart deulx pour leurs pechiez

Crisostome. En Jhesucrist le sainct esperit descendoit et demoura, aux aultres il descend et ny demeure pas, car nullemēt devons penser, que le sainct esperit demeure en nous, quant nous nous courrouſſons, quant nous diffamons aultruy, quant nous avons une tristesse q̄ meine a mort, et quāt nous pensons trop aux delices du corps, mais quant nous pensons aulcune chose de bien, cest signe que le sainct esperit est avec nous, et quant nous pensons mal, cest signe quil est departi de nous. Ainsi que par esperience voyons que quant lesperit et lame demeure dedāſ le corps enclos, le corps ne peut noyer ne mourir, aincoys tousiours vient sur leaue, mais si leaue entre dedans elle fait departir lesperit et noye le corps. Ainsi ceulx qui sont es eaues de ce monde se ilz ont le sainct esperit enclos en eulx par lamour de dieu et de leur prouchain combien quilz soyēt fort agitez des vagues de temptaciōs, touteſſoys iamais ne sont noyes, mais si les eaues de concupiscēce mondaine entrent en nous, elles nous noyent et tuent. Et pource qui veult que le sainct eſperit demeure en luy, il fault quil ayt son eſpit clos aux choses terriēnes, car iamais leaue nentre en ung vaiſſel qui est bien clos. Et dit apres sainct iehan. Ego nesciebam eum. Selon crisostome, sainct iehan ne cognoiſſoit pas thesucrist selon la face, aincoys quil vint au baptesme au fleuve iourdain, car il auoyt demeure long temps au desert hors la mayson de son pere, combien quil ſceuſt quil estoit ne de vierge, et quil deuoyt baptiser on sainct esperit, mais quant il vint au baptesme, sainct iehā par divine reuelacion heut cognoyſſance que cestoit cellup, lequel il auoit preſche estre a venir. Sainct augustin raporte nō cognoiſtre a lexcellante puiſſance que thesucrist a noyt retenue a luy quant au baptesme, laquelle luy mesmes vouloyt excercer, et ne la bailler pas a aultruy. Et pource sainct iehan ne scauoit pas que thesus euſt retenu pour luy ceste ercellence de baptiser, et pourtant dit apres. Hic est qui baptizat. Cest cellup qui seulement baptize quant a

celle ercellence. Sur quoy est a noter que la puiſſance de baptiſer est en moult ō manieres. La premiere est de auctorite, laquelle dieu na point cōmunique, et ne peut cōmuniquer nen plus que la puiſſance de creer. La seconde, est soubz auctorite, laquelle selon le maistre des sentences, dieu pouoit donner et ne la point donnee, combiē que les aultres docteurs dient q̄l ne la pouoit donner, pource que puiſſance de creer y est encloſe, cestaſſauoir creer grace. La tierce est de inuocacion, laquelle il pouoit donner, car luy q̄ est dieu, ſil vouloit le baptesme se donneroit en nom de sainct pierre ou de sainct pol, mais il ne la pas voulu, affin que nous ne meiſſons nostre eſperance en hōme. Et auſſi quil ny euſt ſciſme en mectant tant de baptesmes que de baptizans. La quarte est de excellence, cōme on pourroit penser et dire, q̄ le baptesme daulcun seroit de plus grāt efficace que lautre, laquelle na este donnee a nul. La quite est de inſtitucion, laquelle heut seulement ihesucrist, qui inſtitua ce sacrement. La ſirieſme est de preparacion, laquelle heut sainct iehan, duquel le baptesme fut comme une preparacion, en ſigniffiance de celluy qui eſtoit a venir. La septieſme, est de operaciō et de miſtere exterieure, lequel il a dōne aux ministres de leglise. Donc sainct iehan ne le cognoiſſoit point, si haultement et ſubtilement, iuſques a ce quil veiſt le sainct eſperit descendre sur luy. Et pource il dit apres. Sed qui miſit me. Cellup qui ma enuoye, ceſtaſſauoir dieu, et toute la trinite, de laquelle les oeuvres sont idiuiſees baptiſer en eaue, et nō pas on saint eſperit ma dit p̄ sa ſubgecte creature, cest ange ou par inſpiracion, super quem videris, cellup ſur lequel entre ceulx que tu baptizes, verras descendre le sainct esperit, et demourer en ſigne viſible, ceſt de colombe, eſt qui seulement baptize de auctorite et de puiſſance on sainct esperit, ceſtaſſauoir en la remiſſion des pechies, laquelle chose est faicte p̄ le sainct esperit, car a luy est seulement attribuee telle remiſſion. Et aux aultres na point donne telle puiſſance, mais seulemēt les a cōmys a faire le mistere et loffice Le ministre/administre et donne le sacrement par dehors/et ihūcrist baptise par dedās. Et pour ceste cause en necessite le baptesme est donne dung hōme lay ou dūg clerc. ou mesme dune fēme Touteffoys on ne le doit point reiterer/mesmes selon bede/se vng heretique/ou vng scismatique/ou aultre grant pecheur baptise aulcun en la confession de la saincte trinite. tel ne doyt poit des catholiques et crestiens estre rebaptise/affin que linuocacion/ou confession de si grant nom/ne soit veue estre adnichilee. La puissance de dieu nest a aulcun dōnee. mais le seruice et le ministere peut estre cōfere/et des bons ⁊ des mauluais Et affin q̄ aulcun ne ait en horreur le ministere des mauluais il doyt regarder la puissance de dieu/car la verite des sacremens/nest poit diminuee par le desmerite des ministres. Et dit apres sainct iehan/Et ego vidi/et iay veu le sainct esperit en la forme que iay dit deuant/descendant sur ihesucrist/et ay porte tesmoygnaige quil est le seul filz naturel de dieu/et non pas adoptif En quoy est demonstre quelle chose sainct iehan a entendu par ceste vision/cestassauoir que ihesucrist est le vray filz de dieu naturel/⁊ par consequant ayant telle puissance que le pere. Icy tesmoygne sainct iehan/que celluy est filz de dieu/lequel par auāt il auoit appelle homme/et par consequant le tesmoigne auoir diuine et humaine nature/et estre dieu et homme. Ihesucrist heut en quatre manieres tesmoignaige. Premieremēt des prophettes qui le disoyent estre crist. Secondement de sainct iehan/quant il dist Ecce agnus dei. Tiercement de son pere/ quāt il dist. Hic est filius meus dilectus. Quartemēt des oeuures quil faisoit ainsy q̄ luy mesmes disoit. Si non facio opera que nemo alius fecit Si ie ne faiz oeuures plus grandes que mes predecesseurs ont fait ne croyes pas en moy Tu peuz icy mediter comment nostre seigneur ihesucrist/ fut a grant ioye receu de sainct iehan/et cōment par aulcun temps il demeura auec luy. et menga des viandes crues de cest hermitaige cōme sainct iehan. Extens ta main cōme vng pouure mādien en leur demandāt laumosne et ta refection. La recreacion/⁊ refection acomplie/et les mercis et actiōs de graces rendues/ihesucrist salua sainct iehan et se departit de luy Et toy deuote creature va auec luy. et premierement recommande toy a sainct iehan/en baisant ses piedz/car cest celluy qui porte tesmoygnaige de ton seigneur/et est grant ainsi que le tesmoigne ihesucrist. Oraison

O Seigneur dieu/aignel de dieu/filz de dieu le pere/qui ostes ⁊ effaces les pechies du monde/Ie te prye par les merites de celluy qui en ce tesmoygnaige ta demonstre au monde que pardōnes mes pechiez/lesquelz iay actyre et acquis au monde. Et toy sainct iehan qui as demonstre au monde celluy qui oste les pechies/par la grace q̄ test donnee/fay moy ceste misericorde q̄l efface mes pechies O toy dieu qui pardōnes les pechies du mōde/o toy sainct iehan son amy/qui diz que cest celluy qui oste les pechies du monde/ veez me cy deuant vous tout charge de pechies/prouue en moy o dieu ton operaciō. et toy sainct iehā ta parolle/car toy dieu tu es le grant seigneur/et toy sainct iehan es grant deuant le seigneur qui est misericors eternellement. et benoist sur toutes choses

Cōme sainct iehā encores loua ihūcrist/⁊ d̄ la p̄miere vocaciō des apostrez. xxiiii. ch.

Nostre seigneur ihesus estant encores en ces parties pour la familiarite quil auoit a sainct iehan et aussi affin que en sa presence tesmoignast de luy/et le fist cognoistre au peuple/ vng io^r estoit saint iehan pres du fleuue iourdain/prompt pour exercer son office de baptiser/et de enseigner le peuple de la venue du filz de dieu/et donna de luy tesmoignaige. Deuāt il auoit testifie et dit au peuple quil estoit filz de dieu/et maintenant le testifie et dist aux disciples qui estoyent auecques luy/comme sainct andrieu lung/et lautre /aulcuns croyent que ce fust saint iehan leuangeliste Et ainsi que saint estienne est le premier martir/ainsi sainct andrieu est le premier crestien et le premier disciple de ihesucrist. Et voyant sainct iehan ihesus cheminant pres du fleuue iourdain /dist veez cy laignel de dieu. Icy par sainct iehan onquel constance est cōmādee qui ne bailloit pas tesmoignaige de ihesucrist en vng io^r seulement/mais en plusieurs est signiffie le prescheur du sainct euangile qui doit estre constant en preschant la parolle de dieu/et diligent /en considerant le proces de la vie de ihūcrist. Et ces deux disciples /ouyans leur maistre louer et commander ihūcrist creurent a ce q̄l leur disoyt et ensuyuirent ihesucrist/le desirans plus tost ouyr que sainct iehan/en soy esiouyssant dauoir trouue celluy duquel leur maistre leur auoit tant parle. Apres admiraciō de la simple/humble /et facile vocacion de ses disciples sans nulle obgection/ne inq̄sicion. Et le doulx seigneur qui donne fiance a tous ceulx qui le requierent de cueur parfait /et donne esperance de misericorde et se retourne /a tous ceulx q̄ se puertissent a luy leur dit. Quid queritis /que queres vous. Crisostome. Nous sommes icy enseignes que quant nous cōmācons a bien faire/et bien vouloyr /ihesucrist nous dōne plusieurs occasions de salut. Theophile. Regarde que nostre seigneur conuertist sa face a ceulx qui le ensuyuēt/et les regarde. car si tu ne lensuys par bonnes oeuures iamais tu ne paruiendras a la vision de sa face /et ne pourras paruenir a sa maison. Il ne leur dist pas /quem queritis/ qui est celluy que vous queres/car ilz estoyent enlumines de sa personne /par saint iehā le maistre/mais leur dist /que queres vous car il scauoit bien quilz demandoyent aulcune chose de leur salut. Et luy respondirent rabby /cest a dire maistre /ou est ta demeurance /ou habites tu. Ilz ne demanderēt pas ou est ta maison/ car iamais ihesucrist neust en terre de propre/ excepte le titre que luy bailla pilate en la croix. Moralement il demanderent ou habites tu cōme silz vouloyent sauoir quelles deuoyent estre les creatures esquelles dieu doit habiter /a ce que se preparassent pour le receuoir. A spirituellement parler ceste question est delectable a ceulx qui contemplent la lumiere /en laquelle dieu habite /de laq̄lle dauid dit. Sire iay ayme la beaulte de ta maison. Comme soigneux disciples demādoyent ou il habitoit/ affin q̄ souuent peussent venir a luy pour estre enseignes Bede. Ilz ne vouloyent pas par peu de tēps iouyr et estre auec le maistre de verite, aincoys luy demanderent sa demourance pour plus a plein estre de luy instruytz Et a cause de ce toutes les foys que no⁹ ramenōs en nostre memoyre la passee de son incarnacion nous le deuōs soygneusemēt prier quil luy plaise nous demonstrer son habitacion eternelle du ciel Il respondit liberalement a ses deux disciples. Venite et vide te. Venez et le voyes. Comme sil vouloyt dire selon alchuin. Qu ne peut monstrer ne dire mon habitacion par parolle /mays bien par oeuure. Et les mena on logis onquel il demouroit /et demeurerent auec luy ce iour /cest le demourant de ce iour /onq̄l sauoit parle a eulx /et la nuyt ensuyuant /et ouyrent de luy les paroles de la vie perdurable. Et bien dit leuangeliste / quil demeurerent ce iour /car nulles tenebres pouuoyent estre la ou estoyt ihesucrist. qui est la lumiere des vertus et le souleil de iustice O que benoictz estoient et tel iour et telle nuit ausquelz ces disciples voyēt τ ouyent celuy q̄ tant de roys et de propheites auoy en par auant desire veoyr. Mays qui est celluy qui nous dira quelle chose ilz ouyrent de nostre seigneur Or edissions en nostre cueur vne habitacio ou puisse demourer et luy faisons en nous mesmes vne maison, en laquelle il viengne et la parlera a nous et nous enseignera. Hora autem erat quasi decima. Il estoit enuiron dix heures quant ces disciples parlerent a ihesucrist, cestoit ps de vespre en quoy est louee la grant diligence de nostre seygneur, car pour la tardite du temps ne laissoyt point de enseigner ses disciples. Et aussi les disciples sont a commander de la grat ferueur quilz auoyent de ouyr ihesucrist, car combien quil fust tard, et par auenture encores estoientieuns toutesfois ne retarderent point quilz ne lensuyuissent, et mesme a leure de vespres que chescun doyt retourner en sa maison, Ilz laisserent tout, et demeurerent auec luy iusques au lendemayn, pour le grant desir qlz auoient de ouyr la pole de dieu. En quoy selo crisostome auos enseignement, q nous deuons mectre tout nostre temps a ouyr ou mectre en effect la parolle de dieu, car tout temps est ordonne a ce. De quoy dit theophile que leuangeliste na pas mis le temps sans cause mais cest pour demostrer que les docteurs et maystres ne doyuent point laisser de enseigner le peuple pour la tardite du temps. A lexemple de ces disciples ne passons poit aulcune heure de nous disposer a receuoyr ihesucrist et habiter auec luy, car nous ne scauons quant il viendra ou a my nuyt ou au iour ou au matin ou au soyr pour iuger et condempner lamertume des pechies, que nous auons faitz. Querons le en la nuyt de pechie, ensupuons le par vraye penitence, a ce que misericordieusement nous regarde. Prions le de cueur parfait quil luy plaise nous enseigner ou il demeure, demourons auec luy en sa mayson, en laquelle ceulx sont benoictz qui y demeurent. Les deux disciples pour nulle aultre chose ensuyuyrent ihesucrist ne aussi les actira fors que pour estre imbuz et informes de sa doctrine en la quelle prindrent si grat plaisir que tantost lung et lautre alerent couler les aultres. Et premierement sainct andrieu se departit pour querir son frere pierre, affin ql ouyst comme luy la doctrine de ihesucrist. Et cest ce que dit leuangeliste que sainct andrieu trouua son frere symon. Car selon albin en la foy on ne doyt point procrastiner ne actendre de demain a demain ou qui yra deuant. Sainct andrieu estoyt meindre deage que pierre, et touteffoys il trouua premier ihesucrist, et tantost le denonca a son frere, affin quil eust participacion au bien quil a uoyt receu, et quil fust son frere en la foy, ainsi quil estoit son frere selon le sang. O vraye pitye de sainct andrieu, qui denonca premier a son frere le tresor quil auoyt trouue, et si pmier eust trouue vng aultre que son frere, premier luy eust anonce, et leust amene au sauueur, car iamais charite na enuye du bien daultruy, qui est contre ceulx qui retrayet leurs propres amys dentrer en religion, ou en la voye de verite et de vertus. Sainct andrieu ne trouua pas ihesucrist sans q par auant ne leust diligemment queru ainsi q demonstre leuangile qui dit. Inuenimus messiam. Nous auons trouue le messyas promys en la loy, et en prophettes, et qui a este longuemet actedu. Et bien conuenablement dit, nous auons trouue, car il auoyt este souffisamment informe de ihesucrist, quil estoyt vray redempteur. Ainsy que dit bede cest veritablement trouue ihesucrist, auoyr ferueur en son amour, et auoir soing du salut de son frere. Messyas en hebrieu vault autant a dire en grec comme crist, et en latin oingt, car ihesucrist fut singulierement oingt de luylle inuisible du sainct esperit, plus habondamment que nulle creature. De quoy dit cyrille que ihesucrist fut oingt du sainct esperit humaynement en la forme du seruiteur, et oygnoyt comme dieu du sainct esperit ceulx q en luy croyoient. Et adduxit eu ad ihesum. Et andrieu amena pierre son frere a ihucrist. Il nauoit pas ofiance en soy ql le peust enseigner souffisamet. Et p cecy a pris leglise enseignemet q au sacremet du baptesme τ de confirmacion et leuue de tesmoings, lesquels presentent ceulx qui doyuent receuoyr telz sacremens, et sont appellés parrins. Ihesucrist le receut ioyeusement, car il scauoyt bien quil deuoit faire de luy, et le regardât de loeil interiore de sa misericorde, en voyant sa deuocion luy dist. Tu es symon bariona, comme sil disoit Tu es filz de obedience & de grace, ou de colombe, cest du sainct esperit. Et pource ton nom est bien consonant a ta propriete. Symon est interprete obedient, bar, filz, iona, colombe ou grace. Bariona, filz de colombe, ou de grace, en demonstrant que obedience est necessaire a ceulx qui se retournent a dieu, et que on vient a ihucrist par foy, et q par le saint esperit nous sommes confermez en lamor de dieu. Tu vocaberis cephas, tu seras appellé cephas, qui vault autant en latin come petrus. Et ce nom pierre en grec, est a dire en latin chief ou capitaine, et est bien couenable a celluy qui deuoyt estre constitue de ihesucrist, maistre et chief des aultres & son vicaire en terre. Saint pierre auoit nom symon deuant sa vocation et conuersion, et aps ce nom pierre luy fut impose de ihesucrist. Symon estoyt son propre nom, et pierre estoit son sur nom. Bariona est no hebreu. Selon laultre euangeliste il est appellé filz de iohanna, car selon aulcuns cestoit vng seul nom du pere diuersiffie, toutefoys par substraction de vne sillabe, come en aulcuns pays nycholas se dit colin. Regarde icy lumilite et obedience de sainct pierre. Luy qui estoit le plus ancé, na pas eu desdaing de suiuir son frere sainct âdrieu meindre de eage que luy, mays tantost luy obeyst et va apres luy. Et le lendemain apres la vocacion de pierre et de andrieu voulât ihesucrist retourner de iudee la ou saint iehâ baptisoit en galilee, ou il auoyt laisse sa mere, trouua philippes qui estoit de la cité de bethsaide qui est sur la mer de galilee concitoyen de pierre et de andrieu, et luy dist. Sequere me, ensuys moy, Alchuin dit que celluy ensuyt ihesucrist, qui estudie soy conformer a son humilité et passion, affin quil soyt compagnion de sa resurrection, et ascension, lequel sainct philippes tantost sans contradiction, comme vray obedient lensuyuit. Selon cecy il semble que sainct philippes fust le premier appellé par ihesucrist de tous les apostres. Or ces quatre apostres, cestassauoir andrieu et laultre qui nest point nommé, et pierre et philippes furent disciples de sainct iehan baptiste, lesquelz voyans que sainct iehan auoit baillé tel tesmoygnaige de ihesucrist se adioingnyrent a luy. Sainct philippes donc instruyt de ihesucrist sen alla pour querir nathanael son frere, et le trouua soubz vng figuyer et luy dist. Quem scripsit moyses in lege, et cetera. Nous auons trouue ihesus de nazareth filz putatif de ioseph, longuement actendu duquel a escript moyses en la loy, et les prophettes lont prenoncé en leurs prophecies. Lors nathanael soy esmerueillant que du pays de galilee, et non pas de iudee fust venu vng prophete, veu que ihesucrist deuoit naistre en bethleem, selon la prophecie de michee le prophete, dist en maniere de doubte et de negacion, selon crisostome. A nazareth potest aliquid boni esse. Peut il aulcun bien venir de nazareth, comme sil disoit non. Ou selon sainct augustin, cestuy docteur et sage en la loy, qui auoyt leu en laultre prophette, que ihesucrist seroyt appellé nazareus, et par aduenture auoyt noté les signes de laduenement, quant il ouyt parler de nazareth, tantost fut esleue en esperance et dist, ceste parole en affermant. Et pour tant que sainct philippes nestoyt pas encores bien instruit il lamena a ihesucrist, affin que plus playnement ouyst de ihucrist. Et luy disant Veni vide, viés auec moy, et tu le verras, et apprendras de luy par experience, le bien et la vertu qui est en luy. Et adduxit eum ad ihesum. Selon crisostome il le mena a ihesucrist, en croyant q sil goustoit aulcune chose de sa doctrine, plus apres ne luy contrediroyt mye. Et ihesus voyant nathanael de loeil de dilection venir et se approucher de luy, desperit plus que de corps, dist a ceulx qui estoyent entour luy. Ecce vere israelita in quo &c. Veri tablement veez cy le vray ysraelite/auquel nya poit de fraulde/car il venoit a Ihucrist pour auoir cognoyssance de verite en intencion simple et vraye. En ceste parolle ihesucrist ne dist pas quil ne soit pecheur/mais loue sa confession. Ceulx sont frauduleux et decepueurs/qui se dient et monstrent iustes et bons/et touteffoys sont pecheurs. Le mot israelita vault autant adyre comme voyant dieu. Et nathanael comancoyt principalement a le veoir par foy/car ia comacoyt a croire en luy. Et secondement il le veoit par lentendemet des escriptures quil auoit/car il estoit docteur en la loy. Et tiercement il le veoit par la cofession quil faysoit/en respondant a Ihucrist Voyat donc nathanael q ihesucrist luy auoit ainsi expresement declayre la condicion de sa pensee luy demada dout il la sauoit en disant Unde/cest adire par qlle vertu me cognois tu. car ce q tu me diz est sur la vertu de humayne nature Et ihesucrist luy respodit/en luy reuelant plusieurs secretz. Cum esses sub ficu/quant tu estoies soubz le figuier/ie te ay veu/cest adire iay cogneu le propoz de ton cueur. Quant au sens litteral/par aduenture cestuy home se estoit repose soubz vng figuier pesant en laduenemet du saulueur/et la saint philippes le trouua et luy anoca le saulueur estre venu au mode/et par ce signe et par le precedant cofessa ihesucrist estre le vray filz de dieu/et luy dist. Rabby tu es filius dei. Maistre tu es filz de dieu roy disrael/cest adire tu es crist/actendu du peuple disrael pour le deliurer de la captiuite de lenemy Surquoy dit crisostome q encore nathanael ne confesse pas ihesucrist estre filz de dieu naturel/mays p grace et home saige et saichant par reuelacion les secretz de dieu/car ledit nathanael nestoit pas encore enlumine de la foy de la trinite. Et nostre seigneur le esleua a pl[us] haultes choses/cest a la cognoyssance de sa diuinite/en lenseignant q les anges luy faisoyent honneur et reuerance come a leur souuerain/parquoy il se demonstre filz naturel de dieu/car nulle nature est sur la nature angelique/fors la diuine. Et cest ce q

ihesucrist luy dist. Pource que ie tay dit q te auoye veu soubz le figuyer/tu crois q ie suys ihesucrist/celluy qui est promys en la loy/quanta lexcellence de grace/tu verras en moy plus grans choses/cest la vertu de ma diuine substance Amen amen dico vobis/cest adire/veritablement et fiablemet ie vous dis. Et double amen en signe de plus grant certitude et fermete. vous verres le ciel ouuert/et les anges de dieu montans et deualans sur le filz de lome po[ur] seruir a sa deite celee soubz son humanite Ce cy fut bien acomply en sa natiuite/z quant on desert les anges luy seruirent/et en sa passion/quant de lange fut reconforte, et en sa resurrection/et ascension/quat ilz se apparurent aux femmes et aux apostres. Crisostome. Regarde comment ihesucrist petit a petit esliue nathanael de la terre a la consideracion des choses celestes/et tat len seigne et instruit quil le cognoist estre dieu et homme/car il nest pas possible que celluy a qui les anges administroyet peust estre pur homme. Certes par ces ditz ihesucrist se demonstroit estre seigneur des anges. Et pource que ce nathanael estoyt en la loy moult expert/ihesucrist ne le voulut pas eslire vng de ses apostres/ne aussi nychodeme/affin quilz ne presumassent/que pour leur science il les eust esleuz/mays a voulu eslire les premiers fondemens de leglise de gens simples ydyotz z sans grat clergie/affin que la premiere conuersion des hommes/et la doctrine de la foy/ne fust imputee a la sapiece humaine/et aussi affin quil confondist le monde/et toute sa pience. Touteffois saint philippes et nathanael furent du commancemet appelles a la foy/affin que il ne semblast que la foy de ihesucrist eust este seulement receue z comancee des simples/et par ce ne fust contempnee/z aussi affin quil ne semblast que les simples eussent este deceuz par ignorance/mais aps que la foy a este cofermee et enracinee/les grans clercz y ont este appellez comme sainct paul. Par sainct andrieu/et sainct philippes qui furent enseignes de ihesucrist/et furet seigneur du sa

...int de leurs freres/sont signiffies ceulx q̃ de leur pouuoir tirent les autres a ensuiuir ihesucrist/qui est contre ceulx qui non seullement ne les induysent a lensuyuir/mais de tout leur pouuoir les en destournēt et pernertissent ¶ Les choses acomplies ihesucrist et sainct philippes retournerent en galilee/et venans en nazareth fut a tresgrāt ioye receu de sa mere/et par tout celluy an demoura en galilee/τ quelle chose il fit cel luy an/nul euangeliste le mect. car despuis son baptesme iusques aux nopces riēs ne lisons de luy excepte de son ieusne/et des temptacions que le dyable luy fit/du tesmoignaige de sainct iehan/et de la vocation des apostres ¶ Considere q̃ ihesucrist apres le baptesme/et apres la victoire des temptacions /retourna en nazareth qui est interprete fleur/en signiffiance que quelq̃ nectete que ayt la creature de ses pechies/ et q̃ quelquez temptaciōs elle ayt surmonte/et quelque bien q̃lle ayt fait/ tousiours se doyt reputer estre en la fleur/cest adpre au commancement/et ne doyt cesser de labourer tant q̃lle est en cestuy present mōde

Oraison

O Bon ihesus redempteur des perdus/sauluer des racheptes/esperance des exilles /doulx soulas des pouures desperit/force des labourans/ recreacion des lassez/courōne des victorieux seul loyer et liesse des citoyens celestes/noble lignee du souuerain dieu /fruyct treshault du ventre virginal /fontayne pleyne de toutes graces/de laquelle tous recuōs Je te requiers ihesus desirable /que a toy qui es la fin de toutes choses /moy croyant /esperant et aymant soyez porte et mene /et que maintenant te ensuyue. car toy seul me souffiz et saoules. Tu es seulemēt bon et doulx a ceulx qui te quierent/et qui ayment ton sainct nom Amen

De ce que ihesus mua leaue en vin. xxv. chapitre.

Puys lan ensuyuant /cestassauoir le trēte et vngyesme an de leage de ihesucrist /il commenca a fayre signes merueilleux /par lesquelz le monde fut enlumine. Et affin q̃ les heretiques ne p̃sumassent confondre le sacrement de mariage leq̃l il auoit institue le voulut honnourer p̃ sa p̃sence corporelle/ τ approuuer p̃ signes merueilleux Et po² ce a tel iour q̃l fut baptise lan reuolu il entra aur nopces Bede Po² ce q̃ p̃tinēce de mariage est bonne a ceulx q̃ bien la tienēt/ et meilleure continence de vesuage/et tresbonne cōtinence virginale/le filz de dieu a voulu po² approuuer lestat de to⁹ les degrez/et discerner les merites dung chescū/naistre du vētre de la vierge/ et estre tātost aps̃ sa natiuite de la vesue āne benoist/et en sa ieunesse p̃uye aux nopces. Ung iour donc entre les aultres /q̃ est le tiers aps̃ les deux desfusditz /cest aps̃ celuy onq̃l il fut baptise/ et celuy onq̃l sait iehā testifia de luy/ lesq̃lz iours ne sont pas p̃tinuez /mais en ya plusieurs entremy/et sont nōbrez. vng deux et troys /a cause des grās choses qui en eulx furēt faites /nupcie facte sunt/ ce tiers iour les nopces furent faictes in chana qui est vne petite ville en la prouince de galilee Et combien que on doubte de quel homme furent ces nopces, pensons touteffoys quelles furent de sainct iehan euangeliste, ainsi quil semble que sainct iherosme lafferme sur le prologue de leuangile sainct iehan, lequel se voulant marier ihesucrist appella des nopces, et de la en apres pour la mondicite de continence virginale, luy estoyt plus familier que aux aultres. Aussi on ne trouue point que ihesucrist fust a aultres nopces. Par quoy on peut penser que celluy qui se marioit luy estoyt aulcune chose. Et aussi la mere de ihesucrist y estoit comme aux nopces de son nepueu, et nest vraysemblable qlle y fust venue se il ne eust este bien pres son parent. Ainsi elle alla a helizabeth sa cousine, et plus len ne list quelle allast a aultre commere. Elle y estoit donc non pas comme estrange, mays comme la premiere engendree et ancienne, et comme la plus digne entre ses seurs. Et aussi il est escript que ihesus et ses disciples furēt appelles aux nopces, lesquelz disciples encores fermement ne creoient pas en leur maistre, mais le suyuoyent pour aulcune familiarite quilz auoiēt a luy, desiras destre enseignes de sa doctrine. Icy nest point fait mencion de ioseph espoux de la vierge, et pource aulcuns dient quil estoit ia trespasse, car en tout ce qui sensuit nulle est de luy faicte mencion en leuangile, touteffoys il est a croire que a la passion de ihesucrist il estoit trespasse, pource que la vierge son espouse fut de son filz recommandee a sainct iehan euangeliste. Regarde le seigneur mengeant humblemēt comme vng des aultres et auec sa compaignie se seoiant a vng hūble lyeu, non pas au hault entre les plus grans, car il faisoyt ce que apres prescha, cest quant tu seras conuye aux nopces siez toy au bas en humble lieu. Regarde aussy comment la glorieuse vierge estoyt seruiable et soigneuse a ce quil ny eust aucun deffault en tout ce quil failloit faire. A la fin du disner, elle cognoissant le vin faillir, alla a son filz et luy dist. Vinum non habent,

ilz nont point de vin. Elle ne luy dist pas donne leur du vin, car elle scauoit biē que a celluy qui ayme il souffit signifier sa necessite sans aultre lenguage. Et elle ia pleine du sainctesperit, preuoyt le miracle q̄ son filz deuoit faire, donc ce quil pensoyt faire, elle ladmonnestoyt quil le feist. Selon sainct iherosme, cest bien chose cōgrue que le vin de liesse tēporelle deffaille la ou ihesucrist est inuite, car les sainctz ne prenent point de plaisance en tel vin pource q̄l enyure, et faict oblier dieu, et enflambe a toute concupiscence. Et nest mye a doubter, que ihesucrist eust iamays entre auec ceulx qui eussent este tauerniers, et eussent prins leur delectacton en vin. Ihesus respōdit a sa mere. Quid michi et tibi mulier. O femme que en est il a moy ne a toy. Que auons nous toy et moy a faire de tel deffault, pourquoy me molestez tu. Cest bien de merueille, q̄ ihūcrist qui portoit si grant reuerēce a sa mere, luy respōdist si duremēt. Et selon sainct augustin, ceste responce est instruction que aux choses qui appartiennent a dieu, nous ny deuons recognoistre ne pere ne mere. Sur quoy dit sainct bernard. O sire ce que luy appartient ne te appartient il pas. Ce qui est au filz nest il pas a la mere. Pourquoy demandes tu, q̄l luy appartient, toy qui es le benoist fruyt de son vētre virginal. Nest ce pas celle q̄ sans corrupcion te a enfante. Nest ce pas celle, on ventre de laquelle tu as demoure lespace de neuf moys, et as este alaicte du laict de ses mamelles virginales, auec laquelle en leage de douze ans tu descendis en iherusalem, et estoyes subgect a elle, et maintenant tu luy respons, que appartient il ne a moy ne a toy. Certes sire si fait, et en toutes manieres, mais manifestement ie voyz que tu ne luy respons pas en indignacion, et ne veulx pas confondre la tendre vergoigne de ta glorieuse vierge mere, quant tu faiz ce quelle ta suggere. Donc mes freres pourquoy luy voulut il ainsy respondre. Certes pour nostre instruction, et pour nous monstrer, que nous qui sommes desuiez et cōuertis au seruice de dieu aps n̄re

n iii

conuersacion / la solicitude de noz parens charnelz ne doit poit empescher lexcercice spirituel, car tant q̄ nous sommes au mōde nous sommes debteurs a noz parēs, mais apres que nous auōs renonce a nous mesmes, par pl9 forte raison sommes deliures de leur solicitude et de leurs affaires. Ainsi que nous lisons en la vie des peres, que vng quidē vint a son frere, qui demouroit au desert pour le visiter. Lequel frere luy respondit quil alast a lūg de leurs aultres freres, q̄ estoit ia trespasse. Et quāt il ouyt telles paroles, en soy esmerueillant dist. O mon frere cellup a qui tu menuoyes est ia mort. Et le frere hermite luy dist, que aussi il estoit mort. Tresconuenablement nostre seigneur nous enseigne q̄ ne deuons point estre soigneux de noz parens plus que nostre estat requiert, quant nous voyōs quil respōdit ainsi a sa mere. Ainsi fit il en vng aultre lieu, quant on luy suggeroyt que sa mere et ses freres estoyēt dehors actendās parler a luy. Il respondoit qui est ma mere et qui sont mes freres. Ou sont maintenāt ceulx qui sont tant soigneux de leurs parēs charnelz, voyre par aduenture plus que silz viuoyent encores auec eulx au monde. Selon sainct augustin, ihesucrist appella la vierge mulier, femme, non pas q̄lle eust perdue sa virginite, mais selon la propriete des hebrieux qui appellent tout sexe femenin femmes. Et selon origene il appelle bien conuenablemēt la glorieuse vierge fēme, pour la propriete de son cueur, lequel fut esmoly par pitie, quant elle eust cōpassion de ceulx qui celebroient les nopces en ce que le vin deffailloit de quoy ilz eussent heu grant honte. Et selon crisostome par la pitie de son cueur elle voulut preuenir le deffault et le temps conuenable de fayre miracle, affin q̄ la ne apparust aulcune confusion. Et pource que ce miracle estoit le pmier entre les miracles de ihesucrist, et po9 conferrmer les apostres, conuenablement il deuoit estre manifeste, et aggreable a tous ceulx qui la estoyent. Et cecy fut plus agreable apres que le vin faillit totalemēt, que si deuant eust este fait. Et pourtant ihesu

crist p9 saige sans doubte que sa mare, la reprima en disant. Nondū venit hora mea. Mon heure nest pas encores venue, cest adire que ceulx qui sont a ce disner, ne sentent pas encores le deffault de vin, laisse les sentir premierement, car quant ilz cognoystront la necessite ilz reputeront le benefice que ie leur feray plus grant. Selon sainct augustin il estoit chose conuenable a ihesucrist faire miracle selon sa diuine nature, laquelle nauoit pas de sa mere. Et pource en luy respondant, quid michi et cetera. luy voulut demonstrer que en ceil nestoyt pas tenu de luy obeyr, cōme sil voulsist dire. Le temps de faire miracle nest pas commun a toy et a moy, mais a moy seulement. Or la vierge par les parolles de son filz entendant bien q̄l ne la reboutoit pas totalemēt, et ne ayant point de deffiance de sa respōce, retourna aux seruiteurs, en les enuoyant en grant fiance a son filz, et leur dist. Quodcūq3 direrit vobis facite. faites tout ce quil vous dira. Certes elle sauoyt bien que il estoit de si grant misericorde et pitye quil auroit compassion de ceulx qui auoiēt soufferte, et feroit ce quilz demandoyent, combien quil parlast rudement, et quil le voulsist nyer. Cest vne belle doctrine, que la vierge no9 baille ycy, que en toutes choses nous deuons obeir a ihesucrist, et que ne deuons point auoir deffiance de luy, combien quil nous semble souuent que en noz oraisons nous responde durement, mays a lexemple de la vierge nous deuōs en soy actendre sa misericorde. En celle maison estoyent six ydries de pierre, cest adire vaisseaux cōuenables a receuoir eaue selon la maniere de la purificaciō des iuifz, lesq̄lz auoient coustume de nectoyer leurs mains quant ilz touchoyent a aulcune chose deffendue en la loy, et aussi lauoyent souuent leurs vaisseaur esquelz ilz mē geoyēt. Chescune de ces ydries tenoit selon ysidore vigt ou trente sertiers, et selon ycelup, le sextier contient deux liures. Et pource que de leaue qui estoyt en ces cruches, en auoyt este oste aulcune partie pour nectoyer les vaisseaulx, et les mains, ihesucrist leur dyst.

Implete ydrias aqua/emples les cruches deaue/laquelle chose les ministres firent tantost et tirerent de leaue du puys/et les emplirent tant quelles peurent tenir/et leaue fut conuertie incontinēt en tresbon vin. Nous ne trouuons point escript/que ihesucrist dist aulcunes parolles/en plus quil fit a la cene en la transubstēciaciō du pain en son corps et du vin en son sang/mais le fit par la secrete vertu de sa diuinite/ȳ bien quil ayt fait aucuns miracles par paroles aucuns par royal atoucher/et aucuns par pleur. Et leur dist aps haurite nūc Maintenant vuydes le vin en vaisseaulx. Et en portes a architeclin/q̄ tenoyt le premier lieu de la sale/en laquelle y auoit troys ordres de tables ordōnez selon les degres haultz et bas comme est de coustume destre on refecteur des religieux. Le mot trisclinium/ en latin/vault autant adire comme lectum car anciennement on souloit boire et menger en seant et en estant apuye sur vng lict. affin que en disnāt/les membres du corps se repoussassent. Et peut estre que celuy architeclin estoit vng anciē prestre de ce tēps la/qui estoit a ces nopces pour les benestre/et a demonstrer commēt selon la loy/ et selon lordōnance des anciens ilz deuoyent proceder/icy sont notees deux choses premierement la discrecion de nostre seigneur qui voulut que le principal de la compaygnie goustast premier du vin miraculeux/ affin que sa sentence fust de plus grande reputacion/et que le miracle fust plus congneu par la recommandacion de cest homme. Et en ce faisant/il ne fut point accepteur de personne/car cōme dit sainct augustin/quant nous honnourons les personnes selon le degre onquel elles sont nous ne deuons point craindre estre accepteurs de personnes. Secondement son humilite car il se seoit mōlt loing d'architeclin/quāt il dist aux seruiteurs/portez luy/comme sil estoit bien arriere de luy. Vt auē gustauit architriclinus Quant larchiteclin heut gousté de leaue faicte vin/cest adire muee en vin/et ne sauoit pas dōt ce venoit/il appella lespoux pour le reprendre. et luy dist.

Tout homme qui veult raysonnablement et prudentement faire conuy mect au commancement le bon vin deuant les inuites aux nopces/ou au menger/car adonc sont les sens plus vifz selon raison/et peuuent mieulx discerner la bonte du vin. Et quant ilz sont pures on leur peut bailler plus petit vin pour adoulcir leur yuresse/et aussy pource que la discreciō des sens est empeschee. Mais tu as fait au contraire/en gardant le bon vin iusques a p̄sent/et ne peut on bien discerner sa saueur. Il nest point a doubter que le vin qui estoit mue de leaue par la puissance de nostre seigneur ne fust meilleur que le vin creu en la vigne. Crisostome. Nostre seigneur mua leaue en vin et non pas simplement en vin/mais en tresbon vin. car les miracles de nostre seigneur sont de plus grande efficace. que nest celq̄ est acomply selon le cours de nature. Cest vne chose generale aux miracles de nostre seigneur/que tousiours ilz se terminent en chose meilleure que ce q̄ se fait simplement par nature/cōme il apparut quāt il adroissoit les boeteux et guerissoit les malades. Les ministres diuulguerent le miracle/car ilz sauoyent cōme il auoit este faict. Et dit leuangeliste apres. Hoc fecit ihūs iniciū signorum. Ceste chose fit ihesus pour le p̄mier de ses miracles en la ville dicte chana en la prouince de galilee. et par ce manifesta sa gloire/cest adire/q̄l voulut demōstrer la glorieuse deite/q̄ estoit mucee en son humanite/ et quil estoit le seigneur des vertus et le roy de gloire/qui pouuoit de riens faire toutes choses. et muer les elemens a sa voulente/et que cest celuy q̄ donne aux vignes la pluye/et par succession de tēps la conuertist en vin. Et pource nest pas a croyre/et est faulx le liure de lenfance de ihesucrist q̄ folemēt parle des signes q̄l faisoy t en son enfance. Les disciples voyans ce miracle/creurent en luy plus parfaictement/et plus fermement que deuant. Lescripture ne determine poit q̄ estoyent ses disciples/bien q̄ on peut dire q̄ aulcūs q̄ estoiēt la ō nouueau creurēt en lui. Augustin. Lescripture nappelle pas seulemēt les

n iiii

disciples de ihesucrist les douze/desquelz elle fait souuent mencion/mais tous ceulx qui croyent en luy/et qui desiroyent estre enseignes de luy ou par sa doctrine de la vie pourable et du royaulme des cieulx. Icy est a noter quil y a quatre manieres de nopces selon les quatre sens de lescripture. Premierement les nopces de copulacion charnelle/selon le sens litteral. Secondement selon le sens allegorique/les nopces de la diuinite incarnacio du filz de dieu. Tiercement/selon le sens tropologique les nopces de la coniunction spirituelle de lame auec dieu. Quartement selon le sens anagogique/les nopces de la benoicte fruicion qui est coniunction de lame auec dieu en la beatitude pardurable. Ses pmieres nopces selon le sens litteral est leuagile psent. A ces nopces doiuent estre/la mere de ihesucrist/et ihesucrist et ses disciples. Par ces troys/sont entenduz troys biens/qui sont en mariage/desquelz le premier est la foy de chastete quilz doyuent auoyr lung a lautre/laquelle est signiffice par la chaste mere de ihesus. Le second bien/est le sacrement/qui signifie la coniunction de la diuinite en humanite en ihesucrist/ou de leglise auec ihesucrist. Le tiers bien/est la lignee qui doit estre procree et nourrye en la foy de ihesucrist/laquelle chose est significe par les disciples. Les secondes nopces selon le sens allegorique/sont de la diuine incarnacio du filz de dieu/lespoux est le filz de dieu/lespouse/humayne nature. En icelles realement fut la mere de ihesus et luy mesmes ihesus/et ses disciples/qui deuoyent estre/lesquelz il auoyt esleuz deuant la creation du monde. La lignee de ces nopces sont tous ceulx q croyent en la foy catholique et qui se conferment en la loy euangeliq. Les tierces nopces selon le sens tropologique/sont la coniunction de dieu auec lame/lesquelles se font in chana galilee. Chana/est interpretee/zele/et signiffie la ferueur et amour que doit auoir lame a son createur. Galilee/est interpretee transmigracion/par quoy est demostre/que ceulx sont dignes de paruenir a ces nopces/qui par la ferueur de deuocion/et le zele de lamour de dieu/laissent les mauluaises oeuures/et se delectent a faire bien/z qui font transmigracion de vices a vert?/de pechie a grace/de lamour terrien/au desir celeste et pour estre vniz et coioinctz a dieu/passent de leur amour ppre en lamour de leur createur. Les quartes nopces/selon le sens anagogique et celeste/sont quant lame devote entre en la chambre de son espoux/et ou secret de la lumiere celeste/la ou sera pfaict acomplissement de nostre ioye/ainsy que nous enhorte sainct iehan en son apocalipse/en disant. Esiouyssons nous z donons gloyre a dieu/car les nopces de laygnel sont venues/et son espouse sest preparee. A ces nopces nul nentre/si non les vierges prudentes/et qui y est appelle a ces nopces est bienheureux. Ainsi q nous voyons que les nopces se font par assemblement de homme et de femme/ainsi se font les nopces de dieu et de homme par coniunction de deux natures/et par compaignye de esperit cree/et incree/z cecy est q lentest la hault auec dieu en grace et en gloyre. Selon sainct augustin voyons maintenat les misteres/et les secretz qui sont cotenus et musses en ce miracle/que fit ihesucrist a ces nopces. Il estoit couenable que ce qui estoit escript de luy fust acomply. Les ministres z seruiteurs de ces nopces/sont les docteurs/et expositeurs d lescripture/selon q dit alchuin/coe furet/nychodeme gamaliel et paul. Lescripture seule nestoit q eaue mais ihucrist fit d leaue vin/quat il exposa et ouurit lentendement a ses disciples pour lentendre/car ainsi que le vin ha aultre saueur que leaue/ainsi apres quil leur eust expose/ilz sauouroyent ce que par auat nen tendoyent point. Le bon vin cest la pmulgacion du sainct euangile/ihesucrist a garde z differe iusques a la sixiesme eage. Les six dries/sont les cinq sens du corps/auec nostre entendement. Elles estoyent de pierre/car nostre antendement/et noz sens estoyent durs et obstinez par pechie deuat laduenemet de la grace de nostre seigneur/lesquelles rempliffons deaue quant par faictement lauons tous noz sens par compunction et pleurs a cause des deffaultes que auons fait. Elles tiennent deux mesures quant nous plourons ce que nous auons commis par delectacion et consentement. Ou en tiennent troys quant nous plourons non seulement la delectacion et consentement du pechie, mays aussi loperacion du pechie Ihesucrist mue leaue en vin quant il fait du mauluais le bon, quant il oste peche de la personne et luy donne sa grace. quant leaue de la consolacion terrienne, laquelle est sans saueur est tournee en vin de la ioyeuse eternelle felicite, qui est en la compaignie et saueur de dieu. Et ceste chose se faict a la pere de la vierge marie, laquelle a tousiours compassion des pecheurs. Leaue aussi est conuertie en vin, quant apres la tristesse, sensuyt consolacion de deuocion internelle. Mais come dit lescripture. Omnis homo primum bonum vinum ponit, tout homme mect premier le bon vin. car les homes en ce monde, quierent les choses delectables qui sont signiffees par le bon vin, et par ainsi ilz receuront les ameres ou temps a venir. Ainsi quant le diable veult deceuoir aulcune personne, il luy suggere premierement aulcune chose soubz espece de bien, et quant por plaisance on en est eyure, il met au deuant ce qui est mauluays, ce sont les diuerses enormites de pechie, affin quil face cheoir la personne en desesperacion Ihesucrist ne mect pas premier le bon vin, car quant il veult approuuer vne personne, premierement il luy propose choses dures et ameres, lesquelles apres ameynent delectacions et ioyes spirituelles Le bon medecin ne donne pas au malade en sa maladie vin pur ne fort, iusques a ce quil ayt recouure parfaicte sante, et quant il veoyt quil commance guerir luy donne vin mesle auec eaue, ainsy fait nre seigneur a lome estant en ceste presente vie. car combien quil soit hors de maladie de pechie, touteffois pource qil est debile et peut recheoir, il luy donne vin mesle de eaue de tribulacion, mais en la fin quant il aura sante parfaicte, luy donra vin pur de eternelle consolacion De ces ydries

dit sainct bernard Six ydries sont baillees et mises a ceulx q aps leur baptesme, sont recheuz en pechie. Desquelles la premiere est la purgacion qui se fait par contricion et compunction, de laquelle il est escript. En quelque heure q le pecheur gemira et plourera, tous ses pechies luy seront pardonnes. La seconde est en confession, la ou tous pechies sont laues. La tierce est donner aulmosne, de quoy il est escript, Date elemosinam, donnes aulmosnes, et tout vous sera pardonne. La quarte est en pardonnant les iniures que on peut faire ou dyre lung a lautre, ainsi que nous prions dieu, en disant, dimicte nobis debita nostra, sire pardonne nous noz debtes, ainsi que nous pardonnons a noz debteurs La quinte est en affliction corporelle, et pource nous prions a leure de prime, q par abstinence puissons chanter gloire a dieu. La sixiesme est en obedience des commandemens, ainsi q ouyrent les disciples, et a la mienne voulente nous le puissons ouyr, vos mundi estis, vous estes netz por les paroles q ie vous ay dictes. Ilz nestoyent pas de ceulx desquelz il est escript. Sermo meus non capit in vobis, ma parolle ne entre point en voz cueurs, mais estoyent de ceulx qui seulement en louyant luy obeissoyent. Acez cy les six ydries qui sont mises pour nostre purificacion, lesquelles sont vuydes, et pleynes de vent se elles seullement sont gardees pour vaine gloire. Elles sont pleynes deaue, quant on les garde pour la craincte de dieu, car la craincte de dieu est la fontaine de vie. Je dis que la timeur de dieu, est leaue Et combien quelle soyt pou sauoureuse, touteffois elle est moult refrigeratiue, en tant quelle refroidist lame qui est eschauffee de mauuais et nuisans desirs Cest leaue qui peut estaindre les flesches ardentes de lennemy. Mais par la vertu diuine leaue est muee en vin quant la parfaicte charite mect hors toute craincte Il est escript que ces ydries estoyent de pierre, non seulement pour la durte, mays aussy pour la stabilite. Vne chescune tenoit deux ou trois mesures. Les deux sont paour de perdre la

ioye de paradis/et encourir la peyne den-
fer et po^r ce que la ioye et la peyne sont du
temps avenir/et lame se pourroit flater en
disant/o ame apres que tu auras par aulcun temps vescu en plaisance et volupte/
tu feras penitence/ ne perdras pas les io
yes/et aussi ne encourras les peynes/cho
se raisonnable est d adiouster la tierce mesu
re q est cogneue aux psones deuotes/ spu
elles et est du teps psent/cest la viade spiri
tuelle le pain des anges/nostre pain co
thidien/lequel les bons et craignans dieu
ont paour de perdre/cest celuy duquel no⁹
est promis/que nous aurons en cestuy mon
de cent pour vng. Ainsi que len donne aux
laboureurs la cothidiene refection/quant
ilz sont en labour/et a la fin de la iournee
on leur garde le poyement. ainsi le seigne^r
dieu a nous ses laboureurs rendra la vie
eternelle a la fin. et maintenat promect durant que sommes au labouraige cent/et le
donne. Combien donc doit craidre celuy q a
gouste ia de ceste viande/quil ne la perde
veez cy la mesure tierce/laquelle a bo droit
il a mys soubz disionction/a cause que no
pas a tous est promis le centiesme. Et encores de ce dit saint bernard Querons les
mesures que ces pories tenoyent. Certes
le saulueur nous baille et mect troys manie
res deaues/et celluy sera bien parfait qui
les pourra auoir. La premiere est qil plou
ra sur le ladre/et sur la cite de iherusalem.
La seconde/est quil sua ou teps de sa passion eaue ne procedant pas seulement des
yeulx. mais de tout son corps/et estoit rou
ge et sanglante. La tierce fut leaue qui yssit
de son couste auec sang. Tu as la premiere si tu arouses pour tes pechies le lict de
ta consciece. Tu as la seconde/si en la sueur
et peyne de ton corps menges ton pain/et
chasties ton corps par labours de peniten
ce. Ceste eaue ha la couleur de sang/tant
pour la labour que pour le feu de charite/
qui estaint toute concupiscece de la personne. Mays si tu peux prouffiter iusques a
obtenir la grace de deuocion/tu seras res
saysie de leaue de grace salutayre/qui est
doulce plus que myel/et fera en toy vne fo

tayne viue qui te remplira et aydera auoir
la vie eternelle Et ayes memoire que cest
la tierce eaue qui yssit du couste de celuy q
dormoit en larbre de la croix/laquelle yssit sans aulcune peyne/car il fault que celluy qui se veult delecter obtenir ceste eaue
soyt mort au monde. La premiere donc ne
ctoye la conscience des pechies passez La
seconde estainct les concupiscences/affin
que lame soit maistresse du corps Et la tier
ce/si on peut paruenir a lauoir/ressaisie celluy qui a soif Or le conuy acomply et fi-
ny/nostre seigneur appella sainct iehan a
part et luy dist Laisse ceste femme et viens
apres moy. Et ce fut la premiere vocacion
de sainct iehan/par la quelle il vint a la co
gnoissance et familiarite de ihesucrist. Et
son espouse nomee anachita/ou selon aulcuns marie magdaleine/auec les aultres
sainctes femmes ensuyuit nostre seigneur
Et pource encores en sainte eglise/on gar
de que deuant que mariage soit acomply
par copulacion charnelle/on peut licitemet
entrer en religion/pource que le mariage
spirituel est beaucoup plus digne que le
charnel. Oraison

O Sire ihesucrist/q es venu au tiers
iour/qui est le temps de grace aux
nopces/cest en conionction de toy
et de leglise par ton incarnacion/esquelles
tu as conuerti leaue en vin/quant tu as de
claire spirituellement ce qui estoyt sensuel
et charnel/aux escriptures du veil testamt
et ainsi remplis les pories/car les prophecies furent acomplies. ie te prie que tu co-
uertisses mon ame froyde en feruuer de ta
charite/mon ame qui est sans saueur en la
doulceur de ta plaisance/mon ame qui est
fluxible et instable/en la constace de ta ver
tu et grace/en muat leaue de toute mon indeuocion en vin de fructieuse compuncti-
on/duquel moy meschat puisse estre abreue et remply/et finablement par ta misericorde le conuertis en vin de ioye perpetuelle Amen

De la premiere election de ceulx qui vo-
doyent ou temple/faite par ihesucrist. xxvi
chapitre.

Epcedāt miracle fait ou moys de ianuier/demoura ihesucrist en galilee iusques a ce q̄ le moys dauril approuchast/onquel estoyt la pasque des iuifz. Et lors alla de galilee en capharnaum/la maistresse ville de galilee/et sa mere et ses freres/ cest adyre ses cousins selon la chair/et parens de la vierge mere ou de ioseph/qui estoit repute son pere/et ses disciples qui estoyēt de luy enseignes. La cause pour quoy il voulut aler en la ville de capharnaum/est pource q̄l vouloit manifester sa gloire/car cestoyt la plus grande cite de celle prouince. Et de mouereṭ en celle ville non pas long temps pource que les citoyens estoyent tous corrompus/et ne se rendirent point deuotz a receuoir sa doctrine/et aussi le temps se approuchoit quil deuoit aler en iherusalem pour la feste des iuifz/qui se approuchoit Uint donc en iherusalem auec ses disciples/qui estoit la cite metropplitaine de iu-

dee Et estoit commande en la loy que chescun y cōparust a aulcunes festes assignees Et inuenit in templo vendentes oues/ et trouua on temple gens q̄ vendoyent oueilles beufz et colombes/et changeurs qui se seoyent au change. Le nom tēple nest pas prins icy pour la maison de dieu/ou estoit lautel de lensens/et le chandelyer dor/ ne pour le lieu des prestres auquel estoit lautel des sacrifices/mais est prins po̅ur vng aultre lieu/ou les hommes prioyent et les docteurs enseignoyent/et la on vendoyt ce que on offroyt au temple. Les prestres lesquelz par diuerses cautelles et inuenciōs a cause de leur auarice mectoyēt a pouureté le peuple/ordonnerent aulcūs qui vendroyent en celle partie premiere du temple beufz colombes/et ce qui se deuoyt offrir/ a ce que ceulx qui venoyent de loing pays/ ne eussent excusacion de non offrir Et mesmes aulcuns qui venoient la nauoyēt poit dargent. Et pour ceste cause meirent chāgeurs/lesquelz bailloyent argent au peuple sur gaige ou caucio/et o ultre cestuy principal argent receuoyent presens et dons/ et non pas pecune affin quilz ne fussent prins manifestement auoir fait ꝑtre la loy qui deffend ꝑster a vsure. Et fit vng fouet et flayau de cordes/et gecta hors du temple tous ceulx q̄ vendoiēt oueilles et beufs et des changeurs espandit la pecune en gectant leurs tables qui estoyēt cōme vaisseaur a deniers z en les tournāt dessus dessoubz. Et dist a ceulx qui vendoient les colombes. Aufferte ista hinc. Ostes ces choses de ce lieu/et ne faitez mye par voz oeures illicites la maison de mō pere/la maison de negociaciō z de marchādise Nous lisons que ihesucrist ala deux foys en iherusalem a la feste de pasques. La premiere fut au premier an de sa predication cōme appert par cestuy euangile. La seconde fut on temps de sa passion. Et icy au commancement de ces signes/il gecta hors du temple ceulx q̄ y vendoient/et parloit doulcement a eulx/mais a la seconde foys/ venant a sa passion/les gecta hors plus asprement/et les reprint plus durement. Et est bien a croire quil fit vng flayau de cordes/car selon saint augustin/la cause pour quoy il nous pugnist/sont noz pechies/et la prolongacion et continuacion de pechier qui nest aultre chose que vne corde/car ainsi que la corde se fait en adioustant chanure a chanure/aussi continuacion de pechie se faict en mectant pechie sur pechie. Pour quoy il est dit aux prouerbes/que le maul uais est fort lie p̃ les liés et cordes de ses pechies. A parler miftiquement selon alchuin dieu entre tous les iours spirituellement en son eglise/et regarde comme vng chescun y conuerse. Gardons nous donc que ny vacquons a fables/a riz/a haines/ou a vsure affin quil ne viegne et nous preigne desprou ueuz et nous flagelle et gecte hors Selon saint augustin/ceulx qui vendent en legli se sont ceulx qui y quierent leur prouffit et non pas honneur de ihesucrist Et est a noter que par les oueilles/qui baillent leurs laines pour nous vestir/sont signifiees les oeures de pitie et de nectete/lesqlles sont vendues quant elles se font pour louenge mondaine/et soubz espece de ypocrisie/et sont portees soubz les robbes des brebis car les ypocrites ont la pensee du loup/soubz la peau de brebis Par les beufs qui tirent a la charue/sont signifies les p̃cheurs de la saincte doctrine celeste/lesquelz labourent la terre de nostre seigneur et la sement de parole salutaire Ilz vendent quant ilz preschent/non pas pour lamour de dieu/mais pour acquerir aulcun prouffit temporel. Aussy par les beufs qui sont bestes labourieuses et de grant peyne peuuent estre signifiez ceulx qui soustiennent grans labours et peynes pour leurs mayftres et prelatz/affin quilz soyent proueuz et auances en saincte eglise Ceulx vendent les colombes/q̃ ont receu la grace du sainct esperit/laquelle est signifiee par la colombe/et la vendent et ne la distribuent pas selon quelle leur a este donnee/non obstant quilz nen recoyuent pecune/toutesfoys tout ce quilz font est fait pour auoyr la gloyre du monde/non pas pour acquerir merite enuers dieu Ceulx presentent largent en leglise qui non pas par simulacion et couuertement/mais clerement seruent a leglise pour les biens temporelz/et pour choses transitoires/et cherchent leur prouffit et non pas lonneur de ihesucrist. Aussy ceulx sont de la maison de dieu/maison de marchandise/lesquelz excercent la grace ou le degre qlz ont en saicte eglise/non pas por simple intencion/mais por retribucion terriene. Et tous ceulx deuant nommes ihesucrist bouta hors du temple/en signiffiant quilz sont forsclus du temple de la gloire de dieu Ceulx donc qui ne veulent pas estre boutez hors de saincte eglise/ne du sainct temple de dieu/se doyuent estudier/oster de leurs operacions ces choses deuant dictes et gecter de soy toute symonye et auarice/aincoys que ihesucrist viegne au iugement Car ceulx sont dignes destre mys hors de la compaignie des sainctz/q̃ sont entre les bons et le bien quilz font est par faintise et par ypocrisie Et aussi ceulx en sont a gecter hors qui pechent publicquement/lesquelz en ce monde sont flagelles par le fleau de leurs pechies/et en seront lies a la fin a leur dampnacion silz ne se corrigent Touteffoys nostre seigneur bailla remede de oeure et de fait pour donner enseignement a ceulx qui ont le gouuernement de saicte eglise/qui doyuent corriger les subgetz/et de faict et de parolle. Si donc nostre seigneur ihesucrist deffend marchander dedans ou deuant le temple q̃ estoit seulement en figure et chose en ce temps la licite et honneste/veu que ce estoit de ce que on offroit au temple. par plus forte rayson on temps present il deffend/que en son eglise on ne face potacions/ne riz/ne noisez/ne vaines parolles/ne semblables choses. Donc pour ce que tous les faitz de nostre seigneur ihesucrist nous doyuent estre comme loy et commandement/il nest pas licite de vendre en leglise/ne chandelles ne aultres chosez obien quelles soyent offertes adieu/ne excercer aulcun office/si non seulement loffice ecclesiastiq̃. Recordati sunt vero discipuli ei⁹ Les disciples voyans ces choses heurent souuenance de ce qui est escript on psaultier.

zelus dom9 tue comedit me/et est ihūcrist qui parle a son pere en disant. Le grant amour que iay eu de ta maison/ma eschauffe. Surquoy est assauoir que ce mot zelus est vne intention damour qui est quant aulcun ayme en telle maniere dieu/ql ne peut souffrir chose qui repugne a son amor/auquel amour vngchescun crestié est tenu/en mectant hors de soy toute crainte humaine Augustin. Ungchescun crestien se doit efforcer de auoir le zele et lamour de la maison de dieu/qui est sainte eglise Celuy est eschauffe de cestuy amour qui veoit en leglise choses perverses/et se efforce de les corriger et sans cesser desire y veoir amendement. Et si tu ne le peux amēder dit saint augustin/porte le paciemment en plourāt et souspirant. Exemple. Veois tu ton frere courir a la feste ou par adventure a la tauerne/deffendz luy/admonneste le/et te en contriste et en ce faisant/tu as amour a la maison de dieu. Veois tu les aultres courir et eulx vouloyr empurer/deffendz leur entant quil test possible/fay leur paour/et si tu ne les peux auoir en ceste maniere/reprens les doulcement/et ne cesse. Ne laisse point que par vne voye/ou par aultre tu ne les gaignes si tu peux/car si tu es tellement froit et negligent q̄ seulement veulles penser de toy en disant/quel besoing ay ie de moy mesler des pechies daultruy/il me souffit garder mon ame entiere a dieu. ie te prie oy moy sil te vient point en pensee la sentēce du seruiteur qui mussa le talent que son maistre luy auoit baille et ne le voulut pas departir. Quant son maistre luy demāda il fut reprins quil lauoit garde sans gaigner Oyes donc mes freres dit ce docteᵣ et ne vous reposes point que tousiours selon vostre pouoir ne estudies gaigner aulcunes ames a dieu/car il vous a gaigne le premier Considere de quel merite est le zele de lamoᵣ de la maison de dieu/lequel ne espargne amy quelconque qui fait contre la voulente de dieu. Celluy qui ha ce zele/craint quil face chose qui desplaise a dieu Cest le zele par la feruer duquel phinees obtint la dignite perpetuelle de prestrise/pour la ferueur duquel mathathias deffendit la loy/pour la ferueur duquel helyas fit ardre tous les prophettes de baal

Et dixerūt ei iudei/et luy dirēt les iuifz. Quel signe no9 mōstres tu/pourquoy faiz tu telles choses/il semble que sur nous tu ayes auctorite Combien que le fait fust bon de soy/touteffoys il nappartenoit pas au populaire ne a vngchescū.mais seulemēt a celuy qui auoit puissance de corriger les exces des prestres/car ilz estoyent sur le peuple en dignite Mais bien aulcuns prophetes furent envoyes specialement de dieu/pour les corriger. Donc eulx voyans ihesucrist ne estre pas des enfans de aaron/et par consequant ne souuerain prestre selon la loy/et aussi selon lertimaciō du peuple nestoit pas roy/nullemēt apparoissoit par quelle auctorite il procedoit ainsi/si non q̄l fust grāt prophette envoye de dieu. Et poᵣ ce quilz nosoyent mectre la main en luy /ils demandoyent quil leur donnast aulcun signe demonstrant comment il estoit enuoye non pas que en luy voulsissent croyre ne le honnourer/mais comme voulans dyre q̄l nen pourroit dōner ne faire Sur quoy leur respondit. Soluite templum hoc. Abates ce temple/et en trois iours ie le redifficeray Et selon que dit leuāgeliste/il disoit ceste chose du temple de son corps/car la ou dieu habite se peut appeller tēple/et ou corps de ihesucrist la diuinite habitoit/et pource il pouoyt bien estre appelle temple. non seulement selon lame/mays aussy selon le corps. Et ne leur disoit pas telle chose en leur commandant ne conseillant ne exhortant,estre faite,mais leur anōcoyt ce quilz feroyent apres. Cōme sil leur disoit. Vo9 dissolueres et destruyres ce tēple cest mon corps/pource que en sa passiō lame fut separee du corps/et le sang de la chair/et lunion des mēbres fut interrōpue par cloux et par lance/lequel corps par lavertu de la diuinite qui estoit mussee en luy fut resuscite et lieue cōme sil dormoit. Donc icy il leᵣ dōna signe de la resurrection aduenir/car en sa resurrection merueilleusement fut demōstree la vertu d̄ sa deite Ce nest pas cho se appartenāte a pure creature de soy exciter de mort. Et pource que en figure il leur bailla ce signe en appellant son corps temple/ceulx qui estoyēt tous charnelz le voulurent reprendre de ce quil disoit/en luy aleguant le temple naturel et disant. Quadraginta et sex annis/en quarante et six ans/ ce temple materiel a este ediffie par zorobabel/et neemie qui apres la captiuite de babiloine le redifficerēt/et tu dis que en trois iours le releueras/Ilz ne parloyent pas du temple de salomon/lequel ne demoura que sept ans a fayre/et fut destruyt par nabugodonosor Ilz se mocquoient de luy et disoient estre impossible. Et encores se fussent plus mocques se manifestement il leur eust dit de la resurrection de son corps qui est chose plus difficile/que nest celle quilz entendoyent. Mais a cause q̄ pour le deceuoyr ilz luy demandoyent signe/ne leur donna pas signe manifeste. car ilz ne stoyent pas dignes. Touteffoys des celle heure plusieurs des iuifs commancerent a croire en son nom/pource quilz veoyent les signes quil faisoit. Quelz estoyent ces signes les euāgelistes ne lexprimēt point Sainct iherosme. A plusieurs semble que ce fust vng grant signe que ihūcrist fit quāt il resuscita le ladre/ou quant enlumina celuy qui estoyt aueugle des sa natiuite/ou quant la voix du pere fut ouye on fleuue iourdain/ou quant sa gloyre fut demonstree en sa transfiguracion. mais a moy en toutes les choses que fit en ce monde ihesucrist/semble estre la plus merueilleuse q̄ vng homme selon lertimaciō du peuple cōteptible et vil et crucifie/hay des scribes/et pharisiens/pource quilz veoyent/que par luy perdoyent leurs gaings/si grant multitude de peuple et de bestes/peust gecter hors du temple auec vng seul baston et ruer ius les tables/banques/et chaieres/et semblables choses que grant multitude de peuple a peine eust peu rompre. Certes de ses yeulx yssoit vng rays ardant cōme feu et la haultesse de la diuinite resplendissoyt en sa face. Aussi en sa passion/la voix qui estoit linstrument de la diuinite/gecta a terre grant multitude de gēsdarmes. Ihesus autem non credebat se illis/cest adire quil ne leur reueloyt pas les grans et haultz misteres de nostre foy/pource q̄l les cognoissoit et par dehors et par dedans. Pour la quelle cause comme dit bede/sommes admonnestes/que iamais ne soyons sceurs de nostre conscience/aincoys tousiours en deuons estre soliciteur et en auoir grāt paour/car aulcuneffois il ne nous appert pas ce qui est cogneu de la diuine mageste. Il cognoyssoyt ceulx qui estoyent instables/ et qui se departiroyent de la foy on temps de temptacion. Il cognoissoit que leur creance ne procedoit pas de ferme foy/mays tout de suspicion. car ilz ne croyent pas p̄ les signes quil faisoyt quil fut dieu/mays bien quil estoit homme enuoye de dieu. Et aussi leuāgeliste ne dit pas quilz creussent en luy/mais seulement dit quilz croyēt en son nom/cest adire en ce q̄ on tesmoignoyt de luy. Et de nychodeme qui entre eulx estoit prince/et vng des pharisiens/et estoit en tenebres de cest erreur est escript q̄l vint de nuyt a nostre seigneur ihesucrist Il vint de nuyt a la lumiere pource quil vouloit estre enlumine. et pour la paour quil auoyt du peuple luy qui estoyt vng des gouuerneurs/et affin q̄l ne fust boute hors de leur synagogue. Aussi il vit de nuyt/car il auoit honte daprendre luy qui estoyt maystre en la loy et du peuple. Il vint donc secretemēt a ihesucrist pour estre enseigne/desirant selon bede que en parlant a luy peust sauoir de ses secretz/et les misteres de la foy/les quelz il auoit ia apparceuz par aulcūes demonstrāces et ostensions de signes Et luy comme prudent heut bien memoire des signes q̄l auoyt veu faire a ihūcrist/τ a cause de ce desseruit estre enseigne plus auant des misteres de la foy catholiq̄. En ce aussy quil vint de nuyt/est cōmandee et louee sa grant diligence de enquerir/et de vouloir aprendre hors de tout bruyt la verite q̄ le filz de dieu preschoit. Iesucrist donc le instruyt de sa diuinite/et de lune et de lautre natiuite/de sa passion/resurrection/et ascension/de ses deux aduenemens/et de plusieurs aultres chosez necessaires a son salut. Specialement il lenseygna de la seconde et spirituelle generacion de lomme, cest du baptesme, lequel sacremēt est de necessite. Et pource qui veult estre saulue, il luy fault receuoyr cestuy sacrement realelemēt et de fait, sil est possible, ou en veu et en desir sil est puenu de mort, car la ou est le contempnement du baptesme de eaue, le baptesme de feu ou de sang ne prouffite point. Et nul ne peut monter on ciel se il nest fait membre de Ihesucrist par spirituelle regeneracion. Ne aussi nul ny peut monter de sa propre vertu, si non celluy qui en est descendu, non pas par mouemēt local, en laissant le ciel, mais en prenant de nouuel nostre humanite, car tous ceulx qui montent on ciel, y montent par la vertu dicelluy qui par sa propre vertu y est monte. Se on fait icy obiectiō, que plusieurs du vieil testament ont este sauluez sans baptesme. L'en peut respōdre, que en ce temps la, le baptesme nestoit pas en commandement, touteffois ilz auoyent et gaignoyent la vie spirituelle par grace en la foy de laduenement de Ihūcrist, et ainsi ilz auoyent la vertus et lefect du baptesme, cest ce pourquoy il estoit ordonne. Ilz auoyent aussi le baptesme en figure, en aultre chose correspondante, parquoy le pechie originel estoit efface, cest la circoncision. On list cestuy euāgile le iour de la trinite a cause du baptesme, onquel est exprimee la trinite quant on dit in nomine patris ʔc. Et aussi chescune personne est clerement exprimee, en cestuy euangile, car la personne du filz est celluy qui parle, la personne du pere y est exprimee, quant nychodeme dit. Scimus quia a deo venisti, et la personne du sainct esperit en ce que Ihesucrist dit Nisi quis renatus fuerit ex aqua et spiritu. Vōc les trois personnes de la trinite y sont exprimeez, auec ce qui leur est aproprie. La personne du pere auec sa puissance y est exprimee en ce qil est dit. Nemo potest hec signa facere. Nul ne peut faire les signes que tu fais, si dieu nest auec luy, car faire signes et miracles appartient seulement a la diuine puissance.

La personne du filz auec sa sapience y est exprimee quāt il est dit Scimus quia a deo venisti maigister, maistre nous scauons et croyons que tu es venu de dieu. Il appartient au maistre auoir sapience pour enseigner ses disciples. Aussi la psonne du sait esperit auec sa bonte y est exprimee, quant il est dit. Spiritus vbi vult spirat. Lesperit inspire et frappe la ou luy plaist, car il ne se donne pas a nous par noz merites, mays seulemēt par sa gratuite bōte. Et cōbien q le pere, le filz, et le sait espit aiet vne mesme puissance, sapiēce, et bōte, touteffois selon nostre maniere de parler mondaynemēt ce nom pere emporte impuissance po^z lancienete. Et affin que les simples ne creussent telles choses du pere celeste, a luy est actribuee puissance. Semblablement le nom de filz emporte quant a nous inscience ʔ ignorance po^z sa ieunesse, ʔ affin qon ne creust telle chose du filz de dieu, luy est actribuee sapience. Aussi le nom de esperit quāt a nre entendement emporte aulcune fureur et orgueil selon que dit ysaye, laisses en paix lome duquel lesperit est en ses narines, et affin que on ne croye telle chose du saint esperit a luy est actribuee bonte. La foy et confession de la saincte trinite, se deuotement on en ha memoyre, vault entre les aultres choses a bouter hors toute tribulaciō, car ainsi que dit iehan damascene, en constantinoble auoyt grande et merueilleuse pestilence. Et vng ēfant fut rauy on ciel du meilieu du peuple, lequel fut enseigne de anges a dire ce bel cantique de la saincte trinite. Sancte deus, sancte fortis, sancte misericors, saluator miserere nobis. O dieu sainct, o dieu sainct et fort, o dieu saint fort ʔ misericordieux, o dieu nre saulueur pardone nous, lequel quant il retourna, et quant deuant le peuple leust chante, incontinent toute la pestilence se departit. Par nychodemie qui vint de nuyt, pour estre plus playnement enseigne de ce que appartient a la foy, est signifie le disciple, lequel doit estre humble et diligent. Qui doit venir au docteur pour estre instruit, lequel docteur le doit doulcemēt receuoir a lexemple de iħefucrist qui doulcement receut nychodeme et en grant doulceur parloit a luy. Laquelle chose est contre ceulx qui se courroucent et qui ne sceuent auoir belle maniere de parler si non en fureur et en cry. Ausquelz le saige baille vne moult belle istructió a tous en disant Responsio mollis frangit iram. Une responce doulce abat lyre de la personne mais vne parole dure la prouocque et enflambe. Et ainsi que dit crisostome se noz seruiteurs, ptre lesquelz aulcuneffois nous courroussons portent humblement et en silence nostre courroux, pour paour quilz ont de nous, quelle excusacion pourrons nous auoyr, qui ne pouuons porter aulcune chose pour lamour et craincte de dieu, ou si nous le pouuons porter nous ne le voulons.

Oraison

Oy seigneur de toutes choses qui ne as nulle indigence, et qui veulx que soyons ton temple, ie te prye que gectez hors de mon cueur, et de mon corps toutes choses qui te peuuent offenser et desplaire en nectoyant de toutes ordures et souilleures ma pensee et mon corps et fay de moy vng temple qui te soyt ydoyne et agreable, onquel tu preignes plaisir de habiter, toy q̃ as dit que tes delices sont estre auec les hommes. O sapience doulx te de la bouche du souuerain maistre, et en uopee de dieu, enseigne moy a decliner le mal, et faire le bien, mespriser les choses terriénes, et aymer les celestes, en despoillant le vieil home auec toutes ses oeuures et en vestant le nouuel, comme celluy q̃ est derechief ne, affin que ie puysse entrer en ton royaulme. et la te veoir Amen

Comment herode mist sainct iehan en prison .xxvii. chapitre.

Es iours de la feste q̃ se faisoyt en la cite d iherusalé q̃ est en vne partie de iudee acóplis, vint ihesucrist auec ses disciples, et les aultres iuifz, qui creyoient en luy en lautre partie de iudee, cestassauoir au fleuue iourdain, et la baptizoyt, et pardonnoyt les pe‑

chies. Selon saint augustin ihesucrist baptiza premierement ses disciples en eaue, et on sainct esperit, et puys leur bailla loffice et loperacion exterioze de baptiser, pource quil vouloit entendre a p̃scher et a oray son ainsi que nous lisons que sainct paul baptiza peu de gens occupe a plus grans choses. En cecy donne exemple aux prelatz de commectre a leurs subgetz ce quilz peuuent licitement faire, affin quilz se puissent excercer a plus haultes choses. Non obstant que ihesucrist ne baptisast pas de ses mains, touteffois spirituellement il baptisoyt Saint ieha baptisoit aussi en ennon pres du bourg de salim, situe sur le fleuue iourdain, pource que la auoyt moult deaue et enuoyoyt ceulx qui venoyent a luy a ihesucrist, pour estre baptises du sainct esperit et du vray baptesme, et ainsi confermoit ce quil auoyt dit de luy. Et pour ceste cause les disciples de saint iehan furēt esmeus par enuye voulans preferer le baptesme de leur maistre a celuy de ihesucrist, et murmuroyent que lauctorite de leur maistre se dyminuoit. Et facta est questio de purificatione. et question fut faite par les disciples de saint iehan du baptesme de leur maistre et disoyent quil estoit plus grant que celuy de ihesucrist, pource qlz lauoyent veu auec les iuifz estre baptise de saint iehan. Ceste question fut faite aux disciples de ihūcrist et aux iuifz qui venoyent a son baptesme et fut apportee a sainct iehan par ses disciples et luy firent querimonie en disant. Rabby qui erat tecum. Maistre celluy qui estoyt auec toy oultre le fleuue iourdain, et la le baptizas comme ton disciple, et duquel as baille tesmoignaige, et luy as faict grant honneur, maintenant comme separe de toy baptize et vsurpe ton office, et tous viennent a son baptesme et te laissent. Comme silz disoient. Ceulx qui vont a luy ne les doit on pas contraindre de venir a toy. Crisostome. Ihesucrist ne baptisoit pas, mays les messagiers voulans enflamber sainct iehan et les aultres en pechie, le disoyent ainsi, car vaine gloire est cause de tout mal et mena les disciples de sainct iehan iusqs a gelouzie, et ceulx qui de elle sont plains et temptes sont prouocques non seulement a mal, mais aussi resistent aux vertus qui sont es bons. Elle fait soustenir grans labours sans nul fruyt. Sainct iehan donc voulant apaiser lenuye de ses disciples, leur loua ihesucrist en leur disant. Je ne suis pas ihesucrist mais seulement son messagier, ne lespour de leglise, mais amy de lespour. Et leur dist quil estoit couenable que ihesucrist creust par renommee et auctorite, entant que de plus en plus ses vertus venoyent a la cognoyssance du peuple, par les miracles quil faysoit, et que luy deuoyt estre meindre et humilie. Or ihesucrist creust en lextimacion du peuple, car il fut cogneu tel quil estoyt cest sauueur du monde, et sainct iehan, lequel on pensoit estre ihesucrist, fut trouue son prophette. Aussi ce que saint iehan dist quil failloit quil fust ameindry, peut estre pource quil eust la teste couppee, et ihesucris fust esleue en la croix. Et aussi la natiuite de sainct iehan, est quat les iours comancent a meindrir, et la natiuite de ihesu crist quant ilz comancent a croistre Moralement il fault que tous ceulx qui veulet prouffiter en la cognoissance de ihesucrist, soyent peris en leur reputacion, car de tant que ihucrist croist en eulx par grace, de tant reputent ilz meindre leur force et puissance humaine. Aulcuns religieux sont semblables aux disciples de sainct iehan, qui plus tost se ferment et adherent a aulcunes oppinions, pource que ceulx qui les dient sont leurs amys ou affins, quilz ne font a la verite, a laquelle on doit tousiours adherer. car comme dit le philozophe, non obstant que on ayt ou deux ou trois amys, on ne doit pas touteffois mentir pour eulx, car cest chose saincte de preferer verite. Et platon dit de socrates son maistre. Socrates est fort mon amy, mais verite plus. Par ce aussy que sainct iehan les reprent, sont les docteurs enseignes, quilz ne doyuent point receuoir adulateurs. Aussi icy doyuent bien prendre garde ceulx qui voulentiers oyent les detracteurs, et qui se courroussent trop tost contre eulx, desquelz on dit mal regardent comme sainct iehan reprint tantost ses disciples qui detrahoyent de ihesucrist, et come il lexaulsa en le louant, et en soy humiliant. Ceulx qui veulent prendre icy exemple doyuent refraindre les detracteurs, en leur monstrant face triste. Car comme dit le saige. le vent de aquilon dissipe les pluyes et la face triste empesche la langue du diffamateur En temps que les choses deuant dictes se faisoyent, et que sainct iehan eust presche vng an et troys moys, et quil eust conuerti plusieurs, ainsi que en sa predicacion arguoyt et reprenoit herode de ce quil maintenoit la femme de son frere, ledict herode enuoya gens pour le prendre et pour le lier, et le fit mener en galilee, et le mectre en chartre, pource quil auoit parle de herodyas, laqlle herode auoyt ostee a son frere et lauoyt prinse a femme. Herode auoyt receu la circoncision, affin quil fust plus agreable aux iuifz, et pource il estoit tenu de garder la loy de moyse, oultre mesme lonestete de la loy naturelle. Et a cause de ce sainct iehan come tesmoyng et deffenseur de verite disoit a herode Non licet tibi habere illa Il ne test pas licite dauoir la femme de ton frere La vertu et costance de sainct iehan est bien monstree en ce qil ayma mieulx estre en la malegrace de herode, qil ne fit par adulacion mectre en obly les comademens de dieu, en donnant exemple aux prescheurs

o i

que pour telles choses ilz ne doyuent laisser la constance de prescher. Celluy q̄ estoit venu en ce monde en vertu et en esperit de helye reprent herode z herodias, ainsi que fit helye acab et iezabel. Ceste adultere herodyas regardoyt cōme elle luy pourroyt nuyre, car elle auoit paour q̄ herode a la p̄dicacion de sainct iehan se repētist de son pechie, et la rendist a son mary, et pource elle queroyt cōmēt le feroit mourir, mays elle ne scauoyt trouuer la maniere, car herode craignoit sainct iehā de crainte mondayne, en luy portant reuerence pource q̄l estoit bōe iuste, quāt aux hōes, z sait quāt a dieu, z le gardoit, affin que herodyas ne le fist occire, z aussi que le peuple qui reputoit sainct iehan prophette, ne se mocquast de luy se il ne le honnouroit. Et en loupāt faisoit par simulacion plusieurs petites cerimonies, non pas les principales, et faygnoit louyr voulentiers. Et toutes telles choses nestoyent que simulacion, affin q̄l tint le peuple de non se rebeller contre luy, mais lamour de la femme tousiours le surmōtoit par telle maniere quil le fit metre en prison, et se funda sur trois choses. La p̄miere fut locasion de herodyas qui a ce faire le suggeroit. La seconde fut, car sainct iehan preschoit iustice et le baptesme, a cause de quoy plusieurs couroiēt et aloyent a luy, et craignoit que sainct iehan ne assemblast grant peuple pour sa saincte vie, et le gectast cōme estrangier z pecheur publicq hors du pays et du royaulme. La tierce, car saint iehan p̄schoit vng grāt roy deuoir venir. Et po' ce que les rommains auoyēt ordonne nul estre nomme roy sans auctorite du senat craignoit herode loffense de lēpereur, et pourtāt lemprisonna. Or ainsi q̄ dit crisostome, de legier cellluy desuoye de verite de iustice, qui en ses oeuures craint les hōmes et non pas dieu. La timeur de dieu fait amēder la p̄sonne, La craite des hōmes et si elle oste la puissance et occasiō de pechie, touteffois la voulente demeure tousiours iusques a ce quelle ait opportunite et occasion de le cōmectre, et le mal ne se depart de son cueur iusques a ce q̄ par operacion, elle ait acomply ce quelle pense Mais la timeur de dieu, est celle qui corrige les malfaicteurs, faict delaisser les pechies et fuyr les occasions. Cest celle qui print sainct iehan et le fit lyer en la chartre, pource que en charite il arguoyt et repnoit le roy de ses maulx. Herode qui lya saint iehan en chartre po' ce quill le repnoit charitablement de ses pechies, et to' ceulx qui font le pareil sont semblables aux freneticques q̄ mectēt peine de batre z tuer leur bō medecin. Cōsidere maintenāt cōment sait iehan vouloit plus plaire a dieu q̄ aux hōmes, z craignoyt plus offenser dieu q̄ les hōmes Et a lexēple de luy, garde q̄ en toutes tes oeuures desires pl' tost faire le bō plaisir de dieu q̄ celuy des hōmes, z garde de tout ton pouoir loffenser. Crisostome. Quant no' souffrons aulcune chose de q̄lque mauluayse personne, pensons et retonons a nostre p̄ice et cōsummateur de nostre foy, en pensant q̄ la souffert, et de mauuaises p̄sonnes, pour no' monstrer la voye de vert' Certes si nous p̄sons bien a luy tout ce q̄ on no' fait no' sera legier a porter Si on est loue de souffrir aucūe peyne po' ses amys, par plus forte raison se on souffre pour lamour de dieu on sera remunere Nous ne deuons pas seulemēt penser les labours, mays aussi le bien q̄ apres ceste vie en vient, cest la coronne q̄ est preparee a ceulx q̄ porteront paciemment en ce monde les tribulacions pour lamour de ih'ucrist.

Oraison

O Sire ih'ucrist et maistre enseigne moy de ne laisser point la verite de vie, de iustice, z d' doctrine, de cue' de bouche, z doeuure, po' la crainte ou faueur mōdaine, affin q̄ craite, ou amo' charnelle ne puisse epescher en moy la p̄fectiō de lamo' sp'uel Et a cause q̄ po' le peche d' noz p̄miers parēs la vert' irascible z de force est cheute en debilite, la raysonnable est obfusquee, et la cōcupiscible est prompte de mal faire, dōne moy le saint esperit cōfortate' q̄ me deffende cōtre toutes p̄secucions, me enlumine cōtre erreur, et me enflābe cōtre p̄cupiscence, affin q̄ en toutes cho ses puisse faire ton bon plaisir/et me garder de toy offenser Amen.

Comment ihesus commenca a prescher publicquement penitence. xxviii. chapitre.

Pres que ihucrist eust ouy que saint iehan estoit baille aux mains de herode selon la voulente de dieu/ainsi que dit saint iehan crisostome/car creature quecōque ne peut faire violence a hōme iuste et saint/si dieu ne le parmet/et entendant par rapors que les pharisiens auoyent ouy quil auoit plus de disciples/et baptisoyt plus de monde que nauoit fait saint iehan/et pource auoyent contre luy plus denuye quilz nauoyent heu contre sainct iehan/et auoyent donne conseil a herode/que saint iehan fust prins/et vouloyēt aussi persecuter ihesucrist/car ilz veoyent que pour sa doctrine leur loy se cōmancoyt a delaisser/et leur gaing a diminuer. Ihesucrist se departit du pays de iudee/et retourna derechief en galilee/la ou les payens habitoyent auec les iuifz pour plusieurs causes. La premiere pour donner exēple d paciēce et de benignite a ceulx qui suffrent pour iustice/et de donner lyeu es maulais. La seconde cause/affin que par son abscence il adoulcist lenuye et yre des maulais/iusques a ce quilz eussēt le couraige plus apayse. La tierce/affin quil nous demonstrast la maniere de fuyr les persecucions quant on veoit que on est en peril. La quarte/affin ql preschast le saint euangile aux payens/cōme a eulx. La quinte pour demonstrer que le temps de sa passion nestoit pas encores venu. La sixiesme pour prefigurer que la parolle de dieu deuoit passer des iuifz aux payens/en enseignant ses disciples quilz feroyent ainsy apres luy. Et ihesucrist entra en galilee en la vertu du sainct esperit/en faisant signez et miracles/car combien que parauant il fust plein du saint esperit/touteffois il cōmenca a manifester plus sa vertus en la publicacion de sa doctrine/et en loperacion de ses miracles/tāt ql fut renomme p tout le pays. Et ceulx de galilee le receurēt honnourablement pour les meruecilles qlz luy auoyent veu faire en iherusalem le iour de la feste/et mesmement nychodeme creoyt en luy. Et laissans la cite de nazareth vint pour prescher/et demoura en la cite de capharnaum assise pres de la mer. Et la cōmanca a prescher publicquement/et enseigner que le temps de lumaine redempcion estoit acomply/et que la plenitude du tēps estoyt venue. Et disoit au peuple. Tant que vous aues le temps/faycies penitence/et croyes au saint euangile/car sans foy/et sans penitence il est impossible de plaire a dieu. Le royaulme des cieulx est approuche/la porte en est ouuerte/par la venue d ihucrist/de laquelle on se esloigne par pechie/et on sen approuche par penitēce. Bede. Approucher des portes du ciel nest aultre chose/si non auoir desplaissance des choses par lesquelles on se pouuoit estre esloigne et departi delles. Iherosme. Cellui fait penitence/qui veult se adherer au bien eternel. Cellui qui desire le noyau menger/rōpt la noix. La doulceur de la pōme adoulcist lamertume de la racine. Lesperance que on ha de gaigner/faict le marchant entrer en la mer. Lesperance que on a de auoir sante/fait boire amerez medicines. Bien raisonnablement apres que sainct iehan fut mis en chartre/la predicacion de ihesucrist commenca/car ainsi que dit crisostome/il ne voulut pas prescher ius

o ii

ques a tant que sainct iehan fut mis en prison/affin que le peuple ne fust en diuision de croire a lung ou a lautre. Ne aussi saint iehan/ne fit oncques grans signes ou myracles/affin quil reseruast tout a ihesucrist et que tout le peuple courust a luy pour admiracion de ses signes et miracles Augustin. Sainct iehan a este deuant enuoye/come la voix deuant le verbe/laube du iour deuant le soleil/le messagier deuant le iuge/le seruiteur deuant le seigneur/lamy deuant lespour/la petite lumiere deuant la grant. affin q̃ les yeulx qui estoyent chassieux par loppression de pechie/et que les tenebres et la nuyt de infidelite auoyent obfusquez tellement que ne pouoict cognoistre ne veoir le soleil de iustice/acoustumassent veoir la grãt et excellãte lumiere demonstree en lincarnacion de ihesucrist/et petit a petit la neuble des pechies se depart/et lumeur de infidelite se asseichast/et le monde se esiouyst de celle celeste lumiere. Et est a noter/que la perfection euangelique est specialemẽt en trois choses. cestassauoir en oeures de pitie/en consaulx de humilite /z en mandemens de charite Ce sont les trois choses q̃ nostre seigneur principalement a enseigne Et pource le verbe diuin lequel auoit este manifeste par lorgane de saint iehan/et to⁹ les aultres prophettes/vouloit pour anoncer le royaulme du ciel comẽcer a penitẽce/car se les pechies ne sont pardonnes par le sacrement de baptesme et par penitence condigne nulle creature y peut entrer. Crisostome Nostre seigneᵘ ne commenca pas a prescher iustice/mais penitence. Qui est celluy si hardy de dyre/ie veulx estre bon/mais ie ne puys. Penitence/ast correctiõ de voulẽte Et se les maulx ne prouoquent et excitent la personne a faire penitence/au meins les biens qui viennent da penitence la delectent et alechent/veu que par icelle le royaulme des cieulx/cest le beatitude celeste est donnee. Comme sil vouloyt dire. Disposez vous par penitence/car son loyer et payemẽt cest le royaulme eternel/est approuche. Nostre seigneur a presche penitence la fin du monde approuchant/affin que les hommes se hastassent plus de eulx cõuertir. Car se au commancement du monde il fust venu appeller les pecheurs a penitence/par auenture le ieune eage du monde eust eu paour mais maintenant quant on veoit que par penitence/le royaulme des cieulx approuche/il est tout cler que le monde est pres de la fin. et pource nul ne peut auoir excusacion que sans delay et tantost ne se doiue cõuertir a bien. Or nostre seigneur despuys son baptesme iusques a ce que sainct iehã fut mis en prison par le roy herode/prescha et enseigna le peuple secretemẽt/mais despuis que sainct iehan fut mys en prison/il prescha publicquement mesmez en la synagogue des iuifz/car ainsi que sainct iehan estoit messagier de ihesucrist/aussi sa predicacion deuoyt preceder celle de ihesucrist. En ce le doulx ihesus nous donna exemple de excellante humilite car il voulut differer sa doctrine et laisser prescher saint iehan qui estoit meindre que luy. O combiẽ au iourduy/dont cest grant pitie sont de religieux qui nõ pas a meindre deulx ne a esgaulx mais aussi a leurs prelatz/ne veulẽt porter honneur ausquelz ilz sont tenus et obligez/et en ce se veulent preferer a ihesucrist Entre les condicions que doit auoyr le prescheur/lune est quil ayt eage parfait cest trante ans qui est eage propice a predicacion/comme il appert en ihesucrist qui a trante ans prescha. Cest temps conuenable a prelacion/comme il appert en ioseph q̃ a leage de trẽte ans/fut president et plat en egipte. Le temps requis pour regner comme il est demonstre en dauid q̃ a tel eage regna. Et de tel eage deuroyẽt estre les eues ques/mais helas pour le tẽps present ilz sont enfans insouffisans et non lectres. Il est assauoyr/que despuys le baptesme de ihesucrist iusq̃s a sa mort y cust troys ans et plus de tant quil ya despuis lepyphanie iusques a pasques/car le iour quil fut baptise lan reuolu il mua leaue en vin/et le pasque ensuyuant /cest le trente et premier an de leage de nr̃e seigneur /sait iehan fut mys en prison/et en lautre pasque qui estoit lan trente et deuriesme fut decole/ou troisiesme pasque/cest le trente et troisiesme an de nostre seigneur/il souffrit mort et passion. et par ainsi il vesquit trente et deux ans entiers/et du trente et troisiesme an/autant qͥl ya despuis sa natiuite iusques a pasques/lequel temps on compte pour demy an. Lan trentiesme de leage de nostre seigneur/le pasque des iuifz fut la cinqͥesme kalende dauril et la quinte ferie. Et lan trente et vngiesme de son eage le pasque fut la sixiesme kalende de may/et la quarte ferie. Et lan trente et deuriesme/le pasque fut les nonnes dauril/et le iour du dymanche. Et lan trente et troysiesme/le pasq̄ fut la huytiesme kalende dauril ⁊ la sixiesme ferie q̄ nous disons le vendredi. Or on peut assigner trois causes pourquoy ihesucrist si pou de temps a voulu prescher en ce monde. La premiere pour demonstrer sa vertu et sa puissance/veu q̄ en si peu de temps il a couerty ⁊ mue le monde a ensuyuir sa doctrine et sa loy La seconde cause pour plus exciter le desir des apostres a ce que plus le desirassent/veu que par presence corporelle/seroit peu de temps auec eulx en terre La tierce pour acroistre le prouffit spirituel des disciples/car come il soit ainsi q̄ lumanite deihucrist/soit la voye par laq̄lle on vient a cognoissance de la diuinite/nous ne deuons pas en icelle humanite reposer ⁊ mectre nostre principale fin/mais par elle tendre a dieu. Et pour ce que les cueurs des apostres estoyent molt affectes a la presence corporelle de ihucrist/affin q̄ en elle ne se reposassent ⁊ ne missent leur espoyr come en la fin/et come en leur beatitude peu de temps volut demourer auec eulx corpellement Et pource deuant sa passion entre les aultres choses il leur dist Si ie ne me despars de vous quant a la presence corporelle/le saint esperit ne viendra point sur vous. Il leur estoit expedient que le corps et la forme du seruiteur q̄ ihucrist auoit prinse leur fust ostee/a ce qͥlz ne aymassent trop son corps Nostre seigneur ihesus q̄ parfaictement auoit vaincu le monde/voulut q̄ ses disciples eussent toutes leurs affections ou ciel/car par telle maniere de legier pouoient

vaincre et mespriser le monde et toutes ses pompes Et aussi pour nous enseigner que si nous voulons tourner nostre cueur a nostre païs q̄ est le ciel/en regardant au prince de nre foy/cest ihesus/en ensuyuant sa vie ⁊ sa conuersacion/nous pourrons de legier vaincre et contemner toutes les aduersites et prosperites de ce monde/et ainsy paruenir a paix interioze/cest de conscience Oraison

Seigneur ihesucrist qͥ as eu compassion de nostre grande misere/et comme uray medecin des ames/as voulu donner medecine salutaire/en commançant ta predicacion a penitence/⁊ commandant q̄ nous poures pecheurs la feissons tant q̄ auons le temps donne a moy poure pecheur espace de repentence ⁊ faire digne penitence/car cest celle par laq̄lle le royaulme du ciel approuche/donne moy aussi q̄ par icelle penitence et compunction de larmes soye digne du royaulme du ciel. laq̄lle chose de ta grace tu mauoyes la donne on sainct sacrement de baptesme Amen

De ce que au commendement de ihesu crist fut pris grãt multitude de poissons, z de la seconde vocacion des apostres. xxix. chapitre.

Donc apres que nostre seigneur ihesucrist fut retourne du pays de iudee en galilee, onquel il auoit longuement presche, et eut fait choses par lesquelles sa renommee estoit molt diuulguee et publiee, en telle maniere que le peuple a grant compaignie et grant multitude accouroyt et venoyt a luy pour desir de ouyr sa parolle. Ung iour qͥl estoit pres de lestãg de genezareth, lequel est appelle mer de galilee, ou de tyberiade et que par la grant presse du peuple, ne se pouuoit tenir ne demourer en terre, veist deux nefs qui estoyent pres de cest estang desquelles lune estoyt a saint pierre, et a son frere andrieu, z lautre a saint iacques et a saint iehan q̃ tous estoient pescheurs et estoient descendus en terre, et lauoyent leurs rets et files, en ostãt les ordures pour les pleyer, car toute la nuyt ilz auoyẽt este en leaue et nauoiẽt riẽs pris. Et ihesucrist sur entrant en vne de ces nefs, cest en celle de saint pierre a ce que plus conuenablement enseignast le peuple, pria que pierre ramenast et mist la nef vng peu hors de la riue en leaue, tellement quil peust estre ouy du peuple sans estre foule. Icy pouuons veoir la merueilleuse humilite z la doulceͬ de nostre seigneur ihesucrist, car luy qui peut commander prie, en quoy il enseigne les p̃latz que plus voluntiers doyuent admonester leurs subgectz que comãder, et qͥlz doyuent plus desirer estre aymez que estre craintz, car comme dit seneque, le courage de la creature est noble et plus legierement et facilement est mene par doulceur, que tire par rigueur et par crainte. Mais ainsi q̃ dit ezechiel le prophette, les folz sont lopposite, car ilz commandent en toute austerite z apresse z en toute puissance. A parler mistiq̃ment et allegoriquement par lestãg peut estre entendue la loy, sur laquelle ihesucrist estoit comme maistre et facteur diͨcelle, et ia les cerimonies de la loy commã

coyent a faillir a sa venue. Les deux nefs sont le peuple iuif et payen, desquelz dieu plusieurs par sa grant misericorde appella a la foy et a la loy nouuelle. Les pescheurs sont les prescheurs z les docteurs de saincte eglise qui par les retz de leur p̃dicacion et de doctrine, nous tirẽt a la foy et nous menent au riuaige et a la terre ferme des viuans. Qui doyuẽt descendre de la haultesse de predicacion a la consideracion et memoyre de leur propre fragilite, z lauer leurs retz, en purgant et plourant par leaue de contriction, les deffaultz et pechies quilz ont commis en preschãt, car aulcuneffoiz les prescheurs sont entaichez et souilles de vaine gloyre et des biens tẽporelz. Cellup donc laue les retz, qui en sa doctrine et predicacion, mesprise toute vaine gloire, adulacion et gueyn temporel. La nef de saint pierre est leglise primitiue assemblee des iuifs, desquelz le prescheur estoyt saint pierre, en laquelle ihesucrist monta par foy, et de elle enseignoit le peuple, car iusques a present leglise a auctorite sur toͭ, et tous informe et instruit. Lautre nef est leglise des payens, en laquelle saint paul est docteur, et ausquelz il est enuoye, car plusieurs estoyent predestines estre saulues que ne se deuoiẽt conuertir des iuifz. Il enseignoyt la turbe de la nef, qui estoit pres de terre, car nous deuons tellement enseigner les choses celestes et paroles diuines au peuple z aux mõdains, qͥlz les puissent entẽdre et desirer, et ne deuõs pas les exasperer, mais les instruire moyẽnement et doulcement. Or donc ihesucrist se seant en la nacelle, cõme docteur enseygnoit le peuple qui estoit a terre. Moralemẽt par celuy estang qui est appelle mer est entendu le monde qui se enfle en maniere de la mer par orgueil, buyll par auarice escume par luxure. A passer ceste mer ihesucrist a prouueu de deux nefs, desquelles lune q̃ nest point nommee signiffie la voye commune, qui est obseruer et garder les cõmandemẽs, ausquelz toute personne sans excepcion est obligee, sur peyne de pechie mortel. Et lautre nef qui est nõmee et estoit a saint pierre, qui vault autant a dire comme obeissant, signiffie la voye des consaulx qui est specialement lestat des religieux, desquelz le principal veu est obedience. En ceste nef descendit et se mist ihesucrist, et voulut que vng peu len lesloignast de la terre, car on cueur du religieux qui garde les consaulx, et qui se efforce de soy esloigner par affection des choses mondaines et caduques descend ihesucrist par grace, et se syet en luy par contemplacion et par plaisance, et le enseigne par linfluance des dons du saint esperit. Et veult que on lesloigne vng peu de la terre, cest assauoir de cueur, et si non de corps, car nostre cueur pour nostre imperfection ne peut pas se retourner totalement a dieu que aulcunesfoys ne touche a la terre, et fault prouuoir au corps tant saincte soyt la personne. Mais helas au iourduy plusieurs sont qui ne sesloygnent pas des occupacions terriennes par lentree de religion, mais sen approuchent plus fort que par auant. Aussi par ces deux nefz que vit ihesucrist on peut entendre deux voyes lesquelles il approuua, et entra, en lune et en lautre, et par elles on vient on royaulme du ciel. La premiere est innocence. La seconde penitence. Car ainsi que en deux manieres on paruient a leritaige, cest par succession de lignee et de parente, et par empcion ou achapt, ainsi on a le ciel premierement par la voye de innocence comme par succession. Et en ceste nef nostre seigneur entra, qui oncques pechie ne fit. Aussi on ha le ciel par achapt, cest a dire par labour de penitence. Et en ceste nef ihesucrist monta pour nous et ne la laissa iusques a la mort. Selon crisostome, nous auons pour la nef legise, et pour le gouuernail la croix, et pour le gouuerneur ihesucrist, pour le retz, le pere, pour le vent le saint esperit, pour le voile la grace de dieu, pour les mariniers les apostres, pour les auirons les prophettes pour lancre le vieil testament et le nouuel. Mectons nous donc on parfond de ceste grant mer, pour querir en sainctes escriptures la belle pierre precieuse qui y est mussee. Quant ihesucrist eust acomply son sermon et finy

de parler au peuple, voulant conferrer sa doctrine par miracle, dist a sainct pierre. Meyne la nef plus hault cest a dire on lieu ou leaue est plus parfonde, et gecte les retz en leaue pour prendre du poisson. Et saint pierre luy dist Commandeur et maistre auquel deuons obeyr, nous auons laboure par toute la nuyt et nauons riens prins, combien que nous ayons fait toute diligence, mais a ton vouloir et comandement lairay le retz en me confiant en la vertus de ta parolle. Et tantost encloyrent en leurs retz grant multitude de poisson, cest tant quil pleut a dieu, et non pas sans cause, car ils obeissoient a celuy auquel toutes choses, tant de laer et de la terre que des eaues, sont subgectes, et a lobedient toute creature est subgecte, et toute creature fuyt linobedient. Anselme. Ceulx qui nont point de honte de contredire par leurs maulu aises oeuures a la voulente de dieu, nul droyt doyuent auoir en choses qui appartiennent a dieu. En ce faict des apostres, est donnee aux religieux la forme de obedience, a ce que promptement obeissent a la simple parolle de leurs prelatz, non pas par force de commendemens ou par menasses. Par ce aussi que ihesucrist dist seulement a saint pierre, meyne la nef en hault, est donne a entendre, que aux meindres prestres est donnee licence de prescher les choses meindres, et les choses haultes et doubteuses sont a laisser aux euesques. Icy sont touchees trois choses necessaires au prescheur. La premiere est quil soyt de saincte vie, et de bonne conuersacion, car il est dit duc in altum, meine la nef cest ta vie en haultesse de vertus. La seconde, est que sa doctrine soit claire, et non pas intriquee et doubteuse ne pleyne doppinions, et pour ce est il dit laxate desueloppes et desmeles les retz, cest donez vos ditz a estendre. La tierce est droicte estencion car il est dit in capturam pisciu, a prendre les poissons, non pas pour vaine gloire ne pour vtilite temporelle, ou pour adulacion mondayne, mais preschez pour ledificacion du peuple. Les retz des apostres rompoyent par la grant force des poissons qui estoient

o iiii

dedans. En quoy appert double miracle: car non seulement ilz auoyent prins grant multitude de poisson oultre le possible de nature, mais auec ce telle multitude de poisson se tenoit et estoit encluse on ret qui estoit rompu. Lors pierre et andrieu firēt signe a iehan et a iacques enfans de zebedee, qui estoyent en vne aultre nef, a ce qlz veinssent pour leur ayder. Et cōme dit theophile, ilz les appelloient par signe, car ils estoyent si esbahiz a cause de si grāde multitude de poissons, quilz ne pouoyent parler. Et vindrent iacques et iehan, et emplirent les deux nefs, tellement q̄ a peu elles ne afondoyent, mais leglise ne peut estre noyee et ne puyt faillir, non obstāt q̄ souuent fluctuye, et soyt agictee, et menee de vens. Et ainsi que sainct pierre et ses compaignons, estoient a cause de si grant faict en haulte admiracion et cōme tō esbahis car ilz veoyent bien que cestoit sur vertus humaine, tantost se psterna pierre par grāt humilite aux piedz de ihesucrist, comme en le recognoissant estre son vray seigneur, et luy dist O sire depars toy et ten va de moy car ie suis pur homme, et toy, dieu z hōme Ie suis pecheur, tu es iuste, ie suys seruiteur, tu es seigneur. Et pource tu doys estre aussi sepere de moy par lieu, comme de toy suis sepere par fragilite de nature, par vilte de coulpe, et par impuyssance. En ce disant, se reputoyt estre indigne de la presence de si saincte personne. En quoy auōs enseignement, que vng pecheur doit moult craindre toucher les choses sainctes de nostre seigneur, et de acceder a la recepciō de la saincte hostie, et de seruir a lautel. Et nostre seigneur dist a saint pierre en le cōsolant, et en luy exposant que la prinse des poissons signiffioit la prinse des hommes par sa predicaciō O pierre ne doubte mie Iusques a present tu as pris les poissons auec retz, mais le tēps aduenir tu prēdras les hommes par saine et saincte doctrine, en les tirant a la voye de salut. La parolle de dieu est ꝓparee au haueau z claueau du pescheū, car ainsi q̄ le claueau ne retient z ne prēt poīt le poisson, se pmier le poisson ne prent le claueau, ainsi la parolle de dieu ne tire et ne prēt point lōme a la vie eternelle se premier lōme en son cueur et en son entendement ne prent la dicte parolle. Et pource que tu te es humilie, tu auras loffice de prendre les hommes, car humilite est vertu auctorisee. Et cest chose digne, que ceulx president sur les aultres, qui de leur puissance ne se sceuent orgueillir. Par ce aussi que sainct pierre auec ses cōpaignōs q par toute la nuit auoiēt laboure et nauoiēt riens prins, et a la parolle de ihesucrist gecterēt le retz et prindrēt grant multitude de poissons, et toutesfois se disoit estre pecheur, est entendu le prescheur de leuangile qui croit a son sens et se confie de sa propre vertus, ryens ne puffite, mais a bien prouffite quant il se confie en dieu. Et en ce que saint pierre apres qil eust prins grāt multitude de poissons se humilia iusques aux piez de ihūcrist, est donne a entendre q̄ se le prescheur en sa pdicacion a prins grāt monde de gens, et saulue moult de ames se doit humilier et tout atribuer a dieu et a soy rien fors que tout pechie. Et lors est cōforte de nostre seigneur qui luy dit. Noli timere. Ne vueilles doubter. Nostre seigneū luy ꝓmect plus grāt prouffit, car il luy dist Le temps aduenir tu prēdras non pas les poissons mais les hōmes. Faicte ceste vocacion les dessusditz disciples, cest pierre, et andrieu, iacques et iehan retournerēt a leurs nefs et a leurs maisons, car ilz ne en suyuoyent pas ihesucrist pfaictement z du tout, pource qlz nestoyēt pas encores pris a la dignite apostolique, mais vng temps auoyent tout laisse pour reuerence de ihesucrist. Et nostre seigneur ihūcrist cheminant pres de la mer de galilee, vit derechief saint pierre, et saint andrieu qui mectoyent leurs retz en la mer pour pescher, et leur dist. venez apres moy, et ie vous feray pescheurs des hōmes et non pas de p bandes ne de dismes, mais des ames. Et saiches q̄ cestuy estang de genezareth, est situe entre ihēruzalē et damas loing de lune z de lautre cite trois iourneez z a de lōg douze mille et de large cincq, z estoit appelle mer selon le coustume des hebrez qui appellent toꝰ assemblemēs deaue doulce mer

Et aussi se peut appeller le lac des eaues salees/a cause des puis salez qui decouroyent en celuy estang/et la deuenoyēt doulces. Et selon crisostome, nostre seigneur appella les apostres quant ilz estoyent occupez/ pour demonstrer q̃ deuant toutes occupacions/on doit suiuir ihūcrist, par quoy celluy qui est occupe en leglise/ou par benefice ou par dignite/doit grandemēt craĩdre de non ensuyure parfaictemēt et prōptemēt ihūcrist/a cause de plusieurs occupacions. Tantost que les disciples ouyrēt q̃ ihesucrist les appelloit laisserēt leurs retz et leurs nefz et lensuyuyrent sans plus retourner en leur maison. Et ihūcrist allant oultre vng peu/vit deux autres freres/cest saint iaq̃s/et saint iehan auec zebedee lez pere/lesquelz disposoiēt et reparoyēt leurs retz/en quoy est demonstree leur grāde poureté Surquoy dit saint iehan crisostome Regarde cōment leuangeliste diligēment monstre la pourete de ces deux apostres/quāt il dit q̃ ihūs les trouua reparās leurs retz. Leur pourete estoit si grāde q̃lz ne pouoyēt auoir retz neufz/mais failloir q̃lz ramēdassēt les leurs poures et rōpuz. Et encore est chose plus pitiable/car leur pere ancien y estoit et ses deux enfans luy aydoyent et le portoyent auec eulx en la nef/non pas pour le faire trauailler/mais pour se esiouyr de leur p̃sence. Ces choses ne no⁹ sont pas de petite instruction, mais no⁹ informēt de voulētairemēt porter toute pourete/viure de son iuste labour/a voir lũg a lautre charite/auoir auec soy son poure pere/et pour le nourrir trauailler. En ces choses deuāt dites no⁹ est demōstree la forme de ensuiuir ihūcrist. Crisostome. Trois choses sont/q̃ doit laisser toute psonne viuāt a ihūcrist/cestassauoir operaciōs charnelles signifieez p les retz/desq̃lz on prent le poisson/la substance du mōde, signifiee par la nef/les parēs entēduz p le pere. Dōc les disciples laisserēt leurs nefz/affin q̃lz fussēt gouuerneurs de la nef de saĩte eglise. Laisserēt leurs retz/a ce q̃ plus ne portassent poisson a la cite terriēne/mais biē portassent les hōmes a la cite celeste. Laisserent vng pere en terre pour estre peres spirituelz de to⁹. Or pense maintenāt q̃ile obedience fut en ces quatre disciples/lesq̃lz a la voix dung seul cōmandemēt de dieu/tãtost laisserent tout mesmes la voulente de possider. En quoy selō crisostome se demōstrerent estre vrays filz de abzahā/lequel a la seule voix de dieu laissa tout. Aussi les disciples a la seule voix de ihūcrist laissrēt de acq̃ster la vie corporelle pour gaigner la vie eternelle. Ils laisserēt leur pere terrien assin q̃lz eussent dieu pour pere celeste. Et pource cōuenablemēt desseruirēt estre esleues de dieu. Et encore dit crisostome. Cōsidere biē cestuy fait. Pescher est vng art mõlt couuoicteux/et touteffois eulx estans on myran de la pescherie/quant ilz ouyrēt la voix de ihūcrist cōmandāt/ne differērēt en rien/et ne dirēt point/retournōs en nr̃e maison/plons a noz parēs/mais sans demeure laisserēt tout. Telle obediēce req̃ert nr̃e seigneur de no⁹/car il ne veult point q̃ differons p vng momēt quāt nous sçauōs sa voulente estre telle. Et cecy no⁹ mōstra en vng aultre disciple, q̃ vint a luy/lequel apres priāt q̃ le laissast aller esseuelir son pere nullemēt le pmist por demōstrer q̃ dieu est a preferer a toutes necessites. Et sait gregoire en no⁹ admonestāt dit. No⁹ auōs ouy q̃ deux disciples a vne seule voix ont ēsuy le redēpteur du mōde/et a son seul cōmandement ce petit q̃lz possidoyent laisserent. Q̃ q̃ deurōs nous dire au grant iugemēt q̃ ne faisons cōpte de ensuiuir dieu si fort no⁹ appellāt/ainçoys le mesprisons/et ne par pmandemēs ne par tribulaciōs no⁹ amendōs. Et bien q̃ ses disciples eussēt peu de biēs ⁊ de substance tēporelle. toutesfoiz ilz laisserēt moult grās choses por lamour de dieu/car en ce mōde sestudierēt de nauoir et de ne retenir choses mōdaines, ne caduques q̃ les peust ēpescher de tēdre a dieu. Et selō saĩt gregoire /en ce deuōs plus pēser laffectiō q̃ le tresor. car celuy laisse mõlt q̃ por lamo⁹ de dieu renōce aux desirs quil pourroit auoir en choses mōdaines. Celuy laisse assez q̃ auec ce q̃l possede laisse tout le mōde. Par quoy apert q̃ ceulx q̃ ensuiuēt ihūcrist autāt laissēt por lamo⁹ d̃ luy q̃ ceulx q̃ ne lēsuiuēt peuēt d̃sirer. car dieu cōsidere le cueur et non pas la subſtance. De il ne regarde pas seulement que on luy offre τ sacrifie mais de quel cueur et voulente on le fait. On ne pourroit eſtimer cõbien le royaulme du ciel vault quant aux biẽs exterieures, et touteffoys le royaulme du ciel ſe vault autãt cõme tu as, car iamais la main neſt vuyde de offrande, et de don deuant les yeulx de dieu, ſe la rche du cueur eſt rẽplye de bonne voulente, choſe plus riche ne ſe peut a dieu offrir, que bonne voulente

Oraiſon.

O ihesucriſt fay moy par a uidite baſter et courir pour ouyr la parolle de dieu, lauer les retz de predicacion, en gectant par bon deſir et bõne operacion toute auarice, adulacion, et vayne gloyre, et reduyre la nef de religion des choſes terriennes, et en me repouſant en elle me ſeoir, en enseignant les aultres par bon exemple, et la mener en la parfondeur de contemplacion et de predicacion. Et en linſpiracion de ta parolle cheoyr et entrer aux retz pour encloure en eaues de tribulacion de ce monde grant multitude de internelles conſolacions Appelle et tire moy pecheur a la ſaincte predicacion de tes diſciples, affin que en laiſſant toutes choſes, et toy enſuyuant puiſſe paruenir a la compaignye de tes vrays pouures Amen

Lepilogacion et le ſomaire de la vocacion des apoſtres, et de la ferueur et diligence que iheſucriſt auoit de preſcher. xxx. ch.

T u as heu deſſus de ces quatre diſciples, pierre, andrieu, iacqs et iehan trois vocaciõs De la premiere parle ſainct iehan, τ furẽt ſeulement appellez a la foy, et vindrẽt pour auoir cognoiſſance et familiarite a iheſucriſt. De la ſeconde vocacion parle ſainct luc, ceſt quant lenſuyuirent, ayans encore voulente de retourner en leurs maiſons, et a ceſte vocacion les diſciples commancerent a ouyr ſa doctrine. De la tierce parle ſainct mathieu, et ſainct marc, et fut quant

ilz vindrent pour perſeuerer et demourer auec luy, en enſuyuant la perfection de iheſucriſt. De la vocacion de ſainct mathieu ſera dit apres. De la maniere comment les aultres diſciples furẽt appellez, riens nen eſt eſcript ou determine Criſoſtome Pourquoy eſt ce que riens ne nous eſt baille ne eſcript, comment, ne en quelle maniere furent appelles les diſciples, fors de ſainct pierre, de ſainct andrieu, de ſainct iacques ſainct iehan, et ſainct mathieu Certes ceſt pource que ces cincq diſciples eſtoyent aux occupacions bien inconuenientes, et bien humbles, car il neſt riens pire, ne plus dangereux que loffice de changeur, ne plus vil que loffice, art, et lexercice de peſcheur. Or donc conſidere, et regarde bien noſtre ſeigneur iheſucriſt aux vocacions de ſes diſciples, et comment il conuerſe auec eulx, comment il les appelle doulcement, en ſoy rendant priue et bening, et de bonnaire, en les actrayant a ſoy, en leur monſtrant ou il demouroit, et puis en les menãt en la maiſon de ſa mere, ou en aultre lieu, ou p celui temps auoyt de couſtume, de demourer. Et familierement ſen va en leurs maiſons en les inſtruiſant et enſeignant, et ayant ſouueraine cure deulx, ainſi que la mere a ſoig de ſon enfant On dit q̃ monſeigneur ſaint pierre diſoyt que ou teps et par les nuitz q̃ thesucrist dormoit auecq̃s eulx/il se leuoyt de nuyt et les couuroyt pource que tresten drement les aymoyt/car il sauoyt bien que le temps aduenir il deuoit faire deulx. Et combien quilz fussent hommes de rude cō dicion et de humble nacion. toutesfoys il les auoit a constituer princes du monde/⁊ ducz de tous les crestiens en la bataille spi rituelle. Cōsidere aussi lobediēce de ceulx lesquelz il auoyt appelles/laquelle est de grant recommendacion/pource quelle fut prōpte/car tantost quil les appella ilz len suyuirent Aussi elle fut entiere/car a sa voix ilz laisserent tout. Auec ce elle fut droicte/ car ilz ensuyuirent nostre seigneur ihesus La premiere fut parfaicte La seconde pl⁹ parfaicte. et la tierce tresparfaicte Mais pourquoy laisserent ilz toutes choses A ce respond crisostome et dit/que en ce/les a postres nous enseignerent que nulle crea ture en possedāt les choses terriēnes peut cheminer parfaictement en la voye de pa radis/car entre les choses terriennes et ce lestes/nulle conuenance se peut trouuer ne donner. Les choses celestes pource quel les sont legieres meynent lame en hault/ les choses terriennes pour leur pesanteur depriment lame en bas. Len peut arguer/ que apres que les apostres eurēt tout lais se a la voix de ihesucrist/ilz reprindrent ce quilz auoyent laysse. par quoy il semble quilz ne renoncassent pas a tout parfaicte ment. A ce on peut respōdre/que leur obe dience fut parfaite/car combien que apres ilz reprinssent ce quilz auoyent renōce/tou tesfois ne le firent ilz pas pour amour de couuoitise ou de propriete/mais seulemēt pour la necessite de leur vie. Considere aussi et note bien de quelles personnes sai cte eglise a eu son commancement. Gregoi re Nostre seigneur ihesus a esleu ceulx qui nestoyent pas saiges de saigesse monday ne. Il a laisse les fors/ et a esleu les debi les. Il a laisse les riches/et a esleu les pou ures/lesquelz il a cōstitue prescheurs po⁹ assembler le peuple a son createur. Certes a prescher/telz doyuent venir pour denon cer ihesucrist/qui de eulx riens ne estimoy

ent/et de quoy se deussent gloriffier riens nauoyent/a ce que plus clerement len co gneust que tout ce quilz faisoyent/ne proce doit pas deulx veue leur simplesse/et in souffisance. Crisostome. O biēeurez sont ces benoictz apostres et prescheurs/lesq̃lz nostre seigneur a esleu a loffice apostoliq̃ et a la pdicacion de la verite diuine/deuāt tant de docteurs de la loy/ et de scribes/ deuant et sur tant saiges du mōde. Bien fut digne et conuenable pour la predicaci on de nostre foy telz apostres estre esleuz. pour demonstrer que en la predicaciō du nom de ihesucrist/de tantplus on se esmer ueilleroyt/que ceulx qui prescheroyēt se royent humbles et enfermez selon le mon de Et telz prescheurs ne prindrēt et ne tire rent pas le monde par grant sapiēce de pa rolle mais seulement par simple predica cion de la foy/par laquelle ilz ont deliure tout lumain lignaige de toutes erreurs et deceptions. Donc ihesucrist na pas vou luy eslire les nobles du monde/ou les ri ches/affin que la saincte escripture et pre dicacion ne fust suspecte/ne aussi les say ges selon le monde/affin quil ne semblast que par leur persuasiō ilz eussent deceu lu main lignaige mais a esleu pouures pes cheurs/qui ne scauoyent riens de clergie. simples et ignorans/pour demonstrer eui demment la grace de dieu. Ces apostres estoyent humbles/selon la reputacion du monde/et leur mestier et labour le demon stroit/mais estoyent grans par foy/et par seruice mental quilz faysoyent a dieu/ car silz estoyent selon le monde de petite repu tacion/touteffoys enuers dieu ilz estoyent nobles et riches/des dons et graces quil leur auoit donnez. Dieu sauoit bien quelz il eslisoyt/car il cognoyst le cueur de toute creature. Il esleut ceulx qui ne queroyent pas la sapience du monde/mais qui seu lement desiroyent celle de dieu/ et qui ne couuoytoyent pas les richesses du mon de/mays qui seulement desiroyent les tre sors celestes Considerēt icy les nobles saiges/et puyssans de ce monde/et les or gueilleux/et cognoissent que les impuys sans non nobles et ydiotz, leur sont preferes, et se humilient et abaissent leur orgueil. Or a lexemple de noz princes et ducz laissons toutes choses caduques et transitoyres et ensuyuons ihesucrist, onquel nous aurons toute pfection. A ce faire bien nous enhorte crisostome en disant. Le religieux doit desirer a ensuyuir la vie apostolique. O religieux veulx tu estre disciple de ihesucrist, ou estre disciple des disciples, fay ce que firent pierre, iacques, et iehan Ilz auoyent vng oeil les empeschant et scandalisant, cest pere et mere et leurs nefz. Ihesus leur dist, suyues moy Ilz se ostent loeil empeschant, et ensuyuēt ihesucrist Les religieux sont imitateurs des apostres, et ne le peuēt estre pfaictemēt se ilz ne font ce q̄ ont faict les imitateurs de ihūs dessus nōmes. Mutreligieux dye, iay pere ou pares ou amys, car ce sont choses mortelles. Et pourquoy les desires tu o religieux veritablement si tu as ihesus, tu as pere et mere. et tout ton lignaige. Me demande plus les mors ensuyz les vifz Laisse les mors enseuelir les mors Len list que vng demanda a ihesus licence de aller ensenelir son pere, et ne demāda pas laisse moy o ihesus maystre, seulemēt vne heure auec mon pere, et ihesucrist luy respondit, laisse les mors enterrer les mors. En vne heure tu peuz pechier, et en vne heure mourir. Et pource regarde, que quāt tu veulx enseuelir le mort tu ne meures. Sainct iherosme parlant de la vocacion de ces quatre disciples, appelles de loffice de pescherie dist en ceste maniere. Mistiquemēt par ceste charrecte cest par ces quatre pescheurs, nous sommes portes ou ciel, ainsi que fut helye Par ces quatre anglons et quarrez est edifiee la pmiere eglise, par ces quatre lectres hebrayques le nom de dieu est cogneu de nous ausquelz a lexemple deulx est commande que ouyōs la voix du sainct esperit nous appellant et que oblions nostre peuple, cest noz pechiez, et la maison de la paternelle conuersacion Symon est interprete obedient. Andrieu virile. Jacques suplanteur. Jehan grace Par lesquelz quatre nous sommes conuertis et refomes a limaige de dieu, affin que par obedience nous ouyōs, par virilite et force bataillons, par supplanter les vices, perseuerons, par grace soiōs gardes de dieu. Lesquelles vertus sont dictes cardinales, car par pudēce nous obeissons, par iustice, faisons oeuures vertueuses, par attrempance, supeditons le serpent infernal, et par force desseruōs la grace de dieu. Et ainsi que dit leuangile, ihesus enuironnoit tout le pays de galilee, en enseignāt le peuple en leur synagogue, et preschant le sainct euangile, et guerissant toute langueur, quant aux passions corporelles, et toute maladie quant aux passiōs de lame, et en ce se demonstroyt createur corps et de lame, affin que la parolle de ysaye fust verifiee qui dit Veritablement il nous a oste noz langueurs, cest quāt a lame. Et a porte noz doleurs, cest quāt au corps De ce dit crisostome. Ihūs docteur de vie et medecin celeste estoyt venu pour enseigner les creatures, et pour guerir les maladies du corps et de lame, par la medecine celeste, pour getter les dyables des corps des hommes, et ceulx qui estoient de diuerses maladies detenuz reuoquer a parfaite sante. Les maladies des corps il guerissoit par la parolle de sa diuine puissance, les plaies des ames guerissoit par la medicine de doctrine celeste Celuy est dōc vray et parfait medecin qui donne et rēd tant au corps que a lame parfaicte sante. Nostre seigneur monstre aussi icy par son exemple quelz doyuent estre les platz et prescheurs du saint euangile, car ilz ne doyuēt pas estre negligens et paresseux, mais diligens et feruans, en semant la saicte parolle de dieu, ainsi ql faisoit en circuyāt tout le pays Et cecy nous monstre leuangeliste en ce ql dit. Circuibat ihesus Ihesus enuironnoit Crisostome. Pource que les poures malades de griefue maladie ne pouoyēt venir a ihesus, le vray medecin soigneux de leur sante les aloit visiter Semblablemēt les platz et prescheurs du saint euangile, ne doiuent pas estre accepteurs des personnes, mais leur doctrine doyt estre commune et prouffitable a tous. Et cecy est monstre en ce que leuangeliste dit totam, cest toute. Parcillement ne doyuent point estre charnelz ne querir leurs plaisances et delices, et ce monstre leuangeliste quant il dit galileam/galilee, car galilee estoit vne pouure prouince. Aussi ilz ne doyuent pas aller p̄ le monde sans faire aulcun bien et fruyt, mais doyuēt enseigner et prescher, et ce est entendu en ce mot docens/enseignāt. Neantmoins leur doctrine doit estre manifeste et notoire a plusieurs, sans suspeccon de heresie, car leuangeliste dit In synagogis, ausquelles synagogues des iuifz plusieurs docteurs conuenoyēt. Aussi ne doyuent pas prescher fables et paroles inutiles et prouocantes a riz, mais paroles induisantes les ames a salut, et ce declaire leuangeliste, en ce quil dit, predicans euangelium regni, que ihesus preschoit leuangile du royaulme, cest celluy qui enseigne a venir au royaulme celeste. Et pour conclusion les prelatz et prescheurs du sainct euangile doyuent rendre leur doctrine et p̄dication louable et digne par bonnes oeuures et vertus, et ne doyuent pas seulemēt donner ayde aux neccessites spirituelles, mais aussi aux tēporelles a leurs subgetz, et cest ce que leuangeliste dit. Sanans omnem langorem et infirmitatem in populo, Ihesus guerissoit toute langueur, et toute maladie des poures et des meindres. Et pource que ihesucrist preschoit ainsi en galilee, sa renōmee alla iusques au pays de syrie, qui est prouince grande et spacieuse car elle contient la region de palestine, en laquelle les iuifz habitoyent, et aussy aux aultres prouinces alla comme il est dit en listoire ecclesiastique de abagarus roy pres de eufraten, qui escript a ihesucrist vne lectre sur sa maladie. Et le peuple luy offroit tous malades de diuerses maladies, et les demoniacles lunatiques, et paralitiques. et tous les guerissoyt, tant corporellemēt que spirituellement, car ce eust este peu de les guerir seulement corporellement, et la sante corporelle sans la spirituelle leꝰ eust pou valu. Crisostome. Considere en ces ditz, la prudence de leuangeliste, car il ne racōte pas pticulierement vng seul miracle en cestuy pas que ihesucrist eust fait sur les malades, aincoys sur briefues paroles cōprend labondance et multitude des miracles faitz par luy. Et moult de peuple, et tourbes de galilee lensuyuirent, et de plusieurs aultres regions et pays differans, tant de pensee et de cueur q̄ de corps. Les vngz lensuyuoyent pour estre de luy enseignes cōme ses disciples. Les aultres pour estre gueriz de leurs maladyes. Aulcuns pour auoir refection corporelle. Les aultres pour curiosite de veoir les miracles q̄ il faisoit, voulans sauoir par experience si estoit vray ce que on disoyt de luy. Aulcūs aussi lensuyuoyent par enuye, comme les iuifz qui queroyent et espioyent comment le pourroyent reprendre, en parolle, ou en fait pour laccuser. Touteffoys a tous, le doulx ihesus faisoit bien, en les enseignāt en les guerissant, et en les refectionnant tant de viande spirituelle q̄ corporelle. Et de ce sont telz versetz Morbus, signa, cibꝰ cest adire. Maladie, miracles ou signes, refection, blaspheme, ou mocquerie et doctrine, sont les cincq choses q̄ ont este cause pourquoy le peuple a ensuyt ihesucrist. Et quant en leuangile on dit q̄ les turbes ensuyuoyent ihesucrist, on doit entēdre diuerses personnes, lesquelles par diuerses voulentes et oppinions ensuyuoyent ihesucrist. A ces cincq especes de monde ensuyuant ihesucrist correspōdent cinq lieux ausquelz il a este. Car de galilee venoyent les curieux, selō ce qui est dit. Hommes de galilee q̄ regardes vous on ciel. De decapoli venoyēt les malades a ce que par lobseruance des commandemens fussent gueriz, ausquelz est dit si tu veulx entrer en paradis, garde les commandemēs. De iherusalem venoyent les espiez et les enuieur, ausquelz est dit. O iherusalem qui tuez les prophettes. De iudee venoyent les fameliques confessant leurs pechies et rendans graces a dieu a ce que par garder leuāgile fussent saulues. Du fleuue iourdain venoient les disciples qui apres furent apostres pour estre baptizes et instruitz/affin quilz baptizassent et instruissent apres. Par ces cincq lieux sont signiffiez aussi cincq conditions de personnes qui ensuyuent ihesucrist. Par galilee interptee trasmigracio est entendu lestat des penitens/par decapolis facteur de la loy/les actifz/par iherusalem vision de paix/les contemplatifz/ par iudee signiffiant confession/les plats par le fleuue iourdain/les innocens & noueaux baptises. Crisostome. Suyuons le aussi nous qui auons diuerses maladies en noz ames/lesquelles principalement/il veult guerir. Alons a luy/ et demandons pardon de noz pechiez/car il nous le dora si nous ne sommes negligens de le demander. Helas si maintenant nous auions aulcune petite passion de corps/bien nous efforcerios que elle ne creust et que plus fort ne fussons malades/et nostre ame est tant malade/et touteffois a la guerir differons et pourtant nous ne sommes gueriz de noz maladies corporelles/car des principales ne voulons estre gueriz. Et ne cuide pas q̃ soyes seurement quantu peches et ne as doulcur ne desplaisance de ton pechie/car en tel cas tu doys plus fort gemir et plourer pource que tu ne sens point la doulcur du pechie. Et la cause est non pas que les pechies ne mordent ta conscience quant tu les as commys/mais pource que ton ame qui a fait pechie/est insensible. Cest donc le premier bien/ne commectre pechie/ et le second quant on a peche/sentir et plourer son cas et son deffault. Considere diligement tes propres deffaultz et pechies/affin que cognoysses de quoy tu demandes pardon a dieu/et de ce luy rends grãs graces/et de ses benefices/car dieu se courrouce plus a la creature/et la plus en indignacion quant elle a pechie. et touteffoys na point de doulcur du pechie quelle a fait/quil ne fait du pechie quelle auoyt parauant commys. Et pource nous deuõs tellement prier dieu/que nous cognoyssons nostre voulente/nostre estude/et tout nostre desir estre en tout bien/et ainsi en brief temps pourrons estre deliures des maulx qui de toutes pars nous enuironnent/au moins pourrons aprendre lestat onquel nous auons este/et paruenir a franche liberte desperit.

Oraison

Syre ihesucrist/qui auyronnant/et tournant le pays/as cherche les malades comme solliciteux medecin/et les as gueriz/tant corporellement q̃ spirituellement: ie te prye que me gueriffez moy trauaille de diuerses maladies/tant de ame que de corps. Tyre moy apres toy/affin que ie te ensuyue/en passant des vices aux vertus/en gardant tes commandemens/en demeurant auec tous paisiblement/en confessant humblement mes pechies/et en craygnant les iugemens diuins. Iecte moy du lac de misere/et de la puante fange de pechie/et adroisse mon chemin en la voye de salut/affin q̃ ie puisse prouffiter en tes commandemens/et paruenir a la benoicte felicite eternelle/sans aulcun empeschement de mes ennemys. Amen.

De la vocacion saint mathieu et de son bancquet. xxxi. chapitre

Ung iour entre les aultres le bon ihesucrist cheminant et venant a la mer de galilee/la ou le tribut se payoyt/principalemēt des choses qui estoyent ameneez par mer/veist tāt des yeulx corporelz que de ame et de compassion ung home nome mathieu filz de alphee parauant appelle leuy/qui se seoit au change/car il auoit soing et cure de receuoir le tribut/et les deniers du port. auql ihesucrist dist/vien apres moy. Il voulut appeller sainct mathieu on temps qͥl estoit ainsi occuppe pour demonstrer q̄ nulle creature se doit desesperer de la grace de dieu si grāt pecheresse soit/ne tant vile occupacion aye Et sans demeure se lieua/et layssa tout/tant le sien que lautruy quil auoit assemble par rapine et ensuyuit ihūcrist/copant/non pas desliant la corde selon le conseil de saint iherosme/car celuy qui lappelloyt par dehors tantost lenflamba par dedans de son amour/affin quil lensuyst/en le tirant a soy. Iherosme. La beaulte et la mageste de la diuine deite/laquelle reluysoit en la face de ihesucrist pouoit sans delay tirer a soy ceulx qui le regardoient/car se en la pierre daymant/est telle vertus q̄ le tire le fer a soy/par plus forte rayson le seignēͬ de toute creature pouoit tirer a soy ceulx qͥl vouloit Et crisostome dit/Ainsi que tu as veu la vertu de lappellāt/ainsi aprens lobedience de celluy qui est appelle/car il ne resista point/et ne vassilla/mays sans demeure obeyt/et ne pria pas ihesucrist quil le laissast aller iusques a sa mayson pour le faire assauoir a ses parens et a mys. Donc saint mathieu tout ioyeulx/ensuyuāt et regraciāt ihesucrist/le receut auec ses disciples en son hostel/et par gran de deuocion et plaisir internel/pour laduenement de tel hoste prepara vng grant cōuy/en rendant et recompensant a ihūs les choses terriennes/pour les choses spirituelles qui ia estoiēt en son cueur. Et estoyt bien conuenable/q̄ ce cōuy fust grant de laueēce et du relief/des biēs desqͥlz les āges

sont refectiōnes on ciel/et encore tresgrant car cōe dit saint ambroyse/celuy qui recoyt ihesus en la maison de son ame/est peu et refectionne de tresgrandes et habondantes delectacions. Et ihūcrist dit. Grāt ioye est aux anges du ciel/quant vng pechͤͬ se couertist a penitence. Et nest point a doubter que la ioye fut grande de la cōuersion dūg tel pecheur/cōme estoit saint mathieu. Crisostome. Tantost que ihūcrist dist a sainct mathieu/ensuys moy/nulle demeure fit et ne tarda mye/mais incōtinēt et sans delay se leua et lensuyuit/en quoy il se mōstra estre loyal a dieu et filz de abraham/en ce qͥ a la seule voix de dieu luy obeyst et lensuyuyst/car a lexēple de abraham il receut ihesucrist poͬ hoste/et luy ppara grant conuy

A parler mistiquement/ainsi que sainct mathieu apres sa cōuersion fit en sa mayson vng bel et hōnourable cōuy/ainsi vng chescun cōuerti a nostre seigneur doit faire vng cōuy spirituel en sa cōsciēce et en son cueur/et doit auoir pour ses viandes/saictes et bonnes cogitacions/meditacions/et affectiōs. Et de ce dit dieu ainsi quil est escript en lapocalipse. Ie suys a la porte et frappe. Se aulcun me ouure/ie entreray a luy et mengeray auec luy/et luy auec moy

Or ainsi que ihūcrist et ses disciples estoyent assiz a table/va venir grant multitude de publicais ainsi appelles pource qͥlz recoyuent publiquemēt les tribuz/et imposicions de la chose publicque/ou que se appliquoyent a aultres choses cōmunez/cōme sont chāgeurs ou aultres/qui ont a nōbrer ou distribuer pecunes/lesquelles choses a grant peyne selon sainct gregoyre/se peuuent excercer sans pechie. Et sont ditz publicains a publio qui fut roy des rommains/lequel premier ordōna telz leueurs de passaiges/Et telz gens venoyēt au conuy/que sainct mathieu auoyt appareille pour ihesucrist/et se seoyent auec luy et auec ses disciples/desquelz plusieurs auoyent ia repentance de leurs pechies/et suyuoyēt nostre seigneur ihūcrist en esperance

de obtenir pardon par sa doulce misericor
de Et sur ce dit saint Iherosme pource que
les publicz pecheurs auoyent veu vng pu
blicq pecheur conuerty a bien et auoit trou
ue lyeu de penitence ilz prenoyent en eulx
confiace de ainsi trouuer enuers ihesucrist
On peut aussi dire que sainct mathieu les
auoit inuitez pour auoir compaignons en
penitence ceulx lesquelz il auoit euz en pe
chie. Et selon la glose cestoit bien raison q̃
luy qui estoit esleu pour estre apostre et pes
cheur du sainct euangile au commancemẽt
de sa conuersion tirast apres soy vne grãt
cõpaignie de pecheurs poᵘ leur saulueme͂t
Ihesucrist, bailloit a tous remede salutai
re, et non seullemẽt en disputant, ou en gue
rissant, ou en reprenant les maulx, mays
en mengeant et boyuant, en nous demon
strant que en tout teps, et en toute oeuure
on peut faire bien. Il ne fuyt pas la com
paignie des publicains, pour lutilite quil
veoit qui sen deuoit ensuyuir comme le bõ
medecin, leq̃l sil ne touche la playe, le ma
lade nest point guery Mais cõme dit sait
iherosme il aloit aux cõuiz des pecheurs, af
fin quil eust occasion de les enseigner et de
donner viandes spirituelles a ceulx qui la
uoyent conuye. Quand tu liz ihesucrist
auoir plusieurs foys este aux conuyz, aul
tre chose tu ne liz fors les miracles et mer
ueilleuses choses quil y a fait, et la doctri
ne quil y a donne, a ce que son humilite en
tant quil aloit auec les pecheurs, et la puis
sance de sa doctrine, en la conuersion des
pecheurs fust demonstree. Et nous pour
semblable cause pouuons menger auec les
pecheurs Les pharisees consideras le
loy et les tradicions de leurs peres, et suy
ans τ declinãs la bõte et misericorde du me
decin, murmurerẽt et furẽt indignes de ce q̃
ihũcrist estoit en tel conuy, et q̃l mengeoyt
auec les publicains, et disoyent a ses disci
ples en le reprenãt. Pourquoy vostre mai
stre menge auec les pecheurs et publicais
Comme silz vouloyent dire. Cest vng cas
deffendu en la loy, de faire telle chose. Il
semble que vostre maistre vueille destruire
la loy, vous estez bien folz de ensuyuir tel

maistre. Ainsi font auiourduy les detrac
teurs, lesquelz vituperent les membres de
ihesucrist et leurs biens faitz En toute ma
niere ces pharisiens erropent, car eulx or
gueilleux cuidoyent estre iustes, et reputoy
ent les aultres pecheurs qui estoient ia pe
nitens. Ilz estoyent semblables au phari
sien qui se iustifioit et cõdempnoyt les aul
tres. Cest la condicion de vraye iustice a
uoyr compassion, et faulce iustice ha dedi
gnacion, combien que les iustes ont en in
dignacion les pecheurs, mays cest aultre
chose ce qui se fait par orgueil, et ce qui se
fait par zele de discipline et de dieu. A ces
pharisees, sont semblables ceulx qui pre
ferent leurs tradicions et voluntes aux cõ
mandemens et voulente de dieu, et veulent
que len obeysse iusques au meidre de leurs
cõmandemens, et trespassent les plus grãs
de ceulx de dieu. Contre telz pharisees
murmurateurs, tantost se mist la misericor
de de dieu, laq͂lle prouoque les pecheurs a
penitence, car tout ce que ihesucrist a fait
en ce monde, soit boyre, menger, ou chemi
ner, ou semblable chose, sert au salut des
pecheurs, veu que toutes les oeuures q̃ la
fait en terre ont este pour nous conuertir.
Et en respondant aux pharisiens poᵘ ses
disciples luy qui estoyt maistre, se mõstra
comme medecin, premierement en allegãt
raison en disant. Non est opus τc. Le me
decin nest point necessaire aux sains, mais
aux malades Et non sans cause, ihũcrist
se rẽdoit familier aux pecheurs q̃ sont ma
lades de maladie spirituelle. Comme se il
disoit aux pharisiens selon la glose. Voᵘ
estes sains selon vostre reputacion, et poᵘ
ce ie vous laisse, et visite ceulx qui se repẽ
tent, et donnent lyeu a grace, et se reputent
malades et pecheurs En ce selon crisosto
me il demonstra, que ceulx qui se reputent
sains et iustes, ne desseruẽt point de auoir
ne de obtenir la guerison spirituelle, poᵘ ce
quilz desprisent la medecine de ihesucrist,
Mais ceulx qui cognoissent leur enferme
te, cest adire leurs propres pechies, en ay
ant ferme foy que leur guerison viẽdra du
medecin celeste desseruent estre guerix Car

selon sainct augustin, nulle creature est tant ferme et seure, que celle qui en soy mesmes se sent malade. En apres il leur respondit et monstra leur ignorance par auctorite du prophette ozee qui est telle. Euntes aute a meritate vestra discite, etc. Allez en laissant et vous departant de vostre temerite et aprenes, et diligemment considerez, que cest que dieu dit par le prophette. Je veulx misericorde en pardonnant les pechies, et non pas sacrifice des bestes. Et si vous regardes lescripture, vo⁹ me trouueres faire ce quelle dit, car plus me plaist auoir misericorde mesmes sans sacrifice de ceulx q̃ ont humilite de cueur, que sacrifice sans misericorde de ceulx qui ont eslacio et orgueil. Et a cause de ce il est dit aux puerbes ffaire misericorde et iustice, plaist plus a dieu que sacrifice. Et pl⁹ dieu ayme vng pecheur humble qui en recordant ses pechies humblement se soubzmet a la grace et bonte de dieu, quil ne fait vng iuste orgueilleur, qui mesprise et contempne les aultres en presumant de ses iustices. Selõ crisostome, les pharisiens et scribes de la loy, cuidoient q̃ tous pechies fussent pardonnes par les sacrifices de la loy, et pourtant ilz contempnoyent toutes aultres vertus et mectoyent leur fiance et espoir aux sacrifices q̃lz faysoyent. mais ihesucrist prefera misericorde aux sacrifices, en monstrant clerement que les pechies ne peuuent estre effaces p̃ les sacrifices de la loy, et bien peuent estre pardonnes de dieu par les oeuures de misericorde et de pitie q̃ la personne fait pour lamour de luy. Selon la glose dieu ne desprise pas simplement les sacrifices, mays seulement ceulx qui sont faitz sans misericorde, comme faisoyent les pharisiens pour apparoistre iustes deuant les hommes, et ne excerceoyent point les oeuures de misericorde, esquelles est demonstree vraye iustice. Et rabane Bonc ihesucrist les admonestoit quilz queruss̃ẽt le loyer pardurable a eulx mesmes par les oeuures de misericorde, en ne ayans pas fiance de playre a dieu par les offrendes des sacrifices seulement se ilz ne secouroyent auecce a la ne-

cessite des pouures en temps et en lieu. Et pource il leur proposa sa misericorde en exemple en disant. Non veni vocare iustos. Je ne suys pas venu du ciel appeller les iustes a penitence, mais les exciter a puiser de mieulx en mieulx. Je suis venu appeller les pecheurs a penitẽce, affin q̃lz se corrigẽt et amẽdẽt. Ou autremẽt ie ne suis pas venu appeller les iustes, cest adyre, ceulx qui se reputent iustes en ignorant la iustice de dieu, et voulent constituer la leur, car si parfaictement se conuertissent a dieu, ia plus ne se reputẽt iustes, mais pecheurs, et dient auoir necessite du medecin. Ou encore aultrement, ie ne suis pas venu appeller les iustes, car nulle creature est iuste. Certes tous ont peche, et ont necessite de la grace de dieu. Je suis venu appeller les pecheurs qui considerent leurs deffaultz, et recognoissent auoir besoig du medecin celeste, et se soubmectent par penitence a la grace de dieu. Comme sil disoit selõ gregoire nicene. Je cognois les pecheurs, et ne les mesprise point, car pour eulx ie suis venu, non pas affin quilz demeurent pecheurs, mais affin quilz se conuertissent, et soyent faitz bons. De quoy dit laposte. En ce demonstre ihesus grant esperance aux pecheurs, que pour lamour deulx il est venu au monde. Augustin. Pour aultre chose nest venu ihesucrist, que pour sauuer les pecheurs. Oste les maladies et les playes, et medecine nest point nccessayre. Le grant medecin est venu du ciel, car par tout le monde humain lignaige est trouue malade. Ung seul sans pechie est venu, q̃ plusieurs a deliure de pechie. Certes noz merites ne lõt pas fait descendre du ciel, mais noz pechies. Les vsurpateurs de iustice, selõ sait ãbropse ne sont poit appellez a grace. Sil est ainsi que grace soyt donnee par le moyen de penitence, celluy qui abhomine penitence refuse grace. Icy tant par les parolles que par les faitz de ihesucrist, est demonstre que les pecheurs q̃ veulẽt retorner a la voye de penitence, doiuẽt estre receuz voulentiers, car nostre seigneur se mõstra doulx et de bõnayre en la recepciõ du

p i

publicain sainct mathieu. Et selon sainct iherosme, les aultres euāgelistes ne lont pas voulu appeller par le nom de publicain pour honte et pour lonneur de sainct mathieu, mais lappelloyent leuy, et luy sainct mathieu, pource que selon le dit de salomon le iuste au cōmancement accuse soy mesmes, ce appelle mathieu et publicain, a ce quil mōstre a tous ceulx qui lyront son euangile, que nul ne se doyt desesperer de son salut. En ce nous sommez enseignes, que entant quil nous est possible, deuons musser les pechiez dautruy, a ce que par signe ou par parolle ne viengnēt, non seulement a cognoissance. mais a suspicion, et que deuons accuser et confesser la turpitude de noz pechies a lexemple de saint mathieu. Par la vocacion de saint mathieu peut estre signifiee la vocacion de lomme seculier a religion. Les pharisiens qui murmuroyent sont les maulluais hōmes, qui detrayent le bel estat de religion, ausquelz il est dit. Allez et aprenes, que ie veulx misericorde et nō pas sacrifice. Cest grāt oeuure de misericorde appeller les pecheurs a penitēce. Adōc les pharisiēs et les disciples de saint iehā baptiste vindrēt a ihesucrist et luy demanderent pour qlle cause ilz ieusnoyent si souuent et non pas ses disciples, car les pharisiens desquelz tenoyent encore la coustume les disciples de saint iehan ieusnoyent souuent. Et est icy a noter, que ainsi que par auant les pharisiens estoiēt venuz aux disciples de ihesucrist pour vituperer ihesus de ce quil conuersoit auec les pecheurs, ainsi maintenant vont a ihesucrist pour reprendre ses disciples de ce qlz ne gardoyent pas les ieusnes. ainsy q cest la coustume des maulluais de dire mal dūg couste et daultre, et de semer discordes et discencions entre les bons. Leur cy failloyent, car premierement ilz se ventoient de ce quilz ieusnoyent. laquelle chose se doit faire en secret. Secondement, car ilz reprendoyent ihesucrist de ce q ses disciples ne ieusnoyent, en metant le deffault des disciplez sur le maistre. Et par telz sont signifiies les ypocrites qui veulent apparoistre deuant le monde pour leurs biens faitz en contēnant les aultres. et disant cōme le pharisie ie ne suis pas du nombre des aultres. Or nostre seigneur les conuainquit, et raisonnablement excusa ses disciples, par troys similitudes ql mect en disant. Nūquid possūt filii. ɫc. Assauoir se les cōuies et les enfans des nopces ou de lespoux de leglise qui sont les disciples engēdrez par foy de moy et de leglise, peuuent ieusner ou plourer, tant que lespoux est auec eulx. Selon saint ierosme, il est troys manieres de ieusnes. Lung est ieusne de expectaciō et de actente, affin que la persōne soit mieulx et po ceste cause on ieusnoit en lancien testamēt et de cestuy ieusne les disciples nauoyent point de necessite, car ilz auoyēt ia psent et auec eulx lespoux ihūcrist. Il est vng aultre ieusne de vexacion et de trauail, leql est ordonne a refrener la chair de delectacion charnelle, et tel dispose a cōtēplaciō affin q le ieusnant soit rēply des spirituelles delectacions. et de cestuy ieusne les disciples nauoyēt besoing, po ce quilz nauoyēt nulle affection aux delectacions charnelles, car ilz auoyēt auec eulx ihūcrist, duquel la psence et doctrine plus refrenoit en eulx les cōcupiscencēs illicites et desordōnees que grant austerite de ieusnes aux aultres. Et pourtant ne deuoyēt ilz pas ieusner tāt que lespoux estoit auec lespouse par psence corporelle, mais plus tost se deuoyēt esiouyr de la presence de lespoux, laqlle plus parfait la personne en bien q nulle aultre abstinēce corporelle. Il est encore vng aultre ieusne q pcede de plenitude τ d pfectiō de contēplacion, et de cestuy ieusne ieusna moyse en la mōtaigne de synay, car de tant que lame est plus esleuee en la haultesse d contēplacion, de tāt elle est plus ptente de peu de nourissemēt corporel. Et tel ieusne cōpetoit point aux disciples, po ce que encores ilz estoyent rudes et imparfaitz, et deuoiēt premieremēt estre renouuellez par la charite et grace du saint esperit, laquelle chose fut faicte le io de la penthecoste, τ adonc ilz deuoyēt cōmancer vne nouuelle maniere de viure. Ihesucrist leur dist, ve nient dies ꝛc. Les iours viendront/ cestassauoir de la passion et ascension ausquelz la presence corporelle de lespoux/ leur sera soubtraicte τ ostee/ et ieusneront de ieusne de pleur et de humilite/ car telz iours selon sainct augustin seront pleyns de douleur/ iusques a ce que la ioye leur soit rendue par la visitacion du sainct esperit. Et de cestuy ieusne dit lapostre. Les disciples de ihesucrist furent on temps de la passion de leur maistre en faim et en soif et moult ieusnerēt

Il est a noter selon bede/ que ce pleur de quoy parle ycy ihesucrist de labscence de lespoux nest pas a entēdre seulemēt de celluy que firent les apostres apres la passiō et ascension/ mais aussi de celluy q̃ fut celebre et fait auant son incarnaciō/ car deuāt lenfantemēt de la vierge fut vng temps q̃ les sainctz peres desiroyent laduenement du filz de dieu au monde. Aussi apres quil est monte aux cieulx/ est le temps que les sainctz desirent sa manifestacion/ laquelle sera quant il viendra iuger les mors et les vifz. Et ce pleur desire de saincte eglise na point cesse si nō le pou de temps q̃ ihesucrist demoura en terre auec les apostres.

Et combien que ihesucrist parlast de sa presence corporelle/ touteffoys moralemēt les iours ausquelz il nous est oste/ sont les iours de coulpe/ quant nous boutōs hors de la maison de nostre conscience par pechie le vray espoux de lame/ lequel est ihesucrist/ et y mectons le adultere dyable. Et adoncnous ieusnons par deffault de refection spirituelle/ en laq̃lle nostre ame prent vraye consolacion. et auons les iours de pleur et de douleurs. Et poꝰ ce on doyt biē tenir le doulx espoux/ et garder que on ne perde la viande par pechie. Et quant par pechie mortel il se depart/ alors deuōs plorer et ieusner par leffect de penitence/ et de douleur Aulcuneffoys le doulx ihesus qui est le vray espoux se soubtrait de lame/ affin que en plus grant desir il soit appelle/ τ apres q̃l sera retourne par grace soyt plus fort tenu par desirs et affections deuotes. car tant q̃l est auec noꝰ/ nous sōmes en liesse/ et ne pouuons plourer/ ne ieusner. Am

broyse. Ceulx doyuent ieusner/ ausquelz ihesucrist est absent/ car ilz ont grāt besoig de bonnes oeuures. Nulle creature te peut oster ihesucrist, excepte toy mesmes. Garde que ta iactance et ton arrogance ne le te oste. Spirituellement lame est lespouse auec laquelle ihesucrist, q̃ est son espoux desire estre/ lequel ha toutes les condicions desirables et requises a vng espoux, car p̃mierement il est tresriche/ aultrement riens ne donneroyt/ et ne enrichiroyt pas son espouse. Et il dit aux prouerbes de salomon Auec moy sont richesses et gloire Secondement/ il est tressaige/ aultrement il dissiperoit et gasteroit tout. Cest celluy onq̃l sont mussez tous les tresors de science/ et de sapience/ comme dit sainct paul. Tiercement/ est tresbel/ aultremēt il seroit desplaisant a son espouse. De luy dit le psalmiste Sa forme est belle/ plus que toꝰ les enfans des hommes. Quartement il est tresnoble aultrement il seroit desprise Et de luy dit le saige. La noblesse de cest espoux gloriffie les aultres. Quintement il est trespuissant aultremēt il seroit opprime des aultres. Et lecclesiastique dit. Il ya vng trespuissant et treshault createur. Sextement il est tresbon/ autremeut il ne seroyt pas ayme. Et pource il est dit aux cantiques. Mon amy est esleu entre mille. Et lapostre de toutes ces choses dessusdictes/ en parlant aux hebreux dit. Locutus est nobis ꝛc. Il nous a parle par son filz/ veez icy lexcellēce de noblesse. Et la constitue heritier de toꝰ/ veez icy labondance de richesse/ par lequel il a fait toutes choses/ veez icy sa merueilleuse sapience. Il est la splēdeur de gloire/ veez cy sa beaulte. Portāt toutes choses/ veez cy son infinie puyssance/ et faict remission des pechies. veez cy sa bonte souueraynne. Vrayement les enfans de tel espoux nōt pas occasion de plourer tant q̃ tel lespoux sera auec eulx Et saichez que ihesucrist aucunesfoys/ se nomme seigneur/ aulcunesfoys pere. aulcuneffoys espoux. De quoy dit sainct gregoyre. Quant ihesus veult estre craint il se fait appeller seigneur Quant il veult estre honoure. il se fait appeller pe

p ii

re. Et quant il veult estre aymé il se fait appeller espoux. Considere bien lordre de ces noms. Certes honneur vient de crainte, et amour vient de honneur. Bernard. Se ie suis seigneur ou est ma crainte Se ie suis pere, ou est mon honneur. Mais quant il se vouldra monstrer espoux, ie pense dit saict bernard, que il muera sa voix et dira. Se ie suis espoux ou est mon amour Donc dieu demande estre crainct, comme seigneur, estre honnouré, comme pere, et estre aymé comme espoux. Mais lequel est plus excellant des trois, c'est amour, car sans amour craincte a peyne, et honneur na gloire ne grace. La craincte est seruile, si elle nest faicte et exhibee par amour et honneur, qui ne procede damour ne doit pas estre appellé honneur, mais flaterie. Et combien que lapostre dit q̃ a dieu soit donné honneur et gloire, toutesfois ne lũg ne lautre ne acceptera silz ne sont confitz du miel damour, et pource amour tient leminence et est plus noble. Il plaist seulement par luy mesmes. Il est son merite. Il est son loyer Il est son fruit car son fruit est son vser. Et encore dit sainct bernard L'ame deuote est dicte lespouse de dieu, car elle est fiancee des dons de grace. Elle est ioincte et couplee à luy par chaste amour, et est feconde de la lignee des vertus. Puis ihũcrist mect la seconde similitude, en disant, que nul hõme saige et labourant discretement mect drap nouueau auec le vieil, car le neuf est fort puissant, et plus espez, et pource il rõpt le vieil et oste la beaulté, et luniformité du vestemẽt. Apres ihesucrist leur bailla la tierce similitude, en disant que nul hõme saige mect vin nouueau en vieilles bouteilles, car quant le vin est nouueau il boult, et par la force du vin les vieilles bouteilles se pourroyẽt rompre, et le vin sespandroit Et nul q̃ boit vin vieil, tantost desire a boyre vin nouuel pour la coustume quil a du vieil vin. Ainsi semblablement il nest pas expediãt aux hõmes rudes qui viennent de nouuel a couersacion, imposer griefues abstinences, pour ce que cest chose mõlt difficile laisser sa coustume. Par toutes ces similitudes deuant mises, veult conclure le bon maistre, q̃ ses disciples qui estoyent encores cõme nouices ne deuoyent pas estre contrainctz a si austeres ieusnes, de quoy parloiẽt les pharisiens mais apres quilz seroyent enforcés et renouuelles en vie spirituelle par la grace du sainct esperit, ilz ieusneroyẽt. Et aussi veult conduyre, que les nouuellement cõuertis, ne sont pas trop a experer par penitence, affin quilz ne se desesperent et delaissent la bonne vie quilz auoyent cõmancee. Et aussi les choses qui sont de haulte perfection ne leur doyuent pas estre imposees iusques a ce quilz soyent despouilles de la vieille vie du mõde, car telles oeuures a ceulx qui sont encores imparfaictz, sont moult difficiles et dures, veu q̃ ne les ont pas acoustumees. Et pourtãt qui veult aucun induyre et mener a la p̃fection des vertus, luy doit premier enioindre petites choses, et puis de legier pourra acomplir les grandes et parfaictes. Par ce lieu icy vng chescun qui veult faire aulcunes ordonnãces, ou bailler penitence au pecheur, doyt regarder, quil est meilleur a lexemple de ihũcrist enioindre a aulcun penitence legiere et tollerable, laquelle puisse de bon cueur acomplir, que grande et importable, laq̃lle ne puisse acomplir, et par ce soyt coulpable deuant dieu. Ainsi est il de la sentence trop rigoureuse, car tousiours misericorde et doulceur, doit surmonter rigueur et iugement. Oraison

O Sire ihesucrist, q̃ en moult de manieres me appellez, et admonestes q̃ ie te ensuyue, embrase mon cueur de ta diuine inspiracion, affin que te puisse ensuyr, et que riens ne me puisse separer de ton amour et charité, fay que ie te serue de sainctes cogitacions, affectiõs et autres bonnes oeuures et vertus, et que en mon ame te face vng grant conuis, par grande deuocion. Et toy sire qui veult misericorde plus tost que sacrifice, et es venu en ce mõde pour appeller les pecheurs pl͏̃ que les iustes, donne moy qui suis vng poure pecheur, que ie desserue auoir en moy lexperience de ta misericorde Amen.

De la election des douze apostres. xxxii. chapitre.

Apres que nostre seigneur eust appelle a soy plusieurs disciples voyant les tourbes et le peuple len suyuir les laissa/et se departant du bruyt et du tumulte/monta en la montaigne de thabor tout seul pour prier. Ceste montaigne est on champ de galilee/on pie de laquelle est le lieu ou abraham tournant de la bataille quil auoit faict contre les roys qui emenoyent son frere loth/trouua melchisedech/et la passe le fleuue de cyson En ceste montaigne a euyne abbeye de moi nes noirs soubz leuesque metropolitain de nazanzene/et est loing ladicte montaygne de celle cite quatre mille. Ou par auenture il monta sur vne aultre montaigne pour prier dieu son pere. Anselme. Jhesucrist en pres chant le royaulme du ciel demeure de iour auec le peuple/et ledifie par miracles et p paroles/et de nuyt vacque en oraison en la montaygne/pour admonnester vng chescun que selon lopportunite du temps/on vacque a fayre bien a son prouchain/auec lequel nous viuons par paroles/et par bons exemples/et de nostre pouoir luy monstrer la voye de la vie eternelle/et monter par desir en la montaigne des vertus/et querir la doulceur de contemplacion/en adroyssant nostre intention aux choses souueraynes/ et que ne oblions les oeuures de misericorde. Donc ihesucrist estoit toute la nuyt en oraison/non pas du monde/mais de dieu, pour obtenir les vrays biens spirituelz et non pas pour soy/mais pour nous Sur quoy est assauoir quil est vne oraison de dieu/qui est quand on desire obtenir de luy les vrays biens spirituelz. Aulcune est oraison du monde/quant on prie po auoyr les choses terriennes/et caducques. Aulcune est du diable/quant on prie pour accomplir ses voluptes charnelles. Ambroyse. Jhesucrist estoit veillant en oraison par nuyct en te donnant forme et maniere/laquelle tu doys ensuyr. Que te fault il faire pour acquerir ton salut/quant tu veois que le filz de dieu veille pour le te acquerir. Regarde quil te fault fayre/quant tu veulx fayre chose de laquelle tu desires auoir merite/et prens exemple a ihesucrist/lequel quant voulut enuoyer les apostres/pour anoncer le royaulme du ciel/premierement fit oraison seul/en monstrant/que qui veult estre exaulse de dieu/se fault garder de vayne gloyre et louange humayne/et querir lyeu secret/ et desirer estre seul. Bernard. Le benoist filz de dieu on sainct euangile commande et dit/quant tu vouldras prier dieu/entre en ta chambre secrete/et ferme luys sur toy et adonc prie dieu ton pere. Et ce quil a dit et commande/il a fait premierement/car quant il vouloyt prier dieu son pere/de nuyt se separoit/non seulement du peuple/mais aussy de tous ses apostres et de ses priues/et vacquoyt a oraison. Et finalement se disposant a la mort et passion/quantil voulut prier dieu son pere/se separa des trois apostres qui luy estoyent plus familiers. Crisostome. Lieue toy la nuyt/quant tu veulx prier dieu en temps secret/car en la nuyt lame est plus pure/et plus en soy/a cause des tenebres/et du silence de toutes choses qui sont en telle heure/et peut souffisamment lame estre menee iusques a compunction. Quant on fait orayson a

p iii

dieu par nuyct/vayne gloyre ne trauaylle point la personne et tumulte ne la destourne mye. Et pour dire verite/le feu ne separe pas tant le rouylle du fer/cõme orayson nocturnalle la nyelle et mouilleure de peche car ce que le soleil frappe par sa chaleur ou iour/la nuyt le adoulcist. Et aussy les larmes espandues de nuyt en oraison/surmõtent toutes aultres roufees/et valent contre toutes cõcupiscences et orgueil. Si dõc la personne nest nourrye de ceste roufee tantost deuient seiche. Aussy on doit prier dieu de nuyt cõme le iour/pour demõstrer que la nuyt nappartient pas seulement au corps/mais aussy a lame. A celuy donc qui desire parler auec dieu/et obtenir la consolacion diuine/conuient se mectre en solitude/et laisser toute humayne consolacion. De quoy bede nous donne exẽple en saint iehan euangeliste/et dit Ungchescun scayt lystoyre/comme sainct iehan par domicien a este a cause de sa predicacion relegue en lisle de pathmos/et la les secrets de dieu luy furent reueles. Et semblables choses len trouue de plusieurs aultres/qui en vng petit de temps ont plus gaigne tous seulz quilz nauoyent toute leur vie en compaygnie. Et sainct bernard dit/venez et montons en la montaigne du seigneur a la maison du dieu de iacob/et la on nous enseygnera ses voyes. O vous toutes mes intẽcions/cogitacions/voulentes/et affectiõs et tout mon cueur/venez en la montaygne de dieu/et montons au lieu/la ou dieu veoyt/la ou il est veu/et vous mes cures/sollicitudes angoisses/et aultres peynes acteres icy bas auec cest asne/cest auecques le corps/iusques a ce que moy et cest enfant cest intelligence/soyons allez en hault/et quant nous aurons adoure nous retournerons a vous. Helas bien tost nous retournerons a vous/car en ce monde on ne peut pas longuement demourer en la montaigne de cõtemplacion. Or quando il fut iour ihesucrist appella a soy ses disciples/et de eulx il en esleut douze/pour estre auec luy plus principalement/lesquelz appella

apostres/cest adire ennoyes pour prescher et pour anoncer le royaulme du ciel. Premierement illes auoyt appellez pour estre disciples. mais maintenant les appelle pour estre apostres/voire apres quil eust prie dieu son pere tant iour que nuyt/en demonstrant que a la promociõ des prelatz/orayson doit estre deuãt mise/et que on les doit eslire par deuotez oraisons/et nõ pas par inductions ou promisses mondaines. Glose. Nostre seigneur montant en la motaygne/appelle a soy ceulx quil veult/et les eslist/car ce nestoit pas pour leurs merites/que a celle dignite ilz fussent esleuz/mais estoyt seulement par la bonte et grace diuine. Et pource apres il leur dist. Vous ne maues pas esleu/mays moy vous. Et en ce exclud a leflection des prelatz toutes manieres de decepcions qui se peuuent faire par voye humaine/comme de pecune/de lignage/de prouffit et de lonneur mondain/affin que seulemẽt en telle election apparoisse la grace diuine/par laquelle vngchescun doit estre esleu. Mays helas au iourduy plusieurs elections sont corrompues/en moult de manieres/qui nest pas sans grãt offense de dieu. Aussi pource quil institua les apostres en la montaigne/est signiffie que les euesques qui sont successeurs des apostres sont au souuerain degre en leglise/et pource ilz sont ditz euesques/q vault autant adyre/comme sur les aultres entendans et solliciteux/car ilz doyuent entendre et auoyr soing des brebis de ihesucrist/lesquelles de toute leur puissance doyuent cõduyre et diriger en la vie spirituelle Mais helas plusieurs de ceulx sont meindres q nest le peuple/en bonnes operacions/et ne prouffitẽt ne a eulx ne a aultruy/par quoy ilz ont le nom sans loperacion Or ainsy que en la vocaciõ des apostres/fut grãdemẽt magnifiee et louee la grace diuine laqlle appella telz simples gens/aussy le nombre de douze fut de grant figure Car le nõbre de douze onquel nostre seigneur eslist ses apostres/fut en moult de manieres figure. Les douze apostres premierement sont les douze patriarches en ce quilz ont engendre tout le peuple crestien a la vie spirituelle. Secondement, ilz sont les douze viues fontaines de belyn, en ce que par leur doctrine arrousent saincte eglise, et tout le monde. Tiercement ilz sont les douze pierres precieuses on vestement de leuesque de la loy en ce que par leur exemple ilz parent ournent, et embellissent saincte eglise. Quartement, ilz sont les douze pains qui estoient mis sur la table dopposicion on temple de dieu en ce quilz refectionent les sainctes ames de la parolle de vie eternelle. Quintement, ilz sont les douze princes des lignees disrael, en ce quilz declairent les commandemens salutaires et gouuernent saynement saincte eglise. Sextement ilz sont les douze explorateurs de la terre de promission, en ce quilz ont enqueru par contemplacion la vie future z puis apres aux deuotz lont denoncee. Septiesmement, ilz sont les douze pierres qui furent emportees par le commandement iosue du fleuue iordain en ce quilz ont prepare le flux et decours de ce monde. Huytiesmement ilz sont les douze pierres de lautel ihesucrist, en ce que en eulx ont porte le sacrifice. Neufyesmement, ilz sont les douze veaux sacrifies adieu en soustenant martire pour ihesucrist. Dixyesmement, ilz sont les douze beufz soubz le lauouer darayn, en ce quilz ont presche z ministre la grace du baptesme. Unziesmement ilz sont les douze petiz lyons qui estoient au trosne de salomon en ce quilz ont vaincu le monde, les tirans et les obstinez, en les menassant des horribles peynes denfer. Douziesmement, ilz sont les douze prophetes, en ce quilz ont auise saincte eglise du temps aduenir. Trezyesmement, ilz sont les douze heures du iour en ordonnant les temps de la vie crestienne. Quatorziesmement, ilz sont les douze portes de la cite en ouurant par la puissance de leurs clefz le royaulme du ciel. Quiziesmement ilz sont les douze fondemens de la cite en soustenant par leurs merites z prieres toute saincte eglise. Seziesmement, ilz sont les douze estoilles en la corone de lespouse en

enluminant par leurs doctrines et miracles saincte eglise. Dix et septiesmement ilz sont deux foys six, qui est nombre parfaict, en signiffiant que ceulx qui ont loffice des apostres doyuent auoyr double perfection cestassauoir de vie, et de science, ou de oeuure et de parolle. Lesquelz apostres selon bede, sont esleuz de ihesucrist par le nombre d trois foys quatre. car par eulx la foy de la saincte trinite, deuoyt estre preschee aux quatre parties du monde. Et pource il est escript de la saincte cite de iherusalem qui descendoyt du ciel, quelle auoyt troys portes, en orient, troys en occident, troys a mydy, et troys a septentrion. Par quoy en figure estoyt donne entendre, que tant par les apostres, que par leurs successeurs, la foy de ihesucrist deuoyt estre preschee par tout le monde. Et selon sainct iherosme, ihesucrist fit quil y eust douze apostres pour se seoyr en douze sieges a iuger les douze lignees disrael. Les noms des apostres que ihesucrist esleut sont Symon ou pierre, andrieu son frere, iaques filz de zebedee, et iehan son frere. Et imposa ihesus a ces deux noms, bonarges, cest adire filz de tonnerre, car souuent ilz ouyrent la terrible voix et le tonnerre de dieu le pere, tonnant de son filz en la nue, philippes, et bartholomie, thomas, et mathieu publicain, iacques filz de alphee, lequel est appelle iaques le iuste, pour la saincte te de sa vie, et le meindre, car il fut appelle aps son frere, et estoyt dict frere de nostre seigneur, pource quil luy ressembloyt, et symon cananee son frere dit cananee a cause de chana, ville de galilee, et signiffye zele, et pourtant len le dit zelotes, cest emulateur thadee semblablement son frere, lequel est appelle iudas iacobi, cest adire frere de iacques le mineur, et iudas scariotes a scariot, village de iudee ou il fut ne. Cestuy entre les apostres fut esleu de ihesucrist, pour demonstrer la prophecie de dauid acomplie, laquelle dit, que ihesucrist deuoyt estre baille aux iuifz par vng de ses disciples. Et aussi pour excuser les bons, quant en leur compaignie

p iiii

aulcun mauluays est trouue. Augustin Je nose pas dire/que ma maison soyt meilleure que la compaignie des apostres Et mesmes selon saint augustin/il fut esleu de nostre seigneur/affin que ihesucrist vsast bien de son mal/et acomplist la disposicion de sa passion/et donnast exemple a son eglise de paciemment endurer les mauluays Selon sainct ambroyse/il fut esleu/pour demonstrer que verite est grant chose/laquelle nul maulais peut enfraindre et rompre. Il voulut estre laisse de ses apostres et estre vendu et baille dung de ses apostres pour donner exemple que si on est laisse de son compaignon/ou vendu/et trahy/on le doit porter paciemment/et doulcement. Selon theophile/il esleut iudas pour nous monstrer quil ne reboute nul de sa grace/pour le mal aduenir/mais a vngchescun qui est en grace et en vertus est acceptable. Ihesucrist nomme les apostres par leur propre nom/pour exclure les faulx et deceuables apostres/qui estoyent aduenir/pour resister a leur doctrine affin que quant on les nommeroyt/et que on les cognoistroit ne estre pas de ceulx que ihesucrist a esleu on les escheuast Et aussi affin que nul fust ouse mectre aultres auec ceulx que dieu auoyt esleu par soy mesmes Et aussi affin quil fust monstre/que les noms des apostres/et de ceulx qui recoyuent leur doctrine/estoyent escriptz on liure de vie Aussy est a noter/que en les nommant/il les assemble deux a deux/en signe damour fraternelle/et en approbacion de compaignie portans les faictz lung de lautre/et en ce quilz se ayderoyent lung a lautre/fussent plus fors en la confession de la foy contre tous assaulx qui leur pourroyent aduenir

Or comme dit saint augustin/ihesucrist a esleu ses disciples/lesquelz il a appelles apostres/qui estoient de petite reputacion quant au monde/gens sans science/et sans honneur/pour demonstrer que tout ce qlz feroyent de grandes et vertueuses operacions le feroyent en luy et par luy. Ambroyse. Considere la diuine ordonnance et conseil celeste/car dieu na pas voulu eslire por enuoyer par le monde anoncer le royaulme du ciel/gens nobles/riches/ou saiges selon la sapience mondaine/mais a voulu eslire pescheurs et publicains/pour demonstrer quil nauoit point deceu le monde par prudence mondayne ne rachepte par richesses ne actire aulcun a sa grace par auctorite de puissance et de noblesse. Et aussi por demonstrer que lauctorite de verite/est par dessus toutes autres disputacions vaines et mondaynes. Et combien quil les pouoit enseigner on lyeu ou il estoyt/touteffoys il monta en la montaigne/pour prier et prescher et enseigner plus familierement ses apostres/et pour monstrer/que celluy qui veult enseigner les aultres la iustice de dieu/doit monter en la montaigne et haultes des vertus. et ne doit point relacher son entendement par desirs des choses basses et caducques/mays le esleuer tousiours aux choses souucraynes. Crisostome. En toute verite se doyt tenir celluy qui enseigne et qui estudie la iustice de dieu/car nul ne se peut tenir en la vallee et parler de la montaigne. Du lyeu ou tu es parle/ou de ce q tu veulx parler/garde que tu te y tiennes. Se ta pensee est en terre comment peuz tu parler du ciel. Se tu parles du ciel/garde que tu te tiennes on ciel. Et se tu ne veulx faire iustice en toy/pourquoy desires tu a ouyr le maistre de iustice. Pourquoy lappelles tu maistre du quel tu ne veulx pas estre disciple. Et richard. Ce que ihesucrist monta en la montaigne por enseigner ses disciples/nous demonstre que celuy qui administre la parolle de dieu aux aultres/ne se doit pas tenir en la vallee des maulayses operacios ne on champ de effrenee dissolucion. mais en la montaigne de spirituelle couuersacion/par excercice des vertus comme il est escript en ysaye. Toy qui euangelizes le royaume du ciel mõte sur la haulte montaigne. Aussi pour enseigner il voulut monter en la motaigne/car sur elle vouloyt donner les grans et haultz commandemens. Et ainsy que au peuple disrael/il

auoyt voulu donner les meindres commādemens en la montaigne de synay, aussi il
voulut donner les grans commandemens
a ses disciples en la montaygne/pour soy
demonstrer estre vng mesme dieu qui auoit
donne la loy/et qui donnoyt la loy euangelique.

Oraison.

Sire ihesucrist/qui par ta inestimable misericorde es venu en ce monde pour reuocquer les pecheurs de
leurs erreurs en la voye de penitēce/et par
ta bonte/ta pleu eslire plusieurs de ceulx
pour estre tes secretaires et disciples especiaulx O toy dieu misericors rappelle moy
poure et miserable pecheur qui suys desuoye. Embrasse moy retournant a toy/cō-
forte moy desplaisant de ce que iay fayct.
Enseigne moy qui suys ignorant/et finablement me recois combien que indigne en
la compaignie de tes disciples /en me leuant totalement des desirs terriens/et en
me transportant la pensee aux choses celestes affin que ie soye pres de toy pour entendre tes parolles, et pour les acomplir
de fait Amen.

Du sermon que ihesucrist fit a ses apostres en la montaigne .xxxiii. chapitre.

Apres ces choses nostre seigneʳ
ihesucrist fit a ses apostres vng
sermon tresbel/lequel cōme dit
sait augustin, se aucun le veult pi-
teusemēt et sobrement cōsiderer il trouuera
toute ce qui appartient a perfection et a bonnes meurs de la vie crestienne/car en luy
sont contenuz tous les commandemens/
par lesquelz la vie crestienne peut paruenir
a perfection. Cestuy sermon saint mathieu
et saint luc en diuerses manieres le racontent Et pource aucuns dient que ihesucrist
premieremēt fit vng sermon a ses disciples
tant seulement on plus hault de la montaigne /et cestuy raconte saint mathieu . Et
en apres on couste de la montaigne , plus
bas en fit vng semblable commun a ses disciples et au peuple qui la estoit present par
maniere de predicacion /luy estant droit, z
de cestuy raconte sainct luc. Les aultres di-
ent/que nostre seigneur /se seyst premierement auec ses disciples on hault de la mō-
taigne/et quant il eut esleu les douze /de-
scendit auec eulx plus bas en aucun couste
de la montaygne/et la fit vng tresbel ser-
mon/et a ses disciples et au peuple ensemble. Lequel sermon les deux euangelistes
racontent en diuerses manieres /touteffoiz
en vne mesme verite/combien que la premiere maniere /est plus communement te-
nue/et plus se consent a verite. Pour ceste cause est la coustume en saincte eglise, q̄
quant le prescheur sermonne au peuple/il
se tient droyt comme en le inuitant a batailler et faire bonnes operations,mais quāt
le prescheur parle aux clercz et aux religieux
il se syet/pour demonstrer quilz doyuent
tendre a repoz/et a contēplacion. Nostre
seigneur ihus au commencement de ce ser-

mon ppose huyt beatitudes, ou huit vertus, et ioinct a vne chescune son loyer correspondant, pour demonstrer que celluy qui desire auoyr le loyer, premierement sestudie a ouyr le merite. Augustin. Nulle creature est qui ne vueille estre bieneuree, mais ainsi que nul fuyt le loyer, aussi nul ne doit refuser le labour. Qui est celluy qui ioyeusement ne courust, si on luy disoyt tu seras bieneure. Il ouyroyt voulentiers ce mot. Aussi quant on dit, si tu fays telle operacion, tu auras telle remuneracion, et te excerce en telle vertus, on ne doyt point fuyr le labour, si on ayme le loyer, ayncoys de plus en plus on se doit efforcer de ioyeusemēt labourer et trauailler. Saichez q̄ beatitude est en deux manieres. Lune en esperance, et est celle qui est en ceste vie. Lautre est reale et en verite cest celle qui est en gloyre. Ceulx qui en ce monde sont grans et excellens en vertus, sont benoictz en ceste vie en esperāce, et puis par gloire seront benoitz en paradis. Donc ihesucrist enseignoyt ses apostres des beatitudes & disoit Beati pauperes spiritu. Bieneures sont les poures desperit, cest qui de leur voulente et election, non pas par force ou par simulacion, ont laisse toutes choses mondaynes, car a telz est le royaulme du ciel. Surquoy est assauoyr, que en ce lyeu cy pouurete desperit, est prinse pour soy abstenir de lamor du monde, cest adire des choses que le monde desire, et par ainsi cest vne playne renonciacion de toutes choses delectables, qui peuuent estre en richesses, en delices, ou en honneurs, car le contempnement de telles richesses nayst du contempnement de soy mesmes. Celluy qui veritablement et humblement, pour lamour de dieu se contempne en telle maniere, que combien quil soyt bō, toutesfois se repute le meindre des aultres, et le pl² inutile, de legier mesprise les choses temporelles qui sont faites po² luy. Ainsy ceste beatitude qui est pourete peut estre entendue, ou de pouurete voluntaire ou de vraye humilite. Et selon ces deux entendemens ceste beatitude tient le premier lieu, car premierement pouurete ainsi voluntaire est la premiere perfection de ceulx qui veulent ensuyuir ihesucrist, et le fondement de tout edifice spirituel, car celluy qui est charge des chosez temporelles, ne peut legieremēt ensuyuir ihesucrist, qui est le mirouer de pourete. Et celluy qui soubzmect son affectiō aux choses passentez, nest pas franc, mais serf. Certes ie me constitue seruiteur voulontairement de la chose que ie ayme affectueusement, et pource nulle chose est a aymer si non dieu. Et se on ayme aultres choses, ce doit estre pour lamor de luy. Ambroyse. Lung et lautre euangeliste ont mys ceste beatitude estre la premiere, car selō ordre elle est la pmiere, et est la mere engendrāt toutes aultres vertus. Celuy qui pour lamour de dieu contempnera les choses seculieres, desseruira les choses eternelles. Ne celluy peut acquerir le merite du royaulme celeste, q̄ ne peut et ne veult se deliurer de la couuoytise de cestuy monde. Secondement humilite peut estre myse la pmiere, car humilite est loppposite du vice, qui est cōmancement de tous vices, cest assauoir orgueil, lequel entre les aultres vices tient la seigneurie. De ce dit saint augustin. A bon droit par les poures desperit, sont entēduz les humbles, et craygnās dieu, et nayans point lesperit enfle. Ne beatitude se doyt commancer a aultre vertus que a pourete, ou humilite, car par elle len vient a souueraine sapience. Or le commācement de sapience est la crainte de dieu, cōme par le contrayre le commancemēt de to⁹ maulx, len list estre orgueil. Crisostome. Ainsi que entre les vices, orgueil est le principal qui meyne lame en enfer, aussy entre les vertus, humilite est celle qui dessert que la personne soit esleuee en paradis. Puis sensuyt la seconde beatitude, qui est. Beati mites, bieneures sont les doulx et debōnaire, car ilz possiderōt la terre. Doulceur vient apres pouurete, car le pouure ha souuent des ennemys, et souffre et est trauaille, par plusieurs iniures. Et pource il est neccessayre, quil soyt doulx, et souef.

Doulx et souef/est vne mesme chose/et ne different fors q̃ de nom. Celuy est dit doulx qui ne offense aultruy. Et celluy est souef et debonnayre qui porte et endure ceulx q̃ luy font mal/et est appelle mansuetus/comme bien acoustume de sauoyr soustenir paciemment les coups et blesseures de la main et qui ne rend mal pour mal. Le doulx est celluy qui pour nulle chose se trouble/mais continuellement perseuere en bonte desperit. Et selon ce/le doulx est en affection/et le debonnayre est en effect. Donc les doulx sont appelles gens debonnaires atrempez et humbles simples en foy/et paciens a toutes iniures que on leur peut faire/et qui ne sentent amertumes en leur couraige de chose que on leur face/et mesmez quand on se mocque deulx/ne pensent fayre/ne rendre mal/car ilz vainquent le mal en bien. Et veritablement/telz gens sont bieneures/car ilz possideront la terre double/cestassauoyr de leur corps propre quilz portent doulcement/et puys apres le royaulme de paradis quilz representet en terre. Je dis quilz possideront la terre de leur propre corps/car les debonnayres et doulx ont seigneurie sur eulx mesmes/et non pas les yreux q̃ ne soubzmectent iamays leur sensualite a raison. Aussy ilz possideront la terre de paradis/car dieu les possede en ce monde mortel/et par ainsi ilz le possederont en la terre en laquelle tousiours on vit. Et selon que la glose dit/pource q̃ les doulx se sont estudiez en ce monde auoyr seigneurie sur eulx mesmez/de droit apres ce monde ilz possederont et iouyront de leritaige du pere celeste. Augustin. Lors tu possederas la terre quand tu seras ioinct par amour a celuy qui a faict le ciel et la terre, car estre doulx nest aultre chose que no͂ resister a dieu/cest adire que on bien que tu feras dieu te playse/non pas toy a toymesmez/t au mal que tu souffres dieu ne te desplaise/mais toy a toymesmez/car tu es plaisant a dieu/en te desplaisant/et tu luy desplays en te playsant. Or ainsy que dict bede/si le royaulme du ciel est promys aux pouures desperit/et la terre des viuãs aux doulx et debonnaires/q̃lle chose demoure aux orgueilleur et noyseur/si no͂ enfer. Sensuit la tierce beatitude. Beati q̃ lugent. Bieneures sont ceulx qui pleurent/car ilz seront consoles. Bien conuenablement ceste beatitude est mise la tierce/car apres le contempnement du monde/qui est par pource te desperit/et apres le repoz de lame/lequel on acquiert par doulceur/quãd la personne vacque a soy mesmes t'a son estat/elle ne troue riens en soy ne aux aultrez si non matiere de pleur et de gemissement/et en ceste consideration elle commance a plourer. Or ne doit pas plourer pour les dommaiges te͂porelz mais pour les inconueniens spirituelz. Et veritablement ceulx sont bieneures qui pleurent en ce monde/car nostre seigneur essuyera les larmes de leurs yeulx/par la consolacion que apres leur donra. Et comme dit sainct bernard/la larme est bieneureuse/qui dessert estre essuyee de la main du seigneur de pitie. Et maxime eues que dit que les larmes ne crient point pardon a dieu/et touteffoys elles le meritent et desseruent. Elles ne dyent point la cause pourquoy elles sont faites/et touteffois elles gaignent misericorde. Certes aulcunesfoys la parole ne racõte pas tout le cas mais la larme declaire et monstre tout le sur. Ceulx qui plourent seront consoles/et icy z̃on temps aduenir. En ce present monde ilz seront consolez par le sainct esperit/qui plusieurs ioyes leur donra/et en lautre assez plus/quand ilz auront les ioyes de paradis. Et selon crisostome nostre seigneur recompense cestuy pleur par consolacion de ioye perpetuelle. Et selon mesme crisostome/on doit plourer po͂ le te͂ps de ceste presente vie onquel se fayt tant de maulx/que si vne personne les vouloyt considerer lung apres lautre/a peyne se pourroyt contenir de plourer/car mesmez se aulcun estrangier venoyt de estrange pays/et veyst la co͂fusion de nr̃e conuersacion/et la preuaricacion que faisons contre les commandemens de dieu/sans doubte il vous iugeroit estre en nẽps/et contrayres aux cõmandemẽs de dieu/et quasi que aurions ppos et estudie a loppofite.Bonc on doit premier plourer pour ses propres pechies et miseres Secondement pour les pechiez et miseres des aultres. Tiercemẽt pour les peynes et labours qui sont en ceste presente misere. Quartemẽt pour le peril et doubte de la vie eternelle. Quintement pour la dilacion de la ioye pardurable Contre ces cincq manieres de pleurs dessusdictes. seront en cincq faissons consoles ceulx qui pleurẽt sainctemẽt.Car ǫtre le pmier pleur ilz auront psolacion de la remission de leurs pechiez.Contre le secõd seront cõsolez du salut des bons/et de la condẽpnacion des mauluais.Contre le tiers/seront consolez de la deliurance de ceste vie miserable. Cõtre le quart/serõt resiouys de leuasion des peynes eternelles.Contre le quint/seront ǫsolez par la consecucion de la ioye perpetuelle/et pourront alors dyre auec le psalmiste. Les consolacions ont esiouy mon ame felon la multitude des douleurs qui estoyent en mon cueur.A ceste sentence/se concorde saint gregoire/qui dit.Il ya quatre qualites/par lesquelles lame du iuste/est merueilleusement affeccionnee en compunction.Cestassauoyr quand elle remembre les maulx quelle a faict/en pensant ou elle a este/ou la sentence du iugement de dieu/en craignant et en pensant ou elle sera. ou en considerant les maulx qui sont en ceste vie la ou elle est de present.ou quand elle contemple les biens eternelz et pardurables.lesquelz elle ne peut obtenir tant quelle est en ce monde   Apres sensuyt la quarte beatitude.et est. Beati qui esuriunt et sitiunt iusticiam.Bieneures sont ceulx qui ont fain et soif.cest grant desir dacomplyr iustice.Cest a dire selon bede et sainct iherosme qui iamais ne se extiment estre assez iustes.mais de iour en iour se enflambent a prouffiter en iustice de bien en myeulx et en tout desir.a la maniere de celluy qui ba fain et soif/et qui ne desirent pas que iustice seulemẽt soit en eulx acomplie/mais aussy en tous les aultres. Et non seullement bieneures sont ceulx qui font les oeuures de iustice/mais aussy ceulx qui desirent qlles soyent faictes/car combiẽ quilz ne puissent pas mectre a execucion ce quilz desirẽt toutesffoys ilz sont bieneures/car ilz font ce qui est en eulx.Augustin.Celluy q parfaictemẽt cognoist et ayme iustice est ia iuste/mesmes se iamais ne feist aultre operacion exteriore par les mẽbres de son corps Icy iustice est prinse selon quelle est vertu generale a toutes les aultres vertus/et par laquelle on decline le mal et fait on le bien. Et selon ce/homme generalement est dict iuste par lexercice des vertus. Car selon crisostome/celluy a fain de iustice qui desire conuerser/et soy maintenir selon la iustice de dieu.Bien conuenablement ceste beatitude/ensuit les troys premieres/car qui a contempne les choses mondaynes/et se est estudie de gouuerner ses meurs en doulceur/et a ploure ses deffaultz/bien peut auoir fain dacomplir iustice/q ne pouoit faire par auant. Car selon sainct ambroyse/ quãt vng malade est en forte maladie/il na garde dauoyr fain.Et pource les troys pmiers/deliurent la personne de ce mauluais siecle present ainsy quil appert/car pouurete gecte hors de soy toutes richesses/et ne sent point les iniures que on luy fayct.Le pleur efface les maulx que on a commis/et les beatitudes aultres qui sensuyuent/esliuent la personne au ciel/desquelles la pmiere est fain et soif de iustice/laquelle distribue a vng chescun ce qui est syen/a dieu/a son prouchaĩ τ a soy.A dieu on doit troys choses/cestassauoyr honneur a son createur/amour a son redempteur/crainte a son iuge.Aussi a son prouchain/on doyt troys choses/obedience a ses souuerains concorde a ses pareilz/et beneficẽce et supportacion a celluy qui est meindre de soy. Aussy a soy/on doyt troys choses/au cuer/nectete/a la bouche/garde/a la chair discipline.   Veritablement/ceulx sont bieneures/qui ont fain et soyf de iustice/ car ilz seront saoules/non pas seullement en la vie bieneuree, de laquelle le psalmiste dit. ie seray saoule. quant ta gloire sera manifestee. mays aussy en ceste presente vie. car ainsi que lauaricieux a soif et fain des biens daultruy Aussi celluy qui desire iustice est content du syen propre Apres vient la quinte beatitude, qui est, beati misericordes. Bieneures sont ceulx qui sont misericords, car de dieu obtiendront misericorde. Bien conuenablement misericorde est mise aps iustice, car lune ne doit point estre sans laultre, et lune doit estre atrempee par lautre, car misericorde sans iustice descend a dissolucion, iustice sans misericorde descend a crudelite, lune auec laultre procede selon equite. Or misericorde nest aultre chose que auoir le cueur piteux sur la misere daultruy, comme sur la syene Et pourtant ceulx sont ditz misericordieux qui ont le cueur piteux, et reputent la misere des aultres comme syene, et ont doule du mal daultruy comme du syen. Misericorde est pardonner les iniures faictes, et ne tenir en son cueur ne hayne ne rancune et ayder a son prouchain tant que len peut corporellement et spirituellement Or est a noter q̃ a exhiber misericorde, il y a troys facons et manieres. La premiere est celle que on a sur son mal propre, ainsi que dyt lecclesiastique. Ayes mercy et pitie de ton ame en plaisant a dieu. La seconde est bien faire a son prouchain, et auoir compassion de ses deffaultz. La tierce misericorde est filiale, laquelle est a dieu, quant on ha compassion de la mort τ passion de son benoist redempteur. Par la premiere nous obtenons de dieu remissiõ de tous pechiez, par la seconde diminucion des peines τ multiplication de intercesseurs, car celluy qui diminue la peyne daultruy, deffert que dieu luy dyminue la sienne, et par la tierce desseruons la gloyre pardurable. car comme dit lapostre, se nous auons compassion de ce que nostre createur a souffert pour nous en ce monde, apres regnerons auec luy en gloyre. Et sainct ambroyse dit, que celuy qui a vraye compassion de ihesus, doit porter en son corps selon sa possibilite, les tribulacions q̃ ihesucrist porta, ainsi q̃ faisoit saint paul. Et pource nous deuons auec grant sollicitude insister a misericorde, veu q̃ en toutes choses nous auons besoing de la misericorde de dieu. Ceste vertus est tant excellente, que sur toutes les aultres, elle est actribuee a dieu, comme propre. Et a cause de ce, il est dit. Deus cui proprium est misereri. O dieu duquel la propriete est auoir pitie et mercy. Et dieu aux dampnes au iour du iugemẽt reprochera quilz nont fait nulle misericorde, et louera les iustes et saulues qui lont faicte Merueilleusemẽt les oeuures de misericorde aideront au iour du iugement a ceulx qui les auront faictz. car comme dit saint iacques, iugemẽt sans misericorde sera fait a celluy, qui en ce monde naura fait misericorde Et sait august in raconte, que le filz de dieu dit, ceulx estre bieneures, qui secourent aux miserables et poures, car tellement leur sera rẽdu q̃lz seront deliures de miseres. ffay donc misericorde. et elle te sera faicte. Certes ce que tu feras a celluy qui te demandera pardon cela te fera dieu quant tu luy demanderas. Et sainct hylaire dit, de si grant affection se delecte dieu en la misericorde des hommes, q̃ seulement aux beguins et misericordieux il dõra sa misericorde Et crisostome Le dieu des misericordes dit que les misericords sont bieneures, pour demonstrer que vng chescun de nous ne peut obtenir misericorde de luy, se en ce monde ne a este misericordieux. Il semble dit encores crisostome, que ce soit equale retribucion de rendre misericorde pour misericorde, mais il y a grant difference, car de la misericorde humayne, a la diuine nulle a equalite. Se efforcent donc les tirans et cruelz, qui periront auec leurs crudelites et tyrannies. Et bieneures sõt les misericordieux, car ilz obtiendront de dieu misericordẽ ou temps aduenir, la ou ilz seront surleues de toute misere de coulpe et de peyne mesmes en ce monde, la ou leurs pechies serõt pdõnes et grace dõnee. Et aussi les biens tẽporelz leur serõt cõferes, pour les soubzleuer de toutes miseres, en tant q̃l est expediẽt a leur salut.

Apres vient la sixiesme beatitude, qui est. Beati mundo corde qm̄ ꝛc. Bieneures sont ceulx qui ont le cueur net, non seulement par dehors, comme les faulx ypocrites, qui nectoyent ce qui apparoyst par dehors, ou comme les riches mondains q̄ sestudient tenir nect le corps. Mays ceulx sont bieneures qui ont le cueur net, et la conscience ne les reprent point de pechie, car ilz fuyent tout mal selon que leur est possible en ce monde, et font tout le bien quilz peuuent a bonne fin et droicte intencion. Telz sont bieneures, car ilz verrōt dieu en la vision pardurable, pource que nectete merueilleusement ioinct lame a dieu. Et le cueur duquel ne procedent males cogitacions, est fait temple de dieu, car si le cueᵘ est nect de males cogitacions, tout lomme sera nect de toute iniquite. Cest le lyeu ou les pechiez nayssent, et ou ilz fichent leurs racines, et se la elles sont couppees, elles ne croissent plus. Ceste beatitude bien conuenablement est mise ou sixiesme lieu, car lōme q̄ est cree a lymaige de dieu par congnoissance et amour est capable de telle mondicite, laquelle il perdit le sixiesme iour. Et bien droictement, apres misericorde est mise nectete de cueur. Car selon sainct ambroyse, qui a fait a aultruy misericorde, la perd sil ne la fait de cueur nect, car se en aulcun bien il quiert iactance ou vaine gloire, nul fruyt en aura. Augustin. Icy est la fin de nostre amour, car tout le bien que nous faisons, cest poᵘ auoir la vision de dieu, laq̄lle heue plus aultre chose ne desirons, et est promise a ceulx qui ont le cueur nect. Appareille donc ce de quoy tu le dois veoir, car il ne te sera pas pmys de le veoir, si tu nas le cueᵘ nect. Et ainsi quil fault poᵘ veoir le soleil, q̄ loeil corporel soit pur ꝛ nect, bien plus fort conuient que loeil du cueur qui est lentēdemēt soyt nect pour veoyr dieu. Ambroyse Nectoye ton cueᵘ gecte de ton cueᵘ toutes polues et souillees cogitacions, en nulle chose paruerse, ton affection soit inq̄nee Ayez simple pensee, pure sincerite. A telz le seigᵉ dieu se demonstre quant viēt a la mort. Et de tant que ta nectete sera plus pure, de tāt

auras de dieu plus grande vision Vient apres la septiesme beatitude q̄ est: Beati pacifici. Bieneures sont les pacifficques cest adyre les amoureux de paix, lesquelz soygneusement entendent faire paix, ou en soy, ou en leurs prouchains, car ilz seront appellez filz de dieu Apres nectete de cueᵘ bien conuenablement sensuyt paix, car cōme dit sainct ambroyse, quant tu feras ton ame necte de toute souylleure de pechie, lors paix commancera a toy, et apres pourras bien pacifier aultruy. Dit dōc, beati pacifici. Bieneures sont les pacifiques. Il ne dit pas ceulx qui ont le couraige appaysse, car ce appartient a la seconde beatitude, qui est doulceur, mais dit pacifiques. Lesquelz premierement font paix en eulx en deboutant de leur ame tout ce quilz peuent apparceuoir, tant en cogitacion, locucion, et operacion, qui leur nuyta paruenir a ceste paix, en riens ne laissant trouble ou royaulme de leur ame, et se il leur vient aulcune aduersite, touteffoys en eulx gardent paix, en iugant tout en tranquilite de cueur. Et quant ilz voyent leur prouchayn en aulcune discorde, sefforcent le reduyre a paix, en veillāt tousiours, tant en eulx, que en leur prouchain faire reformer et garder paix Ce sont les offices du filz de dieu, lequel en soy paisible, reforma paix aux aultres. Et pource de telz est dit, quilz seront apellez filz de dieu Aussi ceulx sont ditz pacifiques, qui par affection totalement ioygnent leᵘ ame a dieu, et rien ne q̄rent hors de luy, mais en luy se reposent et se pacifient, et pour telle ressemblance desseruent estre appellez filz de dieu, duquel la propriete est auoir fruycion en soy mesmes, et se y reposer. Nous deuons donc estre pacifiquez, affin que nous puissons auoir en nous le vray seigneur de paix, duquel il est escript, que son lieu est fait en paix. Selon sainct augustin, les pacifiques sont qui ordonnent tous les mouemens de leur ame, et les soubzmectent a rayson, qui les concupiscences charnelles ont dondees, et sont faytz royaulme de dieu, onquel royaulme toutes choses sont tellement ordon

nee3/que ce qui est le principal en lomme/
cestassauoir raison/ha seigneurie sur toutes les puissances qui sont cōmunes a no9
et aur bestes. Telle raison se soubmect a
la souueraine verite qui est dieu/car elle ne
peut commander ne auoyr seigneurie sur
les aultres/se elle ne obeyst a son seigneur
et en ce est la paix q̄ est donnee en terre aux
hōmes de bonne volunte/cest la vie acomplie de lōme parfait et saige. Puis apres
vient la huytiesme beatitude Beati qui p̄se-
cutionem. Bieneures sont ceulx q̄ non seulement font bien/mais aussi souffrent et en
durent paciemment persecucions/non pas
pour leurs pechiez/mais pour iustice/cest
adire selon crisostome/pour pitie/po9 ver-
tus/et pour deffendre le bien daultruy. Iustice souuent/est entendue/pour toute vertus qui est en lame. A telz est le royaulme
des cieulx. Selon crisostome apres q̄ ihesucrist a mys la beatitude des pacificques
a ce q̄ aulcun ne pensast q̄ son bien deuoyt
estre tousiours pour querir paix/ap̄s met
la beatitude de souffrir p̄secucion/laquelle
parfait lōme a bien endurer/ainsi q̄ toutes
les deuantdictes p̄sommēt a bien ocuurer
car ainsi que a vertus appartiēt bien oeuurer, aussy a elle appartient bien souffrir.

Or aulcun dire et demander pourroyt
Me dois ie exposer a mort po9 deffēdre
la liberte et franchise de leglise. Response.
Ouy pour les choses spirituelles/et pour
le zele de iustice. cōbien que pour les choses temporelles. cest grant peril soy expou-
ser a mort, et touteffoys souuēt nous no9
exposons a dangier pour elles/car nous
sommes plus induitz par auarice q̄ par iustice. Et de ceste question dit saint ambroyse. Se lempereur me demandoyt ce qui est
myen/cest mes possessions/mon argēt ou
aultre chose/il doit sauoir que ie ne luy re-
fuseroye point/bien que tout ce que ie ay
est aur pouures, mais les choses diuines
ne sont point subgectes a la puissance im-
periale Sil demāde mō patrimoine/le prey-
gne et lassaille. Sil demāde le corps/ie me
p̄senteray et diray. Me voules vous prendre pour lier/Me voules vous p̄ēdre po9

faire mourir Il me plaist. Cest ma voulēte Ie ne me deffēdray poit p̄ multitude de
gensdarmes/ne me prēdray poit aur autelz po9 garder ma vie. Mais po9 les choses diuines et pour ce q̄ appartiēt a leglise
ie suys prest dendurer et de souffrir mort.
Ceste huytiesme beatitude est lacomplissement des aultres deuātdictez. et la somme
de toutes les corōnes/car quant la personne est parfaicte es beatitudes deuātdictez
aussi elle doit estre trouuee digne de souffrir les aduersitez q̄ luy peuent suruenir en
ce mōde po9 lamour de dieu. Crisostome
dit q̄ nostre seigneur cōmancant declayrer
les beatitudes de la premiere/fait voye a
la secōde, et de la secōde a la tierce/et sont
couples cōme vne belle chayne dor/car celluy qui sera humble sera doulx/et qui sera
doulx plourera ses pechies. Celuy q̄ ploure ses pechies a faim et soif de acōplir iustice, et pource il est misericors. Et sil est iuste
et misericors/par consequent il sera nect
de cueur. Et celluy q̄ est tel/pour certayn
sera pacifique. Et cellup qui en toutes ces
sept est parfaict/sans nul doubte sera prepare a soustenir toute aduersite/ne chose
qui luy pourra aduenir ne lespouentera q̄ il
ne soit ferme de tout endurer. Celluy donc
est bieneure/qui a en soy les vertus deuāt
dictes/et encores plus bieneure quāt il les
garde en toutes aduersites q̄ luy peuent
aduenir. Bon cles sept beatitudes dessus
dictes/parfont lōme, et la huitiesme clari-
fie et demonstre ce q̄ est parfait/car pacience est oeuure de cōsommacion et de p̄fectiō
Elle doit estre reduite a toutes les p̄ceden-
tes a ce q̄ ce soiēt beatitudes ap̄rouuees.
car le scorpion q̄ iamais nest foule/est paysible, et iamais ne esliue son eguillō mais
quant il est touche/tantost seslieue et gecte
hors son eguillon, et poingt celuy qui le p̄-
uocque. Ainsi lomme qui est vuide de ver-
tus/tantost quil est poigt par parolles ou
par aulcune iniure que on luy fait/cōme le
serpēt crieue par ire ou p̄ parole iniurieuse
ou par impacience ʒ se eslieue contre ceulx
qui le eguillonnent/en quoy on peut veoir
que le vayffeau est vuyde de toute vertus.

Et au contraire les sainctz se on les frappe en vne ioue ilz baillent lautre pour lamour de dieu. Ilz ayment leurs ennemys et prient pour ceulx qui les persecutēt Bernard. Ainsi q̄ les estoilles luysent de nuyt. et ne apparoissent point de iour/ainsi la vertus qui ne apparoist point en prosperite/resplendist en aduersite. Et pource selon cecy il semble que la huytiesme ne soit point beatitude ne distinguee par soy/mais est illuminacion et confirmacion des precedantes/car vng mesme loyer luy respond/comme a la premiere/cestassauoir le royaulme des cieulx/po² ce que ceulx qui sont desprisés et souffrent en ce monde grandes persecucions/et ceulx qui sont mocques et vituperes sont voluntiers pouures desperit. et pource ces deux beatitudes cōuiennent ensemble en merite/car pouurete voluentaire est vne maniere de martire/po² ce que en toutes choses fault vaincre son couraige quant aux delectacions du monde. Cōsidere donc vng chescun qui ouyt ces choses sil est contenu en aulcune de ces beatitudes. et sil se y trouue / il doyt estre seur q̄ se il perseuere bien eure sera / car verite qui ne peut mentir la dit. Apres la generale sentence/ihesucrist mect speciale persuasiō en conuertissant sa parolle aux apostres/ en leur predisant trois manieres de persecucions/cestassauoir de cueur de bouche/ et de oeuure en disāt Vo⁹ seres benoictz quant les hommes vous auront mauldits quant au premier/et vous auront persecutes/et deuisez et separez lung de lautre/en vous boutant et gectant hors de leurs synagogues/cōme indignez de y estre/quant au tiers/et auront dit tout le mal et toutes les obprobres q̄lz pourrōt cōtre vous/en blessant par leurs mauluaises paroles vostre bonne renommee/et auront gecte vostre nom cest nom de crestien comme mauluais / et layent en horreur en le desirant estaindre / quant au second. Non pas que la persōne doyue querir a souffrir telles choses/mais est a entendre que pour la crainte dicelles/ne doit point laisser la verite de vie de iustice et de doctrine Ces trois ennemys impugnent leglise de dieu/cōtre lesquelz ihesucrist baille troys remedes de pacience/cestassauoir que po² lamour de luy on pardonne toute iniure qui sera faycte/ et que on ayt compassion du pechie de son prouchain/et que on prie que de sa mauluaise vie se puisse conuertir/affin que dieu luy pardonne ses pechiez Et pource que toute persecucion ne fait pas lōme benoist mais seullement celle qui ioyeusement est receue pour lamour de iustice qui est ihesucrist. Jhūcrist adioinst et dist mētientes/ et mentiront en disant telles parolles obproprieuses contre vous / et contre le nom de crestien /car se telles males parolles estoyēt vrayes/ce ne seroit pas beatitude les ouyr et souffrir/mais seroit misere. Augustin. Se tu souffres aulcune aduersite po² ce que tu as peche/tu souffres pour toy et non pas pour lamour de dieu/mais se tu souffres pource que tu as garde le cōmandement de dieu/certes tu souffres po² dieu/et ton loyer sera ꝑpetuel/leq̄l la sentent en leur cueur ceulx qui peuuent dire nous nous gloriffions en tribulacions. Ce nest pas grāt fruyt de souffrir psecuciō ou aduersite en ce monde/si non que on la porte ioyeusemēt pour lamour de ihesucrist. Et pource en la conclusion il mect le loyer de telle pacience/en nous donnant couraige de voulentiers souffrir pour luy/car selon saint ierosme/tout labour est legier/quāt on scet q̄ le payement et le guerdon est grāt et dit Gaudete/esiouyssez vous en vostre cueur/et exultate/et vous donnes liesse exteriore /en demonstrant ioye par dehors/ pour donner exemple a vostre prouchayn/ car vr̄e loyer q̄ aures aux cieulx nest pas seulement grant/mais si copieux et si habondant que on ne le peut comprendre/est en si grande multitude/que on ne le peut nombrer /et tāt precieux/que on ne le peut extimer /et si long quil na point de fin De tāt que on a plus pacientement pour lamour de dieu et de acquerir vertus /porte les iniures et tribulacions dessusdictez/le loyer est plus habondant et plus grant/car dieu ne remunere pas tant la quantite des labours ou la multitude des oeuvres q̃l fait la qualite, c'est adire la maniere et la racine de laquelle telles oeuures procedant, ainsy quil appert quant ihesucrist preferera la petite piece dargent que auoyt mys ou temple la vefue a la grant aulmosne de Zachee. Mais helas nous nous esiouyssons de ce dequoy nous deurions plourer, car il y a plus de perilz en prosperite, que en aduersite, en louange, que en vitupere, et par ainsy sommes deceuz. Esiouyssons nous doncques auec les apostres en toutes tribulacions a ce que de dieu soions grandement remunerés. Iherosme. Ie ne scay qui sera celluy de nous qui puisse cecy acomplir, et qui desire que sa renommee soyt vituperee par obprobres et sen resiouysse en dieu. Ce n'est mye celluy qui appete vaine gloyre et louange mondain acomplir. Il est escript, ne quiers poit en ce monde de gloyre, et il ne te sera en rien mal quant tu seras vitupere. Crisostome. Autant que vne personne s'esiouyst des louanges des hommes, autant est courroucee quãt elle est vituperee. Mais celui q̃ seulemẽt desire la gloyre du ciel ne craint quelque obprobre que on luy face en terre. Seneque. Iamais tu ne es bienheurẽ, iusques a ce que le monde se mocque de toy. Donc si tu veulx estre benoist pense premierement de despriser le desprisement. Si tu veulx monstrer que tu soyes bon et homme vertueux, laisse toy mespriser et reputer fol, car pres que aulcun te contempne ou te face aulcune iniure, si vertus est en toy, tu ne le sentiras. Et non seulement ihesucrist prouocq̃ les apostres a pacience p̃ le loyer quil leur promect, mais aussi p̃ lexẽple des prophettes, en leur donnant consolacion de plusieurs qui ont souffert grandes persecucions pour soustenir tousiours verite, et dit Se les prophettes qui ont este deuant vous comme iheremie, ysaye et les aultres, ont tant souffert de persecucions pour verite faire et dire, pourquoy ne prendres vous exemple a eulx si leur beatitude vous dele cte. Ihesucrist tient ycy la facon que on tient a lelephant, auquel quant on le veult mectre en guerre, on luy monstre du sang

ou quelque couleur rouge, pour lanimer plus fort a batailler. Aussi lexemple de ihesucrist et des martirs vous est propose pour nous conforter contre toutes aduersites et tribulacions q̃ nous pouent aduenir. Car ainsy que dit lapostre, tous ceulx qui veulent sainctement viure selon ihesucrist souffreront persecucions en ce monde. Se tu souffres persecucion pres en toy bon couraige car c'est bon signe, et si pacientmẽt ne souffres tu ne veulx pas viure sainctemẽt en ihesucrist. Ambroyse. Quand nous ne voulons endurer la persecucion que dieu nous enuoye, c'est signe de reprobacion, et de condempnacion, car nous ne voulons pas viure selon ihesucrist, et semble que nostre intencion ne soyt pas de suyuir nostre maystre, et que nous fuyons le chemin par lequel il est alle. Mais aulcun pourra dire. Nul ne peut maintenant venir a la beatitude et a la gloyre eternelle par souffrir persecucion, car leglise de toutes pars a paix. A ce on peut respondre que tous les iours secretement en saincte eglise, cayn persecute abel, ysmael ysaac, et esau iacob, c'estadire, le mauluais persecute le iuste. Et si le iuste ne souffre des estrangiers, touteffois il souffre des faulx freres. Et se il ne souffre par dehors, touteffois il souffre par dedans et ne fust q̃ des ennemys spirituelz. Et po2 ce q̃ les persecucions ne cessent point pour les vaincre et suppediter pacience nous est necessaire, a ce que puissons acquerir les promesses. Bien sont maleureux ceulx qui en leurs tribulacions poent pacience et la couronne dicelle, car en pou de temps en ayant pacience, on peut acquerir vng grant loyer comme est la vie perdurable. De ces huyt beatitudes que mect sainct mathieu, sainct luc ne en mect que quatre, mais selon saint ambroyse, en ces huyt sont contenues les quatre, et ces quatre sont contenues les huyt, car mansuetude et paix se reportent et sont contenues en pacience, nectete de cueur, a purte desperit, misericorde a fain et desirs acomplir iustice. Et pource que nostre seigneur par ce que dessus est dit, p̃uoque le peuple a la foy et a acquerir les vertus par

q i

les loyers q̃ la pmys consequemēt lesbaistt et lespouuante par la denonciacion et comminacion des tormens aduenir que souffrera pour les pechies et crimes comys, se ne fait penitence et satiffacion. et dit Malediction de peyne eternelle est a vous riches non pas a tous, mais a ceulx qui ont en ce monde leur consolacion. Comme sil disoit Vous qui aues en ce monde vos plaisances et consolacions, ne aures point la myēne en ce monde ne en lautre. Il apppelle icy les riches ceulx qui meynent leur vie z leurs iours en liesse et en consolacion, car les richesses ne sont pas tant peche et coulpe que est lamour et labusion que prent la personne en elles. Comme ainsi soyt, que dessus a este dit que le royaulme du ciel est aux poures, a lopposite est, que cellup se esloigne de tel royaulme qui quiert ses consolacions et plaisances en cestup monde, lesquelles sont contraires au royaulme du ciel. Ambroyse Ceulx q̃ aurōt leurs consolaciōs en ceste vie presente desseruēt a perdre la remuneracion de la vie perpetuelle Et est dit aps, malediction est sur vo⁹ qui estes en ce monde saoules, en vacquāt a cōmessacions et ebrietes, car vous aures fain en lautre siecle, non pas de viande speciale, mais de tout bien en general Les glotons seront tormentes de estroyt ieusne et de fain, affin que la peyne contraire respōde a leur peche, ainsy quil appert du riche gloutō q̃ denia au poure laumosne. p quoy aptq̃ ainsi q̃ en lart de medicine les choses ꝓtraires sont gueries p leurs ꝓtraires, ainsp en la maladie spirituelle, le peche est gury par penitence contraire. Bede Se ceulx sont bieneures qui en ce monde ont heu de sir et fain dacomplir iustice, au cōtrayre on peut extimer, que ceulx qui ont prins tous leurs desirs z plaisāces, sans voulēte et desir de faire aulcun bien, sont maleureux et dignes de confusion. Apres ihesucrist dit Ve vobis qui nūc ridetis Malediction est a vous qui en ce monde ries de ris plains d̃ vanite, car apres vous gemires et ploureres, tant par dehors que par dedans pour deffault de tout bien, et po² la presence de tout mal. qui sera ou feu dēfer pardurable Ainsy que ceulx qui plourent leurs pechez et font penitence, seront a la fin consoles, ainsi ceulx qui rient, au contaire seront consoles. Et de ce dit salomon. Le ris de ce monde sera remply et mesle de douleur, et pleur eternel occupe et ensuyt ioye mōdaine Basile. Comme il soyt ainsy q̃ nostre seigneur reprend ceulx, qui en cestuy temps present rient, chose clere est que iamays en ce monde nest temps de rire quant on voet q̃ tant de peuple se meurt tous les iours en son pechie, dequoy on doit plus tost plourer que rire. Et crisostome. Bis moy quelle occasion tu as de rire, et de gaudir, qui doys estre presente deuant le terrible iuge. et rendre compte de tout ce que tu as faict en ce monde. Et sensuyt apres en leuangile. Vous soyes mauldits quād les hommes par adulacion, flaterie ou louange vous auront benoictz et louez, en vous faysant aueugles a ce que ne cognoisses vous mesmes, et considerant ce que dit laposttre Se ie plaise aux hommes, ie ne seroye pas seruiteur de ihesucrist. Telles louanges et benedictions semblables faisoient les faulx prophettes aux peres et anciens des scribes et pharisees lesquelz ilz louoyent et benissoyent, en prophetisant par leur propre sens, non pas par mandement de dieu faulsere, pour auoir hōneur et louange du peuple Et cest ce que dit le psalmiste, que le pecheur est loue en desirs de son ame, et celluy est benoyst qui fait mal. Mais malediction est sur ceulx qui ainsi louent les aultres, car plus nuyst la langue des flateurs que ne fait le glayue des persecuteurs Celluy qui flate les malfaicteurs mect sur leur teste vng coissin, a ce que sur les plumes de louanges dorment plus doulcement. Se donc ceulx sont bieneures qui par malice et mauluaistie, sont des mondains mauldits et vituperes, par plus fort ceulx sont mauldits de dieu qui sont loues des hommes et flates. Cest vne grand ire et punicion de dieu, quant le pecheur nest corrige, mais est loue autant de son mal que de son bienfait, et est en telle adulacion nourry, et par ainsi sera plus dampne Ces sentences mect sainct luc/affin que la verite des quatre beatitudes par auant mises apparoisent plus cleres par la dampnacion des maledictions aux beatitudes opposites.

Oraison

O Seigneur thesucrist qui a ce que la haultesse des vertus et les beatitudes a tes disciples enseignasses montas auec eulx en la montaigne en promettant a vne chescune beatitude et vertus son loyer selon sa congruyte/donne moy qui suis fraile que en ouyant ta voix me estudie par lexercice des vertus auoyr le merite dicelles/affin que par ta misericorde obtiengne le loyer ffay que en considerant le loyer ne fuye le labour du loyer. mais que lesperance du salut pardurable adoulcisse en moy la douleur de la misere presente/et enflambe mon ame a ioyeusement labourer/ffay moy qui suys miserable maintenant bieneure de beatitude de voye/qui est par grace/et a la fin bieneure de la beatitude du pays celeste par gloyre Amen.

Comme les prelatz doyuent donner bon exemple/tant de fait que de parole a leurs subgectz. xxxiiii.chapitre

Pource que nostre seigneur thesucrist par les choses deuant dictes a moult exhorte et admoneste ses apostres et disciples a porter et endurer pour son amour toutes tribulacions aduersites et tormens que on leur pourroyt faire et qui leur pourroyent sourdre z aduenir/consequemment en cestuy lieu icy mect quatre similitudes et coparaisons car il les compare au sel/a la lumiere, a la cite/et a la clarte. affin que par ce entendent que en tribulacion doyuent estre plus fors comme sil leur disoyt Vous ne deues pas faillir, ne estre laches en tribulacion/car vostre deffault seroyt occasion de ruyne a plusieurs/veu que vous estes ou deues estre le sel de la terre/la lumiere du monde/la cite mise sur la montaigne, et la clarte pouse sur le chandelier. Les deux premieres similitudes sont affirmatiues/car par elles est monstre a quoy les apostres et prelatz de leglise sont institues/cest pour assauourer laffection et le desir/comme le sel la souppe et a enluminer lentendement. Les deux dernieres monstrent a quoy ilz ne sont ordonnes/car ne a musser leur saincte vie ne leur doctrine/ne a fuyr leurs personnes. Donc ques les apostres et prelatz sont ditz le sel de la terre/pour la perfection de leur vie et honneste conuersacion par laquelle ilz affaicte et affaisonne/les aultres en eseignant les ames diceulx qui sauourent et goustent encores les choses terriennes. Le sel faict la terre sterile/affaicte et affaisonne les viandes/asciche les chairs/et les garde de puyr. il est fait deaue et de feu, et est offert en tout sacrifice. Ainsi lexemple de saincte fait sterile laffection terriene en ladoulcissant/affaicte le sainct desir en le rendant sauoureux/asseiche la chair par mortificacion/la garde de puyr en la restraignant de toute libidinosite/est confyt de leaue de deuocion/et du feu de dilection/en le cuysant en la fournayse de penitence/en tous temps est offert pour adresser et moderer toutes noz oeuures et operacios. Principalement par le sel aux escriptures est entendu

q ii

due discrecion, laqlle doit estre aux prelatz, car ilz doyuēt adroisser et rendre sauoureuses les oeuures de leurs subgetz tellement quelles soyent bonnes et plaisantes deuāt dieu. Et ihesucrist admonneste apres les apostres et aultres prelatz de soy estudier en vertus, en disant que si le sel, cest adyre le prelat, ou le docteur, par lequel les aul tres doyuent estre affaitez estoit fol ou def faillist par crainte dauersite, ou de persecu cion, ou par couuoitise ou prosperite, ou par elacion dorgueil, et de vayne gloyre, ou en plusieurs aultres manieres, tellemēt quil ne monstrast bon exemple a ses subgetz de fait et de polle, de quoy sera salle le peu ple debile et enferme, qui doyt estre afay sonne et bien condict par la vie et doctrine des souuerains et des maieurs. Ou aussy si le sel, cest le prelat et docteur fault et peche qui est celluy qui le corrigera. Nul certes. Ainsi q̃ a lenchanteur mort du serpent nul ne aide, et a tel on doit dire medicin gueriz toy mesmes. Semblablement si discrection laquelle assaisonne noz operacions nous deffault, tous noz faitz ne plairont mye a dieu. Et en figure de ce, en tout le sacrifice de lancienne loy, le sel estoyt offert. Le sel donc ainsi se fondant et venant en eaue et deffaillant ne vault riēs, car il ne porte nul fruyt, aincoys empesche la terre de fructiffi er, et ne fait bien aux aultres, et pource on le doit getter. Pareillement le prelat inuti le a ce ql soyt humilie, doit estre getté hors comme nuysant a soy, et non prouffitant aux aultres, et doit estre deposé de la dy gnite ecclesiastique, affin que loffice des p̄ latz napparoisse vil deuant les hommes. On le doit dōc seperer de loffice de leglise ou il sera excluz de la gloyre des bieneurez Et tel sera foule et culq̃ des hōmes du mon de par derrision, des anges au iugement p̄ separacion, et des diables en enfer par af fliction. Les apostres et prelatz sont aussy ditz la lumiere du monde a cause de la doc trine par laquelle ilz doiuent enluminer les ignorans de ce quilz doyuent croyre et fay re, car ainsi que le souleil et les estoilles il luminent les yeulx corporelz, aussi les doc

teurs enluminent les yeulx spirituelz. On doit premier bien viure que bien enseigner et pource apres q̃ ihesucrist leur eut dit q̃lz estoyent le sel de la terre en viuāt saigemēt leur dist quilz estoyent la lumiere du mon de en enluminant les tenebreux. Le prelat donc doit estre le sel, en bien viuant, lumie re en bien enseignant. Doit estre sel en exē ples, lumiere en doctrine. Cestuy ordre est mōlt droit. Premierement bien viure et puis biē enseigner. Dieu est lumiere elumināt nō enluminee, les apostres z gens apostoliq̃s lumiere enluminee, et enlumināt, les sim ples iustes, lumiere non enluminant, mais enluminee. La premiere lumiere est comme la lumiere du soleil, la seconde, cōme la lu miere de la lune, la tierce comme la lumiere des estoilles. Et apres le condimēt du sel et le ray de la lumiere sensuyt la protection de la cité, et la illuminacion de la lucerne et de la lampe, car les apostres et prelatz, ne se doiuēt pas musser, ne mectre la clarte de la parolle diuine soubz le tonneau et vais seau de crainte humayne, ne soubz le lict z repoz de mondaine prosperite, mais doy uent estre la cite mise et situee sur la montai gne, affin quilz soyent reffuge a ceulx aus quelz on fait tort. Et doyuent estre la lumie re mise sur le chandellier, a ce que les mon dains voyant leurs bonnes oeuures, soy ent attraictz a faire semblables, et dieu soit gloriffié, et non pas eulx louez. Doyuent donc luyre deuant les aultres par operaci on et par parolle, affin que ceulx q̃ les voy ent gloriffient dieu nostre pere qui est aux cieulx. Une personne prouffite plus en biē oeuurant que en bien parlant. Et les exem ples meynent plus vne personne a biē que les parolles, car la clarte est plus grande p̄ oeuure que par parolles. Celuy qui ne fait que parler presche de bouche, et seulemēt vne heure en la sepmayne, mais celluy p̄s che selon verité et en tout temps qui fait ce quil dit par oeuure, et non seulemēt par pa rolle. Enseigner aultruy de bouche et non pas de oeuure, est vanité, car selon sainct bernard, cest vng mōstre quāt la langue dit q̃ on doit biē faire, et la main et la puissāce du disant est oyseuse, et quant la doctrine est belle et la vie est tenebreuse. Or est a noter que cecy nest pas contraire a ce que apres sera dit. Gardes que ne faciez vostre iustice deuant les hommes, car on doyt fayre bien non pas pour honneur mondain, mays pour lonneur de dieu, duquel on doit querir la gloyre et ledifficacion du proyme, a ce que en voyant telz biens faitz, on glorifie principalement dieu, non pas celuy qui les fait, et q̃ on les en suyue en toute bonne oeuure. On doit donc q̃rir la gloire diuine et fuyr la propre. Apres ihesucrist commance a informer ses appostres de ce q̃lz doyuent enseigner, et dit. Nolite putare. Ne pensez ad ce que ne chez en erreur, que ie soye venu en ce monde pour destruyre la loy, ou les prophettes, en deffendant q̃lz ne soyent gardez spirituellement, car selon sainct augustin, toutes les escriptures du vieil testamet sont figure et ymage du nouuel. Je ne suis pas venu destruyre la loy, mais plus tost lacomplir. En ceste sentence de nostre seigneur, ya double sens selon saint augustin. Acomplir la loy, est fayre aulcune chose quelle napoint, ou faire seulement ce quelle dit. Nostre seigneur qui a adiouste ce q̃ estoit moins en la loy, na pas destruit ce quil ya trouue, mais plus tost la conferme en le parfaisant. Aussi tout ce q̃ la loy et les prophettes auoyent promis de luy, pour la plus part, en luy est acomply. Et auant que le ciel et la terre et les aultres elemens, non quãt a la matiere, mais quãt a la forme, soyent finiz, passez, et mues, tout sera acomply, en telle maniere q̃ vng iota, cest le tiret de virg. i. ne demourra, que par effect ne soyt acomply, ou en luy chief, ou en ses sainctz, qui sont son corps et ses membres. Apres il leur monstre comme les docteurs doyuent acomplir de faict ce quilz dient de parolles a son exemple, en mectant double diuision de docteurs. Car aulcuns sont qui bien enseignent, et mal viuent comme faisoyent les scribes et pharisees. Et de telz il est dit. Celluy qui trespassera en mal viuant vng des plus petis mandemens de la loy, et sont ditz petis pource

quilz donnent commancement a lõme, sera appelle le moindre au royaulme du ciel cest en leglise militãte. Car selon saint gregoire, celuy duquel la vie est desprisee, chose conuenable est, que on ne tienne compte de sa predicacion. O quil en est auiourduy de telz ausquelz semble estre grans, et touteffois selon ceste sentence, sont bien petis. Augustin. Cest chose cliere, que celuy qui est le moindre ou royaulme du ciel cest leglise militante, en destruysant par oeuure ce quil enseigne de parolle, nentrera ia ou royaulme du ciel aduenir, car il ne peult paruenir a la compaignie de ceulx q̃ sont par operacion ce quilz enseignent de parolle. Crisostome. Enseigner les aultres et non fayre ce que on dit nest point gaigner, aincoys est vng grant dõmaige, car cest grant dãpnacion de oeuurer et composer seulement bien ses parolles et mespriser sa vie. Aultres docteurs sont qui bien viuent, et bien enseignent les aultres, et telz doiuent estre platz en sainte eglise, et de telz est dit. Celluy qui enseignera, et fera de faict ce quil dit, sera appelle grant ou ciel, car ceulx qui acomplissent la loy, seront iustiffiez enuers dieu. Or tous commandemens sont reputez estre faulx quant tout ce qui nest pas acõply est pardonne, et pource deuõs souuet dire, dimicte nobis debita nostra. Apres il conferme ce q̃l dit, car il na pas destruyt la loy, mais superhabondãment la acomplye, et dit que se les siens, ce sont les bõs crestiens, ne font oeuures par dessus celles de la loy, et plus dignes, et que leur iustice ne surmonte celle des scribes et pharisees, lesquelz disent et ne fouttiens de bien, car a auoyr le salut de lame ne souffit pas bonne doctrine, mais aussi est requise bonne vie, iamais nentreront ou royaulme du ciel. Et po ce il dist Nisi habũdauerit iusticia vestra 7c. Iustice en ce lyeu est prinse non pas par vertus cardinale, mays entant quelle est distinguee cõtre pechie. Car comme dit sainct ierosme, toutes les especes de vertus, sont cõtenues soubz le mot de iustice. Et selõ cestui entedemt sait augustin dit, q̃l ya deux pties de iustice, cest decli

q iii

her le mal et faire le bien, et ainsy iustice est distinguee contre peche. Et saichez que ainsi quil y a diuers dons de graces, ainsi il y a diuers estatz et condicions de personnes. Et pour ce a ceulx qui sont en estat de perfection au regart des aultres, on peut dyre, si voustre iustice nest plus grande que celle des meindres, vous nentrerez mye on royaulme du ciel. Et est a noter que icy nostre seigneur replique les comandemens et induit les hommes a les garder, et declare le vray entendement diceulx, et forcluft les erreurs des iuifz, qui disoyent que le fait exterieure estoyt seulement deffendu par les commandemens negatifz, et non pas le mouuement du cueur, et que voulente deliberee en maulvaistie nestoyt point pechié, si non quelle fust mise en effect. Comme de ce commandement. Non occides. Ilz disoyent que occire de fait estoit deffendu et non pas le propos. Et cest ce quil dit. Audistis quia dictum est antiquis. Vous aues ouy ce quia este dit aux anciens, cest selon linterpretacion des anciens. Tu ne occiras homme de fait, car ainsi linterpretoyent les anciens iuifz, et ne parloyent point du cueur. Et nostre seigneur ihesucrist exclud cest erreur, en deffandant soy courroucer sans cause. Ilz disoyent que tuer aulcun iustement de mains ou de fait appartiet a iustice, et a perfection de la loy, mais le tuer iniustement, est chose digne de iugement et de mort au faisant, car la loy ainsi le vouloyt, et le tuer de cueur nest mye peché. Et ihesucrist adiouste plus parfaictement, en deffendant que nul ne se courrouce en son cueur contre son frere sans cause, et ne luy monstre signe de commocion interieure, par voir en disant. Racha, qui est voir dug courrouce sans expression de vitupere ou de blapheme, et ne luy face aussi iniure par parolle expresse, en disant fatue fol, qui est plus grant iniure, que nest racha. Donc le premier mouuement de ire en lame est deffendu, secondement le signe exterieure de indignacion, et tiercement la vituperacion en parolle. Et a ces troys coulpes et deffaultz assigne ihesucrist troys peines differentes correspondentes aux dictes coulpes. La premiere coulpe est ire ou hayne on cueur dedans, et desir de soy courroucer auec son frere par ire vicieuse, non pas par zele, et soy deliberer en temps opportun de monstrer par fait dehors sa hayne. Et la peyne de telle ire est estre accuse deuant dieu, combien que deuant les hommes de telle ire secrete on ne puisse estre accuse. La seconde ire est de celluy qui dira par indignacion et contumelie generale, ou contempnement racha, et sa peyne est quil sera coulpable, et sera du iuge sentencie, et a peyne depputé, car la coulpe est ia venue a cognoissance. La tierce ire est de celluy qui procede en contumelie speciale, et dit en mesprisant la personne, et non pas par correction du vice, fol beste, et semblables iniures, et sa peyne est le feu denfer et peyne determinee. Car selon la glose, ce nest pas petite fureur, appeller fol celuy que dieu a en doctrine par le sel de sapience. Moyse donc a mys le coutteau et la coygnee au rameau de larbre en deffendant homicide, et ihesucrist en leuangile met et la coygnee et le coutteau, come bon laboureur a la racine pour oster de noz cueurs la racine de peche. Et bien couenablement ihesucrist a comance son pler a ire, laquelle selon la glose est la porte de toux vices, et elle close nous aurons dedans nous repoz, et elle ouuerte nostre ame sera abandonnee a tout mal. Iherofme. Ire est tout mauluays mouuement de nuyre a aultruy. Et aulcunesfoys se lieue en lame subitement, et est peche veniel. Aulcunesfoys se lieue par deliberacion, et lors est pechié mortel. Sache aussi, que toute ire nest pas peche, car ire nest aultre chose que appetit de vengence. Or soy venger iustement nest mie peche. Et ire est illicite et iniuste en quatre manieres. Cest assauoir quant on appete peyne a celluy qui ne la pas desseruy, ou plus quil ne la desseruy, ou quant on lappete oultre la forme et maniere que on ne doit ou lappeter pour mauluaise fin, qui est pour seullement estre vengé. Par sa doctrine donc nostre seigneur se estudye nous tenir tousiours ensemble en amour, en paix et en charite, en ostat la racine de iniure et la fon taine par laquelle charité peut estre naurée Mays helas bien pou y regardons. Le dit de ihesucrist est. Ne te courrouce mye a ton frere sans cause. Surquoy dit crisostome/que cest a aulcun plus facile et legiere chose/ne soy courroucer/que ce nest porter liniure de celluy qui se courrouce sans cause. Et se tu portes et endures /dit crisostome pour la crainte des hommes ce q̃ est plus grãt et plus fort/comme le courroux et les iniures que te dient et te font les hommes. pourquoy ne peuz tu endurer le meindre/ cest ne toy courroucer a aultruy poˀ lamoˀ de dieu. Et se icy est deffendue ire nouuelle/par plus fort selõ saint augustin /ire en racinée /a ce que indignacion ne se conuertisse en hayne. Par les choses dictes de ire/ihesucrist conclud et dit/que celluy qui veult offrir a lautel de dieu p̃ soy et de cueˀ oblacion/soit hostie ou aulmosne /ieusne/ doctrine/oraison/ou aultre chose spirituelle/ou corporelle/premier se doit recõsilier a son frere sil la offendu par parolle ou aultrement/car dieu ne recoit point le don que on luy offre sãs charité. Et nul nest en charité/se premierement ne mect hors la racine de discorde/et satifface a son proyme Surquoy est assauoyr/que si conuenablement on peut auoyr la presence de loffense/on le doyt reuoquer a grace/en luy demandant pardon Et se on ne la peut auoyr/il souffit lauoir de cueur/en soy prosternant et soubmectant a elle par humble affection et propos de luy satiffayre /en temps et en lyeu. Et ceste façon tient leglise rõmayne /laquelle absoult le pecheur qui se cõfesse/ et luy impose que en temps et en lyeu satiffacce. Selon crisostome /se tu as offensé par cogitacion/tu dois satiffaire par cogitaciõ se par paroles/aussi par parolles/⁊ se par oeuures/semblablement par oeuures/ car en la maniere que le peché est õmys /en telle maniere doit estre purge et satiffayt Exemple. Se aulcun a offendu par detractiõ doit satiffaire en restituant la bonne renõmée. Considere icy bien ces choses /car en icelles reluyst enuers nous la grande misericorde de dieu/qui plus regarde et ay

me concorde et amour et lutilite des hommes. que son honneur/et que le sacrifice/ et que les dõs que on luy fait. Crisostome O merueilleux grant ⁊ amour que dieu ha a nous. Il laisse et mesprise son honneur quant il veult que on ayt premier charité a son prouchain q̃ on luy offre et face sacrifice. Son estude est plˀ noˀ assembler ensẽble p̃ le lyen de charité/q̃ luy immoler oblacions. Par tel lié cest par charité/sont toutes choses assemblées/et dieu p̃ luy a esté fait homme. Aussi icy appert la rigueur de dieu qui refuse loffrende et don de ceulx q̃ sont en hayne et discorde. Gregoyre. Noˀ voyons que dieu ne veult receuoir le sacrifice de ceulx qui sont en noyse et discorde/ parquoy pouuons veoyr quel mal est dissension/laquelle empesche ce qui est cause de pardonner les pechies Et saint cyprien Si celluy qui est en discorde /et na paix auec ses freres /estoyt occis mesmes pour lamour de dieu/ne pourroit effacer le cryme et le peché de dissension et seroyt dempne Considere vng chescun combien est grant cestuy tel pechie veu que le martire/qui est baptesme de sang /ne le peut effacer /ne lauer Mais helas auioˀduy plusieurs sont semblables a cayn /et a iudas q̃ vont ⁊ accedent au sacremẽt de lautel /en discordes haynes /et pechies. De quoy dit crisostome. Comme ainsi soyt que dieu ayt si grãt cure de nostre reconsiliacion /quil souffre que son seruice soit interrompu /iusques a ce que on soyt reconsilié auec son frere/ cõbien deurions noˀ oster de noz cueurs toute racine de ire /et de rãcune. Et toutesfois au contrayre/plusieurs tiennent par long temps leurs cueurs/et leurs haynes/et les font longues plus q̃ cordes/et sauent bien que de tant que plus longuement tiennent leur cueur/de tant plus serõt pugniz Et pourtant q̃ ihesucrist a parlé de la cõcorde et fraternite que on doit auoir auec son frere offensé/apres generalement /il dit/ que nous estans en la voye ⁊ on chemin /deuõs nous consentir tantost a nostre aduersaire cest quãt nous sommes en chemin et en la voye de ceste presente vie/ou est lieu ⁊ tẽps

q iiii

de faire penitēce et de meriter. Et se au iour duy le pouons faire ne differons pas a demain, car la longue demeure fait le dōmayge, et nul ne scet le terme de sa vie. Riens nest qui puisse tant subuertir la personne, comme dissimulacion z dilacion de bien faire, car dilacion souuent nous faict cheoyr de tout bien en tout mal. Acordōs donc tātost auec nostre aduersaire, cest auec celluy que auōs offense, affin quil ne soit cause que soyons baillez au iuge qui est dieu, quant sera au dernier examen, et le iuge ne nous baille au ministre, q̄ est le diable denfer pour soy venger de nous, lequel nous mectra en la chartre denfer, ou nous fauldra rēdre raison iusques au dernier denier et iusques a la derniere maille, quant plourerons les petis et les grans pechies, car nul peche est impugny. Et pour ceste cause ihesucrist dit donec, iusques a ce, leq̄l donec, est temps determine, qui selon sainct augustin icy ne signiffie pas fin de peyne, mais cōtinuacion de misere, laquelle aura le pecheur, tant pour ses pechies mortelz, que pour ses veniels, qui sont ioinctz et annexes aux mortelz. Icy ihesucrist ne entend pas nostre aduersaire le dyable denfer, auquel iamais ne nous deuons ꝑsentir, mais parle de nostre prouchain, lequel auōs offense, et par ainsi auons fait nostre aduersaire, et pource a luy nous deuōs reconsilier. Aussi a parler mistiquement, quant nous pechons, nous faysons dieu nostre aduersaire, et il nous resiste. Semblablement, la parolle diuine est aduersayre aux mauluays, car elle leur resiste a fayre mal. La synderese et la consciēce sont aussi aduersayres aux pecheurs, lesquelz elles reprenēt de faire mal. Et a teulx deuons obeir, en nous abstinant de peche, et soubzmectant humblement a leur conduite. Apres ihesucrist mect aultre raison confermēte ce que par deuant auoyt dit, cest quil nest toīt pas venu destruyre la loy, mays pour lacōplyr, en donnant cognoyssance et entendement de vng aultre commandemēt de la loy, cest non concupisces Tu ne couuoyteras mye chārnellement la femme de ton proyſme. Par lequel commandement les iuifz entendoyent seulement les faitz actuelz et les signes exteriores, comme sont atouchemēs impudiques, baisiers, et semblables actes estre deffenduz, et que la concupiscence interiore deliberee, ne fust point peche. Lequel entendement est irraisonnable, car les operacions z signes exteriores nont nulle raison de peche, si non que elles soiēt voluntaires. Et pourtant nostre seigneur forclud leur tel erreur et dit. Omnis qui viderit mulierem. Tout homme qui regardera femme pour intēcion et fin deliberee de la couuoytier, veu que en sa deliberacion ne doubte point et ne varie, mais totalement se ferme et arreste, et playnement consent ia a acōply de voulente le fait charnel. Et de ce dit crisostome. Se ie couuoyte seulement en mon cueur, et delibereement sans aultre chose le mal de la chair, ia ie suys du nombre des adulteres, et ay fayct ma luxure, et suis condēpne par la loy et ꝑ ihūcrist acteur de nectete. La loy condēpne la dultere de fait, et leuangile la concupiscence qui est la racine de tout mal. Et en figure de ce saint iehā baptiste qui en ce pas signiffie lancienne loy, estoit ceīnct sur les rains, et ihesucrist sur la poictrine. Or est a noter, quil y a vne cōcupiscence qui vient de mouuement subit, sans deliberaciō de bien ou de mal, et sans consentement et est appellee propassion, et est peche veniel. Vne aultre est qui se fait auec deliberaciō et consentement de voulente et delectacion en oeuure, et mesmez sans operacion exteriore, et est pechie mortel, et de ceste en ce lieu pcy parle nostre seigneur. Et a cause que veoir et toucher actuellemēt, sont ꝑuocatifz a concupiscence, consequentemēt ihesucrist enseigne oster toute occasion qui peut faire cheoyr la personne en tel consenremēt, et dit Si oculus tuus dexter. Se ton oeil ou ta main dextre te scandalize, cest a dire te actrait a mal, arrache le, ou le couppe, en le refrenant de operacion illicite, car il est plus expedient que vng de tes membres perisse, en laissant loperacion illicite combien quelle soyt delectable, q̄ tout ton corps et ton ame soyẽt pour tel mal mis on feu denfer. Gregoire. Il nest point licite de regarder ce qui nest pas licite de couuoiter. Et pourtant a ce que lame soyt gardee necte en cogitacion et lassiuite, on doyt reprimer les yeulx et les abaisser, et ses mains retirer. Car selon crisostome, celluy qui se estudye regarder les belles faces des femmes, alume en soy la fournaise de toute cõcupiscence. Et sainct bernard aussi dit, que celluy qui tient la main de la femme par delectacion, ia est entre les lyens du dyable. Que diront icy ceulx qui sans crainte presument tous seulz habiter auec vierges, et tousiours les regarder pour concupiscence. Escoutent teulx, et aussi ceulx qui souuent vont aux lieux publicquez, et se maculent et tachent par les occasions quilz y prenent, le conseil efficace de sainct gregoire q̃ dit. Quant la chair cõuoicte, on doyt penser quelle sera quant lame sera hors de elle. Nulle chose refrene tant les desirs et concupiscences charnelles, que pẽser quelle sera la chair, τ ce que maintenant on aime, apres la mort. Considere aussi vng chescun, comme le noble couraige est fait vil par telles concupiscencez, car selon plusieurs docteurs, τ religieux de sainte vie, regarder volunticrs la façon et le visaige des femmes ou de aultres ieunes gens, ou parler auec elles, ou les toucher desordõneemẽt, sont signes que lomme interiore est corrompu, debilite, amolly et deiecte, et que le dyable ha sur luy puissance. Icy selon sainct augustin nest pas commande que on se couppe ou arrache aulcun membre du corps, selon que la lectre dit, mais que on oste de soy lo cafion de pechier, laquelle occasiõ peut aulcunesfois sourdre de bonne operacion. Exemple. Aulcun va en vng monnastere de femes pour prescher ou pour donner conseil, ou pour semblables choses Se son oeil le scandalize, et se sent enclin a pechie, doyt laysser telle oeuure qui est de soy bonne, a ce que tous ses aultres biens ne viennẽt en ruyne. Et pource dit alain. Se tu veulx, escheuer le peche de la chair, fuyz et le temps et les lieux, car ilz donnent a tel peche grant

nourrissement. Et tel remede est contre to⁹ aultres pechiez. Seneque Qui veult oster de soy le desir de toutes choses concupiscibles, oste ses yeulx et ses oreilles, ie me troue dit il plus auaricieux, plus ambicieux, plus luxurieux, voire pl⁹ cruel et inhumain quant ay este entre les hommes, que quãt ie suys tout seul et restrains mes sens. Et dit encore nr̃e seigneur Se ton dextre oeil te scandalize que faire le senestre. Iherosme On doit garder, que ce que nous est necessaire ne chee en vice, car se lame choyt en peche plus tost choit le corps q̃ y est pl⁹ en clin. Et crisostome. Ihũcrist nentend pas que on oste et couppe loeil, ou la main du corps, mais du cueur, qui est le membre et le sens de male cõcupiscẽce et de desir charnel, lequel on doit coupper et refrener, car de luy procede tout mal. Et cecy deuõs faire pour lamour dv royaulme du ciel, a ce q̃ les vices ne dominẽt en nous, par lesquelz sommes dignes du feu eternel. Puys q̃ ihesucrist a monstre que ne deuõs couuoyter ne desirer la femme daultruy, consequemment enseigne de non laisser la sienne propre, et dõne entendement et declaracion de vne pmission dõnee a moyse mise en la loy cest assauoir de laisser sa femme, en luy dõnant le libelle et lescripture q̃ repudiaciõ et de congie, car les iuifz creoyẽt q̃ totalemẽt telles choses leur fussent licites. Mays il est faulx, car seulemẽt leur estoit pmys po⁰ la durte du cueur de ceulx qui auoyẽt leurs femmes en hayne, a ce que en telle passion ne les tuassent, et ainsi parmectoyt la loy le meins mal po⁰ le plus grãt euiter. Et maintenant ihesucrist mande que on ne la laisse mye, excepte a cause de fornicacion, car alors, elle nest mye loyalle, entãt quelle na pas garde la foy de mariage, et pource est licite de la laisser quant a cohabitacion de lict, non obstant que le lien de mariage demoure tout le temps de la vie. Et pource se lomme se marie a vne aultre il cõmect adultere, τ elle pareillemẽt se elle le fait. Touteffoys celluy q̃ veult mectre sa fẽme hors de soy pour la fornicaciõ quelle a commis se doit pmier estre nect et purge de tel vice car selon saint Iherosme,tout ce qui est cōmande aux hommes,par apres redonde aux femmes,et par ainsi lōme adultere ne peut bouter hors de soy sa femme adultere. Apres que Ihesucrist a enseigne de non faire iniure a son prouchain,en quoy deffēd ire, et concupiscence, consequēment enseigne soy abstenir de faire iniure a dieu,en deffēdāt tout iuremēt & pariuremēt,et declaire le cōmandement de non iurer,enuers lequel les iuifz erroyent,en croyant le iuremēt mēsongier estre seulement deffendou,et que iurement incautement faict et sans necessite qui est illicite fust a garder. Et sur tout ce nostre seigneur ordonne, que totalement on ne doit iurer,cest a dire pour quelque cause,excepte tousiours iurement necessayre. Or la iustice et vertu des pharisiens estoit ne soy pariurer,et icelle cōferme nostre seigneur,en deffendant aussi nō iurer, car autrement on ne entrera ou royaulme du ciel. Et ainsi que celluy qui ne parle ne peut mētir, aussi celluy qui ne iure, ne se pariure iamais. Mais cōme moult et trop parler, ne peut estre sans peche,ainsi moult et souuēt iurer, ne peut estre sans soy pariurer. Et ainsy que dieu cōmandoyt en la loy de luy offrir sacrifices de bestes, non pas que tel sacrifice luy pleust, mais le faisoit pour entretenir les iuifz,a ce quilz ne ydolatrassent en les sacrifiant ailleurs,et fussent ydolatres ainsi a eulx imparfaitz, a pcede ō iurer par dieu,non pas quil luy plaise, mais comme dit sainct Iherosme,a ce qlz ne prissent male coustume de iurer, par les creatures & les eussent par apres adourez. Or leuangile ne recoyt nul iurement,car parolle de crestien,tellement doit estre loyale, quelle soit tenue pour iurement. Crisostome. En nulle facon nous est concede de iurer. Quelle necessite est il de iurer, veu que mentir nous est deffendu,et noz parolles doyuent estre si vrayes,quelles soyent prinses pour iurement. Et pourtant nostre seigneur non seulement deffend de non se pariurer, mays aussi non iurer, affin que on saiche, q̄ sans iurer on dit verite,et q̄ en nostre simple parolle soyons veritables,et on nous croye.

La cause de iurer,est pour certifier vngchecun que le iurant dit verite. Or nostre seygneur ne veult quil y ayt different, entre iurement & simple parolle,car ainsy que en iurement ne doyt estre faulsete,ainsi en simple promesse ne doit auoir mensonge, veu que et le menteur et le pariure, seront condēpnez a peyne eternelle, au iuste iugemēt de dieu. Donc quiconq parle, iure, car il est escript, le tesmoing de verite ne mētira mye. Et cecy est la cause pour laquelle la saincte escripture si souuent dit q̄ on ne iure mye, car tout ce que dit le seruiteur de dieu, doyt estre veritable,et doit estre repute pour iurement. Seneque. Nulle difference est entre afferrmer et iurer,car quant on tracte de verite,on tracte et parle de foy & de toutez bōnes meurs. Sainct augustin. Celluy iure q̄ ameyne dieu a tesmoing en ses polez. Cest chose simple pēser, q̄ celuy ne iure point, q̄ dit, ie appelle dieu a tesmoing, ou dieu scet que ie ne mens mye. Saichez touteffoys que en cas de necessite, iurement nest pas deffendu, et pource est il dit. Non iurabis omnino. Pour rien tu ne iureras. Icy la negacion precede le signe affirmatif, et ainsi equipolle a son contradictoyre,et vault autant a dire comme aulcune ffoys il est licite de iurer. Nostre seigneur donc ne deffend pas totalement le iurer,car alors tout iurement seroyt illicite, mais dit que on ne iure sans cause, en deffendant tout iurement incautement,et sans raison fait. Sainct augustin. Nostre seigneur ne dit pas q̄ pour nulle chose on ne iure,comme se tout iurement fust illicite, mais deffend q̄ nul ne iure contre la verite, et de legier et sans necessite, affin que par coustume de iurer,on ne choye en piurement. Or troys choses sont requises a ce que iurement soyt licite. La premiere, regarde la chose pour laquelle on iure, cest assauoyr verite, aultrement ce seroit conferrmer mensonge. La seconde, regarde le motif & la cause pour laquelle on iure, cest iustice et necessite, aultrement iurer seroyt mal. La tierce, regarde le iurant,car il doyt auoyr discrecion, aultrement ne seroit pas deue cautelle. Et de ce dit Iheremie. Dieu me a dit. Tu iureras/en verite/en iugemēt et en iustice Et non seullement est illicite iurer incautement le nom de dieu: mais aussy par les creatures/entant que en elles reluyst la vertus diuine. Et pource ihesucrist dit apres. Ne iurez pas le ciel/car cest le trosne de dieu/ou principalement luyst sa gloire/ Et aussy ne iurez p la terre/car cest son escabelle/et son marchepie/cest adire q̄ la terre est la meindre et la pl⁹ basse des creatures/ainsi q̄ le marchepie/est soubz tout le corps. Ne iures pas aussi par iherusalē qui est cite du souuerain roy/cest de dieu q̄ est roy des roys/cest cite deputee a son seruice. Ne iurez aussi par ton chief/car cest oeuure diuin/et non pas de hōme. Il appert car tu ne pourras faire vng de tes cheueulx noirs blanc/ne au contraire vng des blans noir. Par ces choses dictes ihesucrist monstre/que ainsi q̄l nest pas licite de iurer dieu/aussi ne ses creatures/car comme ainsi soit que toute creature soyt oeuure de dieu/qui iure par icelles/iure par dieu. Aussi nous est deffendu de non les iurer/a ce que ne les ayons en honneur et veneracion. et que saichons que nous sommes pariures et mensongiers/en nous pariurant par les creatures. et que ce nest pas pou de chose iurer par icelles. Toutesfoys aduiēt que on iure par la croix dieu/ou p les euāgiles de dieu/ou par aulcunes sainctes reliques/qui sont creatures plus tost q̄ par aultres irraisonnables creatures. et la rayson est/car en elles/dieu est plus honnoure/et leur portons plus de reuerence Apres que le saulueur a deffendu le iurer/consequement enseigne comment on doyt parler en disant. Vostre parolle/soyt/cest/est/ ou non non/cest que simplemēt on doyt affermer la verite/et neyer la faulcete/et dit deux foys/est est/et non non/a ce q̄ le cueᵉ et ce qui est par dedās/se conferme a la parolle proferee Alors nostre parolle est/est est /et non nō/quāt n⁹ affermons/ou neyons doublemēt/cest tant de bouche que de cueur la chose de laquelle nous parlōs / et ainsi quil est en la conscience/il soit en la lāgue/et ainsi que laffermons par parolle/le

approuuons par operacion. Et ce que on iure oultre ces deux choses/est est/et non non/procede de mal τ de imparfectiō/et de suspicion/quant a cellup qui ne croyt riens sans iurer. On ne fait pas mal/vser biē de iurement/non obstāt que iurer procede de mal et de imparfection/quant a cellup q̄ contraint de iurer/car quant on veoyt que aulcun est dur de croyre la chose vtile et necessaire/a lors est concede de lassermer par iurement. Surquoy est a concluyre q̄ tousiours iurer est mal/ou de la part du iurant sil ne garde les cōdicions dessusdictes/ou de la part du requerant/qui est de croire le bien/et ce q̄ est veoir. Induyre a iurer sans necessite est mal de coulpe et peche/et non croire lung a lautre a la verite sans iurer est mal de peyne/et procede de enfermete humaine/q̄ est peyne inflicte a lumain lignayge. Disons donc tousiours verite/sans iurer. et parlons de bouche et non pas de aultres membres/car cest chose male et inhonneste/comme il est dit aux prouerbes. Comme apostat/qui est lomme inutile/vse τ ple du doigt/est simple et fol /et plus fol sera sil parle de la main/en laquelle sont to⁹ les doigz/et tresfol sil parle des bras et des espaules/et sil ple auec to⁹ ses membres/est repute insense. Le parlant donc doit contenir tous ses membres/excepte sa langue/a ce que ne scandalize son prouchain/et ne soyt repute simple/fol et insense.

Oraison

Seigneur ihesucrist qui a noz peres anciens as promys les biens temporelz, et a nous les eternelz/et veulx que noz iustices et noz operaciōs soyent plus nobles et pures que les leurs/donne moy pouoyr luyre par oeuure et par parolle deuant toy et deuāt mon prouchain/a ce que ne destruye et ne gaste ta iustice ne tes commandemens/aincoys les acomplisse en surhabondance. Garde moy de ire et de offenser mon proyme/a ce que ce que ie offreray/tant de oeuure que de cueur/et de parolle/soyt acceptable deuant ta face. O dieu trespiteur/dōne moy grace de me garder de males cōcupiscences/et de decliner tout iurement, tellement que me puisse abstenir de faire iniure a toy, et a mon prouchain, et en toutes choses te puisse perpetuellement playre. Amen.

De la pacience et largesse que on doit avoir a aultruy. xxxv. chapitre.

Apres que nostre seigneur par cy dessus nous a instruitz de non faire iniure a son prouchain, et de non commettre contre luy irreuerence, maintenant enseigne comment le crestien se doyt auoyr enuers ceulx qui luy font iniure, en mectant pou de parolles, mais souffisantes a la perfectiõ de toutes personnes, esquelles est clerement commãdee et persuadee la vertu de pacience et de largesse. Et premierement mect la declaracion de vng commandement iudicial, onq̃l les iuifs erroyent, en croyãt q̃ vengẽce selon soy fust a apeter, laquelle chose est faulse, car vouloir absoluemẽt aulcũ souffrir peyne ne peut auoyr raison de bien, mays est bien fait quant on lappete pour aultre chose, comme pour lutilite de leglise, pour lordonnance de iustice, pour la correction du faillant, ou pour la terreur des aultres, a ce quilz se contregardẽt en voyant telle punicion. Et quant on estime que nul tel bien doyt aduenir, en punyssant le mal, mays plus tost on en estime scãdale z mal, alors on ne doyt demander faire, ne punicion, ne vengence, et se du tout on pardõne, cest de supererogacion. Donc souffrir et ne resister a mal en aulcun cas, est de commãdement, et en aultre cas de conseil. Et aulcuneffoys ny resister seroit mal, cest assauoyr quant par ce, on donneroyt aux pecheurs et mauluais hardiesse de opprimer et nuyre aux bons. Et en tel cas on peut seurement obuier a leur malice. Car au mal de coulpe et a pechie on doit tousiours resister, mais a mal de iniure iamais pour appeter vengence, ou pour inferer iniure, fors en iustice, et deuãt le iuge et amoureusemẽt. Et cõbien que la loy a cause de la durte, des iuifs qui estoyent promptz de faire iniurez, et estoyent cruelz de eulx venger, mist maniere et faicon qment on se doit venger, tant pour la rudesse z pteruite des iniuriãs, a ce q̃lz ne fussent si promptz de iniurier, que aussy pour les iniuriez, a ce quilz ne fussent trop cruelz a soy venger, cõe elle met celuy q̃ main a mẽt mort pour mort, ame pour ame, dent pour dent, et ainsy des aultres membres blessez enquelz failloit que legieremẽt fust grieue, toutesfoys ihesucrist duquel la misericorde surmõte iustice, commande que on ne rẽde mal pour mal, mais que on vainq ue le mal de iniure par la vertus de pacience, et que on ne responde a ceulx qui sont ou bient iniure, a ce que nous crestiẽs, no9 moustrons promptz de porter paciemment toutes iniures, et ceulx mesmez qui no9 les font. La loy ancienne vsoyt de iugemẽs z de rigueur, et leuãgile vse de grace et de misericorde, car leuangile enseigne la vertus de paciẽce en laissant les membres en tiers lesquelz la loy commande estre en dommaiges. Selon crisostome, se aulcũ te arrache vng oeil et tu luy en arraches vng aultre, par tel fait tu nas pas recouuert le tiẽ, mais as perdu ton membre, et ta pacience. Le dyable procure les playes du corps, pour player et naurer lame. En ne frappant celluy qui te fait mal, les mondains diront, q̃ tu es vaincu, mais cest au contraire, car tu as en non frappãt vaincu le dyable. Se tu as perdu vng des membres de ton corps, et tu ne demandes vengence, et ne rendre mal pour mal, tu acquiers la vertus de pacience, aultrement tu auras dommaige de corps et de ame, et es pl9 blesse en laissant la constance de bonte, que quãt tu es frappe. Et saiche quil y a quatre degres pour monter a la haultesse de paix. Le pmier est ne rendre plus de mal que on a fait. Le second est en moins rendre, et cecy estoit lordonnance des phariseez qui donoyẽt quarante coups de verge, vng moins. Le tiers est ne rendre mal. Le quart est estre pres de plus en souffrir. Les deux premiers furent en la loy, et le tiers, est selon leuangile, qui dit q̃ on ne doyt point resister au mal. Et a ce que ne entẽdissons pas seulement du mal de coulpe, mais aussi de iniure, dit aps ihesucrist. Sed si quis te peusserit. Mays se aulcun te frappe en la ioue dextre/baille luy la senestre/cest que ayes en voulente et en couraige de en receuoyr vng aultre/ aincoys que par dedans fussez esmeuz par impacience en resistant et rompissez charite. Augustin. Non seulemēt se aulcun te frappe/tu ne le doys pas refrapper/mais se encore te veult frapper en laultre ioue/le doiz paciēment endurer. Crisostome. Celluy q̄ refappe le frappant/acomplist le commandement de la loy/et non pas de ihesucrist. Et se tu dis quil est digne de estre frappe/ ie respondz quil est voyr/mais tu nes pas celluy qui le doys frapper/car tu es le disciple de celuy qui quant on le mauldisoit portoyt paciēment sans riens dire. Ihesucrist donc nous instruit en tous exemples de pacience et de humilite/par les cōmandemēs de ses euāgilez/car non seulemēt ne veult q̄ refrappons le frappant/mais plus veult que soyons promptz de estre refrappez/et de non resister a iniure. Bede. Quelle chose est plus digne et plus grande/que redōner la ioue au frappant. Certez nulle/car telle paciēce rōpt toute indignacion/et toute ire/et le frappant et iniuriant est mue et inuite a penitence. En acomplissant cestuy commandement/lomme se conforme a ihesucrist/le dyable est vaincu/et pfaicte paix est faicte entre les hommes. Et selon crisostome/le penser et le vouloyr de souffrir iniures et peynes/meyne la persone iusques a vouloyr souffrir martire/car de legier on peut soustenir les peynes corporelles ou temps de persecucion/se ou temps de paix on se est excerce par meditacion et desir en icelles. Et sainct augustin dit/que icy nest pas deffendue vengence qui se fait par correction/laquelle doyt faire celuy qui est en charite. Le pere ne hayt pas son filz quāt il le chastie. Vengence donc par hayne iamais ne doit estre desiree/mais bien correction amoureuse/comme le pere fait a son filz/et telle correction faicte par amour et p̄ vraye et bōne charite appartiēt a misericorde. Celuy est bien heureux qui de cueur est prest de souffrir toute aduersite qui luy viēdra en ce monde/et qui peut dire comme dauid/paratum cor meum deus. Mon dieu mon cueur est prompt a souffrir pour toy. Et non seulement nostre seigneur commande bailler sa ioue au frappant/mays aussi veult que ap̄s on souffre iniure et dōmaige. Cest adire selon crisostome/q̄ no⁹ mesprisons les choses temporelles et seculieres/et souffrons dommaige non seulement en playes et bateures/mays aussy en pecunes argēt et en aultres biēs/car par diuerses choses il nous veult excercer en pacience. Et pource il dit apres. Ne vueilles pas deffendre que on ne te oste ton vestement en noysant ou frappant le larron/et celluy qui le ouste/a lexemple de moy qui me souffry oster mon vestement et le partir et deuiser a ma mort p̄ les cheualiers. Quāt tu te veulx venger pour ton vestement corporel/tu pers le precieur vestemēt de lame. Et aussi qui vouldra noyser et plaidoyer auec toy en iugement/en te voulant oster ta robbe plus necessaire/laisse luy et le manteau/cest adire les vestemens non necessayres/aincoys que tu noises auec luy/ou q̄ te courroucez p̄ ire et impaciēce. Selon saint augustin/cecy est a entendre selon la preparacion du cueur/non pas selō lostension de oeuure. Aussi on peut ainsi lentēdre. Si aucun te veult oster ta robe/cest adire ton ame ou les biens interiores/laisse luy le mātean cest adire le corps et tous aultres biens exteriores. Crisostome. Si tu te voys auoir noise pour demander le tien/laisse tout/car cest mieulx soy oster de debat et de noise q̄ en dōner occasion. Cest chose difficile laisser et perdre le sien/mais encores plus difficile est/yssir de plait et de iustice sans peche. Et encores dit crisostome. Je te dyz q̄ en souffrant iniure non seulemēt ne te dois mouuoyr par impacience contre celluy qui la té fait et ne te doys courroucer po⁹ la chose quil te oste/mais sil test aulcune chose de moure/luy en doys dōner tres voulūtiers. Ce qui est dit paruant de la robe ou aultre vestemēt/nest pas a entendre que seulemēt on le doyt fayre des choses nommees/ mais de tout ce que auons et possedōs/car se tel commandement est faict des choses necessaires par plus forte raison se doit faire des choses superflues. La loy si est que tu ne ostes rien a aultruy, mays luy donne du tien. Selon sainct augustin, se aucun ne vouloyt rendre sans noise proces ou debat largent ou la chose que on luy auroyt pste celluy qu'la preste lui deuroyt plustost laisser que auoir noise, car il nappartiet au seruiteur de dieu noiser. Mais moderement et doulcement demander la restitucion seulement affin de rauoir ce qui luy est deu, et a ce que celluy qui luy doyt ne le retiengne sans raison qui est chose fort mauluayse, auoir de quoy pouuoir rendre & ne vouloir rendre, en tel cas fait bien le demandeur de demander le sien, car il garde de pechier et de rompre la foy a celluy qui faulcement detient lautruy. Et saiche que demander le sien est en double maniere, cest deuant le iuge infidelle, et telle maniere nest pas licite au crestien, specialement aux lieux ou leglise a liberte, ou deuant le iuge fidelle et crestien, et cecy en double maniere, ou contencieusement auec fraulde et deception, et ainsi nest licite a nulle personne. Ou doulcement et en iustice, et ainsy est licite aux enfermes et imparfaits. Mais simplement demander le sien sans contecion et sans fraul de et non deuant le iuge est licite a tous crestiens. Des religieux qui nont rien propre est assauoir q demander le leur est en deux facons, cestassauoir le demander comme le leur propre et a leur vsaige, et telle maniere est illicite aux parfaitz. Ou pour lutilite commune de la congregacion, et en tel cas est licite mesmez aux parfaitz, car silz nont rien propre, touteffois lont en commun & a leur vsaige par lauctorite du prelat. Et se pour le demander venoit noise plus expediet seroit le laisser que noiser & plaidoier en iugement, si nen venoit grant domaige a la religion. Apres dit ihucrist. Se aulcun te cotraict aller mille pas auec luy chemine & aultre mille pas, cest a dire q paciement portes se il te contraingn oit aller plus loing. Come sil disoit Quiconque te contraindra faire aulcun seruice sans peche, tu dois estre

pres de le faire, et ainsi nen dois seulement bailler le tie po² euiter debat et noise, mais toy mesmes, laqlle chose est a entendre de preparacion de couraige, car nourrir vng pecheur en son mal nest pas bien fait, sino pour euiter scandalle ou aultre grant mal. Et sainct augustin dit que celluy auql lauctorite et licece de faire mal est ostee, est vaicu vtilement, car il nest rien plus mauluais que la prosperite des pecheurs po² laquelle, incorrectio et impunite de punir est nourrie, et mauluaise voulente est fortiffiee comme vng aduersaire. Crisostome. Oys tu la superhabondance de philozophie, et la croissance de sapience Apres q auras baillee ta ioue, ta robe, et ton aultre vestement se ton enncmy veult vser de ton corps pour le iniurier, ne te fault poit deffendre, car nostre seigneur veult que toutes choses soyent communes tant largent q le corps, non seulement aux pouures et indigens, mays aussi aux iniurians. A lung no² deuons misericorde, a lautre pacience Et encore veult que a toute bonne operacion soyons diligens, car il veult q nostre bien ne soyt pas fait tat par necessite que par voulente ppre affin q en faisant plus q on ne no² demade ayons plus grant loyer enuers dieu Et loffice et effect entier de charite et de parfaicte deuocion, est de bon & franc cueur plus bailler que on ne demande Et pource que cest bien peu de ne nuyre a aultruy, se on ne luy fait tout le bien que on peut, nostre seigneur dit apz. Omni petenti te tribue, donc roy a tous ceulx qui te demanderont. Il ne dit pas la chose quon doit bailler, car tousiours nest pas le temps de doner ses biens, mais touteffois tousiours est temps de doner au moins bonne respoce. Et se aulcu demande en sa necessite raysonnablement aulmosne corporelle, dieu commande que on luy baille specialement en son extreme necessite Et se on na rien q doner, au mois doit on doner bone affection, bone voulente, bone respoce et oraison Et se on demade sans necessite, et chose irraisonnable, on doit doner bone polle en enseignant la demande estre irraysonnable/en rendāt aussi la cause pourquoy on ne doit ou ne peut bailler ce que on demande. Et ainsy se telne recoyt la chose quil demande/toutesfoiz il recoyt correction et amendement. Nostre seigneur ne dit pas baille a ceulx qui te demanderont tout ce q̄lz te demāderont/pour demonstrer et enseigner que donnons ce q̄ pouuons honnestement et iustement. Ambroyse. Ce nest pas moindre pechie a la p̄sonne qui habonde en delices et biens temporelz de donner a celluy qui a soufferte ce quil demande/q̄ de oster a aultruy le sien. Car le pain que tu reties/est le pain des fameliques. Le vestement que tu enclos et enfarres/est le vestement des nudz/largent q̄ tu muces en terre est des emprisonez et captiues.et pour ce tu es dissipeur de tāt de biēs que tu pourroys donner. Et crisostome dit que les richesses ne sont pas nostres mais a dieu/qui en est maistre/et nous dispensateurs/et non seigneurs. donne donc/et ne vend point. Celuy vend qui reprouche aux pouures ce quil leur a donne Celluy vend qui actend que on luy demande par grandes prieres. Celuy vend qui procrastine ce quil peut donner auiourduy/ou qui donne en tristesse/ou qui en acted aultre loyer Le pouure est tenu non pas de donner manuellement aulmosne/mais en temps et en lieu auoir pitie et compassion de cueur/consolacion de bouche/subuencion.et ayde en oeuure/et seruice en necessite. Et pource dit la glose. Si richesse te fault donne ayde compassion et parolle. Ce sont quatre choses que magdaleyne offrit a nr̄e seigneur/cest assauoyr larmes de compassion/cheueulx de subuencion/baiser de seruice/oignemēt de consolacion Et ainsi est a entendre ce q̄l dit apres. Et volenti mutuare a te Se aulcun veult epruntcr de toy aucune chose raisonnable/ne luy refusez pas /et ne differez luy bailler/ou te excuse/et preste ou donne ioyeusement /car dieu ayme celluy qui ainsy fait Aussy donne purement pour charite /en ne demandāt rien oultre sort et oultre le capital ne seruice ne quelconque ayde/mais actens le payement de dieu q̄ tout rendra. A ces deux manieres de aulmosne nous sommes tenus. Cest assauoir de donner et de prester a tous ceulx qui nous demādent /silz sont en necessite/et mesmement a nostre ennemy si nous sommez p̄faitz quāt le voyons en necessite. Et de ce dit crisostome. Si nous demandons a dieu misericorde/eslargissons de noz biens a noz prouchains selon nostre puissance/affin q̄ plus de legier puissōs obtenir ce que demādōs a dieu/car se nous despriṣons ceulx q̄ nous demandent deuōs sauoyr que dieu ne nous donnera mye ce que luy demanderons Il nous est comande garder en toutez choses la vertuz de pitie et de foy/en repputant la necessite daultruy estre la nostre/et ne ayant pas tant regard aux richesses mondaines que a nostre fin.pour laquelle deuons tousiours viure en bonnes operacions Et cecy nest pas seulement a entendre des aulmosnes corporelles/mais aussi des spirituelles/cest assauoyr de sapience et de doctrine/qui sont pecunes qui iamais ne faillent/et ne sont pas a denier a ceulx q̄ les demandent car elles sont mal contentes si celluy qui les ha et possede en est auaricieux. veu que elles distribuees et cōmuniquees aux aultres croissent τ enrichissent de plus en plus leur possesseur Sensuyt Et qui te ostera le tien/soit argent ou aultre chose/ne le demande/né en contension/ne noysant mays ainsy que dessus a este dit.

Et pource que nostre seigneur a enseigne de non resister a ceulx qui font iniure/mays estre prompt de plus souffrir/consequenment il enseigne de monstrer affection et effect de charite a ceulx qui font et dient iniures /pource que les oeuures de iustice sont infructueuses sans charite. Et en cecy les iuifz erroyent /car pource quil est comande en la loy Diliges proximum tuum. Tu aymeras ton prouchain cōme toy mesmes. et en vng aultre lieu en ladicte loy aussi est escript. ayme ton ennemy. Ilz arguoyent au sens contraire/en disant q̄ on deuoyt hayr son ennemy/laquelle chose est faulse car tout hōme est a aymer pour charite/entant q̄l est a lynaige de dieu/τ par cognois sance et amour capable de luy. Et pource il dit audistis quia dictum est antiquis. A vous ouy ce que en la loy estoit comande et dit aux anciens. Tu aymeras ton prouchain par affection, z a ce sommes tous obligez, et par effect, aquoy seulement sont tenuz les parfaitz. voire en temps et en lieu, et tu hayras ton ennemy. Ceste derniere clause nest mye escripte en la loy, mays est le dit et ordonnance des scribes qui ladioustoyent et le prenoient daultres escriptures et sentences ou ce en aultre lieu est escript selon sait augustin, on ne le doit pas predire come comandement faict au iuste, mays come chose parmise a nostre impfection et enfermete Ego autem dico vobis Je vous dis que aymes par affection vos ennemys entant que bontea, et ne aymes pas leurs erreurs, et les aimes en desirant leurs biens de grace et de gloyre, combien que on ne leur doit point desirer les biens de fortune, ou de nature, se non en aulcune generalite, entant que sont prouffitables a leur salut, laquelle chose dieu seulement cognoist. Et saichez combien que aymer son amy soyt de droyt, toutesfoys dieu veult remunerer les amys qui se entre ayment. mais non pas tant comme il remunerera ceulx qui ayment leurs ennemys. car de tant la dilection des ennemys est plus meritoyre quelle est plus difficile, pource que nature repugne alencontre, z aussi que son amour est plus liberal pource que le aduersayre et ennemy ne la pas pardeuant desseruy ne merite Et pource qil ne souffit pas aymer de cueur se lamo² nest approue par oeuure en temps et en lieu. Ihesucrist dit aps Bene facite Faictes bien par effect a ceulx qui vous hayront en promouuant leur salut selon vre possible Et a la faicon que sommes tenuz aimer noz ennemys quant aux biens de grace et de gloyre. ainsi sommes tenus de procurer leur salut. Lennemy et le pecheur quant a nature doit estre ayme de necessite par dilection generale, pource quil est nostre prochain, et il est escript, tu aymeras ton prochain, mais par dilection speciale nest pas de necessite, et qui le feroyt, seroyt parfaict

Il nest pas de commandement auoyr amour z affection speciale à tous, car il nest pas possible, mays bien generale. Et a cause que les biens exterioures doyuent estre pporcionnes selon la dilection interioure les signes de interioure et de generale dilection, sont faire bien a tous en general, come prier pour tous, et auoir de tous compassion en commun. Et de telles choses q sont de necessite de commandement, les aduersayres et ennemys nen doyuent pas estre exclus, car dilection ne seroyt pas generale et on monstreroyt plus de hayne que damo² Et pource que a toute personne qui est en extreme necessite soit amy ou ennemy, sommes ainsi obligez deuons auoyr pitie et compassion de le² ayder, si non quilz en fussent plus mauluais Mais ne sommes point tenuz de monstrer signes de dilection speciale et exterioure a nostre ennemy, excepte en cas de necessite, et qui le feroyt, seroyt de grande perfection. Il ya donc double dilection, cestassauoyr interioure, et exterioure. De dilection interioure et de perfection necessaire a salut, vng chescun est tenu, tant soit imparfait de aymer son ennemy, mais de dilection exterioure et par exhibicion de benefice seulement les parfaitz sont tenuz combien que limparfait est tenu de ne tenir point de hayne contre son enemy, et de luy desirer son bien, demande pardon, ou non Et sil demande pardon, est tenu de parler à luy, et de le saluer mais nest pas tenu de luy administrer biens temporelz. Le pfait est tenu a tout, demande laduersayre pardon ou non. Et si no⁹ separons nostre ennemy de nostre compaignie, pour le reuoquer de son mal et peche, nous faisons bien Glose Faictes bien a vostre ennemy en lui administrant refection spirituelle, cestassauoyr instruction ou correction, ou refection corporelle, car tout ce qui se fait en saincte eglise, mesmez lercomunicacion, est affin que tous soyent freres et amys. Et po² ce quil ya vng benefice appartenant a salut lequel se peut exhiber mesmes du plus poure qui soit. cestassauoir prier pour le salut des ames. nostre seigneur dit apres Bene dicite. Beniſſes ceulx qui vous mauldirõt en detrahiant et blaſphemant/ et leur deſires les biens de grace et de gloyre/ et pries pour ceulx qui vous perſecutent en vous impoſãt faulx crimes. De cecy noſtre ſeigñ nous donna exemple en la croix/ ſaint eſtiene en ſa lapidacion/ et dauid democque de ſemey ſon ſeruiteur. Et ſaichez que cõtre legliſe on bataille en troys manieres/ ceſt par hayne/ par parolles/ et par tormẽt corporel. Et contre ces troys choſes/ legliſe/ ayme/ prie et fait bien a ceulx q̃ luy font tort. Et pource ſi nous voulons eſtre parfaictz nous deuons donner a noz ennemis benefice de cueur en les aymant/ benefice d̃ bouche en priant dieu pour eulx/ et benefice de oeuure en leur faiſant ſeruice. Et a cauſe que iheſucriſt donnoit grans et fors et difficiles commandemens/ apres il mect le grant loyer/ en diſant. Aymes et faictes bien et pries pour voz ennemys/ affin que ſoyes enfans de voſtre ſouuerain pere qui eſt on ciel/ et ainſi que eſtes ſes enfans par nature et par creaciõ/ ainſi ſoies par adopcion de grace/ et imitaciõ de bonte/ et adopcion de gloire/ et enſuiues ce qui luy eſt propre/ ceſt de tous auoir mercy/ et pardonner a tous/ et eſlargir ſes biens a toute creature. Bede Nous ne pouõs auoyr plus grãt loyer. que nous enfans des hommes mortelz. ſoyõs faitz enfans de dieu le treſhault laquelle choſe eſt quãt nous acompliſſons les choſes quil commande. Et apres dit que dieu fait luyre le ſoleil ſur les bons et ſur les mauluays/ et fayct plouuoir ſur les iuſtes et iniuſtes. ſur les gratz et ingratz. ſur les amys et ennemys. car ſur tous fayt luyre et plouuoyr/ et riens ne ſoubtrait des choſes generales et communes. meſmes a ſes aduerſaires. Iherofme. Ne vueillez denyer ce que dieu ne denye a nully. Combiẽ que aulcuns ſoyent mauluays. touteffoys ſans diſtinction donnons a tous. en ne demandãt a qui. mais pour qui. et pourquoy le baillons. ceſt pour lonneur de dieu z poꝛ ſon commandement acomplir Or ſelon criſoſtome en troys manieres rancune et iniure eſt commiſe/ ceſt aſſauoir de cueur/ et eſt appellee rancune ou hayne/ de bouche ceſt detraction ou malediction/ et doeuure qui eſt main miſe. Contre ces troys iniures noſtre ſeigneur a donne troys remedes. Contre la premiere/ il dit/ aymes voz ennemys. Contre la ſeconde/ faictes bien a ceulx qui vous mauldiront. Contre la tierce/ faictes bien a ceulx qui vous hayront/ et ne vous parleront. Et luy criſoſtome mect neuf degres/ pour parfaictement acomplyr ceſtuy commandemẽ. Le premier eſt ne vouloyr nuyre a ſon prouchain. Le ſecond eſt ne faire ou ne rendre plus de mal que on a receu. Le tiers eſt ne rendre pas tant pour tant/ mais endurer. Le quart eſt bailler ſoy meſmes pour eſtre iniurie. Le quint eſt eſtre pſt de ſouffrir plus que on ne veult fayre ſouffrir. Le ſixieſme eſt non hayr cellui duquel on ſouffre telles choſes. Le ſeptieſme eſt aymer celluy qui nuyſt et qui fait deſplaſir. Le huytieſme eſt luy faire du bien a ſon pouoyr. Le neufyeſme eſt prier dieu pour ſon aduerſayre et ennemy. Cecy eſt la hauteur et la perfection de ſapiece. et de toutes vertus Et pource iheſucriſt a mys ſi treſgrant et ſi treſdigne loyer/ car le commandement eſt moult difficile a acomplir Il luy a promys vng tel loyer quinauoyt oncques eſte promys parauant a homme/ de quelque perfecion quil fuſt/ ceſtaſſauoyr eſtre filz de dieu et luy eſtre ſemblable tant quil eſt poſſible a nature humayne. Or doncques on doyt fayre bien a tous/ ſans excepcion car comme dit ſeneque/ nul ne fayct bien a aultruy quil ne le face a ſoy meſmes. Et a cauſe que perfection damour ne peut aller oultre amour des ennemys/ apres que iheſucriſt a commande que on les ayme/ il adiouſte. Eſtote ergo vos perfecti. Soiez doncques o mes apoſtres parfaictz/ ainſy que voſtre pere celeſte eſt parfaict. Ceſt a dire ſelon criſoſtome/ que ainſi que les filz charnelz reſſemblent leurs peres charnelz eu aulcun ſigne corporel/ ainſi les filz ſpiri-

r i

tuelz doiuent resembler a dieu en saincteté Et rien n'est que tant nous face semblablez a dieu, comme pardonner et prier pour nos ennemys. Et argue et prouue cecy par l'exemple des publicains et infideles, qui ayment leurs amys et leur font bien, et dit Se vous aymes seulement ceulx qui vous ayment, quel loyer aures vous enuers dieu, en la vie eternelle. Comme se il disoyt nul, car de telz on peut dire vous aues receu vostre loyer, pource que telle dilection est naturelle, et ne procede mye de charite, laquelle se extend a tous hommes, et pourtant n'est point meritoire. et touteffoiz il la fault faire. mais auec ce ne fault pas laisser l'autre, car aymer ceulx qui ayment est de nature, et aymer ceulx qui n'ayment est de grace Ne aymer pas ceulx qui ayment, est grant paruersite, et ne aymer aussi ceulx qui ne aiment est imparfection humayne. Et si vous salues voz freres qui seulement sont conioictz a vous par affinité, en desirant leur salut, et en leur monstrant signe d'amour, que feres vous plus quant a parfection. Et se seulement vous faictes bien a ceulx qui vous font bien, quelle grace en pourres vous auoyr, ne quel merite de dieu. Certes nul Car les publicains et payens et pecheurs font le semblable Et si vous donnes a ceulx desquelz aues esperance de receuoir aulcune chose, vous ne la donnes pas pour dieu, et ia receues vostre loyer et payement. Crisostome De quelle peyne sommez nous dignez qui deuons conferrer nostre vie a celle de dieu et a peyne sommes trouuez esgaulx aux payens. Et pourtant deuons plourer et gemir se en ce que dieu nous commande, ne sommes trouuez meilleurs que eulx Certes tant sommes loing de la dilection de noz enemis que souuent a noz amys ne rendons pas amour pour amour, mays les auons en haine, en quoy ne differons pas seulement des payens et gentilz. mais sommes meindres que eulx. Nostre seigneur veult que pardonnons a ceulx qui nous ont offense, et que les aymons, et que prions pour eulx. Si tu ne veulx rendre mal a celluy qui le te a faict, et te destourne de luy, et ne says semblant de le veoir apres ta reconsiliation auec luy et le pardon, encore y a une playe en ton estomac, et une douleur et angoisse en ton cueur Et ie te demande se tu veulx q dieu te face ainsi, c'est q luy dieu ne te vueille ouyr ne regarder, et ne te faire mal, et touteffoys garder en sa memoire tes pechiez et destourner sa face de toy. Certes non. Et pource ainsi que tu veulx que dieu te face quant tu luy demandes pardon de tes pechiez, ainsy te doiz monstrer et dois faire a ceulx qui te ont offendu. Or quant ces choses deuant dictes se font par naturelle affection, laquelle peut proceder de cause vtille, delectable et honneste, ou par habituacion de amytié moralle, elles ne sont pas meritoyres de vie eternelle. Mais quant elles procedent par habituació de charite, alors elles sont meritoyres de la vie eternelle. car seulement charité est meritoyre, et le commencement et la racine de tout merite. C'est celle qui deuise les enfans du royaulme de paradis, de ceulx de perdició Bõc aimer pour amour d'estre aymé, est chose naturelle, aymer pour le benefice que on a receu, ou que on actend receuoyr, est amour mercenayre. Aymer pour familiarité que ung ha auec aultruy et pour delectacion, est mal Aymer pour amour de pechié est plus grant mal. Aymer pour ce q la personne est bonne, est chose agreable a dieu. celluy qui ayme son prouchain pour ce qu'il est bon, ou pour le faire bon, ou pour ce que selon le corps il est comme nous, enfant de nostre pere dieu, duquel tous sommes enfans vrayement aymé, et tel amour est spirituel et bon. Mays amour charnel tantost se part come fait la chair. Et de tel amour les publicains et les pecheurs se ayment, enquelz est seule nature sans grace, et ayment seulement ceulx qui les ayment, et hayssent ceulx qui les hayent. Mays nous deuons aymer tous, en leur monstrant affection de charite, et querant leur salut, et leur faire bien, en non considerant a qui, mays pour qui nous le faysons. et en ceste maniere, amour, vnion, et concorde accroist. Et toutes ces choses deuantdites se doyuent fayre en esperance de retribucion eternelle/et non pas humayne/car ainsi que dieu est commancement de tout bien/ ainsy veult il estre la fin. et il a dit en lapocalipse Je suis commancement et la fin. Augustin Celuy qui ayme son amy pour aucun bien ou prouffit/monstre quil nayme pas la personne mais le prouffit. Et pource dieu qui est bon sur tout/doyt estre ayme seulement pour luy mesmes. et non pas pour aulcun benefice qil nous donne ou face simplemēt Soyt donc ayme gratuytement/cest adyre que rien ne querons pour lamour de ihūs sinon sa doulce presence et bonte. Sainct bernard. On ne ayme point dieu sans retribucion /combien quil soit a aymer sans regarder le loyer. Le vray amoureux ne demande point loyer/mais le guerdōne et desfert. Aymons donc noz aduersaires et ennemys/en leur faisant bien selon nostre possibilite/affin que soyons parfaictz de perfection de grace ainsi que nostre pere est parfait de parfeiction de nature /car dieu qui est parfaict/veult auoir bons et parfaictz seruiteurs. Or soyōs donc parfaitz de perfection souffisante a salut/laquelle est en dilection et en charite de dieu et du prochain et nous efforssons de accroistre nostre perfection/laquelle est en la dilection des ennemys/et en loraison quon fait pour eulx/ainsi que fit nostre seigneur ihesucrist. Crisostome. Nous ne sommes pas tant blesses des mauluais quant deulx sommes vituperes/que nous sommes quand par leur malice la constāce de bōte se depart/et est vaincue de son bon propos en nous. Donc ne ayes pas en hayne ceulx qui te font mal/ne mauldiz point ceulx qui te trauaillent/ mays les ayme come ceulx qui te procurent moult de biens/et qui en te nuysant te meynent a grant hōneur/car aultremēt tu souffreras grand labour/et seras priue de loyer car tu soustiendras les assaultz et ne auras nul merite/laquelle chose est moult fole et merueilleuse que plusieurs/cestassauoir souffrent aulcuneffoys grandes persecucions et souuent a bien petite occasion sont subcunbes et surmontes. Aulcun pourroit dire en quelle maniere se pourra fayre ce que vous dictes. Auquel on respōd. As tu veu que dieu pour toy a este faict homme. et en telle maniere est descendu pour ton salut et pour toy a tant souffert/et tu demandes cōment il sera possible de pardonner les iniures. Mais tu pourras dire il ma fort vitupere. Et dyz moy si tu as souffert pour lamour de dieu /ce que dieu a souffert pour toy. Et pource se tu es fort et tresfort blesse et vitupere daultruy /estudie toy de rendre grand benefice a celluy qui le te a faict/a ce que ta couronne soyt plus belle et clere enuers dieu/et osteras ton frere de tresgrans et dangereux perilz et dangiers.

Oraison

Sire ihesucrist tresdoulx /maystre de toute humilite et de pacience/ie supplye donne a moy qui suys le dernier et le plus simple de tes seruiteurs/ desirer estre contempne et mesprise de tous en soustenant paciemment toutes iniures/ tant en corps que en aultres choses/et que ie aye le couraige prest de plus endurer de aduersitez que on ne me fera/et que ie soueigne et de corps et de voulente selon ma possibilite/a tous ceulx qui me demanderont. Donne moy aussi que non seulement mes amys/mais aussi mes ennemys q[ui] me persecutent de cue[r] et de bouche/ou de operacion au contraire puysse aymer /leur bien fayre/et beneistre et prier pour eulx, a ce que par ta grace desserue estre du nōbre de tes enfans et esleuz Amen.

De non querir louange humayne/et de nul bien soy gloriffier. chappitre. xxxvi.

Ihesucrist apres les parolles deuantdictes qui sont de grāde perfection/enseigne que des bōnes oeuures que nous faisons nullement en preignons vaine gloyre/combien

r ii

que ce soit moult difficille, et dit. Attendite. Considerés diligemment, et soyez cautz, contre les deceptions dorgueil q̃ mene et deçoipt ceulx qui font bonnes oeuures et les fait perir. Soyés vigilans de non faire vostre iustice, cest adire voz bonnes oeuures deuãt les hõmes, pour en auoir gloire et faueur humaine, non pas pour la gloyre de dieu et edification du peuple. Aultrement iamais nen auries loyer enuers dieu, veu que ne le faictes pas par son amour. Celluy doyt donner loyer et payement par cõmandement ou amour du quel lomme est esmeu faire loeuure Si dõc dieu nest cause de loeuure, le oeurãt ne aura mie d luy payement, mais peyne, car il a receu ycy payement de louange humain. Quand donc lintencion de la personne en faisant aulcune bonne oeuure, est seulemẽt po² plaire aux hommes, elle nen doit point esperer retribution de dieu, car dieu remunere lintencion et leffect exterioze que on fait. Et pour ce gloire mondayne pour laq̃lle ilz ont oeuuré et labouré leur est pour payemẽt, et nõ seulemẽt sont priuez de bon guerdon a cause de leur male entencion, mais ilz gaignẽt la peyne eternelle a cause de la vayne gloire qui toussours est peché mortel, se principalement pour elle on laboure. Et considere selon crisostome que ihesucrist ne commande pas seulement q̃ on ne face bonnes oeuures deuant les hommes, mays veult que

on se estudie les celer, non obstant que bonnes oeuures faictes a la gloire de dieu, et pour edificacion du prouchain, ne soyent pas deffendues a faire publicquement, car en tel cas cest bonne chose et meritoire enuers dieu. Mais comme dit sainct gregoyre, cest chose moult difficille que en faisant bonnes oeuures deuant les hommes, on quiere seulemẽt la gloire de dieu, et que on ne preigne aulcune gloyre en soy. Et pour ce que les enfermez et imparfaictz ne sont pas en ceste perfeccion, est de necessite mucer ce quilz font. Apres que ihesucrist generalement a vny iustice, il la deuise par p̃ties, en deffendant specialement que vaine gloire, ne soyt querue en aulmosne, orayson, et ieusne, car en ces troys choses principalemẽt vaine gloire a acoustumé se trouuer. Les troys sont les troys oeuures de satiffaction. Laulmosne est contre le peche fait contre le prouchain, oraison est contre le peche fait contre dieu, ieusne est contre le peche fait cõtre soy mesmes. Et sont aussy contre troys racines de peche, et troys maulx q̃ sont au monde. Aulmosne est vne iustice et vertu ordonnee contre la concupiscẽce des yeulx, oraison contre orgueil, ieusne contre cõcupiscẽce de la chair. Dit donc ihesus. Cum facis helemosinam. Quant tu faiz aulmosne corporelle ou spirituelle, ne faiz pas sonner la trompette deuant toy ainsi que font les ypocrites, cest adire quõ ne le face en obstentacion et manifestaciõ en voulant estre cogneu, ainsy que celluy qui sonne la trompe donne signe appert et patent, car telz principalemẽt entendent lõneur et le merite vain et transitoyre, et perdent le vray et eternel. Et pourtãt il sensuit Amen dico vobis. Vrayement ie vous diz que, teulx ont receu leur loyer par la vayne gloyre quilz queroyent en leurs aulmosnes, et auec ce auront peyne pour leur male entẽcion et ainsi font les ypocrites. Dõc toy faisant aulmosne qui est de soy bien, garde, que ta senestre ne sache que fait ta dextre. Icy par la senestre est entendu lappetit de louange humain ou pffit terrien, et par la dextre est entendue lintencion de acom-

plir les commandemens de dieu/ou lamoſ-
ne de dieu/ou la retribucion eternelle. Côme
ſi iheſucriſt diſoyt. Quant tu te efforces de
acomplir le commandement de dieu/et de
faire aulmoſne/garde q̃ intécion mauluay
ſe ne ſi meſle et appetit deſtre veu/car a ce
doit ſouffrir ſeulemẽt dieu qui la cognoiſt
Et ton pere/ceſtaſſauoir lui dieu qui eſt le
pere de tous par creacion/et de iuſtes par
adopcion de grace q̃ lauoit/car il cognoiſt
lentencion du cueur/le te rendra quantil re
tribuera aux bons ſelon lintencion occulte
de leur cueur/et ſi maintenãt ne le fait/tou
teſſoys on tẽps aduenir le fera. On ne doit
pas auoyr paour ſi les hõmes ſcauent noz
bonnes oeuures/mais on doit craindre q̃l
les ne ſoyent faictes en intencion de playre
aux hommes. Et poᵘ ce eſtudions nous de
faire tout le biẽ que nous faiſons pour lamour de dieu et de iuſtice. Et combien que
aulcũ face aulmoſne/ou aultre bon oeuure
en public cõme en legliſe/ou en la rue/tou-
teſſoys il faict tout en ſecret quant il deſire
ſeulement eſtre veu de dieu et non pas des
hommes. Et aloppoſite qui fait aucun biẽ
en ſecret/et deſire eſtre veu du monde/ou
querir louange vayne/il le fayct en public.
Criſoſtome Aulcun peut faire meſmes de
uant les hommes aulmoſne/non pas par
intẽciõ que les hõmes le voyẽt/et ne perd
pas ſon merite. Et aulcun la peut fayre en
ſecret pour entẽcion deſtre veu/et perd ſon
merite, car la voulente courône ou pugniſt/
et non pas loeuure/et ſelon la voulente eſt
diſcerné le bien et le mal. Non ſeullement
donc donner aulmoſne eſt vertu/mays la
façon de la donner. Auſſi iheſucriſt en-
ſeigne/que en oraiſon on doyt fuyr vayne
gloyre/car on ne la doit point faire en lyeu
public pour eſtre veu des hommes princi-
lement/ainſi q̃ font les ypocrites/leſquelz
ſelon criſoſtome appetẽt plus eſtre veuz q̃
de dieu eſtre exaulcez. Et pource que telz
ont entencion peruerſe/iheſucriſt mect ma
le ſequelle/en diſant Je vous dys que telz
ont en ce monde receu leur loyer/et apres
receuront la peyne eternelle. Tu as icy enſeignement que comme ainſi ſoyt que vay-

ne gloire ſoyt pechie mortel/tout ce qui eſt
fait pour oſtentacion et affin ſeulement de
eſtre veu/eſt pechie mortel/et luy eſt inflige
peyne eternelle. Toy donc qui faiz oraiſon
entre en ton ſecret z luis clos/a ce que aulcuns ne te empeſchent de eſleuer ta penſee
a dieu/prie ton pere celeſte Il te doit ſouf-
fire que celluy ſeul cognoyſſe ton orayſon/
qui cognoyſt tous les ſecretz des cueurs.
Et ton pere/a lonneur duquel tu doys en-
tendre/qui le voyt en ſecret/le te rendra a-
pres en publicq. Selon criſoſtome. Celluy
qui prie en ſecret affin quil ſoyt veu des hõ
mes/prie z ne regarde pas dieu/mays les
hommes/et pource quand en ſon propos il
prie en publicq il eſt doublement loué/car
premieremẽt il prie/et auſſi il prie en ſecret.
Mais celluy duquel la penſee regarde ſeulement dieu/combien quil prye en lyeu pu-
blicq/touteſſoys en ſon intencion il prie en
ſecret. Celluy donc qui prie ne face rien de
nouueau que les hommes puiſſent apper-
ceuoyr ne noter/comme crier et ſouſpirer
hault/ou frapper ſa poictrine/ou eſleuer
et eſtendre ſes mains en hault. Sur quoy
eſt aſſauoir quil eſt double oraiſon. Lune
eſt publicque qui eſt faite par les miniſtres
de legliſe/et telle ne doyt point eſtre faycte
en ſecret/mais en publicq/comme en legliſe deuant le peuple/pource quelle eſt offerte a dieu pour toute la communaulte/ et le
peuple auſſi ſe doyt cõfermer aux miniſtres
de legliſe/en priant dieu ſelon ſa poſſibili-
te. Lautre oraiſon eſt priuee/laqlle ſe doit
faire en lieu ſecret pour deux cauſes Lune
eſt pource que orayſon eſt eſleuacion de pẽ
ſee en dieu/et lentendement de lôme eſt plʰ
eſleue quand la perſonne eſt ſeparee du tu
multe exterioré. Lautre cauſe eſt pour euiter vayne gloyre/laquelle de legier ſourd
en bonne operacion faicte en publicq. Noſtre ſeigneur donc done bon conſeil a ceulx
qui veullent faire orayſon/ceſt quilz entrẽt
en ſecret de leur cueᵘ/en clouãt leurs huys
qui ſont les ſens du corps/par leſquelz la
multitude des ſacrifices/ et des choſes
exteriores ſe ingerent ſouuent faulcement.
Et ainſy luys de la penſee clos et ferme/et

r iii

les puissances de lame retournees et recolligees/oraison soyt faicte spirituelle ou secret de cueur. Apres ihesucrist exclud lerreur que auoyent les gentilz et payens sur le fayct de oraison/en disant. Orantes autē Quant vous faites oraison ne vsez poit de grās langaiges, ainsi que font les payens qui cuident estre exaulces pour multiplicatiōs ou haultes ou doulces paroles, en pēsant quilz puissent flechir dieu, ainsi q̄ fayt lorateᵘʳ le iuge. Dieu le pere celeste scayt ce que vous est necessayre, aincoys que le demandes, car il oyt la preparacion du cueur de toᵘˢ Ihesucrist adiouste ceste clause poᵘʳ exclure lerreur des gentilz qui pensoient q̄ oir peust aulcūe chose faire cognoistre a dieu de nouueau q̄ il ne sceust pas. et cest failly. car il scet toutes choses eternellemēt. Or nostre seigneur ne deffend pas simplemēt ne absoluement multiplicacion de paroles en oraison, car luy mesmes y veilloyt toute la nuyt. et on temps de sa passion pria longuemēt. mais il deffend que ne vsons pas de grans paroles a lintencion et fin q̄ vsoyent les payēs ydolatres, lesquelz poᵘʳ troys causes vsoyent de grans langaiges en lez oraison vocale. La premiere pource quilz prioyent les diables qui nescauent que ou leur demande se non quilz soyēt instruitz p̄ signes et parolles exteriores, veu quilz ne pouuent penetrer ne cognoistre le secret du cueur de la creature raisonnable. La secōde, car ils cuydoyent persuader les diables par multiplicacion de parolles, ainsi q̄ souuent on fait les hōmes, et par ce pensoyent les prouocquer auoir pitié deulx. La tierce car ils creoyent que les diables quilz prioyent fussent aulcunesfoiz absens, et que par telle oraison peussent estre rappelles et reuocqz. Aussi pour troys causes noᵘˢ vsons de oraison vocale. La premiere est, affin q̄ nous seruons a dieu de bouche, ainsi que nous faisons de cueur et de operacion, car nous deuons a dieu troys manieres de seruices, cest de cueur, de bouche, et de oeuure. La seconde est, affin q̄ noᵘˢ ramenōs a memoyre ce que voulons demāder et que par telle oraison vocale nostre paresse soyt exer-

cercee et excitee, car se vne personne pryoit tousiours en son cueur sans parler, de legier sendormiroyt et oblieroyt ce que demanderoyt. La tierce, affin que par oraysō vocale nostre prouchayn soyt instruyt et excite a fayre le semblable. Dieu veult q̄ nous le prions, a ce que ne reputons vil ce quil nous veult donner, car de tant que plᵘˢ le adourons et desirons, de tant plus nous meritons. Ne aussi nous ne parlons pas a luy en vain en oraison, combien quil saiche toutes choses, car selon sainct iherosme, nous ne sommes pas racoteurs, mais prieurs, car cest autre chose raconter aulcune chose a lignorant et aultre la demander au scauent. Et crisostome dit, quil fault pryer dieu, non pas poᵘʳ lenseigner, mais pour le flechir. Et peut estre dieu a la p̄sonne plus familier par frequentacion doraison et par soy humilier, et par auoyr recordacion de ses pechies. Et est a noter que en oraysō on peut multiplier parolles, affin que lame et le corps se esliue mieulx en dieu, cōme faysoyt le psalmiste qui disoyt. Mon cueur, mon ame et mon corps se sont esiouys en mon dieu. En ce touteffoys on ne peut pas donner reigle certayne, car la personne, autant doyt vser de parolles en son oraison, quelle appercoyt et cognoyst luy estre prouffitable, a lexercice de lame. Et se elle apperceuoyt que par multiplicacion de parolles son ame fust distraicte, car aulcunesfoys habondance de parolles vocables empeschent la deuocō de lame, elle deuroyt laisser de parler, et prier dieu par affection et orayson mentale. car comme dyt sainct augustin, quant nous prions dieu, cest oeuure de verite, et non pas de verbosite et de langaige. Cest aultre chose grant multiplicacion de parolles, et longue affection de pensee et de cueur. Et souuent aduient que tel art est plus exerce et faict par cueurs piteux et tendres, que par grant habondance de parolles. Ces choses se doyuent entēdre de oraison secrete et volūtaire car les oraisons publicques doyuent estre paroles tellement q̄ on les entendēt et oyēt Apres ihesucrist enseigne fuyr ypocrisie en ieusne en disant. Cum ieiunatis: Quāt vous ieustes/ne vueilles pas estre faitz cōme les ypocrites. Il ne deffend pas seulement que on soit fait/mais que on ne vueille estre fait pource que en la voulente est la premiere racine de merite ou de demerite. Aussi il deffend estre fait/non pas estre. Car selon crisostome/nostre seigneur sachent q̄ leu sneurs ne pouent estre ioyeulx ne dit pas ne vueilles estre tristes/mais ne vueilles estre faitz tristes. Le ieusne continuel ȝ naturellement faict la personne triste. Ceulx q̄ par ypocrisie apparoissent tristes et pales se font tristes et pales combien q̄ ilz ne le soyent mye. et le font affin q̄ par la tristesse et paleur de la face soyt monstre leur faulx ieusne. Ceulx exterminent et mectent leur face oultre leurs ppres termes/et oultre la cōmune maniere des aultres/en deformant leur corps/tant en habit abget q̄ en aultres manieres/po[ur] apparoistre aux hōmes ieusnans et cōme ploureurs. Et font tout cecy pour gloyre humayne. O grand folye. Ilz ne veullent pas estre ce q̄ ilz veullent apparoystre. Et pource ihesucrist les menasse ten disant Amen. Certes ie vous dy que ceulx ont receu leur loyer/cest la louange des hommes/laquelle ilz queroyent et on temps aduenir/receuront pour leur simulacion et ypocrisie dampnacion perpetuelle/laquelle ne creignoyent point. Et bien est dit ont receu/et non pas receuront/ car telle louange est si briefue/que a peyne a riens de present. Et po[ur] ce dit iob. La gloire et la louange des maulvays/est briefue ⁊ la ioye des ypocrites est a la maniere dūg point. Donc nostre seigne[ur] ne deffend pas que on nayt tristesse de ses peches/mais la tristesse fainte pour louange daultruy. Et ne deffend pas que on ne nous voye ieusnans/mais que nous ne lappetons pour la faueur des hommes/car vertus et bien faire nest pas deffendu/mais simulacion/ et pensee fainte est reprouuee Crisostome Celuy q̄ ieusne et se fait triste et pale/est ypocrite. Et celuy q̄ ne ieusne et simule ieusner est plus maulvais/car il mōstre semblāt en sa face de ieusner/a ce que en luy appa-

roisse signe de sainctete. Apres ihesucrist mect la maniere cōment on doit ieusner/en disant. Tu aūt cum ieiunas Quāt tu ieusnes ne ēsuyz pas les ypocrites/mais oingz ton chief/et laue ta face. Et a cause q̄ ce seroyt layde chose de oingdre son chief/selon que dit la lectre a simplement lentendre saint iherosme dit que ihesucrist parle seō la maniere des palestins qui lauoyent et oygnoyent leur face le iour des festes/et est a dire q̄ en temps de ieusne nous deuōs no[us] monstrer ioyeulx spirituellement. Or selon saint augustin/cecy se doit entēdre de lōme interiore. Et pource oingdre la teste/signifie q̄ on temps de abstinēce on soyt ioyeux en la conscience Lauer la face/est q̄ on soyt nect et mūdifie de pechie par cōfession/ car ainsi q̄ deuāt les hōmes la face belle et gracieuse est plaisante aux hō mes. ainsi la conscience necte est agreable a dieu. Ou selon crisostome/oingdre son chief/est de luylle de misericorde refectiōner les poures. q̄ ihesucrist ⁊ lauer sa face est tout faire po[ur] plaire seulement a dieu. Et dit apres ihūcrist a ce que ostons de nous toute intēciō mauaise/ne videaris. Ieusne et garde que tu ne soyes veu ieusner pour seulement acquerir louange et gloire mondayne/mais plus tost estre veu de ton pere celeste/du quel tu dois en tes oeuures querir la seule gloire/⁊ veoit tout/et est au secret des cueurs/et est en tous lieux/combien q̄ ne le pouōs veo[ir] Et luy qui est ton pere/et qui ne oblie mye sa lignee et approuue ce qui est pour lamo[ur] de luy fait on secret/te rēdra le loyer de tel ieusne deuant tous/ car dieu au iugement rēdra le labo[ur] a ses saintz Remy Il te doit souffire/que celluy q̄ regarde le secret de ta cōscience soit le remunerateur de ton ieusne Selon saict augustin/le ieusne purifie la me esleue le sens/et fait obeissāte la chair a lesperit/fait le cueur cōtrit ⁊ humble/garde q̄ les membres ne desirēt chose desordōnee/estaint luxure/alume la lumiere de chastete. Icy est a noter aūsi q̄ luy sait augustin dit q̄ nō seulemēt iactāce est a euiter/en pōpes ⁊ en beaulte d[e] corps/mais aussi en choses ordes/et en oeuures et operatiōs d[e] pe

r iiii

tite reputacion/car elle est plus perilleuse derāt quelle ῦ recoyt soubz lombre de seruir a dieu. Pource que aux autres oeures on la peut clerement cognoistre/et pourtāt on doit tenir le moyen/car il ne appartient pas au crestien/estre trop pare et orne/ne aussi estre trop ord et salle. On peut aussi veoyr par ce qui est dit/q̄ les vertus/tant pour lōneur de dieu/que pour elles mesmes/soiēt a appeter/et nō pas pour les hōmes ne pour vanite. Crisostome. Ce n'est pas petit fruyt contempner la gloire humaine/car par ce on est affranchy et delivre de grande servitude/et en non aymant vertus pour autre chose que pour elle mesme on est fait propre operateur et amateur de vertus. Non sans cause nostre seigneur a premier parle de oraison que de aulmosne et jeusne/car oraison est comme ung petit oyseau q̄ penetre le ciel et a deux esles a dextre et a senestre/c'est jeusne et aulmosne par lesquelles esles elle penetre le ciel/et comme en volant/vient a dieu. Et pource est il dit en thobie. Oraison est bonne avec jeusne et aulmosne. En toutes noz oeuvres donc devōs fuyr vayne louāge et humayne/car cōme dit boece de consolaciō. Le saige met son bien ou secret de sa cōscience/et non pas en la voix t en la bouche du peuple. Et nō seulement telle louange est a fuyr en noz operacions publicques mais en nostre secret et en repos. Seneque. Quand tu vouldras vacquer a secret et a repos de conscience/muce et toy ē tō secr... er fay a la faicon de aulcunes bestes/lesquelles trouvent leur trasse et propre pres du lieu ou elles habitēt. Ainsi doit faire la creature. Car tout ce quelle fait doit estre secret et incogneu au monde. C'est ung grant bien ne soy vanter. mesmes de ce que voulentiers on est sollitaire. Aulcuns sont reclos et hermites/et ne partent de leur maisons par long tēps/et touteffois de ce se vantent et se louent. Quant aulcun veult faire ung bien en secret/il ne doyt mye appeter que les hōmes le saichēt ne que en parlent et quilz dient de luy/o q̄l saint homme/qui a ainsi mesprise toutes choses /et qui ainsi fuyt le monde et ses faueurs. O notable sire. Mais tel doit parler a soy mesmes/et dire/je ne desprise nully excepte moy mesmes/car en moy/nul ne peut trouver grande edificacion/ne grant exemple. Et suis content/que quant ceulx qui me visiteront/se departiront de moy bien q̄ je ne suys ne prudent ne saige ne clerc et qu'il n'y a en moy chose pour laquelle on me doyve visiter. et que se aulcuneffoys on me avoyt loue ce estoit sans vertus et sans cause. Et certez celluy qui ainsy sent par le de soy a moult prouffite et n'a este pas oyseux.

Oraison

SIre ihūcrist qui en toutes tes oeuures as monstre exemple de humilite/et as enseigne fuyr vayne gloyre/je te prie q̄ me gardes dehors et dedās contre les espiez et escoutes dorgueil/a ce que n'ayt entree en mon ame et me donne q̄ en aulmosne/oraison et jeusne/et en toutes bonnes oeuvres ne quiere louange humaine/ne faveur mondain/mais que les face purement pour ta gloyre/et pour edificacion de mon prouchain. et que de nul bien que faire jamais ne presume de me gloriffier vaynement/et que ne recoyve ycy mon loyer et que ne soye prive du vray loyer que tu promectz a ceulx qui simplement te servent et q̄ ne soye deppute/et condempne a peynes eternelles Amen.

L'exposicion de l'orayson dominicalle/c'est du pater noster. xxxvii. chappitre

ENtre les aultres choses qui sont dictes de oraison/l'orayson dominicalle est inferee/laquelle est sur les autres oraisons/et est plus noble pour plusieurs causes/Premierement pour la uctorite du docteur. car elle a este prononcee par la bouche de nostre seygneur ihesucrist. Secondement pour briefueté de parolles/car on l'apprent de legier on la dit facillement/et est bien tost proferee. Tiercement/pour la souffisance des demandes /car en ycelles sont contenues les choses necessaires de l'une et de l'autre vie. Et quartement/pour la fecondité des misteres /car en icelle sont contenus grās sacremens et secretz. Crisostome. Nostre sei gneur baillāt a ses disciples la forme et maniere de prier/comprend en peu de parolles la somme et souffisance de tout ce que on doit demander/tant des beatitudes q̄ des dons et de tout ce qui appartient a la vie prēsente et a la future. Ceste oraison est briefue en parolles/et en icelles est contenu tout ce que on peut demander por le salut. Cest la plus saincte et spirituelle de toutes oraysons/pource que elle est precedee de la bouche du souuerain seigneur/et en icelle est cōtenu tout ce q̄ est contenu en toutes les aultres oraisons. O que ceste oraison nous doyt estre de grande reputacion en laquelle lacteur de vie et maistre celeste nous monstre la maniere de la dire. O que nous pourriōs estre bieneures/si nous gardions/non seulement par parolles/mais par operaciō de saincte conuersacion/ce q̄ est en ceste orayson. La forme et maniere qui est contenue en ceste oraison dominicalle/nostre seigneur a baille a ses disciples/pour donner esperance a la creature humayne de son salut. car tout ce qui est necessaire a nostre salut/ et a nostre foy/est cōtenu en telles briefues parolles. De la souffisance de ceste orayson dit sainct augustin. Quelques aultres parolles que nous disons/et de quelque affection nous les formons/nous ne disons riens qui ne soyt contenu en ceste orayson dominicalle. voire si nous prions droictement. Et si bien regardez toutes les parolles q̄ sont aux aultres oraisons/tu ny trouueras rien qui ne soyt contenu en ceste icy. Et se aulcun dit aulcune oraison qui ne appartienne a ceste orayson euangelique/il prie charnellement/car en ceste oraison nostre seigneur demonstre seullement comment on doit prier spirituellement. De ceste oraison dit encore cyprien/que nostre seigneur Ihesucrist p sa sapience abrege en peu de parolles tout ce que nous appartient a demander pour nostre salut. Or est a noter que sept raisons sont/pour lesquelles ceste oraison est si briefue. La premiere/affin que on lapreigne plus tost. La seconde/affin q̄ on la retiengne mieulx. La tierce/affin que nul ne se puisse excuser de ignorance. La

quarte/affin que on la dye plus souuent. La quinte/affin que on ne soyt ennuye en la disant. La sexte/affin que tantost on ait fiance de obtenir de dieu ce que on demande. La septiesme/affin que vertu doraison soit demonstree estre/non pas en multiplicacion de parolles/mais en deuocion et esleuacion desperit. Ceste oraison ha aussy huyt parties. La premiere est captacion de beniuolence/laquelle ensuyuent sept peticions. La beniuolence daulcun est captee beue et gaignee en troys manieres/cest assauoir/de la partie de celuy qui est deprie et pource est il dit/pater/pere/duquel nous sommes filz par foy. De la partie des pryans/et pource est il dit/noster nostre/lequel nous est donne par charite. De la partie des assistans et accesseurs de celuy que on prie qui est in celis/cest a dire es saintz par lay de desquieulx nous sommes esleues en esperance. Disons doncq̄s Pere auql nous croyons/nostre q̄ nous aymons/q̄ es es saintz desquelz nous esperons. Les trois choses sont loraison digne destre exaulcee. cestassauoir/le mouuement de foy/de charite/et de esperance. Nostre seigneur dieu/est dit nostre pere selon troys manieres destre/q̄ nous receuons de luy/cestassauoir de nature/de grace/et de gloire. Il nous a donne lestre de nature a nostre creacion/lestre de grace en nostre recreacion ou redempcion/et lestre de gloire nous donnera en la cōmunicacion de son royaulme. Il est donc dit pere generalement pour raison de la creacion de toutes choses/mais especialemēt des bōs par raison de adopcion. Toute la saincte trinite est icy entēdue soubz le nom de pere. O quelle noblesse et audace est a la creature que le createur et facteur qui est dieu soyt appelle son pere. Qui est celuy de la loy ancienne/qui oncq̄s fust si hardy de telle chose presumer. On nen trouue pas vng car selon la glose/dieu aux anciens sappelloyt seigneur/comme a ses seruiteurs/et maintenant veult que on lappelle pere/en demonstrant quil veult que nous le seruōs par amour et non pas par craincte. Augustin. En toute lancienne loy/on ne trouue point quil fust commandé au peuple/quil dist a dieu pater noster/nre pere/mais seullement se faisoit cognoistre a eulx/côe le seigneur a ses serviteurs. Mais nous q̃ somes faitz filz par adopciõ par le sang de nostre seigneur ihesucrist/confidentement disons abba pater/pere pere/et par cestuy nõ charité est extte. Quelle chose doit estre plus chiere aux filz que le pere. Quand nous disons/pater noster/cest aulcune presumpciõ et esperance de impetrer ce que nous demandons. Quelle chose sera que le pere ne donnera a ses enfans/veu que la leur a donné quilz soyent ses enfans. Et aussy quel soing doit avoir la creature de soy estudier estre digne ã tel pere. Icy a bien regarder sont admonestés les riches ou les nobles de lignée selon le siecle/que quant ilz sont crestiens ilz ne se doyvent point orgueillir contre les poures et envers ceulx q̃ ne sont pas nobles/car tous dient ensemble nostre pere nõ pas mon pere. laquelle chose ilz ne pouuent dire veritablement/se tous ne se cognoissent freres. Ô que la dilection ã dieu est grande envers nous. Ô que sa misericorde et pitié est grande qui nous a donné telle grace/que nous serviteurs ousons licitement nostre seigneur/nostre maistre. et nostre dieu appeler nostre pere. Par lequel nom nous demonstre.non seullement serviteurs. mais aussi estre filz de dieu. Et pource que dieu demonstre envers nous si emplement sa grace/nous devons vivre et converser en telle maniere que nous soyõs du nombre de ses enfans.laquelle chose on pourra apparcevoir par les oeuvres espirituelles que nous faisons. Il enseigne aussi faire oraison generale pour les freres. car il ne dit pas .pater meus. mon pere/mais pater noster.nostre pere. affin que on face priere pour tout le commun. pource que en toutes choses nous devons aussi bien querir le prouffit spirituel de nostre prouchain côme le nostre. Par ce aussi quil dit nostre pere. Il oste toutes haynes qui se pouuêt sourdre lung côtre lautre et reprime orgueil. Il boute hors hayne et envye. et mect dedans la mere de tous biês. cest charité. et exclud

toutes inequalités des choses humaines. en demonstrãt vne equalité du riche et du pouure. car a tous il a donné vne mesme noblesse. en ce quil est son plaisir estre appellé de tous pere. Par les cieulx sont entenduz les bons sainctz et iustes/esquelz dieu demoure et habite specialement par grace. comme en son temple/pour demonstrer que le pere celeste veult avoyr ses enfans celestes. Et pource ceulx doyuent avoir grand honte qui se laissent suppediter aux choses mondaynes et terriennes/qui ont leur pere aux cieulx. Augustin. On entend droyctemêt ce qui est dit/nre pere q̃ es es cieulx/estre dit/pource quil est on cueur des iustes/comme en son temple/a ce que celluy qui le prie ait en luy celluy quil prie. Ou qui es es cieulx/est a dire que dieu est en la region de beatitude eternelle/laquelle de tout nostre desir nous entendons/car nous scauons que nostre pere y habite/et nous devõs garder de tout ce quil nous peut priuer de nostre heritaige/et reputer ceste vie presente comme vng pelerinaige. Et aussi par ce quil est dit que dieu est es cieulx et es sainctz. nest pas exclud quil ne soit par tout et en tous par essence. presence. et puissance. mays pource est es bons par grace et specialement/et es cieulx plus que en aultre lieu. car en eulx reluyst plus son excellêce de gloire et de puissance ainsi q̃ lame est par tout le corps/toutesfoys on dit quelle est plus vigoureusemêt on cueur/ou selõ les aultres on chief/poᵘ ce que on voit que ses nobles operacions plus apparoissent en pceulx. Or voyõs maintenant les choses qui sont a demander. La premiere donc/que nous demandons est. Sanctificetur nomen tuum/cest a dire/ton nom soit sanctiffié/lequel est tousiours en soy venerable et saint/et soit glorifié et demonstré en noᵘ et en nostre cueᵘ. en le croyant et aymant/en nostre bouche en le louant et preschant/en noz oeuvres en bien vivant affin que en nostre vie et côuersacion/il apparoisse sainct. Et pource quand nous demandons quil soyt sanctiffié et magniffié ce nest pas a entendre en soy. car il est impossible que aulcune saincteté luy accroisse de homel/mays nous demandons/que la saincteté qui est en luy eternellement/reluyse de plus en plus en noz oeuures/affin que selon lappostre nous les faicons a la gloire de dieu. Crisostome. Sans doubte forarson est moult digne de celuy qui appelle dieu son pere. car quand il considere lexcellece du pere et la magnifficéce de la gloyre qlluy promect/il se doyt bien garder en secrete de vie et de conuersacion/affin que par luy tous glorifient dieu/car ainsi que quand aulcun regarde la beaulte du ciel il dit/gloire soyt a toy dieu/aussy quad on regarde les vertus daulcuns qui sont a louer plus que le ciel/on en glorifye dieu de ses bons qui reluysent en sa creature. Du ton nom cest ta paternite. car tu es dit pere/soit sanctiffie/cest adire conferme en nous par perseuerace/affin que par bonne vie et bonnes meurs nous demonstros le nom de nostre pere/estre en nous come en ses enfans et que iamays ne nous separons de sa grace par pechie. Du ton nom/cest adire ta cognoissance/soit sanctiffie et pserme en nous par vraye foy/affin que toy dieu q es saint en toymesmes/soyes aussi sanctiffie des homes/et cogneu de tous/a ce que ne estimet et ne croyet ryens plus saint ne plus digne que toy. et par ceste cosideration se gardet de te offendre par pechie/et se estudient de te honnourer. Apres sensuyt la seconde petition. Adueniat regnum tuū. Ton royaulme aduiegne a leglise. cest adire soit manifeste aux homes. affin que toy qui tousiours regnes et as regne en terre/soyes cogneu et apperceu regner des ignorans/et pecheurs et heretiques/ausquieulx le royaulme de dieu/lequel iamays ne se depart de la terre/est absent et incogneu comme la lumiere qui est psente est absente aux aueugles et a ceulx q clouent les yeulx. Du ton regne de grace aduiegne/par laquelle grace regnes tous les iours es saincts/La qlle chose se fait quand toy seul as seigneurie en nous par les vertus que tu nous donnes/en deboutant de nous et de nostre cueur toute la seigneurie de tous vices. Du ton regne de gloyre aduiegne/lequel est pmys

generalement a tous parfaictz et enfans de dieu/et par ce nostre desir soyt excite affin quil nous trouue prestz/car vueillons ou non/sans nulle faulte il viendra. Crisostome. Cest vne chose moult agreable a dieu quand ses seruiteurs ne se adherent par affection aux choses presentes/et quilz ne les ont pas en grande reputacion/mais de toute leur puissance sefforcent de paruenir a leur pere/et soy garder de tout ce quilz pouent apparceuoir de quoy il peut estre offendu. Et tel desir procede de bonne cosciēce qui est despouillee de toute chose terrienne. Et celluy qui est enflambe de tel amour et a tel desir ne se peut orgueillir des bonnes oeuures quil faict en ce monde/ne douloir des tristesses et aduersites qui luy pouuent suruenir souuent mais come habitant et conuersant on ciel/est despoylle d toute inequite. Et pource que nous prions que le royaulme de dieu viengne tousiours en nous/nous deuos nous exhiber seulz en la foy de dieu/et en ses commandemens q nous soyos dignes ou temps aduenir de auoir participacio en son royaulme du ciel. Et par ce appert que le royaulme de dieu est en troys manieres. cest assauoir/en leglise/en lame/et en la vie eternelle/et ne pouuons venir a dieu par gloyre/si premierement ne vient en nous par grace. Apres sensuyt la tierce petitio ffiat voluntas tua sicut in celo et in terra. Cest adyre ainsy ta voulente soyt faicte en terre comme elle est faicte on ciel es anges et es esleuz a ce que soyons conferme et obeissans a tes commandemens. et vnis a toy continuellement en toy seruant sans reprehension. et ainsy ta voulente soit faicte par les hommes qui sont de terre et conuersent en terre. Du ta voulente soyt faicte en terre comme on ciel. cest adire ainsi que des iustes ainsi soit faycte des pecheurs ta voulente. affin q a toy vray dieu se conuertissent en faisant ta voulente/non pas la leur/en croyat toutes choses quilz voyent/tant en prosperite/que en aduersite estre de toy dispouse et enuoyes pour nostre vtilite Autant ya de differance entre les iustes et les pecheurs ql ya en tre le ciel z la terre/car l'affection du iuste est enuers les choses celestes/et celle du pecheur enuers les choses terriennes. Ou ta voulente soyt faicte en terre comme on ciel. c'est adire ainsi q̃ en l'esperit/aussi on corps a ce que la chair ne repugne point contre le sperit/mais quelle soit subiecte a l'esperit/ et l'esperit a toy/affin que ce q̃ tu hays/no[us] haissons/et ce que tu aymes/nous aymons et ce que tu cõmandes/nous acomplissons De la voulente de dieu dit cyprien sur ceste oraison dominicalle. La voulente de dieu est celle que ihesucrist a fait et enseigne/c'est assauoir humilite en conuersacion/stabilite en foy/atrempãce en parolles/iustice en faitz misericorde en oeuures/discipline en meurs/ne scauoyr fayre iniures/et quand on en fait/le porter pacientemẽt/tenir paix auec ses freres/aymer dieu d̃ tout son cueur entant quil est pere/et le craindre entant q̃l est seigneur/ne pposer et ne mectre rien deuant ihesucrist/car il n'a preposé nulle chose a nous/soy adherer a sa charite inseparablement/assister fort et en grande fiance a sa croix/et quant il y a aucune bataille ou q̃stion de son nõ z de son hõne[ur] auoir en la pole ferme ostance a le confesser iusques a la mort/pour laquelle souffrir pour luy/aurons la gloire eternelle/et serons la hault couronnes/auoir affection et vouloir de estre heritiers du royaulme du ciel. Et en ces choses est acomply le commandement de dieu et aussi sa voulete. Aps vient la quarte peticion. Panem nostrum cotidianũ da nobis hodie/donne nous auiourduy nostre pain cotidien. c'est adire la vie cotidienne q̃ est necessaire au corps/entẽdue soubz c'est nom de pain/soubz lequel est entendu tout ce que on doit demander pour les necessites z sustetaciõs de la vie psente. Augustin. Soubz ce nom pain nous demandõs tout ce que nous est expedient pour soustenir la vie. Et pource il dit Panem/donne nous nostre pain. Il ne dit pas dõne no[us] chair ou poissons/ne autre chose supflue/ mais seulement ce qui est necessaire a nature/et est signiffie par pain/car selon le sage en l'ecclesiastique/le commancement de la vie de l'õme est pain et eaue. Et mect nostrum/nostre/affin que nul ne apprie a soy les choses temporelles/car selon crisostome/toutes les choses que nostre seigneur nous donne quant no[us] le prions/ne les donne pas seullement pour nous/ne a nous/ mais aussi aux aultres par nous/affin que de ce q̃ nous receuõs/fassons part a ceulx qui sont impuissans. Et pource celluy qui ne donne pas aux indigens des biens quil aqueste de ses labours/ne menge pas seulemẽt son pain/mais auec ce celuy des aultres. Et celuy qui acquiert son pain par les oeuures de iustice mẽge son pain/mais celluy q̃ le quiert par pechie/mẽge celuy d'aultruy/car dieu donne le pain a celuy qui le p[re]pare par iustice/et le dpable a celluy qui le prepare en pechie. Selon sainct gregoyre nous disons ce pain estre nostre/et toutesfoys no[us] prions dieu quil nous le donne/ car il vient de dieu par son don qui nous le donne/et est nostre par ce que de luy le receuons. Or est bien a noter quil dit/cotidianum/cotidien/non pas annuel ou en pluʃieurs ans procure et garde en greniers/lequel pain saint mathieu appelle supsustencial/c'est adire adiourte a la substance pour la subststentacion. Et selon cirille/par ce que ihesucrist commande aux apostres de querir leur viure cotidien/il semble quil ne leur concede rien auoir/mais plus tost quilz ayment pouurete honneste/car ce n'est pas la maniere des riches de demander/mais seulement de ceulx q̃ n'ont souffisance. Et dit apres/da nobis/donne le nous/car riens nous ne pouons auoir si celluy ne nous le donne qui donne refection a toute creature. Et pource la personne deuote doit prẽdre tellement sa viande/et reffection corporelle/cõme si presentement et psonnellemẽt luy estoit administree de la main de dieu. Et adiourte/hodie/auiourduy/c'est a dire presentement/ou le pain q̃ auiourduy no[us] doit souffire/affin q̃ nous ne pensons point du demain/car nous ne scauõs si nous viẽdrons a demain. O vraye sapience O diuine pronidẽce/qui nous as enseigne a demander seulement du pain/et celluy seule ment du iourduy. Parte est et doyt estre oste toute auarice et couuoitise. aussi la incertainete de la vie humaine est demonstree O sire donne nous nostre pain cotidien auiourdhuy/cest adire le pain sacramentel ou spirituel/comme sont les diuins commandemens/lesquelz il fault tous les iours mediter et metre en oeuure. Nous demandons aussi le pain sacramentel et le vin supersustēcial cest adire sur toutes les aultres sustances/car il surmōte toute creature/entant q̄l refectiōne lame qui surmonte la nature du corps/duquel nous auons besoing tous les iours pour nous enforcer en bien/pour ce que nous cheons tous les iours et pouuōs cheoir. Lequel pain est appelle cotidiē pource que par les ministres de leglise no⁹ le prenons tous les iours/et ilz le prenent pour soy et pour toute la communaulte de saincte eglise. Crisostome. Non sans cause nous deuons prier tousiours/affin que tous les iours desseruons de auoir ce pain celeste/et que par aulcun pechie ne soyons sepparez du corps misticque de ihesucrist. On peut encore exposer/panem nostrum/ de troys aultres pains/cestassauoyr de doctrine ou de intelligence/de pleur ou de tristesse/et de gloire ou de ioye celeste. Du pr̄mier il est escript dieu a refectionne le iuste du pain de vie et de entendemēt. Du secōd dit le psalmiste. Tu no⁹ as refectionnes du pain de larmes. Du tiers aussi dit ihūcrist Benoist est celluy qui mēge le pain on royaulme de dieu. Et bien ceste benoiste refection ou fruycion est dicte pain, car ainsy q̄ le pain corporel restasie lappetit de celluy q̄ le menge/ainsy ceste fruicion restasie le desir du contemplant/comme dist le psalmiste/ie seray restasie quāt ta gloire apperra.

Apres sensuyt la quinte peticion. Et dimicte nobis debita nostra ⁊c. et no⁹ delaisse noz debtez/cest adire pardonne noz pechies qui nous cōstituent debteurs a peine Sur quoy nous te prions/que nous pardonnes tous ceulx que contre toy/o pere/ o filz/o sainct esperit/auons commys/ou contre noz prouchains/ou contre nous mesmez. Cyprien. A ce que nul ne applaudisse soy mesmez comme innocēt/et par ce se orgueillisse nous sommez enseignes p̄ ceste quinte peticion que pechons tous les iours/en laquelle peticion dieu nous commande que prions to⁹ les iours pour noz pechies. Sicut et nos dimictimus debitoribus nostris. Pardonne nous ainsi q̄ nous pardonnons a ceulx qui nous ont offense Nous auons icy la reigle proposee que se nous voulons q̄ dieu nous pardonne noz pechies/nous deuons pardonner a noz p̄chains / affin dit sainct gregoire que le biē que en compūction de cueur nous demandons a dieu / premierement par conuersion no⁹ lexibons et faicōs a noz p̄chains. Et cypriē Celuy q̄ no⁹ a enseigne prier po⁹ noz pechiez/no⁹ a p̄mys sa misericorde soubz certayne loy et condicion sans nous p̄traygnant/car se deuotement nous le prions/il nous promet quil nous pardonnera/voyre selon que nous pardonnerons a ceulx qui nous auront offense. Et crisostome. Dieu ne dit pas que demandons premier q̄l no⁹ pardonne noz pechies/et puis apres nous pardonnerons a ceulx qui nous ont offense/car il scet bien que les hommes sont mēteurs/et silz auoyent de dieu remission de leurs pechez/ilz ne pardonneroyent pas aux aultres. Et pource il dit que deuant nous pardonnons/et puys apres que nous luy demandons pardon/en quoy nous deuōs auoir grande consideracion/car nous deuons rendre gras̄ graces a ceulx qui no⁹ ont offense/pource quilz sont cause que dieu nous pardonne/car en baillant pou no⁹ trouuons grandes choses cestassauoir remission des grandes et merueilleuses debtez que nous deuons adieu/desquelles si luy dieu demandoyt/que en rendissions cōpte de la meindre partie/feussons ia peris/ Mais quelle chose doit on faire de celluy qui ne veult point satiffaire quant il peut/ ne demander pardon quant il a opportunite. En tel cas on doit distinguer Car on p̄le de celluy qui a prins estat de perfecton/ou non. Si on parle de celluy q̄ a prins la voye de perfection/saiches quil doyt pardōner a ceulx qui lont offense demandent pardō et non seulement la racine du courage doit laisser/mais auec ce sans satiffactiō des iniures sans restitutiō des biens sans q̄lz viēnent demander pdon doit tout pardonner et les aimer de cueur pur. car en tel cas aux parfaictz pardonner est de conseil/et non pas commandement. Et celluy qui na pas encore prins le veu de perfection/est tenu d̄ ne tenir point de rancune en son cueur contre ceulx qui luy ont mal fait. mais leur doit pardōner en telle maniere que ne vouldroit point que le mal de son ēnemy par luy fust accreu/ne aussi que son bien fust diminue mais vouldroit biē q̄l feist aulcūe satiffactiō de ce q̄l la offense/τ en tel cas tous sont tenuz de pardōner/car cest commandemēt Donc la remission de loffense est de necessite. car la personne est tenue de estre en charite/et par ainsi de aymer tous. mais la remission de liniure que on a faicte a aultruy nest pas de necessite/mais la pardonner seroit de supererogaciō/car ainsi que quāt on a oste largent a aulcun/il nest pas tenu de le laisser au larron qui luy a oste / mays licitement le peut demander/ainsi pour aulcune iniure faicte on peut demander po᷑ recompensacion aucune amende selon lordōnance de iustice. Et selon sainct augustin/ Ihesucrist ne parle pas de la debte dargent que on peut demander par iustice/mais de non porter rancune ne hayne en son cueur contre aultruy. Et po᷑ ce quil ya aulcunes coulpes/lesquelles on est tenu de pardonner et de non querir vengence/et aulcunes/ lesquelles seroit pechie de pardonner/sachons que les pechies qui sont commis cōtre nous/nous sommes tenuz de pdonner mais ceulx que lōme commect contre dieu ou contre le prouchain/on les doit pugnir Iherosme. Se nostre frere en aulcune maniere nous a offense/nous auons puissance de luy pardonner/voire de necessite. Et se aulcun peche contre dieu/il nest pas en nous de luy pardonner. Mays helas no᷑ faisons le contraire/car nous sommes benings et doulx a ceulx qui ont offense d̄ ieu mays a ceulx qui nous ont offense/nous sommes rigoureux/et auons hayne contre eulx. Et donc celluy qui est en hayne/est pl᷑ greue par ceste orayson quil nest ayde/car il est ainsi que celluy qui diroit a dieu. Sire ne me pardonne point mes pechies/car ie ne veulx point pardonner aux aultres. Nō᷑ voyons comment nostre seigneur deteste et vitupere hayne fraternel/quāt il ne no᷑ pardonnera point noz pechies/si non par telle condicion q̄ nous pardonnōs a ceulx qui nous ont offense. car comme dict sainct anselme. Tu ne auras point pardon de dieu si non que tu pardonnes a tes ennemis Et seneque. Pardonne tousiours a aultruy/mais a toy iamais. Apres sensuyt la sexte peticion. Et ne nos inducas τc. et ne nous pmectz pas cheoir en temptacion que ne pouuons porter/mais en la temptacion donne nous aide/affin que no᷑ la puissons soustenir. Cest adire se tu parmetz q̄ par tresgrāde iustice nous soyōs temptes pour nostre exercice. toutesfoys ne parmetz pas q̄ soyons surmōtez par consentement/Sur quoy est assauoyr quil est double temptacion Lune est de probaciō/et de ceste dieu bien tempte les iustes/non pas que par ce vueille auoir cognoissance deulx mais affin que eulx mesmes se cognoissent qui par auant ne se cognoissoyent. Lautre temptacion est de deception/et de ceste dieu ne tempte nully/mays telle temptacion est de chair laquelle suggere et cōseille a la me malez choses/affin quelle labsorbe par voulente ou volupte/ou est du monde qui offre choses vaines/affin quil veigne encōtre par concupiscence/ou est du dyable qui ingere choses ameres/affin quil perde la psonne par peche. En telle temptacion dieu ne meyne pas la creature causallemēt/mais bien pour aulcune chose parmect q̄ la tentacion viengne a la personne/et est quant il soustrait son ayde/ainsy quil est escript/q̄l endurcist le cueur de pharaon/cest adyre q̄l permist/quil fust endurcy. Et aussy comme len dit quil nest mal en la cite que le seigneur ne face/cest adire quil ne parmecte quil soit fait. Cyprien. Il nous est demonstre apptement que nostre aduersaire ne peut riē eu contre nous/si nostre seigneur ne le pmect/

affin que toute nostre crainte et deuocion/ soyt conuertie en dieu. Aussi nous est monstre q̃ ne prions mye dieu q̃ ne soyons tẽptes/ car estre tempte nest pas mal/ mays est chose vtille/ et est exercice de vertu quãt on resiste virilemẽt. car nul ne peut estre prouue sans temptacion, ou en soy ou par aultruy. Mais nous prions que nous ne soyons delaissez de son aya͞d/ et que ne soyõs par blandissemens deceu͠s par aulcune tẽptacion. et que a elle ne nous consentons en nulle maniere. Il y a difference entre estre mene a temptacion, et induyt a temptacio͞. Celluy est mene a temptacion qui est frappe et tempte/ et touteffoys ne choyt pas. Celuy est induyt q̃ succube et choit Sainct augustin dit que celluy qui ne prend delectacion aux prosperites du monde, quãt luy vient aduersite, a grant peyne est surmonte et suppedicte. Et pource qui ne veult sentir les douleurs du monde, sestudye p͞mier fuyr les delectacions de celluy. Donc nostre seigneur a voulu que le prions que ne soions surmontes par temptacions, laquelle chose selon sainct augustin, il nous pouuoyt bien dõner sans le prier, mais il a voulu que soyons admonnestes et instruytz de qui nous receuõs les benefices/ et que soyons tousiours tenuz en humilite sans riens p͠sumer de nous. Apres sensuyt la septiesme et derniere peticion. Sed libera nos a malo, mais deliure nous de tout mal, cest assauoir, originel, ou actuel, contrait, ou inflict, visible, ou inuisible, de coulpe, ou de peyne, Ou de tout mal p͞terit, present et futur. Or est a noter q̃ ceste peticion nest pas entẽdue du mal de coulpe qui est ia faite et perpetree, car en tel cas elle conuiendroyt auec la quinte, mais est entẽdue de la coulpe qui est possible destre tantost perpetree Aussy elle nest pas entendue du mal de la peyne aduenir, car elle conuiendroyt auec la seconde, mais de la peyne presente entãt quelle nous est occasion et cause de ruyne. On la peut bien prendre du mal de la peyne future, cest que nous demandons estre deliures du mal p͠sent. affin que par ce no͞ ne encourons le mal de la peyne aduenir.

Et de toutes les choses deuant dictes no͞ demandons estre deliures, en priant et parlant a dieu en la personne de leglise. Mais celluy qui veult estre deliure de mal et impetrer de dieu misericorde, et quil ayt c͠passio͞ de luy, il est de neccessite q̃l face le semblable a son proyme, en ayãt c͠passion de ses deffaultz. Apres sensuyt la conclusion de toute loraysõ, cest Amen, cest que toutes les choses deuant dictes soyent faictes car par ce mot amen, le desir du pryant est exprime. Cest vng mot optatif, qui desire lacomplissement de toutes bõnes choses et de toutes les peticions deuantdictez O sire cest pou de chose que ie die, amen, ou que desire que soyt fait. mais vous sire dictes amen, cest quil soyt fait en nous cõcedant tout ce que vous requerons O grãde et efficace parolle, fiat, soyt faict. O tu pere souuerain, au commancement du mõde en ceste parole, fiat, cest adire en ton filz coeternel, as cree toutes choses, car il est escript que tu disoyes, fiat, et tantost tout estoit fait. Par ceste parolle aussi nous q̃ estions perduz as reppares, quant nostre repparatrisse tressainte respondit a lange, Fiat michi secundum verbum tuũ, me soyt fait selon ta parolle. O parolle apportant salut, fiat. O amen. O fiat. O parolle de toute puissance O parole de toute efficace O mon tresbon seigneu͞r ihesus parolle du pere et sa verite, acompliz mon oraison, p͠fay les paroles que tu as dictez, et par ma bouche pronõcees, et diz, amen. Ainsi soit fait. By moy aisi que tu dyz a la chananee, soit fait aynsi que tu veulx. O ihus amyo doulce. O doulce verite. O doulx amen O doulce parolle, fiat, me soit faict selon ta parolle. Ceste parolle, amen, fut ouye de sainct iehan, ainsi que alleluya, et nul interpreteur, soit grec ou latin, a p͠sume linterpreter pour la reuerence de nostre saulueur, lequel pour conferrer la verite souuent a vse de cest mot. amen. et par ainsy il est demoure sans estre interprete et translate, non pas que on n'en eust tenu compte, mais affin q̃l ne fust vil repute se il estoyt descouuert, et que par ce quil nestoit point

descouuert ou interprete/il demoura tous
iours en son honneur Il est mys aulcunes
foys en lescripture pour nom/comme en la
pocalipse. Hec dicit amen/cest a dire verite
dit telles choses. Aulcüeffoiz est prins ver
balement/ainsi que a la fin des oraisons/
et par tous les pseaulmes quant il est dit/
fiat fiat/qui vault autant come/amen amē
Aulcuneffoys est prins aduerbe/ainsi que
en leuangile est dit. amen dico vobis. cest a
dire. veritablement et loyalement ie vous
dis ꝛc. Amen mis a la fin de loraison a tri=
ple efficace. Car ainsi que dit sainct Therosme. il est la clousture de loraison. Ainsi que
le signet clost lescripture. ainsi par amen est
close loraison. Aussi il recollige lintencion
car quant on dit. amen. lintencion en som
me est portee sur tout ce qui a este dit par a
uant. Et se aulcune chose par fragilite hu=
maine. ou par distraction de pēsee en loray
son sans aulcune intencion actuelle estoyt
passee sans y entendre. quant on dit amen
lintencion retourne a ce quelle auoit laisse
Elle impetre lexaulcemēt de loraysō. car
amen est le signe et la signifiance que loray
son est exaulcee. Rabane Par ce que nos
tre seigneur a la fin de loraison a dit. .mē.
il signiffie sans donbtāce/que ceulx qui de
mandent a dieu choses appartenētes a le
salut ne leur reffusera pas/voire mais qlz
ne soyent negligens de garder la condiciō
qui est mise/cest que on pardonne a ceulx q
auront offense/de quoy a este dit dessus.
Et est assauoir que sainct luc laisse deux pe
ticions de loraison dominicalle/cest la tier
ce et la septiesme/pource que la tierce est cō
tenue soubz les deux precedentes et la sep
tiesme soubz la sixiesme. En la sanctifica=
ciō de lame que demandons en la premie
re peticion et en la resurrection de la chair q
nous demandons en la seconde/bien con
uenablement est a complye la voulente de
dieu que demandons en la tierce. Et quād
nous ne choyons en temptacion/cōme nos
demandous en la sixte peticion/nous som
mes deliures de mal/ainsy qlest cōtenu en
la septiesme/par quoy apperq̄ ce q̄ sait
mathieu a dit cleremēt en la septiesme/saint
luc la prins occultemēt. Augustin. On ne
doit pas passer negligentemēt/que en tou
tes les sentēces. desquelles nostre seigneur
a voulu que le prions/sur toutes a recom=
mande et mys celle qui appartiēt a la remis
sion des pechies/en laquelle il a voulu que
soyons misericors. car par icelle nous eua
dons les miseres qui nous pouuent adues
nir Nulle des aultres sentences tant nous
pacifie auec dieu/q̄ celle ou nous dysons
pardōne nous ainsi que nous pardonnōs
a noz malfaicteurs/en laquelle demande ꝯ
peticion se nous mentons/nya fruit en tou
te nostre oraison. Et pource apres loraison
il dit. Et cum stabitis ad orandum/et quāt
vous seres en oraison pardonnes si vous
aues aulcune chose cōtre aulcun/affin que
vostre pere qui est on cieulx vous pardon
ne voz pechies. Crisostome. Jhūcrist fayt
mēciō des cieulx et du pere/affin que par
ce il prouoque le escoutant. car riens nest q̄
face la personne tāt semblable a dieu/que
quant on luy a fait aulcun desplaisir/et el
le pardōne pour lamour de luy. Cest chose
bien indecente/que le filz soyt rudde ou cru
el/quant le pere est tant doulx et misericors
et que celluy qui est appelle on ciel tiēne en
cores son sens en terre. Et se vous pardon
nes et ne retenes iamais rancune en vostre
cueur/ou ne appetes vengence des hōmes
de ce quilz vous auront mal faict. vr̄e pere
du ciel vous pardōnera voz peches Et si
vous ne pardonnes aux hommes ce quilz
ont offense contre vous aussi vostre pere ne
vous pardōnera mye voz pechies. O hō
me cecy est la loy q̄ test baillee de dieu. Se
tu pardonnes a aultruy/il te pardōnera. et
se tu ne pardonnes/ne te pardonnera mye
Cyprien Tu ne auras nulle excusacion au
iour du iugement/car tu seras iuge selon ta
sentence/et selon que tu auras fait tu rece
uras. Crisostome. Apres lacomplissement
et la forme de loraison ihesucrist ne fait mēs
ciō de nul commandement excepte de cel
luy qui nous incite et prouoque a donner p
don a noz malfaicteurs/car il dit Si vous
pardonnes les pechies a ceulx qui vous a
uront mal fait/vostre pere celeste vous par

donnera voz pechies parquoy on voit q̄ la remiſſion de noz pechies deſpend de nous et le iugemēt q̄ dieu nous fera eſt en noſtre puiſſāce Et nul ne ſe doit plaidre τ excuſer q̄ le iugemēt de dieu ne ſoit rayſōnable/ car ſe la ſentēce du iuge eſt dure et aſpre/la cauſe vient de la part du ſeruiteur. veu q̄ l a dit ainſi que tu iugeras ie te iugeray. Se tu p̄donnez a ceulx q̄ te ont mal fait/ tu auras pardon de moy Et certes ce neſt pas eſgal Se tu pdōnes/ceſt q̄ tu as beſoing de pdō et dieu q̄ na nul beſoing de pardon te pardonne Tu pardōnes a ton ſeruiteᵘ/et dieu pardōne a toy ſon ſeruiteur Tu es coulpable de mille pechies enuers dieu/et dieu eſt loig de tout peche. et touteffois tu vois q̄ l te monſtre ſi grāde abondāce de miſericorde. Se q̄lz tormēs donc ſōmez nous dignes ſe ne pdounōs. quāt voyōs q̄ telle puiſſance nous eſt dōnee Cōment demādons nous a dieu quil nous ſoit propice en noz neceſſitez quant nous diſſimulons faire pour lamor de luy/τ dōner ce q̄ eſt en noſtre puiſſance Il neſt riens q̄ face tant la perſonne ſemblable a dieu q̄ eſtre paiſible aux mauluais et pardonner a ceulx qui nous font mal. Et pource iheſucriſt en nous amōneſtant a ce en toutes les polles de ceſte oraiſon nous enſeigne en plurier nombre/dire/pater noſter. a ce q̄ en toutes choſes demonſtrons eſtre pacifiez auec tous. et q̄ en nous na ſigne de mal talent. Et ſil aduenoit que contre aulcun vouliſſons tenir et garder hayne ou rācune. penſons combien nous ſommes coulpables deuant dieu poᵘ noz grans pechez Hy moy qui eſt celuy de nous/qui na eſte en ſes orayſons tepide et negligent. et na eſte enfle dorgueil ou de vaine gloire. na detrait et dit mal de ſon frere/na receu aulcū male concupiſcence/ou q̄ na regarde ſes ennemys de trauers/en ſe rcordant de ce que on luy auoyt fait. Qui eſt cellui qui na eſte courrouce ſouuent quant il a veu ſes ennemys en proſperite/ou ioyeulx/quant les auen en aduerſite. Et touteffoys pour eſtre deliurez de tāt et de ſi grās pechies/dieu par ſa bonte nous a fait voye bien cōpendieuſe/briefue/plaiſante. et ioyeuſe/et ſans labour/ceſt pardonner a celluy qui a mal dit de nous et qui nous a mal fait. et en ce faiſant na labour ne peyne/mais a retenir en ſon cueur/ire/hayne/et rācune/eſt trauail peyne et grand labour a la pouure ame Et pource comme dit ſainct auguſtin. la creature qui ſe veult ſauluer doyt bien deſirer et auoir chiere et garder ceſte ioyeuſe/doulce/bonne/et proffitable condicion/ceſt pardōner/a ce q̄ en pardonnant luy ſoyt pdonne/ Cōbien dit encores ſainct auguſtin/que nous ayōs pluſieurs eſpeces daulmoſnes par leſquelles nous ſommes aydes de auoyr de noz pechies remiſſion. touteffoys il nya rien de plus grand efficace a obtenyr pardon que pardonner de cueur parfayct a ceulx qui nous ont offenſe. Ne ſoyons pas donc pareſſeur de pardonner/car qui pardonne ſe deliure premier de ſes peches et offenſez. Gregoyre. Se nous penſons le bien qui nous vient. en pardōnant a ceulx qui nous offenſent/tantoſt layſſerions le dangereux venyn de ire/laquelle eſt neceſſaire refrener ſi nouſ voulons auoyr le cuer payſible/tant en nous que auec tous. car la male paſſion de ire touſiours nous ſtimule a faire vengeāce de noz ennemys Et auguſtin. Mes freres ie vous prie que tāt q̄ pourrez excerces vous a fayre et a exhiber meſmes a voz ennemys manſuetude/doulceur et beniuolence/reſſrenes et eſtaignes ſur tout ire. laquelle vous ſtimule et prouoque a vengence. Et ſe venger vous voulez de vrē ennemy. retournes voᵘ cōtre ire. car elle eſt ennemye de lame. et la occiſt et tue Se vous voules pryer dieu et dyre. pater noſter. il fault que vouſ viegnes a ceſte clauſe. dimitte nobis debita noſtra. pardonne o dieu noz pechies ainſi que nous pardonnons et laiſſons noz debtes a noz debteurſ Et ſe ire neſt eſtaincte et refrenee/elle ſera a la faicon deung grant et fort mur/entre vous et voſtre oraiſon. Et pource ſe vous voules virilement batailler contre voſtre ennemy bataillez cōtre le vice et peche de ire. et contre lappetit de vengence. car celuy eſt plᵘ fort et plus vaillant/qui ſuppedite et vāc ire/q̄ domine en lui q̄ celuy q̄ prēdroit vne ci te dassault Et ainsi si vous estes fors vainques et surmōtes ire se elle est en vous desordonnee/ et batailles en vostre secret contre elle et non pas contre les cites ou enne‍mis visibles Oraison

Nostre pere hault en creaciō/ doulx en amour/ et riche en heritaige qui es aux cieulx/ le mirouer de eterni‍te/la corōne de ioyeusete/ et le tresor de fe‍licite/ ton nom soit sanctiffie/ affin quil soyt miel en la bouche/ harpe en loreille/ et deuo‍cion on cueꝛ. Ton regne aduiegne ioyeulx sans admirtion/ tranquille sans perturba‍cion/ seur sans perte et amission. La voulē‍te soit faicte en la terre ainsi q̄ on ciel/ affin que tout ce q̄ tu hays nous haissons/ et ce que tu aymes nous aymons/ et q̄ les choses q̄ te sont plaisantes nous acōplissons. Don‍ne nous nostre pain cotidien au iourduy/ cestassauoir appartenāt a doctrine/ a peni‍tence/ et a vertu et nous laisse les debtes toutes lesquelles contre toy auons cōmises ou contre noz prochains/ ou contre nous mesmes/ ainsi que nous delaissons a noz debteurs q̄ nous ont offense/ par parolles ou en noz personnes/ ou en noz biēs/ et ne nous pmectz pas cheoir en temptacion du monde de la chair et du dyable/ mais deli‍ure nous de mal/ de pechie present preterit et futur Amen.

De non thesauriser en terre/ mais on ciel xxxviii. chapitre

Puis que ihesucrist a enseigne le parfait contempnement des cho‍ses terriennes pour lamoꝛ de di‍eu/ consequēment il mect vne pro‍hibicion de nō mectre son tresor en lieu pe‍rilleux/ cestassauoir en terre/ la ou le royl le cōsume/ en quoy appert la corrupcion des richesses artificiellement faictes/ cōme oꝛ argent et aultres metaulx/ ne en lieu ou les vers le demolissent et gastēt/ et en ce est tou chee la corrupciō des richesses naturelles cōme ble/ vin vestemēs et choses sēblables ne la ou les larrōs les defouissent et ēblēt et cecy est dit pour les pierres ꝓcieuses/ les quelles cōbien q̄ ne se puissēt roiller ne estre mengees de vers/ touteffois elles peuuent estre emblees des larrōs. Mais helas mi‍

sere sur nous qui faisons au contraire Cri‍sostome. Que diray ie de tel cōmandement on q̄l nous est cōmande q̄ ne thesaurizons en terre/ lequel par aduenture pou de gens gardent/ et a plusieurs semble que par ad‍uenture ont ouy lopposite de cest cōmande‍ment de thesauriser du tout en terre/ et lais‍sent le ciel pour adherer a la terre/ et sont faitz cōme folz pour acquerir argēt. Apres uostre seigneuꝛ admōneste de mectre son tre‍sor en lieu seur/ cest on ciel ou le royl ne le cōsume mye/ pource q̄ la nya nulle vieilles‍se/ ne les vers ne les demolissent point/ car nulle passibilite est la. ne les larrōs ne le em‍blent mye poꝛ ce q̄ la nya violence ne decep‍cion La plus noble maniere de thesauriser est quant on consume les biens tēpoꝛelz et transitoires en oeuures piteuses/ car par ain‍sy ilz sont cōmunes en biens spūelz et eter‍nelz. et par ōsequēt incorruptibles Iheros‍me. Cest grant follye mectre son tresor on lieu de quoy on se doyt despartir· et de ne riēs mectre pauāt on lieu on q̄l on doit ꝑpe‍tuellemēt vitre Et poꝛ ce metz ta substāce la ou tu as ton pays. Gregoire Les iustes ne tiēnent cōpte de thesauriser· ne de edif‍fier en cest monde/ pource q̄ en icelluy se co gnoissent estre cōme pelerins et estrāgiers Et a cause q̄lz desirent estre ioyeulx et cōso‍les en leur ꝓpre demeure. ilz reffusent estre bieneures ioyeulx et cōsoles en lieu estrāge Crisostome. Celuy q̄ colloque son tre‍sor en terre/ na riens on ciel de quoy il doiue auoir esperāce. Donc poꝛ quoy regarde il le ciel quant il nya riens thesaurise ne mys Et poꝛ ce q̄ vng chescun desire puenir la ou il scet q̄ son tresor est colloque bieneureux est celui q̄ met son tresor on ciel. affin q̄ tous iours la ait son cueur/ et q̄ de tout son desir y tende paruenir. car cōme dit nrē seigneur. vbi ē thesauꝛus tuus/ la ou est ton tresor cest adire la chose q̄ tu aymes/ la est ton cueur. et ton affectiō. car cest chose necessaire q̄ la ou ꝓcede le tresor damoꝛ suyue laffectiō et le desir de la cogitaciō. veu q̄ selon sait au gustin/ amour est le poys de lame lequel la porte en tout ce a quoy lencline Et lame est plus veritablemēt la ou elle ayme/ que la ou elle anime Et fulgēce Aymōs donc les choses celestes, affin q̃ en icelles nous fayſons noſtre treſor. Veulx tu cognoiſtre la ou tu theſauriſeras Conſidere ce q̃ tu aymes Veulx tu cognoiſtre ce que tu aymes. Conſidere ce que tu penſes plus ſouuent, et ainſi ſe fera que tu cognoiſtras par ton amour ou eſt ton treſor, et entēdras par ta cogitacion ou eſt ton amour Et ſelon ſaint gregoire le cueur eſt deuiſé en tant de pties que ſont les choſes eſquelles il a ſon am͞o͞. Criſoſtome. Garde toy de theſauriſer en terre, car ce que tu y theſauriſes, tu le aſſembles aux vers et aux larrons. Et ſe tu dis q̃ ces choſes mondaines ne te epeſchēt point ſachez q̃ aumoins ton cueur ſera mis et redige en ſeruitude p elles et fait ſerf, et ton affection ſera fichee aux choſes baſſes, et ne pourras eſcheuer q̃ ton entendement ne ſoit fort diſpers et cōfus et ſouuēt hors de ſoy, et ſouſtiendras pluſieurs aſſaulx et ſeras fait ſerf de ce de quoy tu es ſire, et te eſloigneras des biens celeſtes tellemēt q̃ en eulx ne pourras penſer. La cauſe pour laq̃lle les payens ne croyēt en paradis et aux ioyes q̃ ſont en luy, eſt po͞ ce q̃lz voyēt les creſtiens achetter rētes, poſſeſſions, mayſons chāps, et iardins, et y mectre leur cure et entendent a les acouſtrer et orner, par quoy ilz dient q̃ ſil eſtoit aultre plus bel, et plus noble lieu q̃ ce monde, les creſtiens y mectroyent leur cueur, et y enuoyeroyēt le treſor Or donc ces choſes conſideree rōpons le lien de tel errē͞ et de telle folie Certes celuy q̃ ſert en ce mōde a pecune et y theſauriſe eſt cōme en ceps et en ſouches enferré, et ainſi ſera lye et encheiné en enfer. Mais celuy q̃ eſt ferme et deliure de toute cupidité en ce mōde, en lautre ſera franc et deliure, et eſleué en hault. Anſelme. Tout le monde te ſoyt fait cōme vil et de nulle reputacion, amour charnel te deſplaiſe, Ne penſe mye auoir mal laboure, quant en ce monde tu as mys ton ppos et ton deſyr on ciel, la ou les bieneureux viuent en dieu, car la ou eſt leur treſor eſt leur cueur. Garde q̃ ne mectez et q̃ ne encloues ton cueur en ces poſſeſſiōs mondaines, car elles poiſent tellement et font telle charge q̃ iamais auecel

les on ne peut voler au ciel Selon ſaint hieroſme, ce dit de iheſucriſt de non theſauriſer, ne doit pas eſtre entēdu du treſor de pecune, mais de tout pechie, car aux glotons leur ventre eſt leur dieu et leur treſor, aux luxurieux concupiſcences ſont leurs treſors, aux auaricieux pecune eſt auſſi leur fin, le dieu et leur treſor, et ainſi de toute aultre vice on q̃l on ne doit mie theſauriſer Et ainſi quant le cueur de la creature ſera deſtourné de telz mauluais treſors et ouert a dieu par ſainte deuociō, elle ſera toute rauye en hault et ſera necte et ioyeuſe, car en paradis on q̃l la eſt par meditaciō n‸y a rien ort ne ſalle Auguſtin. Aulcunes choſes ſont ſouillees, car elles ſont meſlees auec choſes moindres q̃ elles, nō obſtāt q̃lles demeurēt en leſtre, ainſi q̃ realemēt on voit q̃ par le pur argent lor eſt ſoylle et taiché. A ſemblable mōſame noble et digne demourāt en ſon noble eſtre, eſt ſouyllée, orde p̃ la counoitiſe des choſes terriēnes Et pourtant ſelon le conſeil de richard, voulētiers et de bō gré laiſſons toute mondanite et tout ce q̃ pouons counoiter en terre, a ce q̃ ſoyōs francz, car ſainct auguſtin dit q̃ celluy doyt meſpriſer toute mōde q̃ veult theſauriſer on ciel Et affin q̃ on nait trop grāt paō͞ et crainte dauoir ſes neceſſitez en ceſte p̃ſēte vie et paō͞ q̃ dieu laiſſe la pſonne, ihūs noꝰ oſte telle diffidence, en diſant Nolite timere O aſſemblee de creſtiens deuotz et humbles, ne craignes rien, car il a pleu a vr̃e pere vous dōner le royaulme du ciel, nō pas p̃ voz merites, mais par ſa liberale voulenté diuine. Et pource voꝰ auſquelz le royaulme du ciel eſt promys, ne deues auoir nulle diffidēce de la vie pſente, car en paradis tout bien abōde. Et po͞ ce q̃ on viē au royaulme du ciel par la ſupererogaciō des conſeilz ihū criſt dit, vendite q̃ poſſidetis, vedez ce que voꝰ poſſedez, meſmes ce de quoy voꝰ aues beſoing, et dōnez aulmoſne, la q̃lle eſt le chemin de aller audit royaulme Faictes des ſacz et des repoſitoirez po͞ mectre voz biēs faitz leſq̃lz iamais ne vieilliſſent et ne defaillent, ceſt aſſauoir dōnez aux poures, les quelz ſans crainte de larrōs porteront voz biens on lieu seur/et ne les pores mye Faites voustre tresor tellemēt q̄ iamais ne faille et soit eternel/et ce sera en donnant aux poures. car le loyer et le payemēt de laumosne demoure p̄petuellement aux cieulx Et se p̄ telz biens faitz no9 auons nr̄e cueur on ciel la doit tendre et desirer en actēdant le guerdon de son tresor. Apres ih̄ucrist enseigne ses apostres et vngchescū dauoir loeil simple/laq̄lle chose deuōs faire en toutes noz oeuures. et dit Lucerna corporis/la lumiere de tō corps cest ton ētēdemēt soit simple Cōme ainsi q̄ loeil du corps gouuerne et adroisse le corps/ainsi lentēdemēt gouuerne et informe lame et ladroisse en ses operacions diuerses et la meine a la fin q̄lle veult et quelle desire. Si donc ton entendement et ta cogitacion est simple sans simulacion/faintise et erre9/tout ton corps/toutes tes op̄acions seront cleres bōnes & meritoires/nō obstant q̄ les hōmes iugassent et dissent aultremēt/voire si telles operacions sont de soy bonnes ſaumoins indifferentes et licites aultrement cherroyent poīt soubz droicte intenciō/car cōme dit seneque/cest tout vng fayre mal po9 bōne ou pour male intēcion/car tout est iuge estre mal/veu q̄ nous voyōs le mal q̄ est fayt nō pas les voulentes Et si ton oeil cest ton intenciō est puerse et corrōpue/tout tō corps cest toutes tes operaciōs et tes faitz seront obscures et males/mesmes se telles operacions estoyent de soy bōnes/car la male intencion corrōpt le bien Garde doncq̄ ta cogitaciō et pēsee ne soyt male & peruerse/car tous tes biēs seroyēt corrōpus Et se la lumiere q̄ est en toy est tenebreuse/cest adyre se locuure q̄ tu fais q̄ est de soy bonne et est cōme vne lumiere est faicte maulua)se par deffault de bōne intenciō/toutes telles operacions serout maulaises. Quant ce qui est de soy maulais est faict/et est faict par male intēciō/alors en la p̄sonne q̄ le fayt a double tenebrosite/cestassauoir male intencion. et male operacion. Et pource vng chescun regarde de quelle intencion il fayt ce qu il fait. car sans la purte de intencion/tout ce que on fait nest rien Se tu faiz bien sans intēciō corrōpue et tenebreuse/tu seras cler et enlumine en cestuy monde/par splendeur et lumiere de grace/et en lautre p̄ clarte de gloire Et se a aucun par intēcion corrompue et male faisoyes du bien et luy proffitast moult/tu seroyes iuge selon celle male intencion/et non pas selō le bien q̄ luy aduisedroit Et po9 ce q̄ aucun po9roit dire q̄ p̄ droicte simple & pure intēciō il po9royt seruir a dieu et au monde/acq̄rir biēs mōdains et celestes/plaire a dieu et au monde/ih̄esucrist monstre telle chose estre impossible/en proposant exēple de deux seigneurs desirās choses contraires et opposites/et dit. Nul ne peut seruir a deux seigneurs en dignite esgaulx desirās choses cōtraires/car selō bede/nul ne peut ensemble aymer les biēs tēporelz/et les biēs eternelz. Et saint augustin dit q̄ vng oeil a vne fois et ensemble ne peut regarder le ciel et la terre Et cyprien aussi dit q̄ lamour de dieu et du monde/ne peut habiter en vne personne/ainsi q̄ vng oeil ne peut veoir le ciel et la terre a vng trait et ensemble Aristote au liure des bestes dit q̄ les oyseaux cloēt les yeulx de la paupiere basse & les grosses bestes d̄ la haulte. ainsi les hōes sp̄uelz cloēt et sarrent les yeulx cōtre les choses inferiores et mōdaines/et les hōmes gros et sensuelz les serrēt p̄tre les choses celestes haultes et diuines/et les ouurēt aux mōdanites et choses trāsitoires Selon crisostome ih̄esucrist p̄le de deux seigneurs q̄ demandent choses cōtraires. car plusieurs q̄ veullēt et p̄mandent vne mesme chose ne sont pas plusieurs et diuers/mais vng en cōcorde et amour q̄ fait plusieurs estre vng. Telz seigneurs ausqlz on ne peut ensemble seruyr sont les vices et les vert9/les choses celestes et terrestres/dieu et le dyable/la chair et lesperit/lesquelz tirēt et p̄mandēt choses cōtraires/et po9 ce fault q̄ le seruiteur en laisse vng et preigne lautre Et cecy clerem̄et le declaire luy mesmez ih̄esucrist quant il dit. vous ne pouez seruir a dieu et a mamōna/cest aux richesses ou a mamon/cest au dyable q̄ tēpte d̄ richesse et dauarice & en est seigne9 nō pas q̄l les face ou dōne. mais po9 ce q̄ be elles il tēpte et decoit le monde. Et sachez q̄l ya differēce ētre seruir aux richesses et seruir auec richesses. Celluy sert aux richesses q̃ les ayme po² elles mesmes/et en elles met sa fin et sa felicite et est a les garder le² seruite² Mais celuy sert auec richesses q̃ les expẽt en oeuures piteuses/τ cõme leur seigneur les disperse et distribue aux pouures/et y se delles cõme de son instrument/et luy sont a prouffit. car selon saint ambroyse/ainsi que les richesses sont a dãpnacion et a empeschemẽt aux mauluais/ainsi aux bons elles sont en augmentacion de vert? et aide de saluaciõ et de gloyre. Deur seigneurs donc dit crisostome no? sont mis et proposes deuant/cest dieu et le dyable. ¶Dieu nous excite a misericorde et cõpassion/le dyable a auarice et durte de cuer. Dieu nous tire a vie/le diable a la mort Dieu nous veult sauluer/le dyable dãpner. Auquel des deur deuons nous obtemperer et obeyr. Certes a cellny qui nous conuye a la vie/non pas a celuy q̃ veult nostre mort. Quelle chose est plus terrible/et plus a reprendre que pour desirer argent desuoyer du seruice de dieu Et au contraire/quelle chose est plus desirable et a louer q̃ estre vny par saincte meditacion a dieu. en mesprisant toutes richesses et mõdanites. ¶Et comme il soit ainsi que nullement on puisse seruir a deux seigneurs/touteffois plusieurs sefforcent contre ceste impossibilite et sont seblables a ceulx dequoy il est escript ou liure des roys/qui furent aulcunes gẽs qui craignoyent dieu. et touteffoys seruoyent aux ydoles. Or est assauoyr q̃ cest chose impossible de aymer les richesses et dieu po² la fin et pour la beatitude derniere / q̃ la personne serue aux deur/ combien que lon peut appeter lung pour lautre. cõme se roit desirer richesses pour lamour de dieu. ¶Et pource laction corporelle peut estre refferee et rapportee a la fin temporelle. mais que apres la tẽporelle soit refferee a dieu. Et se en ces operaciõs la psonne mect dieu la fin pchaine et moins principale. τ la fin principale et derniere les biens temporelz/ cest chose tresperuerse. car la chose que on quiert pour aultre chose est moindre q̃ celle po² laq̃lle on la quiert. Et po² ceil est bien

licite de constituer deux fins/cest assauoyr tẽporelle et eternelle. et mectre fin soubz fin voire mais q̃ ce qui est eternel soyt la derniere fin. car vne intẽciõ informe plusieurs actions. Mais on ne doit point faire diuerses fins/si non q̃ lune soyt reflerible a lautre. ¶Et a cause q̃ nostre seigneur vouloyt persuader aux pscheurs du sainct euangile et a tous ceulx q̃ ensuyuroyent sa pfection le parfait cõtempnement des choses terriẽnes/et on luy eust peu dire/nous auons renõce a toutes choses dequoy viurõs no? ihũcrist dit aps. Ideo dico vobis. Je vous dy q̃ vous ne soyes soingneux supfluement et desordonneement de vostre ame. cest adire de la vie animale. laquelle est substentee de viande/en damendãt q̃ vous mengeres ou q̃ vo? boyures. et dequoy vostre corps sera vestu. Cõme sil disoit. Si vo? voules seruir a dieu/il fault q̃ vous renõces aux richesses τ aur grandes sollicitudes et cures tẽporelles Il ne dit pas q̃ on ne laboure ne q̃ on ne q̃ere le boire et le mẽger/ou le vestement. mais il dit q̃ on ne soit pas trop soingneux. car cõme dit crisostome/ce nest pas tout vng/ne vueilles pas laborer/et ne vueilles pas estre affichez et liez par trop grand ardeur aux chosez mõdaines/lesquelles retirent et pturbent lame de penser en dieu et en son salut Il aduient biẽ q̃ vng labourer nest pas trop soigneux des choses trãsitores ¶Bede Il est cõmande q̃ ne soyons soigneur de ce q̃ nous mẽgerons. Et pource q̃ en la sueur de nr̃e corps nous pparons τ gaignons nostre pain/labour doit estre excerce/et sollicitude trop grãde fuye et escheuee/cest adire q̃ on se garde de auoyr trop grant sollicitude des biens tẽporelz. Crisostome. On doyt acq̃rir son pain par les labours corporelz/et nõ pas p les sollicitudes tẽporelles/car les labourãs pour le payement τ loyer de leur diligẽce dieu fait habõder/et les negligens pour leur peyne dieu soubstrait le bien ¶Aussy ihũs ne dit pas q̃ on ne soit soigneur de nostre mẽger et de nous boire/et q̃ on ne soit vestu/mais il dit q̃ on ne soit point soigneur q̃ on mẽgera ou que on beuura/ou dequoy on sera vestu. car mẽ

s iii

ger boire et estre vestu, sont choses necessaires pour la subsistentacion de nature, mais estre soigneux envers la somptuosité de lapparel, ou pour avoir plus grande delectacion appartient au vice de glotonye, ou de vaine gloire, ou de avarice. Et por ce selon bede il semble q̃ icy ceulx sont repris q̃ laissent le cõmun vivre et le commun vestir de ceulx avec lesquelz ilz demourent, ou q̃ on a acoustumé de user. Or nostre seigneur conferme nostre esperance et demonstre que nul ne doit estre soigneux envers telles choses, en arguant du plus grant au moindre, et dit Si dieu par son amour et pitié no9 donne les grandes choses, il nest pas a doubter que en nostre necessité nous donnera les moindres Les grans beneffices que dieu nous a donné, sont le corps et lame, et nest point a doubter qil no9 donnera de quoy no9 les pourrons substenter, et tenir, car lame nest pas cree po2 la viande, ne le corps po2 le vestement, mais tout a lopposite Crisostome. Se dieu ne vouloit garder ce q̃ est, il ne leust pas cree Et pource qil a constitué q̃ nature soit conservée et soustenue par viande, et le corps par vestement, il baille lun et lautre a la personne. Dõc se sans nostre soing il nous a donné la vie, il nous donnera de quoy nous la pourrons garder en son estre, voire mais que nous estudions dacomplir ce quil nous commande faire Et pourtant est il bien fol q̃ pour le moins, cest assavoir pour la viande, ou pour le vestement perd le plus grant, cest lame et le corps Apres il puc quil nous donnera et le vestement et la viande Et p̃mier prouve de la viande et met exemple des creatures irraisonnables, cest assavoir des oyseaulx du ciel, cest q̃ lair on quel ilz volent, lesquelz ne sement et ne cueillent pour acquerir leur menger, et ne assemblent en greniers po2 garder, et touteffois le pere du ciel les repaist, po2 les hõmes sans leur grant soing, et par plus forte raison il repaistra les hõmes q̃ luy sont plus chiers po2 lesquelz toutes aultres choses sont faictes, la fin est plus noble que les choses q̃ sont faictes po2 la fin. Crisostome Tous les oyseaulx dieu a fait pour lõme, et hõme po2 soy mesmes, cest po2 dieu. Dõc sil administre aux oyseaulx leurs necessités q̃ sont faitz po2 lõme, comment ne administrera il a hõme qui est fait po2 dieu. Il ne dit pas q̃ les oyseaulx ne volent aux grains et aux pastures, car il les repaist moyennant leur soing et diligence qui est convenable a leur nature Aussi repaist il les hõmes avec le soing quilz y mectent, selon leur nature, laquelle est selon la droicte reigle de rayson, qui est une partie de prudence. Aultrement il sembleroyt que les hommes temptassent dieu silz actendoyent avoir de luy tout ce quil leur est necessaire, en laissant ce quilz doivent faire selon la vraye reigle humaine po2 avoir telles choses. Pourquoy est a noter qil est troys manieres de sollicitudes. La premiere est de nature, et est appellee labour ou cure de providence, laquelle est concedee a hõme, voire mais q̃ dieu soit tousiours mis devant De ceste sollicitude fut dit a adam Tu mengeras ton pain a la sueur de ton corps Et aussi nostre seigneur avoit une bource, laquelle iudas portoit, selon que levãgile dit La seconde sollicitude est de deffidence po2 laquelle les biens spirituelz sont empeschés et mys derriere, et par icelle on acquiert les chosez superflues et oultre necessité, et avarice, se ioinct avec elle, ou luxure entant q̃ on acquiert trop grant apparel en icelle, laquelle sollicitude est deffendue totalement La tierce est de grace, laquelle est aux oeuvres de iustice, et en compassion de son prochain, et ceste sollicitude est cõmandee a louer pour ce q̃ lle appartient a charité. La premiere est a souffrir La seconde est vituperable La tierce est cõmendable Ops aussi iesucrist prouve son dit par le vestement, et met double exemple. Le premier est de ce qui est dedans lõme, cest assavoyr la grandeur du corps, laquelle dieu donne sans sollicitude de hõme, car quelque sollicitude q̃ ait aucun de son augmentacion, et accroissemẽt touteffois il ne peut adiouster a sa stature une coudee Et donc si le vestement ꝓpice et est ordonne selon la quãtité du corps ou grãt ou petit, et la quãtité du corps ou grãde ou petite luy est donnee sans soing. ꝑ cõsequãt le vestement luy sera donné. Le second exemple est de ce qui est dehors le corps de lomme/cestassauoir des choses qui naissent de la terre/comme le lis et les herbes. lesq̈lles croissent sans leur sollicitude/et sont vestues de dieu selon leur qualite ¶ Et pour ce il dit quelles ne labourent point pour soy parer de diuerses couleurs/ne aussi ne fillent point pour faire leur vestement. et touteffois elles sont tresbien vestues de tant precieuses couleurs. par la prouidēce de dieu ¶ La couleur est le vestement des fleurs laquelle excede toutes les couleurs des vestemens royaulx/laquelle chose il prouue par le roy salomon/lequel combien que en son temps fust trespuissant/touteffoys oncq̄ ne fut si bien vestu. car combien q̄ lart ensuiue nature. touteffois les oeuures selon lart ne viennent point a la perfection des oeuures qui sont de nature. Iherosme. Selon verite/quelle soye/ou quel pourpre. ou q̄ le paincture peut estre acōparee aux fleurs ¶ Quelle chose est si rouge q̄ la rouse. Qui est tant blanc que le lys. Nulle couleur artificiallement faicte/soyt pourpre ou aultre/ peut surmonter la vyolecte/on le voit clerement des yeulx plus que de parolle. Crisostome. Pourquoy a dieu vestu les herbes de si diuerses couleurs. Cest pour demonstrer que sa gloire est par tout. car les cieulx ne demonstrēt pas seulemēt la gloire de dieu. mais auec ce la terre ¶ Et conclud q̄ dieu souffisantement vestist lōme sans sa cure/ et dit. Se le fein/cest adyre lerbe du chāp q̄ est au iour duy et demain sera mise on four car en aulcun pays en lieu de boys on vse d̄ herbes a chauffer le four. Se dieu donc vestist et pare sans leur cure les herbes/par plꝰ forte raison les creatures raisonnables/cōme sil disoit/si dieu a si grāt cure des flēs qui sont tant seulemēt ncez affin que on les voye et tantost sont mortez et bruslees/par plꝰ forte raison il a cure des hōmes q̄ sont faitz a son ymaige ¶ Et pour puenir a la vie eternelle il appelle ceulx qui sont trop soygneux/petis/pource que celle sollicitude procede du deffault de foy ¶ Par ce appert que aux sainctz icy sont cōmandees troys choses/cestassauoir pouurete voulūtaire/quia nichil habentes/car ilz nourient repos de

contemplacion/quia non laborātes/car ilz ne labourent mye/eleuacion de pensee aux choses soueraines. quia eterna petunt/car ilz demandent les choses eternelles ¶ Donc par les oyseaulx du ciel on peut entēdre les gens contemplatifz. lesquelz ne sement et ne cueillent/et ne assemblent en leurs greniers en se applicquant aux negoces seculieres. car nostre seigneur est soigneur pour eulx. en leur administrant ce qui leur est necessayre ¶ Aussi par le lys des champs pouuent estre entenduz les chastes/pour la blancheur de neccete qui est on lys. et pour lodeur des vertus/esquelles ilz croissent tātpar le labour que par le don de dieu/lesquelz doyuent estre consideres et regardes/tant pour hōneur et reuerance q̄ on leur doit/que aussi pour les ensupuir en la croissemēt de bōne operacion/et on repoz de sainte contemplacion. et en la beaulte de honneste cōuersacion. Soyons dōc enseignes/et ne ayōs point deffience des choses q̄ nous sont necessaires/car dieu nous en puoyra en tēps cōuenable. mais q̄ nostre infidelite ne le face departir de noꝰ ¶ Et si nous auons deffiēce des choses temporelles/cōment aurōs nous esperance des choses eternelles ¶ Ferme foy ne craint point la faim. mais la petite foy q̄ nest pas certaine des petitez chosez na pas grand esperance des eternelles ¶ Celuy qui entend quelle chose est hōme ne se desespere point de dieu/mais celluy qui ne cognoist q̄ il est hōme na point cōfiance de dieu. car dieu est en lomme/et hōme en dieu. ¶ Celuy donc a deffience du createur q̄ mect son esperance aux creatures ¶ Anselme. Affin q̄ la sterilite du tēps aduenir ne te expouente. ou que la faim aduenir ne deiecte ton ame par trop grand paour/fay q̄ ta fience depende de celuy qui ressaisie et repaist les oyseaulx/et vest les lys. Et garde q̄ il soit tō grenier/ton apotiquaire/tes richesses/tes delices. et que luy seul te soit toutes chosez sur toutes choses. Or nostre seigneur ihesucrist mect icy troys biens q̄ dieu a donne a lōme/cestassauoyr/lame/le corps/et les choses mondaines ¶ Lame est ou doyt estre subiecte a son souuerain/cest adieu/en luy

e iiii

obeissant et le corps a lame ōme a son sou
uerain/en luy obtemperant/et les aultres
choses a leurs souuerains: cestassauoyr a
dieu/affin q̄lles soyent distribuees aux po-
ures/aussi a lame affin que distretemēt el
les soyētdelles aymeez/au corps/affin q̄l
les luy administrent ce q̄ luy est necessayre
Mais souuēt les riches puertissēt cest or
dre/car ilz ne se soubmectēt point a dieu/ et
ne distribuēt riens aux poures et ne prouf
fitent a leur ame pource quilz aymēt les
choses terriēnes de mauluaise amour. A-
pres pour plus estroictemēt et plus fort im
primer ce que deuāt a este dit/ ihesucrist ad
iouste. Nolite solliciti esse/ ne soyes soin-
gneux/en disant/q̄ mengerons nous/ou q̄
beurons no⁹/ou dequoy serōs no⁹ vestus
Selon crisostome/sil ne nous fault estre di
ligens et soigneux pour acquerir les choses necessayres appartenātes au corps/de
quelle peyne seront dignes ceulx qui pour
acquerir les superfluites ne dorment point
mais qui plus est/robent et oustent a aultruy. Et toutes choses qui appartienēt au
viure et au vestir de la personne/les gens q̄
fuyent et neyēt la diuine puidence enuers
les actions humaines quierentauec moult
grant soing/pource quilz nont nulle foy ne
esperance des choses eternelles/ mais seulement ont leur entendement enuers la vie
presente. Helas combien sont au iourduy d̄
crestiēs qui sont plus auaricieux q̄ ne sont
les payens. Quelle differēce est entre le cre
stien et linfidele/quant linfidelite de son
ame ne le laisse reposer de tousiours acque
rir superfluites. A vous donc dit nostre sei
gneur a ses disciples/nest point de necessi
te de querir telz erces et telles superfluytez
car vostre pere lequel ne clost point sa misericorde a ses bons filz scet que vous aues
besoing de telles chosez en la voye de ce mō
de po⁷ viure et pour le seruir. car le pere nest
pas debonnaire ne misericors qui ne bail
le la necessite a ses enfans. Rabane. Qui
est le roy qui ne quiere le viure a ses deuotz
cheualiers. Qui est le seigneur qui ne bail
le a menger a ses seruiteurs. Qui est le pere
qui ne nourrist ses enfans. Et pource selō

crisostome/il ne dit pas q̄ dieu le cognoyst/
mais que vostre pere le cognoist/affin quil
leur dōne plus grant esperance de obtenir
ce quilz demandent. Donc sil est pere et la
condiciō du pere charnel est de ne despriser
ses enfans en leurs necessites/il nest point
a doubter q̄ nostre bon pere celeste ne no⁹
fauldra pas en ce que no⁹ sera vtile et puf
fitable/car cest tout cler q̄ dieu qui cognoist
ta necessite/ et q̄ est createur de toutes choses te aidera si tu as ferme fiēce en luy/ veu
q̄ de pmission et vouletediuine/tu souffrez
telle indigence/et il ne sera pas cōtrayre a
loeuure quil a ordōne estre fait/ne il ne faul
dra pas a celuy quil a constitue et voulu es
tre en telle necessite. Augustin. Le mediciū
celeste scet biē ce quil vous doit dōner po⁷
vr̄e cōsolaciō/ou que vo⁹ doit soubstraire
pour vr̄e excercitaciō. car lōme ne oste poit
la viande a sa beste sans cause. Donc sil le
scet et le veult comme le pere/ et sil le peut cō
me tout puissant/ on ne doit point doubter
quil nous prouoyra en noz necessites. Or
est a noter que en ceste vie mortelle no⁹ souf
frons aulcunes foys grans necessites pour
plusieurs causes. La premiere est pour les
demerites de noz pechies. La seconde est
pour nous excercer en vertus. La tierce est
pour limportunite de nostre auarice car la
grant paour et crainte que souuent auons
q̄ les biens ne nous faillēt/est cause quilz
nous faillent. La quarte est la superfluyte
que desire humayne creature. Et cest chose bien digne que souuent ayons souffraite
des choses q̄ trop ardēmēt desirons. La
quinte est labuz que on fait des choses tem
porelles. car cest bien raison que qui abuse
de la creature de dieu/ aulcunesfois a sa ne
cessite luy soyt ostee. La sixiesme est pour
ingratitude. car celluy est bien digne q̄ soit
priue des benefices de dieu/ qui est ingrat
quāt dieu les luy enuoye. La septiesme est
affin q̄ nous croyons que dieu nous baille les biens temporelz et quilz ne viennent
pas de nous/ ou que dieu les nous doit dō
ner/ car en les sostraiant il se mōstre en estre
seigneur. Apres ihūcrist concluo dequoy
lomme doit estre soigneux/ cest des choses

eternelles/et non pas des temporelles. Et demonstre icy quil y a trois façons de biēs cestassauoir les biens eternelz/spirituelz/et temporelz. Les premiers sont les biens de gloire. Les secondz sont ceulx de grace/et les tiers ceulx de fortune. Les pmiers sont les plus grās. Les secōdz moindres/et les tiers plus moindres. Et pource les pmiers doyuent estre en lintencion comme le loyer. Les secondz en operacion/comme ceulx p lesquelz on acquiert merite. mays les tiers doyuent estre seulement quis pour la sustē tacion de nature humayne. Il dit donc/ne vueilles pas estre soigneur de acqrir cho ses temporelles/mais premierement en in tencion et affection/et cōme le principal de uant toute aultre chose quierez la beatitu de qui est la derniere fin de toutes operacions. et est vng bien seulement par soy appe tible et a desirer. Et affin que en querāt tel bien ne erres/q uierez secondemēt la iustice de dieu. comme le moyen et la voye par laql le on desfert obtenir le royaulme de dieu/en ensuyuant ses commandemens et les oeu ures de iustice. et par ainsi le tiers biē/cest assauoir les choses temporelles q sont nec cessaires a la vie presente vous sera donne et adiouste/car ainsi que pour les mauluai ses oeuures du peuple souuent dieu soub strait les biens tēporelz et les fruits de ter re/ainsi pour les bonnes oeuures les don ne souuent en grant habondance. Toutes foys quant les biens temporelz sont soub straitz a la creature/ccst pour son exercita cion et pour sa probacion. et pourroit estre que en tel cas auroit telle pacience quelle se roy trepputee martire. Or quāt dieu les dō ne/cest pour la consolacion de la personne et affin quelle luy en rēde graces et mercis. car ceulx qui ayment dieu conuertissent tou tes choses en bien. Le medicin celeste scet mieulx qui noꝰ est expedient que nous mes mes. Aussi est a noter que par ce qui est dit il ne exclud pas totalemēt la solicitude des choses necessaires quant a la vie presente/ mais il monstre que principalement deuōs estre soigneux des choses spirituelles/et puis aps des temporelles. lesquelles nous

seront dōnees et administreez sans nul em peschement/mais q tenons lordre ql nous a icy monstre. Car selon sainct augustin/ quant ihesucrist dit queres premierement le royaulme du ciel/il signiffioyt et vouloit q apres on doit querir les temporalites. Le royaulme du ciel on doit querir cōme le pri cipal bien/et les temporalites comme nec cessaires a substanter la vie presente. et po paruenir a cest pmier bien. Et par ce il noꝰ demonstre appertement que noꝰ ne deuōs poit appeter les choses temporelles ne fai re le bien que nous faisons pour icelles ob tenir/combien quelles nous sont necessay res. mais tout le bien que nous faisons pri cipalemēt le deuōs faire poꝰ obtenir moye nāt la grace de dieu/le royaulme des cieulx ainsi que les sainctz qui ont tousiours qru le royaulme de paradis/et pource ilz auoy ent en ce mōde toute puissance et toutes ri chessez. comme il appert de constantin em pereur. Mais au iourduy de plusieurs est queru le royaulme du monde plustost que celluy de dieu. et sont plus soigneur les hō mes des choses terriēnes que des celestes et pource ilz doyuēt bien craindre que auec le royaulme du monde ne perdent celluy de dieu. Apres il deffend q on ne pense point du demain. cest a dire du temps aduenir. en disant. nolite solliciti esse/ne soyes trop di ligens du lendemain/en vous y occupant par trop grant inordonnance. Donc selon sainct iherosme il concede bien q on soyt soigneur quant il deffend q on ne soit poit soigneur du temps aduenir. car il noꝰ doyt souffire de penser du temps present. et lais ser a dieu les choses aduenir. pource quel les sont incertaines. Pierre comesteur No stre seigneur par auant a deffendu que on ne soit trop solliciteux et soigneur vicieuse ment des choses presentes. cestassauoyr q ont vng an. car vne foiz en lan noꝰ semons et cueillons ce q dieu nous a donne/et po ce telles choses sont dictes comme presen tes. et maintenant il deffend que on ne soit soigneur du temps aduenir. cest a dire des biens q viēnent apres vng an/car des cho ses que la diuine prouidēce nous procure.

ne nous en fault point estre solliciteur. Donc si ta prouidence se extend oultre vng an/el le est ia tournee en sollicitude vicieuse/et touteffois nous reputons les hommes ou temps present qui font telles choses/estre saiges/non obstant quilz font contre ce que dieu deffend/lequel concede seulement que on ayt soing des choses presentes. Il semble que ceulx qui en ce monde assemblent tant de biens/ayent deffience de dieu. et en ce sont bien meschans. Crisostome. Ce que nostre seigneur dit/cest nolite cogitare de crastino. ne pensez du demain/ie nay point ouy aulcun q du tout laye garde. Il ne nous est point comande prier pour les biens temporelz. et touteffois nous mectons toute nostre cure enuers eulx. et a peyne p sommons toute nostre vie en pensant en eulx. Mais nous deuons scauoir que de tant que nous monstrons auoir cure des choses qui appartiennent au corps/de tant plus nous auons detriment des choses spirituelles. La cause pourquoy nostre seigneur ne veult point que nous soyons soigneux du demain cest affin quil ne nous semble estre certains du temps aduenir. car mesmes de ce qui est present nous ne sommes pas certains. Augustin. Pense que tous les iours tu doys mourir/et du demain ne penseras que bien peu. Seneque. On doyt ordonner chescun iour de sa vie comme se cestoit le dernier iour. Le mot solliciteur/aux choses deuant dictes nous enseigne et par luy est entendue lanxiete q on ha de assembler les biens par vne auarice. laquelle on doit tousiours fuyr/mays icy nous denote et donne a entendre la prouidence discrete/que on doit auoir des choses presentes et non pas de celles aduenir. Soit donc le iourduy soygneux de soy mesmes et non pas des aultres. car il doit souffrire au iour sa malice/cest adire a chescun temps son labour et sa calamite/sa pouurete et sa douleur/sa tristesse/son affection et son angoisse. Comme sil disoit. Ung chescun iour a assez de soing comment on le pourra passer/pourquoy en veult on adiouster encores auecques. cest assauoyr malice a malice/labour a labour /soing a soing. Or /malicia malice/en ce lieu nest pas mise pour mauuaistie. mais pour labour et misere/ainsi q vulgairement nous disons que nous auons souffert auiourduy moult de mal/quant nous somes lassez pour aucune misere. ou pour grant labour que auons fait a tel iour. Crisostome. Il ne appelle pas icy malice mauluaystie. mais misere/ou labour/comme en aultre lieu il dit/quil nest malice en la cite que le seigneur nayt faite. Malice en ce lieu ne signifie pas auarice/ou rapine ou telz mauuais vices/mais signifie les playes et peynes qui sont inflictes par la voulente diuine sur aucuns pour leurs demerites. et aussi en ce pas il mect malice pour affliction/ car il nest riens qui tant baille de douleur a lame/comme sollicitude et soing des choses mondaynes. Or selon sainct augustin en ce lieu merueilleusement on se doit garder de iuger son prouchain/quant on le verroit auoir grant soing de soy pouruoir des choses presentes et de en faire garnison/affin que a luy ne a ceulx qui luy sont comys ne deffaillent /en disant quil faict contre le commandement de dieu /qui dit que on ne doit point estre soigneux du demain. car mesmes a nostre seigneur auquel les anges administroyent pleut auoir vne bource/laqlle iudas portoyt pour informer et donner exemple a son eglise q pareillement elle peust faire/affin que en ce faisant nul ne fist scandale. Et derechief dit Il appert assez que ihesucrist ne reprouue pas se aulcun fayct prouoyance des choses temporelles selon la efermete humaine. mais il reprouue quant aulcun veult seruir a dieu pour obtenir seulement telles choses. et en ses oeuures a regart a telles superfluites. et non pas on royaulme du ciel. Donc a ceste reigle tout cestuy comandement est reduyt et amene/cest assauoir que en nous prouoyant des choses necessaires pour la vie presente/pensons auec ce au royaulme du ciel. Et quand nous serons en la bataille spirituelle pour lamour de dieu/ne pensons a aultre chose/cest adire q simplement nous deuons faire le bien que nous faisons pour le royaulme du ciel et q mesmes en ce faisant ne deuons auoyr regard a aultre loyer temporel. Et si mesmes il aduenoit q̃ les biens temporelz nous deffaillent ce que dieu permet souuent por noſtre exercice, touteffois ne deuons pas deffaillir de noſtre bon propos, mais plus toſt le deuons confermer en bien, en penſant que de tant plus que en ce monde nous ferons exercices de tãt plus en lautre ſerons remuneres et guerdonnes.

Oraiſon

Sire iheſucriſt fay que ie ne theſauriſe pas en terre les proffitz et emolumẽs terriens, mais ou ciel le loyer des merites. Et pource que nul ne peut ſeruir a deux maiſtres contraires en voulenté et en ſeruice, deliure moy d̃ la ſeigneurie et ſeruitude du monde de la chair et du dyable, affin que puiſſe regarder par contemplacion les choſes celeſtes, et non pas les terriennes. Adiouſte a leſtature de ma nature vne coudee de grace en ceſt monde et de gloire en lautre, a ce que ie puiſſe conſiderer le lys du chãp ce ſont les deuotz de ſaincte egliſe qui ſont couuers de blancheur de belles vertus et non pas de fein, cõme ſont les riches du monde, qui ſont pour mectre au four de la peyne eternelle. Donne moy ſire grace que ie quiere en ceſt monde le royaulme de dieu et ſa iuſtice, affin que auec la ſubſtance temporelle, puiſſe paruenir par la voye des vertus ou royaulme du ciel.

De faire miſericorde, et de non iuger et de la ſience que on doit auoir en orayſon. xxxix. chapitre.

Apres les choſes deſſuſdites noſtre ſeigneur nous exhorte a miſericorde que deuons faire et exhiber enuers noſtre prochain, en diſant. Eſtote miſericordes, ſoyes miſericors ainſi que voſtre pere celeſte eſt miſericors. Dieu de ſa grant bõte relieue noz miſeres, ſans quil en actende aulcun loyer et payement de nous, auſſi nous deuõs eſtre eſmeuz de releuer les miſeres de noz prouchains ſans en actendre prouffyt, quant a nous, mays ſeullement deuons tout fayre pour lamour de la diuine bonte, & pour noſtre ſalut et celluy de nr̃e proymẽ, car il eſt cler q̃ celuy qui aide ou qui cõſeille ſon prochain et quiert aulcun prouffit particulier, ne le fait pas pour charite, car il ne quiert pas le prouffit et vtilite de celluy quil doit aymer comme ſoymeſmez, mais, ſeulement quiert le ſien. Noſtre ſeigneur veult que en miſericorde nous enſuyuõs noſtre bon pere celeſte, car nous auons tous beſoing de miſericorde nous qui ſommes ſi pouures et ſi meſchans, et ne veult pas que lenſuyuons en puiſſance, ainſi que fit le dyable q̃ par ſon orgueil fut deiecte en enfer, ne auſſi en ſapience, laquelle le premier hõme apeta, & par ce perdit paradis, et fut deſpoille de gloire de imortalite. Donc iheſucriſt imprime en noz ames vne moult belle doctrine de miſericorde, laquelle nous fait eſtre conformez a luy. Ceſt choſe naturelle a toutes beſtes qui ſont dune meſme eſpece de garder miſericorde, lune a lautre, et par plus fort lomme qui eſt cree a limaige de dieu, doit auoir compaſſion de ſon prochain qui eſt pareillement fait a lymaige de dieu en prenant la miſere daultruy en ſon cueur comme la ſienne, et en ce eſt la raiſon de miſericorde. Or des oeuures de pitie dit ainſi ſainct iherofme. Ie ne me recorde dict il point auoir leu en leſcripture que celuy qui voulentiers ſe exerce aux oeuures de miſericorde et de pitie ſoyt mort de male mort, car il a pluſieurs qui prient pour luy, et il eſt impoſſible que les prieres de pluſieurs ne ſoyent exaulcees de dieu. Apres noſtre ſeigneur mect troys eſpeces de miſericorde deſquelles la premiere eſt, que on ne doyt point iuger aultruy, car de pluſieurs choſes on eſt incertain de quelle intention elles ſont faictes, pource quelles pouuent eſtre faictes pour bien et pour mal. Et pource il dit. nolite iudicare ne iuges mye des faitz de voſtre prouchain, iniuſtement, ou temerairemẽt, et non iudicabimini, et vous ne ſeres pas iuges. ceſt a dyre que vous ne encourres point de pechie, par lequel vous ſoyes dignes deſtre iuges de dieu. Et ſe par aduenture il aduient par humayne fragilite que vous iuges aultruy par ſuſpecõ toutesffoys ne le vueilles pas condempner et dire quil est digne de dampnacion/ et en ce faisant vous ne seres pas condempnes pour tel pechie/ car aulcun est au iourduy mauluais qui parauenture sera demain bõ Surquoy est assauoir que iuger aultruy en vne maniere est action et faict de iustice/ et appartient au iuge seculier ou ecclesiastiq̃. et de celuy ihesucrist ne parle poit icy Aultrement on prent iugement quant par aulcuns signes on iuge mal de son pryme/ et tel iugement il deffend en disant, nolite iudicare ne vueilles point iuger. Et en moult d maniere on peut iuger le mal de aultruy. Premierement quant on voit le fait euidẽt come se on veoyt que aulcun realemẽt tuast vng aultre/ on peut iuger de tel quil est homicide. et en tel iugement nya pechie. Secondemẽt on peut iuger par signes cuidés comme se on iugeoit aulcun estre fornicateur. quand on le auroyt veu nud auec vne nue. ou seul auecvne seule/ et semblablemẽt ainsi iuger nest point de pechie. Tiercemẽt on peut iuger par aulcuns signes de legere te que on voyt en aultruy. et en ce iugement ya trois degres Le p̃mier quãd par aulcũs signes de legerete aulcun p̃mẽce doubter d la bonte de son prochain /et en ce est peche veniel/ pource que tel iugement procede de humaine enfermete/ et est proprement appelle plus suspecon/ que iugement Le second degre est quand par tels signes de legerete on tient fermement en son couraige que celluy qui a fait telles choses est mauluais. et en tel cas pprement est iuger/ car iuger de soy emporte ferme sentence/ et tel iugement est contre charite/ et est pechie mor tel se le mal que on iuge par tels legiers sygnes est de la condicion de pechie mortel. Le tiers degre est quand non seulement p legiers signes on iuge en la maniere deuãt dicte. mais auec ce on procede de faict a la puniciõ daultruy. et en tel cas le peche est pl' grief/ car il nest pas seulement contre chari te/ mais contre lordre de iustice. et de tels iu geniens est entẽdue la parole de nostre seigneur qui dit nolite iudicare en quoy il nous deffend que temerairemẽt ne iugeõs nostre prochain ou le condẽpnons. Or les

maulais hommes souuent iugẽt en la ma le partie les choses quilz voyent et oĩs ou ent plus tost q̃ en la bonne. Mais les bõs interp̃tent tout en bonne partie/ et ne doub tent point que tout ce qui se fait se peut exti mer en bien. ou que dieu le ordonne par bõ ne fin/ ou quil le permet iustemẽt. Et pour ce de tout ilz font leur proussit. Augustin. Lordonnance des bons est en trois choses cestassauoir en extimãt bien de chescun. en exhibãt et faisant bien a chescun. et en sou stenant mal pour chescun. Bernard Garde toy de estre curieux explorateur de la cõ uersacion daultruy ou iuger temerairemẽt mesmes si tu voyes en aultruy aulcũe cho se q̃ ne soit pas bõne, mais lercuse pl' tost et se tu ne peuz excuser loeuure/ au moins excuse lintenciõ/ en disant telle chose estre faicte par ignorance ou par subrepcion/ ou estre vng cas subit q̃ est aduenu. Et se du tout la verite de la chose repugne a ton ex cusacion/ toutesfoys dy en toy mesmes que ce a este grande vehemente tẽptacion par laquelle telle personne est succõbee/ ou tu peuz dire de toy que par auenture eusses ainsi faict se telle temptacion te fust venue. Donc nostre seigneur reboute de nous du tout en tout que ne iugeons des choses qui sont doubteuses/ et que ne condempnons poit aultruy par suspecon/ car on doit tous iours interpreter les choses douteuses a la meilleur partie et en la bõne. Augustin Ie pẽse que en cest lieu icy aultre chose ne n' est commãde si non que les faitz desquelz on doubte de quelle intencion ilz sont faitz les interpretons en la meilleure partie/ car il ya aulcunes operacions qui sont moyen nes desquelles nous ignorons lintencion du faisant/ pource q̃ pour bien et pour mal elles se pouent faire desquelles iuger voy re quant on les condempne est chose teme rayre Deux choses sont de quoy nous de uons bien garder de iuger temerairement. cestassauoir quant il est incertain de q̃l cou raige on fait le fait. ou quand on ne scet q̃l le temps aduenir sera celuy qui fait main tenant mal/ car apres il peut estre bon/ aus sy le bon peut estre maulnays/ et pource ne reprenons pas les choses que ne sçauons de q̃lle intencion elles sont faictes Et aussi ne reprenous pas les manifestes oeuures que ne ayons esperance que celluy qui les a faictes ne puisse encores estre bon. Et en faisant ces deux choses, nous escheuerōs iugement temeraire, duquel nostre seigneur parle maintenant. Crisostome. Il ne fault pas exprobrer trop aspremēt le delict de cel luy q̃ a deffailly par subrepcion. mais on le doit admonnester doulcemēt, en luy aydāt exhortant et cōseillant, que plus ny rechee car en faisant aultrement, on ne condempne pas celluy qui peche, mais on se condēpne soy mesmes, en prouocant le iuge plus aspremēt contre soy. Quant trop curieusemēt on regarde les faitz daultruy, on dessert enuers dieu que de ses faitz soyt faicte tresdiligente examinacion Tel a mys premier la loy, entant quil doit desirer que on luy face comme il vouldroit faire a aultruy et pource quil regarde de pres les faitz de aultruy, en les iugant souuēt a mal, raison est q̃ les siens de dieu soyent estroictement examines. Telles choses sont bien temptacions du dyable Et iamais celluy q̃ trop aspremēt discute les faitz daultruy, en les interpretant plus a mal que a bien, ne dessert auoir pardon de ses faultes enuers dieu. Et derechief dit cestuy docteur. Si en cestuy monde nous ne auyons cōmys autre peche fors que de iuger aultruy trop temerairemēt, il souffiroit pour nous mectre pardurablemēt en enfer. Souuēt aux faitz daultruy nous sommes tresaspres en les iugant en grande aspresse, mais nous ne voyons pas les grans et abhominables deffaultz que nous faisons tous les iours Et nous sommes tant soigneux de enqrir mesmes des petites faultes daultruy, q̃ a peyne nous y exposons tout le temps de nostre vie. C'est vng vice duquel ne trouueras personne, mesmez religieux qui aucunemēt nen soit entaiche. Or dit nostre seigneur. In quo eni iudicio. de tel iugemt dequoy vous iugeres aultruy ou iustement ou iniustemēt, doulx ou dur, de dieu vous seres iuges Et de telle mesure que en cestuy monde vous mesureres a aultruy, dieu la vous rendra en lautre Et selon saint augustin, il nest pas a entendre que se en cestuy monde nous iugons de nostre proyme faulcemeut et temerairement, q̃ pareillement dieu on tēps aduenir ainsi nous iuge, ou se nous mesurōs a maulnaise mesure, q̃ pareillemēt a maulnaise mesure dieu nous mesurera. mais est a ētēdre q̃ la temerite par laq̃lle on punist autruy en cest monde, punyra le puissant et le iugant en lautre, car qui maulnaysement iuge des faitz daultruy, apres soustiendra mal par la sentence du droit iugement de dieu Et selon la mesure du pechie, pareillemēt sera la mesure de peyne A cestuy sens aussi est ramene ce qui est dit, que celuy qui frappera aultruy par maulnaise sentence du iuge, sera frappe du glayue de la sentence diuine, et mourra de mort eternelle Apres encore ihesucrist mect la seconde sentence de misericorde, laquelle est pardonner a aultruy en disant. Dimictite et dimictetur vobis. Pardonnes les iniures qui vous sont faictes, et laschez les debtez, que les pouures vous doyuent, et dieu vous pardonera les pechiez par lesquelz souuent vous laues iniurie. Et mect aussi la tierce espece, q̃ est en dōnant a ceulx q̃ ont souffrecte des biens temporelz, i dit Date et dabitur vobis, dōnes de voz biens temporelz, et dieu vous donnera des biens spirituelz, cestassauoyr la vie eternelle Or ainsi que pardonner a aultruy et auoir pardon de dieu sont deux compaignons indiuises, car sans lung on ne peut auoir lautre, ainsy semblablement dōner du sien, et receuoir de dieu sont tousiours ensemble. Augustin. Deux oeuures de misericorde nous deliurēt et saulueut, cestassauoir, dimictite et dimictetur, pardōnes et vous sera pardonne. date et dabitur vobis. dōnes et vous sera dōne Voulez vous q̃ dieu vous pardonne voz deffaultz pardonnes a aultruy ceulx que enuers vous ont cōmys. Voules vous auoir des biens de dieu, dōnes aux pouures de ceulx quil vous a donne Ce sont les deux esles doraison par lesquelles on vole a dieu, cestassauoyr pdonner aux delinquans, et dōner a ceulx qui ont souffrecte. Bede. Nostre seigneur nous cōmande que nous pardonnons les iniures qui nous sont faictes et q̄ donnōs de noz biēs a nostre proyme/affin que noz pechies par luy nous soyēt pardonnes/et que la vie eternelle nous soit dōnee. Et en ceste sentence briefue en parolle/mais longue en substance il conclud tout ce que deuant auoit mys longuement/quāt il a par le et commande la façon de se auoir auec ses ennemys. Et pource que cōme dit saint Iacques/iugement sans misericorde/sera fait a celluy qui en cest monde naura faict misericorde. Nous deuōs auoir grand sollicitude et cure de ayder selon nostre pouuoir a nostre proyme en ses necessites/affin que enuers dieu en noz necessites puyssons trouuer misericorde et pardon. Augustin. Ung chescun trouuera telle misericorde enuers dieu/quelle enuers son proyme aura eu et faict. Le souuerayn remede de euader la peyne des maulx que nous auōs commys/est de porter paciemment les enfermetes daultruy/et de leur aider selō nostre possibilite/a ce que de dieu soyons secouruz et luy pardōner ainsi que nous voulōs que dieu nous pardonne. Benoyetz sont ceulx qui font misericorde. car a telz dieu sera misericors. Sur quoy note vng exemple qui est recite en la vie des peres/la ou il est dit/que comme ainsi fust que les freres de vng monnastere habondassent en biens tēporelz/et fussent liberaulx aux pouures/et donnassent voulentiers pour lamour de dieu. Aduint que par vng temps laisserent a donner et oblierent leur charite et cheurent en grant souffrecte des biens desquelz par auant auoyent grād habondance. Et quāt le raconterent a vng saint hōme/il leur dist que deux compaignons auoyent acoustume de demourer en celluy monnastere/cest assauoir/date et dabitur vobis/donnes et vous sera donne. Et pource que vo⁹ aues mys hors le premier/cest donner/le second nya point voulu demourer/cest vous sera donne. ⁋En apres nostre seigneur mōstre que nous deuons estre liberaulx et misericors par labondance du loyer qui en vient

car ceulx a qui on faict misericorde/seront cause par leurs intercessions et merites/q̄ pardon sera donne a ceulx qui leur auront fait bonne mesure et iuste/veu que elle sera selon ce que leurs merites desseruiront combien que dieu remunere tousiours la personne plus quelle na desseruy. ⁋Apres il mect le q̄te de la retribucion. en disant/eadē mensura. De telle mesure que aurez en cest monde mesure et acquis merites/vous sera remesure ou loyer pardurable/car q̄ bien fera luy sera mieulx fait. et pource il dit mesure superessluente/car dieu fera mieulx a la personne quelle na desseruy/veu quil remunere plus habondamment que ne auons merite et desseruy/ainsi quil punist moins q̄ noz deffanltz ne requerent. Or ce q̄ est dit generalement de remunerer ceulx qui font misericorde se peut prendre/et de ce que pensons et q̄ de la lāgue disons/et q̄ de la main faisons/car dieu rendra a chescun selō les operacions de tous ses membres/et selon que les oeuures de pitie sont plus grandez le payement sera plus grand. Toutesfoys ceste grandeur ne doit pas tousiours estre entendue selon la grādeur des oeuures exteriores/mais selon la grādeur de laffectiō interiore/car de la bonne vesue q̄ mist deux minutes et meigles ou tronc/nostre seigneur dist quelle y auoit plus mys que plusieurs riches qui auoient mis plus dargent. Et apres dit vne similitude. Nūquid potest cecus. Ung aueugle ne peut conduyre vng aultre aueugle/cest vng fol et ydiot ne peut enseygner vng aultre tel/et le mener selon la reigle de iustice. Et silz sont tous deux aueugles ilz cherront en la fosse/cest a dyre ilz yront a perdicion. car comme dit sainct gregoire. quant le pastour chemine par la voie non droicte et par les montaignes dāgereuses/il fault et sensuyt que le peuple q̄ est soubz luy aille a perdiciō plus tost q̄ a salut. Nr̄e seigneur dit dōc a ceulx qui ont a cōduyre les aultres/vo⁹ deues faire les choses deuant mises/cest estre misericors/affin que puyss̄es gouuerner par parolles et par exemples et par faitz ceulx que vo⁹ sont commys et que ne soyes des aueugles de la synagogue/et non pas de leglyse. C'est chose honteuse et plus perilleuse/quãt celluy qui doit garder les aultres est aueugle et vng docteur ignorant. vne guyde boiteuse/vng plat negligent/vng messagier muet Et pour euiter tout peril/vng ignorãt ne doit point presider ne auoir seigneurie sur les aultres/car se tu iuges autruy et tu fais pareillement le mal quil fait/tu es semblable a laueugle qui conduyt vng aultre aueugle/õment par toy sera il mené a bien quãt tu desuoyes et faulx toymesmes qui te reputes estre maistre et conduyseur. Apres il demonstre vne aultre similitude en disant Quid autẽ vides festucã. Pourquoy et de quelle audace et comment voiz tu vng festu cest vng petit et legier pechie/ lequel na ueugle point totalement loeil de lentendement/mais ainsi que le festu est tost brule ainsi tel petit peche est tost consume par lardeur de charite/et ne voys pas vng grant tronch de boys/cest adire vng grant peche en ton oeil/cest en ta cõscience Et po° quoy donc dis tu a celluy qui a fait tel petit peche frere en le nõmãt p̃ simulaciõ frere/p̃mets 7 souffre q̃ ie oste de ton oeil vng festu/cest vng peche veniel en le corrigãt/et tu ne voiz pas vng grant tronch et vne grand presse d̃ boys qui est en tes yeulx. Comme se il dysoit/selon droict ordre/ tu ne peux corriger aultruy si tu ne te corriges toymesmes/car comme dit crisostome/veoir vng festu et le oster de loeil de son prochain ne appartiet pas a tous. mais seulement aux docteurs. et aux sainctes gens. car selon icelluy crisostome/tout prestre qui veult enseigner aultruy se doit p̃mier enseigner. Et pource ihe sucrist dit apres. Igitur ypocrita. ypocrite et simulateur/car le maulvays souuent reprent le bon/affin quil apparoise iuste et accuse aultruy/a ce quil sen esliene/mectz de hors p̃penitẽce p̃mier le tronch/cest le grãt pechie mortel de ton oeil/car de tant que le peche est plus grant de tant y a plus grant dangier. et quant ton oeil sera nectoye et ta conscience bien purgee/pourras veoir vng festu/cest le petit pechie en loeil de ton frere et de ton prouchain/et le pourras corriger

car quant loeil de la conscience est purge et nect/il peut bien veoir les faultes daultruy et non pas quant il est aueugle. On se doit estudier que par bon exemple 7 bons faitz on procure lemẽdaciõ de son frere 7 de son p̃yme. plus q̃ par polle/a ce q̃ ne soit reproche et dit le p̃uerbe cõmun/medicin guerys toy p̃mier/et encores ce q̃ dit laposte. pour quoy enseignes tu aultruy toy qui ne veulx enseigner toy mesmes. Or quant au regart de la correctiõ du p̃oyme/on y doit garder tel ordre/cest assauoir que celluy qui veult corriger aultruy p̃mier corrige soy mesmes et la maniere doit estre en doulceur/7 la cause mouuãte doit estre le zele de charite. On doit aussi regarder lopportunite du lyeu/du temps/et ce qui en peut venir apres/car cest comme chose naturelle de aggrauer les pechiez daultruy et faire legiers les syens bylayre. A peyne on trouue aulcun qui soit nect de cestuy vice/car on fauorise tousiours a ses pechez en les mẽdrant/et ou reprẽt de legier aultruy/quãt on le voit faillir Et po² ce p̃me dit saict augustin. biẽ deuõs regarder quant nous voulõs reprẽdre aultruy et necessite a ce nous contraint/se oncques fusmez entaichez de tel vice lequel en aultruy voulons corriger. Et se ne lauons commys ne eu/pensons que sommes hommes et que y pouuons cheoir. Et sil aduiẽt que aultrefoys layons cõmis nous deuõs penser et auoir en nostre memoyre la commune maladie des hommes/et comme to² sommes subgetz a misere. affin que par misericorde et nõ par hayne procede nostre repreheusion et nostre obiurgacion/et apres douleur en le reprenant/en le inuitant et excitant auec nous de soy releuer de la maluaise inclinacion a laquelle il est enclin. Or selon sainct basile en tout ce que deuant a este dit on doit bien penser la grande difficulte qui est de iuger aultruy/car il fault premier iuger soy mesmes/et cest chose merueilleuse/car ainsi que loeil corporel voyt toutes choses exteriores/et touteffoys ne se regarde et ne voit pas soymesmes/ainsi lentendement qui est loeil de lame quant il corrige le vice ou le pechie daultruy/a grã de difficulte peut veoyr son deffault et cognoistre ses pechies propres. Toutesfoys on doit regarder se les pechies de celluy q̄ corrige aultruy sont occultz ou manifestes. Silz sont manifestes et publicz, ilz pechent doublement en corrigeant aultruy, cest assauoir par p̄sumpcion, et par scandale. mays silz sont occultz il peche seulement en la p̄miere maniere, cest en presumpcio. Et si tel qui veult reprendre aultruy sent et cognoist en luy mesmes estre peche, et deuant quil repreigne sen repent, et puis humblement demonstre la faulte, ne peche pas. Et pource que aulcuns desirent obtemperer aux commandemens de dieu, en preschent et enseygnant le peuple, et ouurent et preschent souuent matieres, lesquelles on ne peut comprendre, et aux auditeurs nuisent plus que ne proffitent, nostre seigneur dit apres, nolite sanctum dare canib9. Ne bailles pas par predicacion ou par disputacion les misteres de la sainte escripture, ou les secretz de la saincte foy catholique, ou aultres misteres ecclesiastiques aux chiens, cest aux detracteurs et impugnateurs de la vraye verite. et aussi ne mectes pas les marguerites q̄ sont pierres precieuses deuant les pourceaulx, cest deuant les moqueurs, ou les contempneurs de dieu, affin quilz ne marchēt dessus, en les conuertissant par leurs faulx entendemens et affections, en vous aussy reprenent et blasphemant en impugnant la verite et simplesse de vostre foy. Selon sait augustin, deux choses gardent que on ne acquiesse et obtempere pas a haultes et grādes choses, cest contempnement et hayne. La p̄miere appartient aux pourceaulx, laultre aux chiēs. Et pource on se doyt garder de parler de grandes matieres deuant simples gens et specialement deuant les ennemis de la foy catholiq̄. Mais po² ce q̄ aucun ignorant pourroyt dyre, puis que dieu deffend que on ne donne les sainctes choses aux chiens, et que on ne mecte les viandes precieuses deuant les pourceaulx que leur pourray ie bailler quāt en moy na riēs de bien et suis ignorāt, tresconuenablemēt luy ihesucrist dit apres. Petite, demandes

en foy et par oraison, et dabitur vobis, et ce que vous demanderes vous sera donne. Querite, queres en esperance et en bien viuant, et vous trouueres. Pulsate, hurtes et frappes en charite et en perseuerant, et vous sera ouuert. Crisostome. Pource q̄ les commandemens deuant mys, estoyent grans et oultre la vertu humayne, ihūcrist enuoye a dieu auquel nest riēs impossible, en disant, petite, demandes a dieu ce q̄ vo² est impossible selon nature, et riens ne vo² sera denye, mais par sa grace vous sera donne, car cōme ainsi soit que a aulcunes bestes dieu ayt donne les piedz legiers pour fuyr et pour courir, les esles pour tost voler, les ongles, ou le bech, ou les dens, ou les cornes pour soy deffendre, et pour trouuer le necessite, aussi il dispouse que lomme duq̄l il veult estre la seule force et vertu, et nourrisseur en toutes ses necessites et affayres recoure a luy comme a son seigneur. Iherosme. De dieu le bien et la grace est donnee a celluy qui humblement la demande. Et se celluy qui quiert trouue ce quil desyre et est ouuert a celuy qui hurte perseueramment il appert que celluy a qui nest dōne ce quil demāde, ou qui ne trouue ce q̄l quiert ou a qui nest ouuert, na pas demāde, ou na pas bien queru, ou na pas fort hurte. Crisostome. La negligence du demandant, doyt estre arguee, quant on ne doubte point de la misericorde, et largesse du donnant. Augustin. Nous demandons nostre seigneur ihūcrist en noz oraisons auec le pere, et prions que tous deux nous soyent donnes, et nest point a doubter quil ne nous exorteroit pas tant et si fort a demāder, sil nauoyt voulente de nous donner. Soyt donc nostre paresse honteuse, car il nous veult plus donner que ne voulons prendre. Il veult estre enuers nous plus misericors q̄ ne voulons estre deliures de misere, et ce de quoy il nous exhorte, est pour nostre proffit. Esueillons nous donc et crions a ce de quoy il nous admonneste, en le priant quil no² donne ce de quoy puissons auoir ioye perpetuelle. Or est assauoir que loraysō est digne destre exaulcee quant elle a trois condicions. La premiere est quelle soyt piteuse et iuste/et de ce qui appartient au salut du priant/car estre exaulce en chose qui ne appartient au salut/comme sont biens temporelz/aulcuneffoys nest pas expedient. La seconde condicion est quelle soyt perseuerante/cest adire quelle ne soyt pas interrompue par aulcune chose qui soyt contraire a oraison/comme est pechie mortel. mais que tousiours on soit en grace/et ce sera bien prie/car celluy ne cesse de prier dieu/qui ne laysse de bien fayre. La tierce est que le priant prie pour soy mesmes. car combien que en priant pour aultruy on ayt les condicions precedentes/cest demander chose iuste et estre sans pechie qui est prier perseueramment/touteffoys loroyson peut estre empeschee pour les desmerites et pechiez de celluy pour qui on prie/et vngchescun scet mieulx sa conscience/que celle de son voysin. Or quand loraison a les troys condicions precedentes/elle est tousiours excusee. Et est ce qui est signiffie par les troys parolles precedentement icy mises. petite. demandez cest piteusement quant a la premiere condicion. querite/queres/cest perseueramment quant a la seconde. pulsate/hurtes vous mesmes quant a la tierce/et vous sera ouuert. Parquoy appert quil parle de loraison q̃ est faicte pour soy/quantil dit/ vous sera ouuert. Et pource que moyennant ces troys condicions deuant dictes/tousiours comme dict est/loraysou est ouye de dieu/a ce que les personnes ne ayent deffience que leurs oraysons ne soyẽt exaulcees Ihesucrist dit/omnis qui petit accipit. toute personne qui demande ainsi quil doit/aura leffect de son oraison. et celuy qui en esperance quiert ainsi quil doit trouuera. et a celluy qui par bõne operacion hurtera et frappera/sera ouuert. Donc pseuerance en oraison dessert merite et que on obtiene de dieu ce que on luy demande. et que on trouue ce que on quiert. Par la multiplicatiõ et conculcacion des paroles deuantdictes/nostre seigneur ihesucrist demonstre quil veult que nous soyons soigneur molestez importuns et violentz a le requerir et prier et supplier.

car vng poecte dit/ que labour importun et excessif vainc/et excede toutes choses. Aussy importune peticion fait incliner dieu a donner. Or est assauoyr que ce que on demande/non obstant quil appartient au salut du demandant. nest pas touteffois tousiours promptemẽt dõne de dieu/mays souuent est differe/affin que en temps plus conuenable soyt donne et octroye/et aussi a ce que pour la dilacion on ayt la chose octroye plus chiere/car voulentiers et doulcemẽt on recoyt les choses par long temps quises et desirees/et de celles q̃ tãtost sont octroyees/on ne tient pas grãt cõpte. Il est aussi expediẽt que celluy qui desire estre exaulce de dieu en ses oraisons/se abstiengne de parolles oyseuses/et de nul proffit/car selon monseigneur sainct gregoyre/ nostre bouche est de tant moins exaulcee de dieu en ses prieres/quelle est plus soyllee de fole et inutile locucion. Aussi le priant se doyt efforcer de ce entendre silveult estre de dieu exaulce. car selon sainct ambroyse/dieu ne exaulce point loraison a laquelle celluy qui la faict ne entend mye. Dieu veult donc que loyallement et en foy on luy demande ce q̃l a dispouse de donner au demandant. Bernard. Nostre seigneur veult que on luy demande mesmes ce quil a ordonne nous dõner/affin que la deuocion soit exitee par la promesse quil nous faict/ et aussy que deuote orayson desserue obtenir ce que de sa grande bonte a ordõne nous octroyer. Ihesucrist ne dit pas quelle chose receura le demandant/o u que trouuera le querant/car aulcuneffois il exaulce et donne selon le desir de la personne/cest quil dõne ce que on demãde/aulcuneffoiz il exaulce selon le merite/cest quil donne lequiualent ou meilleur que ce que on demande. Aulcuneffoys les bons et iustes sont mieulx exaulces en ne receuant pas ce quilz demandent/q̃ quant ilz le recoiuent. Et saint augustin Ne vous chaille pas grandement mes freres/estre de dieu exaulces selon vostre voulente/car bien souuent il donne comme ire et courouce/ce que on luy demande/et quantle denye il le fayct pour le myeulx. Se ce que tu de-

t i

mandes te pffite ou non le medicin souue
rayn le voyt. et sil ne te exaulce a ta voulēte
touteffois il te exaulce a ton vtilite et salut
Et pource dit luy mesmes sainct augustin.
Mes freres aprennes a prier dieu en telle
maniere que vous cōmectes tout a sa vou-
lente/et quil vous dōne ce quil scet quivo’
est expedient. Il souffit que nous luy de-
monstrons nostre maladie/τ que de sa grace baille et donne la medicine quil scet estre
expediente a nostre salut. Et souuent il ne
fayct pas ce que tu veulx. mays tousiours
fayct ce qui te est plus expedient/quant a
la vie eternelle. Bernard. Chescun de vo’
se doyt bien garder de mespriser son orayson et de nen faire compte/car celluy q̄ no’
prions en tient grant compte/et nous donnera ce que luy demandons. ou ce que no’
est plus vtile. Souuent nostre seigneur admonnestoyt ses disciples a faire orayson/
en leur demonstrant plusieurs exemples
valens ad ce/affin que nous cognoyssons
la vertu et le proffyt de orayson/car elle est
de vertu inestimable/et son effect vault a
tout bien obtenir/et a tout mal/et a tout ce
qui peut nuyre a la persōne rebouter. Il ap-
pert/car se tu veulx porter pacientemēt toutes aduersites qui te pouuent aduenir en
cest monde/prie dieu/se tu veulx surmonter toutes temptacions et tribulacions fay
oraison/se tu veulx suppediter toutes mauluaises affections prie dieu/se tu veulx euiter toutes fallaces de lēnemy et cōgnoistre
toutes ses mauluaisties/puertis toy a oraison Se tu veulx au seruice de dieu viure ioyeusement et nestre point ennuye de porter
les peynes et labours de cestuy mōde/prie
dieu. Se tu te veulx excercer en la voye spū-
elle/et ne acōplir pas les voulētes/ou voluptes charnelles/fay orayson Se tu veulx
euiter les mouches de vaynes cogitacions
qui peuuent sourdre en ta pensee/prie dieu.
Se tu veulx engresser ton ame de sainctes
cogitacions/et de bons desirs et la tenir en
ferueur et deuocion/prie dieu. Se tu veulx
fermer et fortiffier ton cueur virilement/et
en ferme propos au seruice de dieu/prie dieu Se tu veulx exstirper les vices/τ estre rēply des vertus/fay orayson. Se tu veulx
monter en la montaigne de contemplacion
et auoyr fruicion des acoulemens du vray
espour de ton ame/prie dieu. Se tu veulx
gouster la doulce̅ celeste et les aultres choses diuines/prye dieu. Et en brief orayson
vault et est moult prouffitable contre toute
aduersite qui peut aduenir a la personne/
car elle fait fuyr de nous les mauluais espe-
ritz/et nous prouoque tousiours a bien.
Bede. Ainsy q̄ quant on crye les voysins
sont esueilles et excitez et viēnēt au secour
et le larron fuyt et senva/ainsi le cry que on
fait en orayson/fayt fuyr le dyable et excite
les anges et les sainctz pour nous secourir
Bernard. Entre babiloyne et iherusalem
a vng messagier tresloyal et biē cogneu du
roy et de toute la court celeste/cest orayson
laquelle scet bīē penetrer les secretz du ciel
par voyes incogneues en silence et secret de
la nuyt/et entrer au lict du roy/et flechir et
encliner le couraige du roy de bōnayre/par
importunite/pour aider a celluy qui piteusement le prie Voys tu de quelle puissance et de quelle vertu est orayson. Et po’ toutes les choses deuant dictes approuuer/en
laissant les auctorites de la saincte escrip-
ture/te doyt souffire pour efficace probacion ce que nous voyons τ oyons tous les
jours par experiēce/cest que les personnes
simples et sans lectres/impetrent souuent
plusieurs et plus grādz choses de dieu par
orayson/que ne font les biens grans clercz
Et pource cest vng grant signe que la grace de dieu est en la personne/quand elle va
que voulentiers et souuent a orayson. Augustin. Quand tu voys que voulentiers tu
vaques a orayson et le desir de ton orayson
ne test poit soubstrait soyes seur que la misericorde de dieu ne test point soubstraicte.
Et affin que briefuement ie te dye lutilite
de orayson. saches quelle est moult necessayre a obtenir le salut eternel. Augustin Mo’
croponsque nul ne peut auoyr salut de son
ame. se dieu ne lappelle. Nul appelle ne
peut fayre bonnes oeuures/se dieu ne luy

aide nul nest de dieu aide si nõ par orayson donc estudie toy vaquer a orayson, et garde que ne preignes plus grant playsir aux choses terriennes ou caduques q̃ a orayson. car il nest rien q̃ te doyue tãt delecter q̃ demourer auec dieu. laquelle chose se faict par orayson. Crisostome. Considere quelle felicite te est concedee en cest monde, et q̃lle gloire te est donnee et atribuee. cest assauoir par orayson parler auec dieu, et mesler tes parolles auec celles de ihũcrist, desirer ce que tu veulx. et demãder ce que tu desires. ¶ Apres ihesucrist acroist la sience et esperance de ceulx qui luy demandent par orayson, et procedẽt par les moindres choses aux plus grandes, conferme ce q̃ dessus a dit par exemples qui sensuyuẽt. Premierement il mect vne similitude de lamy. lequel pour limportunite et instance de son amy qui vient a luy pour luy demander aulcune chose, se lieue amynuyt po[ur] luy bailler les pains quil demande a emprunt, et conclud et dit. Et silest ainsi que lõme par ennuy donne ce que on luy demande quãt on perseuere en sa peticion, par plus forte rayson dieu lequel sans ennuy treslargemẽt donne ce que on luy demande perseueremment pour lamo[ur] quil a aux creatures. Augustin. Combien que celluy qui demandoit fust amy. toutesfoys ce quil demãdoit ne luy fust pas donne par son amitie, mays pour son importunite. car il ne cessoyt de demander, et combien quil luy fust denye, ne sen retourna pas. Et pource quil ne laissa pas a demander, lautre fut coutrainct de luy donner ce quil demandoyt. Et pourquoy doncques nous dõnera le bon pere qui nous admoneste que demãdons, et luy desplaist quãt ne luy demandons. Ambroyse. Celluy qui alla a son amy amynuyt nous demonstre q̃ non seulement de iour, mais aussi de nuyt orayson soyt a dieu enuoyee. Vaquõs donc de iour et de nuyt a orayson, affin q̃ par le moyen dicelle puissions auoir remission de noz pechiez. car se dauid roy tant sainct et tãt occupe a la gubernaciõ de son roiaulme auec ses occupaciõs, dõnoit sept fois le io[ur]

louange a dieu, et le prioit si souuent, et estoit entetif matin et vespre a sacrifier a dieu que nous conuient il faire q̃ de tant que auons plus failly, sommez plus cõtrainctz a demander pardon, affin q̃ a nous lassez en la voye de cest monde, dieu dõne le pain de refection qui conforte le corps de lõme a ce que ne deffaille. Et non seulemẽt a mynuyt nostre seigneur no[us] admoneste veiller, mais en tous momens de tẽps veult que veillõs, car nous auons plusieurs aduersairez, et p[our] la pesanteur et charge de nostre corps sommez tous agraues de sõmeil et de paresse. Et se lame commence a dormir, tantost elle perdra la vigueur de sa vertus. Euitez dõc et fuyes tout sommeil, et hurtes a luys de ihũcrist. Secondemẽt il mect vne similitude du pere charnel, q̃ donne a ses enfans les biens quil a acquis, ou q̃ on luy a donne et ce q̃ leur est necessaire. et met sur ce de trois choses exemple. Premieremẽt du pain qui signiffie charite. car ainsi que toute table et tout cuiz sans pain est impfaict et ne vault rien. ainsi sans charite toute vertus est imparfaicte vaine et nulle, et tout bien est perdu. A charite est contraire durte de cueur signifiee par la pierre. Et pour toutes deux on doit prier. cestassauoir po[ur] charite auoir et durte de cueur perdre. Secõdemẽt il met exemple du poisson, par lequel est entẽdue foy. car ainsi que le poisson naist en leaue et par le flot et debat de leaue ne meurt point mais est purge et meilloure. ainsi foy nayst au baptesme, et par les tribulacions de ce monde ne meurt mye, mais se purge et fortifie. A foy est cõtraire le serpent, po[ur] le venin de infidelite. Ceste foy nous deuõs demander a dieu, et nous la donnera, nõ pas le serpent et venin de infidelite, et de male et peruerse doctrine des heretiqs. Le tiers exẽple est õ loeuf q̃ signiffie esperãce. car ainsi q̃ en loeuf nest pas encore la beste formee et pfaite, mais auõs espoir q̃lle sera escluse et formee, ainsi esperance nest pas de ce que nous auons, mais de ce que actendõs. Ainsi que de loeuf couue et eschaufe par la mere on actent le poussin. ainsi par esperan

r ii

ce nourrie en la conscience et eschaufee par charite/on actent leternelle beatitude. A esperence est contraire le scorpion/duquel la queue est venimeuse. Et ceste vertus de esperance deuons demander a dieu/et no[us] la donnera/no pas le scorpion qui poingt de la queue/et tue et amene la mort denfer. ¶Ces troys vertus/cest charite/foy et esperace deuos demader a dieu. car sans elles ne pouons venir a sauluemet. Conclud donc ihesucrist et dit. Si le pere qui est sans charite et est mauluais/a coparaison de la bonte diuine/au regard de la quelle nulle creature est bone/done et fait du bien a son filz quand il luy demande/par plus fort le pere celeste/lequel de sa nature est tresbon et tres piteux/donnera le bon esperit a ceulx q̃ deuotement le requerront. Il appelle icy tout don espirituel le bon esperit. car selon sainct augustin/le saint esperit est le premier don onquel tous aultres dons sont bones. Augustin. Il ne se denyera pas a ceulx qui le demandent/quando mesmes se est offert a ceulx qui ne le demandoyent pas. Et celuy qui na pas espargne son filz/mays la baille pour la redempcion de tous no[us]/iusques a la mort/comment pourroyt il fayre quil ne donnast ce que luy demandons po[ur] nostre salut. voire mais que faisons ce quil nous commade. Celuy qui veult estre ouy et exaulce de dieu/doit premierement ouyr dieu. Pourquoy demades tu a dieu ce q̃ ta promys/se tu ne veulx ouyr et faire ce q̃ te commande. Escoute deuant ce quil admonneste/et apres demade ce quil promect car qui ne veult ouyr et acomplyr ses commandemens ne deffert pas quil soyt exaulce/ne ouy en ses oraisons. Apres il demostre par quelle raison loraison est exaulcee quanta la partie de celuy q̃ la fait. et dit Omnia quecum vultis et cetera. Tout ce q̃ voulez raisonnablement et selon charite q̃ les hommes vous facent pour vostre vtilite/faictes leur aussy. en temps et en lyeu. Pourquoy demades tu a ton seig[neur] quando tu ne cognois pas ton pareil. Comme se il disoit. Se vous desires auoir ce que demades/trouuer ce que queres/entrer ou vous frappes/faictes aux aultres ce que voules que on vous face. Icy entre les aultres comandemes de dieu/est moult legier et molt iuste et raisonnable. Et pource que les iustes gardent toutes ces choses deuant dictes moult prouffite et vault leur oraysou. et le iuste est vne forte tour/et vne forte muraille contre toute aduersite et defend soy et les aultres. Et en figure de ce il est mys et escript on liure des nombres/que aaron se mist entre les mors et les vifz a cause de vne persecucion qui vint sur aulcuns detracteurs et murmureurs contre moyse et aaro/ lesquelz dieu persecutoit p[ar] feu. et a la priere de aaron furent deliures dudit feu. et de la playe de dieu. Et a cestuy propos sainct ambroise dit sur le mot escript en genese/onquel dieu plant a abraham de la destruction de sodome/et de gomorre et des aultres citez dist/non delebo. ie ne destruiray pas telles cites et le peuple se ie trouue dix personnes bones en elles. Aprenos q̃l mur est lomme iuste duquel la foy nous garde/et sa bonte et iustice/nous deffend de lyre de dieu. Et sainct gregoyre Myeulx deffend en bataille lomme iuste et bon qui prie dieu deuotement/que ne fayt vne grant compagnye de gensdarmes bataillans en guerre. ¶Loraison de lomme iuste penetre les cieulx et comme ne sera elle victorieuse de ses ennemis en terre. Et saches que en cestuy comandement ihesucrist dist. omnia. cest generalement/tout ce que vous voules que on vous face/faictes le. et pource qui laisse aucune chose ne acomplist mye tel commandement si aultre grat chose ne lempesche. Or que dirons nous de ceulx qui non seulemet laissent ce aquoy ilz sont tenuz faire a leur proime. mais en diuerses manieres lafligēt et scandalizent. Chose notoyre est quilz sont trasgresseurs de cestuy mademet Touteffoys/on peut dyre/que les hommes/ et les personnes de perfection/sont tenus a lung et a laultre commandement/cest fayre a aultruy tout ce que vous voules que on vous face. et ne faire a aultruy ce q̃ on ne vouldroit estre a soy fait/et a tout ce qui depend de ces deux commandemens/mays

les imparfaictz sont tenus au dernier seulement excepté en cas de necessité, car a lors
ilz seroyent tenuz et au premier et au dernier
car en necessité tous deux sont commandemens a
garder necessairement, mais sans necessité le premier est de conseil et de supererogacion aux imparfaictz. Come ainsi soyt donc
quil y ayt double commandement de la loy
de nature. ung negatif duquel est dit en thobie, ne fay a aultruy chose que tu ne vouldroyes quil te fist. Lautre est en leuangile et
affirmatif, duql nous parlons icy, en cestuy affirmatif le negatif est entendu. Crisostome.
Il y a deux voyes et chemins qui meynent
a vertus, cest soy garder de mal et faire bien
et ceste derniere comprent la premiere. Et cestuy commandement affirmatif oblige a pl9
grant perfection que le negatif, et pour ce est
il mys en la loy nouvelle qui est de plus grande perfection que la premiere. En premier
commandement prins de thobie est deffendu faire mal, en second mys en leuangile est
commandé que aux mauluais on face bien
Pource que charité est paciente et benigne
non seulement elle supporte les iniures de
nostre proyme, mais aussy ameyne et tient
ung chescun en amour, et aux ennemis fait
benefice et seruice. Considere de quelle perfection est cestuy mandement, par lequel lennemy et celuy q ne ayme, est forcé et contraint
de aymer. Ihesucrist ne dit pas, faictes ainsi que on vous fait, mays faictes ainsy que
voules que on vous face. Qui garderoyt
ceste reigle ne offenseroyt nully, ainsi quil
ne vouldroyt que on le offensast, et feroyt
du bien aux aultres, ainsi quil vouldroyt q
on luy fist. Celuy qui pense faire a aultruy
ce qil vouldroit q on luy fist, pense faire bien
aux mauluais, et aux bons faire pl9 de biens
Consequetement nostre seigneur declayrant la
dignité et excellence de cestuy commandemēt
dit. Hec enim est lex. en ces deux commandemens est lacomplissement de la loy de nature, car tel commandemēt est escript en nostre cueur, ainsi que la loy de nature, par laquelle on cognoist quest vie et quest vertuz
Aussy en luy est lacomplissement de la loy
de moyse et de la predicacion des prophet-

tes, car en toute escripture nest autre chose dit si non, ayme ton proyme, comme toy
mesmes, lequel amour vient et descend de
la dilection et amour que nous auons a dieu. Toute autre escripture nest que conclusion dependente de cestuy principe. Et pour ce dit
lapostre. Celuy q aime dieu a acompli la loy
Crisostome. En briefue parolle ihesucrist
a compris tout ce qui appartient a nostre
salut, et qui est necessaire a nostre foy, cest
faire aux aultres, ce que nous voulons qilz
nous facent. on quel mandement, tout aultre commandement est contenu. et tous les
ditz des prophettes, ainsy que nostre seygneur le monstre, en disant, hoc est, cecy est
la perfection de la loy et des prophettes, car
tout ce qui est en plusieurs et divers lyeux
de lescripture mys et escript, ycy est compen-
dieusement et en somme conclud et contenu
aynsi que plusieurs rameaux et branches,
sont contenus en ung arbre. Puys donc q
nous voulons que les aultres nous facent
bien et honneur, ainsi le deuons faire, a ce
que en acomplissant cestuy commandement
receuons de dieu le guerdon de nostre foy.
Le ioug de nostre seigneur est doulx et souef
et sa charge et son commandement, est legier et brief, tellement quil est contenu en
ceste petite reigle souvent dicte. Or en vng
aultre lieu ihesucrist parlant de deux commandemens, cest de lamour de dieu et de
son proyme, dit que toute la loy et tous les
prophetes dependent de ces deux. et icy ne
dit pas toute la loy et tous les prophettes.
en voulant donner a entendre, que lamour
de dieu est le principal commandemēt, non
obstant que aulcuns dyent, que en cestuy
est entendu lamour de dieu, sans lequel nul
ne pourroyt auoyr charité en son proyme.
car ne le proyme sans dieu, ne dieu sans le
proyme peut estre aymé. Considere maintenant les commandemēs de dieu, et regarde que pou sont qui les gardent. Ie ne scay
se on trouueroyt pour le temps present vng
qui gardast le commandement affirmatif
mys en cestuy euangile, cest tout ce que vo9
voules q les hommes vous facent, et vo9
leur facez. Aussi nous pourrios bien dire du

t iii

cõmandement negatif mys en thobie, cest ne fay a aultruy ce que ne vouldroyes quil te fist. et sil en y a aulcuns quil le tiennent et lacomplissent, cest bien pou, car comme dit crisostome nous faisons tout au contraire a noz freres et prouchains de ce que vouldrions quilz nous fissent. Et cecy est general non seulement cõtre les seculiers, mais aussi entre les reguliers, car souvent se en vng monastere et couuent a vng religieux vtile, le prelat de laultre monastere pratiq́ra lauoir et en lieu de celuy en donnera vng inutile, et ainsi en plusieurs choses font cõtre cestuy mandement. et ne souffreroiẽt pas que on leur fist. et pource ne se merueille se ilz souffrent en laultre monde.

Oraison

Sire ihesucrist qui nous as enseigne et commande faire a tous misericorde, et ne iuger nully, donne moy grace de acomplir ce que tu enseignes et commandes, affin que par toy mesme te puisse plaire. Tu nous admonnestes a prier et veulx donner ce que tu veulx que on te demande, pourtant ie demande ta grace, car tu le commandes, ie quiers et cherche, car tu le veulx ie hurte et frappe, car tu le enioinctz. Toy donc qui me as fait demãder, fay que prẽgne, qui me as donne voulente de querir, fay que ie trouue, qui me as instruit ⁊ infor me de hurter, fay que me soyt ouuert, a ce q́ puisse entrer. Fay de toy puissance de desirer, fay que ie te puisse impetrer et obtenir. Donne moy chose que te puisse offrir, garde en moy ce que apres me demanderas, affin que tu me couronnes et glorifiies en ta gloyre par la grace que me auras donne. Amen

De lestroite voye de paradis, et de la conclusion du sermon de ihesucrist. chapitre. xl

Pource que nostre seigneur auoyt commande choses moult fortes et difficilez, car il vouloit et veult que ses seruiteurs soyẽt deliurez de toutes passions interiores et exteriores et hors de tous desirs mondains, et biens temporelz. et a aulcuns est chose moult difficile le fayre et comme impossible a garder a les atraire a ce, et a garder vouletiers les commandemens dessusdictz, il mect vne telle monicion. et dit. Contendite. efforces vous et soyes diligens dentrer par la porte estroicte, non pas par la large. Comme sil disoit Combien que les commandemens que ie vous ay baille ⁊ les choses q́ iay dictes soient moult difficiles a faire et a garder, touteffois aux gardans elles sont grandement meritoyres. et sont lentree de venir au royaulme celeste. Et bien conuenablemẽt il dit efforces vous, car on a le royaulme du ciel par force et non aultrement. et les victorieux le gueygnent. Il ne peut estre sans grãt rebellion et bataille, que lomme terrien soyt citoyen du ciel. Et ceste contencion et force est bonne, cõme il appert en la legion des thebees. en laquelle auoit debat et contencion, qui seroyt le premier martir. Mays auiourdhuy nous auons contencion et noises des dignites, et de estre le plus excellent, et renomme mondain, de acquerir or et argẽt et de nous venger de noz ennemys et iniurians, et de telz semblables. Ihesucrist apres rend la raison de ceste monicion. et dit Gardes que vous entres par la porte estroyte, non pas par la large. car la large est celle qui meyne a perdicion et dampnacion, ⁊ plusieurs cheminent par elle, ⁊ lestroicte cõduyta la vie eternelle, et pou la trouuent. Ieusner veiller, soy garder des voluptes ⁊ plaisancez charnelles ne faire sa ppre voulente, sont choses fort estroictes. et menger et boyre delicieusement et a plaisir, obeir a tous desirs sensuelz et en rien ne contredire a sa propre voulẽte, sont choses spacieuses et larges. Mais helas comme tous cheminons par la voye large. Crisostome Il nous est cõmande passer par lestroicte porte et neantmoins nous passons par la large. Mays ce nest pas de merueille se les mondains ⁊ seculiers passẽt et cheminẽt p la large porte, car ceulx q́ ont pris la croix de ihũ crist sur leur dos cheminẽt par elle. Nous voions que quand les moynes ⁊ religieux partent des monasteres et de leur demourance

premierement ilz veullent sauoir la disposi／
cion du monnastere/et comment il est de re／
poz et sans grant peyne/sil est en pais ferti／
le et habondāt et se cest lieu plaisant. Sem／
blablement ceulx qui veullēt tenir la vie so／
litaire et de hermite/demandent premiere／
ment de la bonte et beaulte du lieu/et se on
y peut auoir les necessites du corps. Se on
veult mectre aulcū au seruice de dieu/ou lui
bailler aulcune charge et dignite en leglise
premieremēt il demande se la dignite est bō
ne /se on trouue toutes ses necessitez en tel
lieu ou on doit aller/se rien en brief ne des／
fault de ce qui est necessaire pour passer par
la porte large. O homme que fayz tu que
dis tu. Dieu te cōmāde aller p̄ la voye estroy／
cte . et tu vais par la large. Tu fais vng chā／
ge tresmauluais. Ceulx qui seruent aux prī／
ces et seigneurs de ce monde demandēt seu／
lement se en seruant a tel seigneur a gueyn
temporel. et toy qui veulx seruir a dieu fais
tant de questions. Si le seruiteur du prince
cognoist gueigner en son seruice, il ne crait
ne labour ne peril ne vitupere ne seruice ql／
conq. tant soit vil et petit. Aler matin et soir
par pays long et dangereux/ souffrir froyt
et chault et diuersites de pays/de person／
nes et d temps iusques a la mort/laisser pe
re et mere /femme et ēfans son pays et ses
amys pour espoyr de auoir et de gaigner/
est ptent/et cōe tout fol est ēbrase et ard po?
auoir argēt. Et nous gens deglise et de re／
ligion qui ne deuōs pas querir argent et pe
cunes/mais sapience et bon exemple/ne de
mandons pas la terre mais le ciel et ses ri／
chesses et ses biēs lesquelz oncques yeulx
ne virent ne oreille escouta ne ouyt/ne en
cueur de homme entra/demandons to? les
plaisirs du corps. Or combien sōmes mē／
dres en perfectiō et plus delicatz et moulx
que les mondains dessusditz. Que pensez
tu? ecclesiastique/et que fais tu. Tu veulx
monter on ciel et inuader tel royaulme/et tu
demandez sil te fauldra rien p̄ le chemin. ou
se feras point trop lasse et ne as pas hon／
te de ainsi te degecter et mectre soubz terre.
Se tous les maulx te aduenoyent /se tous
dangiers/se toutes iniures et hōtes/se mo／

queries .se persecucions corporelles. se es／
tre gecte on feu. se estre deuore de bestes. se
mourir de faim. se toute maladie et en brief
se tout le mal que on pourroit dire ne pen／
ser te venoit/encores deuroyes tu estre fort
pour acquerir tel royaulme. et ne auoir pas
lache couraige de femme. Sera donc lecle／
siastique ou le crestiē si abiect. si miserable.
si bastard et delache couraige/ que luy qui
veult monter on ciel pense du repoz et de la
consolacion du corps/laquelle non seule／
ment ne deuons querir. mais encores quāt
se offreroit deurions fuyr. Mon amy ie ne
voyz point que aulcun de nous tiēne par a／
mour/et desire parfaictement leciel. car sil
aymoit et tiroit a paradis. tout ce quil souf／
fre en cestui mōde. seroit riz et vmbre. Tout
cecy dit crisostome parlāt de la voye large.
Et sainct gregoire aussy dit ce qui sensuyt
de la voye estroicte. La reigle de la voye es／
troicte . nest pas la voye large et āple. mais
est vng sentier. onql vngchescun est estroit
qui veult viure soubz la garde des commā／
demens de dieu. Nest ce pas cōme vng che／
min estroict viure en cestuy monde/et ne
uoir et ne sentir rien des plaisances et des
concupiscences de luy/ne appeter riens de
lautruy/ne tenir pas auaricieusemēt le sien
propre. mespriser hōneurs et louanges/ay／
mer obprobres et vituperes/fuyr flacteurs
et adulateurs/honnourer ceulx qui mespri／
sent/pardōner de bon cueur a ceulx q̄ font
mal et dient iniures. et ppetuellemēt de frāc
couraige leur faire plaisir et charite. Tou／
tes ces choses sont petis sentiers/lesq̄lz de
tant que en viuant en cestuy monde les suy
uons et en eulx viuons/ de tant plus en la
retribuciō eternelle serons au large. Par／
faicte science et cognoissance/est faire tout
ce qui est dit/et de ses vertus et force riens
ne presumer. De ceste voye encore dit iehā
abbe du mōt sinay. Regardōs bien et nous
contregardons/que quand nous cuydons
aller la voye estroicte /ne cheminons par la
large. La voye estroite te enseignera ieusne
corporel/ demorer en oraisō toute la nuyt. a
uoir pain et eaue a mesure/fuir derisiōs et mo／
q̄riez. laisser sa ppre voulēte. auoir paciēce

t iiii

en tous oprobres et injures, ne mespriser le detrahant ne le murmurant, n'estre courroucié d'estre vilipendé et mesprisé, porter humblement quant on est faulcement accusé. Benoictz sont ceulx qui cheminent par ceste voye, car le royaulme des cieulx est leur. Et se tu argues q̃ la voye et la porte d'paradis doit estre large, car Ihu̅crist a dict q̃ son joug est souef, et sa charge, ce sont ses commandemens est legiere. Je te respondz que ainsi que les commandemens de dieu non obstant que en soy soyent difficiles a la sensualité, sont legiers a cause de la retribució que auront ceulx qui les gardent, ainsy les tribulacions et angoisses de ce monde sont legieres au regard de la gloyre qui s'en suyt. Et aussi ceste voye peut estre dicte large, car elle eslarge le cueur a l'amour des choses celestes, quant il pense que les passions et adversitez de ce monde ne sont riens au regard de la gloyre que nous actendons. Elle est aussi estroicte, car celluy qui va par elle a le cueur petit et estroict et tout hors et aliené des biens terriens et mondains. Crisostome. La voye de paradis est estroicte, et toutesfois legiere, car elle surmonte toutes les aspressez de ce monde, et meyne a bonne fin, cest a sçavoir a la vie eternelle. Les choses mondaines ont fin, mais ce ou meyne l'estroicte voye est perpetuel. Se donc le commandement est difficile, toutesfois on le doit faire pour parvenir a la gloire, car celluy q̃ n'aura compassion de aultruy, ne regnera mye en gloire, et celluy qui loyaulment ne bataillera et ne se deffendra, ne sera mye couronné. Certes dit encores crisostome, celuy qu'i dit que la voye de paradis est penible et laborieuse, il accuse sa paresse et negligence. Se aux mariniers et nauchiers les vens de la mer et des eaues, se aux laboureurs les tempestes, vents et hyver, se aux gens d'armes et chevaliers les playes et coups sont legiers et legieres a porter pour espoir qu'ilz ont de gaigner les biens mondains et temporelz et transitoires, par plus forte rayson quant on considere la remuneracion et le payement du ciel qui est incomprehensible et eternel, nous devrions souffrir et endurer tous maulx. Or ne regarde mye donc se ceste voye est estroicte, mais ou elle meyne et l'autre se elle est large, mais qu'est sa fin et son terme, car toute peyne et misere. Encore luy crisostome nous monstre et enseigne comment les commandemens de dieu ne sont pas difficiles, mais faciles et legiers, et dit A ce que ne debatons plus et ne dissimulons de garder les commandemens de la loy, et ne dyons quilz sont trop difficiles a garder sachons quilz engendrent a ceulx q̃ les gardent en les gardant et plaisir et utilité, car le royaulme du ciel aux gardeurs d'iceulx sera donné, et que pour l'amour de dieu voulentayremẽt no⁹ sommes soubzmys a les garder. Et en considerant ces deux choses, ce que nous disons estre difficile, nous sera fait facile, et prendrons grant plaisir a les garder, et le labour, ne nous sera plus labour, et de tant que myeulx les garderons et plus a l'estroict, de tant nous seront plus faciles et doulx a porter. Quand donc te viendra aulcune temptacion ou voulenté de faire contre les commandemens de dieu et de ensuyvoir tes plaisirs, soit de richesse ou d'aultre vice, parle a ton ame, et luy dy Te tristes tu que je prive le corps de son plaisir et de sa voulenté, esjouys toy pl⁹ tost, car je te dispose p̃ ce le royaulme des cieulx. Je fays cecy pour l'amour de dieu a qui ay promys de le faire, et non pas po² l'amour des hommes. Actens vng pou et tu voyrras le grant prouffit qui vient de garder telz commandemens. Après mon ame porter de grant couraige et paciemment le fais et la charge de ceste vie presente, et apres te esjouyras avec dieu de vne seurté, loyaulté et joye inenarrable. Certes se nous mections tousjours cecy en nostre ame et en nostre pẽsee, tantost nous la retirerions de tous vices et pechies. Dieu te demande vne chose, c'est que preignes vraye forte et grande guerre, pour l'amour et honneur de luy, qui est roy et pour ton salut, côtre ton adversaire le dyable d'enfer. Et certes se tu le faiz luy mesmes expediera la bataille, et ce que maintenant no⁹ semble estre importable, no⁹ le ferons et porterons legierement et facilemẽt.

A ceulx qui sont mal semble que les vertuz et que bien viure soyent difficiles, et que la voye de dieu est moult aspre et forte, mays se par vng pou de temps on viuoit iustemēt et vertueusemēt, on trouueroyt bien viure plaisant, et les vertus et les cōmandemens faciles, et la vie passee honteuse, ainsi que pouuons experimēter et estre certiffiez par ceulx qui bien viuent, et honnestement auec nous conuersent. Seneque. Aulcunes choses sont difficiles nō pas ainçoy, mais a cause que ne les voulons faire ne entreprēdre nous les faisons difficiles. Hylaire. A cause que ihesucrist a dit q̄ pou de gens vont et cheminent par la voye, et passent par la porte estroicte, a ce que les heretiques q̄ sont pou au regard de tāt de bōs cresteīs ne se gloriffiassent, en disant q̄ pource quilz estoyent pou, ilz aloyent le bon chemin estroict, nō pas les feaulx crestiens q̄ sont a grand nōbre, nostre seigneur dit Actendite a falsis prophetis diligēter. Regardes et cautement consideres les faitz et les ditz des faulx prophettes qui sont heretiques deceueurs, ypocrites, simules, faulx freres pretendēs espece de religion, a ce que ne vous deceuent soubz espece et couleur de paucite. Moralement troys faulx prophettes nous auons, cest assauoir la chair, le monde, et le dyable. Celuy est dict faulx prophette qui dit et promect de bouche vne chose et fait loposite, et ainsi decoyt. Le premier qui sont les faulx prophettes est la chair q̄ promect delectacions et plaisances et rend affliction et douleur eternel. Le second qui est mondaine cupidite z auarice, promect souffisance, et rend finale poureté. Le tiers qui est le dyable, ou orgueil mondayn, promect excellence et honneur, et rend finale hōte et abiection. Aussi cecy se peut entēdre de toꝰ les dyables lesquelz se transportent en anges de lumiere quant ilz veullent tempter, car tousiours ilz deceuent soubz espece de bien. Et pource dit monseigneur sainct iehan. Ne croies mye a tous esperitz, ca toute suggestiō, mais pmierement pues se elle viēt de dieu et se elle est de soy bōne z rend a bonne fin. Qui veniūt ad vos, telz ypocrites et faulx prophettes viēnent a voꝰ soubz vestemens de brebis. Cest soubz espece de religion deuant les hommes, cōme ministres de iustice en habit humble et abiect, en oraison longue et prolixe, en ieusnes estroictz et aspres abstinences, en grās aulmosnes, en parolles doulces et en aultres signes de deuociō, en simulāt toute humilite et faignāt simplesse, et ayant selō la postre lespece et faicon de pitie et de bōnes vertus, mais renpēt lessait de pitie z de toute bonte. Et pource dedans en leur cueur z en leur voulente peruerse de deceuopr, sont loups rauissans, car combien quilz soyent vestus soubz espece et habit de vertus, touteffois dedans sont touꝰ corrōpus, et pource deues plus craindre quilz ne vous decoyuent par leur simulacion et blandissemens. Car selō crisostome, nulle chose destruit z corrompt tant le bien, comme simulacion z ypocrisie, veu q̄ le mal couuert du manteau de bien, nest point cuite. Et selon sainct iherosme, cecy se peut entendre de tous ceulx q̄ par dehors, tant en habit que en parolle, aultre chose pmettēt quilz ne font par oeuure. Mais specialement se entend des heretiques qui apparoissent par dehors en cōtenence, en chastete en ieusne estre vestuz cōme de vng vestemēt de pitie et dedans ont le cueur venimeux pour deceuoir les simples crestiens et les faire preuariquer de la foy. Et pource que ces faulx heretiq̄s ne peuuent estre cogneuz en apparence z habit exteriore, ihesucrist apres mōstre en quoy on les pourra cognoistre. Cest par leurs faictz par leurs oeuures et operaciōs exteriores. A cause que leur conuersacion par dehors ne respond pas a leur cueur et a leur parolle, et q̄z ne sont pas fondez en la foy, mais on temps de persecucion et de temptaciō, sen fuyent et ne veullent rien souffrir pour lamour de dieu finablemēt seront cogneus. Selon sainct augustin, les vestemens z habitz de religion sans bonōs oeuures, souffreront vng grant iugement de dieu. Et seneque dit, que lomme mauluais qui simule et faint bōte, est tresmauluais. Et dit ēcore. Il te doit chaloir quel tu soyes, et nō pas quel on te estime et reppute. Jhesucrist promue apres par exemple ce que deuant a propose et mis et dit/que les espines et les chardons/la grappe et le figuyer/sont principalement cogneuz par leurs diuers fruitz et aussi sont les hommes par leurs diuerses operacions et diuers faictz. Nuquid colliguit. Il est impossible que les espines gectent grappes et raisins/et que les chardons facent figues. Crisostome Ce q̃ nostre seig'r ycy exemplifie et baille est pour demostrer q̃ telz simulateurs et ypocrites dessusdictz nont riens de doulceur, et de pitie Ilz sont brebis et ouailles iusques a la peau/et portant au dehors /de legier on les peut cognoistre / Par lespine on peut entendre la concupiscence charnelle qui tousiours brule & iamais nest consumee, par le chardon la malice spirituelle et du dedans en cueur/et est pleyne de poinctures et de aguillons de pechies, par le raisin ou grappe la feruer de la vie actiue/et par la figue la doulceur de la vie contemplatiue. Donc de la concupiscence charnelle/on ne peut cueillir bonne action et bonne operacion/laquelle requiert le corps obedient et subgect a lesperit. Ne aussi de la malice du cueur, on ne peut tirer contemplacion /laquelle requiert cueur pacifie et deuot, car en lame maliuole et peruerse ne entrera sapience, cest quant a la vie contemplatiue/et ne habitera on corps subgect a pechie/quant a la vie contemplatiue. qui est exercee par le seruice et mistere du corps. Puis apres nostre seigneur conferme son propos et son dit par exemple general, et dit que ainsi que tout arbre est cogneu par ses fruitz /non pas par ses fueilles/aisi homme est cogneu estre bon/non pas par ses parolles/mais par ses faictz. Se nous regardons seulement aux parolles/nous ne pourrons pas discerner les bons des mauuais, mais bien les cognoistrons par leurs faitz, cestassauoir quand ilz sont loyaulx/humbles et doulx /paciens chastes, fuyãs auarice et tous autres vices/lesquelz raconter seroit long. Les faulx prophettes donc seront cogneuz par leurs faitz. car et se aucuneffois ilz font du bien :comme ieusner, donner aulmosne et telles semblables choses, touteffoys pource quilz le font ou po' vay ne gloire/ou pour gueigner /leur simulacion ne se pourra pas celer longuement. Combien que le cueur soit fort secret / neantmoins par longue pratique et experience par ses operacions q̃ sont ses fruitz, peut estre des hommes cogneu, car tel q̃ chescune personne est/telles choses elle dit/ et fait/et oeuure. Non obstant que les mauluais et vicieux par vng temps cellent leur malice/ touteffois il nest pas bien possible que aulcuneffois publicquement ne facent quelque chose selon linclinacion de leur malice. Seneq̃. Nul ne peut longuement porter la personne saincte. Ceulx esquelz na point de verite/mais palliacion et fiction, tantost choyent Mais ceulx q̃ sont tout en verite/et en stabilite, prouffitent de myeulx en myeulx. Aussi erreur & paliacion aulcuneffois sont descouuers en temps de persecucion/ et de tribulacion. car et se aulcuns simulent humilite et bonte en temps de prosperite, et quand ilz quierent honeurs/touteffois leur orgueil est descouuert, quant ilz sont vituperes et mesprises et vilipendes. Aussi on peut cognoistre lypocrite, car quant il a obtenu ce q̃l demandoyt/come dignite/office ou preminence/il cesse les bonnes oeuures quil fay soit aincoy q̃l vint a tel honneur. Augustin Tout ce q̃ na peu apparoistre ne estre monstre par dit ou par fait/on temps de temptacion /sera monstre et apparoistra. Temptacion est en deux manieres /ou en esperãce dauoir guey̆n temporel/ou en crainte de le perdre. Quand on soubtrayra aux ypocrites les biens quilz ont / et les honneurs/ ou len leur denyera ce q̃lz desirent/alors on cognoistra se le loup est soubz la peau de laignel/ou laignel mesmes Aussi on les cognoist /car ilz oppriment les petis et moindres/detrahent et diffament les grans/reprenent les petites choses /ne veulet point estre corriges /ne font pas ce quilz oyet/se glorifient en leurs dignites et preminences se ennuyẽt a paracheuer les biens q̃lz ont commance/murmurent en leurs tribulacions & aduersites Et specialement les ypocrites et simulateurs sont cogneuz ainsi que dessus a este dit ou temps de persecucion et de tribulacion. Et sachez que lomme iamays ne parle si bien lengaige/comme le maternel. Aucuns sont semblables aux oyseaulx qui sont en cage/et en la gabiole. lesquelz muent leur propre lengue et simulent auoyr lengaige de homme/ou de aultres bestes/quant ilz sont ioyeulx/mais se on leur fait mal seulement on pied/ou silz ont vng pou de maladie/ou que on leur face desplaisir tant petit soit tantost parlent leur propre lengaige Ainsi plusieurs personnes on temps de prosperite ou que on leur fayt bien muent leur voix/sont simples et bons louent dieu/sont flateurs et pacifiques. mays silz choyet en aduersite/ou en aucune dessortune/tantost retournent a leur propre lengue/cest a ingratitude/a impaciece et a leurs premiers deffaultz/Et bien nostre seigneur dit a fructibus/voꝰ cognoistres aux fruictz quelz telz sont. car tout arbre/cest lomme bon/ayeus bonne voulente/fait bons fruitz. cest bonnes oeuures meritoires de vie eternelle Le mal arbre/cest le mal homme q a male voulente/faict maulx fruits. cestassauoyr oeures demeritoires et dampnables. Le faict interiore de la voulente est cause immediate du fait exteriore. Et pource sainct ambroyse dit que lintention mect le nom a loeuure. Et la voulete est celle qui saulue pour son bien fait/ou qui dampne pour son mal fait Les oeuures par dehors sont ses tesmoigz Et certes il est ainsi q le bon arbre/entant q bō ne peut faire mal fruit. ne au ptraire mal arbre entant q tel ne peut faire bon fruyt Et aisi se doit entēdre ceste auctorite par composicion. cest cōe a este dit larbre bō/entant q bon/fait bons fruitz et meritoires/et larbre mal demorāt en sa malice/fait maulx fruitz et desmeritoires Et pourtāt se lomme bon fait mal fruit ia nest plus bon. Et se lōme maulais veult faire bien/il nest plus mauuais. Le bon arbre donc fait bon fruit/et le mal arbre maulais fruits. car le bon hōme du bon tresor de son cueur/cest de sa bonne intencion et bonne voulente/laquelle comme vng tresor est en son ame mucee produit

et profere bonnes parolles et bons faictz/ et le mal hōme/du mal tresor/cest de sa male voulente/dict et profere males parolles et maulx faitz. car causes cōtraires/ont effectz cōtraires. Et selon bede/autāt vault dire le tresor du cueur cōme la racine de larbre/et ce que procede du cueur/et est fayct ou dict/est le fruit du cueur. Remy. Le tresor du cueur est lintencion pour laqlle dieu iuge nre oeuure. de grant ou de petit loyer et payement. Cest vng grant don de dieu q bonne voulente. Augustin. Bonne voulēte est par laquelle noꝰ desirons droictement et honnestement viure/et paruenir a souueraine sapience. Cellup qui a bonne voulēte. a ce qui est plus noble. que tous royaulmes/et qui est a preferer a tous playsirs et a toutes delices corporelles. Et celluy qui ne la a le deffault de tous biens/et pour laquelle auoyr deuroit toute mōde sil estoit en sa puissance vendre et donner. Car se la puissance et la faculte deffault/en tout et ptout la voulente souffit. La racine donc du bon arbre est la bonne voulente arousee et enformee de la grace de dieu. La fueille est la bonne cogitacion/la fleur/la parolle/le fruit loeuure La racine du maulais arbre est la voulente destituee de la grace de dieu. duquel arbre les fueilles choyet/les fleurs pallissent et assechent/et les fruits pourrissent. Du bon donc ou du mal cueur procedeet doit estre iuge le bon ou le mal frupt/ car de labondance du bien ou du mal q est au cueur par dedās/la bouche parle par dehors. Nostre seigneur en ce a voulu signyfier par la locuciō de la bouche/que tout ce qui est profere/ou dit de bouche/en faict ou en pensee procede du cueur/et de lomme de dedans. La coustume de la saincte escripture est mectre les parolles pour les faictz/et les signes poꝯ les choses/ainsi quil est dit en ysaye. Il ne fust parolle que le roy ezechias ne monstrast aux caldees. car il leur auoit monstre realemēt et de fait tout son tresor et non pas de polle. En cestuy lyeu ihesucrist specialemēt exemplifie de la bouche car par la bouche et par la parolle/le cueur specialement est demōstre/car les paroles

tiennent le premier lyeu en tous aultres sygnes. Et bien nötament il dit de la habondance du cueur la bouche parle. car il y a pl9
dedans le cueur que ce que on mect dehors
par parolles ainsi que la fumee sault du feu
se soulle et le roupin qui est au feu par chaleur sex sault p dehors. Crisostome. C'est
comme vne naturelle consequence/q̄ quand
il y a par dedans le cueur aulcune mauluai-
stie/les maulaises polles yssent p la bouc-
che. Et pource quando tu ouyras que aulcun parle parolles iniurieuses/inhonestes
et maulaises/ne penses pas quil ny ait en
luy plus de malice quil ne monstre et q̄ il ne
dit par ses parolles. et que la fontaine dōt
procedent telles parolles ne soit plus habondante et pleyne par dedās quelle ne gecte par son ruisseau par dehors. Ce que on
prossere par dehors/n'est que la superfluite
de ce qui est muce dedans. La lengue con-
fuse. plusieurs foys ne prossere et ne gecte
pas promptement sa mauluaistie. mays le
cueur qui na nul tesmoing/et est sans craite de dieu/tout le mal quil veult cōcoipt et
pense. Et affin que les teppides et negligens ne pensent que seulemēt soy abstenir
de mal sans faire bien/soyt sans peyne/et
quil souffise pour estre saulue/cōme ne prēdre rien de lautruy/viure sans querelle/noi-
se et debat. ne auoyr ꝓpassion de son proyme. nostre seigneur adiouxte apres. et dit.
Omnis arbor que non facit fructum bonū.
Tout arbre qui ne fait bō fruyt sera couppe et separe par la sentēce du iuge du nombre et de la cōpaignye de tous les bons crestiens. et sera mys en feu eternel par les anges q̄ sont executeurs de la sentēce du souuerain iuge. En cestuy lieu nostre seigneur
menasse ceulx qui ne ferōt bon fruyt de peyne de dommaige. car ilz seront priues de la
vision de dieu et couppes de la terre des viuans. et aussi les menasse de la peyne sensible. car ilz seront enuoyes au feu eternel. Et
ne leur reprouera pas le mal quilz auront
fait mais le bien quilz ne auront pas fait.
quando il leur dira. Esuriui et non dedistis.
Je ay eu faim. et vous ne me aues pas donne a menger. Or est assauoyr que les fruitz

du cueur sont contricion/meditacion de la
loy diuine/recordacion des benefices de di-
eu/memoyre de la mort/compassion de laduersite de son proyme. Les fruitz de la bouche sont oraison/predicacion/ actions de
graces/conseyller aultruy. correction de
celluy qui est errant. et enseigner les ignorans. Les fruitz de noz operaciōs sont/pe-
nitence/aulmosne/obediēce. diligēce en ce
a quoy on est tenu/ et tollerance en choses q̄
sont difficiles. Mais a ce q̄ on ne pensast
quil souffist aux crestiens seulement dire. je
suys crestien/et confesse les parolles appartenantes a la foy sans execucion des
oeuures. il dit apres. Quid autem vocatis
me domine. Pourquoy me appelles vous
seulement de bouche sire/et vo9 ne faycetz
ce q̄ ie dis. Comme se il vouloit dire. en ce o
vo9 pharisees estes ypocrites simulateurs
et doubles. vous estes arbres ayās fueilles
sans fruit/parolles sans oeuures. Et pour
ce vous estes maulditz. car autant y a de di-
ference entre dire et faire/comme il y a entre
fueilles et fruitz. Et pource il dit aps Non
omnis qui dicit michi domine. Tous ceulx
qui seulement de parolles et de bouche me
dient. sire/sire/ne entreront pas au royaulme des cieulx. car auec la ꝓfession de la foy
catholique/fault auoir bonnes oeuures/
veu q̄ la foy sans oeuures est morte. Mais
celluy qui fait la voulente de mon pere qui
est aux cieulx entrera en paradis. Quel merite peut on auoir enuers dieu/le appeller
seulement de bouche sire sire. Pourtāt ne
laissera ia estre seigneur. se nous ne le appellōs mye sire. Dōc dire selon verite a dieu
sire sire/ou nostre seigneu thesus c'est le croire de cueur/le confesser de bouche/et le tes-
moigner par oeuures/et lung sans lautre/
est plus le nyer que le confesser. Augustin.
Croyre en dieu est en le croyant le aymer/
en le croyant aler a luy/et soy incorporer en
ses membres. Plusieurs sont qui en leurs
oraisons seulement dient de paroles a dieu
sire sire/et souuēt le cueur est bien loing de
ce que la bouche prossere. comme sont les
ypocrites/qui demonstrent leur sainctete p
faitz exterioez au peuple. mais ce n'est que

toute simulacion, et est assauoir que soy cō-
former a la voulente de dieu, est toutes aduersites auoir en pacience, repos de ame
contempler sur toutes choses, la face de dieu comme presente, et a elle auoir reuerence et honneur, considerer sa gratuite bonte
en la creaciō et gubernacion de toutes choses, faire tout a ledificacion de son proyme
premediter tout ce que on doit faire, ou dire ne penser nul mal, auoir en memoyre les
choses aduenir. Et affin que non seulement ne soions deceuz par ceulx qui appellent le nom de dieu de bouche et nō par oeuure, mais aussi par ceulx qui font aulcunes
bonnes oeuures et aulcuns miracles, il dit
apres. Multi dicent. Plusieurs au iour renōme du iugement terrible, me diront selon
crisostome, quand les cueurs parleront et
non pas les bouches, quād la personne ne
sera pas interrogee, mays la conscience sera discutee, la ou ny aura tesmoygnaige de
homme flateur, mais seulement des anges
vrays. domine domine nōne in nomine tuo
sire sire, ne auons no9 pas en ton nom, c'est
adire en ta vertu et en inuocaciō de ton nō
prophetize, c'est anonce choses occultes, z
les diz secretz reuelez p toy aux pphettes
et mys hors des corps des creatures les diables, et auons fait en la vertu de ton nōm
plusieurs vertus et miracles Telz sont semblables a ceulx qui bien enseignent, et mal
viuent, qui confessent dieu de bouche, et le
denyent par operacion, desquelz il mect la
sentence et dit. Oncques quant a ma predestinacion ie ne vo9 ay cogneuz par cognoissance de approbacion. mais bien de reprobacion. Augustin. Dieu cognoist les repro-
ues, lesquelz il iuge et condempne et ne les
cognoyst pas, car il ne approuue pas leur
voulente, laqlle discorde de la sienne. Be-
be. La science des escriptures ne fait pas la
personne cogneue de dieu, laquelle par ses
oeuures se fait indigne destre presentee deuant ses yeulx, et en la fin la deboutera de
sa compaignye, pour ses maulaises oeuures et dira. Discedite, despartes vous de
moy vous tous qui faictez oeuures et faitz
iniques, maulais et peruers, et sans bon

fruyt, allez en dampnacion eternelle Bō-
par ce qui est dit dieu ne cognoist sinō ceulx
qui font les oeuures selon equite, et iustice et bonnes. Il est commande aux mauluais de se despartir de dieu, car combien ql
soit en tous lieux present par sa deite, touteffoys il nest pas tousiours present come
obiect de beatitude. Or il dit on temps present, qui oeuures, car encores en eulx est la
fectiō maulaise. Iherosme. Il ne dit pas
qui aues fait mal, affin quil ne fust veu oster le lieu de penitence, mais dit qui faictes
mal, c'est a dire vous qui aues laffection de
mal faire iusques a leure presente, qui est le
iour du iugement, combien que vous nayes pas la faculte ou puissāce, despartez vo9
de moy. Crisostome. Il ne dit pas qui a-
ues mal fait mais q̄ le faictes, car les mauluais ne laissent point a estre maulaias po9
teur dampnacion et mort Et combien quilz
ne puissent pechier de fait. touteffois ilz ne
perdent point la voulēte de pechier, se ilz a-
uoyent la puissance, car cōbien que la mort
seppare lame du corps, touteffoys elle ne
peut muer le propos de lame. Crisostome.
Nostre seigneur en ce lieu veult demōstrer
que la foy sans actestacion de bonnes oeuures rien ne vault. Et ie dy q̄ non seullemēt
foy, mais quelque grande ou merueilleuse
oeuure que on face, sans la possessiō et heritaige de vertus, est de nul proussyt, car ne
foy ne aulcuns miracles riens ne valet, si la
vie nest bonne, et que elle ne porte bon tesmoignaige iamays la beatitude nest myse
aux oeuures ou aux signes merueylleux,
mais en lacomplissement et perfection des
commandemens de dieu. Cellup qui veult
estre approuue par la demonstrance des sygnes ou miracles quil fait, ne peut estre approuue bon et digne de saluacion. mays la
bonne vie, et les bonnes oeuures desseruēt
la couronne de gloire. mesmes sans signes
ou sans miracles Et grans signes ou grās
miracles sans bonne vie, ne fait pas euader
les tormēs denfer Il est aussi a noter que
aulcuneffoys lopperacion des miracles vient par les merites de celluy qui appelle le
nom de nostre seigne9, aulcuneffois du me-

rité de celuy sur lequel le nom de dieu est appelle/ et aulcuneffois ne du merite de celuy qui appelle le nom de dieu/ ne du merite de celuy sur lequel il est appelle/ mais pour lutilite des assisteurs, affin que en ce voyant/ louent et glorifficent dieu et croyent en luy. aulcuneffois a la dampnacion/ tant de linuocant que des presens affin q̃ en les voyant ny croyent pour leur indignite et mauluaistie ilz ne les voyent/ et soient aueugles et aulcuneffois miracle eslieue le faisant en vaine gloyre/ ou en elacion/ ou en aultre maniere luy nuyst. Donc te esmerueille point se aulcuneffoiz les mauluais prophetisent ou font miracles, car telles choses sont graces de dieu gratuitement donnes/ lesquelles sont donees principalement pour la commune vtilite de toute saincte eglise/ et bien pou a lutilite de la personne singuliere. Et aulcuneffoys sont donnez de dieu a la inuocacion du nom de ihesucrist et po² la declaracion de la vertu de son nom/ et pour la confirmacion de la foy/ combien que ceulx qui lappellent soyent mauluais/ ainsi que vne bonne aulmosne est donnee du bon maystre aulcuneffois par le moyen de son mauluais seruiteur. Suyuons donc tout bien et fuyons tout mal/ et de tout n̄re desir obeyssons aux commandemens de dieu. et par telz faitz et telz offices soyons cogneus de luy/ et nous glorifions plus de faire ce q̃l veult et quil comande/ q̃ de accepter grans choses par lesquelles nous vo² pourrions glorifier/ et par ainsi dampner Et pour ce que nostre seigneur au iour du iugement deboutera de sa compaignie ceulx qui lont seulement confesse de bouche. et qui ne ont pas accomply par oeuvre sa loy/ il conclud linutilite de e'ouyr la loy/ sans quil en ensuy ne fruyct et bon effect/ et bõ oeuure/ en no² admonnestant/ que acomplissons de faict ce quil nous cõmande/ a ce que ne soyons dampnez auec les mauluais oeuuriers. Et est la conclusion de tout son sermon/ laqlle come terriblement est inferee/ deuõs moult bien et de cueur considerer. Il dit donc/ omnis/ toute personne sans nul excepter et excuser/ qui oyt des oreilles interiores les pa

rolles que iay dictes en publicq/ et les accomplist est fait par oeuure en affection de charite/ sera semblable et compare a lõme sayge qui se pourvoyt pour le temps aduenir. et qui a edissie sa maison. cest a dire la construction de ses bonnes oeuures sur la pierre/ cest sur ihesucrist/ en faysant toutes ses oeuures pour lamo² de luy/ car tel fait oeuures bonnes de foy et par droicte intencion qui sont deux choses tousiours requises a lacomplissement de la loy euangeliq̃. Sur telle maison la pluye est descendue a grant abondance/ cest assauoir la temptacion de concupiscence charnelle/ les fleuues dauarice mondaine sont venuz/ les vens ont vẽte de dyabolique vanite et dorgueil/ et par impetuosite et importunite de temptacion se sont efforcez de abatre la maison qui est par vert² edifie sur la ferme pierre/ cest ihesucrist/ ⁊ ne lont pas dissipee ne abatue/ car elle nest mye cheute de stabilite et constance et propos des vertus /po² ce q̃lle na point este surmontee par temptacion. Elle estoyt fondee et enracinee finablement. et perseueremment sur la ferme pierre qui est ih̄ucrist Donc le saige qui acomplist de faict ce qui est a faire/ edifie fermement/ car par le assemblement et agregacion des bõnes oeuures /dieu luy donne grace/ laquelle asseure et afferme tout ledifice spirituel contre toute ruyne/ car en bien faisant nous desseruons enuers dieu obtenir grace de perseuerance en bien/ affin que nostre edifice spirituel/ fonde en la pierre de foy/ esleue par esperance/ ferme par charite/ ne puisse estre abatu/ne par pluies ne par fleuues/ ne par vens. Icy est touchee la difference de trois temptacions/ en laqlle sont signifiees toutes les aultres manieres de temptacions. On peut aussi dire quilz sont aulcunes tẽptacions voluptez et de cõcupiscences charnelles/ et sont signifiees par la pluye/ laquelle choyt goute a goute/ et faict moulle lieu ou elle choit Aultres temptaciõs sont de aduersite et de tribulacion/ et sont signifiees par le fleuue. car telles tẽptacions viennent impetueusemẽt. Les aultres sont par persuasion ou par menasses humaines/ ou

par suggestiõs diaboliques, qui sont signifiees par les vens. Or toutes ces temptacions deuantdictes celuy ne craint point, qui
a sa maison fondee sur la ferme pierre, qui
est ihesucrist, auquel il sappuye par lobseruance de ses commandemens. Mais celuy
est bien perilleusemẽt qui oyt bien et scet ce
quil doit faire τ nen tient compte. car nul na
fondement en son ediffice stable et perpetuel, et nest point aussi ferme en ce que dieu
commande, ou quil oyt qui est a fayre, se
de opperacion et de faict ne le monstre. Et
cest ce que consequemment il dit, omnis qui
audit, toute personne qui oyt mes paroles
deuant dictes, et ne les acomplist de fayct,
mais quant est de soy les contẽpne, est semblable en coulpe au sol qui a ediffie sa mayson, cest adire qui a mys ses bonnes oeuures sur le sablon, cest en lamour des choses terriẽnes, qui sont mobiles et instables
quant au fondement. car sur telles choses
iamays nya bon fondement. Et tel fondement font ceulx qui contempnẽt les choses
celestes, et tousiours desirẽt les choses terriennes, et mectent leur intẽcion en aultres
choses q̃ en dieu, car toute creature est mu-
able. Larene et le sablõ signiffie la couuoytise des choses terriennes, poᵘ ce quelle est
sterile et sans fruit. ainsi celuy qui ayme les
delices de ce monde, ne peut auoir fruictiõ
de dieu. et ainsi q̃ larene tousiours decourt
et deffault, ainsi toutes choses passent cõme vmbre, et ainsi que tousiours larene est
batue par les flotz de la mer, ainsy telz qui
ne mectent leur cueur en dieu, et qui ne gardent ses cõmandemens, sont tousiours ba-
tuz et en tribulacion, tant en cestuy monde
que en lautre. Aussi par le sablon est signiffiee la congregacion des mauluais, qui est
comme larene innumerable, est sepparee et
deuisee par discenciõ et debat, est sterile p̄
deffault de bonnes oeuures. Et pource ne
peut estre longuemẽt quelle ne choye en pechie. Sur tel ediffice sont venuz tous les
maulx deuantditz et les temptacions, et subitemẽt et auec impetuosite, sont cheuz sur
telle maison mauluaisement fondee. et tantost elle est cheute par coulpe et par pechie

et sa ruyne a este grande, car elle est cheutte
iusques au feu denfer. premieremẽt elle est
cheute en la fosse de pechie, et apres en celle denfer qui est totalemẽt irreparable. Toute conscience laquelle ne demeure ferme en
dieu par esperance ne peut resister, ne durer
longuement contre les temptacions, et de
tant plus est agetee et tormentee, quelle se
deppart et esloigne des choses souueray-
nes, en soy laissant decourir et encliner aux
choses mondaynes et caduques. Bede. Il
est tout cler et manifeste, que au tẽps de tẽptacion, tantost et les realemẽt mauluais, et
ceulx q̃ par fiction apparoissent bons, sont
faitz plus mauluais, iusques a ce quilz choyent a la fin en la peyne perpetuelle. Crisostome. Nostre seigneᵘʳ dit de la ruyne de telle maison quelle a este fort grande. De perdre de petites et legieres choses, nya pas
grant peril ne grant perte. mays du peril et
de la perte de lame, des tormens qui sont
sans fin, et de la perte de la gloyre eternelle, quand on y pense bien, cest chose bien a
craindre et a doubter, et est grãt perte. Touteffois celuy qui oyt la parole de dieu et ne
la acomplist de fait, ne choit pas tousiourſ
en ceste perilleuse ruyne, par quoy appert
quil ya double distinctiõ en cestuy lieu po˜
bien entendre cestuy pas, omnis qui audit
et non facit. tout homme qui oyt et ne fayct
mes paroles τc. Lune est de la p̃tie de louyant. car celluy qui oyt la parolle de dieu, ou
il a laisse de faire par contempnemẽt, et en
tel cas la similitude p̃posee a lieu. Ou il la
delaisse de faire et acomplir par humayne
fragilite. et adoncelle na point de lieu. Lautre distinction est de la partie de la parolle
de dieu, car les parolles de dieu que aulcũ
oyt, ou elles sont necessaires a salut, cõme
sont les õmandemẽs euãgeliques, et adõc
la similitude deuantdicte a lyeu. Ou ce sont
les paroles des consaulx et de ce qui est de
supererogacion, et alors, elle na point de
lieu, se non quant aux parfaitz. Moralement la maison du iuste cest la conscience,
de laquelle il est escript aux prouerbes. Ne
quiers point de iniquite en la maison du iuste. de laquelle maison lediffice est fait par

l'affection de bonnes oeuures. les fosses p̄ contempnemēt des choses terriennes, et affection de pouurete, le fondement par la meditacion et amour des choses celestes, l'impugnacion contre les temptacions, par l'immobile perseuerance et cōstance en bien. Mais la maison du maulnais, est la maulnaise conscience, de laquelle il est escript en michee le prophette, encore est le feu en la maison du maulnays. De laquelle maison l'edificacion et bastimēt est l'amoᵘʳ des choses terriennes. Le deffault du fondemēt est l'instabilite et incōstance de la pēsee, l'inundacion des eaues et des fleuues, a la fluxibilite des delices charnelles, la cheute, la promptitude de pechier, la grandeur de la ruyne, la dampnacion eternelle. Aussi la maison tremble ou temps de temptacion, elle se baisse et se incline par delectacion, et elle choyt par consentement. C'est vne grant cheute au consentement, car on choit de la grace de dieu. Elle est plus grāde en l'operaciō, car on choit de la vraie vie. Elle est tresgrande en obstinacion, car on choyt de la misericorde de dieu. Or est assauoir q̄l y a trois manieres de p̄sōnes q̄ edifient habitaciōs et maisous. Aulcuns sont qui seulement ayment dieu, et telz edifient or, argent et pierres precieuses. L'or en l'amour des vertus, l'argent en la cognoissance de verite, et les pierres precieuses en l'operacion des bonnes oeuures. Aulcuns sont qui ayment aulcunes choses transitoires auec dieu, touteffoys ne ayment ryens contre dieu, ne plus q̄ dieu, et de telz le fondement demeure, car l'amour de dieu n'est point destruict ne perdu pour choses quilz ayment auec luy. Touteffoys pource que aulcune corrupcion est p̄traicte par les choses quilz ayment auec dieu, car totalement leur affection n'est pas necte, sur le fondement de l'amour de dieu edifiēt bois, fein et estouppes. Par le boys est entēdu le pechie de operaciō illicite, par le fein le pechie sans oeuure de maulnaise delectacion, par les estouppes le pechie de illicite cogitaciō. Aussi aulcuns sont q̄ ayment aulcunes choses qui sont droictement contre dieu, et le fondement de l'ediffice de ce tiers totalement est gaste perdu et destruict, car l'amoᵘʳ de dieu ne peut estre, sil n'est seul ou principal et maistre. Et pource il appartient aux p̄miers estre loues et saulues, aux seconds estre corriges et deliures, et aux tiers estre redargues et dampnes. Aussi sont aulcuns qui sur le fondement de foy edifient l'or de contemplacion, aulcuns l'argent de predicacion, les aultres pierres precieuses de bōnes operacions, et telz seront saulues, tant poᵘʳ le merite de leur fondement qui est l'amour de dieu, que aussi poᵘʳ les bōnes operacions quilz font. Aultres personnes sont qui edifient boys, c'est assauoir l'amoᵘʳ trop ardent des chosez terriēnes, les autres edifient fein, c'est assauoir fyens et ordures de delectacions charnelles, les aultres estouppes ce sont polles oyseuses, et oeuures de pou de fruyt, et seront aussi saulues par le merite du fondemēt, mais touteffoiz ilz passeront par le feu de purgatoyre, pour bruler et purger l'edifice qui n'est pas conuenable ne ydoyne a tel fondement. Apres pour la conclusion de tout ce qui a este dict par auant, ihesucrist dit. Et factum est. Et fut fait ainsi que nostre seigneur acomplist et cōsumma les parolles deuant dictes, c'est assauoir le sermon quil eut dit en la montaigne, lequel est bien dit consumme, car en luy n'a ryens imparfaict, ne superflu, mays toutes choses necessayres sont contenues en icelluy, le peuple en l'ouyant s'esmerueilloyt sur sa doctrine, et de la grandeur et excellence de sa sapience. Or comme dit crisostome, nous noᵘˢ esmerueillōs de ce q̄ dignement et parfaictement ne pouuons louer, enquoy est demonstree l'eminence de la doctrine de ihesucrist, car les turbes s'esmerueilloyent de luy, pource quil enseignoyt tresdignes haultes et grādes vertus et parfōde doctrine, et en ce suppleoyt l'imp̄fection de la loy. Et ne promectoit pas seulement les biens terriens, mais auec ce les biēs celestes, et en toutez choses il cōfermoit mōlt sa doctrine. Et par apres est myse la cause de telle admiracion, quand il est dict. Erat enim docens illos sicut potestatem habēs,

Luy mesmes par ses parolles enseignoyt le peuple et les turbes/cōme ayant puissance sur eulx/en preferant les consaulx aux cōmandemens/et en adioustant a ce q̄ la loy disoit pou/aussy en declayrant et exposant les auctorites/et obscurites de la loy. en la muant selon son vouloir/comme acteur et condicteur dycelle/ou en la reuocant selon son plaisir/comme celluy qui nestoit a nulle loy subgect/et ōme ayant puissance de guerir les malades/et de faire miracle et de imprimer et de conuertir les cueurs des escoutans a soy. non pas ainsi que faisoyent les scribes et pharisiens qui donnoyent commandemens et bailloyent au peuple selon ce quilz auoyent apris en la loy/et ne leur estoyt pas licite de en muer vng seul. Ainsi q̄ moyse mesmes ne pouuoyt aultre chose parler fors ce q̄ dieu luy commandoyt dyre et ne pouuoit muer le moindre commandement ou la meindre chose q̄ on luy commandast ne faire quil ne la dist. puys q̄ dieu luy auoyt commande. Crisostome. Le peuple entre les grandes oeuures de nostre seigñr sesmerueilloit fort de sa puissance. car il ne bailloit pas ses cōmandemens comme par puissance daultruy/ainsi que faisoit moyse et les aultres prophettes/mays a peyne et par tout/et en tous lieux se demonstroit estre celluy qui auoit puissance de commāder ainsi que souuent quano il ordonnoyt ses commandemens il disoit/ego autem dico vobis/certes ie vous dy. Et en faisant mēcion du terrible iugement/se demonstroyt en deuoir estre iuge qui rēdra a vng chescū selon ce quil aura desseruy/soyt biē ou mal Regarde maintenant les disciples cōment ilz regardent humblement et reueranment/ en toute intencion et affection de pensee le bon maistre/et escoutēt ses belles parolles en les retenent en leur memoyre/car elles sont de grande ioyeusete et prouffit/et son doulx regard estoyt le plus bel que onques fut ne sera. et pource grace estoyt diffuse par sa bouche Tu prēdras grande ioye en ceste consideraciō/en le regardāt et escoutant/tout aisi que si tu le veoyes et ouoyes parler/et en te approuchant de tous eulx/se

parauenture tu es tel q̄ aulcuns te appelle en demourant en telle contemplacion/tant quil plaira adieu te y laisser. Et en apres aussi regarde le auec ses disciples descēdās de la mōtaigne en parlant a eulx familierement parmy le chemin. et commēt ces belles parolles il disoit/et comment ceste belle compaignye len suyuoit/non pas en ordonnance curieuse/mays cōme les poussins vont apres la geline. Et vng chescun afin quil le ouyst mieulx/sefforce soy approcher de luy. Ensuys cestuy p̄cieux tresor au moins de loing/affin que si parauenture, cheoyent aulcunes miettes ou reliques de la bouche de cestuy bon maistre. tu les puisses recueillir et amasser et mēger par affection et mettre hors par effect.

Oraison

O Sire ihesucrist tresclemēt/fay moy entrer en la sale de salut/et en la vie de gloire/par lestroicte voye de iustice/et par lestroicte voye et porte de penitēce/eseigne moy a escheuer la fallace des trompeurs et deceueurs. et me donne que ensuiue la simplesse et linnocence de loueille et de la brebis spūelle. Fay moy ficher la racine de mon cueur on ciel/et non pas en la terre/affin que ie desserue estre trouue loyal en fruytz de bonnes oeuures/plus tost que en fueilles de paroles et de lengages. Fay aussi que ie face la voulente du pere celeste/en ouyant tes sainctes parolles z en les acomplissant de oeuur̄e/a ce q̄ en toy soye ferme/et par quelconque temptacion/nen puisse estre separe. Amen.

De la guerison dung lepreux chapp. xli.

La loy euāgelique dōnee et exposee en la mōtaigne/ps̄equāment est mise sa cōfirmacion par vng miracle/car la faicon du bon maistre est de approuuer sa doctrine par fayct. Acomply donc le sermon et le preschyz/le seigneur descendant de la montaigne/grād turbe et compaignie de gens le suyuoyent pour ledificacion z deuocion/desquelz fut esmeu a faire miracle. Iheroſme. Apres la pdicaciō z doctrine/est trouuee occasion d̄ fayre miracle ace q̄ par tel grāt signe. le ser

mon fust conferme aux cueurs des escoutans. Crisostome. Incontinent nostre seygneur acomply son sermon procede a fayre miracle pour robozer et auctoriser son sermon, et pour monstrer qͥl estoit merueilleux tant en parole que en fait. Theophile Jhesucrist a mescle miracle a doctrine. Et sil ne eust fait miracle/on neust mie creu a son sermon. Ainsi toy o prescheͬ apres ton sermõ faiz bien/a ce que ton sermon ne soyt vain et sans prouffit. Selon le sens mistique/ quand nostre seigneur descendit de la montaigne de lerellece diuine/en la vallee dͤ nostre humanite/en demourant toutesfoyz tel quil estoyt, et en prenant ce quil nauoit/ce fut quãd il se humilia iusques a prendre la forme du seruiteur/descendoit grand multitude de peuple. car sil ne fust descẽdu en terre/homme ne fust monte pour lensuiuir. Et ceft grand dignite a nature humaine/ensuy ure dieu fait homme. Selon saint augustin nostre seigneur premier a nectoye et guery

vng ladre/pour demõstrer que le nouueau testament auoyt este sur la montaigne, et q̃ leuangile estoit plus digne que la loy, laquelle gectoit les meseaux et leproux hors des tabernacles et du peuple, et ne les guerissoyt mye. Mais y semble que saint mathieu et saint luc sont contraires en ce pas. car saint mathieu dit que quand nostre seigneur descendit de la montaygne/il guerit cestuy ladre. saint luc dit/que ce fut en vne cite. Response selon la glose/ Quand ihesucrist fut descendu de la montaygne/y eust vng pou dͤ interualle/aincoys q̃l estrait en la cite, et en cellui interualle ce ladre fut gueri, ainsi q̃ dit sait mathieu, laquelle chose saint luc ne dit mye, mais dit luy estãt en vne cite/cest capharnaum/car il en estoyt a vne lieue et demye contre orient/ et le prent cõme se nostre seigneur eust este dedãs. Le leproux donc venant non tant de piedz corporelz que par deuocio et foy de cueͬ/mist ses genoulx en terre, et adoura ihucrist/ en toute humilite et le prioit de bouche. Et en somme troys choses monstra, cest sa foy/ son humilite, et son oraison. Il gecta sa face en terre cõme humble, ne couura poit ses plaies ne ses ordurez, mais humblemẽt les confessa et les publia, et pource desseruit estre nectoye. Ainsi lomme se doit humilier/ a ce qͥl soit ouy de dieu, et purifie de ses pechies. Sainct ambroyse dit, que ce q̃ cestuy malade cheut en sa face, est signe de humilite et de vergoigne, et enseigne que vng chescun ayt honte de ses pechies/ et de sa male vie. Mais ce q̃ pour honte ne cessa confesser sa maladie/nous mõstre q̃ nous deuõs monstrer τ dire au cõfesseur nostre deffault et demander a dieu pardon. Cestuy poure ladre dõc adouroit nostre seigneur et disoit Sire qui as fait toutes choses/si tu veulx tu me puis guerir. Par ta voulente toutes chosez sont faitez. τ tout obeist a elle. Il ne dist pas nectoye moy, mais a sa voulẽte cõme a dieu actribue puissance de guerir. Cõme sil disoit Tout ce q̃ tu veulx tu peuz. Sur quoy dit Aprenons par les parolles de cestuy ladre/ne demander pas la guerysõ et sante des maladies corporelles, mais tout mectre au plaisir diuin qui scet quand et qˉl le chose doit doner. Cestuy ladre donc pource quil confessa en ihesucrist diuine puissance et monstra sa foy τ deuocion / desseruit estre guery. Alors nr̄e seigneur ayant compassion de luy / luy extendit et donna la main contre les auaricieux en signe de liberalite / le toucha en signe de humilite contre les orgueilleux / et dist / ie veulx en memoyre de pitie / contre les enuieux q̄ tu soyes nect / et ce fut signe de puissance contre les incredules. Et saches q̄ la lepre corporelle / est en cincq manieres guerie. Premierement par ablucion baptesme τ lauement / ainsi quil appert en naaman. et signifie contricion / et effusion de larmes. Secondement par ostencion / et par monstrer son cas / ainsi quil appert par les deux ladres / lesquelz quand ilz aloyent pour soy monstrer aux prestres / furent netoyes et gueriz / et signifie confession de bouche. Tiercement par sepparacion / ainsi quil appert en marie seur de moyse / et signifie excommunicacion / laquelle doit estre medicinable en la maniere dung fer chault / lequel on mect sur la playe pour guerir. Quartement par inclusion / ainsi qˉl appt en la main de moyse / laqˉlle quand la tira hors de son sein apparut toute leprouse / et quand la remist dedans son sein fut guerie. Ainsi plusieurs q̄ sont au monde / cōme ladres par vices et pechiez / sont nectoyes p̄ estre en cloistre de religion. Quintement par toucher / come il appert en cestuy lyeu / la ou est dit que la main de ihesucrist toucha la chair du ladre / et tantost fut toute necte. Sur quoy est a noter quil ya troys manieres de touchemens q̄ fait dieu / q̄ sont moult vertueux. Le premier est purement corporel / le second pur spirituel / le tiers en partie corporel et spirituel en ptie. Le p̄mier q̄ est pur corporel est quand celuy q̄ touche et celuy q̄ est touche est pur corporel / et tel toucher fut en ihesucrist moult vertueux / car par celuy il guerissoit toutes maladies vniuersalement / come il appert on saint euangile de plusieurs. Le secōd q̄ est en partie corporel / et en ptie spirituel / est quand celuy qui touche est spūel / et celuy q̄ est touche est corporel / cest le tast

de tribulacion / qui est moult vertueux / car il vault a restraindre la durte de peche / et a reprimer la concupiscence charnelle / et a approuuer la paciēce des iustes. Le tiers qui est tout pur spūel est quand cellui qui touche et celluy qui est touche sont spirituelz / et cest le tast de internelle ispiracion / et est mōlt vertueux. car sa vertu est selon sept effectz qui sont les sept dons du saint esperit Le pmier effect de tel touchement / est inspiracion de bon propos ou bōne conception / τ ce appartient au don de crainte. par lequel on concoipt lesperit de salut. Le second effect est remission des pechiez par la grace de dieu / et tel tast peut estre raporte au don de pitie selon que dist daniel au roy nabuchodonosor / rachete tes pechies par aulmosnes Le tiers est instruction des choses vtiles et necessaires au salut / et peut estre refere au dō de science / laqˉlle enseigne cōment on doyt conuerser droictement et selō dieu. Le quart est corroboracion a bien faire et a bien entrepr̄edre choses difficiles / et ce est quand au don de conseil / leqˉl regarde les oeuures de supererogacion. Le quint effect est consolacion en tribulacion / par quoy lame est fortifiee a endurer choses dures / et contraires / et ce est quand au don de force / laquelle force principalemēt / est p̄sideree en la tolleracion des aduersites q̄ pouuēt aduenir a la personne en cestuy monde Le sixiesme effect / est inflāmacion de charite et de dilection de dieu / et ce est quand au don de entendement / leqˉl enseigne a entēdre. cest a lire en sa cōsciēce les beneffices de dieu / et par recordacion dyceulx lame est enflambee en lamor de luy. Le septiesme effect est / alienacion des choses terrienes / et contemplacion des celestes / et cest quand au don de sapience / leqˉl fait sauourer les choses souueraines τ eternelles / et non pas les basses et celles de terre. Et cōfestim mūdata est lepra ei? / et tantost au cōmādement de nr̄e seigneur la lepre fut necte / et le lepreux fut tout guery Et come il soit ainsi q̄ icy la grande puissance de ihūcrist soit demōstree. touteffoiz auec ce sa grande humilite y est declaree / car il ne refusa pas a toucher le ladre / leqˉl la loy bou

v ii

toit hors des citez et des compaignies du peuple sain, et a peyne les scribes et phariſiens le daignoyẽt regarder. Et cecy nře ſeigneur fit nõ ſeulemẽt pour le miſtere de ſa guerison eſpirituelle, mays auſſi poꝛ nous donner exẽple et forme de humilite et de cõpaſſiõ, affin q̃ ne deſpriſaſſons pſonne pour quelq̃ tache ou maladie q̃lle puiſſe auoyr. Auſſi il le toucha pour demõſtrer q̃l eſtoyt par deſſus la loy, laq̃lle deffendoit q̃ on ne touchaſt pas les ladꝛes. Et auſſi q̃l eſtoit ſeigneur de la loy, et non pas ſeruiteur. car cõbien q̃l cheminaſt ſelon la loy, touteſſoys il gueriſſoyt ceulx q̃ la loy ne pouuoit guerir. Auſſi il le toucha affin q̃ la lepre, laq̃lle oꝛdoit et maculoit ceulx qui la touchoyẽt. p ſon atouchemẽt ſe deſpartiſt. car ſa main ne fut pas faicte oꝛde pour latouchemẽt de la lepre. mais le coꝛps du ladꝛe qui eſtoyt oꝛd fut nectoye par la main ſainte de iheſucriſt. Pource que la loy ne pouoit faire q̃ ceulx qui toucheroiẽt le lepreux ne fuſſent oꝛdz et contamines, elle deffendoit q̃ on ne le touchaſt, non pas affin q̃ les ladꝛes ne fuſſent gueris, mais affin q̃ ceulx qui le toucheroyẽt ne fuſſent faitz oꝛdz pꝛ tel atouchement. Et luy q̃ la gueriſſoit ne pouuoit eſtre fait oꝛd par le taſt dicelle. Et cõbien q̃ en ce ſay ſant il ne gardaſt pas la loy a la lectre, touteſſois il ne fit pas cõtre ce que la loy deffẽdoit, ne auſſi contre les propoz dicelle, car il neſtoit pas deffendu q̃ on ne peuſt toucher vng ladꝛe, a celluy qui le pouuoyt gueryr par le toucher. Ainſi helie et heliſee ne firẽt pas contre la loy, quand ilz toucherent les moꝛs pour les reſuſſiter. Non obſtã q̃ noſtre ſeigneꝛ par ſa ſeule parole peuſt guerir ceſtuy meſeau, touteffoys il y miſt la main car lumanite de iheſucriſt eſtoit cõme inſtrument de la diuinite. Et poꝛ ce ainſi q̃ le mecanique moyennant ſon inſtrumẽt, fait et exerce ſon art, ainſi la vertꝰ diuine en ihũcriſt pꝛ aplicatiõ de lumanite de ihũcriſt oeuuroyt et faiſoyt choſes merueilleuſes, et ſe monſtroit eſtre vnie et conioincte a icelle humanite en celluy ſuppoſt. Oꝛ noſtre ſeigneur apꝛs q̃l euſt touche le ladꝛe, et q̃ miraculeuſement leuſt gueri luy cõmanda q̃l ne le diſt a

nully, affin q̃ par ventence et iactãce ne diſt ſa guerison, et auſſi pour nous dõner exẽple de euiter vaine gloire en noz bõnes oeuures et de non les diuulguer, et de nous abſtenir pour telles bõnes oeuures de nõ querir le poyemẽt dargent et de gloire mondaine. Enſoſtome. Noſtre ſeigneꝛ diſt a ceſtuy ladꝛe q̃l ne diſt a nully, q̃ il le auoit guery, pour nous enſeigner combien il eſtoit loing et eſtrange de gloire mondayne, et de iactãce, et q̃ en luy ny auoyt pechie. Et certes il cognoiſſoit bien q̃l ne ſen tairoit pas, mais pour la grandeur du beneffice le pſcheroyt par tout. et touteffois tant quil eſtoit en luy ne vouloit pas q̃ ce quil a fait fuſt dit ne pſche. Et combien q̃ en vng aultre lieu il commandaſt a vng q̃l publiaſt ce que dieu luy auoit faict, touteffois ce neſtoit pas poꝛ ſoy venter et neſtoit pas contre ce q̃ maintenãt deffend. mais le faiſoit, affin q̃ ceulx qui eſtoyent gueriz, rendiſſent graces a dieu, et q̃lz ne fuſſent ingratz. Il ne cõmanda pas que lon le exaulſaſt et louaſt, mais q̃ on dõnaſt de ſa guerison gloire a dieu, en noꝰ de monſtrãt q̃ par le ladꝛe lequel il ne vouloit pas q̃l publiaſt ſa guerison, que en tout le bien que faiſons, fuyons vayne gloyre, et toute iactance. et auſſi par celuy quil auoit nectoye de la legiõ des diables, fuſſons admonneſtes de refferer et dõner graces a dieu de ſes beneffices, et q̃ de toutes choſes merueilleuſes deuons refferer louanges et graces a dieu. Nous voyons q̃ quand aulcuns ſont en aulcune maladie, pendant la maladie ont touſiours bonne ſouuenance de dieu, mais quãd ilz ſont gueris, deuienẽt et ſe font tous pareſſeux τ negligés, et oblient les biens q̃ dieu leur a faitz de les guerir, et pource en ces deux faictz il nous cõmande q̃ ſains et malades ayons ſouuenãce de luy. Et eſt a noter quil y a troys manieres de commãdemens, ceſt aſſauoir commandemẽt de cautelle, de pꝛbatiõ, e de obedience. On premier neſt pas deffendue bõne operacion, mais la gloyre vayne, qui ſe meſle en bonnes et hõneſtes oeuures. et tel cõmandement fut fait au ladꝛe, de quoy eſt fait icy mention. On ſecond cõmandement dieu ne veult et ne demande pas le faict ne loperacion p̃mandee, mais veult demõstrer quelle vertu est mucee en celuy a qui est fait le cõmandemẽt, et telle manifestaciõ de vertus et de bonte ainsi mucee, est proffitable et a celuy qui la et aux aultres, car cest enseignement de lensuyuir. Et tel cõmandement fut fait a abraham de immoler son filz, ainsi que dieu le cõmandoit. On tiers cõmandement dieu veult loperacion et le fait, ainsi quil est escript en exode et en toute la loy. Ou aussi ihesucrist cõmanda au ladre q̃l ne dist a nully le miracle pour la grande vtilite des croyãs, car ceulx qui croyent de leur p̃pre et bonne voulente et sans miracle, sont meilleurs q̃ ceulx qui croyent po² auoir aulcun benefice ou remuneraciõ. Ou selõ sait iehan crisostome, ihũcrist ne deffendit pas simplement et totalemẽt au ladre de non reueler le miracle, mais vouloit q̃ p̃mier le reuelast aux prestres de la loy, affin q̃ si p̃mier eust publie tel miracle, les p̃stres aduersayres de ihũcrist, eussent chace et gecte cestuy ladre cõme transgresseur de la loy, en nõ soy p̃mierement p̃sentãt a eulx. Et pourtãt ihesucrist humblemẽt le enuoya aux p̃stres de la loy, ausquelz appartenoit d̃ discerner la lepre, et luy cõmanda q̃ selon la loy leur offrist aulcun don. Et cecy il fit po² quatre raisons. P̃mieremẽt pource que a leur iugement, les ladres estoiẽt separes de la cõpaignie des aultres. Aussi selon la loy cõbien q̃lz fussent gueriz, touteffois nestoyẽt poit receuz auec les sains, sans le² iugemẽt et cõsentemẽt. La secõde cause est po² humilite, affin q̃l ne sẽblast q̃ ihũcrist voulist vsurper la gloire et lõneur des p̃stres, et en ce demõstra q̃ on le² deuoit reueracẽ. La tierce po² ce q̃ souuent ilz le blasmoyẽt cõme trãsgresseur de la loy, et par cest fait il demõstra q̃l nestoit point transgresseur La quarte affin q̃lz entendissent quil nestoit pas gueri selon lordõnance de la loy, mays par operacion diuine, q̃ est sur toute la loy, et en ce il se demonstra de plus grande vertu q̃ la loy, ou q̃ les p̃stres q̃ cognoissoiẽt bien la lepre, mais ilz ne la pouoyent guerir Aussi il voulut q̃l offrist vng don, en tesmoignaige cõtre eulx

se ilz ne creoyent en luy, en voyant si grant miracle, quilz fussent sans excusacion, ou pour eulx en tesmoignaige de leur salut se ilz creoiẽt Et aussi par ce q̃l lenuoya aux p̃stres il voulut enseigner et figurer, q̃ le pecheur q̃ est signiffie par le ladre, ob̃ien quil soy² par contricion nectoye de la lepre de peche, touteffois ẽcores est il tenu de soy mõstrer au p̃stre par confession, et faire satiffacion selon le conseil q̃ le p̃stre luy donnera. Adonc le ladre est touche de dieu, quand le pecheur a cõpunction, et il se p̃sente au prestre, quand il confesse et manifeste son pechie, il offre sacrifice quand il acõplist la satiffacion Et le parecueur actẽd iusques a ce q̃ le prestre le quiere Et celluy q̃ est diligent doit p̃uenir le prestre en luy demonstrant la lepre de son ame par confession de bouche laquelle doit auoir quatre condicions. La p̃miere est q̃lle doit estre voulentaire, et po² ce ihũcrist dist, vade, va non pas soyes oultire ou cõtrainct ainsi q̃ seroit celuy q̃ on meneroit pendre, ou ainsi q̃ sont ceulx q̃ se cõfessent a la fin de leur vie plus par craincte q̃ par amour. La secõde q̃lle doit estre nue et apperte, et po² ce il luy dist, ostende, monstre ce q̃ tu as fait, dit et pense, et ne le muce pas par excusacion ou par palliaciõ de paroles, ou par menterie, ou en ne le p̃fessant pas entieremẽt. La tierce cause est pource q̃ confession doit estre pure, car il luy dist, te, cest adire monstre toy et non pas aultre. Et cõtre ceste condicion font ceulx qui en eulx confessant recitent les pechies daultruy, et reuelent ceulx auec q̃ ilz ont peche. La quarte cause est pource q̃ confession doit estre ordinaire, car il luy dist, sacerdoti, au prestre car elle nest pas a faire si nõ aux prestres q̃ ont les clefz de science et de auctorite Cest ladre selon bede, signifie nature humayne infecte de peche originel, et par ce maladie et p̃ompte et ẽcline a diuers pechies Par la lepre q̃ est maladie contagieuse, le pechie originel est entẽdu, lequel par charnelle generacion est dõne et baille aux enfans, et est gueri par le tast de ihũcrist, cest par le sainct baptesme. Par loblacion q̃ doit le ladre ap̃es sa guerison faire au chappelain ⁊ par

v iii

la diuulgacion que fit cestuy ladre de tel miracle, est donne a entendre q̄ le crestien doit perpetuellement seruir a dieu et le louer, et le magnifier, et estre sacrifice et ostie vnye plaisante a dieu. A moralemēt parler il y a plusieurs causes pourquoy peche est signifie par la lepre. La premiere. pource q̄ cest vne maladie contagieuse. et est chose perilleuse de demourer auec les ladres. ainsy est il des pecheurs. car ilz attraihēt les aultres a peche. La seconde cause est. car ladrerie est vne maladie perilleuse qui infect, non seulemēt vne ptie du corps mais tout, ainsi pechie est vne chose tresperilleuse, car il infect et le corps et lame. et pource on le doit bien fuyr. La tierce pource q̄ ceste maladie est puāte et abominable, aussi les pecheurs sont puans et detestables deuāt dieu et deuāt les anges. La quarte est. car les ladres sont separes de la compaignie des aultres psōnes sains, aisi les pecheurs sont sepes et mys hors de la grace de dieu. et de toute la cōmunaulte de saīte eglise Ilz sont maintenāt separez des bōs quant a merite. mais on temps aduenir seront separes, quant a leur compaignie, quant au loyer, et quant au lieu. La qūte cause est. car ainsi que la lepre engendre couleurs diuerses au corps d̄ la persōne, ainsi fait pechie en lame, car en les fleure de la chair est signifie orgueil. en lardeur ire. en la soif. auarice. en la pesanteur paresse. en la adustion. glotonie. en la puanteur enuye. en la aleyne puante luxure Or tel ladre doit confidēment courir a ihūcrist. et ne se doyt point desesperer. Il se doit haster de venir au medicin. et doit cheoir en sa face par honte. et la honte ne doit point oster sa confession. Mōstre sa plaie quiere le remede ⁊ se cognoisse pecheur. en larmes et gemissemens. en soy humiliāt deuant dieu. en demādant en compūction de cueʳ sa misericorde. en luy priāt q̄ de sa grace le vueille toucher et guerir Il se doit cōfesser estre ord. et ihūcrist estre puissant poʳ le nectoyer. en disant cōme faisoit cestuy ladre. domine si vis potes me mūdare. Syre si tu veulx. tu me peuz guerir Et se il fait ce que deuāt est dit. doit estre certain q̄ nostre

seigneur ne deboute nul qui viengne a luy. mais a toʰ ouure le sain de sa misericorde. et a faire vraye penitence. ne demāde point long temps. mais seulemēt quiert le cueʳ cōtrict et humilie. et pdōne les pechiez. Ceulx qui sont nectoyez p̄ la grace d̄ dieu de leurs pechiez doiuēt offrir a dieu sacrifice de louange. et soy estudyer estre tousiours agreables a dieu. et a leur prochayn, et luy faysant bien selon leur possibilite. car les biens q̄ nous faisons ne deuons pas actribuer a noʰ par vaine gloire, mais deuons tout offrir a dieu. duql tout bien vient. Et veult q̄ de eulx ayōs merite et proushit. et q̄ en donnons bon exēple a noz prochains. et que la gloire en soit a luy. car specialemēt il a reserue trois choses a soy, lesquelles oncq̄s na voulu cōmuniquer a creature, cestassauoyr gloire, vengence, et puissance de iuger Oʳ les vains glorieux, luy ostēt sa gloire, les orgueilleux, et les ireut vēgence, car ilz desirent soy venger des iniures q̄ on leur fait les temeraires psomptueux vsurpēt le iugement, entant q̄lz veullēt iuger des choses occultez, laqlle chose seulemēt apptient a dieu. Et pource q̄ ainsi q̄ dit tius. il fault q̄ celuy q̄ a receu aulcū benefice se rende gracieux a son bienfaicteʳ, cōbien q̄ tel bienfaicteur nait mye besoing de telles regraciacions, non obstant que nostre seigʳ eust commande au ladre q̄ il se teust de ce q̄l auoit este gueri de luy, touteffois quād il fut hors de deuāt luy, fut fait euangeliste et prescheur. car il disoit par tout ce q̄ nostre seignʳ luy auoit fait. et en ce sa renōmee croissoit de plʰ en plus, car de tant q̄ la psonne fuyt gloyre et renōmee, de tant plus la quiert enuers dieu et enuers les hōmes Bernard La gloyre du monde est telle, q̄lle fuyt ceulx q̄ la demandēt, et ensuit ceulx q̄ la fuyent. Elle est cōparee a lombre, laqlle cōbien q̄ on la suyue touteffois on ne la peut predre, ⁊ si on la passe elle suyt la psōne Et quād le peuple ouyoit q̄ ihesucrist auoit aisi gueri le ladre. venoiēt a luy de toutes pars, affin q̄lz peussent oyr sa doctrine. et veoir ses miracles. ⁊ q̄lz eussent sante de leurs enfermetes Et y auoit si grant suicte de mōde q̄lz ne pouoi ent demourer ne habiter ne entrer en cites. ꝛ ihesucrist sen alloit au desert poᷣ fuyr le tumulte du peuple/ affin q̄ plus secretement priast son pere. En quoy demōstre que les prescheurs doyuēt fuyr lapplaudissement du peuple/et aulcunessoys se retrayre de la multitude du peuple/a ce q̄ plus secretemēt vaquēt a orayson. Jherosme. En ce q̄ nrē seigneur ihesucrist ne pouoit pas bonnement entrer en la cite/mais estoit aux lieux desertz/est signifie q̄ ihesus nest pas a toꝰ ceulx q̄ cheminēt par larges voyes/et q̄ desirent leurs ꝑpres louanges et leurs ꝑpres voluptes/mais seulemēt a ceulx qui yssent hors auec saint pierre/et q̄ sont en solitude et secret pour prier dieu Et ceulx sont q̄ laissent lamour du monde. et tout ce q̄lz possedent/affin q̄lz puissent dyre/nrē seigneᷣ est mon heritage et ma porcion. Et la gloire ꝺ ihūcrist est manifestee et monstree a ceulx q̄ viennēt a luy par la plaine et estroicte voye lesquelz riens ne pouēt separer de lamoᷣ de dieu. Bede. En ce q̄ nrē seigneur fait en cites miracles/et q̄ aux desertz et aux mōtaygnes est de nuyt en oraison/noꝰ est mōstree lune et lautre vie/cest lactiue et la contēplatiue et q̄ pour quelque cōtemplaciō de dieu on ne neglige ce q̄ on doyt de charite a son prochain/ne aussi par trop grand soing de secourir a son ꝑchain/on ne laisse la cōtemplaciō de dieu/car on se doit gouuerner en telle maniere/q̄ lamoᷣ du ꝑchain nēpesche point lamoᷣ de dieu/et lamoᷣ de dieu ne obuie a lamoᷣ du prochain. Prier en la mōtaigne nest aultre chose. q̄ laisser les cogitacions enfermes de solicitude temporelle/soy haster de tout son cueur paruenir a la contemplacion et aux ioyes des choses spirituelles. Mais aler au desert/ et la prier dieu nest aultre chose q̄ reprimer les desirs terriens q̄ sourdēt en lame/et querir en soy vng lieu secret/poᷣ vaquer auec dieu et luy pler en silence/par desirs interiores qui sourdēt quāt les tumultes des cogitacions et affections exteriores/ sont cesses Gregoyre. Nostre redēpteur de iour faict les miracles es cites/et de nuyt est en oraison en la montaigne/pour demonstrer aux parfaitz prescheurs q̄lz ne laissent pas du tout la vie actiue pour amour de la contemplatiue et de sciēce/ne aussi q̄ ne mesprisent pas par les grandes occupacions de la vie actiue/ les ioyes de la contēplatiue. mais en cōtemplacion ilz boyuent et goustent ce que en leurs predicacions dyent au peuple. Ce que ycy est dit par sainct luc/et par sainct marc/ que ihesucrist ne pouuoit facilement entrer en cites/mays se destournoyt et sen alloyt ou desert/ne se doyt pas entendre du iour onquel il gueryt le ladre/car le iour quil le guerit il entra en la cite de capharnaum qui estoyt a demye lieue de la/et sa renommee nestoit pas encores diuulguee. Et pource sainct mathieu continue cestuy miracle a celuy du seruiteur de centuriō/et les mect ensemble.

Oraison

Sire ihesucrist qui de la montaigne treshaulte/cest du pere celeste/et ꝑ ton incarnacion ou ventre virginal es descēdu/pour guerir la lepre de lumain lignaige/ie te adoure moy qui suys ladre ꝛ tache de diuerses ordures de pechie. Si tu veulx sire tu me peux nectoyer/ extendz la main de ta misericorde et pitie sur le ladre q̄ te appelle/en touchant son hōme interiore et exteriore/et ayes mercy de moy penitent et ꝑmēde a la maladie de pechie que se departe. Mon dieu et ma misericorde/ qui ne veulx pas la mort du pecheur/mais sa conuersion et sa vie/fay en moy pecheur q̄ mon ame par peche ne meure/mais que me conuertisse/et perpetuellemēt puisse viure auec toy en la gloyre de paradis. Amen

S'ensuyt la table sur ceste premiere p̄-
tie de vita xp̄risti/ctenāt.xli.chapitre.

De la diuine et eternelle generacion de ihe-
sucrist. p̄mier chapitre
De trouuer remede du salut de lumain ly-
gnaige. et de la natiuite nostre dame.ii.c
Des espousailles de nostre dame. iii.c
De la cōcepcion saint iehan baptiste. iiii.c
De la cōcepcion du filz de dieu/et de la sa-
lutacion angelique. v.c
De la natiuite/et circoncision de sainct ie-
han baptiste vi.c
De la genealogie de nostre seigneur. vii.c
Comment ioseph voulut laisser nostre da-
me. viii.c
De la natiuite de ihesucrist. ix.c
De la circoncision de nostre seigneur. x.c
De lepyphanie et apparicion de nostre sei-
gneur. xi.c
Comment lenfant ihesus fut presente on
temple. xii.c
De ce que ihesucrist fut porte en egipte/et
de la mort des innocens. xiii.c
Du retour de nostre seigneur q̄ fut de egip-
te et du cōmancement de la penitence de
saint iehan. xiiii.c
De ce que ihesucrist demoura on temple/et
la de sa mere fut trouue. xv.c
De ce quil fit despuis douze ans/ iusques
a lan trentiesme. xvi.c
De loffice et de la vie de sainct iehan baptiste. xvii.c
De ce que sainct iehan fut enuoye de dieu
po² p̄scher laduenemēt de ihūcrist. xviii.c
De ce que saint iehan confessa aux iuifz ne
stre ihesucrist/mais son p̄curseur xix.c
De penitence par laquelle on approche du
royaulme du ciel. xx.c
De ce que ihūcrist fut de sainct iehan baptise. xxi.c
Du ieusne de ihesucrist/ et de ses temptacions xxii.c
De ce que ihesucrist fut loue de sainct iehan
quand il dist Ecce agnus dei. xxiii.c
De ce que derechief sainct iehan loua ihesu
crist au fleuue iourdain/et de la premiere
vocacion des apostres xxiiii.c

De ce que ihesus mua leaue en vin xxv.c
De la premiere election de ceulx qui vendoyent on temple en iherusalem/ et de nychodeme. xxvi.c
Comment herode myst en prison sainct iehan. xxvii.c
De ce que ihesus commenca a prescher pu-
pliquement penitence. xxviii.c
De la seconde/et tierce vocacion des apo-
stres/et comme fut prins grāt multitude
de poissons. xxix.c
Epilogacion et sommayre de la vocacion
des apostres/et de la ferueur que ihesucrist auoyt de prescher. xxx.c
De la vocacion sainct mathieu en dignite
apostolique. xxxi.c
De la election des douze apostres. xxxii.c
Du sermō que ihesucrist fita ses apostres
en la montaigne. xxxiii.c
Comme les prelatz doiuent donner bon ex-
emple/tant de fait que de parole a leurs
subgectz. xxxiiii.c
De la paciēce et largesse que on doit auoir
a aultruy. xxxv.c
De non querir louenge humaine/et de nul
bien se gloriffier. xxxvi.c
Lerposicion de loraison dn̄icale. xxxvii.c
De non thesaurifer en terre mays on ciel.
  xxxviii.c
De faire misericorde/ de nō iuger/et d̄ la
fience q̄ on doit auoir en oraison. xxxix.c
De lestroicte voye de paradis/et de la conclusion du sermon de ihesucrist. xl.c
De la guerison dung lepreux. xli.c

Cy finist la table selon lordre des chapitres contenus en ceste premiere partie de ce
digne et deuot liure de la grant vie de ihesucrist.

S'ensuyt la table selon lordre des dymā-
ches et festez .qui sont es chapitres dessus
nommes et quotez.

Sache vng chescun, qui en cestuy liure vouldra prouffiter et estudier, que le translateur la mys et deuise pour plus facilemẽt le manier et le porter, en quatre parties, cõbien que lacteur du liure ne le mecte que en deux. Et a vne chescune partie fait table selon les chapitres qui en ladicte partie sont contenuz, et puis ordonne lesditz chapitres selon leuangile qui se list en saincte eglise tant dymanches que festes sollempnes, selon lusaige que tient leglise rommaine. En laqlle põ son euangile des dimãches on list selon ledit vsage et ordre, le tiers dymãche de lauent. Miserunt iudei ab iherosolimis sacerdotes, et leuitas ad iohannem vt interrogarent eum tu qui es Et pfessus est et nõ negauit. Et confessus est &c. mys on premier chapitre de leuangile sainct iehan, et on. xix. de ceste partie.

Le mercredi des ieusnez doubles on list leuangile. missus est angelus gabriel a deo in ciuitatem galilee cui nomen nazareth &c. mys en sainct luc on premier chapitre, et on v. chapitre de ceste partie.

Le vendredy apres on list. Exurgẽs maria abiit in montana. mys en saint luc on p̃mier chapitre, et en ceste partie, on. vi. chapitre.

Le samedy on list. Anno quintodecimo imperii tiberii cesaris, mys en sainct luc on tiers chappitre. et on chapitre. xvii. de ceste partie.

Le quart dimanche on list celuy mesmes euangile. Anno quintodecimo.

La vigile de nouel on list. Cum esset desponsata mater ihũ, mis ou p̃mier chapitre de sainct mathieu, et en cest liure en luytiesme chapitre.

A la premiere messe le iour de nouel on list. Exiit edictum a cesare augusto, et a la seconde messe. Pastores loquebantur ad inuicem, tous deux mys en sainct luc on second chapitre, et en cest liure chapitre. ix.

A la grant messe on list leuangile. In principio erat verbum, escript en saint iehan on premier chapitre, et en cest liure chapitre p̃mier. et. xviii.

Le iour des innocẽs on list leuãgile Angel' dñi appũit in sõpnis ioseph dicẽs Surge et accipe puerum et matrem eius et fuge in egyptum, escript en sainct mathieu on secõd chapitre, et en ceste premiere partie chapitre. xiii.

Le dymanche des octaues de nostre seigneur on list leuangile Erant ioseph et maria mater ihesu mirantes super his q̃ dicebantur de illo, en sainct luc on second chapitre, et on. xii. chapitre de ceste premiere partie.

Le iour de la circoncision on list Postq̃ consummati sunt dies octo vt circuncideretur puer, on second chapitre de sainct luc, et on. x. de ceste partie.

La vigile de lepyphanie. Deffuncto herode angelus domini apparuit in sompnis ioseph dicens. Surge et accipe puerum et matrem eius et vade in terram iuda, on second chapitre de sainct mathieu, et on. xi. de ceste partie.

Le iour de lepyphanie. Cum natus esset ihesus in bethleem iude in diebus herodis regis, ecce magi ab oriente venerunt, on second chapitre de sainct mathieu, et en ceste premiere partie chapitre. xv.

Le dymanche des octaues de lepyphanie. Cum ihesus factus esset annorum duodeci, ascendentibus illis iherosolimã remãsit puer ihesus in iherusalem, en sainct luc on second chapitre, et on. xv. de ceste partie.

Loctaue de lepyphanie. Vidit iohãnes ihesum venientẽ ad se et ait. Ecce agn' dei. on premier chapitre de saint iehã et on. xxiii de ceste partie.

Le premier dimanche apres lepyphanie Nupcie facte sunt in chana galilee, et erat mater ihesu ibi Vocatus est autem ihesus on second chapitre de saint iehã. et on. xxv. de ceste partie.

Le mercredy des cendres. Cum ieiunatis nolite fieri sicut ypocrite tristes, on. vi. chapitre de sainct mathieu, et on. xxvi. et xxxviii. de ceste partie.

La quinte ferie cest le iour ensuyuãt Cũ introisset ihesus capharnaum, on. viii. cha pitre de sainct mathieu/et on.xiii. de ceste partie

La sixiesme ferie apres. Audistis quia dictum est antiquis Diliges proximum tuū et odio habebis inimicum/on. v. chappitre de saint mathieu. et on. xxxvi. de ceste pmiere partie.

Le tiers dimanche aps lepyphanie. Cū descendisset ihesus de monte secute sunt eū turbe multe/en sainct mathieu en luytiesme chapitre/et on. xli de ceste partie.

Le premier dimanche de quaresme Ductus est ihesus in desertum a spiritu vt temptaretur a dyabolo/on quart chapitre d̃ sait mathieu/et on. xxii. de ceste pmiere partie.

Aur grans letanies Quis vestrun habebit amicum et ibit ad illum media nocte/on xi. chapitre de sait luc/τ de ceste ptie. xxxix.

Le dimanche premier apres la penthecoste. Estote misericordes/sicut et pater vester misericors est/on. vi. chapitre de sainct luc/et on. xxxix. de ceste partie.

Le quart dymanche apres la penthecoste. Cum turbe irruerent in ihesum vt audirent illum/on. v. chapitre de sainct luc/et on xxix. de ceste partie.

Le cincquiesme dymanche. Amen dico vobis nisi abūdauerit iusticia vestra plusq̃ scribarum et phariseorum non intrabitis i regnum celorum/on. v. chapitre d̃ saint mathieu. et on. xxxiiii. de ceste partie.

Le septiesme dymanche. Actendite a falsis prophetis qui veniunt ad vos in vestimētis ouium/en sait mathieu on. vii. chapitre et on. xl. de ceste partie.

Le quatorziesme dymanche Memo potest duobus dominis seruire. on. vi. chapp. de saint mathieu/et on. xxxviii. de ceste partie.

Sensuyuent les euangiles des festes sollempnes

La vigile de saint andre. Stabat iohannes ct er discipulis eius duo et respiciens ihesum ambulantem dixit. Ecce agnus dei on pmier chapitre de sait iehan/et on. xxiii. de ceste partie.

Le iour de saint andre. Ambulans ihesus iurta mare galilee/vidit duos fratres symonē qui vocatur petrus/τ andream fratrem eius/on quart chapitre de sainct mathieu/et on. xxix de ceste partie.

Le iour de la purificacion de nostre dame. Postq̃ impleti sūt dies purificacionis marie secundum legem moysi tulerunt dominum in iherusalem/on second chappitre de saint luc/et on. xii. de ceste partie.

Le iour de lanunciation de la vierge marie. Missus est angelus gabriel a deo in ciuitatem galilee. on premier chapitre de sait luc/et on. v. de ceste partie.

La vigile de sainct iehan baptiste Fuit in diebus herodis regis sacerdos quidam nomine zacharias. on pmier chapitre de saint luc/et on quart de ceste partie.

Le iour de sainct iehan baptiste. Elizabeth impletum est tempus pariendi et pepit filium/en sainct luc on pmier chapitre. et on second de ceste partie.

Le iour de la visitacion de nostre dame. Exurgens maria abiit in montana cum festinatione in ciuitatem iuda/on pmier chapitre de saint luc. et on. vi. de ceste partie.

Le iour de la decollacion de saint iehan baptiste. Misit herodes ac tenuit iohānem et vinxit eum in carcerem. en sainct marc/on sixiesme chapitre/et en ceste partie chapitre. xxvii.

Le iour de la natiuite de nostre dame Liber generationis ihū xpristi filii dauid/filii abraham, on premier chapitre de saint mathieu/et on. vii. de ceste partie.

Le iour de saint mathieu. Vidit ihesus hominem sedetem in theolonio matheū nomine/on neufyesme chapitre de sainct mathieu. et on. xxxi. de ceste partie

Le iour de tous saintz. Videns ihesus turbas. en sainct mathieu/on cincquiesme chapitre. et on. xxxiiii. de ceste partie.

Pour vng cōfesseur euesque ou simple Memo accendit lucernam et ponit eam sub modio sed super candelabrū/on. xi. d̃ saint luc/et on. xxxiiii. de ceste partie.

Item Memo accendit lucernam et ponit eam sub modio/sed super candelabrum/en sainct luc en lunziesme chapitre/et en ceste partie on. xxxviii.

Du seruiteur de centurio qui estoyt paralitique. xlij. c. Et est le cōmencemēt de la seconde partye d cestuy liure de vita xpi selon le translateur.

Apres la guerison du ladre ihesucrist se approcha de capharnaū citē pncipale et hōnorable du pais / et maintenāt pouure et abiecte / et cēturio / cest adire le prince sur cent cheualiers qui la estoit cōstitue des romains pour receuoir le tribut et pour garder le pais de galilee que nul ne se rebellast cōtre les romais vint a ihesucrist par foy et par deuociō / nō pas des piedz corporelz / car il estoyt gētil et se reputoit indigne venir a la psence d ihū crist. Origene Cēturion estoit de estrange pais / mais domestiq de cueᵘ estrāge de nation / mais par foy prince et capitaine de gēsdarmes et cōpaignon des āges. et dōc luy nō iuif / mays payē pmieremēt enuoya les anciens des iuifz cōme familiers et aymes de ihūcrist / en luy priāt et disant par eulx. Domine. Sire en la puissance du ql est la maladie et la sante la mort et la vie. Puer meus. Mō enfant cest mō seruiteur et subiect / lequel curieusement appelle son efant plʰ par eage ou par familiarite que par cōdiciō est en ma maison malade contre les orgueilleux q deprisent leurs seruiteurs quād ilz sont malades / et les ēuoyent a lospital

est tormente mauluaisemēt et est tresgrieuement malade / luy māda troys motz cest yl se repose / paralitique / grief / malade / poᵘ le flechir a compassion. Crisostome cestuy cheualier seulement exposa a ihūcrist la maladie de son seruiteur et ne demanda pas le remede et la maniere de sa sante / mais tout laissa en la puissance de sa misericorde. Or par la disposition et la prouidēce diuine / les iuifz y furēt ēuoyes / affin qlz ne eussent excusacion quand en voyant tel miracle ne creussent en ihūcrist / veu q vng estrāger oyāt telz et si grant miracles y croyoit et sauoit certainemēt quil pouuoit guerir lenfant. En cestuy faict de centurion qui eust si grand cure et soing de son seruiteur deuons aprēdre auoir cōpassion pitie et soing de noᵘ subiectz et seruiteurs. yl ne stoit pas tel que plusieurs au iourduy sont lesquelz quand ilz voyēt leurs subiectz malades ne tiēnēt cōte et sont plʰ soingneux de soy mesmes sains. q de leurs seruiteuꝛs malades / plʰ se pdescēdēt a leurs voluptes q aux necessites des aultres. Or ihūcrist cognoissant la deuociō de cēturion luy respōdit par les messagiers quil luy auoit ēuoyē et dist. Ego veniam. Je viēdray / en quoy appert humilite. et curabo eū. et ie la guerray / en quoy appert sa pitie. Et en disant et parlant alloit auec eulx. De aultre maniere et faicō estoit cestuy medecī q ceulx q sont prestz de visiter les riches et ne tiēnēt cōte des pouures. Et ainsi ql estoit pres de la maison centurion pēsant par soy au coup que ceulx quilz auoyēt enuoyez fussēt retournez la mageste et magnificence du grād medicin enuoya au deuāt de luy ses biens familiers amys en luy priāt quil ne voullist pas venir en sa maison / et disoyt. Noli verari. Sire ne te vueilles pas trauailler / car ie ne suis pas digne que tu entres soubz mon tect cest en ma maison poᵘ cōscience q ie foyz de la vie de gentillite. Il creignoit fort offenser ihūcrist / le ql il croioit estre dieu se il entroyt en sa maison par presence corpozelle. Selon saint augustin en ce quil se reputa indigne deuāt dieu fust faict digne. Et pour sa grande humiliaciō

aa i

adioufta et dist/Je ne me suys pas tant re
pute digne deuenir a toy/mais tay enuoye
des messagiers. Et pource sire sans ta pre
sence corporelle oy seulemēt ta parolle par
laqlle toutes choses sont crees et gouuer-
nees/et ie croy que mon enfant sera guery
Cestuy home auoit grād foy/quand il cre
oyt que ce que ihesucrist diroit de parolle
seroit faict de faict Bede. Grāt est la foy
de celluy duql oyreuault autāt q estre faict
Et pierre chātre dit q pcy est mōstre q mieulx vault soy abstenir de receuoir le saict
sacremēt de ordre ou de lautel si celluy qui
le recoit na bonne conscience/que de le receuoir en consciēce ie ne dis pas blecee/car
en tel cas ce seroyt pechie mortel/mays en
cōscience doubteuse/quād on ne scet si on
est bien dispose ou nom/car en tel cas le sa
-crement greueroyt plus quil ne aideroit. et
pource que irregularite excluft la personne
de ministrer cest sacremēt/on ne doit poit
ignorer pour qlle chose on en court irregu-
larite/quand on se mect a tel office/mays
du tout cognoistre son estat. Considere en
faict et en lacte de centurion trois grās ver
tus. cest humilite/foy et prudence. Humilite monstra/car combiē que ihesucrist fust
prest de venir a luy et en sa maison. toutesfois se reputa indigne/Aussi sa foy est mō
stree et sa prudēce/car cōbien quil fust pay
en. touteffoys il cogneust la diuinite estre
mussee en humanite de ihesucrist/et creoyt
q en tous lieux estoyt present celluy ql veoyt
cheminer corporellemēt et qui pouuoit tou
tes choses faire et pour tant il dist. Nā et
ego homo sū sub potestate ōstitutus. Je
suis home constitue soubz la puissance de
lempereur et ay soubz moy cheualiers et ser
uiteurs/et quand ie ditz a vng de ceulx va
la tantost il y va/et a lautre ie dis vien sca
il vien pour moy seruir. et a mō seruiteur ie
dis fay telle chose et tantost le faict sans re
sistence. Par ces choses deuant dictes yl
cōcluft. Dōc moy qui suys de si petite puis
sance et subiect a plus grāt de moy/de ma
seulle parolle/fais ce que ie veulx par mes
seruiteurs/ausquelx ie puis cōmander/par
plus forte raison toy qui es dieu et auquel
toutes choses seruent/pourras par ta seule parolle donner guerison a mon seruite'
et dire a la maladie va. et a la sente vien et
au palirie fay et tout ce feira/et mesmes nos
pourrons faire miracles se tu le commau-
des. Et pource il nest pas necessite que tu
te trauailles venir/car tu le peus faire sās
ta presence corporelle. Or quād ihesucrift
ouyt parler cestuy cēturion/et que par ses
parolles demonstroit la grande foy quil a
uoit/en tant que soubz la couuerture de hu
manite de ihesucrist cogneust lexcellēce de
sa diuinite sesmerueilla/cest adire ql se mō
stra par sa face comme estre esmerueille/
pour nous enseigner que des benefices d'
dieu nous deuons esmerueiller et luy donner louanges. Augustin. Ce que nostre
seigneur se esmerueilla nous demonstre q
nous deuons nos esmerueiller/car tāt que
nous sommes en cestuy mōde/nous auōs
matiere de nos mouuoir. Telz mouuemēs
attribuez et dictz d' dieu/ne sont pas signes
de perturbation de ame/mais seulemēt sōt
enseignemens du maistre de verite. Et ihe
sucrist en louant la foy de centurion dist a
ceulx qui lensuyuoyent. Non inueni tantā
fidem in israhel. Je nay point trouue tel si
gne de foy ne tant facile acroire en israhel
cest adire ou peuple des iuifz qui estoyent
celuy tēps/car aux anciens cōme abrahā
ysaac iacob et plusieurs patriarches et p'
phetes qui furent le commencement de no
stre foy trouua plus grād foy. Aussi quād
on parle de pechie ou de merite de quelcun
q on doit tousiours excepter la vierge marie. Aussi doyuent estre excludz les apostres aux quelz il parloit ainsi quil appert
selon nostre commun parler. Car quand
vng principal entre en vne maison auec plu
sieurs po' trouuer quelcū s'il ne trouue nulluy il dit quil nya p'sonne en la maison non
obstāt que tous ses seruiteurs et ceulx qui
sont entrez auec luy y soyent Iherosme yl
dit ceste polle de ceulx q estoit de cest tēps
la et non pas des patriarches et prophetes. Excepte que parauēture en cest centu
rion la foy des gentilz estoit preferree a la
foy des iuifz. Bede La foy de cēturiō est

preferee a celle des iuifz qui en ce temps la estoyent presens/car ilz estoyēt enseignes par la loy et par la admonition des pphetes a croyre en ihesucrist/et cestuy sans loy et sans prescheurs et sans instruction/seulemēt de sa bonne voulente creust en ihesuirist Crisostome. Se nous voulons preferer la foy de cestuy homme a la foy des apostres/on peust entendre que vne chascune personne est lōme selon la qualite q̄ est en elle/car cest chose merueilleuse quād vng laboureur et indoct dit vne grand chose et de sagesse/et on ne sesmerueille point quand vng philosophe ou vng docteur la dit. Ainsi est il ycy/car ce nestoit pas chose pareille que vng iuif et vng payen creust en dieu/car quand a la naissance de croire les iuifz pource quilz auoyent veu plusieurs signes et miracles faictz par ihūcrist deuoyent en luy adiouxter foy/mays cestuy nauoit veu miracle ne signe/mais seulement pour ouyr sa renōmee creut en luy. Et por ce que nostre seigneur voyoit la foy des gētilz et payens/la quelle estoit figuree en la foy de cēturion croistre oultre et sur la foy des iuifz sesmerueilloit/ɀ le louoit affin q̄ le peuple des iuifz par la foy de centurion fust confondu. Et par ceste occasion il conclud et predist la cōuersion et vocation des gentilz/et par lopposite linfidelite et la reprobation des iuifz/quand il dist. Amen. cest a dire loyaulment et certes ie vous dy que a lexemple de cestuy au quel la foy des payens est prefiguree. plusieurs de orient et de occident/cest selon sainct augustin de toutes pars du monde de septētrion et de mydi et de toutes nations de gens nō pas tous/car tous ne gardēt pas leuangile vēdront a lunite de saicte eglise. Moralemēt ceulx viennēt de orient q̄ en cōsiderant leur nature ɀ imperfection/ou natiuite ɀ parēs se humilient/ou qui font penitence en leur ieunesse. Ceulx viennent de occident/qui en considerant la brieuete de ce monde et que tous cōuient mourir se conuertissent/ou qui font penitēce en leur vielesse Ceulx viennent de la part de septētrion qui en tēps de prosperite/vaquent aux oeuures de pitie et gardēt tēperance en tēps de abundāce. Ceulx viennēt de la part de mydi/q̄ en temps de tribulacion se corrigent et se amēdent et ont pacience en toute aduersite. Et de tous telz seront sauluez ɀ se repouserōt nō pas en dormant mais spirituellement auec abraha a̅ ysaac et iacob. lesquelz spacialemēt il nōme/car a eulx principalemēt a este faicte la promesse de la terre de pmissiō par la quelle est prefiguree le pais des bien eures/q̄ est le royaulme des cieulx et aultres mes amys en paradis la ou est lumiere ɀ gloyre. et tout bien et les filz du royaulme/cestassauoir les iuifz en q̄l dieu a regne qui sont appellez filz de paradis par vocation/nō pas par election/par promissiō nō pas par consecution/par reputation nō pas de faict seront mys hors de la visiō de dieu en tenebres exteriores. cest a dire en la nuyt de eternelle dāpnatiō car en eulx ont les tenebres interiores cest pechie Selon saint gregoire tenebrez interiores sont cecite et aueuglesse de entendemēt ɀ tenebres exteriores sōt la nuyt de eternelle dāpnatiō. Et sōt appellez tenebrez exteriores car cōme dit psidore en ēfer a du feu le q̄l reluira a la croissemēt de la misere des meschās dānes/affin q̄lz voyēt ce d̄ quoy ilz arōt tristesse et douleur ɀ nō pas a leur consolation/car rien ne voyēt de quoy sesiouyssent. Et la sera pleur des yeulx pour la fumee ɀ chalceur du feu/car la mort d̄ pechie est ētree en lame p ses frenestres cest par ses sens et il nest pas licite de regarder chose qui nest licite de cōuopter. Et aussi la sera estreignement et sarrement de dens pour la froideur qui la est. car ycy se esiouyssent des voluptes charnellez. On y aura plour cest a dire angoisse de lame et estraicte cest estraingnemēt de dēs par lindignation quil auront a cause que trop tarttse sōt repentiz de leurs pechiez et en ce est demōstree la grandeur des tormens que aurōt les maulaiz en ēfer. Et quand nostre seigneur ot parle il dit/cest il manda a ceturion par les messagiers quil auoit enuoyes a lui. Vade. Retourne toy seurement. Et ainsi que parfaictement tu as creu/ainsi te soyt faict en la guerison et sancte de tō enfant, par quoy est a entendre que aynsi q̄l estoit venu par messagiers a Ihesucrist, aisi retorne en sa maison par messagiers. Rabane. Ihūcrist demonstra a cestuy centurion que p̄ foy il auoyt impetre sancte a son seruiteur, affin que de plus en plus la vertu de foy creust en luy, quād il veoyt q̄ p̄ elle empetroit tout ce quil vouloit. Et luy absent corpozellement tantost quil ot p̄ofere Fiet. par lequel toutes choses sont crees lenfant fut guery, affin que la foy du centurion fust verifiee, par la quelle il confessoit q̄ a sa parolle son enfant pouoyt estre guery. Crisostome. Ihūcrist estant au chemin guerist lēfant par sa seulle parolle poz demostrer q̄l estoit puissāt absēt et p̄sēt corporellemēt. Icy on doyt penser cōbien la foy p̄opre dung chascū vault quand celle daultruy valut a la guerison de cestuy seruiteur. Cōsidere aussi lūtilite de nostre saulueur qui fust p̄est de aller au seruiteur de cēturion, sans ce que on le pryast et au filz du petit roy du q̄l en son lieu sera parle cōbien quil en fust fort prie ny voulut aller en demonstrant supr toutes pompes et honneurs mondains. En quoy selon saint gregoire nostre orgueil est reprime quād nous auons acceptiōs de p̄sonnes, en plus honorant les richesses et honneurs que nature selon la q̄lle noꝰ sommes crees a lymage de dieu. Nous voyōs que celluy qui est descendu du ciel na pas desdaigne visiter vng pouure hōme en terre seruiteur, z noꝰ qui sommes de terre ne nous voulōs humilier en terre. Quelle chose enuers dieu peust estre plus ville plꝰ despecte que garder honneur aux hommes, z ne craindre point les yeulx du iuge souurain q̄ est dieu. Ambroise. Ihūcrist ne voulut mye aller au filz du roy, affin quil ne monstrast auoir aulcune affection aux richesses, desquelles estoyt plain le pere de lenfant, mais ala au seruiteur de cēturion a ce q̄l ne mōstrast nauoir en despect et mesprisance la condicion seruile et humble, car en dieu pouure et riche noble et seruiteur tous sont vng. Moralement le pecheur est signiffie par le seruiteur de cēturion, pour quatre maulx que le pecheur encourt pechie, lesquelz sont signiffies par quatre condiciōs que sont ycy escriptes et que auoit cestuy seruiteur. La premiere est que le pecheur est serf a pechie cestassauoir prompt a pechie, et pource il est dit de cestuy enfant quil estoit seruiteur. Sainct Iohan. Toute personne qui faict pechie est serf de pechie. Et sait pierre dit vng chascun est seruiteur de celluy q̄ la surmonte. Augustin. Le pecheur est seruiteur a tant de seigneurs quil a de vices en soy car quand pechie domine en la personne, il la faict prompte a pechier en telle maniere q̄ vng peche actrait lautre. Aussi pechie maine la personne a vne aultre seruitude, cestassauoir du dyable, car lorguilleux est seruiteur de lucifer, la uaricieux de mamona, le luxurieux de asmodeus. Le second mal que faict pechie est quil rend la personne impotente a bien faire. La quelle chose est signiffie par ce que le seruiteur gisoit en son lit, ainsi que māda centurion a ihūcrist Sire mō enfant gist en la maison Or ceulx qui gisent ne font, et ne pouuoyēt rien faire. Pour quoy est assauoir q̄ le pecheur gist aulcunesfoiz ou feu de yre, et aulcunes foiz en la boue de luxure, aulcūesfoiz aux espines dauarice, et en ce est bien dit quil gist, car il ne peust en tel estat faire ocuure q̄ soyt meritoire. Le tiers mal est cremeur et craincte Le pecheꝰ est tousiours en craicte cōme signiffie la paralifie, la quelle est faicte par la dissolution des membres. Se on dit aux pecheurs quil donnent aulmosne, ou q̄lz restituēt ce quil ont de lautruy z mal aqueste, tantost ilz craignēt q̄ les biēs ne leur faillent. Se on leur dit quilz ieunēt ilz craignēt la faim, Se on leur dit q̄lz se cōfessent ont honte se on dit quil face satiffacion et penitence de leurs pechies ilz craignēt affliger trop leur corps Et pource en ces choses ont peur voir et cognoistre comment cest paralitique tramble et se espouuante au son dune fueille. Le quart mal est affliction desperit qui est signiffie en ce que de cest enfant il est dit qu estoit malemēt tormēte, Certes tout pecheꝰ est mal et moult tormente en soy mesmes pour le ver de sa cōscience/lequel tousiours poit et rongelame. Augustin. Tu as cōmande o sire et il est aisi q̄ toute cōscience par peschie pturbee soyt a elle mesmes paine. Et le sage oit q̄ la pscience male z troublee tousiours a paour z pense mal/aussi de aultre chose le pecheur est tormēte/cest quand il est en grande anxiete/cōment en cest mōde pozra acq̄rir hōneurs ou richesses/ou plaisances corporelles il est tormēte en prosperite par trop grand soing et superflu/et en aduersite par impacience. Aussi il est bien tormēte quand il cognoist la grande abhominaciō qui est aux vices auxquelz il gist/et les grands paines denfer aux quelles il gerra le temps aduenir se il ne se amende. Et cōbien que souuēt le meschant resiste a la grace et inspiracion diuine/toutesfois souuēt nostre seigneur par sa bonte viēt au deuant de tel pecheur/par les merites des sainctz qui pour luy priēt/Toy donc qui as lame paralitique se tu sens en toy telz maulx prie les sainctz et les enuoye a dieu affin quil le prient pour toy. Ainsi que firent les anciens pour centurion/et crye a dieu deuotement en disant/ainsi que faisoit cestuy homme. O sire mon enfant cest mō ame gist en la maisō de mō corps et est tormētee. Et ie ne suis pas digne pour la fragilite de nature/pour la puanteur de pechie/pour la multitude d̄ mes miseres que tu entres soubz mō tect tāt petit tāt ord tāt rogneux mais seulement dis la parole et ie seray guery a ton cōmandemēt. Et pource que ceste parole que dist centurion a ihesucrist fust de si grād efficasse que elle le fist digne de recōmendation/quand on veult recepuoir le precieux sainct sacrement de autel/on la dit/affin que par la vertu dicelle soyons dignes de telle reception. Origene. Quand maintenāt les sainctes gēs/ou les prelatz de saicte eglise ētrent en ta maison en eulx nostre seigneur y entre et pēse ainsi en eulx cōme se tu recepuoyes ihesucrist/et quād tu recops son precieulx corps au sacremēt de autel/adōcq̄s il ētre soubz ton tect et en ta chābre et pource en toy humiliant dis deuotemēt. Dn̄e non sum dignus ꝛc. Car la ou il entre indignemēt il entre au iugement de celluy qui le recopt.

Aussi par cestuy centurion est signifie lē tendemēt ou la raison du quelle seruiteur est lappetit sensuel lequel doyt obeir a raison. Mais a cause de nature corrumpue il est malade. Et pourtant homme entendēt sa maladie par luy mesmes et par les aultres doit prier et faire prier dieu q̄ p̄ sa grace guerisse son seruiteur/Aussi aisi que cēturion se disoyt estre mis soubz seigneurie et auoit cheualiers et gens soubz luy ausquelz commandoyt et ilz acomplissoyent sa voulente ainsi la perfecte ame dit cassian entendue par cēturion constitue soubz la puissance de dieu a dominatiō sur toutes ses puissancez et peut gecter de soy toutes males cogitations z auoir les bonnes et dire aux males que sen allent et aux bonnes quelles viēnēt et se fera dire a son serf cest au corps q̄ doyt seruir a lame tu seras chaste et incōtinent et tantost obeyra a lesperit et luy obtempera comme seruiteur.

Oraison.

Sire ihesucrist ie ne suys pas digne q̄ tu entres soubz le tect de ma chair/car lenfant de ma sensualite gist paralitique tout dissolu par la maladie de pechie en la maison de mō corps/et est mal tormēte par le mouement de mes concupiscences/mais sire viens par infusion de ta grace/et dy la parolle de verite/a ce quil soyt guery et quil se ressourde et lieue d̄ pechie. O dieu misericors donne a moy meschant constitue soubz la puissance de ta grace q̄ aye soubz moy mes puissances et vertus naturelles affin q̄ ie aye puissance de rebouter de mō ame les cogitatiōs z mouuemēs nuysans et que ie puisse demourer en bonnes z que aussi aye puissance de commander a mon corps quil obeisse a lesperit Amen.

De la guerison tāt du demoniacle que de la mere de la femme de saict pierre .xliii. chapitre.

a ii

Ihesucrist entra vne foiz en la cité de capharnaum, qui est interpretee champ ou ville de consolation de beaulte et de greisse et signiffie lame du devot religieux, la quelle doit estre engreissee de trois manieres de greisses, c'est assavoir de charite, de devocion, et de contemplacion, car en telle maniere et a telle ame descend le doulx Ihesus, et par ce elle est faicte ville de beaulte et de consolation. Pierre de rauenne. Selon que ie puis apperceuoir et que mon cueur me peut dire se paradis est en ce monde, ou il est en cloistre ou il est en lescolle, car quelque chose qui est hors d ces deux lieux est tout plain de anxiete de inquietude de amertume, de soing et de douleur. Toutesfoiz ce quil dit des escolles se doit entendre, quand elles sont des diuines escriptures et non pas des vaines et curieuses sciences. Hugue. Il nest rien en cest monde et en ceste vie si doulx ne que puisse tant separer lame de lamour du monde, ne qui tant excite de lefforce contre les temptacions ne qui tant aide a tout bien, et a entreprendre tout labour pour lamour de dieu, comme faict lestude de la saincte escripture. Et pource Ihucrist entre en la cite alla en la sinagogue, car il enseignoyt le peuple en leur sinagogue. Les iours depputez a ouyr la saincte escripture et qui estoyent couenables a sa doctrine et ausquels plusieurs se assembloyent a la sinagogue, ainsi que maintenant vng chascun crestien est tenu les iours des dimenches venir a leglise et ouyr la messe entiere. Sur quoy est a noter q la messe est aulcunement de la loy de nature divine et euangelique, car la loy de nature veult q vng chascun par lespace de aulcun temps vaque a prier dieu, la loy escripte comande q le iour du sabbat ou vaq a oraison, et les istructions et faictz decretz de saicte eglise ont ordoné et comade q le tempz d telle oraison soit le tempz d la messe, la ou dieu et home realement est contenu. Et pource ainsi q dit la glose, ceulx pechent mortellement qui ne oyent pas messe entiere les iours du dimenche sans grant necessite, car elle est de comandement et les aultres iours elle est de conseil. Et ainsi

q nostre seigneur enseignoit le peuple to se esmerueilloyet sur sa doctrine. Tant po ce quil nauoit pas se leur sembloit appris les prophetes ne la loy, et touteffois les declaroit et les enseignoit clerement. Aussi ilz se esmerueilloyent pource quil cofermoit sa doctrine par operacions diuines, ainsi q̃l est escript quil les enseignoyt come ayant puissance sur eulx, car il les enseignoit, par demostrace de signes et de vertus miraculeuses. Et ne celoit poit verite po[ur] quelque crainte, ainsi que faisoyent les scribes qui enseignoyet seulemet de paroles et craingnoyet dire verite, pource q eulx mesmes ne la gardoyet pas, et pourtant ilz auoyent honte la prescher aux aultres. Bede. La parole du docteur est en grand puyssance et forte quand il faict ce quil dit. Et cellui est desprise qui destruict par oeuures ce quil dit de bouche. Et po[ur] ce q nostre seigneur faisoit de faict ce quil disoit, il estoyt honoure et en grande reputation au peuple, il nestoit pas come les scribes qui auoyet aprins en la loy les comandemes et tout ce q̃lz bailloyet et preschoyet au peuple, mais Ihesucrist enseignoit la loy come la ordonnat et lacoplissant la minuat et acroissant selo sa bote et liberale volente. Donc po[ur] ce quil cofermoyt sa doctrine par operacios miraculeuses, les aultres docteurs et prescheurs q̃ ne peuuet pas ainsi faire doyuent coffermer leur doctrine par oeuures vertueuses, et non pas estre telz que estoyet les scribes qui disoyent de bouche et de faict ne faisoyet rien de bien. Seulemet en leur doctrine estoyent paroles po[ur] apparoistre deuant le peuple. Et po[ur] ce q̃ nostre seigne[ur] faisoit de faict ce quil disoyt de parole, sa puissance fut monstree par effect, ainsi q̃l est escript que en leur sinagogue estoit vng home, lequel par auenture auoyt este la amene affin quil fust gueri, il auoit dedans luy le mauluais et hort esperit, cest le dyable q le possedoit, lequel home comenca a crier a haulte voix a ihucrist. O ihus de nazareth que te est il et a nous, pour quoy es tu venu deuant le temps no[us] perdre et tormenter et oster nostre puissance de tempter les homes. Le diable disoyt que sa perdicion

estoit se il yssoit de cestuy hõme qui possedoyt. Sans misericorde les dyables tor-
mentent les creatures/et leur semble quilz
seuffrẽt mal quãd ilz ne les molestent/ Je
scay bien disoyt le dyable qui tu es et fort
le pense/cestassauoir le saincte de dieu qui
es enuoye de dieu en terre pour le salut des
creatures. Les dyables scauoyẽt bien par
les prophecies qui parloyent et estoyẽt de
ihesucrist escriptes/lesquelles determinoy-
ent le temps le lieu et la maniere du venir ⁊
par aultres circũstances quil estoit crestiẽs
pmis en la loy/mays ilz ne scauoyent pas
quil fust dieu/ne par les temptacios du de
sert/car silz leussent sceu iamays selõ q̃ dit
lapostre neussent sollicite sa mort. Nous
voyons combien sont peruers et arepren-
dre plusieurs q̃ en leur aduersite blasphement dieu/quand les dyables le preschent
anoncent et louent deuant to9 Bede. Ceste pfession que faict icy le diable nest pas
voulentaire/car apres nen vint nul prou-
fit/mais estoit de necessite ⁊ forsee · ainsi q̃
quãd aulcuns seruiteurs fugitifz lõg tẽps
apres voyans et retornans a leur seigneur
ne le prient daultrechose si non q̃lz ne soyent point batus/Ainsi les dyables qui veoyẽt leur seigneur en terre croioyẽt que subitement fust venu pour le iuger ⁊ mectre
au parfont denfer/et pource crioyent ⁊ lui
faisoyent honneur la presence du saulueur
est grãt torment aux diables. Le dyable est
appelle espit hort po2 son effect/car il faict
hort et abhomiable celluy quil possede/ain-
si q̃l est dit esperit sourt et muet/car il faict
celluy on quel il habite /sourt et muet. Ou
selon crisostomie il est dit esperit hort/po2
sa mauluaistie et pource quil est loing de
dieu ⁊ pource quil se mesle en toutes operacions ordes et mauluaises. Or combi-
en que le dyable de ihesucrist dist et tes-
moingnast verite/toutesfoiz luy commanda ⁊ iposa silence/affin q̃l ne meslast choses faulses auec verite /et affin quil ne semblast q̃l querist tesmoignage de luy/car les
pharisiens disoyent que par loperacion de
beelzebuch il gectoit hors les diables des
creatures/et aussi a ce que lutilite de sa pas-

sion ne fust differee/Aussi il nous enseigna
a fuyr les louanges des hordes et mauluaises personnes Seneq̃. Nous deuõs estre
aussi triste et desplaissant estre loues des
males personnes cõme se nous estiõs loues de laides choses et de pechie/quãd ihesucrist ot cõmande a ce mauluais espit q̃l
yssit de lõme quil possedoit/le gecta a terre ou milieu du peuple/et le tormetoit et af
fligoit/⁊ aps yssit sans q̃l lui fist mal ⁊ sãs
mutilacion de aulcun membre Iherome.
Le mauluais esperit qui tormentoyt lõme
se depart de luy/car quand salut et paix se
approuche tẽptaciõ aussi approuche. Il
appert/car le roy pharaõ laisse du peuple
disrahel pmenca a les fort persecuter/aus-
si le diable quand il voit quil est contempne se esforce de exiter tout mal. Et aulcune
fois de tel mal vient grand bien. Cecy on
voit souuent aduenir spirituellement/car
aulcunesfois le diable gecte le pechie de aulcun en public pour telle psonne diffamer
Et quand le pecheur voit quil est ainsi con-
fus/laisse son pechie et est cõtraunct/le diable de soy despuir de luy. Et ainsi est il dit
au psaultier. Imple facies eor̃ ignomia
⁊c. O dieu souffre que les diables reẽplisse
les faces des pecheurs de honte/ en les p-
uoquãt faire pechie public /et reẽplis leurs
faces de honcte/ilz querront tõ nom/car
la vergoigne et la honcte que a le pecheur
de son pechie luy est grãde occasiõ de laisser son pechie Seneq̃. On doit tousiours
nourrir en son honcte/car de tant q̃ la põ-
ne sera plus honcteuse de tãt elle aura lieu
de bonne esperãce et de correctiõ. On doit
aussi entendre/par ce que lenemy affligoit
cestuy hõme en yssant de luy/ que nul nest
deliure de la puissance du dyable se il ne se
separe par cõpunction et cõtriction salutai-
re/especialemẽt est entendu du vice char-
nel/lequel nest point guery si non par afflictiõ de corps/cest grãt paine /a ce que par
ce en quoy et par quoy a pechie par ce mesmes on soit tormẽte/on a pechie par plaisance du corps par desplaissance on doyt
estre purge. Et quãd le diable le tormentoyt fut faict cõme mort /en telle maniere q̃
a a iiii

plusieurs disoyent quil estoit mort Gregoi‑
re. Celuy qui est deliure de la puissance de
lennemy demeure cōme mort, car celluy q̄
par la grace de dieu a ia surmōte les desirs
terriens a en soy estainct lame de sa cōuer‑
sacion charnelle, appert au mōde comme
mort, car il deffault et laisse celluy q̄ maul‑
uaisement le possedoyt, par desirs hors et
detestables. Et plusieurs croyēt quil soyt
mort, car qui desprise viure spirituellemēt
pense que quād ceulx auec lesq̄lz dissolue‑
mēt a vescu se cōuertissēt a penitēce du tout
soyent estainctz et mortz, donc se celluy q̄
est deliure du mauluais espit est mort. Il
sensuyt que celluy qui vit selō le mōde nest
pas deliure du mauluais espit, la q̄lle cho‑
se est terrible a penser a ceulx q̄ viuent mō
dainemēt. Et quād ihūcrist le vist ai̍si prist
sa main et le lieua tout droyt. Il baille la
main et dōne aide z lieue les prosternes z
abatus. A parler selon nostre foy celluy
q̄ en la sinagogue auoyt le mauluais espit
signiffie le peuple des iuifz enueloppe et
lie des las du diable, z simuloit corporelle
mūdicite z par dedens estoit tout puāt et a
uoit perdu le saict espit, car le diable estoyt
entre dou ihūcrist estoyt yssu Theophile.
Nous deuōs scauoir que auiourduy sont
plusieurs qui ont le diable en eulx, comme
ceulx q̄ acōplissent les desirs diaboliques
cōme sont les furieux q̄ ont le diable qui a
puissance sur le pechie dire, et ainsi des aul
tres pechies, mais nostre seigneur ihūcrist
vient a la sinagogue, quād lame de la per
sonne sera assemblee z recolligee de ses oc
cupaciōs. Et adōc il dira au dyable q̄ en
icelle habitoit deuāt sa venue, vaten sans
mot dire, et tantost a son cōmandement se
departira. Or apres que nostre seigneur
ot preschier et sa predicaciō cōfermee p̄ lex
pulsiō du diable yssant de la sinagogue en
tra en la maison de saict pierre pour auoir
sa reffection corporelle apres son labour
Cirille. Regarde bien cōment ihūcrist de
moure en la maison dung poure hōme luy
q̄ a esleu volūtaire pouurete en cestuy mō
de pour nous, a ce q̄ a son exēple aprenōs
cōuerser et dēmourer auec les poures, et
ne les ptempner ne mespriser Crisostome
Pense quelles estoyēt les maisons de ses
pescheurs, et touteffoiz ihūcrist na pas eu

desdaig de entrer soubz la couuert de telz
poures gens, en nous enseignant que de
toute nostre affection estudiōs a despriser
tout orgueil. On ne list poīt que nostre sei
gneur entrast oncq̄s en maison belle et ap
pareillee selon la pompe du monde, mays
seulemēt en la maison des publicans z du
prince diceulx et des pescheurs, en no⁹ en
seignāt q̄ en toutes nous actions deuons
ptempner orgueil humain. Et se en ta mai
son le veulx appeller, appareille la de aul
mosnes et de oraisons de supplicaciōs et
de vigilles, car nul ne doyt auoir honte de
habiter en maison poure, se elle est couuer
te et appeillee de telz ornemēs et couuertu
res. Nul riche tant soyt ne doyt estimer q̄l
ayt precieuse et grande maison, se elle nest
adornee de ce que deuant est dit, Affin q̄
en cest monde recoiue ihūcrist et ou temps
aduenir soyt receu de luy en son paradis
de eternite, icy aulcun disent que combien
q̄ saict pierre fust de bethseida, touteffoiz
a cause de sa femme il auoit vne maison en
la ville de capharnauz, mais il semble que
sainct marc die loppofite, quando il dit que
ihūcrist vint en la maison de symon et de
andrieu, pour quoy est assauoir que icy la
maison de saict pierre nest pas appellee en
tant quelle fust sienne, mays pource q̄ en
elle quād il venoit po⁹ vendre son poisson
y declinoit et par ceste familiarite q̄l auoyt
aux gēs de ceste maison en prist sa femme
La q̄lle maison est aussi appellee la maisō
de sainct andrieu, pour la inseparable so
ciete quilz auoyēt ensemble en marchandi
se. Et tantost quil fust entre en la maison,
les disciples le prierēt pour la mere de la fē
me de sainct pierre, la quelle auoyt les fie
ures Et nostre seigneur se tint sur elle z cō
manda a la fieure q̄lle la laissast et prīt la
femme p̄ la main et tātost fust guerie sans
quelque relique de fieure tellemēt q̄ sans
delay se lieua du lit ou elle estoit couchee z
seruoit tant ihūcrist que les disciples. La
quelle chose ne se pouuoyt faire sinō p̄ la
puissance diuine, car nature ne oeuure pas
en vng instant, mais cest la nature du medi
cin celeste tātost ouurer Bede. Cest cho
se naturelle a ceulx qui ont les fieures que
quād ilz cōmencent a guerir ilz sont tous
las, pource q̄ ēcore ilz sentēt les trauaulx

et molestacions de la maladie precedente mais la sante vraye qui est donnee a la personne par le commandement de nostre seigneur totalemēt et entieremēt est donee sās auoir apres aulcunes reliques, et nō seulement la sante a la p̄sonne est rēdue, mais auec ce telle force que la p̄sonne est puissante de administrer a ceulx qui parauāt luy aidoyēt et la seruoyēt Cirille. Nous donc receuons ihūcrist, car quand il nous visitera, et que nous le porterōs en nostre pēse il estaindra toute la flambe et chaleur de nous vices, et nous rēdra sains, en telle maniere q̄ nous pourrons ministrer selon son plaisir bon. Moralement par ce qui est dit, on peut entendre que deuant q̄ on soyt guery de pechie nul seruice de la personne est agreable a dieu, mais le penitēt tātost quil est guery de la fieure de pechie se doyt occuper et se dōner tout au seruice de dieu ainsi que dit lapostre Maintenāt estudies vous a exhiber vous mēbres a seruir a iustice en toute sainctete, ainsi que le temps passe vo⁹ les aues apliqūes a seruir a toute ordure et iniquite. Or donc si tō ame est prinse de la fieure de vice et de pechie, appelle a ton aide les saictz, a ce q̄ par leur intercessiō la grace de dieu te dōne guerisō En ce et par ce que les disciples prierēt nostre seigneur pour ceste femme, no⁹ est dōne exēple de prier dieu por les malades et por les necessitez daultrui. Aussi moralemēt p̄ la serourge de sainct pierre q̄ estoit febricitate est ētēdue la cōcupiscēce charnelle, car quād la p̄sōne laboure p̄ chaleur d̄ cōcupiscēce charnelle elle est cōme celui q̄ est forte fieure et chaude, laq̄lle chose peut estre ē trois manieres, ainsi q̄ dit saict iehā q̄ tout ce q̄ est au mōde, ou cest cōcupiscēce de la chair, ou des yeulx, ou orgueil de vie Et painsi no⁹ a nōs trois manieres de fieures, car aulcūe pcede d̄ la corrupciō d̄ lespit, laut̄re viēt de la corrupciō des humeurs, et la tierce pce de la corrupciō des membres, et en toutes est chaleur desordonne passant les metes de nature. Orgueil faict la p̄miere, luxure la secōde, et auarice la tierce a telle fieure venant ihūs lauoit par grace illuminant, la commāde cesser par grace iustifiant, la touche de la main par grace ardente, et ainsi la fieure est laissee en contricion et la personne se lieue par confession et ministre et sert par satiffacion. Aussi moralemēt il est dit que ihūcrist mist ses yeulx sur elle, car si la creature nest desoubz ihūcrist par crainte et par humilite, iamays ne sera guery a saulement Bede. Se moralement nous disons que lomme qui par ihūcrist fust deliure de lennemy fust lentendemēt puriffie de mauluaise cogitaciō, consequemment par la femme qui estoit tenue de la fieure, laquelle fust guerie par le commandemēt de nostre seigneur est signiffiee la chair q̄ est reffrenee de la chaleur de sa p̄cupiscence p̄ le commandemēt de cōtinence, car toute rancune, ire, indignacion, clameur, et blaspheme est fureur de lesperit hort et mauluais. Mais fornicaciō, ordure concupiscence mauluaise et auarice q̄ est seruitude des ydoles sont fieures p̄cedās de humeurs desordōnes du corps. Aussi p̄ ceste femme peut estre entendue la sensualite q̄ est selon saict augusti, cōme la fēme, et p̄ ihūcrist q̄ est limaige du pere, la raison selō laq̄lle la creature est faicte a limayge de dieu. Or donc moralemēt la sensualite est guerie la q̄lle estoit febricitāt p̄ la chaleur de cōcupiscēce, quād elle est reuoquee p̄ raison a lordre droit des vert⁹, et po⁹ ce il est dit q̄ aprēs sa guerisō q̄lle administroit a ihūcrist et a ses disciples ce q̄ estoit necessaire a le⁹ refectiō car la sensualite reformee p̄ vertu morale administre et sert a raisō, et adōc la p̄sōne cōmēce a faire biē et cognoistre son pechie, le q̄l elle ne cognoissoit pas pauant, quād il dominoit en elle Crisostome. Se tu veulx biē cognoistre la puāteur de pechie pēse apres q̄ lardeur et le faulx desir de celluy pechie sera passe q̄lle chose est pechie et q̄ tu as gueigne et pou en le cōmectāt et adōc tu verras et cognoistras sa puātise. Note aussi q̄ par les q̄tre manieres des maladies deuant mises, on peut spirituellement entendre quatre manieres de pechie, par la lepre on peut ētēdre la koulpe originelle p̄ la palisie la coulpe actuelle q̄ laissent a faire ce q̄ on doit faire p̄ la fieure la coulpe actuelle qui fait de faict ce q̄ est deffēdu, p̄ la veraciō de moniaq̄ et trauail du diable. la coulpe de erreur. En apres po⁹ la cōfirmaciō de la loy euāgeliq̄ sont mis plusieurs miraclez en general, car il est dit q̄ quand le peuple ouyt

cestuy miracle et que le vespre fut venu/cest
assauoir q̃ le soleil estoit ia resconsse. Tous
ceulx de la cite q auoyēt aulcũs malades
detenus et trauailles de diuerses maladies et mesmes les demoniacles les menoyent a ihucrist en les p̄sentant a luy/affin q̃ l
leur dõnast sancte et guerison/car adonc-
q̃s il pouuoit vaquer a telles choses. On
peut demãder pourquoy a telle heure z si
tard ilz luy admenoyēt leurs malades/A
ceste demãde respond theophile et dit q̃ la
cause est pource q̃ ce iour estoyt le iour du
sabbat/z les iuifz pēsoyēt q guerir les maladies le iour de la feste ne fust pas licite et
la feste fuioyt a vespres/et pource ilz ten-
doyēt q̃ le souleil fust resconse/affin q̃ licitemēt les peussent mener a ihesucrist. Et
quād ilz les eurēt amenes a luy/il mectoyt
ses mais sur chascũ deulx et les guerissoit
car il nauoit poit de horreur de q̃lque maladie q̃ est ōtre les medicins orguilleux q̃
desprisent nature/z ont desdaing de visiter les pouures. Et ihucrist mettoit par sa
parole les mauluais espis hors des corps
des creatures q̃lz possidoyēt/poᷓ mõstrer
q̃ la parole de dieu deuotement ouye faict
fuyr lēnemy des cueurs des pecheurs. Et
cōbien q̃lz les peust toᵘ guerir p sa pole ne
aumoitz aulcũesfois mectoit la main sur
eulx/car aisi que louurier faict son oeuure
moyēnemēt son instrumēt/ainsi la vertu di
uine en ihucrist faisoit aulcũes choses par
loperacion de humanite/poᵘ declarer q̃lle
estoit cōioincte a la diuinite. Sur quoy est
assauoir q̃ les miracles q̃ faisoit ihesucrist
estoyēt ordōnees pour deux choses. Premieremēt pour la cōfirmaciō et demõstra-
ce de sa diuinite/secondement pour la p̄fir
maciō de sa doctrine par laq̃lle les hōmes
estoyēt induitz a la foy et a croire en luy/et
pource par le toucher de sa main les malades estoyent gueris/les ladres nectoiez
les aueuglez elumines z a sauoir les mors
ressuscites/et les enemis gectes des corps
ou habitoyēt. Aussi parce que au vespre
luy p̄sentoyēt les malades et demoniacles
est signifie que a la fin du mōde ihucrist
est venu boucter hors z gecter les diables
et guerir les enfermectes humaines. Et
aussi par le resconsemēt du soleil est signi
fie q̃ sa passion en laq̃lle le vray soleil fust
resconse estoit la medicine de toute eferme
te spirituelle Bede. Mistiquement la pas
sion et mort de celluy qui dit tāt que ie suis
au mōde ie suys la lumiere du mōde est signifiee par ce qui est dit/cest que quand le
souleil fust resconse plusieurs demoniacles et aultres malades furēt gueris et plᵘ
que nauoyēt este par auant/car luy estant
en ce mōde en son humanite enseigna z cō
uertit peu des iuifz au regart de ceulx qui
apres sa passion et assensiō sont retornes
et venus a la foy. Aussi moralement le
resconsement du souleil peut estre appelle la cheute de prosperite mondaine/car a
pres q̃ de p̄sperite on vient en aduersite plu
sieurs sont gueris q̃ estoiēt en p̄sperite bien
malades/quand le soleil de prosperite leur
luisoit. Regarde bien icy que en peu de pa
roles plusieurs miracles sont cōp̄ins les
quelz silz estoyēt declaires pauenture sem
bleroyēt estre icredibles Crisostome. En-
tens bien icy q̃lle multitude de guerison fai
cte par ihucrist les euangelistes passent en
brief car ilz ne noᵘ racōtent pas dung chas
cun en singulier/mais en vne seule pole cō
prenēt vne mer/car on ne pourroit racōter
pticulierement les malades detenus de di
uerses maladies q̃ on amenoit a lui de tou
tes pars/lesquelz en brief tēps guerissoit
et rēdoit toᵘ sains. Or en les guerissant
les diables yssoiēt des corps de plusieurs
lesquelz parauāt possedoyēt en criāt et di
sant q̃ ihesucrist estoit filz de dieu et les re
prenoit et redarguoit z ne les laissoyt pas
pler ne dire telles choses de lui Bede. Les
diables cōfessoyēt q̃ ihucrist estoit le filz de
dieu/z scauoyēt biē q̃ l estoit celluy q̃ estoit
pmis en la loy/car quand le diable le vist
au desert estre lasse p la lōgue ieusne q̃ l fist
il eust cognoissance quil estoyt vray hom
me/mays quand il veist quil ne peut estre
maistre de luy par les temptacions desquelles le tēpta. cmēca a doubter sil estoit
filz d̃ dieu/mais maintenāt par ses signes
et miracles quil faisoit p sa puissance diui

ne entendit et ot supicion quil estoit filz de dieu/mais ne le peut encore pleinement apceuoir/car sa danpuacion et sa cognoissance fust par la mort de ihesucrist/car comme dist lapostre/ce mistere estoit musse a tous ceulx du siecle/et ne grant ne puissant selon le monde en eust cognoissance/car silz leussent bien cogneu estre le roy et le seigneur de gloyre iamais ne leussent crucissie. Et pource ihu crist ne permectoit pas que les dyables dissent de luy telles choses/affin selon la glose q les hommes ne ouyssent le dyable prescher ne dire au monde verite/et par ce neussent temps aduenir adqesse a ses parolles et luy eussent obey en erreur en folies et en mensonges/car il est ung si mauluais maistre q tousiours auec verite mesle faulsete. De cecy a este parle par denant en cestuy chapitre mesmez la nuyt passee le iour dapres bien matin ihesucrist se departit de la cite de capharnaum et alla au desert affin quil suist le applausement et la louange du peuple / et aussi que la priast son pere plus secretement en donnant exemple aux prescheurs et a ceulx qui veulent faire operacions diuines de fuir vaine gloire et ostentation en enseignant q apres le labour de predication on doyt retourner a solitude de contemplacion / et au secret de oraison. En rendant graces a dieu du prouffit que on a faict en predication/en soy disposant a recepuoir nouuelle grace par le temps aduenir/affin que en dieu on puisse ce que apres on reprendra au peuple. En ce aussi quil alla au desert selon theophile nous demonstra que tout le bien que nous faisons le deuons atribuer a dieu/en disant que tout est venu et descendu de luy. Doncqs nous voyons que ihesucrist faict son oraison au desert/non pas quil eust besoing de faire oraison ne priere pour luy/mais affin q nous demonstrast/la forme et la maniere de nous scauoir maintenir en bonne operation/et aussi pour nous enseigner fuir le tumulte et la solicitude du monde/et de qrir lieu secret pour mieulx esleuer nostre ame a dieu et pour desirer a parler a luy en nous oraisons en toute silence. Et le peuple le queroit par la foy que auoyt a luy et vindrent iusques a luy par esperance/et le detenoyent quil ne se departist deulx q charite/affin que de plus en plus fussent endoctrines de luy Crisostome. Le doulx ihus ioyeusement recepuoit le peuple qui venoit a luy/et touteffoiz il les vouloit laisser/affin que les aultres aussi ouyssent sa doctrine/et pource il leur dist. Il me fault annoncer le royaulme des cieulx aux aultres cites/ainsi que iay faict a vous et monstrer le chemin par lequel on vient en paradis et dire que cest par penitence Theophile. Apres que nostre seigneur ot anonce a ceste cite de capharnaum le royaulme des cieulx sen alla a ceulx qui auoyent plus grant besoing de sa doctrine/car il nest pas conuenable de tousiours prescher et semer sa doctrine en vng lieu/mais la doit on publier en tous lieux ainsi que le souleil gecte par tout ses rays Crisostome. Pense que mesmes en lieu ou ihesus estoit il pouoit attraire a soy tout le peuple/et touteffoiz ne le fist pas en nous baillant exemple que en cheminant nous querons ceulx qui sont en voye de perdicion/ainsi q faict le pasteur louueille quand elle est perdue et ainsi que le medicin vient au malade/car en gueignant vne ame qui est en voye de perdicion la personne peut acquerir vne grand partie de la remission de ses pechiez et delictz. Oraison.

Sire ihesucrist oste et gecte hors de moy le mauluais esperit/affin q en qlque maniere q ce soit ne me puisse maculer ne soulier/ou en peche me detenir/ad ce q au monde appoisse mort quand ie seray deliure du mauluais possesseur/lequel nous agicte tormente et stimule par hors et deshonnestes desirs. Aussi sire a toy qui es medicin des ames demande quil te playse me donner guerison de la fieuure des vices et des pechies/affin que en me leuant dicelle te puisse ministrer et seruir de seruice q te soit agreable/aussi sire donne a moy et a tous aultres guerison de toutes les diuerses maladies desquelles et auxqlles est detenue nostre ame ad ce que quand nous serons gueris de peche te administrons et faissons tes bons plaisirs et ta saincte voulente amen.

De la suscitation du filz de la vefue. xliiii.

Une foiz Ihesucrist auec ses disciples et grande multitude de peuple qui le suiuoyent pour les nouueaux miracles quil faisoit/pour la doulceur de sa doctrine/et pour la deuotion quilz auoyent en sa saictete aloit en vne cite appellee naym/laqlle esta deux mille de la montaigne de thabor. Et au dessus de naym est la montaigne de endor/au pie de laqlle passe et court le fleuue de cyson. Deuant la porte de ceste cite trouua Ihesucrist vne grand compaignie de mōde et portoyēt en terre le seul filz de vne vesue/qui demouroit en la cite. Enciennement les tumbeaux et cimētieres estoiēt hors des villes pour la puenteur des corps. Et y auoyt grand mōde a ce que le miracle fust plus euident et par plusieurs tesmoings plus verifie. Et pour ce q̄ le peuple vacquoit aux oeuures de pitie en acōpaignāt le corps du trespasse/et en psolant la mere douloureuse desseruit a voir le miracle/car dieu q̄ est le psolateur des plourās regarde merueilleusemēt les larmes de ceulx qui plourēt les miseres et pechies des aultres. Et quant nostre seigneur vist la mere estre ainsi triste et affligee de la mort de son seul filz fust esmeu par pitie et par compassion sur elle veu q̄lle estoit vesue et anciēne et nauoit plus esperance de auoir enfans/et aussi nauoyt plus en qui elle peust prēdre soulas ne ioye ne de q̄ en sa vieillesse peust estre sustentee. Sur ce dit ci-

rille pitie et passion est si piteuse q̄lle puo que les aultres a pleurs et a larmes. Selō bede. nostre seigneur en voyant ceste femme plourer fust meu a pitie et a misericorde pour nous donner exemple dauoir pitie et cōpassion de la misere daultrui. Nostre seigneur la consola doulcemēt en luy disant. noli flere. Ne pleure mpe Crisostome celluy qui console les desoles commanda a ceste femme q̄lle cessast de plourer/en nous admonnestant que en ce mōde ne nous deuons trop trister ne plourer des mors veu que les verrons a la resurrectiō generale. Les paiens et ydolatres ont cause de plourer ceulx qui meurēt en leurs erreurs/pour ce q̄lz ignorēt la resurrection/mais les crestiēs la croyēt et cōfessēt/et pource nōt cause de plourer. Et se apcha des porteurs du corps et tint la feltre et la biere/affin q̄ lessect du salut vit ple tact de ses precieuses mains vit le miracle et qui demōstrast q̄ son corps estoit vni a la deite/et q̄ en faisant les miracles son corps estoit comme instrument de la diuinite. Loculus. Cest le coffre et la biere/au q̄l le trespasse gist auāt q̄l soit mis en terre souuēt en ceste mortelle vie grās palais ou plātureuses maisons ne nous souffisent pour demourer/et aps la mort vng petit coffre nous souffist. Et pourtāt dist vng philosophe a la mort du grāt alixādre/hyer cestuy nestoit pas prēt de tout le mōde et le monde ne le pouuoit assoupir/et auiourduiuēg petit coffre le prient et quād il ot touche au cercl et au couffre ceulx q̄ le portoyent se aresterent/et il dist. Adolescens tibi dico surge. O iuuencel ie dis q̄ tu te lieues et en ceste maniere selō q̄l estoit dieu le ressuscita et le mort comēca a se leuer/et a se seoir au lict auquel on le portoyt/et on quel auoit geu par auant et cōmenca a parler pour monstrer manifestement quil estoyt veritablement et nō pas fainctemēt resuscite/et par auenture les parolles quil disoit estoyent actions de graces a ihesucrist du bien quil luy auoit faict. Et le donna a sa mere ple merite de laq̄lle il auoit este resuscite a ce q̄ apres sa desolacion elle receust psolacion Lors ceulx q̄ veirēt cest miracle orent grād paour et estoient tous esbahys/et ceste timeur nestoit pas maul uaise/car elle pce boit dune reuerēce de la puissāce z bōte de dieu et magnifioient et louoient dieu z disoyent quil estoit grand/car de tant que la cheute est plus grieue/de tāt la pitie de celluy qui est relieue est plus gracieuse/et lesperance de salut aux penitens est plus certaine. Et disoient ppheta magnꝰ. le grand pphete aincoy le plus grand des pphetes pmis en la loy et ces pphetes noꝰ est apparu et dieu a visite son peuple/en leur ēuoyant le vray saulueur et rachateur du mōde ainsi ꝗ le medicin visite le malade pour le guerir. A parler mistiqmēt cest trespasse signifie lomme qui est mort par pechie mortel/sa mere est saincte eglise cest la multitude des croyans et loyaulx crestiens de la quelle sont ses filz tous ceulx qui croyent en la vraye foy catholiq. Or le pecheur est dit estre vng seul filz ꝺ sa mere/cestassauoir de saincte eglise. la quelle pleure vng chascu crestien pecheur quand il chet en pechie comme la mere pleure son seul enfant quād il trespasse de cest monde. Leglise est aulcunesfoiz appellee vesue pource que elle a este rachatee par la mort ꝺ son espoux ou pource que tant quelle est en cest mōde cōme pelerine/elle est priuee des embrassemēs de son espoux. de la quelle vesue il est escript au psaultier. Uiduā eius benedicēs bñdicā Je dōneray bñdictiō a sa vesue. Le mort est porte hors quant le consentement qui est par dedens est mys en operation exterioz. les quatre porteurs du mort sont les quatre affectiōs du cueur/cestassauoir ioye/tristesse/esperāce/et crainte. Les quatres portent le mort par abuz/desquelz dit sait bernard Jlz aymēt ce que nest pas licite de aymer/craingnēt ce que ne fault pas craindre. ont douleur vaine/et se esioyssent plus vaynement. Aussi ces quatre porteurs sont amour de pechie/crainte de faire penitence/esperance de soy amender/et psumption de la misericorde de dieu. Encore ces quatre porteurs pouuēt estre les quatre chose qui font lame pseuerer en pechie/cest adire cōfiance que on a de lōguemēt viure/la quelle chose souuent decoyt la psone/cōsideraciō de la coulpe daultruy

p la ꝗlle la psōne souuēt se garde ꝺ se corriger foulle esperāce que on a de faire penitence le temps aduenir confiance de auoir pardon/la quelle chose la personne prent quand elle presume trop de la misericorde de dieu/en demourāt en ses pechies. On peut aussi entendre ces quatre porteurs estre les desirs charnelz cōme sont les blādissemēs des adulateurs et vains loueurs les poles des platzflateurs et ceulx ꝗ ꝺ poleter de faict nourrissent les hōes en pechie La porte p la ꝗlle le mort est porte dehors sōt les sens corporelz/p lesꝗtz le pechie est le plus manifeste/car icelluy qui veoyt oy oy tou parle aulcūe chose nō licite est tyre p la porte dūg chascun sen Bede. Je pense que la porte p la quelle le trespasse estoyt porte hors est aulcū des sens du corps/car cellui qui seme discorde ētre les freres/ou qui parle orgueilleusemēt z haultemēt/est porte hors par la porte de sa bouche tout mort. Et celluy ꝗ regarde vne femme po la cōuoyter demonstre quil est mortꝰ par la porte de ses yeulx. Aussi celluy qui voulentiers oeuure loureille a fables detractiōs z a toutes choses seculieres/est faict p icelle porte mort a son ame Et celui qui ne garde ses sens met son ame en dāgier ꝺ mort Le cerꝗl z la biere z feltre est la pscięce du pecheur en laꝗlle il se repose cōme la persone en son lict. Toutesfoiz tel mort p pechie mortel est ressuscite p les pireres de saicte eglise. Et cōmēt il est ressuscite en auōs icy figure. car aisi ꝗl ya troys signes de mort spirituelle ainsi ya troiz signes ꝺ ressuscitation spirituelle Les signes de la mort spirituelle sont a lexēple de la mort corporelle. Le pmier signe demōstrāt lōme estre mort corporellement est defaillāce de ouurer z aussi deffaillāce de bien faire est signe de mort espirituelle. de la ꝗlle il est escript en exode ssiāt immobiles quasi lapis. Soyēt les pecheurs immobiles cōme la pierre. Le secōd signe est deffaillance des sens. car quād on frappe aulcū et il ne le sent poit. cest signe de mort aussi quand p admonitiōs et flagellatiōs spirituelles on ne se corrige cest signe de mort spirituelle. Et de telz mors spirituelles dict le saige es prouerbes/Il me ont batu et ne lay point sentu. Le tiers signe est rigueur. Quant lōme a le cueur si dur que on ne le peust flechir par aulcūe cōpassion a son pchain ne par obediēce quāt a dieu/cest signe de mort spirituelle. Et en figure de se yl est dit au liure des roys q̄ la main que ieroboaz estēdit a lautel fust seche. Orgueil oste a la psonne le biē ouurer z luxure le sen/z auarice la faict rigoureuse Al oppositte trois signes sont de resuscitatiō espirituelle. Lesquelz sont touchees en ce q̄ cestiunēceau se leua et cōmenca a parler et fust dōne a sa mere. Par ce q̄ est dit quil se assit z se leua est entēdue ctrictiō En la cōtriction la personne se lieue de pechie. Par ce q̄l dit quil cōmenca a parler est entēdue confession/en la quelle lōme ple en soy accusant/et par ce quil dit quil le dōna a sa mere/est entēdue satisfaciō/car p ce q̄ lōme est absoubz/et que satisfaciō luy est enioincte/il est rendu a sa mere qui est saincte esglise/et a la cōmunion des crestiens par incorporation spirituelle. Et ceste satisfacion est faicte par troys choses/cestassauoir par oraisō ieusnes z aulmosne. La maniere de ceste resuscitatiō est touchee/en ce quil est dit que ihesucrist vint z toucha le cerqueil z la biere/car a pler spirituellement ihesus accede et vient et apprōcha du mort/quād il luy dōne aulcune grace preuenāt/ou aulcun bon desir de son ppre salut. Touche la biere/quād il esmoulit la conscience et le cueur dur du pecheur a penitence/en le ramenant par sa grace a la cognoissance de soy mesmes/et adōcq̄s le mort par pechie est resuscite. Et est assauoir que le sainct esperit a voulu pechie estre signiffie par mort pour demonstrer la grauite du pechie/car il est a fouyr cōme la mort z quand il est cōmis on en doit auoir douleur/cōme de vne personne quand elle est morte. Semblablement quand aulcun voit son amy en pechie mortel/yl le doyt plourer cōme seil estoit mort. Et pource q̄ cest mort figure le peche ainsi sa suscitation signiffie la cōuersion du pecheur en biē Et ainsi que on doit auoir grād douleurz

celluy qui est mort par pechie: aussi on se doit grandement resiouyr de la cōuersion du pecheur en bien. Toy doncques qui es en pechie prie humblemēt nostre seigneur qui te vueille par sa grace resusciter/et restituer a ta mere saincte eglise/affin que de tō pechie qui estoit si grand qui si puisse lauer z nectoier p les larmes que ta mere saīcte eglise en pleure auecques toy en la louange et honneur de son nom. Et ainsi que dit sainct ambroise. Si tō pechie est si grād que tu ne le peuz lauer de tes propres larmes nostre mere saīcte eglise ploureroa pour toy la quelle pleure pour tous pecheurs comme ses propres enfans. Elle a compassion aulcunemēt quand elle voyt ses enfans estre naures par pechie iusques a la mort Augustin. La mere de cest ioyne hōme resuscite par nostre seigneur ihesucrist fust moult esioye/ainsi nostre mere saincte esglise tous les iours se resiouyst des hōmes/quād de pechie sont resuscites en lesperit/car ainsi que cellui qui fust resuscite esto it mort corporellemēt/ainsi sōt les pecheurs mors spūelement. Moralemēt ihūcrist resuscita trois mors/cestassauoir la pucelle en la maison close qui signifie celluy qui est mort par consentement et delectatiō maulvaise en cogitatiō/ou en voulente/estāt ēcores enclose en son ame sans apparoistre p dehors. Le secōd mort fust cestuy iuuencel du quel est ce present euāgile/qui estoit ia hors d̄ la porte pour le porter au sepulcre/par lequel est signiffie le mort par operatiō exteriore de pechie/par parolle/ou par signe/ou par oeuure. Le tiers mort fust le lazare qui estoit ia ou sepulcre par le quel est signiffie le mort q̄ est ia acoustume a pechie et est ia si fort quil empulitist tous les aultres par son maulvaix exemple. Tous ces trois mors resuscite et guerist totallemēt/quād ilz se retonēt a luy p vraye penitēce/Et vng chascū est tāt pl'legieremēt resuscite q̄l est moitz mort par peu de pechies/Cecy fust demōstre en la resuscitation de la pucelle/q̄ fust resuscitee deuant peu de gens et de legier car il ne luy dit fors. Puella surge. Iuueu

celle et pucelle lieue toy. Mays la resuscitation du ieusne homme fust faicte deuant
plusieurs/et plus difficilement/car il toucha le vaisseau ou quel estoit le corps en disant. Adolescens tibi dico surge. Enfant
ie te commande que tu te lieues. Il resuscita le lazare plus difficilement/car sa resuscitation fust auec larmes pleurs et turba-
tion/z signe de pitie en criât a haulte voix
Lazare veni foras. Lazare viens hors et
comme a laidext tesmoignage des aultres
dist desliez le z le laisses aller/nõ pas que
la resuscitation du lazare ne fust aussi facile a nostre seigneur/comme la resuscitation de la pucelle z du ieusne homme/car cõme dit saict augusti nul ne eueille si legierement vng dormant ou lict. cõme thesucrist
resuscite vng mort du sepulcre/mais il la rēdoit difficile pour demõstrer que les faictz
de nostre seigneur sont exemples de aultres choses/car quand aulcun est presse. z
agraue par male et longue coustume/apai-
ne et a grã labour et difficulte en peut e-
stre resuscite/car pour le resusciter est cõ-
traict nostre seygneᵘ a plourer. Et pource
combien que tout pechie nous soyt de fuy-
yr/touteffoyz encores plus la coustume
de pechie car pechie acoustume est plᵘ difficile a guerir. Et de ce dit saint Ambroise. Tout pechie est faict et repute nyant et
nõ estre pechie par coustume. z on le ymect
comme se ne fust pechie. Et aussi a lopposite toute vertu par bonne coustume est
faicte plus gracieuse z plus facile. Il nya
point de difference soy a coustumer a bien
ou a mal. Doncqs trois manieres de mort
de coulpe sont signifiees p les trois mortz
desuditz/lesquelz nostre seigneur resusci-
ta/cestassauoir pechie d cueur/z pechie de
opacion/et pechie de coustume. Or en le
resuscitation est demonstre que nostre seigneur a puissance sur troys manieres de
mors/cestassauoir sur la mort d nature. de
coulpe. z de enfer. Et aussi a lopposite il a
puissance sur trois vies/cestassauoir sur la
vie de nature. et de grace/et de gloyre. Au
quart mort qui lui fust anũce par son disciple ny voulut aller/par le ql est signiffie cel

luy qui est mort par obstinacion ou despa-
ciõ. ou en maulnaise coustume de soy excuser de son pechie/duquel il est dit. Dimitte mortuos sepelire mortuos suos. Laisse
les mors ensepelir leurs mortz. Ceulx dõcques q ouyent ces choses/silz ne sont poit
cheuz en pechie gardẽt soy de presũptiõ
et soyent cautz et aduises quilz ne cheent.
Aussi ceulx q sõt cheuz gardẽt soy d separer et soyent soigneux et diligens eulx releuer en grace. Augustin. Mes treschiers
freres nous auons ouy ces choses/affin q
ceulx qui viuent/viuent de bien en mieulx
et ceulx qui sont mortz sefforcent deuiure d
la vie de grace. car combien q le pechie soit
encores ou cueur sans quelquel apparence
exteriore et par dehors/touteffois on sen
doit repentir et doit on corriger telle cogi-
tation/et en telle maniere. le mort est resuscite dedẽs la maison de la cõscience. Et mesmes la pensee male est venue iusques a lo-
peraciõ du pechie exteriore/ou ne se doit
poit encores desesperer/car sil nest resuscite par dedẽs ecore peust il estre resuscite p
dehors se tant seulemẽt ait desplesance du
pechie et se garde quil ne voyse au parfont
du sepulcre en prenant vne maulaise coustume d pechie/Et se p auẽture estoit ia ese-
uelli soubz la pierre par maulaise coustume de pechie z par long temps. encores ne
se doit point desesperer/car combien quil
soit parfondemẽt mort et en sepulture/tou-
t effoiz ihūcrist est tout puissant de le resu-
sciter/mais q d tout sõ cueur se retourne a
penitẽce. Crisostome. Nous qui sommes
en grace ne presumons point de noᵘ/mais
soyõs soingneur noᵘ garder que ne choyons z q ne tumbons. Aussi se nous sõmes
cheutz/ne noᵘ desesperõs poit. mais disõs
a noᵘ mesmes. cellux q est cheu ne se relieue
ra il pas? Quy p grace d dieu. Plusieurs q
sõt maitenãt ou roiaulme du ciel õt este en
ce mõde grans pecheurs/z touteffoiz aps
leurs queriõ õt este si vertueulx qlz õt mis
hors des creatures Les diables z moultz d
autres grãs signes õt faict cõme toute la
saincte escripture dit z presche. et pource
leurs vie nous doyt estre en erẽple car aisi

q̃ les medicins escripuēt en leurs liures les grādes z difficiles maladies, pour en auoir plus grād ēseignemēt ad ce q̃ les grādes z difficilles maladies ayēt pl9 grāde cognoissance des maindres, aisi dieu ramaine souuent a la creature la grād misericorde quil a faict aur grās pecheurs, adce que ceulx qui ont peu peche et failly en elle trouuent cōsolaciō. Il nest poit adoubter que se les grans pecheurs ont trouue guerison d̃ leʳ playes en la misericorde de dieu que ceulx qui nont gueires failly en ycelle lui trouueront. Et pource armons noʳ de bōnes operacions, et se il aduient q̃ en aulcune chose defaillons lauons nous, affin que soyōs digne de la gloire celeste de paradis, en laq̃lle apres ceste vie viurons en la vision et fruitiō d̃ nostre createur. Cest chose moult perilleuse quād le pecheur gist en lordure et en la fange de peche, et quand il est mort en lame et ne luy chault de soy releuer z de se nectoier par penitence, car se vne personne parloit langue des angelz z de tous les hōmes du mōde, et que par sa doctrine z pdication cōuertist au tāt de personnes quil en a este depuys le cōmencemēt du monde ou au tant quil y a destoilles ou ciel z fust en pechie mortel et ne tint conte de soy nectoyer et purgier par penitence, elle est faicte cōme vne cloce et cāpane darain, ou cōme vne chose q̃ en seruāt a lutilite des aultres consume soy mesmes. Et encores pl9 se tu auoyes toute la sciēce du mōde, en telle maniere que par ycelle, et par telz bōs et discretz conseilz toʳ les roys z princes du mōde fussent gouuernes paisiblemēt par ton industrie, se tu ne te corriges par penitēce, quād tu te sens en pechie mortel tout ne te prouffite point a ton salut. Et meismes se tu auoyes si grand foy que par icelle tu atiraffes a la foy crestiēne toʳ les iuifz hereticq z païes se tu es en pechie mortel riēn ne te prouffite quant a la vie eternelle. Encores pl9 se tu fasoyes mille cloistres et de tes propres mains edifiez mille hospitaulx, z en iceulx repeusses d̃ tes pprs biēs tous les pouures qui sontau mōde, tāt q̃ tu demeures en pechie mortel nes poit du

nōbre des sauluez. Et de rechief se tu batloes ton propre corps a bruller comme fist sainct laurēs ou a escorcher cōme fist saict bartholomy ou crucifier cōme fist ihūcrist se tu mouroyes en vng seul pechie mortel iamais ne seroyes saulue. Encores plus se apres ton trespas on disoit pour toy mille milliers de messes, et se toʳ les saintz z saictes q̃ sont ou ciel auec toʳ les anges estoyent iusques au iour du iugemēt prosternes deuāt dieu en le suppliāt pour ton ame, en larmes de sang ilz ne endineroiēt pas la diuine misericorde auoir mercy de toy, se tu estoyes trespasse en pechie mortel. La cause est, car quād la personne peche mortellemēt, elle se separe de la viede grace et se soubmect a toute impuissance de soy releuer de pechie, en tāt quil est en soy, car nul ne se peut de soy mesmez releuer aps quil a peche pource qui fault q̃ nouuelle grace luy soit dōnee et infuse de dieu q̃ est seulemēt dōnateur de tel dō de grace. et pour ce tant que on est en cestuy monde on peut querir la grace de dieu, mais ceulx q̃ se departent z meurent sans icelle, iamais ne la pourront recouurer, et se ilz ne lont ne yront point en paradis, mais yront en paine perpetuelle. Car il ny a que ces deux lieux apres cestuy mōde. Lung pour ceulx qui auront bien faict et laurre pour ceulx q̃ auront mal faict. Or plus vauldroit au pecheur dormāt et se sentēt en pechie mortel vne bōne cōfession que tous les biēs dessusditz p luy faictz, ou p aultruy, se pl estoit en pechie mortel.

Oraison.

Sire ihesucrist viens en la cite de naym, cest assauoir en mon ame qui est fluctuāte p les temptacions qui lassaillent, approche toy de la porte, pour deffendre que le sentemēt dicellez ne viegne iusq̃s a effect, viens y par grace et touche mō cueur par correction adce que les porteurs et opportunites des pechies se tiennent en paix z ne me molestēt. Oy a lame qui gist en pechie q̃ le se releue par bonne voulēte, et quelle cōmence a pler par cōfession, quelle se lyeue par bōne opacio rendz la a sa mere τ nourrisse qui est grace par constance et stabilité et ainsi ta verité p̄ cognoissāce visite tō peuple q̄ sont les affections et cogitacions de lame ta vertus la regarde par saicte operacion et ta bonte la tiēne par garde et cōseruacion. Amen.

Du faulx scribe. xlv. chapitre.

SE voyant ih̄ucrist estre de toutes pars enuirōné d̄ la turbe τ du peuple qui le suyuoit en tous lieux, cōmāda a ses disciples quilz entrassent en vng bateau et en vne nasele, pour passer oultre le fleuue, et êtra auec eulx en la barque, en enseignāt les prescheurs du sainct euangile que sur toutes choses doyuēt fuyr τ decliner la plausemēt du mōde τ ne faire riēs po̱ fin et ētēcio destre veu. Il demonstre aussi par cestui faict que les solicitudes du mōde et des choses temporeles sont a fuyr, car par les turbes du peuple sont entendus les grādz cures et solicitudes mondaines, lesquelles troublent lame de toutes pars, car elles empeschēt par darriere, ad ce q̄ on ne face biē, a dextre ad ce q̄ on ne desire les choses eternellez, a senestre ad ce q̄ on ne creigne les tormēs dē fer. Ou elles empeschent par derriere ad ce que on ne cōsidere les deffaultz et les pechies passes, par deuāt affin q̄ on ne pēse en la vie future τ auenir, a dextre ad ce que on ne cōsidere les dangiers, τ perilz q̄ sont en prospirite, a senestre affin q̄ on ne cōsidere aussi les dangiers q̄ sont en aduersite, car ainsi q̄ le mareschal veult seigner vng cheual, lui bende les yeulx τ puis frappe la ou lui plaist, ainsi le diable voulāt decepuoir la p̄sonne luy couure les yeulx p̄ grans desirs des choses mōdaines, affin que le puysse mieulx naurer p̄ pechie en luy tirāt le sang cest a dire la force des vertus, et pource on doit fuyr telle turbe, cest celle q̄ ēpeschoyt zachee deuenir a ih̄ucrist. Et ih̄ucrist chemināt par la voye et sen allāt vint a luy vng scribe, cest vng maistre de la loy qui lui dist Magister sequar te. Maystre ie te veulx suyure par toutes places Crisostome. Cestuy docteur et lectre ny vinst pas a ih̄esucrist par foy et po̱ croire en luy, mais par simulacion et faintise. Et pource que ih̄esus veoyt son cueur ne luy respondist mye selon sa parolle, mais selon q̄ estoit en son cueur et dist. Uulpes foueas habēt. Les renars ont leur fosses τ les oyseaulx du ciel leur nidz la ou retournēt de nuyt pour soy herbergier, mais le filz de lomme, cest a sauoir de la vierge marie na nul p̄pre lieu en cest mōde ou puisse incliner et mectre son chief. Nous voyons ycy que a la maindre et plus basse partie il nōme et monstre saligné contre ceulx qui se glorifient de leur lignée, en alegant le plus noble de leurs parens et le plus digne. Cōme se ih̄ucrist disoit a cest maistre de la loy, les bructes bestes ont leur lieu au sq̄lz elles se retornent po̱ elles herberger, mais ie suys si poure q̄ ie nay logis p̄pre en cest monde. Et po̱ ce pour neant viens tu a moy pour aulcun guein tēporel. Cestuy maistre de la loy venoit a ih̄ucrist pour estre loue τ prise τ po̱ aulcun proffit temporel, lequel esperoit auoir par le moyen de ih̄ucrist en faisant miracles et choses merueilleuses ainsi que simon magus qui estoit enchanteur vouloit acheter de sainct pierre la grace du sainct esperit pour acquerir argent. Mais quād il ot ouy que ih̄esucrist estoit ainsi poure ne luy dist plus riēs, car cōme dist crisostome il ne lui respondist pas. Je te suiuray tant poure que tu es, car parauēture nostre seigneur luy eust otroye. En cest lieu icy la conuoitise des choses terriennes est oustee a ceulx q̄ veullēt ensuyuir ih̄ucrist Crisostome. Regarde cōme ih̄ucrist demonstre par oeuure la pourete quil auoyt enseigne par auant, il nauoit en cest monde ne table ne chandellier, ne aulcune maison on se peust herbergier. Sa petite maison fust le vētre virginal, son reclinatoyre fust la creche et larbre de la croix son sepulchre fust aussi de vng estrangier. Aussi par les renars on peust entēdre dolosite, et par les oyseaulx du ciel vantence, iactance, ou elacion, qui est muscee au cueur de la p̄sonne, cōme se ih̄ucrist disoyt a cest maistre, tu me veulx

bb i

ensuyuir pour fraude et elacion qui est en ton cueur et pour couuoitise de vaine gloyre/et po^z ce ie ne te veulx mye recepuoir en ma compaignie/car le filz de lôme est simple contre dolosite et hüble contre orgueil et elacion τ tu a en toy lieu ou puisse recliner son chief. Au iourduy en saicte eglise les ambicieux et simoniacles ensuyuêt cestuy pharisien qui desirent estre promeus aux haulx benefices lieux et dignites en grant ce qui leur est proffitable/et nõ pas ce qui est honneur et gloire de dieu/et affin quilz seruent mais affin quilz soyent seruis/et pource bien conuenablement sont compares a la fraude et dolosite du renart et loyseau voulât/aussi par cestuy sont signifies ceulx qui veulent etrer en religion ou aux monasteres qui sont riches et qui ont grâdz possessiõs/car ilz ny entrêt pas p̃ deuocionm/ais affin que eulx poures soyêt faictz riches/ et que la soyent honnoures ou au monde estoyent côtempnes. Et po^z ce a tieulx il est dit. Les renars ont leur fosses et les oyseaulx du ciel leur nidz / cestassauoir les diables qui sont plains de fraude et de orgueil demourent en vous et non pa s ihūcrist. On peust encore dire que les malicieux ont leur cautelles/ausquelles refuiêt po^z non estre prins et trouues en leur mauluaistie/et les orguilleux quierent les choses mondaines et terrienes/pour tousiours estre esleuez et auoir prosperite/et q̃ nulle aduersite ne les touche. mais en telz le filz de lomme na ou puisse repouser son chief/car celluy qui vit en cest monde selon le iugemêt de raison ne se delicte mye τ ne quiert telz choses. Ihesucrist dist a vng aultre du quel biê scauoit q̃ son pere estoit mort. Sequere me/Ensuys moy. Le quel luy respondit. Sire ie te prie que me laissez premier aller enseuelir mon pere. Rabane Il ne reffusa pas estre disciple de ihūcrist mais vouloit deuant acomplir lenterremêt et obseque de son pere/affin que plus frâchement ensuyuist nostre seigneur/aussi q̃ fit helisee quand helie lappella/auquel il respondit. ie te prie que deuant ie baise mõ pere et ma mere/et puis aps̃ ie te suyuray

Quand ihesucrist otouy ce luy dist p̃ maniere de correctiõ. Ensuys moy nõ obstât lenterrement de ton pere/τ laisse les mors qui sont mors de la mort de coulpe enseuelir leurs mors de mort de nature/ Quand ihūcrist disoit laisse les mors en sepulturer leurs mors il donnoit a entendre q̃ la mort ne appartenoyt pas a cest disciple/mays estoit aulcun infidele qui estoit mort en ame par infidelite τ mauluaistie/car telz sõt vrayement ditz mors entât quilz nont poît de foy. la quelle est la vie de lame. Ainsi q̃ dit le saige, que le iuste vit de foy. Par ce cy est demonstre que ceulx qui veullent suyure ihūcrist totalement doyuêt laisser laffection charnelle de leurs parens. Et est ycy argument ōtre ceulx qui se excusent detrer en religiõ pour le soing et pour la cure q̃lz ont de leurs parens/et aussi contre ceulx q̃ de iour en iour esloignent τ procrastinent leurs entrees. car se ihesucrist ne vouluft q̃ cest disciple fust retarde de lensuyuir/pour la sepulture de son pere/p pl^9 fort ne veult pas que p̃sonne differe de iour en iour lê suyuir. Regarde cõme il reffusa et deboucta le pmier qui estoit faulx et orgueilleux et venoit p̃ fiction a luy/et le second qui le queroit de simple cueur le attira a lêsuyure et ne luy donna pas espace de aller enseuelir son pere/mais voulut que sans delay le êsuyuist sans aller en la maison de ses parês. Et luy dist va et anoces non fables nõ curro sites/mays le royaulme de paradis et du ciel. Suscite ceulx qui sont mors de ame par peche mortel. Nous sommes yci enseignes que pour plus grand biê de vos laisser le moindre. Cest merite de faire seruice a ses parens/et encore est plus grand merite de p̃schier/et mesmes se on ne doit guegner q̃ vne seule ame que ce nest de enseuelir les mors Ambroise. Comme chose louable soyt soy excercer a enseuelir les trespasses/pourquoy deffêd dieu a cestuy disciple de non aller enseuelir et mectre en terre son pere. Certes cest pour donner a entêdre/que les choses diuines sont a preferer aux choses mondaines et humaines Cest bonne chose de enseuelir les mortz/

mays cest grant empechement aux seruiteurs de dieu, car celluy q̃ a son entedemẽt occupe a plusieurs choses ne peut pas si pfaictement cognoistre la cause et la condicion et la nature de vne chescune. Et pource on doyt solliciter de auoir premierement les choses plus speciales et plus singulieres. Cõme donc peuẽt les mors ẽseuelir leurs mors, sinon quil fault entendre estre double mort, lune de nature, et lautre de coulpe, combien quil en soyt encores vne, en laquelle nous mourons quand laissons pechie et viuõs en dieu, donc la sepulture ou pere ne fust pas desseduee a cestuy disciple mais ce qui estoit plus necessaire et expediant, cestassauoir la pitie de religion rpienne lui fust deuãt mise. la sepulture suy laissee a ceulx du lignaige, mays annoncer le royaulme de dieu est commãdee a tous les esleuz Crisostome. Ce nestoyt pas chose conuenable que celluy qui se estoit mys a la disposicion r vraye foy du filz de dieu et lauoyt prins pour son pere celeste, eust pensement de son pere charnel qui estoit ia mort, et pource nostre seigneur luy demonstra q̃ la foy r la cognoissance de luy estoit preferer a telles oeuures de pitie. et cest la cause pourquoy il nous est commãde laisser nous parens viuans, cestassauoir po' ensuyuir ihesucrist, il luy deffendit quil ne allast pas enseuelir son pere, nõ pas quil contempnast honneur quil luy deuoyt en tant quil lauoit engẽdre, mais pour dẽõstrer quil ny a riens qui nous soyt tant necessaire que nous occuper pour nostre salut a choses r oeuures celestez, car cest pl9 grãt et plus noble chose publier le royaulme du ciel r retraire les aultres de la mort de pechie que de enseuelir vng mort que nest plus a rien vtile et specialemẽt quand en ya de aultres qui bien feront telz enterremens. Par ce donc que deuant est dit ne sommes daultres choses enseignes, fors que rãt quil nous est possible nous gardõs de perdre le temps que dieu nous concede pour bien faire, voire mesmes se dix mille personnes estoyent qui nous prouocassẽt a loppposite, car tousiours deuõs preferer et mectre deuãt ce qui nous est plus necessaire, comme sont les choses spirituelles.

Moralemẽt les mors enseuellissent les mors quãd les pecheurs se nourrissẽt en celãt les pechiez les vngz des aultres, et couurẽt leur mauluaistie par adulaciõ. Selõ sainct gregoyre, on peut entendre par les mors, les adulateurs r flacteurs qui nourrissent les pecheurs en leur mal. Et les enseuellissent en mectant sur leurs chiefz la terre de adulaciõ, affin que de plus en pl9 soyẽt aueugles r leur lient les piedz de bẽdes, affin quil ne cheminẽt en la voye des vertus. Encores vng aultre vint a ihesucrist qui luy dist. Sire ie te vueil ensuyuir, mais laisse que deuant le puisse denoncer a mes parens et a ceulx qui sont en la maison de mõ pere, il leur vouloit denõcier pour leur dire a dieu, et aussi affin que sa famille ne le qrust sils ne eussẽt sceu ou il estoit. Plusieurs sont au iourduy telz qui de iour en iour different entrer en religion ou aprẽdre vne maniere de bien viure, en disant. Premieremẽt ie disposeray de mes biens, r de mes amis, et puis apres ie entreray en religion, ou amenderay ma vie, la quelle chose sainct iherosme le desconcilla a vng, qui faisoyt trop lõgue demoure et dilaciõ de mectre en effect son bon propoz, en disant, couppe plustost la corde de la nacelle q̃ touche a terre que tu ne la deslies Crisostome. Ne dis pas se tu te veulx retourner et conuertir a bien que pmierement distribueras et ordonneras de tes biens temporelz, car cest le cõmencement de toute paresse en tãt que merueilleusemẽt le dyable sesforce empescher la psonne d' nõ mectre a effect son bon propos. Et se par aulcun retardemẽt la peust surmõter de plus en plus se refroydira du bon propoz et desir quelle auoyt. Et pource selon le conseil du saige, on ne doit point differer de iour en iour de acomplir ce que on a en desir. Ihesucrist ouyans les parolles de cestuy disciple luy respondit. Nemo mittens manũ suam ad aratrum rc. Nul ne mecte la main a la reau et a la charrue de penitẽce, par laqlle le cue' est renuerse et laboure, affin que les vert9

bb ii

y soyent semees et pour ensuyure ihesucrist en entencion de soy repentir et pour vouloir apres regarder derriere de faict ou de propos et a lestat quil a leisse/car a tel ne appartiedroyt et ne couiendroyt le royaulme du ciel et ne le deuroit point prescher. Tel est le religieux qui laysse le monde par dehors mays le tient par dedens en sa pensee/en reuoluant en son cueur ce que en cest monde pa rauāt il a faict ou dit prēt plus grād plaisir quil ne faict soy repouser en dieu. Monseigneur sainct pol q̄ estoyt de ceulx qui deuoit habiter aux cieulx et qui deuoit prescher au aultres comme on y pourroyt paruenir cry demourer disoyt a ses disciples. Oblies en tant quil vous sera possible les choses que au monde aues laissez En ceste auctorite de nostre seigneur est de mōstre que la psonne ne doit faire demeu rene dilacion pour amour ou por complairea ses parēs quelle ne acomplisse son bō propos ou voulente, quando dieu luy donne/car souuent aduient que quand on leur dit sa voulente ilz ne cessent tant quilz ont reuocque et faict changer le bon propos Sainct maxime euesque dit de cecy/ toute personne qui maine la charue et en la menant regarde derriere ou elle faict son scillon et ce q̄lle laboure tortu/et sans prouffit/ou elle gastera de sa charue les pas et le chemin de ses beufz. Ainsi est il de celluy qui veult cheminer le droit seillon et chemī de la vie spirituelle/en arrachant et couppant de son cueur toutes choses mondaines/se apres quil a commence a cheminer en telle voye de perfection/retourne sa consideracion a choses vaines et inutiles/car il nauera son corps et son ame/et couura tellement son chemin/ quil lui sera si pilleur que se dieu ne luy fait grace/il cherra en plusieurs erreurs et inconueniēs. Aussi dit sainct augustin que celuy mect la main a la charrue qui a affection de suyure ihesucrist/mais il regarde derriere/quād il demande dilacion iusques a ce q̄l soit retourne a la maison/ǉ quil ayt demāde conseil a ses amys. Et sainct bernard dit. Se le disciple qui vouloit ensuyuir ihūcrist est re

prins et argue/pource quil vouloit retourner a la maison pour le renōcer a ses amis que sera faict de ceulx lesquelz sans nulle vtilite ou edificacion veullēt visiter les maisons de leurs parens. q̄lz ont laisses en entrant en religion. Aussi cecy est cōtre les religieux qui veullent menger et boyre trop souuēt estre les seculiers/ou aux maisons de leurs parens. De quoy dit crisostome Celluy qui desire ensuyuir ihesucrist ǉ qui veult mectre la main a la charue/cest adire qui veult faire son fondemēt sur la foy euāgelique en renūcant au mōde ne doyt poit regarder derriere/cest quil ne doyt pas de rechief retourner aux choses q̄l a laissees au mōde affin que par tel soing qui est de vanite et aussi par trop grande cupidite ne soit fait indigne du royaulme de dieu. De ce nous admoneste sainct pol en disant que apres que nous serōs cōuertiz a bien/nous gardons que par quelques affection ne retournons ad ce que auons laisse. De quoy dit sainct bernard. On se doyt garder sur toutes choses que ou de cueur seulement ou de cueur/ou de corps ensemble/on ne soyt apostat. Car nous lisons des filz de israhel quilz retournerent de cueur en egipte/mays de corps ne pouuoyent/pource q̄ la mer rouge les en gardoyt/car quand ilz furēt passes par le milieu dicelle/elle se sarra a leurs talons. Et est ce que ie doubte mes freres que entre nous ne soyent aulcuns que se parauenture ont honcte destre appostat corporellement nayent point hōte de lestre spirituellemēt et de cueur deuāt dieu qui est quand soubz labit de religion ont le cueur au monde et aux choses seculieres en prenant en ycelluy toute la consolacion quilz pouuent trouuer. Et pource q̄l renōce au monde pour lamour de dieu garde soy bien que nullement ne regarde derriere luy. car comme dit sainct gregoire Il nest riens aux anges plus chier/ne a dieu chose plus agreable ne aux hommes plus fructueuse/q̄ demourer iusques a la fin en lestat de religiō quand on la prins/en gardant et acomplissant la reigle de obedience ysidore. Tres aigrement en la discussiō du diuin iugement seront reprins et rebargues, ceulx qui ont contempné de acomplir ce que en leur profession auoyent promis a dieu. Et pource nous deuons estre caut̄ et auises, que le monde nous retraye, et que ne regardons derriere, affin que ne soyons de ceulx desquelz fust la femme de loth qui regarda derriere soy, et incõtinent fust tournee en vne statue de sel. Pourquoy est a noter que vne statue a la figure humaine, mays elle ne sent et ne se meut. Ainsi sont les personnes qui ont laisse le monde pour entrer en religion, quãt apres redonnent leur cueur a penser ou traictier des affaires seculiers, car alors elles nõt ne sentiment de aulcune bonne oeuure. Aussi la terre ou le sel est semé est faicte et rendue sterile, et ne porte nul fruict, ainsi les religieux qui ont le cueur au monde rendãt la compaignie auec la quelle ilz demourēt toute sterile et sans fruict spirituel. Aussi le sel baille saueur aux aultres viandes, mais cest a sa destruction et consumpciõ, ainsi les religieux qui ont le cueur mõdain se consument eulx mesmes sans quelque vtilite de leur salut, ne de leur prochain, en tãt quilz donnēt mal exemple a aultruy. Aussi selon Bede. Celluy mect sa main a la charrue q̄ emollist la durte de son cueur et le conuertist a penitence par linstrument de compunction, cest assauoir du bois & du fer de la passion de ihūcrist, par la q̄lle son cueur est encline par penitence, mais se par aulcũ ma ulnais desir retourne aux maulx desquelz parauant sestoit repenty il est comme la femme de loth excluds du royaulme de dieu, car ceulx qui desirent parfaictement estre plaisans a dieu de iour en iour se estudient prouffiter spirituellemēt, en mectant en oubly tout le temps passe & sont comme les beufz tousiours soubz le ioug de ihesucrist en ne laissant leur bon propoz, ad ce q̄ a la fin puissent auoir retribucion eternelle. Aussi est assauoir que combien que enseuelir son pere et aussi denuncer a ses amis & parēs, vouloit seruir dieu en religion, ou en aultre estat, de soy ne empesche point a

uoir le royaulme des cieulx, ne de estre parfaict, toutesfoiz p̄ accident pour plusieurs choses qui peuuent aduenir en ce faisant a grant peril et dangier de perdre le bon propos que dieu auoyt donne a la personne, car souuent on differe de iour en iour par subgestion daultruy, ou par le regret que on a aux biens que on laisse, parquoy on deuiēt tout froit et teplde de biē faire. Selon q̄ dit sainct augusti. Nous apprenons p̄ cest chappitre q̄ ceulx que ihūcrist a voulu a esleu, car nous voyons que vng se offrit a luy pour lensuyuir le quel il reprouua, laultre ne se ousoit iõmbre a luy, et toutesfoiz lappella, le tiers differoit trop et le rebargua. Garde toi dõc destre ne faulx caut ne mauuais orgueilleur, affin que de dieu ne soyes reprouue, ainsi que fust le p̄mier, mays de plus en plus estudie toy estre simple et deuot, affin que de luy soyes esleu, ainsi q̄ furent les deux aultres.

Oraison.

Sire ihesucrist bon maistre q̄ cognois les secretz des cueurs oste de moy toute faulsete, et simulacion, et me fay ton vray et loyal disciple, et toy qui es vray maistre ensuyuir sans quelconque fiction donne moy aussi que ne differe te suiuir pour aulcune affection de quelque parens charnelz que aye en ce monde, et que ne prefere le moindre bien au plus grant. O sire dieu donne moy que quand ie auray mis la main a la charrue cest a leau de penitence, en proposant te ensuyure par estat de vie plus parfaict ne regarde derriere, pour retourner ou deffaict, ou de pensee a lestat q̄ iay laisse de la, affin q̄ ie ne soye indigne de estre de la compaignie des bien eures, et des p̄ticipans de ton royaulme du ciel. Amen.

De ce que ihesucrist dormoyt en la nacelle. Et de ce quil commanda aux ventz et a la mer se apaiser. xlvi. chappitre.

bb iii

Après les choses deuant dictes nostre seigneur ihesus voulant soy despartir du peuple se mist au soir en vne nacelle petite/pour passer le lac de genasereth et aller en lieu plus secret auec ses disciples/pour les causes qui ont este toucheez au comencement du chappitre precedent Sainct remy. En ce monde nostre seigneur auoyt troys refuges/ausqlz aloit pour soy repouser quand il estoit trop oppresse du peuple/cestassauoir/la nef/la montaigne/et le desert. Et origene dit. Quand nostre seigneur ot demonstre grand et merueilleuses choses en la terre/sen alla sur la mer pour demonstrer encores choses plus merueilleuses/et pour donner a entendre quil estoit seigneur de la terre et de la mer/et ses disciples le ensuyuoyent pour passer le lac auec luy en la nacelle. Et tantost quilz furent sur la mer se leua vng grand vent/affin que le miracle apparust plus grant en la mer/le quel vent ne stoit pas naturel/mays se sourdist et leua par le commandement de ihesucrist/et par sa vertu et fust si vehement/que a peine la nacelle alloit au fons de leaue/car par la force du vent elle estoit ia couuerte des vagues de la mer. Et quand ceste tempeste ce faysoit ihesucrist dormoyt en la derniere partie de la nef pres de celluy qui gouuerne le bateau/pour demonstrer son humilite. Et certes ce nest pas merueilles sil dormoyt, car il auoit la nuyt deuant longuement veille en oraison et le iour auoit este moult trauaille en predicacion/ Il dormoyt corporellement et veilloit selon la deite. Et de luy est dit aux cantiques/ie dors et mon cueur veille Crisostome. Celluy qui par sa puissance et vertu gouuerne tout le monde se mist en vne petite nacelle/affin quil passast le fleuue/et luy q garde son peuple par son veiller eternel en celle petite nacelle dort. Pour quatre causes ihus voulut maintenant dormir. La premiere pour demonstrer quil estoit vray homme/Tousiours ihesucrist en ses miracles se monstroit et dieu et homme. La seconde pour punir la foy des disciples non pas ql ne cogneust bien le cueur mays a ce que eulx mesmes cogneussent leur imperfection/ La tierce a ce que les disciples en ayant paour se tournassent a oraison. Si la tempeste dit crisostome fust venue luy veillant ou ilz neussent point eu de paour/ou ilz ne leussent pas pryene requis La quarte affin ql monstrast plus sa diuine nature/la quelle bien apparut en ce que luy esueille incontinent commanda aux vents pause/et tantost fust transquillite Et quand les disciples virent telle tempeste estre en la mer/vindrent a luy/car ilz auoyent grant paour et le commencerent a esueiller en luy disant. Domine salua nos perimus. Sire saulue nous/car nous perissons Origene O disciple de verite qui aues auec vous le saulueur et craignes le peril/comment aues vous paour de la mort quand la vraye vie est auec vous. Et quand il fust esueille le dist. Quid timidi estis modice fidei Pour quoy aues vous paour/o gens de petite foy/comme sil disoyt se vous ames la foy ne craindres/mais feres ce que vouldres et la mer et les vents vous obeiront. Sur ce dit Cirille/il demonstra que les temptacions ne engendre pas la crainete en la personne/mais la pusillanimite de la pensee lagendre/ainsi que lor est purgie en la fornaise par le feu. Aussi vraye foy est esprouee en temptacion. Donc il les reprinst de deux choses, c'est assauoir d'la petitesse de leur foy, entant que luy present ne deuoyent point craindre, pource q̃ parauant luy auoiẽt veu faire tant de miracles, et quiconque par vraie foy se ioinct a lui ne peust perir. Aussi il les reprinst de ce q̃lz ne croyẽt pas quil peust tant faire en dormant q̃ en veillant, ou autant en mer q̃ en terre. Nous auons yci enseignement, que celluy est de petite foy qui estãt en aduersite murmure et porte impaciẽment ce q̃ dieu luy enuoye. Surquoy est assauoir q̃ merueilleusemẽt foy est necessaire quand on est en aulcũ dangier et peril, car par elle on a victoire d'tout ce que en cestuy monde peut aduenir a la p̃sonne. Sainct ambroise. Nous pouuons voir par ce q̃ est dit, que nul ne peust passer ceste presente vie sans temptacion, car tẽptacion est lexercice de foy. Et donc affin que par temptacions ne soyons surmontes et suppedites, soions soygneux de exciter le gouuerneur de la nacelle qui est ihesucrist. Quand ihũcrist eut ouy que ses disciples lappelloiẽt se leua, et comme seigneur de toutes creatures comanda aux ventz et a la mer quilz cessassent de leur impetuosite, et tãtost cessa la tempeste, et fut fait grand tranquillite, tellemẽt quil sembloyt que nulle tempeste eust oncques este la, de quoy les hõmes qui estoiẽt en la nef cõme les mariniers et aultres exceptes les disciples dit sainct iherosme, se esmerueilloiẽt en cõgnoissant par cestuy fait la vertu de la diuinite qui estoit en luy, et disoyent: Qualis est hic etc. De q̃lle dignite et puissance est cestuy q̃ est maistre des ventz. Ce nest pas hõme pur, mais est dieu et hõme ensemble. Crisostome. Le dormir demonstroit quil estoit hõme, et la trãsquillite faite apres la tempeste le disoit estre dieu. Et pource les hõmes demandoiẽt et disoient q̃ estoit cestuy yci, car il dort cõme vng aultre hõme, et fait miracles cõme dieu. Par quoy appert quilz sesmerueilloiẽt de troys choses. c'est assauoir quil dormoit comme hõme, et cõmendoit cõe dieu, et q̃ les crea

tures mesmes sans raison luy obeissoient et pource disoyent, que les ventz et la mer luy obeissoient comme a leur createur. En quoy sont a reprendre les creatures raisonnables q̃ souuẽt obeissent plustost aux choses insensibles que a leur create᷎. Par ce que de ses disciples fust excite et prie quil leur aydast, nous est demonstre que tousiours veult q̃ de nous soit deprie. Car souuent nous enuoye aulcune aduersite ou tribulacion, affin que retournõs a luy p̃ oraison, en requerãt son aide pour nous en deliurer, par quoy appert que oraison vault mieulx que lecon. Crisostome. Ihesucrist fist en la mer grãd turbacion affin que par elle ses disciples eussent grãt paour, et par telle paour fussent contraincts retourner a oraison, et par leur priere fust induict faire vng grand oeuure et miraculeuz, et par tel miracle les hõmes fussent induicts a foy et a admiracion. Augustin. En ce monde les iustes sont presses par tribulacions, affin que en icelles requerent p̃ oraison laide de dieu, et que par ce soient exaulses, et apres glorifient dieu. Aussi est a noter que le cry que on fait a dieu en oraison pour demander son aide, ne doyt pas estre seulement de bouche ou de cue᷎, mais auec ce de operacion, cõme de ieusnes, de aulmones, ou de afflictiõs de corps. Misticquement ce q̃ est dit se peut exposer en plusieurs manieres. Et p̃mieremẽt allegoriquemẽt selõ q̃ peut appertenir a tout le corps de saincte eglise, tellemẽt que la nacelle signifie leglise crestienne, laquelle ha la faicon de vne nef, au cõmencement fut estroicte, car pou de gens croient en ihũcrist, a la fin c'est ou temps de lantecrist aussi sera estroicte, car alors pou de gens seront crestiẽs, on meil lieu elle est large, car plusieurs maintenãt croient en dieu. En ceste nef sont tous les bons crestiens lesq̃uelz vont au royaulme du ciel auec ihũcrist p̃ la mer de cestuy monde. En ceste nacelle entra ihũcrist a son baptesme, car le baptesme est la porte des sacremens. Et y entra po᷎ la regir et gouuerner, et est auec nous par ses sacremẽs. Cõtre elle a plusieurs ventz, tempestez, et tri

bb iiii

bulacions/tellement quelle est côme couuer
te des vndes mais ne peut perir/car ihus
est auec elle q̃ tout garde. De ceste nef dit
ainsi crisostome. Il nest point a doubter
que saincte eglise est figuree p̃ ceste nef en
laquelle ihucrist dormoyt/et les apostres
sont côme mariniers. et nr̃e seigneur côe le
gouuerneur. et p̃ le vent est entēdu le saint
esperit/par lequel la parolle de verite est
espandue p̃ tout le monde. Elle porte grādes et inestimables choses/côe est le sang
du doulx ihus par lequel elle a este rache-
tee. Aussi par la mer est entendu le monde
lequel par diuers peches z temptacions q̃
sont côme vagues est tout eschauffe. Par
les vents sont entēduz les mauluais espe-
ritz/lesquelz sefforcent faire noyer saincte
eglise par diuerses temptaciōs qui sont au
monde côme les fleuues de la mer. Or en
ceste nef ihesucrist est dit dormir/quand il
permect tempter son eglise p̃ les p̃secuciōs
et tribulaciōs du monde po² la approbacion de la foy. Le excitemēt q̃ les apostres
firent a ihesucrist en luy requerāt son ayde
affin quilz fussent deliurez du peril ou ilz
estoiēt/signifiēt les prieres q̃ luy font tous
les iours les sainctes p̃sonnes. Et côbien
que saincte esglise soyt infestee des enne-
mys/ou des labours qui fault q̃lle ayt pē-
dant le pelerinaige de cestuy mōde/et que
souuent elle soit agitee de diuerses tēpta-
cions/touteffois elle ne peut aller au fons
ne estre noyee/pource q̃lle a le filz de dieu
pour gouuerneur. Et de tant que en ce mōde a plus de turbacions et de p̃secucions/
de tant acquiert de plus en plus gloire et
merite quād elle demeure en ferme z indis-
soluble foy/car elle va parmy la mer d̃ cest
monde seuremēt/quād elle est gouuernee
par foy et dieu est son gouuerneur/les anges tireurs de rames et de auirōs/et porte
tous les sainctz et tous les bons/et au my
lieu delle est larbre salutaire de la croix en
laquelle sont pendus les voilles de la foy
euāgelicque. Et ainsi par le doulx vent du
sainct esperit est menee iusques aux portes
de paradis et a la seurte et repoz pourable.
Aussi ce qui est dit de ceste nef se peut ex-

poser en cestuy mesmes sens allegoricque
entant quil appertient au chief de saincte
eglise qui est ihucrist. Et par ce on peut entendre que la nacelle ou il monta estoit larbre de la croix auec laq̃lle on passe la mer
de cestuy mōde sans quelque peril. Car p̃
le benefice et aide dicelle les sainctes personnes sont aidees a passer cest mōde qui
est côme la mer. Et combien que tout soyt
plain de inquietacions z tempestes/toutes
foys ilz peruiennent a la riue et au port du
pais celeste. Le iour du grāt vendredy ihesucrist auec ses disciples mōta en ceste nacelle en laq̃lle il passa la grand mer de cest
mōde/non pas que ce iour la les apostres
souffrissent mort/mais cest iour ihesucrist
leur laissoit et demōstroit exemple de souffrir le temps aduenir pour lamour de luy
ainsi q̃l souffroit po² eulx/car quād il mōta
en ceste nacelle tous le ensuiuirēt/entant q̃
tous lont ensuy iusques a la mort p̃ diuers
tourmens. Et quand il fut mis en la croix
grand tēpeste fust excitee en la mer car les
ames des disciples furent forte smeuez de
ce que on faisoit a leur seigneur tellement
quilz cheurēt tous de la fermete de la foy.
Aussi grāt mouuemēt fut fait aux pierres
quand elles furent trenchees/et quand les
aultres signes q̃ sont escriptz en la passion
furent faitz/en telle maniere quil sembloit
que la nacelle fust toute couuerte des fleu-
ues/car toute la force de la p̃secucion fust
toute sur la croix de ihucrist/et les pensees
de tous fluctoient en ycelles. Mais ap̃s
la croix fust faite aux iuifs scandalle z aux
gentilz folie. Et entre ces cōmocions ihu/
crist dormoit en la croix et morut/et fut excite en sa resurrection par les cris et par les
desolacions de ses disciples/desquelz re-
dargua le² infidelite z la durte de leur cue²
Il cōmanda au vent de cesser car il a abais
se toute la puissance du dyable. Et apres
fust faicte grande tranquillite et consola-
cion/car quand les disciples veirent la glorieuse resurrectiō leurs pensees furēt tou
tes appaisees et ioyeuses. Et nous tous q̃
voions telles et si merueilleuses choses de
uons dire. Qualis est hic. Quest cestuy q̃

fait tant de choses? Moralemēt peniten/
ce peut aussi estre signifiee par la nef veu q̄
par elle la personne est menee au port de sa
lut, car ainsi que au temps du deluge tous
ceulx qui furent trouues hors de larche de
noe furent perdus τ noyes, ainsi tous ceulx
qui seront a la fin trouues hors de la nacelle de penitence sont du feu denfer absor
bes et brules. Bede. Quand par la vraye
foy catholique que auons a dieu nous dis
posons pour son amour laisser le monde,
nous montōs en la nacelle auec ihesucrist
en nous efforcant de passer la mer, car cel
luy qui renonce a toute mauluaistie τ a tous
desirs mauluais en desirant crucifier ses
membres par abstinence de tous vices et
concupiscences, et qui se efforce que le mōde luy soyt crucifie et luy au monde, desire
passer auec ihesucrist la mer de cest monde
en se mectant auec luy en la nacelle. Mais
souuent quand nauigons en la mer nostre
seigneur dort, car en nous la belle lumiere
de foy est obscuree par les temptaciōs de
lennemy denfer, ou par limpetuosite des
mauluais hōmes, ou de nous males cogitacions, la grādeur desperāce est abaissee
et la flambe de vray amour refroidee et estaincte. Mais quād nous sentōs et voyōs
estre en tel estat, nous deuōs recourir a no
stre seigneur affin quil face cesser la tempe
ste en nous donant trāsquillite par laq̄lle
puissons venir au port de salut. Aussi en
cestuy mesmes sens cheʃcune bonne ame
peut estre entendue par la nacelle, laquelle
est exposee a la mer, car par la voulēte de
dieu elle est vnie au corps q̄ est apelle mer
car toutes ses operacions sont meslees de
aulcune amertume. En ceste nacelle ihesu
crist monte quand il donne sa grace a la p̄r/
sonne, et ses disciples lensuyuent cest assa
uoyr les vertus, desquelles il en y a troys
theologales, et quatre cardinales, et aussi
y sont les sept dons du saint esperit. Bien
eureux est celluy qui est acompaigne de si
belle compaignie. Mais il est impossible
destre tousiours en cest monde en paix et
transquillite car souuent les vents par lesquels sont entenduez les temptacions cō-
mouuet et troublent telle ame, tellement q̄l

semble q̄lle soyt toute couuerte des vndes
par limpetuosite des temptacions qui luy
sont souuent vehemētes. Et alors luy sem
ble que ihesucrist dorme entant que souuēt
elle craint perdre les vertus et les dons de
grace qui sont en elle. Et combien q̄ en tel
cas il luy semble quelle soyt delaissee de c̄e
luy qui luy doyt ayder, touteffoys iamais
dieu ne la laisse, car il a dit par son p̄phete
Cum ipso sum in tribulatiōe. Je suis auec
lame en tribulacion et en temptacion plus
que se elle estoit en ioye voire, mais quelle
pseuere en oraison en demandāt mon aide
Or la personne cognoist que ihesucrist est
excite pour luy ayder quād elle sent que sa
grace sur elle redonde. Et adoncques en
telle ame est faicte grande transquilite et
paix. Et lame retournāt a soy, les vertus
excitent τ esueillent nostre seigneur et criēt
a grant voix et dient. Sire saulue nous et
nous ayde, car aultrement nous sommes
perdus. Et alors ihesus faict cesser toute
tribulacion et les vents des dyables. τ les
vndes de la chair qui se lieuoient contre la
me adoulcist et est faicte par dehors grant
transquilite quand la tribulacion et temp
tacion cesse ou par dedens quand lame se
repose en la grace de dieu et q̄ pacience luy
est donnee. Et ceste transquilite et paix du
dedans et des vertus est meilleure que nest
la transquilite corporelle. Ainsi q̄l fust dit
par ihesucrist a sainct paul. Ma grace sur
toutes choses te doit souffire. leq̄l ouyant
telle respōse de dieu dist tātost aps Donc
le temps aduenir ie me glorifieray en mes
enfermectes et tribulacions affin q̄ la vertu de ihesucrist habite et demeure en moy.
Et souuēt apres grādes tribulaciōs et tēp
taciōs est faicte en lame telle τ si grāde trā-
quillite que la p̄sonne sen esmerueille elle
mesmez en disant. Qualis est hic. Qui est
cestuy cy car il me semble q̄l est tresmiseri-
cors, trespuissant τ tressaige seig² entant
que la mer τ les vens luy obeissent sans cō
tradiction. Quelle chose peut estre plus
doulce et plus benigne que dieu descēdre
en ceste nacelle et venir du ciel pour habiter en icelle. Et en cest mōde dieu na piont
plus grās delices ou plaisances que quād

par sa grace peust demeurer auec les filz des hommes. Quelle admiracion en cest monde peut estre plus grande, que quãd on voyt que pour vtilite de la psonne dieu veult et desire estre conioinct alame, pour la promouuoir et iciter tousiours a son salut. Monseigneur sainct augustin sur ceste explicion morale dit en ceste maniere cõme en parlãt a vng. Les vens entrẽt en tõ cueur tant que tu es en ceste vie, en la quelle tu naiges comme en vne mer bien perilleuse. Et souuent les vens font grande turbaciõ en la mer, en telle maniere que la nef est en vng grant peril de effondrer. Mais tu pourras dire, et qui sont les vens de ceste mer. Je te respõdz que cest vng grãt vẽt quand tu auras ouy aulcune grant iniure cõtre toy, et de ce te courrouceras fort. Se tu ne reffrains ton ire et tõ courroux a pou de occasion, tu pourras perir car tu te disposera de respondre selon ta passion, ou le mal que on te faict, et te preparez a rẽdre mal pour mal. En tel cas la nef est ia pres daller au fons et de estre perdue. Et pource quãd tu te trouueras en tel poit, esueille ihesucrist qui dort, car seullement la cause pourquoy tu es en dangier et que tu te prepares rendre mal pour mal est pource que ihesucrist dort en la nacelle. Loblience de vraye foy estant en ton cueur faict ihesucrist dormir, et se tu lexites en reprenant ta foy, et adonc ihesus te dit en ton cueur ie tay bien ouy quand tu mas esueille, ie voy que tu as le dyable au quel tu veulx obeyr plustost que a moy, mays en tant que tu retournes a moy en vraye foy ie te aideray et feray a paiser les ventz qui esmeuuent trop impetueusement ton cueur, et commanderay que en cellup soyt faicte tranquilite, par laquelle ie demourray auec toy en grace. Et semblablement on peut entendre ce qui est dit de toutes les temptacions qui nous troublent, car qui desire paruenir le giercemẽt au royaulme du ciel doyt de soy ouster toutes mauluaises condicions ou inclinacions a mal, car ainsi que vng petit trou estant en vne nef la mect en peril de afondrer sil nest estouppe, ainsi vne mauuaise õbiciõ estant en lame la mect en peril de eternelle dampnaciõ se on ne mect diligence de la conuertir en bien. Et pource dit le saige. Garde tõ cueur de toutes pars Et vng aultre dit, fay vne haye despines a tes oreilles et vne haye a ta bouche, et por ce quand nous sommes tẽptes, ou qñ deuons aulcune tribulacion, nous deuõs estre cõstans en la foy, et ne poit hesiter ou doubter en ycelle, car combien que en tel cas il semble que dieu dorme, pource quil nous semble quil ne nous aide pas si tost comme nous voulsissions, touteffois nous deuons fermemẽt croire quil est tres diligẽt sur nostre garde et a toute heure, et ne requiert de nous fors que le requerõs a nostre aide par bonnes oeuures, et que nous lexirons par deuotes et continuelles prieres. Et en ce faisant se nous perseuerons nous deuons croire que apres les tribulaciõs il rendra a lame grande tranquilte. Mais aulcuns sont qui en leurs tribulacions ou temptaciõs le font de plus en plus dormir quand pour en estre deliures recourent plustost au conseil humain que a celluy de dieu Augustin. Il nest riens que lennemy suggere tant au cueur de la psonne comme que dieu ne luy aidera point en ses tribulaciõs. Et faict cecy affin que par ce on querre vng aultre aide et conseil que celluy de dieu, et que par ce on soyt plus foyble a resister aux ennemis, et par ainsi que on soyt surmonte par leurs temptacions. Donc selon le pseil du saige ceulx qui se disposent venir au seruice de dieu, doyuẽt preparer leurs ames a temptaciõs q leur peuuent aduenir en cest monde, car quand aucun se vouldra separer des vices et des pechies qui cognoist qui sont en luy, affinq plus puremẽt puisse vacquer a seruir dieu nest pas a doubter que grãd tempeste soubra contre luy pour trois causes, cest assauoir, ou par limpulsion des ventz par lesquels sont entendues les temptacions des ennemis inuisibles, ou p tẽptaciõ du mõde le quel est entendu par lamer, ou par les tẽptacions de la chair, par laquelle est entendue la grande cõmocion qui se faict en la mer. Pourquoy est a noter c'assauoir que la personne iuste est aulcuneffois temptee par dehors/par la persecucion des maulz uais hommes. Aulcuneffoys par dedens en lame/par la violence des mauluaises cogitacions/et souuent aussi la chair la stimule par sa propre fragilite/car de tant qu'aulcun s'efforce de plus approucher de dieu par sa incteté de vie/de tant plus treuue de difficulte/et de choses fortes et dures a porter en son chemin/ainsi que nous auons des filz d'israhel/qui furent plus durement affligés du roy d'egypte quand p̄ moyse et aaron furent appelles pour aller en la terre de promission. Et cecy mesmes nostre seigneur p̄ son exemple nous le demonstra/quand apres son baptesme et son ieusne porta les temptacions de l'ennemy/car souuent apres que l'on est couerti a bien/le dyable tempte plus aigrement et asprement que parauant il ne faisoyt/pource qu'il voyt que on se depart de sa seigneurie/mais celluy qui garde israhel et ne dort point est comme endormy quand il laisse et parmet fatiguer et lasser lame du iuste durement entre les aduersites du monde. Et quand la personne voit que de soy ne peut surmonter telles temptacions/elle recourt a la grant puissance de dieu/et esueille ihucrist/quand elle approuche de luy/p̄ deuocion de pensee/en recognoissant humblement sa propre fragilite/en ne cessant de tousiours appeller l'ayde de dieu pour la deliurer de ses ennemis/iusques a ce q̄lle se sente estre eraulcee de luy. il faict grand tranquilite en bouctant hors toutes les temptacions de l'ennemy/en donnant grace a la personne que le temps aduenir elle le puisse seruir franchement comme son vray et naturel seigneur. Et adonc lame est si bien disposee en vertus que ce q̄ par deuant a grant craincte elle gardoyt maintenant le garde comme vne chose a elle propre et naturelle et esiouyst auec le p̄phete en disant. Declinate a me maligni. O vous mauluais esperis despartes vous et esloingnes de moy/affin que ie querre et garde les commandemens de mon dieu. Et

ainsi toute tempeste ostee elle vient glorieusement au port de salut c'est en paradis.

Oraison.

Seigneur ihucrist commande aux fleuues des suggestions et des temptacions/vien et chemine sur les vndes de mon cueur/ affin que toutes les puissances de mon ame soyent serenes et tranquilles. O mon dieu ie te prie que mon cueur se repose en toy/et qu'il dorme en ceste grande et orguilleuse mer de cest monde en mesprisant toutes choses qui sont soubz le ciel/et que seulement soyt vigillant en toy/affin que te puisse embrasser q̄ es mon souuerain bien et te contempler/qui es la lumiere vraye de mes yeulx/et que ioyeusement ie chante et die auecque le contemplatif/ie dors et mon cueur veille et cella de dauid/ie dormiray et me repouseray en paix et seullement en dieu. Amen.

Des deux demoniacles possedes de la legion des dyables. xlvii. chappitre.

Quand ihucrist et ses disciples eurent passé la mer de galilee/et furent en la region des gerazeniens contre galilee/ainsi appellez pour leur cite principale/q̄ estoyt appellee gerasa en arabie oultre le fleuue iordain pres de la montaigne de galaad/pres de la mer de tyberias et furent hors de la nacelle/vindrent au deuant de ihucrist deux hommes tellement demoniacles et forcenes en eulx mesmes/ et aux aultres que nul ne pouuoyt ou osoyt en la voye ou se tenoyent ces demoniacles passer/lesquelz yssirent des masions et monumens ou ilz se tenoyent/car ilz habitoyent aux tumbeaux des corps des payens en demonstrant que apres le iour du iugement ilz auront puissance sur les corps/desquelz on possede les ames/aussi aulcunesfois les demoniacles habitent aux tumbeaux/affin que les dyables facent paour aux viuans des ames de leurs mors/et aussi pource q̄

les dyables se delectēt en oeuures mortes et q̄ sont sans charite. Et estoyēt ces deux hōmes liés de chaines, mais rōpoyēt tout tellemēt estoyēt tourmētes des dyables et aloyēt de iour et de nuyt par les desers Sainct luc et sainct marc en leurs euāgiles font seulement mencion dung demoniacle La cause selon sainct augustin est, pource quilz estoyent de grant lignaige et de grāt de renōmee Crisostome dit, que les deux euangelistes ont faict seulement mencion dung pource quil estoyt le plus ancien et le pl⁹ forcene, les mauluais religieux sont semblables a ces deux demoniacles, quād les liens dobedience et des constitucions, ne les peuuent tenir quilz nyssent des monumens, cest des cloistres ausquelz ilz doyuent estre mors, pour nō soy epechier des affaires seculieres ou de aultres choses q̄ napartiennent point a leur estat. Et quand ilz sentiront la presence et la vertu de ihesu

crist, de paour quilz eurēt non pas par humilite se gecterent a terre deuant luy, en le adourāt et criant par craincte auec grande voix O ihesucrist filz de dieu quest il a toy de nous. Selon sainct augustin. Il est pl⁹ acroire quilz dissent ces paroles par suspecon que par vraye cognoissance qlz eussēt de luy, car sil leussent veritablemēt cogneu iamais ne leussēt puis estre crucifie Pourquoy es tu venu dirent ilz deuant le temps constitue p⁹ nous tourmēter, ilz scauoyēt bien que au dernier iour du iugemēt seroyent condempnes a eternelle paine, mays ycy se dient estre tourmentes par la presence de ihesucrist, car ilz souffrent tourmens merueilleux, car selon crisostome, ilz estoyent flagelles et affliges inuisiblement, et seulement de la presence de ihesucrist souffroyent paine innumerablez. Ou aussi on peut dire quilz estoyent tourmētes pource quilz auoyent suspicion, que par son commandement seroyent cōtraincts yssir hors des corps quilz possedoyent et que apres nauroyent puissance de les tourmenter. Et sainct iheromse dit que cest vng grant tourment aux dyables, quand il leur est cōmande de ne trauailler ou tourmēter plus les creatures veu la hayne quilz ont enuers elles Et de tant plus laissent griefuement que par long temps les ont possede, donc se garde celluy qui est detenu ou possede du dyable, que le plustost que pourra se oste de sa seigneurie, car de tant que plus legieremēt le fera y trouuera moins de difficulte de le fayre. Et quand ihu crist les ot ouy interroga de leur nom non pas quil en eust ignorance, mays affin que si grant multitude de dyables apparust par leur propre confession, et affin aussi q̄ on peust croyre que telle et si grant multitude de dyables fust aux corps de ces deux hommes Et aussi affin que la vertu de celluy qui les guerissoyt apparust plus gracieuse par la cognoissance de la confession de ces ennemys. Et ilz respondirēt et dirēt mon nō est legiō, po⁹ ce q̄ no⁹ sōmes plusieurs, propriemēt legiō est dicte vng nōbre determine de gens darmes qui sont en vng oust, z contienent en nombre six mille six cens soixante et six, et de lavient que des dyables pareillement est dicte legion, pource quilz bataillent contre nous, et aussi pource qlz se esiouissent de la perdicion des hommes et se estudient les mectre en tristesse. Et quand ne peuuent nuyre aux personnes sesforcent d nuyre a leurs biens. Et cecy nous voyons en ces dyables qui prioyent ihucrist que si les gectoit hors des corps de ces hommes quil les enuoyast en vng troupel de pourceaux qui estoyent pres de la, affin que de tout ne les mist hors de la habitacion des hommes, z par aisi fussent perpetuellemēt en enfer qui est lieu proprement qui est deu z depute aux dyables, combien quil soyēt parmis habiter iusqs au iour du iugement entre les homes, affin que la victoyre des esleuz apparoysse plus glorieuse de ce qlz auront suppeditez tant de ennemis, ycy apparoist la debilite des diables qui ne peuēt nuyre mesmes aux pourceaux. et ihesucrist leur octroia leur demande et peticion et tantost sespandirent de ca z de la le troupel des pourceaux sur lesqlz auoyēt puyssance par la pmission de dieu, et en enuoyerent deux mille en lestāg de nazareth. Nostre seigneur permist quilz entrassent aux pourceaux non pas pource quilz luy auoyent persuade, ou pource quilz acomplissēt leur mauluaise voulente, mays pour plusieurs raisons z vtilites desquelles la premiere est que parauenture les hommes de ce pays la pour leurs pechies auoyent desserui a voir tel dommaige. La seconde est pour demonstrer quelle fureur les diables ont contre les hommes z combien nuyroyent aux creatures raisonnables sil nestoyent refrenes par la puyssance diuine selon que dit Crisostome. La tierce affin que on voye lipuissance z la debilite des dyables quād aux creatures raisonnables, car silz ne eurēt pas puissance ētrer en pourceaux iusques ad ce quil leur fust octroye de dieu par plus fort ilz ont mois de puissance sur la creature qui est faicte a lymaige de dieu Et en ce auons enseignemēt qui fault seulement craindre dieu et les dyables contēner. La quarte fut pour le salut des hommes, affin qlz cogneussent la vertu et puissance de dieu, et par ce vinsent a la foy, car a ceste occasion les pasteurs qui gardoyent ces pourceaux senfuyrēt z dirēt a ceulx de la cite de gerase tout ce qlz auopēt veu et que ihesucrist auoyt faict. La quinte pour demonstrer la dignite de lomme et de combien il est plus digne que les bestes, quād dieu permist perir deux milliers de pourceaux pour le salut de deux hommes, par quoy appert que ceulx pechent bien griefuement qui ne craignēt point occire ne mutiler les creatures raisonnables. La sixieme pour demonstrer la vilite z lordure des dyables et leur confusion qui esleurent entrer en pourceaux qui sont bestes immundes Et le demanderēt, car ilz pensoyēt ql leur seroit de legier octroye et ce leur estoyt chose bien conuenable Sainct remy. Les dyables ne demanderent point que ihesucrist les enuoyast en corps des homes, car ilz veoyent quil portoyt face humaine, z cognoissoyent que par sa vertu ilz estoyent tourmētes. Ne aussi ne demanderent pas quilz fussent enuoyes en aultres bestes, pource quelles estoyēt offertes comme bestes nectes ou sacriffice et au tēple de dieu mais seulement demāderent quilz fussent enuoyes aux pourceaux, car de toutes les bestes il nestpoit de plus hort que le pourceau, et les dyables se delectent tousiours en choses ordes et abominables. La septiesme pour le mistere, car les dyables qui sont mis hors p la grace de dieu de ceulx qui sont predestines a la vie eternelle ont seigneurie sur ceulx qui viuent mauluaisement et qui prennent tous leurs plaisirs aux choses terriennes et caduques. Le nom de ces ennemys est dit legion, car ilz acompaignent plusieurs a leur cōpaignie, quād on veult obeir a leurs suggestions. Et le troupel des pourceaux par ceste legion fust mis en la mer, quād la multitude des mauuais est suffocquee es eaues denfer, qui sont plus ameres que nulle mer. Il est a noter q par les pourceaux q ont les yeulx en terre et non pas au ciel, et prenent plaisir z delectaciō eur voultrer z coucher en la boue sōt signiffiez ceulx q en leurs oeuures nont pas dieu deuāt les yeulx, mais se delictent en tous vices et ordures, et telz sont baillies en la puissāce du diable z au puis denfer. Et sur ce dit la glose. Se aulcun en cest monde na vescu selon la maniere du pourceau, le dyable sur luy ne pourra auoir puissance excepte parauenture pour le prouuer, et non pas pour le perdre. Et fait augustin. Pour certain secret mistere nostre seigneur laissa aller les dyables en pourceaulx cest pour monstrer que le dyable a puissance et seigneurie sur ceulx qui viuet et mainent vie de pourceau Ambroise. En ce faict cy nous deuons considerer la clemence de Ihesucrist, car il ne condempne nul a paine, mais seullement vng chascun est luy mesmes acteur de sa paine. Et pource les luxurieux gloutons, ors et orguilleux q viuent en ordure de pechie doyuent bien craindre quil ne soyent baillies p la permission de dieu en la puissāce du diable, mesmes eulx viuans en cestuy monde. Et ainsi que maintenant ilz gisent en voluptes et plaisances de ce monde silz ne se amendent, ilz gerront apres et ser ont suffoques aux abismes et ou puis denfer Crisostome. Les hommes qui en cest monde viuent de vie de pourceaux de legier le dyable les peuent posseder. Ceulx viuent de vie de pourceau qui mēgent trop par gloutōnie, et chyet de legier au pechie d luxure gist en la boue p pesse foug z meut la terre par auarice, escuma p ire. Aussi par les pourceaux sont entendus et signiffies les detracteurs, qui se reffectionnent des ordures des aultres cōme pourceaux, en refferant a aultruy ce quilz voyent ou oyent des faitz daultruy, ausqlz se dieu ne faict grace les dyables ala fin les meneront en enfer. O toy meschāt ayez hōte estremesler de tel detestable office qui est tout discorde de paix et est semence de tout trouble. Et sur tout craing le peril de ton ame, car en tel cas le dyable a puissance sur toy quand il suggere de toy mesler de tel mau

dit office z se maintenāt il a faict choyr en cestuy vice apres te suffocquera en enfer. Aussi celluy qui escoute le detracteur doyt bien craindre, z se garder que en telz choses ne se consente et ne baille ses oreilles, car en tel cas il seroyt semblable au detracteur Et ainsi que le dyable se siet sur la langue du detracteur, aussi faict il sur loureillie de lescouteur, car se nestoit point descoutant il ne seroyt point de detrayent. Et de ce dit la glose, sur ce pas. vētᵘ aqlo. le vent de aqlon dissipe les pluyes et la face triste la lāgue du detracteur. Se ioyeusemēt tu escoutes le detracteur, tu luy bailles matiere et occasion de detraire, mays sil voit ta face triste ia volūtiers ne te dira ce quil te vouloyt dire se volūtiers laisses escouter. O sire dieu oste loprobre de tieulx maleureux hommes de la cōpaignie de tes seruiteurs
Quād ceulx de la cite cogneurēt par les pastoureaulx ce que Ihesucrist auoyt faict vindrent a luy Cite docteur. La necessite du dommaige atira les hommes de ceste cite a Ihūcrist, car souuēt dieu substraict aux creatures les biens temporelz, quand en psperite ne se veulent retourner a luy, affin q par aduersite retournent a soy cognoistre et que par leur cognoissance viennent a celle de dieu. Et quād ilz veirent les faitz merueilleux de Ihesucrist, luy prierent humblement quil se despartist de leur pais, poᵘ la grande craincte et admiracion et reuerence quilz auoyent a luy, z se repputoyent indignes de tel docteur et de sa conuersacion ainsi que centurion se reputoyt indigne de tel hoste, aussi quand sainct pierre veist le grāt miracle des poissons dist a Ihesucrist despart toy de auec moy, car ie suys homme pecheur et tu es tout iuste Ou aussi on peut dire que les gens de celle cite pour la multitude de leurs pechies craignoyēt offenser Ihūcrist sil fust demoure auec eulx z encourir plᵘ grand peyne et dōmaige qlz nauoyent en la perte de leur pourceaux. Et adōc il se mist en la nacelle poᵘ soy despartir de eulx, car sa psence leᵘ estoit ē charge Crisostome. Cōsidere lumilite de Ihūcrist car aps que a ces gēs auoyt fait grande et

merueilleuses operacions ne resista pas quand il luy pryerent doulcement se despartir de auec eulx/mays doulcement leur obtempera/en leur laissant pour docteurs ceulx qui auoyent estes deliures des dyables, et les pastoureaulx qui auoyent veu cest miracle. Et quand ihūs fust en la nacelle, cestuy qui auoit este gueri le prioit p̄ grāde deuocion quil auoyt du benefice de guerison qui luy pleust quil allast auec luy et q̄ le ensuyuist. La q̄lle demāde ihesucrist ne luy octroya pas, pour lozreur de la precedēte passion, de laquelle il auoit este guery/ et aussi affin que se en la compaignie de ihūcrist eust fait aulcun miracle, ou aultre grāt oeuure q̄ on ne leust atribue plustost au diable que a dieu/ et pour cecy est ordōne en saicte eglise que ceulx qui ont este demoniacles ou furieux ne soyēt,pmeur aux offices ecclesiastiques /combien que apz̄ leur maladies soyent aulcunement gueris Il reffusa aussi le faire son disciple/affin de nous enseigner fuyr iactance & orgueil/ et aussi affin q̄l fust exēple p̄ sa guerisō aux infideles et que par luy le salut leur fust p̄cure. Et en ce le constitua prescheur de ses grandes merueilles de dieu. Or ce q̄ est icy dit de vng seul, on doit ycy entendre de lautre qui estoit auecques luy. Car il les renuoya en la cite tous deux po² prescher en leur disant a to°deux en la persoune du pl° renōme. Vade in domum tuam &c. Va a ta maison a tes parens/ ausquelz par le cō mandement de charite tu es plus tenu /et leur anonce les grandz choses que dieu te a faict/en ayāt pitie de toy en tant quil ta donne guerison, tant en lame que au corps Theophile. Regarde la humilite du saulueur/car il ne dist pas va et anonce les choses que ie tay faictes, mais luy dist /anonce toutes les choses que le seigneur ta faictes en nous dōnant exemple que quand p̄ la grace de dieu nous faisons aulcun bien no° ne le deuōs pas atribuer a no°/ mais a dieu Crisostome. Cōbien que ihesucrist commandast a vng aultre quil auoit gueri que ne le dist a persoune /touteffoiz bien puenablement dist a cestuy quil le anūcast

pource que le pais estoyt detenu des dyables et ne cognoissoyent point dieu Augustin. En ce que celluy q̄ fust guery desiroyt aller auec ihesucrist & estre tousiours auec lui/ & en ce que luy fust respond quil retournast en sa maison & racontast aux siens les grandes choses que dieu luy auoyt faictes nous est signiffie et donne a entendre que la persoune a qui dieu a faict grace de luy pardoner et faire remission de ses pechies/ apres elle doit retourner en sa maison qui est sa conscience en gardant le sait euangile/ tant par predicacion que par bō exemple/ pour le salut des aultres /a ce q̄ a la fin elle puisse auoir le repoz pardurable auec ihūcrist au royaulme du ciel /car on doit deuant vacquer a bonnes operacions q̄ desir repoz. Saict gregoire. Quād par la grace de dieu no° pouuōs auoir q̄lque pou de cognoissance des choses diuines, nous ne voulons plus retourner a no° excercer aux choses humaines /pource q̄ de tout nostre pouuoir nous querōs le repoz de contemplacion/ mais nostre seign̄ mande et cōmande/ que auāt que lame ayt le repoz quelle demande a dieu suer & soy excercer par bōnes operacions /et puys apres elle sera reffectionee d̄ la doulceur de cōtemplacion. Et quand cestuy hōme entendit que ce estoit la volente de dieu q̄l retournast se despartist de ihūcrist corporellement et non pas spirituellement/ et prescha la foy en la principale cite dūg pais dit decapoli cest vng pais on q̄ la dix cites. et disoit a tous les grandes merueilles que ihesus luy auoyt faictz et vng chascun se esmerueilloyent/ & ainsi par luy estoyēt fortifies en la foy. Jcy nous voyōs bien que cestoit chose diuine que cestui homme fust ainsi mue de mal en bien et dung infidelle et demoniacle fust faict vng prescheur loyal et deuot/par la operaciō de dieu. Tousiours ycy quand on parle dung on doyt entendre aussi de deux. Estudions nous dōc par cestuy exemple/ se encores ne sommes pas bien deliures de la puyssance de lennemy que le plustost que pourrōs no° en deliurōs preschōs & annūcōs aux aultres leur salut/lequel nous ensuyuons sauoir obtenu nous mesmes et ayons memoyre de ce q̃ est escript. Qui audit dicat veni. Celluy q̃ oyt dire et presche aux aultres quilz viennēt. Mais au iourduy sont plusieurs qui ne enseignēt pas cest exēple/car ilz sont bien soigneux des choses qui appartiēnent au corps de leurs parens et amis nont ne cure ne soing des choses qui appartiennent au salut de lame. Oraison.

S Eigneur ihesucrist amoureux des hōmes tres benig auec larme ie te suplie quil te plaise par ta bōte me deliurer de toute ordure de pechie/z des infestaciōs de lenemy/et me garde et tien en grace par ta misericorde iusques a la fin/ quand de leur puissance me auras deliure affin que a ta gloire et a lutilite de mō prochain puisse par pole racōter z demonstrer par oeuure les merueilles que tu as faict amō ame ainsi par ta grace deliuree de tout empeschement/ad ce que quād les aultres auront cogneu par moy tes grās faitz puissent a mon exemple estre prouoques a bien et par ta misericorde couertis et augmētes de mieulx en mieulx. Amen.

De la guerison du paralitique .xlviii.c.

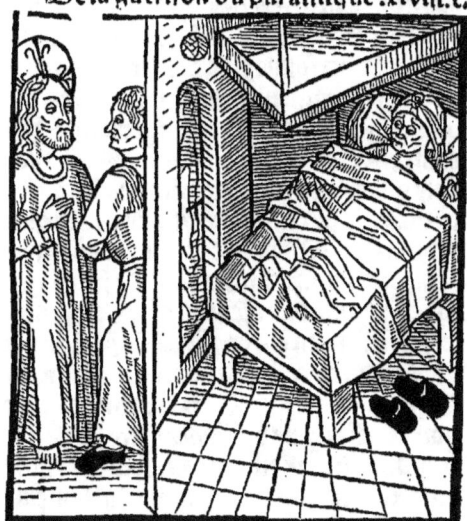

I Hihesucrist entre en la nacelle passa la mer de galilee/affin q̃ ō la terre des gerasemies retornast en ga

lilee/de la ou estoit party pour aller la. Selō crisostome. il pouuoit sil eust voulu passer la mer a pie sec/mais tousiours ne vouloit pas mōstrer sa puissance diuine en choses merueilleuses/affin quil ne nuysist au mistere de son incarnacion. et cest cōtre les hōmes de ce mōde/lesquelz se ilz ont quelque puissance en veulent vser/plutost que de verite et de iustice. Aussi il voulut passer en la nacelle pour nous mōstrer que nous deuons passer la mer de cestuy monde en la nauire de penitence et venir en nostre cite celeste. Et pource est il dit quil vint en sa cite/cestassauoir en capharnaū qui estoit saint augustin cōme la maistresse cite de la prouince de galilee/il fust ne en bethleem/ nourry en nazareth z demoura longuement en capharnaum /la quelle selon crisostome il auoit faicte siēne /en la noblissant et abellissant des miracles faictz en ycelle /car elle est interpretee ville de beaulte et de cōsolacion/lesquelles choses sont souuent occasiō de pechie a plusieurs/et pource a sa conuersion elle auoit besoing de plusieurs miracles. Et luy estoyt en vne maison/ en laquelle il enseignoit le peuple vindrent quatre hommes qui portoyēt vng paralitique en vng lict/z pour la grande multitude du peuple qui la estoit trouuerent la porte fermee et ne peurent mectre deuant ihesucrist leur malade et cōuint quilz montassent sur les tieulles/cestassauoir sur le taist de la maison et aualerēt le malade auec tout son lit deuāt nostre seign' z quād veist leur foy monstra vne operacion diuine/tant sur lame que sur le corps de cest malade en trois manieres. Premieremēt en la remissiō de ses pechies /secondemēt en la cognoissance de sa pensee. et ces deux appartiennēt a lame/tiercement en la ligiere et subite curacion de sa maladie corporelle /car quand il veist la foy et la deuocion des porteurs et aussi du paralitique qui se fist mectre ainsi par dessus le tect/il dist. O filz ayes cōfience/car tes pechies te sont pardonnes/ il ne luy dist pas/ie te les pardonne/mais te sont pardonnes /pour cause de humilite. Par quoy appert que la foy de cest pa ralitique luy aydoit auoir remiſſion de ſes pechez.car combien que pour la foy et deuotion de aultruy ſāte corporelle ou aultre choſe ſemblable ſoyt donnee a aulcun, touteffoiz remiſſion de peche neſt pas donnee a celluy qui vſe de raiſon ſans ſa foy ppre. et pource ceſtui paralitique eſt appelle filz car il creoyt en luy. Iheroſme. O merueilheuſe humilite de ihūcriſt:celluy qui eſtoit tant deſpect et debile:et ne auoit membre en luy de quoy ſe peuſt ayder. eſt appelle filz de ihūs:et les preſtres de la loy ne leuſſent pas egarder Et aulcungz des ſcribes et maiſtres qui la eſtoiēt oyāt ce q̄ ihū criſt diſt a ce malade:pēſerēt en leur cueur. car par dehors ne oſoyent rien dire a cauſe du peuple Ceſtuy blaspheme ceſt quil actribue ce q̄ appartiēt a dieu. Blaſphemer eſt en trois manieres. ceſt aſcauoir en atribuant a dieu ce q̄ on ne luy doit pas atribuer ou en luy oſtant ce qui luy cōuient. et appertient. ou quand la perſonne atribue a ſoy ce q̄ eſt propre a dieu. Et de ceſte tierce maniere reprenoient les ſcribes ihūcriſt qui le cuidoyēt pur hōme/et pardōner les pechez eſt oeuure de dieu. Alors il les repriſnt et ſe mōſtra eſtre dieu:en deux manieres. Premieremēt en reſpondant a leʳ cogitacion qui ſeulement appartiēt a dieu et diſt Pour quoy pēſes vous mal en voz cueurs.en me impoſant choſes faulſes: cōme eſt blaſpheme. En ce nous donne enſeignement que ſi toſt: que on ſent en ſon cueʳ male cogitaciō on doit dire. poʳ quoy penſes tu mal. Je vous demande que eſt plus facile choſe ou dire tes pechez te ſont pardonnes. ou lieue toy et chemine. Come ſil leur diſoit. Sil vous ſemble eſtre plʰ difficile choſe:donner ſubitement ſante de corps que de ame.ſaiches que ie puis faire lung et lautre. Et poʳ ce cōclud. le ſecond ceſt la vertu de ſa diuinite: en diſant. Vt autem ſciatis. Affin que vous ſaichez que le filz de lomme en terre a puiſſance de par

donner les pechez. Je te commande o pāralitique:lyeue toy ſain et prens ton lut/et ten va en ta maiſon:adce que ton lit qui a eſte teſmoing de ta maladie ſoit approbation de ta ſante. Et ſen alloyt en louant dieu qui lauoit ſi toſt et ſi bien gueri. Ceſtoyt grand vertuz ſubitement τ a vng ſeul commandemēt donner ſante. Et ce fuſt affin que nul ne doubtaſt quil ne peuſt pardonner les pechez et que la vertuz diuine feuſt demonſtree: car vertuz naturelle ne oeuure pas en vng inſtāt: mais pou a pou Et poʳ ce ceulx qui la eſtoiēt preſens ſe eſmerueillerent fort en louāt telle puiſſance aux hōmes de fayre telz miracles. Pour troys cauſes ihūcriſt en ce monde faiſoyt miracle. La premiere pour lutilite des malades:car il les gueriſſoit tant de lame que du corps. La ſecōde pour le ſalut des aultres:car pour les miraclez pluſieurs ſe conuertiſſoient a la foy. La tierce pour la gloire de dieu. Auſſi eſt aſſauoyr que ſelon la gloſe/ pour cinq cauſes vient maladie aux perſonnes. Premierement a ce que le merite des iuſtes et des bons en pacience ſoit creu et augmente. Secōdement pour garder la perſonne en grace et en vertuz q̄ ne choie en orgueil: cōme fut faict a ſainct paul. Tiercement pour corriger les pechez cōme fut fait a marie ſeur de moyſe et a ceſtuy palitique. Quartemēt pour la gloire de dieu cōe de celluy qui eſtoit ne aueugle. et du lazare. Quintement pour comēcer ſa peine et dampnacion: cōme fuſt fait a herode q̄ en ce monde ſentoit ce q̄ perpetuellemēt ſeuffre en enfer. Quād dōc ihūcriſt voulut guerir ceſt hōe cōmenca a la maladie ſpirituelle q̄ ſouuēt eſt la racine d̄ la corporelle. Et cōme dit ſainct iheroſme: en ceſtuy paralitique fut fait par ihūcriſt ſigne viſible.affin q̄ le ſigne inuiſible fuſt mieulx approuue. Bede. Noſtre ſeigneur voulāt dōner gueriſō a ceſtuy hōe: pmierēt le deſlia des liēs depeche poʳ mōſtrer q̄ la debili

cc i

té de ses mēbres corporelz procedoyt de la coulpe et du peche iterioze. Et se deuāt ne le eust guery par dedās nullement eust peu recuperer la santé du corps. Mais helas au iourduy nous faisōs loppofite. car nous auons plus grād soing de la sante et gueri son du corps que de lame: et pource souuēt ne obtenōs ne lūg ne lautre. Crisoſtome Se aulcunemēt en noſtre corps souffrons moleſte ou maladie tāt que pouōs sōmes soigneux de trouuer guerison: mais quand la maladie est en lame: nous differōs de io⁹ en iour: et ceſt la cause pourquoy souuent ne sōmes gueris des maladies corporelles Oustōs donc de nous la fontaine et la ra= cine de mal qui pcede de lōme: et sans dou bte les maladies corporelles q̄ sont cōme les ruiſſeaux ceſſerōt. Les medicins q̄ ont plus soing de remedier au corps que aux a= mes: pechēt et ignozēt dont pcedēt les ma= ladies: car souuēt p̄ les peches qui sont en lame la maladie est infligée au corps. Et pource quād ilz visitent les malades: pre= miermēt les doiuēt admoneſter a penitē= ce et a soy confeſſer: affin q̄ le peche qui eſt cōme le fer ne demeure en la playe q̄ empeſ= che que emplaiſtre ny profite iusques a ce quil soit hors. Et a cause de ce les bons me dicins a lexēple de Ihūcriſt seſtudiēt premie remēt oſter la cause de la maladie/ et aps seuremēt baillēt tous les remedes q̄ilz pou= uēt. et nulle aduersite nuyra a la psonne. sē en elle iniqtē ny regne Crisoſtome. Ceſtui paralitique signiffioit et figuroit le peuple gentil lequel cōme par vne maladie de pe= che incurable gisoit aux quatre parties du monde cōme en vng lit: auquel par medici ne spirituelle sante pfaicte de son salut: tāt de corps q̄ dame fuſt rēdue: et luy eſt cōmā de retourner en la maison de paradis. de la quelle adam premier acteur de ceſte mala= die fuſt boute hors. Et dit leuāgile q̄ le peuple voyant ceſtuy miracle euſt paour. Sainct hylaire. Quād les turbes veirent ceſt miracle eurēt grant paour: car on doit

auoir grāt paour de mourir sans auoir par don de ses pechés veu que nul ne retourne a la maison eternelle: se deuant na remiſſiō de ses offenses: mais quāt la craincte fuſt ceſſee honneur feuſt donne a dieu. car par luy a eſte donnee la puiſſance et la vie aux hōmes: et la remiſſion des pechés: la resur rectiō des corps: et le royaulme du ciel Et saches que cōbien que noſtre seigneur cō me dit le sainct euāgile seulemēt reſſuſcita trois mors: nō obſtāt que plusieurs en reſ suscita: auſſi on liſt quil na donne guerison que a trois paralitiques selō leuāgile. ceſt ascauoir a celluy qui eſtoit en la maison: a celluy q̄ eſtoit pres de la piscine. et a celluy du quel a present eſt faicte mencion. Par lesquelz sont signifiez trois manieres de pe cheurs. ceſt ascauoir le pecheur public oc= culte: et la couſtume de pecher. Moza= lement par le paralitique q̄ est priué de lusa ge de tous ses mēbres eſt entēdu le peché qui eſt priué de toutes opatiōs meritoires Il eſt priué de laller a perfection: du tast d̄ bonne opation: du gouſt de la doulceur ce leſte. de la veue de la cōtemplation diuine: de louye de la parole de dieu: et de lodoze de la diuine cōsolacion. Et adōc il giſt au lit quand auec toutes les choses deuāt dic tes mauluaise couſtume le tiēt en son mal. Auſſi pechie en la maniere de palisie faict la psonne trēblant. p lamour q̄elle a a mal: la rend insensible p obſtinaciō. empesche sa parole p desperacion. Les quatre por= tiers qui portēt le pecheur hors de la maisō de sa propre cōscience et hors de leglise: tāt militante: q̄ triōphante sont. Le premier te pedite de bien: quād lōme cōmence par pa reſſe soy refroidir du bien qil auoit cōmēse et delaiſſe dieu. et p cōsequent eſt laiſſe de dieu. Le second eſt delectation en mal: leql eſt cōioinct au premier cōme son compaig nō. car quand dieu eſt laiſſe de la personne: incontinent lame se delecte en mal: et ses deux comme compaignons vont deuant. Le tiers eſt operacion de mal q̄ eſt quand la delectacion meine a operation vicieuse. Le quart est maulvaise coustume en mal q̃ est quãd on frequête le mal p̃ oeuvre vicieuse. Et ces deux vont derriere et portent le pecheur hors de toutes les suffrages de leglise desquelz il est privé. Et ainsi q̃ il y a quatre q̃ le portent hors de la maison: aussi en y a quatre qui le rapportẽt et le reconsillent a saincte eglise. Le premier est la briefvete d̃ la vie presente: quãd la persone pense que tant pou ceste vie dure et est tãt incertaine. Le second cest la craincte de la peyne eternelle quand on pense les grãs et horribles tormens et la diversite et eternite diceulx. Le tiers est la consideration de la coulpe et des pechez que on a faictz quand on pense lordure: la malice: et le dõmaige qui vient du peche. Le quart est esperance de avoir pardon/ car combien que moult ayons offensu dieu: touteffois se a luy par vraye repẽtence voulons retourner deüos croire fermemẽt quil nous pardõnera: dõc celluy qui aura ces quatres porteurs sera porte a la fin devant dieu/ et obtiendra de luy remission de ses pechez. Aussi p̃ ces quatre porteurs on peut entendre les quatre procureurs du salut de la personne. cest assavoir amonicion secrete: predication publique: oraison et bon exẽple. Telz choses offrent lame a iħesucrist: et ont soing de luy et de son salut: et le offrent quand il le consent et quãd se cõforme a eulx: et quãd ne mect nul empeschemẽt a lencontre. Nostre seigneur luy donne sante quãd luy donne sa grace: par laq̃lle il est restitue a operations meritoires: et luy cõmande quatre choses qui sont necessaires au penitẽt. La premiere est soy cõfesser en luy donant esperãce de avoir pardon de ses pechez. La secõde est soy lever de lordure et d̃ vilite de son ame: car tousiours lame qui est en peche est en peine et en torment. La tierce est quil porte son lit: cest que le peche que par devãt luy estoit en repoz et delectation luy doit estre en charge et en doule². La quar

te est quil voise en sa maison: cest en sa conscience qui est la maison de lame: de laquelle la personne pour la grand multitude de ses pechez est tellement esloingnée quelle ne se cognoist mye. Et se ap̃s quelle y sera retournee trouve aulcune ordure de pechie tantost la mecte hors par luy: cest par la bouche: en soy hũblement confessant: dõc le paralitique qui est tout contraict par les plaisanses et voluptez du corps: ou par les vanites du monde, par lesquelles il ne peut voir dieu apres quil sera monte sur le tect de son corps. cest a dire quand lesperit sera seigneur de la chair, voira dieu et viendra a la cognoissance de luy et dieu luy dõnera sancte par sa grace: en luy pardonnant toute loffense: et lappellant filz par adoption. et luy cõmandant quil se lieve du corps de negligẽce: et se droisse des desũs charnelz aux quelz longuement avoyt dormy: et retourne a la plaisance de lesperit: et soyt seigneur du corps par continence: et aille et chemine par bonne operation: et honeste conversacion en sa maison qui est paradis laquelle fust la premiere maisõ du premier homme: ou en sa maison qui est sa consciẽce: laquelle il doit garder necte de tout peche: en tout ce q̃ luy est possible. Anselme en ses meditaciõs disoit a sa seur. O ma seur tu doitz entrer en la maison en laquelle fust mist le paralitique p̃ les tuylles devãt les piedz de iħucrist: car la sa pitie et puissance se trouverent ensemble: en disant au malade: O filz tes pechez si te sont pardones. O grande et merveilleuse clemence, o grande misericorde. Ce paḷitique fut bien eureux: car il obtint remissiõ de ses pechez et ne la demandoit pas: ne par avant deulx ne se estoit cõfesse et nen avoit satiffait Il demandoit la sante du corps et non pas de lame: et de tous deux receut sante. Veritablement sire la vie de la creature est bien en ta voulente. car s'il te plaist nous saulver: nul ne t'en peut garder. Et se tu le veulx fayre aultrement cest en ta voulente.

cc ii

O toy pharisee pour quoy murmures tu. Se dieu est bon fault il que tu soyes maul uaix. Certes il aura mercis de tous et pardonnera a tous ceulx a qui luy playra. Et pource prions luy quil luy plaise/et faisons que par bonnes œuures nostre oraison soit engreffie: nostre deuocion soit augmentee. nostre amour soit excite. affin que sans souilleure leuons les mains purement en oraison. Soit aussi leue nostre cueur a dieu sans ire et contradiction lequel tranquillite a apaise et paix a compose. et purte de conscience a laue. Mais on ne list point que le paralitique feist aulcune des choses deuant dictes et touteffoiz comme il escript deseruist auoir remission de ses pechez: et en ce feust demonstree la grande et ineffable vertu de la misericorde de dieu qui peut de sa seulle bonte dire a qui luy plaist. ce quil dist a cest paralitique. Tes peches te sont pardonnes. Et se aulcun acte doit quil luy fust dit ainsi sans faire œuure meritoire pardeuant. ou sans contrition: confession: ou oraison: iamais nen auroit remission ne pardon de ses pechez.

Oraison

Sire ihucrist qui en ta puissance as monte en la nacelle de la croix. Et en ta resurrection as passes la mer de ce monde: et en ton assension es venu en ta cite veecy la crainte de mes peches: de ire et de la vengence de dieu de gegier de maladie. et de leure incertaine de la mort: qui te offre lame du pecheur par maladie toute debile. O sire dy a celluy qui gist en peche: quil ait confiance de remission quil se lieue par contrition et confession. preigne son lit: par satisfaction: chemine par a croissement de vertus en sa maison: qui est la beatitude eternelle: affin que le deuot peuple le voye: et creigne et glorifie dieu qui a donne telle puissance aux hommes pour leur proffit et vtilite. Amen.

De lemorroisse et de la fille du prince de la synagogue. xlix. chapitre

Apres ces choses vng prince de la synagogue q̃ auoit nom iayrus vinst a ihucrist en le adourant: et se inclinant iusques a ses piedz par lesquelz il portoit salut a tous. Et ainsi estant deuant nostre seigneur le comenca a prier pour vne seulle fille quil auoit: laquelle estoit de laige d'douze ans et luy dist. Domine filia mea modo. et cetera. Sire ma fille est maintenant trespassee. Sainct marc dit quelle estoit reputee comme morte. Et pource que le pere nauoyt point esperance de la trouuer en vie: il parloit a ihucrist de elle comme se elle fust morte: car souuet pou de chose on ne repute riens. Et pource quil desiroit ou que ihesucrist leust guerie se elle estoyt en larticle de la mort: ou quil leust ressuscitee se elle eust este morte: luy dit Je te prie sire que tu viegnes et mectz ta main sur elle et recepura sante. Il ignoroit quil la peust guerir absent. Moralement comme il soit ainsi que vng chescun nait q̃ vne seulle fille qui est lame. de tout son pouoir doyt auoir soing et cure de son salut. car sil la pert toute. Or dieu spirituellement vient en ycelle par grace preuenante: et luy mect sa main par grace concomitante: et adonques telle ame vit par grace bien ouurante et cooperante. Et quand ihesucrist eust ouyt cest homme se leua: et alloyt apres luy, et ses disciples auec luy: et grande multitude de peuple. Remige. Merueilleuse humilite de nostre seigneur et q̃ bien deuons ensuyuir: Incontinent q̃ fust prie ensuyuit cellay q̃ le prioyt. En quoy il enseigne tant les prelatz q̃ les subiectz. Aux subiectz enseigne lexemple de obediece: et aux prelactz il demostre la sollicitude et instace quilz doiuet auoir a enseigner les aultres en telle maniere que toutes les foiz quilz auront ouy quelcung mort en lame: que incontinet se estudiet de aller a luy. Crisosto. Quand ihucrist fust prie du prince iayre q̃l luy pleust venir pour ressusciter sa fille: ne feyst nulle demeure. mais incontinent se leua: et alloit apres luy.

par lequel exemple sõmes enseignez que en tout ce que apptient a dieu ne deuõs pas estre paresseux de le cõplir. Et quand il alloit pour resusciter ceste fille veez cy vne femme emorroisse ainsi appellee par la maladie quelle souffroit: laquelle auoit porte par lespace de douze ans le fluz de sang: et auoit tout despendu le sien aux medicis pour trouuer remede: et vint darriere ihesucrist. tant pource q̃lle estoit hõteuse de la maladie quelle souffroit: tãt aussi q̃ selon la loy elle estoit reputee orde et immũde. et aussi pource quelle ne pouuoit venir deuãt sa face pour le peuple qui estoit entour luy. et aussi pour mistere en denotant la cõfusion que vng chescun doit auoir de ses peches et deffaulx. et toucha la fimbrie c'est le bas du vestemẽt de ihũcrist. Elle le toucha nõ seulement du tait corporel: mais aussi par grãde deuotion de foy. en quoy son humilite est a louer. car elle se reputoit indigne de toucher ses vestemẽs ou ses piedz Jhucrist auoit en son vestemẽt des fimbries a la faison des iuifz: car la loy leur cõmãdoit. Nous voyõs icy q̃ nostre seigneur nauoit pas deuant soy grans portiers et massiers ou aultres seruiteurs qui gardassent que le peuple ne le pressast. et pource ceste femme alla franchemẽt a luy et en approuãt sa foy luy dist. Confide filia: O fille aye confiance: car ta foy ta faicte saine et saulue. c'est a dire quelle a deserui que tu ayes guerison. Crisostome. Pource q̃ ceste femme estoit paoureuse ihũcrist luy dist. Confide: ayes cõfiance: car il lauoit ia faicte sa fille. Et la cause pour quoy il lappelle fille: est pource quelle auoit este guerie par foy: et la foy de ihũcrist fait la personne digne destre nõbree entre les filz de dieu. Et po' ce cõme dit ce docteur Crisostome. nostre seigneur dist a ceste femme que sa foy lauoit guerie po' demõstrer q̃l ne le vouloit pas atribuer a sa vertu: mais a la foy quelle auoit en luy en nous enseignãt que en noz bõnes et vertueuses oeuurez deuons tousiours querir

la gloire de dieu. et non pas la nostre. Et apres luy dist. Vade in pace. Va en paix car par auant tu estoies en grande tribulacion pour la lõgue enfermete corporelle q̃ tu as pourtee. Crisostome. Ihesucrist luy dist: va en paix. pour lenuoier a la fin de tous biẽs. car dieu habite et demeure la ou est paix: et affin aussi quelle cognoisse que non seullemẽt elle est guerie corporellemẽt mais est guerie des causes po' lesquelles peche peust auenir et estre fait: et ainsi du tout elle feust guerie: et muee en biẽ. Et la glose dit. Ce qui est dit que ceste femme fust guerie incontinant et a ceste heure: on doit entẽdre que ceste heure et cestuy incõtinant fust quãd ihũcrist se retourna pour la regarder. car ia elle estoit toute saine ainsi que on peut veoir p̃ les paroles de nostre seigneur. Il semble a aulcuns que ceste femme feust marthe seur d'la magdaleine et du lazare: ainsi que dit saint ambroise en vng sermon: auquel en nombrant les beneficies que ihũcrist fist a ses trois personnes. c'est au lazare: marthe: et magdaleine: dit ainsi Ihũcrist demõstra sa grãde bonte quand il secha le flux de sang en marthe: quand il bouta hors les dyables de marie. et quand il ressuscita le lazare: par quoy appert que la marthe fust guerie p̃ ihũcrist du flux du sang. Mais sainct ambroise ne dit pas q̃ ceste fẽme dequoy est faicte mẽcion a p̃sent fust marthe seur de la magdeleine car il est dit de ceste fẽme q̃lle auoit despendu toute sa sustance pour trouuer guerison aux medicins: et on treuue que marthe estoit bien riche. Aussi bede dit: que ceste fẽme estoit citoienne de cesaree: laq̃lle quand fust guerie fist faire en sa court limage et la remembrace d'ihũcrist: et ainsi q'l estoit vestu quãd elle le toucha: et lauoyt en grãt reuerence. Alopposite elle feist faire son ymage agenoulx: et les mains ioinctes: comme en le suppliãt: et limage de ihũcrist luy tendoit la main et par sucession de tẽps vng arbre creust soubz limage de ihũcrist laquelle au

cc iii

cómencemēt nestoit de nulle efficace:mais
quand elle fust si grande quelle toucha au
vestement de lymage elle fust de si grande
vertu quelle guerissoit de toutes maladies
Aussi saint Iherosme dit que quand Iulian
lapostat lourdoit il feist houster lymage
de Ihucrist:et y mectre la sienne:laqlle fust
toute cōminuee d'la fouldre du ciel q cheut
dessus. Nous auons ycy vng enseignemēt
moult notable po' nous garder tousiours
en humilite. Et ainsi que lintroduit. saint
bernard en disant que vng chescun qui per
faictemēt sert a nostre seigneur peult estre
appelle fimbria. cest adire la derniere par
tie de son vestemēt: quād en tout ce ql faict
se repute humble et le moindre de tous Et
quand par la grace de dieu et par sa diligē
ce pourroit venir a tel estat qu'il se appar-
ceuroit aulcunemēt estre exaulce de dieu et
auoir puissance de guerir malades ou faire
aultres choses grādes et merueilleuses ne
se orgueilleuse mye: car tout vient de dieu
non pas de creature: car ceste femme fust
guerie p le tast d' la robe d' Ihucrist et nō pas
par elle seule. Remige. La foy de ceste fē
me est merueilleuse:car elle auoit tout despendu aux medicins et nauoit trouue nulle
sante:et nauoit plus esperāce par voie humaine de trouuer remede: sinon quād elle
entēdit que le vray medicin estoit descēdu
du ciel.elle mist en luy toute son esperance
et po' ce elle deseruit estre guerie. Rabane
Ceste femme nous enseigne quelle puissāce estoit au corps de Ihucrist quād il demō
stra que en son vestement y auoit telle vertu. Que deuōs nous doncques esperer qui
ne touchons pas le corps seullement de no
stre seigneur:mais le cōsacrōs et le prenōs
Ceste femme prinst la medicine po' la ma
ladie qlle auoit. Malediction est bien sur
ceulx qui cōuertissent la medicine en plaies
Ceste fēme disoit dedans soy:cest en son
cueur auec ferme foy. Se ie puis seullemēt
toucher son vesteme et ie seray guerie de ma
maladie. Non pas quil soit a entendre que

les vestemens de soy ayent aulcune puissāce ou vertu de donner sante:mais par eulx
est demōstree la vertu de ceulx a q sont les
vestemēs:et quād elle les eust touches incontinent fust guerie. Et ce congnoissant
Ihucrist et sentant que aulcune vertu estoit
yssue de luy dist. Quis me tetigit. Qui est
celluy ou celle q ma touche: Il ne demāda
pas p ignorance ne affin q on le enseignast
mais a ce que la fēme qui auoit este guerie
le confessast:et par sa cōfession sa foy ap-
parust:et par ce fust digne de louāge et de
recōmādation de Ihucrist. Aussi po' le me
rite de ceste fēme quelle auoit deserui:de ce
que hūblement lauoit confesse. Aussi pour
edification de ceulx qui estoient la presens
aussi pour acroistre lesperāce du prince de
la sinagogue:affin quil fust plus seur de la
guerison de sa fille: Et adonc les disciples
dirent a Ihucrist. Les turbes du peuple de
toutes pars te pressent et tu demādes q ma
touche:Et il leur dist. Saichez q aulcung
ma touche:car iay cogneu de moy yssir ver
tu en la curation de maladie: car cōbien q
le peuple le pressast pour la deuotion quil
auoit de ouyr sa parolle:touteffoiz ilz ne le
touchoient pas en telle foy et deuotion cō
me faisoit ceste femme.et de tel tast singulieremēt demādoit Ihucrist. Quand ceste
fēme vist qu'il apperceust bien et q rien ne lui
estoit musse ayant grāde paour en cueur et
en corps de la maieste diuine:de laqlle elle
auoit eu experience en sa guerison: vint et
se iecta a ses piedz en cōfessant deuāt tous
la cause po' quoy elle auoit touche Ihucrist
et cōment elle auoit receu sante de la mala
die qui si longuemēt lauoit tenue. En cest
lieu fait vne question Crisostome: et de
mande pour quoy Ihucrist la voulut publi
er et manifester veu que secretemēt elle estoyt venue a luy.et baille six raisons pour
quoy. La premiere est a ce que la femme q
parauant estoit fluāte de sang en touchāt
Ihucrist neust plus le tēps aduenir remors
de conscience de lauoir touche. La secōde

affin quil demõstrast a ceste femme q̃ nulle chose luy peut estre celee. car quãd elle le toucha pensoit quil ne le peust cognoistre La tierce pour demõstrer a tous la foy de ceste femme et que sans demeure vngches cun se doit couertir a luy. La quarte pour demonstrer quil estoit dieu.en tãt quil feit le sang estancher.de quoy ceste femme estoyt malade. La .v. affin quil adrorissast tousiours le prince Et quãd ihūcrist fut retourne vers ceste femme et quil la vit approuua sa foy et la renuoya toute saine. Allegoriquemẽt parler par ceste fẽme qui souffroit passion de sang peut estre entendue saincte eglise assemblee du peuple gẽtil et payen.laquelle fust guerie. Elle fust soilliee et orde pour leffusion du sang des martirs:et par la pollution des ydolatres et p̃ les delectatiõs et plaisances du mõde tant que de la chair La aq̃lle toucha le vestement de ihūcrist quãd elle creut en son incarnacion et que elle y eust foy: car lumanite de ihūcrist est le vestemẽt de la diuinite. duquel il est dit: quil est faict a la semblãce des hõmes: et trouue en habit cõme home. Et adõc de sa maladie elle fust guerie quand elle layssa de espandre le sang des sainctz catholiques et de les tormenter et de adourer les ydoles: et de trop acomplir les plaisances mondaines/ et charnelles de son corps. Or est a noter que ainsi que dieu nostre seigneur ihūcrist aloit pour resusciter la fille du prince de la synagogue. ceste femme fust guerie. car par dispensation diuine po² le salut de lumain lignage fust fait que premieremẽt aulcungs du peuple disrrahel entrerẽt et eurent la foy:et puis tout le monde y est entre et la receu. Et ainsi q̃ ihūcrist guerissoit la fẽme qui auoit le flux de sang:on luy vint denoncer que la fille du prince estoit morte. car quãd le peuple des gentilz se couertist a dieu: la synagogue par sa peruersite et enuie est denoncee estre morte. Ambroise. Que pensons no⁹ que fust le prince de la synagogue

si non la loy par laquelle nostre seigneur p̃ sa bonte du tout ne la point delaisser. car en la fin elle se couertu a luy. Mais que signifie que la fille du prince q̃ mouroit en leage de .xii. ans. et ceste femme auoit souffert sa maladie par lespace de douze ans: si non quil est a entendre que tant que la synagogue des iuifz eut vigueᵣ et puissãce saicte eglise fust malade et enferme. Aussi moralemẽt vne chescune personne pecheresse peust estre entẽdue par ceste femme malade du sang: quand par long tẽps elle est cheute de peche en peche: laquelle toutesfois demande a ihūcrist remede: en disant: sire deliure moy de mes pechés: toy qui es le dieu de mon salut. Et ainsi toutez les foiz que la personne retourne a luy en telle maniere il la guerist par sa grace d̃ toᵘ vices et pechiez que peuuẽt empescher son salut. Et ainsi que ihūcrist aloyt auec ce prince par le chemin vindrẽt messaiges au prince: qui luy dirent que sa fille estoyt ia morte. Et quãd nostre seigneur les ouyt il dist au pere de la fille. Noli timere Ne ayes point de paour/ car se tu es ferme en la foy et seullemẽt croiz en moy ta fille sera toute guerie. Et quand ilz furẽt venus en la maison ihūcrist trouua que la fille estoit au lit morte. Et la estoiẽt ia les trompettes qui chantoient chançons de pleur et de tristesse. car selõ diuerses melodies sont exitees aux hõmes diuerses passions. Aulcunes exitẽt hardiesse ainsi que on veoit par les trompettes des batailles. Aultres exitent deuotion: ainsi que on voyt aux chantres ecclesiastiques. Les aultres liesse et ioye cõme appert en la diuersite des instrumẽs de musicque: et les aultres exitent pleur et lamentacions: et de telz anciennement on vsoit aux obseques des trespasses qui estoient de grãt estat: affin que le peuple par ce fust prouoque a plourer. Mais aux crestiens nappartient pas vser de telles choses: pource que pour les trespasses ne doyuent pas grandemẽt plourer. Et aussi ihū

cc iiii

crist trouua vne grāt multitude de peuple plourāt et gemissant et vng disoit vne chose et lautre vne aultre: et estoyt vng grant bruit et vne grāt confussion: et aussi ilz faysoyent grant bruit et noyse pour preparer ce quil failloit pour lenterrement de ceste fille. Et ihesucrist leur disoit: ne ploures point: car la pucelle nest pas morte. Cest assauoir de mort permanente: mais seulement dort: quand a moy. Bede Ceste fille estoit morte quāt aux hōmes qui ne la pouuoyent resusciter: mais quant a dieu elle dormoit: en la disposition du quel lame separee du corps viuoit. et le corps q̄ estoyt a resusciter reposoit. Et de celle coustume est venue aux crestiens quil appellent les mors desquelz ilz croyent fermement la resurrexion dormans. Et ceulx qui oyoiēt telles paroles que ihūcrist disoit: se mocquoyent de luy en cuidāt quil parlast seullement du sōmeil corporel: et quil ne sceust riens q̄lle fust morte. En quoy nos voyōs que nostre seigneur fut mocque en la court des princes: et touteffoiz de ce ne se corroussa point et ne layssa point aparfaire ce quil auoit commance: en nous donnant enseignement de pacience et de perseuerāce: et que nous ne layssons le bien que nos auons eu commence: se par auenture des mauluais nos sommes mocques. Et quād il eust boute hors de la maison le peuple: lequel selon sainct iherosme nestoyt pas digne de veoir le mistere de la resurrection de la fille: pource quilz cestoyent mocques de celluy entra au lieu ou le corps gisoit: auec le pere et la mere de la pucelle. et sainct piere: sainct iaques: et sainct iehan: pour demonstrer que les misteres diuins sont a reueler a ceulx qui les honourent: et qui y ont reuerence: et non pas a ceulx qui sen moc-quent. En nous enseignant: aussi selon crisostome euiter vaine gloire q̄ vient du peuple. Plusieurs causes sont pour quoy il p̄mist ses trois disciples estre a sa transffiguracion. a son oraison quand il pria au iar-

din deuant sa passion: et aussi a la suscitacion de ceste pucelle. La premiere est pour leur dignite et pour leur singuliere instruction. La seconde pour la signifiance de la foy de la trinite. La tierce pour le nombre des tesmoings souffisans. La quarte po̅ la recōmandacion de tout lestat de saincte eglise. Car p̄ sainct piere q̄ fust marie est signifie lestat des mariez: par sainct iehan q̄ fust vierge lestat des vierges. et p̄ sainct iaques du quel on nescet sil feust vierge ou marie lestat des vefues. Aussi il permust q̄ le pere et la mere y entrassent a ce q̄ilz creussent en luy et fussent tesmoings du fait et du cas si miraculeux et print la main de la pucelle et luy dist. Puella tibi dico surge. O pucelle ie te dis q̄ tu te lieues. Par la main de laq̄lle il la tenoit viuiffioit le corps q̄ estoit mort et par sa voix appelloit lame Et tantost quil eust dit: la fille se leua et cheminoit. Car il ny auoyt nulle distance entre sa parolle et son faict. Crisisto. En ce que ceste pucelle tātost quelle fust leuee cheminoit est demōstre que non seullemēt elle fust ressuscitee. mais auec ce perfaictement guerie. Et commāda que on luy dōnast a menger: pour demonstrer que veritablement elle estoit ressuscitee. et que ce q̄ auoit aste fait nestoit point chose fantastique. Mistiquemēt la pucelle q̄ est morte en la maison est lame morte par peche en cogitacion. Nostre seigneur dit que ceste pucelle dort. Car ceulx qui pechent en ce monde peuuet estre encores ressuscites en grace par penitence. Les trompectes sont les dyables: ou les hōmes adulateurs qui nourissent le pecheur en mal: en suggerāt consolations au corps de quoy la fin nest que pleurs et desolation. Mais nous qui tendons au pais celeste passons et faissōs la sourde oreille aux doulx chans des serai-nes qui nous veullent en ce monde deceuoir. Ainsi que on list: que hercules estant en la mer se fit lier a larbre et au mas de la nef. Et bien estouper ses oreilles: affin q̄l

ne fust deceu par le doulx chant des serayi-
nes. et que par ce ne saillist en la mer. Les
turbes des gens qui sont bruit et noyse en
la maison sont les affections/ou les amys
charnelz. et les mocqueurs sont les detracteurs. Or aincoy que la pucelle soyt ressuscitee. la turbe est boutee hors d la maison
car lame qui est morte par pechie en sa conscience nest point ressuscitee ne mise en grace: se premier les affections charuelles et
les occupations mondaines ne sont mises
hors/car merueillieusement elles empeschent que on ne se esliue en la cōsideraciō
de son salut. Et adoncla pucelle est ressuscitee quand ihucrist entre par grace en la
maison du cueur en menant auec luy iehan
par leql est entēdue grace. pierre: par le ql
est entendue cognoissance: et iaques par
lequel est entēdu la suppletatiō des vices
Car quand aulcung est ainsi spirituellement ressuscite de la mort de peche a la vie
de grace il ne luy doit pas seullement souffire destre purge et nectoye de mal: mais a-
uec ce de tout son pouuoir se doit efforcer
de cheminer et proufiter en tout bien. Et
apres il desert estre refectione du pain qui
est la parolle de dieu: et le sainct sacremēt
delautel. Aussi aux choses dessusdictez
trois choses peuuent estre notees. Cest af-
sauoir le peril en quoy est le pecheur quād
il est mort par peche en lame. et cecy est signifie par la fille. Le remede de auoir sante et guerison qui est par penitence. et cecy
est signifie par le prince. et le benefice du
createur qui est entendu par ihesucrist qui
eust pitie tant du pere que de la fille. On
peust veoir le peril du pecheur en ceste maniere. Car le pecheur approuche de mort
quād il concoipt en son cueur aulcune delectation illicite: Il laboure a lafin quand il
vient iusques a consentemēt: mais il meurt
spirituellement quand il luy donne son consentement sans aulcune resistance. et adōcques toutes ses oeuures sont mortifiees.
On quiert le remede quand le prince vient

a ihucrist et laboure par amour: et luy est
donne remede quād nostre seignē² se lieue
en exaulsant ses prieres. Il boute et gecte
hors de la maisō la turbe quād il met hors
de la conscience les peches et y entre quād
en ycelle met sa grace. Et est bien a noter
que deuant quil donne sa grace il boucte
hors les peches et apres y entre en nō² enseignāt humilite: de laquelle vertu ihucrist
se glorifioit estre maistre. car il ne vouloit
point faire ses oeuures par demonstrance
Et pource il cōmanda aux parēs de ceste
fille quilz ne le deyssent anully ce q̄ auoyt
este faict par luy: en demonstrant quil est
celluy qui donne tous les biens a la creature: q̄ nest pas couuoiteusse de vaine gloire
Il donne tout et ne veult riens receuoir:
et touteffoiz la renōmee en alla par toute
la prouince de galilee pour demonstrer la
grandeur du miracle et la verite. Or cest
cōmandement que ihucrist faisoit de ne reueler point les benefices de dieu cōment il
se doit entēdre. et cōment il se doyt garder
sera declare au chapitre prouchain.

Oraison

Seigneur ihucrist ie adoure les
piedz de ta misericorde et de ta
verite et te prie tresdoulx sire q̄
tu guerisses mon ame sanguinante et soit
liee de plusieurs pechez p le tact de ta grace: et la ressuscites de la mort de mauuaise
voulente: et de mal propos occult: et me
restitue a dieu ton pere: auquel tu me a-
doptez comme filz entre tes coheritiers.
O bon sire ne vueilles pas auoir remēbrā-
ce de ta iustice cōtre ton pechē²: et ne vueilles pas excercer ton ire contre celluy qui p
ses defaultes est tout cōfondu: mais soies
remembrāt de ta bonte enuers ta pouure
creature toute meschāte. o mon vray dieu
et mon seigneur. Amen.

Des deux aueugles qui furent enlumines par nostre seigneur ihucrist. l. chapitre

Et ihesucrist se partant de la maison du prince ou la fille auoit este ressuscitee pour aler en aultre lieu deux aueugles le suyuerent en demandant par le chemin sa misericorde et son aide: et disoyent par deuote oraison. Miserere nostri fili dauid. Filz de dauid ayes mercy et compassion de nos. Il estoit tout commun entre les iuifz que ihesucrist deuoyt naistre en ce monde de la lignee du roy dauid. Et pource ilz lappelloyent filz de dauid. Ilz crioyent fort: car a la lettre ilz ne veoyent rien: obien q̃ nostre seigneur fust pres deulx Crisosto. Regarde bien le desir d ses deux aueugles et coment ilz crioiet en demandant ayde. Ilz ne allerent pas a luy simplement mais auec ce faisoyent grant clameur: et ne demandoyent que sa misericorde. Ilz lappelloyent filz de dauid car ilz scauoient bien q̃ cestoit vng nom de grand honneur. Et quand ihesucrist fust venu a son logis il les interrogua silz creoyent quil peust faire ce quilz luy demandoyent. Come sil vouloyt dire Uous aues cofesse mon humanite en moy appellant filz de dauid. mais ie vous demande se vous croyez que ie puisse faire telle chose come dieu: car ce que vous demandes appartient a oeuure diuin. Il ne les interrogua pas come sil eust ignorãce de leur foy: car il scauoyt toutes choses: mais affin que la confession du dehors fust adioustee a la foy qui estoyt par dedans. et par ce feussent plus dignes destre enlumines: et de auoir plus grant merite. Rabane Ihucrist ne interroga pas ces aueugles come non saichant: mais affin que la confession et le parler declairast la foy: et que vertu fust adioutee a confession. et le salut a la vertu. Adonc luy respondirent en cofessant la foy sans nulle doubtance. Nous le croyons sire. Crisostome. Ilz ne lappellent pas maintenant filz de dauid mais plus haultement le exaulcet en le cofessant estre seigneur. laquelle chose est no de puissance Et apres la confession de la foy il ou

ura leurs yeulx. Rabane. La confession de bouche que firent ces deux aueugles de seruit la touchement de la diuine puissance Bien fust eureulx tel atouchement/par le quel telle vertu en est venue Et adonc il leur dist. tout ce que vous demandes vo᷑ soit faict selon vostre foy. Cest adire ainsi que la foy enlumine vostre entendement par dedans. Ainsi par elle vous soyt restituee la lumiere de voz yeulx: et tantost leurs yeulx furent ouuers. En quoy nous voyos de quelle vertu est la simple foy des croyans. quand elle desert telle collacion de telx/et si grans biens: car toutes choses sont possibles au croyãt et a celluy qui a foy vraye Crisostome. De rechief nostre seigneur nous enseigne de fuyr la gloire humaine: car il mena ces aueugles en la maison qui estoit pres de la: pour estre pl᷑ familierement: en les illuminant. Et mesmes par son humilite leur commãda quilz ne le deissent a nully: car come dist crisostome quand le iuste est loue publiquement et en sa face et par dehors: il est afflige et come batu en sa pensee. Mais quand ilz furent hors de la maison ou estoit ihucrist publierent par tout le pais le miracle quil auoyt fait sur eulx Iehro. Sans nulle doubte nostre seigneur commãda a ces aueugles quilz ne le dissent point pour son humilite. pour euiter et fuyr iactance et vaine gloire et ne se peurent taire pour la memoire quilz auoyent du benefice et de la grace quil leur auoit faict. Crisostome. Sil semble a aulcung que ce que ihucrist commãda a ces aueugles soit contraire a ce que en vng aultre lieu il commanda a vng aultre quil allast apres quil fust guery adnoncer le royaulme du ciel. sache que en ces deux choses ny a point de contrariete: mais en ce nous enseigne q̃ de nous mesmes ne nous louōs mais plustost defendons a ceulx qui nous veullent louer quilz ne le facent point Et se aulcune chose est faicte et referee a la gloire de dieu ne deuons pas dire seullement que on face: mais qui plus est commander q̃ on le face: car comme dessus est dit seullement nostre seigneur commandoit que on ne publiast les miracles et benefices quil faisoit aux creatures pour demonstrer fuyr vaine gloire: mais il ne defend pas que on ne le dist pour en donner gloire et louange a dieu. Sur quoy est assauoyr que aulcunes fois on fait aulcung commandement ou pour exercer/ou executer/ou pour prouuer/ou pour enseigner. Le premier oblige la personne a faire ce qui est commande. Le second oblige a ensuyuir la voulente ou lintencion du commandant. Le tiers oblige entendre aulcune chose par le commandement donne. En ceste tierce maniere commanda ihesucrist a ces aueugles quil ne deissent a nully ce q̃ leur auoit faict. Le commandement ne fust pas simplement deffendu de le non dire: mais fust plus instruction morale: affin q̃ a son exemple les biens que font les hommes soyent celes: et toutesfoiz affin quilz proffictent: aux aultres les manifestent: par contraincte. Et pource ces aueugles en le publiant ne furent pas transgresseurs du commandement: car ilz ne firent pas contre lintencion du commandant. Cest contre ihesucrist. Il leur commanda quilz se teussent non pas simplement: cest adire sans en iamais parler mais pour euiter gloire humaine: et toutesfoiz ne peut estre cele vtilement et pour le salut spirituel des aultres. Par ces deux aueugles sont entendus lentendement et la fection de la personne. Lentendement a deux yeulx: cest le destre qui est la foy de lumanite. et le senestre qui est la foy dla diuinite. Aussi semblablement laffection a deux yeulx: cest le destre qui est lamour de la bonte et de la gloire diuine: et le senestre qui est la crainte de la iustice diuine: ou dla peine eternelle. Or est assauoir qil y a quatre manieres de cecites ou de aueuglemēs: en ces quatre yeulx. Le premier est erreur que on a au regard de la diuinite de dieu. Le second est enuers la humanite. Le tiers est quand

mauluaistie on contempne la bonte ou la gloire diuine. et le quart est la presumption p̃ laqlle on ne voit pas la peine perpetuelle q̃ est appareillee aux mauluais: ne aussi on ne craint point la iustice diuine. Doncques quand ces deux aueugles furent enluminez: et se furent despartis de la compaignie de ihesucrist les hommes de celluy pais luy presenterent vng homme qui estoyt muet et demoniacle. Selon crisostome: il nestoit pas muet de nature mais le dyable luy tenoit la langue quil ne pouoyt parler. Et pource quand le dyable fust boute hors de luy: il parla et adonc le peuple se commensa fort a esmerueiller de la nouuellete du miracle: en disant. Oncques tel ne apparut au peuple disrahel. cest adire onna poit veu faire telz miracles entre les iuifz. Crisostome. Ilz preposoient ihesucrist a tous les aultres q̃ auoyent este par deuant: non seullement pour ce quil guerissoyt les malades: mais pource quil guerissoit et donoit sante legierement et facillement aux malades: des qlles on nauoit point desperance de trouuer guerison selon voie humaine. Mais quand les pharisiens virent quil faisoit telz oeuures disoient. Cestuy mect hors les diables des corps des personnes par la vertu du prince des dyables. Ilz haisoyent fort ihesucrist pource que tres aigrement reprenoyt et redarguoit leurs pechiez et vices: et po' ce ilz disoient que les miracles quil faisoyt estoyent par art magique et dyabolique: et par vertu des dyables qui lui estoient familiers: desquelz lung appelloient belzebub auquel les moindres diables obeissent. Jerosme. Pource quilz ne pouuoient denyer la vertu et puissance qui estoit en luy se prindrent amaindrir ses oeuures. Remyge. Les scribes et pharisiens nioyent les faitz de nostre seigneur quilz pouuoient nyer. et ceulx quilz ne pouuoient denier les interpretoient a male partie: mais le peuple qui estoit simple et deuot les auoit en grande reuerence: et les confessoit en donnant louange a dieu. Cest la condicion de haine de faire tousiours interpreter les faictz daultruy en male partie:et peruertir le droit iugement de raison. ¶ Mistiquement par ce muet est signifiee vnechescune personne qui est detenue du dyable par peche mortel. car en tel estat ne peult parler meritoirement:et se elle se conuertist a penitence:et luy desplaist son peche: tantost le muet parlera en donnant louange a dieu:et en soy accusant et preschant verite. Des pharisiens qui attribuoient telz choses aux dyables. signifient les mauluais hommes qui sestudient peruertir et deprauer les biens des aultres: mais pour quelque chose quilz dient nostre seigneur ne laissoit point a prescher: en nous enseignant que nous deuons rendre bien pour mal: et non pas accuser ceulx qui nous accusent. Crisostome. Par ce que nostre seigneur ne laissoit point a bien faire pour quelque mal que on luy dist. reprenoyt les pharisiens sans dire mot. Nous voions se aulcung a souffert vne iniure: en luy disant par auenture quil est demoniacle. tantost laissera a bien faire: et nuyra a ceulx qui lont deshonnoure. mais nostre seigneur ne fist pas ainsi: car apres toutes iniures et opprobres que on luy faisoit: non seullement ne punissoyt pas ceulx qui luy faisoient mal: mais de plus en plus leur donnoit de grans biens: et benefices, en guerissant de maladies: de quoy apres il est dit: quil alloyt par toutes les cites et chasteaulx du pais. En quoy nous est demonstre q̃ non seullement il ne preschoit pas aux cites ne aux villes mais aux chasteaulx pour nous enseigner que ne deuons desp̃ser les petis lieux. et non pas tousiours querir les grandes cites pour admonnester et annuncer la parolle de dieu. Et les instruisoit en leur sinagogue et aux lieux communs ou le peuple se assembloit et non pas en secret: ainsi que font les heretiques. et le preschoit leuangile du royaulme du ciel. lequel sans moyen maine ceulx qui le gardent en paradis. la quelle chose

ne faisoit pas la loy encienne. qui fust baillee a moyse: et auec ce il guerissoit tous ceulx qui estoient en langueur: et tous ceulx qui estoient malades: par quoy appert quil ne les enseignoit pas de parolle seullement. mais aussi de fait. Et tous ceulx quil guerissoit corporellement aussi guerissoit spirituellement: car il auoit desir du salut de tous et a tous plaist plus le bien commun que le singulier. mais ellas au iourduy on quiert plus tost le bien singulier que le commun. et pource vne grand partie du monde est destruicte et tout ce procede du deffault de charite: laquelle ne quiert pas ce q̃ est sien mais plus tost ce qui est a aultruy. Crisostome. En ce on apperssoit la perfection et la grace de charite: quand aulcung sefforse plus de querir le proffit et lutilite des aultres que de soy. On peut aussi veoir par ce qui est dit que plusieurs miracles de nostre seigneur sont racontes en vne generalite. pour la confirmacion de la loy euangelique car comme dit sainct iehan nostre seigneur fist plusieurs miracles et signes/lesquelz ne sont point racontes ne escriptz aux euangiles: car ainsi que on list en leglise/et ou marthirologe des sainctz tous les iours on dit a la fin: et plusieurs aultres sainctz martirs/confesseurs et vierges sont en ce iour desquelz nest riens escript. La cause est car comme on list charles le grant fist grande diligence de querir les faitz et les obuz des sainctz martirs et de aultres: et fust trouue que tous les iours estoyt la feste de troys cens sainctz. Et pource que on ne les pouoit pas tous escripre fust ordonne que a la fin du marthirologe on diroit: ou adiousteroit ce que deuant est dit. Affin que au moins en general on fist mencion du trespas des sainctz qui sont ce iour. Aussi est il des euangellistes. pource que en particulier ne pouoyent escripre tous les miracles que fist ihesucrist souuent les terminent en vne generalite. comme appert icy et en plusieurs lieux des euangilles: et pource en toutes les necessites qui peuuent aduenir en ce monde on doyt sur toutes choses recourir a si doulx et pieux medicin et bon pasteur. Et non pas seullement on luy doit demāder la sante du corps: mais la sante de lame. car en luy la creature doit mettre toute son esperance. Il cognoist trop mieulx ce q̃ nous est expediant que ne faisons nous mesmes Augustin. Il est bon que tu ne soyes pas trop soigneux de la sante de ton corps. ne pour elle ne pries pas dieu trop importunement. car sil cognoist quelle te soyt profitable il te la donnera. Et sil ne te la dōne saiches quil scet quelle ne test pas profitable car il cognoist tout ce qui nous est expedient. Seullement estudions nous que nostre corps soyt nect et sain de peche. et quand nous sentirons nostre ame en aulcune maladie retournons a luy cōme a nostre pere: en le priant q̃ en tout sa voulonte soit faicte. Et pource ie dis cecy dit saint augustin: affin que nul en ses afferez ou necessites ne quiere aultre ayde fors celle de dieu. Crisostome. Estudions nous en toute diligēce faire oraison a dieu. Et sil aduient que ne obtenons ce que demandons de mourons en elle tant que le obtenons. car souuent dieu differe donner ce que on luy demande. et permect que la personne soyt en tribulacion: affin que continuellement retournons par oraison a luy: et que [ne]laisse point le prier iusques a ce quelle ait obtenu ce quelle demāde. car se aux tribulaciōs qui suruiennent estions tieulx que nous sōmez quād auons paix et repos nul besoing seroit que fussions prouues par tribulaciōs Et touteffoiz a tous ceulx q̃ sont coronnes en paradis la coronne est donnee de dieu: pour les tribulations et temptacions quilz ont endurees en cest mōde pour lamour de ihūcrist. Et pource q̃ nous le cognoissons bien de tout nostre pouuoir estudions porter virilement pour lamour de dieu tout ce que en ce monde nous poura aduenir. Et ne feisons pas grandes questions curieuses en demandāt pourquoy telle chose no⁹ aduient: car scauoir ouster les tribulaciōs de la personne quand doyuēt estre osteez seullement appartient a celluy qui les permect venir cest a dieu. Mais les scauoir endurer et porter auec actions de graces. est signe de bonte: et quand on le fera de bon cueur: tout le mal qui nous pourroyt aduenir en ce monde sera conuerti en bien. Et pource a ce que en ce monde soyōs approuues et en laultre digne de retribution eternelle. estudions nous endurer et porter de bon cueur tout le mal: en rendant graces a cellny du quel tout bien vient: et en le priant quil nous donne tousiours ce quil scet estre expedient pour nostre salut. Et en ce faisant nest point a doubter que de leger nous sera donne ce qui appartiēt a vertuz: e de nostre ame sera ostee toute amertume et eschewirons plusieurs temptaciōs de lennemy et a la fin aurons la couronne et la gloire p̱pertuelle.

¶Oraison.

Ô Sire ihūcrist qui es la lumiere et clarte eternelle enlumine mes yeulx interiores: affin q̃ iamais ne dorme en la mort de lame a ce que quand par ta grace seray enlumine voye tout ce q̃ est necessaire a mon salut. et que par toy et par tou ayde le puisse acomplir: et puis sera coter aux aultres tes benefices et ta gloire a leur utilite. Aussi sire ie te prie q̃ par linfusiō de ta grace ouurez ma bouche q̃ est mue pour dire et confesser mes pechez. affin q̃ mesmes ma langue puisse estre desliee pour te donner louange: et pour moy accuser et pour mon prouchain edifier: et pour luy prescher verite. Amen.

¶De ce que ihūcrist enuoya ses apostres pour prescher le sainct euangille.   li. chapitre.

Apres que par la predicacion de ihūcrist la licon du sanict euāgile a este baillee. et que par plusienrs miracles de luy a este conformee:

maintenant bien conuenablement est mise la promulgation dudict euangille par les apostres lesquielz ihesus enuoya pour le prescher. Crisosteme. Considere lopportunite de celluy qui les enuoioit: car il les enuoya pour prescher apres quilz eurent veuz les mors ressusciter: et quil auoit fait apeser la mer et aultres merueilles auoient veuz et apres que par luy estoyent souffisamment enseignes par sa doctrine et paroles: et par les vertus quil leur auoit demonstrees. Or donc nostre seigneur voiant que plusieurs tant hommes que femmes le suyuoient pour ouyr sa doctrine: et pour voir les miracles quil faisoit et estoyt si pouure quil nauoyt nulle maison ou se peust de nuyt loger: ne ou se peust herberger: apres que luy et les siens estoyent las et trauaillez du chemin quilz faisoyent pour le suyuir: et failloyt que le peuple de nuyt couchast a terre a lombre daulcune chose. Cecy voyant ihucrist eust deulx grande compassion: car ilz estoient comme berbis sans pasteur. Et pource que en ce temps la les prestres et docteurs de la loy continuellement estoyent occupes a leur auarice ne vaccoyent point a endoctiner le peuple. mais comme loups rauissans le despoilloyent de tous leurs biens temporelz: et par leur mauluais exemple les retiroyent des biens spirituelz. ihesucrist come bon pasteur continuellement les reffasioyt spirituellement per sa parolle et doctrine. et aulcuneffoiz mesmes corporellement. Et ainsi que en celluy temps les prestres de la loy faisoyent: aussi maincrenant donc est chose piteuse plusieurs sont qui sont le pareil: car ilz se dient estre pasteurs: meis nont point honte de faire les oeuures des loups en ayant tout leur soing aux choses temporelles: et non pas a la reformation des vices. Et de cella vient que tant de heresies sourdent en saincte eglise pource que les prelatz sont negligens de veiller soigneusement sur la charge qui leur est commise: car mesmes souuent ne mectent pas peine de corrigee les subiectz: mais que pis est de les occire et estrangler. Iherosme. Ce que aulcuneffoiz le peuple est afflige vient souuent pour la coulpe et peche des pasteurs: et des maistres quiles ont a gouuerner. Donc ihesucrist ces choses considerans: et affin que le peuple et les malades qui aloyent apres luy pour estre gueris ne feussent trop trauaillez tant spirituellement que corporellement: pour le labour du chemin enuoya ses apostres pour prescher en leur disant. Messis quidem multa. Grant monde et grant peuple est prepare: affin que par voustre predication soit reduyt a la foy. mais pour ce faire on trouue pou de vrais prescheurs: au regart du nombre du peuple qui est a couertir. Les ouuriers en saincte eglise sont ceulx qui quierent a labourer et non pas estre oyseulx: charge et non pas honneur. les ames et non pas les disnes: proffiter et non presider. Certes pou sont de ouuriers: mais sont plusieurs qui veullent bien mectre les aultres en besoigne: car il est plus de mercenaires que de vrais pasteurs: qui deuant toutes aultres choses veullent querir le salut des ames. Donc pries le seigneur de la meisson: cest a scauoir moy: affin que ie enuoye des ouuriers en ma meisson/ car nul nest ydoine a prescher la parole diuine: sinon par grace de dieu et quil y soit par luy enuoye. Nous voyons yci la tresbelle et necessaire oraison que nous deuons tousiours faire a dieu: cest quil enuoye ceulx quil luy plaira enuoyer pour annuncier sa parole: et non pas que vng chescun se ingere faire tel office qui est pour le salut des ames: car pour ceste cause principallement de luy sont enuoyes. Mais plusieurs sont au iourduy qui mectent leur faulx en la meisson daultruy: a laquelle ilz ne sont pas enuoiez. Nostre seigneur dispose tousiours de enuoyer quelcun pour endoctriner le peuple: et touteffoiz il en veult estre prie pour exciter et esmouuoir a luy la cherite de ceulx qui le prient: et pour acroistre leur merite: et affin quil remunere les personnes

Non seullement de la bonne operacion qlz feront : mais aussi de leur bonne affection et voulente quilz auroyent de mectre en effect se opportunite si adonnoit. ¶ Par quoy appert que dieu veult bien estre prie des iustes : mesmes quand il a ordonne de fayre aulcune chose. Et quand il eust dispose de enuoyer ses douze apostres pour prescher les appella : et leur donna puissance de mettre hors les mauluais esperitz des corps qlz possedoyent. et de guerir de toutes maladies et langueurs tant spirituelles q̄ corporelles. ¶ Bede. Le doulx seigneur na pas enuye de ses vertus. mais les cōmunique et destribue a ses apostres et disciples. Et ainsi que deuant eulx auoit gueri les malades de toutes maladies : pareillemēt quād les enuoya leur donna semblable puissance de guerir de toutes maladies : cōbien ql y ait grand difference : entre auoir : bailler. donner et prēdre. car tout ce que Ihesucrist faisoit estoit de sa puissance propre. mais parce q̄ les aultres font doiuēt tousiours cōgnoistre leurs enfermetez : et q̄ tout doit estre refere a dieu. ¶ Par cestuy nōbre de apostre qui est cōpose de dix et de deux : est signifie q̄ les apostres et leurs successeurs sur tous doyuent acōplir les dix commandemēs de la loy / et les deux commandemēs de charite. Et misit illos binos. etc. Et les enuoia deux et deux : en signe de charite. laquelle est requise a ceulx qui annūcēt la parole de dieu. et affin aussi quilz eussēt confort : et ayde lung de lautre. pource que en ce temps la ilz estoient encores craintifz Mais quand ilz furent paifaictz et cōfermez par la grace du sainct esperit : adōc les enuoya tous seulz. ou deux et deux. il les enuoya adonc prescher et pmectre en leur predicatiō le royaulme du ciel. ¶ Ou les enuoia prescher le sainct euangile lequel enseigne cōment on y peut puenir. Et les enuoya po² guerir les malades tant corporellemēt q̄ spirituellemēt. laqlle chose fait tous les io²s mesmes aux pscheurs d̄ la polle d̄ dieu quād ilz fōt ce q̄ en eulx est : car il leur dōne puissance de bouter hors les dyables des corps des personnes : spirituellement de leurs cueurs : et de guerir toutes lāgueurs de vices. Aussi quand il les enuoya les enseigna en quieulx lieux deuoyent aller : et q̄ deuoyent faire : de quoy deuoyent vser : et de quoy se deuoyēt abstenir : et de quoy se gerderoyent : et de quoy ne deuoyent auoir paour. ¶ Et aisi q̄ peut apparoistre par ce q̄ deuant est dit. et parce que sensuyt a prescher le royaulme de dieu ne doyuent estre enuoyes quelhōmes vertueulx poures / et stables : non point paresseux mais doulx et de bonnaires : non pas coīnoiteur ne cōmunicās a mal. ¶ Il enuoya dōc ses douze apostres en leur cōmandant et disant. In viam gentium ne abieritis. etc. Ne allez pas pour prescher aux pais et aux terres et villez des gentilz : qui sont hors de la terre de promissioit. et ne entres point aux cites des samaritains : car non obstāt quilz feussent en la terre de promission : touteffois ilz estoient heretiques. et cōbien quilz eussent receuz les liures de moyse. touteffois ilz seruoyent aux ydoles. ¶ Mais plustost allez aux ouuailles de la maison de israhel : qui sont parduez pource quelles ne gardēt pas la loy q̄ leur a este baillee de dieu. ¶ Iherosme. Cest pas et cōmandement nest pas cōtraire a vng aultre cōmandement que Ihūcrist fist aux apostres apres la resurrection quand il leur dist. Alez et enseignes toutez gens a la foy. car cestuy fust faict deuāt la resurrection : et lautre apres estoyt chose bien conuenable : que laduenement du filz de dieu en ce monde p son incarnacion fust premieremēt ad annōce aux iuifz. affin qlz neussent point de excusacion en disant que pource quil enuoyoit ses apostres et disciples aux paiens et samaritains. et non pas a eulx. par droit pouoit refuser et denier destre celluy qui leur estoit promis en la loy ¶ Gregoire. Nostre redēpteur premieremēt voulut q̄ on prescha le sainct euangile aux iuifz seullement. et puis apres a tout le mōde. affin que quād ceulx qui deuoyēt croire refuseroient y consentir. les sainctz prescheurs viendroyent pour appeller le peuple des gentilz et quand la predication de nostre redempteur seroit refusee de ceulx q̃ la deuoyent premier receuoir: apres vinst aux gentilz et payens qui estoyent comme estrangiers. Puys apres la maniere de enseigner la parolle de dieu est demonstree quand il leur dist. Allez et preschez en disant que le royaulme du ciel se approche. cõme sil leur disoit. Preschez car le temps est bien pres q̃ la porte de padis sera ouuerte par ma passion. Lequel royaulme deuãt laduenemẽt de nostre seigneur estoit bien loing, car nul ny pouoit paruenir. P aussi est bien pres quãd le roy des cieulx regne aux hõmes qui luy seront subietz par foy et obediẽce. Ou aussi le royaulme du ciel est pres cest adire que ihũcrist qui est le dõneur du royaulme du ciel est ia venu au monde.

Et est a noter q̃ la predication de sainct iehan baptiste de ihũcrist: et des apostres cõmenca au royaulme du ciel: et pource q̃ la doctrine nest pas de grande efficace, si non que auec ce y ait approbacion par oeures. sensuyt la maniere bien conuenable pour approuuer la verite de ceste doctrine par oeures faictes par la puissãce diuine quand il leur dist. Allez et donnez sante et guerison a tous malades/ressuscitez les mors/nectoyes les ladres/et boutes hors des corps des creatures les dyables: lesql̃ les choses feurent faictez par les apostres Cestuy ordre procede aussi spirituellemẽt car les malades sont ceulx qui consentent aux temptacions. les mors sont ceulx qui font les oeuures de peche: les ladres ceulx qui par coustume infecissent culx et les aultres. les demoniacles sont ceulx qui contẽpnent ce a quoy ilz sont tenuz. Cherosme. Nostre seigneur donna puissance aux apostres de faire miracles affin que les hõmes adioustassent foy en ce quilz promectoyẽt cestoit le royaulme des cieulx: et aussi que par la grãdeur des signes fust approuuee la grandeur de la promesse quilz faissoient Gregoire. Aux saintz prescheurs furẽt adiustes miracles: affin que la vertuz demonstree donnast vigueur et foy aux paroles. et que ceulx qui preschoyent nouuelle doctrine feissent aussi par operacions nouuelles choses. Les signes et miracles que faisoyent les apostres furent necessaires au cõmencement de saincte eglise: car affin q̃ de plus en plus la foy creust aux creatures elle estoit a nourrir par miracles. En aps pour forclurre deulx toute cupidite. dist. Gratis accepistis gratis date. Cõme se il disoit. Moy qui suis maistre sans argẽt et sans pris vous ay baille toute la puissance que vous auez. aussi semblablement sans quelque pris vous la deues donner aux aultres. Crisostome. En ces paroles dessusdictes ihũcrist comprime et abat lorgueil de ses apostres et veult quilz soyent necis de tout amour et couuoytise de peccune. Cõme se il leur disoyt. Quãd vous faictes aulcung miracle vous ne baillez riens du vostre: car vous ne laues point achete ne faict aulcung labour pour quoy vous soit dẽ de droit: car tout est venu de ma grace et pource que le vous ay donne pour nyãt aussi donnele aux aultres pour nyant: car en cest monde on ne pourroit trouuer pris par lequel on en peust faire digne recõpensacion. Escoutẽt les symoniacles et ceulx qui ne ont point de paour de vendre et de acheter les choses spirituelles: car on ne doit rien prendre pour les choses spirituelles: cõme est po^r administrer les sacremẽs de saincte esglise/pour prescher la parolle de dieu/ou pour faire aulcung miracle/ne de toutes telles choses sẽblables. car quãd on en prendroit aulcung pris dargent/ou aultre chose/il sembleroit que telles choses ne vinsent pas de la grace de dieu: combien quil semble que on doie prẽdre aucũg petit loier: affin que telles choses ne soyẽt reputees viles ou abiectes. En apres les deliure d̃ toute sollicitude: affin que ou tout puissent vacquer plus franchement a la predicacion de la parolle de dieu/en disant Nichil tuleritis in via. O mes apostres et mes amys especiaulx quand vous yrez pour annücer le saict euãgile de dieu vous ne porteres riens en la voye: ne argēt ne aultre pecune pour voz substentations et pour pourvoir a voz necessites. Et ne porteres ne sac ne pere. cest a dire vous ne porteres chose ou on puisse mettre en cheminant viande/mesmes pain qui est la chose plus necessaire pour substenter la vie corporelle. Et se le pain est deffendu/par plus forte raison aultre viande qui est plus delicate. Gardes aussi que ne ayes deux robes laquelle chose est a entendre selon sainct augustin/affin que on ne pensast que avec celle q on auroyt vestue on en peust avoir vne supflue. Et aussi ne ayes chaussemēs entiers quant aux piedz/car les apostres vsoyent de sandales qui sont souliers rompus par dessus: Et ne ayes verge ne bastō qui aulcuneffoiz baille aide aux cheminãs car qui a dieu avec luy a toute ayde. Et ce pcy ihesucrist deffend porter vne verge et choses qui sont necessaires pour cheminer que pourra on dire dire des chevaulx/et de leurs ornemens/ou de aultres superfluitez cōtre dieu et conscience/et occasion davarice et tout soing des choses. Par cecy toute couvoitise tēporelle est ostee/et pci seulement les choses necessaires sont cōcedees et octroiez. Par ce la voye est biē veue plus legiere/facile et seure et sans qlque crainctē. Note le poete q dit Le pelerin et le voiage᷉ qui en son chemin ne porte riens dāgereux sil treuue quelque larron chantera devant luy seurement/et sans rien craindre. Nostre seigneur dit les choses devant dictes pour mettre hors des cueurs des apostres/et de tous prescheurs de la parole de dieu toute cure/et tout soing des choses tēporelles et mondaines. Car souvent le couraige de la personne/specialement euāgelique est moult moleste en laquisition des biens temporelz. Et encore est plus trouble/et empesche en la possession dicelles pource que quand on les a tenues et longuement possedees elles sont comme mēbres sincorporez en ceulx qui les possedent et detiennent. Et pource de plus en plus tirent le couraige de la personne a amour desordōne. Et a cause que telles choses suffoquent et empeschēt la parolle de dieu ellez ne doiuēt poit estre trouvees en ceulx qui la preschent et lanuncent aux aultres. De ce dit sainct gregoire. Telle fiance de dieu doit estre en cellui qui anunce sa parolle et le saint euangile que cōbien quil ne face nulle pourveance des choses necessaires a ceste vie/touteffoiz saiche certainement que riens ne luy fauldra. Et garde q sa pensee ne soyt occupee enuers telles tēporalitez. ace que ne pourvoye aux aultres les choses eternellez. Crisostome. Aussi nostre seigneur leur commenda telles choses/affin que par leur habit et leur vie demonstrassent aux aultres combien estoyēt esloingnes de lamor et couvoitise des choses mundaines caduques et transitoires. affin que quand on les verroyt prescher et dire la parole de dieu on obtēpera sta eulx en voyant leur saincte vie/et quilz navoyēt riens. Il estoit ainsi besoing en la primitiue eglise de deffendre par pouurete la possession des choses temporelles pour monstrer que toutes choses sont gouvernees p la providēce et divine sapience qui iamais ne deffault a ses amys/et aussi pour demōstrer la vertuz de la foy contre la craincte et timeur des hōmes qui croyēt que toutes choses estoiēt selō la cōstellatiō et le cours des planectes et des estoilles et de fortune Et toutes ces choses devant dictes appartiennent specialement a tous ceulx q veullent suyure la vie et la conversation des apostres. Mais aulcuns sont au iourduy q veullent bien succeder a eulx en puissance et en auctorite grande et non pas en pouurete et en parfunde humilite combien que

dd i

le royaulme du ciel soit promis a pouurete et non pas a puissance et a honneurs. Et se on demande se les aultres comme sont les simples seculiers qui ne sont pas ordōnes a pecher publicquement sont obliges a cestui commandement et a ceste ordonnance. On peust respondre seuremēt que non, mais a eulx est seullement conseil, lequel nest pas a mespriser, mais a auoir en reuerance. Se nous voyons que le conseil et lamonition dung seigneur comme dung roy, ou dung grand saige conseillier nest pas a mespriser. Que dirons nous du conseil et de lamonition du seigneur des seigneurs, et du saige des saiges, et du roy des roys, et de celluy qui a profit conseille tout le monde. Et quicunques en bonne fiance vouldroit adherer et tenir cestuy conseil nest point a doubter, que en toutes ses necessites dieu le pouruerroit, car quand les apostres de luy furent enuoyes pour prescher sans quelque substētation ou prouision temporelle par la prouidence diuine furent grandemēt et largement pourueus et non trouue point grande et longue necessite, mais quand il leur feust relasche et permys soy prouoyr de leurs necessites alors commencerent a souffrir et eurēt grāt pouurete. Et a cestuy propos on list vng moult bel et noble exemple de deux religieux qui allerent dung cōmun consentemēt oultre la mer, en la terre saincte, en laquelle nostre seigneur ihesus a souffert mort et passion lesquelz tout le temps quilz furent oultre la mer et entre les estrangiers, et eurent grand fiance en dieu neurent quelque souffraicte ne penure, mais quand a leur retour vindrēt a leur pais et entre leurs parens et amys charnelz lung dist a laultre. Maintenant nous a vons euade tous dāgiers deffortunes et perilz, car nous sommes en nostre terre, et entre nous amis, lesquelz nous ayderont. Et ainsi quilz mettoyent leur esperance aux hōmes et a leurs amys eurent grant souffraicte et grant ne

cessite, et plus que nauoient eu entre les infideles et sarrasins. Et pource que aux simples cest commandement de non rien porter, et de non se pouruoyr eust peu estre trop dur et fort a porter: pour oster toute apresse, et durte, il demonstre la cause pour quoy il leur commandoit de ne riens porter en disant que en leur labeur on est tenu de leur pouruoir et secourir en necessitez, et pource gracieusemēt il dit. Dignꝰ est enim operarius mercede sua, et cetera. Louurier et le laboureux est digne dauoir son loyer. Cest a dire que celluy qui ouure et presche la parolle de dieu, et declayre le sainct euangile pour lutilite des aultres est digne de auoir son vestir et son menger, en quoy sont entendues toutes aultres choses necessaires pour soustenter la personne en ceste mortelle vie. Ou aussi tel est digne de auoir son loyer, cest ascauoir de auoir la retribution eternelle: laqlle est deue aux bons laboureurs en la vigne de dieu. cest le double hōneur de quoy sont dignes ceulx qui presidēt sur les aultres. Gregoire Le loyer et le payement de ceulx qui preschent commence en ceste vie presente et sera parfaict au ciel la hault. Et pource celluy qui ne faict nul labeur et ne trauailhe pour lamoꝛ de dieu nest pas digne du pain quil mange ne de leaue quil boyt et ne doit recepuoir ne demāder quelque loyer. On peut bien par les choses deuant dictes en tout cestuy chapitre cōsiderer et veoir cinq causes pour lesquelles ihū crist fist cestuy commandemēt a ses apostres. La premiere est pour reuocquer leurs affections et desirs de lamour desordonne des choses temporelles et transitoyres, affin quilz ne semblassent estre couoicteux ou ambicieux des biens mondains. La seconde est affin qlz ne fussent trop soingneux, cōme sont ceulx qui en dieu ont petite fiance. La tierce est pour demonstrer la vertuz de celluy qui les enuoioyt. La quarte affin quil les retirast plus fort de toutes superfluites, et que

seullement leur concedast leurs necessites.
La quinte pour leur demonstrer que ceulx
a qui denonceroient la parolle de dieu leur
deuoyent administrer ice que leur estoyt
de necessite. Et cella est signifie par le dia
cre a la messe/q̄ est enuoye du prestre pour
dire leuangile/comme pour la prescher/au
quel le soudyacre porte le coissin pour sus
tēter le liure quil porte, car les aultres doy
uent sustēter le prescheur. Or dōc du tout
et simplement ne leur deffendoit pas por
ter les choses necessaires/mais leur def
fēdoit de ne auoir craincte que rien leur def
faillist τ q̄ ne se chargēt d̄ supfluitez. τ par
ce leur donna puissance de recepuoyr de
ceulx a q̄ ilz p̄schoiēt recepuoir la vie corpo
relle et ceulx q̄ reffusent recepuoir, aulcune
chose do leur p̄dicaciō ne sōt pas po’tāt
inobediens a cest cōmandemēt. Augustin
Il appert que nostre seigneur ne fist pas
cest cōmandemēt/affin que les prescheurs
du sainct euangile ne peussent viure se non
de ce que leur donneroyent ceulx a qui
ilz prescheroyent, car aultrement laposte
sainct paul eust faict contre ce commande
ment/du quel on list q̄l labouroit et viuoit
du labeur de ses mains/affin quil ne fust
en charge a aultry/mais ihesucrist dōnoit
ceste puissance aux apostres/pour scauoir
que telles choses leur estoyent deuez pour
leur labeur. Or quand aulcune chose est
de dieu commandee/ce on ne la complist
quand lopportunite si adonne ce est peche
de inobedience. mais quand il commande
aulcune chose /et la laisse en la puissance
de aultruy/on en peut vser et la renoncer a
son playsir sil semble bon. Aussi est a no
ter que selon crisostome sainct mathieu ne
sainct luc ne permectent point porter ne ba
stons ne chauffemens/laquelle chose est
tres parfaicte/mais sainct marc comman
de que on preigne vng baston/et que on
soit chausse de saudalez/la quelle chose est
de permission ainsi que mesmes sainct ihe
rosme lexpouse de non auoir deux robez.

ad ce que quand nous somes vestus d'une
robe pour craincte d'auoir deffault ne gar
dons lautre pour le temps aduenir. Et sil
nous est deffendu que pour craincte ne la
gardons pas/par plus forte rayson nous
est deffendu de non la porter pour apparoi
stre deuant le monde. En quoy sont a re
prendre les trop curieux de tans de veste
mens/ou dāltres superfluitez que a peine
peuuent auoir souffisance. Et aussi en le
uāgille de sainct mathieu et de sainct marc
la ou est parle d̄ porter la verge ou le bastō
la verge est prinse et entēdue. en sainct ma
thieu par similitude. Comme sil disoyt. Ne
prenes point de verge pour le chemin. ce st
a dire ne vous apuyez point a la aide tēpo
relle/ainsi que le corps est sustēte du ba
ston. En sainct marc la ou il est dit prenes
la verge. par elle en ce lieu est entendue la
puissance de prendre la sustentacion de la
vie temporelle. Et de cella estoyt que les
docteurs des hebrieux portoyent en leur
main vne verge, car la coustume estoit en
tre les iuifz de les pouruoyr de leurs neces
sites et de leurs vies. Et cela deuoit faire
le peuple au quel ilz preschoyent la loy.
Nostre seigneur leur dist apres: En vo
stre chemin gardez que ne saluez aultruy.
cest a dire pour demourer longuement/et
en grant louauge auec les personnes. affin
que par ceste occasion ne soyes empeschez
du cours de predicacion. Il ne defend pas
la salutacion que lon faict lung a lautre/q̄
est faicte au chemin pour charite/et pour
consolation/mais celle qui est faicte par
curiosite/et non pas par estude de desirer
le salut daultruy/la ou est demonstre en q̄l
le diligence le prescheur de la parolle diui
ne doit excercer son office/car pour quel
que familiarite quil ait a aultruy ne doyt
point estre retarde de a complir son office
τ pour ce doit bien plourer le tēps quil ne
occupe au fruict de predicacion. Et sem
blablement toute personne doit plourer le
temps q̄lle ne occupe aux exercices sp̄uelz

dd ii

¶ Encores leur dist apres. En quelque cité ou chastel/cest adire en quelque lieu grand ou petit ou entreres demandes qui est loyal et de bonne renommee pour vous loger. Jherosine. On doit esliere vng hoste pour soy loger/quand on vient en aulcung lieu/qui ait bon tesmoinguaige de ses voysins/et qui ait bonne renommee. affin que par son infamectè la predicacion ne soit blecee. Et si on doyt eslire son ouste par plus fort on doyt eslire vng bon et digne compaignon pour aller auec soy. Nostre seigneur dist ceste chose/affin que loste cognoisse q en receupuāt les prescheurs il prend plus quil ne donne/car il donne le temporel/et il recoipt leternel. Et en quelque maison ou vous entreres pour vous loger demoures en vacquāt a contemplacion adce que la puysies ce que apres respendres au peuple. Et demoures en telle maison iusques adce que vous vouldres aller en aultre lieu pour prescher/et pour aultre cause honeste. ¶ En apres les enorte a temperance en disant. Edentes et bibentes. Menges et beues des choses q vous seront presentees: cest adire/ne querés hors de voz logis choses delicates ou superflues/oultre ce que on vous presentera a voz logis/mais menges ce que doulcement vous sera offert/combien que ne soyent pas viandes de grande repputatiō Et certes de tant plus que on est contant de peu/ou de viades que ne sont pas trop delicates/detāt on acomplist plus ce qui est ycy dist. Dōcques deux choses sēt cōmandees: Lune est de eslire vng hoste pour loger. Lautre que quand on la esleu on ne le doit point changer/combien quil ne soit pas a entendre que le prescheur ne puysse aulcunesfois muer son logis/quand il ne veult point greuer son hoste/et quand il voit loger pareillement sur bonnes gens Mais nostre seigneur le desfent selon enseignore/pour trois raisons. La premiere affin quil ne semble quilz soyent legiers et

vacabunds/quand on verroyt quilz ne se pourroyent tenir en vng lieu. La seconde affin quilz ne soyent point veuz glotons. quand on verroit que la viande de leur hoste ne leur souffiroit pas. La tierce affin que on ne vist quilz contempnassent ceulx qui les auoyent receuz/et par ce en fussēt courroucés en leurs semblant que on leur feist iniure. ¶ Aussi il commande que en entrant en la maison donnent leur salutation en disāt. Par huic domui. Paix soit en ceste maison. cest adire/la paix soyt sur ceulx qui habitent en telle maison/affin q ceulx qui ecoutent leurs viures et leurs necessites leur preschēt la vraye foy et la paix ou sainct euangile/en induisant ceulx desquelz ilz reçoiuent les biens temporelz a la paix internelle et fraternelle/en procurant tant par parolles que par bons exemples leur salut/adce que en ce apparoysse quilz sont enuoyes de Jhesucrist qui est la vraye paix et le salut de tous. Pour ceste cause est concedee aux vicaires des apostres en saincte eglise/cest aux euesques/et aux prelatz desseur eulx/que au commancement de leur messe saluent le peuple/en disant pax huic domui. Paix soit en ceste maison cest asçauoir paix de peche/paix de temps/et apres la fin paix eternelle/et de eternite. Nostre seigneur aussi donna ceste maniere de entrer et de saluer en la maison pour monstrer de quoy le salut vient a la persone/ car cest de donner paix en ostant les maulx/et le salut vient de la collection des biens/et contre le peril de dampnation. ¶ Aussi dit que on dic a lentrée du logis/paix soit en ceste maison pour demonstrer que les prescheurs doiuent enseigner de faire et de conseruer paix/et non pas faire guerre/doiuent aussi parler du salut des ames et non pas de choses inutiles. Et si en ceste maison ou vous logerés ya aulcung digne de recepuoir la paix que vous leur offres et soit amoureux et filz de paix/dōnés la paix eternele sur celle maison et sur toꝰ les habitans viendra la paix que offrez, car la vostre maison et predicacion aura son effect. Et silz ne sont pas dignes de tel bien et ne vueillent recepuoyr vostre doctrine encore ne seres pas sans remuneraciõ. car vostre paix, cest adire vostre merite retournera sur vous, lequel dieu vous rẽdra põ vostre labeur. Et des maisons et des citez de tous ceulx qui ne vous vouldront recepuoir, en vous baillant voz necessites, et qui ne vouldront ouyr vostre predicacion. et y obtemperer, yssez en escouant la pouldre de voz piedz en signe et tesmoinaige de ce et põ trois choses car les iuifz queroiẽt et demandoyent signes. ¶Premierement selon sainct iherosme en signe que la predicacion de leuangile est venue iusques a eulx. Donc escouez la pouldre de voz piedz cest adire a leur plus grande dampnacion racõtez ce que pour eulx a ves souffert. Secondement en signe que le labeur des apostres est faictz a eulx inutile et sans fruict, car la pouldre qui est aux piedz est signe de auoir laboure. ⁊ on a de coustume de escoure les choses q̃ sont inutilles, et põ ce ilz serõt sãs excusation. quand ilz nont point recepu le salut qui leur estoyt offert. La tierce pour leur demonstrer quilz ne leur demandoient rien temporel, quand ilz ne souffroyent pas que mesmes la pouldre de leur terre demourast sur leurs piedz, et pource iamais on ne doit ieus recepuoir de ceulx qui sont incorrigibles. ¶Selon le sens moral ih̃us commande que les piedz soient escoux põ oster tout apetit humain, ou vaine gloire, ou aultres pechiez que viennent souuent pour les choses terrienes. Et affin quil ne semblast estre petit peche ne recepuoir les apostres, ou aultres pscheurs a logis. Ih̃esus dist apres. Amen dico vobis. Je vous dist certainement que au iour du iugemẽt sera plus legier le peche de sodome et de gomorre, que celluy de ceulx qui võ auront desprise, et qui ne aurõt voulu recepuoir vostre doctrine. La raison selõ sainct

Iherosme est, car aux sodomites ne fust point presche, et a ceulx a este presche, et annunce le sainct euangile, et ilz ont desprise. ¶Et mesmes selon rabanne les sodomites seulement furent transgresseurs de la loy de nature, et ceulx yci mesprisent la loy de nature escripte, et les ditz des prophetes et ceulx des apostres yci, ceste comparaison nest pas faicte a eulx quand au peche de inhospitalite, par lequel telz mespriseurs pechoyent plus grandement, car est dit des sodomites est dit quilz ne donnoyent riens aux pouures, ⁊ de ceulx cy est dit, que apres quilz auoyent ouy tant de bien reboutoyent ceulx qui le leur adnoncoyent. Or nest point a doubter que cest plus grief peche refusser la vie a ceulx qui sement et preschent la verite de leuangile. a quoy sont tenus par le droyt de nature. diuin et humain que simplemẽt ne donner riens a vng pouure qui ne laboure rien en choses spirituelles. Bede. Et se les sodomites estoyent sans les oeuures de hospitalite auec le grant peche de la chair et de lame quilz auoyent, touteffoiz en celluy temps ne furent point trouues telz hostes pour recepuoir comme estoyent les apostres. Et se on dit que loth qui estoit entre eulx estoit iuste, on respond que on ne trouue point en lescripture quil les enseignast, ou quil fist aulcungs signes digne de merueille. Remige. Specialement nostre seigneur faict icy mencion des sodomitens ⁊ des gomoriens, pour demonstrer que les peches qui se font contre nature sont ples detestables et hays de dieu, pour lesquelz vne foy perit le mõde par le deluge, et quatre citez subuerses. Et par quelz tous les iours le monde est afflige en moult de manieres, car comme dit sainct iherosme, voyant nostre seigneur cest peche regner aur creatures a peyne voulut prendre nostre humanite, pour ce que par cest peche nature humaine estoyt toute corrompuee. Et ce estoyt bien chose raysonnable que si grant nectete eust en abhominacion telle ordure. Augustin. Ceulx qui se acoustument faire mal souuent la male acoustumance quilz ont du mal/ne leur donne pas/ne permect auoyr cognoissance du mal quilz font. Et pour ce mesmes deffendent leur mal/et se courroussent quād on les reprēd en disant souuent a ceulx qui les reprenent/ce que dirent les sodomites a loth quand les redarguoyt de leurs peches. Tu es venuz demourer auec nous/nō pas nous donner les loys/car la estoyt si detestable et mauluayse coustume/ que mauluaistie estoit reputee iustice/et celluy qui la reprenoit estoit plus des mauluais repris que ne stoit le fracteur. Combien dieu punist cestuy detestable peche/le tesmoigne la mer morte/et le dyable. Celle mer est tellement morte quelle ne recoipt riēs qui ait vie Et a linstigation du dyable/en vng moment quatre cites feurent bzulees et arses de feu et de souffre et fondirent en abisme auec ce feu. Et est appellee celle mer mauldite et tousiours fume fumee tenebreuse/ et pour ce elle est dicte la cheminee denfer. Et est par de la ihericho non pas loing/ɀ deuise iudee et arabie/ɀ a en largeur sept lieues. Et combien que pour ce peche cincq cites feussent destruictes/ touteffyos ycy nya que deux nommees/car elles estoyent les plus grandes/et les plus renommees/tant en peuple que en peche.

Oraison.

Seigneur ihesucrist qui en enuoyant tes disciples prescher le sainct euangile: leur donnas puissance de guerir tous malades/ et donnas commandemens comme deuoyent viure et soy garder/adroisse mes piedz en la voye de paix/et me donne sante/tant de lame que du corps. Et adce que en mes oeuures ie aye iustice/ en meurs discipline: et en toutes aultres choses/ ton amour et ta crainte

mortifie en moy tous vices/ en me donnāt dehors et dedans tes dons/ affin que selō ma possibilite puisse ensuiure les choses que tu as commande a tes disciples/ et que auec eulx a la fin puisse estre du nōbre des esleuz en la gloire pardurable. Amen

De auoir pacience en aduersite cinquāte et deuxiesme chapitre

Et pour ce que nostre seigneur auoit ouste la sollicitude mondaine a ses disciples en les armant par ostensions de signes/ et aulcunement les faisans comme de fer: maintenāt apres leur predist les maulx/ en les preparant contre le monde/et contre le dyable. a fort batailler/ en les enseignant de auoir pacience contre tous les maulx qui leurs estoyent aduenir. Car comme dit senecque Pacience est souuerain remede cōtre toute douleur qui peult aduenir a la personne laquelle principalement estoyt necessayre aux disciples. Car ainsi que dit sainct gregoire/ celluy qui prēt loffice de prescher ne doit point faire mal a aultruy/ mais se on luy en faict il doit endurer/ affin quil guerissent par sa pacience/ et par ses douleurs les playes des peches daultruy. Il leur dist donc. Alles prescher la parole de dieu: et moy qui suis le seigneur tout puissant/ contre lequel nul ne peut resister vous enuoye/ adce que quand vous penseres la grādeur de celluy qui vous enuoie vous ne ayes pas craincte des perilz que au chemin vous peuuent aduenir. Crisostome. Grand cōsolation leur deuoit estre de la vertuz seulement de celluy qui les enuoyoit/ et pource la mist deuāt toutes aultres choses en disant Ecce ego mitto vos Je vo' enuoye et fay docteurs istruitz cheualiers armes/ et medicins expers. Sicut oues. Comme ouailles et innocens. Cest adire simples/ affin que vo' nourrisses les aultres du laict de doctrine, en les attrayant par lexemple de doulce conuersation. en exposant aussi voz corps en lnecessite pour eulx ie vous enuoie ou mielieux des loups. Cest ascauoyr des scribes et pharisiens et des aultres cruelx persecuteurs et de tracteurs de la foy, comme sil disoyt. Vous allez ainsi comme les doulx entre les cruelz. Gardes innocéce et pacience. ne vous deffendes point, car vous estes ouailles. Ceulx sont cruelz qui sont loups Nostre seigneur est vng merueilleux veneur qui prent par les berbis les loups: cest a dire quil fait vaincre par pacience toute puissance. Et bien leur dist quilz aillét ou mielieu des loups ad ce que leur pacience soyt come le centre a toute iniure qui peut les enuironner. Nostre seigneur donc enuoye ses ouailles entre les loups. Mais helas au iourduy plusieurs prelatz sont entre leurs subiectz come loups entre les berbis. Soyes donc prudens come serpens contre lastuce des scribes, qui attendent et vous gardent de leur faulcete. Soyes simples come colombes contre la cruaulte des tirás en pardonnát les iniures qui vous seront faictez. Crisostome. Je ne veulx pas q tousiours soyes comme les colombes, affin que par trop grand simplesse vous ne encoures en las de seditió. Aussi ie ne vueil pas q soies tousiours côme serpens, adce que ne esfundes contre aulcuns venim procedant de vostre cueur, mais selon le temps et les personnes aussi muer vous fault. Et affin que ie le vous declaire en brief. Soyes prudés comme le serpent: et adce que entédes tout mal pour leschiuer. soyes simples comme colombes, adce que a nully ne facies mal. Cest chose louable entendre q est mal, mais le faire est chose vituperable. Celluy aussi qui ne entend point qui est mal, pourtant nest pas dit mauluais, mais seullement celluy est mauluais qui faict le mal. Adóc prudence est necessaire pour eschiuer le mal. et simplesse pour faire bien. On peut cósiderer la prudence du serpent en trois choses. Cest ql despoille sa robe vielle ou sa peau a passer par vng estroict trou, et affin quil se face ieune se expose tout le corps a peril pour garder son chief: et pour deffendre la partie en laquelle la vie a plus grand vigueur. Et comme il soyt de nature froyde il ayme le souleil, et par luy est reffocille: et quád par vieillesse pert sa veue la recouure par le souleil. Ainsi semblablement celluy est prudent qui despoille le viel homme qui expouse son corps au seruice de ihesucrist qui est nostre chief, et qui lespose pour garder lame qui est le chief de lóme, et qui ayme le souleil eternel, cest la vie eternelle plus que celle de cest monde. En ces trois choses nous voulut nostre seigneur comparer a la prudence du serpent, et non pas a sa complexion venimeuse, nó pas en la partie de sa langue, ne en la voye tortue quil tient quand il chemine, semblablement la simplesse de la colombe doyt estre en troys choses. cest ascauoir que la personne ait pitie en iugeant aultruy quand le cas le requiert. car la colombe a foybles yeulx et doulx regard. Aussi que la personne ait grand amour, car la colombe ayme fort son pareil et le baise souuent. Aussi quelle ait necte intencion en couuoitát mauluaise chose, cest a dire que seullement elle appecte et desire choses nectes: ainsi que la colombe vict de choses nectes. Et pource il est dit de lespouse aux canticques. Ces yeulx sont comme ceulx de la colombe, pource quelle ne les fiche point sur quelque chose terrienne. Remige. Nostre seigneur bien conuenablement ioinct simplesse a prudéce. car simplesse sans prudéce de legier peut estre ceue, et prudéce pour deceuoir est perilleuse, se elle nest téperee par simplesse. Aps il declaire desquelz il entend en disant. Cauete autem ab hominibus. Gardes vous des hómes qui sont plus perilleux que les loups q querent vous deccpuoir frauduleitement et puertir violétemét. Crisostome

Gardes vous des hõmes cõme de aulcũs grãs maulx.car sur tous les aultres maulx ce est le plus mauluaix.Se tu le veulx cõparer aux bestes tu trouueras q̃ l est le pl⁹ mauluaix:car combien que la beste de soy soit cruelle:touteffoiz pource quelle est irraisonnable elle peut estre chancee de lõme mais lõme quãd il est cruel.pource quil est raisonnable de legier on neschiue pas sa crudelite.Se tu veulx cõparer lõme au serpent:tu le trouueras pñ e:car se le serpẽt a en soy malice.touteffoiz il craict lõme:et pource sil peut il mord:et sil ne peut il sen fuyt:mais lome a la malice du serpẽt:et na point de craincte cõme le serpent.et pource quand il voit quil ne peut venir a la fin quil pretend il se musse cõme le serpent:mais sil treuue opportunite de executer ce quil pẽse il est cruel plus que la beste.Encores qui plus est quand on faict aulcune moleste a vne beste elle se reueche/τ court sur cellup qui luy faict mal.et se on ne luy faict riens elle passe tout doulcement.mais lõme cõbien que souuent on ne luy face riens.touteffoiz sil peut souuent faict mal.et se courouce a aultruy/et mesmes aulcuneffoiz se courouce plus fort sur ceulx q̃ ne luy demandent riens.Et affin que ie die en brief vne chescune beste a en soy vng ppre mal.mais lomme a tous les maulx que on peut pẽser.Aussi lõme mauluaix est pire que le dyable car se le dyable voit vng hõme iuste et bon il nest hardy soy approucher de luy:lõme mauluaix cõbien quil voye vng bon hõme et iuste nõ seulemẽt ne le crainct mye/mais de plus en plus le desprise et cõtempne.Le dyable ne baille pas a hõme puissance et force:mais lomme la baille au dyable.par quoy appert que le mauluaix hõme est lar meure du dyable:car ainsi que lõme qui est sans armeures ne peut riens faire cõtre son ennemy.ainsi le dyable sans la aide d lõme ne peut riens cõtre les bons et iustes.Les hõmes sont mauluaix par la vertu et subgestion du dyable.car il ne peut semer aulcung mal si non par ses ministres pource q̃ aux sainctz hõmes il ne treuue poit de lieu. Augustin.Se tu es crestien pense que tu as des ennemys plusieurs:car cõe dit lapostre nostre bataille nest pas cõtre la chair et cõtre le sang/mais contre les princes et puissãces spirituelles:cest adire q̃tre le diable et cõtre ses cõplisses.car quãd nous endurons les molestes des mauluaix hõmes cest le dyable qui les instingne/et qui les enflamble contre nous/et les esmeut.Cõsiderons donc que tant que nous sommes en ce monde nous auons deux ennemys. Lung visible et que nous voyons/se est lomme:et lautre inuisible que ne voyons pas qui est le dyable.Et pour les vaincre aymons lõme/et nous gardõs de lennemy prions pour lõme:prions cõtre lennemy. De cecy on list en la vie de sainct colõbain que quãd il passoit vne foiz vng lieu moult tenebreux et obscur portoit sur ses espaules vng lum e:τ luy seul cheminãt disputoit des escriptures sainctes/et subitement luy vint en pẽsee quil aymeroit mieulx/ou cheoir aux iniures et aux mains des hommes ou soustenir la crudelite des bestes cruelles et saulnaiges.Et ainsi q̃ sa cogitacion le molestoyt a respondre/souuant sur son front fist le signe de la croix/et pria st dieu dist quil estoit meille² soustenir la cruaulte des bestes sans peche que la cruaulte des hõmes laquelle souuent est en dommaige des ames.Encores vne foiz les philosophes interrogueret vng quidã/pour quoy lomme cruel luy estoit si grief pois et plus importable que aultre pesanteur du mõde Et respondist que lõme cruel est seullemẽt le pois de lame/mais les aultres pois sont du corps τ nõ pas d lame.Et seneq̃ demãde qui est en ce monde le plus grãt ennemy de lõme.Et respõd vng aultre hõme.Or donc dit nostre seigneur a ses disciples. gardes vous des hõmes qui sefforcent par leur malice et deception vous tirer a peche affin que par leur blandissemens ne vous deçoiuent/affin aussi que par leur doulces persuasiōs ne vous facēt decliner de la voye de verite/car ilz vous bailleront et liurerōt plusieurs foiz a iustice/et aux lieux priues ou ilz viennent pour cōseiller. cōme silz faisoyēt chose licite et raisonnable/vous deffendront que en mon nom ne preschez et apres vous flagelleront en leurs synagogues/cest adire aux lieux publiques/la ou ilz cōuient soubz espece de garder iustice τ saincteté. Et en apres vous seres menes p̄ force aux princes de la synagogue/et aux roys: cestascauoir aux grans princes et presidens/affin que la soyes coudempnes et iuges a mort/laquelle chose nestoit pas licite aux iuifz de le faire/pource q̄lz estoiēt ia subiectz aux romains. Et tout ce fera pour moy: cest a dire/pource que vous cōfesses mon nom. Nous voyons icy le tresnoble tiltre/et la tresnoble cause de souffir car cōme dit bede/liniure est bien eureuse quand dieu est cause de elle. Crisostome. Ce nest pas petite consolacion souffrir aulcune chose pour lamour de ihūcrist/car adonc on ne souffre pas cōme maulaises personnes et pour ses p̄pres peches/mais po² donner tēsmoignaige contre la peruersite des mauluais/et po² la correctiō deulx et aussi en tesmoignaige de la saluation des esleuz/et de la condempnation des reprouues: cōtre lesquelz les apostres et to² les bōs porterōt tesmoignaige au iour du iugemēt. Crisostome. Vous seres menez deuant les roys et aultres iuges/en tesmoignaige des iuifz et des gentilz/car quand les apostres sont accuses/et ilz respondēt la verite de ihūcrist est preschee/et la peruersite des iuifz est demonstree/et le mistere de nostre redemption est reuelee pour le salut de ceulx qui croient. car la mort des iustes est en aide aux bons/et est en tesmoinaige contre les mauluais quilz sont sans excusation. et par ce les esleuz prenent exēple/affin que perpetuellemēt viuēt. Et apres que nostre seigneur eust predit aux a

postres τ disciples les aduersitez qui leurs estoyent aduenir/par aduenture pouoyt en eulx auoir aulcune turbation de ce que luy auoyent ouy dire/et pourtant les cōsolle/en disant. Quand ilz vous menerōt et liureront oux iuges en faissaut opposition contre vous/affin que vous me renyes ne soyes ia trop soigneux/et ne penses point trop cōment vous leur respondres. cest adire de la maniere de p̄ferer et de dire quant a la forme des parolles/ou aussi ne penses point trop a ce que vo² dires: cest scauoir a la maniere de trouuer la matiere et ce q̄ dire/car cōe dist crisostome parlant en la personne de ihūcrist a seu disciples. La cause est pour moy q̄ suys dieu/et dieu na nul besoing de aulcun ayde humain/et pource tant seulement prestez moy voz personnez et ie vous donneray lentēdement et le sens/car estre soingneux deuant le iuge est desperaciō de dieu. Laisses dōc q̄ dieu parle en sa cause pour vo² qui congnoist la conscience mesme de celuy qui vous interrogue. Ce nest pas chose impossible que le roy qui enuoye ses cheualiers en la bataille ne leur puisse bailler armeures pour eulx deffendre cōtre leurs ennemys. donc celuy qui est soingneux cōment il parlera a esperance en sa sapience/laquelle chose est la premiere cause de ruyne/et a ceulx qui souffrent persecutions fault silz veullent auoir aide de dieu quilz aient foy et esperence en luy. Iherosme. Quand pour lamour de ihūcrist nous sommes menes deuāt les iuges du monde nous deuons offrir esperāce et voulente en dieu/et adoncques celuy qui habite en nous/cest ascauoir ihūcrist parlera pour soy/et nous administrera la la grace du seinct esperit pour respondre. Et pource il leur dist apres. A leure que seres deuant les iuges vous sera donnee sapience en lame pour respondre/et eloquēce en la bouche pour bien parler/car vo² nestes pas q̄ parles/mais cest lesperit de vostre pere qui parle en vo²/car ainsi que les orgues font le chant: et la modulacion selon la maniere de celluy qui les touche. ainsi la voix du vray prescheur est gouuernec de la grace du pere qui lui inspire. Par ce selon crisostome ihesus les reduyta considerer la dignite des prophetez qui ont p̄ le sainct esperit p̄phetize. Gregoire. Ainsi que sil disoit a ses membres pour les informer. Uous alles pour batailler/ mais ie batailleray pour vous/ vous dictes les parolles/ mais ce suis ie qui parle. Et sainct pol dit. Uoules vous querir experience de celluy qui parle en moy. cest ascauoir ihūcrist Et pource ilz aloyent seurement en tous les lieux aux quelz on les menoit. Celluy va seurement en la bataille qui est arme de telles armes/ et qui bataille soubz tiel prince. Celluy va seurement deuāt le iuge duquel la cause est deffedue. p̄ telles prolocutions τ sentences. Aussi par ce qui est dit est a noter que nostre seigneur nentend pas excluere que on ne medite et pense a prudentemēt respondre se on a le temps et la faculte de science/ mais il promet aider quād ces choses deuant dictes defaillent/ laquelle chose aduenoit souuent en la primitiue eglise. car souuent les crestiens qui estoyent sans science adquise et simples estoyēt prins et menes deuant les iuges/ et en tel cas dieu les pouruoyt en tout leur affaire. Et se maintenent telles choses defaillent et que dieu ne face telz merueilles on ne sen doyt point troubler/ car a ceulx qui ont bonne foy et conscience en luy: le sainct esperit ne deffault point en leurs necessites/ quand par aultre maniere on ny peut pouruoyr. Et aux simples souffit quāt au salut confesser en general la foy laquelle chose peut faire chescung crestien: de quelque simplesse quil soit. Aussi appert par ce qui est dit quil ne parle pas du prescheur qui doit premediter deuant ce quil doit dire/ et comme doit proposer la parolle de dieu. aultrement il tēpteroit dieu. Il ne deffend pas que on ne se pouruoye pour parler/ mais il deffend/ que on ne occupe pas grandement le temps et estre trop soigneux de orner son langaige/ pour seullemēt plaire au mōde/ car cest chose facille d̄ dire verite. laq̄lle de soy ne req̄ert pas grād ornemēt. Et ace quilz ne ayent confiance en layde de leurs amys/ il dit et demonstre vne grande persecution qui vient souuent des amys/ car selon sainct gregoire/ les tormens que nos souffrons de ceulx desquelz auions esperāce quilz fussent noz amys sont plus griefz apporter que ne seroyent ceulx qui nous seroient faiz de nous ennemys/ car auec le dommaige corporel quil nous font cherite est perdue qui est moult grād mal. Et po ce dit il. Tradet aūt frater fratrē in mortē Le frere baillera son propre frere a mort: le pere le filz/ et les filz les peres: cest adire linfidelle baillera le fidelle: car comme dist sainct iherosme il nya entre eulx quelque loyaulte ne affection pource que leur foy est diuerse. Crisostome. Nul ne doit auoir grand esperance en ses amys ou parens. quand nous oyons que le frere baillera le frere a mort/ et le pere le filz/ et le filz le pere. Considere quel feu de persecution ardra quād nature ne se espargnera pas elle mesmes. Comment pourras tu auoir aulcune fiance a aulcun. quād tu verras que amitie fraternelle et paternelle sera estaincte. Et se en nature amitie deffault/ comment la pourra len trouuer oultre nature. et vous seres en hayne a tous les hommes saiges selon le monde/ en quoy il demonstre plus le vice que nature/ car souuent ceulx qui deuotement veullēt seruir a dieu sont en hayne des mondains/ et de leurs amys charnelz. Et dit apres. Propter nomen meum Pour lamour de mon nom/ pour la predicacion de mon nom: car cest dequoy vient le merite/ pource que la peyne ne faict pas le martir mais la cause. Et affin quilz ne defaillent en tribulacion/ ilz les console en disant. Qui perseuerauerit vsq̄ in finem. Celluy q̄ perseuerera iusques a la fin et qui ne laissera point les commandemens de la loy/ne qui ne fauldra point en tribulaciōs a sa fin sera saulue/car la fin couronne/et non pas la bataille. Et ce nest pas perfaycte vertuz de connecer/mais de finer. Crisostome. Pource que au cōmencemēt de loeuure tousiours on a aulcūe delectation et a la fin empeschemēt/pource tāt de gēs cōmencent a bien faire/et tant pou perseuerent. Le soing de bonne foy est la bōne yssue: car ce nest pas chose glorieuse de biē cōmencer/mais de bien finir ce que on a cōmēce. Ce qui est faict pour lamour de dieu est eternel/ainsi que dieu est eternel. Or quand tu seras converty a dieu seruir/et a faire oeuures de iustice/ne pense plus aux biens que tu as faict le temps passe/mais regarde tousiours la fin: car la consideration des bonnes oeuures faictez ou temps passe souuent engendre en lame negligēce ou iactance/mais la cosideration de la fin engendre crainte. Bernard. Perseuerance est la vigueur des vigueurs/la conseruation des vertuz/la nourisse des merites: la moyenneresse des loyers/seur de paciēce/fille de cōsciēce/amye de paix: le neu de amytie/le lyen de concorde/la deffense de sanctete. Oste perseuerance tu ne auras point de loyer de oeuure que tu fasses/ne grace des benefices/ne de forte louuange. Et pource celluy qui perseuere sera saulue/et non pas celluy qui commence. Et est a noter quil est double perseuerāce Lune est en la cōtumacion des bōnes oeuures/et ceste nest pas de commandement. laultre perseuerance est en la voulēte quād on a propos de tousiours bien faire/et ceste est de commandement. ¶ Et pource que les apostres estoient encores enfermes: et nestoyent pas confermez par la vertuz du saint esperit: ihesucrist les enseigne cōme encores frailles a fuyr: affin quilz peussēt proffiter a plusieurs/en disant. Quād ilz vous persecuterōt en vne cite fuyes en laultre/affin que de plus en plus vostre nom soit publie/et vostre predication soit ouye de plusieurs. Crisostome. Nostre seigneur qui cognoissoit lenfermete de nature humaine/dist a ses disciples. Se on vous persecute en vne cite fuyez en laultre: Comme sil vouloit dire. Ie ne desprise pas les craictifz/ne aussi ie ne eslis pas seullement les fors/car ie ne considere pas la vertu de la personne/mais la voulēte. Celluy qui fuit cōbien quil ne soit pas de telle vertuz et force quest celluy qui est ferme et q̄ demoure en bataille/touteffoiz il est dune mesmes voulente. Et ainsi que celluy qui demeure souffre/affin quil ne soit veu soy aymer plus que dieu. ainsi celluy qui fuyt il le faict affin quil ne perde le tresor de crestiennete. Nostre seigneur dit telle chose/non pas pour tant que celluy qui par bonne constance se tient ferme/peche sil ne sen fuyt/mais pour demonstrer que celluy qui senfuit pour bōne cause ne peche point. Il conseille cecy pour lenfermete humaine/non pas pour tant quil ne vueille la promptitude et cōstāce de vertuz que on doit auoir pour deffendre la foy. Or donc nous disons pour la consolacion de ceulx qui sen fuyent que se tenir fort est demonstrance de grande vertuz de foy/ et sen fuyr est signe de grāde humilite. Remige. Ainsi q̄ principalemēt le cōmandement de perseuerer aux persecutions appertient aux apostres et a leurs successeurs qui sont hōmes fors. ainsi la licence de sen fuyr cōpete sepecialemēt aux enfermes et debiles en la foy/aux quelz le debonnaire maistre se condescut/affin q̄ se par auenture en tel estat se bailloyent de leur bon gre a martire/que eulx estans aux tourmēs denyassēt la foy. pour leurs enfermetez: car cest meindre chose sen fuyr que de regnier la foy. Et mesmes combien que en leur fuyte ne demonstrassent pas la constance quilz deuoient auoir en la foy/touteffoiz ilz estoient en leur fuyte de grand merite/pource quilz estoyent pres en fuyāt de laisser toutce quilz possedoiēt en ce mõde pour lamour de ihesucrist. Et sil ne leur eust donne licence de fuyr quand le cas requiert, aulcungs eussent peu dire que en ce faisant eussent perdu le royaulme du ciel. Sur quoy est assauoir que aulcuneffoiz la persecution est psonnale cõme quand on quiert aulcung poƵ faire mourir non pour ce quil est crestien, mais pour la hayne que on a aluy, et en tel cas on doyt tousiours fuyr, ainsi que fist sainct paul quand on le queroyt pour faire mourir en damas. Telle persecution estoit seulement sur sainct paul, il appert pour ce que aux aultres crestiens q habitoyẽt en la dicte cite on ne demãdoit riens. Et pource il fust aualle par le mur en vne courbeille et sen fuyst, non pas quil creinst lamort, et la persecution, mais plus tost voulut decliner affin quil peust prossiter a plusieurs. Et poƵ ce sen fuyt selon le iugement de droicte raison pour gaider le corps, ⁊ affin que apres on face plus de fruict nest pas imperfection. Aulcuneffoiz la persecution nest pas seulement personnalle mais est poƵ la foy et pour iustice, et en tel cas se la personne appercoit que pour sa fuyte se ensuyue derision de la foy et depression de iustice, telle fuyte est mauluaise, et peche mortel. mais se clerement on ne voit quil en vienne aulcung mal en la foy mais plus le contraire cõme seroit quand on verroit que par telle fuyte on pourroit prosfiter en aultre lieu a utilite de leglise: ⁊ que se on demouroit on ne pourroit faire quel q vinst occision, et mort des ministres de saincte eglise et conculcation des articles de la foy. de ceulx q sont obstines en mal, adonc licitement on sen peut fuyr en aultre lieu, pour prosfiter aux aultres, car celluy qui ne peut prossier en vng lieu doyt aller en vng aultre poƵ tousiours faire bien. Augustin. Facent donc les seruiteurs de ihūcrist ce quil a cõmande, ou ce quil a promis, et ainsi q poƵ la persecutiõ de herode senfuyt en egypte ainsi quand le cas le requiert sen fuyent de vne cite en aultre. Et comme en telle chose le peril soit cõmun tant a euesques q a prestres, et a clercs, et a laiz, gardent bien vng chescun que en ce faisant ne delaysse ceulx qui ont besoing de luy. Donc fault q quand conuient fuyr que tous voisent et fuyent a lieux seurs, et que ceulx qui ont necessite de demourer ne soyent point laisses de ceulx desquelz doyuẽt estre aidez en leurs necessitez. cest adire ou que tous aidẽt lung a lautre, ou tous ensemble endurent la peine, la quelle dieu veult quilz souffrent pour non regnier son nom. Et affin quil ne differ tu nous as cõmande que nous ne allissions point aux gentilz pour prescher, que feros nous doncques se nous alons seullement aux cites de iudee, ilz nous mettront hors. A ce nostre seigneur preuinst en ostat ceste craincte ⁊ dist. Ie vous dy certainemẽt que vous ne aures point acomply de prescher par toutes les cites disrahel, de iudee, et de galilee la foy catholique que le filz de lomme ne soyt mort, et ressuscite. Rabane. Il leur predist que par leur predicacion ne auroyent pas conuertiz les cites disrahel a la foy deuant que la resurrection feust faicte, et deuant que la puissance leur feust dõnee, apres la resurrectiõ de prescher par tout le monde le sainct euangile. Ou mesmes on le peust entendre de laduenement de nostre seigneur au iour du iugement, car tous les filz disrahel ne seront point cõuertis a la foy iusques pres de la fin du monde. Crisostome. Cõme se les disciples eussent peu demander a ihesu crist. Iusques aquel tẽps nous cõmandera il fuyr, car la longue fuyte est plus griefue que la mort. Et en les consolant leur dist. Vous ne aures point acomply de prescher aux cites disrahel deuãt que le filz de lõme ne vieigne pour vous fortifier et donner le sainct esperit: ou vieigne au iugement. On ne doyt pas cestuy dit de ihūcrist seulemẽt estre enrẽdu poƵ les apostres mais poƵ toƵ ceulx qui par les apostres deuoyent croire a la foy iusques a la fin du monde, car les douze apostres estoiêt les chiefz de toute crestiente qui estoit aduenir. Et ainsi que ce que on miect en la bouche se espart par tous les membres du corps, ainsi ce que es toyt dit aux apostres appartenoit a toute la plenitude de crestiente, car nostre seigneur scauoit bien que au monde y auoyt tans de citez qui seroyent occupees a le cognoistre, que quasi a peyne toutes les citez du monde seroient appellees citez de israhel.

¶ En apres quil leur eust demonstre la grandeur des tribulations quilz auoyent a souffrir pour luy, les enhorte a les endurer en les consolant par son exemple, et disant. Silz ont blaspheme et iniurie le maistre, le seigneur et le pere de famille, et luy ont faict plusieurs iniures sans cause, lesquelles patiemment a soustenu, nest pas a doubter quilz en feront plus aux enfans et aux seruiteurs, car le disciple entant que disciple nest pas plus grand que le maistre, ne le seruiteur entant que tel q̃ son seigneur. Côme sil disoit. Vous q̃ estes seruiteurs ne ayes point desdaing de souffrir ce que moy qui suys maistre ay souffert, et quand souffrires prenes exemple a moy. Et ce q̃ vous verres q̃ on me fera ne creignes poit se on le vous faict. Crisostome. Il cômence maintenent les consoler en passions. quilz deuoient souffrir le temps aduenir en leur ramenant son exemple. Cest chose naturelle quand souffrons aulcunes iniures de personnez indignes nous courousser et en auoir douleur, mais quand nous oyons que aulcune digne et noble personne semblablemêt a souffert ce que nous souffrôs tantost nous refroidissons et laissons nostre couraige, qui parauât estoit enfle par indignation, et disons. Se telle noble persône a souffert telles choses que ie souffre, a comparaison delle ne doiz sentir douleur ne mal que on me face. En quoy appert q̃l le consolation pouoyêt auoir les disciples en leurs tribulations, qui nestoyêt que les seruiteurs du souuerain roy des roys qui auoit souffert telles choses, ou plus grandes que on ne leur faisoit. Et pource non seullement patiemment deuoyêt ensuyure le seigneur, mais aussi ioyeusemêt. car comme dit seneque le cheualier est maleureux qui ensuyt lempereur en plourant.

¶ Et dit nostre seigneur apres. Au disciple doit souffire quil soit côme son maistre. et au seruiteur côme son seigneur en portât aulcunes iniures se on luy faict, et ne querant nulle vengence, mais en receuant le mal et le biê. car il doit souffire sil nest poit plus desprise que a este son maistre. Bede Se le maistre qui est dieu ne veult point prendre vengence des iniures que on luy a faict, mais veult par sa sapience rendre ses mal facteurs plus doulx, cest chose côgrue et decête que les disciples qui sont purs hômes ensuyuent ceste reigle de perfection. Et pource dit que le disciple sera parfaict. quand il sera comme son maistre, cest ascauoir en lensuyuant en bônes oeuures. Augustin. La souueraine perfection de la religion chrestienne est ensuyure celluy que on adoure, cest ihūcrist. Ce dit de nostre seigneur quant a cestuy propos est vray la ou il parle de soy qui est le maistre et le seigneur et le pere de tous. Il se dist maistre et seigneur, et appelle les apostres et ceulx qui iusques a la fin du monde lensuyuront ses disciples et seruiteurs. Ceste preposition nest pas verifiee du maistre qui est fol et negligent. car si le maistre estoit fol, il ne sensuyt pas que le disciple lensuyue en sa follye, ne le seruiteur ne doit pas ensuyure la misere de son maistre. ¶ Et adiouste encores. Silz me ont appelle qui suis pere de famille et que ay cure et auctorite du pere belzebuch, en disant q̃ ie faiz mes oeuures en la vertuz de belzebuch, par plus fort peuent bien appeller mes seruiteurs ainsi, et les disciples diffamer en telle maniere. On treuue aux legêdes des apostres que quand ilz faisoyent aulcuns miracles, les iuifz et gentilz disoient souuent quilz les faisoyēt par la vertuz du dyable. Et pource vne bōne personne ne se doyt point contrister se aulcūeffoiz est diffamee des mauluais sās sa coulpe/pource que a la consolacion delle a pleu a nostre seigneur de rememorer ce quil a souffert. Plusieurs sont qui par aucuture souuent louent la vie des bons plus quil ne doiuent/et affin que se par louange telle elacion ne les surmonte/le souuerain dieu permect que les mauluais dient mal de telles psonnes ad ce que se pour la louange que on a faict de elles leur estoit venu aulcune coulpe τ peche soyent reuoquez a penitence par la langue des detracteurs. Et pource tousiours entre les paroles tant des louans que des vituperans nous deuons recourir a nostre pensee. Et se en elle ne trouuons le bien que on dit de nous deuons auoir grāt vergoingne. Et se en elle trouuōs le bien que on dit de nous deuons aussi auoir grande liesse en nostre esperit. Gregoire. En toutes choses que on dit de nous tousiours cōuient recourir a nostre pensee/en querant nostre iuge et tesmoing interiore. Que te profite si les hōmes te louent et ta conscience te accuse. Et que nous pourra nuyre si les hommes dient mal de nous et nostre seulle conscience nous porte tesmoingnaige de bien. Cathon. Quand aulcung te louera soyes de toy iuge/et de toy ne vueilles pas croyre lopinion daultruy/plus que ce que ta conscience ne tesmoigne/car cōme dit sainct gregoire. Cellup qui en ce monde ne quiert sa propre gloire/quand on luy fera tribulation ne la sentira point/et iugera des vertuz et vices et des aultres. Certes cest chose moult perilleuse estre loue en sa presence car il fault que celluy soit bien fort qui aulcuneffoiz ne sen esliéue par dedans en son cueur. Et pource conseille orace le poete. Regarde bien celluy que tu vouldras louer affin que soyes hōteux se celluy q̄ tu loues est secret pecheur. Et pource tāt que nous

sommes en ce monde/en lieu de gloire embrassons et soyōs ioyeulx se nous pouuōs ensuyure nostre seigneur en tribulatiō/car les peches sont purgies en ce monde en la fournaise de tribulation. Et ainsi que dieu a disposue ou exposue le chief de toute saincteté/cest nostre seigneur en ce mōde a toute tribulation/ainsi iusques a la fin du mōde il permet que son corps qui est saincte eglise soit tribule pour purgation et probation/car la voye de vertus est aspre et plaine de buyssons et despines: tant que on est en ceste vie. Par icelle voye sōt passes les patriarches/les prophetes/apostres martirs/confesseurs/vierges/et tous les aultres/et ceulx q̄ ont desire plaire a dieu. Et certes iusques au iour du iugement tous ceulx qui sont membres de ihūcrist passeront par telle voye. Augustin. En ce monde iamais les seruiteurs de ihesucrist quelquelz soyent ne sont sans tribulations/car ce tu penses ne auoir point de tribulation encores ne as tu pas cōmēce estre seruiteur de dieu. Et pour cōclure nostre seigneur dit apres. Vous qui estes mes familliers et qui me suyues ne les creignes point. cest ascauoir ceulx qui vous persecuteront. car ilz sont hōmes frailes et pecheurs/et aussi pour leurs blasphemes et cruaultes ne laisses point la verite de la foy/pour quelque craincte ou grant psecution/mais pour lamour de dieu de bon courage soustenez et portes toutes aduersitez qui vous pourrōt auenir. Penser a ce que ihesus a souffert pour nous moult aide auoir pacience. Augustin. En tes tribulatiōs ne vueilles pas estre pussillanime/car se de tout ton cueur tu penses ce que ihesucrist a souffert pour toy par pussillanimite ne deffauldras point mais de plus en plus prendras couraige de tout endurer/et souffrir pour lamour de luy veu que tu es trouue en aulcune similitude de la passion de ton roy. Et de rechief dit sainct augustin. De celluy q̄ veritablemēt pouuoit dire/en ma passion le prince de ce

monde viendra et ne trouuera rien en moy
de quoy me puisse reprendre a este en ce mō
de pecheur appelle faulx hōme belzebuth.
fol et de telz vituperes intitule. es tu mal cō
tant toy qui es seruiteur ouyr de toy telles
choses lesquelles ouyant tu aquiers merites et le seigneur les a ouy sans acquerir
aulcun merite. Il est venu en ce mōde pour
batailler et pour te bailler exēple. Et pour
quoy a voulu ouyr telz choses/sinon adce
que quand tu les oyroyes ne faillices par
impacience. car quand tu les oys et tu des-
faulx/tu voys que pour niēt las a oyes. Il
ne les a pas ouyes poꝰ soy/mais pour nōꝰ
Il les a pmier ouyes/affin que apres nōꝰ
aprenons les ouyr. Et se celluy a tant endure qui nauoit riens que on luy peust de-
mēder et ne mectre au deuant par plus foꝛ
te rayson nous deuons endurer. Et nō ob
stant que ne ayons nul peche que lennemy
nous puisse mette audeuant pour nous ac
cuser touteffoiz en nous auons aultre cho
se pour quoy dignement sommes flagelles
et tribules. ¶ Exemple. Aulcung te apel-
lera larron et touteffoiz tu nes pas larron.
En ce ꝗl te dit tu oys oppꝛobꝛe mais pour
tant tu nes pas larron et ne desplaiz pas a
dieu/et en tel cas vng chescung doit regar
der sa conscience si se sent amoureux du
monde se doit mucer et se faire amoureux
de ihesucrist/adce quil ne soyt anteciist.
Se aulcung te disoit que tu fusses antecrist
tantost te courresseroyes et pēseroyes que
en ce on te feroit grand iniure. Oꝛ a tel ihe
sucrist dit quil soit patient et toy eulx et ꝗ sil
a ouy contre soy faulse iniure se esioisse auec
ihesucrist qui a ouy plusieurs foiz contre
luy les faulses iniures des antecris. Et se
tu oys de toy chose qui soit vraye/va et re
tourne a ta cōscience. Se tu crains ouyr de
toy mal/tu dois plus craindre a estre maul
mais. Gregoire. Adonc facilement nous
portons les iniures et oppꝛobꝛes ꝗ on nōꝰ
faict. quand nous recourons a nostre con
science en pensant les maulx que le temps

passe nous auōs faictz. Il nous semblera
chose ligiere endurer aulcune iniure se nōꝰ
regardōs que par noz males oeuures nōꝰ
auons deserui a souffrir plus grande peine
¶ En apres encores les exhorte a porter
patiemment par la consideration du diuin
iugement auquel toutes choses seront ma
nifestees. car la seront monstres les biens
et les maulx de tous ceulx et celles qui serōt
au iugemēt. Le iugemēt sera de tous veu
iuste/laquelle chose ne pourroit estre si nō
que les biens et les maulx fussent de tous
cogneus manifestement. Et pource il dit
Nichil occultum. Il nest riens en ceste pre
sente vie faict tant occultement que ne soit
reuelle au iugement/et mesmes les cogita
tions qui sont faictes secretement. car nō
seullemēt les oeuures mais les secretz des
cueurs/lesquelz seullemēt sont cogneus de
dieu. la seront cogneus et manifestes. Cō
si disoit selon sainc iherosme: Ne craignes
point la cruaulte de ceulx qui vous persecu
tent/ne la rage de ceulx qui vous blasphe-
ment/et ne en suyues mye les simulateurs
et ypocritez: car au iour du iugemēt voꝛ les
voyrrez et leur maulnaistie sera demōstree
et a vng chescung sera rendu le bien ou le
mal selon quil aura faict en ce mōde. Adōc
la pacience des martirs sera remuneree/et
la maulnaistie des persecuteurs sera punie
¶ Et pource ne ayes point hōcte de annūcer
le sainct euangile de dieu: mais dōnes voꝰ
totalement a la parolle de dieu prescher. en
retenant tousiours en vostre memoire la tri
bulation qui sera aux maulnaix a ce iour la
ou quel de voz bonnes oeuures aures louā
ge de dieu/et aux aduersaires de verite demoura peine perpetuelle. Ceste consideration doit donner grand audace au prescheur et deuroit esmouoir leurs cueurs. Et
pource il leꝰ dist apres. Quod dico vobis
in tenebris. Ce que maintenent ie vous dy
en tenebꝛes de craincte ou en lieux priues.
dictes le ardiement et publicquement par
le monde nō seulement en iudee: et ne mus

sez a nul leuangile/mais soyes cõme ceulx qui sont sur la maison ⁊ cries a ceulx q̃ sont en bas. Apres la resurrection les apostres prescherent publiquement au peuple ce q̃ en secret auoyent ouy dire a ihesucrist. Or quand nostre seigneur dit presches sur les maisons vous mes apostres il parle selon la maniere de palestine/la ou les maisons nont point de tect couuert de tuilles/ mais sont tous sans couuerture/et la on souloit faire le sermon au peuple qui estoit au bas. Et penses bien ycy que les disciples de nostre seigneur sont exposees a grãdes persecutions. et nous qui sommes en paix encores sommes paresseux de tendre a bien. et pource nous ne sommes pas dignes de auoir aulcun bien. Crisostome. De quelle chose serons nous enuers dieu dignes qui sommes en paix/et touteffoiz sommes paresseux et tepides de bien faire Nous sommes tues sãs cop frapper. Nous fuyons sans que on nous persecute. Dieu nous veult sauluer en paix/et encores ne le pouuons souffrir De quoy deseruirõs nous auoir pardon de noz deffaultes quand nul ne nous dõne affliction ne de prison ne de bacture ne de estre menez deuant les princes tirans: mais qui plus est nous sommes seigneurs et cõe roys. Se on faisoit maintenant aulcune bataille contre leglise ou aultre grande persecution: quelle derrision seroit ce. ⁊ quel obprobre veoir les crestiẽs si laisches et faillis en la luyte. Et nest excerce comment sera il vaillant en la bataille. Doncques soyes fors contre les tẽptations/endure vaillamment les douleurs de dans/adce que plus legierement tu souftiẽnes ceulx q̃ sont du corps. Certes si le sainct homme iob neust este bien excerce deuant la bataille. il neust pas este si vaillãt quãd la bataille fust ouuerte. Sil neust deuant medite que le vray estre de la creature est oultre toute tristesse. il nest pas a doubter que en sa perfection eust dit aulcune chose male et de impacience. mais pource que

par auant auoit bien aduise. cõme il se deuoit auoir. il feust ferme et constant côtre tous les assaulx q̃ luy peurẽt venir. Ayõs donc en nous le zel de telle force et de telle pacience que eust cestuy sainct hõme iob. qui fust long temps deuant la loy/tant de moyse que de grace qui est le sainct euangile/ adce que auec luy puissons auoir participation de la gloire perpetuelle. Amen.

Oraison

Seigneur ihesucrist tresclement q̃ as enuoyez tes disciples comme ouailles contre les loups pour batailler cõtre le monde/ et contre le dyable en leur baillant consolations contre les tribulations. conferme ma fragilite/ et me donne aide contre les perilz du monde/ et du dyable. Garde moy sire de mes ennemys tant visibles que inuisibles/ et me dõne pacience contre les aduersites et tribulations. Affin que te puisse tousiours sentir/toy q̃ es mon createur/ et deffenseur en ceste vie/et que ainsi de toy deffẽdu apres ce monde. puisse paruenir a toy tout nect de peche. Amen.

De ne craindre point la mort chapitre. liiii:

Apres que nostre seigneur a mys hors d̃ ses disciples la craincte des tribulations et des persecutions. de infamie/ et de malediction. consequẽmẽt leur oste la craincte de la mort temporelle. Laquelle est la chose plus terrible q̃ peut aduenir a la creature en ce monde/ car cest la fin de toutes choses espauẽtables ⁊ horribles. Et cõme dit crisostome. Il ne leur promect pas quil les deliurera de la mort: mais leur promect quilz mourroyent pour les remunerer plus grandemeut que silz ne souffroyent telle peine. Cest plus grand chose persuader a la personne de despriser et de ne tenir compte de la mort/que de la deliurer de mort. Donc nostre seigneur euacue et oste la craincte et la timeur de la mort par six raisons/qui sont contenues par le proces de la lectre. La premiere est par la cosideration de impuissance humaine/car les hommes ne peuuent nuyre sinon aux moindres choses come sont les choses corporelles. Et pource il leur dit. Dico autem vobis amicis meis. Specialement ie dy a vous mes amys que ne desires en ce monde riens temporel: et que vous qui deues estre aux aultres exemple de force et de constance: ne veullez point craindre ceulx qui mectent le corps seul a mort: et ne peuuent tuer lame/car dieu au iour du iugement la redra au corps/lequel ressuscitera. Crisostome. Ne vueilles pas craindre ceulx qui tuent le corps: affin que par aduenture pour paour de la mort ne soyes crainctifz de dire ce que franchement/deuant tous aues secretement ouy de moy: et que par ce ne ouses prescher publiquement deuant tous la parolle de verite. Ainsi que par ses parolles appert non seulement celluy est prodicteur de verite qui en laysant verite dit mensonge publiquement/mais aussi celluy qui ne la prononce franchement: quand le cas le requiert/ou qui ne la deffend quand il doyt. Celluy seulement nest pas transgresseur de verite/q publiquement nye verite: mais aussi celluy qui taist verite/pour craincte de ceulx qui peuuent mettre amort le corps. Mais helas non seulement pour craincte de la mort les hommes ne osent dire verite: mais aussi la laisse dire pour cestuy miserable ventre: et pour esperace dauoir vng pou de honneur mondain. Et par aduenture tu diras. Se deuant mes aduersaires ie tais verite/ascauoir mon se ie suys consentant a leur menterie. Je te respondz en te demandant/si lempereur de romme veoyt la cite de romme estre assaillie de ses ennemys: et fust negligent de la deffendre/veu quil la peust deliurer/ne te sembleroit il pas quil fust cause de la trayson et de la bailler aux aduersaires. Ainsi est il de toy: quand tu voys la verite de dieu estre impugnee par les maulnais/laquelle tu porroyes deffendre/se tu eusses voulu cleremet parler. car en toy taisat tu lipugnes et trahis. Se cest chose vitupable taire verite/pour la craincte de ceulx qui mectent a mort le corps: cobien est il plus mal et honteuse chose soy taire pour cestuy miserable ventre. et pour esperance daulcung vain honneur. Ne craingz donc point ceulx qui pouent tuer le corps. car sil nest tue p les maulnais pour lamour de dieu/touteffoiz apres mourra pour deffault de nature. Et pource ceulx qui sont mys a mort par les maulnais/ne perdent riens: exceptee la dilation de mort/et encores qui plus est non pas la dilation dicelle: car et sil est vray q vne fueille ne choit point de larbre sans la voulete de dieu/et que les iours que deuons estre en ceste vie sont nombres: nous deuos croire que nous ne mourrons pas deuant le iour que dieu nous a ordonne pour quelque dilation que nous querons. Donc soit faict voulentairement/ ce qui est faict pour la cause et amour de dieu et que fault que vne foiz soit faict de necessite vueillons ou non. Offrons a dieu voulentairement ce que vne foiz nous fault redre pour depte. Et se tu es ne en ce monde en corps corruptible/pour quoy ne te occupes tu a lutillite de ton ame/quand tu sces de vray que en brief cestuy monde te sera ouste/veu quil nest pas rien. Quelle foullie est ce hair ce q est nostre/et aymer ce qui nest pas nostre. Nous nous estudios de auoir τ de garder ce que ne pouuos garder/et ne nous chault garder ce que aurons perpetuellement. Donc ne vueille point craindre ceulx qui mectent a mort le corps. Et quelle chose est ce craindre la mort. Certes ce nest pas la douleur q on a d yssir du corps. mais est la desepatio de la vie aps la mort. Cest adire q celluy craitla

ee i

mort qui na point de spance de viure apres la mort. Le veulx tu scauoyr par exemple. Tu verras souuent que plusieurs souffrēt grans douleurs et maladies: et touteffoiz ne meurēt pas pourtant: et souuēt ont vng pou de muy/et tantost meurent: et sont plꝰ contens souffrir toutes les peynes qui leꝯ peuuent aduenir en ce monde/q̄ de mourir Uoistu dōc que on ne crainct pas la douleur de la mort/mais la male consciēce qui tousiours est pusillamme: et en craincte de perdre la vie fait craindre la mort. Seneq̄. Rien ne faict craincti la pſonne en ce mōde si non conscience mauluaise. Ayes donc toute ta fiance en ihesucrist/et en tous perilz et doubtez qui te peuuent aduenir ayes le cueur fort et asseure aux promesses et parolles de ihesus. Tu dois auoir telle fiāce q̄ se tous les ennemys denfer te assailloiēt et tous les hommes mauluais/et tous les saiges selon le monde te persecutoyent/et te voulloyēt oster de ton bon propos. poꝛ quelque chose quil te peust aduenir/tu ne deuroyes diuertir ton cueur de lamour de dieu. Et si ainsi luy as ferme: toutes les tēptations qui te pourrōt aduenir reputeras comme fumee/et cōme chose vaine/car se au cōmencement tu resistes virilement/saiches q̄ apres tu pourras mains estre vaincu a la fin. Crisostome. Toute lopperation du dyable est telle que les temptations des quelles il tempte la personne: au cōmencement sont fortes/et a peyne intollerables par leur impetuosite/mais si la personne a bon et fort couraige pour les soustenir/au second assault les trouueras et sentiras petites/et promptes a estre suppeditees. Et de tant plus quil assauldra la personne/et par bon couraige elle se estudiera luy resister: de tāt plus se debilitera/ et se rēdra mois fort pour luy nuyre. Et pource dit encore ce docteur crisostome. Ie pense que ce les crestiens en leurs persecutions estoyēt au commencement dicelles fors et constans: quil ny auroit chose quelcōque/q̄ les peust

vaincre: car le dyable na pas tant en soy de vertuz quil a de terreur. La secōde raison pour quoy on ne doit point craindre la mort est pour la consideration de la diuine puissance de mectre le corps et lame au parfont denfer: qui est plus grād chose que de mettre le corps seullement amort: Et pource il dit. Sed potius timete eum. Mais plus tost craignes celluy cui a puissance de perdre et de mettre le corps et lame ou feu et ou parfond denfer/car nul ne peut fuyr la main du souuerain dieu: Et pource dit le saige en lecclesiastique. Craignes dieu et gardes ses cōmandemens/et adce est ordōnee toute creature raysōnuable. Certes dieu qui est souueraineement bon ne veult nul perdre ne dampner. Et se on trouue en lescripture quil pert la pſonne ou la dāpne ceſt q̄ la pſonne elle mesmes se dāpne/et dieu ne luy donne pas sa grace/car elle ne le merite pas: ainsi que noꝰ disons quil endurcist le cueur de pharaon. cest a dire que par sa grace ne le esmoullist point mais le laissa endurcir. Et comme dit sainct gregoire. cest grand seurte ne craindre riens en cestuy mōde fors que dieu: et la craincte est foulle/quand on crainct plus lumaine indignatiō que la diuine. Ainsi que dit le saige/que celluy qui seullement crainct les hōmes/de legier chōra en peril: et celluy qui a son esperance en dieu en toutes ses tribulatiōs sera ayde de luy. Mais au ioꝛ duy dont cest chose piteuse/on crainct plꝰ loffense des hōmes que de dieu/et plus le dōmaige du corps q̄ celluy de lame. et poꝛ ce cest chose iuste que nous creignons ce que nest pas a craindre. Crisostome. Poꝛ ce que nous ne creignons pas ce quil fault craindre. cōuient craindre ce qui nest pas a craindre. Et pourtāt boutōs hors la craincte du monde et seruons a nostre seigneur: aumoins poꝛ la craincte perpetuelle dēser et en nous seullement demeure la craincte chaste/qui est vne reuerence que nous deuons a dieu par amour/laquelle demeure perpetuellement. Crisostome. Selon nature dieu veult bien que nous craignions plus les maulx, mais q̃ par eulx craignons plus fort les spirituelz. Sur quoy est a noter quil ya plusieurs manieres de timeur et de craincte, cest ascauoir, craincte humaine, mondaine, naturelle, seruille, et filiale iniciale, ou chaste. Les deux p̃mieres crainctes sunt vices: les deux dernieres sont vertuz, mais les deux du milieu ne sont ne vices ne vertus. La craincte humayne est: quãd aulcung laysse fuyr et decline le bien ad ce que encourre la mort, le dangier, et le peril corporel. ainsi que fist sainct pierre, q̃ renya la vie, pour paour quil nencourust mort, non se recordãt du dit de son maistre Ne creignez poit ceulx q̃ tuẽt le corps z nõ lame. La craincte mondaine est, quãd aulcung decline de bien a mal, pour craincte de perdre les biens temporelz, ainsi que fist herode qui pour paour de perdre le royaulme, fist occire les innocens, et craignoyt la ou ne deuoyt. La craincte naturelle est celle par laquelle chescune persone craint peyne, et que ne luy viegne aulcung empeschement, selon sa complexion naturelle. ainsi que on list, que mesmes ihesucrist eust en sa passion paour, et fust doulant. La craincte seruile est celle par laquelle aulcun craint pechier et faire mal seullement pour craincte de la peine denfer ou temporelle. et non pas pour amo᷒ de iustice. Et de telle craincte est escript, q̃lle nest pas en charite, car charite parfaicte mect hors toute craincte. La craincte cõmensant est, quãd on craint auec la peine denfer loffense de dieu. et quand on laysse le mal, tant en partie pour lamour de iustice, et de vertuz que pour contraincte de la peine de estre dampne. Et de ceste craincte est escript, quelle est commencement de sapience. Or est a scauoir, que toutes ces crainctes deuant dictes sont imparfaictes, pource que charite parfaicte mect hors de lame toute timeur. Mais la craincte filiale et chaste: est quand aulcung est tellement enflambe en lamour du souuerain bien et des vertuz que purement et seulement pour amour de dieu craint offenser, et estre separe de luy et laisse seullement le mal pour amour de iustice et de vertus. Ceste craincte est parfaicte, et nest pas mise hors par charite. ainsi que sont les deuant dictes, mais tousiours croist, selon que charite croist en lame. Et de ceste craincte est escript, quelle demeure tousiours, mesmes en paradis. De la craincte seruile, filiale et chaste dit ainsi sainct augustin. Il est vne craincte seruile, et vne craincte chaste. et est vne craincte de souffrir peine, et est vne aultre craincte, de paour que on perde iustice et bonne vie. Celle craincte que tu as de souffrir peyne est craincte seruile. Ce nest pas grãd chose craindre peine, mais cest grãd chose aymer iustice: Et dieu approuve lin nocence de la personne voyre celle innocẽce qui nest pas faicte pour paour de peine: mais pour amour de iustice. Celluy qui pour craincte ne peche et ne nuyst a celluy auquel vouldroyt nuyre, nuyst a soy mesmes, car combien quil se abstienne de mal actuel, neaumoins il est pecheur en la voulente: et craincte seruile le garde de actuellement pecher par dehors. Po᷒ ny ãt p̃se celluy estre hors et deliure de peche po᷒ la craincte quil a de la peyne, car cõbien que par dehors lopperation ne soyt acomplie. touteffois la mauluaise voulente demeure par dedens veu que entant quil est en luy vouldroit que ne fust point de iustice punist les malfacteurs. Celluy donc est ennemy de iustice qui ne peche point pour la craincte de la peine: mais seroit amy de iustice se pour lamour delle laissoit de pecher Et se on acomplist le commandement de dieu seullement: pour craincte de peyne. et non pas pour lamour de iustice, on sert a dieu par craincte seruile et non pas liberalemẽt, et tel seruice nest pas parfaict car nul bon fruyt est en lame sil ne pro

ee ii

cede de charite: et par contraincte nul ne faict bien. Crisostome. Celluy seullement qui par craincte sert a dieu, euade la peine: mais il na nul loyer de iustice: car le bien ql faict est par contraincte. Et le poete dit. Les bons ont haye faire mal, et pechie pour lamour de vertuz, et les mauluays ont delaysse a faire mal seullement, pour craincte de la peyne. Et seneque dist. Ne pense pas que vertuz face ce que faict vne grand peur. La tierce raison pour laquelle on ne doit point craindre la mort est la consideration de la diuine prouidence. car par elle est ordonee la vie et la mort des iustes: et mesmes des bestes irrasonables et pource on ne doit poit craindre se viuons ou mourons. Et a cause de ce ihus apres dit. Nonne duo passeres. Nest il pas voir que deux passerelles sōt vēdues vne maille et touteffoiz nulle de elles de si petite vale˜ soit ne choit sur la terre, ne aux lacz de mort sans lordonnance de vostre pere. Par pl⁹ forte rayson vous qui estes de plus grāde dignite, et de pl⁹ grād pris, car il nya poit de comparaison des bestes irraisonnables a vng esperit. Crisostome. Se les petis oyseaulx, cōme sont les passerelles sont gouuernes: selon la prouidence du pere celeste et non pas selon la puissance des hōmes: par plus fort le iuste hōme q̄ est ymage de dieu nest pas mys hors de sa prouidence. mais ou est baille de dieu pour mourir, ou deliure et laisse pour viure. Se aux petiz oyseaulx, desq̄lz on a les deux po˜ vne maille est ordone et estably leur viure et leur fin: on doyt bien croire que riens ne aduient a la creature raisonnable sans la voulente de dieu. car elle a este racheptee du p̄cieux sang du filz de dieu. Se dieu a ainsi chiers les oyseaulx, de quelle estimation et pris seront les enfans. Et pource il leur disoyt. Uous ne deues point craindre les hōmes car leur puissance nest pas sur vous: car il nest pas en la puissance des mauluais nuyre aux bons: mais est seullement de dieu cō

cede leur nuyre: affin q̄ l puuoie a ses saictz la belle couronne de gloire. Et donc quelle sagesse est ce, ne craindre pas celluy qui donne la puissance de nuyre, mais craindre celluy qui la prent. Se tu es baille a tes ennemys po˜ te nuyre: sans cause tu crains Et se tu ny es baylle aussy, sans cause tu creins, car si dieu te veult deliurer, il nest hōme qui te puisse nuyre. Et se cest sa voulente que tu soyes baille, nul ne te peut espargner que soyes afflige: Ne scais tu pas comment pilate vouloyt laisser ihesucrist: et ne peust, pource que dieu le voulloyt. pour la redemption de lumain lignaige. Seneque. Une bonne personne soustiendra toute lauersite: qui luy peut aduenir: car elle cognoist que tout vient par la permission diuine: de laquelle toutes choses procedent: Mistiquement selon sainct hylaire: les deux passerelles sont le corps et laime. lesquelz sont baillez pour petit pris. quand pour vng pou de delectation transitoire sont bailles a la puissance du diable
La quarte raison est pour la consideration de la resurrection future, qui sera au iour du iugemēt Et ceste meditation faict moult porter patiētemēt tout ce que peust aduenir en ce monde de tribulation a la personne. car dieu mesmes a prouidence des moindres choses comme sont les cheueulx qui sont la petite partie. et chose superflue de lomme: lesquelz a la resurrection seront repares en nombre deu, auec le corps, et pource on ne doit point craindre plus grādes choses si elles sont bailleez a mort po˜ lamour de dieu. Dit donc nostre seigneur. Uestri autem et capilli capitis. Mesmes vo⁹ deues scauoir q̄ en la presciēce de dieu tous les cheueulx dō vostre chief sōt nōbrez non pas par longue cōputation. mais p prōpte, facile et clere cognoissance q̄ la de toutes choses. Ou ilz sont nombrez: affin que tout soit garde en la glorieuse resurrection, car ce q̄ nous voulōs garder diligēment nous nōbrons. La glose. Affin q̄ on

ne pense doubter cõment le corps resuscitera les plus petites parties dicelluy: cõme sont les cheueulx sont gardes po[ur] lembelir Selon sainct Iherosme: nostre seigneur ne dit pas que to[us] les cheueux seront saulues mais nombres: en quoy est demonstree la science du nõbre, et nõ pas la conseruatiõ car en la resurrection generale en tel nõbre retourneront, qui appartiendra a la decoratiõ du corps. Et cecy monstre la grãd prouidence et affectiõ de dieu quil a enuers les hommes. Or donc ne craignons point exposer nostre corps a peine pour lamour de dieu, mais en luy mectons toute nostre esperance, veu quil ne laissera perdre cheueul quicõque qui ne soit restitue a la gloire de la personne. Mistiquemẽt selon sainct remy: ihucrist est le chief du q̃l procedẽt les cheueulx: cestascauoir les hõmes iustes: lesquelz bien deuemẽt sõt dictz nõbres pource que leurs nõs sont escriptz ou ciel. Cirille. Le chief de lõme est lentẽdement. les cheueulx sont les petites cogitations. lesquelles serõt cogneues de dieu et au iour du iugement de elles sera faicte disquisition. Et en apres pour conclure il dit. Nolite ergo timere ʒc. Donc ne craignes pas la mort, car enuers dieu vous estez de plus grand repputation et plus dignes que ne sont les oyseaulx. Premierement quãd a lestat de nature: car vo[us] estez raisonnables et perpetuelz. Secõdement quãt a lestat de grace, car vo[us] estes filz de dieu par adoptiõ. Tiercemẽt quãt a lestat de la vie aduenir, car vous estez pour estre gloriffiez en la beatitude eternelle. Quartemẽt car vous estez faictz a son ymage et nõ pas la creature irrasonnable. La quinte raison est pour la cõsideration de la retribution eternelle. Quia ois qui cõfitebitur me. Car tous ceulx qui me confesseront de cueur, de bouche, et de oeuure, et qui se tẽdront fors en gardant mes cõmandemens iusques a la mort cõe vrais confesseurs, ou en soy exposant a mort en la confession de

mon nõ cõe on faict les martirs deuant les hõmes, cest ascauoir deuant ceulx qui persecutent la foy, car cõfesser seullemẽt dieu deuãt les bons est legiere confession, ie le confesseray estre digne d̃ la vie pardurable deuant mon pere qui est ou cielz, affin quil le approuue, et le remunere. Et cõme dit sainct auselme: de tãt q̃ dieu est meilleur q̃ lõme, de tant sa cõfession est meilleure que celle de lõme. La sisiesme raison pour quoy on ne doit point craindre la mort est pour la consideration de leternelle dãpnation. Et pource il dit q̃ celuy qui deuãt les hõmes deuant lesquelz on doit dieu cõfesser denyera mon nom en ne me osant cõfesser: ne la verite de leuãgile ie le denieray deuant mon pere cõme indigne, de auoir la gloire du ciel. Donc qui en ce monde deniera ihucrist d̃ cue[ur] en ne croiãt en luy: ou d̃ bouche: car il ne souffit pas croire d̃ cue[ur] pour auoir la vie eternelle, mais quand est temps ʒ opportunite fault cõfesser de bouche: ou d̃ oeuure: ʒ qui a ses cõmandemẽs ne obeira cõbien quil le cõfesse dẽ bouche toutesfoiz le denye de faict, ihucrist au io[ur] du iugemẽt, et au tẽps de son extreme necessite le denyera quãd il dira. Nescio vos Je ne vo[us] cognois. Ales mauldictz au feu denfer eternel. Crisostome: Il auoit commande deuãt toute chose possible quand a nature sensuelle: et maintenant il propose peine et loyer, affin q̃ ou pour crainte de peine, ou pour desir du loyer eternel: la vertuz de lame soit aidee, mais p[r]miere[men]t est mys le loyer, et apres la peyne, car luy qui est misericors est plus prõpt a remunerer q̃ a punir. Augustin. Ayme ce que dieu tout puissant te promect donner se tu es bon. craictz ce d̃ quoy il te menasse et ainsi le mõde te sera cõme tout nyant: ou quãd il te p[ro]mectra, ou quãd il te espouentera. Lequel monde est plus perilheux quãd il blãdist q̃ quand il moleste et nuyst, et plus on le doit fuyr et sen garder quãd il blãdist et attrait que quãd il est moult aduersaire et nuyst.

Oraison.

Syre ihesucrist donne moy que tellemēt contēpne et mesprise toutes cupidites et delectations terriēnes que en ce monde ne craigne riens souffrir pour ton nom: et que ton nom τ ta passion soyent escrips en mon cueur tousiours tellement que mon ame puisse auoir victoire contre toutes aduersites et prosperites de cest monde. et que en telle maniere te confesse de cueur/ de bouche/ et de operation deuant les hommes en terre: que toy selon ta promesse me confesses deuant ton pere aux cieulx: affin que par ta pitie τ misericor de ie deserue auoir la ioye pardurable auec tous les bien eures: laquelle tu as promis a ceulx qui acompliront ta volonte.

De aulcunes choses qui empeschent la personne tendre a perfection. chapitre. liiii.

Pource que ihesucrist nous a perfectemēt aymez il veult aussi que totalemēt laymōs. Et nous voulant monstrer le ardent et grāt amour quil veult que ayons a luy: dit. Ignem veni mittere in terram. Je suys venu mettre le feu diuin et la feruour du saint esperit τ de charite par mon incarnation en terre et sur les hōmes pour bruler τ cōsumer les peches τ pour inuouer et renoueler la beaulte des ames. Et veulx et desire que par le moyen de diuine inspiracion: ou de humaine predication/ ou ď secrete monition et meditatiō soit alume et arde et soit augmente car charite merite τ deffert estre augmētee et puis estre perfaicte. Gregoire. Le feu diuin est mys en terre quand par lardeur du sainct esperit lame est toute brulee et consumee de ses cōcupiscences terrienes et desirs charnelz. Et quand elle ploure lemal quelle a fait: la terre ard τ brule car a cause de la cōscience qui acuse le pecheur le cueur est brule par vraye penitence. Bede. Nostre seigneur en cestuy pas appelle le feu lardeur du sainct esperit: leql enlumine les secretz des cueurs et prouoque lame per continuelles meditations aux choses celestes. Car il brule les charnelles cōcupiscēcez qui sōt en lame/ cōme espines et chardons/ et les meilleurs vaisseaux de la maison de dieu: et consume tout soyt boys ou fein ou estoupes. Et moy dit nostre seigneur qui suys venu au monde et yssu du secret du pere/ a fin que ie enflambe les hommes aux desirs celestes/ et brule toutes leurs concupiscences terrienes: veulx que par cestuy feu le monde soit alume par la flambe de deuotion iusques a la fin du monde/ et q̄ tel feu croisse de plus en plus toꝛiours aux cueurs des crestiēs: et que nulle aduersite q̄ puisse venir sur luy ne le puisse estaindre. Hugues de sainct victeur. Les hōmes de grace sont ceulx qui sont enluminez par linspiration du sainct esperit: affin qnilz cognoissent le bien qui est affayre/ et apres que lauront cogneu ayment le faire et soyēt fortifiez a bien le faire. Et donc e tu te purges de tes vices τ alumez en toy le feu du diuin amoꝛ tu gousteras sa doulceur et ne tiendras cōpte de la doulceur temporelle. Apres il mōstre le temps que le feu sera enuoye plenement en terre/ car il ne sera iamais parfaict iusques ad ce q̄ ihūs ait souffert mort et pource il dit. Baptismo autem habeo. prius baptisari. Auant que lardeur du feu du sainct esperit soit p̄faictemēt enuoye en terre: ie doibz estre baptize dūg baptesme. cest q̄ ie doibz espādre mon sang par le feu de charite adce que le feu soit alume: par lequel toutes choses terrienes sont desprisees par ceulx qui me veullēt ensuyre. Jay donc pmier a espādre mon sang en la croix ad ce que ie baptise les aultres apres en baptesme de ma passion/ et que plus les enflambe en mon amour/ car en ce mōde nest riens qui tant nous excite et enflambe en lamour de dieu que remembrer: que par leffussion de son precieulx sang nous a laues et nectoyez de tous nos pechez. Auselme.

Telle est la pitié de dieu en vers nous, car comme il tesmoigne toute sa passion a esté adce que feussons parfaictz et pour mectre en nous deuotion, et pource il dit. Je suis moult angoisseux et contriste: iusques adce que par ma passion mon baptesme et le salut des hômes soit parfaict. Ambroise. Côme ainsi fust que Jhesucrist en soy neust riens de quoy se doulcust. Touteffoiz il estoyt touché par pitié de lexil et de la pourete ou nous estions, car auant sa passion il pretendoit tristesse, laquelle il nauoit pas prinse pour la paour quil eust de sa mort, mais pour la demeure de la redemption.

Comêt la terre deuoit ardre apres sa passion, et apres laduenemêt du sainct esperit le declare en disant. Nolite arbitrari quia venerim. &c. Me veuillies pas ymaginer ne oppiner par faulx iugement et contre rayson, que ie soye venu en ce monde mettre ou conferuer paix, cest adire concorde et alliance faulce et charnelle, car telle paix faict guerre, et lomine ennemy de dieu, mais ie suys venu mettre vng glaiue, cest separation de ce qui empesche la vraye paix, et q hôme ne soit vny a dieu. Je suis venu separer le filz du pere, et la fille de la mere. Côe sil disoit selô la glose. Je suys venu estaindre les affections priuees et charnelles, par les quelles les personnes aymêt tant lung et lautre que par ce seruent meins a dieu: et qui plus est souuent se destournent totalement du seruice de dieu, par quoy appert q ycy il parle de la separation spirituelle, cest de lamour desordonné que on a aux amys charnelz, et non pas de la corporelle et materielle qui est sans son offense. En a-pres demoustre la maniere comment il est venu separer lôme de ses amys, et mect le premier empeschement de perfection, cest de ensuyre Jhesucrist, et dit que cest lamour desordonné de ses parens, en disant. Qui amat patrem aut matrê. Celluy qui ayme son pere charnel, ou sa mere, ou filz, ou fille par dessus moy, ou plus que moy, nest pas digne de moy. Aymer ses parêts plus que dieu est en moult de manieres. cest a-scauoir quand pour lamour de eulx on ne vouldroit venir a la foy, ou quâd on delaisse la foy pour leur amour, ou quand pour eulx on cômect peche mortel, ou quand on se expose en grand dangier de peche pour eulx, tel nest pas digne de me auoyr en ce monde côme hoste, ne au iour du iugemêt côme tesmoing, ne au royaulme du ciel côme remunerateur: car selon sainct augustin le pecheur nest pas digne du pain quil mêge. Nostre seigneur donc vouloit dire. Je suys venu tellement separer lomme de son pere qil ne mecte et ne preffere amour paternel a son salut. Charité est tellement ordonnee que la psonne doit aymer dieu deuât et sur toutes choses creez et plusque soy mesmes. Et pource pour quelconque amistié que on ait a son prochain on ne doit point retarder que on ne ensuyue les choses qui appertiennent a lonneur de dieu, car tout ce q on ayme est a aymer apres dieu. Jherosme. Tel ordre doit estre en toutes affections: car on doit aymer son pere apos dieu et sa mere, et ses enfans. Et sil aduenoyt telle necessite que lamour des parens, ou des enfans bonnement fust equiparé a-mour de dieu, et que lung et lautre ne peust astre gardee, en tel cas auoyr hayne a ses parens est auoir pitié en dieu. Quand a cestuy premier empeschement de suyure Jhesucrist note vng crêple bien vtile ad ce propos. On list que vng quidam fust detenu et empesche pour lamour quil auoyt a ses parens de ensuyure Jhesucrist. Et vne foiz voulant mectre remede ad ce qui lempeschoit appella ses parens a vng disner. Et en mengant pria vng quil aymoyt pl' que les aultres, et le quel croyoit estre plus son amy, et loyal quil eust en la côpaignie et luy dist. Je te prie mon amy que se tu me aymes mectez ton petit doigt pour lamour de moy en cestuy feu. Lequel craignant fort le feu nullement ne le voulut

cc iiii

ce quil doit a dieu/ et sil mouroyt perdroyt son ame eternellement. car par les choses dessusdictez il pert la vie eternelle. Remige Celluy qui desire ceste presente vie/ et les delectations et voluptez dicelle seulement affin quil puisse tousiours viure au monde de necessite perd quand il meurt ce qil auoit desir de tousiours garder et prepare son ame a eternelle dampnation/ et de telle aussi dit Ihesucrist. quil perdra temporellement son ame. cest adire qil mourra/ mais celluy qui par bonne voulente est prest de la perdre par mort temporelle se le cas le donnoyt en mettant lamour de dieu deuant toutes choses en me aymant en son cueur/ et en me confessant de bouche. et aussi en me ensuiuant par oeuure. et non pas par la faueur humaine/ come font les orgueilleux/ ou po² loyer temporel/ come font les auaricieux et conuoiteux trouuera a la fin de ceste vie son ame sauluee en la vie eternelle et de dieu receura choses eternelles/ car pour luy il a contempne les temporelles. Crisostome. Cest bien meilleure chose de mourir temporellement. et par ce viure eternellement. que de viure temporellement et mourir eternellement. Se celluy est mort pour nous qui ne pouuoit mourir sil neust voulu/ par plus fort nous deuons voulentiers mourir pour luy/ car mesmes nous sommes veuillons ou non mortelz. Se le seigneur est mort pour le seruiteur/ et sans auoir loyer de luy. chose plus iuste est que le seruiteur moure pour le seigneur auec grand loyer. Augustin. Nostre seigneur nauoyt nulle cause pour quoy deust mourir/ et touteffoiz pour nous est voulu mourir. Tu as po² quoy tu dois mourir/ et as tu desdaing de mourir. Je te prie quil te plaise souffrir par bon courage et pour acquerir le merite de la vie pardurable ce qui luy a pleu souffrir affin quil te deliurast de mort pardurable. Donc nous voyons que en ce lieu Ihesucrist prent lame pour la vie presente/ pource que toute nostre vie est en nostre ame. Lame est dicte et appellee ame entant quelle anime le corps et le viuifie/ elle est dicte esperit/ entant qil le espire/ ou entant quelle est spirituelle. dit sainct augustin. elle est appellee mes entant qlle a memoire: elle est dicte courage quand elle veult/ raison quand droictement elle iuge/ sens quand elle sent/ memoire quand elle se recorde/ voulente quand elle consent. Ces noms diuers sont en lame/ non pas quelle soit plusieurs/ mais par la multitude des effectz quelle a en soy. Donc se lesperit qui est la substance de nostre ame desire deshordoneement les choses du corps elle pert tout son bien. car tout le bien d lesperit et de nostre ame est soy retourner de la sensualite et desirs de concupiscence/ et vaincre ses passions/ et estre parfaict en vertuz/ et desirer les choses souueraines/ et estre pur et nect. Note ycy pour cestuy second empeschement vng exemple de edification. Ung religieux estoyt lequel esmeu par deuotion menoit vie austere. Et quand ses parens le sceurent vindrent a luy pour le reprendre de ce quil feisoit. Et quand il les ouyt leur bailla ceste responce/ qui est digne de memoire. Jay tant et telz choses oye et leu de la vie eternelle/ q ne me chault combien que me coste/ et que ie despende pour lacquerir. Or ce que dit sainct mathieu. de ne aymer pas son pere/ ne les aultres plus que Ihesucrist/ sainct luc lexpose de le hair en disant. Si quis venit ad me. Se aulcun veult venir a moy en croyant p foy et prenant lestat de perfection et ne hait son pere/ sa mere/ sa femme/ ses filz/ et ses freres. et auec ce son ame. cest la vie corporelle/ en la contempnant po² lamour de dieu tel ne peust estre mon disciple. Ambroise. Ce pour lamour de toy nostre seigneur renunca a sa doulce mere/ en disant a celluy qui luy dist. Ta mere est dehors qui desire parler a toy/ et qui est ma mere/ et qui sont mes freres/ pour quoy desires tu re preferer a ton seigneur. Il ne comande pas que on ignore ses parés ne que on ne leur serue mais il concede tellemēt leur seruir que on ne perde son amour pour lamour des parens. Gregoire. Les parens et amys sont a aymer, et a tous tant a prochain que a estraingiers on doit faire charite. mais que par ceste charite que on a eulx on ne flechisse de lamour de dieu. C'est la condicion de bonnes personnes auoir charite et cōpassion de leur prochain, car on ne doyt hayr nulle personne mesmes se elle est mauluaise. Boece. En lame des hommes saiges nul lieu est laisse pour hayr aultruy. Qui est celluy sil nest tresfol q̄ ait en hayne les bōs et hayr les mauluais, c'est cōtre raisō. Ainsi que langueur et maladie abat le corps aisi vice et peche faict lame malade. Et pour ce ainsi que nous auons compassion de toꝰ malades corporellement sans exception: ainsi deuons aymer tous, tant soyent pecheurs. Selon sainct mathieu le second empeschement de ensuyure ihesucrist, est volupte et plaisance carnelle, laquelle chose touche sainct luc quand il dit. Et qui nō baiulat crucem suam Et celuy qui ne porte sa croix, et ne viēt apres moy, en me ensuyuant ne peut estre mon disciple, car cōme dit crisostome: celluy est parfaict disciple de ihesucrist qui pour lamour de luy porte et endure toute aduersite qui luy peust aduenir en ce monde, et est prest de tout soustenir pour lamour de luy. Le tiers empeschement de ensuyure ihūcrist est legierete de courage et de pensee: par laquelle aulcung est empesche de perseuerer en bonne vie et en bon propos, quil auoyt cōmence pour lamour de dieu. Et cecy ihesucrist demonstre par similitude de celluy qui veult ediffier vne grand tour. Celluy commence ediffier vng grand bastiment et vne grand tour qui contempne les honneurs, richesses et dignites du monde, et qui pour lamour de dieu laisse toutes choses mondaynes, et ensuyt la vie des apostres, en promectant viure en religion. Mais cestuy q̄ veult commencer tel edifice doit premier regarder comment la voye quil veult prendre est dure: laborieuse ⁊ difficile. Car cōme dit sainct gregoire en toutes les choses q̄ nous faisons, nous deuons premediter diligēmēt la fin. Tel donc se doit seoir poꝛ laisser la vielle vie, et respouser des tumultes du mōde, et passions, et estre auec soy et compter, c'est ascauoir descauer diligēment sa sustance temporelle, c'est considerer sa force, et sa puissance corporelle, et tourner son cueur de toutes cupidites, et preparer son ame contre toutes les aduersites que que luy peuuent suruenir. Aussi doyt penser quil a pour faire les despens. c'est a dire les vertus spirituelles: et bōnes oeuures, par lesquelles puisse parfaire lœuure quil veult commēcer, c'est sū a humilite, pacience, obedience, perseuerance q̄ parfayct lœuure: sans laquelle ledifice spirituel ne se peut parfaire. Les despens sont ce que tu dois a dieu, a toy, et a ton prochain. Tel donc pense bien a tout. ad ce que apres quil aura mys le fondement, et prins la charche de perfection et de religiō et ne la pourra perfaire, mais declinera de son bon propos et bōne voulēte ceulx q̄ le verroyēt ou ourroyēt reculer ne q̄l se moquent de luy, soyent tant les hommes en ceste vie, que les dyables a la mort, q̄ aussi noustre seigneꝛ auec les saictz au iour du iugement en riant sur luy, et disant, que cestuy hōme a commence a edifier en prenāt le chemin de pfection, et ne a peu acheuer en perseuerant en ce quil auoyt cōmence.

Le quart empeschement est confience de fole surte, quand aulcung se confie en ses merites, ⁊ en ses oeuures propres, par lesquelles luy semble pouoir obtenir le royaulme du ciel. Mais pource que deuant dieu toute personne est imperfaicte, et iniuste, il est de necessite quil enuoye vne legation de larmes, et de bonnes oeuures, en demandant paix: c'est a dire que par sa penitence la sentence de le stroit iuge soyt temperee. Et cecy ihesucrist monstre par la similitude du roy qui na que dix mille hōmes en sa cōpaignie/et celluy qui vient contre luy en a vingt mille et ne peut venir contre luy pour le cōbatre/et por ce il quiert et demande paix a son aduersaire si puissant. Et si le roy debile quiert paix a vng aultre roy fort. par plus fort a nous qui sommes tant fraillez et debiles. appartient bien de mender/et faire nostre paix auec dieu. Celluy donc vient audeuant de dieu auec dix millez hōmes qui luy offre et promect par oeuure interiore et exteriore lobseruance des dix cōmandemens/mais a celluy qui a entreprins le chemin de perfectiō/dieu luy demande lobseruance double/qui est des cōmandemens et des conseilz/car la premiere obseruance ne souffit pas pour acquerir lestat de pfection. Gregoire. Dieu qui est le vray roy vient cōme en double cōpaignie contre vne simple personne cōbien quelle soyt fort debile/car il discutera/et des oeuures/et des cogitations/et demonstrera/que pour nous a moult plus souffert que ne faysons pour luy. Enuoyons donc audeuant de luy vne legation pour le apaiser. en nous consentant a lobseruance de ses conseilz/ou en luy offrant vng don qui est de larmes/de orapsons/et de bonnes oeuures. Et ainsi que pour escheuer mocquerie et liniure de ses ennemys premeditation est neccessaire/ainsi elle est necessaire pour empetrer la misericorde du iuge Et ceste similitude est semblable a celle q̄ est deuant mise/car par ces paroles nous ne sommes de aultre chose admonnestez si non que ne entreprenons point ce qui excede nostre force et puissance. Le cinquiesme empeschement est lamour trop grand des choses temporelles lesquelles merueilleusemēt empeschent lestat de perfection et de ensuyure Ihesucrist. Et pource dit il. Sic omnis ex vobis qui non renunciauerit oibus que possidet τc. Ainsi est il de vous car nul ne peut estre mō disciple/si premier ne renunce a tout ce quil possede en ce mon

de pource que la p̄sonne ensemble ne peut seruira dieu et au monde. Et comme dit prosper. Ihūcrist a voulu q̄ ses seruiteurs renuncent a toutes choses/affin que par lexclusiō de cupidite la charite diuine peust en eulx estre acreue et parfaicte. Augustin Apres ne aymer point le monde/affin que tu apreignes aymer dieu. Guyde affin que tu soyez rempli. Retourne toy adce que tu soyez conuerty. Donc ycy est reprins lamour des choses temporelles: et non pas auoir des possessions/car cōme dit sainct augustin/dieu ne condempne pas les richesses/par lesquelles nous meritons le ciel/mais il ne veult pas que nostre cueur y soit trop affiche/q̄ est quand ne les voulōs pas distribuer en temps de necessite/mais de plus en plus les muffons pour paour q̄ ne ayons souffraicte. On list que abrahaz eust plusieurs possessions et richesses/et touteffoiz il fust parfaict. Nostre seigneur ne luy dit pas laisse toutez ces choses: mais luy dist chemine deuant moy/en me parfaictement aymant/et tu seras p̄faict Et a cause que cest chose grandement difficille auoir richesses en son couffre/et ne auoyr lamour a ycelles. Ihesucrist au ieune homme qui estoyt riche: dist. Si vis perfectus esse τc. Se tu veulx estre parfaict va et vens tout ce que tu as/et le dōne aux ponures/et viens et me ensuys. Par ceste conclusion selon la glose est demonstre q̄ edifier la tour/ou faire paix auec celluy q̄ est plus fort/n est aultre chose que estre disciple de Ihesucrist/et preparer les despens et enuoyer legation/n est aultre chose que renuncer a toutes choses mōdaines: τ por ce il conclud par ses similitudes deuant mises/que celuy ne peut parfaire ce qui auoit cōmēce a edifier se premier ne regarde ou prendra ce que despendra et ne peut venir seurement au deuant de celluy qui est le pl̄ fort se premier ne enuoye vne embassade. Aussi nul dit il ne peut estre mon disciple se premier ne renūce a tout ce q̄ possede soiēt biens temporelz ou amour des parēs: soy mesmes, ou amour de sa propre ame, car toutes ces choses nous deuōs mettre dieu deuāt. Et pource dit il. Renūces a toutes choses, pour demonstrer que la renunciation doit estre entiere, quant aux parens τ quant a soy mesmes. ainsi q̄ fust dit a abraham. Egredere de terra tua. Va hors de ton pais. Laquelle auctorite se peut exposer du religieux au quel dieu parle en disant. yssz et partz de ta terre par le veu de pouurete, car ainsi q̄la pouldre ou la boue se tient et se prent aux piedz de celluy qui chemine et le lasse et lēpesche de cheminer legierement: ainsi la cupidite des choses terrienes tient et empesche ceulx qui veullent aler apres ihūcrist. Et te departz de ta cognacion, cest de la compaignie de tes parens quant au veu de chastete: car en la cognation des parens est touchee charnalite, laquelle empesche moult chastete. Et de domo patris. Et te despartz aussi de la maison de ton pere, quant au veu de obedience: car le religieux doit estre en religiō sans pere et sans mere et sans liguee. Et quād tu auras tout laisse: viens en la terre spirituelle q̄ ie te mōstreray. Il ne dit pas que ie te donneray, car tant que nous sommes en ceste vie, la terre de paradis ne nous est pas donnee, mais nous est monstree.

Et est a noter selon quil y a difference entre laisser toutes choses: τ renūcer a toutes choses. Laisser toutes choses est mettre derriere soy toutes choses tēporelles: τ cures, et sollicitudes du mōde. τ seullemēt desirer les choses eternelles. Mais renūcer a toutes choses est tellemēt gouuerner les choses temporelles et tenir les biēs du mond.e que on ne soit point tenu au mōde par affection desordonnee: mais de toute sa pensee tendre aux choses celestes. Et pource renūcer a toutes choses appartiēt licitement a ceulx qui vsent des biēs du mōde, mais laysser toutes choses appartient aux parfaitz: comme estoiēt les apostres.

et ceulx qui les ensuyuoient. Celluy donc renunce a toutes choses, qui combien quil possede en ce monde aulcune chose, toutesfoiz en necessite na point paour de perdre tout ce quil possede. pour lamour de ihūcrist, car mesmes les apostres cōbien que ia eussent renūce a toutes choses, toutesfoiz ilz auoyent leurs vestemens, lesquelz ne creignoient point perdre ne mesmes en cas de necessite, la vie temporelle pour ihesucrist. Donc soyons contens de auoir en ce monde nostre vie et nostre vestement et ne nous delectons point en superfluitez car ainsi que dit saict bernard: en ces deux choses est la perfection euangelique. Et selon ce: cōsidere quil est deux manieres de disciples de ihūcrist. Les vngz sont de necessite, ainsi que en la primitiue eglise tous estoyent appellez disciples. cōe maintenāt tous sont appellez crestiens. Et lautre maniere est de superrogation: quand aulcung ensuyt ihesucrist aux conseilz euāgeliques Aux premiers: est de necessite renūcer a toutes choses quāt a laffection, cest quilz ne soyent affectionnes aux biens tēporelz et que pour eulx ne mectēt derriere les biēs eternelz, et quilz ne ayment la creature plus que le createur, car ce seroyt peruertir lordre de raison. Mais aux secondz ne souffit pas layser toutes choses par affection cōme doiuent faire les premiers. mais aussi quant a leur effect et vsaige: ainsi que firēt les apostres qui laysserent toutes choses du monde voulentairemēt pour amour de pourete. Et semblablement doiuent laisser les parēs et amys selon le corps et selon le siecle, car aultrement nul ne peust estre disciple de ihūcrist, quand a la seconde maniere. Quāt a la premiere maniere on doyt entendre que la personne ne ayme pas ses parens et amys charnelz sinō en ordre. cest pour lonneur de dieu. Et pource silz instigoient a aulcung mal qui fust contre lonneur de dieu: on ne leur deuroyt pas obeyr mais les laisser et fuyr τ hayr. Mais quāt a la seconde maniere ne souffit pas/ne les aymer ordonneement. mais encore reallement et de fait on les doyt laisser. mesmes quant a la vie temporelle et conuersacion mondaine/et en choses licites/si non tant quil appartient a lonneur de dieu. Et tiercement on doit renũcer a son propre corps et a la vie corporelle/laquelle chose voulut signiffier nostre seigneur par lame propre. laquelle selon sainct augustin est a hair en double maniere. La premiere est que lõme ne creigne point la mort po^r lamour de ihũ crist/adce que auec luy puisse viure perpetuellement. Lautre maniere de la hair est que pour lamour du royaulme de dieu on desprise et contempne les delectations de ceste vie. Et si nous voulons estre vrays amys et disciples de ihesucrist. lung et laultre nous est neccessaire: quant aux deux manieres des disciples dessusdictz. car quãt aux premiers: est de neccessite: q̃ se aulcung pour soustenir la foy crestienne estoyt interrogue ou accuse pour la regnier/ne creigne point mourir pour ihesucrist. et tous iours doit auoir ceste preparation en son couraige. τ auec ce ne obtempere point iusques a peche aux delectations et playsances corporelles. Quãt a la seconde maniere est de neccessite que mesmes sans contraincte si failloit mourir pour la foy/que voluntairement on se baille a mort: et que on ne soit pas suppedite p̃ delectatiõ charnelle/ne aussi que on ne nourrisse pas son corps par volupte/mais souffist seulemẽt le nourrir pour neceffite de nature: et non pas encores pour lamour de soy mesmes. mais pour lonneur de dieu/affin que par ce soit plus habile seruir a dieu. Et en tel cas la personne doit ymaginer que dieu se seये en sa pensee/en actẽdant que le corps aye prins sa neccesite cõme font seruiteur.

Quartement on doit renũcer a son ame quant a la noble portion dicelle: comme est la voulente/et selon ce renuncer a son ame nest aultre chose que renuncer a sa propre

voulente/en la conformant a la voulente de dieu. Et cecy est en double maniere. selon les deux manieres des disciples dessusdictez. La premiere est: quant a la complissement des cõmandemenn de dieu: contre lesquelz la personne ne vueille rien faire. et cecy est de neccessite/quant a la premiere maniere des disciples. La secõde est quãt a la voulente et bon plaisir de dieu/auquel et a laquelle la personne en ce quelle peut apparceuoir qui luy est plaisant se doit esforcer soy conformer tellemẽt: que elle mesmez/et toutes choses exteriores mecte en oubli et soit toute trãsformee en la voulẽte diuine/selon q̃ ihesus dit en leuãgile. Qui vult venire post me τc. Cellup qui veult venir apres moy se doyt efforcer de renuncer soy mesmes. Sur quoy dit basile Abnegation de soy mesmes nest aultre chose/que vng oubly que on a de soy mesmes. et des choses exteriores/et se departir de sa voulente propre. Et en ceste maniere laisser et renuncer a son ame propre appartiẽt a la seconde maniere des disciples de ihesucrist.

Et est a noter que toutes les choses deuant dictez. esquelles pour lamour de dieu on doit renuncer: sont cõprinses en la profession que font les religieux. quand ilz entrent en religiõ. car le delaissemẽt des choses exteriores et des parens et amys/est cõprins au veu de pourete voulẽtaire. Le delaissement de la vie charnelle/ou des delectations du corps/est cõprins au ve de chastete/et le delaissemeot de sa voulente est entẽdu ou veu de obedience. Et ces trois choses sont entendnez par les trois dons que les roys offrirent a ihesucrist/car par lor est entẽdu le veu de pourete/p la myrre celluy de chastete/et par lencens celluy de deuote et humble obedience.

Oraison

Sre ihesucrist clarte de gloire paternelle/enuoye en moy le feu de la feruer du sainct esperit: affin que la charite de dieu et du prochain soyt enflambee et accroisse en moy. donne moy laisser lamour de mes parens charnelz: et de la delectation corporelle. et que te puisse sur toutes choses aymer/et auoir en tous mes affaires discrection et premeditation et que iamais naye asseurance en ma force ou en mes merites/et que tousiours a toy ennoye vne legation ou embassade de larmes et de bonnes oeuures/affin que seurement a toy puysse demāder paix: Aussi sire donne moy que par affection renūce a toutes choses. et que de faict laysse: adce que tout soye ton vray disciple et seruiteur. Amē

De la consolation des disciples qui portoient la charge des comandemens et conseilz diuins. lv. chapitre.

Pource que nostre seigneur par le chapitre deuant dit auoyt separe ses disciples de leurs amys charnelz: et des biens temporelz. il leur donne a p̄set aultres delectatiōs et plaisirs en disāt que plusieurs aultres que leurs parens les receueront charitablement/en leur faisant toute cōsolation. et leur ouureront leurs maisons/et leurs administreront leurs necessitez p[our] esperāce de la retributiou eternelle Dōc il leur dit. Qui recipit vos me recipit Quicunque en ce monde pour lamour de moy vous recoipt corporellement: me recoipt spirituellement. Et celluy qui me recoipt: recoipt celluy qui ma enuoye en ce monde/car pource que vous estes mes mēbres/et que ie suys en vous/qui vous recoipt/me recoipt. Semblablement pource que moy et mon pere sommes vne mesmes chose/car ie suys en mon pere/et mon pere est en moy/qui me recoipt en mes mēbres. recoipt celluy qui me a enuoye: cest dieu le pere/et par cōsequent recoipt le saint esperit/qui auec le pere et le filz p[ar] grace habite en lame de celluy qui recoipt les mēbres et et poures de dieu. Par quoy appert manifestement que celluy qui recoipt et faict honneur aux mesaigiers de dieu. en eulx recoipt le pere le filz et le saint esperit: et par ainsi toute la trinite. Et celluy qui faict inīure et deshouneur aux seruiteurs de dieu faict īure et deshouneur a dieu le pere tout puissant: et a toute la trinite. Et certes cest vng moult grand loyer que en receuāt vne personne pour lamour de dieu: on merite estre habitacle de la saincte trinite. Mais le prescheur et les disciples de dieu se doyuent estudier a se exiber telz que les aultres soient prouoquez par leur exēple leur faire plus voulētiers les oeuures de charite. Et de ce on list que vne fois vng prescheur en son sermō fist vne grāde exclamatiō: de ce q̄ charite/et q̄ les oeuures de misericorde en plusieurs personnes estoient estainctes et failliees: et que en ce monde dieu ne trouoit plus sa marthe: laquelle le tēps passe luy faisoit tant de seruices. Et apres quil eut fine son sermon: vne deuote matroune vint a luy mal contente: et luy dit. O frere se marthe maintenāt trouuoit son ih̄ucr̄ist ainsi que le tēps passe. aussi ihesucrist troueroit maintenēt sa marthe aisi que le tēps passe. Et adce que en la susception des disciples vng chescun crestien croye receuoir ihesucrist: est dist apres. Qui recipit prophetas zc. Celluy q̄ recoipt le prophete et le iuste ou nom du prophete et du iuste: non pas par affection charnelle. ne pour cōsanguinite/ou affinite/ou pour aultres telles semblables choses: ou pour aulcung guein: ou profit temporel/mais pource q̄l est ministre de dieu. et quil faict les oeuures de la foy et de iustice receura de ih̄ucrist et le loyer du prophete: ou du iuste. On recoipt aulchung en double maniere: cest ou pour regard de sa doctrine: et po[ur]ce est dit ycile prophete: ou pour regard de sa bōne vie/et po[ur] ce est dit aussi le iuste. Donc biē conuenablemēt tel receura le loyer du prophete et du iuste: lequel tellemēt ayme prophetie et iustice/q̄ par deuotiō veult seruir

a tous hōmes en quelz coignoist estre iusti
ce ou prophecie. Cellluy qui administre les
necessites corporelles/aceulx qui donnēt
les dōs spirituelz:laboure auec eulx en dōs
spirituelz:et po' ce auec eulx aura les loiers
et les payemens:et sera participant du me
rite diceulx. Semblablement celluy qui re
coipt et honnoure les prestres po' le nom
et amour de ihūcrist:aura a la vie future le
loyer des prestres/et pourra a eulx estre es
gal quant au loyer sustancial sil est a eulx
esgal aux oeuures de charite. Crisostome.
Par les prophetes sont entendus les doc
teurs/et par les iustes tous crestiens. Et
pource ihesus volut demōstrer par le nom
des pphetes tous les prescheurs du sainct
euangile:et par le nom des iustes tous les
crestiens:car il dit ou nō du prophete:cest
adire cōme au iuste seruiteur de ihesucrist.
car tel loyer que a celluy qui pour lamour
de dieu va en pelerinaige:tel aura celluy q̄
pour lamour de luy recoipt en son hostel le
pellerin:et sont fais semblables et esgaulx
tant celluy qui po' lamour de dieu laboure
que celluy qui pour lamo' de luy refrigere
le labourant. Exemple. As tu receu en ta
maison pour lamour de dieu vng prestre:
en paradis tu auras de dieu le loyer dung
prestre. As tu receu vng iuste seculier/tu
auras le loyer dung iuste seculier. Donc si
tu as ⁊ se tu habōdes tāt en biēs d̄ fortune
que tu puisses a tous ceulx qui te demande
ront bien faire/sans exception ou election
de psonnes/donne a tous/voire po' suste
ter nature ou grace/non pas pour nourrir
peche. Et si tu ne peus a tous suffire/don
ne seullement a ceulx par lesquelz tu pour
ras acquerir la grace de dieu. car lescriptu
re dit. Garde que ton aulmosne demeure
en ta main/iusques adce q̄ tu ayes trouue
vng iuste. Iherosme. Affin que aulcung
ne se puisse excuser par pouurete/en disant
ie suys si pouure/q̄ ie ne puis receuoir les
membres de dieu en ma mayson/le doulx
ihesus efface telle excusation par vng tres

legier cōmandement;en disant. Celluy mes
mes qui aura donne a boire a vng de mes
membres vng pou de eaue froyde en nom
du disciple et du loyal denunciateur de la
foy catholicque. Je vous dy fermement ⁊
vous promectz quil en aura loyer en la vie
pardurable. Il ne dit pas qui aura dōne a
plusieurs/mais a vng seul ⁊ nō pas de vin
mais de eaue:et non pas chaude mais froi
de:affin q̄ pour la chauffer on ne se plaigne
de souffrete de boys. Et pource toute per
sonne si pouure soit peut faire oeuures de
pitie et de misericorde. Et on na pas seul
lement loyer enuers dieu de faire les gran
dez oeuures mais aussi de faire les biēs pe
tites:quand on les fait pour lamo' de luy
car quand on dōne pour lamour de luy au
cune chose/il ne cōsidere pas tāt la cantite
comme laffection et la bonne voulente/et
ne regarde pas seullement ce que donnes
mais de quelle voulente tu dōnes. Bien re
garde lung et lautre/mais plus la voulen
te que le don. Crisostome. Veritablement
dieu est vray iuge/car ainsi que pour la pa
rolle oyseuse a constitue peyne a ceulx qui
ne sen gardent/aussi pour vng pou deaue
froide donnee pour lamour de luy a consti
tue loyer et retribution. Ceste ratribution
que fait dieu ne vient pas pour le don de la
personne:mais pource que celluy po' lēql
on donne est grand seigne'/et aussi que la
voulente du donnant est large et abandon
nee aux pouures. Aussi est a noter q̄ ihesu
crist mect trois differences de ceulx que on
doit recoipt.cest ascauoyr le prophete: le
iuste/et le petit disciple. Par le prophete
est signifiee la prerogatiue de bonne vie.
par le iuste la prerogatiue de doctrine. et
par le disciple la prerogatiue de supereros
gation. Selon la glose les meindres disci
ples sont ceulx qui totalement nont riēs en
ce monde:et pource ilz seront en lautre iu
ges auec ihesucrist. Au dernier lieu il mect
la receptiō des disciples:car sa principale
intencion estoit pour eulx.comme par les

premisses voulãt cõclure en ceste maniere Plus grande est limitation du disciple a son maistre/que nest du prophete/ou du iuste. Et pource se ceulx q̃ recoiuẽt le prophete et le iuste qui ne sont pas tant imitateurs de ihesucrist cõme le disciple sont remuneres: par plus fort ceulx qui receuront le disciple et lapostre seront guerdonnes. Pour quoy appert/que p̃ grand affectiõ on doyt recepuoir les disciples de ihũcrist lequel ne voulut point que quelque petit bien que on face soit sans remuneration. et ce que on faict a ses loiaulx mẽbres le repute estre faict a luy/et mesmes les maulx q̃ on leur faict repute estre faict a luy: ainsi q̃ l dit a sainct paul. Saule saule quid me ꝛc. Saul saul po² quoy me persecutes tu: cest adire mes membres. Et pource tant en biẽ que en mal il repute estre faict a luy ce que on faict a ses mẽbres et disciples. Et cest ce que cõmande sainct benoist en sa reigle que on recoyue au monastere tous les hostes qui y viennent. comme on feroit ihesucrist sil y venoit/car il dira au iour du iugement. Jay este hoste et vous maues receu Et veult sainct benoist/que on recognoisse ihesucrist en tous les hostes qui viendrõt ou qui se despartiront du monastere: car en eulx ihesus est est receu/et que on soit bien soigneux en la reception des poures/et des pellerins et des malades. pour ce que plus speciallement en eulx ihesucrist est receu. Et il dit en leuangile. Infirmus fui et visitastis me. Jay este malade et vous maues visite. Et aussi dit/ce que vous aues faict a vng des meindres de mes disciples. repute estre faict a moy. Et pource cõme dit crisostome: gardons bien que ne soyons durs en la reception des hostes/affin que apres ceste vie le logis des sainctz ne nous soit denye. cest paradis En apres pour recommander obedience il dit. Qui vos audit me audit. Celluy qui vous escoute et oyt me oyt. et celluy qui uous desprise me desprise/et qui me desprise: en vous des

prise celluy qui ma enuoye en ce mõde. cest dieu le pere/car luy et moy somes vne mesmes chose. Cecy dit nostre seigneur pour demonstrer que la doctrine de ses disciples est a ouyr reuerẽment et deuotement au meins po² la reuerẽce de dieu/du quel principalement est la doctrine: Et pource que ihesucrist est en ses disciples/et le pere est en filz. et le filz en pere/on ne peut bonnement honnourer ou cõtempner lũg sans lautre: Donc en ouyant/ou en desprisant les prescheurs du sainct euãgile. vng chascung doit scauoir quil ne oyt et ne desprise pas les psonnes/mais en elles oyt ou desprise nostre seigneur ihesucrist/et son pere car par les prestres/et p̃ les disciples dieu parle/et po² ce ne te ennuye mye ouyr dieu par eulx q̃ te admoneste te reduyre a la vie eternelle. Icy ihesucrist nous instruit ⁊ enseigne que nous deuons obeyr aux prelatz de saincte eglise/et a leurs commãdemens affin que liniure que nous leur faysons ne viegne iusques a dieu. Et vng chascung doit auoir son prelat en telle reuerence: que en luy considere celluy qui la enuoye et prefere en telle dignite/et que pour lamour de dieu luy obeysse ⁊ face sa voulẽte en rõpãt la sienne propre. Bernard: Il nest riẽs en ce monde plus estrange a lesperit discret q̃ propre voulente. Je appelle propre voulẽte: celle qui nest pas cõmunie a dieu et aux hõmes: mais celle qui est nostre tant seullement/et est quand ce que nous voulons ne le faisons pas pour hõneur de dieu: ou po² lutilite de nostre prochain/mais pour no² seullement et po² nostre vtilite: et ne auõs aulcune consideration de plaire a dieu/ne de profiter a nostre prochain: mais seullement a nous mesmes: et a telle voulẽte charite qui est dieu est droictement contraire. Quelle chose hait dieu/ou q̃lle chose punist il plus que propre voulente. Certes se ne stoit propre voulẽte: enfer ne seroit poit car comme dit sainct iherosme: de tant que tu substraitz a ta voulente aulcune chose et luy es plus contraire de tant tu augmentes en toy plus vertuz.et po̞ ce nayes point de confiance en tes oraisons et oeuures priuees:se en les faisant tu co̅tempnes les co̅mandemens et ordonnances de tes prelatz et maieurs:car comme dit sainct augustin plustost de dieu est exaulcee loraison du bon obedient.que dix mille du co̅tempne̅t. Et sainct bernard dit. Cest vng moult grand mal propre voulente/laquelle faict que tes biens faictz ne soyent pas tiens:Et sainct gregoire monstre quand obedience est plº ou moins meritoire.en disant. Se obedience na aulcuneffoiz aulcune chose du sien.elle est bien petite.aussi aulcunefoiz se elle a aulcune chose du sien elle est nulle. Se on commande a aulcung chose excelléte et de dignite:par laquelle aura grandes prosperites en ce mo̅de:et tel a qui est faict cestuy commandement desire et appete venir a tel honneur/combien que en ce obeisse toutesfoiz il prent la vertuz de obedience quand pour auoir telles fortunes en suyt auoir sa plaisance et son ambicion. Et qua̅d on co̅mande aulcune chose qui est vile et a despriser et a contempner quant au monde.come sont choses dures et apres. contumelies et semblables/se la personne de soy mesmes ne appecte et desire telles choses elle diminue le merite de obedience:pource que par contraincte et non pas de son bon gre et vouloir appete et se condescent a choses viles z a despriser selo̅ ceste p̅sete vie. Par quoy appert q̅ obedie̅ce en aduersite/doit auoir aulcune chose du sien:et en prosperite rien.affin que en aduersite/de tant plus soit glorieuse que par desir se ioinct a lordo̅nance diuine:et que aussi en prosperite soit de ta̅t plus vraye. que pour lamour de dieu oste de son cueur toute gloire mondaine. quilluy peut estre offerte. Selon sainct bernard:vraye obedience doit auoir trois liés ceft ascauoir promptitude de acomplir ce que on commande:ioyeusete en labour. et

perseueráce en lexecution de celluy Sainct augustin enseigne quel bien est vraye obedience.Et a lopposite quel mal est inobedience z dit Dieu euidemme̅t et parfaitement monstre que cest que obedie̅ce. qua̅d il deffend a lomme qui estoit mis en paradis terrestre la chose laquelle de soy nestoit pas mauluayse/car par seulle obedience pouuoyt obtenir victoire: et par sa seulle inobedience cheut en peyne.Et sainct bernard: Inobedience:offense dieu.aliene et estrange les anges de la p̅sonne.et la mect hors de la communion des sainctz.et luy faict perdre la vie eternelle/et fayct es iouyr les lennemys/dessert auoyr peyne.perpetuelle.Et encore il dit. Celluy qui ayma mieulx mourir que non obeir.et affin q̅ ne p̅dist obedie̅ce ayma plº perdre la vie.ne donnera iamais cognoissance de soy ne vision clere a vng inobedie̅t. Quand do̅c nostreseigneur heut conferme et finy les paroles deuantdictes en demonstra̅t a ses doulx disciples la maniere de prescher et de viure deuant mise se partit de la. affin quil enseignast et preschast aux cites des disciples:aux quelles auoye̅t demoure̅z en ycelles estoient nez.Et ne prescha pas premierement aux samaritains ne aux aultres payens:affin quil acomplist ce quil auoyt dit a ses disciples.Et icy do̅ne exemple aux prelatz qui ne laissent point a prescher la parolle de dieu combien que par leur auctorite en y ait aultres qui la preschent/affin q̅ ne perdent le glorieux fruict des bons laboureurs Mais helas auiourduy sont plusieurs qui se veulent repouser/et non pas labourer:en disant que eulx z les ames de leurs subiectz sont en paix. et encores qui est pire chose souuent vacquent a plusieurs vanites mondaines.et eulx qui deuroyent par predication viuiffier les ames des creatures/souuent par leur mauluaise vie perdent et corps et ame: Crisostome

ff i

Quand ihesucrist eut acōply ses sermons se despartit du lieu pour prescher: affin que luy qui estoit maistre ne fust oyseux quand ses disciples laboureroyent: car il ne les auoit pas ordonnes vicaires de son oeuure: mais ses coadiuteurs. Et pource de tant plus que eux seruiteurs se astoient de accōplir ce q̄ leur estoit enioinct, estoit besoing oussi que le pere de famille se hatast pour leur donner bon cueur. Et note quil ya difference entre les dignites seculieres et spirituelles: car aux seculieres dignites quād le plus grant et le plus noble, et qui aura soubz luy plusieurs seruiteurs ou meindres de luy commande aulcune chose il fault q̄ les subiectz la acomplissent: et seullement le seigneur regarde se ce quil cōmande est acōply: et du labeur et de la peyne rien nen souffre. Mais aux dignites spirituelles nest pas aisi: car celluy qui est le plus grāt a plus de labeur: et plus de peyne. Et cecy voulut monstrer ihesucrist, car combien q̄ les apostres preschassent, touteffoiz il prenoit plus de peyne: et labouroyt plus fort que eulx tous. Il les auoit enuoyes cōme le souleil enuoye ses raiz sur la terre et cōme la rose donne les odeurs de sa doulce: affin que ainsi q̄ le souleil appert en ses rais: et q̄ la rose est sentue par son odeur, aussi en le vertuz la puissāce d̄ luy fust cogneue. Qui est celluy qui voit les disciples de aulcung maistre bien instruitz: et ne loue la science du maistre: ou qui voit merueilleuses et grā des oeuures et ne se esmerueille de la puissance de lacteur. Nostre seigneur ihucrist faisoit miracles, et pareillement les disciples les faisoyent, et la renōmee des vertz croissoit en voyant les oeuures merueilleu ses quilz faisoient. Dōc apres le cōmandement du maistre: les disciples sen allerent par les villes et chasteaulx, en annūcant la parolle de dieu, en guerissant les creatures tant en corps, que en ame. Ilz yssirēt de la haultesse de contēplation, en action de predication, et guerison de malades: en pro-

uoquāt les creatures par parolle et par exēple faire penitēce salutaire de leurs peches Mais helas plusieurs sont au iourduy q̄ yssent de leur mauluaise cogitation: en peruerse oeuure de peche, en corrompant les creatures p̄ polles: et p̄ mauluais exēplez.

Oraison.

Seigneur ihesucrist bon maistre: donne moy les prophetes: qui p̄ bonne doctrine te preschent: dōne moy les iustes, qui te monstrent par bōne vie: et aussi donne moy les disciples et messaigiers, qui te annuncent: et me dōne sire grace que tous les deuāt nōmes puisse honnourer seullement pour lamour de toy: et receuoir en leur faisant seruices et benefices de charite, ad ce q̄ par ta bonte deserue obtenir par leurs meritez et intercessiōs le loyer auec eulx en la vie pdurable. O mon dieu donne moy aussi ouyr auec reuerence. les prelatz les prescheurs et les prestres de saincte eglise. et obtemperer par bōne obedience a leurs monitions: affin que puisse auoir de toy grace et misericorde auec les vrays obediens. Amen.

De la question q̄ firent les iuifz a sainct iehan baptiste: et de la recommandation de celluy par ihesucrist. lvi. chapitre

Sainct iehan baptiste estant mis par herode en prison et lye: voyāt ses disciples stimules et aguillonnes denuie pour les oeuures de ihesucrist: estant soingneux de leur salut enuoya deux de ceulx qui doubtoyent: affin que a leur retour racontassent ce que auroyent veu et creussent en ihesus. Comme sil leur disoyt Se vous ne croyez pas que iay baille au monde tesmoignaige de ihesucrist. et vous testifie q̃ cest luy. Alles a luy: et luy dictes en telle maniere. Tu es qui venturus es. Es tu celluy qui dois venir: saulueur pmis en la loy/ou se nous en attendons vng aultre. Jehan est interprete grace et est en prisonne quand grace est lyee par aulcun peche/ou par quelque playsance mondaine ou charnelle: adce quelle ne profite pas. Comme helas au iourduy elle est en plusieurs. Nostre corps est la prison q̃ empesche nostre ame de la contemplacion de verite: et de la congnoissance diuine. Les disciples de sainct iehan estoient scandalizes/et auoient douleur de ce quil oyent/que ihucrist estoit prefere a leur maistre. Augustin. Sainct iehan disoyt a ses disciples/ales et luy dictes/non pas quil doubtast de luy/mais affin quil enseignast ses disciples: que ce quil auoyt dit de luy le oyssent de la bouche de ihesus/et affin que du iuge fussent confermes de ce quilz auoyent ouy du messagier. Hilayre. Sainct iehan en ce quil enuoya ses disciples a ihesucrist heut regard a leurs ignorances: et non pas a la sienne: et le fit affin quilz sceussent par les oeuures quilz verroyent faire a ihucrist que cestoit le messias: duquel leur maistre auoit presche et non aultre. Et par oeuures ihesus confermast les parolles de sainct iehan. et quilz ne pensassent plus/que aultre deust venir pour la redemption de lumain ligaige. Crisostome. Sainct iehan estant en la chartre/et congnoissant que en brief temps deuoit mourir/vouloit donner ses disciples a ihesucrist. Comme se vng prudent pere estant a la mort bailloit ses enfans a vng loial tuteur/pour les gouuerner ou temps aduenir. Le bon sainct home desiroit en son viuant veoir ses disciples en plaine foy: et credules sans nulle doubtance/car le pere qui meurt voyant ses enfans ornes et pares de belles meurs: z parfaictz en sapiéce. meurt plus seuremét en ne doubtrát point ou téps aduenir de eulx. Et les recomanda a luy comme le pere recomande ses enfans a leur tuteur: et comme vng maistre descole qui a gouuerne par aulcun téps les enfans daultrui et les a enseignez. Donc la cause pourquoy il les enuoya fust: affin quilz veissent la multitude des miracles de ihucrist z quil gueignoit les ames des creatures/car en uers dieu vault mieulx vng iuste seul: que tout le monde plein de pechez. Selon sainct gregoire sainct iehan par ses disciples fait vne demande a ihesucrist. Assauoir mon se celluy qui estoit venu par son incarnation en ce monde. aussi apres sa mort descendroyt au limbe pour deliurer les sainctz peres la detenus iusques a la passion. Toutesfoiz pour sauluer ledit de sainct gregoire on peut dire/quil ne doubtast pas quil ne descendroit aux enfers. mais doubtoit sil descendroit en corps et en ame. Quand ihesu crist heu ouy les disciples de sainct iehan. et la demande quilz luy faisoyent/tantost les mist hors de leur doubte: et leur montra premierement p faict et par oeuure/et puis par paroles quil estoit messias promis en la loy en quoy il donna enseignement aux prescheurs/quilz ne deuoyent pas seulle ment enseigner les aultres par parolles. mais aussi par faict. car en la presence de ses disciples: il fist plusieurs miracles seullemét possibles a la puissance diuine: car se par auant luy: aulcuns auoyét fait semblables miracles/toutesfoiz non pas de leur propre auctorite et comandement/mais par orayson et priere. Et pource ihesucrist leur dist Ite renunciate iohanni q̃ audistis. Allez et rapportes a iehan les choses que vous aues ouyes et veues/tant en predication: que en operation des miracles. Je enlumine les aueugles: ie ressuscite les mors. ie conuertis les pouures a la foy: et faiz choses que les prophetes ont dit: et annuncee que ie deuoye fayre. Et pource se vous ne croyes en moy/au moins croyes aux oeuures que vous voyes estre faictes par

ff ii

que les corporelz. Car selon sainct augustin cest plus grand chose de iustiffier vng grād pecheur: que creer le ciel et la terre. Cest aussi plus grāde chose de visiter vne ame par grace/la quelle doit viure perpetuellement/que ressusciter vng corps mort qui doit de rechief mourir. Cest plus grād chose reformer lymaige de dieu/que de reformer la matiere de nostre lymon de terre.

Apres nostre seigneur dit. Et beatus est. Bien eureux est celluy q̄ ne aura point este escandalize en moy. Côme sil disoit. cōbien que ie fasse oeuures merueilleuses/cōme dieu: toutesfois pource q̄ ie doibz estre crucifie cōme homme/les hōmes se doiuēt garder qui ne desprisent en moy la mort/lesquelz honnorent τ prisent les signes que ie faiz. Le bon larrō feust bien eureux: car il ne fust point scandalise en la mort de ihesu crist. Et bien dit scandalize en moy: et nō pas de moy. car ihesucrist oncques ne fust cause de scandale actif/mais bien peut estre occasion et matiere aulcunement de scādale passif. ainsi que on le dit. Petra scandali. la pierre de scandale. La pierre de sa nature ne scandalize nul/pour ce que elle faict son deuoir selon ce a quoy dieu la ordonnee/mais le aueugle ou celluy qui chemine inconsideremēt peut bien bien estre scandalize de la picre/pource quelle blece.

Et ainsi que sainct iehan desiroyt oster la dubitation que auoyent ses disciples sur ihesucrist/ainsi ihesucrist voulloit oster la doubte q̄ pouoiēt auoir les iuifz de sainct iehan: car en oyant ceste question les iuifz pouoyent penser que sainct iehan feust legier et non pas ferme en la foy: et de petite constance en la vie. car y sembloit que auāt quil feust en chartre affermast de ihesucrist ce que apres quil fust mys en prison doubtast/ et que ceste doubte vint par ce quil estoit en aduersite. Mais toutes ces deux choses nostre seigneur oste de sainct iehan car il le loue de constance et de estre ferme. et de plusieurs aultres choses. Et voulut pl⁹ le louer en labsēce de ses disciples que en leur presence. affin quil semblast mieulx q̄ sa louange procedast de lamour de verite. que de faueur ou adulation humaine/par quoy nous enseigna fuyr toute note de adulation quand nous louons aultruy. Crisostome. Cecy que ihesucrist loue sainct iehā apres. que ses disciples sen furent alles/ne fust pas ainsi que font aulcuns qui prenēt playsir louer aultruy deuant luy mesmes: ou deuant ceulx qui peuuent scauoyr quil rediront la louange a celluy qui la dist: car le fol se resiouyst quand en sa presence est loue/mais le saige/qui luy present est loue/est batu et flagelle en son cueur pour deux causes. donc la personne ne doit point estre louee en sa presence. Premierement se elle est saige/car elle ne prēdra pas plaisir en sa louange mais desplaisir/et on ne doit pas prendre plaisir affaire desplaisir a aultruy par louange. Secondement se telle personne est foulle/car on doit penser q̄ par ce que on la loue elle se esleuera en ourgueil. et on ne doyt pas nourrir follye par louange. Donc quand les disciples de sainct iehan furent despartis de ihesucrist il commenca le louer/premierement de la constāce de foy en disant au peuple: Quid existis in desertum videre. τc. Quel hōme ou temps passe non pas maintenāt aues veu ou desert en sainct iehan: qui est maintenāt en prison. Ie vous demande. Aues vous veu vng roseau tourne a tous ventz. Cōme sil disoit Sainct iehan na pas este en sa vie mobile comme le roseau/tellement q̄ on le deust noter de legierete de esperit: ou de la foy/en doubtant aulcunement de celluy. De la presence du quel luy estant encore au ventre de sa mere se esiouyst. Et du quel il dist/quand il vint a luy pour estre baptise. Ie doytz estre de toy baptize/et non pas toy de moy. Et pour quoy sire vient tu a moy. le quel par la colombe qui descendit au baptesme par la voix du pere ouye congneut le messias/et de son doyat le

ff iii

monstra apres, et pour foy et pour iustice maintenāt mys en charite: z tout pres poꝰ lamour du messyas souffrir mort et martire. Parquoy appert quil ne fust pas vng rousseau mais vne cōlōpne: car il ne se mouuoit pas a chescun vent q̃ venoit z ne se sçauoit esleuer en pꝓsperite ne se deiecter en aduersite, mais demourant tout immobile entre lune et lautre fortune, en grant prosperite humilite, et pacience en aduersite. Pour estre crainct ne menassoyt nulluy. On ne le pouoit aussi flechir p̃ adulatiō: Il estoit si bien cōpose, q̃l nestoit ne doulx ne aspre mais de vng tel regart regardoyt, et ceulx qui le louoyēt, et ceulx q̃ le vituperoyēt. et aymoit de amoꝰ semblable ses amys et ses ennemys, et reprenoit les puissans et non puissans. Crisostome. Ainsi q̃ le rousseau p̃ dedens est vuyde et na nulle vertuz, et poꝰ si peu de vent q̃ souffle na nulle resistence: mais se incline de ca et dela selon q̃ le vēt le meut, ainsi lōme charnel et secculier, ou q̃l na nulle moeulle de foy, ne nulle vertuz de verite: de toute part que temptation vient se encline ou la tēptation veult. Et poꝰ ce ainsi q̃ dit sainct gregoire, aprenons nestre pas cōe le rousseau agite du vēt: mais entre les ꝓsperites et aduersites cōformons nostre ame, et tant q̃ nous sera possible auec la grace de dieu estudiōs q̃ lestat de nostre ame soit en verite tousiours inflexible, la q̃lle chose sera quād serōs saus detraction saus adulation punisant le pecheur selon q̃ le delict requiert z quād nulle ꝓsperite ne nous esliceura, et nulle aduersite ne nous degectera. Mistiquemēt nostre seigneꝰ loue ycy sainct iehan, poꝰ nous demōstrer que ainsi q̃l ne laissa point la forme de iustice, ne poꝰ paour de mort, ne pour amour charnel, que semblablement pour choses vaines ne laissons point choses vtiles, ne pour les trāsitoires les eternelles, et que eslisons plus tost porter la croix de ihūcrist q̃ estre hōnoures des hōmes du monde. Secondement nostre seigneur recōmanda sainct iehan de la grande austericte de sa vie: et de sa penitence, car quāt a ses vestemēs il nestoit pas curieusemēt ne molemēt vestu: et pource disoit ihūcrist au peuple. Estes voꝰ ales au desert veoir vng hōme vestu de vestemēs precieux poꝰ acōplir la plaisance de la chair. Certes nō, car cōme deuāt est dit, sainct iehan auoit ses vestemēs des peaulx de chameaulx, et son menger estoit de locustes et miel saulnaige, affin q̃ par le tesmoignaige de sa conuersation monstrast aux creatures cōtempner et desprisere ce mōde: et toutes ses delices. Et cestoit aussi la cause pour quoy il demouroit au desert, affin que la menast vie austere et aspre, non seullement en viure, mais aussi en vesture. Ceulx qui sont vestus de vestemens et de draps delicieux sont aux maisons des roys et nō pas aux desers, et tant poꝰ la craincte destre persecutes q̃ pour lamour quilz ont de gloire mondaine, ne redarguent point les vices de ceulx qui font mal, mais se cōferment a eulx pour tousiours auoyr des biens temporelz. Mais cōe dit est sainct iehan de telz vestemēs moulz nestoyt pas vestu, car il sçauoit bien chastier les vices des pecheurs, et non pas les nourrir en le mal par adulatiō. La cause pour quoy plusieurs aux maisons des grās seigneurs sōt sont adulateurs et flacteurs, est pour auoir les playsirs du mōde, et plaire au seigneurs. Mais les bonnes personnes qui ensuyuent verite mesprisent toutes telles choses. De quoy raconte valere que vne fois dyogene auoit des choulx poꝰ mēger et cecy voyant vng aultre luy dist. Se tu vouloyes aduler et flacter a denis roy, tu ne mēgeroyes pas si viles viandes. Auq̃l dyogene respondit. Se tu vouloyes manger de ces viādes: tu ne seroies pas flacteꝰ. Origene vray annunciateur de verite aymoyt mieulx estre substēte z viure d̃ choulx que laisser verite pour aduler et flacter aux grans. Mais helas au iourduy plusieurs mesmes religieux font le contraire: q̃ ne ont point honte po² bien pou de chose aduler les grans en leur mal. Aussi ihūcrist dit bien que ceulx q̃ sont vestus de vestemens moulz et delicatz sont aux maisons des roys. τ non pas aux maisons des euesques, car les prelatz de saincte eglise: et leur famille doiuent estre vestus de vestemens simples et honestes: non pas trop precieulx ne delicatz: ainsi que on list de sainct augustin: que ses vestemens nestoient ne trop precieux, ne trop abietz. Iherosme. On doit fuyr en ses vestemens tant vilite et ordure que somptuosite car en trop pourete est monstree grand vaine gloire, et en grand sumptuosite est monstre trop plaisir et delices. Les clers et les religieulx qui vsent de delices ou plaisances mondaines: et pour lamour de dieu fuyent porter apresses de vie, ne bataillent pas soubz la bandiere du roy celeste, mais terrestre. Sil ne stoyt chose vertueuse porter vilz vestemens durs et aspres, nullement nostre seigneur eust loue sainct iehan de laspresse et durte de ses vestemens. Aussi se aux delicatz vestemens ny auoit peche, iamais le scripture voulant parler de la peyne du maulais riche ne eust mys q̃ il estoit vestu de pourpre et de lin. Quel peril est vestir et vser de vestemens moulz et delicatz: crisostome le demonstre en disant. Le delicat vestement dissipe lame et lampesche faire penitence, et se le corps est vestu de vestement aspre de legier est rendue delicate et bonne.

Moralement selon sainct iherosme et rabanus, nous auons ycy enseignement: q̃ les prescheurs de verite doiuent fuyr toutes plaices et lieux ou sont choses delicates et plaisantes, car souuent la frequentent adulateurs et flacteurs, qui fauourisent la vie des maulnais, et pour leur doulx parler loygnent et non pas la poignent. Aussi est a noter, que la predication de verite doit estre auec apresse de vie et de vestemens, car ceulx qui preschent faulx et qui par leur predication quierent richesses et habonder en delices:

sont adulateurs et souuent demeurent aux maisons des roys et des princes: cest adire selon sainct gregoire, quilz sont hors du royaulme celeste, et sont soubz la puissance des diables: qui sont les roys des tenebres
Par le desert on peut entendre religion car ainsi q̃ le desert est le chemin pour aller de la terre de egipte a la terre de promission ainsi religion est le chemin d aller de ce monde en paradis. Par sainct iehan qui est ou desert on peut entendre le religieux qui ne doit pas estre rouseau: cest ypocrite par dehors a la maniere du rouseau, qui est verd de hors, et vuyde par dedens: mais par de hors doit estre vert par honeste conuersation et par dedens plein par foy et feruente deuotion. Aussi ne doit pas estre fresle: come est le rouseau q̃ se incline a tous ventz, mais doit estre ferme, et resistera toutes temptations: car ne pour bien ne pour mal ne doit cesser ne deffister qui ne meine affin ce quil a comence se cest bon. Tiercement nostre seigneur recomande sainct iehan de lexcellence de sa personne, et de la clarte de sa renommee, car il fust prophete τ plusque prophete. Il fust prophete en tant quil ooist nostre seigneur, et predist son auenement comme les aultres prophetes. Aussi il fust plusque prophete. Premierement car il fust prophetize de dieu par lange de dieu le pere Secondement, car il comença a prophetizer des le ventre de sa mere. Tiercement, car il fust la fin de tous les aultres prophetes. Quartement, car il demonstra de son doigt ihesucrist: qui auoit par luy et par les aultres este prophetize et predit, laquelle chose les aultres ne firent pas, car selon sainct gregoire loffice de prophete est d denucer les choses aduenir: τ non pas les demonstrer Quintement selon sainct augustin et sainct ambroise, sainct iehan est plus grant q̃ les prophetes: car ilz adnuncerent bien q̃ ihūcrist deuoit venir: et le desiroient veoir τ ne le veirent point en ce monde: mais a sainct iehan fust concede ce q̃ les aultre desiroient τ reqroient:

ff iiii

Sixtement: car il fust le p̃mier qui prescha penitence: et demonstra la voye pour aller au royaulme de paradis. Septiesmement selon sainct Iherosme/ car auec le preuilege de prophecie/ luy fust adiouste lonneur et la dignite de baptiser. car il baptisa son seigneur/ et celluy de tous les aultres prophetes. Huytiememẽt il est dit et appelle ange et si non par nature/ touteffoiz par la dignite de son office. Neufuiememẽt car de toꝰ les prophetes nul fust si prochain de la venue de nostre seigneur quil fust/ car ilz vindrent cõme tous deux ensemble. Crisostome. Tous les p̃phetes ont estez enuoyes deuãt la face de ihũcrist/ mais sainct iehan a este tellement mis deuant luy/ que quasi il est venu auec luy. Et de tant quil estoyt selon le temps plus pres de ihũcrist que les aultres prophetes. de rãt par vertus et par iustice estoit plus prochain et pres de luy. Il y a plusieurs estoilles qui se apparoissẽt au ciel aincoy que le iour viegne/ et qui annuncent la venue du iour: et touteffoiz nya nulle dicelles qui desserue auoyr le nom de lucifer/ si non celle qui vient et naist auec le iour. Pareillemẽt tous les prophetes ont procede la vraye lumiere qui est ihesucrist: et ont annũce son aduenemẽt: mais sainct iehan est seul entre les aultres appelle son precurseur: car il ne annunca pas seullement son aduenement: mais le demonstra de son doigt: en disant. Ecce agnus dei. Vees cy laignel de dieu. Quartemẽt aussi ihũ crist le loue pour sa doctrine/ auctorite/ et dignite de son office/ quand il dist. Hic est em dequo scriptũ est. Sainct iehan est celuy du quel il est escript. cest ascauoir en malachie: la ou sont recitees les paroles du pere au filz/ recommandant sainct iehan: et disant. Ecce ego mitto angelum meũ. ⁊c. Je enuoye mon ange: cest mon mesaigier ihean baptiste/ lequel en ce monde a mene vie angeliq̃/ adce q̃l p̃cede ta face: et preparera ta voye/ en p̃schant penitence/ et en baptisant/ et tout pour toy adnũcer et manifester/ en disposant les cueurs des personnes pour toy receuoir au monde. Parquoy appert/ que loffice des prescheurs: est preparer les cueurs des auditeurs a receuoir dieu et son aduenement/ au iugemẽt et en la pensee. Sainct iehan est dit ange: pour deux raisons. La premiere pour la dignite de loffice/ car il est dit mesagier: ⁊ ainsi q̃ loffice des angez est reueler choses secretez. ainsi loffice de sainct iehan estoit p̃scher choses secretes. et ainsi que a pou de persõnes lange gabriel annũca la natiuite de nostre seigneur/ cõme a la vierge marie: et a ioseph: et aux pasteurs. et aux trois roys. ainsi manifestemẽt sainct iehan le annũca a tout le monde. Bede. Sainct iehan est appelle ange nõ pas par nature/ mais poꝰ la dignite de son office du quel nom celluy peut bien estre appelle/ qui fust enuoye de dieu pour bailler tesmoignaige au monde de la vraie lumiere. Aussi les prestres sont appelles anges/ ainsi que dit lapostre/ qui deffẽd q̃ les fẽmes ne descourẽt pas leꝰs chiefz/ quãd elles veullẽt prier dieu/ a cause des anges/ cest a cause des prestres. Et selon sainct gregoire vng chascun crestien qui retire son p̃chain de peche en le enhortant a bien/ et qui denũce a celuy q̃ se fouroye de la voye des vertus le royaulme du ciel/ ou la peine perpetuelle: st ange/ cest adire mesagier de dieu. Secondemeut sainct iehan est dit ange/ pour la purte de la vie angelique quil mena en solitude/ en virginite/ et en contẽplation: Crisostome Bien eures fut sainct iehan/ qui deseruit a uoir vug tel pour le louer cõme ihesucrist. Escoute maintenãt et oys sa dignite. Je croy que se ie ousoye dire/ sainct iehan est plus glorieux de ce qui fust hõme/ et pour merite de vertuz est appelle ange/ q̃ sil eust este ange et de nom et de nature. Estre ange nõ seullemẽt est merite de vertus. mais aussi propriete de nature/ sainct iehan en humaine nature trespasse/ et surmonte la sainctete angelique. et obtint par grace de die ce quil nauoyt pas par nature. Buquel noſtre ſeigneur en cōprenant en brief la ſōme deſes vertus/et la cōmandation dicelluy dit. Amen dico vobis: inter natos mulierum non ſurrexit maior. Veritablement ie vous diz q̄ entreles enfans maſles nez des femmes: nul na eſte plus grand de ſainct iehan baptiſte. Bien dist entre les nez nō pas entre les neez: adce que on ne entēdiſt quil leuſt prefferé ou faict eſgal a la ſaincteté de la glorieuſe vierge marie/laquelle eſt par deſſus tous ſainctz et ſainctes/et la plus parfaicte de tous les aultres apres ihūcriſt. Auſſi diſt il de femme/et non pas de vierge/adce quil ne ſemblaſt que ſainct iehan fuſt cōparé a iheſucriſt. En ce lieu femme eſt prinſe/non ſeullemēt pour le ſexe/mais pour courrupne/ſelon laquelle maniere la benoiſte vierge ne fuſt pas femme. Et ſe aulcunes foiz en leuangile elle eſt appellee femme/ceſt ſeullemēt pour le ſexe feminin Auſſi ycy ſainct iehan neſt pas preferé aux aultres prophetes et patriarches/ou aultres hōmes de ſaincte vie/mais eſt dit eſgal/car nul neſt mys deuant luy. Il ne ſen ſuyt pas que ſe les aultres ne ſont pas plus grans que luy quil ſoyt plus grand q̄ eulx: et ainſi noſtre ſeigneur ne nye pas/que aulcune ffoiz ne ſoit ne egal a luy. Se apres luy aulcun a eſte plus ſainct et plus parfaict q̄ luy/ou ſe le temps aduenir en ſera aulcung il eſt aſcauoir. Criſoſtome. La ſaincte eſcripture ne dit pas que ſainct iehan ait eſte plus grāt que les aultres ſainctz/mais dit que les aultres nont pas eſte plus grans q̄ luy/et ainſi iheſucriſt le faict eſgal aux aultres: combien quil ne le prefere pas a eulx car ce q̄l dit: Inter natos mulierū. Vault atant cōme ſil diſoit. nulle femme a enfāte plus grand que ceſtuy/et ainſi eſt entendue la parolle de iheſucriſt. Se tu veulx ſcauoir ſa grandeur et ſa pfection/il fault penſer ſa grande et excellente couuerſation: et la perfection de ſon ame. Il viuoit en terre comme ſil fuſt deſcendu du ciel. Il nauoit

ſoing ne cure de ſou corps/car ſon entendement eſtoit touſiours eſleue au ciel: et tellement vny et conioinct a dieu que de rien mondain nauoit cure/cōme ſe ia euſt eſte ou ciel: car par eſperit ia eſtoit eſleue ſur neceſſite de nature/en demourant en oraiſon et en hympnes tous le tēps en eſtant et parlant a dieu ou deſert: Il ne veoit perſonne et ne neſtoit veu de nulli: Il ne vſoit/ne de laict/ne de lict/ne de maiſon: ne daultre cōſolation humaine Sa parole eſtoit doulce et gracieuſe/car auecles iuifz conferoit virilement et feruemēt. auec le roy herodes ardienmēt/et auec ſes diſciples doulcemēt et ainſi il faiſoit toutes ſes choſes raiſonnablement Et pour ce diſoit noſtre ſeigneur que entre les enfans des femmes neſtoyt ne plus grand de luy.   Et a cauſe quil nya point de cōparaiſon q̄ ſainct iehan au filz de dieu/adce que pour la grandeur des louanges de ſainct iehan iheſus ne dōnaſt occaſion aux iuifz le prefferer a ſoy. Il dit apres en diſtinguant ſon excellēce de celle de ſainct iehan. Celluy qui eſt meindre de eage que de luy ou meindre ſelon lopinion de pluſieurs au royaulme du ciel. ceſt en legliſe militante: eſt plus grand que luy/par dignite et maieſte. Laquelle choſe premierement ſe doit entendre de iheſucriſt: lequel donc en legliſe militante: qui cōmēca des le premier iuſte/et dura iuſques au dernier eſleu/eſtoit repute de pluſieurs le moindre Criſoſtome. Ne penſe pas que a cōparaiſon iheſucriſt ſoit plus grād de ſainct iehā car comparaiſon ne peuſt eſtre de hōme a dieu. On peut auſſi dire q̄ le meindre des anges qui miniſtre en legliſe triumphante ou le meindre ſainct q̄ regne auec dieu/eſt plus grand que luy: pour leſtat de fruition car vng cheſcun ſainct en paradis eſt cōprehenſeur/tant petit ſoit: et plus grand q̄ les ſainctz q̄ ſont encores en terre. Iherome Simplemēt nous entēdons q̄ tous ſainctz qui ſont ia auec dieu en paradis: ſont plus grans que non ſont ceulx qui ſont encores en la bataille/car ce st aultre chose ja posseder la coronne de victoire/et aultre chose batailler encores. Touteffoiz entendz ce quant a la seurte du loyer/et non pas quāt a la grādeur du merite. Apres aussi por monstrer cōme il estoit plusque prophete: le cōmande et loue de la cōmodite du tēps ou quel il vint/cest au temps de grace conuenable et vtile a tout humain lignage/et dit. A diebus iohānis. Despuis que saict iehan eust cōmence a prescher que on auroit le royaulme du ciel par penitence/iusques a present/car le temps de grace a cōmence a la predicacion de sainct iehan. et durera iusques a la fin du monde parfaire penitence en leglise militante. Regnū celorū vim patitur. On acquiert le royaulme du ciel p violēce/car la gloire de dieu deue aux saitz peres: prenuncee par les prophetes/et presentee par ihesucrist est prinse p la foy des payens/quand par penitence: laqlle a presche sainct iehan: ilz penetrent par foy et p oeuures le pays celeste/lequel pays quād a nous est vng lieu estrange: car cest la possession des anges et ny auons nul droit. et touteffoiz par penitence nous le pouons acquerir: mais nous fault faire violence en refrenant noz propres apetis des delectations nuysantes a lame: et en soubmettant le corps a lesperit. Iherosme. Cest grand violēce quād les creatures qui sont nees en terre peuuent acquerir par foy/et esperer de paruenir au royaulme du ciel: a uoir par vertuz ce que ne pouōs auoir por nature: Ambroise. Tāt que nous sommes en ce monde faisons violēce au royaulme du ciel/en la maniere de celluy qui sefforce moult de cheminer/et ne se lasse point iusques a ce quil peruiegne la ou desire paruenir/et pource faisons violence a nature affin quelle ne se laisse point couler a choses terriennes: mais que du tout se esliue aux celestes. Gregoire. Quand par la grace de dieu les pecheurs retournent a penitēce/ilz entrent cōme en vng lieu estrange

et en ce faisant prenent le royaulme du ciel par violence/et pource pensons les maulx que nous auons faictz. et faisons penitence affin que par elle acquerons le heritaige des iustes/lequel ne pouōs auoir ne tenir par aultre voye. Cest la violence que dieu demande. Il veult que nous obtenons le royaulme du ciel par larmes et pleurs/leql nous ne pouons auoyr par noz merites. Eusebe. Sans violence ne ce peust faire que vne personne subpedite par pacience ire/qui mue orgueil en humilite/et richesse en pourete/glotonie en sobriete. luxure en chastete: et que lomme soit subitemēt tourne en aultre vie/et ceulx qui le font prenēt par violence le royaulme du ciel: Et pour ce il est dit en la colation de abraham/les prescheurs negligens ou delicatz et de petit courage/ne ont point le royaulme du ciel mais seullement ceulx q a leurs mauluaisez inclinations font violence: telz de droyt le peuuent acquerir/en tant que a leurs ames denyent toutes voluptes et plaisances des choses mondaines: et sont dignes de louāge/veu quilz font violence a leur perdition car comme il est escript/lomme la boure en douleurs/et faict violence a sa perdition: Nostre perdition est la delectatiō de la vie presente/et lacomplissement des desirs de noz voluptes: lesqlles se aulcung les veult soubtraire a son ame: en les mortiffiant il faict vne glorieuse et vtille perdition a soy mesmes. Selon sainct bernard. ceulx achetent le royaulme q se excercent aux oeuures de misericorde/comme a dōner aulmosnes et semblables choses faire. Aulcuns sont qui le emblent. cōme sont ceulx qui font secretes penitences. Aulcuns sont cōtrains de y entrer/cōme sont poures de neccessite et non pas de voulente. Aulcuns le prenēt par violence: comme ceulx qui sont poures de voulēte et desperit. Et se encore tu doubtes/cōme on peut paruenir a ce benoyst royaulme du ciel/tant p deffault de merite que de ayde: escoute sainct augustin.

Ce que tu demande comme ce peult faire, que on vienne en paradis, ou par quelz merites ou aide: ie dis que ceste chose est mise en la voulente du faisant: car seulement on la par ce faire violence. ❧ hôme pour auoyr le royaulme du ciel on ne demande q̄ toy mesmes, car il vault tant et tout ce que tu as. Doncq donne toy de tout a dieu et tu le obtiendras. De quoy te dônes tu turbation du pris Jhūcrist est baille luy mesmes pour le te acquerir. Et pource en ceste maniere baille toy, et te donne a luy, affin que tu soyes en son royaulme. Fay que en ton corps mortel ne regne aulcun peche, mais seulement le sainct esperit pour aquisition de la vie pardurable. Jhūcrist dit a la creature: Jay aulcūe chose a vendre cest le royaulme du ciel ou quel est ioye qui se achete par pourete et tristesse: par douleur gloire p̄ honte et desprisement. Crisostome. Le filz de dieu qui se dône aux hommes: ne ne pouroit faire quil ne leur donnast participation de son royaulme. Et pource ne te chaille côbien il vault, ou côbien il couste, ne côbien tu perdes de choses tēporelles, ou combien tu soffres de tribulations et d̄ peyne, mais que seullement puisses paruenir, ad ce benoist et glorieux royaulme, du quel noblez et dignez choses sont dictez

Apres il est dit que la loy de moyse et les prophetes ont dure iusques a la venue de iehan et de ihūcrist, car ilz furēt tous deux de vng temps. Crisostome. Voystu donc côme sainct iehan est grand, ou temps du quel telle habundance de grace est espandue sur terre. En son tēps est faict ce que ne fust oncques faict ou temps de tous les prophetes precedens. Par quoy appert q̄ sainct iehan est le commencemēt du sainct euāgile, et la fin et le terme de la loy, et des prophetes: nō pas que despuis les prophecies ayent este anichilees, mais pource q̄l les ont estees acōplies a la predication du sainct euangile, car par leuangile leur imperfection a este ostee pource que la verite de ihūcrist qui estoit soubz figures et choses obscures en la loy et aux p̄phetes, fust mōstree clerēmēt par sainct iehan baptiste: car ce que la loy et les prophetes disoyent quil deuoit venir, sainct iehan le monstra estre venu: en disant, Ecce agn9 dei. &c. Veecy laignel de dieu. Et cōbien que apres sainct iehan fussent aulcuns prophetes en leglise côme agabus: et les quatres filles de sainct philippes, touteffois ilz ne prophetiserent pas de laduenement du filz de dieu par son incarnation, cōme auoyēt fait les p̄cedēs. Bede. La loy et les p̄phetes ont dure iusques a sainct iehan: car lincarnatiō du filz de dieu ne pouoyt plus estre prophetisee. car elle estoit acōplie, ainsi q̄ sainct iehā tres clerement le demonstroit. Augustin. Sur toutes les auctorires de la saincte escripture le sainct euangile est plus excellēt car ce qne la loy et les p̄phetes preschoyēt denoir venir: est monstre estre fait et acōply on sainct euangile. Maintenant nous ne gardons pas les cōmandemēs ne les sacremens qui estoyent institues en la loy et aux prophetes, pource que en mieulx sont mues, car nous entendons ce que en eulx estoit predit, et tenons realement tout ce q̄ la estoit pinys. Crisostome. Nous voyōs clerēmēt que sainct iehan est la fin de tout ce que de nostre seigne² en la loy et prophetes estoit promys, et nest point a doubter quil ne soit le cōmancement de la vraye beatitude, car iusques a luy toutes choses bōnes de dieu ont este p̄mises Jusques a luy on auoit esperance, mais de puys luy on heu la chose que on esperoit. De la louange de sainct iehā dit en ceste maniere sainct bernard. En toutes choses sainct iehan est bien grand, car il est par tout et sur to⁹ les aultres tresmerueilleur ⁊ sigulier. Qui est cellui en ce mōde du quel la natiuite ait este si glorieusement annuncee, cōme celle de sainct iehan. Qui est cellui du quel on lise quil ait este ou ventre de sa mere specialement rempli du sainct esperit cōme sainct iehan. Qui est celluy qui se soit esiouy ou ventre de sa mere comme fist sainct iehan a la venue de la glorieuse vierge marie/laquelle auoit en elle le filz de dieu. Qui est celluy duquel saincte eglise celebre la natiuite/sinon de sainct iehan. Qui est celluy duquel on lise qui ait en son ieune eage desire lieu solitaire/et en ce monde conuerse si sainctement Cest celluy qui premierement monstra a faire penitence/et la voye de puenir au royaulme de du ciel/qui a baptise ihesucrist le roy d gloire/auquel la saincte trinite premierement est reuelee/et du quel ihesucrist a baille tesmoignaige/par quoy saincte eglise le honoure si aultrement. Saict iehan fust patriarche et le chief de tous les patriarches. Il fust pphete et plusque prophete/car il demonstra au doigt ce quil annuncoit qui deuoit venir. Il est ange voire selo le tesmoignage de nostre seigneur esleu entre les angelz. Il est apostre et le pmier de to² les aultres/car il fust de dieu enuoie pour bailler vray tesmoignaige de vraye lumiere. Il est le premier des euangelistes. car le premier comenca a prescher leuangile. Il est la regle de toute virginite. titre d chastete/et exemple de nectete. Il est martir et la lumiere de tous les martirs/car p sa grande constance monstra la forme de martire: entre la natiuite/et passion de ihesucrist. Il est la voys criant ou desert: messagier du verbe diuin: Il est helye iusques auquel la loy et les prophetes ont dure en vigueur. Lumiere ardente et luisante amy de lespous/et le preparateur de lepouse Iay passe en brief dist sainct bernard ses aultres dignites et prerogatiues/car il est tellement conforme aux neuf ordres des anges/qil est esslieue iusque a celluy des serapphins Apres nostre seigne dist Et se vous voules scauoir et entendre/iehan baptiste st helye le prophete. no pas en personne mais en espit quant a trois choses. Premierement quant a austerite de vie et de penitence. Nous lisons de helye quil estoyt tout pelleu et velleu tant en son vestement que en sa ceinture de pellice delaquelle il estoit ceinct aux reins. Et de saict iehan on list quil auoit son vehemet de peaulx de chameaul/et sa ceinture estoit de vne pellice et la tenoyt aux reins. Secondement sainct iehan estoit helye qua ta stabilite de constance. On list de helye que costamet il reprenoyt le roy acab et le roy ochozie: et sainct iehan constamment reprenoyt le roy herode. Tiercement il estoyt helye en auctorite de doctrine: car ainsi que helye viendra de paradis terrestre pour annuncer le second aduenemet de ihucrist. ainsi sainct iehan miraculeusement est ne et venu pour annucer le premier aduenemet de messias Sainct ierosme dit que quand ihucrist dist que iehan estoit helye y parloyt mistiquement/et po² ce dist il apres. Qui a oreilles et entendement coprene que ie diz. Ihesucrist vse de telz leguages quad il veult dire et proposer aulcune chose haulte et difficile ou secrete/tant pour esmouuoir lentendement a entendre ce quil disoit/ou laffectiona sy cocorder: et a le mectre a execution

Oraison.

Sire ihesucrist po² ce que tu es celluy qui doys venir pour nous sauluer/car nul aultre que toy ne acte dons: donne nous venir a toy p ton amour et par ta craincte/ et que puissons du lieu des rouseaux de vanite: et de la vesture molle de volupte/et que entrons ou desert de penitence. Presche nous par lessait de ta misericorde/que tu es verite/par laquelle les aueugles par pensee voyent/ charite: par lessait de laquelle les boiteux cheminent. humilite: par laqlle lorgueil des ladres est nectoye: parole: par laquel les sours oyent vie: par laquelle les mors sont ressuscites. vertuz: par laquelle les pouures euangelisent: affin que tous se conuertissent a toy. Amen:

De lincrepation que fist nostre seigneur aux iuifz. lvii. chapitre

Apres la louange et la commandacion de sainct iehan: nostre seigneur reprend et condempne lorgueil des iuifz: de ce que ne furent conuertiz a la predication de sainct iehan/ et de ce q̄ mesprisoyent la predication de ihesucrist. et compare leur generation peruerse et maulaise aux enfans qui chantent/ et crient en la place. et a ceulx qui leur tiennent compaignie: et se iouent auec eulx/ et disent lung a laultre. Nous auons bien chante. mais vous naues/ ne saulte ne dance. Nous auons ploure: et vo⁹ naues pas ploure auec nous. Sur quoy est assauoir que les enfans des ebreus pour les excercer en ieux honnestes qui induysoient a vertus/ et retiroyent de vices/ auoyent coustume de iouer a tel ieu car au meillieu de la cite se deuisoient en deux partiees/ et ceulx qui estoyent dune partie chantoient chancon de leesse: et laultre partie chantoyt chancon de pleurs et de tristesse: en se mocquant de la legiere mutation de ceste presente vie/ et par ainsi se reprochoyent lun leultre. car ceulx qui se esioyssoyent demandoyent aux aultres/ par quoy ne se esioyssoyent auec eulx/ et les aultres leurs respondoyent/ pour quoy ilz nauoyent compassion et douleur auec eulx. Et ceste contencion se faisoit a exprimer la vaine leesse des hommes/ et le deffault de compassion et de amytie/ que on doit auoyr lung a lautre en ce monde. Et semblablement le prescheur aulcunesfoys chante/ quand il enseigne ses auditeurs des vertus et ioyes eternelles du ciel: et adonc les auditeurs doiuent saulter hors du monde et des vices. Aussi il ploure/ quand il deteste les vices: et demonstre les douleurs et les peines denfer. et adonc ceulx qui les oyent doiuent plorer et auoir desplaisance de leurs malz. Par ceulx qui crioyent sont entendus ihesucrist et sainct iehan qui preschoyent. La partie de ceulx qui ploroyent est signifie par sainct iehan. lequel en figure de la vie aduenir ne demonstroit pas: ne en fait: ne par parole ioye mondaine: car la vraye ioye nest pas a acquerir en la vie presente. Et ihesucrist demonstroit la vie ioyeuse en beuant et en mengant. et touteffoiz les poures iuifz: ne pour le plour ne po⁹ les larmez de sainct iehan ne furent pas esmeus a penitence: ne par la misericorde et ioye amour et doulceur de ihesucrist ne furent point esmeuz a pitie. Jerosme. Dict donc ihesucrist et sainct iehan aux iuifz Nous vous auons chante adce que p̄ nostre chant vous fissies bonnes oeuures. et ne les aues pas faictes. Nous auons plore pour vo⁹ prouoquer a penitence/ et fussiez saulues: car qui seme en plour cuidra en leesse. et ne laues pas voulou faire: en desprisant lune et laultre predication/ tant celle qui vous exhortoyt a vertus: que celle qui vous enseignoit a faire penitence pour voz peches

A parler spirituelement les enfans signifient les prescheurs qui doyuent estre enfans par conuersation columbine et humble et par purte de vie/ qui se seent au marche public/ car ilz vendent choses diuines. sont iuges des ames. et les cries de commandemens reaulx. Ilz crient en preschant en donnant doctrine a vng chescun selon sa capacite. Chantent misericorde aux pecheurs: grace aux iustez: gloire aux sainctz. Ilz chantent donc trois manieres de chansons. Lune est nuptiale/ qui est pour lamour de dieu a lame. Laultre familiaire: qui est po⁹ ce que la diuine presence habite en iuste. La tierce est triumphale pour la consummation de gloire. Et les maulais ne dancent et ne saultent point du sault de conuersion: a la note de la premiere chancon ne du sault de deuotion/ quand a la seconde chancon ne du sault de contemplation/ quant a la tierce Les iustes ycy plourent en nous enseignant la multitude des peches qui regnent: et po⁹ la misere presente: et po⁹ la peine eternelle Et les pecheurs ne pleignent point leurs peches par compunction ne par compassion de leur misere ne en priant quilz peussent euader la peyne infernalle. Selon crisostome: ihesucrist fist aux iuifz ainsi que font les veneurs qui espiet la beste par diuerses voyes a ce que se elle euade p̃ vne soit prise par lautre. Et pource en applicant la similitude au propos: dist apres Uenit iohannes non manducans ne q̃ bibens. Sainct iehan estoit en ce monde non mengant ne beuuant car il viuoit en tresgrande abstinence. Celluy qui pou boit ou menge: est dist ne boire ne menger selon la comune maniere de parler. On peut aussi dire quil ne mangoyt pas choses delicates ne plaisantes au corps: et ne beuoit ne vin ne seruoise. Selon sainct augustin: sainct iehan est dit non mengant ne beuuant: car il vsoyt du viure du quel les iuifz ne vsoyent point. Sil en eust vse nostre seigneur a la comparaison de luy neust pas este dit beuuant et mengant: Et ilz disoyent de sainct iehan, vees cy vng des enfans qui plouroit en prouoquant a penitence par parolle et exemple: et touteffoys ne creoyent point en luy, mais disoyent quil auoit le dyable ou corps: car ainsi q̃ le dyable ne menge point: aussi ne faisoyt il. et en ce le demõstre estre demoniacle et fol. Il semble que tel homme ne soit pas de dieu q̃ est ainsi rigoreux en soy, car dieu est tout doulx et debonnaire. Mais le filz de lõme cest adire de la vierge: menge et boyt auec les hommes, cest adire mene vie cõme entre les hommes: et le deuoit faire entant q̃l estoit mediateur entre dieu et les hommes Et affin que les prescheurs puissent auoir familiarite a luy. Et ilz disoyent, de luy, veez cy vng des enfans des prophetes, qui se esioissoyent, et qui promectoyent leesse: Il est beuueur de vin: yureigne, amys des publicais: cest adire des pech²s publiquez et des pecheurs ocultz, et auec eulx p̃ mauuaise compaignie couerse. Jerosme. donc se vous dictez que le ieune vous plaist pour quoy vo² desplaist sainct iehan. Et se bien

manger et bien boyre vous plaist, p̃ quoy ne vous plaist le filz de lõme. et touteffoiz vous dictes de lung quil est demoniacle. et de lautre quil est glouton et yureigne. Cest bien male langue qui iuge: et cellui qui mange: et cellui qui ne menge point. Telle langue tranche de toutes pars: car elle dist mal et de dieu et des hõmes, et apeine est personne qui se puisse garder de sa fureur.

Moralement en ces iuifz sont figures deux manieres de mauluais hõmes. Les premiers sont ceulx q̃ sont endurciz en maniere, quilz ne peuent estre reuoques de le² malice: ne par beneficcs: ne par flagellations. Les seconz sont detracteurs: qui disent mal de tout ce quilz voyet faire a leurs prochains. Sil voyent aulcung vaquer en humilite, et prendre plaisir en pcelle, tãtost ilz dyent quil est ypocrite. Sil se estudie a pacience et a doulceur, dyent q̃l est paoureux, se a prudence, quil est fol: se a maturite, quil est fleumatique. se a sociabilite, quil est seculier. se a silence ou a paix: quil est melencolique ou dissimulateur. se a la correction de aultruy, quil est turbateur de paix. et presumptueux. se a dissimuler, quil est negligent: se a vigilles et a orayson: quil est indiscret: se a dormir selon le comun cours, quil est sompnollant: se a admõnester les aultres de leur salut, quil est appeteur de vaine gloire. sil a la grace des hõmes, quil est adulateur. Sil ne veult aduler ou flacter, q̃l est orgueilleus: Et en moult d̃ telles aultres choses telz detracteurs iugent les aultres temerayrement, et interpretent en mal ce que se peut faire en bien. Et certes ceulx qui demeurent auec telz gens, bien peuent dire ce que dit iob. Frater fui draconum et socius structionum. Jay este frere des dragons: et compaignon des austruces Et combien que nostre seigneur ihesus q̃ est la vraye sapience du pere, ait este ainsi reprouue, comme deuant est dit des pharisiens et des docteurs de la loy. lesquieulx desprisoyent son conseil et la doctrine quil

leur bailloit: touteffois il est iustifie: cõ-
neu: et approuc iustes de leurs enfãs: cest
des apostres τ disciples qui se efforcent de
paruenir au royaulme du ciel par violence
et par iustification de vraye foy: et sont en
fans de dieu par adoption. Apres la cõmune increpation des iuifz en particulier il
nõme trois cites de galilee aux quelles specialement il auoit presche et fait plusieurs
merueilles: et touteffoiz ne se vouloient cõuertir. Donc quand il eut reprins les iuifz
en cõmun: et vist quilz estoyent si obstines
cõmenca les reprendre en especial. en disãt
les grans maulx qui au temps aduenir deuoyẽt venir sur ces cites au quelles auoiẽt
estez faictes par luy plusieurs merueilles:
et ne se estoiẽt pas cõuerti a penitẽce: mais
estoyent demoures pires que les payens q̃
nauoyent nulle foy. Ce que nostre seigneᵉ
les exprobre et reprẽd: nest que affin quilz
se conuertissent a bien: en les menassant du
ue de eternelle dampnation: et leur predi-
disant et non pas en leur desir aut: comme
quant on dist. ie mauldiray ceulx q̃ te maul
diront: cest adire ie donneray peine a ceulx
qui mal te ferõt. Il dit a vne des cites. Ue
tibi corosaym. Maledictiõ de eternelle dãpnation est pres de choir sur toy Ceste cite
est celle en laquelle lantecrist sera nourri.
Et aussi a toy besayde malediciõ est pres
car se entire et sidon qui sont cites de gentilz et de ydolatres et de habandõnes a toᵘˢ
vices cussent este faictes si choses merueillez cõe ont este faictes sur voᵘˢ: et se on leur
eust presche penitence le tẽps passe: cõme
on ha fait a vous: ilz cussẽt fait sy aspre penitẽce Et touteffoisie voᵘˢ diz a vous iuifz
que au iour du iugement dieu ne sera pas a
ces deux cites si rigoureux. car on ne leur a
mye presche comme a vous: car elles ont
meindre peche que vous ne aues. pource q̃
seullement elles ont trespasse la loy de nature: mais vous qui aues ouye la loy escripte de doctrine/ et aues veu les miracles
pour la conferrer estes sans nulle excusa-

tion: car apres le trespassemẽt de la loy de
nature et de la loy escripte voᵘˢ naues tenu
compte des signes de la noble loy de grace. et pource a cause du peche de ingratitude vous seres plus aigrement pugnis que
les aultres. Cest plus grant mal de mespriser la saincte foy catholique: quand on la
ouye prescher: que ne lauoyr pouit ouy. et
mourir en infidelite. et en ce est argumẽt
que tant pour tãt les crestiẽs plus griefuemẽt serõt pugnis de dieu q̃ les infideles: et
les clers q̃ les laiz. τ que les seculiers. les sages que les simples: les prelatz que les sub-
giez. car a celluy a qui on a fait plus de biẽ
on luy demãde plus: et ceulx qui sont puissans en ce monde souffreront grans tour-
mẽs: en lautre silz ne font leur deuoir de recognoistre celluy duquel tout bien vient:
car celluy qui scet la voulẽte de son seigneᵉ
et ne la fait doit estre batu: En apres il
exprobre la cite de capharnaum. laquelle sera encore plus estroictement iugee que les
aultres/ pource quelle a receu de nostre seigneur plus de biens. Il argue et reprend
les deux aultres de ce quelles auoyẽt laisse
de faire penitence. et de ce quelles estoient
negligentes de leur salut: mais il reprend
ceste ycy de cõtẽpnement et de orgueil: en
la menassant de peine singuliere et disant.
Malediction soit sur toy cite de capharnaum. qui as opinion que tu seras esleuee
iusques au ciel. Laquelle chose ne sera pas
mais qui plus est pour le peche dorgueil et
de ingratitude qui est en toy tu descendras
iusques en enfer. pource que tous ceulx qui
se exaulcẽt seront humilies. car se en la cite
de sodome et de gomorre desquelles les hõmes estoient tresmauluais cussent estez faictes les vertuz/ lesquelles ont este faictez
en toy: parauẽture fussent demourees sans
estre fondues en abisme iusques au ioᵘʳ duy
pource quelles eussent fait penitence. ainsi
que firent ceulx de nynyue a la predication
de ione le prophete. Il dit parauenture nõ
pas pour denoter quil doubtast: mais

pour denoter la mutabilite du franc arbitre de lomme. Et veritablement ie vous diz q̃ au iour du iugement on sera plus doulx a ceulx de la terre de sadome et a ses compaignes que on ne fera a vous: cest adire quelles auront moins de peine que vous: quãt a lincredulite. combien quelles aurõt plus grande peyne quant au regart de lenormite du peche de sodome. Par les cites aux quelles souuent ihesucrist preschoit et faisoit miracles sont signifies ceulx qui souuent oyent la parolle de dieu et voyent les bons exemples. et touteffoiz sont endurcis en leurs peches. et pource tant pourtant seront plus griefuemẽt punis que les aultres Specialemẽt par ces trois cites sont signifiees trois choses aux hõmes qui moult agrauent le peche de ingratitude. La premiere est c ergie ou sapience qui est signifiee p oraison q̃ est interptee mon secret ou mon mistere. La seconde si est ordre ou prelatiõ qui est signifiee par bethsayda qui est interpretee maison de bestes ou maison de veneur: La tierce est region qui est signifiee par carphanaum qui est interpreteee ville de beaulte ou de cõsolatiõ. Et se ces trois manieres de gens sont trouues negligens ou pecheurs ou inobediens a dieu seront plus aigremẽt pugnis que les aultres. Et aussi par corrosaym sont signifiees les sages de ce monde. par bethsayde les riches ci par capharnaum les charnelz qui boutent de soy ihesucrist: ainsi que firent ces cites. Crisostome. O vous crestiens presespenses ce que presentemẽt est dit. cest ascauoir que ihesucrist fist aulcuns miracles en la cite de corrosaym. aulcũs en celle de bethsayda. et aulcuns en celle de capharnaum. lesquieulx miracles nous estes tous faicts Et parauenture des miracles faitz en corrosaym les habitãs de bethsayda nen eurẽt point de cognoissance. et de ceulx qui furent faiz en bethsayda, parauenture ceulx de caphai nanu nen sceurent riens. Mais nous crestiens par leuangile auõs cognoissance de toutes oeuures que ihucrist a faictes en terre. Et donc se nous voyons que ihesucrist pleure ainsi sur ces trois cites q̃ a sa predication ne se conuertirent a penitence et ne virent pas tous les miracles q̃ fist nostre seigneur. quelle douleur a il to̅us les iours sur nous crestiens. qui oyons to? les iours en saincte leglise. ses miracles et ses merueilles et pourtant ne faisons penitẽce d̃ noz pechez. Sil fust venu on tẽps que les sodomites estoyent sur terre: et le? eust demõstre ce quil a fait a nous: parauenture se fussent conuertis a bien: et eussent leysse leur mal. Par ce quilz ne voulurent ouyr. loth homme iuste ilz furẽt ars et brulez de feu et de souffre. Et quelz tourmens souffrerons nous se a luy ne auons la reuerence que deuõs auoir. Lescripture ne dit pas q̃l reprint et impperast les citez. mais dit quil commenca les improperer. Si dõc il commẽca la: nest point a doubter que iusques au iour duy ne cesse de reprendre et de impperer les pecheurs. Toutes les foys q̃ on list en saincte eglise telles menasses. desquelles il menasse les pecheurs. on les doit prendre ainsi que ce presentemẽt leur disoit de sa bouche. O pecheurs crestiens malediction soit sur vo?. car en voz oreillez to? les iours les sainctes escriptures sont recitees/et vous en durcisses en maniere du serpent/leql affin quil noye la voix de lenchanteur estouppe vne de ses oreillez de sa queue/et lautre la met contre terre. Pareillement quand on vous demonstre le bien vous endurcisses voz cueurs/et ne voules ouyr la voix de celluy q̃ vous exhorte a biẽ faire. Aulcuns sont qui dient quand on le? monstre leurs faultez nous auons hõte de confesser noz pechez. Ie te demande creature quelle chose est pl? male: faire mal ou le ouyr? Se donc tu ne as point de honte de faire mal deuant dieu: quorquoy as tu honte deuant vng homme de dire le mal que tu as fait. Tu ne as pas eu honte ne crainte de exciter lire de dieu cõtre toy. τ pour quoy as tu honte par côfession de lencliner a te faire misericorde. Qui desire en ce monde fayre son salut/fault vaquer a estude des sainctes escriptures/et en elles estre acten+tif et on pourra profiter de bien en mieulx. Crisostome. Auec toute diligence deuôs diligemmēt les lire τ les regarder car en les dictās et pensant pourrōs acquerir nostre salut: tant clercz/que laicz: que fors q̄ pusil lammes: et prendre vne craincte de auoyr offense dieu. Aussi celluy q̄ est naure du diable denfer par aulchuns pechez: treuue en ycelles viādes medicinables. p̄ lesq̄lles peut venir a pfaicte sante. Selon bede on peut demāder: pour quoy ihūcrist et les a+postres ne cōmancerēt p̄scher a ceulx q̄ pl[us] g̃nalemēt vouloient croyre au sainct euēgille cōe estoiēt les payēs et nō pas aux iuifz q̄ ny ont pas voulu croyre. La cause est co+gnueue de dieu. q̄ cognoit ley raisōs de ses voulētes. τ nō pas les creatures: τ fait côe luy plaist. et luy mesmes est sa raison. Ainsi q̄ dit sainct auselme. Il dāpne iustemēt les maulnais. et iustemēt leurs pdōne. Quād il dāpne les maulnais. il fait selon sa diuine iustice. et selō q̄lz ont deseruir/τ quād il le[ur] pdōne il nest point meins iuste. car en ce il fait selon q̄ apartiēt a sa bōte. et a sa miseri corde: et nō pas selon q̄ leurs merites ont deserui. et nul scet po[ur] quoy il le fait. En p̄ dōnāt aux maulnais: il est iuste selō soy. et misericors. selon nous. et nō pas selon soy. Et nest pas dit misericors. pour auoyr le cueur tēdre ou piteux. mais po[ur] ce q̄l demō stre sa pitie aux pecheurs. Selon sainct au gustin: il a pitie τ pdōne p sa grace a celluy a q̄ veult. et a qui luy plaist il est dur: et imi sericors. po[ur] demōstrer la rigueur de iusti ce: et en toutes ses opations misericorde et verite sōt ensēble. tellemēt q̄ misericorde ne empesche poit verite. p laq̄lle il pdāpnie le peche[ur]/ne aussi verite misericorde. p laq̄lle le deliure. Dieu eternellemēt saichāt et p̄ nant la male τ faulce côuersation des hōes lesq̄lz en cōsiderāt sa seule iustice et rigue[ur]

ne pouoiēt estre sauluez: ne en cōsiderāt sa seule misericorde venir a pfectiō. a voulu τ ordōne le tēps on q̄l seroit preschee la voie de salut en laissāt tout en le[ur] franc arbitre. et en la loy de nature/q̄ dit. q̄ on ne face a aultruy ce q̄ on ne vouldroit q̄ on luy fist. Mais pource q̄ ceste loy a este fort obfus quee. p̄ cōtinuellemēt pecher/aquoy la crea ture est grādemēt abandōnee/fust ap̄s pres chee la loy escripte. laq̄lle p peynes grieues refrenoit τ punissoit les peches Et encore po[ur] ce q̄ p elle lōme du tout ne se abstenoit mye de pecher: mais tousiours se stoit coul pable. Apres fust preschee la loy de grace laq̄lle saulue tous ceulx q̄ retournent a elle cōme a le[ur] refuge/et aueugle tous ceulx q̄ la fuyent. et la mesprisent. et mōstre a tous ce q̄ dieu apromys a ceulx q̄ retourneront a luy: Et ence appert la haulteur du cōseil diuin: leq̄l par merueilleuse prudence a re duit les payēs et iuifz a la vraye vie quilz a uoyēt perdu par le peche de nostre premier pere adam.

Oraison.

Sire ihūcrist q̄ no[us] as instruict par pa role. et par exēple auoir desplaisance de noz pechez: et no[us] esiouyr des biēs sp̄iielz. dōne moy grace de plourer. et de la doulce rousee celeste arouse mon cueur q̄ est tout seich ace q̄ pleure toute ma vie tel lement q̄ mes larmes me soyēt faictes pain iour et nuyt. et que ton ame en obliāt toute vanite et misere. arde en ton amo[ur] tellemēt que en tout bien se puisse esleuer et donner louāge a dieu. en espance q̄ a la fin eternel lement la puisse louer. en la ioye pardura ble sans fin. Amen.

Cōme les apostres retournerēt de pres cher. chapitre. lviii.

Les apostres retournant de la pre dicatiō a la q̄lle les auoit enuoiez leur maistre ihūs/luy denūcerent tout ce q̄lz auoiēt fait et dit. pour luy mon strer q̄ voulētairemēt et loyallemēt auoiēt

gg i

acōply son bon cōmādemēt/en luy rendāt graces de ce quil leur auoit dōne. sciēce et puissance τ auctorite. Ilz vindrēt a luy cōe les ruisseaux a la fontaine: pour demōstrer q̄ les riuieres doiuēt retourner au lieu donc elles yssent, a ce q̄ derechief recourent. Se sont les bestes q̄ se partoiēt du repos de cō-tēplation pour aler au labour de action: et apres lopation retournerēt au repos de cō-tēplation. Et ayāt le seigneur cōpassion de leur labeur/les mena en vng lieu desert affin q̄ la se reposassent plus paisiblement de tant q̄lz estoiēt pl⁹ eslongnes du tumul-te et de la noyse du peuple. et a ce q̄lz se re-colligassent en oraisoō et saicte meditatiō autant q̄lz auoient este dispers en pōdicatiō Ilz nauoyēt pas espace de manger po² la multitude du peuple q̄ venoit a eulx pour oyr leur pōdication et saictes polles. Bede En ce q̄ les disciples de ihūcrist estoyēt oc-cupes pour enseigner les aultres/est mon-stree leur ioye et leur felicite/et aussi la cu-re et diligēce q̄ auoyēt les aultres de aprē-dre sainctes doctrines. Et a la miene vou-lente, telz choses feussent en nostre temps p̄sent. cest ascauoir q̄ le peuple frequētast les prescheurs et les ministres de la polle d̄ dieu/tellemēt q̄lz ne eussēt tēps ne espace de auoyr soing et cure de leur corps: et du monde, car ceulx a q̄ la cure et la sollicitude corporelle est denye: τ ceulx q̄ nōt q̄ vaquer et penser a eulx ont plus tēps/et pl⁹ facul-te de estudier et de cōprēdre les choses spi-rituelles: τ les sainctes escriptures apptenā-tes a lame: q̄ ceulx qui se empesch̄et du mō-de, et des sollicitudes tēporelles, et de tant q̄ plus on le² demāde la parole de dieu. de tant leur cueur et couage est plus enflēbe et plus se gardēt q̄ p̄ mal faire/ou mal exē-ple: ne destruyer ce quilz ont p̄sche τ edifie

Mistiquemēt selon sainct iherosme no-stre seigneur mena au lieu solitaire et on de-sert ceulx q̄l auoit esleuz pour ses apostres affin q̄ en viuant entre les mauluais et pe-che²s, ne fussēt mauluais ne pecheurs: les mena en solitude po² vng pou soy reposer

car en ce monde laborieux/et vertible ya bien peu de repos: spālement quāt a ceulx qui veullēt viure selon dieu. Et po² ce de eulx est escript ce q̄ a la fin leur sera dit. Ut requiescant a laboribus. suis. Cest a dire q̄lz se reposent de leurs labeurs et de leurs pey-nes quilz ont eu en ce mōde: car ilz auront retribution de dieu des bōnes oeuures q̄lz auront faictz pour reuerence et amour de luy. Sainct gregoire. De tant le repos des sainctz et des amys de dieu sera plus grant en paradis q̄ en ce monde auront eu moins de repos et plus de peyne et de trauail. et q̄ en se feront pour lamour de luy plus ef-forces a endurer toutes peynes et tormens et afflictions. Et aloppposite en tens bien o paresseux que de tant moins apres ce mō-de tu auras de repos et d̄ paix q̄ maintenāt pour lamour de ton corps et de ta seusuali-te as plus querutes aises et ton repos. Et pource affin q̄ tu te puisses esiouyr du vray et doulx repos: ne ayes paour maintenant de porter et de endurer douleur et labeur quelque soyt pour lamour de dieu/qui est paix et repos ifiny qui donne fin a tout la beur. Donc ihesucrist maistre fist reposer ses disciples a vaquer a eulx mesmes: pour monstrer que les p̄scheurs du sainct euan-gile et de la saincte escripture apres le² che-min et vagacions exterieures, doyuent tan-tost et voulentiers retourner au secret de o-raison et de contemplacion. et discuter leur faict et leurs oeuures diligētement deuant dieu. affin que du bien que auront faict luy rendent graces: et des deffaultz luy demā-dent humblement pardon, et aussi a ce que en soy taisant et meditant en eulx mesmes puissent abondēment puiser a la fontaine de vraye sapience, ce que apres espandrōt au peuple en leur predicatiō. Et en cestuy repos doyuent prier adieu quil supploye le deffault que ses prescheurs font en se reposant, τ inspirant le bien que pourroit dire telz prescheurs/se pendant celuy re-pos fussent alles prescher et courir pour se-mer la parole de dieu. Gregoire. Nul n͞e

doit pour vaquer a cõtemplacion spirituelle et a sa deuotion pticuliere côe laisser ce d̃
quoy il doit et peult aider a son prochain.
Aussi pour la necessite du prochain nul ne
doit du tout laisser sa spirituele cõsolation
et contemplacion de dieu. car rien ne profi-
teroit se pour nostre profit particulier laissions noz amys. et en totalement aymant
noz pchains et amys. aussi laissions nous
mesmes. et nostre spirituel proffit et de pẽsee sur nous mesmez a ce que acquerons la
vie eternelle. Apres ces choses deuant
dictes nostre seigneur ihesucrist dist. Designauit et alios septuaginta duos. C'est a
dire que oultre le nõbre des douze apostres
dessusdoitz eslist septante et deux aultres disciples. Et ainsi que les apostres tenoient
la forme des euesques / et de ceulx de la pl9
haulte dignite de leglise. car les euesques
sont successeurs des apostres / ainsi les disciples tenoient la forme des p̃stres / et des
cures / et de ceulx du second ordre. Toutesfois en la primitiue eglise tous estoient appelles euesques / tant apostres / que disciples. Et tous les enuoya deux et deux par
tout la ou yroient prescher / tant en citez q̃
en villez ou chastraulx. Et ce cõmadement
de aler deux a deux fust faict / po9 plusieurs
causes. La premiere en mistere / c'est pour
conuertir a la vraye foy les deux peuples
moult difformes : c'est ascauoir les iuifz / et
les gẽtilz. La seconde po9 annũcer aux raysonnables creatures double salut / c'est du
corps et de lame / qui est et en ce monde : et
en lautre. La tierce pour demõstrer le double cõmandemẽt de charite / qui est de dieu
et du prochain aymer : qui doyuent estre en
prescheur de la saincte escripture z de la parolle de dieu. La quarte po9 la double perfection qui doit estre aux prescheurs. c'est a
scauoir de science vraye / qu'ilz doyuẽt auoir
et de vie nõ saincte. La quinte pour la garde et seurte qui est en cõpaignie bõne : c'est
affin q̃ lun fust garde de la chastete de laul-

tre : et de tous ses aultres biẽs. La vi. po9
auoir cõsolation lun de lautre. z pour se ayder cõsoler et conforter en leurs petites necessitez. La vii. pour la cõfirmation de verite / laquelle par eulx deuoit estre preschee
et par tout le monde publiee / et a diuerses
gens Et il est escript : que en la bouche de
deux ou d̃ trois tesmoings. toute verite est
trouuee / et manifestee : Et les enuoya deuant sa face / c'est adire deuant sa presence :
affin que son aduenemẽt en nul lieu : en nulle place patẽte : ou secrete fust ocult : mais
notoire : et affin qu'ilz q paraissẽt aux cueurs
des psonnes la voye de le receuoir et de le
ouyr / patiẽment deuotemẽt et voulentairemẽt. Et les enuoya en toutes citez et places / car indifferẽment / et sans distinction
et regard de personnes. ihũcrist et ses apostres preschoiẽt tant aux citez q̃ en aultres
lieux petitz et gras : mais premieremẽt prescherent en iudee et en galilee / z puis apres
lascension furent enuoyes aux payens entre lesquelz auoit soixante et deux langues
affin que le nombre fust appertenãt au mistere : et ainsi les douze apostres et les prin-
cipaux auoiẽt este enuoyes premierement
aux douze lignees du peuple disrahel. La
lengue premiere fust hebrayque / et fust deuisee en septãte et deux langues en ledification et cõstruction de la tour de babilloyne. Gregoire. Au cueur de la personne la
predication doit estre premiere et doit preuenir / car par elle nostre seigneur viẽt voulentiers abiter en nostre ame / et en nostre
cueur / car quãd les parolles de verite sont
premisses. facilemẽt la verite est receue aux
cueurs des bons / et des deuotz / et des
auditeurs. Et leur disoyt ihesucrist.
Messis quidez multa operarii autẽ pauci
La meison est ample et grande : et les meis-
sonniers sont pou. Les poles et plusieurs
aultres semblables qui seruent a ceste matiere sont exposees dessus au cinquante et
vng chapitre. et pource ne les fault point

repliquer ne redire. Et quād ses soixāte et deux disciples eurent acōply et expedie ce pourquoy de leur maiour estoyent envoyes retournerent a ihesucrist en grant leesse et ioye spirituelle, tant pour le fruit de leur predication par laquelle auoyent conuerty et edifflé le peuple, que aussi pour les grans merueilles et miracles quilz auoyēt faitz. car ilz auoyent gecte hors des corps des creatures les dyables, et po[ur] ce ilz sen esioyssoient tant dehors que dedans. et disoyent que ou nom et a linuocation de ihū crist, non seulement les malades de toutes maladiez estoient gueris, et les pecheurs iniques et mauluais publicz et secretz conuertiz a bien, mais auec ce to[us] les dyables tant peruers feussent leur estoient subietz, et leur obeissoyent. De ce dit bede venerable. Les disciples furent bien saiges et prudens de raconter le bien a ihesucrist. mais quilz se esioyssoient des vertus et miracles grās quilz faisoyent en son nom. estoit encore de imperfection de foy. Et pource q̄ ihesucrist les vist ainsi esiouyz: et comme se glorifier: cōme encores enformes et impfaitz, pour reprimer leur elation, et petite vaine gloire leur dist. Videbam sathanaz sicut fulgur de celo cadentem. Jay veu le dyable sathan cheoir du ciel horriblement cōme fouldre. car quād il cheut: ihesucrist estoit present: quant a sa noble diuinite: et q̄ pl[us] est luy mesmez le p̄cipita du ciel hault iusques en abisme. Ainsi cōe sil leur disoit Vous deues bien diligentement vous garder que po[ur] puissance qui vous soit dōnee ne vous esleues. et nen prenez vaine gloire et que par telle elation ne choies: ainsi que lucifer fist par son grād orgueil. Po[ur] ce q̄l se esleua trop grādement ne se peut tenir q̄l ne cheust moult bas et bien parfond. Et certes se vous vo[us] esleues en orgueil: ape[i]ne vous pourres vous tenir en estat de grace: et choyrrez subitement en grant peche. Surcede dit seinct gregoire Po[ur] reprimer lelation du cueur des disciples, le seruiteur conuenablement ramene le iugemēt: que le maistre de elation qui est lennemy receust de dieu. affin quilz apr̄insent en la punition de lorgueilleux cōbien tel vice est a fuyr: et combien seront punys se en eulx domine le vice de elation. Ysidore. Se aulcun a commence estre mauluais: garde soy, que des vertus quil a ia receues ne sen eslieue, a ce que plus griefuement ne choye: car nul ne doit auoir cōfiance en la dignite. et noblesse de nature: ne aussi se orgueillir du don de grace que dieu luy donne: ne de hōneur: ne de puissance: ou de aultre fortune, car en toutes ses choses la nature angelique no[us] a excede τ passé: laquelle par orgueil cheut du ciel. et sans remede: et est myse soubz noz piedz: car sur nous na nulle puissance se premierement ne nous consentons a elle Augustin. Jh uble cōfessiō est meilleure en maulx faitz. que orgueilleuse gloriaciou en biēs faictz. τ humilite en maulx faitz plaist plus a dieu: que ne ne fait orgueil en biens faitz. Par cecy appert, que la personne ne se doit point glorifier des graces que dieu luy a donne. et par especial des graces que vienent et peuuent estre donnees, tant aux mauluais que aux bons: mais seulement se doit esiouir de la grace par laquelle elle est agreable et plaisāte a dieu. et par laquelle elle est escripte ou liure de vie: cōbien que de tous les biens que dieu luy fait, elle luy en doit rendre graces en toute et parfonde humilite. Ihesucrist apres leur disoyt Je vous ay donne puissance de passer et de mōter p̄ voz piedz spirituelemēt entēdus sur les serpens, et sur les scorpions. et sur toutes les puissancez et vert[us] des ennemys qui vous pourroyent nuyre: τ sur toute maniere de hors esperitz: et ne vous pourront nuyre. par ce q̄ les serpēs nuysent a la Par sonne de leurs dens. et les scorpions de le[ur] queues on peut entendre spirituellement. que ceulx qui nuysent visiblement aux aultres: cōe sōt les hōmes q̄ sōt peche[ur]s publiez peuēt estre appellez serpēs. τ ceulx q̄ nuisēt

inuisiblement et font cheoir en vices spirituelz et secretz sont appelles les scorpions.
Aussi par les serpens on peut entendre
ceulx qui effundent leur venin de mauluayse subgestion a ceulx qui ont commance aulcune vie de perfection. Et par les scorpions ceulx qui se estudient de corrumpre la
fin, quand ilz ne peuent riens faire au commancement. Combien que aussi monter sur
serpens n'est aultre chose que auoir domi-
nation τ seigneurie sur la sensualite, laquelle ainsi que dit sainct augustin est signifiee
par le serpent, et monter sur le scorpion est
detester et auoir en abhomination le detracteur
et tout aultre qui se estudie de empescher le
salut de lame. car adonc lame est par dessus
tous ses ennemys: quand elle mect hors de
soy tant par la grace de dieu, que par bonne
voulente toute occasion de peche mortel
par lequel dieu peut estre offense. Et combien dit il que ie vous donne telle puissance, toutesfoys ne vous eniouysses pas trop
car mesmes aux mauluais aulcuneffois telz
choses sont donnees, comme faire signes
merueilleux, et bouter hors des corps des
creatures les mauluais esperitz: ou pour
leur plus grande dampnation: ou pour la
gloire du nom de dieu: qui en telz choses est
appelle et inuoque, ou pour la confirmation
de la foy catholique: laquelle ilz preschent
ou pour lutilite et proffit de ceulx qui voient
telz choses. Crisostome. C'est chose commune tant aux bons que aux mauluais mectre
hors des corps les ennemys. mais confesser
verite et faire iustice, est chose qui appartient seulement aux esleuz de dieu. Et por
ce se tu voyes aulcun qui mect hors des
corps des personnes les mauluais esperitz
τ en sa bouche: τ en ses oeuures ne confesse
verite: et ne face a soy et a aultres iustice:
saiches que tel n'est pas homme de dieu. Et
a cause de ce on ne doyt pas desirer ne demander a dieu faire signe par obstentation
mais on luy doit demander la sante de lame.

Se tu es si humble que tu ne veueilles fayre signes par lesquelz ta bonte. et tes vertus soyent cogneuez des aultres, tu es ia
hors de tous peches. et as ia tout acomply
Il n'est point plus grant dyable que peche
lequel se tu le oste de toy: tu faitz plus grande chose que se tu ostoyes dix milles dyables
des corps des creatures. Les signes manifestes sont aulcuneffoiz proffita ceulx
qui les voyent faire, mais a ceulx qui les
font souuent sont nuysables: car ilz font cheoir ou en elation. ou en vaine gloire: ou en
aultre maniere de pechez. Or en toute diligence estudions nous faire bonnes oeuures
τ vertueuses: τ peu nous chaille monstrer aux
aultres sainctete et vertus mesmez: se en nous
sont Se tu veulx cognoistre les grans et p
faictz miracles plaisans a dieu et proffita-
bles a ton ame, sachez que quand tu es mue
de inhumanite, et durte a faire aulmosne,
c'est grant miracle: car tu as guerry ta main
qui estoit seiche. Se tu laisses de regarder
les ieux ou aultres choses mondaines, et
aymes plus aler a l'eglise pour ouyr le seruice de dieu et sa parolle, tu as adoyrsse tes
piedz qui estoient boyteux et qui clochoient
Aussi se tu ne veulx plus leuer tes yeulx por
regarder aulcune femme ou fille par concupiscence charnelle, tu as ouuers tes yeulx
qui estoyent aueugles. Aussi se en lieu de
parolles oyseuses, ou aultres langaiges
vains: occupes ta bouche et ta langue aux
louanges de dieu: tu as ouuers ta bouche
qui estoit clouse. Se sont les grans miracles qui font l'omme plaisant a dieu, et sont
a ledification du prochain, et a tire les peruers a vertus, et a la fin font auoir fruiction
en la vie eternelle. Ihesucrist apres enseigne de quoy on doyt auoir ioye. et dit.
Gaudete autem quia nomina vestra scri-
pta sunt in celis. De ces choses deuant dictes ne vous esiouysses mye, mais esiouses
vous que voz noms sont escriptz aux cieulx. et
mys en memoire perpetuelle sans obliance

ff iii

ou liure de vie: combien que en ce monde soyent effaces et comme mys en obly quāt a la reputation des hommes. et a lopposi-les noms des mauluais hommes sont escriptz et magnifies en terre et non pas ou ciel. On liure de vie les noms des creatures sont lescriptz en double maniere.

Premierement selon la predestination eternelle/ et en telle maniere lescripture est indeleble/ et ne se peut effacer. Secondement selon la presente iustice/ cest selon le bien que faict la personne en ce monde. et selon ceste maniere les noms des apostres estoyent escriptz aux cieulx. car ilz estoient de dieu predestines: et auec ce auoient tousiours la grace de dieu. car la gloziation qlz eurent de ce quilz mectoyent les mauluais espeitz hors des corps quilz possidoyent ne fust pas peche mortel/ par quoy perdissent la grace de dieu: Or se tu veulx que tō nom soit escript aux cieulx doublement. estudie toy que tu faces tousiours bien/ car de telles oeuures et lettres que tu feras ton nom sera escript. et ō telles lettres sera porte a tō iugement. car il est escript en lapocalipse. que les mors sont iuges selon que de eulx estoit escript on liure/ cest a dire selon les oeuures quilz ont faict en ce monde Bede: Bien conuenablement on doyt entendre/ que selon que vng chescun faict et oeuure es choses celestes ou terriēnes eternellement sera en la memoire de dieu et est escript ou liure de vie selon les bonnes oeuures quil aura faictes. Et ceulx qui en ce monde feront mal ne serōt pas escriptz en la vie pardurable/ mais en terre/ comme dit le prophete Iheremie. Et ainsi y a double escripture des creatures/ car aulcuns sont escriptz a la vie eternelle: et les aultres a leur perdition. Quand il est dit que aulcuns sont escriptz au liure des viuans/ on doit entēdre de ceulx qui sont dignes estre du nombre des saulues. Et selon ce il est dit/ que telle escripture se peut bien muer:

en tant que ceulx qui sont ainsi escriptz par bonnes oeuures ou liure des viuās. par le negligence/ ou maulluaistie se laissent cheoir en peche: et lors leur nom est efface du liure de vie/ pource quilz font oeuures mortes. Ihesucrist se esiouyt du fruict que auoient faict ses disciples. Theophile. Ainsi que le bon et debonnaire pere voyant proffiter en bien ses enfans se esiouyst. ainsi Ihesucrist se esiouist de ce que ses disciples auoyent faict si grans faictz. Il veoit en esperit la question du peuple par leur predication. Et pour ce est il dit/ ql se esiouyt au sainct esperit/ cest adire aux effectz quil veoyt par le sainct esperit. car luy qui estoit amoureux du salut des hommes reputoyt a matiere de ioye la conuersion des errans et des foruoyes de la vraye voye de verite et pource rendoyt graces a dieu le pere: en disant. Confitebor tibi domine pater celi et terre. tc: O mon pere par eternelle generation/ seigneur du ciel et de la terre. ie te rendz graces et te loue. car par ta iustice tu as musse les misteres ō la foy et les secretz de ta sapience qui ont este acomplis en la uenement de ton filz: aux sages mesmes tāt en choses diuines. comme aux pecheurs: et faulx prophetes/ et phariisens qui selon leur estimation estoyent prudens et sages de sapience fole: qui est en troys manieres Cest ascauoir ou en choses terriēnes: quāt aux auaricieux/ ou en voluptes: quant a ceulx qui viuent comme bestes/ ou dyaboliques: quant aux ambicieulx et orgueilleux Mais la vraye sapience sire la reuele aux petitz et humbles/ qui de nul bien se eslyeuent/ mais tousiours captiuent leur entendement au seruice de la foy. Et bien conuenablement il mist a lopposite des prudens et sages selon le monde: les petis et les humbles: et non pas les folz et bestes affin quil demonstrast que onc orgueil ne luy pleust/ mais bien humilite: sapience. et subtilite dengin. aulcuneffoys luy plaist.

Aussi dit crisostome pour nous enseigner que en toutes noz oeuures deuons fuyr elation, et amer vraye humilite. C'est grand honneur aux vrays humbles quand ilz sont du secret et conseil du souuerain roy, et apellés a la cognoissance de la verité de Jhesucrist. Crisostome. Jhesucrist rendit graces a dieu le pere, pource que les simples hommes estoyent enluminez en la foy, car tout ce qu'ilz faisoient de bien le reputoient venir du createur. Ilz ne estoient pas comme les sages des iuifz qui se reputoient faulcement estre sages selon la loy de dieu. Sapience n'est aultre chose que viure selon la parolle et enseignement de dieu: et non pas sçauoir moult d'escriptures, et vueilles monstrer pas par bonne vie: Et se tu veulx considerer, tu le pourras veoir en toutes personnes: car a tous saiges charnelz dieu musse le mistere de verité, et le reuele a ceulx qui sont petitz quant a mal. Et c'est la cause pour quoy les iuifz qui estudioyent la loy de dieu ne pouoyent trouuer ce que pouures pescheurs et rudes trouuerent car ilz estoyent orguielleur et les disciples humbles. Et pource nostre seigneur ne se esioyst pas de ce que son mistere estoit mussé aux sages, mais de ce qu'il estoit reuelé aux petitz et humbles, car telle chose est digne de leesse, et l'autre de tristesse. Crisostome. Nostre seigneur ne se esiouyst mye de la perdition de ceulx qui n'ont eu cognoissance de la verité: et s'ilz eussent esté dignes de en auoir la cognoissance s'en fust esiouy. Et pource que par leur demerites verité leur a esté musseé, c'est plus chose de tristesse que de ioye. Par quoy appert que humilité est cause de croire en la foy: car elle dispose la personne a vraye sapience, et il est escript aux prouerbes. La ou est humilité tousiours est sapience. Et le philosophe dit. Celuy qui est entre les sages le plus humble, est entre les sages le plus sage. Mais que les infideles n'entendissent pas les secretz diuins: la cause fust leur orgueil, lequel auengle l'entendement, et que dieu ne leur reuela la cause simplement fust sa voulenté diuine: ainsi qu'il demonstre en disant. Ita pater quoniam sic fuit. &c. O pere en telle maniere a esté faict: car il a pleu a ta voulenté: et tu es celuy auquel nulle chose iniuste peut estre plaisante. En quoy nous voyons que le filz de dieu ne voulust bailler ne rendre aultre rayson, pour quoy le pere a esleu aulcuns, et reprouue les aultres, si non le bon playsir du pere, en nous donnant exemple, que nous ne deuons pas discuter les secretz de dieu: et pour demonstrer la confusion de ceulx qui veullent enquerir trop curieusement les raisons des secretz de dieu. Gregoire. Aux parolles de nostre seigneur nous deuons prendre exemple de humilité, a ce que par arrogance ne discutons ses secretz, et pour quoy il eslist aulcuns a vie pardurable, et aulcuns reprouue et laisse en peine. Il mist deuant ce que estoyt vray, et touteffois ne rendit pas tantost la raison pour quoy ainsi estoit faict: mais dit que ainsi estoit le playsir de dieu, pour demonstrer que ce qui estoit fait du iuste ne pouoit estre fait iniustement. Et pource en tout ce que dieu dispose par dehors, la rayson occulte est le droit iugement procedant de sa voulenté. Crisostome. Nostre seigneur ne dit pas la rayson, pour quoy il a ainsi pleu a dieu: mais seulement rend graces au pere de ce que ainsi luy a pleu, pour demonstrer que iamais on ne doit discuter ne enquerir des iugemens et conseilz secretz de dieu, ne pour quelle raison il fait telle chose. Mais seulement on luy doit rendre graces de toutes choses plus qu'il luy plaist ainsi les ordonner doyt souffrir a la creature pour tout tesmoignaige, que dieu ne fait riens sens rayson et iustice. Il a creé la personne: non pas pour discuter de ses oeuures et de ses faitz, mais affin qu'elle le honourast. Il ne voulut pas quelle soyt iuge de ses ordonnances: mais seullement qu'elle garde ses commandemens

gg iiii

Il appartient au bon seigneur pourvoir a toutes choses qui appartienent a lutilite du serviteur. Et le bon serviteur doyt mettre en oeuvre les voulentes et faitz de son loyal seigneur. et non pas par presumption les discuter et iuger. Augustin. Pourquoy dieu appelle vng a sa familiarite et amour et laisse lautre endurcy et en mal: garde toy de enquerir la rayson se tu ne veulx errer τ trop presumer. Et combien que en especial on ne puisse donner ne assigner raison pourquoy dieu eslist lung et reprouue lautre: sinon quil plaist ainsi a sa simple voulente: touteffoiz en general de la part de dieu generalement on peut assigner aulcune cause. cest lascauoir affin que des esleus apparoisse la misericorde de dieu, et des reprouues sa iustice: car ainsi que a la gloire et honneur du roy ne appartient pas seulement la sale ou le palaiz ou les nobles cheualiers sont honnoures, mais aussi appartiet a sa mageste le gibet τ la fourche a laqlle sont les malfacteurs punis et pendus: ainsi pareillement a la gloire de dieu na partient pas seulemet la retribution des iustes: lesquelz de luy sot remuneres pour leurs bonnes oeuures: mais aussi luy appartient la punition des mauluais: quil ont deserui par leur mauluaistie

Et pource quil a este dit de la vocation des humbles, consequemment est mys apres le moyen par lequel ilz sont appelles. Ihu crist est le mediateur de dieu et des hommes Or quand ont veult proceder iustement on doit prendre les extremites et les ioindre au moyen et au meilleu: τ pource toute infusion de grace diuine est diriuee par ihesu crist come par le mediateur: qui a vny les deux extremites. Et cest ce quil dit apres. Omnia michi tradita sunt a patre meo τc. Toutes choses sont soubmises eternellement a ma puissance par mon pere, auec lequel ay nature diuine et semblable puissance. mais selon humaine nature toutes choses luy sont bailleez de dieu le pere, des sa conception quant a lauctorite: car par ce q nature humaine fust vnie au verbe diuin toutes choses creees luy furent mises sur sa puissance. Aultrement aussi luy furent baillees quant a effect: et en ceste maniere au iugement toutes choses seront subiectes a luy, pource que adonc sa voulente sera acomplie de toutes choses. Et a cause que selon nature diuine il est vne mesme chose auec le pere. Il dit apres. Et nemo nouit filium nisi pater. Et nul ne cognoist le filz si non le pere: et nul ne cognoist le pere si non le filz. combien que par ce il ne veult pas dire que le sainct esperit ne cognoise le pere et le filz: car ycy est faicte exception essenciale et non pas personnale: et pource que le sainct esperit nest pas daultre essence q le pere ou le filz: il nest pas erclus de ceste cognoissance. Et a ce que la creature ne se esuaist se elle ne pouuoit auoir cognoissance de dieu. apres quil a dit: que nul ne cognoist le pere si non le filz: il mect: et si non ceulx ausquelz le filz le vouldra reueler. Et affin que seurement nous acrendons a luy pour auoir ceste digne reuelacion, il nous inuite et dit. Venite ad me oes qui laboratis. τc. O vous tous qui laboures: ou selon la nature en laquelle vous estes nez: ou selon la coulpe par laquelle vous aues trespasses les commandemens de dieu: ou selon la peyne en laquelle vous demoures. venes a moy, non pas p piedz corporelz, mais par bonnes oeuures et meurs. Yssi specialemet il parle du labeur des infideles: quilz ont au seruice et culture de leurs dieux et ydolles. Et aussi on peut penser combien laboure lauaricieux a tousiours acquester et amasser. et le luxurieux en ses delectations charnelles: et le ambicieux en ses dignites Nous voyons ycy la grande et merueilleuse dignation de nostre dieu. et sa grande charite inestimable: le quel par sa doulce parolle appelle a soy ses enemys. τ exhorte ceulx qui sont en peches: et attrait ceulx qui sont ingratz a son amour. Crisostome. Il ne dit pas venes vous ou vous: mais dit venes tous qui estes occupes aux sollicitudes terriennes: qui estes en peche: ou en tritesse: non pas q̃ ie demande punir voz peches et deffaultez: mais a ce que les efface de la main de dieu. venes donc a moy: non pas que ie aye besoing de vous ne de vostre gloire: mais seulement pource que ie veulx vostre salut. Vo9 deues bien desirer a venir a moy affin que ie vo9 descharge de si grans charges: τ poisantes: cest ascauoir de la loy anciene. de la tradition et ordonãce des pharisiens/ et de la seruitude du dyable. Et se par bõne voulẽte venes a moy: ie vo9 refectioneray et vous saouleray de la refection internelle en ce monde par grace. et en lautre par gloire. Il ne dit pas seulement ie vous saouleray: mais qui plus est dit ie vous reffectioneray. cest adire ie vous mectray en to9 repoz et pardurable. Et donc en oyant ses doulces polles τ admonitions: on doit bien venir a luy/ car il est repoz des labourans: le solegeur des charges: la reffection des affames: τ de ceulx qui en eulx mesmes deffaillent. lequel en ce mõde nest pas po2 appeller les iustes/ mais les pecheurs a penitence. Bernard. Le monde crye ie deffauldray: la char crie ie tueray/ et ihesucrist ie reffectioneray. regarde bien auquel des trois tu yras. Et pource voulentairement boutes hors de vous le ioug de peche: et le soing des choses et cures temporelles/ lesquelles vous sont grãs charges et de grãs lebeur: et prenes le ioug de la doctrine euãgelique: lequel est dit ioug: pource q̃ ioing les gentilz τ les iuifz en vne foy. Il est aussi dit le ioug de amour diuin/ pource quil ioing les hõmes auec dieu. Il est aussi dit le ioug de la croix ou de mortification: po2 ce quil soubmect le corps a lesperit. Aussi nostre seigneur dit que cestuy ioug est sien pour ce quil la premier porte pour nous. Crisostome. O tresagreable poys: lequel de plus en plus conforte ceulx qui le portẽt. Il est bien de aultre condicion que le poys des seigneurs terriẽs: lequel de plus en pl9 afoiblist les forces de ceulx qui le portent: mais celuy de ihũcrist de plus en plus aide a ceulx qui par bonne voulente se estudient le porter. Et discite a me qui mitis sum τc. Et aprenes de moy qui suys maistre/ que ie suis doulx en toutes mes oeuures exteriores. et par dedans en cueur en toutes affections/ non pas par fiction pour acquerir louãge humaine. Comme sil disoyt. Aprenes de moy estre doulx et de bonnayres en toutes bonnes meurs/ tellement: que ne nuysies a nully/ et que soyes humbles de cueur: tellement que ne contempnes nully/ affin que par ce monstres par dehors en operation/ ce que vous demonstres τ aues par dedans en cueur. Doulceur et humilite de cueur sont deux choses par lesquelles merueilleusement lamour diuin en la personne est engendre nourry et cõseruue. Or pense bien ycy cõment nostre seigneur sur toutes ses vertuz nous renuoye a humilite/ laquelle veult q̃ nous aprenõs de luy/ car elle est le fõdemẽt et la racine de toutes aultres vertuz. Ambroise. Nostre seigneu2 ne dit pas aprenez de moy q̃ ie suis puissant/ ou que ie suis glorieux/ mais dit: aprenes de moy que ie suis hũble/ laquelle chose se en vous ne tiẽt me pouues bien ensuyure. Augustin. Mes freres toute nostre medicine est la polle de nostre seigneu2 qui dit aprenes de moy que ie suys doulx et humble de cueur. Aprenes dit il de moy non pas a faire le monde: ne a creer toutes choses/ non pas a faire miracles/ ne a ressusciter les mors/ mais que ie suys doulx et hũble de cueur. Bernard. Que diray ie de moy poure τ orgueilleux: quand celluy qui dõne toutes vert9/ et ou quel sont tous les tresors de sapience et de science musses/ et ou quel habite plenitude de diuinite seulement sur toutes ses vert9 se glorifie de humilite. Aprenes dit il de moy/ non pas que ie suys sobre/ ou chaste/ ou prudent/ ou aultre telle chose: mais que ie suis de bõnaire et humble de cue2. Aprenes de moy nõ pas de la doctrine des patriarches ne des liures des pphetes/mais moy mesmes me baille en exemple et en forme de humilite. Par quoy appert que la diuinite a de coustume de ce approcher plus familierement aux humbles de cueur que aux aultres/car elle est de telle vertus vestue/a ce quelle apparust aux hommes visiblement. Gregoire Pour ceste cause le seul filz de dieu ihesucrist a prins la forme de nostre enfermete: et luy qui selon sa diuinite est inuisible. non seulement a voulu estre visible. mais a voulu estre desprise et porter en son corps tormens/passions/obprobres/contumelies: et illusions. affin quil enseignast/q̄ la creature ne se doit point esleuer par dessus dieu. O quelle vertuz est humilite/pour la quelle vrayement enseigner cellui qui sans comparaison est le plus grāt de tous les aultres a voulu estre fait petit et humble iusques a souffrir passion tres amere: et côme nous sauons est descendu de la haulte de sa mageste aux choses basses pour donner gloire et excellence a lumain lignaige. Et por ce que le cōmancement de nostre perdition fut par lorgueil du dyable/qui tempta noz premies pares. conuenable chose estoyt q̄ linstrument de nostre redemption fust trouue par lumilite de dieu. Et pource que nostre redēpteur gouuerne les cueurs d̄ ceulx qui sont vrays humbles/et le dyable est dit le roy et prince des orgueilleux/nous cognoissons par ce appertement que le tresseuident seigneur des reprouues de dieu est orgueil/et a lopposite des esleuz humilite. Et ainsi vng chescung peut cognoystre soubz quel roy il est/et soubz quel prince il bataille/car vng chescun porte en ses oeuures vng tiltre/cest ou orguel: ou humilite. Et en brief cōme dit cassidoire en la saicte incarnation du filz d̄ dieu humilite fust grāde. cōme est la mageste incomprehensible en la diuinite: Et pource toy creature eslis plus tost batailler et viure soubz le roy du ciel/que soubz le prince du mōde. Et ser

uir plustost a dieu que aux hōmes. Et a ce faire note yci vng exēple tresutile Il estoit vng cheualier lequel par long temps auoit serui a vng grād marquis et seigneur: en fait darmes et de cheualerie et apres cheut en maladie de laquelle a la fin mourust. Or ainsi quil estoit malade son seigneur le vint veoir et visiter/et luy promist luy aider en toutes choses possibles de faire: en luy disant/quil ne esparnast ne or ne argent por sa sāte recouurer: auquel ledit cheualier en le remerciant luy dist/que ne luy pouoyt aider. car selon le iugement des medicins deuoit mourir. Apres le dit cheualier fist appeller a soy tous les nobles et seigneurs qui estoient en la court de cest marquis/et les admonesta en disant. Mes treschers amys vous voyes que mon seigneur/auql en tout ce qui ma este possible ay serui/et selon sa voulente et pleisir/en ma neccessite ne me peut ayder. combien quil le voulsist faire. et par ainsi et mon corps et mon temps et mon seruice ay perdu vaynement et sans pffist. de quoy men desplaist moult Or ie vous prie et admoneste que vous estudies seruir le tēps aduenir a tel seigneur qui vous puisse aider en voz neccessites/et secourir en toutes choses. Apres nostre seigneur mect le loyer. en disant. Et se vo' prenes mon ioug et se vous aprenes estre obeissans/vous trouueres vray repoz en voz ames. Et la cause est pource que aux vrays catholiques en ce monde leur vray repoz est lobseruāce des cōmandemens de dieu. car combien que souuēt ilz trauaillēt corporellement et souuent soyent tristes. touteffoiz en lesperit se repousent/et se esiouyssent en esperance quil ont des choses celestes. Et pource dit nostre seigneur en vng aultre lieu. Je vous ay dit tout ce que vous ay dit/a ce que seulemēt en moy queres vostre paix et repoz. car tant que aymeres ce mōde vous ne aures que tribulation
Et affin que aulcuns ne se esbaissent et eussent en eulx paour de prendre le ioug de

la loy euangelique/leql semble estre grief et chargant. il mect comment par ycelluy on trouue le repoz des ames, et comment il nest pas grief/en disant. Jugum meum suaue est et honus meum leue. Mon ioug est doulx plus q̃ ne estoyt le ioug de la loy enciẽne, lequel estoyt moult grief: tant po² la multitude des cerimonies, que pour lau‧ sterite des choses iudiciales: q̃ aussi pour le deffault des sacremens/qui sont ordonnes en saincte eglise pour iustification des creatures. mais le ioug du sainct euangile est legier. pource que pour le releuer il souffit que la personne soit en charite. Iherosme. A ceulx qui selon verite ayment dieu en ce monde/ne leur est riens difficille: et ne treuuent nul labeur dur, et pource se an ce monde ne voulons trouuer riens difficile. aymons nostre seigneur/et toutes choses nous seront faciles. et legieres. car comme dit vng philosophe/il nest peine en ce monde si non a ceulx qui ne font de bon cueur z de bõne voulente ce q̃lz font. Toute peine vient de ce que on faict par contraincte. Nous ne auons nulle douleur/si non par ce que nous sommes impaciens en noz labeurs. et crainte faict toutes choses estre cruelles en ce monde. On peut demander comme se peut faire/que le ioug de la loy euangelique est plus doulx/que celluy de la loy de moyse. quand nous voyons que selon la loy encienne seullement adultere estoyt deffendu, et ou sainct euangile la concupiscẽce est deffendue: en la loy homicide estoit deffendu/et en leuãgile ire est punie. On peut respondre selon sainct Iherosme: que en a la loy de moyse les oeuures de fait estoyent requisses/et en leuangile souffit q̃ la personne ayt bonne voulente. car par ycelle acquiert merite enuers dieu: quand elle na pas oportunite de acomplir de fait son bon propos. z plus est auoir bõne voulẽte q̃ auoir leffect. Aussi on peut demander pour quoy ihũcrist dit yci que son ioug est legier: quand par auant il a mys que la

porte et la voye qui meyne a la vie eternelle est estroicte. A quoy selõ sainct augustin et sainct hilayre on peut respondre que la voye qui mene a la vie eternelle est estroycte/quant au commencement. Car cest moult griefue chose laisser ce de quoy on estoyt acoustume. mais par longue acoustumance elle est faicte legiere/par la doulceur de lamour diuin. On voit par experiẽce que au cõmencement a ceulx qui ont les desagassez est grief d̃ mẽger: mais quãd ilz ont vng peu acoustume le² est mõlt plaisant z delectable. A ceulx donc qui ayment ihesucrist/ garder leuangile est doulx et legier. car charite fait tout endurer. Aussi p bõne acoustumãce rien nest difficile. Aussi quand au regart du loyer leuangile est legier. Aussi quand au regart de ce que contenoit la loy encienne leuangile est moult legier.

Oraison.

Seigneur ihesucrist dõne moy par ta saincte predication de tes apostres tellement par ta grace estre enseigne/que en nulle vanite/ou elation, ou extollẽce qui mon cueur frapperont ne preigne plaisir: et ne me glorifie. seullemẽt en ta croix/et en vraye humilité/et en choses q̃ me exciteront a ycelle. Je te prie aussi sire, que par ta saincte grace conferme toujours et enforce mon cueur. en la saincte doctrine euangelique/en parfonde humilite: et en toutes aultres vertus: affin que moy purgie de tous vices et rẽply de tous biẽs: deserue trouuer le repoz de lame: z en ceste vie presente. et en celle qui est aduenir. car mon cueur nest point eu repos iusques a ce quil se repose en toy bon thesus. Amen.

De lomme batu et naure par les larrõs chapitre. lix.

Pource q̃ ihũcrist auoit parauant dit que le mistere de la foy/ et les secretz de la diuine sapience estoi ent musses aux orgueilleux et reueles et manifestes aux humbles. laisse lignorance: et laueuglesse des iuifz: et consequemment declaire la science et doctrine des disciples a ce que les monstre humbles.et petis selon la reputation du mõde ceulx ausquelz le pere celeste reuele les secretz de son aduenement et les repute bien eureux/car en culx a este acomply ce que par long temps deuant auoyt este promis aux sainctz peres de lancien testament. Et leur dist: Benoitz sont les yeulx qui voyent ce que voyes maintenant/car ilz virent ihesucrist tant des yeulx corporelz que des yeulx spirituelz. par foy Les apostres voyant la gracieuse presence du filz de dieu/en son humanite/veoyẽt la sainctete de sa vie en sa conuersation. veoyent sa puissance en lopperation de ses miracles/et veoyent sa gloire en sa transfiguration. Et pourtant icy en voyant ihucrist par foy formee de charite furent benoictz en esperance/et en perseuerant sont benoitz maintenant en fait. Je vous dy q̃ deuant vous plusieurs prophetes remplis de cognoissãce/et roys pleins de saincteté ont moult desire veoir ce que maintenant vous voyez/et ouyr ce que vo⁹ oyez/et ne leur a pas este donné veoir ne oyr des yeulx et des oreilles corporelz côme a vous. Cõbien que les pphetes/et les roys du tẽps ancien ayent veu de loing par figures. cõme par vng miroüer/et obscurement et ausi par foy ihesucrist. toutesfoiz les disciples le veoyent spirituellement: et corporellemẽt et realement/et le interrogoyent de tout ce que desiroyent scauoir/et de luy estoyent pleinement enseignes non pas par les angelz ou aultres visions/comme ceulx de deuant eulx. Et est asçauoir que ihesucrist est veu en quatre manieres. Premieremẽt des yeulx corporelz: ainsi quil a este veu en cestuy monde/et ceste vision ne beatiffie mye lomme/car les iuifz le virent corporellement et neantmoins sont dampnez. Secõdement par foy/car par la vision corporelle de ihesucrist naist en lame vne merueilleuse vision et deuotion laquelle fait croire quil est filz de dieu. Et de ceste est escript: O thomas pour tant que tu mas veu des yeulx corporelz/mas cogneu par foy. Et ceste foy aussi ne beatifie mye mais est la mercerie et le pris/par lequel on desseert et gueigne la beatitude vraye. Tiercement ihesucrist est veu par contéplation et rauissement/car par foy lomme est rauy a gouster combien dieu est bon. Et ceste vision est aulcune participation de beatitude. Quartement on le voirra en gloire et en lumiere en paradis. Et ceste vision beatifie lentendement/ainsi que charite beatifie la voulente. Et luy disant telz choses a ses apostres: vint a luy vng expert et docteur en science literale de la loy et non pas en intelligence spirituelle. et tenoit la loy selon les paroles. et ignoroit le sens spirituel dicelle et leua sa voix a ce que fust plus ouy et presume bon/et non pas pour aprendre/mais pour tempter et reprendre ihesucrist. et luy dist. Maistre que feray ie pour posseder. et auoir la vie eternelle. Il appelle ihesucrist maistre du q̃l touteffoiz ne veult estre disciple: et signifie les adulateurs et nõ imitateurs de sainctes gens. Et bien dist que feray ie/car non pas ceulx qui escoutent la loy mais qui la font seront saulues et le royaulme nest mye en parolle/mais en vertus Et nostre seigneur luy dist. et demanda. q̃lle chose est escripte en la loy diuine pour auoir le royaulme du ciel. Que trouue tu en ceste loy diuine/qui est la loy sur toutes aultres loys po[r] auoir la vie eternelle Cest celle delaquelle ou tres estroit iugement sera faicte interrogation cõme on laura gardee. Ainsi que dit lapostre que ceulx q̃ ont peche en la loy seront iugez par ycelle. En ycelle deuons estudier: a ce que a celle heure puissons bien respondre/ainsi que faict lomme iuste/duquel il est dit on psaultier. quil meditera en la loy de dieu iour et nuyt. Mais comme dit sainct iherosine/mainte nant on estudie plus a veoyr les loys des empereurs cōme plus nobles: que celle de ihesucrist qui est aux sainctz euāgiles quon mesprise. Selon bede: ceste question q̄ est de la vie eternelle se faisoyt pour scauoir se ihesucrist diroit riens: contre la loy de moyse. Et ihūcrist voulut respondre par la loy de moyse/en demonstrant la verite: par ce quilz tenoyent de la loy et des prophetes. Et le docteur respondit quil auoit leu en la loy: mais encores ne lauoit pas bien accomply. Tu aymeras ton seigneur qui par sa puissance ta cree et fait. dieu qui par sa sapience ta enseigne. tien qui par sa bonte: cest fait tien: et ta rachete. de tout ton cueur: cest a dire de toute ta voulente: car ainsi q̄ du cueur naist le mouuemēt qui se depart p̄ toutes les parties du corps/ainsi la voulēte esmeut toutes les puissancez: de toute tō ame. cest a dire de tout ton appetit sensitif: lequel se meut par la voulente. yci la partie sensitiue peut estre entēdue p̄ lame: ainsi ql est escript en genese/que dieu fist au commancement du monde. Iomme en ame viuant: cest a dire selon la glose quil dōna au corps vie animale et sensible. Aussi tu laymeras de toute ta pēsee/ cest a dire de tout entendement lequel se meut par la volente pour assentir aux choses qui sont selon la foy: et pour mediter de dieu: et des choses diuines. Et auec ce tu aymeras de toutes tes forces et vertus: qui est vne mesme choses/ parquoy sont denotees les puissancez tant motiues que executiues/ lesquelles sē blablement se mouuēt par la voulēte. po̧ faire promptement et non pas negligēmēt opacion vertueuse. Maxime docteur. La loy baille ces troys manieres daymer dieu affin quelle nous separe ʒ oste trois manieres d habitudes que auō s a peche: ou mōde cest regart aux possessiōs terriēnes: vaine gloire ʒ orgueil: et voluptez charnelles: desquelz pechez nostre seigneur fut tempte. Et dit apres/ tu aymeras aussi ton p̄chain comme toy mesmes. cest de tel amour que

aymes toy mesmes. qui est quant a grace en ce monde: ʒ gloire en lautre. Par le prochain icy sont entendus tous hōmes et fēmes. Basille. Le premier cōmandemēt de la loy est aymer dieu. Le secōd q̄ est la cōplissement du p̄mier. est aymer son p̄chain Crisostome. Regarde bien cōme par vng mesme exces ihesucrist mect lung et lautre commandement: car de celluy de dieu il dit Tu aymeras ton seigneur/ et ton dieu de tout ton cueur: et de celluy du p̄chain il dit et ton prochain comme toy mesmes: lesqlz si bien diligemment estoient gardes ny auroit differēce: entre le seigneur et le serf. entre le fort et le bien foible: entre le riche et le poure. et le dyable neust este iamais cōgneu/ car constant et vray de dieu ʒ du prochain amour surmonte tellemēt toutes choses. que plustost la paille resisteroit au feu que le dyable extainct la feruer de charite enracinee et bien fondee. Sainct gregoire. Cōme il soit escript: tu aymeras ton prochain cōme toy mesmes. cōe peut estre aulcun dbōnaire et piteux a aultruy: quād en soy mesmes est mauluais et iniuste. De ceste matiere daymer dieu. plus amplemēt sera dit ou chapitre qui est la tierce ferie apres le dimenche des palmes. Adōc nostre seigneu[r] dist a ce maistre. Tu as droictement et selon verite respondu: Or faiz ce q̄ tu as dit: car il ne souffit pas aymer si lamo[r] nest demonstre par oeuure quand loppor tunite sila donne: et lapprouuement damo[r] est faire de faict. Et en ce faissāt tu viuras de vie perpetuelle/ car lamour de dieu ʒ du prochain est la plus excellēte voye qui soit pour paruenir a la vie eternelle. Et quād il eut ouy ihesucrist/ se voulut iustiffier: et demonstrer iuste. cuidant quil fust deuant vng homme qui seulement veist ce qui est p̄ dehors: et non pas par deuāt dieu: q̄ veoit et par dehors et par dedans demāda a ihū crist et dist. Et qui est mon prochain. En quoy se monstre non aymer son prochain: car il vouloit parler des haultes et grādes choses/cest de lumain lignaige: lequel par peche descendit et cheut de sa noble creatiō et dignite aux mains de ses ennemys. Selon aulcuns cecy est vne chose faicte de fait car entre iherusalem et iherico auoyt vng desert/ou quel souuent les hommes quila passoyent estoient desrobes/despoillez/τ tuez des mauluais larrons quila habitoiēt

A parler allegoriquement cestuy hōme qui signifie lumain lignaige/lequel en premiers parens descendit de iherusalem. qui est interprete vision de paix/cest paradis: et la beatitude eternelle/en laqlle est paix et vie pacifique. laqlle sil neust peche eust eu. cheut en iherico: qui est interprete lune et signifie la mutabilite deffaultz et miserez de ceste vie presete/et cheut aux mains des larrons/cest en la puissance des ennemys denfer/ou aussi aux tēptations humaines auxquelles ne fust mye cheut sil neust este son orgueil/car lescripture est vraye q dit. que orgueil/est occasiō de cheoir en peche et en ruyne. Et les larrons le despoillerent du vestement de innocence et de imutabilite. et luy firēt plusieurs playes/quand le firent cheoir en plusieurs pechez: et fut mōlt debilite quant a la vertuz naturelle. Et tellement fut naure quilz le laisserent cōme demy vif/car apres le peche encore homme a loeil de rayson et dentēdement. par lequel il cognoist dieu/et qui est bien et mal: et sen allerrent non pas pour cesser de le persecuter/mais pour le tempter plus occultemēt car premieremēt en espece visible de serpēt le dyable deceut noz premiers parens. et apres le tempta aussi occultement. Bede. Les larrons laisserent lōme demy vif: car ilz le despoillerent de la beatitude/et de la vie immortelle/τ neurent pas puissance de luy oster du tout le sens et vsage de rayson par lequel il peut cognoystre/et sauourer dieu. Et pource il est dit estre encores vif. quand il default/et est negligent de soy oster de peche. Il est dit mort/cest adire ql est griefuement naure: car selon theophile

apres que hōme a peche il na plus que demye vie/pource q lame qui est immortelle est morte par peche/et le corps qui est mortel demeure encore en vie naturelle/p quoy appert que la moytie de luy est morte. Augustin. Celluy q est demy vif a encore vng mouuement de vie qui est franc arbitre/lequel est naure par peche/car d luy nest pl9 souffisant de retourner a la gloire eternelle laquelle il a perdu par peche/pource q les propres vertus ne sont plus suffisantes de fere oeuures dignes de y peuenir se non ql requere le vray medicin qui est dieu Et pourtant il est dit/que les larrons le laysserent demy vif/car seullement apres le peche luy demeure la vie de nature: et non pas de grace. Ainsi q lapostre sainct paul dit Je vifz selon moy de vie de nature/et quand ie suis en peche mortel/ihucrist vit en moy de vie de grace. Dieu auoit fait la creature raisōnable a son ymage/quāt a raison/et certainement/et a sa semblance quāt a son amor et dilection. affin q de toutes ces des choses se adherast a luy/et par cestuy aherement fust benoite/mais le dyable enuieux de la beatitude de la creature: contre ces deux biens deuāt ditz fist a la personne par peche originel deux grans maulx/car en ce quelle estoit faicte a la semblance/et ymage d dieu/et selon raison la naure par ignorance de bien. Et en ce qlle estoyt faicte a la semblāce de dieu selon amour la naure par concupiscence de mal. Comme donc ainsi naure fut delaisse cōme demy vif, car combien que la similitude de dieu qui est en sa dilection et en le aymer peut en humaine nature totalement estre corrompue/toutesfoiz le diuin ymage qui est en raison et entendement ne peut estre du tout par peche effacee ne ostee de lame/car cōbien quelle puisse tant estre affectee a mal/quelle naymer nul bien/touteffoiz elle ne peut tāt estre aueugle par ignorance quelle ne cognoisse aulcun bien. Or par ceste voye en laquelle auoit este ainsi naure lōme/descendit vng prestre et vng dyacre lesquelz voyans cest homme despoille: et naure passerēt sans luy ayder. Cest adire que les prestres de lanciēne loy, ne leurs sacrifices de bestes, et de choses semblables ne pouoyent guerir humain lignaige qui estoit ainsi naure. Aussi par le prestre et par le dyacre peuent estre entenduz la loy et les propheres, lesquelz ne pouoyent donner guerison des pechez mais seullement les demonstroiēt et les reprenoyent. Et apres eulx passa vng samaritain. cest ascauoir ihūcrist, qui garde les ames qui passent par la voye de ce monde et vint pres du malade: ainsi delaissie, car il a este quāt a son humanite fait a la semblāce des aultres hōmes, et le regarde de loeil de sa clemēce et pitie. et fust esmeu a misericorde et a cōpassion, et soy approchant de luy, p̄ sa grace luy a gueri les playes, car en reprenant les pechez gardoit que les creatures ne les cōmissent derechief, et espandit huyle par dessus en promettant pardon aux pecheurs: τ vin pungitif en demōstrāt les peines quil a promys a ceulx qui demeurent en leurs peches et negligēces ihūcrist lye les playes. quād il cōmande faire penitence, mett huyle quand il dit q̄ p̄ penitēce vous sera dōne le royaulme du ciel. En cecy il nous enseigne en qlle maniere deuōs mediciner les malades de peche q̄ viennēt a penitence, car nous lyons les playes au pecheur, quand nous cōmandōs quil cesse de pecher. Nous mectons huyle sur les playes quand en les cōsolant luy promectōs auoir pardon de ses pechez. Et sur les dictes playes espandons du vin quand en reprenant asprement les deffaultz cōmandons a ieuner et mortiffier le corps par apres et dures abstinences. Par quoy appert que a la guerison dung tel malade ne souffit pas huyle sans vin ne aussi vin sans huyle, mais fault lune et lautre. Et de ce dit sainct gregoire. On doit mesler doulceur auec amertume et rudesse: car on doit faire de tous deux vng atrempement, ace q̄ les

subgetz ne soyent naures par trop grande aspr̄sse: et aussi par trop grant douleur et bonte ne soyent trop dissoluz et legiers. Sainct bernard. Tousiours pugnir les subgetz est chose cruelle. et aussi pdonner tousiours est grāde pusillanimite, mesler lung et laultre est voye de quite. Auoir plus de rudesse que de douleur nest pas chose dānable. Et auoir plus de doulceur que de rigueur est a louer, mais mesler vigueur auec doulceur est chose a porter et digne de louange. Et quād le samaritain eut ainsi lye les playes du pacient le lyeua et le mist sur sa iument pour le mener en lestable et au logis, affin que bien on soignast de luy. yci par la iument est entendue la chair de ihesucrist: en laquelle de sa grace est voulu venir a nous. Sur ceste iument a mys lōme qui estoyt naure, en luy inspirant la foy de son incarnation. et en portant noz peches sur larbre de la croix, et cōe dit lautre parabole en raportant sur ses espaules au troupeau la brebiz qui estoit foruoyee. Et ainsi estant sur la iumēt le lyeua et le mena en lestable, cest adire q̄l le colloqua dedēs saincte eglise: en laquelle quand le pelerin et voyageur a oste de soy et mys bas le grāt faitz: τ la grāde charge de ses pechez τ est refectiōe de moult salutaire viande. Ihū crist na pas voulu icy appeller saincte eglise maison: mais estable: en nō demōstrāt quelle recoyt les miseres et puanteurs des pecheurs durāt ceste vie presente. Et aussi que en cestuy mōde la creature ne se doit pas esiouyr. cōme en son propre pays. Et cōme bon medicin et necessaire: iħesucrist eut grant soing et cure du malade tant quil fut auec luy en ceste vie: car en toutes choses il fust soigneur de nostre guerison et sante. Et laultre iour cest adire acomply le mistere de nostre rēdemption qui fust apres la resurrection de nostre seigneur: laquelle est plus luysante, que le temps precedent car le premier tour fut le iour de la mortalite et de pāssibilite: et le second tour fut le iour de impassibilite: et de immortalite/ bailla ihesucrist deux deniers. c'est les deux testamens contenans lymage de leternel roy a celluy qui gardoyt lestable: car il donna de lung et de lautre testamēt cognoissance, science et grace aux apostres de prescher. ausquelz ilz ouurit le sens pour entēdre les sainctes escriptures. et aussi aux prelatz. et a tous ceulx q̄ ont a gouuern et faicte eglise/ affin quilz eussent grant soing du poure malade. Auquel mesmes ou le² doyuent donner. car pour le guerir ne se doyuent pas estudier de prescher et de enseigner ce qui est seulement cōtenu aux deux testamens. Mais auec ce plusieurs aultres choses qui sont contenues aux escripturas/ q̄ les sainctz docteurs ont faictes par linspiracion du sainct esperit. Aussi celluy donne du sien qui a lexemple des apostres presche sans prendre aulcun emonumēt tēporel: Aussi celluy donne du sien lequel ne se estudie pas seulement d'acomplir les cōmandemēs de dieu/ mais aussi les cōseilz q̄ sont contenus on sainct euangile. Au iour du iugement quand le seigneur viēdra cōme docte²il payera a vng chascun ce quil luy auoit promys. quand il dira au loyal seruiteur pource q̄ sur peu de choses as este loyal. ie te feray maistre sur plusieurs/ entre en la maison: et en la ioye de ton seigneur. Ung chescun donc pecheur pechant mortellemēt est ouste de dieu qui est iherusalez et nostre paix. et est tourne en iherico c'est a peche et a coulpe. Et par ainsi est descēdu du bien incōmuable au bien cōmuable. et doit desirer que le samaritain nostre seigneur ihesu crist: qui est garde des ames face pour luy le chemin de misericorde et de pitie. Et face fuyr les larrons ennemys denfer en luy restituant sa grace et lyant ses playes. et le rendant tout sain et guery: affin que apres ce monde soit mene en iherusalem celeste.

Moralement par iherusalem est entendu lestat de vertuz. et par lōme descendant de iherusalem en iherico est entendu le pecheur qui descent de lestat de iustice en peche mortel. et cheoit entre les larrons/ c'est entre les disciples. et est despoille de toute grace. et blecie en nature. et est laysse demy vif: car toute grace luy est ostee: qui est vie spūelle: et demeure en vie de nature humayne. Le prestre et le diacre: qui passerēt par la voye et ne tindrent cōpte du mal. sont les mauuais ministres de leglise ausquelz il ne chault des deffaultz de leurs subietz. le prochain est vng chascun prescheur ou aultre bonne psonne q̄ a cōpassion des deffaultz d'aultruy. et le lye p̄ bon conseil. et met sur luy de luyle de misericorde. et du vin de iustice. et le met sur sa iument quand nō seulement du corps donne ayde: mais aussi de ame: et le meyne en lestable. c'est en leglise la ou est la viande de saincte escripture: et du sainct sacrement. Et apres le donne a la garde de lestable/ c'est au bon cure et prelat: deux deniers/ c'est la grace en ce monde: et gloire en lautre. en luy promectant que sil garde son subgiet malade et pecheur/ et le guerist de son pechie: sera grandement remunere. Et proposee ceste pabole ihesu crist interroga le docteur qui auoyt fayt la question. lequel des trois estoit plus prochain de celuy qui estoit cheut aux mains des larrons. Et respōdit que c'estoit celuy qui luy auoit fait misericorde. Cirille. Ne le prestre ne le dyacre ne furent pas les prochains du pacient. mais celuy q̄ de luy eut compassion et pitie/ car la dignite de prestrise: et la science de la loy sont inutiles. si elles ne sont cōfermees par bōnes oeuurez. Bede. Selon ceste lectre la sentence de nostre seigneur est bien vraye et notoyre que tous ceulx q̄ ont de nous cōpassion sōt noz voysins: soyēt estrangiers ou noz amys et prochains. et nō pas les aultres/ tant soyent noz prochains charnelz: ou d'ung pays.

Apres que nostre seigneur a mōstre tāt par sa response que par la confession du docteur tout hōme qui nous fayt misericorde estre nostre prochain et specialemēt ihūcrist filz de dieu il concluo et dist. Va et le temps aduenir faiz semblable a ton prochain que fist le samaritain/aux iuifz/ et repute tout homme et mesmes ton ennemy estre ton prochain/et a tous/faiz par affection et effect pitie et misericorde en aydant selon ta possibilite en leurs afferes et neccessites. Et par ainsi monstre q tu aymes ton prochain comme toy mesmes. Crisostome. Comme se ihesucrist disoit. Se tu voiz aulcun en necessite garde toy de dire quil est mauluais. mais soit iuif ou payen sil a mestier dayde tu lui doiz secourir. car le droit de charite requiert que on aide a celluy qui est en necessite. Il luy dist aussi. Vade. Se par toy et ten va de la mauluaise temptacion par laquelle tu quiers me calumpnier/et me faiz qui suys samaritain/comme tu voiz/que le tay fait qui es iuif/car tu voiz que nul ne te regarde plus gracieusement et naturelle compassion internelle que moy ton dieu. Estudie donc le temps aduenir de moy cognoistre dieu et ton prochain/et en ce tu accompliras les deux commandemens de charite Sainct bernard. Sire ihesus ie tien lung & laultre commandement de charite/quand ie tayme toy qui es mon prochain/car tu es homme et as fait auec moy misericorde Or nest chose en ce monde qui tant vaille a exciter nourrir et augmenter dilection et amour de dieu en nous. comme est la commune meditation et soigneuse consideracion de ses benefices. Cest grande misericorde de faire toute creature tant cogneue que incogneue son prochain. Cest misericorde grande de nous donnee la vie eternelle. Celluy est ton prochain du quel tu as pitie et compassion. Et celluy qui na nulle compassion daultruy na nul prochain. Il appert donc que en commandement dayner son prochain comme soy mesmes. nostre seigneur. en tant tout homme/et yci en tant celluy qui acomplist la loy de nature: qui est faire a aultruy ce que on veult que on luy face. Et non faire a aultruy ce quon ne vouldroit quon luy feist. Ambroyse.

Pource que nul nest tant nostre prochain comme celluy/ qui de sa grace a saulue et guerry noz playes/ aymons le comme nostre seigneur et comme nostre prochain: car nulle chose est si prochaine aux membres comme est le chief. A ce faire nous exhorte sainct augustin en disant: En pensant que sommes en cestuy monde. aydons lung à laultre. et portons la charge lung de laultre a ce q puissons aller a la vie qui na point de charge. Loffice de dilection et amour est de porter la charge lung de laultre. Et nulle chose aprouue si bien lamy: que porter le faiz de son amy. A cecy nous amonneste lapostre en disant. Sentes et faites enuers voz prochains ce q ihesucrist vous a fait. Aussi ad ce faire nous ayde moult/ penser que sommes hommes et que la maladie soit de corps ou de ame que voyons en nostre prochain: nous a peu/ ou peust auenir. Pour ce faisons en sa necessite ce que vouldrions quil nous feist se le cas nous aduenoyt. Ainsi le faisoit saict paul q disoit ie me suis faict toutes choses en tous/ affin q ie guerisse tous. car il pesoit q il auoit peu estre le temps passe en telle necessite ou peche quil ueoit les aultres. Aussi a ce que ayez pitie. et compassion daultruy vault moult penser quin nest homme q ne puisse auoir aulcun bien que tu ne as/ non obstat que tu ne le voyes mye. Et par ainsi peut estre meilleur q toy Et come dit lapostre on garde p telle extiation de son prochain humilite en soy mesmes: car telles cogitations merueilleusement oustent lorgueil de la personne et nourissent charite et font porter ioyeusement et ardement les charges lung de laultre. Sainct gregoire. Quad aulcun pese ce q les aultres portet et souffret de luy vouletiers se estudie porter ce que les aultres luy font. Et ce q la vision eternelle de paix est construite et bastie de la congregation des anges. et des saictz citoyens de padies. Elle est dicte cite de ierusale. et de tat q en ceste terre de peregrinacion les pierres sont plus par tri bulacion escarrees/de tant sont plus prestes estre assises en lediffice noble de ladicte cite souueraine. Et ceste cite a ia en ce monde aux sainctz desirs et bõnes meurs des sainctes gens vne grant partie de son ediffice. Nous voyõs que en lediffice materiel vne pierre soubtient et porte lautre τ la pierre soubstenue soubsticnt/et est aussi portee des aultres/ainsi en saicte eglise a celluy q̃ veult droictemẽt viure: fault q̃l se estudie de porter les enfermetes des aultres affin que aussi on porte voulentiers les siennes. Et cest la coustume des bõs de porter voulentiers les enfermetes des aultres. a ce que de toꝰ ensemble la celeste cite de paradis soit edifficee. Or le fondement porte toute la fabrique de lediffice/car nostre seigneur duq̃l dit lapostre que nul ne peut mettre aultre fondement fors celluy qui est mys. Cest ihesucrist porte tous noz deffaultz/cõbien que en luy iamais ne fut mal qui nous faulsist porter pour luy. On voit par ces paroles que dit sainct gregoire. que de tant que la p̃sonne pour lamour de dieu en ce monde portera plus dauersites. et de tribulations/de tant plus sera prochaine de ce fondemẽt: qui est ihesucrist/et de tãt q̃ moins en portera/de tant plus sera loing de luy. O creature pense bien toutes ces choses deuãt dictes: comme sont les enfermetes/deffaultz/et charges de telz prochains: lesquelz de tout ton pouuoir estudie voulentairement porter: et endurer pour lamour de dieu. Anselme. Celluy qui a cõpassion daultruy est de la condicion des bons et des sainctz. et celluy qui est mal cõtent de la prosperite et bonne fortune daultruy: est de la condicion du diable. Et pour ce on doit auoir plus esperance du salut de celluy qui fait pou de biens/et touteffoyz prent plaisir aux biẽs que fõt les aultres: q̃ de celluy qui en fait plusieurs/et a enuie de ceulx qui en font auec luy. car quand charite qui viuifie τ assemble en elle tous les mẽbres de saincte eglise veoit q̃ nous esiouyssons de la ruyne daultruy/tãtost noꝰ coupe du corps mistique de ihesucrist. Par aduenture nous nauons pas compassion de nous proymes. car ia sõmes couppes du corps de ihesucrist. Certes se y suffiõs/auryons compassion/car quãd le membre est vny au corps il a du corps pitie: mais quãd il est couppe: riẽs ne sent du corps: p quoy lomme peut comprendre sil est membre de ihesucrist. Et ainsi que cestuy texte sentẽd de la compassion et de la ioye que on a du bien de son prochain/aussi se peut entẽdre de la communication conuenante et ayde quon doit auoir lung a lautre/car ainsi que nous voyons que en vng corps vng m̃embre ayde et cõmunique a laultre/qui a mestier de luy. ainsi au mẽbre mistique de ihū crist q̃ est saincte eglise/vng chescun doit aider a laultre de la grace que dieu luy a dõnee/tant de biens spirituelz/que de biens temporelz et de fortune. Aussi se peut bien entendre de la confederation et aliãce que on doit auoir ensemble: car ainsi quon voit que vng chescun membre du corps est vny et alye tellement a laultre quilz ne se peuẽt departir lung de laultre. ainsi spirituellemẽt doit estre de noꝰ qui sommes membres de ihesucrist. Aussy on le peut entendre de la supportacion que on doybt lung de laultre/car ainsi que on corps materiel vng mẽbre supporte laultre et soustiẽt la blesseure du blessie/et se vng aultre membre le blesse ne se venge mye du blessant. ainsi nous qui sommes membres de ihesucrist deuõs lung laultre supporter/et ne noꝰ vẽgier de rien.

Oraison.

Sire ihũcrist garde nous qui descẽdõs de cõteplatiõ en exteriore operacion/affin q̃ ne cheyõs aux larrõs de nos sẽs naturelz/et q̃ ne soyõs p̃ yceulx despoyllez d̃ telz dõs de grace et naures des dons de nature/garde aussi que le prestre et dyacre qui sont la souueraine et basse porcion de raison en lame/ne descendent par vne mesme voye en soy consentant a peche: mais plustost montent aux choses celestes et souueraines. Fay que le samaritain qui est la grace de pdestination sa proche polyer les playes de noz peches en espandat par dessus luyle qui est esperance de pardō et auec cele le bon qui est la crainte de la iustice diuine/et nous mecte sur sa iument en ordonnant raison sur la sensualite. et nous meyne en lestable/cest en la consideration de noz pechez. Et a lautre iour qui est a la resurrection aduenir nous donne deux deniers/cest lestolle de la gloire du corps et de lame. Amen.

De la penitence de marie magdeleine. lx. chapitre

Les choses deuant dictes acomplyes ihesucrist se departit de galilee pour venir en iherusalem/et la vng des pharisiens/cest ascauoyr: symon le lepreux voulant soy iustifier et louer de ses vertus le pria par simulacion et faintise de menger auec luy. et comme tresbenin medicin ne le refusa pas/car il le vouloyt guerir. Et luy entre en la maisō sassist por prendre sa refection. On list que ihesucrist mengea auec les publicans et pecheurs/a ce quil les prouocast a penitence/ainsi quil fist quand il mengea en la maison de sainct mathieu. Aussi mēgea auec les bons et iustes quil aymoyent perfaictement/affin q de plus en plus augmentast leur amour en bien et acreussent leur deuotion en luy. ainsi quil est escript de marthe et de marie magdeleine. Et aussi mengea auec ses poures parēs: affin quil supploiast a leur pourete. ainsi quil fist aux nopces ausquelles il mua leaue en viu. Aussi auec les pharisiens qui estoient orgueilleulx mengea por reprimer leur orgueil et les reprendre de leurs vices: ainsi quil fist icy: Aulcuneffoiz aussi quād il estoyt conuye de quelque poure/en ce temps et en lieu: il aloit pour lamour quil auoit a pourete. Il estoit peure et de la substance de ce monde auoyt bien pou. On doit voulentiers appeller en sa maison vng tel hoste: et encores plus voulentiers le recepuoir quād luy mesmes se inuite/car tous biens viennēt et habondēt la ou est tel bon hoste. Et oyant magdeleine laquelle par auenture deuant lauoit ouy prescher q estoit en telle maison: touchee de douleur et de contriction parfaicte pour ses pechez et embrasee du feu de lamour de dieu vint a luy en la maison de symō le lepreux en apportant vng vaisel plein doignement. Selon bede. Alabastrum. est vne mauiere de marbre blāc. tache de diuerses couleurs lequel on chause pour tenir oiguement/car moult bien si gardent. Crisostome dit. que conuenablemēt leuāgeliste nōme symon le lepreux. car par ce que ihesucrist lauoit guery de sa lepre qui est maladie fort immonde pensa magdeleine/que aussi la pourroyt guerir de sa lepre de peche. Et elle estāt en la maison inclina sa face et baylla ses yeulx en terre/et neust repoz iusques ace quelle feust a luy/et tautost se prosterna derriere a ses piedz/car elle ne se osoit mectre deuant pour la grand honte quelle auoyt de ses peches. Et elle mectant sa face sur les piedz du doulx ihesus print en elle aulcune confiance/pource que ia laymoyt de tout son cueur sur toutes aultres choses et cōmaca a fort plourer et suspirer/tellement que de ses larmes baygna et laua les piedz de ihesucrist. Par quoy appet sa grāde contrition/par laquelle si largement ploura que les piedz dung hōe en furēt lauez Et quand elle eut lōguemēt ploure aux piedz de ihūs

hh ii

les essuya de ses cheueulx et amour diuin: en elle croissoyt/et les baysa doulcement. et ne pouuoit les laisser. Et pourtant que a cause du long chemin quil auoyt fait estoyt lasse elle les oignyt de tresprecieulx oignement/tant pour refrigerer la chaleur diceulx/que pour adoulssir la douleur du labeur quil auoit eu a cheminer. Et toutes ces choses se faisoyent par dehors/et par dedens/son entention et amour estoyt si feruent que nul ne le scet fors dieu. Sur ce dit gregoire. Magdeleine monstrant son indignite estoit derriere ihucrist/ses yeulx baisses/ses cheueulx aualles/en embrassant les precieux piedz et les arrousoyt de larmes/et ainsi par dehors monstroit la douleur de son cueur/et demandoit par dedens pardon. Pource que magdeleine se mist derriere. son humilite et deuotion est cogneue en ce quelle ploure et laue les piedz: sa penitence et sa contriction est demonstree: en baisant les piedz/elle notiffie son amour a dieu: en loignement laffection et deuotion quelle auoit. Par labastre plein doignement. on peut entendre le cueur du crestien plein de foy et de charite: Sainct Gregoire. En pensant la penitence de marie magdeleine: plus me plaist plourer que riens dire. Qui est le cueur si dur qui ne se esmolist voyant les larmes de ceste femme pecheresse/et ne preigne exemple de penitence: Elle pensa parfondement son fayct et son peche. et pource ne se volut moderer mais fit vng grant exces pour en auoyr remission. Elle entra au conuy sans estre appellee. et entre les viandes gecta grans larmes. Pense de quel dolent elle ardoit: veu quelle nauoyt honte de plourer entre les viandes et les conuiez. Mais pource quelle auoit regarde ses peches z defaultz: elle alla. et courut a la fontaine de misericorde et neut point de honte des conuiez par dehors: pour la honte quelle auoit par dedens. ainçoy luy sembloit quil nestoit pas chose par dehors de quoy elle deust auoir honte.

Mistiquement par les piedz de ihesucrist qui sont la plus basse partie du corps sont entendus les poures qui pour ce sont membres du corps mistique/et bas par abiection/et fichez en la croix par affliction Le riche donc et pecheur voulant de dieu obtenir pardon de ses deffautz se doyt tenir pres de telz piedz par acquisition de familiarite/et par compassion les arrouser de larmes/et les torcher par aulmosne des biens temporelz/et les baiser par doulx amour ou consolacion: les oingdre doignement par humilite/les essuyer en leur aydant en leur necessite/car aultrement selon sainct augustin vng riche ne peut dire bonnement le pater noster/sil ne se cognoist estre frere des poures. Mais helas au iourduy plusieurs font loppossite et pource ainsi que le pharisee ne deceurent enuers dieu/ne grace en ce monde: ne gloire en laultre. Sainct gregoire. Ceste femme demonstre comme apres noz peches deuons retourner de tout nostre cueur a dieu/pour demander pardon/car en compunction de cueur et en larmes/ainsi que voyons quelle fist. Par loignement est entendu lodeur de bonne renommee que acquiert la psonne. quand elle fait bonnes oeuures. sur lesquelles est ediffiee saincte eglise. Nous estions contre les piedz de ihesucrist: quand estions en peche/et ne ensuyuions pas son chemin. Aps q auos ploure le peche nous somes ps de ses piedz: et ainsi q magdeleine lauot les piedz. quand par doulce et piteuse affection honnourons vng chascun de ses membres tant petit soyt/et les essuyons de noz cheueulx. quand par charite auons compassion deulx en leur aidant de ce que auons en habondance/et a superfluite. Nous laissons les piedz essuyes comme fist magdeleine: quand nous aymons ceulx ausquelz par charite aidons. Par ceste vne femme pecheresse venant aux piedz de nostre seigneur est signifiee chescune psonne ayant vraye repetence de ses peches/a laqlle est requis que ainsi quelle a offense dieu par peche le ſerue ou temps aduenir par penitence/car lapoſtre dit. Ainſi que le temps paſſe voꝝ aues employés voz membres a peche. ainſi maintenant donnés les au ſeruice de dieu et a toute ſainctete/car ainſi fiſt ceſte peni tête. de laquelle dit ſainct gregoire: Mes freres veoir eſt/que ceſte femme aincoys quelle vint a iheſucriſt auoit vacque a oeu ures illicites: et pource elle porta de loigne ment contre lodeur de ſa chair: car ia a dieu elle offroit deuotement ce que par auant a uoit donne a peche laidement. Elle auoit de ſes yeulx couuoitie choſes mondaines et maintenant les reprime par penitence en plourant. Elle auoit compoſé ſes cheueulx et pare. et ourne ſon viſaige/et maintenāt diceulx elle torche les larmes decouran tes ſur les piedz de iheſucriſt. Elle auoyt auſſi parle de ſa bouche meruelleuſement et maintenant dicelle baiſe les piedz de ihe ſucriſt/ſur leſquelz par amour lauoit miſe. Par quoy appert/que tout ce que le têps paſſe elle auoit donne a peche. en ſa conuer ſion ſacrifia a dieu/car elle tourna au nom bre de vertus/ce que par auant auoit tour ne au nombre de peche. Affin que le têps aduenir elle ſeruiſt du tout a dieu en peni tence/ainſi que le temps paſſe elle lauoyt contempné peche. Sêblable et telle choſe diſt ſainct iherofme de ſaincte paule. Com bien dit il que de nous feuſt ſouuant amo neſtee quelle ne plouraſt pas tant quelle en poiſt la veue laqlle totalemêt deuoit garder pour eſtudier les leccons du ſainct euangi le/touteffoiz nous reſpondit que la face et et le viſaige ſont a troubler/et a ſalir/ et en order. leſquelz aulcuneffoiz ont eſte our nes trop curieuſement contre le commande ment de dieu. Le corps doit eſtre auſſi af flige par penitence: lequel a le temps paſ ſe vacque en delices et plaiſances mondai nes. Les molz et delicatz veſtemens et lin ceux/doyuent eſtre muez en celices et hay

res treſapres. Ainſi moy qui en la vie du mō de me ſuys eſtudiee plaire a mon mary et eſ pourꝛ: et a ceulx qui viuoyent ſelon le ſiecle ainſi maintenāt de bō cue me veulx eſtudier de ſemblablement plaire a iheſucriſt. Nous voyons donc icy cōe on doit faire penitence: car en ce en quoy la perſonne a peché ſe doit eſtudier au contraire faire peniten ce. ¶ Exemple. As tu peché et excede en trop boire: fay penitence/en toy abſtinant de boire. Se tu as trop mengie choſes de licieuſes: fay penitence par ieuner et men ger ſobrement/et ainſi doit on entêdre des aultres choſes ſelon leur maniere. Criſo ſtome. Ceulx qui par grand ardeur ſe ſont le têps paſſe delectez a mal/ſilz veulêt fai re vraye penitence ſe doyuent pareillemêt efforcer a bien. en penſant les debtes aux qlles ſe ſont obligez le têps paſſe par leurs peches. Regarde bien donc ceſte femme: et ſa deuotion/et medite ſur les choſes ql/le fit/car ce ſont choſes dignes de recorda tion. ¶ Regarde yci cōme noſtre ſeigneur iheſucriſt la receut doulcement/et comme treſpaciemment ſouſtient et endure tout ce quelle luy faict/car luy et les aſſiſtans laiſ ſerent de menger iuſques a ce que tout fuſt acomply. Telle nouuellete eſtoyt fort graā de. ¶ Et le phariſee qui lauoyt conuye orgueilleur et ſans nulle compaſſion com manca a murmurer en ſoy du faict de ceſte femme en diſant. Se ceſt hōme eſtoit pro phete ſcauroyt quelle eſt la femme qui le touche/car elle eſt pechereſſe/et par conſequent ne ſe laiſſeroit mye toucher a elle. Il reprenoit la malade de laquelle la femme requeroit remeide au bon et vray medi cin qui luy pouuoit ſecourir en toutes ſes enfermetes. Et ceſtuy reprenoyt le medi cin de ce quil lauoyt receue/combien que luy en deuoyt rendre grandes actions de graces. O fol phariſee ne ſces tu pas bien que ceſt cellui lequel ta guery de la lepre. de laqlle eſtoies entachie. Pour quoy deuoiez
hh iii

cognoistre q̃l est p̃phete. Tu ne doiz point doubter q̃l ne saiche ceste femme estre pecheresse, laquelle le touche, mais pour telz est venu en ce monde, cest pour appeller les pecheurs a penitēce. Saichez dōc q̃l ne desprise pas les pecheurs, poᵘ lesq̃lz se est voulu estre fait hōe. Gregoire. Tousiours est necessite, q̃ en regardāt les pecheurs ⁊ leur calamite, et dāpnation plozons nous mesmes en disant, q̃ par aduēture le tēps passe sōmes cheuz en samblable peche: ou quele tēps aduenir y pourrōs cheoir. Par cestuy pharisee q̃ notoit ihūcrist de ignorāce, et la fēme de peche, est signifie lypocrite qui presume de sa bonte et iustice, et mesprise les aultres qui est cōtre iustice: car selon sainct gregoire vraye iustice est auoyr cōpassion de laffictiō daultruy, et simulee et faincte iustice est en auoir indignation.

Adonc lhūcrist poᵘ cōforter le pharisiē respondit aux cogitatiōs malles q̃l auoyt contre luy en demōstrant quil estoit plus que p̃phete, car seigneur des p̃phetes, cest dieu, auquel appartiēt seullement scauoir les pensees, et luy dist la parole de deux debteurs qui deuoyēt a vng fenerateur, a ce que plus cōuenablemēt concluīt cōtre luy par sa response et cōuaīquīt le pharisee p̃ sa p̃pre sētēce, a la sēblablāce d̃ vng frenetiq̃ q̃ porte la corde de laq̃lle il est lie. Les deux debteurs estoit marie q̃ deuoit a dieu cinq cens deniers, et le pharisee q̃ luy en deuoit cinquāte, car il cuidoit auoir moins peche et pour tant moins amoit, et marie disoyt, q̃lle auoit plus offense, et pource plus amoit thesucrist: et luy faisoit plus de seruices. A lexemple donc des debteurs et de celuy qui auoit preste, fut conuaincu le pharisee. Et ihūcrist luy demonstra que ceste fēme par la grace du diuin amour estoyt a iustiffier, et plus digne destre aymee, car elle offrit plus a dieu en ce quelle fist, que n auoit le pharisee en le recepuāt en sa maison, et luy donnant sa reffection, car entre les mondains: amour souuēt est cause des

biens precedens, et plus grans dōs mōstrent plus grant amour. Et pource ihesu crist en nombrāt les biēs que ia enuers luy auoit fait, ceste pecheresse, et les maulx du faulx iuste reprint le pharisien de trois deffaultz. Le premier est du deffault de pitie, car ne luy dōna pas de leaue pour lauer ses piedz, q̃ estoiēt ordz et pleīs de boue: las et trauaillez de cheminer, car il cheminoyt tout nudz piedz. Cōme sil disoit au pharisee. Tu eussēs peu bien lauer mes piedz de eaue quon trouue cōmunemēt, mais ceste femme les a laues de larmes quon ne trouue pas souuent. En moy recepuant en ta maison nas pas vse des choses lesquelles de legier on peut trouuer, et ceste femme a espandu suīr mes piedz chose quon na pas tantost, car de ses propres larmes les a laues. La seconde chose de quoy le reprīst est du deffault de charite, car il ne luy dōna pas vng baiser qui est signe damour. La tierce fut du deffault de ioyēusete, laquelle est signifiee par le nom duple, pour ce quil nauoit pas oīgt son chief, lesquelles trois choses on faisoit le tēps passe aux hostes. Car premierement on donnoit vng baiser en signe de seurte. Apres on leur lauoit les piedz pour le labour quilz auoient eu a cheminer. Et tiercemēt on leᵃ oīgnoit le chief de oīgnemēt refregeratif poᵘ la chaleur du soleil, ⁊ ces trois choses sont requises, cest assauoir pitie, charite, et hylarite, en toute vraye et gracieuse hospitalite, lesquelles le pharisee estoit pl⁹ tenu a exhiber a ihūcrist quil auoit appelle en sa maison, q̃ la fēme q̃ vīt estrange. Yci a enseignement que quand on reçoit aulcun au logis, cest plus chose meritoire luy doulcemēt administrer ce qui luy est neccessaire, que seullement luy bailler a boire et a mēger. Et a lopposite nostre seigneur loue ceste fēme de trois p̃fections quelle auoit en elle, ainsi quon peut veoir en la lectre: Il appert dōc q̃ les faitz de ceste fēme q̃lle aymoit parfaictemēt nostre seigneur: et pource de celluy deseruit estre iustiffiee: et auoir pardon. Et de tant plus que ses peches estoyent grãs et luy furent pardonnez: de tant plus fut enflamblee en lamour de dieu. Or nostre seigneur voulant mõstrer a symon cõme toutes choses sont cõsommees par dilection dist. Ie te dy symon que pour le grand amour quelle a eu a moy ses peches luy sont pardounes/ car cherite est de telle condicion quelle couure toute la multitude des peches. Et pource ayme asses ace que tes peches te soyent pardonnes. Selon crisostome. Ceulx qui se sont dõnes a plusieurs peches se doyuent donner a plusieurs biẽs en purgation de leurs pechez. Cellui qui pou ayme/ pou a de pardon: du nõbre desquelz tu es. o pharisee/ qui ne te doys pas orgueillir d tes iustices/ tu as besoing de pdon comme les aultres. Et il nest persõne qui se puisse deliurer p soy mesmes de peche/ se par la grace diuine ne obtient pardon. Et pource cõme dit crisostome selon nostre possibilite. estudions nous. et nous efforcons auoir feruant desir et parfaict amour a dieu/ car par ce on vient en ce mõde a grande perfection. Nul pecheur aussi se doit desesperer de ses peches. ne estre negligent dacquerir vertuz. car il est possible que le pecheur conuerty: en paradis precedera plusieurs qui ont este plus tost iustes que luy. Et sainct gregoire dit. O mes frerez: nous deuõs penser que amour est yng feu: et peche est ruylle. Nous voyons que a ceste femme fut dit de ihesucrist que ses peches luy estoyẽt pardonnes/ pour ce q̃ le auoit grant et feruent amour en luy: lequel amour de tant que plus ardoit en elle de tant plus bruloyt/ et nectoyeyt toute la ruylle de ses peches: Et cõbien quilz feussent durs a effacer/ touteffoiz en elle habondoit le feu de charite et damour: par lequel toutes choses dures sont amollies/ et cõsommees. car de tant plustost de dieu les pechez sõt pardõnez q̃ le cueur de la psonne est plus enflembe du grãd amor de charite. Augustin. Aulcun est qui en sa vie a cõmis plusieurs pechez/ et par ainsi est fait grandemẽt debteur. Lautre qui par la grace de dieu na pas tant cõmis. Ainsi q̃ le pecheur dit que par la grace de dieu ses peches luy sont pardõnes: ainsi doit dire le iuste. et celuy q̃ na pas tãt peche. q̃ p la grace de dieu de peche a este pserue: car le peche q̃ peut cõmettre vne psonne lautre le peut cõmectre se le createur la laisse sans la garder. Sainct bernard. Qui est celluy q̃ ne voye que ainsi que le temps passe ie suys cheut en plusieurs peches: aussi plusieurs aultres cherroiẽt se ne stoit la pitie de dieu qui me garde. Ie cõfesse τ cõfesseray q̃ se dieu ne meust aide. ia mon ame habitast τ feust au pfond denfer: cest adire quelle feust cheutte en diuers peches. A pler spũellemẽt cestuy fenerate auaricieux τ vsurier signifie dieu leql por nostre peche demande la peine/ et pour les biẽs lesquelz nos a donne veult que nous luy rẽdons graces. Marie et le pharisee signifiẽt les debteurs ou/ le peuple payen et iuif: ou le notoire et secret pecheur/ ou le clerge et les gens laicz. Et ainsi les deux debteurs sont deux peuples ou deux estatz de pecheurs/ et nõt de quoy rẽdre. car nul deulx peut estre absoulz sãs ppres vertus/ et pource dieu donne vng chescun grace sans laquelle peche mais nest pdõne. Adonc nostre seigneur dist a magdeleine. tes peches te sont pdõnez no seullement quant a lobligation de coulpe: mais aussi quãt a la peine. Et tout ce fut fait p le grãt amour q̃lle auoit a dieu. Premierement elle a remission de ses peches. secondemẽt elle est faicte familiaire de nostre seigneur ainsi q̃ sera dit ou chapitre en suyuãt. tiercemẽt a elle fut faicte la premiere appicion de la resurrection. Et ceulx q̃ estoyent a la table auec nostre seigneur oyãs ce q̃l disoit a ceste femme: dirẽt en leur cueur Qui est cestuy q̃ pdõne les pechez: ils disoyẽt telles choses por ce q̃lz veoiẽt seulemẽt lumanite laq̃lle ne pouoit pdõner les pechez. mais luy qui veoit leurs cogitations

bh iiii

dist de rechief a la femme. Ta foy laquelle de dieu ta este infuse en ton ame ta saulue. car la foy formee par charite fayt la personne qui la digne de vie eternelle. Sainct gregoyre. Foy saulua la magdaleine, car elle ne doubta point obtenir de dieu ce qͥ le demandoyt. Et luy dist ihesucrist. Va de in pace. Va en paix, cest adire en repoz et en cessant le têps aduenir de tous vices Et regarde de non estre plus discordante de la grace de ton redempteur et saulueur. Theophile. Apres que ihesucrist eut pardonne a la magdaleine ses pechez: la renuoia a bonne operation, en disant. Va en paix cestadire en faisant oeuures de iustice: car iustice nest aultre chose que paix de la creature auec dieu, ainsi que peche est ennemy entre dieu et hôme. Côe se il luy disoit. Le temps aduenir estudie toy faire toutes choses qui te puissent ayder a auoyr paix auec dieu. O parole delectable et doulce, que magdaleine ouyt voulentiers: τ bien ioyeusse se departit. Et apres vesquit honnestement et sainctement: et fut perfaictement toute conuertie a dieu, et se donna du tout a luy: et a sa doulce mere. Et bien couenablement apres la remission des peches ihû crist enuoye les personnes en paix, car ceulx qui de dieu sont iustifiez: sont en paix quât conscience ne les remort de peche. Et telle paix nest pas aux maulnais: ne a ceulx qui sont en peche. En quoy on peust veoir clerement que charite reforme paix entre dieu et le pecheur: Et pourtant sainct pierre dit que charite couure la multitude des pechez et sans elle nul ne peult plaire a dieu: auql specialement la deuons offrir. Sainct Ambroise. O que pouons nous rendre a dieu, tant poͬ nostre humanite q̂ luy a pleu prendre pour nous rachater, que pour les batcures: pour la croix, poͬ sa mort et poͬ sa sepulture. Malediction soyt sur moy se pour tous les biens quil ma faict ne layme Ie oze dire que saict pierre neust peu rêdre a dieu ce que dieu auoit fait pour luy. poͬ

ce il se estudia de le feruentement aymer. Combien que sainct pierre, et sainct paul rêdissent a ihûcrist mort pour mort: toutesfoiz ne luy rêdirêt pas plusieͣ saultres choses quilz luy deuoyent: car et se nous luy rendôs croix pour croix: et mort pour mort encore ne luy pouons rendre equipareil: attendu q̂ de luy auons toutes choses. mais tout ce que luy deuons rendre est amour et charite, et graces pour lefusion de son precieux sang. Et celuy le doit plus aymer. auquel il donne plus de choses. Nul donc se doit desesperer pour ses pechez ne soy deffier de la misericorde d dieu, car il est prompt et doulx a pardonner a ceulx qui de tout leͣ cueur se côuertissent a luy. Regarde aussi quelle eficace et vertuz enuers dieu: ont confession de peche: et effusion de larmes. Cest contriction: et foy: et charite: car côe nous voyons en bien pou de temps la benoite magdaleine fut iustifiee: et nectoyee de tout peche, laquelle par auant en auoyt este tellemêt pleine: que mesmes le pharisien auoit desplaisir de la regarder. Donc le pecheur a lexêple de marie doit a present plourer ses pechez: affin q̂ par ses larmes dieu de sa grace les luy pardonne. Et côe dit sainct bernard: Les larmes sont benoites: lesquelles de la benigne et doulce main du createur sont essuyees. Et bien benoitz sont les yeulx qui ont esleu soy esmollir par telz pleues: plus que nont fait soy esleuer en orgueil ou a veoir choses haultes sensuelles et charnelles. Crisostome. Tout ainsi que apres grant pluye ou têpeste sensuyt grant serain. Ainsi en lame apres grâd effusion de larmes grand tenebrosite de peche se depart: τ sensuyt paix et repoz. Et ainsi que au baptesme nous sommes purges et nectoyez de noz pechez: par leaue et par le sainct esperit: ainsi quâd auons peche noͬ sommes nectoiez par larmes et p côfession Anselme. Va donc et entre en la mayson du pharisee, et considere que ton seigneur est en ycelle pour prendre sa refection. Va a luy auec ceste tresbenoite pecheresse: et laue ses piedz de tes larmes/torche les de res cheueulx/et les adoulcis doignement. Et sil aduenoit qͥl te denyast ses precieux piedz touteffoiz perseuere tousiours et es licque en luy tes yeulx. et les arrouse de tes larmes et ne cesse iusques ace quil taye oc troye ce que tu demandes. Et sil te denye pardonner/luyte et bataille auec luy cõme fist iacob: en priant et gemissant/affin quil se esiouysse destre surmõte. Il te semblera aulcuneffoiz quil tourne ses yeulx de toy. ⁊ quil cloue ses oreilles/et ne te vueille ouyr et quil musse ses piedz. touteffoiz en tou tes ces choses perseuere. et soyes enuers luy importun: et ne cesse de crier tãt qͥl taye exaulce en disant sire. helas cõbien crieray ie et prieray ie: aincois que de vous soye ex aulce. O doulx ihesus rend moy la lyesse de ton salut/car seulement mon cueur te de sire pardessus toutes aultres choses. Ih es las sire ie quier ta face: et la querray iusqͤs adce que laye trouuee. Le tẽps passe dieu auoit prefigure ceste chose cy par manasse roy du peuple disrael lequel par sa penitẽce fut reuocque en son royaulme. Manasses auoit moult offense dieu. car il auoyt fait seyer son oncle ysaye le pphete p̃ le mylieu du corps/a cause quil le redarguoit et repre noit de ses pechez. et tormenta tant de pro phetes qui le reprenoyent de ses faultes: qͥ les places et rues de iherusalez estoyẽt tou tes rouges de leur sang. Apres fut prins d̃ ses ennemys et mys en exil. et en prison/ et cogneut son peche et son cas: ⁊ en eut des plaisance. ⁊ pria dieu en disant. Sire iay pe che sur le nombre de rareyne/ et du sablon qui est en lamer: et ne suys pas digne de ve oir le ciel/ pour la grant multitude de mes deffaultz et peches. Et combien cõme dit est quil eust este grant pecheur/touteffoiz dieu eut acceptable sa penitence: et le deli ura de la captiuite en laquelle il estoit: en le restituant en son royaulme de iherusalem. Par ce roy est signifie le pecher lequel tor

mente les prophetes de dieu qui le repre nent de ses defaulx. cest ascauoyr les pres cheurs ⁊ les docteurs. Et tant quil demeu re en peche mortel: tãt est il en la captiuite du dyable denfer: mais se de tout son cue veult faire penitence/dieu est tout prest de le recepuoyr a grace/ et a misericorde. Aussi cecy fut prefigure p̃ le roy dauid. lequel cõmist adultere et homicide. ⁊ quãd par le prophete nathan fut redargue et re prins tantost en grande contriction et des plaisance dist au prophete. Peccaui dño Iay peche et offense dieu: ⁊ le prophete in continent luy respondit. Dieu ta pardõne et remys ton peche/ car pour ycelluy ia ne mourras. O la misericorde et pitie de dieu est si tresgrande. que on ne le pourroit dire de bouche. Ne nous desesperõs pas de la grand multitude de noz peches. car nous auõs plusieurs tesmoings qui apres leurs defaultz ont trouue par vraye penitence la grace de dieu. Et aussi ou tẽps aduenir ne seruons plus a peche. car on pert plusieurs biens que dieu dõncroit a la personne qui se estudieroit de tout son cueur luy seruir. Les vngs les perdent en aymant trop les voluptes et concupiscentes du corps. Les aultres en desirant honneurs et excellences de ce monde. Les aultres enquerent les fa cultes et richesses dicelluy. Et pource que au iourduy pou sont qui nensuyuent aulcu nes de ces trois choses deuant dictes/ ou toutes trois ensemble. conuenablemẽt telz sont ditz meschans et maleureux/ car ilz ser uent et obeyssent aux choses qui leur deu royent obeyr et seruir: et se mõstrent bien estre vilz et de petite reputation: et nõ pas vrais nobles ou seigneurs/mais garcons et seruiteurs. De ce auons exẽple de dyo genes: duquel on list: que vne foiz a cause de la grande science et sapience qui estoyt en luy: lempereur le voulsit veoir et visiter Et quand il vint deuãt luy: le philosophe ne se volut leuer. Laquelle chose voyãt lẽ pereur fut fort esmeu et en ceste passion se

departit de luy. Et adonc les seruiteurs de
lempereur luy dirēt. Dyogenes pour quoy
as tu ainsi mesprise lempereˀ leql en toy vi
sitant te honnouroit grandement: toy qui
es tāt pouure. Ausquelz le philosophe res
pondit. Il nappartient pas a ma dignite
que ie face reuerence au seruiteur de mon
seruiteur. Cestuy empereur que voˀ voyez
sert a mon seruiteur. cest ascauoir au mode
lequel me sert: et est fait et cree d̄ dieu pō
me seruir. Et cest la cause ppur quoy ie ne
luy ay fait reuerence. Cestuy philosophe
estoit bien seigneur du monde et empereur
Bien gardoit la dignite. et lexcellence de
sa nature: en laquelle dieu lauoyt cree.

Oraison.

Bon ihesus esperance des peni
tens qui as pardonne a marie ma
gdaleine pecheresse: elle plourāt
a tes piedz: en les arrousan de ses larmes:
et les torchant de ses cheueulx: et les bay
sant de sa bouche: et luy ouuras: et demō
stras le signe de ta pitie. Je te prie doulx
ihesus qui es tāt misericors que ne me des
prises: moy qui suys si grant pecheur. fay
que ie ploure aux piedz de ta clemence: en
les arrousant de larmes de internelle com
punction: et en les baisant de la bouche de
deuote oraison. et me faiz ouyr ta voix plei
ne de pitie: de clemence: et de doulceur. la
quelle magdaleine deseruit ouir/ a ce q̄ mes
peches grans et innumerables me soyent
par ta grace et p̄ les merites de magdelei
ne pardonnez. Amen.

Du seruice que marthe fist a ihesucrist
chapitre sexante z vng.

Les choses dessusdictes acompli
es: ētra iehucrist en vng chasteau
appelle bethanie/ interprete may
son dobedience/ et signifie que voulētiers
ihesus entre en la maison de la conscience.
laquelle luy obeist deuotemēt. et vint en la
maison de marthe. et de marie/ en laquelle

souuent frequentoit/ et se tenoit p̄ especia
amour et deuotion q̄l auoit aux deux seurs
dessusdictes. Ceste maison toutesfoiz icy
est appellee maison de marthe/ car elle es
toyt la plus ancienne: et auoit la charge de
la maison: et fut receu en grand affection.
diligemmēt: reuerentement. et ioyeusemēt
car elles furent moult ioyeuses dauoir vng
tel hoste. Et nostre seigneur selon sa ma
niere non voulant estre oyseux/ cōmenca a
parler paroles appartenātes a la vie eter
nelle. en donnāt exemple a ses disciples. q̄
quand on les receuroit au logis/ rēplissent
les cueurs de ceulx qui les recepuroient de
paroles sainctes et salutaires. Et marie
magdaleine se seoit a ses piedz: et tant de
yeulx: et des oreilles: que de cueur entēdoit
a luy et contemployt sa tresbelle face. et tel
lement estoyt refectionnee de ses doulces
paroles quelle estoyt rauye/ et ne pensoyt
en aultre chose fors que aux oeuures de la
vie contēplatiue. Et de ceste grande et ri
che table de nostre seigneur cueilloit les
myetes/ q̄ estoyēt la parole de dieu. Augu
stin. De tant que marie se seoyt plus aux
piedz de ihesucrist. de tant aprenoit de luy
plus de bien/ car la condition de leaue est
de courir aux vallees basses: et descend des
orgueilleuses mōtaignes. Et marthe tan

tost que vist son maistre se occupa a disposer sa refection diligemment et se tourna aux oeuures d la vie actiue et se tint vng peu côme se elle fust lassee a cause de du labeur/en portant molestement quelle estoit seulle a labourer es neccessites de lostel. et que sa seur vaquoit a repoz sans luy aider. Et nostre seigneur permist q̃lle se cõplinct: et que luy requist q̃ sa seur marie luy aydast et labourast auec elle. combien que marie luy aydast tousiours/ou par conseil: ou en priant dieu pour elle. On veoit yci que ces deux seurs ne auoyent en leur maison ne varles/ne chãberieres pour les seruir. Ne aussi ihũcrist ne auoit que sinier ne aultre pour faire sa pourueance. en quoy on a enseignement contre la grand superfluite des seruiteurs. et plus des prelats de saincte eglise. Marthe se cõpleinoit de sa seur en la p̃sonne de ceulx qui ne sont pas bien encore excercez en la contemplation diuine. mais seullement se estudient a plaire a dieu en faisant seruice a leurs prochains/en disant que a ceulx qui voulent estre deuotz a dieu et viure selon la vie cõtẽplatiue. fault premier estre excercez en la vie actiue. cõbien que en ycelle ne faille pas tousiours demourer. Ainsi que dit saint iheronime a vne riche matrone et noble: laquelle il inuitoit a vie solitaire/en disant. O quand aura fin ceste seruitude qui est tant imparfaicte. Penses tu q̃ nostre seigneur ne puisse nourrir ses poures si non par toy. Et quãd marie magdaleine qui se reposoyt en la parolle de ihũcrist/en laquelle elle trouuoit tresgrande suauite/ouyt sa seur ainsi parler/fust côme la personne qui se esueille de son dormir/et eust grãd paour/que son plaisant repoz ne fust entrerompu. et pour ce elle inclinee la face en terre: se teust et cõmist sa cause au vray iuge qui la estoit present. et ne dist rien a ce quelle ne interrõpist lintention quelle auoit de ouyr tousiours les paroles de ihũcrist. On treuue on saint euangile. que marie fut accusee trois foiz.

cest ascauoir du pharisien: lequel laccusoit de presumption et de temerite. pource quel le pecheresse auoit touche ihesucrist. La seconde fust de iudas. la quelle il appella prodigue: pource quelle auoyt espandu le precieux oignement sur le chief/et sur les piedz de ihesucrist. La tierce fust de sa seur. pource quelle estoit oyseuse/mais en toutes ces accusations marie se teust et eut pacience/et tousiours ihesucrist pour elle respõdit en lexcusant. car il demõstra au pharisee que le fait de marie ne estoyt pas par presumption. mais par deuotion. A iudas aussi et aur aultres apostres demõstra que ce quelle auoit espandu le bon oignement nestoit pas par prodigalite/mais par pitie Aussi a sa seur voulst demonstrer: q̃ ce q̃lle se seoit ne stoit pas pour occiosite: mais affin quelle fust occupee es choses meilleures Et pource il luy dist. Martha martha sollicita es. Marthe marthe. En repetant le nom de marthe deux foiz diligeutemẽt elle oyt ce q̃ lui vouloit dire Tu es biẽ soigneuse enuers plusieurs choses. et souuent troublee/car les oeuures de la vie actiue troublent souuent lame. et la mectent en grãde distraction et hors de elle mesmes. Si dõc tu veulx viure en leesse desperit/ne te entremesle de tant de choses. car de tant plus q̃ y seras occupee. de tant plus seras foible a tẽdre a la fin q̃ dois desuier. Toutes choses sont muables et transitoires: vne seulle chose est necessaire/cest ascauoir se adherer cõtinuellement a dieu: ainsi que demande le prophete qui dist. Unam petii a dño 7c. Une seulle chose ay demande a dieu. cest que tout le temps de ma vie habite et demeure en sa maison. Ou vne chose est neccessaire: cest ascauoir dieu. lequel deuãt toutes choses on doit q̃rir. Aussi vne chose est neccessaire: cest vne vnite de pensee q̃ on doit auoir a dieu: laquelle auoir se doyuent estudier les cõtemplatif: pource que par la vie cõtemplatiue lame adhere a dieu qui est simplement vng. ainsi q̃ p l oppositte par la vie actiue on entết aux creatures qui sont plusieurs et diuerses/ ⁊ par ce lame est diuisee souuent/et en plusieurs choses distraicte. Touttffoiz en voulant tendre a la seulle chose necessaire.et que on doit desirer et mettre sur toutes les aultres/plusieurs choses sont necessaires. Maria optimam partem elegit. O marthe saches que marie a esleu la meilleure. la plus seure et la plus digne ptie. Côme sil disoit. Tu as esleu bone partie: mais marie la meilleure. Ne te complaintz doncquez mye du repoz de ta seur/car celuy q̄ se scoit est le principal sur celuy qui ministre. Mais côment peust on scauoir que la vie que marie a esleu est meilleure veu que on ne laura si non en la vie eternelle. A quoy on doyt respondre q̄ marie magdaleine gousta et sentit de la douleur ⁊ ioyeuse suauite de la vie eternelle: cô bien quelle nen eust pas apprehension côme on laura en paradis: et cecy est bien bon et bien le sentoit. Or nostre seigneur ne reprend pas la partie de marthe/car elle est bonne. mais loue la partie de marie qui est meilleure. La cause est. Quia non aufferetur ab ea ꝛc. Pour ce quelle ne luy sera iames ostee.car elle a esleu ce qui demourra perpetuellement. Ceste vie de magdeleine commance en ce monde et acroist de iour en iour en ceulx qui en ycelle veullent profiter.et totalement apres ceste vie sera perfaicte. car ce que la personne voit maintenant des choses diuines et celestes. est côe en vng mirouer. et en obscurite/et apres ceste vie voyrra face a face Et quãd on voyrra apres ceste vie dieu que on ayme/on sera plus euflambe en son amoᵘ par le feu diuin: pource q̄ charite ne choit iamais. mais demeure tousiours yci et en paradis. Cest le feu qui est en syon: et la cheminee en est en iherusalem. Et ainsi est il de la côtemplation que on a des choses diuines en ceste vie: car cest vne mesme chose ⁊ en ce monde et en paradis. combien que la ioyeusete de lame nest pas en ce monde parfaicte:

mais sera parfaicte en paradis. Par quoy appert que la contemplation que on a eu en ce monde ne sera iamez ostee. car a lors on trouuera le parfect bien que on auerot en ycelle. Mais la vie actiue en laqlle on excerce les oeuures de pitie et de misericorde: ainsi que foy a la fin sera euacuee et ostee. poᵘ ce que telles oeuures la ne seront point neccessaires. Or donc quand marie fust ainsi excusee par la respôse que fist nostre seigneur a sa seur/elle ce seist plus seurement: et se reposa plus ioyeusement. Augustin. Nostre seigneur ihesucrist respôdit a marthe pour sa seur marie/et fust aduocat luy qui estoit demande pour iuge Marthe estoit moult soigneuse comment bien ⁊ hônestement pourroit refectionner nostre seigneur et ses disciples/et marie estoit atentiue côme elle seroit refectiônee de ihesucrist. Par marthe le corps estoit appareille a ihesucrist/ou quel la marie estoyt ioyeuse/car elle estoit detenue de vne merueilleuse doulceur: laquelle sans nulle comparaison refectionne plus lame/ que toutes viandes môdaines ne font le corps Et quãd de luy fust excusee: elle se seist plᵘ seuremẽt. Icy nostre seigneur ne reprit pas les oeuures de lune ne de lautre: mais les distingue: en demonstrant laquelle estoyt plus parfaicte. cest la contêplation de dieu: laquelle conuenablemẽt doyt estre pferere a tous aultres exercicez de vertuz. Ambroise. Or estudie toy de auoir le desir de la sapience diuine côme auoit marie: car cest la plus grand et plus parfaict oeuure. Et garde que nulle occupation de la vie actiue te empesche de paruenir a la cognoissance du verbe celeste: Et ne reprans et ne iuge oyseulx ceulx que tu verras soy estudier en la vraye sapience diuine. Marthe ne fust pas reprinse de ce quelle vacquoyt a bonne operation: mais sa seur marie est preferee par la sentence de ihesucrist. pour ce q̄ elle auoit esleu la meilleure ptie. Ihūs habunde en plusieurs graces et les distribue aux creatures en moult de manieres. τ celluy est le plus saige qui prent τ se arreste au principal et au meilleur. Ainsi que firēt les apostres/ qui ne reputerent pas estre meilleur leisser la predication de la parole de dieu et administrer aux tables de la vie corporelle. mais a ce fayre esleurent septz diacres ainsi quil est escript aux fais des apostres. Donc pource que la partie que auoit esleue marie/ cest ascauoir le repoz de cōtemplation estoit plus digne. plus pres de la conuersacion angelique/ plus seure. plus ioyeuse: et de plus longue demourree car iamais ne luy deuoit estre oustee. Elle fust preseruee au seruice de marthe cest la vie actiue/ qui est plus pīleuse/ tant poᵘʳ la boue et la pouldre qui adhere aux piedz des actiz. que aussi pour la grand peine. labour: sollicitude: et occupations que on a de son prochain. combien quelle soit plus vtile pour laide et edification que on fait a aultruy. Et ceste vie actiue est en double maniere. car lune est quant au regart des prelatz et des prescheurs de la parolle de dieu. Lautre quant aux oeuures q̄ on fait a son prochain en la vie commune. Et pour ce quand en la saincte escripture on list que la vie actiue est preferee a la cōtemplatiue on le doit entendre quant a lestat des prelatz τ des prescheurs. En aulcuues choses doncques lactiue est preferee et excede la cōtemplatiue: et en aulcunes. la cōtemplatiue excede lactiue. Sur quoy est ascauoir que double operation est distinguee des docteurs. Lune est en lexercice des vertuz morales. et ceste dispose la personne a contēplation. Gregoire. A ceulx qui en ce mōde desirent de paruenir a la haultesse de cōtemplaciō est neccessaire que premierement se occupent ou champ de operation. Et quand par la grace de dieu τ par bon exercice les passions de lame sont appaisees. laquelle chose se fait pour soy fort excercer en vertus morales: lame est disposee de franchement soy esleuer en cōtemplation de la diuine verite. et telle pparation ordōne la personne a contēplacion cōe a la fin. Or lafin est meilleure que les choses qui meynent a elle. et pource de telle action dient: et concedēt les docteurs/ que contemplaciō est meilleure que telle operation: Lautre maniere de operation est celle qui procede de contēplatiō et de la plenitude dicelle. comme est enseigner aultruy de son salut: labourer au gouuernement des ames/ ou faire choses pareilles: Et de telle operation dient aulcuns quelle est meilleure que nest contemplation. et de ceste ne parle mye icy ihesucrist/ ainsi que clerement on peut veoyr. Combien que aultres dient/ que contemplation est meilleure: que nest mesmes telle operation/ car ce que on eslist simplement et absoluemēt semble estre meilleuʳ q̄ ce q̄ pour aulcun cas et condicion on eslist: Or on eslist contemplacion seulement pour elle mesmes/ et la cure des ames on la prēt et eslist en cas et sur condicion. Augustin. Charite quiert saint repoz/ et neccessite de charite prent la charge de iuste operation: laquelle charge se par obedience nest imposee a aulcun: il doit vacquer a prendre et regarder. et acompler la vraye verite/ cest dieu. Mais se par obedience ceste charge est baillee on la doit prendre pour la necessite de charite: et discretement se occuper ace que on ne perde la saueur du bien spirituel. En ces deux seurs: marthe: et marie si aymees de ihesucrist. sont demonstrees deux vies spirituelles/ aux quelles en ce monde saincte eglise se excerce. car par marthe est signifiee la vie actiue: par laquelle nous sommes acōpaignez auec nostre prochain en charite. Par marie est signifiee la contemplatiue/ par laquelle nous souspirons en lamour de dieu. Marthe receut ihesucrist en sa maison/ et non pas marie: car la vie cōtemplatiue na point en ce monde de maison: pour ce quelle desprise toutes possessions mondaynes. et luy souffit pour tout: se seoir aux piedz de ihesus et de ouyr

touſiours ſa parole en deſirant plus nourrir son ame que son vêtre. Il luy souffit seu
lement en despriſant toutes aultres choſes
deſirer et vacquer a lecton et oraiſon. z ſoy
esleuer en contemplacion de dieu en ſouſ-
pirant doulcement en compunction de larmes tant pour remiſſion de ſes pechés que
pour obtenir a la fin de ce monde la vie eternelle. En ceſte vie viuoyent ou temps paſſe les propheres et les apoſtres de iheſucriſt: et pluſieurs aultres leſquelz layſſoy-
ent toutes choſes temporelles pour ſoy adherer plus parfaictement a dieu. z eſtre pl?
vray en son amour. La vie actiue eſt dicte
actiue po² ce que la perſonne eſt touſiours
en labour, et fatigation: et a peyne peuſt
auoir repoz. Ainſi que nous liſons que
marthe eſtoit ſoigneuſe enuers les occupations de la maiſon. Nous voyós pluſieurs
prelatz et miniſtres de ſaincte egliſe et aultres pluſieurs moult ſoigneux de labourer
et dauoir grans charges ou peynes. pour
ayder. et ſecourir aux affaires et neceſſites de leurs prochains. Et telz doyuent
mieulx eſtre appelles actifz que contemplatifz. car de marie magdeleine par laquelle eſt ſignifiee la vie contemplatiue eſt dit.
quelle ſe ſeoyt aux piedz de iheſus. Et le
vray contemplatif ne doyt deſirer que dauoir en ſon ame fruiction de repoz parfaict
qui ſeulement eſt en dieu, laquelle choſe ſe
fait quand il eſt en ſoy meſmes bien appai-
ſie de toutes pertubations. et paſſions qui
luy peuuent aduenir. mais marthe qui eſt
la vie actiue eſt moult laborieuſe, et quaſi
en continuelle bataille. Auguſtin. En la
maiſon en laquelle noſtre ſeigneur fut receu demouroyent deux femmes, ceſt adire
deux vies innocentes et louables. lune laborieuſe, z lautre en repoz. Nulle des deux
eſt manluaiſe, car le labourant en la vie actiue doyt euiter tout mal. Nulle des deux
eſt pareſſeuſe, car le contemplatif doyt eſ-
chiuer, et ſoy garder d occioſete. Ces deux
femmes tresprudentes ont demonſtre la

voye de bien et parfaictement viure a tout
le peuple de ſaincte egliſe. et tout le monde
les enſuyt. Aulcuns vont apres marthe, et
les aultres apres marie. car nul entrera en
la cite celeſte de paradis ſil ne conuerſe, et
chemine par lune de ces deux vies. Il eſt
neceſſaire quand aulcung veult entrer en
lune ou en lautre vie que bien regarde z examine ſa force et puiſſance: et apres regarde a laquelle ſera plus ydoyne. Et ſil
veoit quil eſt plus habile a la contéplatiue
et trouue ſon ame toute donnee a deuotion
ſe doit retirer du monde et des occupatiós
dicelluy. et ſe mettre en religion bien ordonnee en laquelle il vacquera a dieu tát puor
ſoy que pour les aultres, affin ql ne muſſe
en terre la bonne voulente q dieu luy a dōnee, mais de plus en pl?. ſe ſtudie de la croy-
ſtre en dieu. Et cóbien quil ne preſche poit
touteffoiz il cómunique et diſtribue les ex-
cercices doraiſon z de contéplacion a tous
et neſt point oyſeux. La perſonne ne doyt
mye eſtre reputee oyſeuſe na pareſſeuſe q
eſt toute donnee a ſaincte deuocion, et a
oraiſon a ieunes, a vigilles: et a larmes.
Et ainſi on doyt entendre de la vie actiue
ſeló ſa códicion. Touteffoiz ces deux viez
ne ſont pas deuiſees lune de laultre p leurs
offices: cóe deux diſtictez eſpecez. ceſt blác
et noir, ou aultres differentes eſpecez. car
vne pſóne peut eſtre actiue et cótéplatiue.
Souuét celluy qui eſt actif eſt cótéplatif
et le contemplatif eſt actif, combien quil
ſoit appelle, ou ſelon lune, ou ſelon lautre
vie, ceſt adire ſelon la vie laquelle plus ſou-
uét il exerce, et a laquelle ſe occupe. Les
offices de la vie actiue, ſót lire: et prier dieu
en public: preſcher. corriger les erreurs: enſeigner les ignorans, ſuſtenter et donner a
menger aux poures, donner conſeil et aide
a ceulx qui le demandent, deliurer le poure
et ſouffreteux de la main de ſon aduerſaire
auoir ſoing et cure des malades, regarder
comme ſe gouuernét ceulx que on a en gouuernement: diſtribuer a vng cheſcun ſelon

quil luy est expediēt soy excercer sur toutes choses aux oeuures de misericorde et de pitie. Les offices et oeuures de la vie cõtēplatiue sont lire en son secret les saictes escriptures. mediter et pēser en la loy de nostre seigneur: sentir et gouster en ce mõde la doulce² et suauite du paiz celeste: auec les angez soy adherer tant quil est possible p̄ amour a dieu: auoir lame despoillee de toute cōcupiscence et delectacion mondaine: viure en tāt quil est possible: et que humaine nature le p̄mect. en ihūcrist: tellemēt q̄ le cue² soit tout enflambe en lamour de son createur. pour lamour duquel on desprise toutes choses creez et en telle maniere se mectre que on demõstre que en ce monde la conuersacion du faisant soit ou ciel. Cōme vray cõtēplatif et spirituel doit estre sisoyal en toute sa vie et ses oeuures comme se chascune heure il deuoit estre iuge et rendre cõpte de toses faitz a dieu Et doit viure en si grãt ardeur et desir et ainsi estre enflābe en lamo² diuin, comme se a chescune heure deuoit estre a compaigne des benoitz anges et esperiz pour eternellemēt auoir fruicion de dieu, et comme celluy qui a son cueur esleue en dieu soit en seant, ou en cheminant en soy reposant, ou en faisant quelque aultre chose, et quil se studie tousiours de prouocquer les aultres a lamour de dieu: et sa moquer de la gloire et felicite de ce mõde. soy esmerueiller comme les creatures sont tant aueugles: et mõstrer quelle follie est auoir fiance aux choses caduques et transitoires de ce mōde. Touteffoiz le contemplatif selon lopportunite du temps et la necessite doit prendre lung et laultre office en descendant de contemplation en labour: et de labour montant en contemplation. selon quil voit expedient et neccessaire: Ainsi q̄ en hortoit a fayre vng sainct homme qui escriuant a vng quidē esleu pour prelat. qui se complaignoyt, que par ceste charge le doulx repos de contemplation luy auoyt este oste, et q̄ sans sa voulente auoit prins le faiz: et la charge de la vie actiue, auquel disoyt. Aincois que ceste charge te feust baillee, tu te scoyes aur piedz de nostre seigneur auec marie, et maintenant auec marthe, tu administreras a ihesucrist en ses mēbres. La beaulte de rachel ta aleche, mais pourtant tu ne doiz pas despriser, lya louche et haulte des yeulx: car elle tē gendrera grand lignie. Marie de nostre seigneur recoipt les doulces viandes, et marthe les appareille deuāt. Ceste refectionne. Marthe administre le pain des hommes. et a marie est administre le pain des anges. A la table de marie on nest point saoule ne riens ny vient ja ennuy, mais a celle de marthe souuent les viandes viennent a ennuy En la vie contemplatiue tu oyz le champ doulx et amoureux des anges. tu voiz les liz des vierges, les roses des martirs. les violectes des confesseurs, yci tu voys le filz de dieu descendant du ciel, et disant. q̄ plus grant ioye est aux anges de paradis sur la conuersion dung pecheur qui faict penitence, que nest sur plusieurs qui nont besoing de penitence et se tiennent iustes Il te semble que la vie contemplatiue doit estre preferee a lactiue. Et touteffoiz se bien consideres, la vie actiue est autant matiere de venir a la gloire de paradis. cōme est la contemplatiue, car par elle qui ne veult on ne descēt point a ruyne. Et se bien regarde tu les trouueras toutes deux estre en vne mesme personne. Et premier en nostre seigneur ihesucrist, lequel enseignoit le peuple aur chāps et aux citez. et faysoit oraison tout seul en la montaigne. Moyse en la montaigne, et on tabernacle par loyt au peuple. Sainct pierre auquel fut dit la ou il faisoit oraison, tue et mengeue prescha apres au peuple. Sainct paul qui fut rauy iusques au tiers ciel, apres fut fait docteur des gens. On treuue que marie maigdeleine seulement se soyt, et oyoit la parolle de ihesucrist/et on ne treuue point que aulcunefoiz aye secouru ne ayde aux labours de sa seur. combien que sa seur len priast chierement. Aussi on ne list point q̃ marthe aye meslé la partie de marie a son seruice/ne auec ses besoignes. et pour ce ainsi que nostre seigneur tesmoigne/marie a esleu la meilleure p̃tie. laq̃lle en ce monde et en laultre: ne luy sera oustee. Par marie donc sont signifiez ceulx/desquelz la conuersacion est aux cieulx. et qui dient. Ecce elongaui fugiens. rc.. Je me suys esloigné des occupacions mondaines: τ ay demouré en solitude/cest en ma pensee auec dieu. Par marthe sont reprins les gẽs de leglise qui se donnent tellement aux occupations de la vie actiue que souuẽt sont esloignez τ escluz du vray sacrifice que on doit offrir a dieu en cõtricion decueur: car il est impossible que cellny puisse parler a dieu qui mesme en silence/et tout seul parle au monde. A lentendement de telz souuent se offrent mesmes ou tẽps quilz voullẽt seruir a dieu plusieurs occupations seculieres et mondaines: lesquelles ne les laissent en repos. mais les suyuent iusques a lautel. quand tant pour eulx que pour le peuple vont sacrifier/et dire messe. Et telles occupaciõs emblent le fruit doraison et destruyent loffice ecclesiastique. Et silz sexcusent sur marthe qui administroit τ estoit occupee a plusieurs choses/sachent que toute son occupacion estoit pour lamour de ihesucrist. duquel souuẽt telz sont bien loing: car en telles mondaines occupacions on quiert ce q̃ appartient au monde/et non pas ce qui est plaisant a ihesucrist. Et pource que toute leur occupation est en vers les choses temporelles. transitoires et caduques ne sont pas actif cõe marthe/mais sont marchãs ainsi q̃ purs seculiers. et ont biẽ iuste cause de plourer et soy cõplaindre. Faire donc comme marthe/cest soy occuper aux oeures de misericorde. et aller et courir entre lye. et rachel: et estre de vie actiue/et de cõtẽplatiue est bon. mais se seoir aux piedz de

ihesus auec marie/est tresbon/car cest bõne chose se seoyr ainsi que fist marthe. Et meilleure de cueillir/ainsi que faisoit marie. Je tay dit ces choses affin que tu reputes estre fort et bon par aulcun temps: prendre loffice de marthe: et en lautre celluy de marie: Cest adire que en vng tẽps tu vacques a repoz ainsi que faisoit marie: et en aultre a lutilite de ton pchain: ainsi q̃ faisoit marthe. cest vne mesme eschelle q̃ vist iacob en laquelle les anges montoyent et descẽdoyent. Tu doyz aymer rachel pour la beaulte qui est en elle: τ sa seur lya pour la lignee q̃l le te engendre. Par quoy appert que vng prelat ne doit mye pferer lune vie a laultre mais de toutes deux doit vser entẽps τ en lieu/combien quel selon le texte de leuangile parlant de deux qui sont en vng lit: lũg sera prins et lautre sera laisse. Or listoire et leuangile icy touche/cõbien q̃lle napartienne pas selon la lectre a la benoiste vierge marie est leue en saicte eglise le 10ᵉ de sa glorieuse assumption/car elle est le chasteau/ouquel ihesucrist entra/et aussi elle excerca loffice des deux seurs dessusdictes. Certes le corps de la tresuierge mere de dieu fut bien chasteau/ouquel entra nostre seigneur en sa conception: et cecy poᵘ sept choses qui sont trouuees en vng bon et fort chasteau. La premiere est: quil est si tue et ediffie en lieu hault. Pour quoy on peut entẽdre leminãce d̃ la vie spirituelle q̃ la personne doit auoir/car celluy qui veult edifier vng ediffice spũel en son ame doit es tre esleue de laffectiõ et turbation des choses mondaines. et se doit tenir en haulteur de cõtemplacion et desir des choses spiritu elles τ diuines. Et telle fut la benoiste vierge marie/laquelle eut en soy grandement perfection de la vie spirituelle quant a toutes les choses deuant dictes. La seconde est: quil fault q̃ ce chasteau soit clos de forte muraille/par laquelle est entendue la closure de integrite virginale/laquelle fu tresexcellentemẽt en la vierge marie/car la muraille de virginite tellement lenuironna et circuist que iamais p dedés ne p dehors furent achee d'une seule corrōpue pensee Et pource delle est verifie ccla des canticques. Ortus conclusus. Marie est vng iardin ferre, et vne fontaine close z bien seyllee. La tierce est q le chasteau doyt a uoir tours, p lesquelles est entēdu humilité, laqlle esliene lōme hault iusques au ciel. Et ainsi q p la tour tout ce q est ou chasteau est garde, ainsi p humilite toutes vertus sont gardees en lōme. Et ceste defence de la tour de huilite fort quiēt au mur d virginite, car virginite z huilite sōt moult vnies, et se defendent z excellentemēt furēt toutes deux en marie. La quarte est quil soyt fosse pfondemēt. Par le fosse parfond est entendue pourete, laquelle oste de lame toutes choses terriennes. Et marie tellement fut poure que delle est dit q apres lēfantement de son benoist enfant elle nauoyt lieu po² le mectre se non en la creiche des bestes. La quinte est le fleuue ou riuiere courāt par laquelle est entendue la plenitude de grace, laquelle en grand habondāce fust en la glorieuse vierge marie, car comme dit sait iherosme, aux autres creatures dieu a distribue ses graces p parties, mais il espandit la plenitude dicelles en la glorieuse dame vierge marie. La sixiesme est quil fault q ou chasteau soient armeures couenables pour soy defendre des ennemis, et pour garder ceulx q en icelluy fuyront, p quoy est entendue labondance de misericorde et de pitie qui est en la vierge marie, car elle defend les pecheurs, et tous ceulx qui sont oppresses des ennemys, et qui a elle veulent recourir. La septiesme est quil fault que en icelluy soyēt viures pour sustenter ceulx qui sont dedens, aultremēt ptre les ennemys le chasteau ne pourroyt estre longuemēt garde p lesquelles choses sont entendues labōdance des nourrissemēs spirituelz, lesquelz tressouffisammēt en soy eut la vierge marie, car pour vaincre lennemy denfer ou chasteau de son ventre descēdit du ciel le vray pain de vie q est nostre seigr ihesucrist. Entra donc ihesucrist en vng chasteau, cest en la benoiste vierge marie en laquelle vint pour batailler ōtre le dyable. Et vne femme marthe, cest la vierge marie le receut en la maison de son vētre. Et marthe auoyt vne seur nōmee marie. La vierge glorieuse est dicte marthe, et marie. Marthe pour lestude de bōne action, marie pour la ociosite de contemplacion. A bon droyt fust marthe quand elle exerca la vie actiue enuers son filz en luy faisant toutes les oeuures de misericorde et de pitie. Quand aussi les exerca aux membres de son filz ihesus, cōme a sainct iehan baptiste, a la mere duquel cest a elizabeth, aincoy quil fust ne seruit, et luy le mectoit, ou bers, le nourrissoyt, et luy faisoyt les offices d'humilite. Fut aussi marie z ptemplatiue quād elle ouyt lange, et nostre seigneu² son filz parler, et quand en son entendemēt elle gardoit tous les faictz et dictz tant de la ieunesse de son filz q des ages, lesquelz reuela et declaira aux apostres, z po² ce est il dit que marthe auoit vne seur nommee marie, laquelle demoura pseuerāte en la foy. Domine non est tibi cure zc Ceste marthe qui se complaint d sa seur marie, est la porcion inferiore d la vierge marie, laquelle voyāt son filz estre mene a mort p compassion naturelle le vouloit fort deliurer. Mais marie cest raison superiore psiderāt la diuine voulēte z voyant q tout estoit fait p lordonnāce d dieu cōme soy seant ōtemploit ce q son filz auoyt predit de sa passion, et soy ōsentāt a la diuine voulente estoyt contēte q son filz mourust, et en ce la raison inferiore d la vierge marie obeyt a la supiore. Or escoutōs la responce de nr̄e seig². Marthe marthe tu es diligēte et soigneuse en plusieurs choses, car marie mere de ihesus fut diligēte quād pour la psecucio d herode elle fuyt son enfant en egypte, et quand cogneut que les iuifz le vouloyent persecuter. Mays vne chose est necessaire, car il est chose couenable que vng meure pour tout le monde, a ce q le monde ne soyt dampne. Et po² tāt marie cest raison superiore a esleu la meilleure partie cest obtemperer en toutes choses a la voulête diuine, et pource iamays ne luy sera ostee, car il a este chose congrue que ihesucrist ainsi souffrist et ainsi entrast en sa gloire. Et sur ce dit sainct anselme. Par similitude de ce chasteau on quel entra ihesucrist nous prenons la benoiste et glorieuse vierge marie, car on appelle vng chasteau, vne tour enuironne de muraille pour la defendre a ce q̄ les ennemis soyent deboutez de la tour p le mur qui est au deuant, et soyêt gardez de naprocher du mur. A vng tel chasteau bien conuenablement la vierge marie est comparee, de laquelle la virginite tât de corps que de ame la enuironee de toutes pars côme vng fort mur en telle maniere q̄ en elle oncques plaisance charnelle ne fut, ne ses sens ne furent iamais corrompus de chose orde z vicieuse. Et pource que orgueil a decoustume de impuner virginite, en ceste vierge estoyt la forte tour de humilite, par laquelle elle batailloit côtre orgueil, en le reboutant totalement hors de soy. Et ainsi en elle eut deux murs, cest virginite et huilite se fortifient lung lautre tellement q̄ en elle onc ne fut trouuee virginite orguilleuse, ne humilite souillee, mais parfaictement en elle demourerent virginite humble, z humilite virginale. Ces deux seurs desquelles leuangile fait mention, ainsi q̄ erposent les sainctz peres signifient en saincte eglise deux vies, cest assauoir marthe la vie actiue, et marie sa seur la contéplatiue. Lune laboure po' aider a lindigent, en tout ce qui luy est necessaire, lautre contemple, et voit en son ame combien nostre seigneur est doulx et a aymer. Marthe est occupee enuers les choses exterieures, marie contemple les diuines et interieures. Et ainsi que la glorieuse dame vierge marie est mere tressinguliere de nostre seigneur ihesucrist, ainsy les faitz d̄ ces deux vies desquelles les deux seurs tiennent la maniere, furent en elle tressingulierement, car oncques marthe ou aultre tenant la vie actiue ne se exercera tant aux poures ne marie ou aultre ne vaqua et ne vaquera tant a côtemplarion, côme fist la vierge marie. Or voyons lopacion de ceste marthe, et puis la prêmplacion de ceste marie, et po' plus plainement le faire regardons en quoy marthe se occupoit Et voyons apres côme la vierge marie pareillement est occupee. Aulcuns de la vie actiue se occupent a receuoir en leurs maisons to' pelerins et aultres gens po' lamour de dieu. Ceste dame na pas receu en son hostel vng chescun, mais en son propre ventre le filz de dieu, lequel en ce monde nauoyt lyeu ou peust reposer son chief. Les aultres sont qui se estudient reuestir les nudz de destemens corruptibles, ceste en vnite d̄ personne a receu le verbe eternel incorruptible et immuable. Les aultres refectionent ceulx qui ont fain et soif, de boire et de viandes exteriores. Ceste dame non seullement de boire et de viande exteriore a repeu ihesucrist, mais auec ce de son propre laict la alaicte et repeu luy q̄ pour nous est faict hôme Et pour brief parler plusieurs acomplissent les sept oeuures de misericorde, desquelles dieu dist que qui les exhibera et acôplira au moindre pour lamo' de luy le se repute estre faict Ceste dame ne les a pas exhibees a vng des meidres disciples de dieu, mais a receu en hospitalite le souuerain filz d̄ dieu nud le vestit de sa chair, lennelopa de petitz drappeletz, le repeut quâd il eut fain luy dôna de son propre lait a boire quâd il eut soif, le baigna, laua, porta continuellement auec soy, et pource conuenablemét delle est dit. Marthe tu es solliciteuse au seruice acoustume Aussi son enfât prins et crucifie estant côme en prison, elle fut presente, ainsi quil est escript quelle estoyt pres de la croyx, en laquelle le doulx ihesus pendoyt. Luy porte en egypte pour la persecucion du roy herode fut soingneuse, elle fut troublee quand cogneut que les iuifz le queroyent pour mectre a mort/et au dernier fut plus trouble quand vit son enfant prins/lye/batu/ desprise/de spines coronne/mocq/mourir et ensevelir/et pour ce delle bien est dit. Marthe marthe/tu es soingneuse/et en plusieurs choses souuent occupee. Et ne doubtez mye q̄ la benoiste vierge eust voulu se possible eust este deliurer son filz de toute peine et tribulacio̅/z desiroit en ses tribulacions estre aidee de la diuinite/laq̄l le par theorique qui est la partie de marie scauoyt et cognoissoit estre en son filz. Et cest de quoy marthe se complaint q̄ sa seur la laisse seule quant au seruice de la mayson. Tout ce qui est dit/est co̅me la vierge marie a este marthe z solliciteuse. Quant a la partie de marie laq̄lle est dicte la meilleure/qui est celluy qui dignemēt pourroit racompter en quelle excellence et perfection fut en la vierge marie. Se la p̄tie de marthe/cest la vie actiue estoit en marie mieulx q̄ ne auons dit/et couteffoys telle vie actiue nest point louee de nostre seigneur ne vitupere/de vous croyre/que en elle plus fort estoyt la partie de magdaleine/cest la vie contemplatiue/laquelle est tresbonne et moult de ihesucrist louee/et ne sera iamais ostee a la personne. O quelle grand doulceur diuine fut donnee a la vierge marie en la conception du filz de dieu/quand le sainct esperit vint sur elle/et de sa vertuz la ymbra/et conceupt par icelluy mesmes sainct esperit. Quelle chose pourroit estre dicte de dieu/de laquelle ceste vierge neust saueur ne goust/quand la sapience de dieu estoyt en elle muffee/et formoit en elle vng corps puenable a luy. Elle ne se feoit pas seulement au pies de ihesucrist/comme faisoyt magdaleine/mais estoyt a son chief/ duq̄l elle oyoit la doulce parole. Elle gardoyt en son cueur toutes les paroles des anges/des pasteurs/des roys/et celles quelles auoit ouy dire a son filz/et souuēt les reuouloit. Oncques en ce monde poure creature ne gousta p̄faictement la bonté z doulceur de dieu/ne oncques fut tout en beue ne refectionnee du torrent de sa volupte/et doulceur co̅me la mere de dieu. Et ce nest pas de merueilles/car en tour elle/et dedans elle/estoyt la vraye fontalne de vie/de laquelle la perfectio̅ de la vie actiue/et de la vie contemplatiue failloyt tellement quelle estoit comme marthe occupee en plusieurs choses/et se delectoit co̅me marie en vne seule et singulieriere. Et la cause pour quoy il dit que vne chose est necessaire/est po̅ ce que a la mort toute occupacion exteriore sera ostee/z seulement vne chose demoura/cest assauoyr vray amour de dieu/non obstant que durāt ceste vie on peut bien eslire la partie de marthe/ et en icelle soy occuper po̅ lamour de dieu z aussi la p̄tie de marie q̄ est la meilleure/a lexemple de la benoiste vierge marie/qui esleut toutes les deux/et tant quelle fut en ce monde en elles se occupa/touteffoys a la fin de ceste vie la partie de marthe sera ostee/car on benoist royaulme du ciel aussi la vierge ne fut plus soigneuse de seruir a son filz comme elle faisoit en ce monde/car la tous les ordres des anges luy seruent z obeissent a sa voulente/comme a leur seygneur. Aussi elle ne sera plus triste en fuyant en egipte la face de herode/car son filz est mōte on ciel/et herode est descendu aux enfers. Elle ne sera semblablement plus troublee en aulcunes choses co̅me elle fut quand les iuifz persecutorent son cher enfant/car a luy toutes choses sōt subiectes Il ne sera plus batu des iuifz/ou des cheualiers des payens/ne mys a mort/car luy ressuscite plus/ne mourra/ne la mort naura iamais puissance sur luy. Par quoy appert que ap̄s ceste vie la partie de marthe est ostee et terminee/et la partie de marie demoura perpetuellement en lame/z pour ce elle est preferee. Et cecy bien fut demōstre en la glorieuse vierge marie/laquelle maintenant est esleuee sur tous les ordres des anges. Et la en tous biēs son desir est acomply/car en ceste felicite eternelle elle voyt dieu face a face. Et se esioupst auec son benoist filz en gloire perdurable et tiēt la meilleure partie/laquelle iamais ne luy sera ostee/de laquelle p̄ ses merites & prieres enuers son enfant nostre seigneur ihesucrist puissons estre participans. Amen.

Par les choses dessusdictes on peut veoir q̄ la vierge marie a esleu la meilleure p̄tie tant en grace q̄ en gloire. En grace/car en ceste presente vie elle eut p̄faicte habondance de toutes vertus. de quoy dit sainct iherosme/q̄ ainsi que a la comparaison de dieu en ce monde on ne troue p̄sonne p̄faicte/ainsi a la cōparaison de la mere d̄ dieu on ne trouue creature si haulte en vert? Et pource a bon droit delle chāte saincte eglise. Nec prīmā similem. Nulle creature pure est trouuee semblable a marie/ne auant ne apres elle. Aussi en gloire elle a esleu la meilleure partie/d̄ laquelle saint augustin parlant a elle dit Ō tresglorieuse vierge tu es esleuee iusques la hault en gloire/et en icelle es tellement honnouree que apres le souuerain roy ny as souuerain/car pour ta p̄fection tu passes la dignite angelique/et es esleuee iusques au trosne de la souueraine maieste. Ton enfant ta mys la ou est la nature/laquelle il a prins de toy/et aultremēt on ne le doyt croyre. Moralemēt ce q̄ est dit peut estre exposé des religieux par telle façon que la religion soit le chastel au/le mur du chastel soit labbe/et nāltres p̄relatz/les fossez soient la pourete/q̄ doit estre bien parfonde/a ce que le diable ne la puisse prendre/lequel se efforce tousiours de remplir les fossez p̄ habondance de richesses. Leaue q̄ enuirōne le chasteau doit estre la fontaine d̄ larmes/laq̄lle doyt sourdre de la recordacion des pechez q̄ len commect en ceste vie/et du desir de la gloire p̄durable. Et les viures dudit chasteau sont les vigiles/les ieusnes/& les disciplines/p̄ lesquelles le corps est mortifie/et rēdu subiect a lesperit/et lesperit est fortifie en gresse/la tour du chasteau est contemplacion. En ce chasteau est marthe/cest assauoyr les officiers diligens/et sont troubles en plusieurs choses Aussi la est marie & sont les cloistriers qui demeurent en cloistre. cōme soy seant aux piedz de ihesucrist. A ce chastel vient le doulx ihesus/quād aulcun

entre en lostelerie de religion pour estre logie et receu/car quād on recoyt aulcun on nom deihesus/il le repute estre faict a luy mesmes. Ihesucrist donc entre en vng̣ khastel/cest en religion/ et vne femme nommee marthe le recoyt/cest cōpassion. & signifie q̄ les officiers du monastere doyuent estre doulx & solliciteur et debōnaires enuers les hostes et poures. Et la estoyt sa seur dicte marie/et n̄ auoit ne dame ne chāberiere/car les officiers du cloistre ne doyuēt estre seigneurs ne maistres sur les cloistriers/ne les cloistriers ne doiuēt estre maistres sur les officiers. aincois to^9 doyuent estre freres en considerant que no^9 auons vng seul maistre ou ciel/cest ihesucrist q̄ est vng pere/et auons vne mere seule/cest la reigle. Ceste marie se seoyt aux piedz de ih̄ucrist. Et cestuy office doyuent faire les cloistriers/qui se doyuent tayre/soy seoyr et mediter en la loy de dieu/ou p̄ dieu parler en la saincte escripture/et en leurs cue^2 s p̄ secretes inspiracions. Et de telz marthe se complaint souuent a dieu en disant. Sire ne te chault il de ce que ma seur me laisse toute seule administrer/car les officiers qui sont occupez aux choses temporelles/se doyuent plaindre de ceulx qui demeurēt en cloistre et qui vaquent a cōtemplacion en desirant la paix et le pareil repos/et en fuyant les tumultes des affaires seculiers et mondains. Sur quoy dit sainct bernard Bien eureuse est la maison/et la cōgregacion en laquelle marthe se complait de marie/et non pas marie de marthe. Marie a esleu la meilleure p̄tie/cest les cloistriers/et ceulx qui vacquent a contemplacion/laquelle iamais ne leur sera ostee/car au io^2 duy nul nappelle ne plaidoye contre vng bon religieux q̄ desire demourer en son cloistre/mais bien contre celluy qui veult estre abbe ou prieur. Aussi iamays ne luy sera ostee/car la vie actiue comme dit est finist/et se termine auec la vie presente/et la contēplatiue est p̄peruelle/et sans fin/et tousiour proffite.

Oraison

Sire Ihesucrist qui pour nous es venu au mode par unyon de diuine et huaine nature, ie te prie que ta grand misericorde soyt esmeue sur moy ton pouure et indigne seruiteur pecheur et coulpable. Et par les merites, foy, et prierez de celle marie ta mere que te receut en la maison de son ventre, et comme marie magdaleine gardoyt en son cueur tes faitz, et tes paroles tien en mon ame par infusion de grace a ce que rien ne ayme, quiere, ou desire fors que toy qui seul soyes mon esperance, mon action, mon orayson, pour en ce monde gouster vng peu de la doulceur de ta psolacion. Amen.

De la samaritaine. Chapitre lxii.

Les choses deuant dictes acomplies le doulx ihesus derechief ala en galilee, de laquelle estoit venu en la terre de iudee, et luy conuenoit passer par la region de samarie en laquelle samarie alla non mye pour entencion de y demourer a ce que vue fust. Estre la doctrine, laquelle ia auoyt baille a ses disciples, cest que ne allassent en la voye ou pais des payens et gentilz, et les samaritains en partie estoient gentilz et payes, mays pour ce que luy falloit passer par samarie, car y ny auoyt aultre chemin sans grand torse et samarie est ou myliea de galilee et de iudee. Il vint pres de sichem, cite principale de la region de samarie appellee plus brief sichar et maintenant se appelle neapolis, et est loing de la cite de samarie quatre mille, et de iherusalem treze lieues de la partie dacquilon, pour laquelle tout celluy pays estoit dit et nomme samarie pource que cestoit la maitresse cite. Et on lieu ou vint ihesucrist auoyt vng puis faict par iacob au retour de mesopotamie quand il acheta le champ de emor prince de sichem, on quel lieu ledict iacob et ses enfans demourerent iusques a ce quilz rauirent dina fille de iacob, pour quoy furent occis. Et iacob a sa mort donna cestuy champ a ioseph son filz, ainsi quil est escript ou liure de genese. Et par succession de temps ledict on appelloyt ce puys fontaine, car tout puys est fontaine, mais toute fontaine nest mye puis. Lon dit fontaine quand leaue sourt de terre, et quand elle est en si grand abondante fontaine nest mye puys. Lon dit fontaine quand elle est en si grand habondance quelle se espache par ruisseaulx, lors est dicte pprement fontaine. Et se leaue sourt de terre et demeure dedans sans se espandre hors cest vng puys, combien que ne perde mye le nom de fontaine. En quoy appt que ce puis ou venoyt puiser la samaritaine se pouoit dire fontaine, et a cause du faict que la fit ihesucrist maintenant se appelle le puys de samaritaine. Ihesucrist estoyt lasse du chemin quil auoit fait, de quoy dit saint augustin. Nostre trouuons ihesucrist et fort et foible, fort car cest le verbe diuin qui estoyt deuant toutes choses creees. Enferme, car par sa bonte a voulu prendre nostre humanite. Luy doncq lasse pour le cheminer, en quoy appt la verite de sa nature humaine, se seyt sur la fontaine ou est lieu de repos et de doctrine Crisostome. Ihesucrist est fontaine de leaue de sapience, de verite et de vie. Se seoit aussi come docteur a cause de lauctorite quil auoit de enseigner. Et estoyt matin heure quasi de serte. Leuangeliste meet leure pour demonstrer la cause de sa fatigacion, car ia fort auoyt laboure en pdicacion, et aussi estoit signe que sa passion seroit atelle heure. Nostre seigneur estoit lasse selon son humanite par la force duquel en tant quil est dieu nous sommes creez et les lasses sont enforces et par son absence sommes trauaillis, et par sa presence fortifies. Par sa force nous a creez, et par son enferme te recreez, non seulement pour nre redempcion a voulu prendre nature humaine, mais auec ce de sa bonte a prins les defaultz qui sont en elle, et estoit chose conuenable, car les peines sont matiere de erecer perfection de vertu et testificacion de humaine nature. Et ne prit mye les dictes peines par simulacion, mais reallement et de faict prit les peines tant corporelles que spuelles qui sont communes a nature humaine, come fain, et soif, en default de boire et de menger, tristesse et crainte en la presence de ce qui est nuysant, et aultres semblables, come chault, froyt, et lassete. Les defaultz touteffoys corporelz ne les prit pas tous, comme sont diuerses maladies esquelles poureté humaine est subiecte. Mais aussi se deffaultz spirituelz, côme peche, ignorāce rebellion de la chair a lesperit. Et luy voulant demōstrer estre vray hōme faisoit les oeuures q̄ appertenēt a hōme. Et se voulant demonstrer vray dieu faisoit oeuures apertenētes a dieu. Et po⁹ ce quād de son corps retiroit linfluence de la diuine vert⁹ il auoit fain, et estoit lasse. Et quād pmec̄toit q̄ la vertus diuine aidoit au corps sans viande ne auoyt fain ne soif, et ne po⁹ trauail estoit lasse. Et le doulx ihesus estant sis sur ceste fontaine, ses disciples alerent en la cite demander et acheter aulcun pou de viande pour leur refection. Selon crisostome leuangeliste veult demonstrer lumilite de nostre seig⁹ en ce quil demeura tout seul a la fontaine, et enseignoit a ses disciples fuyr tout orguil. On doit aussi yci penser la grand abstinence de ihūcrist, car côme il appert son soing estoyt ne de boire ne de menger, car rien ne auoyt aueclui ne viādes ne autres choses. Et luy estāt ainsi tout seul vint vne femme de la cite pour puiser d̄ leaue a pler a la lectre, mais pour puiser eaue de doctrine en parlant spūellemēt ⁊ grace de dieu desquelles elle auoit deffault, et fut fait entre ihūcrist ⁊ elle vng dyalogue. Et le maistre ihesus luy demanda a boire, car il auoyt soif comme dit est tāt pour la lassete quil auoyt du chemin q̄ aussi pour le desir quil auoyt du salut des hōmes. Et cogneut la femme p son vestemēt et māteau quil estoit iuif, car ainsi que les iuifz estoyent distinctz de aultre peuple p special seruice de dieu, et p la corpelle circūcision, ainsi ilz portoiēt vestemēs par lesquelz on les pouoit cognoistre. La samaritaine lui dist q̄ les iuifz ne auoiēt pas agreable le seruice des samaritains. En ce no⁹ est demonstre q̄ on doit cognoistre vng crestien a son habit, et vng religieux p sobriesse de boire ⁊ de mēger, mais helas a peine au io⁹ duy on peut cognoistre vng clerc dūg lay, et vng crestien dūg payē. Sur ce est assauoyr q̄ quād les dix lignees des enfans de israel furent menees en captiuite, le roy des assiries enuoia en leur terre de ses propres hōmes de sirie po⁹ labourer ⁊ habiter

en la terre des iuifz q̄ estoit po⁹ ptie samarie a ce q̄ leur fist plus grand desplaisir, et dieu enuoya lyons q̄ deuoroiēt les gens q̄ le roy auoyt enuoye, leq̄l roy eust p̄seil de y enuoyer vng des prestres de la loy de dieu q̄ estoit en captiuite po⁹ les instruire, a seruir dieu, lesquelz a linstructiō du prestre et po⁹ la paour q̄l auoyēt des lyons receurēt les liures de moyse, et d̄ iosue son disciple nō pas des pphetes ⁊ auoiēt receu la circūcision, et auec ce adouroiēt les ydoles, par quoy appert q̄ en ptie estoient payēs et en ptie iuifz, et p̄mier se appelloyent cynes et puys samaritains, cest côme demys iuifz ⁊ demys payēs, les iuifz les auoyēt en telle abhominaciō q̄lz se abstinoiēt de leur boyre et de leur mēger, et de leurs vaisseaulx ⁊ les appelloyēt supplātateurs po⁹ ce q̄lz de tenoyēt leritage de iacob a cause duq̄l les samaritais sont aussi ditz iacobins. Et cō bien q̄ selō la loy fust defendu aux iuifz de non auoir allience auec les estrāgiers, touteffoys singulieremēt detestoyēt les samaritains, et les tenoyēt cōme escomuniēs, tāt po⁹ ce q̄lz occupoiēt grād ptie de le⁹ terre q̄ aussi le⁹ auoyēt fait grās epeschemēs a la reedificatiō du tēple et de la cite, et q̄lz adouroient dieu en la mōtaigne, et nō pas au temple, et adouroient et dieu ⁊ les ydoles. Et quād la femme cogneut p ihūcrist son cas, ⁊ quil luy dist de ses cinq maris legitimes q̄lle auoit eu, ⁊ de celluy q̄lle auoit po⁹ lors, leq̄l nestoit pas legitime, nō obstāt q̄ le peuple le creust elle dist. Sire il me semble et le voys p effect que tu es pphete. cōme se elle disoit selon crisostome. Tu te demonstres asses estre pphete en tāt q̄ me ditz toute verite. Et po⁹ ce elle se cōuertit a le interroguer de vng doubte q̄ estoit entre les iuifz et les samaritains, car les iuifz disoyent, que le propre lieu de prier dieu estoyt en iherusalem, et on temple de salomon, et en ce se preferoyent aux samaritais Et a loppositele samaritains disoient le lieu de prier dieu estre en la montaigne de garizim qui estoit pres de la cite de sichem pource q̄ deuāt le dificatiō du tēple les anciens sacrifioyēt et prioyēt dieu en garizim Ainsi que on croit que faisoyt iacob et ses enfans qui habitoyent pres de la, et la est encore le temple de Iupiter, ouquel est parle ou second des machabees. Les samaritains doncqs se ventoient estre les iuifz de ceste montaigne qui en cellui temps estoit moult renomee. Et appelloyent les peres anciens leurs peres, pource q̄ de eulx auoyent apris garder les liures de moyse, et estoient en partie iuifz. Le lieu touteffoys q̄uenable de prier dieu estoit en Iherusalē car cestoit lieu de dieu esleu pour sacrifice et oraison. Et Ihesucrist luy respondit q̄ le temps estoit depublier le saint euangile, et pource on ne adoureroit plus dieu en Iherusalē car les cerimonies des iuifz deuoiēt cesser, ne aussi en la mōtaigne, car le seruice q̄ les payens faisoient a dieu semblablement deuoit cesser, mais les vrays orateurs prieroyent dieu leur pere, en esperit et en verite reale, nō plus en figure. Il dit le pere, car ladoraciō q̄ on faisoit a dieu en la loy estoit plus en seigneurie et cōtrainte q̄ en payr et en amour. Nous le adourons pour amour cōme bons enfans, mays ilz le adoroyent comme seruiteurs p̄ cōtrainte. Aussi il dit en esperit, a cela on ne pensast que loraison fust meilleure pour raison du lieu corporel, car de tant plus q̄ en oraison on a de ferueur, et desir de playre a dieu, et de obtenir ce que on luy demāde quād cest chose iuste et vtile, soyt ou temple ou hors de tāt plus elle est meritoire et digne destre exaulcee, car ainsi q̄ dieu est en tous lieux present, aussi peut il estre prie en tous lieux et ainsi le lieu nest mye de la substance de oraison, mais le vray lieu de oraison est le sperit pur et nect, on q̄ on doyt prier dieu en verite et en charite po" obtenir les vrais et eternelz biens qui sont pardurables. Et cest ce q̄ dit le pp̄hete dauid. O mon ame benys dieu, car en tous lieux est sa seigneurie. Theophile. Loppiniō des samaritais estoit q̄ dieu pouoit estre enclous en aulcū lieu particulier, et q̄ la seulemēt le failloyt prier et non ailleurs. Et ōtre ceste opinion dit Ihesucrist q̄ les vrays adoratēurs doyuent adourer dieu, non cōsiderās le lieu corporel et materiel mais spirituellemēt en

leur esperit. Et pource q̄ aux iuifz toutes choses estoyēt soubz figure Ihūs dit q̄ les vrays adorateurs prierēt dieu non pas en figure, mais en verite car dieu est esperit et quiert les esperitz spūelz, et aussi il est verite et quiert vrais orateurs. Augustin. Pour prier dieu, par aduenture tu queroies vne mōtaigne affin q̄ de luy tu fusses plus pres, mais le scripture dit q̄ cellui qui habite en hault, approche de ceulx qui sont les vrais humbles, et pource descens p̄ humilite affin q̄ de toy sapproche. Veulx tu prier dieu ou temple, fayz q̄ premieremēt soyes son temple. Et puys le prie en toy. Et quant les disciples vindrent de la cite en laquelle ilz auoyent achete aulcune petite refection corporelle, ilz se merueilloyent comme il parloit auec ceste poure femme, nō pas que de lui eussent aulcune suspicion, mais cōme dit crisostome Ilz le veoyēt de si grād doulceur et humilite, que luy estant si grād, voulentiers il escoutoit parler a luy la poure samaritaine. Et combien q̄ les disciples le veissent ainsi pler a la femme, touteffoys nul deulx losa interroguer, ne demander quelle vouloit, ou pour quoy il parloit a elle, car ilz scauoyent bien que sa parole iamais nestoit sans grāt proffit spirituel, ainsi cōme ilapparut a la fin. Et ceste femme prinst si grāde deuociō en la parole de Ihesucrist quelle laissa aprendre de leaue qui luy estoyt necessaire pour la vie corporelle, pour denūcer aux aultres a q̄lle auoyt ouy de Ihūcrist. Crisostome. Ainsi q̄ les disciples appelles de Ihūcrist pour aler ap̄s luy laissereent leurs retz et tout ce quilz auoyent, pareillement ceste femme laissa le vaisseau onquel elle deuoit reporter leaue, et faisoit loffice de euāgeliste, car elle nappella pas seulemēt son mari, mais toute la cite pour venir veoyr Ihesucrist. De quoy dit sainct Augustin. Il failloyt que ceste femme pour parfaictemēt croyre en Ihesucrist renūcast au siecle, et que en delaissant sa cruche demoustrast auoir delaisse toute couuoitise du mōde. Elle mit doncqs hors toute couuoitise de chose terrienne, et se prinst a denōcer la vraie verite

ii iiii

En quoy doiuent prendre exemple ceulx q̃ veulent anõcer verite, car ilz doyuẽt p̃mier laisser la cruche au puys. Aussi icy on peut veoir la grant deuocion de ceste femme, laquelle ia nauoyt honte de confesser ce q̃lle auoit fait a ceulx de la cite, affin quelle les peust amener a Ihesucrist. Crisostome Ceste femme nulle honte eut de dire aux aultres ce quelle auoyt le temps passe fait, car quãd lame est enflambee du feu diuin elle tient peu de compte de toutes choses q̃ sõt en terre soyt tant a gloire que a honte pour ce q̃ seulement elle a loeil de son entendement a tel ardeur et flambe q̃ la detient en dieu. Et disoit ceste femme. Nest il pas le vray messias promis en la loy. On voit cleremẽt p son effect quil semble mieulx estre dieu q̃ homme, pour tant que seulemẽt appartient a dieu de cognoistre les pensees t cogitacions des hõmes. Icy est a noter q̃ Ihesucrist nous puoque a troys choses. La premiere est la desprise, lamour du monde quand il dit que tous ceulx qui beurõt de ceste eaue materielle auront encore soif, cõbien que p aulcun temps elle oste la soif, car lamour des choses mondaines, cõme sont delices, richesses, et honneurs nestaignent mye la soif, mais de plus en plus la croissent. Ce sont les filles de la sanguisuga de la sensue, qui dient tousiours affer. affer. La sensue est la mere dorgueil, q̃ est le cõmancement et cause de tout mal, laq̃lle a deux filles, cest assauoyr, couuoitise et volupte, car lorguilleux ne quiert pas seulement hõneurs mais auec ce oste le bien daultruy, et si vit en toute volupte. Il est clerement demonstre en la mort, du grand alexandre cõme les choses de ce mõde sont a despriser, car cõme il fut en sa vie seignr de tout le monde, et habundast en grans richesses, et eust vescu en toute volupte t luxure, apres sa mort ses os furẽt mis a vng vaisseau dor, et la cõmidrent les philosophes ensemble. Desquelz lung voulãt demõstrer q̃ la seigneurie et puissance dalexãdre estoit vaine, dit. Helas hyer tout le mõde ne souffisoyt mye a ce roy, et au iõ douy il est cõtent dune petite sepulture. Ung aul

tre voulut demonstrer que cest chose vaine dassẽbler or t argẽt t disoit. Helas hyer ce roy faisoit grãd tresor dor, et dargẽt, mays au iourduy lor fait son tresor de luy. Ung aultre voulant demõstrer la vanite q̃ est en trop nourrir corps son voluptueusemẽt disoyt. Hyer ce roy nourrissoyt son corps en grans delices, mais au iourduy il est mengie de vers. La seconde chose en quoy Ihesucrist introduisoyt ceste femme, et nous auec elle, estoit a fort desirer lamour de dieu quand il disoit, Qui biberit ex aqua quam dabo ei. Quicõques beuura de leaue que ie luy donray, cest assauoyr de la grace du sainct esperit ia naura plus soif en ce monde, car lamour du sainct esperit estaingt lamour de richesses, dedelices, t hõneurs du monde. Augustin. Qui beuura du fleuue de paradis duq̃l vne goute est plus grãd q̃ toute la mer soit certain, q̃ toute aultre soif du monde sera estaincte en icelluy. Sainct paul auoyt en soy sentu vne goutte de ce fleuue de paradis. Et tantost p icelle tout orgueil de luy fut estainct, en telle maniere q̃ de vng loup cruel fut mue en vng sainct aignel. Aussi ceste goute auoyt sentue saĩt mathieu, quand elle luy estaignyt toute auarice. Car p̃mierement il prenoit lautruy, mays depuys contempna le syen propre. Pareillemẽt la benoiste marie magdaleine beust de la doulceur du fleuue, p laq̃lle luy fut estaint toute luxure et aultre volupte corporelle, et de cornille noire fut faicte vne colombe blanche. Tiercement Ihucrist enseignoit ceste femme, et nous auec elle a auoir cognoissance de luy, car comme appert elle vint a la cognoissance du doulx Ihesus de degre en degre. Pareillemẽt elle luy dist quil estoit pphete seruiteur du souucrain seigneur q̃ est dieu quãd elle dist q̃l estoit iuif, et en ce fut vne grand chose. Et puys apres elle luy dist, quil estoit pphete qui estoit plus grãd chose. A la fin elle luy dist et creut veritablemẽt, quil estoit le vray messias q̃ long temps p quant auoit este p̃mis en la loy. ce fut tresgrant chose. Par quoy nous est donne a entendre q̃ por mõter aux choses diuines, il fault cõmancer auec choses basses. et puys aprés de petit en petit aux souueraines. Cestuy degré de monter est mis en sainct marc quand il est dit q̄ la terre gecte p̄mier lerbe. Seconde ment lespy/et depuys le fruit/cest selon la glose crainte/penitēce/et charité. Le p̄mier degre appartiēt es cōmansaulx. le second es proffitans/et le tiers es p̄faictz/et de ce en sera aprés Et quād ceste femme eut dit aux hōmes de la cité ce q̄ ihūcrist luy auoit dit/tous yssirent hors de la cité pour p̄sen cialement ouyr sa doctrine/en quoy nous dōne a entēdre q̄ se voulōs venir a ihūcrist il fault yssir et saillir hors de la cité/cest a di re quil fault oster de soy toute cōcupiscence charnelle. Et quand ceste femme se fut de p̄tie de luy/et ainsi quelle p̄schoit et disoyt a ceulx de la cité ce que ihesucrist luy auoit dit/et aincois que nul de la cité veinst a luy ses disciples luy priérent quil mēgeast po̅ ce quilz le voyōet trauaillié Ausquelz re spondit pour demonstrer quil estoyt plus couuoiteux de la viande sp̄uelle q̄ corpo relle. Ego cibum habeo manducare. Jay a menger vne viande laquelle vous ne co gnoissez. Theophile. Le doulx ihesus ap pelloit ceste viande le grant desir q̄l auoyt du salut des hōmes pour demonstrer com bien il les ayme/car ainsi que nous auons grand desir de menger la viande corpore le/ainsi a il grād desir de nostre salut. Les prelatz de saincte eglise doyuent icy apren dre a lexemple de ihesucrist/de p̄tempner et reffuser viādes et dons corporelz en disāt. Jay vne viande à menger/laquelle vous ne sçauez. Et dist aprés ihesucrist a ses di sciples. Ma viande cest à dire ma refecti on et delectacion. est que ie face et acōplis se la voulente de celluy qui ma enuoye au monde/et q̄ ie p̄face tout ce quil ma ordon ne/laquelle chose est constituee en la p̄uer sion des hommes et redēmpcion/car dieu veult vng chescun estre saulue et paruenir a la cognoissance de verité. La vraye vou lente de dieu le pere est q̄ no̅ croyons par faictement en son filz/et en son oeuure est la prouision de nostre redēpcion Le boire donc et la viāde de ihesucrist/cest a dire la refection de ihesucrist est nostre foy et no stre salut/lequel auec grand desir queroyt buq̄lles delices sont de estre auec les hom mes. Alors nous offrons a dieu viāde spi rituelle quand par grace p̄uenante luy de mandons nostre salut/cest assauoyr quād nous demādons. dieu ta voulente soit fai cte ou ciel et en terre. Selō origene/tout hō me voulāt bien faire doit adrop̄sser son en tencion/totalamēt a lonneur de dieu/et vti lite de son p̄rochein. car la fin de tout com mandemēt est charite/laquelle contient en soy amo̅r de dieu et du p̄roysme. Et ainsi quand nous faisons aulcune chose po̅r a mour de dieu. la fin du cōmandemēt est de dieu. Et quand la faisons pour le p̄rosfit et vtilite de nostre p̄rochain et p̄roysme. la fin du commandement est nostre p̄roysme. Ihesucrist donc fait la voulente de son pe re en enseignant a croire en dieu. Aussi il fait son oeuure/en manifestāt le mistere de lincarnacion iusques a ce q̄l lacomplisse p̄ sa passion. Et que le temps de ce faire sa p̄roche le demoustre quād il dist. Ne dictes vous pas quilz sont encores quatre mois aincoys q̄ messōs viēnent. Cōe sil disoit Combien q̄ le temps de messōner les bles ne soyt pas encores venu/toutesfoiz le tēps de messon sp̄uel/cest a dire de la vocation des hōmes a la foy catholique. p̄ laquelle ilz sont assembles/cōme le frument au gre nier de dieu est ia p̄sent. Et ie vo̅ dis. Le uez vous yeulx sp̄uelz/et verrez les pais et regiōs toutes disposees po̅r cueillir/ car elles sont blanches p̄ deuocion/et meures pour cueillir. Et telle chose disoyt po̅r les samaritains quil veoit venir a luy/to̅ dis posees à receuoir la foy catholique/car de la cite plusieurs creurent en luy po̅r les pa roles de ceste femme qui leur tesmoignoyt quil luy auoyt dit tout ce quelle auoyt par auant faict/tant fust obscur et secret. Et quand les samaritains eurent ouy la renō mee de ihesucrist/et q̄lz furent venuz a luy le prierēt q̄l demourast auec eulx au moin deux iours. En quoy appert la grand de nocion quilz auoyent a luy. car de plus en plus desiroyēt de luy estre enseignez/et en la vraye foy confermez. Crisostome. Car nous voyons que au seul tesmoignage de ceste femme plusieurs yssirent de la cite pour veoir Ihesucrist/et pour le requerir quil demourast auec eulx par aulcun temps. Les iuifz sont fort a reprendre et a blasmer quand ilz veoyent les miracles quil faisoit ₹ toutesfoys le boutoyent hors de leur pays. Et le doulx Ihesus q̃ tousiours est prest de exaulcer la priere des humbles et deuotz, doulcement saccorda a leur requeste/₹ demoura auec eulx deux iours/lequel nous deuons deuotement prier quil luy plaise de demourer auec nous. Deux iours pour nous enseigner a tenir et aymer les deux commandemens de charite/et la vraye foy des deux testamens, du viel/₹ du nouuel. Plusieurs sont aussi en saincte eglise qui annoncent aux aultres Ihesucrist qui est la vraye fontaine de vie/auec lesquelz il demeure par deux iours pour enseigner ceulx qui croyent en luy. les deux commandemens de charite/cest assauoir lamour de dieu et du prochain. Mais le tiers p̃ lequel est signifie le iour de gloire ne demoura pas auec eulx/car encores ilz nestoyent pas capables de ceste gloire. Et en ces deux iours quil demoura auec eulx plusieurs creurent en luy plus q̃ au premier. ₹ au commancement/pour la bonne doctrine quil leur enseignoit/car onc ilz nauoient ouy ainsi parler. Et disoient a la femme Nous ne croyons pas en luy pour les paroles que de luy tu nous as dictes/de luy/mais nous auons veu plus grans choses/car toute sapience et bonte procede de luy. Et pource nous sauons ₹ croyons fermement quil est le vray saulueur du monde. Regarde maintenant ton doulx redempteur côme p̃ grande lassete chemine bellement ₹ et coment apres grât labeur doulcement se seoyt sur le puis pour reposer ses membres qui estoyent lassez. Il ne se syet pas en ung throne/ou sur gras coissins mais seulement sur la terre. Ayez donc compassion de luy quand tu le voys ainsi lasse pour ton salut et ainsi humilie/car il chemine sans seruiteurs et sans pompes/côme celluy qui venoit seruir/sans despens iusques a auoyr

fain/sans cheuaulx iusques a estre lasse. Augustin. Celluy qui donne en ce monde a tous refection/voulut pour nostre redemption auoyr fain et soif. Luy q̃ est la vraye fontaine de vie fut souuent en ce mõde lasse pour nous/car toute sa vie ne fut que en pouurete et en labour/ainsi q̃ est sa personne/dit le psalmiste. Pauper sum ego et in laboribus ₹c. Je suys de mon enfance en ce monde pouure/et en continuelz labours. Crisostome. Ihesucrist voulant venir en samarie/mist hors de soy toute vie doulce ₹ delicieuse/₹ prit la laborieuse ₹ estroicte/tellement que par grant et fort chemin fut lasse/pour demonstrer a ceulx q̃ le vouloyent suyure que iamais ne doyuent querir ne desirer grans superfluitez/mays pour luy deuoient oster mesmes choses qui leur sont necessaires. Et pour tousiours le demonstrer a la p̃sonne il demouroit plustant iour q̃ nuyt/aux montaignes ₹ deserts q̃ ne faisoit aux villes et cites. Pense aussi q̃ les disciples ne portoyent point auec eulx aulcunes viandes/car a leure de leur refection failloit quil les alassent acheter côme appert quand il leur parloit du ferment ou leuain des pharisiens/ilz auoyent extimaciõ quil leur parlast des pains quilz nauoyent pas apportez. Et quand p̃ le chemin ilz auoyent fain/ilz prenoyent les espicz de ble/et les froissoyent en leurs mains et les mengeoyent. En toutes ses choses nous enseigne a contempner et desprisier toutes choses plaisantes au corps et non auoyr pas trop grant soing de luy. Regarde aussi/car combien quilz ne portassent riens auec eulx toutesfoys de leurs necessites nestoyent pas au matin soigneux/car ilz les alloyent acheter a leure que nature deuoit estre refectionne/qui est contre ceulx qui pensent du corps incontinent quilz sont leuez du lit/et ont grand cure/côme tout sera diligentement appareille/et en ce telx prefere la sensualite a lesperit/et deuroyent fayre lopposite/car quand on auroit fort vacque a dieu adonc côme p̃ necessite on deuroyt donner au corps sa refection. Regarde aussi côme il na pas desdaing de pler auec vne pouure

et estrange femme pour demõstrer sa grãd
doulceur et humilite. Il ne desprise point
les poures psonnes ⁊ hũbles/car ce sont
celles qui p auanture cognoissent plus les
secretz de dieu q̃ les riches et nobles. Re
garde aussi cõme il estoyt attentif aux cho
ses spũelles/car cõme il fust heure de pren
dre sa refection toutesfoyz la vouslust diffe
rer iusques a ce que ceulx de la cite fussent
venuz a luy/en demonstrant que son desir
estoyt plus de vacquer a la predication et
puersion du peuple q̃ a la necessite de son
corps. Et voulopt premierement les oeu
ures qui apartenoyẽt a lesperit q̃ celles du
corps combien que la fort estoyt trauaille
En donnãt aux aultres exẽple dainsi fayre
cest assauoir q̃ on doit estre plus soigneux
du salut des ames que du nourissemẽt du
corps voire mesmes la psonne doyt estre
plus soigneuse du salut spũel de son pchai
que de la necessite de son ppre corps. Aus
si regarde cõme humblement il prent sa pe
tite refection assiz a terre auec ses disciples
cõe se cestoit vng pouure du cõmun peuple
Ne quand il fut venu en la cite la ne se lo
gea en grant hostellerie/cõme font les hõ
mes du tẽps present/mais en aulcun petit
lieu et auec poures gẽs. On peut aussi pen
ser quil ne mẽgea pas tant seulemẽt ceste
foyz a terre/luy qui estoyt le vray humble
et lamoureux de pourete. mays souuent
quant il cheminoyt par le monde menge
oyt dehors des citez ⁊ villes p auẽture au
ruisseau dune fontaine souuent trauaille
et afflige. Certes il nauoyt pas trop delici
euses viandes/ne trop cheres/ne pain de
licieux/ne vins frians/car il beuuoit leaue
toute pure de la fontaigne ou dung ruysse
au/et cõme poure seulement en terre seant
mengoyt du pain. Et toutesfoyz cestoyt
celluy q̃ cõuertist leaue en vin/et q̃ gouuer
ne tout le monde par sa bonte.

Oraison

O Sire ihesucrist/qui es la richesse
de tous biens ⁊ le distributeur tres
large/donne moy lasse au chemin
de ce monde la refection de boire et de mẽ
ger/affin q̃ par toy ie soye repeu. O vraye
fontaine de vie/et de toutes graces/ou
ure mon cueur de la grande volupte ⁊ dele
ctacion q̃ est en toy/affin que ie puisse ou
blier toutes choses transitoires. O pain
de vie/qui iamais ne faulx donne moy ceste
viande spũelle cest assauoir que en toutes
choses puisse acomplir et faire ta voulẽte.
Demeure auec moy par deux iours/affin
que tu me faces aymer les deux cõmande
mens de charite/et garder les deux testa
mens/le viel et le nouuel/et que le tiers io
puisse demourer tousiours auec toy en ta
benoiste gloire Amen.

De la guerison et sante du filz du petit roy. Chapitre. lxiii.

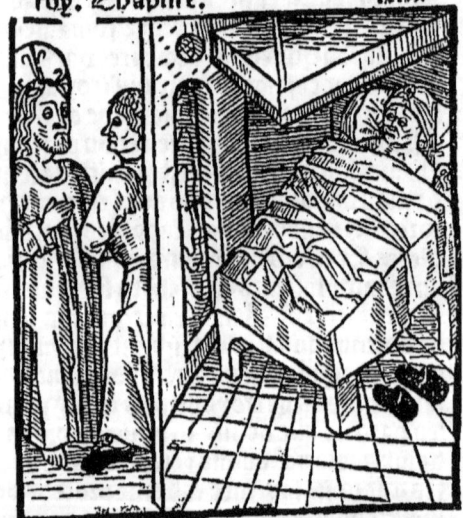

F Inis/⁊ acõpliez les deux iours
lesquelz ihesucrist auoit demeu
re en sichem cite principale de sa
marie ⁊ fermes les samaritains
en la foy/se partit de la cite/et sen vint en
chana cite d̃ galilee/en laq̃lle p auãt auoyt
mue leaue en vin. Et pendant ce q̃ la estoit
vint a luy vng officier royal depute po[ur]
garde daulcune cite/en luy priãt quil luy
plaise descendre en capharnaũ po[ur] guerir
son filz qui moult estoit la malade. Selon
que dit theophile/cestuy hõme auoyt este
present au miracle de la mutacion de leaue

en vin aux nopces/ et la creut en ihesucrist, combien que parfaictement ne cogneust pas encores la diuinite, car il doubta en la foy en cuidant que son filz ne peust estre gueri si ihesucrist ne fust present corporellement, et touchast de ses mains. Et quand ihus eut cogneu le cueur du doubtant en la foy, il le reprit de lincredulite q estoit en luy et dist. Nisi signa et prodigia videritis. Se vous ne voyez signes et grans choses, ia ne croyrés en la foy. Car les signes comme dit sainct paul sont donnez aux infideles pour p̃fermer la saincte escripture Et ne reprent pas de ce quil demandoyt la sante de son filz, mays du deffault de foy qui estoyt en luy. Touttesfoys pour la deuocion quil auoyt a ihesucrist il repete sa demande en disant. Domine descende priusq̃. Sire ie te prie q tu descendes en ma maison auant que mon filz meure, et pource quil fust de dieu exaulcie. Et affin que la foy creust en luy de plus en plus il le vouloit guerir seulement de sa parolle corporellement a luy pour demonstrer quil est selon sa diuinite en tous lieux present. Et adonc si dist a son pere. Vade filius tuus viuit. Va car depresent ton filz est tout gueri, lequel creut a ce que ihesucrist luy dist, et sen alloyt sans la presence corpelle de ihesus, en croyant quil auoyt puissance en tous lieux de guerir les malades. Pour nostre instruction donc nostre seigneur ne voulut point aller au filz de ce roy, combien quil en fut fort requis, lequel alla au seruiteur de centurion. Certes il le voulut faire pour abatre nostre orgueil, car nous honnourons aux hommes leurs richesses et non pas la nature, en laquelle ilz sont crees a lymage et semblance de dieu. Et quand nous pensons aux biens temporelz que ont les creatures, bien peu pensons aux biens interieurs de lame. Et quand nous pensons du corps, nous laissons a considerer ce en quoy ilz sont de dieu crees. Et pource nostre redempteur voulant demonstrer q les haultes et grandes choses des hommes sont de dieu desprisees, et les choses de quoy les hommes ne tiennent compte sont grandes enuers dieu, ne voulut pas aller corporel

lement au filz de cestuy officier, mais sans prier alloyt voulentiers au filz de centurion Dieu est a reprendre nostre orgueil qui ne laisse penser les hommes en lonneur, auquel dieu les a crees. Pensés donc la dignite des creatures, et non pas leur richesses, laquelle chose ne font mye plusieurs q negligent eulx mesmes en querant gloire et louanges des hommes par dehors. Crisostome On trouue maintenant plusieurs q supnerent ce roy nabugodonosor quand ainsi quil se glorifioyt de ce quil auoyt faict, ainsi font plusieurs, comme de precieux vestemens, de cheuaulx, et chariotz, de grans possessions et heritages. Et pource que les creatures ont perdu ce quelles estoyent selon la souueraine porcion de lame, elles sont soigneuses de luy occuper en toutes choses exteriores pour acquerir gloire mondaine et vaine, et non pas la vraye selon dieu et vertuz Le pere de cest enfant creut a la parole q luy dist ihesus, non pas toutesfoys encore entierement, ainsi quil appert par ce q sensuyt. Car ainsi quil descendit du lieu ou il auoyt parle a ihesucrist en capharnaum qui estoyt en la vallee, ses seruiteurs vindrent au deuant de luy pour luy denoncer en grand ioye que son filz estoyt tout sain guery. Ausquelz il demanda a quelle heure il auoyt eue sante, laquelle chose il faisoyt pour la certification du miracle quand au regard de luy, car il vouloyt sauoir si ce auoyt este par le commandement de ihesucrist ou aultrement. Et ilz respondirent. Quia heri hora septima. Hyer a leure de sept heures la fieure le laissa. Crisostome. Regarde comme ce miracle est manifeste, car cestui enfant neust pas sa sante ainsi que ont les aultres quand ilz guerissent de aulcune maladie, mays incontinent, et tout ensemble a la parole de ihesucrist fut gueri, pour demonstrer que telle chose nestoit pas selon nature, mais par la seule puissance de ihesucrist Et pource que le pere cogneut que cestoit leure en laquelle nostre seigneur luy auoyt dit dit. Va car ton filz est sain et vit, adonc il creut parfaictement en ihesucrist, et tous ceulx de sa maison. Par quoy est donne a entendre q̃ en la foy y a degrez cõme aux aultres vertus, c'est assauoir cõmancement accroissemẽt, et p̃fection. Et po² ce en leuã gile cestuy hõme fut appelle premierement regulus, z quand la foy creut en luy fut appelle hõme, et quand elle fut bien en luy p̃faicte, fut appelle pere. Il est aussi a noter q̃ troys fois en ceste euangile est faicte demonstrance de la vie du filz. de ce regulus Premierement p̃ nostre seigñ quand il dist au pere ton filz vit. Secondemẽt p̃ les seruiteurs q̃ dirent au pere q̃ son enfant estoit guery et viuoit. Tiercemẽt luy mesmes cõgneut ut a leure q̃ ihesucrist luy auoit dit, il auoyt recouure sante. Et tout ce fut faict pour demõstrer q̃ en ce monde a trois vies opposites a troys mors. La p̃miere est la vie de nature opposite, a la mort de nature. la seconde est la vie de grace, a laquelle est opposite la mort de pechie, la tierce est de gloire, a laquelle est opposite la mort denfer. Mistiq̃ment p̃ le filz de cestuy officier est entendu lumain lignage q̃ p̃cede de adã lequel fut fait de roy vng regulus quand il p̃dit charite, et fut fait mauluais. Et estoit malade de fieures quand il estoyt tout eschauffe de vices z pechez duq̃l la sante fut trouuee entre chana galilee et capharnaũ pour donner a entendre q̃ le salut de la creature est p̃cede du zele de la diuine misericorde, car elle estoit toute bonne a plaisances et voluptes de ce monde. Les sept heures sont les sept illuminacions du vray soleil de iustice q̃ est nostre seigñ ihesucrist Cest assauoir sanctificacion de nature en son incarnacion, visitacion de sa creature, en humilite de sa natiuite, condempnacion de p̃cupiscẽce en sa circũcision, en son baptesme nostre regeneracion, en son ieune nostre satiffaction, nostre seigneur en sa p̃dicacion, et en sa passion nostre redempcion car a ceste heure le souleil fut decline, et la maladie fut toute guerie. Et ceste chose fut signifiee on liure des roys la ou il est escript q̃ lenfant qui fut resuscite p̃ le p̃phete helizee bailla sept foys, et aussi fut il dit a nauman qui estoit ladre q̃ se allast lauer sept foys on fleuue iordain, lequel fleuue

est interpretee humble de corps, et signifie la descension de nostre seigñ a no² p̃ sept heures p̃ la grace duq̃l no² sõmes laues p̃ quoy no² recouurõs sante. On peut aussi dire q̃ les sept heures sont les sept recordacions q̃ no² deuons auoir du vray soleil de iustice, c'est assauoir q̃ a matines deuons penser q̃ il fut prins des mauluais. a prime quil fut mocque, a tierce q̃l fut baille pour estre iuge a mort. a sexte q̃ la sentence fut p̃tre luy dõnee. a nõne quil rẽdit a dieu son pere lesperit, a vespre quil fut enseueli et a complie q̃ gardes furent mises en son sepulchre. Par ces heures no² recouurõs la vraye sante. Aussi p̃ les sept heures on peut entendre les sept dons du saint esprit p̃ lesquelles la vie sp̃uelle en lame est creue Ou aussi les sept choses p̃ lesq̃lles lame se resourt de pechie, desquelz lune est en la p̃tricion, les troys en la p̃fession qui doyt estre vraye, simple, et entiere. Et troys en la satiffaction, q̃ sont oraisons, ieusnes, et aulmosnes. Ce sont les troys oeuures de satiffaction, c'est assauoir aulmosne p̃tre le pechie du prochain, oraison contre le pechie en dieu, et ieune p̃tre le pechie de soy mesmes. Ces troys choses valẽt aussi contre troys racines des pechies, c'est assauoir p̃tre troys maulx q̃ sont au monde, car aumosne est vne iustice q̃ est p̃tre la p̃cupiscẽce des yeulx, oraison contre lorgueil de vie Iustice, q̃ est p̃tre la p̃cupiscence du corps Mistiq̃ment aussi cellui duq̃l le filz estoit malade nest pas appelle roy, mais interp̃te regulus, car ainsi q̃l est dit aux p̃uerbes le roy se q̃ siet on trouue. et siege de iustice p̃ son regart dissipe tout mal. Et dõc quãd vne p̃sonne se dispose a soy bien gouuerner elle se doit seoyr au siege de iustice po² bien discuter toutes ses oeuures, affin que aulcun mal ne se mesle auec le bien. Et se on luy trouuoit, il deuroit estre dissipe par bonne discrecion, car qui bien gouuerne le royaulme de son ame, il est pp̃rement appelle roy. Seneque, vis habere magnũ honorem. Veulx tu auoir en ce monde grãt honneur, Je te dõne vne empire, cõmãde a toy mesmes quand aulcune chose a faire ou a laisser. Mays qui ne scet bien gouuerner ce royaulme, il ne doyt pas estre appelle roy, mays regulus p diminucio, pource qͥl deffault du gouuernement de soy mesmes Et adonc son filz est malade, quãd lappetit seusitif qui doyt estre subgect a raison et doyt gouuerner tout le royaulme de lame cõme le roy tout son royaulme a puissance et seigneurie sur elle, et quil est maistre, car de telles choses viennẽt en lame diuerses passions, et toutes desordinacions. Theophile. Par cestuy hõme regulus est entendue toute psonne, et non seulemẽt ceulx q̄ sont selõ lame pchains du roy souuerain Mais en ce q̄ telle psonne prend p grand desir, la vraye seigneurie et puissance sur soy mesmes. Or est lame malade, et cõme febricitante, quãd elle se cõdescend a mauuais desirs et voluptes. Et quand elle se misericorde poᵘʳ pdõner les peches. Aincoys q̄ p la maladie de volupte lame vient a mort spuelle. Et quand le doulx ihesus vient en telle ame, il luy dit. Uade, va en proffitant tousiours de bien en bien, et adonc ton enfant viura, car se tu laisses a cheminer, ton entendemẽt sera cõme chose morte enuers le bien. Aussi tousiours ce regulus prie dieu poᵘʳ son filz malade Quãd le bon prela prie pour son subiect, lequel il vit afflige de diuerses tẽptacions, desquelles nostre benoist sauueur ihesus le peut guerir. En ce aussi que cestuy enfant estoyt malade en capharnau, sont a noter troys choses, q̄ sont cause de chose spuelle. Capharnaum est interprete champ de gresse, ou ville de consolacion, car celle cite en ce temps la estoyt en grand honneur, p quoy on pouoyt veoyr q̄ sonnẽt habondãce des choses temporelles, et trop grand consolacions aux choses mõdaines, et trop grãd esleuemẽt aux choses terriẽnes q̄ sont cause de la maladie spuelle, et souuent les prosperites q̄ on a en ce monde sont plus nuysantes a la psonne q̄ les aduersites. Boece. Ie confesse q̄ fortune en aduersite plus proffite aux hommes q̄ en prosperite. Seneca. Quãd prosperite de vie applaudist

en ce mõde, alors appellee ⁊ auec toy grãd et bon conseil, et en icelle nayes grãd fiance, mais soigneusement regarde quil est a faire ou laisser. En ce aussi que cestuy enfant enfant estoit filz reguli, est dõne a entendre q̄ souuent la noblesse des paies est cause de la maladie spuelle, pour ce q̄ telz nobles se esliuent en ce orgueil, et souuẽt prẽnẽt de lautruy, et se plongẽt en la boue de puanteur et de luxure. On se doyt bien donc garder q̄ es prosperites de ce monde lame na encore vne maladie spuelle, laq̄lle vient souuent par pechie. Crisostome. Quand en ce monde nous auons prosperite alors viuons en mal, et pource en deuons auoyr grãd dueil et courroux, car en pechant nous deuons tousiours craindre le souuerain iuge, laquelle chose a peine se fait, quand en ce monde riens ne noᵘˢ cõtredit, mais quãd le souuerain iuge de sa grace en ce monde nous pugnist des faultes q̄ tous les iours faisons les peines noᵘˢ doyuent estre legieres, car de tant quil noᵘˢ laisse a pugnir en ce mõde des pechez q̄ quasi cõtinuellement faisons et cõmectons de tant la peine nous sera plus griefue a porter apres ce monde. Cest enfant fut guery de sa maladie a leure de sept heures par la parolle de ihesucrist, en laq̄lle heure le soleil decline de mydi, cest assauoir la feruer et quelle decline a la fin. donc il est temps que en la vertu de la diuine predicacion la fiure nous laisse, et que du tout nous conuertissons a nostre seigᵣ. Aussi est bien a noter que par la fieure est signifie pechie car chescun pecheur peut estre febricitant, car ainsi quil a maintenant froyt, et tremblement ainsi a le pecheur maintenant concupiscẽce, ou amour desordonne des biẽs transitoires q̄ est la chaleur de lame, maintenant il tremble qui est la froideur dicelle Et pource disoyt saint augustin que deux choses engendrent en la creature tout pechie, cest assauoir crainte et cupidite, crainte faict refroidir lame de toutes les choses qui sont au corps molestes et dures, ⁊ couuoitise fait desirer toutes les choses q̄ sont plaisantes et delicieuses au corps. Et selon ces deux choses, le pecheur aura double peine en enfer, car ainsi le dit Job. Ad nimium calorem transibit ab aquis nimiū. Le pecheur en enfer passera de grāt froideur des eaues, en tresgrāde chaleur de feu. Or entre les aultres maulx que souffre vng febricitāt vng des grās est quil a le goust tout desordonne. Et souuentles choses doulces lui semblēt ameres z sās saueur, et sont opposite de leur nature, pareillement est le spuel tout desordonne, car nulle chose luy vient a goust. On dit quil y a fieure a cause de la chaleur desordōnee qui est engendre en la psonne. Et pour ce toute mauluaise z desordōnee passion enflambee du mauluais feu de cōcupiscence est vne fieure en lame. Et ainsi quil y a plusieurs manieres de fieures, aussi y a plusieurs manieres de peches. La premiere maniere de fieure est appellee effimere, en la maniere dung poisson de mer ainsi nomme, lequel meurt le premier iour quil naist, et signifie le mouuement desordonne dulcune passion cōme vng subit mouuemēt de ire, lequel doyt auoyr fin aincois que le soleil se musse z reconde, côme dit lapostre, q le soleil ne doit pas dormir ne recōbre sur nostre yre z impacience. La seconde maniere de fieure est tercienne, laqlle laisse vng iour z prend lautre, laquelle ont ceulx spuellemēt, lequelz quād ilz ont pechie ont desplaisance de lepechie, qui est vng des iours de penitence cest assauoir contricion, mais ia ne puient neut au second, qui est confession. Et pour ce bien de legier ilz rechoient au mal pauāt fait. La tierce fieure est quarte, en laquelle on a deux iours de repos sans auoir exces, laquelle signifie ceulx qui aps leur pechie ont bien les deux premiers iours de penitence qui sont contricion et confession, mays ne viennēt pas iusques au tiers q est satisfaction, z pource de legier ilz rechoyent en la passion de pechie. La quarte fieure est quotidiane, z signifie ceulx qui sont tousiours mal sans en auoir doule, côme sont ceulx qui se sont adonnes a luxure ou a aultres voluptez du corps, ou vacquer a

mensonges et noises, et aultres maulx infinitz. Vient apres la quinte fieure q est cōtinuelle, car la frequētaiōn dune chose engendre continue. Et de ceste fieure specialemēt sont malades les luxurieux, les enuieux, et auaricieux, lesquelz a grant peine peuēt estre gueris pour la mauluaistie z accoustumāce quilz ont empeschez. La sixiesme fieure est ia y accoustumance engendre en la psonne, p quoy on deuient ethique et est tout sec, car on appelle vng ethiq quād la fieure est venue come en coustume, et est en racinee aux membres, et consume z oste toute humidite naturelle de la psonne. Et signifie la tristesse du monde qui seche les vertus de lame, et engēdre la mort. La septiesme fieure est ague, qui est quand on defend sa mauluaise coustume, et quand de son mal on na honte, ne len craint dieu ne le mōde. On doit auoir grant paour du salut de telle psonne, car en telle fieure les medicins ne sceuēt trouuer remede. Ce fut le second signe q ihesucrist fist in cana galilee, car il mua leaue en vin, et puis aps il guerit cest enfant, car combien quil feust en capharnaum en lostel de son pere, toutesfoiz ihesucrist p sa parole le guerit luy estant in cana galilee. On peut aussi auoyr double enseignemēt p les deux foyz q nostre seygneur vint in cana galilee, cest assauoyr le double effect, que fait la parole de dieu en lame. Le premier est, car elle luy donne cōsolation z vie spuelle, qui fut signifiee au miracle du vin, lequel esiouyst le cueur de la personne. Le second effect de la parole de dieu en lame est guerir toute maladie vicieuse en ycelle q fut signifie eu guerison du malade. On peut aussi prendre ce q est dit pour les deux aduenemēs de ihucrist en ce monde, cest assauoir le pmier q fut de grāt mansuetude et doulceur pour esiouyr la creature, car en sa natiuite les anges annoncerent aux pasteurs, z aultre peuple qui en eurent grand ioye, leql est signifie p le vin. Mais le second aduenemēt de luy au mōde sera grād maieste quād il viendra oster de nous toutes peines et enfermetez, et nous conformera au corps de la clarte, lequel fut ſignifie par celluy qui eſtoyt malade.

Oraiſon

O Sire iheſucriſt, q̃ es venu de iudee, ceſt aſſauoir de la louange et pfeſſion des anges en galilee τ miſere de ce monde, ayez pitie de moy q̃ ſuys malade p̃ la temptacio de la beaulte des choſes tẽpozelles, et ſuys ſi fort laſſe des tẽptacios τ aſſaulx q̃ ie ſuys pres de la mort de pechie, ou du corps ou denfer. Et pour ce o doulx ſaulueur deliure moy de toute fieure, et de toute aultre maladie de pechie p̃ vertꝰ de ta parole p̃ humble ꝯfeſſion, par ieune, et oraiſon. Et p̃ ta grace garde moy que ne ſoye ſuccumbe p̃ aulcune mauluaiſe paſſion ou temptacion Amen.

Des quatre paraboles q̃ iheſus ppoſa au peuple, τ des trois quil diſt a ſes diſciples. Chapitre   lxiii.

Apres ces choſes deuant dictes noſtre ſeigneur iheſus alla a la mer, et pour la grand multitude du peuple qui le ſuyuoit, entra en vne petite nacelle, auec ſes diſciples, et en ycelle eſtoit aſſis, τ de la preſchoit τ enſeignoit le ſimple et deuot peuple q̃ eſtoyt tout aſſemble a la riue de la mer. Criſoſtome. Il voulut entrer en la nacelle, affin q̃ deuant luy fuſſent tous ceulx auſquelz il preſchoit, et auſſi affin q̃ le peuple le ouyſt et veiſt mieulx, et a ce que la veue de luy donnaſt delectacion a louyr a la veue. Bede. Ceſte nef præfigure leſtat de ſaincte egliſe qui eſtoyt a edifier ou mylieu des nacions du monde, en laquelle dieu pfacre ſa deſire manſion. Et au peuple il ppoſa quatre diuerſes paboles, car cõme dit ſait theroſme vng ſimple peuple neſt pas tout dune capacite ou entendemẽt, mais en cheſcune pſonne y a diuerſes voulentez. Et pour ce iheſucriſt ploit a tel peuple en diuerſes paraboles, affin q̃ ſelon la diuerſite de leurs voulentez ilz euſſent de luy diuerſes medicines. Et cõme vng riche pere de famille y refectionnoyt de diuerſes viandes, ceulx qui le enſuyuoient, ladece que vng cheſcun receuſt viande ſelon la diuerſite et variete de ſon eſtomac. Auſſi eſt aſſauoyr quil ne leur diſt pas tant en paraboles, mais auec ce leur diſt en ycelles pluſieurs choſes, car ſil euſt dit tout en ſes paboles, le peuple ſen fuſt alle de luy ſans aulcun enſeignemẽt. Et poꝰ ce il ppoſoit choſes obſcures auec les clercs affin q̃ en ce q̃ le peuple entẽdoit fuſt, puoque aſſauoir ce q̃ nentendoit mye. En ces quatre paboles, et aux trois q̃ vienent apres eſt demõſtre le decours et pces de ſainte egliſe depuis la pdicacion de iheſucriſt iuſques a la fin du monde. En la premiere qui eſt de la ſemence q̃ cheut quand elle fut ſemee en quatre lieux en terre, deſquelz les trois eſtoiẽt mauluaiz, et le quart bon, eſt demonſtre la pdicacion de iheſucriſt et des apoſtres aux iuifz tãt bons q̃ mauluais indifferemẽt, combien q̃ la plus grãt part diceulx demoura en infidelite. Dieu en ce monde a ſeine pluſieurs manieres de ſemence. Premierement il a ſeme la loy naturelle, en lame de cheſcune pſonne raiſonnable, laquelle eſt que on ne face a aultruy ce que on ne vouldroyt que on luy feiſt, ou a ſon prochain. Il a auſſi ſeme par ſes anges pluſieurs reuelacions, et par moyſe la loy eſcripte, et les cõmandemens et prohibicions, et par les prophetes cõminacios. Mais maintenant il eſt luy meſmes yſſu et venu au mõde pour ſemer la ſaincte loy euangelique a tous chreſtiens, et ne ceſſer touſiours de ſemer en noz ames aulcun bien, non ſeulement p̃ doctrine, mais auec ce quand il croye p̃ ſa grace en ycelles aulcun bien, cõme des vertuz ou des dons du ſainct eſperit. Exiit ergo qui ſeminat ſeminare ſemen ſuum. Le vray fiz de dieu yſſit du ſein de dieu le pere pour venir en ce mõde, et poꝰ ſemer la ſemẽce ſelon ſon hũilite car ſelon ſa diuinite il eſt en toꝰ lieux. Celluy q̃ ſeme dõc eſt yſſir, ceſt a dire q̃ a office ſciẽce τ grace de ſemer la polle de doctrine. Et dũ ſeminat, τ ainſi q̃l ſemoit ſaicte doctrine, indifferemẽt aulcũe õ ſa ſemẽce cheut ce st a dire sur les cueurs p̄ erreurs vagues par lassiuite tous foulez. côme la voye et le chemin public/p̄ charnelles affectiōs disposés a diuerses tēptaciōs. et vices/car p̄ telles choses la semēce de la pollē de dieu est cōculquee/par quoy elle ne peut faire fruict/et les oyseaulx du ciel/q̄ sont les dyables tousiours legiers. et prompts/a mal faire vollent et courēt p̄ laīr. en mal suggerēt: et ont mēge et rauy ceste semēce. assi q̄ elle ne fist aulcun fruit: sp̄uel aux cueurs aux quelz elle auoit estee semee/q̄ est, quād de fait on ne mect en oeuure ce q̄ on a ouy. Plusieurs sont q̄ oyē bien ce q̄lz doyuent faire pour leur salut: mais ia ne mectrēt leurs affectiōs au bien q̄lz ont ouy. et pourtāt la semence ne viēt mye iusq̄s a bon fruit. Et a cause d̄ ce q̄ veult faire aulcun fruit sp̄uel en son ame doit bien retenir la pollē de dieu car ainsi q̄ la semence est muffee soubz terre pour germer: pareillemēt la saincte parole de dieu doit estre muffee en la memoyre: af fin q̄ sp̄uellemēt puisse p̄sfiter et fructiffier. Et côe dit sainct gregoire: ainsi q̄ on se de espoire de la vie de celluy q̄ prent la viāde, et mēge fort: et ne retiēt riēs: peillemēt doyt fort craindre le peril de la mort eternelle. cel luy q̄ oyt et ne retiēt en sa memoire les paroles de vie/q̄ sont le nourrissemēt de lame.

Une aultre semēce cheut sur les pierres cest ascauoir sur les cueurs durs: z̄ rect elles par ergueil. Et tātost q̄ le soleil fut leue. q̄ est la feruer de tēptacion. telle semēce secha, car elle perdit la feruer de foy. po²ce q̄lle nauoit ne racine ne p̄sundite en terre. cest adire stabilite de pacience: ne deuociō ne grace de bōne cōstance. Telz sont qui bien oyent la pollē de dieu. et aulcunemēt a elle prenēt deuociō. mais ēcre ne p̄posēt mye dacōplir p̄ oeuure/ce q̄lz ont ouy estre de faire. ou d̄ laisser. Quād les cuērs durs oyent aulcune pollē de dieu q̄ les menasse: tātost en eulx naist aulcun germe de cōpūctiō. mais on a aulcune p̄secuciō tribulaciō ou tēptacion. tātost tel germe de bien deuiēt tout sec. car p̄ ipaciēce re.z̄ deffaillēt

et laissent tout. Et telz nōt poīt de racine: car ilz ne sont mye cōfermez en p̄poz de bon desir. Et ideo ad tempus credūt. Ilz croyēt par aulcun tēps: mais quād tribula cion. ou tēptaciō viēt. laissent le bien q̄lz a uoyēt p̄pose de faire. Et ainsi q̄ vng art̄ re souuēt plāte de lieu en aultre na poit ses racines fort p̄sondes en terre. pareillemēt telz souuēt se muēt de biē en mal. et po²ce le bien nest ia fort enracine en eulx. On ap̄ p̄coit en tēptacion. quād la parolle de dieu a prise racine en lame. ainsi q̄ par grant vēt on veoit quād vng art̄ re est le bien enraciné dedēs terre. Telz instablez sont de la fa mille de saul: lequel estoit entre les p̄phetes prophete/et entre les folz fol. Aliud ce cidit inter spinas. Une aultre semēce cheut entre les espines. cest entre les cueurs qui sont habādonez aux choses du monde côe a richesses. et ambicions. lesquelles quand elles croissēt en lame de la personne/empes chent le fruit de la saicte parolle de dieu se mee par p̄dication. Telz sont qui oyent biē la parolle de dieu. et auec ce ont grāt affection de mectre le bien en oeuure: mais en ce ste bonne oeuure nullemēt perseuerēt. po² ce q̄ le bon p̄pos quilz ont est suffocque par le grāt soing des choses tēp̄relles. q̄ sont en leur affection: et en leur cueur. Et pour ce telle semēce ne aporte point de fruit: car les trois choses deuāt dictes: cest ascauoir soing trop grād des choses tēp̄relles. ri chesses. et voluptez. côe grans espines ne permettēt mye q̄ la bonne semēce naisse en lame/ne que aussi fructiffie. Certes les richesses de ce monde. et les honneurs. sont grans espines/lesquelles rōpēt: et desstrēt lame par la pūction de leurs cogitatiōs en telle maniere que souuent la tirent a peche et la font meschāte: et laide deuāt les yeulx de son souuerain espoux dieu: ainsi que les espines sont le corps vil deuant les yeulx des hommes. Et touteffoys plusieurs reputent estre grans delices: demourer soubz telles espines. lesquelles se meslēt quād lame veult aulcune chose peser de biē Ainsi que la brebiz q̄ va querir lerbe dedēs les espines souuēt y laisse d̄ sa layne. pareillement ceulx q̄ vacquēt trop aux choses du monde souuēt pdent tout biē et rigueur de vertus. Crisostome. Ainsi q̄ lespine de toutes pars q̄ on la tiēt poit celuy q̄ la tiēt aisi de q̄lque pt q̄ on tiēne par trop grāde affection les choses seculierez:on est poit et elles sont douleur et peine a celluy q̄ ainsi y mect son affectio. Ainsi nest pas des choses spūelles q̄ sont coparees a la belle pierre pcieuse:laqlle est plaisante a regarder de toutes pars q̄ on la tourne. Aussi on peut dire q̄ les richesses de ce mōde sont espines. car elles poignēt lame tāt en cestuy monde q̄ au grant iugement de dieu q̄ en enfer. En ce mōde lame a trois poictures po² les richesses:cest ascauoir grāt labour en les acq̄rāt craincte en les possedāt. et douleur en les perdāt. Aussi au iugement telles richesses poindrout lame quand dieu dira aux auaricieux. Jay eu faim, et vo² ne maues dōne q̄ mengier: ay eu soif: et vo² ne maues dōne q̄ boire: et aisi des aultres oeuures de misericorde. Telles polles serōt si apres poictures q̄ ceulx aux q̄lz dieu les dira: vouldroiēt iamais nō auoir este en ce mōde, car ilz diront aux montaignes. choyes sur nous. et nous couurez po² euader lyre du souuerain seigne². Aussi telz espines d̄ richesses poindront lame en enfer. par le cōtinuel et par durable tormēt q̄ est a telz appareilles. se en ce mōde ne se abstiennēt. Aliud cecidit in terra bona Une aultre semēce cheut en bōne terre, laqlle est noire p desprisemēt. grasse p affectio: cultiuee p excercite de vertus. et ainsi labouree. faict bon fruict on cueur loyal et deuot. Bede. La bōne terre est la cōscience de vne chescune creature. la qlle fait a lopposite, de toutes les aultres trois terres deuāt dictes, car elle recoyt en grant delectation et plaisir: en telle maniere q̄ entre aduersite et pspertie constāment se effudie de faire fruit. et de le garder iusq̄ a la fin Et ceste bōne terre fait fruit. cētiesme. lx. ou. xxx. Et la differēce d̄ telz fruitz peut estre pmieremēt considree quant a trois estatz des catholiq̄s q̄ sont de cōmencans. pusfitans: et pfaitz. Les cōmencans sont cōe la bonne terre: qui aporte le fruit trētiesme. pource q̄ leur souffit dauoir la foy de la saincte trinite en acōplissāt les dix cōmandemēs de la loy. mais les prousfitāt ont le fruit. lx. car ilz nōt pas seulemēt la foy de la saincte trinite: ne lobseruance des cōmandemēs de dieu. mais auec ce en grant ferueur acōplissent les sept oeuures de misericorde. Les pfaictz sont cōe la bōne terre q̄ aporte le fruit cētiesme. car ilz ont double pfection. en gardāt les cōmandemēs d la loy. et les cōseilz de leuāgile: Secōdemēt telle differance peut estre consideree quāt a lestat des saulues. cest ascauoir des vierges: des vefuez: et des maries: car aux vierges q̄ ne se veulēt point multiplier par oeuure charnelle aux aultres. mais par oeuures spūelles: est deu le fruit cētiesme en elles mesmes: et pourtāt les vierges sōt bien signifiees p le cētiesme fruict leq̄l est fait p la reduction du denier eu soy mesmes. Aussi aux veuez et cōtinētes est faicte la semēce sexagesime: leq̄l nōbre est demene p six foiz dix. en quoy sont signifiez les dix cōmādemēs de la loy: auec les six oeuures de misericorde. Lautre semēce aporte fruit. xxx: q̄ est aux mariez po² la foy d̄ la trinite auec les commandemens de la loy. Theophile. Ceulx q̄ en ce mōde ont pfaicte vie: cōe sōt les hermites fōt le fruit cētiesme. Et ceulx qui se gouuernēt moyennemēt le. lx. cōme sont les cōtinēs. q̄ demeurēt aux monasteres. et religiōs: et aussi les debiles: maladez et impotēs de leurs mēbres. q̄ selō leur propre vertus font tout le bien q̄lz peuent: cōe sont seculiers, et qui sōt en lestat de mariage. ont le fruit. xxx: Augustin. Le centiesme fruit apptiēt aux martirs pour la saincte de leur vie. ou le cōtēpnemēt de la mort. le soixantiesme aux vierges. pour le repoz qui est en elles: car elles ne bataillēt point contre la coustume du corps: Et le trēties me appartiēt aux mariez q̄ ont fors assaulx et bataillēt ad ce q̄ ne soyēt suppeditez par plaisāce charnelle desordōnee Crisostome La terre bōne sont ceulx q̄ se abstinent de mal et de tout leur pouuoir fōt biē, et a telz apptiēt le fruit trētiesme. Et silz cōtēpnēt tous les biens de ce mōde pour seruir plus frāchemēt a dieu: ilz ōt le fruit soixātiesme. Et se pour lamo² de dieu venoyēt iusques a souffrir mort receuyent le fruit cētiesme. Aussi silz seuffrēt aulcune persecucion en leurs biēs tēporelz ou famille. po² le² paciē ce ilz ont le fruit .lx. Et silz ont aulcune maladie corporelle: et la portēt en toute paciēce pour lamo² de dieu: ilz ont le fruit cētiesme. Le saint hōe iob deuāt la tēptacion q̄l eut en viuāt iustemēt de ses biēs eut le fruit trētiesme: ⁊ apres q̄ ses biēs luy furēt ostez et ses enfans to² mors, il eut le sexātiesme. mais quād il fut flagelle, et tormēte du dyable en son ppre corps, pour sa bōne paciēce il eut le cētiesme. Et cōe dit remyg. La semēce de la parolle de dieu, fait trētiesme fruit, quād elle engēdre en lame bōne cogitacion soixātiesme, quād bōne locution, et cētiesme, quād elle mayne tout a bōne opacion. Ceulx dōc q̄ sont signiffiez par la bōne terre, se studiēt ouyr de cueur parfait la parolle de dieu: et selon leur possibilite la mectēt a operaciō: et la retiennēt cōtinuellemēt en leur memoire: et pource elle aporte fruit en paciēce iusques a la fin de ce mōde: la ou on aura le loier de toute biē q̄ en ce monde pour lamour de dieu on aura fait Car ainsi cōe dit sainct gregoire, quād les bōnes persōnes se studient paciēmēt porter les ipefectiōs et maulx de leurs pchais et hūblemēt endurēt tout ce q̄ plaist a dieu leur enuoyer, apres ceste presente vie sont d̄ dieu grādemēt exaulsez en paradis. Dōc cōe appert la mauluaise terre, est distiguee en trois lieux, cest ascauoir en la voye: entre les pierres, et entre les espines. et la bōne terre nest point diuisee, car seulemēt il est vne saicte eglise cōbien q̄ le fruit dicelle soit diuise. cōe dit est pour demōstrer q̄ en paradis y a differēce de merites. Qula stella differt, a stella in claritate. Ainsi q̄ lestoylle est differēte de lautre estoille en clarte: aisi les saictz sont differēs en merite et poymēs

Or cōe on voit, de ceste semence, trois pties sont pdues, et seulemēt vne ptie pfficte: voire en grāt differēce et nō pas egallemēt. Et pource cōsiderōs q̄ en ce monde sont de mauluais, et pou de bōs, q̄ soyent sauluais, car seulemēt on treuue q̄ la quarte ptie de la semēce est sauluee. En quoy appert q̄ a lexēple de ihūcrist: le preschē² de la parolle de dieu ne doit pas cesser de p̄scher combien q̄l voye, q̄ pou prouffitent, car il nest pas dit de la semēce, q̄ le semātlaye gectee en la voye ou es espines. mais dit que la semēce est cheute, selō la maniere, et disposicion de la terre, en laq̄lle est semee. car se elle est biē labouree elle aporte bon fruit mais selle nest labouree et mise a point, elle aporte espines ⁊ chardōs. Et po² ce celluy qui la seme, iamais ne pert son merite.

En la secōde pabole q̄ est de la zizanie, est escript lestat de saincte eglise, apres la mort de ihūcrist et des apostres, car le diable ayant enuie de la foy semee aux cueurs des creatures, a excite et esmeu plusieurs q̄ eresies entre les xp̄iens, cōe mauluaise semence semee entre la bōne terre, cōe la zizanie entre le frumēt. On peut appeller toute ordure, et fruict sterile q̄ est dedens vng ble, zizanie: noyelle: lolye, et aueine sterile Et ainsi q̄ la mauluaise semence est semee entre la bonne, pareillemēt les heresies sōt meslees et semees entre les saictes escriptures. Augustin. Les heresies et toute aultre maniere de mauluaise doctrine, qui meyne les ames a dampnacion pardurable, ne sont point venues, se non par ceulx q̄ nentādoient pas bien lescripture, et toutesfoiz affermoiēt hardiemēt ce q̄lz nentendoient pas   Et est a noter q̄ ihūcrist a trois propres chāps ausq̄lz il seme trois manieres de bōne semēce Le p̄mier est le mode onq̄l il a seme la p̄ole de dieu, ⁊ la doctrine de verite

kk ii

Le secõd est saincte eglise catholiq̃ en laq̃lle il a seme ses elleuz et les enfãs de son royaulme. Le tiers chap̃. est lame dune chescune p̃sonne/laquelle est enuirõnee de foy labouree p̃ p̃dicacion/arrousee de misericorde/en laq̃lle ih̃ucrist seme double semence bõne. La p̃miere est bõne voulẽte. et ceste semẽce doit aporter le fruit de bõne op̃aciõ La secõde semẽce bõne est cognoissãce de foy du mõde τ de dieu. De la cognoissãce naist en lame douleur/ainsiq̃ de vne bõne semẽce viẽt bon fruit: car õ tãtq̃ p̃faictemẽt on se cognoist/de tãt plus on a douleur de ses deffaultz. De la cognoistãce du monde viẽt en lame craicte/po² ce q̃ tãtq̃ on y demeure on est entre les laz de lẽnemy Et de la cognoissance de dieu viẽt en lame amo² pource q̃l est nostre createur redẽpteur. et glorifiẽ². Dõc la p̃miere semẽce est semee de dieu ou chap̃. de nostre affection. la scõe ou chap̃. de nostre entẽdemẽt. mais lẽnemy y seme souuẽt par dessus de la zizanie: cest ascauoir erreurs en lẽtendemẽt: τ mauaises cogitatiõs en laffectiõ. Dist dõc nostre seigneur que le royaulme du ciel. cest a dire leglise militãte: est sẽblable a vng bõe cest a ih̃ucrist/leq̃l p̃ soy ou p̃ ses apostres a seme en son chap̃/q̃ est le mõde/ou saincte eglise/labouree et cultiuee du p̃cieux sang de son redẽpteur bõne semẽce: q̃ est saincte doctrine τ la foy catholique Et est icy a nõter q̃ en ses pãboles cõparaciõ nest pas faicte de p̃sone a p̃sõne/mais de fait a fait ou de labo² a labo². cõe sil disoit: Ce q̃ est fait ou royaulme du ciel ou en saicte eglise est sẽblable a tel fait/ou a tel labo². Et ainsi q̃ les hões dormoyẽt/cest ascauoir les p̃latz q̃ sõt deputez pour garder ce chãp̃: vient lẽnemy q̃ seme dessus la bõne semẽce zizanie/diuision/et nopelle/cest c̃scauoir erreurs cõtre verite/et les mauluais entre les bõs. Les p̃latz dormẽt en trois maniures/cest ascauoir quãd p̃ paresse sõt negligens de garder ce a quoy sõt deputez/ou quãd ilz sont tous dissoluz et dediez a folie ou quãd ilz sont en eulx ignorãs et peche²s

Ceste dormicion ne signiffie pas seulemẽt la negligẽce qui est aur p̃latz q̃ sont ordõnez po² garder les brebis: mais par elle on peut entẽdre la negligẽce q̃ est enuers vng chescuu/quand il ne se veult garder: car le dyable regarde bien lung et laultre negligẽce: affin q̃l puisse semer zizanie aux cue²s des creatures. Doyuẽt dõc biẽ veiller: tãt les p̃relatz q̃ les subgetz: affin q̃ p̃ leur negligẽce ne facẽt et dõnent lieu au mauluais seigneur q̃ est le dyable. Et quãd la bonne herbe creut p̃ acroissemẽt de foy: et fist fruict p̃ bõne op̃acion. adonc apparut la zizanie par erreurs manifestes: τ ordures de peches. et persecuciõs de xp̃iens Et quãd les seruiteurs du seigneur luy dirẽt. ce sont les saictz peres de la p̃miere eglise. q̃ en sa semẽce auoit malle herbe. leur respõdit. lẽnemy la fait: leq̃l soubz espece et semblãce de humaine raison. a deceue la p̃sone. Jh̃u crist a seme saicte doctrine: et le dyable a p̃ dessus seme plusieurs erreurs/et mauluaistiez. Jh̃ucrist a seme paix et verite: et charite fraternelle: et lẽnemy a seme ẽ vie: et mauluaise voulente. Et mesme ih̃ucrist seme tous les iours ou chap̃ de nostre ame. p̃ poz de bien faire/et le dyable en icelle seme desirs charnelz. Jh̃ucrist seme en nous: sapience illuminãt/et grace inflãmant: et le mauluais y seme ignorance tenebreuse/et coulpe refroidissant lame. Adõc les seruiteurs dirẽt au seigneur. Uis imus et colligamus ea. Ueulx tu q̃ nous aillõs et cueillons la zizanie: en separãt les mauluais de la cõpaignie des bõs. Auq̃lz il respondit. Non ace q̃ p̃ aduẽture en cuillãt la zizanie ne arrachez le frumẽt auec. q̃ seroit quãd aulcun seroit cõdãpne par seulle suspicion ou quand en telles choses on ne garderoyt pas la maniere et lordre quon y deuroit garder. et pource les aultres en seroyent scãdalisez: et le frument ou ce que peut estre frument seroit arrache. car aulcun est au iour duy mauluais: qui par aduenture demain sera bon: En quoy est deffendue toute condampnacion. hastiue/ et dommageuse. et suspicieuse. et de soubpeçō. Celle est hastiue en laq̄lle ne p̄cede aulcune amonicion. Celle aussi est dōmageable quād la multitude du peuple ou le prince en est en cause. si nō q̄ la cause feust si manifeste q̄lle redōdast a liuiure & dōmage de saincte eglise: De quoy dit sainct augustin, q̄ les mauluais sont aulcuneffoiz a supporter pour la paix de saincte eglise. quand on crainct deuision. et scisme. Aussi la suspicieuse irradicaciō est quād on na pas ferme cognoissance daulcun mal ou heresie. Dōc to⁹ telz ne sont pas a mectre hors, car aux troys manieres deuāt dictes est deff̄edue toute erradicacion. Et dit puis apres ihūcrist. Laissons lune et laultre arbre, cest ascauoyr le frumēt et la zizanie croistre iusq̄s a laoust. cest iusques a la fin du mōde: et au iour du grāt iugemēt. Et ce est a entēdre de cculx q̄ ne sont pas notoues: ou ptinax en mal. et de ceulx p̄ lesq̄lz pourroit venir dōmaige vniuersal en saicte eglise. yci aux deffaillās est dōc lieu de penitēce et exēple de discrecion. En quoy aussi sōmes enseignes q̄ ne iugeōs pas des choses occultes, car no⁹ le deuōs reseruer a dieu q̄ distribue a vngchescun selon ce q̄ la deserui: et cognoist tout: Et cecy nest pas ꝓtraire ace q̄ dit lapostre Ostez de vo⁹ et de vostre compaignie les mauluais, car ce q̄ dit yci ihūcrist est entēdu des choses doubteuses. et incertaines. yci aussi est demōstree la grāt bonte et pacience de dieu: cōe p̄ sa diuine misericorde & clemence. il soustiēt en ce mōde la nyelle. & zizanie auec le frumēt, cest adire les bōs auec les mauluais. Et saiches q̄lles soustient pour trois causes. La premiere affin q̄ se ilz se vouelēt cōuertir a bien les recoyue a penitēce. La secōde, affin q̄ les iustes rendent grās graces a dieu: quād p̄ sa grace se voyēt aulcunemēt esleuz du nōbre de ceulx q̄ perissēt: et po⁹ ce de plus en plus seffor cent a bien faire. La tierce cause est affin q̄ es bons de plus en plus pffitēt en bien: et q̄ leurs merites tousiours acroissēt enuers dieu. Aussi les mauluais en ce mōde, pffitēt

aux bōs en trois choses. Premieremēt car par eulx leurs pechez sōt purgez. Secōdemēt les occultz le² sōt ramenez a memoire & en ont desplaisāce. Tiercemēt car po² fuyr et euader tāt demaulx q̄lz voyēt, se hastēt de puenir au vray repoz pdurable: cōbien q̄ autāt de peines q̄ les mauluais font en ce mōde aux bons: autāt mectēt aux bons de pierres p̄cieuses en leur corōne de gloire. Aps ihūcrist dist q̄ au tēps daoust. cest de messōs. q̄ est le iugemēt. dira dieu aux messonniers. cest ascauoir aux āges. Colligite primū zizaniā. Cuilles p̄mieremēt la mauluaise herbe. cest adire ostes les mauluais d̄ la cōpaignie des bons: en les boutāt hors quā a la peine de dōmaige. et carēce de la visiōde dieu. Et les lyes p̄ faisseaulx po² ardre et bruler, et ce quāt a la peine sētitiue Et dit bien en faisseaulx: et nō pas en vng faisseau, car en enfer les glotōs serōt ensēble. auec les gloutōs. les auaricieux auec les auaricieux. les orgueilleux auec les orgueilleux. et ainsi to⁹ les aultres mauluais auec leurs sēblables: po² demōstrer q̄ ainsi q̄lz ont este cōpaignōs en ce mōde en peche et en mal. q̄ peillemēt ensēbles so yēt tormētez en enfer en peine pdurable. Ibi erit fletus. La sera pleur. cest adire si grāt douleur de la priuaciō de la visiō diuine du createur et estraignement de dieu. cest adire passion tāt vehemēte de la peine sensuelle q̄ les dāpnes souffrerōt en enfer: q̄ cueur ne le sauroit pēser. En quoy est demōstree q̄ en enfer ya double peine. Lune est de la partie de lame: cest ascauoir tristesse tāt grāde q̄ on ne pourroit penser. cōbien q̄ p̄ aduenture la ne pourrōt estre larmes corporelles po² laspre doule⁹ q̄ la est. Laultre peine est de la ptie du corps: laq̄lle est signifficee par le straignemēt des dens. Apres il dit q̄ le frumēt. cest adire les bōs lesquelz en ce mō de sont par temptacions et flagellacions batus comme le grain en la place, en telle maniere, que en eulx ne demeure paylle. doybuent estre assemblez au grenier de dieu, cest en paradis on demeure perpetuel

kk iii

lemēt/on q̄ lles iustes resplēdirōt cōe le soleil. Crisostome. Les iustes en paradis ne
resplēdirōt pas seulemēt cōe le soleil. mais
plus cleremēt q̄ se soleil. Souuēt nostre seigneur no⁹ baille la cōpaison du soleil: po²
ce q̄ en toutes les estoilles ou planectes ny
a nulle si clere cōe est le soleil. Aussi la gloire τ beatitude des iustez est cōpee au soleil
cōbien q̄ la clarte du corps glorieux apres
la resurrectiō gn̄alle soit moult plus belle τ
resplēdissant q̄ nest la clarte du soleil/po²
la redōdāce de la gloire de lame: en ycelup
corps: et po² les quatre douaires q̄ sont si-
gniffiees au soleil/ cest ascauoir clarte/car
en toutes les creatures de ce mōde. et q̄ sōt
icy bas riēs nest plus cler q̄ le soleil. Agili-
te: car le soleil leuāt en oriāt tātost est en oc-
cidēt Subtilite: car il passe p le voirre tout
entier sans luy faire violēce. Aussi impassibilite: car ses raiz ne sōt blecez: ne souillez.
O q̄ tel royaulme du ciel est glorieux. on q̄ l
est tant belle et grāde cōpaignie des iustes
on q̄ l est souueraine seigneurie: du q̄ l le roy
est verite. la loy est charite. et le demourāt
eternite. Ceste secōde parabole mect toute
sainct mathieu en son euāgile. le q̄ l fait seulemēt mēciō de la bōne semēce. la q̄ lle appartiēt aux bōs. et non a aultres. Et po²
ce il cōpe le royaulme du ciel: cest ascauoir
saincte eglise: q̄ est de dieu gouuernee: a lōme q̄ gecte la semence en la terre: laquelle
sourt de iour et de nuyt. et germe. et croist.
car apres la mort de ihūcrist le nombre des
xpiēs est creu en foy. et en bōne operaciō
la q̄ lle semence fait pmier herbe: apres viēt
en espy. et a lafin aporte le fruit. q̄ est la timeur des iugemēs de dieu. q̄ est signiffie
par lerbe q̄ est chose imparfaicte: en quoy
sont signifiez les cōmācās a bien faire: lesquelz doyuēt cōmancer en craincte en laissant le mal: et en faisāt biē. En apres on a
esperāce τ puis vient p la cognoissance de
benefices d̄ dieu: laquelle est signiffiee par
lespy: ou aussi dure penitence. en laquelle
doyuent estre les profitans: car ainsi qlz se
sōt delectez a peche: pareillemēt se doiuēt

affliger en penitēce et en douleur. et de celle viēt amour de charite qui a plenitude de
tous biens. et po² ce est elle signifiee par le
parfait grain: Et ceste charite appartient
aux parfaictz: car cōe dit lapostre la pleni-
tude/ et la cōsummaciō de la loy est cōsti-
tuee en charite. Et adōc la psonne est disposee de passer de lestat de grace. q̄ est en
ce mōde: a lestat de gloire en paradis. Et
po² ce nostre seigneur adōc: mect la faulx.
cest ascauoir la mort en coupant les iustes
de ceste presente vie. pour les mectre a repos eternel. Regarde bien en toy creature
q̄ ne soyes seulemēt herbe ou lespy: et q̄ ne
atendez ta maturite en la peine de purgatoi-
re/ car dieu ne met poīt en son grenier fruit
sil nest meur. Touteffoiz on ne doyt point
despriser aulcun quād on le veoit encore tēdre a aulcun bien/ car le frument de dieu cōmance en herbe. affin que apres soit grain

En la tierce parabolle qui est du grain
de cheneue est escript lestat d̄ leglise. apres
que les hereses contre elle se sont leuez. car
contre tous telz nostre seigneur a suscite
sainctz docteurs et gens bien instruitz: lesquelz p raisons. et sainctes escriptures ont
confondu toutes telles heresies. Et cōbiē
q̄ premieremēt fussēt hūbles τ abiectz. touteffoiz par la diuine disposiciō furēt apres
bien exaulsez. honnourez. et bien esleuez.
Dit donc. Simile est regnū celorū. Le royaulme du ciel. cest la predication de leuangile. laquelle demōstre: promect/ cōfere le
royaulme du ciel est semblable au grain de
cheneue. car il eschauffe en amour. il boute hors tout venīn: cōe sont erreurs: et purge le chief. q̄ est lame. et vng hōme le prīt
cest ascauoir ihūcrist. et le sema en sō chāp
q̄ est le mōde. La cheneue est la pl⁹ petite
semēce de toutes aultres semēces. aussi eu
ce mōde ihūcrist feust le moindre de tous:
car au commencemēt a peine on creoyt: en
luy et en sa doctrine. Il enseigne les choses q̄ le monde repute estre petites et villes
et cōme denyant. Et aussi en sa predicaciō
il ne vse point de grandes et hautes polles

Et quād ceste semence fut creue en herbe elle fut plus grāde q̄ toutes les aultres qui estoiēt aux chāps cōe cholz: et aultres herbes p̄ diuulgaciō elle fut trouuee plus grāde q̄ toutes les sciēces des philosophes naturelles/ou poetiques. lesquelles nōt poit le fruit de la vie eternelle. mais leuāgile est cōme vng grāt et hault arbre/car elle eslieue tousio²s les cue²s en hault. Elle est aussi fructiffiant vtilemēt et large/car elle a occupe tout le monde. Les branches haultes p̄ dilection de dieu. dilatees p̄ amour du p̄chai: en telle maniere q̄ les oyseaulx du ciel cest adire/les p̄scheurs. q̄ vollēt cōe nues viēnēt p̄ estude et habitēt p̄ meditaciōn et opation les brāches: cest adire es diuerses expoficiōs de la saincte escripture/po² bailler selon la diuersite des maladies diuerses medicines. En la saicte escripture ya quatre brāches. cest assauoir q̄lle peut estre entēdue en quatre manieres. cest selō listoire le sens moral: allegoriq̄ et anagogique. Et cōbien q̄ saincte eglise au cōmancemēt apparut estre de petite reputation. tant pour humilite: pourete. et le peu du peuple q̄ en ycelle croyēt. touteffoiz en vert². et puissāce elle estoit grāde et feruente en la maniere du grain de cheneue. po² la grāt chaleur de lamour de dieu/et de son prochain. Et pource maintenāt to⁹ les saiges: et princes du mōde demeurēt es branches dicelle. et luy sont subgetz. et se gouuernent selō ses cōmandemēs/car mesmes plusieu²s sont. q̄ laissent toutes choses mondaines: pour auoir le cueur plus franchemēt aux choses diuines. et seulemēt se reposset des grādes fatigatiōs du mōde aux ditz de leuāgile. et des docte²s q̄ les ōt exposez. En la quarte pabolle/en laq̄lle il cōpare le royaulme du ciel/cest asauoir leglise militante en laq̄lle dieu regne p̄ foy/au leuain/leq̄l la femme mussa en trois sextiers de farine: est escript lestat de leglise/apres q̄lle fut exaulsee p̄ la predicaciō des sainctz docteurs. car p̄ la diligence de leur predicaciō/la foy est maintenāt en tous lieux diuulguee. Or cō

bien q̄ souuēt en la saincte escripture le leuain soit prins en mauluaise signifficaciō pource quil est de soy corruptible. touteffoiz. pource q̄l ya vng leuain de zizanie. et lautre de fromēt. il est icy prins en bonne signifficaciō: car po² la vertuz q̄l a de alterer la farine/il signiffie la polle de leuāgile. les trois sextiers de farine signiffient les trois tiers du mōde. Cest ascauoir asye: affrique et europe: ou les trois lāgues. hebrieu: grec et latin. lesq̄lles ont este trāsmuees en foy catholique. En figure de ce/le iour de penthecostes les iuifz po² le benefice de la loy qui leur fut d̄ dieu donnee le cinquantiesme iour aps q̄lz furēt yssus de la terre degipte qui estoit figure de leuāgile offroiēt a dieu deux pains faitz de biē blāche farine. esq̄lz ily auoit du leuain. Bonc q̄s la fēme cest adire la sapiēce d̄ dieu ou la diligēce des docteurs a p̄scher. prīt du leuain q̄ signifie la loy euangeliq̄: qui est loy damour pour la chaleur q̄ est enclose dedēs luy. et ainsi signiffie la feruer de feu: et le mist/et mussa en trois sextiers de farine/iusq̄s a ce q̄ tout fust leue. car nous voyōs que apeine tout le mōde est creu on corps de saincte eglise et croist de iour en io². iusq̄s a tant q̄ le nōbre des esleuz soit acōply. Bede. La fēme cest ascauoir la sainte ame musse p̄ droicte entēciōn po² escheuer les louāges du mōde. le leuain q̄ est amour. en trois sextiers d̄ farine: cest adire en trois manieres que on doit aimer dieu/de tout son cueur. de toute son ame: et de toute sa pensee: ou aux trois puissances de lame. Cest ascauoir racionable/cōcupiscible/et irascible. esquelles charite ou bōne doctrine est mussee iusq̄s a ce q̄lz maynēt et tournēt lame en sa vraye perfectiō. laq̄lle est en ce mōde cōmācee. mais apres ce mōde toute sera p̄faicte et acōplie Toutes ces choses deuāt dictez et plusie²s aultrez disoit ihūcrist ou siple peuple en pabolles. Et combien q̄ aultresfoiz il eust dit plusieurs choses au peuple sans pabolles. touteffois maintenāt il ne le² dit riens q̄ en

kk iiii

paraboles:affin quilz feussent esmeuz de le interroguer de ce quilz auoyēt ouy. Et pource quilz auoyēt ouy a psonnes rudes et de gros entēdement:il failloit quil le inſtruist a cognoissance de verite par choses sensibles.et quileur estoiēt cogneues. Et pource quilz nauoiēt pas la capacite dentendement de cōprendre les choses celestielles et spūelles:il failloit quil les enseignast par similitudes:affin que aulcune chose ilz en peusset cognoistre. Or parabolle en grec.vault autāt a dire cōme similitude en latin: par laquelle est demōstree.et par laquelle on peut entendre aultre chose q̄ ce que on dit. Et pource il dist apres a haulte voix. Qui habet aures audiendi.audiat. Celluy qui aura oreilles pour ouyr et escouster oye.et escoute. Ceste amonicion dist ihesucrist en plusieurs lieux de leuāgile: et tant de foiz quelle y est mise est signiffie q̄l ya sens obscur.et mistique/car soubz les ditz.et polles de la pabolle on doit querir aultre sens subtil p entendement. Et ainsi que dit bede.les oreilles que demāde dieu dieu pour ouyr sa polle sont celles du cuer. et des sens interiores.ce st ascauoir dentendre.dobeyr:et de faire ce qui est iuste pour son salut.desq̄lles oreilles il est dit au psaultier. Audi filia et vide et inclina aurez.zc. O fille escoute quāt au premier.τ regarde quant au second:et encline ton oreille quāt au tiers. La premiere ouye est sensitiue.la seconde intellectiue. et la tierce affectiue. En ce aussi q̄ le doulx ihūs crioyt si hault. est demōstree la grant affection et desir q̄l auoit a pscher. De quoy dit saint augnstin Nostre seigneur ihūs ne fait que crier en ditz/en faitz:par voix. par sa bonne vie.p humilite q̄ no² retournōs a luy: Il crie aux sours:affin quilz oyent:aux dormās: affin quilz se ueillent.a ceulx qui passent le chemin:affin quilz sarrestēt.aur ignorās:affin quiz entēdent:aux errās.affin quilz retournent en la voye de verite.aux pecheurs. affin quilz facent penitēce. Le doulx ihesus parloit hault en preschant: et en priant:et au ladre ressuscitaut:et en la fin en mourāt Et tous les iours il crye a nous du ciel.en disant. Uenite ad me o es. O vons tous qui laboures:et estes charges en ce mōde venes a moy et ie vous dōneray refection helas no² meschās encores le cōtēpnōs apres tant et si doulces exhortacions. Et quand il eust laisse la multitude du peuple: laquelle ne fust mye interrogue:il vint a la maison.affin que la puis les disciples eussent opportunite de linterroguer:car ilz apparceuoyent bien quil ploit choses de grāt effect et entendement. Estans donc en la maison vindrent a luy.en luy demandant: pour quoy il parloit ainsi en paboles: veu que le peuple et eulx ne les entendoyent: et luy requirēt quil leurs exposast. Ausquelz il dist. Uobis datū est. A vous hūbles et obediens qui estes mes amys:et a moy adheres:et pour lamour de moy estez cōtempnes et mesprises du monde:par grace:et nō par voz merites vous est dōne cognoissance claire des misteres du royaulme de dieu/cest adire la parfundite dentendre la verite euangelique.laquelle mayne ou royaulme du ciel.mais aux aultres qui ont le sens clos:et qui nont pas grāt soing de cognoistre la vraye verite.comme le peuple cōmun: ou aussi les scribes:et pharisees q̄ sont incredulles ne leur est pas donne telle cognoissance.et pource conuient il parler a eulx en parabolles:affin q̄ eulx se q̄ reputent estre voyans/veritablemēt ne voyent point:ne qui nentendent la sentēce interiore du sens mistiq̄ et secret. Et cest vne des causes par quoy il parloit ainsi: cest ascauoir aiffin que verite feust muffee aux mauluais:et que les bons feussent esmeuz.a le interroguer pour leur declairer. Et pour tāt il dit apres q̄ a lamoureux de la parolle de dieu sera donne grant intelligence de la parolle de dieu/car a ceulx qui ont deuotion:et foy.est donnee.vraye cognoissance/et intelligence de la saincte escripture.

mais qui na amour a la polle de dieu quelq̄ engin naturel: ou aultre estude descripture q̄ laye tout luy sera ouste. car il ne se esiouy ra mye de la doulceur de la vraye sapience de dieu. Et pource ceulx qui nauoyēt point de foy. et de deuotion. a la doctrine de ihu crist: comme estoyēt les iuifz. ausquelz fut ouste le sens du vieil testament. et fut dōne aux gentilz et payens. et ceulx qui ne font de faict quelque intelligence quilz ayent de lescripture pou le proffite. car foy sans oeuure est morte. ainsi q̄ auiēt a lauaricieux qui a grans richesses: et touffoiz na souffi sance. Parellemēt quelque sciēce q̄ vne p̄sonne aye selle na la vraye et diuine sapiēce quand a dieu ou a son salut. elle na riens car cōme dit sainct Iheronime. Qui a igno rance de la saincte escripture/ et de ce que appartient a son salut: quelque aultre scien ce quil aye ou engin. riens ne luy proffite: Or ihesus disoit toutes ces choses a ses di sciples luy estant en la maison en aulcung lieu appart En quoy appart que la il ne le exposa pas seulement les parabolles quilz luy auoyent demandees. mais auec ce plu sieurs aultres choses vtilles et proffitablez cōbien que en ce lieu nulle mēcion nen soyt faicte. Adonc luy estant en la maison par la mesmes a ses disciples en parabolles. en leur proposant trois differences a celles de uant dictes desquelles. La premiere est du tresor qui est musse on champ/ ouquel est signiffie lestat de leglise: apres ceulx de deuant: car quand la foy catholique par la predicatiō des sainctz feust par tout le mō de declaree τ espādue plusieurs grās clercz cōme sainct augustin: et aultres qui apres furent conuertiz cōmancerent soy excercer et tourner leur science mondaine. a lutilite de la foy et au salut des ames. Dont ihesu crist dist que le royaulme du ciel est sembla ble ou tresor musse on champ. pour lequel champ acheter la p̄sonne vend toutes cho ses. affin q̄lle trouue le tresor musse. Or ce champ signiffie le labour quelen a: a lexcer

cite de la vie actiue/ comme est aux oeu ures de misericorde. et au gouuernemēt de leglise. Et le tresor qui en luy est musse est le loyer de la vie eternelle. duquel nappa royssent pas les richesses encores plaine ment a tous. Toutesfoiz on trouue en luy le tresor et nō pas du tout: pource que la do ctrine et predicatiō des docteurs: nest pas en ce monde du tout declaree. Et quand le tresor fut trouue fut musse par celluy qui a uoit cognoissance du bien quil trouuoit en celuy tresor/ car de la grand ioye que la per sonne eut dauoyr trouue ce tresor: vendit tout ce quil auoit/ cest adire quil cōtempna et desprisa toutes choses temporelles. vo luptes: et plaisances du corps: et tous desirs terriens. pour auoir et posseder ce tresor: sa chant/ que nul nen peut auoir vraye pos session sans laisser tout le monde par affec tion. On expose aussi ceste parabolle a la louēge des vierges: et ainsi le tresor qui est musse au champ est virginite on corps de la vierge. Et en ce tresor trois choses sont a considerer. La premiere est quil est trouue La secōde q̄ apres q̄ on la trouue il est mus se. La tierce que a toutes aultres choses est prefere Ce noble tresor nest pas trouue aux luxurieux/ nest pas musse des vais glo rieulx: ne mys deuant aultres choses par les auaricieux: mais virginite le fait trou uer/ affin quelle laye: humilite le musse: af fin quil ne soit desprisse. En la seconde parabolle qui est de la pierre precieuse quil appelle marguerite est declaire lestat de le glise apres le precedēt: car plusieurs ont cō tempne le monde les delices/ richesses et hō neurs pour entendre/ et pour vacquer a la vie cōtemplatiue: comme sainct benoist/ et plusieurs aultres en diuers estatz de religi on/ et tel estat est signiffie par la pierre pre cieuse laquelle est trouuee aux coquilles de la mer/ car religion est fondee τ nourrie en la doulceur de deuotion. Ceste marguerite est dicte vne/ et precieuse/ car la vie contē platiue vnist la personne a dieu/ et la vie actiue est deuisee en plusieurs labours. Ceste marguerite est aussi precieuse, car la vie cõtemplatiue simplemẽt et absoluemẽt est meilleure que lactiue, cõbien que en aulcunes choses la vie actiue est plus necessaire et fructiffiant q̃ la cõtẽplatiue. Moralement en ceste parabolle trois choses nous sont proposees pour les ensuyuir et acomplir, cest asçauoir loffice des saictz, lestude des meurs, et le desir de paradis et des choses eternelles. Loffice des sainctz est denote en labourant. Lestude en requerãt, et le desir en ouurant. Celuy est bien eureux q̃ scet bien labourer spirituellement, ou quãt a lestat de la vie actiue, cõme entendre aux oeuures de misericorde, ou quant a lestat de perfection, qui est quand pour lamour de dieu on laisse toutes choses pour vacquer plus franchement a luy, ou quanta lestat de supererrogation, qui est quand p predicacion on se estudie de guaigner les ames de dieu. Biẽ aussi est eureux le laboureur qui scet bien querir les choses salutaires et non pas nuysantes, cõme les ambicieux ou inutiles, cõme les curieux. Aussi est bien eureux quand il a trouue bõne merchandise, et en scet bien faire son prouffit quant a soy par mortificaciõ de son corps en vendant sa terre, et pour auoir la gloire du ciel en lachetant par abrenunciacion de propre voulente. Et pource que tel estat de saincte eglise est a durer iusques a la fin du monde, apres ceste parabolle nen mist point daultre sinon celle par laquelle est signiffiee la fin du monde, laquelle est de la sayne et du retz mys en la mer. Et po² ce q̃ par les deux parabolles qui sont du tresor musse, et de la marguerite, qui est la pierre precieuse nostre seigneur nous prouocque a lamour de la beatitude eternelle. consequẽment soubz la parabolle de la sayne, et du retz nous prouocque a craincte, affin q̃ nous gardons de mal et que faisons bien. Il fait dõc cõparaisõ du royaulme du ciel qui est en ce mõde, cest saincte eglise a vne sayne et vng retz, car par elle vng chescun est tire des grans vndes de ce present monde a la beatitude eternelle. laquelle sayne est mise en la mer de ce monde lequel est appelle mer pour la grandeur et amaritude q̃ est en ycelluy et semblable de toutes manieres de poissons de la mer. Et ainsi que les bons poissons, tant que le retz est eu leaue ne sont point distingues ne separez. pareillement en leglise militante les mauluais sõt auec les bons, car saincte eglise ne refuse nul, mais appelle tous po² auoir remission de leurs pechez. Et eulx meslez la sayne tiẽt tout le temps q̃ on est en ce mõde. mais au riuage on cognoist ceulx qui estoiẽt bõs ou mauluais, car cõe il est dit quãd la sayne fut pleine: laquelle chose sera a la fin du mõde, quand le nõbre de tout lumain lignaige sera assemble. et que le nombre des esleuz sera acõply on mettra la sayne et les poissons hors de la mer et des fleuues de ceste presente vie au riuage de lautre vie, q̃ sera tant dung couste que daultre perpetuelle Car selon la glose: ainsi que la mer signiffie le mõde present: ainsi le riuage signiffie la fin dicelluy. Et se seyrent pres du riuage p lequel est entendu immortalite, et la esliret les bons, et les midrent en leurs vaisseaulx et les mauluais gecterent hors Et par ainsi saincte eglise toute purgee et nectoiee sera presentee a dieu le pere: sans quelque ordure ou souilleure. Et dit apres que ainsi sera fait a la fin du monde, car adonc vng chescun sera tire au riuage par cler et euident iugement, auquel seront demonstres tous les secretz des cueurs. Et ceste cõsummaciõ du monde est dicte en trois manieres cest ou q̃ la sera le nõbre des esleus acõply ou que lestat dacquerir merite sera la finy. ou que la succession des choses muables prendra sa fin. Quand dieu viendra faire donc son dernier iugemẽt. les anges serõt de luy enuoyez po² appeller le peuple. cest asçauoir tout le monde, et lors separeront les mauluais de la compaignie des iustes,

O quelle dure sepacion sera aux mauluais sans reuocacion et remede, lesquelz mauluais les anges enuoyerōt en vne cheminee de feu denfer, qui est cōe len dit on myllieu de la terre. Et ainsi donc quād les vierges saiges seront menees en paradis, et les folles mises dehors, la porte de paradis sera close, ⁊ la les mauluais auront plours poͬ les grās chaleurs et fumees, estraignemēs et batremens de dens pour le grand froyt quilz sentirōt, et alors mais helas se repentiront a tart, et ploureront et auront cōtre eulx mesmes indignacion grande de ce que en ce pou de temps par peche ont perdu si grant gloire pardurable. On treuue en plusieurs lieux de la saincte escripture la claire sentēce et determinacion des peines des mauluais, ace que nul naye excusacion par ignorance, et affin que quand nous oyrons faire mencion des peines et tourmens q auront les mauluais, desirons a peruenir a la vraye ioye qui est sans fin. Apres il mect la conclusion principale, car en parabolles precedentes est escript lestat de saincte eglise iusques a la fin du monde, affin que les apostres qui estoyēt apres ihūcrist fundateurs dicelle sceussent et eussent intelligence des misteres et secretz dicelle. Et pource il dit apres. Entendes vous bien toutes ces choses deuant dictes, cōprinses en ses parabolles. Cōme sil leur disoit. Il vous appartiēt les entēdre: car il ne souffit pas aux prelatz ouyrce qui est afaire: mais fault auec ce auoir intelligēce des escriptures pour enseigner les aultres. La glose. yci aux apostres: ihesucrist adroisse sa parabolle, car il ne veult pas quilz oyent seulement cōme le simple peuple: mais auec ce veult quilz entendent tout. Auquel ilz respondirent. Etiam. Ouy nous lentēdons. Apres il fait vne exhortacion a tous: et dist. Et pource tout scribe, cest adire tout docteur en la loy. Sainct augustin dit, que les apostres estoyent les scribes, et notayres de ihesucrist qui imprimoient ⁊ seilloiēt sa parole aux cueurs des creatures. A tout docteur dōc enseigne et inspire aux choses de dieu, et aux aultres neccessaires en le glise militante dit trois choses. cest ascauoir: quil soit enseigne par acquisicion de sciēce. et scribe par loffice denseigner. et entre on royaulme du ciel par merite de vie. Tel docteur douc est semblable au pere de famille: cest ascauoir a moy, lequel profere de son tresor, cest adire de la science qui est en son cueur mussee. les auctoritez du viel: et du nouuel testamēt desqlz le retz et la sayne de saincte eglise est toute tissue. En quoy appert que les euesques qui sont successeurs aux apostres doyuent auoir cognoissance des deux testamens, et pource ilz portent vne mytre en leur chief, qui a deux cornes. Et bien nostre seigneur compare le bon prelat, au pere de famille, car ainsi quil refectionne et repaist ses enfans du pain corporel. pareillement le prelat doit reffectionner ses subgetz du pain celeste. Donc nostre seigneur exhorte ses disciples de entendre ses parabolles, affin quilz saichent enseigner les aultres. et adonc seront semblables a luy: quād ilz saurōt bien endoctriner les aultres moindres que eulx. Noᵘ deuōs donc auoir grant desir de louer tousiurs nostre foy: affin que nostre seigneur ihūcrist soit de tous crainct: cogneu: et ayme.

Oraison

Sire ihesucrist fay moy yssir de la ville. affin que la semence de ta parolle laquelle tu as semee en mon entendement par bon propoz: en mon affection par bonne operation. ne soit mengee des oyseaulx de vaine gloire. et qlle ne soit foullee en la voye. et quelle ne seiche en la pierre par dure obstinacion: ne aussi soyt suffocquee entre les espines. mais plustost quelle soit semee en moult bonne terre de cueur hūble: compacient: ioyeux au seruice de dieu: on ꝗl elle a porte le fruict cētiesme

en toute pacience:fay moy auſſi ſire enten¬
dre et acomplir tout ce que tu as dit en tes
paraboles et que par parole ou par exēple
puiſſe les aultres enſeigner. Amen.

De laduenement de iheſucriſt en naza¬
reth.chapitre.lxv.

Et quād iheſucriſt eut acōply tou¬
tes ſes paraboles deuant dictes
il paſſa oultre auec ſes diſciples:τ
alloit par le pais de galilee:τ preſchoit aux
iuifz en leur ſynagogue:tāt pource que plu
ſieurs illec coueuoyent pour leur vtilite et
proffit/que auſſi pour plus grande aucto¬
rite/et eſtoit honnoure et magnifſie pour
la grant excellence de ſa doctrine/et mira¬
cles. Touteffoiz de tous vniuerſalemēt ne
ſtoit pas honnoure/car pluſieurs le contē
pnoyent et deſpriſoyent:et contrediſoyent
a ſa doctrine. Et vint en nazareth et leio²
du ſabbat quand pluſieurs eſtoyent enſem
ble entra en la ſynagogue/et eſtant droyt
commenca a lyre en vng liure.affin que de
ſa parole ne preſchaſt pas ſeulement.mais
vouloit monſtrer le teſmoignage de leſcri¬
pture parlant de luy. Et pource on ne doit
lyre en legliſe ſi non quon ſoyt droit: mais
on peut bien pſalmodier eſtant aſſis. Et
luy fut baille le liure de yſaye le pphete qui
eſtoyt clos.lequel parle plus clerement de
iheſucriſt que les aultres. Et pource cōme
dit ſainct iherofme; Il neſt pas tant ſeule¬
ment dit prophete:mais auec ce peut eſtre
appelle euangeliſte.   Miſtiquement ſe¬
lon la gloſe.le liure du pphete lui fut baille
pour demonſtrer que ceſtoyt cellny qui a
parle par les prophetes/et que toutes les
prophecies appartiennent a luy/τ par luy
ſeront declarees et acomplies. Auſſi pour
demonſtrer que tous les pphetes luy ont
actribue leurs liures/et tout ce quilz ont eſ
cript. Et quād il eut ouuert le liure le ou¬
ura on pas tout apropoz: car il ſcauoit biē
les pas de leſcripture parlans de luy. Et

eſtoyt eſcript. Spiritus dūi ſuper me τc.
Sur quoy eſt aſſauoir que les iuifz acten¬
dent encores les choſes qui leur ſont pro¬
miſes en ceſte prophecie.et que tout ſera a
comply.par le meſſias/lequel attendent a
venir/qui doit eſtre ſeigneur temporel de
tout le monde/et par ainſi les mettra hors
de toute captiuite et de ſeruitude:τ les doit
eſleuer en grande gloire ſur toutes aultres
gens/mais pource que le temps de ladue¬
nement de iheſucriſt eſt paſſe/bien couena
blemēt il expoſa ceſte eſcripture de luy meſ
mes. en diſant: Leſperit de dieu le pere ſeſt
repoſe ſur moy/cōme ducteur et cōman¬
deur.et celluy meſme eſperit ma oingt en
roy/en eueſque/et en prophete des linſtāt
de ma conception/p la plenitude de ſa gra
ce/τ ma enuoye pour annoncer bōnes cho
ſes aux poures humbles/et auſſi pour gar
der et ſauluer:non ſeulement corporelle¬
ment/mais ſpirituellement les contritz de
cueur/et pour preſcher remiſſion des pe¬
chez a ceulx qui ſont en captiuite du dyable
pour les rapeler a penitence.et po² bailler
vraye cognoiſſance a ceulx qui ſont aueu¬
gles par erreur.et pour alleger ceulx q̄ ſont
froiſſez et abaſtuz par le faiz importable de
la loy/en les allegeant par la grace de la
nouuelle loy/euāgelique/et pour preſcher
lan acceptable de dieu qui eſt lan de toute
doulceur τ d̄ benignite. Ceſtuy an eſt tout
le tēps de ſaincte egliſe en ce mode. Et ſpe
cialement lan de la paſſion de iheſus: auql
dieu le pere fuſt appaiſe de ſon yre q̄l auoit
contre le humain lignage. Et auſſi le iour
de ſa retribucion au dernier iugemēt de dieu
auquel vng cheſcun recepura ſelon ce quil
aura ſerui. yci ſont touchees ſix condi¬
cions/leſquelles doit auoyr cheſcun pre¬
lat/ou preſcheur. La premiere eſt quil doit
conſoler les poures et deſconfortez. La ſe
cōde quil doit conforter les penitens. La
tierce en tāt que en luy eſt doyt racheter les
captiuitez. La quarte quil doyt enſeigner
les ignorans. La quinte q̄l doit releuer les

oppresses. Et la sixiesme est quil doit exciter a bien les paresceux. Et apres quil eut leu les choses deuant dictes il ploya le liure en quoy donnoit enseignement que toutes escriptures ne sont mye a prescher a tous. Et aussi pour demonstrer q̃ les liures des sainctes escriptures sont a tracter reueremment. Car cõme dit crisostome. Sil conuenoit prendre leuãgile on deuroit deuant lauer ses mains/car les iuifz ont a leurs liures telle reuerence. qui sont seulement du viel testament: que nullement ne se serroiẽt aussi hault cõe leurs liures. Par quoy appert que les crestiens sont fort a reprẽdre: q̃ nõt pas seulemẽt les liures du viel testamt mais aussi du nouuel/et les sainctes euangiles souuent traictẽt plus ordement et en tiennent moins de cõpte que ne font les payens des leurs: ou que de aultres choses trãsitoires. Lequel liure quãd il leust ploye et clos bailla au ministre de la synagogue/et puys sesist/afin que en plus grande maturite exposast ce q̃l auoit leu luy estãt droyt et tous ceulx de la synagogue entendoyẽt a luy pour le grant effect quauoyent ses parolles. et aussi pour la beaulte et humilite de luy: car en son visaige reluisoit vne clarte de grace diuine qui a tiroyt a luy tous les yeulx des auditeurs/car il estoit bel comme vne vierge: ne de la vierge. et estoyt aussi tresbien parlãt: desquelles deux choses dit le prophete. Speciosus forma pre filiis hominũ diffusa est ꝛc.. Et voulant monstrer que la prophecie quil auoit leue estoyt par luy a cõplye. leur dist. Au iour duy ceste escripture que ie vous ay leue est acõplye en moy mesmes/car ainsi que lescripture dit. ainsi ie faiz de fait et de parolle. Regarde bien yci le benoist ihesus. lequel tant doulcement et benignemẽt list entre eulx. et cõment en toute humilite se manifeste a eulx Car cõme dit sainct ambroise il voulut approuuer en soy tous les offices de saincte eglise. cest ascauoir en ce lieu cy loffice de liseur. en aultre lieu loffice de hostiaire quãd il bouta hors du tẽple ceulx qui la vendoiẽt et achetoyent. Aussi de exorciste. quand il boutoit les dyables hors des corps quilz possedoyent. Et acolite: quand il disoyt q̃l estoit la vraye lumiere du monde. Et en ce il demonstra que nul ne desprise recepuoir les petitz ordres de leglise: quelque dignite ou grandeur quil aye. Item excersa loffice de soubzdiacre: quand a la cene se seignit dune toailhe pour lauer les piedz aux apostres Loffice du diacre: quand en la dicte cene bailla son precieux corps a ses disciples Loffice du prestre: quand consacra son precieux corps et son sang/et mua le pain et le vin en iceulx: et cõme bon euesq̃ se offrit a dieu le pere: en larbre de la croix pour nous. Et tout le peuple qui la estoyt tesmoignoit que lescripture: cõme il disoyt estoit acõplye en luy: et en ce estoyt signe de verite. Car cõme dit seneque/la demonstrance de verite est/quãd tous approuuẽt vne mesme chose. Et se esmerueilloyẽt des doulces et gracieuses parolles qui procedoyent de sa doulce bouche. Apres le tesmoignaige que les simples personnes firent de ihesucrist/est mise la detraction des scribes et pharisees: lesquelz disoyent en se mocquant de luy. Unde huic sapiẽcia Bont a cestuy telle sapience/cõme il monstre en ses parolles/et les vertuz de fayre oeuures miraculeuses. Ilz disoyẽt ces choses pource quilz ne lauoyẽt point veu aprẽdre a lescole/ne aussi estudier en la loy: cõe silz disoiẽt. Il na pas t͠elles choses dẽ dieu ne par excercite destude: mais plus tost luy vient du dyable. laquelle chose ybouloyent demonstrer par la pourete et enfermete de ses parens en disant. Nonne hic est fabri filius. Nest il pas filz du faure/cest ascauoir de ioseph q̃ estoit menusier. et ouurier en boys. Disoyẽt encore. Nest mye sa mere appellee marie: et ses freres: et ses seurs ne sont ilz pas auec nous. Les hebreux ont de coustume dappeller freres et seurs ceulx qui sont les plus prochains de lignaige.

Et ainsi estoyent scandalisez de luy et en auoyent indignacion pource quilz veoyent ceulx de son lignaige estre poures τ humbles et pensoyent que vng saige ou uertueux ne peut estre ne de poures parens. Et sen esmerueilloyent fort: et ce estoit par vertus diuine et non pas humaine/car ses poures parens neussent peu despendre ce que luy eust fallu pour le tenir a lescolle. Dauid fut la racine et le commancement des roys: τ le plus grant et excellent prophete des aultres. et touteffoiz il fut filz dung laboureur et pasteur de brebiz: Moyse qui receut la loy de dieu. neut il pas son pere bien moindre de luy. Et cecy on trouue en plusieurs aultres: le semblable. Et pource que ceulx de nazareth auoyent ouy de grans miracles quil auoit fait en capharnaum: ilz estoyent indignes contre luy/ et ne croyent point que ces miracles feussent vrais. Et luy qui veoit les cueurs. print en soy lobiection qlz luy vouloyent bailler/ affin que plus raisonnablement leur respondist/ en leur disant. Vous me direz tantost/ pource q iay donne a plusieurs sante en capharnau: ceste similitude du medicin corporel. Medice cura te ipsum. Medicin gueriz toy mesmes: car ainsi que le medicin mieulx et plus voletiers et plus tost se guerist. ou ceulx qui appartiennent a luy ql ne fait les estranges: ainsi par ceste similitude vouloyent dire les pharisees. et scribes a ihucrist. Se tu faisoyes vrais miracles. plus tost les deuroyes faire sur tes prochains et amys/ et en ta cite que sur les estrangiers. Disoyent donc. Quanta audiuimus facta in capharnauz. Affin que en toy croyons faiz icy en ton pais/ autant de miracles que nous auons ouy que tu as fait en capharnauz. Come filz disoyet. Nous ne croyons point ce quon nous a rappprte de toy. quand nous voyons: q en ton pais et entre tes parens tu ne faiz riens de telles choses/ et touteffoiz par la loy de charite tu es plus tenu a nous tes parens. que aux estrangiers. Ausquelz nostre seigneur respondit en leur demonstrant quil ne laissoit pas a fere miracle entre eulx pour la hayne quil eust au pais/ ne a eulx/ ou por default de puissance/ mais seulement pour leur incredulite et malice. Et pource il leur dist. Amen dico vobis: quia nemo propheta acceptus in patria sua. Ie vous diz veritablement/ que iamas prophete nest plaisant ne acceptable a ceulx de son pais/ et la ou est natif: ne en sa maiso. cest adire en la lignee de laqlle il est descedu selon le corps. ainsi que en plusieurs nous le voyos. Car ysaye fut en son pays/ et des siens dune sye par my le corps sye. Iheremye emprisonne. et plusieurs aultres furent de leurs citoyens vituperez. Cest vne chose quasi naturelle q ceulx de vne cite ont enuye lung sur lautre. et nont point de consideracion aux bonnes oeuures et vertus de la personne. mais seulement a la fragilite du lignaige/ ou defance Ilz pesent estre despisez se aulcun detre eulx de moindre lignaige. est prefere en aulcun bien a eulx. De ce nous auons exemple en ioseph filz de iacob: come ses aultres freres auoyent grant enuye contre luy/ pour ce quil leur sembloit q leur pere lamoit plus que les aultres: Et por ce que ihucrist nestoit pas acceptable ne plaisat a ces ges la il ne deuoit pas faire en ce lieu plusieurs et grans miracles/ car ilz nestoyet pas dignes de les auoir pour leur incredulite/ et moult sesmerueilloyt veu/ que par ses parolles. et signes il leur donnoyt cognoyssance de sa presence/ et touteffoiz tousiours demouroyent incredulles/ et durs de cueur. En quoy appert q foy est fort necessaire pour faire miracles/ car par lincredulite de ceulx cy ihesucrist nen volut point faire en ce lieu si non aulcuns petiz/ come donner sante a aulcuns qui ia creopet en luy/ affin que les incredulles neussent point dexcusacion de leurs peches. Crisostome. Ihesucrist fist en nazareth aulcuns petiz signes et miracles: affin que ceulx qui la demouroyent ne deissent ql fut leur ennemy/ et ql desprisoit son païs/ et q̄ s'il en eust fait en luy eussent creu. Et pource ihūcrist fist ce q̄ estoit en soy pour acōplir ce a quoy dieu son pere la̅ noit enuoye. Aussi il nen volut pas faire en quātite/affin q̄l ne agrādist leur dāpnaciō.

Apres il cōferme son dit par lexēple des peres du vieulx testamēt: et dist lh̄ elye le p̄phete estoit deboute et desprise des iuifz. z̄ des estranges et incredules estoit receu et honnoure/entre lesquelz il faisoit miracles. Il fut de dieu enuoye a la vefue en la ville de sarepte. de laquelle il fut receu hōnera̅blement/et la feist deux miracles. cest asca̅uoir q̄ la farine et luyle ne faillit point a la vefue: et resuscita de mort le filz de la vefue. Ce fut ionas le p̄phete. Helye ne fist pas ces deux miracles en la terre des iuifz ou a̅uoit plusieurs vefues: pource q̄ les vefues disrael nestoyēt pas si deuotes/cōe estoyt ceste vefue de sarepte/et aussi helye souf̄froit p̄secution en la terre disrahel/en laq̄l̄ le il deuoit estre plus hōnoure q̄ en aultre. Sainct basille demonstre que par loraison de helye voyant que par habondance des biens tēporelz. quauoit le peuple disrahel. estoyt lōneur de dieu fort diminue/et de luy tenoyent peu de cōpte. pria a dieu quil leur enuoyast famine/affin q̄ leurs peches qui estoient si grās feussent reprimes par ieunes. Et pource maintenāt on ne se doit point esmerueiller se dieu ēuoye famyne au peuple pour refraindre leurs maulx/et pe̅ches. Aussi le prophete helysee qui estoyt mocque et cōtempne des iuifz fut queru de uotemēt de naaman de la terre desirie: leq̄l par ledit prophete fut guery de la lepre: de laquelle il estoit tout plein. et apres fut tres plaisant et agreable a dieu et au prophete. On y voit donc que le p̄phete de dieu dōna guerison et sancte a vng estrāgier et payen et nō pas a ceulx de son païs/pour la grāt ingratitude quilz auoyent enuers dieu/car le peuple disrahel se estoit consenty et decli̅nea ydolatrie en adorant les veaulx que a̅uoit fait iheroboam roy dudit peuple. Si

ces deux dōc grans et excellens prophetes helye et helisee ne furēt point acceptables ne plaisans a ceulx de leurs païs po[2] la malice et enuie qui estoit dudit peuple/ et non pas aux prophetes/par plus fort les moin̅dres et petitz p̄phetes ne serōt point acce̅ptables a ceulx de leur païs. Par quoy appert estre vray ce que disoit nostre seigneur cest ascauoir/ que nul est acceptable en son païs. Moralement la vefue de quoy est icy faicte mencion signiffie lame pecheres̅se/laq̄lle est priuee et esloignee des doulx embrassemens de son vray espoulx ihūcrist O que en ce mōde ya de telles vefues aux quelles nest pas enuoy le prophete/si non a celle qui demouroit en sarepte des sydoniens/par laquelle peut estre entendue lame pecheresse: laquelle quand elle pense q̄ tout ce que on quiert ou monde est a la fin chose inutile. et de nul proffit/ soyēt richesses ou plaisances du corps/par lesquelles choses on pert le vray pain/ duquel doyt estre reffectiōe ihūcrist/ lequel pain doit estre quis p̄ le contempnement des choses mondaines/et par le desir des choses celestes. Et adonc a telle ame vient le vray helye/qui est ihesucrist/ affin que la nourisse soit refectiōee auec ses anfans: cest adire ses bonnes cogitatiōs. et affections. Semblablemēt naaman sirus signiffie le peche̅ pource q̄ peche souille et infect la persōne d̄ lepre et de ladrerie. Et cōbien q̄ plusieurs soyent au mōde: touteffoiz helysee ne viēt a nul fors que a naman syre/ lequel signiffie le pecheur qui se doit esmouoir par contri̅ction/ courir au fleuue de iordain par confession. Et la doit estre vestu de la beaulte de grace/par quoy est faict digne: excellēt et beau deuant dieu/ et a tel vient le vray helysee ihesucrist. Et tous ceulx de la synagogue oyans quilles reputoit indignes de faire entre eulx grans miracles furent fort contre luy indignez/ z̄ remplis de grāt yre: lesquelz deussent auoyr este appaysez de tout mal par la bonne doctrine quil leur en kignoit. Par telz sont signiffies ceulx qui font mal/et qui persecutent les vrays pecheurs de verite/pource quilz dient ce qui desplaist aux mauluais. Donc par telles choses deuant dictes est clerement demonstre que la parolle de nostre seigneur est toute vraye/cest asçauoir que nul prophete est acceptable des aultres en son pays.

Et quand les habitans de nazareth eurent ouy que ihesucrist se disoyt prophete: et se coparoit aux prophetes de deuant luy et les reprenoit de leur incredulite et preferoit la deuocion des payens/lesquelz ilz reputoyent come chiens. a leur deuocion.yre et toute mauluaistie creut en eulx contre luy. En ce ilz demonstroyent bien de fait ce q̃ nostre seigneur auoit deulx par auant dit de bouche/cest asçauoir quilz luy rendoyent mal pour bien: car pour la grant malice qui estoit en eulx se leuerent tous contre luy: et come digne de mort le getterent et menerent hors de la cite: affin quilz le missent a mort Desquelz dit sainct ambroise. Ce nest pas demerueilles se telles gens perdirent leur salut quand ilz debouterent le saulueur dentre eulx. lequel monstroit par exemple quil se conformoit a tous/car il ne refusoit poit ceulx qui venoyent a luy/et ne cotreignoit nul/et ne batailloit point contre ceulx qui le bouteren hors de leur cite/et ne se denioyt mye a ceulx qui humblement le vouloyent prier. et le menerent iusques au dessus de la motaigne/sur laquelle leur cite estoit edifice/affin q̃lz le gectassent de hault en bas Et come dit bede/en ce fait les iuifz se monstrerent plus mauluais que nestoit leur maistre le dyable/car seulement de parolles il tempta ihesucrist/en disant. Mitte te deorsum. Gette toy en bas: mais ceulx cy de fait sefforcoient le mener au plus hault de la motaigne pour le gecter du hault en bas Et le doulx ihesus par vertu de sa dignite par laquelle quand il vouloyt se pouuoyt garder de tout empeschement passant par le mylieu deulx sen alla/et descendoit de la montaigne sans quilz le veissent: car subitement par puissance de dieu leur voulente furieuse fut muee/comme toute esbahye. Nostre seigneur ihesus quand volut il fut prins/quand il volut des iuifz eschappa. quand il volut fut mys en la croix/quand il volut aussi ne fut point tenu. Et quand il fut prins τ tenu de pou de gens cestoit de sa volente/et quand il ne peust estre tenu de tout le peuple/come en ce lieu/cestoyt par sa diuine puissance. Il ne resista point icy: ne deulx ne se vouloyt venger/mais par le mylieu de ses ennemys passa/desquelz il ne tint compte/comme on ne fait de chiens qui vont de vng couste a/et daultre contre vne personne. Il les aymoit mieulx guerir de leur maladie que de les perdre totalement car en voyans que leur mauluaistie enuers luy ne pouuoit estre a complye/deuoiet laisser a procurer sa mort. Il volut donc se departir dentre eulx pour leur donner encores lieu de faire penitente de leurs mal/et aussi pource que leure de sa passion nestoyt pas encore venue/ne aussi ne stoyt pas au lieu onquel selon son ordonnance deuoit souffrir passion/qui estoyt en iherusalem. Aussi il nauoit pas esleu a mourir de telle maniere de mort/car il sçauoit bien quil deuoit estre crucifie. et non pas gecte du hault au bas dune montaigne. Encore maintenant les habitans demonstrent le lieu aux pellerins duquel les iuifz deuoyent gecter ihesucrist q̃ est enuiron demye lieue de nazareth vers iherusalem du conste mydi: auquel lieu aisi que dit bede/quand nostre seigneur fut eschappe de leurs mains/et p̃ le mylieu deulx descendoit de la montaigne/et en ycelle se vouloit musser. subitement au touchement de son vestement la roche se departit/et fut resolue et molle en maniere de cire. Et pour cela fut fait vng lieu en la pierre/a la quantite/et longueur/et grosseur du corps de ihū crist/et la pouuoyt estre musse: et en celuy lieu sont les pas des piedz de ihūs/τ toute la maniere de son corps/de son vestement:

comme silz eſtoyent dung ouurier caues et faitz en la pierre qui eſt merueilleuſe choſe car on veoit icy q̃ la pierre ſe amolliſt pour recepuoir ſon ſeigneur/et le cue² de la creature raiſonnable ſendurciſt. La pierre cognoiſt ſon ſeigneur/et lõme duquel proprement doit eſtre cogneu a le cueur plus dur que pierre. Or eſt aſcauoir que en quatre manieres/on volut faire mourir iheſucriſt Les vngs: comme herode le vouloyent occire par glayue. Les aultres: comme ceulx de la cite de nazareth par le gecter du hault de la montaigne en bas Aulcuns le vouloient lapider de pierres au tẽple: Et les aultres a la fin le crucifierent en ſa paſſion. Pareillement de nous il eſt encore crucifie/quand nous retournõs a noz pechez apres penitence. Il eſt lapide en la durte de noſtre cueur. Il eſt gecte du hault en bas en noſtre deſeſperacion. Il eſt mys a mort par glayue par noſtre blaphemacion.

Oraiſon

O Sire iheſucriſt qui tellemẽt en ce monde te vouluz humilier que ia neuz deſdaing de prendre loffice de liſeur/qui receuz le mal pour le bien. de nazareth: auſquelz tu auoyes enſeigne ſi belle doctrine. et qui te permiz mener ſans quelque reſiſtence de eulx pour toy vouloir gecter du hault en bas: O bon iheſus donne moy grace/que en toutes oeuures de humilite me puyſſe encliner/en toy ſuyuant/et me donne que puiſſe patiemment endurer toutes iniures quon me pourroyt faire en ce monde/et que dycelles ne quere vengance/et que puiſſe de parfait cueur aymer tous mes aduerſaires en leur fayſant touſiours bien. Amen

De la decollacion
ſainct iehan baptiſte:
chapitre. lxvi.

Apres ces choſes deuãdictes. paſques approchant/vng an deuant la paſſion de iheſucriſt. herodes fit mourir ſainct iehan/lequel ia par long temps tenoyt en priſon. Et pource que on temps q̃ ſainct iehan fut decollez/ſaincte egliſe eſt occupee au miſtere de la paſſion de noſtre ſeigneur et aux ſolẽpnitez de paſques/la ſolempnite de ſa decollacion eſt trãſferee au iour que ſon precieux chief fut trouue. Doncques la cauſe de ſa mort fut telle. Herodias qui eſtoit femme du frere de herode/craignant que ſon ribault herode a la predicacion de ſainct iehan ſe repentiſt de ce quil lauoyt oſtee a ſon frere. et q̃ ne luy rendiſt: penſa la maniere comme ſainct iehan ſeroit mys a mort ſans eſmouuoir le peuple/et meſmes herodes penſoit bien tout le mal quelle penſoit fere a ſainct iehã. Quãd dõc herodes q̃ eſt icy appelle roy nõ pas q̃l feuſt deſcẽdu de lignee royalle/mais pour loffice quil auoit de gouuerner le peuple/celebra en grant feſte le iour de ſa natiuite/auec tous les plus grans du pays de galilee. la fille de ceſte herodias: chanta/et danſa/deuãt toute la cõpaignie par le cõmandemãt de herode. et de herodias putain mere de la fille: pour venir a leurs fins. Par laquelle dãſe et ſaultremẽt la fille pleut a herode/leql en deuſt auoyr eu plus de honte que de ioye, car cestoyt signe dune fille deshôneste, et sans honte. herode luy iura et pmist luy dôner tout ce qlle luy demâderoit. Et la fille enseignee de sa mere pour toutes choses demâda au roy, ql luy donnast en ung plat le chief de sainct iehan baptiste. Crisostome. O qlle chose est ce q dune fême. Certes cest celle q bouta hors le premier hôme adam des delices d paradis. Cest celle q fait des hômes spirituelz terriês, qui bouta tout lumain lignage en efer: q osta la vraye vie du môde pour menger de la pôme dûg arbre. Elle mayne les hômes a mort, elle a trouue en ce monde vraye peyne et labor. Cest celle q fait mourir maintenant le vray baptiste de ihûcrist. Seneque. Quest ce q vne femme. Cest la confusion de lôme, vne beste insaciable, dômaige cothidiain, maison de tempeste, empeschemêt de repoz, perdicion de lôme, bataille cônuelle de lame, beste tresmauluaise, port tresgrief, serpêt duquel le venin est san guerison. Moralement celluy mect en prison sainct iehan q occupe totalemêt les dons de grace q dieu luy a donnez aux choses terriennes: et luy oste le chief quâd il se actribue ce q deuoit actribuer a dieu du quel tout bien viêt. Icy côme dit sainct augustin fut acôply en sainct iehan ce que deuât auoit dit, ql failloit q nostre seigneur ihûs creust, et q luy amendrist. Nostre seigneur creut en la croix, et sainct iehan ameindrit, quâd on luy osta la teste. Selon saint gregoire: ainsi q lexaltacion de ihûcrist en la croix feust demôstrâce de la grâdeur de la foy, pareillemêt la decollacion de sainct iehan fut demôstrâce de la minoracion de la renômee q le peuple auoit d luy, leql creoit q ce feust ihûcrist, ou le grât pphete, mais le vraip et grât pphete est ihûcrist q est de tous cogneu. En signe aussi q sainct iehan deuoit meindre, et ihesucrist croistre il fut ne on têps q les iours comâncêt a descroistre: et ihûcrist on têps qlz comâncêt a croistre. Iherosme. Le chief de la loy, qui est de son ppre corps, cest du peuple des iuifz est trâche et est dôné a la pucelle des gêtilz et payês, cest ascauoir a leglise de romme. et la pucelle le donne a sa mere, cest ascanoir a la synagogue, laquelle retournera a la foy a la fin du monde. Le cors de sainct iehan est ensepueli, et le chief mys en vng plat car le sês litteral de lescripture est musse, et le sens spirituel est honouré et esleué.

Et quâd le royt ouy la demâde q luy fist ceste pucelle, monstra deuât la côpaignie ql en estoit bien courroucie. Et côe dit bede, il demonstroit par dehors q en son cuer en auoit grât tristesse, et doleur, mais côme maluais dissimulateur en auoit p dedans tresgrât ioye. Il sexcusoit p le iuremêt ql auoit fait, afin q soubz couleur de pitié feust encores plus mauluais. Et selon sainct therosme, par aueture il fit tel sacremêt, affin ql eust occasion apparente de fere mourir sainct iehan, et pour reprimer la sedicion et noise du peuple, et aussi affin q on veist, ql faisoit ceste chose p contraincte, laqlle faisoit de sa bône voulête et plaisir. Par ce roy herode sont signifiez ceulx qui fôt mal soubz labit de religion. Par herodias est signiffie luxure. Par la fille qui sauloit dissolucion libidineuse. Par le souper q feist herode, glotônie: par lesqlles choses souuent est peuree la mort de sainct iehan, cest de lôme gracieux et spûel voyre souuent la mort de lame et du corps. Omia vinû et mulieres. Car le vin et les fêmes souuent font apostater les saiges. Or herode ne voulut point côtrister la fille pour le iurrmêt quil auoit fait, leql selon droit ne deuoit pas garder: car côme dit ysidore: vn giuremêt nest pas a tenir, quâd il teud a mal. Et aussi ne la vouloit pas côtrister, pour la côpaignie deuant laqlle il auoit fait le iuremêt, laqlle fust côpaignon du peche de herode: car en tel cas tous luy deuoyent contredire et resister. Parquoy appt q vng peche de legier tourne en tous ceulx, deuât lesquelz est accôply. Et pource q sont plusieurs dung accord: ilz seront aussi tous participans du scâdalle, ou du feu eternel. O que sont au iour huy de subgetz qui sont enuoye de la perdicion de leurs ames: pour les mauluais et iniustes faitz de leurs maistres. ausquelz il nosent contredire. Adonc le roy enuoya vng de ses mauluais seruiteurs pour decoller secretement sainct iehan en la prison: affin que le peuple qui le reputoit homme saint ne se esleuast: et coruſt contre herode. Et ainsi cõme dit sainct iherosme. sainct iehan fut decollez en sebaste cite de palestine/ et son corps enseuely en macherote située en arabie oultre le fleuue iordain. combien que listoire ecclesiastique dit quil fust enseuely en sebaste et mys a mort en macheronte. Et quand le boureau eut decolle le grant amy de dieu sainct iehan baptiste: il apporta le chief dicelluy en vng plat. Viandes pleins de sang. a vng souper luxurieux: tant digne chose a tant indigne: Lequel herode donna a sa fille pour poyement de ce quelle auoit si bien dance et saulte deuant luy et deuant les aultres. Et la fille le donna a sa mere pour soy mocquer du sainct prophete. et affin que luy mort se mocquast de luy: car il luy sembloyt quelle auoit en sa puissance celluy qui la reprenoit de son mal de adultere. Or apres que sainct iehan fut decolle herode feist porter son chief en iherusalem et le fist enseuelir pour crainct quil auoit que le prophete sainct iehan resuscitast se son chief eust este enseuely auec son corps. Lequel chief apres lontemps par la reuelacion du sainct deux religieux trouuerent enueloppe de vne haire: et aspre vestement quil portoit au desert quand il viuoit. Remige. O roy herode ton meindre peche fut cause du plus grant/ car pource que en toy ne voulus estaindre la mauluaise et libidineuse concupiscence: par elle paruins iusques a luxure. Et pour ce que encore ne la reprimas de fait tu vins iusques a faire homicide. Et quand les disciples de sainct iehan ouyrent: que leur bon maistre estoit ainsi decolle vindrent au lieu et emporterent son corps le quel estoit demoure en la prison: et le roy commanda que on leur baillast/ et lenseuelirent honestement. et apres vindrent et denoncerent a ihesucrist cõme sainct iehan auoit este decolle/ en quoy demonstrerent la grant deuocion quilz auoyent a leur maistre. car incontinent quilz sceurent quil estoit decolle vindrent diligemment et emporterent son corps reuerament et le enseuelirent humainement Et pource aussi que a grant plour et compassion anoncerent la mort de sainct iehan a ihucrist. desseruirent que apres feussent de la compaignie de ihucrist. Crisostome. Regarde bien cõme ces disciples sont familiers a ihucrist: car ce sont ceulx qui luy anoncerent tout ce que auoit este fait a sainct iehan leur maistre: et layſſerent toutes choses du monde et demourerent en la compaignie de ihesucriſt. Regarde bien en grant compassion maintenant le reuerend baptiste sainct iehan cõme au commandement dung vil et ort boreau baille son col pour estre coppe et trenche. et cõme il met ses genoulx en terre et a haulte voix recommande son esperit a dieu. et cõme en toute pacience recoyt le cop de lespee iusques ad ce que son chief feust tout trenchie et separe de son corps. Et ainsi parauant il auoit prepare le baptesme de ihesucrist en eaue: maintenant le prepare en sang. Pense icy o creature deuote quatre choses merueilleusement cruelles. cest a sçauoir que le precieux chief de sainct iehan fut oste et couppe de son corps. et plus car il fut aporte et baille a gens homicides. et encore tresplus. car il fut baille en la puissance de herodias femme adultere. Et ainsi on voit cõme le trespecial amy de ihesucrist: et son tresgrant secretaire: et de son lignaige par mauluaises gens fut mys a mort cõme sil eust este vng tresgrant malfacteur Crisostome. Quand au iourduy la vertuz et perfection de sainct iehan et la mauluaistie. et cruaulte de herode: est mise deuant noz yeulx. tous noz sens et nostre cueur tremblent. et nostre entendement est esbahy: Quelle chose a sen humain peut estre de

ll ii

plus grant esbayssement.que veoir/peche surmonte et estainct vertuz. Sainct iehan qui estoit lestolle de vert? le maistre de vie la forme de toute saintete:reigle de iustice. mirouer de virginite.exemple de chastete. voye de cognoissance:et de penitence.par don des pecheurs.toute discipline de foy catholique:plus grant que les aultres hō- mes:esgal aux angelz:la voix des apostres la silēce des prophetes.la lumiere du mōde le moyen de toute la saincte trinite est bail- le a vng adultere et donne a vne chanteres- se. Mō sans cause on sen doit bien esbayr: mais lendure et seuffre dieu.affin que le iu- ste acquiere plus grant merite:et quil laisse aux aultres aduenir exemple dainsi souffrir quant des mauluais leur est fait aulcune chose iniustement.car tant que on est en ce monde il fault que les bien viuans en ver- tuz seuffrent et endurent les maulx que les mauluais leur font. Ne voyons nous pas icy que dieu a bien souffert que celluy qui a uoit vescu si sainctemēt en hermitaige qui est ceint dune ceinture de peaulx: vestu du- ne haire:et estoit le plus grant de tous les prophetes.et nauoit souuerain quelconq̄ apres ihū crist en perfection fut mis a mort a la requeste et peticion dune orde fille: et dune abhominable macquerelle pour seule- ment deffendre la loy diuine. Donc en pen- sant ces choses prenons en nous grāt cou- raige de porter paciemment.pour deffen- de verite tout q̄ on nous peut faire de mal Qui est celluy q̄ ne auroit horreur de veoir ce precieulx chief tout sanglāt: estre appor- te deuant vne compaignie a vng souppez. Helas seulement en oyant telles choses se nous auons horreur et esbaysement/que eussons nous faict se adoncques oussons veu. Ne semble il pas que ceulx qui la estoyent appellez/pour la feste du roy. souffrissent beaucop en voyant si grant cruaulte estre faicte en leur presence:et en prenant leur re fection. Et mesmes nest adoubter que le mauluais herode et la femme plus abhomi

nable de luy.souffroyent en leur cueur de veoir si piteuse chose. Gregoire. Mō sans tres grande admiracion.ie regarde que cel- luy qui estoyt plein de lesperit de prophe- cie des le vētre de sa mere.duquel na eu pl⁹ grant en ce monde fut mys en prison par mauluaises gens: Et pour la dance dune pucelle le chief luy fut oste: et homme de si grāt sainctete est mort pour la risee de mes- cheans gens. Pouōs nous croire quil eust fait aulcune faulte ou peche en sa vie/par quoy il eust faillu a leffacer qui feust ainsi mort villainement: Qui est celluy qui peut dire quil eust peche en sa viande. quand il ne mengeoit seulement que sauterelles de boys. et miel. qui aussi est trouue ou boys comme tout le temps de sa vie a peu of- fenser dieu/quand il ne se departoit de ler- mitaige. Pourquoy est ce donc que dieu en ce monde desprise ceulx quil a si haulte- ment esleu deuant la constitucion du mon- de.si non pour demonstrer aux bons catho- liques q̄l humilie en ce mōde/ceulx quil ay me pour les plus grādemēt remunerer aux choses celestes/et par dehors il les delays- se iusques a estre desprisez et contempnes de toutes personnes. mais apres quilz sōt pour lamour de luy ainsi humiliez les mai- ne iusques a choses haultes et incomprehē sibles. Donc vng chescun doit penser quel les peines souffrēt ceulx quil reprouue par leurs desmerites.veu qĩl laisse ainsi en ce mō de tormenter ceulx quil ayme: On peut veoir clerement: que sainct iehan est mort pour lamour de ihesucrist et pour soustenir verite. Gregoire. Sainct iehan baptiste ne fut pas decolle pour confesser ihesucrist mais pour demonstrer la verite/de iustice de laquelle il estoit interrogue. Et pource que ihesucrist est verite nous disons/que sainct iehan souffrit mort pour ihesucrist: q̄ est icelle verite q̄ sainct iehan soustenoyt. car la peine ne fayt pas le martir. mais la la cause.cest asscauoir quād on recoit pour lamour de ihū crist mort: et pour soubtenir verite. Pour quoy est ascauoir et a noter q̄ en plusieurs manieres on peut estre martir. c'est ascauoir p̃ soustenir iustice. cōme fut Abel. p̃ la loy. cōme les machabees. p̃ affermer a verite cōme ysaye et iheremye: p̃ reprendre et redarguer mal et peche: et pour soustenir verite: cōme sainct iehā baptiste: p̃ le salut d' tout le peuple cōe ihūcrist: pour soustenir la foy dicelluy. cōe sainct estiēne. p̃ mourir pour ihūcrist cōme les innocens: pour deffendre et garder la franchise et liberte de leglise. comme fist saint thomas le martir. Et saint augustin dit. que quand on recoit mort p̃ verite de iustice. telle peine fait la p̃soune martir. Et le saige dit. Certa vsq̃ ad mortem. Bataille iusques a la mort. pour soustenir et deffēdre iustice. En oultre vraye paciēce. en aduersite deuāt dieu est reputee pour martire. Gregoire. Il y a deux manieres d' martire. L'ung est seullement en la voulēte laultre est en la voulente et en loeuure. Et pource nous pouōs estre martirs sans cop de glayue. se en nostre voulente nous gardons vraye pacience. Or vraye pacience est en soustenāt toutes iniures et molestes que len peut faire a la p̃sonne cōtre sa voulente: ne querir nulle vengence de tout ce quon luy peut faire, mais pardonner de bon cueur tout le mal quon luy a fait. Celluy est veritablement vray pacient qui ayme pour lamour de dieu ceulx qui luy font mal, car endurer par dehors ceulx qui font mal: et les hayr en son cueur, par dedens nest pas la vertuz de mansuetude et doulceur, mais est vne couuerture de fureur. et de hayne. Et comme dit sainct bernard. Vraye paciēce est endurer aulcune chose quon fait: contre la voulēte et plaisir: non pas plus que raison requiert. En oultre cōme dit crisostome, le parfaict martire nest pas seulemēt en leffusion de sang mais est en labstinēce de peche et en la cōplissemēt des cōmādemens de dieu. Car selon sainct bernard. tousiours en ce mōde les xp̃iens

souffrent persecution, pour ce que toutes choses qui sont au monde les persecutent. Et cecy monstre sainct bernard bien clerement en disant: Ie doonne a mon corps refection en telle maniere quil ne soit fort et puissāt pour se esleuer contre mon ame. Et pource de quelque part que ie me tourne: ie treuue cōtre moy aduersite et douleur. Se ie regarde curieusement vne femme. ia mon oeil persecute mon ame, car par tel regard elle peut estre nauree mortellement. Se ie regarde richesses, cōme or argent, possesiōs, delices corporelles: beaulx vestemēs ou aultres superfluitez, quelque chose que ie voye. p̃secute et est contraire a mon ame Et ainsi des aultres pechez. Et pource ne pensons pas que seulement le martire des crestiens et des religieux soit constitue en leffusion de sang. come on temps de la persecution de leglise: mais aussi peut estre on temps de paix temporelle: cōme se par dehors ie porte habit de moyne: et par dedēs ie rompz le propos q̄ iauoye de seruir dieu en ce faisant ie desnye dieu. Et se on tēps de paix ie desnye dieu: que feray ie on tēps de persecution. Ie ditz ses choses pour demonstrer que en tous temps. en ce monde on peut estre martir, car en tous temps on peut souffrir persecution. Aussi le dyable par diuerses tēptations donne occasiō aux bons catholiques de estre martirs Et combien que ce ne soit pas sa voulēte. touteffoiz tout vient a lutilite et p̃fit de ceulx qui en scauent bien vser, car il ne les decoit pas en ce, mais les excercite, pource quil ne peut riens cōtre la p̃sonne excepte ce q̄ la voulente de dieu permet. Aulcuneffoiz il tēpte par pourete, affin que la personne choye en impaciēce. Et quād il veoit que cōtre les tēptacions on resiste fort. il mect au dauant richesses, loenges, et gloire humaine. ace que en toutes choses puisse deceuoir. Par la sante du corps il procure maladies: affin que ce q̄l ne peut auoir par delectacions laye par peine, et p̃ trauail.

ll iii

Aussi il enuoye souuent maladies a ceulx qui veult tempter et decepuoir/ace que p elles soient faitz pusillanimes/et affin quil trouble la charite quilz ont a dieu. Et combien q̃ par diuerses maladies le corps soyt afflige et debilite/touteffoiz en souffrant telles maladies po² en auoir aulcun alegement on doit penser les grans et horribles tormens que auront ceulx qui seront delaisses de dieu/car quãd on a en ce monde aulcune temptacion/ou affliction on doit pẽser que dieu visite la p̃sonne/et sen doit on esiouyr. Quem enim diligit deus corripit. Dieu corrige celluy quil ayme. et flagelle et chastie lenfant quil veult auoir. On ne doit a lexemple de sainct paul: quand on a aulcune maladie ou affliction esiouyr affin que la grace de dieu habite en la personne Se on est afflige de froit. ou de chault. on doit auoyr memoire de lescripture qui dit. Transiuimus per ignem et aquam. Nous sommes passez en ce mõde par le feu. et par leaue de tribulacion/et ne reste plus si non que tu nous mectes en doulceur et repos. Certes par tribulacions on vient a perfection. Et pource se par auenture on pert les yeulx corporelz/on doit penser que on a perdu les instrumens de extollence et de orgueil/et doit on tourner sa cõsideracion a regarder des yeulx de lentedemẽt la gloire de dieu. Et se on deuient sourt: on ne se doit point cõtrister/car on a perdu louye: de laquelle vient toute vanite en lame. Se aussi on a p aulcunes maladies les mains debilitees/on se doit tourner a auoir force de resister contre les tẽptacions de lenemy Et cõbien que la maladie occupe le corps touteffoiz quãd on en scet faire son proffit ce st toute sante quant a lame/sil aduient p maladie quõ ne puisse demourer en leglise pour seruir et prier dieu: pourtant on ne se doit point couroucer. car la maladie prie la personne. On ne se doit point plaindre se par abstinẽce ou ieunes corporelz: on viẽt en aulcune maladie/car aussi bien aduient

il a ceulx qui ont leurs ayses. et consolaciõs en ce monde. Quand aussi on a cõmance faire aulcun bien on ne se doit pas de legier reuoquer p les empeschemẽs que lennemy dõne/car abstinẽces et labours nous profitent moult a destruire et mectre a nẽt les desirs du corps. On se doit donc bien garder quãd on souffre aulcũe maladie de murmurer combien q̃ on ne sache pas la cause pourquoy on a telle affliction. car elle est enuoyee de celluy duquel les iugemens ne sont iamais iniustes. Et pource celuy qui en aulcune maladie ou affliction murmure fait contre la droicte iustice de dieu/mais quand on recognoist que iustemẽt on souffre pour ses deffaultz/τ q̃ sans cause dieu ne fait riens par telle consideracion et pacience. la personne est ia iustiffiee deuant dieu/pource que humblement elle se accuse/et dõne louenge a la iustice de dieu: Et a cause de ce les sainctz martirs sont grãdemẽt enuers dieu remunerez: car ilz ont souffert grãs peines pour son amour cõtre le² propre voulente. Ainsi que disoit heleazar quand on le tormẽtoit. Sire q̃ as la saincte science. tu cognois manifestement que ie soustiens en mon corps grans et durs tormens: combien que se ie vouloye ie seroye deliure de telle peine/mais pour lamour de toy selon mon ame ie souffre vouletiers telle peine. Sur quoy est bien a noter que le loyer. et la retribucion quon doyt auoyr pour soustenir martire nest pas deue/po² les peines et tormens que les tirans font a la personne p dehors quant au corps: mais pource que voulentayrement/et de grant couraige et affection soustiennẽt tout po² lamour de dieu/car nous ne deseruons nul merite enuers dieu/si non que nostre voulente soit conioincte a loeuure q̃ nous faysons/car quand la voulẽte nest en noz operacions: cest quand nous ne souffrons voulentiers toute peine et torment/nullement est meritoire enuers dieu. Et pource plus grant τ excellent merite est deu a la p̃sonne qui souffre aulcune peine voulentairement et la peine est plus difficile a la voulente. car en cela la personne se demonstre estre plus ferme et constante en lamour de ihesucrist.

Or trois choses sont qui aydent fort a auoir merite grant enuers dieu. La premiere est la difficulte de loeuure: come est martire. car come dit sainct gregoire, cest plus grant merite porter paciement aulcune aduersite pour lamour de dieu q̃ de faire seulement bonnes oeuures. La seconde est promptitude de bonne voulente, car dieu ayme la personne qui luy fait aulcun seruice de bonne voulente, et ioyeusete desperit. Et come dit sainct augustin: nul ne fait bien q̃ soit meritoire sil ne le fait de bonne voulete et non pas par contrainte. La tierce chose est la grandeur de charite. car le poys duquel en paradis seront pesees noz oeuures pour en auoir retribucion enuers dieu: est amour et charite. Et en figure de ce tout ce quon offroit au temple estoyt pese. Et pource deuant dieu qui est le grant iuge de tant que en aulcune bonne oeuure y a damour et quon la faict par charite: de tant elle poise plus et plus est remunere. Or toutes les oeuures meritoires ont leur consideracion quant a trois choses: cest asscauoir quant a la vie eternelle, quant a laugmentacion de grace, et quant a la diminucion de la peine, que pour noz peches auons de seruie. La premiere qui est le loyer substancial de la vie eternelle respond a la racine de loeuure qui est charite. Le loyer accidental qui est augmentacion de grace: respond a la diuersite des oeuures que la personne fait. pource que par les oeuures excellentes et de supererrogation on desfert enuers dieu plus grant augmentacion et acroissement de grace que on ne fait par aultres oeuures communes. Et la remissiõ de la peine, respond a la peine quon a affaire oeuures meritoires, car detant quon a plus de peine et de labour en faisant aulcune bonne oeuure pour lamour de dieu detant on a plus remission

de peine quon a deserui pour ses pechez. Cest vne reigle generale en theologie, que la peine quon a a bien faire efface la peine quon a deserui pour ses deffaultz. Mectons donc deuant les yeulx de nostre entendement les batailles et peines que ont endure les benoitz martirs en ce monde pour lamour de dieu, affin q̃ nous portons plus paciement: auec en ioye spirituelle tout ce que nous pourra aduenir dauersite en ce monde pour lamour de dieu. Car come dit saint gregoire: quand nous penserons bien parfondement les labours et peines q̃ ont souffert les sainctez gens qui ont este deuãt nous en ce monde, tout ce que nous souffrons ne nous semblera grief, ne difficile. Crisostome. Nous deuons escripre en nostre cueur come en vne table les grans peynes que ont endure ceulx deuant nous, et les souuent mediter, car merueilleusement elles aident contre tous les assaulx de lenemy: et aussi deuons auoir memoyre de leur paciece, affin q̃ tousiours soyõs plus fors en vertuz. Et q̃ en ensuyuãt leur force et constance quilz ont eue en ce monde, puissons auoir participacion de la gloire quilz ont en paradis. Et pour tant en noz passions irrasonnables deuons mõstrer toute force et constance. come ilz ont demonstre auec grans perilz de leurs corps. contre yre, auarice, ou vaine gloire, et contre tous aultres vices et pechez, lesquelz a laide de dieu par son amour: et sa craincte deuõs destruire et mectre hors de nous: car se par la grace de dieu nous surmontons les temptacions des vices et passions, come les sainctz martirs surmonterent les peines et tormens des maulais tirans pourrõs estre en la gloire de paradis constituez semblables a eulx. Certes le bel miroer spuel est la memoire des sainctes gens qui ont este deuant nous. Et listoire et lecon de lescripture saincte est la belle et saincte vie quilz ont menee, et la loy de dieu quilz ont gardee. Et pource quand par bonne meditacion on regarde

H iiii

lexemple que les sainctz nous ont baillé. tã
tost on voit la laidure et difformité de lame
Et quand bien parfaictement on la cognoist
pour la bien nectoyer ne fault/que se bien
excercer en telle meditacion. Et pource tel
mirouer nous est tresutille, car il ne demon
stre pas seulement la difformité de lame.
mais auecce la trasmue en toute beaulté se
en nous ne tient. Augustin. Considere bien
perfondement la vie/peine/et affliction q̃
nostre seigneur Ihesucrist a eu pour nous en
ce monde/et auecce celle des sainctz apostres. et tant de milliers de martirs: ausq̃lz
tu verras non seulement hõmes: mais aussi
femmes/pucelles/et enfans. lesquelz ne
pour amour du monde/ne par la mauluaistie des tirans/ne par quelque tormẽt quõ
leur feist: iamais ne furent vaincuz: ou par
escritz quilz nayent perseueré en la bataille
pour lamour de dieu iusques a la fin. Et
pource ne peut auoir cause de soy excuser:
quon ne voye par la saincte escripture ce q̃
on doyt faire pour acquerir le salut de son
ame: et la grant multitude des exemples de
ceulx qui se sont estudiez en toute maniere
de plaire a dieu. Bien deuons auoir grant
honte que quand a seruir dieu ne sommes
enclinez par les belles exortacions de la
saincte escripture. ne esmeuz par lexemple
de ceulx. qui ont esté deuãt nous/mais qui
plus est souuent sommes reuoques de bien
faire/seulement par parolles que on nous
dit: ce que nestoyent pas les sainctz par tor
mẽs ou peines quon leur peut faire. Main
tenant a peine pour acomplir le commandement de dieu volons ayder a nostre prochain de ce q̃ nous est superflue. Les saintz
du temps passé ne bailloyent pour lamour
de dieu seulement leurs substances ⁊ biens
temporelz. mais leur propre corps a toutes
peines et afflictions voire en grant ioye et
exultacion/pour paruenir a la perpetuelle
mãsion du ciel. ysaac abba. On dit de plu
sieurs martirs. que quand ilz pouuoyent

scauoir par reuelacion de dieu. ou par aulcuns de leurs amys le iour quilz deuoyent
recepuoir martire la nuyct precedente ne
prenoyent nulle refection corporelle. mais
du soir iusques au matin estoyent en conti
nuelle oraison glorifians dieu/et louans.
en pseaulmes ⁊ hympnes: et aultres chans
spirituelz en actendant en toute ioye desire
nt leure de leur passion. tant desirée. Et
estoyent prestz datendre le glayue en tout
ieune et abstinẽce. Nous donc qui sommes
appellez a martire inuisible/deuons bien
veiller pour recepuoir la saincte coronne
de gloire. ⁊ bien garder que nostre ennemy
ne treuue aulcune entree par quelque part
pour nous empescher. Par les choses deuant dictes on veoit que selon le cõseil des
sainctz docteurs. nous deuons mectre deuant les yeulx de nostre pensee en exemple
les labours/et peines que ont souffert les
sainctz en ce monde pour lamour de dieu.
Bien sont a reprendre ceulx qui ne veulent
ouyr racõpter ou lire la vie et passion des
sainctz en les reputant comme apocriffes:
et qui ne permectent mye q̃lle soit leues deuant les aultres. Contre lesquelz il est bien
dit on prologue de la passion saincte ana-
staise en telle maniere. Se aulcun se veult
estudier a enquerir les choses que les martirs et sainctes gens de ce monde ont faict
pour lamour de dieu. Il trouue grant fruit
et edificacion pour luy et pour les aultres
Et tel est cõme le bel arbre qui porte fruit
sans occuper la terre infructueusemẽt. car
plusieurs se sentent de bon fruict quil porte
On treuue aux vies ⁊ escriptures des saĩtz
ce quilz ont fait en ce mõde. comme ilz ont
parlé en leurs tormẽs ⁊ en tout ce quilz ont
souffert en grant constance et paciẽce pour
lamour de dieu: Et sans nulle doubte ceulx
qui voulentiers se occupent a veoyr/ et
estudier les faitz des sainctz precedẽs se demonstrent estre bons catholiques. Les
sainctz sõt ceulx qui ont mieulx desiré a estre

myſa mort par martire que laiſſer a cõfeſſer et ſouſtenir la vraye foy catholique. Et
pourquoy ont ſouſtenu et enduré les ſaintz
martirs tant de tormens et de peines. Certes pour ſouſtenir touſiours la vraye foy
catholique qui eſt confermee et declayree
en toute la ſaincte eſcripture. Et po͛ ce les
bons leur en rendent grans graces et loen-
ges/car par leur perſeueráce toute ſaincte
egliſe eſt confermee et enforcee. Et affin
encore que deuant dieu et deuant les hões
ſoyent touſiours louez et exaulſez. ilz prenent plaiſir a eſcripre ou racõpter les grãs
et horribles tormens que deuant les incredulles et infidelz ont enduré pour lacroiſ-
ſement de la foy creſtienne. En eſtudiant
ou racomptant les faitz des ſaintz qui deuant nous ont eſte. nous demõſtrons que
par eulx a eſte gardee entierement la foy
catholique et quilz ont donné exemple de
ainſi faire a ceulx qui viendront apres en
baillant la maniere et lart aux bons cheua
liers de la bataille ſpirituelle. de conſtan-
tement et perſeueramment batailler iuſques
a la mort. Il eſt tout cler/ que ceulx qui ne
prenent plaiſir deſtudier. ou ouyr les faitz
des vrays champions et cheualiers de dieu
bien peu leur chault deulx excercer en telle
choſe de fait/ quád ſont ennuyes ſeulemẽt
de les ouyr/ou veoir leurs playes receues
pour la loenge et victoire de lempereur: et
meſmement en temps de neceſſite ſe bailloyent iuſques a la mort pour lamour de
dieu: et ces choſes les font plus glorieux
que de craindre et fuyr la bataille. Et deuons ſcauoir que ce que les ſaintz ont ſouffert viſiblement: tous les iours nous ſommes prouocques du dyable et tẽptes le ſouf
frir inuiſiblement. Et ceulx qui en telle bataille ſont les plus pareſceux et negligens
ſont ceulx qui ſont plus naures τ plus pres
de la mort/ſpirituelle ſpecialement. On
doit doncques bien conſiderer les bons et
vaillans champions en la vie ſpirituelle et
eſtudier leurs faitz. affin q̃ de plus on ſoyt
a lexemple deulx en la bataille fortiffiez. et
que lennemy naye pas ſi grant puiſſance
contre la perſonne.

Oraiſon.

O Benoiſt ſainct iehan baptiſte: et
grant amy de dieu qui es lumiere
luyſant et ardent: prie pour moy a
dieu le pere de miſericorde: affin quil enlumine mon cueur qui eſt tout froyt/ et tene-
breux/ et que en toy enſuyuant puiſſe ſouſtenir pour lamour de iheſucriſt toute aduerſite paciemment: pour la foy: par iuſtice: et pour verite. et que ie ne creigne virilement batailler iuſques a la mort. ace que a-
pres ceſte miſerable vie caduque et fragile
par tes prieres. et merites/ puiſſe paruenir
ſeurement aux nopces royalles du vray ay-
gnel ſans ſoilleure. lequel de ton precieux
doig monſtraz au peuple. Amen.

De la reffection des cinq
mil hõmes. chapitre. lxvii.

Quand ihucrist eut ouy la mort de sainct iehan il print ses disciples et entra en vne nacelle. et en ycelle passa la mer de galilee pour aler sur vne montaigne et on desert q̃ estoit loing du tumulte du peuple pour mieulx vacquer a deuocion/et la se seoit auec ses disciples: lesq̃lz il enseignoyt. Nostre seigneur se departit du lieu ou il estoit/et euita la tirannie et cruaulte de herode. non pas q̃l eust paour de la mort: mais affin q̃ se herode leust occis. cõe il auoit fait sainct iehã. eust adioinct peche a peche/et cecy ne vouloit pas le doulx ihũs et aussi affin quil approuuast la foy d ceulx qui croyent en luy/ pource quilz alloyent apres luy. Car quand le peuple simple et humble sceut/et cogneut que ihesucrist se departoit du lieu il alla apres luy non pas sur cheuaulx et chariotz: mais de pie pour monstrer la grande deuocion z lardeur q̃lz auoyent de leur salut. Ceulx donc doyuent auoir grant honte qui ensuyuent ihesucrist en grans pompes et appareilz. yci le petit peuple lensuyt: mais les grans le persecutent. Encore voyt on maintenant/que le poure peuple va plus tost aux sermõs que ne font les riches et puissans. Or en plusieurs manieres la bonte et doulceur de ihũ crist/ fut demonstree enuers le peuple/qui le suyuoit/ car en eulx il estẽdit sa grant misericorde. Et luy estant en la montaigne les regarda venir a luy/ et descendit/ et vit au deuant deulx en les recepuãt doulcemẽt et ayant pitie deulx et leur donna sante en corps et en ame/ ace que leur peine et parfaicte foy eust tantost sa retributiõ/ car a tous ceulx ausquelz dõnoit sante corporel le donnoyt en leurs ames la foy. Pource aussi q̃l est dit que ihucrist esleua ses yeulx pour veoir le peuple q̃ venoit a luy. e st dõne a entendre quil ne regardoit pas de ca. et de la. mais en toute reuerence et hõneur se seoit auec ses disciples en parlant a eulx et conuertissans leurs cueurs a luy. On

voyt icy que ihesucrist fist quatre grans benefices a ceulx qui lensuyuoyent. cest ascauoir que eulx trauaillez les receut doulcement: enseigna les ignorans/donna sante aux malades. et refection a ceulx q̃ auoyẽt fain. pour demõstrer comme il sesiouyst de la deuocion de ceulx qui croyẽt en luy. Ce sont les quatre benefices q̃ nostre seigneᵉ donne spirituellement a ceulx qui le suyuẽt Premierement il recoyt a penitence tous ceulx qui sont lasses par les oeuures de pechez. Secondement il enlumine de sa grace ceulx qui sont aueugles par les tenebres de peche. Tiercement il guerist par iustification ceulx qui sont naurez des dars de peche. Quartement il donne reffection par internelle consolacion aux debilitez et desoulez par le pois de leurs pechez. Pareillemẽt le bon prelat doit ainsi faire a ses subgetz. cest ascauoir les receuoir doulcement les enseigner sauoureusement. leur donner sante efficacement: et les reffectionner spirituellement. Donc ceulx qui quierent ihucrist au desert sont de luy receuz et quãd en le querant ilz perseuerẽt/ et sa doctrine ont guerison spirituelle et corporelle se ilz en õt besoig. car nul ne peut estre repcu de la viãde de nostre seigneur sil nest premieremẽt guery. et pource apres la remissions des pechez il donne la refection celeste. Quãd nostre seigneᵉ ihũs feist ce miracle il estoit pres du secõd pasq̃s des iuifz onq̃l il ne fut pas en ierusalem. Pour quoy est a noter quon list en aulcunes eglises deux foiz en lan ceste euangile. cest ascauoyr on quart dimenche de la quadragesime. et est pour le commancement de leuangile. la ou il est dit q̃l estoit pres du iour de pasques des iuifz Et aussi on le dit le dimẽche deuant laduẽt et cest pour la fin de leuangile. Hic est propheta qui venturus est in mundum. Et quand leure de vespres fut venue/ que le peuple ne pouoyt retourner a leurs maisons/ et que leure de prendre leur refection se passoit fust raisonnable que par aulcune maniere feussent pourueuz de reffection p̄ noſtre ſeigneur iheſucriſt. Bien en ce eſtoit la foy du peuple demonſtre, veu que en toute pacience endura grant faim/car iuſques a veſpres: pour eſtre en la cōpaignie de iheſu criſt: Auſſi en ce eſt demonſtre le grant deſir quauoit noſtre ſeigneur du ſalut des ames/car il les enſeignoit en bien iuſques a veſpres. Et cōmenca donc a cōferer auec ſainct philipe ſon diſciple/cōme le peuple auroyt reffection qui eſtoit en ſi grant nōbre. Et le demāda plus toſt a ſaict philipe que a vng aultre/pource cōme dit criſoſtome quil eſtoit le plus rude: et celluy qui auoit grant beſoing dinſtruction et enſeignement. Et le dit ſainct philipe auoit ouy dire a ſainct andrieu/que en leur compaignie eſtoit vng enfant qui auoit tant ſeulement cinq pains dorge et deux poiſſons. Criſoſtome. Nous voyons icy la grant philozophie/et ſaigeſſe des diſciples de iheſucriſt comme ilz auoient parfaictemēt contēpne toutes choſes de ce monde que meſmes ne portoient pas auec eulx ce qui eſtoit neceſſaire au corps/cōme eſt le boire et le menger/car ilz eſtoient douze/et touteffoiz ilz nauoient q̄ cinq pains dorge, et deux poyſſons petiz. Ilz ne tenoyent cōpte des choſes corporelles pour le grant deſir quilz auoyent aux ſpirituelles. Il failloit que noꝰ feuſſions enſeignes par lexemple des diſciples/ceſt aſcauoir que des biens corporelz que dieu nous donne en deuons diſtribuer aux poures et indigens. Et quād il leur fut cōmande daporter les cinq pains/quilz auoyent: ne dirēt point de quoy ſerons noꝰ reffectiones/mais tātoſt obeyrent a ce que leur bon maiſtre leur diſoit. En ce ſont a reprendre leurs ſucceſſeurs/q̄ meſmes ne veulent donner aux poures de ce q̄ leur eſt ſuꝑflu/et viuent en grans pōpes et habondaces. Et quād iheſucriſt eut les cinq pains il feiſt ſeoir tout le peuple ordōneement ſur le fain, ceſt a dire ſur lerbe verte q̄ la eſtoit prendre ſa reffection. En la compaignie

eſtoiēt cinq mille hōmes grans et parfaitz ſans les petiz enfans et les fēmes. leſquelles ſelō la maniere des hebreux ne ſont mye cōptees. Ceulx donc q̄ deſirēt a gouſter la doulceur q̄ noſtre ſeigneur dōna a ſes apoſtres et amys: doiuēt eſtre fors cōe hōes en toute vertuz: et non pas mols par cōcupiſcence: cōme fēme/ne auoir auſſi le ſens dēfaut. mais doyuent ꝑ bonne virilite reſiſter a toutes mauluaiſes tēptacions q̄ viennēt en leur cueur. Pource quilz eſtoient aſſis, eſt entendu le repoz de lame, car qui deſire a auoyr reffection ſpirituelle de dieu fault quil ſe ſye, ceſt a dire quil ſe repoſe des ſolicitudes du mōde et de la noyſe q̄ eſt ſouuēt entre le peuple. Il eſt donc cōuenable cōe dit bede, que tel ſe ſiet ſur le fein, ceſt a dire quil aye ſeigneurie ſur ſon corps en le mortiffiant de toute concupiſcence, car celluy neſt pas digne de ſe ſeoir a la table de dieu q̄ ne fait obeir ſon corps a ſeruir a leſperit. Le doulx iheſus prinſt en ſes mains glorieuſes les pains et les poiſſons/affin que par le toucher de ſes ſacrees mains feuſſēt multiplies. Et luy voulant donner au peuple grās choſes: premieremēt leua les yeulx au ciel pour dōner louanges a ſon pere. et affin quil demonſtraſt que tout bien vient den hault. Et puys luy rendit graces pour demōſtrer quelle ioye il a de noſtre proffit ſpirituel/et poꝛ nous enſeigner que en toutes choſes nous deuons rendre graces a dieu: tāt en la refection du corps, que de lame. et que ne deuons point nous mectre a table ſans actiōs de graces a dieu/qui noꝰ a dōne la viande/de laquelle nous ſōmes repeus. Auſſi il beniſt les pains: a ce quilz feuſſent multipliez: ainſi q̄ au cōmancemēt de la creacion il beniſt toutes choſes. et en les beniſſant leur donna vertuz naturelle ꝑ laquelle ilz multiplieroyent/ ſelon lordꝛe quil leur auoit baylle/ par laquelle benediction iuſques au iourdhuy ilz ne ceſſent de fructiffier/leſquelz pains il rompit en nous enſeignant que nous deuons rompꝛe et departir de nostre pain aux poures. Et bailla les pains a ses disciples pour mectre deuant le peuple:en signe que les choses temporelles sont donnees aux prelatz de saincte eglise pour en donner et distribuer aux poures,car loffice dung prelat est plus de ministrer ou seruir q̃ destre administre et serui. Nostre seigneur donc multiplia en telle maniere les cinq pains. et deux poissons. que vng chescun de la compaignie en eut souffisamment et selon son plaisir et en demoura grant quantite/car come dit leuãgile quãd tout le peuple fut refectionne ihucrist dist a ses disciples quilz amassassēt et recueillissent ce que estoit demoure:affin que apres le baillassent et distribuassent aux poures souffreteus/et non pas come fist le mauluais riche.duquel les chiens mengeoyent les myetes qui luy demouroyēt de sa table. Plusieurs au iourduy sont semblables a luy ou encores sont pis. Les disciples recueillirent tout ce qui estoit demoure de super habundãt au peuple. Et emplirēt douze cophins pour demonstrer euidemment le miracle.car il y en demoura plus quil nen y auoit au comancement. En quoy est demonstre manifestement que les oeuures de charite faictes enuers le pchain/ont grãd retribucion enuers dieu.et aussi pour estre enseignes combien vault enuers dieu la reception des poures en lospitalite. et cōbien les biens temporelz acroissent quand selon la faculte on en distribue aux poures pour lamour de dieu. Et quand les hōmes q̃ la estoient virent que ihucrist auoyt fait tel et si grant miracle disoyent quil estoit le grant et vray prophete qui deuoit selon la loy venir pour sauluer le monde. car les aultres prophetes ny sont pas ainsi venus: mais seulement pour annoncer au peuple laduenement de ihucrist. Considere bien icy come ihucrist aide par sa grant misericorde a ceulx qui ont indigence. et souffrete.et cōe il fait toutes choses ordōneemēt:

et come en toute doulceur il regarde le peuple qui prenoit sa refection: et come il se esiouyst auec eulx en toute sobresse.et come toute peuple ce esmerueille de ce grand miracle fait deuant eulx/car plusieurs nestoyent pas seulement refectionnes corporellement.mais aussi spirituellement: Toy dōc regarde toutes ces choses de loing.et demonstre ta faim par grant desir.et ta misere par larmes:et estans les mains comme poure mandien/affin que tu puisses auoir aulcune chose du don de dieu. Considere aussi la grande et merueilleuse pourete de ihesucrist et de ses disciples/car ilz nauoyēt pour eulx tous que cinq petiz pains dorge qui sont bien aspres a menger. En quoy appert que souuēt auec nostre seigneur ilz en duroyent grant faim. Crisostomie: Voyons icy qui desirons a viure voluptueusement quelles choses mengeoyent ces grans et merueilleux hommes qui estoyent en la compaignie de ihesucrist/et aussi combien pour leur sustentation quel choses portoyent auec eulx. et de quel pris estoyt ce de quoy ilz viuoyent. Et non pas sans cause leuangeliste saincte iehan dit q̃ les pains de quoy ihesucrist repeut le peuple estoient dorge. car par ce il nous enseigne a reffuser toute volupte.et ce qui est plaisant a la sensualite. Et commanda que le peuple se seist sur re fein pour demōstrer quil ne vouloit pas seulement nourrir le corps.mais aussi vouloit enseigner lame en humilite. en austente: et charite/tant pour le lieu ou ilz estoiēt comme en leur donnant seulement les cinq pains dorge et deux poissons/et en distribuant autant aux petiz que aux grans. Et voulut demonstrer par oeuure ce quil sembloit aux iuifz estre merueilleux et difficile quand eulx estãs au desert disoiēt. Et dieu pourra il donner du pain a tout le peuple:et mectre la table on desert. Et fut la cause pour quoy il les mena au desert/affin que sans nulle suspicion le miracle feust fait/et que nul ne peust extimer ne penser que daulcun lieu prochain on eust apporté aulcunes viandes au penple/comme se on eust esté pres de aulcune ville ou chasteau Aussi ce miracle fut fait en desert: pour demonstrer que en religion qui est comme vng desert/on quel on ne seme. et ne cueil. Nostre seigneur touteffoiz donne en ce desert reffection/tant corporelle/que spirituelle a ses bons seruiteurs. En ce monde: ihesucrist donne refection seulement de pain dorge. mais apres ce monde donra a gouster le doulx et delicat pain celeste. Moralement par les apostres sont entedus les prelatz. et par les cinq pains dorge/sont entendus cinq biens spirituelz desquelz lame deuote en ce monde est refectionnee de dieu: car ainsi que en la maison dung pere de famille ya plusieurs manieres de pain: cest a scauoir celluy des poures. des seruiteurs des enfans: des seigneurs/et des amys: pareillement en la maison de dieu/qui est saincte eglise sont diuerses manieres de pains spirituelz. Desquelz le premier est le pain de nature: et de substentacion corporelle. et tel pain est des poures. cest adire des pecheurs. car tel pain nostre seigneur mesme donne aux pecheurs qui sont veritablemēt poures. Du quel pain il est escript. In sudore vultus tui. Tu mengeras ton pain en la sueur de ton visaige. cest adire en peine et trauail. Tel pain nous deuons communiquer et distribuer aux poures. se nous voulons que noz oeuures soyent playsantes. a dieu. car aultremen noz bonnes oeuures ne luy peuent plaire/si non quelles soyent embellyes par aulmosnes et aultres oeures de pitie. Le second pain est de pleurs et de penitēce: et est le pain des seruiteurs duquel il est escript. Fuerūt mihi lachrime mee. Mes larmes/ et mon plourer mont esté pour mon pain iour et nuyt. Le tiers pain est dentēdement et de pratique et de doctrine: et cest celluy des enfans/duquel il est dit en leuangile quil nest pas bon prendre le pain des enfans: et de doner aux chiens. Ce pain baille nostre seigneur aux bons catholiques par les prelatz et curez qui seement le parole de dieu aux cueurs des creatures. duquel pain vng chescun est repeu selon la capacite de son entendement. Le quart pain est le sainct sacrement de lautel qui est le pain des seigneurs. du quel il est escript. Ego sum panis viuus. et cetera. Je suys. dist ihesucrist le pain vif/qui suy descendu du ciel. Le pain donne nostre seigneur par les prelatz de leglise: a ceulx qui sont netz de peche: et qui ont seigneurie sur leurs males inclinacions. et nest pas adonner a ceulx qui sont ordz par peche/τ maulais. Le quint pain est de deuocion internelle: qui est le pain des amys. Car cōbien que le pere de famille aye en sa maison bon pain: toutesfois quand aulcung de ses amys le viēt veoir il enquiert encore de meilleur. et plus sauoureux. Les deux poissōs donnans saueur aux pains dessusditz/sont esperance dauoir pardon enuers dieu des maulx quon a fait en ce monde/et le grant amour quon doit auoir a dieu/ou entendement auec bonne operacion/car sans telz choses nul des pains deuantditz est sauoureux. Donc de ces cinq pains dorge et des poissons. nostre seigneur refectionne lame en ceste vie presente par effect. et le prelat la refectiōne par son mistere. O que bieneureuse est lame en laquelle peuent estre trouues ces pains et poissons deuant ditz: et que delle on peut dire. En ceste compaignie a vng enfant qui a cinq pains et deux poissons. Asses conuenablement par lenfant est entendue la deuote ame laquelle est appellee enfant pour la purete de innocence: et doit estre reparee de son peche. Allegoriquement les cinq pains de doctrine sont les cinq liures de moyse/qui sont dorge pour la durte de la lettre: touteffois ilz ressasient pour lentendement spirituel/qui refectiōne. Les deux poissons sont la grāt doulceur des pphecies/et des pseaulmes.

Anagoriquemēt y a pain lequel on doit desirer qui est la reffectiō eternelle, lequel les saintz mengeront en la table de ihūcrist on royaulme du ciel, et est en cinq manieres. Le premier est la presence de dieu. Le secōd est la beaulte de la vision de la face de dieu. Le tiers est la compaignie des anges. Le quart est la cōpaignie de toꝰ les saintz qui regneront auec ihesucrist en paradis. Le quart est la doulceur de la beatitude eternelle de laquelle nous auons aulcunes foiz vng pou dexperience en ce mōde. Lorge du quel les pains sont faitz est la lōgue dilacion et demeuree en quoy est lame iusques adce quelle vienne aux choses dessusdictes. Et les deux poissons qui adoulcissent tout, sont la gratitude, et seurete de la conscience, et la seurete de ce que dieu promect. Aussi a parler moralement il y a cincq pains de penitēce. Le premier est cōpunction qui vient de la consideracion des pechés. Le secōd est de affliction de la cōsideracion de la passion ihūcrist, lequel on mengeue quand par la consideracion de la dicte passion se mortiffie de cueꝛ et de corps en soy soubmectant tousiours du tout a luy. Le tiers pain est le pain de la consideraciō des deffaultes et miseres du prochain. Le quart est le pain de craincte et de timeur de la consideracion du grant iugemēt. Le cinquiesme est de souspirs et de deuocion par la consideracion de la dilacion de la ioye celeste de paradis. Or tous ces pains sont dorge: et pource len les doit menger et prēdre en toute doulceur et amertume. Et les deux poissons, sont lesperance que len a da uoir pardon des deffaultes quon a fait contre dieu et aussi la doulceur de la vie eternelle. Aussi y a vng pain dorge q appartiēt au pecheur: et du quel il doit menger: cest contricion de cueur, honte en confusion: ieune real, oraison en pēsee, pitie en oeuure. Les deux poissons assauorans ce pain sōt craincte prins de la mer tressalee. cest des peynes denfer. et esperance prinse du tresdoulx fleuue d paradis. En ce miracle ihū crist ne crea pas nouuelles viandes. mais beneist celles q estoyent presentes: car luy venant en ce monde par le mistere de son incarnacion, ne prescha ne enseigna aultre chose que ce que la loy et les prophetes auoyent parauant dit et en toutes ses oeuures le demōstra. En benyssant les pains il regarda ou ciel: pour nous enseigner que tousiours deuons en hault mectre nostre pensee: car la nous deuons querir la lumiere de la vraye science de lame. Mais aulcung est en trois manieres empesche de leuer les yeulx au ciel ne a dieu. Premierement quand il est trop occupe enuers les choses caduq̓, car dōc loeil d lētēdemēt est souillie de la pouldre dauarice. Secondement quand il est trop occupe enuers les delices charnelles ou delectables au corps car par telles choses loeil de lentendement est aueugle p le feu de concupiscence. Tiercement quand il est occupe enuers les ambicions mondaines et aultres seigneuries car a telz choses loeil de lentendement est trouble et empeschie de la fumee dorgueil Ihūcrist baisa les pains: et les bailla a ses disciples pour mectre deuant le peuple. et donna a entendre que les docteurs doyuēt prescher par tout le monde les sacremens de la loy et les sentēces des prophetes qui par parauant estoyent difficilles et closes: En ce quil volut que ses apostres recueillissent ce qui estoit de super habondant au peuple, est signiffie que les secretz d la saincte escripture que le cōmun peuple ne peut entendre ne sont pas a negliger aux saiges car on doit tousiours diligemment demander et enquerir ce que en la saincte escripture on nentend. De ces reliques et demourās du peuple furēt rempliz douze coffins qui sont vaisseaulx faitz de petites verges. et sont feitz pour porter les ordures de la maison, et les petites negoces, car dieu en ce monde a esleu les les petites choses poꝛ pfondre les grosses. et ainsi q les .v. pains et les deux poissons apres quilz furent froisses et brisez creurent en grāt habondance. semblablement est il de la parolle de dieu laqlle de tāt qlle est plus distribuee aux aultres. et declairee/de tāt elle est plus multiplicee aux rendemens de ceulx qui ainsi aux aultres la comuniquent. Ambroise. quant au sens mistique et secret. le pain que ihesucrist brisa pour donner au poure peuple est la parolle/laquelle de tant quelle est aux aultres departie. detant plus fort croist Et le miracle acomply. ihesucrist comanda et contraignit ses disciples entrer en vne nacelle et passer le fleuve deuant luy. pour aller en bethsaide En ce quil les contreignist: est demonstre le grant desir que auoyent ses disciples de demourer auec luy: car de legier nen pouoient estre separes. Et quand les disciples furent dauec luy departis: il monta promptement tout seul en la montaigne. de laqlle il estoit descendu pour secourir au peuple et pour faire le miracle dessusdit. pour nous donner exemple. que quand la personne a fait aulcune bonne oeuure elle doit retourner au lieu solitaire. auquel elle se recueille par penitence en efface atles defauztz qlle a peu commettre pour frequenter auec les homes. Et quād fut le soir au vespre il estoit encore tout seul en ceste montaigne. en nous enseignāt/cōe dit crisostome. quil ne nous fault pas estre continuellement auec le peuple ne aussi le laisser tousiours. mais faire lung et laultre vtilement. Aussi ihesucrist monta hastiuement en la montaigne en soy separāt mesmes de ses disciples. entre lesqlz il scauoyt bien q̄ le peuple le q̄roit pour le fere et constituer roy/et fut la cause pour quoy ainsi se cretement se deptit dla compaignie. Augusti Ihesucrist sen fuyt/quād le peuple le volut faire roy/car en ce monde il volut despriser. et contēpner toutes choses terriennes pour demonstrer a la creature quelle les doit despriser et nen tenir compte/mais volut souffrir tous obprobres et iniures: ace que aux choses terriennes et caduques on ne que-

rust sa felicite. et que on ne creignist pas trop aduersite. Crisostōe Plusieurs apres q̄ pēsoit ihūcrist eut fait telle chose si facillement. que auec luy viuroyent sans quelque peine ou labeur: et que tousiours ainsi les pourueiroit/pource se volut il departir de eulx/car combien quilz desirassent bōne chose/toutesfoiz ne la desiroient mye ainsi quil la failloit desirer. Aussi est a considerer que quand ihesucrist eut fait ce grant miracle deuāt le peuple. tātost les laissa pour nous donner exemple q̄ iamais ne deuōs querir la gloire du mōde ne atirer le peuple a nous Et cōedit saint augustin. Il ne volut pas estre ordonne roy par les hōmes: car en ce monde il estoit venu pour mōstrer la voye de humilite aux meschās. Il sen fuyt quād on le queroit pour le honnourer τ fere roy et quand vint en sa passion en laquelle il deuoit souffrir grās tormēs/et les iuifz le queroiēt. se bailla de son bon gre a eulx/ affin que par son exemple soyons appareillez de soustenir et de endurer pour lamour de luy. toutes aduersites se en ce monde nous viennent/et soyons aduises a fuyz choses plaisantes du mōde: Et ace que les aduersitez ne nous degectēt trop: et nous laissent/et les prosperites ne nous esmolissent nous deuons deuotement prier nostre seigneur: q̄ en lune et en lautre nous vueille dōner sa grace. Tu doiz donc fuyr cōme venin tout desir et appetit donneur. ou d dignite soubz quelque vmbre de charite/tu le desires. et mortiffier incontinent ton sens qui veult auoir dominacion et seigneurie. Et te doiz esiouyr quand des aultres tu es desprise en ramenant tousiours en ta memoyre lumilite/et la tresdure passion que le filz de dieu a souffert pour nous tous: lequel fuyt quād on le voulut faire roy: et embrassa volētayrement la croix qui estoit chose moult desprisee. et pleine d toute confusiō. Considere bien le doulx ihūs cōe il qrt lieux solitaires et y demeure tout seul pour soy affligeren toute peīe. et laboer τ veille toute la nuyt en oraison en soy humiliant deuāt son pere. et cōme bon pasteur/en le priant pour ses ouelles: Il fuyt tous hōneurs et toutes ꝓsperites du monde: et enseigne comme on doit prier dieu/car cōme dit bede. qui desire et appete les richesses et hōneurs du monde encore est par affection en terre: et pource les prieres quil fait a dieu qui regarde plꝰ le cueur que loeuure/ne sont pas de grant efficace.

Oraison

Sire ihesucrist fay moy esleuer les yeulx de ma pensee de tous delitz charnelz et de toutes richesses et ambiciōs du mōde/et les cōuertir a toy et me faiz seoir sur le fein d volupte charnelne. possessions tēporelles. τ gloire mōdaine/acē que ie deserue estre repeu et saoule des cincq pains spirituelz de lame. cest ascauoir de la timour du iugement diuin/de lorreur de peche. et de la doleur de cōtriciō de la honte de confession/et du labour de satiffacion. et des deux poissōs aussi q̄ sont stabilite de bon propoz/et desir de ꝓffiter de bien en mieulx: lesquelz a vng enfant cest ascauoir humilite/laquelle desert enuers toy a dieu grace en ce monde et gloire en laultre. Amen

De lambicion τ aultres deffaultz qui se trouuent en aulcuns clers τ religieux. chapitre sexante et huitiesme.

Quant aux choses deuant dictes pēse et cōsidere creature deuote/cōe nostre seigneur ne fuyt mye par fiction lonneur quon luy offroyt de le fete roy ainsi que souuēt font ceulx qui reffusent de bouche hōneur/et de cueur le desirent pour non estre des aultres notez. Plusieurs sōt en especial religieux q̄ faignēt de nō appeter dignitez/mais quād on leur offre y courent des piedz et des mains/et qui plus est souuēt sy offrent auāt quon les prie. Aussi plusieurs sont q̄ quād ilz ont dignite et preeminence/faignent de nō la vouloir: et touteffoiz par eulx et ꝑ aultres ꝓcurent et quie-

rent diligēmēt les occasions/cōe en telle dignite pourrōt demourer. Telle simulaciō et fiction nestoit pas en ihūcrist. ainsi q̄ ꝑ fait le demōstre. car il enuoya ses disciples par lamer et nentra pas auec eulx en la nacelle/affin q̄ le peuple ne le querist auec ses disciples: mais secretement mōta tout seul en la montaigne pour dieu prier/et ꝑ ainsi eschappa de leurs mains. Regarde bien cōme studieusemēt et cautemēt il fuyt. et decline tout hōneur pour nous dōner exēple q̄ ainsi le faissiōs/car il ne fuyt pas po² luy. mais pour nous. Il cognoissoyt bien loutrecuidance et temerite de la ꝑsonne de appeter hōneur/par le q̄l on vient souuēt a la destruction de lame/non obstāt q̄ tel hōneur soit de prelature/de puissance. ou de science/car en telz honneurs sont les plus grans latz: et plus poisans dangiers/et a grāt peine se peut faire q̄ qui se delecte aux hōneurs de ce mōde. ne soit en grāt peril τ pres de cheoir bien bas/car ambicion est vng vice tresmauluais/et cause et racine de plusieurs aultres maulx. et pechez. Certes desir de ambicion aueugle tellement plusieurs. quilz ne voyent leurs deffaultz. ie dix manifestez τ de tous cogneuz: et pource ilz choient en la fosse de peche/et puis a lafin en celle denfer. Helas que leur proffite silz craignēt tout le mōde/et se pdent eulx mesmes. Mais par auēture aulcūs ambicieux sercusent en disant. que la charge quilz prenent est pour acquerir le salut des ames. et que par tel hōneur ilz actendēt mieulx au salut des aultres que aultremēt. Ausquelz sainct bernard respondit. A ma voulente vng chescun entrast/sil estoyt possible de telle voulente/pour administrer et seruir aux aultres/cōme il se ingere de lappeter. car cest chose difficille/et a peine impossible que la mauluaise racine dambicion ꝓcede du doulx et delectable fruit de charite mais helas cōmunement au iourduy on regarde plus a lonneur. que a la charge. a la gloire/que a la peine/et en ce on quiert et tient le nom dhõneur/et non pas de vertuz On court dit saint bernard de ca τ de la de tout eage et ordre/tant clercz et sages/que ignorans et folz/pour auoir charge et administracion de saincte eglise.comme se on viuoit en icelle sans quelque cure ou soing Et se on consideroit bien la charge qui est en office ou benefice/ comme on fait lõneur plusieurs ne se ingereroyẽt si de legier a les auoir/mais doubteroient fort que par telz manteaulx de dignite ne fussent aggraues Et pource que ou temps present on considere plus lonneur et la gloire que la peyne vng chescun a honte destre simple clerc. et se repute estre vil et sans honneur. de non estre esleue en aulcune grande dignite et benefice.Encores sainct bernard/parlant contre lambicieux dit en soy mocquant. O ambicieux.laboure pour venir a excellence ou a dignite. Sachez q̃ de dieu iugemẽt sera tresdur fait a ceulx qui presidẽt. et les puissans et grans de ce monde/souffrerõt grans et horribles tormens. Say que ton orgueil monte tousiours.Ensuys ton roy le dyable. Ta pẽsee et ton desir soit en toutes choses haultes Haste toy de multiplier prebendes et dignites Volle pour estre arcediacre.et apres poᵘ estre euesque En cores ia nauras repoz.aincoys tousiours desireras de tendre plus hault. Ou va tu miserable. Tu montes au plus hault.a ce que ta choyte soyt plus griefue. Certes tu ne descendras mye ainsi de pas en pas cõme tu montes de degre en degre.mais cõme lucifer et la fouldre tomberas. Iherosme. Ne nous esiouyssons mye quand nous puenons a dignite ou honneur.mais craygnons la choyte.car on ne doit pas tant se esiouyr de tenir le hault ẽme on doit auoir paour de cheoir tout bas.Craigne lambicieux/et se corrige/a ce que de dieu ne soyt humilie apres que deuant les hommes a este eraulce par habondance des biens caduques/car de tant que la personne est esleuee en plus grant honneur et dignite/de tant elle est plus obligee destre meilleur et plus vertueuse/ou aultremẽt acquerra pluᵗ grande dãpnacion Les honeurs de ce monde/sont le boys/par lequel le feu p̃petuel denfer/est de plus en plus acreu et augmẽte.Crisostome. La grandeur et excellence donneur nest aultre chose que vng assemblement et cõmancemẽt des peines a venir a ceulx qui en eulx ne viuent bien et dignemẽt/ausquelles peynes lambicieux naura repoz ainsi q̃ en ce monde na cesse dacquerir. Le cueur dung ambicieux nest iamays en repoz/car ou il appete honneur quil na pas/ou il a paour de perdre celuy quil a/et par ainsi le dyable meut tousiours son cueᵘ et tourne cõme vng molin qui iamais ne se repose. Et note encore quant a ceste matiere dambicion que sans symonie et plusieurs aultres maulx qui ne se peuuẽt commectre sans grant scandale/ sont aultres grãs maulx procedens delle/ausquelz plusieurs cõme chose licite et honeste se occupent et impliquẽt/desquelz le premier est q̃ plusieurs sont que aincoys q̃lz soyent appellez en dignite ou cure ecclesiastiq̃ p eulx mesmes ou par aultres ne cessent le procurer/et ne actendent pas destre a tel honneᵘ appellez.mais par ambicion sefforcent de y tousiours paruenir. Telz ne considerent mye le dit de lapostre/cest que on ne doyt prẽdre ne p̃sumer auoir dignite/fors ceulx qui sont de dieu appellez/cõme aaron/ car quelque perfectiõ ou vertus que la p̃sonne aye/nullement sera digne deuant dieu de auoir honneur et dignite/se elle nest appellee et instituee contre sa voulente/car quãd aulcun desire / et tend a honneur par tel appetit ia est fait indigne/pource quil presume aultremẽt et plᵘ q̃ l ne doit Augustin. Lestat de dignite et de seigneurie sans leq̃l la chose publicque ne peut estre biẽ gouuernee/combien que quãd on la ou en vse biẽ. toutesfoys lappeter et desirer est chose indecente.Gregoire. Lomme vertueur doyt venir par contraincte a hõneur au gouuernement/mais celluy qui en soy na vertuᵗ ne sagesse ne voulentairemẽt ne par cõtrainte se doyt ingerer a prendre si difficile chose. Escoute q̃ dit sait bernard en plãt de ceulx q̃ ainsi se ingerẽt Ilz ont regne et gouuernẽ les aultres/mais nõ pas par moy. Ilz ont

m m i

este prices/et par dessus les aultres en honneur/mays a ce ne les ay pas appellez. Quelle presumpcion et quelle folye est appeter ce ou la crainte de dieu/la memoyre de la mort/la doubte des peynes denfer et la terrible actente du grant iugement de dieu/sont mis en obly et sans en auoir consideracion. Or quand aulcun est esleu a dignite de saincte eglise/combien q tel estat soyt bien perilleur/toutesfoys tel est a supporter/et pour luy on doyt prier/car come dit sainct bernard tous ceulx qui sont appelles a aulcunes charges ou dignites/ne sont pas appelles pour estre on royaulme de paradis/ainsi comme il appert du premier roy disrael/saul/et de iudas/qui fut de nostre seigneur esleu a la dignite apostolique et de prestrise/car cest chose dampnable et mauluaise quand aulcun procure ou se ingere a estre esleu a dignite ou honneur. Nul ne doit estre esleu ne promeu en dignite si non quil viegne par linspiracion du sainct esperit/auquel aultrement fayre len fait grāt iniure. On list que saint loys roy de france demāda a ung homme saige et deuot/pourquoy les euesques du tēps present ne stoyent sainctz et canonisez comme au temps passe. Lequel come on croyt par inspiracion de dieu respondit que les euesques du temps passe estoyent esleuz canoniquement de ceulx ausquelz appartenoit telle election. et par inuocacion et inspiracion du saint esperit. mais maintenāt ilz sont mys en telles dignites par supplicacions et procuremēs daultruy. Et alors dist le saint roy que iamais po² homme ne supplieroyt/mais laisseroit courre lelection selon linstitucion de leglise. Et non seulemēt ceulx qui se ingerent pour auoir aulcunes dignites ou honneurs en ce monde sont en grant peril de leurs ames/mais aussi ceulx qui les appetent/ou qui perseuerent en tel desir et affectiō. Surquoy dit saint gregoyre. Ungchescun prelat orgueilleur/toutes les foys quil se delecte estre par dessus les aultres en dignite/et se esioyst du singulier honneur quil a plus que les aultres/tāt de foys il choyt on pechie dapostasie. Ceste

racine dābicion vient de mesprisance daultruy/car celuy q mesprise p son orgueil les aultres/en desirant sur eulx seigneurie/dit en son cueur. Je monteray au dessus des nues/et seray semblable au plus grāt/cest a dieu. Et pource cellup qui est mys en dignite/doit bien peser et auoir soing en soy mesmes come deuant dieu grant et estroyt iuge/sera souffisant de satiffaire et de rendre compte de toutes les ames/desquelles il a prins la charge. Certes celuy qui prēd maintenant plaisir destre iuge des aultres alors ne verra pas voulentiers le grant iuge/pource q pour lamour quil a en ce grāt honneur ou dignite ne peut souffisammēt cognoistre les pechies et deffaultz de ses subgectz. Or icy saint gregoire ne dit pas q celuy qui est/mais dit qui desire estre iuge des aultres/ne verra pas voulentiers etc. en quoy il reprend laffection desordonnee/et non pas la dignite ou office/en referant la vituperacion a la voulente/et nō pas au fait. Et pource celluy qui ne desire a veoyr voulētiers son vray iuge dieu/doit fort craindre et doubter quil ne soyt du nōbre des reprouuez/car ainsi que les esleuz de dieu seiouyssent de lauision de luy po² ce que par elle leur parfaicte ioye sera acōplye/pareillemēt les reprouuez et mauluais auront grant doleur de la vision de leur iuge/po² ce que bien tost apres yront en eternelle peyne et en dampnacion. Et cest ce q disoit ihesucrist en ung aultre lieu de leuangile aux pharisiens. Vous qui desires les premiers lieux et dignites/ eternelle peyne et dampnacion vous ensuyt de pres. Et ne dit pas vous q aues les dignitez/mais dit vous qui les aymes et desirez auoir/pour demōstrer ql ne reprēt pas ceulx q en vsent bien quand ilz sont licitemēt ordōnez/mais ceulx q saymēt et delectent estre en ycelles/ou quand ilz ne les ont/et les quierent en toutes manieres laquelle chose procede et vient deambicion. Et sache que quand en la saincte escripture on trouue/ve/il signifie eternelle dampnaciō/et peyne sans fin. Helas telz ne considerent mye le pelerinage tant brief de ce present mōde/onquel on est comme en vng exil Crisostome. Le terme de toustours en la saincte escripture est prins et dit pour ceulx qui ne peuuent euader les tormens pourables. Mays aulcuneffois les ambicieux se sauent bien excuser en alleguant pour eulx le dit de lapostre. Qui episcopatum desiderat bonū opus desiderat. Celluy desire bon oeuure qui desire estre euesque Ausquelz on peut respōdre Vrayement loeuure est bō, mais le desir est mauluays, ainsi que on peut dyre que qui emble lor, emble bonne chose, car lor est bonne chose, mays lembler, est mauluaise. Pource lapostre recommande et loue estre euesque comme chose bonne et fructueuse mais ihesucrist condempne le trop grant desir de lauoyr. Par ainsy donc appert, tant par les parrolles de ihesucrist que par aultres escriptures sainctes, que vng ambicieux, nest poit en estat de grace. Aussi appert par aulcunes clayres causez & raisons, que on ne trouue que lieu dexcusacion soit donne a lambicieux, en quoy appert quil est en plus grant peril de dampnacion eternelle. Plusieurs sont qui ont aulcune excusacion de leur pechies soyt en tout ou en partie, comme quand ilz pechent par ignorance, ou enfermete, mais lambicieux qui desire estre dessus les aultres par ces deux choses deuāt dictes, nest point excuse, cestassauoyr par enfermete, car par grande affection il a prins la charge de mener les aultres, et po² ce il doit estre plus fort, que ceulx desquelz il prend charge. Et aussi ne peut estre excuse par ignorance, pource quil luy a pleu de prendre et tenir la seigneurie et lōn² dessus aultres parquoy riens ne deuoit ignorer q̄ maistre se vouloit monstrer. Bien on doyt plourer telz ambicieux, car on voit entierement quilz sont aueugles, eutāt quilz sont faitz a lymaige et semblance de dieu, et touteffoys ilz ensuyuent par leurs oeuures le dyable denfer, comme a dit saint gregoyre cy deuāt. Et a cause que lambicieux est en si grant peril, ceulx qui scientement eslisent vng tel, ou qui le promouuent et deffendēt

offensent dieu griefuement, et se font participans de son pechie, parquoy on doyt bien craindre que telz consentās aux ambicieux ne choyent auec luy ainsi que firent les anges qui consentirent a lucifer, et cheurent de paradis auec luy. Ceste tresmauldicte pestilence de ambicion infect & corrompt toute la religion crestiēne, et engēdre grāt scandale par tout le monde, non seulement aux clercz et aux laiz, mais auec ce aux religieux qui ont renonce au monde. Biē sont mauldictz telz ambicieux, ausquelz vient la malediction, que nostre seigneur disoit estre aux pharisees Lesquelz ne craygnent point dieu, non obstāt le buef et incertain temps de ceste vie, en laquelle deuroyent plourer leurs deffaultz et pechies dacquerir et desirer honneurs et dignites, et pour icelles auoir continuellemēt laboure sans craindre dieu ne leur conscience. Le second mal q̄ fait ambicion est, q̄ souuēt les amys charnelz en la collacion des benefices sont deuant mys et preferes aux meilleurs et plus dignes, Et telz qui ainsi promouuent, le prophette menasse de la malediction eternelle, en disant, ve qui edificat syon in sanguinibus. Eternellement soyt dampne celluy qui donne les benefices de leglise a ses parens, silz nen sont dignes. Plusieurs sont qui pour la promocion de leurs amys charnelz, exposent et corps et ames en grans labours, et po² les deliurer pour pou de temps des tormens et peynes denfer, a peyne vouldroyēt mectre le bout de leur petit doigt. Aussi le dyable souuēt procure a aulcūs prelatz multitude damys charnelz, affin quil obscure leur dignite et sainctete par laffection et promocion charnelle quilz ont a leurs parens. Souuent aduient que les nepueux, et aultres amys charnelz auant la promocion de leur oncle ou parent, ne appetoyent, ne dignite, ne office, mays la promocion faycte, semble quilz viennent de naystre, et commancent soy mōstrer, et apparoistre, desqlz on peut dire le dit du prophete Quis genuit michi istos, qui est celluy qui ma engendre ceulx.

mm ii

Je suys de tous laissee seule et sterile. Et qui m'a telz enfans nourry. Telz prelatz q̃ preferent leurs amys charnelz aux aultres dient de fait et d'oeuure ce qui est escript ou psaultier. Hereditate possideamus sanctuarium dei. Par heritaige possedons le sanctuayre et la dignite de dieu, c'est assauoyr de saincte eglise Et doyuēt bien craindre la malediction q̃ s'ensuyt audit psaulme, laquelle tous beneficies bons et mauluays la donnent, et a eulx et aux aultres, quand ilz oyent le psaulme ou elle est escripte. Deus meus pone illos vtrotā et sicut stipulam ꝛc. Mon dieu metz telz par parentaige beneficies, comme la roe instable et comme la paille deuāt le vent. Icy est a noter vne vision qui fut demōstree a vng legat de saincte eglise, d'ung euesque qui estoyt trop affecte a ses amys charnelz, car tant ost apres la mort de l'euesque, vng matin, le legat s'esueille de son dormir, et voulant prier dieu, ainsi qu'il auoyt de coustume, en la chambre ou estoit, fut mys deuāt luy vng lyt bien et richemēt par dehors pare, enuirōe de belle tapicerie tout entour, auquel p̃ me luy sembloit estoit couche celluy qui estoit trespasse en maniere deuesq̃, et tout entour de luy grād multitude de ses parēs, lesquelz p̃ luy auoyēt este p̃ meuz a grandes dignites, et fort enrichiz, et tout autour du lyt dancoyēt et chantoient chansons douloureuses et piteuses, en disant. Maledicta promocio et exaltacio tua Tu enim es perdicionis nostre causa. Mauldicte soyt ta promocion, et ton esleuement en saincte eglise, car tu es cause de nostre p̃dicion ꝛ dampnacion L'euesque qui estoyt on lit regardoit de toutes pars ainsi ses parens chanter, et leur dōnoit aussi malediction, en disant. Maledicti vos deo. Mauldits soiez vous de dieu, car par vostre ie suys cōdampne ꝛ baille perpetuellemēt on feu d'enfer. Et en disant ces choses leua le cardinal la couuerte du lit qui estoit dor, duql saillit flāme auec fumee trespuāte, et la vision se disparut. Ceste vision fut demonstree audit legat ainsi que l'āge luy dist, af-

fin quil ne fist ainsi a ses parens charnelz, car il deuoit succeder a l'euesque trespasse.

Apres ces choses, vng aultre euesque fort soigneur de promouoir en dignite ses amys charnelz, fut fort malade et habandonne des medicins et iuge a mort, et comme desperant de la sante de son corps, et du salut de son ame, dist a haulte voix a ceulx qui estoyent entour de luy Les medicins m'ont oste et perdu mon corps, et mes amys charnelz mon ame, car ilz sont cause de ma dampnacion. En quoy on voit la retribucion quil eut a la fin, de estre affecte a ses parens charnelz en son viuant. Pareillement sont plusieurs religieux qui faillent souuent en eslisant leurs prelatz, pour ce quilz en suyuēt trop la sensualite ꝛ non pas l'esperit de dieu, et sont plus soigneur de prouueoir au corps que a l'ame Ilz ayment plus vng bon cuysinier, qui scet bien appareiller viandes po' satiffayre a leurs desirs et voluptes charnelles, q̃lz ne font vng bon et deuot homme, qui est pour biē prouueoyr au salut et vtilite des ames, et auec lequel pourront cōduyre et mener bōne vie. Mais comme nonchalans, et non tenans compte de la vie a venir, prenent toutes les consolacions quilz peuuent en ceste presente et briefue vie, et pensent que ainsy on voyse en paradis. Telz sont semblables a ceulx desquelz parle seneque, en disant Aulcuns sont en ce monde qui sont du tout plungez aux voluptes charnelles et mondaynes, et par la longue coustume quilz ont eu en icelles, ne s'en peuuent passer. Et pource a la fin sont tresmeschans, tellement que leurs superfluytes, et ce de quoy ne tenoyēt compte en leurs voluptes leurs sont tresnecessaires a la fin de leurs iours, et a leur vieillesse. A telz on peut applicquer ce qui fut fait a vng bon pere, lequel vne foys print sa refection plus habōdāment quil n'auoit acoustume, auquel le dyable la nupt en suyuāt vint, et des mains tresdoulcemēt luy frotoit et adoulcissoit le ventre, et cōme en soy mocquant de luy dist Il te est bien. Maintenant tu es bien, o ton pere/ maintenant tu es bien. Lequel bon homme entendant que cestoit lennemy qui se mocquoyt de luy fit penitence de lexces quil auoit fait de boire et de menger/ et se estudia apres viure en toute abstinence. Aussi la parole que disoit le dyable au bon pere peut estre appliquee a vng chescun q̃ vit voluptueusement/ et selon le desir du corps en ce monde. Telz pensent pou aux grans maulx qui sont prepares apres ceste vie a ceulx qui ainsi prennent leurs delices en ce monde. Le tiers mal q̃ fait ambicion est/ que souuent par mauluaise cause ceulx quon cognoist estre indignes et aduersaires de ihesucrist sont promeuz aux dignites de leglise/ et en tel cas on pourroyt pl⁹ tost aux personnes q̃ aux eglises/ pl⁹ a lutilite de la personne q̃ a la cõmunaulte Telz ne sont ne prelatz ne clercz de dieu/ mays du mõde. Plusieurs ont grant soing et cure de mectre a leurs maisons officiers vtiles et saiges po² leur proffit/ mais pou de compte tiennent de mectre en leglise de dieu ministres q̃ soyent ydoynes et souffisans car au iourduy dont cest pitie/ a peyne est vne election faicte deuement/ de plat/ ou de ministre de sainte eglise Et touteffois les officiers mõdains sont souuent esleuz par grant conseil et deliberacion. Et qui est encore chose piteuse/ souuent les plus insouffisans/ et qui moins sauent sont prins po² estre en lestat de clergie/ τ pour auoir benefices ecclesiastiques τ cures de ames/ et ne seroyent prins pour estre en lestat mecanique/ ou a aultres telles oeuures po² ce que de necessite il fault q̃ vng oeuurier de quel q̃ mestier q̃ soit apigne ce q̃ apptient au mestier/ aultrement nẽ pourroyt bien oeuurer ce que ne font pas ceulx q̃ entreprennent denseigner les aultres a labourer/ et oeuurer spirituellement Cõme donc telz pourrõt estre excuses par ignorance/ sils sont ainsi promeuz aux dignites et cures de sainte eglise. Bernard. Quelle ignorance pourra excuser celuy qui se confesse et dit et veult estre maystre des enfans/ et docteur des ignorans. Certes quand telz sont promeuz a aulcune charge spirituelle ilz sõt esleuez du dyable sur le pinacle du temple, ausquelz il dit cõme en soy moquãt Si filius dei es. Maintenant toy qui es promeu et nõbre entre les filz de dieu/ et es regarde et veu de ceulx q̃ par auant ne te cognoissoient/ et es veu estre aultre q̃ tu nes/ fay aulcune grant chose de laquelle tu soyes loue/ et soyes glorieux et grant/ et entre les mõdains repute et exaulce. Laisse toy cheoir en bas. Quelle chose est plus ppre au dyable q̃ persuader a vng chescun indigne de dignite ecclesiastique/ se soubzmettre a luy Et veritablement telz se laissent cheoir en bas/ po² ce q̃ seulemẽt quierent en ce mõde richesses/ dignites/ et honneurs/ et tous les iours vont de pis en pis quant a leur ame. Semblablement ceulx qui sont cause de promouoir telz en dignite/ les cõstituent cõme sur le pignon du temple/ et se mectent eulx mesmes/ par la persuasion et cõseil du diable tout bas quãd pour la charnelle affection/ ou aultre cause mauluaise q̃ les aueugle/ se condescendent et se accordent a telle promocion. Ainsi quõ mect vng larron et malfaicteur en leschelle deuant le peuple a sa confusion/ et nõ pas a son honneur/ ainsi est mis celluy q̃ est esleue indignement en sainte eglise. Seneq̃. Bailler dignite a celluy q̃ est indigne/ est chose vituperable et honteuse/ car cõme dit saint gregoire il est de necessite q̃ celluy q̃ preside et est mys en dignite au dessus des aultres/ soigneusement considere q̃l exẽple il donra a ses subgectz/ car autant doyt auoir de vies quil a de subgectz Et pource selon encore saint gregoyre/ celluy ne doyt prendre la charge de mener les aultres en la voye de vertus/ q̃ ne se estudye premier daller deuant par la bonne vye/ et ne doyt prendre de corriger les deffaultz des aultres se luy mesmes les cõmect plus que les aultres. Cest chose bien dure/ que celluy soyt fait iuge de la vie daultruy/ qui ne scet tenir maniere ne acctrempance en la sienne. On voit souuent que les electiõs mesmes des religieux po² ce que la crainte de dieu est myse hors/ le bõ τ digne amy de dieu q̃ estudie a sauluer soy et les aultres/ est reppouue/ et mys derriere Et le larron barrabas/ cest le

m m iii

mauluais et indigne ennemy de dieu q̃ perd soy et les aultres est esleu et mys en dignite. Et pource tous ceulx q̃ sont consentãs a telles elections ou qui promouent iceulx sont coulpables deuant dieu et dyent comme les iuifz ou de fait ou de consentemẽt Non hũc sed barrabam. Nous ne voulõs mie le bõ platibꝰ mais barrabas le mauuais Donc doyuent bien craindre quilz ne soyent alienes et separes de la cõpaignye de ihus le vray sauluer et que leur part ne soyt auec le larron barrabas car certes telz qui sont ainsi esleuz sont plus en ruyne et scãdale aux subgectz que ne sont en releuement et bon exemple. Et par ainsi le leuain des prelatz corrõpt toute la farine des subgectz quia dum caput egrotat cetera mẽbra dolent. Quand le chief est malade tous les aultres mẽbres du corps sen sentent. Et bien sont malades et ne pouuent trouuer guerison car il leur semble q̃lz ayẽt la maladie quon appelle noli me tangere. Et a cause q̃ ceulx qui sur eulx ont auctorite ne leur osent toucher iamais ne seront corrigez de leurs maulx. Helas en plusieurs la queue est faicte du chief cest adire du dernier le premier du disciple le maystre. Et pleust a dieu que ce fust de ihesucrist et non pas du dyable. Et doyuent bien craindre encores ceulx q̃ sont coulpables de telles elections que iustice laq̃lle en telz faitz est laissee ne se plaigne au souuerain iuge et quil ne recoyue ses cõplaites et que par son iugement ne face vengence de telz trãsgresseurs de tout droit et de toute iustice. Souuent on voit aduenir telles choses sur plusieurs et sont tant aueugles que a peyne peuuent cognoistre les deffaultz ne dõt leur viẽnent telz maulx et correctiõs et pource souuent choyent de mal en mal. Le quart mal que faict ambicion est que vng nest pas content dung seul benefice mays de toute sa force sestudie den auoyr plusieurs au preiudice et dõmaige de plusieurs poures clercz qui ont souuent grans pouretez et indigences pource que tel tient les benefices desquelz luy et les aultres pourroyent estre substantes car pour ce il

soustrait les necessites des poures entãt que tout est despẽdu en vanite car la grãt multitude de seruiteurs fait la grant multitude de poures. Et encorez qui pis est aulcunesfois vng qui nest pas ydoyne a seruir vng seul benefice en a et tiẽt plusieurs desquelz il recoyt les distribucions combien que a peine puisse acomplir loffice et le seruice dũg seul A ceulx qui ont plusieurs benefices est dõnee grãt matiere de faire plusieurs deffaultz veu que en telle habondance de benefices sur vne seule persõne le seruice de dieu est fort diminue et toutes aultres oeuures de misericorde et de charite les honneurs et prouffitz des eglises sont tant en spiritualite que en temporalite diminues. Et non obstant que telz ayent aulcune dispensacion de tenir plusieurs benefices toutesfoys nest possible q̃lz puissent auoir dispensacion pour cõmectre plusiurs maulx lesquelz en telles choses se font et sont souuent si grãs q̃lz souffisent a la dãpnacion de la personne et la mectre au feu perpetuel denfer. Et comme dit sainct bernard le dyable meyne bien telz sur vne grãt montaigne ausquelz il demõstre tous les royaulmes du monde et leur gloyre affin que le adourent et se enclinent deuant luy et leur promect de tout dõner. Apres q̃ par auarice ilz ont obtenu la possession de plusieurs benefices adourẽt le dyable luy seruent et luy font honneur et lensuyuent cõme dieu mais a la fin seront auec luy mys en la parfonde fosse denfer Sur ceste matiere de obtenir plusieurs benefices aulcũs exemples sont a noter desquelz le premier est comme guillaume euesque de paris docteur et regent en theologie fit vne connocacion des maistres en theologie estãt en luniuersite de paris ausquelz il proposa question telle cest assauoir se vne personne pouuoyt tenir plusieurs benefices ensemble Laquelle question entre eulx fort disputee et debatue fut concludz que nul ne peut tenir deux benefices ẽsemble se lũg diceulx viẽt a la sõme de xv. liures parisis sans peril de son ame. Tous les docteurs et leuesque concluret cecy excepte deux cest

assauoir maistre philippe chancellier po=
lors de paris, et maistre guyhard qui fut a
pres euesque de cambray. Or ouyons ce q̃
aduint apres dudit maystre philippe. Car
quand vint a lestroyct de la mort, ledit bon
euesque guillaume vint le veoir comme le
bon pastour son ouaille, en le priãt quil ne
voulsist plus soustenir son oppinion de po
uoir tenir plusieurs beneficez, et quil se ac
cordast a la plus saine et meilleure oppini
on des aultres docteurs, et auant sa mort
laissast tous ses benefices excepte vng Le
quel nen voulant rien faire dist, quil vou
loyt auoir experience apres sa mort, se tenir
plusieurs benefices estoit chose dampna=
ble. Et mourant en ceste oppinion, apres
pou de iours, sapparut audit euesque en
forme miserable tresnoyre et orde, auquel
dist que entre les aultres choses, il estoyt
dampne perpetuellement po² ce quil auoit
tenu plusieurs benefices ensemble. Sẽ=
blablement vng grant clerc sapparut a vng
de ses compaignons apres sa mort, auq̃l
il dist q̃l estoit dãpne, seulemẽt po² ce q̃ en
sa vie auoit tenu deux prebãdes ensemble
   Sur ceste question aussi fut interrogue
maistre robert cardinal du sainct siege de
rõme et maistre en theologie a leure quil es
toit pres de sa mort, et respondit. Ie men
voys par mort hors de ceste vie mortelle,
mais ie tiẽs que cest chose dãpnable tenir
plusieurs benefices ensemble Autãt en
dist et en escript pour son oppinion en ses
liures le bon pierre chantre de paris Aus
sy fit maistre girard euesque de chartres,
lequel soustenoit ceste oppiniõ comme pl9
sayne et meilleure, et disoyt. Ie ne voul
droye pour tout lor darabie vne nuyt tenir
deux benefices ensemble, pour la fin incer
tayne qui est en ceste vie mortelle Sur ceste
matiere aussi cõe racõte bernard q̃ estoit pe
nãcier du bõ pape gregoire neufyesme dit
que le pape, auquel on demandoit sil pou
uoit de sa pleyne puissance dispenser aul
cuns de tenir plusieurs benefices ẽsemble
respõdit. Certez nous nen pouõs dispẽ
ser, sinon pour la vexaciõ de ceulx qui les
tiennent. Et par aduẽture le pape le disoit

pource que plusieurs maulx et ineuitables
viennent de telles choses, po² lesquelz fai
re le pape ne peut dispenser, car il ne peut
cõceder ne parmectre faire pechie. Qui est
donc le sage qui oyt telles choses, et apres
se mect en tel dangier Et combien que aul
cuns tiennent vne oppinion, et les aultres
vne aultre, touteffoys selon sainct augu=
stin grãt docteur de leglise, toutes les fois
que aulcun se mect sur incertain et dangier
de cõmectre pechie mortel, peche mortelle
ment. Aussi auiourduy sont plusieurs re=
ligieux qui sont bien diligens dacquerir,
non seulemẽt granges et possessions, mais
aussi eglises et cures, laq̃lle chose nest pas
sans grant dõmaige de leurs ames, et se
exposent a grãs perilz comme de rẽdre cõp
te des ames, pour lesquelles enseigner τ cõ
duyre en bõne vie recoyuent les dismes et
reuenues des eglises. Le cinq̃esme mal
dambicion est que plusieurs iamais ne de
meurent sur le lyeu de leurs benefices q̃lz
tiennent, et touteffoys en recoyuent les pfi
fitz sans quelque labour ou seruice, quilz
facent ausdictes eglises, et sesiouyssent et
vantent quilz ont tant de florins ou dargẽt
a porter sans charge d̃ leurs bũfices, mais
bien se gardent que ce ne soyẽt florins qui
les meynent en enfer, car en vain se vantet
dauoyr benefice, duquel ilz ont tant de pẽ
sion, se pour luy tiens ne sont. Et non ob
stant que telz ayent dispense du pape de
non resider sur le lyeu et destre absentz, tou
teffois ilz nont pas dispense sur les maulx
et pechies qui se font a cause de leur absẽ
ce et negligence. Et pourtant bon leur se
royt, se en enfer po uoyent auoir vng vicay
re, ainsi quilz ont en leurs benefices. Telz
doyuent bien craindre quilz ne facent aps
ceste vie perpetuelle demeure aux tormens
et peynes dẽfer, et par especial les prelatz
et cures qui ont la charge dames, pource q̃
de leur absence sensuyt plus grãt dangier
et peril. Et telz ne sont pas vrays prelatz,
mais de la grand compaignie des mercen
nayres qui ne quierent pas le salut des a
mes, mais seulement les biens temporelz
et lonneur et la reuenue. A telz platz bien

est conuenable ce q̄ dit saint bernard Clerc qui te esiouys aux delices du monde/et men ges les pechiez du peuple/cōme si les tiēs ne te souffisoyent/malediction est pres de toy. Tu te reputes auoir les rentes et reue nues des eglises pour nyant/mays certes en tel cas te seroyt meilleur labourer aux champs/ou demander ta vie pour lamour de dieu. Celuy qui nest soigneur et ne gar de bien ses brebis nest pas digne dauoyr du laict et de la layne/aincoys menge son iugement sans le sauoir. O toy nō sachāt quel plaisir peuz tu prendre aux delicez du monde/quelle delectaciō aux richesses toy qui es aueugle/et deffers tant et si horri ble iugement de dieu/et obliges toy mes mes a rendre si dure raison de toy et daul truy. Et sur ce mot du pphette/peccata po puli mei comedent/Ilz mengeront les pe chiez de mon peuple/dit saint bernard. Ceulx qui tiennent les benefices/deman dent bien la reuenue diceulx/mais ilz nont mye soig de corriger les deffaultz/ne d mō strer bon exemple Trouue vng qui ne soit plus soigneur de vuyder la bource de ses subgectz que de extirper leurs vices et pe chies/ou que par ses oraysons fleiche lyre et indignacion de dieu/ou quil presche les vertus/et deteste les vices Nous parlons dit saint bernard des petis benefices/car aux grans et a plusieurs benefices demeu re plus grief iugement. Ilz se dyent mini stres de dieu et sructa lantecrist Ilz sont honnoures des biens de dieu/et ne luy en rendent graces. Aulcuns sont encores qui laissent leurs propres eglises/et le peuple quilz ont a gouuerner/et seruent aultres eglises/mays pourtant ne sont pas excu sez deuant dieu de la negligence/et en ren dront compte tresestroict a dieu Telz aussi qui ne veullent demeurer en leurs propres eglises/alleguent que en ycelles sont aul cuns rebelles et gros crestiens/ou aultres telles choses/enquoy eulx mesmes se re darguent/pource q̄ en elle ilz voyēt le loup et sen fuyent/et en tel cas/tant pour lutilite du peuple que de leglise deuroyēt plus soi gueusement demourer   Plusieurs aussy religieux sont/qui ont charge de ames/et fuyent leur cloistre comme vne prison/et cō me sathan vont de pays en pays/en estās tousiours vagues et instables/ayans bien pou de crainte que apres leurs piedz ne le soyent liez/et ne soyent mys et gectes aux tenebres exteriores. Les sainctz peres du temps passe laissoyent pour lamour de di eu villes et citez/et queroyēt seulemēt lieux solitaires/disans comme sainct therosme/ la ville ou cite mest comme vne prison/et la solitude comme vng paradis/mays tous vagues laissent les lieux de solitude et de repos/et quierent lieux publicz/cōme sont villes ou chasteaux en vne prison/et les vil les et champs en paradis. Il peut bien es tre dit et escript de telz/ce que vng bon ver sisieur escript dung tel vacabond par ma niere dung epitaphe. Cum fuit in mundo Tant que tel a este au monde/il a vescu en allant par le monde/et le dernier iour de sa vie a este son premier repos.   Le siriesme mal procedāt dambicion est que plusieurs sont/q̄ne craignēt point dabuser des fruitz des bnfices et de aultres biēs ecclesiastiq̄s quilz ont en administracion/et cōuertissent le patrimoyne de ihesucrist/et les biēs des pouures en choses illicites et superflues/ car po[2] labour tant soit vtile quon face en seruant au benefice duq̄l on a charge/oul tre le viure et la vesture/on ne doit riēs prē dre des emolumens et reuenues dudit be nefice/mais le demourant est aux poures. Surquoy dit saint bernard. Combien que aulcun laboure diligenment et fructueuse ment en seruāt son benefice/toutessois des biens dudit benefice/doit estre content a uoir sa vie/et sa vesture/nō pas en orgueil ou en aultre superfluite. Et ne se doyt mye enrichir d tels biēs/ne en faire edissier grā maisons/et ne les doit point dissiper en va nite/ou aultres superfluitez/ne enrichir ne esleuer ses parens/car ce sont les biēs des pouures/ausquelz on les doit donner/aul trement faire/est vne ptie de sacrilege tout euident. Dieu na point ordonne a ceulx q̄ seruent aux eglises querir des biens dicel les/delices/plaisances/ou paremens su perflus/mais seulemēt le viure/et le vestir ainsi que dit la postre/que le nourissement du corps/et non chaudes et delicates viādes/par lesquelles luxure est enflambe/et le vestir par leql on couure son corps/seulement on doit demander. Et dit encore la postre que bien pou sont/qui en telles choses ne quierent leur propre et singulier pfit auec lamour de pecune. Ilz ne peuuent parfaictemēt aymer ihesucrist/pource qlz ont tout leur desir aux biens tēporelz. Regarde dit saint bernard cōme telz sont bien parcs et ournez/enuironnez de toutes varietez comme vne espose qui sault de sa chābre. Ne reputeroyes tu pas vng tel ainsi pare/estre plus tost vne espose/que garde de lespose. Et dont pensez tu quilz ayent toutes telles affluēces/tant en vestemēs/vaisseaulx/et aultres curiositez/sinon de lespose de ihesucrist. Et cest la cause pourquoy elle est ainsi pouure/et laissee toute nue/la face miserable hideuse/sans nul ornemēt. En telle maniere on ne pare pas lespose/mais on la despoylle/on ne la garde pas/mais on la perd/on ne nourrist pas les brebis/mais on les tue τ deuore/ainsi que tesmoigne nostreseigneur en disant Telz sont qui deuorent mon peuple comme le pain. Ilz mengent iob/et destruyent son lieu.

Aussi sont auiourduy plusieurs religieux qui nont point de honte de abuser des biens de leurs monasteres qui veulent ensuyure en leurs vestures le mauluays riche qui estoit vestu de pourpre et delicatement/car ilz veullent estre vestus non pas de vestemens gros/mais des plus delyes quon puisse trouuer/non pas pour oster le froyt/mais pour plus apparoistre par orgueil/et veullent auoir viandes delicates/et exquises/ainsi quauoit le mal riche hōme. Et silz se abstiennent de menger chair mectent toute leur estude a auoir poissons gros et delicatz/ainsi quil est dit daulcuns qui sestudioyent plus en vng bon saulmon quilz ne faisoyent aux liures de salomon. En quoy appert quilz muoyent les delices spūelles/en charnelles. Augustin. Ceulx deffaillēt τ errent fort/lesqlz τ si se abstiennent de menger chair/touteffoys quierent aultres viandes et plus difficiles a preparer/et de plus grant pris. En telle maniere viure nest pas abstinēce/mais plus tost est epitemēt de luxure. Telz nentendent pas que ainsi faisant auec la viande prennent le hauet et le claueau/car de toutes leurs delectacions prinses en ce monde/auront peyne en laultre. Et de tant qlz se sont glorifiez en delices et plaisances tant de torment et de pleur aurōt apres. A la myenne voulēte plusieurs mercenayres τ pastours qui sont plus soigneux de eulx mesmes en leur sante/que de leurs subgectz/qui se condescendēt plus a leurs voluptes q a leurs subgectz en necessite/pensassent a ces ditz Et cest vne cause/pourquoy souuent ces mercenaires sont durement chasties et flagelles de dieu/combiē quilz ne veullent entendre dont procedent telles afflictions.

Ilz se plaignēt biē de la pcussion et flagellacion/mays ilz ne dient riens de la cause dont tout procede/ainsi que on dit communement. Lenfant est batu et se plaint/mais bien se garde dire la cause. Aulcuneffoys aussi par le iuste iugemēt de dieu/telz sont mesmes en leurs necessites laissez des aultres/car ainsi quilz ont faict. ainsi on leur fait. et pleust a dieu que bien lentendissent et que de tout se amendassent Le septiesme mal que fait ambicion. est le mauldit vice de curiosite. qui procede du mal deuant dict. duql tous les seruiteurs de dieu. tant en fait que en vsaige. se doyuent abstenir τ fuyr cōme venin. car tous ceulx qui se estudyent a curiosite. et en veullent vser. demōstrent clairement quilz seruent et viuent au monde. Telz sont ournemens de curiosite au mōde. et au regart de dieu sont blasphemes. Cellup qui veult viure selon la purte de sa conscience. ne se doyt iamays impliquer a telle ordure. car tel vice est moult perilleux. et moult a detester. pour plusieurs choses. Premierement. pource quō perd le temps qui est donne a la creature pour seruir dieu. et le occupe a toute vanite. car le curieux occupe plus de temps inutillement quil nest expedient. qui est vng grāt mal comme vng chescun peut veoyr clerement. Secondement tout ce que faict vng curieux est demonstrance de iactance, et de vayne gloire. O quanteffoys il pense comment se fera bel et playsant au monde, et quantes cogitaciōs a des choses mesmes quil ne fait pas, et desire q̃ les aultres aiẽt grant reputacion de luy. Tiercement aussy curiosite est cause et matiere dorgueil a celuy qui la fait. car le feu dorgueil est nourri en telle huylle et de pl⁹ en pl⁹ en est alume car ainsi que choses rudes et grosses sont nourrissemens de humilite, aussi choses curieuses et belles sont nourrices dorgueil. Quartement cest matiere ⁊ occasion de retraire lame de dieu, car cōme dit sainct gregoyre, de tantique vngchescun se desioinct et separe du souuerain amour de dieu, de tant se delecte et prẽt plus plaisir aux choses basses et mondaines. Quintement en ce faisant, est concupiscence et volupte des yeulx, car toutes curiosite ne vault a aultre chose, excepte que par elle les yeulx de la personne soyẽt assoupiz et ressaisies parquoy lame interiorement en est fort distraycte, et esloignee de dieu. Sextement curiosite est le laz et la ruyne de plusieurs, car en regardãt telles curiosites, plusieurs en peuent estre scandalizes, comme en les regardant par grant delectacion, ou les desirãs et conuoytans, ou detrayãt et mauldisant ceulx qui donnent telles occasions, ausq̃lles on peut prendre tresmauluais exemple Pense donc quanteffois, et en quãtes manieres dieu est offense, aincoy que telle curiosite soit mortiffiee en lame. Or d tou tes telles offenses, celuy qui fait tel oeuure ou ceulx qui sont participans q̃ soit fait, sont en cause du mal et des pechies qui en peuent venir, en quoy on voit quelz maulx viẽnent de telle curiosite. Encore de curiosite vient vng aultre grãt mal, car elle est droyctement contraire a pouurete, et est signe de legierete, de vanite et de inconstance de couraige, et signe euident q̃ orgueil regne encores par dedans. On ne trouue pas ce mal de curioite seulemẽt aux clercz, et aux gens deglise, mais en plusieurs religieux

desquelz aulcuns sont qui laissent et ne tiẽnent compte de la simplesse et humilite des bons anciens peres, et se conforment aux nouelletez des seculiers, lesquelles selon leur estat nullement leur appartiennent, et p̃ telles choses sont ẽtrez p̃ le diable et ses satellites en religion. En ce faisant ilz ne se demoustrent pas estre vrays enfans de religion, mais adulteres pource quilz se despartent de la belle et simple maniere de viure, et trouuent curiositez nouuelles selon leurs plaisirs, et telz sont ministres et seruiteurs du dyable, entant quilz font les oeuures deffẽdues. Saint bernard. Cest merueilles comme la pouure et meschante creature ose si hardyement offenser dieu et sa grande mageste. Je ne scay pment la poul dre et viande a vers ose irriter la grande et excellante mateste de dieu, lequel les montaignes quand il touche les faict fumer, et par vng legier vent les espand et disperse tellement que on ne les pourroit recueillir. Et se pour nulle personne o hōme ne dois estre curieux, par plus fort ne po² toy mesmes, et plus peches quand par ton seur et et propre mouuement, et ta singuliere volente le fais. Par les choses deuantdites apparoist en q̃l peril et dangier est au iour duy lestat des prelatz et des clercz de saincte eglise, et quelz scandalez et persecuciōs pouent par eulx aduenir et estre exites cō tre leglise, car par leurs mauluais exẽples cruellement mectent a mort ihesucrist aux ames des personnes tant que est en eulx, et espandẽt son sang. Saint bernard. Se ihesucrist a espandu ⁊ donne son propre sang pour le prys et redempcion de nos ames, ne te semble il mye que contre luy on esmeut vne plus grande psecucion quãd par maul uayse suggestion et exemple on fait esloygner et diuertir les ames de son amour, lesquelles a rachete en la croix par son precieux sang. Je te prie regarde bien qui sont les seculiers qui se estudient de acquerir si ardẽment les biens temporelz, cōme font plusieurs clercz et gens deglise, qui en vsent tresdesordōneement. Et donc quãd les gens lais et mōdains voyẽt aux clercz rant de oznemens et de superfluites contre leur estat, ne te semble il point que par telles choses soyent plus prouoques a aymer le monde que a le cõtempner. et touteffois les clercz doyuent prouoquer et enseigner les aultres au desprisement du mõde. On leur peut bien dire. O clercz qui preschez contempner et despriser le monde, comme fays tu ce que tu deffendz aux aultres. Ta parole aura pou de efficace. Fay ce que tu dis de parole. La parolle de dieu viue est de grãt effait, voyre plus penetrable aux cueurs des auditeurs, que vng glayue trãchant de deux coustez. Mays au iourduy nest pas ainsi, car les prestres et les gens deglise sont comme le cõmun peuple, Lung et lautre couuoyte les biens du monde, et les ayment et les veulent posseder. Les seculiers en grãt labour, et les clercz sans labour. Les clercz veullent bien participer a la couuoytise et aux richesses des hommes seculiers, et non pas a leur labour z peyne. Ilz veulent bien pecher, et ne veulleent estre corriges, pourquoy on doyt craindre z doubter que apres ne soyent flagelles auec les dyables denfer. Cõment ne despendroyent les gens mondains leur substance en viuãt en toute volupte, mesmes en la psence des prestres. Et comment ne seroyent ilz orgueilleux et esleuez, quand ilz voyent telle desordonnance z elacion aux gens de glise. O vous gens deglise dictes moy, ne abuses vous pas irreueremment des biens des pouures en la presence des seculiers. Du patrimoyne de la croix de ihũcrist, vous nen faictes pas des liures en voz eglises, mais en achetez delicates peaulx, en egresses voz corps, z pares voz cheuaulx. Et veritablement les pierres du santuayre, ce sont les biens de leglise, sont espandus par les places vaynement. Et ainsy que les places sont plus larges que ne sont les charrieres et rues et aultres chemins, pareillement la voye qui meyne a perdicion z dampnacion est plus large, que nest celle q̃ meyne au ciel. Et pource les pierres du sãtuayre, cestassauoir les prestres sont a lentree des larges voyes quand ilz les enseignent au peuple par leurs mauluais exemple, et entant que en eulx est les font cheminer par icelles. En ceste maniere la douleur du chief redonde aux mẽbres, Et bien duenablement crye au iourduy saincte eglise de ses membres. Ecce in pace amaritudo mea amarissima. On temps que ie deuroye auoir paix on voit que mon amertume est moult grande. Certes au iourduy la persecucion de leglise est plus grande et plus griefue que on ne pourroit croire, et par aduenture nestoit pas si grande au cõmancement. En diuerses manieres le dyable a persecute leglise, mais nõ pas si griefuement quelle est au iourduy, car oncques ne fut plus grande perdicion des crestiens ne plus liberale et seure transgression des commandemens de dieu, cõme est on tẽps present Au commancement, leglise fut persecutee par les mauluais et cruelz tirans, en apres par les heretiques, mais maintenant quelle est en sa fleur, elle est persecutee par mouuemẽs illicites et desordõnes Encores ie veulx racõter vng exemple des clercz, et est tel. Envne des senes que font les euesques, fut contraint vng clerc de pscher, lequel fort doubtoyt, quelle matiere pourroyt dignement prescher deuant telle congregacion de si grans prelats. Et ainsi quil estoyt prosterne en oraison, le dyable sapparut a luy, et luy dist. De quoy te soucies tu de prescher deuant ces clercz de glise. Dis leur que le dyable denfer ta dit ainsi, et non aultrement. Le prince denfer salue les princes de leglise. A vous tous rendons grãs graces, car p vostre negligẽce quasi tout le monde vient a nous, et eulx mesmes prelatz, et leurs subgectz, a la fin nous seront presentez. Je te dis ces chosez contre mõ vouloir, disoyt le diable au clerc mais par le commandement de dieu ie suis contraint le te dire. On peut biẽ veoir par lestat de leglise se les choses q̃ ie dis sont vrayes, car sans nulle pparaison les trois grans maulx qui regnẽt au monde, q̃ sont orgueil, auarice, et lurure, sont plus trouues aux prelatz, et aux clercz de leglise que en aultres gens. Considere les grans qui ont a gouuerner le monde quant a la chose publique/comme les grans roys ou aultres contes et barons/et tu ne verras rien en tout leur maintien et apparoir/qui soit tant singulier/exquis et pompeux/comme ont auiourduy les gens deglise. Se tu considerez aussi leur auarice/tu ne trouueras marchant/ou aultre cytoyen seculier tant ardant en auarice côme ilz sont/qui seroyt encore chose a souffrir/silz auoyent apres eulx aulcuns heretiers legitimes/pour lesquelz ilz espargnassent ce quilz acquestent Je ne veulx pas presumer de riens diffinir de leur luxure/si nõ que celluy qui est scrutate des cueurs et de tout la cognoist seulement/de laquelle luxure pour leur abstenir/les deuroit fort espouuanter aulcuns exemples daulcuns clercz/qui ont terminé et finy le vie subitement/et sans prouuoyr de leur fin/en la puanteur/et ordure de ce mauldit pechie/voire mesmes en le cõmectant de fait qui est chose moult abhominable et detestable Et se tu demãdes de leurs viandes et glotonnnie/qui est le nourrissement de luxure/tu trouueras que le cõmun peuple fait vne foys en lan caresme prennent/mais les clercz le font tous les iours Tant plus est grãt feste/tãt pl' fault auoir grant appareil/et plus delicat/car aultrement sembleroit que ne fust feste/se on nestoyt remply de vin et de viandes plus que en vng aultre iour. Jherosme. Comme il soyt ainsi que proprement orgueil appartienne aux dyables/luxure aux bestes/et a uarice aux marchans/cest bien laide chose et monstrueuse quand ces trois vices sont trouues en vng maleureux clerc. On peut aussi trouuer pareil mal en aulcuns religieur/car aulcuneffois le president du monastere est orgueilleur et ambicieux/et se delecte estre par dessus les aultres/et nõ pas proffiter/querãt par toutes voyes cõment en son office pourra demourer/et est souuent habandõne a la cõcupiscence du corps et a querir ses aysses/et a vacquer a delicez et a voluptes Ainsi est il en querãt et en amassant les biens temporelz/et en les trop gardant sans en faire aulcun bien spirituel

Et pource quil a en soy ces troys choses/par lesquelles to' aultres maulx en ce monde naissent/cestassauoyr concupiscence du corps/concupiscence des yeulx/et orgueil de vie/il peut actendre pour retribucion condigne toutes les miseres et meschãceries qui sont preparees aux meschans apres ceste psente vie. Et se aulcun se courrouce a moy de ce que iay longuement escript de lestat des gens deglise et des religieux. Je respondz que tel se monstreroyt estre de ceulx desquelz iay parle. Ilz sont plusieurs qui se courroucent quand verite leur est demonstree et proposee/et quãd ne pouuent aultrement euader/respondent q̃ de telles choses nõt point/et nẽ sont point de conscience. Et en tel cas/la conscience est mauluaise/pource quelle est contrayre a verite et a raison. Surquoy est assauoyr quil ya quatre manieres de pscieñces/cest assauoir deux bonnes/et deux mauluaises La premiere est bonne/tranquille et paisible/et est celle qui punist les pechies passez se garde derechief les cõmectre/de laquelle dit le psalmiste. Beatus vir cui non imputauit donminus peccatum Bieneure est celluy/auquel nostre seigneur na impute nul pechie/car tout ce que dieu ne veult point imputer a la personne/est comme se ne lauoyt fait. La seconde pscience est bõne/combien quelle soit encore troublee/et nõ pas en tranquillite/et est celle q̃ se laue et nectoye de ses deffaultz/nõ pas en doulceur desperit/mais en grande bataille contre la sensualite/tellement que la voye droicte luy semble dure et aspre/comme viure sobrement/longues vigiles/grandes orayfons/aspres vestemens/et dures viandes et touteffoys les acomplist/et se retient de mal pour le frain de la timeur de dieu/et a la fin luy sera de ihesucrist dit aisi que aux apostres Vous estes ceulx q̃ aues demouré et perseueré auec moy en mes temptacions. Et aussi il dit p le psalmiste. Je suys auec celluy/qui pour lamour de moy en ce monde est en tribulacion et peyne. La tierce conscience est mauluaise et troublee/qui ne craint pas tant pechie/comme elle fayt estre trouuee prise en pechie/et craict moyse offendre dieu quelle ne fait la honte de pechie. De la quelle est escript. In operibus manuum suarum comprehensus est peccator. Le peche a este aprehende en ses pechez et en son malfait. Et en vng aultre lieu de telz disoit dauid. Sire emplis leur face de honte et de ignominie/et apres ilz querront ton nom. La quarte conscience est maulvayse et paisible. Et pource elle est souverainement perilleuse/et est celle q̃ ne craint point a offenser dieu/ne scandalizer les hommes. laquelle/quand elle vient au parfond de tout mal/mesprise et contempne tout/et ne tient compte de son salut/et par ainsi elle demeure toute appaisee en pechie. Et quand elle est en tel estat/il nest riens en ce monde qui tant prouoque lyre de dieu et sa vengence/q̃ quand on demeure en pechie et en seurete de pechie/et on ne le veult laisser. Telle est la conscience daulcuns pecheurs/et font tellement mal/que dudit mal on les peut conuaincre par lescripture et par raison/et toutesfois par deffault de la crainte de dieu ilz dient/que de tel mal ne font nulle conscience en cuydant que dieu en les iugat/ensuyue leur oppinion fantastique/et non pas sa vraye et iuste et droicte iustice.

Oraison

O Sire ihesucrist qui resistez aux orgueilleux/et donnez grace aux vrais humbles/donne grace en ce monde et gloire en laultre/a tous ceulx qui humblement/et pour le bien de obedience/ont prins lestat et le gouuernement des dignites de saincte eglise/sans quelque ambicion ou aultre entencion male/resiste aux ambicieux/en mectant vne haye despines en leurs voyes/affin que en icelle ne ayent prosperite/et que ne se delectent estre en dignite et par dessus les aultres ne aussy se esiouyssent en leur singulier honneur/et q̃ puissent estre tellement enlumines/et de grace en leurs cueurs touches/q̃lz layssent le tresmaulvais vice dambicion/et q̃ au temps a venir puissent estre telz/que a la fin de leur vie ayes pitie et mercy de eulx selon ta misericorde Amen.

De ce que nostre seigneur chemina sur la mer. Et quil garda saint pierre de noyer chapitre. lxix.

O⟨n⟩ temps q̃ nostre seigneur prioit en la montaigne tout seul/la nacelle en laquelle estoyent les disciples ou meilleu de la mer estoit fort agitee/et gecte dung lieu en lautre par les flotz de la mer/et pour le vent qui leur estoyt contrayre/et avoyent grant peyne a tirer des rames et des avirons. On peut ycy veoyr/que labsence de ihesucrist est fort a craindre/pource que ceulx sont exposes a diuerses temptacions qui nont auec eulx ihesucrist. En regardant ycy les apostres en si grant peril/ayes compassion de eulx/car ilz sont en angoisse et troubles/pour la grant tempeste en laquelle ilz sont en la mer on temps de nuyct/et sans la compaignie de leur seigneur/et dura tel peril et tel labour depuis le soir iusques pres de toute la nuyt. Et nostre seigneur les voyans des yeulx de sa misericorde ainsi trauailles/descendit de la montaigne enuiron la quarte vigile de la nuyt/et luy cheminant sur la mer approcha deulx. Et sachez que la nuyt est deuisee en quatre parties selon quatre manieres que font ceulx qui veillent/en gardant aulcun siege de ville ou de chasteau/car tousiours de troys heures en troys heures les vngz succedent aux aultres pour veiller. Et selon saint iherosme/les stacions et vigiles de ceulx qui sont en la guerre/sont deuisees en troys espaces de heures. La premiere est/quand tout homme dort fort/et les hommes se taisent et ne dient mot. La seconde est/quand il nest pas heure ne temps de soy leuer/ne de faire aulcun labour. La tierce est quand le coq se esueille et chante. La quarte est celle qui est vng pou deuant le iour/en ceste quarte vigile vint ihesucrist a ses apostres et disciples/en quoy appert/q̃ par toute la nuyt furent en grant peril de estre noyes. Theophile. Nostre seigneur ihesucrist parmist q̃ ses disciples fussent en grant dangier en la mer/affin que apres fussent plus paciens/et pource ne leur ayda pas incontinent/mais par toute la nuyt les laissa estre en peril pour les enseigner que en toute pacience deuoyent actendre son ayde/et non pas en tribulacions au commancemēt de la tribulacion, actendre ayde et secour/ car icy on voyt que ihesucrist fut present a la fin de la tribulacion/et non pas au commancement. Il nous parmect en ce monde estre au meillieu des perilz/affin que en bataillant contre la tribulacion soyōs deuāt luy apres plus esprouues, et aussi/affin q̄ a luy seul recourons qui est puissant de totalement nous deliurer/car quand lentendement humain ne se peut plus prouueoyr ne aider/adonc layde diuin subuient a la p̄sonne. Considere maintenant le doulx ihesus comment luy lasse par longue vigile et oraison/tout seul descend de la montaigne de nuyt tout nudz piedz/chemināt par dessus les pierres/et apres grand compassion de luy. Et quand il approcha de la nef/ les disciples le voyant furent troubles tellement quilz cōmancerent a crier en cuidāt que de luy fust quelque mōstre et fantausmerie/et aulcune apparicion de chose non existante/non ayant vray estre/ou aulcun esperit pour leur vouloyr nuyre. Et pour ce quilz auoient encore petite foy comme il appert/les vouloyt passer/cest adyre quil faisoyt en maniere de les vouloir passer ainsi que apres sa resurrection en cheminant auec ses deux disciples faignoit aller plus loing/pource que de eulx nestoyt pas cogneu/car telles apparicions se font communemēt selō la disposicion interiore de ceulx ausquelz elles sont faictes/Aussi par aulcun petit temps les vouloit passer/affin q̄ la grace dilayee/et non pas si tost donnee leur fust plus aggreable/et leur deliurāce plus doulce/ainsi que deuant les deux disciples se faignoyt aller plus loing/affin q̄ de plus en plus/tousiours en son amoᵘr enflambast leur desir/Mais le doulx et debonnayre seigneur/ne les plus voulāt trauailler/a ce que ne fussent toᵘs absorbes de crainte/et poᵘr ce quil est tousiours pres de ceulx quile inuocquent et appellēt en toute verite/tantost les asseura/et dist. Habete fiduciam. Ayez fiance de vostre libera-

cion contre la desesperacion des tribulacions/car ie suys celluy qui voᵘs deliureray. Nolite timere. Ne doubtez riēs/car ie voᵘs puys de tous perilz deliurer Ainsi comme dit saint iherosme/il ne leur dist pas quil estoyt/pource que par sa voix seulement/laquelle ilz cognoissoyent/le pouuoyent cognoistre/ou aussi affin quilz entendoissent que cestoyt celluy qui par auant auoyt dit a moyse/qui est misit me ad vos. celluy qui est me a enuoye a vous. Crisostome. Les apostres ne cognoissoyent pas la personne de ihesucrist poᵘr les tenebres de la nuyt ausquelles ilz estoyent/mais quand il cōmenca a parler/tantost a sa voix le cogneurent/et furent hors de toute crainte Theophile. Quād les hommes/ou les dyables se efforcēt de nous mouuoyr par crainte/ou aultrement/ouyons ihesucrist qui noᵘs dit. Ego sum nolite timere. Ne craignes riens car ie suys tousiours present comme dieu/ et iamais ie ne passe oultre. Ne perdes pas la foy en moy par aulcuns faulx espouantemens. Adonc saint pierre enflambe de amour a ihesucrist/ne voulant pas actendre quil vint a eulx a la nef ou ilz estoyent. voulut aller au deuāt de luy par dessus leaue/et luy dist. Domine si tu es. Syre se es nostre maistre/commande moy venir a toy par dessus leaue. Comme sil disoyt Commande seullement/et incontinēt les vndes de la mer seront paisibles et fermes/et le corps qui est de soy grief sera faict legier par ta parole. Enquoy appert la tresferuēte foy de sainct pierre/car il creoyt que nostre saulueur et redempteur ihesucrist eust toute puissance/tant en mer que en terre Ihūcrist tant par sa voix/comme en luy tēdant la main/luy accorda quil vint a luy p̄ dessus leaue. Et saint pierre confiant de la grāde puissance de dieu/saillit du bateau en la mer/et commanca a cheminer comme faisoyt ihesucrist sur la mer. Enquoy apparut plus grant miracle que par auant/ pource que ihesucrist ne chemina pas tout seul sur la mer/mais donna aussi a saint pierre puissance de le faire. Et apres sainct pierre voyant venir vng grant et vehement vent/par enfermete humaine/eut paour et doubta vng pou et commancoyt a se noyer vng pou. La foy ardoit en luy, mais humaine efermete le tenoyt on pfond d la mer. Il fut laisse vng pou en temptacio, affin que ne se cuydast estre pareil et esgal a dieu, et par ainsi eust peu cheoyr en orgueil, et a ce aussi que par oraison et priere, sa foy fust augmentee et acreuee, en croyant que seulement pouoit estre deliure de si grant peril par le comandement de ihesucrist, et no aultrement. Et ainsi quil commancoit a se noyer tantost appella ihesucrist a son ayde lequel luy bailla sa main dextre, et le leua, affin quil ne perist en la mer. Et quand il eust mis dedans la nef ou estoyent les aultres apostrez, il luy dist Modice fidei quare dubitasti. O petit de foy pourquoy as tu doubte. La petite foy apparut en sainct pierre, en ce qil ne deuoyt point craindre du vent contraire quil veoyt venir, veu que p le commandement de ihesucrist il auoyt ia chemine sur leaue seurement. Crisostome. Affin q ihucrist demostrast q le peril onql fut saint pierre, pcedoit de la petite foy qil eut et no pas du grat vent q se lieua. Il luy dist Modice fidei. Petit de foy pour quoy as tu doubte. Enquoy il demonstre que le vent ne luy eust peu nuyre sil eust eu en soy ferme foy. Et come dit sainct iherosme, se a saint pierre lequel auec grande fiance auoit prie nostre seigneur, en disant Sire se tu es, comande moy venir a toy sur les eaues, pource quil eust paour luy fut respod modice fidei, que sera il dit a nous qui ne auons pas vne petite partie de ceste petite foy. Apres ihesucrist entra en la nef, et adonc la tempeste cessa. Enquoy est donne a entendre que nostre seig[r] souffre bien que par aulcun temps nous soyons en tribulacion, a ce q nostre force et vertuz soyt approuuee, et a ce que nous cognoyssons nostre enfermete, touteffoys dieu en necessite ne nous laisse poit, mais tousiours est pres de nous. Et tantost par la vertus diuine la nef arriua a la terre, a laqlle ilz alloyent, cestassauoir en la cite de bethsaide. Or ce que dit saint iehan en son euangile/

que les disciples vindrent et arriuerent en capharnaum, nest pas au cotrayre de ce q est dit deuant, pource que ces deux cites capharnaum et bethsaida sont en vng mesme riuaige, et port de mer, et pres lune de lautre, et par aduenture les disciples arriuerent entre les deux cites, car no[us] pouos dire que le meillieu est a la fin de lune et de lautre. Ou aussi on peut dire que le vent les fit venir premier en la cite de caharnaum et puys apres de la vindrent en bethsaide, et par ainsi du desert qui appartient a la cite de bethsaida, onquel ihucrist auoyt repeu le peuple des cinq pains et deux poissons partirent les apostres pour venir en la cite, car entre le desert et la cite/ ya vng estang. Nous lisons plusieurs foys en leuangile que les disciples estans en la mer, furet fort agitez de grands vens et tempestes, mais oncne furet noyez, car tousiours di eu ayde aux syens en leurs tribulacions et affairez, car il la promis, combien quil semble que par aulcun temps il differe. Bernard. En quelque grande tribulacion que tu soyes, ne pense pas que de dieu soyes delaisse, mais remembre toy de ce q est escript, cum ipso sum i tribulacione. Ie suis dit dieu auec celuy q est en tribulacion. Et q pourroit doc la personne demander meilleur a dieu q tribulacio, a ce que tousiours fust auec elle. Cest meilleur estre en tribulacion, que auoir toutes plaisances du monde, mais que ihesucrist soyt auec la personne. Mistiquement la nef ou estoyent les apostres est sainte eglise, laquelle meyne les fortz nauigans a port de salut et no pas les paresseux, et lasches de couraige. Le vent qui leur est contrayre, est le soufflement des maulais hommes ou des dyables. Le labour que eurent les disciples en la mer signifie le labour des bons catholiques en leurs afflictios, lesquelz ihesucrist ne laisse point, a la fin que ne les console, combie q par aulcune espace de temps les layse en affliction. Moralement la mer est le monde, la nacelle est penitence, ou la croix de ihesucrist, pource que penitence q est vne participacion de la croix de ihesu crist ne contient que les bons disciples by celluy. Jhesus nest pas en la nacelle, car penitence a telle vertus, quelle a surmonte toutes les eaues de concupiscence. Cest selon saint Therosme la seconde table apres le peril et le dangier de noyer, sans laquelle nul ne peut venir au port de salut. Aussy on peut dire que la nacelle est le corps humain, onquel lame est dedans come le marinier dedans la nef, laquelle est souuent agitee et trauaillee par les flotz des passions de pre et de concupiscence & aultres q̃ entrent par les organes corporelz, en telle maniere que souuent elle est en grant peril destre noyee en icelle, pource que souuent le mouuement de la passion subuertist et empesche le vray iugement de raison. Mays ihesucrist vient a la quarte vigile, laquelle est terminee et finee en la lumiere du matin et apporte en lame grande trasquillite, car quãd elle esliue ses yeulx a la clarte de la souueraine lumiere limpetuosite des passions se meindrent, et ne sont pas si fortes. Le peuple sen esmerueille pour ce quilz nõt point experience de telle transquillite, car ilz sont trop occupes enuers les choses variables de ce monde. Sainct Pierre cheminãt sur leaue, leaue ne luy fit nul mal, mais seulement le vent, lequel a peyne le noya en la mer, ainsi est il des hommes qui cheminent sur les eaues de ce monde par contempnement des richesses ilz ne souffrẽt nul mal mais sont fort tempestes par le vent de elacion, et pource doyuent fort craindre ceulx qui sont en religion ou en estroicte penitence, et qui ont laisse le monde pour seruir a dieu quilz ne soyent surprins, et agitez du vent dorgueil par le q̃l pourroyẽt estre noyes et en grant peril de corps et de ame. Et pource il fut dit au premier home qil auroit puissãce et seigneurie sur toutes les choses qui se mouuent sur la terre. On voyt y cy trops miracles, cestassauoir le cheminement sur la mer, le despartement subit de toute la tempeste, et aussi comment la nef q̃ estoit loing de la terre fut incõtinẽt menee au port, affin que par ce apprenons que les

bons catholiques, ausquelz ihesucrist habite par grace, ne tiẽnent compte des flotz de tribulacion, et par ainsi legierement viennent et arriuent en la terre des viuans et de promission. Augustin. Considere bien diligemment que ce monde present est comme la mer, son grand vent, et sa tempeste est la cupidite de vng chescun. Aymes tu dieu, tu chemines sur la mer, et soubz tes piedz est la timeur du monde. Aymes tu le siecle, il te noyera, car il ne scet q̃ noyer ses amoureux, et non pas les porter. Mays quand par cupidite ou aultre passion desordonnee ton cueur est agite et trouble, a ce que tu vainques, et que soyes maystre de telle temptaciõ appelle ihesucrist a ton ayde, esforce toy de marcher sur le monde par contempnement, en ayant grant fiance en ihesucrist. Et sil auient que ton pied ne soyt pas encore ferme, et que tu ne ayes pas encores suppedite toute leaue, et tu commances en ycelle te noyer, dis a ihũ crist. Sire ie peris, ayde moy deliure moy affin que ie ne perisse. Certes celluy seulement te peut deliurer de tout dangier de mort, qui pour toy en la croix est mort, cest le doulx ihesus. Bede. Ce nest pas de merueille se le vent cessa quãd ihesucrist entra en la nacelle, car en quelque cueur quil habite par grace et par son amour sans q̃l que demeure, toutes les batailles, et aduersitez du monde et des ennemys denfer sont pacifieez, et nõt point de force on cueur enflambe de lamour de dieu. Et selon theophile, se nou[s] voulõs receuoir ihũ crist en la nacelle de nr̃e cueur pour habiter, et pour y demourer, tantost nous nous trouuerons en la terre, en laquelle nous voulons aller cestassauoir on ciel. Et quand ihesucrist et ses disciples eurent passe la mer ilz vindrent et arriuerent en la terre de Genasareth, ainsi appellee, pour le lact de mer qui est pres. Et ceulx qui demouroyent et habitoyent au pays, cogneurent bien ihesucrist aulcuns par sa renõmee, les aultres par ce qilz lauoyent aultreffois veu. Et firẽt q̃rir diligentement tous les malades du pays, et les ameneront a ihesucrist a ce que au moins peussent toucher son vestement sachant que totalement leur pouoir donner sante tant corporelle que spüelle. Crisostome. Nous crestiens ne auons pas seulemēt le vestement de ihesucrist pour nous donner sante, mais aussi son precieux corps, z sang pour nous donner refection spüelle. Se donc ceulx q seulement touchoient son vestement, receuoyent de luy si grāde sante, par plus fort ceulx q le recoyuēt tout au sainct sacrement de lautel de luy recoyuent tout bien. Les gens de cellupais auoyent grande foy en ihesucrist entant que ne stoyent pas seulement contens du salut et sante de ceulx de leur pais, mais aussi inuitoyent les aultres de la entour pour venir au vray medicin ihesus, pour receuoir toute sante. Or le roy herode qui auoit faict decoller sainct iehan baptiste ouyt la renomee de ihesucrist, cest assauoir de sa doctrine et de ses miracles, en telle maniere que luy et plusieurs aultres sen esmeruilloyēt en disant, quil estoyt sainct iehan resuscite de mort, et eust de dieu obtenu grace dit theophile de faire miracles. Et sans nulle doubte bien fut resuscite de mort quand il passa par la mort corporele de ce miserable monde a la vie eternelle selon lesperit.

Moralement par les choses deuant dictes est demonstre q ceulx qui sont resuscites de la mort de coulpe et peche doyuent faire plus grands oeuures de bonnes vertus qlz ne faisoient p auant, pour demonstrer que de leur resurrection de vice a vertus sont bien tenus a dieu. Moralemēt aussi cellupy decole sainct iehan qui oste le bon propos qa aulcun de bien faire, ou q tue son bon propos par negligēce. Le roy herode desiroyt souuent et queroit la maniere cōment il pourroit veoir ihesucrist, et le faisoit plus par curiosite de veoir ses miracles que p deuocion quil eust en luy, z affin quil peust cognoistre se sestoit sainct iehan pour le mectre a mort vne aultre foys. Par ce roy herode sont signifies les curieux qui quierēt voyr et ouyr les faitz merueilleux des aultres, mais pour tāt ne les veulent pas ensuyuir. Iherode craignoit z doubtoit fort sainct iehan quād il estoit en vie tout poure et tout nu, et encores le craignoit plus quand il le eust faict decoller et quil fust mort. Crisostome. Lexcellence et force de vertus est si grande q mesmes aps la mort dicelluy en q elle estoit, elle est plus imprimee aux cueurs d ceulx q viuēt, mais mauluaistie est debile que se mesmes elle estoyt honnoree des roys, et aidee de tout le peuple, et de toute la puissance du mōde, elle fait tous ceulx ausquelz elle habite plus frailes et debiles que toutes aultres choses crees, car tous pecheurs tousiours sont en crainte, car peche trahist et cōdempne son facteur sans quelcōque accusateur ou repreneur, et le rēd craintif z paresseux

Oraison

Sire ihūcrist tresdebōnaire, te plaise de entrer en la nacelle de mon cueur, et appaiser les vētz dorgueil et les tempestes des aultres vices a ce que p nul vēt de temptaciō ne soye subuerti ou noye p les vndes dicelle. Donne moy conseil en toute turbacion, aide en pseculion, soulas et cōfort en tribulacion, force en aduersite, vertus contre toute aultre temptacion. Deliure moy de toutes les tēpestes de la mer terrible de ce monde, z me maine au riuage de toute tranquilite z repos, en me donnāt pour le present la paix temporelle et spüelle, et apres ceste vie celle qui est eternelle Amen.

Des parolles de nostre seigneur pour lesquelles aulcuns se partirent de sa compaignie. Chapitre lxx.

Le iour apres que ihūcrist se fust departi du desert z passe la mer pour venir a la terre de genaza reth le peuple, lequel il auoyt refectionne des cinq pains z deux poissons, ne le trouuēt point au lieu ou il auoyt fait le miracle entrerent aux nacelles et aux nefz q estoyent venu de la cite de tyberiade q est pres du desert, et en icelle vindrent et arri

nn i

uerẽt en la cité de capharnaü et la trouerẽt ihesucrist duquel se esmerueilloyent comment il estoit la venu/pour ce quilz nauoiẽt veu q̃ vne seule nacelle en laquelle les disciples estoient entres sans luy/et ceste admiracion luy dirent. Sire qui ta amene pcy/et quãd y es tu venu/car tu ne es pas entre en la nacelle ou estoyent les appostres/ne en vne aultre. Et respondit nõ pas a la question quilz faisoient mais a leur intencion/Je vous ditz que combien que vous voꝰ monstres deuotz/touteffoys aulcuns de vous et si non tous me suyues non pas pour les signes que vous aues veuz par les quelz vous voulies croire en moy/mais seulemẽt pource q̃ vous aues mẽge des pains miraculeux/et poꝛ la refection vous me queres et non pas pour lamour de moy a ce q̃ poꝛ acquerir voſtre vie ne vous faille plus labourer/ne en auoir soing. Pense maintenant de quelle doulceur furẽt les pains/cõbien quilz fussent de orge/veu que tout le peuple fust esmeu de ainsi querir soigneusement ihūcrist. Et ce ne estoit pas de merueille/car toute deulceur pcedoit du proui seur et dispensateur de telz pains. Auiourduy plusieurs sont qui ainsi querent ihesu crist non pas pour lamour de luy/mais affin quil leur donne des biens temporelz et quilz ayent leur pain cuyt/et ne ayent plus de p aine entrẽt en religion/a telz noſtre seigueur dit. Plusieurs de vous sont qui me quierent pour ãbicion et desir de benefices de auoir plusieurs prebẽdes et messes/ou pour aultres choses/non pas poꝛ les faitz et operacions que aues veuz aux q̃lz vous me deuries ensuyuir/mais pource que des reuenues et oblacions de lesglise voꝰ aues menge/et touteffois nẽ estes pas saoules me queres pour plus en auoir. Gregoyre. Le peuple auoit este tout refectionne des cincq pains/en la personne des q̃lz noſtre seigneur detreste ceulx qui sont en saincte esglise/qui par les sainctz oꝛdꝛes aprochent de luy et ne quierent pas le merite des vertus/mais seulement tout ce que fault poūr auoir leurs aises en ce mõde/et ne pensent point celluy quilz doyuẽt ensuyuir en leur vie/mays seulement ce quilz pourront prẽdꝛe du patrimoine du crucify. Prendꝛe les sainctz oꝛdꝛes de lesglise pour seulement a uoir la vie tẽpoꝛelle et non pas pour auoir et acquerir vertꝰ et querir et ensuyure ihesucrist cõme faysoient ceulx qui auoiẽt este saoules des pains doꝛge. Et pareillement font ceulx qui entrent en religion/non pas pour acquerir bonnes meurs/mais pour a uoir leꝛ vie sans paine et sans labour. Cri sostome Aprenõs ensuyure ihesucrist/non pas poꝛ obtenir de luy les chosez sensibles et mondaines/a ce que ne nous reprouche ce quil disoit aux iuifs vous me queres nõ pas pour les signes que vous aues veuz/ mais pource q̃ vous aues este saoules des pains. Oꝛ il ne fait pas telz signes ptinuel lement/mais les feist vne foys /pour nous enseigner q̃ nous ne deuõs pas touſiours penser du ventre/ne de la vie tempoꝛelle/ mais denõs touſioꝛs sans cesser labourer pour la spirituelle en querant le vray pain celeste/en mectant de nous hoꝛs tout soing de la vie tempoꝛelle. Augustin. O que sont plusieurs qui ne quierent ihesucrist si non quil leur face du bien en ceſte vie. Aulcuns sont qui ont grandz affaires/et pource ilz prient le cliergie pour eulx/les aultres sont affliges de plus puissans que eulr et affin quilz soyent aides courent a lesglise/les aultres voulent que pour eulx mesmes on prie dieu pource que ne le peult faire eulr mesmes. Tous les iours sainte esglise est play ne de telz/mais apaine y est trouue aulcun qui quiere ihesucrist pour lamour de luy. Car comme dit bede/ceulx qui quierent et demandẽt en leurs oraisons a dieu les choses tempoꝛelles/et non pas les spirituelles quierent ihesucrist non pas pour son amoꝛ seulemẽt/mais pour aultre chose Et poꝛ ce que le peuple suyuoit ihesucrist seulemẽt pour auoir la viande coꝛpoꝛelle les exhoꝛte faire oeuures meritoires/a ce que par icelles soient refectiõnes spirituellemẽt/et leur disoyt. Queres par bonnes operacions p les quelles vous ayes merite la viande q̃ demeure en la vie eternelle/et non pas celle qui est seulemẽt coꝛpoꝛelle. Celluy quiert la viande non proffitable quant aux biens spirituelz, les raporte et faict par intencion pour gayn temporel. Mais celluy quiert la viande q̃ demeure en la vie eternele q̃ adroisse par intencion droicte tous ses labours corporelz aux spirituelz et q̃ appartiennent a lame. Et pource gardons q̃ en ce monde nostre principal estude et labour soyt querir la viande q̃ maine a la vie pardurable, c'est assauoir les biens spirituelz, car nostre principale intencion ne doyt pas estre seulement querir les biens temporelz, mais les deuons procurer et querir pour la sustentacion du corps en ceste vie presente. Come se Ihesucrist disoyt selon Crisostome. Vous queres seulement la viande q̃ appartient au corps, j'ay nourry vous corps, affin q̃ par ce vous demandasses la viande qui donne a la fin la viande eternelle, et non pas temporelle. Et pource q̃ sont aulcuns qui sans rien faire veulent auoir en toutes delices leur vie en ce monde, a telz on doyt mectre au deuant ce q̃ dit sainct Paul, c'est assauoir q̃ on doit en ce monde labourer non seulement pour auoir la vie, mays auecques ce affin q̃ on puisse secourir et aider a la necessite du prochain. Et combien q̃ sainct Paul fust bien occupe enuers les choses spirituelles, toutesfois luy demourant auec les corinthies faisoyt oeuures manuelles pour acquerir sa vie, et pour ayder aux aultres. En ce que Ihesucrist dit que on ne doyt point ouurer pour acquerir la viande qui perist, ne demonstre pas que on doyue estre oyseux, mais quil fault viure et aider aux aultres, et en ce est la viande q̃ ne perist point, car celle q̃ perist est quant on est affectionné aux choses de ce monde. Ihesucrist donc disoit ces choses au peuple, pour ce q'il veoyt q̃ en luy ne auoyent foy, mais seulement vouloyent remplir leur ventre sans rien faire, et tellement viure est bien appeller la viande q̃ perist. Mais le filz de l'ome est tout pres de vous donner la viande q̃ demoure tous iours, car pour ce il est venu en ce monde et enuoye de dieu son pere, lequel specialement a institue et enuoye au monde pour donner vie eternelle a ceulx q̃ croyront en luy. Il demonstre aussi q'il est ceste viande come sera tantost

dit. Faisons doncques les oeuures q̃ luy sont plaisantes et acceptables a ce q̃ de luy puissions obtenir la viande spirituelle, laquelle ne peut perir, q̃ sera quant par vraye foy et bonnes oeuures serons vnys a Ihesucrist, et quand nous desirerons qu'il soyt la vraye viande de nostre ame, et q̃ se donne a nous par sa grace en y demourant perpetuellement. Il est la viande de laquelle viuent les anges en paradis et qui demeure en la vie eternelle. Mais les iuifz come ingratz de la viande q'il leur auoyt donnee preferoient la manne q̃ leurs peres auoient mangé au desert en disant. Nous peres ont mangé la manne au desert, come il est escript en la bible que dieu leur donna a menger du pain du ciel, come se ilz disoyent a Ihesucrist. Tu ne as point encores fait choses semblables a moyse, lequel obtinst de dieu la manne de laquelle les enfans de Israel furent au desert nourris quarante ans. Tu ne nous as repeuz seullement vne seule foyz du pain dorge. Augustin. Les iuifz consideroyent fort quelles choses auoyt faict moyse par auant, et encores vouloyent veoyr que Ihesucrist eust fait plus grandes choses, ausquelz il respondit. Au desert moyse vous donna le pain, par lequel estoyt signifie le vray pain q̃ descend du ciel, car la manne estoit formee en l'aer, mais maintenant mon pere vous donnera le pain du ciel vray lequel pain q̃ les peres mangerent au desert signifioient, ycy n'est pas distingue le vray contre le faulx, pource que la manne estoyt vray pain, et non pas faulx, combien q̃ elle fust figure du vray pain, et pource n'estoyt pas vray proprement en tant q̃ ce estoyt figure du vray pain spirituel q̃ est donne ou fait sacrement de l'autel, le pain de quoy est soustenu le corps ne donne pas la vie, mays faict q̃ le corps ne deffaille par aulcun temps, mais le pain spirituel donne la vie en tant q̃ lame commance viure spirituellement quand par affection elle se ioinct au verbe eternel de dieu, et pource principalement le filz de dieu qui est Ihesucrist est dit pain de vie, ainsi que luy mesmes dit. Ego sum panis vite. Je suis le pain qui donne la vie spirituelle en lame par ma diuinite, et suis descendu

n ii ii

du ciel par mon humanite/ou q̃l se aulcun en menge dignement,ne mourra point de mort de ame,mais viura non seulement de vie de grace en ce monde, mais de vie pourable sans fin en paradis. En cecy quil y a differéce entre ce vray pain et la manne, de laquelle mengerent ceulx ausquelz ihucrist parloyt, lesquelz sont mors de mort de ame, pource q̃ seulement auoyent leur entendement a ce quilz veoyent des yeulx corporelz. Mais les iustes qui nestoiẽt pas semblables a ceulx d deuãt,ne sont pas mors selon lame par la viande visible, ilz entendoyent la viande spirituelle, laquelle auoit quãt aux deuotz toute delectaciõ de doulceur, et aux maulais estoit cõme vne viãde sans saueur. Pareillement le sainct sacrement de lautel est a ceulx qui dignement le recoiuent, toute consolacion de vie spũelle et aux indignes est leur iugemẽt. Et entre les aultres choses ihucrist leur dit paroles spũelles de son pcieux corps et sang z dist. Panis quem ego dabo zc. Le pain que ie dõneray comme souuerain prestre/ a ceulx qui le mengeront sacramentelemẽt et spirituellement, ou aumoins spirituellemẽt est mon corps et ma chair musse soubz lespece de pain pour suffisante vie poᵘ tout le monde,et sil na son effect en aulcũs, cest pour leurs vices z pechez. Et si vous dis que se vous ne aues en ce monde mẽge la chair du filz de lõme, et beu son sang, voᵘ ne aurez point en voᵘ vie de grace en ce mõde, et de gloire en lautre, car la deite est au corps de ihucrist vnie, laquelle donne vie spũelle a lame. Et encore dit qui mẽge ma chair et boyt mon sang, ainsi quil doit, cest assauoyr nõ seulement sacramentalement, mais auec ce spũellement a le cõmancement de la vie eternelle qui viuifie lame ppetuellemẽt. Caro mea vere est cibus. Ma chair est la vraie viãde en tant quelle est vnie au verbe eternel de dieu qui est la viande de laquelle viuent les anges, et mon sang est le vray boire tout pur z purifiãt. Et plusieᵘs aultres belles choses leur dit sur ceste matiere. Et apres exposa cõme nous deuons entendre ses paroles en disant. Celluy q̃

mẽge ma chair, cest a dire qui croit en moy par vraye foy ioincte a charite et boyt mon sang cõme chose spũelle, demoure en moy p conformacion de vie z moy en luy p inhabitacion d grace. Augustin. Croyre en ihucrist nest aultre chose q̃ en le croiant luy amer aller a luy, z estre incorpore en ses mẽbres. La vraye foy q̃ dieu demande a nous est celle qui faict faire bonnes oeuures poᵘ lamour de luy. Donc croyre en luy est mẽger la viande q̃ est pmanente en la vie eternelle, et poᵘ quoy appareilles tu les dens et le ventre a ceste viande. Croys p vraye foy a luy, et tu le as mẽge. Or celluy boyt et mẽge sacramẽtelemẽt ceste viande q̃ la prent seulement sacramẽtelemẽt, z celluy la prẽt spũelemẽt q̃ p affectiõ a taint iusq̃s a la chose du sacrement. Laq̃lle est en double maniere, lune est signifiee z cõtenue en icelluy, cest ihucrist tout entier contenu soubz lespece de pain z de vin. Lautre est la chose signifiee et nõ pas contenue, cest le corps mistique de ihucrist, lequel appartient aux pre destines appellez et iustifiez. La chair de ihucrist est en double maniere, cest assauoir la spũelle qui est le saincte glise, z la materielle, quil prinst en la glorieuse vierge marie. Par quoy appert q̃ la mãducaciõ ce fait aussi en double maniere, cest assauoyr spũellemẽt quand aulcun se vinst par amour a saincte eglise, et sacramentellement quãd on recoyt le corps et le sang de ihucrist ou sainct sacremẽt de lautel. Et pource le pain consacre est le sacrement du corps ihesucrist, lequel est saincte eglise, et quil prinst en la glorieuse vierge marie. Et quand il disoyt ces choses en la synagogue qui estoyt le lyeu cõmun poᵘ enseigner les aultres, z en la cite d capharnaum cite principale de galilee pour demõstrer que sa doctrine et enseignemẽt estoyt tout cler et cõmun, a toᵘ veritable sans q̃lque decepciõ, et aussi pour notifier la grãde charite quil auoit au salut de la creature aulcũ des disciples, cest assauoyr de ceulx que le ensuyuoyent murmuroyent secretement aux aultres disciples, poᵘ ce quilz entendoyent tout ce quil auoyt dit charnelle

ment et non spirituellement et disoyent. Durus est hic sermo Ce que dit cestuy homme est bien dur et fort a entendre. Et q́ est celluy qui peust faire z acomplir ce qui dit Et comme dit sainct augustin. Ihesucrist par dispēsacion permist que ainsi murmurassent pour bailler cause de pacience z de consolacion a ceulx qui bien enseigneroyent les aultres, p̄tre les mauluais q́ vouldroyent murmurer p̄tre leur doctrine quād ilz voyent que mesmes les disciples presumerent de detraire contre les parolles de Ihesucrist leur maistre. Or cognoissant Ihesucrist que ses disciples secretement murmuroyent monstra clerement ce que les mouuoit et de quoy auoyent este scandalises se touteffoys le pouoient entendre car quād il parloit d́ sa chair ilz entēdoient grossement cōme la chair que est mengee des vers, ou telle que est vendue a la boucherie, mais quād il leur disoit quil deuoyt mōter aux cieulx tout entier, tout cler estoit quil entendoit tout ce quil leur disoit spirituellement, et de la spirituelle māducacion et non pas de la charnelle. Quand vous verres disoyt il le filz de lomme monter on ciel la ou il estoit par auant quil prinst en la vierge chair humaine, vous entendes que son corps n'est pas consumme ne dilacere cōme grossemēt vous lentēdes. Augustin Le filz de lomme c'est nostre seigneur ihesucrist commenca estre en ce monde quand il prinst nostre humanite en la vierge marie en la q̄lle il prinst sa chair de la terre. Que veult donc dire ce quil dit, quand vous verres le filz de lomme monter la ou il estoyt p̄ auant, si non nous donner a entendre que en ihesucrist qui est dieu et homme est vne seule personne, et non pas deux et que nostre foy soit fondee en trinite et non pas en quaternite. Theophile Ne penses pas q́ le corps de ihesucrist soit descendu du ciel mais que en luy est vne mesme chose estre filz de dieu et de lōme. Apres il dist que lesperit, c'est a dire lentendement spirituel est cellui qui viuifie en la vie sp̄uelle, mais le corps ne proffite riens sans lesperit, cōme sil disoyt, mes parolles entēdues selon le sens charnel ne prouffitent riens a la personne, mais plus tost nuysent, la q̄lle chose il demonstre en disant Les parolles que ie vous ay dictes pour vostre vtilite de mēger mon corps, et de boyre mon sang ont en elles entendemēt spirituel, et on les doit entendre spirituellemēt, et non pas charnellement, et selon la lectre dōnent a lame vie spirituelle, car ainsi que la paille musse le forment, peillemēt soubz la lectre est mussé le sens spirituel. Et par ce quil disoyt vouloyt donner a entendre que ceulx qui mēgeroyent sa chair, et beuuroyent son sang demouroyēt en luy par amour, et luy en eulx par quoy plusieurs des disciples qui sembloyent le suyure, et non pas entendre sa doctrine, laisserent sa compaignie et sen allerent. Et adōcques il dist aux douze qui demouroyent auec luy. Et vous q́ iay specialement ēsleuz p̄ deuant les aultres vo[us] en voules vous aler apres eulx. Il ne leur demandoyt pas cōme ignorant, mais pour demonstrer q́l se pouoyt bien passer deulx pource il myst en leurs voulente se ilz sen vouloyent aler auec les aultres. Et sainct pierre qui estoit le principal des aultres et le plus ferme et prompt a interroguer ihesucrist, et a luy respondre par grand ferueur de charite pour luy et po[ur] les aultres respondit. De quoy dit crisostome Sainct pierre qui estoit amoureux de tous ses freres, et garde de toute amystie respondit a ihesucrist pour tout le sainct college. Vn̄e ad quē ibimus. Sire a qui irons nous. Ceste parolle fust demonstrāce de grand amystie, en tant que ihesucrist leur estoyt plus honnorable que nestoyent leurs peres et leurs meres. Et pource ilz pouoyent dire cōme sainct augustin. Si nos repellis a te da nobis alterum te quē sequemur. Se tu nous iectes hors de ta compaignie donne nous vng aultre tel que toy le quel no[us] en suyurons. Tu as les parolles d́ vie eternelle, c'est adire que p̄mectent la vie eternelle et qui mainent a ycelle. Moyse et les aultres prophetes auoyent bien les parolles

de dieu mais a peine on trouue aulcun qui ait eu les parolles de la vie eternelle si nõ nostre seigneur ihesucrist qui la promectoyt de faict. Et pource que voulons nous que rir plus grand que toy. Dieu est demonstree en la response que fit sainct pierre a ihesucrist la vraye profession de la foy quãd il dit. De tout nostre cueur nous croyons et par la vertuz de tes signes cognoissons que tu es crist quãd a ton humanite/en laquelle tu as este oingt de lunction de la deite cõme roy et prestre toy qui es selon la diuinite vray filz naturel de dieu le pere/et par consequent esgal a luy en nature et en puissance. Cest a dire selon sainct augustin que ihesucrist est celle vie eternelle/et pource il ne donne en son corps et en son sang fors ce quil est/cest assauoyr la vie eternelle. Nostre seigneur entend icy par son corps et par son sang la compaignie des bons catholiques vnie en son corps qui est leglise/ pource que tous les iours elle donne refection a ceulx quelle recoyt et par parolle/ et par bon exemple refectionne lung et lau tre iusques a ce que on vienne en paradis la ou on aura pleine saciete de tous biens. Et pour ce disoyt ihesucrist a sainct pierre. Refectiõne mes ouailles. Or saincte eglise est dicte le corps et le sang de ihucrist pource quelle vist de lesperit de ihesucrist/ en tant quelle est vnie par foy/et par sacremens a lincarnacion du verbe/car ainsy que le corps dung chescun homme vist de son esperit et de son ame/pareillemẽt les ames des bons catholiques viuent du sainct esperit. Aussi la conformite et vnite qui est en tre ihesucrist et eglise est appellee le corps et le sang de ihesucrist/ pource que cest le propre effect de lincarnacion du verbe/ et la cause finale de sa passion. Augustin. Ihesucrist par la manducacion de son corps et de son sang veult donner a entendre que cest la compaignie de ses membres qui sont en saincte eglise. Et pource quil prend le mistere de vnite et de paix/et ne le tient en soy ne aux aultres ne prent pas a son salut tel mistere/mais côme pour tesmoignage cou

tre soy. Doncmenger ceste viande et boire ce bruuaige nest aultre chose que demourer par vnite desprit en ihũcrist/ et le auoir demou rant auec soy. Par quoy appert que cellui quine demoure par vnite en ihesucrist/ et on quel ihesucrist ne demeure par grace ne menge pas spirituellemẽt le corps et le sãg de ihesucrist. combien qui le preignent sacramentelement soubz les especes de pain et de vin/et po² ce en telle maniere il le prẽt a son iugement et dampnacion. Le vray signe doncques de la manducacion spirituelle du corps et du sang de ihucrist est quãd la personne est par amour vnie a luy/ et quãd il habite en elle par grace. Nous demourons auec luy quãd nous sommes par bõne vnion ses membres/ et il demeure en no² quand nous sommes son temple. Et pour ce de toute nostre pouoir aymõs vraye vnite en ihũcrist et en ses membres/ et gardõs bien en estre separes par mal. Or tout ce que nostre seigneur ihesus a dit cy deuant de son corps et de son sang est pour no² monstrer que ne le deuons pas seulement prendre sacramentelement/ainsi que font plusieurs mauluais/mays auec telle deuociõ que nostre esperit y ayt participacion/ et cõme vrays membres demourons par vnite en son corps a ce que par son sainct esperit nous viuifie et enforce en tous biens. Aulcuns docteurs exposent aulcunez choses par ticulieres des choses dessus dictes du sacre ment de lautel/touteffoyz pour en parler au long fault regarder le chapitre de linstitucion du sainct sacrement.

Oraison.

Sire ihesucrist qui es souffisant salut des ames/donne moy que seulement te puisse desirer/ et en te desirant querir pour toy seulement/et nõ pour aultre chose/ et en te querant trouuer/en te trouuãt tenir/ en te tenant aymer/ en te aymant mes pechez racheter/ et en les rachetant ne les plus commectre. Je te prie sire enlumine mon cueur de la lumiere de ta di uine grace a ce que en toutes mes voies te aye mon ducteur, et que tous iours te craigne et ayme qui es deuant toutes choses et sur toutes, et que en toutes choses face ta voulente, en ne me despartant iamays de toy, car tu es celluy qui pour tous es souffisans, et qui prometz la vie eternelle, a laql le p ta grande misericorde me vueilles mener Amen.

Du passement de ihesucrist, et de ses disciples par les champs ou estoyent les bles. Chapitre lxxi.

Ung iour de feste apres aduint q ihesucrist et ses disciples passoyent par les champs ou estoyent les bles pres de cuillir, et les disciples pour la faim quilz auoyent prenoyent les espicz de ble, et les frotoyent et pressoyent entre leur mains et mengoyent les grains par deffault daultre viande pour auoyr vng pou de confort otre le faim. On voyt icy les grads appareilz et viades des apostres cestoyent grains, car ilz estoyent les columbes, ausquelles appartient menger les grains de ble. Les apostres auoient faim tant par pouurete q par limportunite du peuple q les suyuoit. En quoy est signifie q les prescheurs et prelatz, d leglise doyuent auoyr soing et cure du salut des ames plus q de la viande corporelle. Bede. Les disciples de ihesucrist auoyęt faim comme hommes, pource quilz ne auoyęt pas espace de menger pour la grande importunite du peuple qui les suyuoit, mais pour oster leur faim ilz pnoyent les espicz de ble, qui estoyent aux champs qui est grand demonstrance de grant austere vie quand on quiert simplement la necessite de nature, et non pas les grans preparaciōs de viades Crisostome. Penses tu point icy quant grande occupacion, auoyent les apostres de enseigner les aultres quand ilz ne auoyent pas espace de pędre leur refection. O benoitz apostres ausquelz le corps suggeroyt ce que luy appartenoit pour le sou-

stenir, et touteffoiz lame ne auoyt riens de quoy elle peut satisfaire. Les hōmes charnelz ne font pas ainsi, car quād ilz ne ont occupacion exteriore ne leurs chault de vaquer aux choses spirituelles. Les pharisees voyans ces choses reprenoyent ihesucrist de ce quil sembloit, que p sa doctrine ses disciples faisoyent contre la loy et disoyent. Nous voyons tes disciples q font ce que nest pas licite a faire le iour du sabbat. Ilz ne disoyent pas quilz faisoyęt cōtre la loy en tant quilz prenoyent lautruy, car selon la loy il estoyt licite a celluy qui auoyt faim entrer ou ble ou en la viegne du pchain et la menger, mays ny deuoit pas mectre la faulx ou le cousteau po* en cuyllir et porter hors. Mais le reprenoyent de ce qlz prenoyęt les espicz de ble et les froisoyent en leurs mains, et en ce preparoyent aulcune viande pour eulx pour que ne se deuoyt pas faire le iour du sabat, car selon la loy on deuoyt tout preparer le iour de deuant. Crisostome. Les iuifz saichās q les disciples estoyent cōme le mirouer de leur maistre, car le maistre est veu en ses disciples, eulx voulans tourner lerreur des disciples au deshonneur et obprobre de leur maistre disoyent telles choses, non pas quilz eussent douleur de liniure que on faisoyt a la loy, mais seulement desiroyent de trouuer occasion de detraire de ihesucrist et de ses disciples, car licitement ne se pouoyęt couroucer aux aultres qui faisoyent contre la loy, pource que tous les iours faisoyent le semblable en pechāt contre la loy, et celluy doyt estre bien parfaict en iustice q a douleur du peche daultruy, pource que nul ne peut estre tant misericors a aultruy comme doyt estre a soy mesmes. Mays nostre seigneᵘ en excusant ses disciples raisonnablement conclud les pharisees en leur demonstrant que ses disciples faisoyent pas contre la loy. Et premierement par exēple on quel est touchee double raison. La premiere est quant a la partie de ceulx qui inēgoiēt les espicz de ble, car aux disciples fut semblable necessite de menger comme fut

n n iiii

au roy dauid quand il mengea les pains consacrés, lesquelz ne luy estoyent pas licites de menger, ne a ceulx qui estoyent auecques luy. Se donc dauid est excusé pource quil les mengea en grade necessité, et aultrement ne deust auoyr fait, par consequent les disciples pouuoyent estre excusés, car ilz auoyent necessité, laquelle na point de loy. La seconde cause est quant a la partie de ce q̃ mengoyent, tant dauid que les disciples, car se dauid en la necessité des saintz pains desquelz ne deuoyt pas menger veu quilz appertenoyent seulement aux prestres, par plus fort les disciples pouuoyent menger des espicz de ble qui estoyent a tous communs, comme se ihesucrist leur disoyt. Se en dauid necessité ne eust point de loy, par plus fort elle nen doyt point auoyr icy, car necessité faict la chose licite, laquelle q̃ sans necessité seroyt illicite. En quoy appert q̃ se au iourduy vng malade rompt le iusne comande de leglise, pourtant il ne fait pas contre le commandement de leglise et nest pas coulpable de la trasgression du commadement. Or quand les pharisees lisoyent ce que abymelech fist a dauid en luy baillant en sa necessité les pains sacrés ilz louoyent la misericorde q̃ fust faite a dauid et a ceulx qui estoyet auec luy, et touteffoiz quand ilz veoyent meindres choses aux disciples de nostre seigneur les reprenoyent come transgresseurs de la loy. En quoy appert quilz ne vouloyent pas deffendre ce q̃ auoyt esté faict contre la loy, mais seulement vouloyent demonstrer leur malice. Lautre raison est, car les prestres q̃ doyuent p̃ dessus les aultres garder les cerimonies de la loy, aulcunesfoys estoyent sans reprehension en violant le sabbat, comme quand ou temple faisoyent les oeuures manuelles au regard des sacrifices, comme en tuant les bestes, en les escorchant, en les lauant, et en les cuysant, et en aultres plusieurs choses quilz faisoyent le iour du sabbat, ou aussi en faysant la circumcision des enfans le

huytiesme iour de leur naissance, et p̃ plus forte raison les disciples q̃ en ce nestoyent poit tenuz a la loy en prenant les espicz pour meger aux champs lesiour du sabat estoyent sans crime ou reprehension. Et encore apres ce q̃ il a dit par auant ilz les conclud par sa propre raison et auctorité. Et premierement par confirmacion de verité, et la raison est telle. Plus puissant est le temple spirituel que le figuré, lequel pouuoyt deffendre les prestres qui seruoyent en icelluy, par quoy ihesucrist qui est le temple spirituel pouuoyt deffendre ses disciples qui creoyent en luy qui est le seigneur du temple materiel. La seconde raison est par affection de pitié quilz denoyent auoyr a leur prouchain, et est telle. Dieu ayme mieulx vne affection de misericorde et de pitié quil ne fayct toutes les cerimonyes de lancienne loy. Or repaistre ceulx qui ont faim est vne grande oeuure de misericorde, et garder le sabbat ou celluy iour, offrir a dieu vne beste est cerimonye appartenante a la loy. Dieu aime mieulx misericorde, qui est quand aulcun en necessité ayde a son prochain quil ne faict quelque sacrifice de bestes que on luy offre on temple, et les oeures de misericorde luy plaisent plus que ne font les sacrifices de la loy ancienne, car sur toutes choses il ayme le salut des creatures. La tierce rayson par laquelle il les conuynst est par la demonstrance de sa puissance, et est telle. Ung seigneur peut faire a sa voulenté de tout ce de quoy il est seigneur. Ihesucrist estoyt total seigneur de ses disciples et du sabbat, et pource il pouuoyt dispenser ses disciples de faire aulcunes oeuures au iour du sabbat. Il a faict le sabbat pour lomme, affin que en icelluy se repose, et vacque a dieu, et na pas fait lomme pour le sabbat Et pource selon sainct ambroise ainsi quil est seigneur du sabbat, ainsi peut il fayre quil ne soit point gardé. Ihesucrist nestoit pas subiect a lobseruance d̃ la loy, mays en est seig̃r, et pource on ne peche point quand on garde les festes et dimenches selon son ordonnance. Et quand lappostre dit quil est fait soubz la loy, ceste subiection estoit de sa voulente et non pas p necessite, car par sa grande humilite se soubzmist a la loy aulcunesfois, et pour demonstrer son auctorite, il sen monstre seigneur et maistre. Crisostome. Le iour du sabbat na pas este de dieu ordonne garder a ce q du tout on soit oyseur, mais en se reposant ce iour on medite en son createur, et que on ayt memoire de ses grandes oeuures, et que on ne face point oeures manuelles, et que on vacque a contemplacion du createur de toutes choses. En donnant la loy du sabbat il dist. En ce iour ne faictes operacions quelconques sinon celles qui appartiennent a lame. Et en ce sont gardees les festes quand on est ententif aux choses spirituelles, et que on laisse les temporelles. Du mistere de ceste histoire dit bede Arrachier les espics est oster les hommes de leur intencion terrestre et mondaine, laquelle ilz auoyent toute racinee en leur ame, et les froysser aux mains est despouiller la concupiscence du corps qui est come petites fueilles ou couuertures rudes qui gardent que on ne vienne par lexercice de vertuz a purete de pensee. Et menger les grains de ble est estre incorpore aux membres de leglise par mundicite de cueur et de corps. Considere bien maintenant les apostres et les regarde, et ayes de eulx compassion pour la grande necessite en quoy ilz sont, combien que tout font ioyeusemet pour lamour de pouurete. Qui est celluy qui peut penser sans grande admiracion comme les princes du monde en la presence du createur sont en telle pouurete qui fault quilz soyent sustentes des grains de ble q est viande de beste. Crisostome. On se doyt esmerueiller bien de la perfection des apostres qui ne auoyent quelque soing des choses temporelles et mesmes ne tenoyent compte de leur substance corporelle, car souuent auoyent grand faim et indigence, et touteffoys pour quelque chose ne se vouloyent despartir de la copaignie de ihesucrist. Il nest pas a doubter que silz ne eussent eu grand faim, ilz ne cussent pas cuilly les espitz de ble pour les menger. Le doulx ihesus les regardoyt, et de eulx auoyt compassion, pour ce quilz les aymoit parfaictement, et touteffois sen esiouyssoit, tant pour ce qil sauoyt bien q en ce auoyent grand merite, que aussy pour nous, ausquelz ilz donnoyent exemple de ainsi faire. Par lequel exemple nous pouons proffiter en plusieurs vertuz, car en ce reluyst grande et parfaicte pouurete, les honneurs et pompes du monde sont a contempner, grand appareilz de viandes delicates et sauoureuses est ycy destruict, et auec ce toute glotonnie, et tout appetit insaciable, et toute aultre mauldicte volupte est du tout en tout eneruee et abolye. En outre la bestialite de plusieurs personnes est profondue, car comme dit saint augustin. Appeter les voluptes et playsances du corps et escheuer les peines et molestes di cellui est viure en maniere de beste. Et come dit sainct bernard. Cest chose laide de honnorer les sainctz par grandz appareilz de viandes, lesquelz ont en ce monde pleu a dieu par leur grande abstinence. Icy aussi comme on dit est renouuellee la benoiste simplesse du premier eage, en laquelle les hommes viuoyent des fruictz des arbres et estoyent contens des herbes des champs et de leaue pour leur boyre. Boece. Bien furent bien eureux les hommes du premier eage, lesquelz estoyent contens des viandes que les champs fructifians leur apportoyent, et apres long iusne prenoyent leur refection du glan de boys, et dormoyent sur lerbe ou a lumbre des arbres, et beuuoyent eaues, mays maintenant sommes a lopposite, et plus demadons et desirons et somes plus ardes q le feu de ethna q brulle sans cesser. Jerosme. Dieu voyant q les

cueurs des personnes estoyēt des leur ieu
ne eage abandōnes a tout mal/et q̄ leurs
amez ne pouoyent auoyr parfaicte vie ne
demourer en telles voluptes condempne
par le diluge toutes les oeuures du corps/
et voulant demōstrer le tresgrand desir de
gloutonnie que auoyent les hommes leur
donna licence de menger de la chair. Car
sachez dit saint iheroſme que iusques au
temps du diluge on ne sauoit q̄ cestoit mēger de chair/mais apres le diluge le vin et
la chair furēt desdies poͬ viādes a la creature, Et pierre damian. Aps le cōmācemēt
du mōde enuiron lespace de mille 7 six cēs
ans lumain lignage vesquist sās boire vin
z sās mēger chair/7 touteffois de toͨ ceulx
desquelz lescripture fait mēcion on ne trou
ue point quil en soyt vng deffailly p̄ grāde
maladie, car adonc la viande estoyt simple
et petite, et par ce les gens estoyēt pou ma-
lades/et maintenāt nous voyons tout lop
posite, cest assauoir habondāce de viādes
et grandes maladies. Seneque. Ceulx du
temps passe estoient bien garde des maulx
qui sont maintenāt pource quilz ne se don
noyent pas du tout aux delices du corps/
grāde habondance de viande/souuēt en
gendrēt plusieurs et grādes maladies aux
corps des creatures. Ne te esmerueille poīt
des maladies diuerses que tu vois souuēt
aduenir aux creatures. Considere la cause
car tout vient de grand superfluite de viades quilz mectēt en leurs corps. De quoy
dit crisostome. Glotonnie et volupte souuent et de legier substraict toute la stabilite
de nostre sāte. Et se tu vas en aulcun lieu
pour te faire medeciner/ et la tu demandes
les causes de ta maladie/ on te dira quelles viēnēt de trop grādz exces et superfluites, car comme dient les medicīs.
La mere de toute sante est petite table/ en
laquelle sont les viandes de petit pris/ et
nen estre pas saoule. Se doncques indi
gence et souffrete est la mere de sante/ tout
clair est que estre remplis iusques a faciete
de variables viandes est la mere de toutes

maladies quelques soyēt/et par ce aux cre
atures sont engēdrees diuerses passions
ausquelles souuent tout lart de medicine/
ne peut remedier. Dy moy dont viēnent les
douleurs des pieds/ la tenebrosite et poysanteur du chief 7 des yeulx/ le tremblemēt
des mains/ et toutes aultres dissolucions
des membres du corps humain/ et aultres
plusieurs maladies. Certes tout vient de
la grand habondance de boire et de mēger
et non pas de faire abstinence et diete. Se
tu veulx encore veoyr et considerer les ma
ladies spirituelles de lame/ cōme sont aua
rice/ luxure/ paresse/ et iniustice/ tu trouue
ras que tout leur cōmancement et naissan
ce vient de trop grand superfluite. Et poͬ
ce en pensant a telles choses fuyons toute
ebriete et volupte/non seulement celle qui
est en boyre et en menger/ mais celle qui est
aux choses mondaines/ et pour icelles viē
drōs en la plaisance et volupte qui est aux
choses spūelles/ et en elles selon le prophe
te prenons delectacion affin que en ce mon
de/ et en celluy de apres ayons les vrays
biens qui sont de dieu promis a ceulx q̄ en
ce monde viuront purement. Par les cho
ses deuant dictes appert que on doyt fort
despriser les voluptes 7 plaisāces du corps
pource que les douleurs q̄ en viennēt nuy
sent fort. Horace. Contempne et desprise
toute volupte du corps/ car p̄ elle on corps
vient toute maladie/ et mectent a mort lame. Gregoire. Quand la bouche se delecte
trop desordonnement et affecte les vian-
des/ lame du mengant est mise a mort spiri
tuellement. Et pource celluy qui est sayge
doyt commuer la volupte et plaisance du
corps en delectacion spirituelle. Rabane.
Se tu as parfaictement gouste la doulceur
q̄ est en lamour diuin/ riens te sera la doul
ceur des choses temporelles. Et seneque.
Se aulcun ensuyt et entend bien quelle de
lectaciō 7 plaisancey a aux choses spūuel
les et de lame/ facilemēt desprise toutes de
lectaciōs sensuelles. Et poͬ ce se on faisoit
au iourduy cōe faisoyēt adōc les disciples

de Ihesucrist, et comme on faisoyt le premier eage ne fauldroit point tant de appareilz, de pompes, et de supfluitez ausquelles tout humain lignaige est a peine tout habandonne. Crisostome. Dy moy ou est le lieu ou lart des cupsiniers nous est profitable. Certes en nulle part, mais moult est inutile et nuysant au corps et a lame, car volupte est la mere de toutes manieres de maladies, et de passions, tant corporelles que spirituelles, et mayne la personne a toute dissolucion et lasciuite. Seneque. Se lumain lignaige vouloit ouyr ou considerer deuroyt sauoir que toutes choses de ce monde luy sont contraires et a superfluite et quil est comme vng cheualier qui de tout ne tient compte pour seruir a son maistre. Qui veult seulement ensuyure nature, ne doyt point desirer auoyr grandz possessions en ce monde. On a pour peu de chose ce que appartient a necessite, mais a grand labour ce quil fault a delices et a voluptez. Boece. Se tu veulx remplir ton indigence de ce que est souffisant a nature, nulle habondāce de fortune doys appeter, car nature est côtente de pou et de petites choses. Et se tu veulx oultre ce quelle peust la remplir des superfluites, tout te tournera en tristesse, ꞇ nō en ioye, ou te nuyra au corps et a lame. Seneque monstre bien côme nature est côtente de pou de choses en disant. Nature desire seulement le pain et leaue, et quand vne psoune a ces deux choses, il ne peut estre pouure. Et lucane. Aprenes comment de pou de chose la vie de la creature est sustenue, et combien pou nature desire pour sa sustentacion. Cest seulement le fleuue et leaue qui court, et le ble. Se a ces deux choses tu veulx adiouster fain pour le condement et affectement, et le sel auec tu trouueras tout sauoureux, ce ꝗ sās fain et sans sail te semblent amer, et sans saueur. Bernard. A cellui qui veult viure prudemment et sobrement doyt souffire pour tout affectement en sa viande le sail ꞇ le fain. Et quand la fain nest pas entendue, il est de necessite faire aultres parmixtions aux viandes pour dōner appetit et prouoquer la fain, et exciter gloutonnie. Et pource côme dit seneque, resistons aux plaisances ꞇ aux voluptes de ce monde, car plus facillement et de legier sont receues que apres ne sont boutees hors. Et encore dit il. Boute hors toutes choses qui donnent ennuy a ton cueur, et deuant toutes choses extirpe et arrache de ton affection toutes voluptes, et contre elles aye hayne, comme contre mauluais larrons qui nous decoiuent pour nous estrangler. Certes les delices du monde contraignent la personne estre hors du sens et forcenne, car ce que on ne peut auoyr selon la vouléte ꞇ appetit tantost, puoque la persoune a ire et impaciēce. Et vng des souuerains remedes pour les bien vaincre est fuyr les occasions dicelles. Seneque. Pour bien batailler contre les voluptes, premierement on doyt fuyr toutes choses delicates et plaisantes sensuelles, et puys apres fault eslire aulcun lyeu secret et sainct pour mieulx vacquer a bonnes cogitacions. Estre trop aise, et auoyr ses plaisances en ce monde, relaschēt fort les coraiges de tendre a dieu. Et nest poīt a doubter que aussi le lieu ou on demoure ayde fort a corrōpre la force et vigueur des ames qui veulēt tendre a vertus. Mays sont aulcūs qui se excusent en disant quilz sont debiles, ꞇ ne peuent laisser ce ꝗlz ont acoustume, ausquelz seneꝗ respōd bien en disant. Tu viēdras a moy en disant que ie commande trop dures choses a faire, et ꝗ pour le present les creatures sont foibles ꞇ ne se peuent pas du tout abstenir. Veulx tu scauoir la cause pour quoy on ne peut. Pource que on ne croyt pas le pouuoyr faire, et ne le vouloir faire est en cause, et non pas le pouuoir. Et derechief dit. Tu me diras que cest grād peine laisser ce que on a acoustume de voluptes et de plaisances du corps, comme est se abstenir de boire et de menger, auoyr fain, et aultres indigences qui sont fort difficiles a celluy qui veult faire abstinence. Je te respondz que au comācemēt telles choses sont difficiles mays quant p̄ bon exercice et coustume on se estudie mortifier les desirs qui sourdent de telles concupiscences on ne trouue rien difficille/car ce nest pas chose dure de nō auoir ce que on desire poīt. Il nest pas aussi seulement expedient que on se garde de c̄cupisceuce desordonnee quant aux viandes delicates/mais de telles qui sont de petite extimacion pour se garder de toute murmure/p̄ laq̄lle souuent dieu est offendu. Augustin. On ne trouue poīt en lescripture q̄ le peuple de israel de quelq̄ chose offendist tant dieu cōme de murmurer contre luy. Le premier homme de dieu fut condempne a mort/non pas pour auoir mengé dung porceau/mais seulement dune pōme/z esau perdit sa primogeniture nō pas pour vng chappon ou pour vne perdrix/mais pour vng pou de lentile/pour nous demonstrer que la coulpe ne vient pas de la part de la creature de dieu/mais de lappetit et concupiscence desordonnee. Pour quoy fut daniel appelle homme de desirs si non pource quil ne menga pas du pain desire/et ne beut pas du breuuaige de concupiscence. Il aymoit mieulx dieu quil ne faisoyt toutes aultres viādes corporelles

Et non seulement les delectacions du corps sont a fuyr/mais celles de lame/car comme dit sainct gregoire/en vain et sans proffit on afflige et macere le corps se premierement lame nest refrenee et abstraicte de toutes ses maulaises voluptes. Toy donc crestien a lexemple des disciples de ihesucrist doys estre anime a desirer et aymer de tout ton cueur pourete/laquelle est demonstree parfaictemēt aux benoitz apostres princes de tout le monde/et en ihesucrist/et en sa glorieuse mere/et en tous ceulx qui en ce monde lont voulu parfaictemēt ensupuir/et a ce quelle te soyt meritoyre enuers dieu la doys aymer de tout ton cueur car ce nest pas chose louable deuant dieu estre seulement pourre/mays aymer estre en pourete/en portant les souffretes dicelle ioyeusement pour lamour de ihesucrist est a louer. Mais helas au iourduy plu-

sieurs sont qui seulemēt du nom de pourete se glorifient/et riens ne veullent q̄ leurs deffaille. Ilz se diēt amys d̄ dame pourete z de toute leur puissance fuyēt leurs amyes et compaignies dicelle pouurete/qui sont faim/soif/froyt/mal vestu/et aultres deffaultz. Bernard. Aulcuns sont qui veulent estre pouures sans quelque deffault/humbles sans estre desprisés/paciens sans aulcūe iniure. Mais le vray poure iamais ne doyt blesser pourete/en ne desirāt rien auoyr excepte seulement sa necessite. Et se on demande qui est ceste necessite/on peut dire que de tant que on ayme de cueur parfaict pouurete/de tant on iuge plus subtilement de toute necessite. Les choses nous sont necessaires/sans lesquelles nous ne pouuons viure/ne estre en ce monde. On ne doyt donc ne auoir ne desirer ne procurer/ne prendre mesmes se on les donnoyt les choses sans lesquelles on peut bien viure en ce monde qui veult parfaictemēt aymer pouurete. Seneque. Oste de toy toute superfluite/et restrains estroictemēt toutes desirs. Pense en toy mesmes combiē nature requiert pour estre soustenue/z nō pas combien elle desire/appete/et demande. Mectz frain a ta concupiscence/et boute hors de toy toutes choses qui sont doulces et plaisantes selō la sensualite. Mais au iourduy plusieurs sont deceuz en iugāt des choses supflues necessites/et en vsāt dicelles cōme necessaires Augustin. Nous trouuerons en nous biens temporelz plusieurs superfluites se seulement retenons nous necessites/car riēs ne souffist a ceulx qui quierent choses superfluez et vaynes. Et celluy retient lautruy qui a superfluite z inutilement retient les biens apṗtenans aux poures. Seneque. Nous ne entendons point les superfluites que nous auons excepte quand elles nous deffailloyent/car toute la vie de la personne luy est menteuse pource quelle iuge estre necessaire la chose qui est pour le plus superflue. Et non seulemēt pour lamour de dieu on doit despriser les choses supflues/mais aulcuēffoys les necessaires. Seneque. Ne te glorifie point se pour acquerir vertuz/tu contempnez seulement les litz dorez et bien parez/ et aultres choses precieuses. Quelle vertus esse a la personne contempner telles choses. Esmerueilles toy de toy mesmes quand tu trouueras ton couraige prompt a contempner les choses q̃ te sont necessaires. Tu ne fays pas grand chose quand tu veulx viure sans quelque apparēce de chose exteriore ou sup̃flue/mays adonc ie me esmerueilleray de toy quād tu despriseras mesmes le dur et aspre pain et que tu seras content de menger les herbes q̃ sont si nō en necessite la viāde des bestes/et nō pas des hommes. Et est bien a noter que selō sainct bernard se retraire des choses mondaines/ce faict en troys manieres. La premiere est quand aulcun est seulement content des choses necessaires/ et se repute estre en ce monde cōme estrangier et pelerin et est content de auoir sa vie/et son vestir et repute estre grief se charger de aultre chose superflue. Car selon sainct gregoire les bons qui se hastent et desirent paruenir on royaulme du ciel sont bien courouces quād il fault que au chemin portent grand charge et plusieurs choses. La seconde maniere est quand aulcun ne se delecte point mesmes aux choses necessaires · ne a quelque chose temporelle/mais cōme mort au monde · et aux choses dicelluy prend egalement en son cueur habundance/deffaulte/louange/et opprobre/car ung mort ne sent point la chose que on luy faict/pareillemēt lame mortifiee ne discerne point le proffit ou le dommaige qui luy vient/des biens temporelz. La tierce maniere est quād aulcū prēd et vse des choses necessaires a sa sustentacion en grand affliction et torment/et dit cōme lapostre Le monde mest crucifie et moy a luy. Tel nest pas seulement mort au monde/pource quil cōtempne les choses dicelluy/mais est crucifie ou monde/car il repute toutes les choses qui y sont cōme ordure/et luy est peine de regarder les choses crees pour quelque necessite/po[ur] ce quil se delecte seulement se venir auec dieu doulce-

mēt par amour. Et touteffois quelque abstraction et cōtempnement des choses du monde q̃ la p̃sonne aye/elle ne pourra parfaictemēt ensuyure le benoist ihesus/en la p̃fection de pourete/ainsi q̃ se peut mōstrer p̃ plusieurs raisons/cest assauoyr quil est dieu/et tresriche/et seigneur de tout le monde/et est aussi tresparfaict selon nostre humanite. Il na pas prins seulemēt les souffretes qui sont en pourete/mais les obprobres et vituperes qui sont en ycelle/car du poure vng chescun se mocque/combiē que pourete voulentairemēt et pour lamour de dieu nest pas obprobre/mays encore les maulnais la reputēt a hōneur. Celle de ihesucrist ne estoit pas ainsi/po[ur] ce que on ne cognoissoit pas q̃ voulentairemēt il estoit poure/car on creoyt que necessite le cōtraignist a ce/et en ceste maniere il prinst toute obprobre et desprisemēt/car telz poures sont desprises de tous/et mesmes silz sont saiges on ne les croist point/si sont nobles on les desprise/et sont deboutes de to[us] tellement que souuent ne amytie ne p̃sanguinite ne leur proffite riens/pource q̃ a peine tous refusent a auoyr telz amys ou parēs. Et les vrays poures du mōde ne sont pas a despriser/car ilz representent la p̃sonne de nostre seigneur ihūcrist. Combien aussi nostre pourete est loing de la pourete de ihesucrist/on ne peut bien voyr p̃ plusieurs choses que touche crisostome en disant. Quand nostre seigneur ihesucrist voulut naistre en ce monde selon son humanite/il ne esleut pas vne belle maison/ne sa mere riche/mays poure. et auec elle son espoux q̃ ne auoyent point de lieu ou demourer/et voulut estre ne en vne estable/et mis en la creche des bestes. Et quand il esleut ses apostres/il ne esleut pas grandz clercz ne grandz saiges/ne nobles ou riches/mais poures/et de poures parens/et desquelz selon le monde on ne tenoyt pas grand cōpte/et aulcuneffoys leur refection estoyt de pain dorge/et aulcuneffoys failloyt qilz le achetassent/et leurs sieges estoyent sur le fein/et leurs vestemens de petit et vil pris/et de propre maison ne auoyent point

Et quand couuenoit aler dung lieu en aultre le doulx ihesus et ses disciples aloyent de pie tellement que souuent estoyent fort lasses, et se seoyent souuent a la terre, et non pas en grand throsne ou dessus grans cuyssins de plume, et en ce est demostree la grande pourete de ihucrist, q est le vray roy et seigneur de tout le monde. Considerons bien ses choses, et aions en nous mesmes honte quand nous ne sommes pas contens de ce de quoy estoyt le saulueur du monde ihesus, et ne nous chault lensuyure en ce monde on quel vng chescun qui y peut auoyr du pain se deuroyt contenter de toutes aultres superfluites Ihcrosme. Entre les miseres de ce monde on quel sont glaiues et couteaulx de toutes pars frappans, celluy est bien riche qui na nul deffault de pain, & celluy est puissant et riche qui nest contrainct de seruir a nully.

Oraison.

Sire dieu tout puissant qui as soubmis toutes choses q sot dessoubz le ciel soubz les piez de lomme a ce q seulemet fust tout subiect et as cree toutes choses exteriores pour le corps de lomme et le corps pour lame, et lame pour toy, affin quelle vacquast seulemet a toy, et q sur toutes choses elle te aymast pfaictement, q dones aux bestes de la terre, aux oyseaulx du ciel, et aux poissons viandes pportionnees p lesquelles leur vie est sustenue, donne moy pour mon salut et a ta louange les necessites de ceste vie, a ce q ainsi p toy pmeu puisse mieulx vacquer a toy. Donne moy aussi en tout deffault & pourete paciece, affin que par trop grande pusillanimite ne deffaille de te ensuyure Amen.

De celluy qui auoyt la main seiche Chapitre lxxii.

LE sabbat ensuyuant, cest le iour de la feste apres les choses deuant dictes ihucrist entra en la synagogue des iuifz, en laquelle il enseignoit le peuple, car selon saint hylaire les choses de deuant furent dictes & faictes ou champ, et puis entra en la synagogue. Bede. Principalemet ihucrist enseignoit et faisoyt grades oeuures en la sinagogue les iours du subbat, non seulement pour demonstrer le spuel sabbat et repos, mais po ce q le peuple venoit plus diligetement ce iour la q les aultres, car selon la loy on ne deuoit point labourer manuellemet, mays seulemet vacqr a lire et ouyr les saictes escriptures. Et ainsi q les veneurs ou pescheurs q ont la sciece de prendre les bestes sauluaiges ou les poissons et oyseaulx tendet leurs retz la ou ilz peuet sauoir la plus grand multitude des bestes pour en prendre plus, pareillemet ihesucrist qui vouloit que toutes les creatures raisonnables fussent saulues, et eussent vraye cognoyssance de luy, enseignoyt tousiours le peuple en la synagogue, et on temple la ou tous les iuifz en certain temps denoyet couenir. Et est a noter q ihesucrist enseignoit et faisoit grandes oeuures au iour du sabbat plus quil ne faisoyt aux aultres iours. Premierement pour demonstrer q le vray sabbat spuel, cest leuangile meilleur & plus fructueux succedoit au sabbat de lanciene loy de moyse. Secondement affin que en ce iour prffitast a plusieurs, et p la vertuz des miracles se monstroyt manifestement vray saulueur du monde. Tiercement a ce quil se mostrast seigneur de la loy & du sabbat. Quartement a ce quil ostast le mauluais entendemet des iuifz quilz auoyet de lobseruance du sabbat en tant quil monstroyt que par bonne operacion, cest assauoyr par la curacion du malade le sabbat nestoyt point viole. Et faisoyt telles choses deuat plusieurs maistres de la loy pour leur demonstrer leurs deffaultes. Nous voyos icy troys grandz choses en ihucrist, cest assauoir stabilite de couraige, car combien que les pharisees luy fussent fort contraires, touteffoyz il ne craignoit point venir ou lyeu ou ilz estoyent, et cest contre ceulx qui sont trop pusillanymes. Aussy en luy estoyt verite de doctrine, car il enseignoit le peuple en lieu public q̃ est ɔtre les heretiq̃s. Aussi auoit grād zel car tout ce q̃ faisoit/estoyt poᵘ le salut des ames/et est ɔtre ceulx q̃ quiɔrēt vaine gloi re/ou aultre remuneracion temporelle.

Or en la synagogue ou il p̃schoit estoit vng hõme q̃ auoit la main seche τ ɔtraicte lequel selon sainct Iherosme estoit masson ainsi cõme on list en leuāgile des nazariēs et demandoit aide a Ihesucrist τ disoit. Ie te prie sire Ihesucrist/affin que ie ne quiere ma vie laidement q̃ tu me restitues ma san te q̃ estoye p auant vng poure homme mas son qui queroye ma vie par labour de mes mains Et ainsi quil disoit telles paroles a Ihesucrist/les pharisees p grand mauluai stie regardoyent sil le gueriroit le iour du sabbat a ce quilz le peussent reprendre ou accuser/et malicieusemẽt lui demāderēt sil estoit licite de guerir aulcun le iour du sab bat. Bede. Poᵘ ce q̃ p auant auoit excuse ses disciples d ce d quoi les pharisees les reprenoyent/cest de faire aulcun oeuure le iour du sabbat/ ilz regardoyent se ihũcrist mesmes donroit ce iour guerison a aulcun affin q̃lz le peussent calumpnier et accuser/ et sil ne a donnoit disent quil estoit impuis sant ou trop cruel en nõ voulāt aider a son prochain. Bernard. Ihesucrist auoyt en ses faitz plusieurs τ mauluays regardās en ses paroles detracteurs τ diffamateurs et en ses tormens grandz mocqueurs. Et quād nostre seigneur vist leurs pensees et cogitaciõs cõmande a lomme malade quil se leuast et se tinst ou millieu de eulx/affin q̃ plus euidẽment la malice des mauluais fust demonstree/lesquelz en repetant la q̃ stion q̃ luy auoyẽt faicte interrogua soubz ycelle mesme q̃stion en leur p̃posant la si militude de la beste qui choyt en vne fosse laq̃lle q̃stion solut en p dẽpnāt leur auarice en disant Se poᵘ vostre auarice le iour du sabbat vous deliures vne beste qui choyt en vne fosse/ou en aulcun aultre lieu peril leux/par plus fort ie doys deliurer du dya ble et guerir lomme qui est raisonnable/ et meilleur q̃ toute aultre beste. Crisostome. Sil vous est licite de deliurer aulcũe beste

le ioᵘ du sabbat de dāgier τ de peril quād elle y est/ne me est il pas plus licite de deli urer la creature raisonnable de aulcũ peril quand elle y est et poᵘ le guerir/ie ne metz medicine/ne ie ne luy tēdz la main mais seu lement ie dis d parole/et incõtinent le ma lade est guery/et eu ce ie ne trespasse point la loy d vostre sabbat/car sans oeuure ma nuelle ie acomplis toute oeuure vertueuse. Rabane. Ihesucrist solut la question aux iuifz p exemple competant pour leur demõ strer quilz violoyent le sabbat poᵘ les oeu ures de leur auarice τ cõcupiscence/le sq̃lz le reprenoyent quil le violoyt pour faire les oeuures de charite. Certes ilz nenten doyent point bien leur loy quand ilz disoy ent que le iour du sabbat on deuoyt cesser de bien faire/ou quel seulement on deuoyt cesser a faire mal. Il estoyt dit que celluy iour du sabbat on ne deuoyt point faire oeuure seruile/cest a dire peche/car celluy qui faict peche/est seruiteur de peche. Et pource en paradis qui est le repos pdu rable on se gardera seulement de faire mal et nõ pas de faire bien. Pour quoy est as sauoir q̃ aulcunes oeuures sont qui de soy seulemẽt sont bonnes lesquelles touteffois ne sont pas bonnes quāt a bõnes meurs comme seroit edifier vne maison ou aultre chose semblable/et telles oeuures nestoy ent pas licites a faire le ioᵘ du sabbat. Aul cunes aultres oeuures sont bonnes de soy quant a bonnes meurs/cõme sont les oeu ures de pitie et des aultres vertus/τ telles oeuures ne se font pas seulement licitemẽt les iours des festes/mais est chose moult louable de les y faire. Secondemẽt nostre seigneᵘ solut la question de faict en gueris sant lomme quād il luy dit. Estens ta mai Et tantost quil eust estendue fust gueri et tout sain. Crisostome. La sante que ihesu crist donna a cestuy hõme demonstre clere ment le propos et lentencion de la loy que les iuifz nentendoient point/car se poᵘ fai re telz oeuures au iour du sabbat dieu e stoit offense la maladie de cest homme ne eust point este guerie/ car iamays bien ne peut venir de loffence et iniure de dieu.

Selon bede a parler en figure. Cestuy homme qui auoit la main seiche signifie humain lignage sech de toute bonne operacion par la main de nostre premier pere adam laquelle il estendoit pour prendre la pomme qui luy estoyt defendue, mais par la grand pitie de dieu la sante luy fust rendue pour fructifier en toutes bonnes oeuures par les mains innocentes de ihesucrist qui furet estendues en la croix. Et bien dit le scripture que la main en la sinagogue estoit seiche, car la ou est plus grand don de science et de bien, la est le peche, et la transgression plus grande pource qu'on a moins de excusacion du mal que on faict. Or quand ihesucrist le voulut guerir il luy commanda quil estendist la main, car la debilite infructueuse de lame nest point mieulx, et selon droict ordre guerie que par donner et eslargir de ses biens par aulmosne aux poures. Cest homme auoit la main dextre malade et languoreuse en tant quil ne donnoit rien de ses biens aux poures, et auoyt la senestre main bien saine en tant quil entendoit totalement a son vtilite et pffir. Mistiquement par ce malade nostre seigneur enseigna quatre choses tresnecessaires a vng chescun penitent, cest assauoir quil se liue de peche par penitence, quil se tienne en grace par perseuerance, quil se tienne on millieu par bon et manifeste exemple, et quil estende sa main en feruente oraison, et ne retire sa main aux poures par bonne operacion, car come dit sainct gregoire on estent pour nyant les mains a dieu pour le prier pour ses peches qui ne les estend premier selon sa puissance aux poures pour le bonner. Moralement cest homme qui a la main seiche est le pecheur, car ilz sont aulcuns qui ont le cueur sech sans alque bonne affection ou compassion aulcuns q̄ ont la langue seiche qui ne sauēt bien perler ne dignement louer dieu, les autres ont la main seiche, car ilz sont sans quelque bonne operacion. On peult prendre ces troys sechcresses a la similitude dung arbre sech lequel est totalement sech quand il na point de meulle par dedans et quand il est sans

fueilles et sans fruict. Les enuieux ont le cueur sech, les mal parlans la lāgue, et les auaricieux la main en la quelle il ya cincq dois. Le premier est le desir desordonne q̄ on a de querir et de auoir, le second est le labeur q̄ on a en acquerant, le tiers est le soing que on a de garder ce que on a amasse, le quart est lardeur et lestude que on a de tousiours acquerir et multiplier. Et le quint est la grand escharsicte que on a le dispenser Mais a ce q̄ tel soyt guery saint ambroise le amoneste en telle maniere. As tu ouy les parolles de nostre seigneur qui dist au malade cest estens ta main. En ce est constituee la generale et commune medicine de tous. Et pource toy qui cuydes auoir la main saine, garde bien que par auarice ou autre sacrilege ne soit contraicte ou toute seiche. Estans la souue nt voyre mais au poure qui te prie ou a ton puchain se il te demande aide, ou en aydāt ala vefue se tu luy vois souffrir iniure iniustement. Et auec ce estens ta main adieu pour auoyr de luy remission de tes peches, par telz choses la main est guerie, et en telz choses elle doyt estre estendue. Et pource toy auaricieux q̄ as la main seiche et contraicte, et ne veulx riens donner, mais tousiours prendre estes ta main aux poures ace quelle soyt guerie, car en ce tu prouoies a ton fait et fais vng tresor on royaulme du ciel Crisostome faisons et donnons aux poures aulmosnes, et ne desprisons point ceulx qui sont opprimes de faim, car en leur aidāt et faisant bien on le faict a soy mesmes, car aux poures l'on donne les choses presentes, et par elles on acquiert ala fin la gloire du paradis. En quoy appert que en toutes les oeuures de misericorde aulmosne a vne prerogatiue, car cest celle que la sainte escripture pl'souuent et plus soigneusement no' recomande Selon theophile, to' ceulx ont la main seiche qui ne font point les oeuures de la partie dextre, pource, q̄ telz sont bien puyssans a mal et non pas a bien, car incontinent que la main est mise a locuure deffendue, et contre le commandement de dieu incontinēt elle est faite seiche a toutes bonnes oeuures et ne sera point guerie iusques a ce que de rechief elle se conuertisse a fayre bien.

Les pharisees remplys de ire toute desordonnee et sans rayson, qui deussent auoyr este plus gracieux a nostre seigneur du benefice quil leur demonstroyt, tantost yssirent de la synagogue et allerent fayre vng conseil auec les gens de herode qui estoyt prince seculier, comme ilz perdoyent la vraye vie, cest nostre seigneur ihesucrist. et non pas comment la trouueroient pour leur salut. Crisostome. Les pharisees firent vng cõseil pour faire mourir ihesucrist Icy est myse la premiere procuracion de nostre seigneur ihesucrist pour le faire mourir, pour laquelle ilz firent vng tel conseil. Les pharisees auoyent enuye contre ihesucrist, car ilz ne vouloyent point quil fist aulcuns signes ou miracles, a ce que enuers le peuple ne acquist gloyre, et par ce il acquist a soy plusieurs disciples, mais ilz vouloyẽt couurir leur enuye quilz auoyent cõtre luy pource quilz vouloyent deffendre q̃ le iour du sabbat on ne fist quelconques oeuures affin que de premiere face il semblast quilz eussent grãd zel de deffendre le iour du sabbat, et tout faysoyent par leur mauluayse enuye. Et quand le bon Ihesus sceut et cogneut leur mauluaistie et machinaciõs se despartit du lyeu auec ses disciples, et sen ala a la mer, et cecy pour plusieurs causes. La premiere est, a ce quil leur ostast toute occasion de mauluaistie, et q̃l se gardast encore de mourir, pour plus grãd vtilite de son eglise. La seconde, pource que le temps de sa passion nestoyt pas encore venu, ne encores nestoyent pas acomplies les escriptures des prophettes. La tierce, pource que ce nestoyt pas le lyeu ou il deuoit souffrir sa passion, car ce deuoit estre en iherusalem. La quarte, pour donner exemple aux syens de fuyr on temps de persecucion, a ce q̃ le fuyte ne leur fust imputee a pechie. La .v. pour demõstrer la vertus de humilite, et de paciẽce quãd par sa seule puissance il pouuoit mectre tous ses aduersayres en vng abisme. La sixiesme, pour demõstrer le vray signe de son humanite, car cõbien quil ne craignist point la mort toutesfoys cõme homme sen fuyt de la compaygnie des mauluais, en quoy nous enseigna que nous pouons nous despartir de la cõpaigne de ceulx lesquelz cognoissons, q̃ pour leur bien faire se font plus mauluais Car a grant peyne on peut vaincre par raison ceulx qui sont a mal obstinez. Crisostome. Quand ihesucrist cogneut leur conseil et mauluaistie il ne demoura pas longuement auec eulx, mays se despartit de leur compaignye, affin que contre luy ne eritast plus fort leur voulẽte, car il ne peut estre que mauluaistie soyt appaisee par raison. On appaise bien aulcuneffoys ignorance par rayson, mays malice en est plus excitee a mal. Et pource quil cognoyssoyt quilz estoyẽt tous appareilles a faire tout mal, se despartit de leur cõpaignye, nõ pas quil eust paour de eulx, mais comme tout misericors, a ce quilz ne fissent plus de mal auquel faire ne les vouloyt pas prouoquer. Et combien que quand aulcun a voulente de faire mal, telle voulente est ia reputee pour le fait deuant dieu toutesfoys celluy qui a cognoissance du mal que on luy veult fayre, et ne sen fuyt, il prouoque les mauluays, et leur donne occasion de acomplyr leur mal et est participant du pechie. Et quand ihesucrist se partit de ce lyeu, plusieurs malades le suyuirent, pource quilz veoyent lomme deuant dit guery si bien et si promptement, et les guerit tous, en remunerant leur foy, et aussi pource que par aduenture ilz estoyẽt tous dignes et disposez de receuoir telle guerison. Remy. Les pharisees de vng mesmez conseil quierent perdre et mectre a mort ihesucrist, lequel tout le simple peuple dung mesme accord desire, et ensuyt, et pource incontinent de luy obtindrent tout ce quilz demandoyent Et se tu veulx estre guery de ta maladie ou estre deliure du peril de mort ensuys tousiours ihesucrist. Cest celluy qui ne deboute nully, car de toutes maladies il veult guerir tous ceulx qui le veulẽt ensuyure Par les pharisees qui sont interpretes diuises de lautre peuple sont signifiez ceulx qui

oo i

font et femēt diffencions entre les aultres et par les seruiteurs de herode les orgueilleux. Et ces deux manieres de gens font vng mauluais conseil contre ihesucrist qui demeure auec les humbles et ceulx q̄ ont charite/et pource il se despart de telz et sen esloigne/et donne grand benefice de salut a tous les vrays humbles qui le ensuyuēt Et commanda a ceulx q̄ auoyent este gueris quilz ne le diffent pas aux aultres/affin q̄l declinast la iactance de soy glorifier des biens quil auoit fait. Ambroyse. Icy nostre seigneur no⁹ enseigne que quand no⁹ faisons aulcune chose digne de louenge q̄ ne querons pas la louenge du monde par dehors. Crisostome. Quand ihesucrist a guery aulcuns pour le proffyt des assistés et des auditeurs/il ne p̄mande pas quilz ne le dyent aux aultres/ainsi quil ne le comman da pas a celluy qui estoyt ne aueugle/et a celluy qui auoyt este traite et huyt ans malade et le guerit Mais quand il guerissoit aulcun pour le merite de sa pp̄re foy/il luy deffend de rien nen dyre/Et pource quil auoyt guery tous ces icy pour la deuocion et foy quilz auoyent a luy/leur deffendit de rien nen dire.. Et vindrent au soyr en vne maison pour loger/en laq̄lle derechief vint a luy grande multitude de peuple po² ouyr la parole de dieu/et entendoyent a sa predicacion si feruentement/que luy ne ses disciples nauoyent point de temps/ne de espace de prendre leur refection corporelle qui est contre ceulx qui laissent a prescher/ pour le soing q̄lz ont destre saoules de boyre et de menger. Bede. O que loccupacio de ihesucrist estoit bonne/et que benoyste estoit la turbe qui pour telle chose lensuyuoyt/lesquelz auoiēt si grād desir de ouyr la parolle de dieu/et si grant soing de acq̄rir leur salut/que a nostre seign² et a ceulx qui auec luy estoyēt/nestoyt pas donevne heure franche le iour de prendre leur refection. Et ainsi que les iuifz qui estoyēt de son lignaige/quāt est de la partie de sa mere virent la grand feruerur qui estoyt en luy et ouyrent la grande profundite de la diuine sapience. quilz ne pouoyent cōprendre/ penserent quil fust aliene et tourne en fureur et q̄ tout ce quil disoit fust par folye/et sās sens/et pource ilz le voulurent prendre et lyer/affin quil ne se peust nuyre ne aux aultres. Bede Veritablement ainsi comme il dit en vng aultre lieu/nul pphete nest sans honneur/si non en son pays/et en sa mayson/car on voit icy que les estranges aloyent apres le saulueur du monde en si grād desir de le veoyr/et de ouyr de luy la parolle de dieu/et touteffoys ses pchais le vouloyent prendre et lier cōme vng hōme fol z sans raison. Selon le sens allegorique. en ce que le peuple ensuyt ihesucrist/et en ce que des syēs et de ceulx de son pays est desprise cōme fol/est approuue le salut du peuple des gentilz croyans en luy/et demōstree la tresmauluaise cruyte des iuifz/des quelz dit saint iehan/que ihesucrist venāt en ce monde en propre personne/les syens ne le ont point receu. Semblablement auiourduy ceulx qui sont les plus feruens en lamour de dieu/sont des gens mondains reputes cōme folz/et en tāt quil leur est possible/les destournent de bien. O que bien sont eureux ceulx qui labourent en telle folye/et que de eulx puysse estre dit ce q̄ les maulais dient des bons on liure de sapience. Nous folz et sans raison/penssions que la vie des bons fust toute folye. A ma voulente moy pouresoye vng de ces folz/ et repute entre les enfans de dieu.

Oraison.

Seigneur ihesucrist ie te prie par ta grāde misericorde q̄ te playse moy guerir qui suys debile de fayre toutes bōnnes oeuures/et que me faces habile et fort a tout bien. Fays moy tenir tousiours on meilleu des vertus/a ce que par ton cōmandement puisse estandre aux oeuures de iustice mes mais/et nō pas a mauluaitie/et q̄ puisse faire ton bō plaisir en me excercitant tousiours en bien/en moy abstinant par ta grace q̄ iamais ne te offense O bon ihesus donne moy/que sur toutes richesses et plaisances de ce monde/puisse entendre a la parolle de dieu/au proffit de mon salut et de celuy des aultres Amen.

Du demoniacle aueugle et muet, chapitre lxxiii.

Comply tout ce qui deuant est dit/ fut baille a ihesucrist vng home demoniacle aueugle et muet/ combien que saint luc dit quil estoyt seulement muet/et non aueugle/en taisant ce q̃ saint mathieu auoyt dit. Or telles choses ne sont pas on dyable formellement/mais seulement effect du dyable/car il auoyt cest home fait aueugle et muet/en le possedāt et pource quād par ihũcrist fut boute hors de lomme/il parloit et vit bien. En quoy est demonstree la deliurance du dyable qui le possedoit/auquel par ihesucrist fut redue la lumiere pour veoir/et la parolle pour parler. Iheromse Ihũcrist fit a lomme troys grandz choses ensemble/cestassauoir que laueugle vit/le muet parla/et fut deliure celluy qui estoit possede du dyable. Lesqlles choses furent vne foys faictes par nostre seigr ihũcrist en vng home/selon le corps/ mais tous les iours telles choses sont accoplies en la conuersion des bons a ihũcrist car apres q̃ de leur cueur est gecte leunemy doyuent predre la lumiere de foy/et se efforcer tant de bouche q̃ de cueur de doner louenges a dieu. Crisostome. Affin q̃ aulcũ ne pensast q̃l souffist a la personne/pour aler en paradis seulemēt cognoistre dieu/mais est necessaire de le louer et le cõfesser. Ihesucrist voulut donner guerison au muet/ et a laueugle/cestassauoir les yeulx pour le cognoistre/et la bouche pour le confesser car celuy qui le cognoist et ne le confesse/combien quil ayt les yeulx de la pensee sains/ touteffoys il est encores muet. Et celluy q̃ voit bien/et qui de fait ne acomplist les cõmandemēs de dieu/et celuy qui parle bien et non pas a la louenge de dieu et a la gloire combien quil parle et voye touteffoys quand a dieu il est aueugle et muet. Et celluy ne voit pas dieu q̃ seulemēt le cognoist mais celuy le voit/qui le craint et ayme. Et mesmes celluy qui le prie ou qui luy donne aultres louēges/et ne fait par oeuure ce q̃l dit de bouche/il parle du corps/mais quāt a lame il est muet. Spirituellement celuy a le dyable ou corps/qui perseuere en aulcun pechie mortel/car tant q̃ aulcun pechie mortel regne en vne personne/tant est il lye/ detenu/et possede des lyens du dyable denfer. Pour quoy est assauoir q̃ le dyable trauaille la personne en troys manieres/cestassauoir par orgueil en la pensee/par concupiscence ou corps/et par conuoitise aux biēs de ce monde. Et ces troys choses font la personne muet/car come ainsi soyt q̃ la parolle soyt donnee de dieu a la personne pour le louer et pour luy rendre gracez de ses benefices/pour dire verite/et edifier son prochain/pour se accuser par cõfession/et pour demāder a dieu pardon de ses pechies/orgueil oste la premiere parolle a la personne quāt il vsurpe a soy ce qui est a dieu/cestassauoir louēge/la seconde parolle oste auarice/en tant q̃ seulement on entēd a soy/et nõ pas a son prochain/et la tierce parolle oste luxure et specialement le peche contre nature selon diuersez especes/laqlle fait souuent la personne muete/et auec ce aueugle/en tant q̃l ne voit pas ce q̃ luy appartiēt pour son salut. Augustin. Celluy q̃ est possede du dyable est aueugle et muet/quād il ne croit pas en dieu/et se soubzmect a la subiection du dyable/ou quād il nentend ne cõfesse la vraye foy catholiq̃/ou ne donne a dieu louēge des benefices q̃l a receu de luy en ce monde. Or

oo ii

quãd dieu veult par sa grace iustifier le pe
cheur/il luy donne quatre grans beneficez
Le pmier est quil boute hors de la maison
de lame le diable, affin q̃ en elle ?uisse ha
biter Laquelle maison a troys ma?sons lu
ne sur lautre Lune est en hault/q̃ est lespe
rit/lautre est embas/qui est le corps/et la
tierce ou meillieu/qui est lame. Or dieu ha
bite a celluy de hault/quand lesperit vacq̃
a la contẽplacion dicelluy. Il habite aussy
on meillieu/cestassauoir en lame/quand el
le ẽtẽd a meditacion interiore/et a nectete
de cueur. Aussi il habite on tiers/cestassa-
uoyr on corps quãd on se excerce, et entẽd
soy mortifier pour estre subgect a lesperit.
En apres il luy dõne troys aultres biens/
lesquelz le dyable luy auoyt ostés/cestassa
noir quãd il luy ouure la langue pour fayre les choses deuãt dictes/sans lesquelles
faire/il est tousiours muet/et quand il luy
rẽd loreille p̃ste po' ouyr ⁊ obeir a la parol
le de dieu/laq̃lle par auant ne vouloyt oyr
dieu/ne par admonicion ne par benefices
ne par inspiracion/ou cõminacion/⁊ quãd
aussi il le enlumine a cognoistre dieu et soy
mesmes/et le monde. Le vray signe de ce
ste illuminacion est quãd la personne voyt
deuant/derriere ′a dextre et a senestre. Or
celuy a les yeulx derriere q̃ pẽse aux pechez
que par auãt a comys en si grant nõbre/et
si laitz et si gra??′ et quand diceulx a dou
leur. Celuy a les yeulx deuãt soy/q̃ voyt
et pense du grand iugement a venir/et en a
grãd timeur. Celuy a les yeulx a sa dextre
q̃ pense cõbien les prosperites et hõneurs
du monde sont caducqs et vaynes/pquoy
en ycelles ne doit point mectre son amour
mais de tout son cueur les doit despriser ⁊
fuyr au moins par affectiõ. Celuy a les y
eulx a seuestre q̃ regarde cõbien sont brief
ues et vtiles les aduersitez q̃ sont en ce mõ
de/a ceulx q̃ en font leur proffit/q̃ est quãd
par icelles ne sont point esmeus a impaciẽ
ce ou murmure cõtre dieu. Et les simples
gens se esmerueilloyent de la diuine bonte
et vertuz qui estoyt en ihesucrist/et disoyẽt
Cestuy est filz de dauid/lequel a este promys de dieu naistre de la lignee de dauid.

Moralement le dyable du cueur de la
personne est boute hors par cõtriction, cel
luy qui estoyt muet parle en confession/le
peuple se merueille en la satifsaction/cest
assauoyr quand ilz le voyent faire bonnes
oeuures/lequel par auant ne faisoit q̃ mal
Mais quand les scribes et pharisees q̃
estoient quant a la comparaison du simple
peuple les plus grans et saiges ouyrent q̃
le peuple magnifioyt ainsi ihesucrist furẽt
remplys denuye/et dirent en leur cueur, et
en leur pẽsee. Il gecte hors des corps des
personnes les petis dyable par la puissance de belzebuth prince des dyables. Et en
ce ilz disoyẽt quil estoyt son familier/por
ce q̃l leur sembloyt q̃ les aultres luy obeis-
soyent/et par ainsi blasphemoyẽt cõtre le
saint esperit/auquel appartiẽt bouter hors
des corps humains les dyables denfer/et
de donner sante, tant corporelle que spirituelle. Ainsi est il au iourduy de plusieurs
lesquelz quand ilz ne peuuent reprẽdre pu
bliquemẽt les paroll's ou ouures des bõs
se efforcent de diffamer leur intẽcion et ma
niere de faire. Car cõme dit saint ambroyse, enuye ne regarde point quelle dit/mais
seulement regarde quelle en puysse parler,
soyt en bien ou en mal. Bede. Les scribes
et pharisees se estudioyẽt et fort labouroy
ent par mauluaise interpretacion de peruer
tir le simple peuple qui se merueilloyt des
grandes oeuures q̃ deuãt eulx faisoyt ihũ
crist/et q̃ tout ce q̃l faisoit estoit par la ver
tus du dyable/et nõ pas de dieu. Or est
assauoir que selon les docteurs/les noms
des dyables eurent leur cõmancemẽt abe
lo/car nynus roy et reparateur de la cite de
nynjue fit faire vne stature on nom de son
pere belo/qui fut le premier roy des assiri-
ens ′a laquelle quãd ceulx qui auoyẽt desseruy mort par leur mal fait pouoyẽt pue-
nir/estoient gardez de mort/et par linstiga
cion du dyable/les hõmes se estudirẽt de
plus en plus lõnourer comme chose toute
diuine. Et pourtãt les caldees en firẽt vne
pareille/laquelle appellerent beel/et estoit
leur dieu/en corrompant le nom de belo.
Les palestins lappellerent baal pource q̃l

estoyt adouré en hault lyeu. Les moabites beelphegor pour la montaigne ou il estoyt qui se appelloyt phega, et ainsi selon la diuersite des langues, chescun luy bailloyt son nom, beelzebub, beel baal, et belphegor. Mays les iuifz qui adouroyent vng seul dieu, pour se mocquer des nacions paganiques, le appeloient beelzebub Orzebub fut le seruiteur de abimelech, lequel apres quil eut mys à mort ses septante freres edifia vng temple pour baal, auquel il constitua vng prestre pour chacer les mousches qui la se assembloyent pour la grant habondance des bestes que on tuoyt pour luy sacrifier, et zebub vault autant à dire q̃ mousche. Et pource beelzebub est interprete lome ou le prince des mousches Les iuifz disoyent que le prince des dyables habitoyt en celuy ydole, pource quil estoit le commencement de ydolatrie, et que on ne trouuoyt point de ydole qui fust de si grant efficace, et aussi pource quil estoyt venere de tous paganiques, car combien que chescune nacion eust dieux speciaulx, toutesfois toutes gens adouroyent cestuy ydole come chose vniuersale. Et les iuifz ne sceurent trouuer plus vile et orde chose pour mectre au deuant de Ihesucrist, que luy improperer quil gectoyt hors les dyables des corps des personnes en la vertus du prince des dyables dit beelzebub, et faisoient tout pour la grãt enuye quilz auoyent de luy, de laquelle dit crisostome. Quelle chose est ce que enuye. Certez quand elle est acomplie, il nest en ce monde vice plus maulvais, car ainsi que le porceau se esiouyst a se faouler, et les dyables quand nous pechons, pareillement vng enuyeux se esiouyst du mal de son prochain. Et ainsi q̃ aulcunes bestes sont nourries de lordure qui procede des corps des creatures, pareillement telz enuyeux sont nourrys du mal qilz voyent aduenir a leurs proymes. Icy est a noter que les dyables ont leurs offices entre eulx bien ordonnez quant a mal, car il y a vng q̃ est sur le pechie de orgueil, et cestuy a moult de compaygnons qui luy aydent et moult de subgectz duquel dit iob, que tel dyable est roy sur tous les filz dorgueil. Et cestuy cy est mis hors de la creature par vraye humilite de cueur. Il en y a vng aultre qui est sur le pechie de luxure, lequel a nom asmodeus, duquel il est escript en thobie quil tua sept marys de sara. Cest cellui qui hayt tout vray et legittime mariage, et par ceste maniere il vouloit tirer ceste pucelle sara a fornicacion Et sont plusieurs qui sont de la partie dy celluy, cestassauoir tous ceulx qui se delectent aux regardz et familiaritez des femmes, ou des ieunes personnes, et a plusieurs subgectz, cestassauoyr tous luxurieux, lequel est mys hors de la personne par ieusne et par mortificacion de corps. Le tiers est sur le pechie dauarice, et est appelle mamon, duquel il est escript en saint mathieu que on ne peut seruir a dieu ne a mamon, et a plusieurs compaignons, cestassauoir tous ceulx qui ont renonce a leurs biens propres, mais toutesfoiz ilz ne peuuent auoir asses des biens de leurs prochains Et combien quil leur semble auoyr renonce a grãs choses, touteffoys de iour en iour ne cessent assembler toutes choses, tant soyent petites. Et cestuy a plusieurs subgectz, cestassauoyr tous les auaricieux, lequel est deboute par vraye renonciacion des choses temporelles, quand pour lamour de dieu totalement on les laysse, comme font les parfaitz, ou en partie, comme font ceulx qui leurs biens distribuent aur pouures. Le quart est sur les males et ordes cogitacions enuyes et males affections, et est nomme beelzebub, cest adire lome des mousches, car il mect aur cueurs des personnes males cogitacions, qui sont come mousches vollantes a lame, et la font orde et soyllee Le dyable a plusieurs subgectz, et est deboute des cueurs par confession et absolucion de prestre. Quand ihesucrist congneut leurs cogitacions, il leur demonstra par plusieurs raisons quil faisoit ses oeuvres par la vertus et operacion du saint esperit, et non pas par beelzebub. Le saint esperit est comparé au doigt de la main pour troys causes Premierement pour sa procession, car ainsi que la main et les bras p cedent de la substance du corps/ et le doigt de la main et du bras et du corps/ pareillement le filz procede du pere/ et le sainct esperit procede du pere et du filz. Secondement pour la particion, car ainsi que a ung doigt sont plusieurs articles et ioinctures distinctes et separees lune de lautre/ aussi sont plusieurs dons et divers du sainct esperit. Tiercement pour loperacion, car ainsi que la main et le bras font leur operacion par les doigtz/ pareillement le filz de dieu fayt ses oeuures par le saint esperit. Le filz de dieu est dit la main et le bras du pere/ pource quil fait toutes choses par luy. Jhesucrist donc respondit a leurs cogitacions, en quoy il demonstra sa diuinite/ car seulement appartient a dieu/ sauoyr et cognoystre les cogitacions et les pensees des hommes Et respondit a leurs pensees a ce quilz fussent contrains de croire en luy Car comme dit crisostome/ combien que la suspicion qlz auoient estre ihucrist fust raisonable, toutesfoys pour la crainte qlz auoyent du peuple ne losoyent clerement demonstrer Et puis par troys raisons qil ne gecte point les diables/ par les dyables des corps des gens La pmiere est telle Se ie boute hors les diables des corps des psonnes par aulcun aultre diable qui luy est familier/ y fault quil y ayt deuision entre eulx/ et par ainsi la puissance du dyable pas longuement ne dureroyt. Et en ce est demonstre laduenement de ihesucrist par son humanite/ par laquelle la puyssance du dyable luy deuoyt estre ostee. Et pource il disoyt que tout royaulme qui est deuise en soy et contre soy par les discordes des princes/ qui bataillent lung contre lautre/ sera a la fin perdu et desole. Et mesmes vne cite ou vne maison deuisee par voulentes contraires/ ne se peut longuement tenir en bien/ quelle ne viegne a ruyne et a perdicion. Car cõme dit sainct iherosme/ par concorde et paix les petites choses croyssent grandes/ et par discordes et noises les grandes viennent a nyant. Jhesucrist fait son induction en troys choses/ cestassauoyr on royaulme/ en la cite et en la maison/ soubz troys manieres de vnites/ soubz lesquelles viuent les hommes en ce monde. Car aulcuns sont qui viuent seulement soubz vne loy ou ordonnances de prince/ et telz sont entendus par le royaulme. Les aultres sont qui viuent soubz aulcunes coustumes/ et ceulx cy sont entendus par la cite. Les aultres sont qui viuent ensemble de vne mesme viande/ et sont entendus par la maison. Il print aussy exemple en ces troys choses/ comme aux grandz/ aux moyens/ et aux petis/ affin que par ce leur demonstrast que sa raison estoyt meilleure a entendre et plus forte. Crisostome En ce monde nest riens plus puyssant/ ne plus fort que vng royaulme/ et toutesfoys par altercacion et debat il deffault et vient a nyant. Et par plus fort on peut ainsi dire de vne cite ou maison/. Certes soyt grande chose ou petite/ quand elle est deuisee et guerroyee côtre elle mesmes/ elle vient toute a perdicion Et se dist ihesucrist/ a mon commandement vng dyable gecte et boute hors vng aultre/ il est clair que leur royaulme est deuise entant quilz bataillent lung côtre lautre/ et pource leur puissance ne peut auoyr longue duree. Par quoy il appert clerement que ihesucrist est le vray prophete promys par les escriptures/ a laduenement duquel la puissance du diable deuoit estre diminuee/ et baissee. Or le royaulme des dyables est en ce quilz tiennent les mauuays hommes subgectz a eulx. Et donc quand ilz sont mis hors des creatures par la puissance de dieu/ il est tout euident que par ce leur royaulme en est amoindry et diminue. Mais se encores ilz ont puyssance sur les creatures/ il fault dire que leur royaulme est en vigueur/ et a puissance/ et qil nest pas en soy deuise Moralement lame de la creature/ est le royaulme deuise/ quand la sensualite rebelle a rayson/ par quoy tel royaulme est deuise et desole/ entant que dycelluy se despart ihesucrist/ et y entre le dyable Aussi toute ogregacion ou nya paix ne concorde/ est bien le royaulme deuise/ en tant que en elle regnent deux sathans/ lesquelz vng cheskun veult deffendre et accroystre sa part/ et par ainsy telle congregacion ne peut longuemēt durer. Mais helas au iourduy on trouue pou de gens q ayent autant de cōcorde a faire biē cōme les dyables ont a faire mal, car combien que les dyables soyent en nōbre infiny, touteffoys ilz sont tous dung accord, entant q tous desirent a mal faire. Pleust a dieu que les hōmes fussent ainsi concordans a faire bien, en soy aidāt lung a laultre a prcffiter. Apres ihesucrist le prouue encore pvne aultre raison, q est telle. Bouter hors les dyables des corps des creatures par moy et par voz enfans, est par vne mesme puissance, et touteffoyz vous dictez quilz ne font pas telles choses par la puissance du dyable, parquoy ne moy aussi. Donc se vous dictes que par lauctorite de beelzebub ie boute hors les dyables, voz enfans, cestassauoyr mes apostres q sont descendus de vostre lignee, en quelle puyssance les gectēt ilz hors des creatures. Cōme se il leur disoit Quand vous ne poues actribuer le deboutemēt des ēnemys faitz par voz enfans si non a la vertus diuine, par cōsequant aussi vous me le deuez actribuer. Et pource ilz seront voz iuges en vo condāpnant de la mensonge q vous dictez contre moy, car ilz sauent bien de vray q auec moy nont point aprins mauluays art.

Apres quil a declaire la faulsete il concluđ la verite, en demonstrant, q puys quil ne gecte pas hors les dyables des corps des creatures par la vertus dyabolique, il fault quil les mecte hors par la vertus de dieu, car on ne peut donner aultre moyen. Il dist donc, Se ie mectz hors les diables par la puyssance et vertus de dieu, et ainsi boute hors le royaulme du dyable, sans nulle doubte le royaulme de dieu est venu en vous, cest adire moy filz de dieu suys venu qui dois par droit regner en vous, et le royaulme du ciel est onuert a ceulx qui veritablement croyrōt en moy. Or quād ihesucrist eut prouue euidēmēt q le diable nest pas vray acte^x de miracle, il prouue par plusieurs raysons nestre pas ministre du dyable. La pmiere raison est telle. Le ministre et seruiteur, nest pas plus puyssant q son

maistre, et ie suys plus puissant que le diable, par quoy ie ne puys estre son ministre et son seruiteur. Cecy ie le pue et monstre par telle raison, et diz aisi. Nul ne peut entrer en la maison de aulcun fort, se pmierement nest par plus fort suppedite et vayncu, et adonc luy vaincu et surmōte, le plus fort luy pourra oster son harnoys et ses armeures, et tout ce qui estoit en sa maison, et en faire a son plaisir. Or le diable est fort quāt a la force naturelle, duql il est escript au liure de iob, q̄l nest puissance sur la terre qui luy soit a cōparer. Ses armeures sont ses astuces τ mauluaistiez et toutes manieres de pechiez, et le mōde est sa maison en laq̄lle il presidoyt et estoyt maistre iusques a la venue de ihūcrist par son incarnacion. Ses vaisseaux et sa despoylle sont les hōmes q̄l tenoit en sa puissāce, lesqlz il auoyt deceuz. Luy donc gardāt sa maison toutes ses choses estoyēt en paix, pource que nul ne luy resistoit, et encore toutes les choses q̄l possede sont en paix, cestassauoir toutes les p̄sonnes q̄ luy obeissent, car ainsi q dit saint gregoyre, il ne luy chault de dōner vexacion a ceulx q̄l voyt faire sans contredit sa voulente. Mais ihesucrist est venu en ce monde τ luy a diminue sa puissance et oste tout ce en quoy il auoyt fiance, et a surmōte ses tēptacions, en virilemēt luy resistant et en souffrant mort paciemment, et la gecte en ēfer, τ luy a moindre ses cautellez et astuces. Luy a oste ses subgecrz, ce sont les pecheurs, lesquelz il a assignes a diuers offices ecclesiastiqs, car aulcuns a faitz apostres, aultres euangelistes, aultres p̄phetes, aultres docteurs, et pource on voyt clerement q̄l est pl̄ fort q̄ le diable, et nest pas son seruiteur. En ce monde ne deuōs pas estre en trop grant seurete quād nous voyons q̄ nostre aduersayre est si fort. Aussi ne nous deuons pas desesperer, car nostre prince et seign̄ ihūcrist est plus fort q̄l nest Crisostome. On ne doyt point craindre vng ennemy bien fort, quand on a vng prince qui est plus fort. Et pource labourōs et soyōs sur nostre garde, affin que en la fiāce et seurete de nostre prince, surmōtons et

oo iiii

contēpnons nostre aduersaire, car se nous bataillons virilemēt contre luy, certez nous serons plus fors que luy. Et se nous sommes negligēs et tepides, il sera maistre de nous, car riens ne le fait fort, si non nostre paresse et negligence de luy resister. Gregoyre. Quand de bon couraige on resiste au dyable il est debile cōme vng petit vermet de terre, mais quand on recoipt sa tēptacion, il est fort cōme vng lyon. Et pour ce ses temptacions sont grandes et fortes quand on a seulement le regard a sa propre force, mais quand on tourne sa consideracion a dieu qui est le trespuissant, tout ce q̄ lennemy peut faire, nest que ieu et vmbre.

Apres il mect la seconde raison, ⁊ est telle. Le maistre et le seruiteur concordent, et sont de vne mesme voulente, mais moy ihesucrist et le dyable, sommes de contrayre voulente, parquoy cōcluyre conuient, que ie ne suys pas ministre du dyable. Et cest ce q̄ dit leuangile. Qui non ē mecum. Celluy q̄ nest auec moy et concorde a ma voulente en bien, est mon aduersaire et contre moy, et le dyable qui desire a deceuoir et prendre les ames, lesquelles ie crist desire sauluer est tel, ergo ie ne suis pas son varlet Nostre seigneur veult retirer les creatures de pechie et les prouoquer a vertus, et lennemy les veult tirer a mal pour les auoyr a la fin. Iherosme. Le dyable qui nest pas dune voulente auec nostre seigneur est cōtre luy, entant q̄l veult tenir en captiuite les ames, lesquelles ihesucrist veult mectre en vraye franchise. Apres il mect vne semblable raison, en disāt, que les oeuures du maistre et du seruiteur, sont semblables, mais celles de ihesucrist et du dyable ne le sont pas, parquoy appert q̄l nest pas varlet du dyable. Et est ce quil dit. Et qui non colligit. Celluy qui ne assemble auec moy p vraye vnite de foy, dissipe et despart tout Or tel est le dyable q̄ a seme en sainte eglise plusieurs erreurs et heresies. Bien donc appert que les oeuures de ihesucrist et du dyable sont diuersez, entant que ihesucrist assemble tout ce qui estoyt par mal espandu, et le dyable ce qui estoit assemble deuise. Certes en toutes manieres le dyable est contrayre a ihesucrist, entant quil nest point concordant a luy par bonne voulente et par operacion. De quoy dit ainsi crisostome. Celluy qui nest pas auec moy pour assembler les ames a bien, ne peut estre mō vray compaignon, pour mectre hors des corps les ennemys, mais plus tost ce q̄ est myen se estudye deuiser et espandre, et dissiper, ainsi que fait tous les iours le dyable. Apres quil les a bien instruitz et enseignez selon verite, il leur demonstre leur comminacion et leur sentence de dampnacion. De quoy dit crisostome. Pource que nostre seigneur auoyt respondu aux pharisees doulcement, en soy excusant, maintenant leur fait paour en les menassant, quād il leur dit. Pource que vous ne voules obtemperer a mes raisons, et aux oeuures q̄ ie faiz, mais qui plus est estes durs de cuer et comme insensibles, et me blasphemes, ie vous dys que tout pechie et toute blaspheme procedente de ignorance et de humayne fregilite, sera pardonnee aux hommes, cest a dire quelle est remissible de soy, et dieu la peut pardōner, mais qui dit blaspheme contre le saint esperit, a peyne peut auoyr pardon, pource que tels pecheurs, iamays ou a grand difficulte, font vraye penitence. En quoy clerement appert la differance entre pechie, blaspheme, et esperit de blaspheme, car les deux pmiers sont remissibles, mais le tiers a grande difficulte, entant quil est contre le saint esperit. Et de pechie contre le saint esperit sont six manieres, cest assauoir desperacion, presumpcion, obstinacion, non soy point repentyr de son pechie, enuye de la grace et du bien que dieu donne a son prochain, et impugner la verite cogneue. Encore est assauoir que qui commect pechie, p mect contre soy ou cōtre son proyme, mays qui p mect blaspheme peche contre dieu. Aulcuns pechēt par contraincte, et tels pechent contre le pere par enfermete q̄ est a la puissance du pere, les aultres par deception, ⁊ tels pechēt contre le filz par ignorance qui est contrayre a la sapience du filz. Et ces deux manie res de pechié, sont simplement blaspheme, et est pardonne par penitence, car il ya quelque excuse. Mays aulcuns sont qui blasphement de vraye estude, et par malice, et telz pechent contre le sainct esperit, entant quilz font tout par malice, et tel pechié est appelle lesperit de blaspheme. Or au peuple, auql ihuchrist pschoyt estoyt simplement le pechié de blaspheme, mais aux pharisees qui estoyent plus savens, estoit le pechié de lesperit de blaspheme, entant q̄ par envye ilz impugnoyēt les bōnes oeuures de ihesucrist, lesquelz pechiés comme dit saint augustin, combien que de langue et de parole pou de gens les commettent, touteffoys plusieurs les cōmectent par le male et peruerse vie. Saint bernard declare les pechiés deuantditz en telle maniere. On actribue puissance au pere, sapiēce au filz, et amour au saint esperit. Quand dōc nous pechons par fragilite, nous pechōs contre le pere, auquel est actribuee puissance. Quand nous pechons par ignorance, cest contre le filz, auquel est actribuee sapience. Et quand nous pechons par malice, cest contre le sainct esperit, entant que nous pechons contre amour. Et pource quand on peche contre le pere et le filz, tel pechié peut estre pardonne en ce monde ou en lautre, entant q̄ tel pechié est par fragilite ou par ignorance, et ainsi quil a aulcune excusacion de peche. pareillement doit auoyr aulcune remission en la peyne, soit en ce monde quand il a vraye desplaysance de son pechié, ou en lautre, se mesmes perseueroit en mal, entant que la peyne quil sentiroit seroit plus legiere que ne seroyt de vng aultre pechié. Mais quand aulcun peche par malice, pource que tel pechié na nulle excuse, la peyne ne doit auoir nulle remission, car se mesmes ilz en ont repentence en ce monde, on leur doit enioindre pleyne satifacciō de porter aulcune peyne le temps de leur vie por auoyr commys telz pechiés, et se ilz ne seu repentent en ce monde, auront pleyne et tresgrande punicion en lautre, entant quilz nont voulu fuyr tel pechié. Non pas que pardon soyt refuse ou denye a ceulx qui parfaictement se repentirōt de leurs pechez, mais pource que iuste et pleyne retribucion est deue a vng tel et si grād pechié. Donc lesperit de blaspheme ne sera point pardonne a la personne qui le commect, non pas que remission et pardon luy soit refusee se elle en a repentence, mais pource que remission digne ne peut estre donnee au pechié qui desoy na nulle excusacion. Le pechié est celluy duql dit sainct iehan en sa canoniq, quil est vng pechié qui donne la mort a lame, lequel est selon sainct gregoyre quand on perseuere en son peche iusques a la mort sans soy amender ou repentir. Pour tel on ne doyt point prier, car le pechié qui en ce monde nest corrige et amende, apres ceste vie on en demande pour nyant pardon, car on ne len peut obtenir. Parquoy appert que obstinaciō est le propre peche ōtre le sainct esperit, laquelle procede de presumpcion ou de desesperacion, car celuy qui trop presume de la misericorde de dieu, en disant q̄ des pechiés quil faict en ce monde, ne sera point puny, est obstine, et de iour en iour adiouxte peche a pechié. Aussy celluy qui se desespere de la misericorde de dieu pour la grandeur et multitude de ses pechiés, en croyant que la misericorde de dieu nest pas souffisante pour luy pardōner, est pareillemēt obstine, et se laisse cheoir d̄ peche en peche iusq̄s a ce q̄l viēgne a eternelle dāpnacion. Et combien que tout pechié qui est commys soyt contre la benoiste trinite, touteffoys le pechié de obstinacion est actribue au sainct esperit qui est lamor du pere et du filz, et la bonte de lung et de lautre qui est la naturelle propriete de la diuine essence, et par lequel to9 pechiés sont pardonnes. Et pource celluy qui se desespere ou qui trop presume, specialement fait iniure a celluy, auquel est actribuee bonte et amour, parquoy on a remission des pechiés, entant q̄l pense quil soit iniuste ou sans misericorde, car ainsy que par sa grande misericorde il pdōne les pechiés, pareillemēt d̄ sa grāde iustice il ne les laisse point sans aulcune punicion. Tout bien fait pour la mour de dieu est remuneree en ce monde ou en lautre/et tout mal aussi est puny. Ainsy donc que vne maladie est dicte incurable/ quand on oste les remedes/par lesquelz la maladye peut estre guerie/cõbien que dieu de sa puissance infinie puisse donner guerison a toute maladie. pareillemẽt le peche qui est contre le saint esperit est dit irremissible/entant q̃ celluy q̃ le cõmect cõtempne et mect hors de soy les choses/par lesquelles peche peut estre euite/et quand il est cõmys peut estre de dieu pdõne/cest assauoir la craincte de la diuine iustice/ et esperãce den auoir pardon /et aultres telles choses cõbien q̃ dieu par son infinie bonte/τ de sa puissance absolue puisse pardõner a ceulx qui ont vraye repẽtence tõ les pechies cõmys en ce mõde/tant grandz soiẽt/car onc peche ne surmonta la grande et infinie bõte et misericorde de dieu. De ceste matiere dit saint augustin Je vous dis mes freres que a peyne en toute la saincte escripture on ne trouue plus grãde q̃stion ne plus difficile a souldre/q̃ de ce que nostre seigneur dit qui blasphemera contre le saint esperit nẽ aura perpetuellemẽt remission. Non pas q̃ ce soit a entẽdre q̃ de toute blasp̃heme cesse dure sentence soit dõnee/mais de aulcune maniere de blaspheme/de la q̃lle po² noº en garder/veult q̃ noº en demãdons pdon Et telz sont ceulx qui ont le cueº dur a fayre penitence des pechies et deffaultz quilz ont faitz/et actẽdent a la fin de leur vie. Et de telle inpenitence est entendu lesperit de blaspheme le q̃l nest point pardonne ne en ce monde ne en lautre. Telz pechẽt cõtre le saint esperit/par la grace duq̃l tous les pechies sont pardonnes a ceulx qui en ont vraye pẽtence. Certes cest grãd mal a la personne qui peut auoir de dieu pleyne remission de ses pechies/q̃ par la durte de son cueur elle prouoque la grãde ire de dieu cõtre elle au grant iour du iugement/auquel sera rẽdu a vngchescun selon le biẽ ou le mal q̃l aura fait Ce est bien droit q̃ vng cueur dur et inpeniteẽt iusq̃s a la fin de sa vie ne peut auoir remission de ses pechies ne en ce mõde ne en lautre/pource que penitẽce est cel-

le q̃ empetre de dieu remission des pechies en ce monde/et ainsi on a repoz en lautre. Toutesfoys quelq̃ grãd pecheur q̃ soit viuant ne doit point estre iuge/car la misericorde de dieu est plus grãde q̃ tout peche q̃ soit en ce monde. On ne doit de nul desesperer /tant q̃ la pacience de dieu le soubstient et lendure/car il ne prent point playsir a la pdicion du mauluais/mais q̃l se cõuertisse a biẽ. Et pource quand la personne na poit le cueur endurcy a mal/tous pechiez q̃lle peut faire en ce monde contre le saint esperit ou aultre/par vraye penitence luy pouent estre pardõnes. Mais quand on est obstine a mal/cõment le pechie contre le saint esperit peut estre pardõne q̃ est si grand quãd mesmes a cause de telle durte les aultres moindres ne sont mye pdonnes. Il est donc tout euident q̃ aux personnes/ausquelles nest pas ceste durte et ipenitence/tous les pechies par la bonte/et misericorde de dieu/et par penitence/leur peuuent estre pdonnes/entant q̃lles nont pas en elles ce qui repugne a pdonner/qui est durte de cueur. Et en ceulx ausquelz telle durte et obstinacion de cueur est trouuee iamays tant quelle est en leur cueur/leurs pechies ne sont pardonnes/pource q̃lle repugne a ce par quoy tous pechies sont pardonnez qui est la grace du saint esperit Or reste vng seul remede/a ce que tout peche/ tant contre le saint esperit q̃ cõtre dieu soit pardõne/cest que on se doit garder souueraynement de non estre en son mal obstine et en son cueur endurcy/car quelque penitence q̃ on face nest prossitable. si non entãt q̃ la persõne est pioincte par amour en vniõ de saincte eglise/et en la grace du sainct esperit/par laquelle est donnee remission aux creatures. En apres pour rabatre et corriger lerreur des pharisees/il leur demonstre soubz la similitude de vng arbre/cõment ses oeuures ne sont pas faictes par la vertº de lenemy/mais p̃ la vertº diuine/ et de dieu/en disant. Il fault que vous dictes que se vng arbre est bõ/et son fruyct aussi/et sil est mauluays/et pareillement son fruyct. Il prent ycy larbre pour le commancement des oeuures/et le fruyt pour ycelles oeuures/car la nature de vng arbre est que quand il est bon/il fayct bon fruyct/et quand il est mauluays/il le fayct mauluays. Et pource que les oeuures de ihesucrist estoyent bonnes et salutayres/et non pas mauluayses/il conclud/que le commancement parquoy il les faysoit/estoyt bon et sainct. Augustin. Nostre seygneur nous admonneste que soyons bons arbres/a ce que puyssons fayre/et auoyr bon fruyct. Or le pas de leuangile/onquel est dit que on soyt bon arbre/et que on face bon fruyct/est commandement salutayre/auquel deuons obeyr/et celuy onquel est dit que on face mauluais arbre/et mauluays fruyct n'est pas commandement que on doyt faire/mais admonicion qu'on s'en doit garder de le fayre. En apres par la similitude de l'arbre il demonstre la racine de la mauluaytie que auoyent les pharisees contre luy par leur male enuye/car combien que premierement cognussent bien ihesucrist/touteffoys pource quil les reprenoyt de leurs vices/conceurent vne hayne contre luy/par laquelle ilz cheurent de leur premiere cognoissance en grand erreur.

Par telle enuye est souuent puerry le vray iugement de raison/en tant que tout ce que on fait de bien/par telz est interprete a mal. Donc il leur demonstre quilz estoyent mauluays arbres/et quilz faisoyent mauluays fruit/en disant. Progenies viperarum. O lignee z enfans serpentins tous pleyns de venin/lequel par vostre male enuye vous aues tyre de voz parens qui ont persecute les prophettes et sainctes gens du temps passe/come pourries vous bien dire quand vous estes tous mauluays. Come sil leur disoyt. Vous estes mauluays arbres/et ne pouues fayre bon fruyct/et pource vous ne pouues bien dyre de moy. Les enuyeur pouuent bien prescher aux aultres choses vtiles et proffitables/mays quand a eulx ne leur proffite rien a merite. Crisostome. Il ne se peut faire que le germe ou arbre p duyse de terre chose qui ne soyt selon sa racine mucee en terre. Or la voulente de la p

sonne est la racine/et les poles/et les oeuures sont les fruytz de la voulente. Et pource par les parolles et par les oeuures/vng chescun monstre quel cueur il a. Et c'est ce q dit nostre seigneur. Ex abundancia cordis os loquitur. La bouche parle de l'abondance du cueur/c'est adire que par la locucion de la bouche/on peut entendre la locucion du cueur et de l'oeuure. Considere a la grande confusion des mauluais/et a la louenge des bons/ce que dit nostre seigneur/que la parolle procede de la grand abondance du bien ou du mal qui est on cueur/car ce q procede exteriorement par la parolle est de la superfluite qui est on cueur. Enquoy ihesucrist reprenoit fort les pharisees/car se leurs parolles estoyent mauluaises on peut penser que la racine dont elles procedoyent estoyt plus mauluaise/et ce estoit leur cueur. Gregoyre. On doyt bien auiser de garder son cueur de mal/car il n'est moment de temps q de dieu ne ayons du bien/q nous pensons ou disons retribucion/aussi du mal dit fait on pense aulcune punicion. Et pource que la bouche parle de l'abondance du cueur/il dit apres que le bon homme de son bon tresor profere tout bien/et le mauluais de son mal tresor profere tout mal. Comme sil disoyt faulx pharisees. Pource q vous estez tous mauluais/vous ne pouues proferer de vostre cueur que tout mal. Ainsi q dit la glose/le tresor du cueur de la personne/est son intencion selon laquelle dieu iuge l'oeuure. Et ainsi que aulcun a plus grande charite en donnant vne petite aulmosne que vng aultre a chanter vne messe/pour la grande charite q a celluy qui donne l'aumosne/il a plus grand merite euers dieu/q na celluy qui fait vne grant oeuure en petite charite/car dieu ne regarde pas l'oeuure q on fait/mais la remunere selon la grande charite et bonne voulente/de laquelle elle procede. Apres quil a procede en prouuant et arguant et reprenant les pharisees/maintenant il procede en les menassant et demonstrant que ce n'est pas vng petit vice ou peche de mal parler d'aultruy/mais grand et bien a punir/et dit De omni verbo ocioso

Les creatures raysonnables rendront rayson et compte a dieu au iour du iugement de toutes les paroles/non seulement males mais oyseuses/cest quilz ont dictes sans necessite ou vtilite. On voyt pcy quelle punicion est deue a ceulx qui parlent paroles nuysantes a aultruy/ou dequoy peut venir aulcun dōmaige soit corporel ou spirituel/ quand des petites fault rendre compte Come se nostre seigneur disoyt selon saint Iherosme. Celle parole oyseuse nest pas sans peril de celluy qui la dit mais fault quil en rende cōpte au iour du iugement/et de toutes celles quil aura dictes/sil nen fait penitence entāt quil est en ceste mortelle vie/ Par plus fort vous pharisees deues rendre compte de la blaspheme et des males paroles q̄ vous dictes contre les oeuures du saint esperit. Vous dictes que les oeuures que ie fais sont par la vertus de beelzebub/et non pas de dieu. Icy doyuent bien considerer les detracteurs z ceulx qui par leurs males parolles diminuent la bōne renōmee de leurs prochains/en disant que tout ce quilz font est ypocrisie/et non pas pour bonne fin/et pour amour de dieu. Iherosme. La parole oyseuse est celle qui est dicte sans vtilite de celluy qui la dit ou de celuy qui louyt/cōme seroit dire/ou raconter choses friuoles ou de nulle edificacion. Mais se aulcun estoyt qui dist parolles de scurrilite/ou aultres mouuantes a ris/ou dissolucion/ou semblables males paroles et laides/telles parolles sont reputees deuant dieu criminales et non oyseuses/et pource la perfection de humayne vie est constituee a bien penser ses parolles ainçoy quon les pfere de bouche. car cest grāt peril de dire paroles/ausquelles ny a nulle edificacion/ne pour ceulx qui les dient/ne pour ceulx qui les oyent. Origene. Toutes les parolles sont vaynes et de nul pfit/ausquelles ny a chose qui prouoque a aymer ou craindre dieu/ou pour garder ses cōmandemens. Gregoyre. La parolle oyseuse est celle qui est proferee sans necessite/ou sans entencion de piteuse vtilite. Se donc de la parole oyseuse et des petites cogitacions/fault rendre compte au iour du iugement/on doit bien penser que ce sera des grans/car il est a croyre et a tenir que dieu considere si estroyctement les voyes de vne chescune creature/et les nombres que mesmes les trespetites cogitacions et les petites parolles/desquelles nous ne tenons compte/ne passeront point sans estre fort discutees/et sans estre punyes Crisostome. On ne doit pas entendre q̄ la parole oyseuse soyt celle seulement qui sonne mal/mais aussi celle qui est dicte sans aulcune edificacion/ou de ceulx qui la dyent/ ou de ceulx qui louyent. Se donc pour bōne parolle et oyseuse nous deuons rendre compte a dieu/quelle crainctre deuons nous auoyr des mauluaises se nous les disons Et sil fault rendre compte a dieu des mauluaises parolles/que sera ce des mauluayses oeuures. Il est escript aux prouerbes que la mort et la vie est pstituee en la puissance de la langue. Et pource vne chescune personne deuant dieu sera iustifiee par ses parolles/se elles ont este consonantes a bōte/proferees par raison/et selō les circonstances qui sont requises/ou sera condempnee se elles ont este males et sans pfit spirituel. Et la cause est pource que vng chescun est maistre/ou de se taire ou de parler/sil nest fol et sans raison. Crisostome. Nostre seigneur fait icy vng bien doulx iugement/entāt que la personne ne sera pas de luy iugee de ce que les aultres aurōt dit delle/mais seulement de ce quelle mesmez aura de sa bouche dit et profere/car vng chescun est constitue deuant dieu/ou iuste ou pecheur selon la bonne ou male voulente quil a en son cueur. Or la voulēte est congneue bonne ou mauluaise par troys choses/cest par les cogitacions/locucions/et oeuures. Nous sommes dōc icy enseignes cōment nous deuōs garder nostre langue et pment ne deuons point pler de mauluaises paroles ou oyseuses/car ainsi q̄ le vaisseau qui nest point couuert par dessus/est tantost ort par dedans/et sil y a aulcune chose chaulde/tantost est refroydye/pareillement est il de nostre cueur/car se nostre lā

gue n'est gardee discretemēt, toute la chalē-
spüelle de nr̄e cueur sera de legier refroidie
et perdue, et s'il estoyt sera sale et ort. Certes comme dit sainct gregoyre, ceulx qui se
laissent cheoyr en plusieurs langaiges et
parolles vaynes, sont hors de l'estat et du
chemin de toute sainctete et rectitude. Et
po² ce souuent nous deuons faire a dieu la
raison que faisoit le psalmiste. Pone domine custodiam ori meo ⁊c. Sire metz garde a ma bouche, et vng huys de circunstā-
ce a mes leures. Crisostome. On doit garder aussi diligemment sa langue de mal dyre
cōme on feroyt vne vierge de non estre corrompue. La langue est comme vng cheual
royal auquel quand on luy mect vng bon
frain, et que on luy aprent a cheminer discretement et composeement le roy se mectra dessus. Mais se on le laisse sans estre
gouuerne et sans frain, sera malicieux, et
la langue sans frain sera comme instrumēt
du diable, et fera moult de tribulacion a l'a-
me. Gregoyre. Bien ouure la bouche a
ceulx qui parlent bonnes paroles et de luy
mais le dyable ouure la bouche a ceulx qui
mentent et dient faulx tesmoygnaiges, et
paroles males et destriouilite de detractions ou opseuses sans nul proffit. C'est donc
grant peril de parler de choses seculieres ⁊
vaynes. Il y a plusieurs choses diuines et
vtiles, desquelles on peut parler. Ambroyse. Ce n'est pas petit peril parler de choses
vaynes et du siecle, en laissant parler de dieu et de ses oeuures. Sur toutes chosez deuons bien garder que ne parlōs mal d'aultruy. Augustin. Regarde cōmēt tu te courrouces quand aulcun parle mal de toy, car
pareillemēt tu te dois courroucer a toy mesmes quād tu vois q̄ tu es enclin a dire mal
d'aultruy. Et ne souffit pas a nous garder
q̄ ne dysons paroles de detraction sur aultruy, mais nous fault garder de mesmes
les ouyr quād aulcun les dit, car s'il n'estoyt
nul escouteur, ne seroit nul detracte². Bernard Dire mal d'aultry par detraction, ou
voulentiers ouyr le detracteur, ie ne sentē-
cie pas de legier, lequel enuers dieu est le
plus dampnable et abhominable, car le dy-

able syet et sur la langue du detracteur et
sur l'oreille de l'auditeur. On se doit bien
garder de parler parolles contencieuses,
et mouuans noysez, pource q̄ souuent telles paroles sont cause de grans maulx.
Crisostome. Paroles contencieuses et de
alteracion quand elles sont longues, nayssent de vayne gloire, c'est a dire de amour ⁊
desir de auoyr victoire de celluy a qui elles
sont dictes, car nul ne dit telles paroles longues et repliquees, excepte ceulx q̄ ont desir de vaincre ceulx contre lesquelz ilz parlent. On repute estre grand gloire quād p̄
paroles ou aultrement on peut vaincre son
prochain, mais on ne pense pas qu'on met
a mort son amy, et pource de telle occision
de son amy on en rendra compte deuant dieu. Et combien que de glayue on ne le tue
pas, touteffoys on le tue par grādes et ay-
gres paroles contencieuses et ryoteuses q̄
on luy dit. Encorez nous deuons bien garder de iuger nostre p̄chain, soit de fait, ou
de parole, ou de cogitacion. Crisostome.
Nostre seigneur dit, que selon les paroles
que on aura dictes en ce monde, on sera iuge, soyt a gloyre ou a peyne. Le pharisee
disoit toute verite, mais par deffault d'une
circonstance fut reprouue de dieu. Celluy
qui fait aulcune faulte, il a son iuge dieu q̄
luy rendra selon le bien, ou mal qu'il aura
desseruy. On se doipt bien garder de vsurper ce qui appartient seulemēt au filz de dieu, c'est assauoir iugement d'aultruy. Mais
se on veult iuger on doit trouuer vng iugement moult vtile, et fructueux, c'est que on
face seoir en sa conscience son entendemēt
comme iuge, et deuant luy qu'on face venir
par memoyre to² les deffaultz q̄ on a faitz
et la on se accuse veritablement sans faintise, en demandant veritablemēt pour q̄lle
occasiō on a fait telz deffaultz. Et s'il aduiēt
que ta conscience te suggere a iuger et discuter les faictz des aultres. Responds
luy. Ie ne t'ay pas appellee po² discuter de
telles chosez, mais seulemēt po² toy accuser de ce q̄ tu as fait de mal. Regarde toy ⁊
nō pas les aultres. Et se on voit q̄lle recule
⁊ q̄ luy semble q̄lle n'ait riēs fait, on ne doit

pas cesser pourtant/mais se doit on efforcer de luy faire dire verite/en ayant paour quelle soyt trop esleuee et orgueilleuse/et hors de soy par aultres euagaciõs Et iusques a ce q̃lle se cognoisse pfaictement/on doit ͂ptinuer de iour en iour tel examen/en mectãt deuãt les peynes denfer/les ioyes d̃ paradis/le ver et remors de conscience/et cõmẽt telz seront mal silz ne se repentent. Et se on voit q̃ par telles consideracions elle ayt doleur et aulcune cognoissance de ses deffaultz/on ne doit point cesser/mais de iour en iour ͂ptinuer telle discussion par laquelle lame souuent est deliuree de mort eternelle/τ yra seurement au grãd/estroict et terrible iugement de dieu Et de ce faire no9 admõneste saint paul/en disant. Se selon verite nous no9 iugõs selon ce q̃ nous sentons en nostre consciẽce/iamais de dieu nous ne serons iugez. Moralement en noz paroles nous deuõs cõsiderer cĩcq choses/cestassauoyr ce que nous disons a qui nous plons/ou nous parlons/quãd nous parlons/et cõment no9 parlons. Ce sont les cinq doigtz en la main de la lãgue Ce q̃ nous deuons parler/lapostre saint paul le determine en disant. Uostre parole soyt tousiours affectee du sel de la grace de dieu/cest adire q̃lle soit agreable τ vtile sans mal ou occiosite/Or toutes parolles sont opseuses qui sont sans vtilite ou inhõnestes/ou nuysantes a soy ou a aultruy. Les paroles sont inutiles qui ne proffitẽt ne a ceulx q̃ les dient/ne a ceulx q̃ les oyẽt Les polles sont inhõnestes q̃ ne sont pas cõuenables a la dignite du plãt ne de lescoutant. Les paroles sont nuysibles q̃ meynẽt la personne q̃ les oyt a erreur/ou a aulcune mauluaise puersite. A qui nous deuõs parler le saige no9 le monstre quand il dit q̃ nous ne deuõs pas longuemẽt pler auec vng fol Donc quãd on veult pler auec aulcun/on doyt fort penser se on veult parler po2 soy mesmes ou po2 luy. Et se on veult parler pour luy/on doit peser sil a besoig de la correction quon luy veult faire/ou sil prendra bien les parolles que on luy dira.

La tierce cõsideracion est du lieu ou on doit parler. car il y a aulcuns lyeux/ausq̃lz on ne doit point pler/cõme les lieux saintz des eglises. Aulcuns sont ou on doit pou parler/cõme on lieu ou on prẽd sa refectiõ Aulcuns ou on doit pler modereement/cõme aux lieux/ausquelz est pmys de parler cõme est on locutoyre des religieux. Le sage aussi demonstre quãd on doyt parler en disant/quil est vng tẽps õquel on se doit taire/τ aulcun/onquel on doit parler On se doit taire aulcuneffoys pour lenfermete des auditeurs/aulcuneffois pour euiter q̃ on ne soit trop pcipitant a parler. aulcunes foys pour la reuerance de celuy a q̃ on parle/aussi aulcuneffoys pour les desmerites et indignitez de ceulx a q̃ on ple La quite cõsideracion est cõment on doyt parler/cest assauoir en quelle maniere/en q̃l son/et en q̃lle signification. On doit auoir en plant vne maniere simple et humble/le son doyt estre doulx et amoureur/et la significaciõ doit estre vraye sans fiction. En brief toutes les choses deuãt dictes peuuẽt estre cõprinses en deux choses: cestassauoyr q̃ on parle pou et bien rard/cest q̃ on desire plus se taire q̃ parler Seneque Sur toutes choses disoit seneque a son disciple ie te ͂pmã de q̃ tu soiez trestardif a parler Garde q̃ ce que tu veulx dire aux aultres/tu le te dyes pmier/τ ce q̃ tu veulx q̃ soit tenu secret/garde de le dire a aultruy/car aps q̃ tu lauras dit/tu ne le pourras faire q̃ celuy a qui tu las dit soit secret/veu que tu ne las mye este toy mesmes. Mais au iourduy plusieurs sont/nõ seulemẽt seculiers/mais religieux lesq̃lz sans cause raisonnable se courroucent aux aultres/en leur mõstrãt laist visaige/en tournant les yeulx/et en parlant laidement/et demonstrẽt bien par telz signes le dyable estre en leur ame Et sont semblables a dacien q̃ martirisoyt saint vincẽt/ou q̃l dit saint augustin Celuy q̃ possedoit dacien/estoit bien monstre par la grand voix furieuse/par les yeulx to2 nees en la teste/τ par les gestez desordõnez de tout le corps. car p telz signes visibles/le dyable q̃ estoit dedãs se demõstroyt/cõme feroit aulcune chose enclose quant le vaysseau creueroyt Ilz sont a lopposite Aulcuns sont a loposite q̃ ainsi q̃ les deuant ditz empeschẽt leurs proymes par leurs parolles indiscretes, ainsi les empeschent par trop tenir indiscretement leur silence, desquelz parle le bon abbe ioseph aur collacions des peres Quest ce dit il que souuent il nous semble que sommes paciens quand on nous fayt aulcune chose contre nostre voulēte, et ne voulons respōdre a ceulx qui nous le font et par telle mauluaise taciturnite et aultres manieres de mocqueries, nous les prouoquons plus a mal que a bien, et pourroyēt estre tous appaisez poᵘ leur dire vne doulce parole q̄ rien ne leur plet. Nous cuidōs enuers dieu nestre poit coulpables, poᵘ ce que nous ne disons mot, mays il nest pas ainsi, car riens ne proffite se taire quand p̄ telle taciturnite on prouoq̄ plus a mal son prochain, q̄ ō ne feroit par parler. Certez souuent lire et limpacience du prochain est plus prouoquee encontre nous par aulcūs gestez exteriores, que luy monstrons, q̄lle ne seroyt par vne doulceur, par laq̄lle nous pourrions tout appaiser le mal qui seroyt en son cueur. Par telle mauluaise silence vient deux maulx, car la douleur et la tristesse est plus grāde on cueur du prochayn et le cueur du non par lautre nest point en paix. Aussi aulcuns sont q̄ quand sont impaciens ou courroucez, nullement veullent boire ne menger par despit quilz ont. en quoy euidēment encourēt le crime de sacrilege, car par tel dyabolique orgueil ilz font le ieusne qui seulement doyt estre offert a dieu pour humilier nostre cueur enuers luy, et pour la remissiō de noz pechiez Et en telles choses ilz font plus de hōneᵘ et de reuerance au dyable que a dieu, desquelz il est dit qȝ ont sacrifie aux dyables et non pas a dieu. Se donc les meschans deuantdiz, cestassauoir ceulx qui sans raison noysent auec leurs prochains, et ceulx qui se taisent trop indiscretemēt seruent ainsi au dyable, et non a dieu, combien sont a blasmer de ce qȝ nont humilite et charite q̄ empeschent de cheoir en telz incōueniens. Encores aulcuns sont qui sans soy reconsilier a leurs pchais quilz ont offense vōt receuoir le sait sacremēt de lautel, q̄ est biē grant mal, car telle recepcion est plus a leᵘ

iugement et dāpnacion, q̄lle nest a leur saluacion, et telz sont par lennemy aulcunesfoys si aueugles q̄ȝ dient en soy excusant quilz nont riens contre leur prochain, et ne entendent pas bien que selon le saint euangile il fault regarder si le prochain a riens contre celluy qui veult dignemēt acceder a lautel. Et sil a aulcune chose on doyt aller deuant a luy pour faire satiffacion sil est p̄sent ou de voulēte sil est absent. Oraison

O Sire ie te prie que tu ostes lobpobre de telz de la region et compaygnie de tes seruiteᵘs, boute hors de moy lennemy par cōtriction de cueᵘ, o verbe eternel du pere, dōne sante au muet par confession, o lumiere interiore enlumine la ueugle par satiffacion, et a ce q̄ celluy q̄ est fort arme ne me possede, conuertis en tō seruice toutes ses armes qui sont les puissances de mon ame interiores, et les sens de mō corps exteriores. O dieu tressouuerain ie couuoite et desire q̄ toutes les foiz que le mauluais esperit mectra en mō cueᵘ les abhominables et detestables cogitacions de blaspheme, te puisse dōner de tout mon cueur et force actions de graces et de louenges perpetuellement, et que sa blaspheme soyt auec luy en perdicion Amen.

Des iuifz qui demandoyent a dieu signes du ciel, et de lesperit immūde regecte chapitre. lxxiiii.

Iniez les paroles cōtre ce mauluais et detestable peche de blaspheme, lequel estoyt aux scribes et pharisees Dulcūs d̄ ceulx plus legiers a parler, voulās auoir experiēce de la puissance de ihesucrist, luy dirent: Magister volumᵘs ate signū videre Maystre noᵘ voulons veoir de toy aulcun signe du ciel, et nō pas debas de la terre Ilz ne luy demādoyēt pas p̄ deuociō, et affin qȝ creussent en luy, mais plᵘ tost par mocqrie et derision, a ce quilz le peussent reprendre et contredyre comme par auant auoyent faict. Car silz le calumpnierent de ce qȝ veoyent a leurs yeulx, et tenoyent en leurs mains, et dequoy ilz auoyēt le proffit, que eussent ilz fait silz luy eussent veu faire aultre grant signe non acoustume du ciel. Cer les ilz luy eussent dit que les enchanteurs de pharaon en egipte firēt aussi plusieurs signes du ciel, ou que ce q̄l faisoẏt, venoit de aulcunes impressions ou agitacions de lair ou de semblables choses. Crisostome Ilz luy demādoyēt voir aulcūs signes, cōme silz nen eussent mye par auant veu. Et ceulx quilz auoyent veu par auant, regardoyent seulement des peulx corporelz, et non pas par affection de cueur, et pource riens ne leur proffitoyent. Ilz parlent a luy maintenāt par adulac'n, a ce quilz le peussēt deceuoir par doulceur, car ilz ne lauoient peu deceuoir par iniure ou blaspheme quilz luy dissent Crisostome. Cest merueilleuse chose, que ceulx qui se deuoyent esmerueiller et croire en la foy pour les grās choses quilz veoyent faire a ihesucrist ne laissent pour riens leur malice. Voyons comment maintenant leurs parolles sont pleynes de adulacion et de tout mal. Ilz pensoyēt quilz le peussēt deceuoir par telles choses, car par auant, luy auoyent dit grands iniures, et maintenant flatent et adulent. A vne foys le appellent demoniacle, et a lautre maistre, et tout par mauluaystye. Et combien que meslassent doulceur auec rigueur, comme maintenant ilz le blasphemoyent, vne aultre foys aduloyent, cognoissant le cueur, duquel procedoyent cōtre luy, ne laissoyt point a les reprandre Et pource q̄ pour leur mauluaistie ne vouloyent pas selon verite croire en luy, ne leur donna pas signe du ciel comme ilz demandoyent, mais seulement leur respondit Generacio mala. Generacion male par effect adultere de foy, car combien que les iuifs ne adourassent pas les ydoles, touteffois ilz se alienoyent de leur propre espour ihucrist. Telle generacion donc demande aulcun signe du ciel, cestassauoir de ma diuinite, d puissance et de gloire, mais pour le mal qui est en eulx, nul signe par moy leur sera dōne, excepte le signe d ionas le ppphete q̄ est signe de humilite cōtre leur orgueil Cōme se ihucrist leur disoit Toy male generaciō me demandes signe de ma puissance et de ma gloire, mais sache que nul signe ne te sera

dōne, sinon de la terre q̄ est signe de ma passion et enfermete quanra lumanite lequel fut de faict et de signe prefigure par auant on prophette ionas. Or est assauoyr que ionas fut en double maniere signe a ceulx de la cite de niniue, cestassauoir en parolle et en fait. Il fut signe en parolle, entant que par sa parolle leur disoyt que sils ne se conuertissoient a dieu en laissant leur mal quilz periroyent tous. Aussi il le fut en signe de faict, entant quil fut on ventre de la baleyne troys iours et troys nuyctz. En laquelle figure furēt troys choses, cest assauoyr q̄ de la beste il fut absorbe, et englouty, et en elle fut detenu, et apres troys iours et troys nuytz, de elle fut euomy sur terre, ausquelles choses estoyt prefiguree la resurrection de nostre seigneur, et pource il leur dist. Ainsi que fut le prophette ionas on ventre de la baleyne troys iours et trois nuytz, ainsi sera le filz de lōme entre la passion et resurrection au cueur de la terre. Il nest pas a entēdre que aultres signes de la resurrection de ihucrist par auant ne soyēt dōnes auec celuy de ionas, duq̄l est icy faicte mencio, mais nre seigneur icy allegue cestuy signe, pour demōstrer q̄ sa mort et passion fut le premier signe et le dernier, et le souuerain de tous les signes, a laq̄lle passion tous les signes estoyent rapostes. Et pour ce specialemēt le signe de ionas fut dōne aux iuifs pour leur demōstrer q̄ sils vouloyent croyre en ihūs, seroyēt saulues, aultremēt seroyent dāpnes, ainsi q̄ le prophete ionas fut signe a ceulx de la cite de niniue que silz vouloyent croire en dieu, seroyent saulues, et sinon seroyēt dāpnes. Regarde bien icy cōment les iuifs calūpniēt et blasphemēt ihūcrist, en disant quil gectoyt hors les diables des corps des persōnes par la vertus du prince des dyables. et touteffoys tresdoulcemēt leur respōdit. en leur demonstrāt par belles raisons q̄l nestoit pas ainsi. Et est a noter que quād ilz le louoiēt et appelloiēt maistre, les repōnoit plus asprement, et quand se mocquoyent de luy, auoyt pacience. pour demōstrer, ainsy que dit crisostome, quil estoit souuerayn et par dessus lune et lautre passion. c'est ascauoir de obprobre et de adulacion en tant que par nul obprobre ne estoit point par ire et impacience commeu, ne ainsi par quelque adulacion ne estoit point si mol qui ne leur dist toute verite. en ces deux choses il demonstre que en ce monde on doit appeter et desirer auoir obprobres et iniures pour lamour de dieu: & que on doit fuyr & euiter toutes manieres de adulacions. Et comme dit crisostome. la personne sage quand en ce monde des aultres est louee on luy fait aussi grand ioye comme se on la frapoyt en la ioue. Et nest pas ainsi au iourduy de plusieurs qui se courousseut quand on leur dit chose contre leur voulente combien que ce soit pour leur bien. et quand on leur dit chose de adulacion ou de flaterie sen esioupssent qui est contre ce que dit le sage. quil est meilleur estre repris par vne bonne personne de ses defaultz que estre deceu par adulacion.

Et les curieux & orgueilleux qui veullent cognoistre les choses secretes et celestes plus que ne leur appartient sont signifies par ceulx qui demandoyent a veoir de ihesus signe du ciel. Telz sont qui veullent curieusement enquerir des choses diuines et celestes desquelles en veullent trop haultement disputer en laissent la droicte et parfaicte voye de aler en paradis. laquelle est constituee en lobseruance des comandemens et conseilz de dieu. Certes par telles curiosites de vouloir scauoir pl9 que ne appartient on vient souuent en grans erreurs et en grans pechez. tant spirituelz. que corporelz. pour lesquelles choses ihesucrist dit aux iuifz quilz estoyent generacion mauluaise et adultere. en tant quilz queroient ce que ne leur apartenoit scauoir ne q ne stoit conuenable a la foy ne a bonnes meurs. et pource ne leur voulust pas donner aultre signe excepte celuy de ionas le prophete, lequel en la mer fut englouty de la balleyne pour leur monstrer que le dyable denfer engloutist et se moque de telz curieux. En

apres par aulcuns exemples il codampne la maulaistie et obstinacion des iuifz: et leur disoit. Ceulx de niniue que est au pays des asiriens, en la resurrection generale ressusciteront auec la generacion des iuifz. et monstreront quelle est digne de codampnacion pour plusieurs causes. La premiere quant a la comparacion de peuple a peuple car ceulx de niniue estoyent incredules et payens, et les iuifz estoyent le peuple de dieu. La seconde pour la comparacion de celuy qui preschoit au peuple incredule. et de celuy qui preschoit au peuple des iuifz. car au peuple de niniue ionas le prophete qui estoit pur homme preschoit, a la voix du quel furent couertis. et au peuple des iuifz nostre seigneur. q estoit dieu & home maistre et seigr des prophetes. en quoy estoient plus a reprendre quand ilz ne le vouloient pas ouyr. Jonas en niniue fust enuoye de dieu et estoit entre eulx come vng pellerin et estrangier et ihesucrist estoit entre les iuifz come en son propre pais. La tierce pour la coparaison de predicacion a la predicacion, car ionas prescha en la cite de niniue seulement: et ihesucrist prescha au pays des iuifz et enuiron trois ans. et ionas ne fist nulz miracles. mais seulement preschoit. ihesucrist en fist plusieurs. La quarte par la comparaison de effect a effect. car ceulx ausquelz prescha ionas firent penitence des maulx que en contre dieu auoyent comys. mais les iuifz a la predicacion de ihucrist nen firent point ayncoy tournoyent tout a mal et a blaffeme. Apres il leur dist. apres regina austri cest la royne de sabba. le royaulme de laql le estoit de la part de mydi quant a la situacion de iherusalem ressuscitera ou iour du iugement auec ceste male generacion des iuifz et les codempnera et demonstrera la iuste codempnacion des bons et des mauluais, car celle femme auec grant labour vint de long pays en iherusalem pour ouyr la sapience de salomon. Et ihesucrist qui estoit present et vray dieu plus grant que salomon

pp i

fust mesprise des iuifz ses prochains et voi
sins et ne tenoyent conte de luy. Salomon
nestoit q̄ pur hōe et auoit sciēce des choses
basses et terriēnes.et ihūcrist auoit sciēce
celeste et theologiq̄.Crisostome. La royne de sabba cōbien q̄lle fust payēne et dete
stable quāt a la cōparacion du peuple des
iuifz q̄ estoit seulement dedie au seruice de
dieu:ne fust point retardee ne pour lōg che
min q̄ estoit de son pais iusq̄s en iherusalē
ne pource quelle estoyt fēme et de delicate
cōplexion/car le desir et la cōcupiscence de
sapience dōnoit force et vertuz a sa foibles
se et enfermete. Mais les iuifz et prestres
de la loy lesquelz pprement deuoient aymer
sapience despriserent la vraye sapience de
dieu.q̄ estoit en leur presence. Ceste royne
de sabba venoit pour ouyr la sapiēce dung
hōme et les iuifz se despitoyēt ouyr celle de
dieu. Elle dōna grās dons a salomon ace
quelle le peust ouyr:mais les iuifz ne vouloient pas prēdre le royaulme du ciel q̄ ihū
crist leur offroit:se seulemēt ilz eussent vou
lu croire en luy: Ceste royne fait grand
honte a plusieurs crestiēs laquelle vinst de
loing pour ouyr la sapiēce de salomon:et
ceulx q̄ sont pres a peine veulent ouyr la pa
role de dieu. En laquelle est contenu toute
perfection. Ambroise. Saincte eglise q̄ est
assemblee du peuple des gentilz par peniten
ce efface les pechez du tēps passe:ainsi que
firent ceulx de niniue a la predication de io
nas. et par sapiēce se garde de y recheoir le
temps aduenir. Et cecy fust prefiguree en
la royne de sabba:et pource saincte eglise
au iour du iugement cōdāpnera ceste male
generacion des iuifz.nō pas pour sentēce
ou puissance:mais par exemple de bonnes
oeuures. Or par penitence les pechez sōt
effaces quand on ne les veult plus cōmet-
tre et q̄ on sen repent.et par sapience les iu
stes se gardēt de offenser dieu. Et ces deux
manieres de gēs sont ycy signifiez/car par
ceulx de niniue sont signifiez les pecheurs
q̄ font penitēce de leurs deffaultz. et les iustes qui ne font point de pechez sont signifiez par la royne de sabba/de laq̄lle on ne
list point de peche. Par ceulx de la cite de
niniue sont aussi signifiez les pecheurs qui
se cōuertissent de leur mal a la pdicacion de
la pole de dieu. Et par la royne sont signifies les bōs et simples qui ne quierēt en ce
mōde q̄ la sapience de dieu:lesquelz selon la
sentence de nostre seigneur sont a preferer
a ceulx q̄ se sēblent iustes et saiges. Les ni
nuites sōt iterpres vne belle pierre pcieuse
Et en ce est signifiee la iennesse dune personne q̄ de legier court a mal. et touteffois
souuēt par aultrune bōne amonicion est cō
uertie a biē et fait hōte aux anciens a mal
estiues. Aussi par la royne de sabba peut
estre signifiee lame raisonnable: laquelle
peut estre appellee royne quād selon raiso
elle gouuerne bien les puissances inferiores de son corps. Et quād elle les gouuerne par grand feruer de charite quelle a de
plai e a dieu.elle est appellee royne de au-
stre:pour ce q̄ de celle region viēt la ferue
de chaleur. Et ceste royne p deuocion viēt
au vray roy salomon en luy apportāt le bel
or de sapience:et les belles pierres precieu
ses des vertus. et les ornemens souefz flou
rans de bōne renōmee:en vsant de toutes
choses a lōneur de dieu pour demōstrer q̄
lame tepide et froide est digne de estre cō-
dāpnee et reprouuee de dieu. Apres que
nostre seigneur eust demōstre leur obstina
cion par la cōparayson des psonnes qui es
toiēt selon droit plus indignes que eulx les
veult reprandre de leur ingratitude en leur
mōstrant par exēple quilz estoient sembla
bles a vng possede de lennemy et deliure z
derechief p sa negligence plus fort possede
de lennemy q̄ par auant. Dist dōc ihūcrist.
Quando lesperit de toute ordure/cest asca
uoir le dyable q̄ est dit ort par affectiō/car
il ne ayme q̄ toute ordure ou male persuasiō
en tant quil suggere a la pesonne toutes
choses ordes:ou par effect/car il faict tou
te ordure en ceulx ausquelz il habite. est mis

hors de lôme, par leql est entêdu le peuple des iuifz, car côme dit saint ambroise. En vng hôme peut estre faicte la côparacion de tout le peuple des iuifz, duquel peuple le mauluais esperit estoit yssu quant en viuant soubz la loy de nature prinst la loy de moyse. Et ce mal esperit cheminoit p les lieux seccz et sans humeur. C'est adire aux cueurs des payens, aux quelz ny auoyt ne humeur ne grace diuine, ne verdeur de foy ne grace du sainct esperit, et y mectoit toute maniere de ydolatrie et tos aultres mauluais pechez et y queroit repoz, c'est adire perpetuelle demeure et ne luy trouua pas: car par la venue de ihucrist fust mys hors. Et adonc il dist en soy mesmes. Je retourneray en ma mayson: c'est adire au peuple des iuifz du quel ie suis yssu. Et venant en ycelle la trouue toute vuyde de bien: car il ne se estudioiêt pas a garder la loy ne a pfiter en vertus: mais estoit vain par negligence et ne vouloit pas receuoir son vray hoste ihesucrist, côbien q par dehors sembloit estre net. car le peuple des iuifz auoit par dehors aulcune aparêce de necicre Et ainsi q le ramon duquel on nectoye la mayson ne oste pas les ordures qui tiennêt fort a la terre mais seulemêt les supficielles, pareillement les iuifz nectoyêt ce qui estoit p dehors et ne prenoyent plaisir q de apparoistre, et pource par dedens en leur côsciêces demouroiêt tous abhominables deuât dieu q prant plaisir aux hômes nectz. Ilz estoiêt aussi bien parez p simulacion de lobseruance de la loy et des cômâdemens qui leur estoiêt baillez: tant de dieu q de leurs encies En ce q est dist sont touchees trois choses qui dônent lieu au dyable de posseder vne psonne, c'est ascauoir occiosite, presumpcion de sainctete, et simulacion de vertus. Auiourduy est a craindre a saincte eglise que le dyable lequel a bouie hors son es pour ihucrist de rechief ne la treuue vacâte de nô bien garder les cômâdemens de dieu en ayant aulcune nectete exterieure quant a

laparence du môde et aulcune beaulte par obseruâce de aulcunes cerimonies par dehors. Certes au iourduy sont plusieurs en saincte eglise q en tendêt plus aux choses exteriores q spuelles. les eglises et autelz sont bien parees: mais de la bôte des ministres ne du peuple en tient pou de conte. Ainsi ne estoyt pas en la primitiue eglise: car il ne chaloit o la beaulte exterioze, mais on entêdoit a celle de lame. En quoy apt la differêce de leglise du têps present et du passe. Iherosme. Apres que saincte eglise fust nee, elle creust par la persecucion des martirs. p lesqlz elle estoit couronee. mais quâd elle est venue en la main des princes crestiens: elle est plus grâde quât en richesses et puissance, et est moindre en vertus. Et dôc le mauluais esperit ace que plus fermemêt possede les iuifz va et prend auec soy sept aultres maulais esperitz. p lesqlz on peut entêdre tous les ennemys et tous les vices desqlz on peut estre têpte Il prêt sept espis pls maulais q luy. c'est ou quât au nôbre, ou quât a la force: ou quant a leffect. car ceulx auquelz ilz tournêt sont plus maulais qui ne estoiêt pas auât et demeurent la. En quoy apert q tous vices leur sont acumules. Lintencion des dyables est tous iours de demourer en ceulx q possedent iusques a lafin de leur vie. Et par ainsi la fin de telz gês est plus maulaise q le commandement. Quand le dyable fust boute hors du peuple crestien il retourna aux iuifz les quelz vont tousiours de pis en pis en tant quilz furêt plus maulais en la persecution de ihucrist et des martirs quilz ne furent en egypte auât qlz eussent receu la loy de dieu. Car cest plus grant mal et infidelite de ne receuoir pas celuy pour les sauluer estoyt venu q de ne croire quil deuoit venir. Linfidelite des iuifz fust grâde quâd au dessert adourerêt vng veau. et quâd ilz murmurerêt contre dieu. et encore fust pire quâd en la terre de promission se prochât laduenemêt de ihucrist sacrifioiêt

pp ii

leurs filz et filles aux diables. mais elle fust tres male apres laduenement du filz de dieu quad pour le bien ql leur disoit le crucifierent et firent mourir. Moralement on peut espouser ce qui est dit dung homme qui par sa negligence rechoit apres ql a receu la grace de dieu par penitence. et aux pechez quil auoit comis parauant. et est come le chien qui retourne a son vomissement. Et quad le dyable ne trouue point de repoz aux cueurs des iustes q sont arides et sechz de toute cōcupiscēce charnelle il retourne a celluy duquel estoit boute hors: et est la fin de telle personne plus male que le commencement par le peche de ingratitude qui est en luy. Les peches de vne personne sont plus grans apres le baptesme ou apres quelle en a fait penitēce q nestoiēt pas auāt. car cest meilleur de nō cognoistre la voye de verite: q apres q on la cogneue retourner a mal. Cest adire q cest plus legier mal mettre aulcun peche par ignorāce que ce nest quad on cognoist bien q on fait mal. et que la conscience en remort: car on merite plus grāde punicion pour le cōtēnement de la grace de dieu laquelle on mect hors de soy et plaie sur plaie est a plus grant difficulte guerie. Ce que est dist p auāt nest pas seulement dist po² les iuifz: mais aussi peut estre dist pour nous. cest ascauoir quad dieu par sa grace nous enlumine a la cognoissāce de noz deffaultes. et touteffois aps no² retournons aux maulais vices q auions laisses. Et cest la cause pour quoy la peine des peches q on cōmect aps q on en a fait penitēce est pl² griefue et plus difficile aisi q fust dist de Ihūs au palitiq. Tu es maintenāt sain va et ne garde de pl² pecher. ace q ne te soit despis par apres. On ne doyt pas aussi seulemēt pēser la peine/ mais auſsi la grāde bōte et lōganimite de dieu q est infinie: non pas q en elle du tout ayōs confiāce. mais sans la crainte de dieu. Car se pharaon roy degite eust esmoly et adouci son cueur auec dieu a la premiere playe ql luy ennoya ne eust point eu la secōde/ et ne luy ne ses gens ne eussēt point estez noyes en la mer. Et pour la peine des peches q on cōmet maintenāt contre la voulente de dieu ne fault pas passer par la mer/ mais p le grād feu denfer ou de purgatoire q est plus aspre et afflictif q peine que on puisse souffrir en ce monde. Certes quad on ouyt parler des peines q sont preparees aux pecheurs apres ceste pſente vie on doit auoir au cueur grād crainte et cōpunction: et en ce mōde ne doit estre chose plus delectable q de en souuēt pler et disputer. cōbien que ne soit chose plus amere aux cueurs qui ne sōt pas bien prepares. La meditacion des choses auenir apres ce mōde soit en bien ou en mal cōuertist noz ames de toutes males et nuysantes cōcupiscēces et esliue nostre entēdemēt po² soy garder. Et en brief cest la meilleure medicine q pouons auoir. Pēsons bien dōc a ses choses et cōmācōs a faire aulcune penitēce en pnant lestroite voye q meine en paradis. et laissant toute negligēce de profiter. Donc tāt q nous auons le tēps prenōs vie nouuelle et faisons de la terre le ciel: a ce q a la fin ayons en la cōpaignie des iustes perpetuelle fellicite.

Oraison.

Sire ihūcrist qui es le bon maistre fais auec moy le signe de ta grace en bien/ a ce que moy meschant lequel la baleyne et le grāt dragon a ia absorbe: p les pechies spirituelz et charnelz: cōe par trois iours et trois nuitz. cest ascauoir par cōsentemēt. par oeuure et par acoustumance. soye par ta grand misericorde deliure de leur gueule. et me donne grace que ie puisse plourer les peches cōmis ōtēps passe et me garde le tēps aduenir de toy offenser par peche: seche mon ame de tout humeur de male cōcupiscence: affin que le mauluais esperit ne treuue en moy repos nectoye moy par le ramon de cōfession de toutes les ordures de vice. et q deuant toy soye pare des vrayes vertus ace que ne me trouue vacant de bien. et que ma fin ne soit pire que le cōmencement. Amen

De la femme estant en la multitude qui esleua sa voix pour louer ihesucrist. et de la mere et des freres de nostre seigneur chapitre septante cincquiesme.

Ainsi que ihesucrist disoit les choses deuant dictes et respondoit aux iniures et blasphemes des iuifz vne simple femme de la compaignie qui la estoit. et come on dit fust saincte marcelle chambriere de saincte marthe: car souuent le simple peuple est plus deuot q ne sont les riches et grans seigneurs. ne pouant plus porter les iniures et les blasphemes que les iuifz disoyent a ihesucrist pour les confondre de leur mal. esleua sa voix en criant hault a la louange de ihesucrist et de sa benoiste mere en tant q parla pole quelle disoit elle recommandoit la conception et enfantement corporel de nostre seigneur ihus. Elle dit donc a haulte voix. Brus venter q te portauit. O sire benoist est le ventre qui ta porte et les mamelles que tu as suffe. ycy apert la grand cofiance et deuocion de ceste femme en deux choses. La premiere en ce quelle ne parle pas bas. mais ne eust point crainte des iuifz quelle ne criast a haulte voix Elle fust si enflabee en lamour de ihucrist pour la doulceur des parolles quelle luy oyoit dire que nullement se peut tenir de le louer. La seconde ence que en grant foy elle cofessoit ihucrist en la presence des scribes et pharisees qui blasphemoyent et temptoient en plusieurs choses nostre seigneur. Certes en la parole que elle dist est confundue la peruersite et malice des iuifz et des heretiques qui viendront apres / car ainsi que en ce temps les iuifz par les blasphemes quilz disoyent a ihucrist. cest quil mettoit hors les ennemys des corps des personnes par la puissance de belzebuth prince des dyables le nyoient estre filz de dieu. pareillemet aulcuns heretiqs: apres ont dit qil nestoit pas vray home / et ne auoit pas prinse nre vraye humanite ou vestre de la vierge marie. mais estoit vng corps fantastique ou de laier. Et ceste femme cofund lung et lautre. car elle cofessa quil est vray filz de dieu egal en tout au pere. quand elle beatifioyt sa mere et honnouroit a cause de la diuinite de son filz. et pource elle reprenoyt le blaspheme des iuifz. Aussi elle dit quil est vray filz de lome et no pas fantastique. prins de la substance de sa mere quan au corps en ce qlle cofesse que sa mere la porte en son ventre et alaicte de ses mamelles. et ainsi confund le dernier erreur. Bede. Alexemple de ceste femme esleuons nostre voir auec saincte eglise laquelle est signifiee par ceste feme. Esleuons aussi nostre pensee de toutes choses inferiores et disons a nostre sauueur ihesu crist. Benoist est le ventre qui te a porte. et les mamelles que tu as suffe. Noble home robert fondeur du premier monastere des premonstres oyant vne foys que vne feme le louoit de ceste louange que appartient seulement a ihucrist et a sa doulce mere tout courroucie respondit a la femme. Tu es bien mauldicte et aussi celluy qui ta suggere de me louer. qui suys meschant de la parole qui appartient seulement a la louange de dieu et de sa mere. Or ihesucrist en cofermant la parolle de la bonne femme. dist: Quonia ymo beati qui audiunt verbu dei.

Cõme sil disoit. Toy fẽme selon ta sentence. celle est principallemẽt benoiste qui ma porte en son ventre cõbien quelle nest pas seulemẽt benoiste. pource quelle ma porte et de ses mamelles ma alecte. mais q̃ plus est bien euree est po² ce q̃lle a ouy la pole d̃ dieu. a laquelle a creu. et en croyãt la bien garde. Et se elle ne leust fait. neust peu estre benoiste. et ne neust peu estre ma mere: Et nest pas seule benoiste. mais aussi to⁹ ceulx q̃ oyent de bon cueur la pole de dieu pour la croire. et la gardẽt en la cõplissant par bões oeuures. sont p̃ esperãce benoitz en ce mõde: et a la fin aurõt felicite eternelle. Par quoy appt q̃ le concepcion de ihũcrist spũelle q̃ est faicte on cueur de la bõne psonne. est pl⁹ euree q̃ nest la charnelle. car seulemẽt par foy adioincte a charite on desert en vers dieu auoir la beatitude eternelle. Et pource disoit sainct augustin: que la vierge marie fust plus euree en dõnant son cueur a la foy de ihesucrist/ et fust plus benoiste en le cõceuãt spũellemẽt par foy en son cueur. q̃lle ne fust le cõcepuoir quãd en elle prinst nostre humaite. Crisostome: Sans vertus et bõte la cõcepriõ de lumanite de ihũcrist ne le merueilleux enfantemẽt de la vierge pou eust proffite quãt a elle: ⁊ eust este de pou de vtilite se elle neust gardect fait ce q̃ dieu cõmande a faire et a garder. ⁊ riens ne luy eust puffite lenfantemẽt du filz de dieu. se elle neust este p̃faicte ⁊ bõne quãt a lame. car cest ce q̃ fait plaisant a dieu. Dõc se sans vert⁹ ⁊ bõte rien ne eust prouffite a la vierge marie auoir conceu et enfante le filz de dieu selõ lumanite. p̃ plus nous cõbien q̃ ayons pere et filz qui sont vertuelz: nobles/ et bons: touteffoiz se en nous mesmes en nostre ame ne le sommes toute la bõte des aultres riẽs ne nous proffite. Bede. Bien cõuenablemẽt il cõferme le dist de la fame nõ seulemẽt de la vierge q̃ par sa bõte et perfection le desseruit porter en son corps. mais auec ce il asseure que tous ceulx seront benoitz q̃ oyront spiritu ellemẽt la pole d̃ dieu. ⁊ p̃ foy la cõcepurõt

en leur cuc² en la gardãt et nourrissãt par bõnes oeuures. car la vierge marie cõbien q̃lle fust benoite par lincarnatiõ tẽporelle du filz de dieu. tousfoiz encore elle fust pl⁹ bien euree par ce q̃ perpetuellemẽt lamour de dieu demoroit p̃faict en son cueur. Par ceste sentẽce occultemẽt ihũcrist touchoit fort les sages des iuifz. cõme indignes de ceste beatitude. en tant q̃lz ne vouloyẽt oyr la pole de dieu n̄y par bõnes oeuures ne la vouloyẽt garder: mais par blasphemes et iniures la denyoiẽt du tout. Et cõme dist bede: toute la p̃fection de la vie celeste en ce monde en deux choses est cõprinse. cest ascauoir en ouyr deuotemẽt la parolle de dieu: et la cõplir de fait. On la doit ouyr en toute reuerence pour la p̃ciensite delle: car se aulcun auoit vne p̃tie du vestemẽt de nostre seigneur: ou vne larme de ses yeulx. ou vne goute de son sang. il la receuroit ⁊ garderoit tres reueramment. et par plus fort on doit bien auoir reuerance a la parole de dieu: laquelle nest pas seulemẽt yssue de sa bouche: mais du plus parfont de son cue². On la doit ouyr aussi paciemmẽt non pas en en murmure ou detraction: ⁊ aussi en toute obedience en lamectãt a effect. Certes il est de neccessite a ceulx q̃ aimẽt la vierge marie: et q̃ prenent plaisir a sa beatitude et perfection/q̃ de bon cueur et voulentiers oyent le parole de dieu. et la cõplissent par oeuure. car en loyãt ilz cõcepuent spũellemẽt ihũcrist et lenfantẽt en la mectãt a effect par operacion. et en leur cueur portẽt spirituellemẽt celuy q̃ la vierge marie en sõ ventre porta corporellement: Augustin. Qui croit en son cueur ce q̃ l doyt croire de dieu cõcoipt ihũcrist: Et q̃ cõfesse de bouche ce qui apartiẽt a son salut. enfãte ihũs spũellemẽt. Cest ce que luy mesme tesmoigne en disant: quicũq̃ fera la voulente de mon pere qui est ou ciel: est mon frere. ma seur et ma mere: En oultre est ascauoir que en quelq̃ estat q̃ la personne: soit luy cõuient quelle ouye voulentiers la parole de dieu. car se vne personne est mauluaise elle se amendera et corrigera par ycelle en tant que la parolle de dieu est la vraye medicine de lame. Se elle cômance estre bonne elle voulentiers la ouyra, ace q de plus en plus prouffite en bôte. Et se elle est des prouffitans, ou des parfaitz voulêtiers lescoustera, affin que par telle parole soit de plus en plus adroyssee en bien, car cest la viande ferme de lame. La pole de dieu est la vraye mâne celeste, laquelle sauoure a vng chascun selon le desir qil a a elle. Origene. Besirons et courons a ceste mâne celeste q est la parole de dieu, laquelle sauoure a vng chascun selon le desir du cueur elle rêd a la bouche saueur. A toy donc qui en leglise recoipz la saincte parole de dieu, laqlle te est preschee par ses ministres en vraye foy et toute deuocion, ie dis q en ton ame elle te sauourera selô le desir q tu as a elle. Exêple. Se tu es en tribulacion tu seras par elle cõsole en te disant q iamais dieu ne desprise le cueur contrict et humble, et qui cognoist ses deffaultz. Se tu es en aulcûe cõsolaciô par la cõsideracion des choses aduenû, la parole de dieu te augmentera encore ioye sur ioye, en disant. Letamini in dño et exultate iusti. O vous iustes esiouisses voz en dieu et luy dônes gloire de cueᷓ Se tu es frape en ton ame par le mauluais vice de ire, ou de impaciêce, elle te adoulcira tout, en disant. Desine ab ira et derelinque furoᷓ. Delaisse toute ire de ton ame et toute fureur, car tout ne prouffite riens quant a la vie spirituelle. Se tu es en tritesse ou en douleur elle te donnera cõsolacion en disant q nostre seigneur a puissâce de guerir toutes lâgueurs et maladies qui peuuent auenir aux creatures. Se es tu en aulcune poureté, tu auras p la pole de dieu cõsolacion, car elle dist que nostre seigneᷓ esleue le poure de la terre et de toute ordure et misere. Et ainsi q ihûcrist preschoit encore au peuple les choses deuât dictes, sa mere et ses freres, cest adire ceulx q estoiêt de la parante de sa mere viendrent ou lieu ou ilestoit pour le querir. Et cõbien q les

pharisees fusent mesles auec le simple peuple pour ouyr ihûcrist prescher, touteffois il adroissoit voulentiers sa parole aux simples pour les enseigner. Et pource que sa mere et les aultres q estoiêt alle poᷓ la grâ de multitude du peuple ne pouoient venir iusques a luy le atendoiêt dehors. et aussi affin quilz ne empeschassent le fruict de la parole de dieu. En ce lieu les freres de nostre seigneur sont appelles ses cousins et parens de par sa mere. ainsi que souuent la saincte escripture au viel testamêt a coustume de appeller freres ceulx qui sont dung mesmes sang, ou de parês bien prouchais et non seulemêt ceulx qui yssent dung mesme ventre. Et ainsi q ihûcrist estoit occupe pour prescher au peuple la parole de dieu vint premieremêt vng a luy, et puis apres plusieurs de la cõpaignie, et tout par malice, ace quil cessast de annuncer la parole diuine. et q on ne creust quil fust vray filz de dieu, et luy dirêt. La dehors sont ta mere et tes freres, q te quierêt et demandêt. Crisostome Voyât le dyable q ihûcrist suadoit au peuple pour leur salut a croire quil estoit vray filz de dieu en disant, voᷓ voyes presentemêt q cestuy cy est plus grand que salomon, le dyable craignant que se on leust cõgneu estre filz d dieu, luy dyable eust este laisse de tous, pour cõuaincre ses paroles que ne fussêt vrayes introduist ses parens charnelz, ace q par la cõsideracion diceulx la nature de sa diuinite feust estaincte ᷓ obscuree. Et pource aulcun vint a luy comme aduocat du dyable, qui par sa bouche par loyt les paroles du dyable, et luy disoyt. La dehors sont ta mere et tes freres, q veullent parler a toy. Cõe sil disoit. O ihû et pour quoy te glorifies tu en disât que tu es descendu du ciel quâd il appert cleremêt que tu as ta racine en terre, cest ascauoir tes parens. Et côme es tu filz de dieu: quand nous voyons en terre ta mere et tes freres. Certes celuy ne peut estre filz de dieu qui est des creatures engendre. Ainsi au iour

pp iiii

duy le dyable a plusieurs prelatz de eglise a pcure grād multitude de amys charnelz ace q̄ par affectiō desordōnee q̄ on a a eulx toute sainctete et deuociō soyt estaincte Iherosme. Ihesucrist ne denya pas sa mere/affin q̄ on ne dist apres q̄ lfust fantastiq̄ ment ne mais prefere ses apostres a elle. pour demonstrer q̄ nous deuōs preferer la generaciō et amour spūelle a la charnelle Ambr̄oise. On ne doit pas par iniure refuser ses parens charnelz. mais a eulx on doit preferer les spirituelz pour demonstrer q̄lz sont plus precieux q̄ ceulx du corps: ne poztant on ne doit pas penser q̄ en ce on ne acōplisse les oeuures de pitie/car en tout on a cōplist le cōmandemēt de la loy Cōbien q̄ ihesucrist aymast souuerāment sa doulce mere. touteffois pour tant q̄lle demandoit a parler a luy ne laissa la predicaciō quil auoit par auant cōmencee. Et raisonnablement cōfundit la male intenciō de ceulx q̄ ainsi le callūpnioiēt/et leur dist. Et que est ma mere et q̄ sont mes freres. Et cōme a demonstrer vraye verite estaindit ses mais sur ses disciples qui estoiēt tout entour de luy assis: et dist Vees cy ma mere et mes freres: Comme sil disoit Celuy me est plus prouchain q̄ est plus soigneuz et atentif a faire bōnes peuures En ce il preferoit les parens spirituelz aux charnelz/et les plus grādes oeuures aux moins vtiles En tant que luy estāt ocupe aux chosesspūelles/cōme estoit predicaciō la preferoyt a toute aultre affection de ses parens Crisostome En donnant telle response a ceulx qui luy disoyent telz paroles/il ne fist pas iniure a sa mere ne a ceulx qui estoient auec elle en demonstrant quil eust honte de auoir este selon son humanite conceu en elle/mais tout ce quil faisoit et disoit/estoit pour demonstrer que la generaciō spūelle estoyt a preferer a la charnelle Et cest ce quil dist apres Quicū q̄ sera de cueur/de bouche z de oeuure la voulente de mon pere qui est aux cieulx/il est mon frere et ma seur et ma mere. Celluy donc qui est par vraye foy frere et seur de ihūcrist est faict sa mere en le preschant et en le engendrant aux cueurs des aultres par bonne parolle ou exemple On peut veoir qui sont ceulx que ihūcrist appelle ses freres et ses seurs. Certes ce sont ceulx quil ayme et q̄ p̄chemīnent selon la vie spirituelle/et nous demonstrent que nous deuons aymer de tel amour noz parens charnelz ainsi quil a ayme les siens. Il ayme plus ceulx qui sont par bōte meilleurs selon la voulente de de dieu/quil ne faict ceulx qui sont seulemēt selon le lignage plus prouchains. Certes celuy est plus prouchain de ihesucrist qui est en vertus le meilleur: car comme dit sainct iherosme il ne discerne point entre les hōmes et femmes/mais seulement entre les bons et les maulvais/et celluy qui est le meilleur est plus prouchain de luy. Et cōme dit sanict gr̄ehoire. Enuers dieu on ne cōsidere poit le degre de lignaige/mais seulemēt la meilleure vie par bonne operation. Et crisostome dit que nostre seigneur voulut proferer ceste sentence/affin que nul ne ayt confiance de quelque noblesse de lignaige ne de quelque generaciō soit descendu sans auoir en lui vertus: Et cest ce que faict la personne plaisante a dieu. Bien en ce noz enseignoit que pour quelques parens tant soyent nobles et grās ne deuons point laisser nous excercer an bien de vertus qui est celle qui seullement faict la personne plaisante et agreable a dieu: Se a la vierge marie cōme il est dist. riens ne eust proufite quant a la vie eternelle estre mere de dieu: se en son ame ne eust eu le bien de vertus: qui est celuy qui peut presumer estre saulue par la noblesse ou grandeur de ses parens sil na en luy le bien de vertus/par lequel il est seulement plaisant a dieu et agreable. Certes en ce monde a tous est vne seulle noblesse/qui est faire la voulente de dieu. Et celuy qui mieulx la faict et acomplist selon sa possibilite/est euers dieu pl9 hault coloque et meilleur/car seulement dieu considere le bien de lame et non pas celuy qui vient par dehors si non en tant quil est reffere a luy

Oraison

O Sire ihesucrist donne moy que de cueur ie oye voulentiers ta parole et que par foy la croye : et que la garde en la complaissant p bōnes oeuures Aussi mon dieu donne moy que puisse preferer et mettre toutes occupaciōs spirituelles deuant les affections charnelles. et ce que te apartient soit deuant mys a tous aultres affaires du monde : et que les plus vtiles soyent preferees aux moins vtiles. Fay aussi sire que de bouche de cueͬ. et de oeuure tes cōmandemens et cōseilz puisse acomplir, et faire par tout ta voulente. ace que merite et deserue estre ton vray et bon seruiteur et estre a la fin nōbre par ta grace entre tes enfans et heritiers du royaulme du ciel. Amen.

De lincrepacion des pharisees et maistres de la loy. chap. lxxvi.

Ihesucrist ayant finy les paroles deuant dictes vng des grans pharisees le pria pour mēger et disner auec luy. Les pharisees le inuitoyēt a mēger/non pas principalement pour le nourrir τ refectiōner : mais pour le reprendre et accuser et faire mourir. Et a cause de ce iamais ne alloit a leurs maysons se premier nestoit cōuie et apelle d eulx mesmes. mais bien alloit auec les simples et le commun peuple : et auec les publicains sans estre appele. yci on doyt pressupposer que apres q̄ ihesucrist eut finy son parler et son sermō se ousta et yssit de la maison en laquelle estoit logez en laquelle enseignoit le peuple et alla parler a sa mere et luy fayre hōneur tel que luy appartenoyt/et apres all aches

le pharisee plus pour le reffectionner que de estre refectionne. Et ille Ihesucrist qui cognoissoit la mauluaistie des pharisees : se decōscendit par diuine τ benigne dispensacion a la malice des iuifz/en les voulant par ce exorter et induyre : a la maniere des souuerains medicins qui selon leur science et industrie baillēt remedes aux plus grās maladies : Entra donc en la maison de celluy qui le auoyt cōuie : et se disposa et se mist pour prandre sa reffection/et laissa. et comme oblya de lauer ses mains/a ce quil corrigast lerreur du pharisee qui pource en son cueur murmura en reputāt estre moult grant coulpe non lauer ses mains a leutree de table/car ce estoyt cōtre les cōstituciōs et ordōnances de leurs ansiens. Et ainsi sembloit que sans telle locion et lauemēt nul ne pouoyt estre saulue : Et poͬ oster tel erreur ihesucrist la laissa/a ce quil dōnast a entendre/que le lauemēt denote et signifie la locion de peche/et que manger les mains nō lauees ne ordure/ne soueylle mye lame. Iehsus lors respondit a la cogitacion/et pensee du pharisee/en se demonstrāt estre vray dieu qui seulemēt cognoist les cueurs et reprinst la male/et faulse ypocrisie des pharisees qui estoyent fort soigneux de la nectete exteriore de leurs vaisseaux/et de leurs corps/mais pou auoyent de soiug de lordure de peche qui estoyt par dedans en leur ame/nō obstant touteffoiz que ce deuroit estre au cōtraire. car la nectete de lame par laquelle on est plaisant a dieu/est de necessite/mais celle qui est de par dehors est seulement deshonnestete/et peut bien estre aulcuneffoiz laissee sans peche. O pharisee nectoye premier ce quest dedans. cest ton cueur/et ton ame de faulx/τ maulais desirs/a ce q̄ ce qui est p dehors soyt nect. τ vraiemēt tu puisses mōstrer saicte te Bien q a cree lune et lautre nature de lōme veult τ desire q̄ lune τ lautre soit necte. bed Ceste chose de lociō exteriore τ nō iteriore est contre ceulx qui grandement detestent les pechés corporelz.comme fornicacion. luxure:larreffin:rapine τ aultres sēblables mais pou tienēt cōpte des pechies spūelz qui ne sont pas meindres q̄ les deuant ditz ainsi que dit sainct paul lapostre cōme est ire.amertume de cueur.indignaciō clameꝰ blaspheme:orgueil.auarice:q̄ est cōme seruir aux ydoles. Auffi par ce ceulx sont reprins qui sont grans cas des petites choses/et bien pou se curēt des grandes. sont entendus aulcuns religieux q̄ fort poisent fraction de silēce/ou telles petites choses et biē pou liniuste griefuemēt de leur proyme:ou aultre transgression des cōmandemens de dieu. Sont aussi semblables aux pharisees plusieurs clers qui bien la teste raise. faicte la courōne auec beaulx sourpelis.et les mains bien lauees.vont au sainct sacrifice.mais dedans sont pleins dauarice et de diuerses imūdicités: et mesprisent les cōmandemēs de dieu pour cōplaire aux hōmes. Puys empres nostre seigneur cōme bon maistre enseigne cōme nous deuōs nectoier les ordures τ pechiez q̄ sont en nostre ame en disant. Ie vous dōne bon cōseil de salut.ceft afcauoir q̄ voꝰ dōnés aulmosne de ce qui est vostre apres q̄ aures restitué laultruy se aulcune chose en aues: car premierement lan doyt restituer laultruy/et puys faire aulmosne. Ou selon bede. fayctes aulmosne de ce qui est desuperabūdāt de vostre viure/et de vostre vestir/car aulmosne nest mye a faire pour cōsommer.et tuer par pouureté le faisent/mais apres q̄ lon a prins sa souffīcēce lon doit donner lauance de ce q̄ est de sup abūdant et vostre viure et vestir: et en ce faisāt toutes choses vous seront nectes. En quoy appt̄ q̄ aulmosne a grāde vertus quant a la remission des pechés. Le cōseil q̄ le prophete daniel dōna au roy nabugodonosor: fust q̄ en dōnant aulmosne il rachetast ses pechés. Le remede et cōseil q̄ baille ihūcrist poꝰ auoir remission de ses pechés est de dōner ordonnecmēt aulmosne.ceft afcauoir/q̄ on doyt

cōmancer a soymesmes en croyant p̄ foy en ihūcrist et en nectoyant sa cōsciēce par penitence. Augustin. Faire aulmosne nest aultre chose si non faire misericorde. laq̄lle on doit cōmancer a soy mesmes: car cōme peut estre aulcun misericors a aultruy sil est cruel a soy mesmes. On doit ouyr ce q̄ lescripture dist. Miserere anime tue placens deo. Se tu veulx plaire a dieu ayes pitié et mersy de ton ame. Et en ce faisant tu doys retourner a ta cōscience. Et quād en ycelle tu trouueras que tu as mal vescu/et verras ton ame souffreteuse.poure et toute desolee.ou par aduēture sy aueugle q̄ elle ne les cognoit point.soyes luy misericors: et luy donne aulmosne premier que aux aultres. Laulmosne q̄ on doit faire a son ame doit estre faicte en charité: et en discussion de iugemēt en ayant desplaisisance de soymesmes.et de ses maulx. Et aussi quād on laisse a faire en soy premier telle aulmosne quel que misericorde q̄ on face aux aultres pou prouffite quāt a plaire a dieu lequel regarde plus la psōne et la necteté de son ame q̄ il ne fait ses biens temporelz: Il nest oeuure qui soit plaisante a dieu: se la personne ne luy plaist p̄mier. Et a dōc lordre est garde quād on a fait par foy τ charité aulmosne a soy mesmes. Apres on la doit faire a son prochain et par telle misericorde a soy et a son prochain toutes choses sont nectes a la personne. Deux choses sont promisses de dieu a ceulx q̄ fer ōt en ce mōde aulmosne ceft afcauoir q̄ leur fera misericorde.et qui leur pardōnera leur pechés. Et nest pas seulemēt a entendre de laulmosne que on donne aux pouures.mais aussi de toute bōne oeuure que est faicte pour aider aux aultres soit spūelle ou corporelle.cōme quand on pardōne a aulcun q̄ a meffaict.ou quād on prie pour luy: ou quād on rameyne aulcung pecheur a la voye de iustice et de verité. ou quand on enseigne lignorancce.

Et pour ce que les pharisees ypocrites pour aparoistre ne queroyēt pas seulemēt la necteté exterioré.mais aussi faisoiēt oeu ures de iustice/cõe dõner aulmosne. payer leurs dysmes: ilz pẽserẽt q̃ dieu ploit a eulx sans raisons: cõe a ceulx qui ne faisoyẽt nulles aumosnes: et par ainsi en leurs cueurs se mocquoyent de luy. Les pharisees ne paioyent pas seulement dismes de ble/ de vin. et d brebis. mais aussi a petites choses et de quoy on ne tenoit cõpte. cõe estoit anys. rue. mente: et telles choses. et du demorant faisoyent aulmosne: et cecy ne fõt pas plusieurs crestiens. Et par telz choses ilz vouloyẽt deuant le peuple apparoistre iustes: cõe acõplissans les cõmandemens de dieu de payer leurs dismes. et aultres cerimonies. a ce q̃ le peuple creust quilz auoiẽt grãd voulẽte de acõplir les petis cõmandemẽs/ cõbien q̃lz ne gardassẽt pas les plus grans et neccessaires a salut. Et ce q̃ fasoient estoit: affin q̃ on dist de eulx q̃ ainsi q̃lz deuoiẽt dismer des petites choses aussi fayzoyẽt des grãdes. Mais ihūcrist cognoissãt leꝰ cogitaciõs leꝰ cueꝰ dist apꝰ O voꝰ pharisees ve de eternelle dãpnacion sera sur vous. pource q̃ par dehors pour apparoystre estre iustes. baillés les dismes de mente. de rue. et de aultres petites choses. de quoy on ne fait pas grãd compte et laissés a faire les choses tres neccessaires de la loy: cõe est bõ iugemẽt. iustice. charite et les oeuures d misericorde. et ne faictes pas aulmosne q̃ soyt plaissante a dieu. car deuant toutes aultres choses fault faire ce qui est de neccessite de salut: et puys aprés on doit bien et loyalemẽt payer ses dismes et dõner aulmosne pour ayder a la pourete de son pchai. et poꝰ dõner viure aux pꝛestres qui seruent aux eglises: Et est a noter que quãd on a le cueur ort et soille par peche et q̃ en telle ordure on veult demourer quelq̃ aulmosne q̃ on face p dehors ne peust nectoier telle ordure se la pꝛsonne ne la fait elle mesmes p cõtricion de cueur. confession de bouche: et satiffaction de de oeuure. Bien cõuenablemẽt ainsi ihūcrist ioinct charite. a iugement lequel sans elle est tourne en crualte. et aussi charite sans iũgemẽt en tepidite et negligence. mais lũ auec laultre est

equite et tout dꝛoit. Ce q̃ est yssi: aisi dist des pharisees qui laissoient de acõplir les grãs cõmendemẽs de la loy. peut estre entẽdu en double maniere Cest ascauoir quãt au regart de eulx mesmes qui laissoiẽt faire les grans choses q̃ apartenoiẽt a lõneur et louange de dieu. et aussi estoiẽt negligens de les faire garder aux aultres desq̃lz ilz estoient les maistres. Sẽblablemẽt au iourduy sont plusieurs pꝛlatz ꝛ pꝛstres q̃ sont bien soigneux de faire paier leur subiectz tout ce q̃ leur doiuẽt: et ont pou ou rien d soing silz font aulcuns grãs pechés: et silz viuẽt selõ la loy de dieu q̃ est le saict euãgile. Et poꝛ ce q̃ souuẽt pour apetit de aparoistre bon ꝛ iuste sourt vng appetit et desir de hõneꝛ qui nest pas deu de la pꝛsonne. Ihesucrist repꝛent apres les choses deuãt dictes les pharisees de leurs arrogãce et ãbicion en leur disant. O vous pharisees ve de eternelle dãpnacion est sur vous q̃ aimes et appetés auoir les pꝛmiers lieux et hõneurs aux sinagogues la ou le peuple se assẽble poꝛ oyr les cõmandemẽs de dieu. En quoy appꝛt les pharisees ne estoiẽt pas seulemẽt contans de auoir lauctorite de maistrise sur les aultres. mais desiroiẽt auoir les salutaciõs et hõneurs aux lieux des causes foraines. Et ainsi eulx qui estoyt vne chose tres layde ꝛ estoient en la synagogue maistres: et aux cours foraines aduocatz. ausquelles se mesloient des noises et affaires des seculiers et seulement deuoient estre dediés aux choses qui appartenoient a lonneur et seruice de dieu pechoient fort. Rabane. Ceulx ne sont pas sans coulpe ꝛ peche q̃ en saicte eglise desirent estre appelles grãs clers. docteurs. et maistres ꝛ touteffois se veullent occuper aux cõtencons et noises qui se fõt aux cours laies et seculieres. Certes celluy qui se mect en la bataille de dieu: ne se doit ipliquer ou mesler d ce q̃ apartiẽt aux affaires seculieres. et du monde. Et pource que les vices et pechés qui sont occulte. et secretz sont plus griefuement punys de dieu/ en tant que telz pecheurs voulent estre preferes aux louanges et honneurs du mōde deuāt les aultres qui est vne chose detestable. Ihūcrist reprinst les pharisees de leur simulacion en les menassant de dēpnacion eternelle, car ilz estoyent cōme les sepulcres des mors q̄ ne sont pas telz dehors quilz sont dedens, car dehors ilz sont bien pares et ornes, et dedens sont tous hors et puans. Pareillemēt est il des personnes q̄ veulēt aparoistre p̄ dehors deuant les aultres, et souuēt on ne soyt q̄lz sōt dedēs. Et bien cōuenablemēt nostre seigneur cōpare les pharisiens aux sepulcres des mors: poce q̄ lame est morte quant a la vie de grace ou corps de hipocrite et du peche. Et telz ne sont pas les filz de lespouse saincte eglise la q̄lle dit q̄lle est noire par dehors, et biē belle par dedēs: mais sont a loppositse. Yci nře seig̃r reprēd toute faulce simulacion de sainctete affin q̄ du tout nous en gardons. Cirile. Par les choses de quoy ihūcrist reprent les pharisees veult q̄ en soiēs meilleurs, car il veult q̄ en nous ny ait nulle ambicion ou orgueil: et q̄ ne desirōs plus estre hōnoures p̄ dehors q̄ nous sentōs ia en nostre ame q̄ le auōs desserui. Laquelle chose ne faisoyent pas les pharisees aux quelz ne chaloit q̄ bien pou de lame, mais tout referoyēt au corps. Crisostome. A vng des maistres de la loy qui oyoit ce q̄ ihūcrist disoit aux pharisees sembla q̄lles desprisoit et luy dist. Maistre en disant telz paroles: tu ne fays pas seulemēt hōte et opprobre aux pharisees, mais a nous q̄ sommes de plus grand auctorite. Le maistre de la loy ne cognoissoyt pas bien la loy de verite: la q̄lle demōstre q̄ reprendre le default nest pas au deshōneur et desprisement de la personne et pource la hōte de estre reprins se garde de mal faire: car la charite de celluy q̄ reprēd ne luy fait nul desplaisir: mais le fait seulemēt son peche et sa mauluaistie. Bede. Bien est poure et miserable la cōsciēce qui pēse q̄ on luy fait grād iniure: quād en oyent la pole de dieu on la reprend de son mal faist, ou quād elle pēse q̄ po̅ les grās maulx elle sera dāpnee auec ses mauluais. En telle chose y a vng seul remede, cest de

suplier a dieu auec le prophete dauid en disant. A lamienne voulēte mes voyes et chemins soyēt seulemēt adresses a garder tes iustificaciōs: car nullemēt de mes ennemis ie ne seray cōfundu quād ie me estudieray garder toustes cōmandems. En ce tēps la cōmunemēt les scribes et docteurs de la loy estoiēt ceulx qui aux simple peuple bailloyēt raison des questiōs q̄ on faisoit de la loy et des cōmandemens de dieu, mais les pharisees estoiēt cōme les p̄stres des iuifz et estoiēt deuises de tout aultre peuple en signe de plus grāde sainctete comme sont au iour duy les religieux. Nostre seigneur ihūs qui estoit le vray correcteur des vices ne les creignoit point cōbien q̄lz feussēt sur les aultres en dignite. Et pource q̄ leurs peches estoyēt manifestes ne leur faisoyt nulle contumelie quand les reprenoyt publiquement: ainsi que le maistre de la loy. Mais au iour duy ceulx aux q̄lz il apartiēt faire correpcion ne fōt pas ainsi. Augustin. Nos princes et iuges sont bien soigneux de reprādre les simples et poures publiquemēt quād ilz fōt aulcunes petites faultez: mais aux riches, et puissans qui font les grans faultes et peches ne ousent dire mot. Et pource vng philozophe compare les loys des princes seculiers aux telles des arays, qui prenent les petites bestes et laissēt aler les grādes. Crisostome. Sil estoit possible q̄ peust en ce mōde excercer contre les puissans et riches droit de iustice et vengē ce cōtre leurs maulx, on verroit que toutes les prisons en seroyent pleynes, mais auec les maulx q̄ ont les riches, par especial ilz ōt q̄lz deliurēt les mauluais de toute peine. De ceste matiere racōte valere le grand: q̄ vne fois socrates philosophe vit q̄ on menoit vng poure larron pendre a la fourche et cōmenca a rire. Auquel ceulx q̄ le veoiēt luy demanderēt pour quoy il rioit, et respōdit, quil veoit les grans larrōs qui menoiēt vng petit larron pour pendre, les petites faultes aux poures sont biē punyees mais aux grās les grādes sont apucees et louees. Augustin. Oste iustice de vng royaulme mais certes sans elle ne seront la excercees se non larresins. Une foiz le grāt alexādre print vng mariner de mer: au q̄l il demāda quel bien luy faisoit la mer. lequel veritable mēt ⁊ sās faitise respōdit. la mer me est cōme a toy est tout le mōde. mais q̄ ie soie en vng petit vaisseau ie suis seulemēt appelle larrō mais pour ce q̄ tu as la grāt nef tu es appelle empereur. O q̄ auiourduy en plusieurs cites se sont de iniustices et de faulx iugemens par quoy se ne seroit pas merueilles se tout ve noit a neant. On fait vng aultre iugement a ceulx q̄ sont estranges: et a ceulx qui sont de la cite. Ung aultre aux petiz et vng aul tre aulx grās. vng aultre aux parēs. et vng aultre aux non cogneuz. vng aultre ou po ure. et vng aultre ou riche. q̄ est manifeste mēt cōtre la loy de dieu. Telz iuges ne ont regart a nulle loy escripte. mais seulement dōnent leurs sentēces selon leurs voulētes et affectiōs. O q̄ tant de maulx viennent au mōde par deffault de faire bōne et loyale iustice. Certes ainsi q̄ tout bien viēt de biē garder iustice. pareillement tout mal vient de la negliger. Du bien qui vient de iustice bien gardee dit ciprien. Iustice est la paix du peuple: la ioye des hōmes. celle q̄ guerist toutes langueurs. la trasquillite de la mer. la serenite de lair, la cōsolacion des poures le rigaige des filz: et lesperāce de la beatitu de eternelle. On doit craindre q̄ toutez cho ses cōtraires aux precedātes ne viēnent de mal garder iustice, car on list en la loy anci enne et euāgelique: q̄ le peuple a este puny pour mal garder iustice, et pour faire mal iugement. mais en plusieurs lieux iniusti ce, et males coustumes souuent contre droit sont tellement creues, que a peyne on les peut oster: Il nest point a dou bter que de male cōstume viēnēt plusieurs maulx. et pource on a de coustume de dire en lōbardie que ce seroit meilleur mettre le feu en vne cite, q̄ vne male coustume: pour ce que tous courent pour exteindre le feu et tous entēdent a croistre et a augmenter la male coustume: A la mienne voulente que

on ensuiue le cōseil de seneque. qui dist. La bōne coustume doit bouter hors dung peu ple ou dune cite: ce que la male y a entroduit et mys. Apres encore nostre seigneur re prinst les docteurs de la loy de leur immo deree seigneurie et inordōnee austerite: en les menassant de eternelle dāpnacion por ce quilz imposoiēt aux aultres choses q̄ ne pouoiēt porter: et eulx mesmes se gardoiēt bien de le faire. Ilz estoient larges a eulx mesmes et austeres aux aultres. qui est con tre le droit naturel q̄ dist que on ne doit fai re a aultruy chose que on vouldroit que on luy fist. Les maistres auoient diuers pois desquelz ilz pesoient la charge de aultruy. et les leurs p̄pres. Crisostome. Ung ches cun de legier cognoist bien les faultes de son prochain: mais les siennes propres a grant defficulte. Theophile. Toutes les foiz que vng docteur fait ce q̄l enseigne aux aultres estre a faire ou a layser il aliege le fardeau des aultres. en tant quil se baille pour exēple. mais quand il ne fait riens de chose qui enseigne il semble a ceulx qui re coyuent sa doctrine q̄lz sont plus fort char gees en tant q̄ le maistre ne peut ⁊ ne veult porter ne faire ce quil veult que les aultres portent. Par telz sont signifies les prelatz et aultres qui bien par paroles blasment et detestent les peches et vices, ace que sem ble aux ignorans qui ne les commectent: Ilz dient aux aultres grand choses: mais pou ou rien ne font. Gregoire. Au iour duy sont plusieurs iuges rigoureux a ceulx qui deffaillent, debiles champions quant a eulx, baillans aux aultres commādemēs comme importables desquelz ilz ne veulent aproucher ne toucher. Nostre seigneur ihesucrist encore reprint les maistres de la loy en les condampnant de leurs semulee deuocion, et faulce religion: en tant que pour auoyr la faueur du peuple disoyent: par faintise, et simulacion: quilz condam pnoyent, et auoyent horreur des peches: et mauluaisties de leurs peres precedens: en edifiant et ornāt et parāt par ypocrisie les sepulcres et monumēs des prophetes. que leurs peres auoiēt occiz et mis a mort en demonstrant par dehors quilz auoyent douleur de la mort des innocens. et disoiēt que silz eussēt este du temps de leurs peres ne eussent pas consentu a espandre ainsi sās cause le sāg iuste des pphetez. Et tout faissoient et disoient/ a ce q̄ on les reputast estre meillieurs et plus iustes que ceulx de deuāt eulx. Maiz certes par leurs oeuures demōstroyent bien comme ilz estoient cōsentans a ce que leurs peres auoyent par auant fait. en tāt quilz psecutoiēt ihūcrist qui estoit le maistre τ seigneⁿ des pphetez q̄ leur estoit pmis. et par lesditz prophetez denūcie. Aussi ilz les reprenoit en les condēpnāt de la puerse et mauluaise expositiō de la saincte escripture car ilz se ventoient τ glorifioient de auoir pleine cōgnoissance de la loy et des pphetes: la quelle ihūcrist appelle la clef d̄ sciēce. car p la cognoissāce dicelle toute psonne peut entrer en la verite et foy de ihūcrist: mais eulx p leur mauluaistie. de laquelle ilz estoiēt toⁿ aueugles osterent ceste clef par faulse intelligence τ en prenoient selon leⁿ ppos aulcuns ditz τ laissoient ce q̄ ne leur estoit pas a plaisir cōme ce qui ploit de laduenemēt de ihūcrist lequel en toutes manieres percecutoient. et tout faissoiēt affin que en leur entēdement ne eusent cognoissance de la verite et de la foy de ihūcrist. τ aussi en tāt que leur estoit possible par la peruersite et mauluaistie de leur doctrine gardoiēt que les aultres nen eussēt cognoissance. Bede. Ung chescun docteur et maistre qui enseigne les aultres de parole: et toutesfois par opaciō le scādalise ne peut ētrer on royaulme des cieulx pour ce quil ne fait pas ce q̄l dit ne les aultres aussi pour locassion du mal et de scandale q̄ leur dōne. A la fin ihūcrist reprēt fort la malice et lobstinaciō des pharisiēs et des scribes qui ne se estoyēt point amendes de tout ce quil leur auoit dit: mais en estoient pires et plus obstines: car ainsi q̄ pour leur bien il leur dissoit ce q̄ deuant est dit cōmencerent le persecuter plus fort que par auāt. en resistāt a tout ce q̄l leur disoyt en interrōpent souuēt sa parole et trouuēt a dire a toutes ses paroles et ne queroient que occasion de luy faire paour et de le esbayr. car ceulx q̄ sont parturbes regardent moins a ce qui doiuēt dire. Bede. Ilz sont eulx mesmes tesmoingz de leur mal de leur simulacion durte et paruersite. car quelque bien que leur dist ihūcrist po² eulx amēder ne le prenoient point pour amendement de leⁿ vie/ mais de plⁿ en plus se estudioiēt et efforcoiēt de persecuter le vray docteur de verite.

Oraison

Seigneur ihūcrist dōne moy deuāt le disner spūel q̄ est la percepciō du sainct sacremēt de lautel q̄ par vraye et pure cōfession puisse estre baptise et laue spūellemēt/ affin q̄ par tō ayde et protection puisse estre deliure de tout ce q̄ mes ennemys pourroiēt mettre au deuāt de moy. donne moy q̄ puisse euiter et moy garder de toute ppocrisie: et simulacion. toute arrogāce et ambicion. a ce que cōtre toy ie ne peche. ne cōtre mon prochain par vsurpacion de faulce sainctete qui vient par eleuement de singularite. par iniuste temerite et par preuaricacion de toute mūdicite: a ce q̄ auec les pharisees ne participe en toute vanite. mais que par ta grace et misericorde puisse venir a toy qui es vraye fontaine de toute verite. Amen.

De celuy qui demāda a ihūcrist quil dist a son frere quil luy baillast sa part de leritage. chapitre. lxxvii.

Ung quidez q̄ estoit entre le peuple voiāt q̄ ihūcrist estoit iuste τ vray luy va dire. Maistre dy a mon frere que me baille ma part de nostre heritage Cestuy ne auoit pas experiēce quelle bōte et ioye est de demourer les freres en vne maisō et lieu. Ce q̄l demādoyt nestoit pas cōuenable/ car il ne estoit: ne tēps. ne lieu d̄ faire ce q̄l demādoit Et po² ce ihūcrist luy respōdit. O hōe charnel q̄ est celuy q̄ me a cōſtitue iuge des noiſes et des diſſencions q̃ ſont entre vous q̃ eſtes freres de poſſeſ-ſions du mōde. Il ne fault point entre voꝰ qui eſtes freres auoir de iuge. mais ſeule-ment pour vous acorder ne fault q̃ amour et doulceur. En ce mōde ie ne ſuys pas en-uoye ne cōſtitue poꝰ iuger les choſes terrien-nes: mais celeſtes. Je ſuys venu pour fay-re paix entre dieu et hōme, a ce q̃ pluſieurs aient ſeulemēt vng cueꝰ et vne ame en dieu et aient tout en commūn: et par ainſi nul ne aura ſouffrete entre eulx. Celuy q̃ neſt point vny en charite auec moy eſt deuiſeur de bō-ne fraternelle. et maiſtre de toute diſſencion Ambroiſe. Ilz ne chault que bien pou des choſes terriennes a celuy q̃ ſeulement eſtoit deſcēdu en ce mōde poꝰ anūcer les celeſtez. Il ne voulut point eſtre iuge ne arbitre des noiſes q̃ ſe font ſouuēt en ce mōde poꝰ les biens tēporelz, luy q̃ eſtoit le vray iuge des mors et arbitre des merites. On ne doyt pas ſeulemēt regarder ce q̃ on veult demā-der, mais a qui on le veult demāder. ne auſ-ſi occuper es petites choſes les entēdemēs qui ſont occupes a plus dignes et ſpūelles: Et pource bien cōuenablemēt fut refuſee la demāde de celluy qui vouloit occuper le diſpenſeur des choſes celeſtes en choſes corruptibles et de nulle valeur. Par ce que iheſucriſt ne ſe voulut point empeſcher de deuiſer leſitaige terrien des aultres. vous luſt demonſtrer q̃ les preſcheurs du ſainct euangile et ceulx qui ſont dediés es choſes ſpirituellesne ſe doiuēt point entremeſler des choſes mondaines ou ſeculieres, par quoy on eſt ſouuēt moins ſoigneur et plus diſtraict. Nous auōs exēple aux apoſtres les qlz pour plus vacquer a denūcer la parole de dieu bouterēt hors de leur ame tout ſoig et cure des choſes tēporelles en diſant ql ne apꝑtenoit pas laiſſer de anūcer la pꝑolle de dieu pour adminiſtrer la viande corporelle aux aultres. Au iour duy pluſieurs gens de leglise ſe occupēt aux cauſes et cōtēprions des gēs ſeculiers tellemēt qlſēble qlz ne ſē-ble qlz ne vacquēt a aultre choſe en mectāt

derriere ce q̃ eſt le plus vtile quant a lame. cōme eſt la loy et les cōmādemens de dieu mais auarice les tire aux choſes du monde On treuue aux hiſtoires que ſaincte egliſe euſt grāt cōmencemēt on tēps des martirs et puys apres elle creuſt fort en la perſecu-cion des heretiques. et maintenant elle eſt toute corrūpue et abādonee en choſes ſās vtilite: cōme noiſes et diſſencions des gens ſeculiers. et pour ce aux choſes ſpirituelles elle ne ceſſe de iour en iour de appetiſſer. Et cōbiē q̃ iheſucriſt euſt peu licitemēt aco-plir ce q̃ ceſt hōme luy demādoit: touteſſois ne le voulut pas faire, affin q̃ ne ſemblaſt q̃ laiſſaſt les choſes ſpūelles poꝰ les tēporel-les. ce q̃ ne font pas pluſieurs au iour duy. et affin auſſi q̃ ne ſemblaſt quil fuſt fauori-ſant a lauarice et couuoitiſe de celuy q̃ luy demandoit quil repriſt ſon frere de ce q̃ ne luy vouloit bailler ſa part de leritaige. En ce amour de auoir le troit plus a demāder que ne ſa ſoit le troit q̃ly auoit. car ſeulemēt il ſauouroit les choſes terriēnes. et nō pas les celeſtes. Ainſi que a ceulx du mōde en-uye et cōtencion eſt cauſe de deuiſer ſouuēt entre eulx leurs heritaiges. Et pour ce in-continēt a ceſte occaſion il repriſt ce maul-uais pechie de auarice qui ſepare de dieu ⁊ enſeigne cōmēt on ſe doit garder en diſant tant au peuple q̃ a ſes diſciples, q̃ auarice eſt vng cōmun vice tant aux clers, que aux ſeculiers. tāt a religieux que a aultres: tant a petis: que a grans. car tous ſe eſtudient a ce vice de auarice. Et ainſi cōme dit bede a locaſion de la demande que luy fiſt ce fol hōme. Iheſucriſt ſe eſtudia par cōmande-mens et exemples nous faire fors contre ce mauluais pechie de auarice qui eſt la racine de tous maulx. en diſant. Cauete ab omni auaricia. Gardes vous de toute auarice: tant interiore, que exteriore: laquelle eſt cō-ſtituee en la trop grand couuoitiſe de ac-querir les choſes tēporelles et en les trop fort tenir. quāt on les a acquiſes. Bede. Noſtre ſeigꝰ dit q̃ on ſe doit garder d'eroū-te auarice, car il en eſt aulcune que ſemble simplement q̃lle ne soit pas male mais dieu qui cognoist les cueurs scoit bien discerner de quelle entencion on la fait. Ou ainsi q̃ dit cirille il dist de toute auarice.cest asca-uoir tant grande que petite.car la vie spiri-tuelle p laquelle on est cõioincta dieu nest pas cõstituee en la grand habundance des biens du mõde.nõ pas mesmes la vie cor-porelle/entant que par la grãde multitude des biẽs ou des richesses du mõde elle nest point alongee/mais qui plus est souuent par les delices corporelz elle est souuent a-bregee et plus courte quelle ne seroit. La vie de la personne nest pas cõstituee en la-bondance des biẽs du monde/car aduient souuẽt quelle est plus diminue en pspe̱rite que elle nest en aduersite. Aussi la vie spiri-tuelle de lame ny est pas cõstituee/car sou-uent par les biens tẽporelz elle est adnichi-lee et perdue. Crisostome. Les delices et plaisances du mõde ne sont pas seulement nuysantes a lame:mais au corps.en tant q̃ par elles:le fort est fait debile.le sain ma-lade/le abile et legier pesant et endormy/le bel laist.le ieune encien. Seneque. Nous pourrions par bonne prouidence alonger nostre vie en ce monde se par bonne raison nous pouions reffraindre et estre maistres des plaisances et voluptes du monde. On voit souuent que par la grant habondance de boire et de menger on en prend souuent la mort.car il en meurt plus par trop grãde replecion et exces que ne fait pour abstinẽ-ce.Cest la sentence de ypocras grãd mede-cin:q̃ toutes maladies sont engẽdreees aux corps des creatures par la trop grãd super-fluite et habondance de boire et de menger Nul ne fait empeschement a la vie des po-ures.mais les riches en tous lieux ont pa-our que boire et menger leur faille. Theo-phile. Ce q̃ dist maintenãt thesucrist estoit pour abatre lentẽcion des auaricieux aux quelz sembloit quilz deuoient assembler en ce mõde richesses et q̃ par elles en deuoiẽt plus lõguemẽt viure. ycion doit regarder

qui est celuy qui a plus vescu en ce mõde p quelque richesse quil ait/q̃ les aultres. Et pour quoy prent on tant de peine et souffre on tant de maulx pour acq̃ster et assembler choses auec lesquelles lame ne peut auoyr vray repos. Et mesmes qui est celluy seur de venir en vieillesse pour auoir cõsolaciõ de ce q̃ en son iuuẽt a thesaurise et assemble Et baille vng exemple a plus encore de-tester ce mauluais peche de auarice.et po̱r declarer son ppos en voulãt demõstrer que par laffluance et acquisition des richesses de ce mõde la vie ne nest point alongee/et dit le champt de vng hõme riche et vicieux vne annee aporta plus de biẽs et de fruictz quil ne auoit acoustume.et se riche en eust plus en son cueur de soing et de cogitacion quil ne auoit parauant.car habũdance des biens tẽporelz ou des richesses delles mes-mes fõt la personne soigneuse/et souuent donnẽt grande anxiete a lame. pource que iamais ne la peuent saouler ne remplir. Ce stuy hõme donc pensoit en son cueur/affin que nul ne le ouyst par dehors.car cest la propriete de vng riche et d vng auaricieux de craindre et doubter toutes p̱sonnes. Et ainsi q̃ dit sainct augustin:quãd vng auari-cieux voit vng hõme riche il pense quil soit larron:se il voit vng poure il luy semble q̃l luy veult embler le sien. Disoit donc cestuy hõe riche q̃ feray ie.car ie nay poit de lieux pour mettre les biẽs et les fruictz que mon champ et ma terre me ont aportees. Il a-uoit grãd peine a locasion de ses richesses Et bien estoit maleureux quãt aux biẽs de ce monde:et encore plus quãt aux biẽs ad uenir. Certes son champ ne luy auoit pas tant aporte de biens cõe il auoit fait de dou-leurs et gemissemẽs.car par auarice creust en luy grand soing.et par la grãd habun-dance des biẽs q̃l auoit. grãde amertume et anxiete quant a lame. Je abattray dist il tous mes greniers et en feray de pl̕ grãs Il ne failloit point q̃l fist plus grandz mai sons/car sil eust voulu bien trouuer grans

greniers pour mectre ses biens/cest assauoir les vestres des poures et de ceulx q ne
auoyēt q menger, mais il ne auoyt pas memoire de ce qui est cōmun a nature/et ne sauoyt penser de assembler son tresor on ciel
p bonnes oeuures/mais seulement ne pensoit que des biens temporelz. Et quand ie
auray fait disoit il/mes greniers plus am-
ples et grandz ie y mectray les biens q mes
terres ont apportes. Il dit mēsonge entāt
que ces deux motz meū et tuū/mien et tien
procedent de mal/pource q toutes choses
selō le droit et la loy de nature doyuēt estre
cōmunes. Aussi mesmes il mentit en vne
aultre chose/cest assauoir cōme dit sainct
gregoire que les possessions terriennes ne
sont pas celles q appartiennent aux hom-
mes/mais les celestes. On list de vng philosophe qui auoyt perdu tout ce quil auoit
en ce monde de biens p feu. Auquel on demanda quil auoyt perdu. Et respōdoit q
tous ses biens estoyent auec luy/et quil ne
auoyt riens perdu. Tous mes biens disoit il
ie porte auec moy en mon ame/ce estoyent
les vertus/lesqlles il auoit assemblees pour a-
uoir ꝓsolaciō en elles quād toutes aultres
choses luy fauldront. Et cōme dit seneque
la psonne saige en ce mōde terminera a fai
re la fin de tout bien en soy mesmes/car en
toutes choses creees dessoubz le ciel il n'y a
point plus seur lieu pour les mectre si non
la conscience. Et adonc disoit cest hōme
riche. Je diray a mon ame q est la partie
plus digne de la psonne. mō ame tu as des
biens asses/desqlz tu pourras auoyr ioye
et ꝓsolacion le temps auenir. En quoy appert quil ne edifioit pas ses greniers pour
les choses pmanentes/mais pour les vaines et caduques. Et qui estoyt plus grand
folie/ il promectoyt vie bien longue/cōme
se elle fust en sa puissance/et nō en celle de
dieu. O pouure riche tu dis que tu as plusieurs biens tēporelz en tes greniers/mais
ou sont les longz ans ausquelz tu pourras
auoyr ioye de ce q as assemble. Dieu ne p-
mect a nul de viure iusques a demain/et tu
te prometz plusieurs ans. Icy est reprinse
la trop forte retēciō et collection des biēs

qui peuēt venir tous les ans/desquelz on
doyt departir aux poures/affin que dieu
plus en plus les accroisse. Et disoit encores ce riche a son ame. Mon ame repou-
se toy maintenant de tout tōn labour. En
quoy appert q au peche de auarice il ioignoit
le pechie de paresse en tant que ne vouloyt
point prier dieu pour les biens temporelz
Disoyt aussi a son ame menge/en quoy appert glotonnye, boy en quoy appert ebrio-
site/prendz et te delectes en toutes viādes
delicates/en quoy appert toute volupte. Icy
sont demonstres quatre grandz maulx qui
vienēt souuent p la trop grand habondāce
de richesses du monde/lesquelz maulx furent trouues aux cites que dieu fondoit en
abisme/cest assauoir sodome et les aultres
aus qlles fut trouue orgueil en trop grandz
viandes habundance iusques a hebiete et
paresse en maulais repos. Aulcūs sont
en ce monde qui p grandz abstinēces quilz
font vienent a auoyr des biens temporelz
et richesses/mais tout le loyer et la remuneracion de la peine qui prenēt pour y puenir est quilz pouent dire q par aulcū temps
se sont trouue en repos et sans soucy/et ne
ont pas ꝓsideracion q en brief temps lais-
seront tout ce quil ont assemble aux aultres
qui p auenture ne leur en scauront nul gre.
Le riche hōme icy nest pas repris de ce ql
labouroit la terre/ne de ce quil vouloit garder les biens qlle luy apportoit/mais seulemēt pour ce q mectoit la fiance de sa vie en
abondāce des biēs mōdains et nō pas en
dieu. et aussi pour ce ql tenoit fort les biēs ql
auoyt/et nen vouloit departir aux poures
qui estoyt cōtre ce q dist nostre seigneur q
on doit faire aulmosne et departir aux pouures de ce de quoy on a trop grād abūdāce
et superfluite/mais il vouloyt tout garder
pour le temps aduenir pour acomplir ses
voluptes et plaisances. Et cōme dit sainct
anselme quand il parloyt secretemēt en luy
mesmes/par le grand iuge ses paroles furent examinees/et en eust tantost response
car a la fin de ses paroles dieu luy dist. O
fol que tu es qui nen penses point de la p-
uidence et iustice de dieu. Sur quoy est a

qq i

noter que a telz auaricieux le nom de folie ne leur est pas imposé p̄ les hōmes, mais par dieu. O fol dōc ceste nuyt qui vient les diables demanderont ton ame, come leur en tant q̄ par les pechies quelle a commis est a eulx vendue et obligee, et plus ne auras temps pour toy amēder, ne pour la racheter. Certez en ce mōde cōme dit le saige il nest pire chose q̄ trop aymer pecune ou argēt, car tel donne son ame a to9 excepte a dieu. Bede. O riche q̄ te p̄mectoyes viure plusieurs ans en grādz delices. La vie q̄ tu p̄ēsoies auoir sera finee ceste p̄chaine nuyt, et fauldra que tu laisses aux aultres tout ce q̄ tu as assemble. Quād dieu parle ainsi aux hōmes, nest aultre chose a entendre se nō q̄l veult prōptement apaiser toutes les malices d̄ une p̄sonne, car le derrai iour de la fin est cōme vng larron qui vient subitement de nuyt, et adonc les ames des folz, qui ne pensent point po9 le temps ad uenir sont prinses toutes improuuees. Gregoire. Le riche hōme fust prins de ses ennemis la nuyt quil se p̄mectoit luy mesmes longuement viure, pourquoy il appareil loyt et assembloit plusieurs biens tēporelz Il y sideroit et veoit de loing, mais le iour prochain ou quel il deuoit rendre son ame ne le consideroit point. En la nuyt luy fust ostee son ame pour demōstrer q̄lle estant au corps estoyt en toute obscurte et tenebres, pource q̄lle ne auoit nulle cōsideraciō de la vraye lumiere de dieu, ne de ce q̄ ap̄s deuoyt souffrir. Se ton ame donc disoit dieu a ce riche homme te est en ceste nuyt ostee, a qui seront les biens pour lesquelz assembler tu as eu tant de peine et de soing Comme sil luy disoit. Ilz ne seront pas a toy, car nullemēt ne les pourras emporter Certes a la fin de la vie la personne ne emporte q̄ les richesses desvert9 lesq̄lles elle aura aquestees durāt ceste vie en son ame Crisostōe. To9 les biēs tēporelz q̄ tu auras assemble en ce mōde a la fin de ta vie tu les larras et riens nen apporteras diceulx si non vng grāt fardeau de pechiez, lesquelz tu as cōmis en les aquestant, et encores q̄ plus est ap̄s ta fin les biens que tu laisses

viendrōt aux mains et a la puissance de tes ennemys, et encore fauldra q̄ deuant dieu tu en rendes compte et raison. Ambroise. Pour neant assemble vne p̄sonne grādz biens et richesses se elle nest seure de en auoyr lusage et consolacion. Les choses ne sont pas p̄prement nostres lesquelles a la fin ne pouōs emporter auec nous, car seulement vertuz est celle qui acōpaigne les ames apres ceste vie, Seulemēt misericorde de no9 acompaigne, par laquelle aux trespasses sont aquerus les grandz possessiōs et biens eternelz. Ceste question, a q̄ seront les biens q̄ en ce monde tu as assembles, peut estre faicte p̄prement aux gēs de saincte eglise plus que aux aultres, en tant q̄ de droyt ne peuent ne doyuent laisser les biens de leglise a leurs parens heretiers. De cecy dit le saige. Aulcuns en ce mōde nont nulz enfans ne aultres parens et toutesfoys ne cessent de labourer, et ne peuent estre reffasiez de acquerir de plus en plus biens temporelz et richesses. Et telz sont semblables a vng fol, et feront semblable fin, en tant q̄ seulemēt assemblent po9 eulx et nen veulent distribuer aux poures, p̄ le moyen desquelz quand il le feroyent pour roy̅ēt estre a la fin receuz en paradis. Telz a la mort serōt plus poures des poures, en tant q̄ en ce monde occupēt leurs temps a assembler biens tēporelz, et ne sauēt po9 q̄ ou aux vers q̄ les mengeront, ou aux larrons qui les embleront, ou aux ennemis q̄ les emporteront, ou au feu qui les brullera. Telz ne sont pas riches des biēs spirituelz qui sont ceulx qui font les gens plaisans a dieu. Par cest homme riche, peut estre entendu tout hōme q̄ en ce monde se efforce et se estudie de assembler les biens temporelz affin q̄ sans riens faire viue en ce monde en toutes delices, mays on voyt souuent que telz meurent plus subitement que ne font les aultres, et sont fraudes de leur entētencion et propos. Aussi sont au iourduy plusie9 s q̄ dient en eulx mesmes ce q̄ disoit ce riche ffays grande chiere, esioys toy, repose toy, et ne regardent la fin, car tel cuide viure qui meurt. Crisostome.

Dieu donne tous les biens qu'il luy plaist donner aux riches de ce monde, a ce que par eulx soyent distribuez aux aultres, et a ce que on face part aux indigens de ce que on a en abundance.

Oraison

Sire ie te prie que tu ne me appelles pas de ce monde ou meilieu de mes iours et aussi ne permetz que ie perisse de mort subite ou improueu, mays donne moy espace de vraye fructuesse et a toy agreable penitence, a ce que par elle puisse contempner toutes choses caduques et transitoires et que par digne satisfaction puisse effacer mes pechiez, a ce que apres ceste vie te puisse veoir sans empeschement et en ioye, et sewrete puisse venir a toy qui es ma vraye et acertee partie de mon heritage, et toute ma substance laquelle toy mesmes a la fin me restitueras auec mes freres qui sont tes esleuz en ton royaulme des cieulx Amen.

De la piscine qui estoit en iherusalem et du paralitique qui gisoyt pres dicelle. Chapitre lxxviii.

Les choses dictes a comply ces ihu crist alla en iherusalem au iour de la penthecoste qui estoyt la grand feste des iuifz, et constituee pour offrir a dieu les choses nouuelles qui naissoyent de la terre comme de fruictz ou de aultres nouuelles choses. Icy est a noter que les iuifz entre les aultres auoyent troys grandes festes ausquelles vng chescun deuoit venir au lieu on quel dieu auoyt ordonne soy assembler, et la ou estoyt le temple de dieu, c'est assauoir la solempnite des pains sans leuain laquelle se deuoit celebrer le premier moys qui estoit mars, et la solempnite des sepmaines qui estoyent comptees du puys la premiere feste iusqu'a ceste qui est la penthecoste et la solempnite des tabernacles. La premiere comme dist est ce faisoit en mars qui estoyt le premier moys en la memoire du benefice de la deliberacion que dieu fist au peuple de israel de les deliurer de egypte. Et estoit ceste feste appellee phase, qui est interprete passement de vng lieu en aultre. Laquelle feste nous celebrons spirituellement quand nous laissons les vices et pechez et passons a lopacion des vertus. La seconde feste estoit la penthecoste, laquelle on celebroyt en memoire de la loy qui fut donnee le cinquatiesme iour apres que dieu eust mis le peuple hors de egipte. Laquelle feste nous celebrons spirituellement quand nous obtemperons a dieu et a ses commandemens. La tierce feste estoit des tabernacles qui estoyt celebree en memoire du diuin benefice de dieu qui garda et meina son peuple par le desert, et la habitoient en tabernacles faits de branches verdes, pour demonstrer qu'il les auoyt meines en la terre de mission par vng pais sterile et terre seche en la quelle par auant nul n'auoyt demoure. Ceste feste nous celebrons quand nous passons de ce monde come estrangiers et pelerins, et en passant deuons proffiter de vertuz en vertuz come les belles branches verdes. Nostre seigneur alloyt aux solempnites des iuifz luy home auec les homes, et faisoyt le iour de la feste auec eulx affin que ne semblast estre contraire a la loy, et qu'il annunciast la vraie doctrine de la loy au peuple qui la venoyt garder, et leur demonstrast la voye de salut et la lumiere de verite. Par quoy il demonstroit sa puissance, et les attiroit a luy par doctrine et miracles. Or en iherusalem pres du temple auoyt vne piscine, en laquelle descendoyent et se assembloyent grans eaues de la pluye qui degoustoyent du teple et des edifices de entour, et estoit appellee piscine p̱ ptraire, car en ceste eaue ny auoit point de poisson, et les ministres du temple, cest assauoir nathinei q̃ estoient ceulx q̃ portoyẽt le aue au temple, lauoient ce qͥl y failloyt offrir de bestes au sacrifice de dieu, et principalement de moutons τ des aigneaulx. Elle estoyt en hebreu appellee bethsaida q̃ vault autant a dire cõme maison des bestes qui demouroyent la iusques a ce q̃lles eussent este lauees τ nectoyees p̱ les ministres du temple. Ceste piscine auoyt cinq portes ou entrees entour dicelle, a ce q̃ p̱ plusieu̇rs lieux les seruiteurs du temple y puissent descẽdre. En ces cinq porches ou portes auoyt petites maisonnettes τ lieux q̃ estoyẽt appareillies p̱ ourez, et y auoyt grãd multitude de malades, cõme de aueugles, boyteux τ aultres q̃ auoyẽt gens ptraicts des membres et malades de aultres maladies, lesquelz to⁹ actendoyẽt le mouuemẽt de leaue de ceste piscine, en laq̃lle p̱ aulcũs temps lãge de dieu descendoyt et mouuoit leaue, p̱ quoy estoyt donnee a la dicte eaue vertus τ puissance de guerir les malades, car aps le mouemẽt de leaue q̃ auoyt fait lange le p̱mier malade q̃ descendoit estoyt gueri de quelq̃ maladie q̃ fust malade. Et pource q̃ on ne sauoit le temps ou quel lange deuoit descendre po² mouuoyr ladicte eaue de la piscine le malades estoyẽt ptinuellemẽt la gysans affin quilz fussent plus pres de descendre apres la motion de leaue, et q̃ p̱ ce eussent sante et guerison. On dist vne personne estre en langueu̇r quãd elle a este longuemẽt malade de aulcune maladie. Ils sont aulcuns q̃ veulẽt dire q̃ la cause po²quoy lãge descẽdoit a la piscine estoit po² ce q̃ en elle fust larbre d̃ la croix, en laq̃lle ihũcrist fust crucifie trouue, et q̃ ceste motion de leaue p̱ lange faite, estoit pour la presence τ reuerence dudict arbre de la croix, leq̃l approuchant le temps de la passion vint dessus leaue τ nagoit. Par ce aussi estoit demõstre q̃ nature hũaine deuoit estre guerie de la maladie de peche p̱ le bois de la croix de ihũcrist. Et po²ce q̃ p̱ auctorite on ne peut pu-uer ce q̃ est dit de larbre de la croix, cõuient

dire que la piscine eust ceste puissãce tant par fait q̃ par mistere. Par fait en double maniere, cest assauoir p̱ lablucion et lauemẽt des bestes τ des hosties q̃ failloyt offrir a dieu en son sacrifice, lesquelles se lauoyent la, et pour la recepcion des poures malades q̃ la estoyẽt receus cõme p̱ hospitalite. Par mistere aussi, car en ce lieu le sainct esperit voulut demonstrer q̃ par les osties et sacrifices de la loy estoyt demonstree τ p̱figuree la dignite de la passion de ihũcrist. Et pource lange visitoit ledit lieu et mouuoit leaue, et aussi q̃ p̱ la passion to⁹ malades de peche seroient gueris. Lange mouuoit ladicte eaue si fort q̃lle troubloyt τ venoit ce q̃ estoit au fond en hault, τ par ainsi se mesloyt ce qui estoyt demoure de la chair de sainctes osties auec leaue du dessus, en quoy estoyt signifie le baptesme lequel p̱ la vertus de la passion de nr̃e seigñr deuoit dõner sante τ guerison spirituelle a toute creature q̃ le receuoit. Nostre seigñr voulut aussi mõstrer en ceste piscine lexp̱sse figure du baptesme, laq̃lle bien luy connoit en tant q̃ p̱ la mociõ de leaue q̃ faisoit lange p̱ secrete opaciõ de dieu elle nectoit τ guerissoit les malades, ainsi que nectoie le baptesme lame p̱ eslieuemẽt visible p̱ la vertu̇s saincte des polles qui sont dictes, et aulcunesfoiz donne guerison au corps cõme p̱ miracle. Et pource que la figure de fault quand la verite est cognue, ceste piscine ne guerissoit a chescũe foys q̃ lange descẽdoit q̃ le corps dung malade et non pas lame, mays le baptesme touche iusq̃s a lame, et dõne guerison a to⁹ ceulx q̃ vienẽt a luy se d̃ leur coste ny mectẽt empescheemẽt. Donc ceste piscine qui querissoyt les enfermetes des malades p̱ vertu̇s inuisible, apparut deuãt le baptesme, τ fust figure dicelluy po² demõstrer la vertu̇ q̃ est en luy. Et y a cinq portz ainsi q̃ auoyt la piscine, cest assauoir la loy, les p̱phetes, la doctrine des saiges, le sainct euãgile, et la doctrine des apostres, lesquelz cinq font mencion du baptesme d̃ ihesucrist, et baillent adroisses et chemins a icelluy, les troys p̱miers p̱ figure, et les deux aultres p̱ fait et exhibiciõ. Par lãge qui descendoit en la piscine est signifie ihe sucrist q̄ est appelle ange du grand conseil lequel quād descendist ou fleuue iordain pour estre de saict iehan baptise, par la touchemēt de sa tresdigne chair dōne aux eaues force regeneratiue. Mais pource q̄ la vertus diuine nest point obligee ne lyee aux sacremēs de leglise, car dieu par sa puissance peut faire sans les sacremēs ce q̄ luy plaist, pour ceste chose demōstrer le malade q̄ ihesucrist guerit ne fust pas gueri pource quil descendit en la piscine, mays par la parole quil luy dist, cest assauoir, surge lyeue toy. Pres de ceste piscine auoyt plusieurs malades, mais de tous apres la mocion de leaue nē fut gueri que vng seul, en quoy est a entendre q̄ vne chescune personne est seulemēt iustifie et guerie de toute maladie de pechie par lunite de foy et de saincte eglise, et cest ce q̄ dit sainct paul quil est vng dieu, vne foy et vng baptesme. Bien sōt mauldits ceulx qui hayent ceste vnite. Pres donc de ceste piscine auoyt vng hōme paralitiq̄ q̄ auoyt este ou lict a cause de ceste maladie par lespace de trente et huyt ans. Et a cause q̄ paciētement auoyt porte z endure la peine de sa maladie, bien raison estoit que de dieu fust ayde. Et pource nostre seigneur le regardant des yeulx de sa pitie z de sa misericorde luy dist Uis sanus fieri Ueulx tu estre sain et guery, Il ne luy demāda pas cōme doubtant de sa voulente, mais affin quil le esleuast plus en esperāce de auoyr sante, z q̄ de plus en plus accreust son desir, car par ce la personne est faicte plus digne de receuoyr de dieu don de grace. Et luy respondit le langoreur. Sire ie nay hōme q̄ me mecte en la piscine pour estre gueri quand leaue sera esmeue z troublee, car par moy seul ny puys descendre, et ia vng aultre par estoyt descendu deuāt moy, cōme sil disoit a ihesucrist. Je desire moult estre guery, z en ay grand voulente, mais en moy est telle debilite et foiblesse pour la maladie que si long temps ay porte q̄ nullement ne me puys ayder, z aultre ne me veult aider pour me y porter. Le malade disoyt tels choses affin que sil eust pleu a ihesucrist lequel ve-

-oyt ieune et fort luy ayder et mectre en la piscine deuant vng aultre y fust descendu pour estre guery. Le pecheur q̄ est signifie par ce malade est delaisse de toute aide car pechie separe la personne de la cōpaignie et cōmunion des saincts, par lesquelz il deuroyt auoyr ayde. Et luy dist ihesucrist. Lieue toy et prens ton lict on quel tu couches, et ten va. En ce disant tantost fust tout guery, pource q̄ la vertuz diuine est infinie et fait sans quelque demeure son opacion, et ce que est impossible a nature. Et quād ihus luy eut dit, il prinst son lict et sen allot deuant tout le peuple pour demōstrer que par la vertuz diuine z non par humane estoit restitue a sa sante. Et ainsi porte le penitēt la charge et grād fais de pechie onquel par mier il auoyt dormy par delectacion, et estoit malade tant que par luy mesmes ne se pouoyt leuer. Auquel ihesus donne sante et guerison par les trois choses par lesquelles tout peche est iustifie, cest assauoir quil luy cōmande se leuer en soy departant de pechie et quil porte son lict en prenant penitence salutaire, et quil chemine tousiours en prosfitant de bien en mieulx. Icy est a considerer que ce malade auoyt porte ceste maladie trente huyt ans, et touteffoys auoit tousiours esperāce de estre gueri. En quoy est donne aux pecheurs exemple de pacience, affin quilz perseuerent instammēt en oraison en esperance de obtenir de dieu pardon auquel demandes z vous obtiendres ce que demandes. Queres et vous trouueres, hurtes et tout vous sera ouuert Crisostome. Par ces trēte et huyt ans que ce paralitique fust en maladie est demonstree sa pacience en tant quil veoyt que les aultrez estoyent gueris, et touteffoys estoyt tous iours detenu en maladie, et non pourtant se despartoyt du lieu, mays auoyt tousiours esperance de estre guery Et sas faulte la tristesse du tēps passe et la desperaciō quil pouoyt auoir de nestre poit guery on tēps aduenir, pouoyt estre souffisāte cause de le faire departir du lieu ou il estoyt se neust este la grāde paciēce q̄ estoyt en luy Il auoyt bien voulēte de estre gueri

qq iii

et la maladie quil auoyt estoyt seulement la cause po⁲ quoy il ne le pouoit estre, mais mainteñant pour auoyr guerison tant corporelle que spirituelle on peut seuremēt acceder au vray medicin des ames nostre seigneur. Cest celluy qui peut tout et non pas cōme lange troubler leaue, mais qui peut guerir d́ toutes maladies. Il ne fault maintenant plus dire, Je ne ay homme qui me mecte en leaue pour estre guery, il ne fault plus dire aincoys q̃ ie viegne a leaue, vng aultre est descendu deuāt moy, car quand tout le monde viendra a ihesucrist pour auoyr sante et guerison de toutes maladies iamais pource quil dōne sa grace nen est consummee, ne a meindre, mais tousiours demeure telle quelle estoit p̃ auant. Et ainsi que les raidz du souleil enluminant vng chescū iour, et toutesfoys ne sont point cōsumees, ne la lumiere du soleil ne est point meindre, pour tant quelle se despart, et cōmunique en plusieurs lieux, pareillement est il et plus encore de lopperacion du sait esperit, τ de sa grace, laquelle iamais ne se diminue pour quelque largesse q̃lle face a toute creature. Bien deuons auoir honte et fort plourer pour la variete des desirs q̃ sont en nous, voyans cest homme malade qui auoit este trente et huyt ans en sa maladie de paralisie, et cōtinuellement desiroyt sante, et toutesfoys en si grand espace de temps ne la peut auoyr, nō pas que ce fust par sa negligence, mais pource quil estoit empeschie des aultres. Et quelq̃ empeschemēt quil eust il ne laissoit point a desirer et a auoir esperance que quil actendist seroyt vnefoys guery, et nous se par aulcū petit de temps prios dieu pour nous deffaultz, ou pour obtenir aulcūe grace se tantost ne obtenons ce q̃ demandons, cessons de prier, et laissons tout le bon desir et propos q̃ auions de obtenir ce q̃ nous demandons. Et souuent souffrons grans afflictions τ peines po⁲ plaire aux creatures sans quelque remuneracion et loyer, et a peine voulons souffrir et soustenir aulcun labour tāt petit soit pour lamour de dieu duq̃l seuremēt on peut actēdre remuneraciō τ louyer

Et sil estoyt ainsi que de luy on ne receust riens toutesfoys pour lamour de son infinie bonte de uroit il estre serui τ honore en tant quil est nostre seigneur et createur. Et pourquoy doyt on auoyr esperāce d́ auoir aulcun louyer de dieu ou dūg aultre, se par auant on ne la gueigne et merite. Et de tāt q̃ le labour est plus grand, de tant le louer est plus aggreable et plaisant, pource que on pense q̃ on la loyallement gueigne. On doyt icy p̃siderer q̃ ainsi q̃ ihesucrist demāda au malade sil vouloit estre gueri, q̃ pareillemētne no⁹ donne point sante soyt spirituelle ou corporelle sans nostres̃ sentemēt τ q̃ ne la desirons, car tres delegier on obtiēt de dieu ce q̃ on luy demande a grand desir q̃ on ne mect, mays chose opposite en son cueur. Et pource tous pecheurs sont sans excusacion quilz ne ayent de leurs pechiez et deffaultz pdon silz veulent demāder, et a la voulente de dieu psentir, car ainsi que dit sainct augustin, celluy qui ta cree sans ton consentement et voulente, ne te iustifiera point sans ton consentemēt τ voulente.
Moralement ceste piscine en laquelle estoyent lauees les bestes po⁲ offrir au sacrifice de dieu, signifie la saincte et religieuse cōuersacion de aulcune psonne, en laquelle lame est lauee, et doyt estre comme vng aigneau p̃ innocence, a ce q̃ par bōne operacion elle soit offerte a dieu. En ceste piscine auoit cincq portez qui sōt les cincq sens corporelz et naturelz du corps on q̃lz gist souuent grāde multitude de malades car deuant les sens corporelz ya plusieurs manieres d́ maladies et corrupciōs. Leaue de ceste piscine signifie cōpunction d́ cueur et lange qui la meust est le sainct esperit, la grace du quel en no⁹ estant, nostre ame est guerie de toute maladie de la q̃lle estoit detenue et malade. On peut ainsi considerer la diuersite des maladies que estoyent en ceulx qui gisoyent la. No⁹ auons que tout peche est faict, et cōmis par negligēce, ou par paresse, ou par ignorāce, ou par enfermete humaine, ou par certayne malice, ou par longue acoustumance. Or ceulx qui pechent par negligence τ paresse sont ceulx q̃

languissent par deffault de grace et de bonne voulente. Et ceulx qui pechent p̄ enfermete humaine sont entendu sp̄ les boiteux lesquelz ne adroissent point leur pas en la voye de iustice q̄ ne veulent faire ce quilz voyent bien estre a faire. Par les aueugles aussi sont entendus ceulx q̄ pechēt p̄ ignorance qui sont bien aueugles quād ilz nont la vraye lumiere de foy en tant quilz ne congnoissent dieu ne ses cōmandemens. Par les cōtraictz et asseches sont entēduz ceulx qui pechent p̄ malice, qui sont tous sechz p̄ deffault de lumeur de la grace diuine et de bonne voulente, car tout ce q̄ font est sans la grace de la doulceᵣ de charite, et aux oeuures de pitie, ont les mains toutes seches et cōtraictes. Et ceulx q̄ pechent p̄ mauluaise acoustumance sont entendus p̄ ce malade de trente et huyt ans, lequel touteffoys ihesus guerit deuant tous les aultres q̄ la estoyent, pour demonstrer q̄ nul ne se doyt desesperer p̄ longue demeure qᶫ ayt este en pechie, se par vraye penitence et propos d̄ soy amēder veult a luy retourner. Prenes que on soit langoureux p̄ paresse, aueugle p̄ ignorāce, boyteux p̄ enfermete, et sech p̄ malice, touteffoys de tout on peut trouuer sante, se par vraye penitēce on veult a dieu retourner. Celluy qui estoyt malade se lieue et chemine quand lame se lieue de tout vice, negligence et male coustume et se estudie le temps aduenir soy garder a ce que derechief ne rechoye en mal, mais en toute diligēce chemine de vertus en vertuz iusques a ce quelle vienne a la vision de dieu en paradis. C'estoyt le iour du sabbat quand ihesucrist faisoit telles choses, on quel iour ne estoyt pas licite de faire oeuures seruiles. Et poᵣ ce les iuifz disoyent a celluy q̄ auoyt gueri. Il est sabbat et iour de feste, et ne te est pas licite de porter ton lict pource q̄ la loy defend q̄ on ne fasse quelque oeuure manuelle. Ainsi dient au iourduy les mauluais cōseilliers. Il est au iourduy feste, on ne doyt poiut ieuner ne faire penitēce. Les iuifz disoyent faulx a ce malade, car on peut faire au iour du sabbat les oeuures corp̄elles q̄ appt̄ienēt

a lonueur de dieu. Et le guery se excusa et dist. Celluy q̄ ma gueri le ma cōmande, en quoy il demōstre q̄ ihūcrist a uoyt la vertuz diuine en soy, et ma dit. Prens ton lict et chemine, et cōme il soyt de si grāde auctorite en toutes choses on luy doit obeyr. Le malade respond franchemēt a ses aduersaires, et ne craint point leur prescher et a nūcer celluy q̄ le auoyt gueri. Mays q̄ est au iourduy celluy q̄ le veule susteenir c̄tre la puersite z mauluaistie des princes du mōde ou c̄tre son pp̄re dōmaige. Et pource quilz ne pouoiēt calūpnier celluy qui estoit gueri cōuenablemēt se excusoit sur celluy q̄ luy auoit dōne sante, z q̄ luy auoit cōmande q̄ prinst son lict et le portast. Et demāderēt on estoit ihūcrist nō pas p̄ bonne intencion et affin q̄ en bien peussēt pfiter, mais poᵣ couraige a ce que peussent reprendre de ce q̄ luy auoyt cōmande q̄ prinst son lict et sen alast. Et en linterrogant dirent ce en quoy leur sembloit q̄ la loy estoit froissee z luy demanderēt. Qui est cest hōme q̄ te a dit q̄ tu preignez ton lict, et q̄ tu le portes le ioᵣ du sabbat. Cōme silz disoyent, cest vng mauluais hōme qui cōmande telles choses. Ilz ne dient mot de ce quil le auoit gueri, mais seulemēt de ce qui luy faisoyt porter son lit. En quoy appert q̄ ne pnoyēt q̄ ce en quoy clerement les peussent reprendre z nō pas ce de quoy le deuoyent louer. Ainsi est il de aulcuns mauluais q̄ sont bien soigneux de regarder sur les aultres ce de quoy les pourront reprendre z accuser, et se taisent du bien silz en voyent, et souuēt tout cōuertissent a mal. Crisostome. Voyōs icy quel mal faict enuie, et cōment elle aueugle les yeulx de lame. Les enuieux sont plus mauluais q̄ les bestes mues, lesquelles seulemēt nous molestent z se arment contre nous quand ne ont que menger, ou quand elles sont par deuant puoquees de nous, mais les enuieux mectent tous au deuant ce q̄ a aulcune apparence de mal et de bien, ne de ceulx q̄ font bien nen veulēt ouyr p̄ler. En quoy appert qui sont pires et plus difficiles que les bestes, ou pirez que ne sont les dyables, lesquelz ont a nous sans remede

qq iiii

tous pour mal vouloir, combien q̃ ne demandent riens a ceulx qui sont leurs compaignons. Mays les enuieux uont honte de dire mal de leur frere selon nature, ne de eulx mesmes, ne de leur pourete, car ilz ont en eulx mesmes la premiere peine en tant q̃ de tristesse et de cogitaciõs mauluaises remplissent leurs ames, de quoy redunde toute mauluaistie a leur prochain. Le vice est plus mauluais q̃ n'est le pesche de fornicacion, ou de adultere, pource que telz pechiez ne nuysent q̃ a ceulx qui les conectent, mays l'enuie des tyrans et mauluais hommes a fait abatre plusieurs eglises et destruire pres q̃ tout le monde. Enuie est la mere d'homicide, car par elle tua caym son frere abel. Esau vouloit tuer son frere iacob, les freres de ioseph le vendirent en egipte, et le dyable n'a que enuie sur tout le monde. Et est ung pechie plus difficile a guerir que les aultres, car combien que vne p̃sonne face bonnes oeuures, comme donner aulmosnes, veiller, ou ieuner, toutteffoys elle est pire et plus laide deuãt dieu que les aultres se en elle enuie domine et regne en son cueur cõtre son pchain. Celluy qui auoyt este guery ne sauoyt q̃ estoyt ihũcrist, et ne le cognoissoit ne de q̃lz gens ou de q̃l pais il estoit, car il auoit este lõguement malade et ne auoit cognoissãce des faitz de ihesucrist ne de sa renommee. Et ihesucrist apres se retourna de la cõpaignie du peuple q̃ estoit la present poᵘ demonstrer q̃ ne se vouloyt point vãter ne glorifier de auoir fait le miracle. En ce aussi vouloit que par eulx mesmes le fait fust cogneu et examine, affin q̃ en son absence le tesmoignage fust faict sans suspicion. en nous donnant exemple q̃ en faisant bonnes oeuures ne deuons point querir ne appeter la gloire ou la louange du monde, mais decliner et fuyr ceulx q̃ nous pourroyẽt nupre et calumpnier a ce que ne soyons occasion que le pechie de enuie ne croysse en eulx. Aps donc que que le miracle fust cogneu de toᵘ et diuulgue, et que le peuple se fust departy ihesucrist trouua cest homme ou temple

et cogneut ihesucrist en quoy mistiquemẽt nous est donne a entendre que se noᵘ voulons cognoistre la grace de nostre createur et auoyr la diuine vision, fault q̃ fuyons la turbe de mauluaises cogitations et affections et la cõpaignie des mauluais hommes et preparõs le temple de nostre õscience net et franc de toutes terriennes occupacions, car facilemẽt on ne trouue pas ihesucrist en la multitude du mõde ne en la grãd solicitude et soing des choses tẽporelles, mais seulement est trouue au secret temple de nostre cueur qui doyt estre pour l'amour de luy tout spirituel. Crisostome. Ihũcrist trouue l'omme qui auoit gueri au temple q̃ est vng signe de toute bonne religion, car il ne alla pas au marchie ne vacquer a plaisances et a negligẽce mais voulut apres q̃ fust guery demourer on temple, et en lieu sainct. Augustin. C'est chose bien difficile trouuer sp̃uellement ihũcrist entre le peuple, car il est de necessite q̃ l'ame q̃ le veult et desire veoir et trouuer soyt en aulcun secret et solitude p̃ droicte entencion, car telle vision veult lieu secret et paisible ce que on ne peut pas trouuer entre le mõde. Et luy dist ihesucrist. Tu voys que par le benefice et grace de dieu tu es maintenãt sain et guery garde toy le temps aduenir de ne vouloyr plus pechier, cõme s'il disoyt. Ayes le tẽps aduenir ferme voulẽte de ne vouloir plus pechier, car tout pechie procede de la voulente comme de la racine de tout mal, et de tout bien. Apres il luy monstre quel peril c'est de retourner a mal apres q̃ on a eu pardon quand il dit, a ce que le temps aduenir ne te vienne pis que auant, car quãd on rechoyt en mal la fin est pire que le commancement. Et tel peril de recheoir est considere premieremẽt de la partie de dieu en tant que celluy qui rechoyt en mal peche plus grieuement p̃ ingratitude, et pource il doyt estre de dieu plus grieuement puny. Secõdement quant de la partie du dyable, car ainsy q̃ vng cheualier qui a perdu vne foiz vng chasteau, se apres le peut recouurer le faict plus fort q̃ n'estoyt, et les garde plus soigneusemēt. pareillemēt le dyable quād il peut recouurer aulcun quil auoyt perdu par penitence/il le garde plus curieusemēt que par auāt, car il mect sept aultres mauuais esperitz pires que luy/lesquelz tyrent la personne a to⁹ les sept pechiez mortelz· Tiercement quāt a la personne/ car celluy qui rechoit en pechie apres penitence faicte rechoyt le temps aduenir plus de legier en pechie en tant que par mauluaisse coustume il ne faict compte de retourner aux pechez quil auoyt par auant laissies. Aux paroles que disoyt ihesucrist a ce malade est demonstre que sa maladie luy estoit venue pour aulcun pechie quil auoit p auant fait car souuent de la maladie spirituelle de lame nous tenons pou de compte/ et pou de sa saute nous en chault τ de celle du corps tātost q̄ auōs vng pou de mal faisons tout nostre pouuoir de la guerir, et pource souuent dieu punist le corps po² les deffaults de lame. Crisostome. Nous auons icy enseignement que se pour nous pechiez passes souffrons grandes et grieues peines et apres en eulx ou en aultres rechoyons par droyt nous deuons souffrir plus grandes peines que par auāt. On ne doyt pas auoir confidence grande du salut de ceulx q̄ en ce mōde ne souffrent aulcunes peines tant pour les pechies quilz ont cōmis/ que po² acquerir la grace de dieu, car riens ne souffrir en ce monde, mais auoyr tous ses desirs τ plaisances est signe de apres souffrir plus grand peine et tourment. No⁹ deuons doncques bien grandemēt nous garder que ne demourons en pechie/ et que quand nous souffrons paciēmēt et le portons/ et nō pas en murmurāt/ et aussi no⁹ garder de rechoir en pechie/ a ce que par ingratitude ne nous soyt pire la fin que le cōmancemant. Doncques ihesucrist guerist parfaictement et totalement. ce paralitique/ cest le corps par dehors/ et lame par dedens/ et le admoneste que se garde bien de rechoir comme vng bon medicin q̄ guerist parfaictement/ et donne remede cōment la sante sera gardee. En tous les miracles que nostre seigneⁱ fist en ce monde y eust toute perfection/comme en ce paralitique/ et quand il mua leaue en parfaict et bon vin/ car tous iours les oeuures de dieu sont parfaictes τ tresbonnes/ comme tout ce qui fist au cōmancement du monde et ne hayt riens de tout ce quil a faict. Seulement il hayt pechie, et le persecute, et le veult destruire cōme appert, car en six io⁹ de sa pole il crea toutes choses/ mais po² destruire pechie il a este en grand peine et labour en ce monde plus de trente ans. Pechie est la chose sur toutes les aultres qui plus luy desplaist τ q̄ lequel est plus offensee sa grande bonte, et diuine puissance et maieste. Par peche il nous est faict dur et aspre/ q̄ de soy a to⁹ est doulx et debonnaire. Peche est qui a fait de lange le dyable/ de lamy lenemy/ du franc le serf τ celluy q̄ estoit icorruptible mortel et corruptible/ du bien eure/meschant/du filz de dieu le filz du diable. Pechie est sy peruers et mauldit et totalement requiert q̄ iamais on ne le laysse sans punicion, car se en ce monde nest puny des hōmes il sera puny ailleurs de dieu. Adonc cest homme sen ala pour publier et denuncer la vertus et puissance de ihesucrist/ τ dist aux iuifs q̄ cestoyt ihūs q̄ auoit fait sur luy si grād miracle τ q̄ ainsi lauoit gueri. Et de ce dit saint augustin. Ap̄s q̄ cest hōme eust veu τ cogneu q̄ ihesucrist auoit este celuy q̄ luy auoyt donne sante τ guerison de sa maladie il ne fust pas paresseur de anuncer aux aultres ce q̄l auoit veu. Il anūcoit aux iuifs que cestoyt celluy qui leur pouuoit donner vray salut et touteffoys ne laissoyent point le persecuter comme violateur et trāsgresseur de la loy diuine/ Or les iuifs moult mal entēdoient le cōmandement du sabat en tant quilz cuydoiēt estre peche excercer et faire le iour du sabbat les oeuures de pitie τ de misericorde. Q̄ plusieurs sont q̄ ensupiuēt celluy cy et molestent souēt les seruiteurs de ihesucrist q̄ font aulcune bōne oeuure. Et quāt ihūcrist cogneust q̄lz le vouloiēt reprēdre τ q̄lz murmuroient de ce q̄l faisoit telle chose le iour du sabbat en soy excusant dist. Pater meus qui est in celis vsq̅ modo operatur Mon pere qui est aux cieulx/ combien q̅ le iour du sabbat cessast au cōmancement du monde de toute creation, touteffois iusques a maintenāt il laboure en le gouuernant et en restaurāt ce q̅ est corrōpu/ pour tāt il ne viole pas le sabbat. Et moy auec luy laboure en reparāt et restaurāt les choses corrōpues/ et en guerissant les malades ne pour telles oeuures ie ne fais point contre lordonnance et repos du sabbat/ mays en toutme p̅forme a mon pere/ car ainsi q̅ au cōmancement du monde iay laboure auec luy en le creant/ disposant/ et parant, ainsi fays ie maintenant. On doyt aussi entendre que dieu cessa et se repousa de toutes les oeuures quil auoyt faictes/ car il nen vouloit plus creer de nouuelles/ non pas quil cessast de gouuerner et entretenir celles q̅lz auoyt faictes et crees/ car se par vng moment se substraioyt des choses crees/ et laissast de les maintenir et gouuerner/ ainsy q̅lles sont faictes de riens en vng instant toutes ne seront riens Se donc leur disoit ihūcrist vous presumes me reprendre de telles choses/ aussi deues reprendre dieu qui faict le semblable Regardes q̅ vous dictes vous q̅ estes son peuple particulier. Augustin. Ainsi q̅ le pere et le filz selon la diuinite sont inseparables/ pareillement les oeuures du pere et du filz sont insepables/ et nō seulement du pere et du filz/ mais celles du sainct esperit/ car ainsi q̅ vne equalite et inseparabilite est de eulx troys/ ainsi est vne en dieu selon sa puissance cree/ selon sa sapience ordōnee/ et selon sa bonte. Or le filz est la sapience du pere/ et le sainct esperit est la bōte du pere et du filz/ en quoy appert quil nest pas possible q̅ la diuine essence puisse estre ou faire aulcune chose sans sa bonte et sa pience. Bernard. Et aux oeuures q̅ en ce monde nous faisons/ nous prions dieu que tout soyt faict a lhōneur et gloire de la saincte trinite en disant. Ou nom du pere et du filz et du sainct esperit tel oeuure puisse venir a bien a ce q̅ ainsi q̅ loperacion des personnes est indiuisee/ q̅ pareillement leur inuocaciō et le faict soyt indiuise Et ainsi ihesucrist est excuse de faire aulcune chose le iour du sabbat/ Mais pource q̅ par telle excusacion ensuyst q̅ ihesucrist est egal a dieu le pere. les iuifz le persecuterēt plus fort q̅ deuant cōme blasphemeur/ car blasphemer selon la loy est le plus grand pechie et doit plus aigrement estre puni q̅ la transgression ou violaciō du sabbat. Et pour tāt il est dit apres q̅ les iuifz le q̅royent mectre a mort de plus grād zel et couraige/ car il se disoyt estre egal a dieu le pere que ilz ne faisoyēt de ce quil auoyt viole le iour du sabat/ car cōme il leur sembloit il ne faisoyt pas seulemēt ce q̅ estoit escript de soy garder de toute oeuure le sabat/ mais disoit q̅l estoit filz naturel et p̅substācial de dieu le pere. Et pource q̅ bien q̅uenablemēt se estoit excuse du p̅mier/ apres se excuse du secōd en pruāt veritablemēt quil estoit vray filz de dieu Et affin q̅l ne luy dissent/ nous ne te croirōs point/ car nul nest digne de estre creu q̅ tesmoigne seulemēt de luy/ pour bien p̅fermer ce q̅ leur disoit leur baille plusieurs tesmoignages veritables de luy/ cest assauoir les oeuures q̅ faisoit dieu p̅ sainct iehā baptiste et les sainctes escriptures et leur disoit. Se moy seul tesmoingne de moy/ mon tesmoignage nest pas vraye. Cōme sil disoit selō crifostome. Mon tesmoingnage nest pas vray quāt a la suspicion de ceulx ausq̅lz ie parle/ cōbien q̅l soyt vray quāt a la dignite de celluy duquel il p̅cede. Icy sont a noter quatre tesmoings du filz de dieu/ lesquelz en tous tesmoignages peuēt estre trouues cest assauoir demonstrāce de verite/ confirmacion de verite/ imobilite de verite/ et icelle mesme verite. La demonstrāce de verite se faisoyt p̅ sainct iehan baptiste/ auq̅l les iuifz enuoierēt pource q̅lz le pensoiēt estre plus iuste qui fust en ce temps la et ne testifia pas de luy mesmes/ mais de ihesucrist/ comme celluy qui estoyt amy de verite. La confirmacion de verite se faisoyt par les oeuures fortes et difficiles quilz faisoyt/ comme enluminer les aueugles/ ressusciter les veritablemēt mors/ et plusieurs aultres tesmoignoyent quil estoyt le vray filz de dieu. Aussi l'immobilité de luy estoit demōstree p̄ le tesmoignage du pere c'est assauoir au baptesme, et quād il fut trāffiguré en la mōtaigne duquel veritablemēt il tesmoigne quil estoyt son vray et bien aymé filz. Pareillement la verité estoit demonstree par les saintes escriptures lesquelles ne peuent mentir pource q̄lles sont pcedees et faictes p̄ lespit de verité. Certes toutes les escriptures tant de la loy cōme des p̄phetes donnēt tesmoignaguage a ihesucrist q̄ est filz de dieu, et celluy q̄ est pmis en la loy. Et combien q̄ les iuifz fussent p̄ tant de tesmoingz veritables conuaincus, touteffoys ne vouloyēt nullemēt croyre en luy. Et pour ce il leur disoit. Pour quelq̄ chose que vous voyes ne pour le bien que ayes veu en moy encore par vraye foy ne voules venir a moy, tout p̄cede p̄ la mauluaistie de voustre voulenté, car riens ne vo9 empesche a ce faire se nō la rancune et hayne q̄ vous aues cōceue p̄tre moy. Apres lenr demonstre la durté de leur cueur pour laquelle ne vouloyēt en luy croyre en disāt Je suis tenu p̄ mon humanité en ce mōde ou nom, et pour l'onneur de mon pere du ciel, affin que p̄ moy soyt honnoré et glorifié cōme appert p̄ les tesmoignages desusdictz, et vous ne me receues point, par quoy en aures peine en tant q̄ en mon lieu vous en receuez vng aultre q̄ viendra, c'est assauoyr l'antecrist qui ne quierra q̄ sa p̄pre gloire et excellence, et vo9 croyres a toute menterie quil vous dira. Par ce que dit est, est demonstré q̄ les iuifz seront les premiers qui se conuertiront a lantecrist, pour ce quil se fera circūcira, et se dira estre celluy q̄ en la loy leur est promis, et luy edifieront vng temple, et se ioindront a luy iusques a ce q̄ sa faulseté et maulaistie soyt demonstree et declairee par enoch et helye Et cōme dit sainct augustin. Il se efforcera mectre au dessus toutes les cerimonies de la loy, affin q̄l puisse destruire et mectre a neant le sainct euangile. Apres nostre seigneur monstre aux iuifz la cause de leur infidelite, q̄ estoyt que par leur orgueil ilz desiroyent vaine gloire et louange et fame

du peuple, et ne queroient pas la gloire de dieu q̄ est en ce monde pstituee en vraie humilité, ne celle q̄ sera apres ce monde en paradis. Donc ilz ne croyent pas en ihūcrist non pas pource que la vraye verité ne leur soyt asses manifestee, mais pource q̄lz sōt tous aueugles par orgueil, par leq̄l ilz desirent estre loues et preferes deuant tous aultres. Ilz reputoyēt estre grande honte croyre en ihesucrist, qui par dehors estoyt poure et de petite reputacion, et leur cueur orgueilleux ne se pouoit humilier p̄ croyre en luy, car seulemēt celluy peut et doyt croyre en luy qui a le cueur humble, et quiert de dieu la gloire, et desire luy plaire et faire sa voulenté. En quoy appert que vaine gloire est vne chose mōlt perilleuse a toute creature. Crisostome. Il n'est chose en ce mōde qui tāt de forme et face laide deuāt dieu l'ame raisonnable comme le desir et appetit de mondaine et vaine gloire, car il n'est possible q̄ celluy qui l'ayme et desire puysse aymer ou querir la gloire de ihūcrist. Et ainsi que dit tulle. On se doyt bien garder de desirer la gloire, par laq̄lle est ostee la franchise et liberté de l'ame, et pour laquelle escheuer se doyt efforcer de toute p̄sonne de bien Et po2 ce selō la glose, c'est vng grād pechié et vice de desirer par iactance et humaine louange q̄ on ayt estimacion de soy plus que il n'est de raison. En telle chose on ne peut estimer que telz desierent veritablemēt la gloire de dieu quand ainsi desirent la leur propre. Mais a l'opposite c'est vne moult grant vertuz que humilité quād a son estimacion on ne se repute riens, et que en toutes choses on quiert seulement la gloire de dieu, et que on desire a luy seul estre plaisant. Et c'est la cause pourquoy nous ne accomplissons pas les commādemens de dieu, car nous ne sommes point humbles, mays orgueilleux et ambicieux, trop presumens de nostre force et industrie et par ce ne pouons humilier nostre cueur a vouloir acomplir ce que dieu nous commande C'est vne des principales causes q̄ empescha les iuifz de croire a la foy de ihūcrist, car ilz actēdoient et actēdēt encore q̄lz seront esleuez en grãds honneurs et a gloire temporelle du monde, laquelle comme ilz dient leur est promise selon la loy. Et pource quilz voyent ihesucrist poure quant aux biens du monde et de petite reputacion ne le vouloyent recevoir. Ilz ne regardoient pas les escriptures des prophetes qui parlent en plusieurs lieux de son humilité et poureté. Or la gloire et lonneur q[ue] p[ro]mect nostre seigneur a ses bons serviteurs nest pas en ce monde, mais ou royaulme du ciel en la gloire de paradis, de laquelle les iuifs ne avoient nulle cognoissance, et pource ne la desiroyent point, et ainsi demoureroyent tous iours en leur infidelité. Ce mauluais vice et peche de vaine gloire ne peut mieulx estre escheue et esloigné de la p[er]sonne, que quant par vraye consideracion de soy on retourne a sa conscience, et quen icelle on se cognoist nestre q[ue] pouldre et viande a vers, et que quant en soy on ne trouve aulcun bien qui soyt, refere a dieu qui le donne et non pas a nous qui ne pouons riens sans luy. En sostome. De toute nostre puissance et estude en ce monde no[us] devons fuyr vaine gloire, laquelle bien facillement nous escheuerons se seulement avons le regard de nostre entendement a la vraye gloire de paradis que nostre seigneur nous p[ro]mect, par laquelle nous veult separer de ceste male vaine gloire. Quelle esperance pouons nous avoir de nostre salut quant pour p[ar]cellui obtenir de dieu tout desir des choses exterieures nous est deffendu, a ce q[ue] soyons plus fors a desirer les biens de paradis, et touteffoys a grand peine et difficulté no[us] pouons separer des biens de ce monde. Qui est en ce monde plus grand insensibilité ou chose plus male, que quant chescun iour on oyt les terribles iugemens que dieu a fait aux pecheurs, et la remuneracion quil a faict aux bons et aux iustes, et touteffoys plus souvent nous ensuyvons ce qui est mal, et laissons ce qui est bien, combien que les escriptures sont faictes affin que on ait cognoissance des choses que dieu a faictes le temps passé, et par la consideracion dicelles on se garde de mal le temps advenir

et par ces deux consideracions du bien et du mal on puisse avoyr en ce monde, et en lautre les biens que dieu promect a ses esleur, cest assavoir en ce monde les biens de grace, et a la fin les biens de gloire.

Oraison

Sire ihesucrist donne moy santé qui suys travaillé de longue langueur de mal et paralitique, par la longue paresse de bien. Donne moy que me lieve en me despartant de peché, et en portant mon lict qui est le fardeau de penitence, et q[ue] ie chemine en proffitant en vertus de bien en mieulx, et q[ue] quant prins gra[n]ce seray sain et guery, me estudie le te[m]ps advenir de me garder de tout peché, affin q[ue] ne me soit pis ou en ce monde ou eu lautre se ie rechois en peché. Donne moy aussi mon vray seign[eur] q[ue] en toute humilité te puisse ensuyvir en co[n]tempnant et desprisant toute vaine et tra[n]sitoire gloire, et que ne desire poit estre loué ou exaulce p[ar] dessus les aultres, mays que seulement en ce monde quiere ta gloire, et q[ue] ie desire te estre plaisant et agreable. Amen.

De larbre infructueur, et de la femme q[ui] estoit accourbée vers la terre   lxxix.

Encore ihesucrist ala au pais de galilee apres quil eust laissé les iuifs en leur incredulité. Et ainsi que la demouroit et enseignoit le peuple, aulcuns iuifs qui la estoyent vindrent a luy et luy annu[n]cerent q[ue] pilate avoit mis a mort aulcu[n]s de galilee, cest assavoyr vingt hommes qui sacrifioyent actuellement et mesla le dist pilate leur sang avec le sa[n]g de leur sacrifice, cest a dire que le sang de ceulx qui mist a mort en vng moment se mesla avec le sang qui estoyt du sacrifice. Selon que dit sainct cirille. Ceulx que pilate fist mectre a mort estoyent de ceulx q[ui] ensuyvoyent la doctrine et enseigneme[n]t de iudas de galilee, duq[ue]l saint luc fait mencion aux faitz des apostres q[ui] disoyt qu[i]l estoit illicite et co[m]me chose defendue aux iuifs cognoistre aultre seigneur q̃ dieu seulement/ et plusieurs furent de son opinion et luy consentirent en telle maniere quilz deffendoyent au peuple q̃ on ne fist les oblations acoustumees pour le bien prosperite et salut de lempereur de rome. De laq̃lle chose pilate fust courroucie et indigne tellement quil vint sur eulx ainsi q̃lz sacrifioyent selon leur maniere/ et les mist a mort entre les bestes quilz offroyent au sacrifice selon la loy/ et par ainsi leur sang fust mesle auec celluy des bestes quilz sacrifioient. Et par ceste occasion vint q̃ herode et pilate furent ennemis lung contre lautre pour ce q̃ ceulx du pays de galilee estoyent soubz la seigneurie et puissance de herode et non pas de pilate. Et pource q̃ aulcuns du petit peuple imputoient ceste subite et horrible occision aux grandz pechiez q̃ pouoyent auoyr commis ceulx qui auoyent este occis/ en croyant et disant q̃ tresiniustement ilz auoyent souffert telz peines ilz le racompterent a nostre saulueur ihesus pour sauoyr q̃ de tout luy ensembloit. Nostre seigneur ne denya pas q̃ ceulx qui auoyent ainsi este occis ne fussent pecheurs/ et q̃ pource ne fussent mis a mort/ touteffoys il ne afferma pas quilz eussent souffert telles peines comme pires et plus mauluais de ceulx qui ne les auoyent pas souffert/ car telle mort nest pas argument souffisant que de ceulx qui lont souffert eussent plus grieuement pechie q̃ ceulx qui ne lauoient pas souffert/ car souuent en ce monde dieu punist les meindres et petitz pechiez et differe les grans a punir apres ceste vie en enfer. Misticquement pilate signifie le dyable/ qui est tousiours prest de mectre a mort les ames des creatures. Et par le sang est entendu pechie/ par le sacrifice bonnes operations/ les galiliens qui sont interpretes passans de lieu en aultre signifient ceulx qui comme pelerins et estranges passent ce monde. Et la mort corporelle de telz mors/ signifie la mort spuelle diceulx qui a dieu ne offrent pas vray ne pur sacrifice. Donc pilate mesle le sang des bestes quilz auoyent tues auec le sang du sacrifice quand le dyable macule et soulle/ les prieres/ aulmosnes/ ieusnes/ et aultres bonnes oeuures des personnes par la male delectacion du corps/ ou par la meditacion de rancune et hayne/ ou par la fureur et de yre ou par la fureur de enuye/ ou par ambicion de louage humaine/ ou de vaine gloire/ ou par aultre male entencion/ car combien q̃ semble q̃ tel bien soyt offert a dieu/ touteffoys quand on a aussi par aulcun vice la voulente corrompue pou ou rien proffite le bien q̃ telz gens font/ car bien souuent il leur tourne plus a pechie que a merite/ ainsi que nous auons de iudas q̃ bailla aux iuifz nostre seigneur ihesus/ q̃ combien quil fust en la cene auec les aultres bons/ et entendist/ et vist tous les biens q̃ en icelle se faisoyent touteffoys pource q̃ en son cueur auoyt la male voulente de trayr et baillier aux iuifs ihesus pour le crucifier/ tout ce q̃l faisoit de bien luy estoit tourne en pechie. En quoy doyt vng chescun considerer/ combien luy vault le bien q̃l fait se en son cueur a la voulente de nuyre par enuye et dissensions/ ou par aultres manieres a son prochain. Et donc dist nostre seigneur a ceulx q̃ telles choses luy annuncoyent q̃ les iuifz ne estoyent point moins pecheurs q̃ estoyent les galileens q̃ pilate mist a mort/ et silz ne faisoyent penitence de leurs maulx et pechies periroyent semblablement en corps et en ame. Penitence est celle en ce monde q̃ deliure la personne de tous perils quand on a offense dieu/ car elle est la seconde table pour euader apres q̃ on est par pechie neye en la mer de ce monde. Les galileens desquelz est icy pleine furent pas seulement punis pour ce quilz estoyent pecheurs/ mais aussi pour donner craincte et terreur aux aultres/ car souuent on est prouoque et esmeu a faire penitence et du bien par la consideracion de la mort subite et improueue que on voyt souuent aduenir aux aultres. Crisostome. En ce q̃ ihesucrist disoyt/ il vouloit demonstrer quil auoyt permis que ces galileens auoyent souffert telle mort/ affin que les viuans en eussent paour et froyeur/ et par ainsy fussent heretiers du royaulme de paradis par corriger leurs maulx faictz en ce monde. Et donc ouseroyes tu dire a ce que ie soye meilleur/celluy la est puny. Certes nõ, z nestpas ainsi, mais il est puny pour aulcũs pechiez, desquelz tu ne as pas la cognoissance, mais p̃ telles punicions tu as matiere et occasion de salut.

Apres est baille vng aultre exemple de dix z huyt aultres hõmes q̃ estoient de iherusalem, lesquelz ainsi quil edifioyent vne tour en syloa, subitemẽt elle cheut sur eulx et les tua tous, et p̃ ainsi ilz furent puniz de linstrument de leur mal z offense. Et cestui cas et ruyne aulcũs reputoyent auoyr este fait pour la grãde enormite de leurs pechiez, desquelz baille nostre seigneur semblable sentence cõme des p̃miers. Bede. Les dix et huyt hõmes de iherusalem qui furẽt ainsi tous oppresses z mors de la tour qui cheut sur eulx, signifient les iuifz q̃ ne veullent point faire penitẽce de leurs maulx, lesquelz a la fin periront auec ceulx cy, ce de leurs pechiez ne ont repẽtence, et ne sen amendent. Sur cecy ihesucrist leur dist lasimilitude du figuier qui ne apportoit point fruict, et occupoit la terre inutilement, leq̃l le seigneur de la vigne en laquelle il estoyt vouloit q̃ on le coupast, pource quil estoyt venu par troys annees pour querir aulcun fruict en ycelluy, et tousiours ny trouuoyt riens si non les fueilles. Mais il fut fort prie de celluy qui laboueroyt la vigne que le laissast encores vne annee, et entour de larbre il laboureroit, et au pie mectroyt du fumyer, et se p̃ telles choses ne faisoit fruit seroyt coupe le temps aduenir. Le maistre donc de la vegne a la requeste du laboureur laissa encores cest arbre en esperãce q̃l apporteroit du fruict. Et par ceste similitude ihesucrist vouloit concluire q̃ pareillement les iuifz seroyẽt coupes et arrachies de ceste vie z punis en lautre mõde silz ne faisoient le fruit de penitẽce z de bõnes oeuures. La grãde puissance de dieu, z la grãde negligẽce des hõmes est bien manifestee en ceste similitude, car le figuier plãte en la vigne est la synagogue esleue en la maisõ d̃ israel z du peuple des iuifz. Les trois ans de sa visitaciõ sont la loy escripte, le tesmoignage des p̃phetes, et la grace du sainct

uangile, ausquelles trois choses dieu querut aux iuifz le fruit de bõnes meurs, mais il ny en trouue poit excepte en bien pou de ceulx q̃ nestoient cõme riens cõptes quand au regard de si grand multitude. Et combien q̃ les laboureurs labourassent z fouyssent entour bien dicelle en la fort reprenant pour la humilier en luy demonstrant les grans z terribles iugemens de dieu, et lordure et abhominaciõ de ses pechies, p̃ lesquelles choses vraye humilite z cõpunction de cueur est souuent engendree en lame, touteffoys tous les laboureurs profiterent bien pou pour quelq̃ peine q̃ fissent enuers elle, et po̧ ce il ont to⁹ desserui estre arraches de la vie presente, et estre mis au feu denfer pour bruller eternellemẽt. On peut dire aussi q̃ le champ et la vigne est le mõde, ouq̃l les arbres sont les hõmes desquelz aulcũs sont infructueur, et aulcuns font bon fruict. Les laboureurs sont les p̃latz et les p̃stres de sante eglise. Aussi vne chescune ame est larbre, la viegne le iardin et le champ de celluy q̃ la doyt bien labourer, affin quelle porte bon fruict. Mais en plusieurs on ne trouue poit de fruict dont cest pitie, car ilz occupẽt la terre inutilemẽt et doyuẽt bien craindre la peine d̃ laquelle ihũcrist le menasse. Gregoire. Nostre seygneur vint par troys ans au viguer en tãt q̃l actẽdit nature hũane deuãt la loy soubz la loy et soubz la grace en la visitãt, admõnestant, z actendãt q̃lle fist aulcun fruit de bien. Mais il se cõplaint q̃ en to⁹ les troys ans ny trouua fruit po̧ ce q̃ sont plusieurs en ce monde q̃ ont les cuers si durs z obstines q̃ la loy de nature inspiree d̃ dieu ne les peut corriger, ne p̃ les cõmãdemẽs de dieu ne veullent estre enseignies, ne estre a bien auertis po̧ quelq̃ miracle q̃ dieu leur monstre. Et doyuẽt auoyr grãd paour de ouyr ce q̃ ap̃s est dit. Coupe cest arbre infructueux, car il occupe la terre sans porter fruict. Certes vne chescũe p̃sonne occupe la terre cõe arbre infructueux, quãd selon sa possibilite ne fait fruit de bõne op̃aciõ. Les laboureurs sõt les p̃latz z ceulx q̃ ont gouuernemẽt sur la vigne z figuier cõe sont les bons et sainctz qui sont en saincte eglise qui prient tous les iours le seigneur de la vigne et du figuier en disant. Sire laisse encore ceste annee/cest arbre sans couper/q est le tēps de grace iusques a tant que ie aye fouy et beche entour en le exhortant a bien/ et en le repensant de ses vices/et en le prouocant a penitēce en luy demonstrant la pulenteur et ordures de ses pechiez. Or fouyr et labourer entour de cest arbre nest autre chose que enseigner la psonne a paciēce et a humilite de penitence/car vne fosse nest q vne humble et basse terre/et le fumier est lordure des vices/et la memoire des pechies pourquoy lame doyt faire le fruict de bonnes oeuures. Qui est chose plus orde et abhominable q fumyer/ et touteffoys quand on en vse bien il nest riens que plus aide a porter bon fruict/et quād souuēt on se estudie a bien faire p la recordacion des pprēs pechiez/on mect du fumier La condicion du pecheur est/quil veult tousioᵘs musser ses pechiez/et se d ceulx desire auoyr vraie cognoissance et desplaisance. il fault que souuent laboure entour de eulx/et ainsi il les verra clerement et cognoystra. Aussi mectre le fumier entour de larbre est la recordacion et souuenance de la mort/en laqlle la psonne nest faicte q fiens puant et viande a vers. Ceste memoire de la mort pserue la psonne de plusieurs pechies/la faict estre soigneuse en bien/et souuēt en ce mōde la fait acquerir la grace de dieu. Moralemēt aussi peut chescune personne que est mise et plantee en saincte eglise poᵘ fructifier en bien estre entendue par larbre du figuier qui estoit plāte en la vigne. Et aussy par les troys ans ausquelz ledict arbre ne fist nul fruict peut estre entendue le ieusne eage/le moyenne/et vielesse de chescune psonne/car on dessert quād en icelluy tēps on ne fait bien en ce monde estre coupe et oste p mort temporelle et horrible dicelluy

On peut entēdre aussi par le laboureur de la vigne/lange qui est propre garde de chescune psonne/lequel prie a dieu souuēt q laisse viure la psonne quil garde iusques a son viel eage/affin que par se diligēce ql

fera a telle personne/ elle se puisse amēder des deffaultz du temps passe aultremēt se elle ne le fayt soyt coupee et mise a la fin ou feu dēfer eternel. Par larbre du figuier aussi peut estre entendue toute saincte religion/laquelle ihesucrist qui est seigneᵘ dicelle a plantee p sainct anthoine/sainct benoist/saint augustin en sa vignequ est saincte eglise/lequel vient pour querir fruict/ cest aulcune perfection de sainctete/mays souuent ne trouue que fueilles et point de fruit de pitie et de vertus/mais seulement paroles et habit exteriore. Et quand il retourne et troue telz fueilles/il dit au laboureur de la dicte vigne qui sont les prelatz et docteurs/desquelz loffice est decouper la sarmēte/arrache les espines/et faictes aultres choses semblables entour d ma vigne Troys ans sont ia passes/cest assauoyr le tēps d sainct anthoine/saint benoist et d saint augustin/ausquelz ie suys venu poᵘ querir aulcun fruict de vertuz et de bonnes oeuures en ceste religiō/ et ie ny en trouue point/car elle est trop pres de la voye et du monde/ et pource son fruict ne peut venir iusques a maturite de bōne fin. Mays helas bien grand craincte doit estre a tous religieux quand ilz oyent ce q est dit apres Coupe ce maulais arbre qui est en ma vigne de religion tout infructueux. Et pourquoy occupe il la terre en ne prenāt plaisir seulement q aux choses rēporelles/et laisse d exercer le lieu et loffice qil tient p bonnes oeuures. Et ainsi que dit sainct augustin le pecheᵘ nest pas digne du pain ql mēge. Et a donc le prelat q se doyt mectre au deuant pour ses subiectz/ respond au seignᵉ de la vigne en priant pour eulx. Sire ie te prie humblemēt q tu la laissez encore ceste annee/affin quelle face penitence grāde et fructifie en tout bien. En religion plusieurs sont qui ne se veullent pour chose que on leur die retourner a bien/mais encore qui pis est murmurent cōtre ceulx qui leurs demonstrēt leurs pechez et les grās maulx qui font/soit ip predicacion/locucion/ correction/ ou accusacion. Et telz doyuent bien craindre q a la fin de leurs iours ne soient coupes τ ostes de la viegne de dieu et mis ou feu denfer pour leur mauluaise obstinacion/car comme dit sainct bernard Deux choses sont deues a vng arbre infructueuse/cest assauoir la coignee pour le couper/τ le feu pour le bruler. Aussi par les trois ans on peut entendre les trois veutz de religion/lesquelz fait vng chescun religieux quand il renunce au monde/sur lesquelz a la fin nostre seigneur interroguera vng chescun comment il les aura gardes tresestroictement/τ pource il est fort a craindre que en plusieurs ne les troue frosses τ tresmal gardes.

Raison aussi peut estre entendue par le laboureur de la vigne/laquelle doit fouyr τ labourer en tour sa conscience/en faisant la fosse de humilite en leuacuant de tout desir et appetit du monde. Car comme dit saint paul/toutes les choses vaines et caduques du monde ne sont sinon fumyer et ordure. Et telles considerations et aultres bonnes font fructifier le figuer de la conscience de vng bon religieux. Certes bien conuenablement par larbre du figuer est entendue religion/τ pour plusieurs raisons. La premiere/car ainsi que le figuer soubz vne seule escorce contient plusieurs grains qui sont de vne mesme doulceur/pareillement religion a plusieurs personnes viuans dune mesme voulente soubz vne regle/τ soubz vne mesme maniere de viure. La seconde est/car le figuer a les fueilles en la maniere des mains de homme/pareillement les paroles des religieux qui sont entendues par les fueilles doyuent estre semblables a leurs oeuures qui est quand ilz sont par oeuures ce quilz dient de bouche estre a faire. La tierce est que on dit que quand vng taureau aspre τ mauluais est lye a vng figuer il deuient doulx τ pert toute sa mauluaistie. Aussi est il des ieusnes gens qui se mectent en religion et soubz le ioug de ihesucrist/car par bonne humilite et obseruance de la religion ilz sont tournes tous en doulceur et en debonnairete. Icy est a noter ce qui est escript en Iheremie le prophete quand dieu luy demanda/que vois tu iheremie/et il respondit. Ie voys tresbonnes figues/τ en voys de tresmauluaises/car quand vng religieux est bon il nest en ce monde chose meilleure/et aussi quand il est mauluais/il nest chose pire. Augustin. Ie dis selon verite que depuis le temps que ie ay commance a seruir dieu ou par grand difficulte ay peu auoir experience/ie nay troue meilleurs que ceulx qui en religion τ monastere ont bien prossite/ne pires et plus mauluais que ceulx qui en monastere se sont donnes a paresse τ a negligence. Par la terre sterile qui est occupee du figuer peut estre signifie le mal des prelatz τ de ceulx qui ont la vigne de ihesucrist en gouuernement/laquelle par leur umbre est obfusquee affin que on ne voye la lumiere des vertus/et est aussi empeschee par leurs mauluais exemples quelle ne soyt eschauffee du vray souleil de dieu. Desquelz bien peut estre dit. Malediction soyt sur vous scribes et pharizees/qui sarres et fermes deuant les hommes le royaulme des cieulx. Ambroise. Cellui occupe la terre inutilement qui ne exerce par bonnes oeuures le lieu que tient en saincte eglise/et qui par mauluais exemple baille empeschement de prossiter en bien. Et aussi comme dit sainct iherosme quand aulcun voyt quil nest pas souffisant ne poit ne ou ne peut prossiter ou lieu ou quel il est mis pour administre et prossiter a luy τ aux aultres est tenu delaisser tel lieu et tel office/affin quil ne occupe le lieu de meilleur que de luy. Augustin. Il nest riens en ce monde que personne doyue si soigneusement penser que souuent tourner les yeulx de son entendement sur soy mesmes/car en sa conscience seulement on peut aprendre et cognoystre combien on prossite en bien/ou combien on deffault/et que on se doyt corriger. Quand donc aulcune personne trouue en sa conscience quelle na point affection et desir aux biens spirituelz/quel plaisir peut elle auoir de desirer si ardentement les biens du monde τ du corps. Quelle chose peut prossiter auoir en ce monde grand habundance de tous biens temporelz/quand la conscience est sans desir des biens spirituelz. Certes on veult bien auoir plusieurs biens temporelz/mays quand a lame a grand peine veult on estre bon. Ne doit on pas auoir grant honte de auoir en

sa maison plusieurs biens, et auoir en ycelle seulemēt le maistre mauluais. Diz moy creature raysonnable, quelle chose est en monde que tu veulx auoir mauluayse? Certes riens. Non pas ta femme, non ton filz, nō ton seruiteᵘ, nō ton ta maison, nō ta robe, et qui plus est non ta chausse, et toutesfoiz en toy mesmes tu veulx bien auoir mauuaise vie. Je te prie poᵘʳ estre plaisant a dieu que tu proposes et deuant mectes ta vie a ta chausse. De toutes les choses de ce mōde tu faiz bien grant compte, et te sont belles et de grande reputacion, mais seulement en toy mesmes tu es ort et vil τ de nulle reputacion quant a dieu. Ne te semble il point se toᵘˢ les biens desquelz ta maysou est pleyne, et que tu as tant desire auoir, et pour lesquelz tu as eu si grāt peyne, te pouoyent respondre quilz ne te dissent, ainsi que tu noᵘˢ veulx auoir bons, pareillement nous te voulons auoyr pour bon maystre et seigneur. Sachez que cōtre toy silz parloyent se complaindroyent a ton seigneur en disant Tu as donne tant de biens a cestuy, et toutesfoys pour quelque bien que luy faces ne se veult amēder, mais est tousiours mauluays. Que luy proffitent tous les biens qͥl a, quand en son ame il na pas celluy qui tout luy a donne, qui est dieu.
Par les paroles deuāt dictes, saint augustin en vng de ses sermōns retrua vng malfaicteur de mal Doncqs ihesucrist enseignoyt le peuple en la synagogue des iuifz qui estoyt lieu cōmun, et onqͥl se assembloyent au iour du sabbat, auqͥl iour deuoyent vacquer au seruice de dieu, et leur proposa la similitude deuant dicte, pour demonstrer qͥlle appartenoyt a la synagogue, car la copeure de larbre signifioit que la synagogue deuoit estre coupee, et cōme de nulle reputacion, mais le lieuement de la femme, de laqͥlle sera apꝭ parle, signifie la eleuacion et hōneur de sainte eglise. Ambroyse. Par larbre que le seigneur cōmande estre coupe, par lequel est entendue la synagogue des iuifz, et par la femme, a laquelle il donne sante, par laquelle est signifiee sainte eglise, on peut veoyr la doulceᵘʳ ou

la vengence de nostre seignᵉ. En ce lieu donc onquel ihūcrist enseignoit le peuple, estoyt vne fēme, laqͥlle auoit vne maladie qui luy estoyt inflicte et procuree du mauluais esperit, ia par lespace de .xviii. ans, pᵃʳ laquelle maladie elle estoit courbe et encline en maniere de beste, tellement quelle ne pouoit regarder en hault, mais tousiours en terre. Pleust a dieu q̄ toutes eussent ceste cōdicton, τ que iamais ne regardassent au ciel, ne hōme, car leur regard souuēt est moult perilleux a ceulx q̄ ne sont pas bien aduisez de soy garder. Et quād il la vit, lappella a soy, τ mist sur elle sa main, et tātost fut guerie et toute droicte, et glorifioyt dieu. De toutes les oeuures q̄ dieu fait, il retient seulement la gloyre a luy, mais il donne tout le proffit a la personne. En ce q̄ nostre seigneur toucha de ses mains ceste fēme q̄ estoit ainsi malade, il demōstre sa grāde humilite, car quelque maladie q̄ on eust il estoyt tousiours prest de secourir et de aider a la personne. Nous sommes icy enseignes q̄ nous deuons bien garder q̄ nostre vie en ce mōde ne soyt trop enclinee selon les choses de la terre, cōme estoyt ceste femme, car cōme dit saint augustin, de tant q̄ la pᵉrsonne est plus implique aux occupacions et affaires du monde, de tant elle est esloignee et empeschee de la vision de son createur. Et cōme dit saint gregoyre, en desirant les choses visibles, on perd en lame la vertus de desirer les choses inuisibles, car vngchescun pecheur q̄ seulement pense aux choses du monde et tertiēnes, par telles cogitacions na point de force ne de vigueur de cōsiderer les choses celestes, car de tant que par desir il ensuyt les chosez inferiores, de tant il est abaisse et courbe de la rectitude de son ame, poᵘʳ ce quil ne peut veoir, si non ce que tousiours pēse. Et poᵘʳ ce q̄ par desir ne se peut esleuer a cōtempler les choses celestez, il est en ce mōde ᴄōme la femme q̄ estoit si encline, qͥlle ne pouoyt regarder en hault, car lusaige de peche lie tellement lame q̄ nullemēt se peut esleuer a la rectitude, a laqͥlle dieu la cree. Elle efforce tousiours soy esleuer, et toutesfoys elle re-

rr i

choit, et la cause est, car de sa voulente lon guement elle sest trouuee et a demoure en pechie, et ainsi souuent comme sa voulente et comme par contraincte elle rechoit en pechie. Et pource se par la grace de dieu nous cognoissons maintenant les biens du pays celeste de paradis, il nous doit desplayre q̃ encore en ce monde nous sommes enclins par affections en terre et non pas droitz et selon dieu. Mectons donc souuent deuant les yeulx de nostre entendement larbre infructueux, et la femme enclinee en terre. Augustin. Qui en ce monde est sterile et infructueux, face dignes fruitz de penitence de ses pechies. Et celuy qui est courbe et baisse a cause de la prosperite et felicite du monde doit estudier soy esleuer en la consideracion des biens celestes. Et se il ne peut par luy mesmes, il doit prier dieu quil luy ayde. La creature raisonnable, doit bien se estudier de soy esleuer en dieu, car pour ce faire dieu luy a donne que de sa face puisse regarder le ciel, et ce nest pas donne aux aultres creatures, a ce q̃ elle soit plus ententiue aux choses celestes et eternelles, que aux choses caduques et temporelles. Augustin. La face q̃ dieu nous a donne, de laq̃lle nous regardons le ciel, nous admoneste q̃ nous deuons sauourer les choses du ciel. Aux aultres bestes dieu a faict la face regardant la terre, pour demonstrer q̃ de la terre doyuent querir leur vie. Mais il a faict toute droicte la creature raisonnable, et la face regardant le ciel, pour luy enseigner q̃ son cueur ainsi que son visaige doit estre esleue en dieu, et non pas encline en la concupiscence des choses du monde. Basile. Les bestes de ce monde sont faictes seulement pour regarder la terre, et la creature raisonnable, pour demonstrer la grande excellence et dignite de son ame. Dieu la faict, quant au corps toute droicte, car elle a le chief esleue pour regarder le ciel, les yeulx pour contempler les choses dehault, a ce q̃ se aulcunesfoys elle estoit surmotee par pareilles passions que ont les bestes, comme de boyre et de mengier, ou aultres passions appartenantes au corps ou a la sensualite, se cognoisse q̃ telles choses estre semblable aux bestes, et q̃ elle ne garde pas la dignite, en laquelle dieu la cree, cest assauoir sauourer en son esperit les choses spirituelles, et non pas celles du monde. Bernard. Querir et sauoyr les choses du monde et de la terre, est vng abaissement et vng courbement de lame raisonnable. Cest chose indecente auoir le corps tout droit, et lame encline par affections aux choses du monde, et auoyr les yeulx du corps qui nest que de terre esleuez et faitz pour regarder le ciel, et a auoir les yeulx de lame qui est spirituelle tous espandus aux choses vaynes et de nul proffit. Autant en dit boece de consolacion et oude. Et aristote on liure des bestes dit q̃ les oyseaulx sarrent les yeulx auec la paulpiere basse, et les grosses bestes auec la haulte. Par les oiseaulx sont entendues les personnes spirituelles q̃ sarrent les yeulx de leurs ames aux choses du monde, et les ouurent aux choses du ciel. Par les grosses bestes sont entendus les hommes du monde q̃ ont les yeulx clos aux choses celestes, et les ont bien ouuers aux choses du monde. Par ceste femme qui est ainsi courbe et encline est entendue lame qui est en pechie ou auaricieuse, laquelle est enclinee et froide par deffault de lamour, et de la charite diuine, car ainsi que par long temps par la procuracion du dyable elle a este courbee et enclinee en lamour desordone des choses du monde, par longue coustume elle ne se peut esleuer pour contempler les choses celestes et les mect comme en obly. Et comme dit saint Iherosme, ainsi q̃ vne personne enueillist, ainsi font tous vices, fors seulement auarice, laquelle tousiours se fait plus ieune. Mais ihesucrist touche telle ame le io^2 du sabbat quand par diuine spiracion laisse de faire mal et peche, et par ainsi elle se esleue en hault par le desir des choses celestes. On voit que en la guerison de ceste femme ihesucrist fit cincq choses, cest quil la regarda par la misericorde, lappella, la guerit, la toucha, et la licua. Pareillement il fait ainsi a lame q̃ est en pechie, laq̃lle par sa grace de pitie il veult guerir. Premierement il la regarde par sa bonte et misericorde. Secondemēt il lappelle par son eternelle inspiracion. Tiercement il la guerist en dōnant de ses pechies remission. Quartemēt il la touche par douloureuse de ses pechiez satisfacion. Quintement il la esliue en hault par la feruour de son amour. Aussi parle maystre de la sinagogue, duquel sera apres dit est significe ypocrite, qui veult estre tousiours par dessus les aultres esleue, et ne cesse de murmurer de toutes choses q̄ luy viēnent cōtre sa voulēte. Et pource nostre seigneur bien cōuenablement est repris de tel murmure, entant que on doit auoir pl⁹ grād soing et cure dune creature raisonnable, quon ne doyt auoir de vne beste. Cestuy magister de la sinagogue par sa grād enuye se efforcoit de meīdrer et vituperer les faitz et les oeuures de ihesucrist, et mōstra quil auoit grāt zele a la loy et disoit au peuple quil nestoyt pas licite au io⁹ du sabbat entendre et guerir les malades, mays q̄ bien se pouoit faire aux aultres six iours de la sepmaine et nō pas a tel iour. Et po⁹ ce q̄l ne osoit pas reprendre publicquemēt ihesus des oeuures q̄l faisoit, il disoit telles paroles, affin que le peuple eust male inspiracion de luy. Auq̄l incontinēt respōdit ihūcrist, en le appellant ypocrite, et luy demonstrant q̄l estoit biē licite de guerir le iour du sabbat ceste fēme de la maladie q̄lle auoyt par long temps porte, veu que le iour du sabbat on deslie biē le beuf ou lasne pour le mener boyre, et on luy donne du fein. Ambroyse. O q̄lle doulce parole que ihūcrist propose a telz murmurans, cestassauoir de lien en lien, car clerement par leurs oeuures mesmes il reprend les iuifz, entāt q̄ le iour du sabbat ilz deslioyent leurs bestes pour abeuurer, et ilz le veullēt reprendre sil deslie le iour du sabbat vne creature raisonnable du lien de ses pechies. Dieu se reposa bien le iour du sabbat, voyre de creer le monde, non pas de sainctes oeuures, lesquelles en tout temps et sans cesser on doit exercer. Et leur disoyt ihūcrist Ainsi q̄ iusques a maintenāt mon pere ne cesse de labourer quant au gouuernement du monde, pareillement se y laboure, pour demonstrer q̄ se par aulcun temps les oeuures corporelles doyuēt cesser, touteffoys en tout temps les oeuures de pitie doyuēt estre exercees. Le maistre d̄ la synagogue par ce q̄ dit est entendoit mal la loy, entāt quil ne vouloyt pas q̄ on excersast au iour du sabbat les oeuures de pitie et de misericorde. La loy ne deffendoit pas que on ne fist telles oeuures le iour du sabbat, mais seulemēt deffendoit les oeuures nuysibles a lame, et celles de seruitude quāt au corps et tout estoit en figure du temps qui sera apres ce monde, onq̄l les oeuures appartenans au corps cesseront, et nō pas les spirituelles, cōme est de seruir dieu et le louer. Et en signe de ce nostre seigneur voulut dōner sante et guerison aux malades le iour du sabat, car dōner sante et faire miracles qui sont choses faictes pour donner gloyre a dieu, et pour exiter la deuocion du peuple se pouoyent faire licitemēt le iour de la feste, cōme estoyt le sabbat. Et encore pl⁹ cōuenablement a tel iour que en vng aultre pource quil estoyt ordonne totalement au seruice de dieu et a esmouuoir la deuocion du peuple. Mais les maulnais iuifz ne auoyent point honte mectre deuant les oeuures de leur couuoitise et leur auarice, cōme auoir soing de leurs bestes p̄ferer aux oeuures de pitie et de charite. Et pour telles choses nostre seig⁹ les appelloit ypocrites, cest a dire simulateurs, entāt q̄lz demandoyent estre veus maistres et gouuerneurs du peuple, et touteffoys ilz mectoyent et p̄feroyent leurs bestes a la personne raisonnables. Crisostome. Ihesucrist disoit bien que le maistre de la sinagogue estoit ypocrite, car il sembloyt par dehors q̄l eust lamour et le zele a garder la loy, mais par dedans il estoit mauldit et enuieux Il nestoit point trouble de ce que le sabbat estoit viole, mais seulemēt de ce q̄ ihesucrist du peuple estoit glorifie. Semblablement au iourduy sont plusieurs, et non seulement seculiers, mais aussi religieux q̄ ont plus grant soing des choses temporelles cōme des bestes ou aultres choses, q̄lz nont des spirituelles côe de ames et du seruice z honneur de dieu. Bernard. La beste choyt, et on trouue qui la relieue. Lame perist, et a peyne nul ne luy aide, et pource ceulx sont ypocrites et pechent qui preferent leurs bestes ou aultres biês temporelz, ou mesmes les delices ou sante de leurs corps, et sont soygneur de soy deliurer et despescher de aulcun peril ou maladie, et ne leur chault deliurer vne ame detenue par pechie aux liês de lennemy denfer, laquelle on est plus tenu de aymer q son ppre corps, ou aultres biens. Aussi est assauoir que quand on dit que on doit garder z sanctifier le sabbat q est maintenât le dymanche ou le iour dune grant feste, il se doit entendre en troys manieres, cestassauoir generalement, qui est quand nous cessons a tel iour de tout pechie. Secondement specialemêt cest q nous cessons de toutes oeuures corporelles qui empeschent a vacquer a dieu et a son seruice, côme sont oeuures mecaniques, labourer les champs, marchandises, plaidoyries, et telles aultres choses. Tiercement plus specialement, pme est aux personnes de perfection, ausquelles a telz iours de feste appartiet separer leur affection de toutes choses mondaines, affin que plus franchement puyssent totalement a dieu vacquer. La premiere est de necessite, la seconde est de droyt, et la tierce est de perfection.

Et aisi que nostre seigr disoit telles choses, tous ses aduersayres et q luy côtredisoyent auoyent grant hôte, et furent tous confus de la raisonnable response quil les fit, et pource en riens ne luy pouoyent contredire, voyans la verite si clere. Et tout le peuple, cestassauoir les siples et humbles se esiouyssoyent des faicts et dits du doulx Ihesus, côme amateurs de verite. En ycelluy iour vindrent a luy aulcuns des pharisees, et par aduenture par bon zele, desquelz aulcuns luy disoyent, côme le côseillant, affin quilz eussent experience se pour paour de la mort, cesseroit de prescher et de enseigner le peuple. Par toy de ce lieu z ten va en vng aultre, onquel le roy herode nait nulle puissance. Et ihesucrist pour demonstrer quil nauoit point paour de herode ne de nul, et que par nul ne pouoit estre empesche de faire bonnes oeuures, leur respondit. Allez et dictes a celluy renart, cestassauoir a herode, car vng mauluais prince est entendu par le renart, qui est vne beste malicieuse, puante et pleyne de toute decepciô. Et le prince mauluais pme estoit le roy herode, est pleyn de toute dolosite par machinacion de mal, couuoiteur du biê daultruy et chemine p voyes obliques et tortues, enpuertissant droit iugement, quâd par infamete de son nom, et se efforce de mettre a mort ihesucrist, quand en soy et en ses membres. Bernard. On peut bien veoir comment la puissance de vne mauluaise persône est nuysante, et côme vng mal chief, pforme a soy tous ses subgetz. Bien est maleureuse la cite, en laquelle regne herode, car elle sera participât de sô mal. Herode voulut estaindre lacteur de tout bien, le roy de gloire, cest nostre seigr ihesucrist. Et pource quand aulcun empesche le biê, la saincte ou la bonne côuersacion de aulcune persône q veult faire bien, tel auec herode psecute ihûcrist. Ie vous dis dist ihesucrist q vous diez a ce renart q ie mectz hors les dyables des corps des personnes, et combien quilz soyent de plus grand puissance q nest herode, touteffoys ne me pouent resister, et pource ne le doys point craindre. Et iusques au têps de ma passiô, laille sera en brief ie donne sante aux ames, et aux corps, et aps ie seray psumme par la mort de la croix, et non pas par herode. Côme sil leur disoit. Nullemêt herode ne me peut empescher q ie ne face tout ce pourquoy ie suis enuoye, car il fault que tout ce q est escript en la loy et aux pphettes de moy soit acôply. Ihesucrist mect son intêciô et la côclusion de son parler en troys choses, côme en troys iournees. La premiere est, en ce ql mectoit hors des corps les ennemys. La seconde en ce quil guerissoit parfaictement nature qui estoit naurée. La tierce, ql reconcilioit lôme a dieu son pere par le mistere de la passion. Moralement la premiere iournee est en gectât tout pechie. La seconde en collacion des vertus et excercice de meurs. La tierce en la recepcion des loyers et popemes en padis. Ou ces troys iours signifient troys parties de penitence qui sont, contriction auec douleur, confession auec honte, et satiffacion auec labour.

Apres il demonstre le lieu, onql sa passion sera acomplie, en disant. Je vous diz quil me fault, non pas par necessite, mays par la voulente de mon pere et de moy au iourduy et demain et apres demain, cest a dire en pou de iours cheminer iusques au lieu de ma passion, car il ne conuient pas q moy qui suys prophette perisse et que soie mys a mort, si non en iherusalem, la ou tous les prophetes ont este occis et mys a mort. En ce lyeu donc moy q suys le chief de tous les aultres prophettes, et du ql ilz ont tout escript, doiz estre cosumme par la mort de ma passion, et on quel lieu na pas seigneurie ou dominacion herode, mays seulement pylate. En quoy appert que ma mort nest pas en sa puissance, ainsi que nest ne leure ne le temps. O a la myene voulente les pscheurs et prelatz de leglise et aultres bonnes personnes ne cessassent de enseigner et cofesser la vraye verite de la foy po² quelq crainte des grans seigneurs ou de aultres mauluaises personnes, mais en ensuyuant ihesucrist deuant tout le monde, confessassent et deffendissent ardentement la verite.

Oraison

Sire ihesucrist donne moy q feruentement puisse faire le fruyt de bones oeuures, et en ycelui puisse perseuerer, affin q ie ne soye trouue sans fruyct et par ainsi digne destre coupe et mis aps au feu denfer. Bone moy auec ce mon dieu q ne soye pas encline et courbe par pechie enuers la terre, mais q puysse regarder en hault par iustice et par bones operacions, et aussi q ne ayme ou pese les choses transitoires, par lesquelles soye trop enclin de la rectitude de mon ame, mais q ie puysse par ta grace esleuer les yeulx dicelle po² cotempler les choses celestes, et qrir les vrayes richesses o la felicite eternelle. O sire regarde moy p ta pitie, appelle moy par ton internelle inspiracion, done moy de mes pechies remission, et par doulcur diceulx q te face satiffactio, et a la fin te voye en ta gloire par feruent amour Amen.

De lome qui estoit ydropiq et de lexhortacion a humilite et misericorde lxxx.c.

Apres ihesucrist alloit par les cites et par les chasteaux pour prescher et endoctriner le peuple indifferament. Et aduint vne fois q̃l fut prie dung des princes des pharisees quil entrast en sa maison pour prendre sa refection le iour du sabbat. Le texte de leuangile dit q cestoyt pour menger du pain, car par le pain on peut entendre les aultres necessitez de la vie sans aultres superfluites. Le doulx ihus estoit contet dauoir du pain affin qil ne fust en charge a celuy qui le receuoit. On trouue bien en leuangile q ihesucrist alloyt souuent sans estre appelle menger auec les publicains et pecheurs, mays auec les pharisees q se disoyent estre saintz et iustes, et ne auoyr besoing de medicin, on ne list point qil y alast pour prendre sa refection, si non q par auant de eulx mesmes fust appelle et deprie. La cause est q par sa grande bonte il vient au deuant de ceulx q cognoissent les deffaultz et enfermetes po les enluminer, mays a ceulx q par leur orgueil et ostension de aulcune saintete, actend q de eulx soit deprie, pour les plus touiours humilier. Et ces pharisees estoyent bien soigneux de regarder se en ses polles ou en ses faitz pourroyent trouuer aulcune chose q fust reprehesible, parquoy ilz le peussent reprendre, ou accuser C estoit gra de maluaistie a ceulx q donnoyent la refection a ihucrist et q mengeoient auec luy, de auoir en eulx telle malice, q de regarder p enuye comment ilz le pourroyent reprendre, ou accuser a la iustice. Et la estoit deuant luy vng home q estoit ydropiq. Et adonc ihucrist respondit, non pas aux parolles, car nul ne le interreguoit, mais a leurs cogitacions, ausquelles ilz pensoyent, q guerir et doner sante a vne personne le iour du sabbat estoit chose illicite et q ne se deuoit pas faire. En ce nostre seigneur demostroit, qil estoit la vraye sapiēce de dieu qui cognoist les cueurs et et entend des hōmes. Donc il leur demāde se il estoit licite de donner guerison a aulcun malade le iour du sabat Il leur fait la questiō/affin quilles reprēgne mesmes par leurs paroles. Et quand ilz le ouyrent/se teurent tous et ne luy respondirent point. Bede. Ces pharisees firent tresbien eulx taire. car par ihūcrist eussent este reprins en quelque maniere q̄lz eussent respōdu. car silz eussent dit quil estoit licite de guerir aulcuns le iour du sabbat. il leur eust respondu. se ie les fais pour quoy men voulez reprendre. et sil nest pas licite pourquoy aues vous soing τ cure de de lyer voz bestes et d̄ les mener abeuurer Certes ilz se taisoyent. car en toute maniere ilz nauoyēt chose q̄lz luy peussent respōdre dequoy il ne les eust reprins raisonnablement. Et quand il vit que tous ne disoyent mot/il print le malade et le guerit totalemēt en le touchāt humblemēt et le layssa aller ou il vouldroit. Cirille Le doulx saulueur du mōde en ne tenant pas grant cōpte de la malice q̄ les iuifz auoyēt ētre luy/guerit du tout lōme q̄ estoit ydropique/lequel pour la crainte des pharisees ne osoyt demāder remede ne sante a sa maladie a ihesucrist/et pource aussi quil estoit le iour du sabbat/mais seulemēt estoit la present/affin q̄ en le regardant/nostre seignēr eust pitie de luy. laquelle chose bien cognoyssant ihūcrist/ne luy demāda pas sil vouloyt estre guery/mais par sa seule puissance infinye/le guerit totalemēt. Et quand il fut guery/ihūcrist aux cogitaciōs de ceulx qui murmuroyēt en lēr cuēr. q̄ faire telles choses le iōr du sabbat estoit ētre raison τ cōme chose illicite/respondit/en leur demonstrant par exemple q̄ il estoit licite/et q̄ conuenablement on le pouoyt faire a ce iour/car se vne beste mue fust cheute en vng puys ou fosse/il leur estoit licite de la tyrer hors le iour du sabbat. Se donc il est licite a tel iōr de ayder et secourir a vne beste mue qui est vng oeuure de conuoytise/par plus fort on doit ayder eu tout temps a la creature raisonnable/par laquelle sont faictes toutes bestes/et laquelle est faicte a lymage de dieu/et en en ce est oeuure de charite Bede. Jesucrist solut la question par vng exemple bien cōuenable et a propos pour leur demonstrer quilz vouloyent le sabbat par leurs oeuures dauarice et couuoytise. et touteffois ilz le vouloyēt reprendre qnil violoit en acōplissant les oeuures de charite. Au iourduy plusieurs prelatz de sainte eglise sont semblables a ces pharisees/lesquelz sont plus soigneux du salut et sante des bestes quilz ne sont des hōmes quil leur sont cōmys. car se vne beste souffre aulcune chose/tantost on y met remede/et ont pou de soing de bien petites choses/mais des grandes/cōme est du salut des ames/ou aultres choses spūelles bien pou ou nyant. Cestoit merueilleuse chose q̄ ces pharisees vouloyent reprendre nostre seignēr et saulueur ihūs/de ce quil dōnoit le iour du sabbat sante a aulcun malade/car selon la loy ilz auoyēt les oeuurez determinēez desquelles ilz se deuoyēt abstenir a ce dit iōr qui estoyent enuiron septante/en toutes lesquelles nestoit point deffendu/que en ce iour on ne peust donner sante a vng malade/laquelle chose se faict souuent par parolle seulement/ainsi que on list en plusieurs lieux de leuangile que ihūcrist les guerissoit ainsy. Nostre seignēr enseignoyt le peuple et dōnoit guerison aux malades plus tost au iour du sabbat/ que vng aultre iour/affin quil gueygnast aulcū du peuple qui venoyt a tel iour au temple ou a la synagogue/ou aussy pour monstrer que au repos pourable de paradis nulle maladie y sera trouuee que toute ne soyt guerie/ou affin aussi que nous demonstrast q̄ pour acquerir le salut des ames nous nō deuōs aulcuneffois soubstraire de nostre cōtemplacion et propre repos spūel/et en toutes choses quil leur demandoit/ne sauoyēt respōdre/et estoyēt cōe vaincuz et tous confus par raisons clerez et euidentez quil leur bailloit. Jcy est a noter q̄ les propritez et cōdiciōs dung ydropiq̄ sont les sept pechies mortelz. Et pour ce tout pecheur peut estre entendu par cest ydropique. Le ydro

pique qui est enfle par quoy est entēdu lo-
gueilleux qui est en sou cueur tout enfle de
vanite. Secondemēt il a cōpression de ses
esperitz, parquoy est entēdu lēnuyeur qui
opprime et abaisse les vertus des aultres,
affin q̄lz ne viēnent a cognoissance des aultres pour y proffiter. Tiercement il a indi-
gestion par labondance des humeurs desordonnez de son corps, parquoy est entendu le preux, lequel par son pre desordōnee
abrege et diminue ses iours en ce monde.
Quartemēt il ne peut cheminer des piedz
parquoy est entēdu le paresseux qui est ne-
gligēt de tout bien faire. Quintemēt il a les
genitales enflez, parquoy est entēdu le luxurieux. Sextementil a la bouche puante.
parquoy est entendu le gloton qui a la bouche toute corrompue par la diuersite des
viādes quil mect dedans. La septiesme cōdiciō est quil a tousiours soif, et par ce tres
especialement il signifie lauaricieux, car ly
dropique de tant q̄l boyt plus, de tāt a pl⁹
de soif, et tout vient ēsle par la grāt abōdā-
ce des humeurs desordonnez quil a en son
corps, ainsi est il de lauaricieux, lequel de
tant plus q̄l a de biens et richesses, de tant
plus ardēment il en desire des aultres, car
cōe dit le sage de tant que la pecune croist,
croist lamo² dicelle en son cueur. Couuoytise est vne tres mauluaise beste car to⁹ ceulx
quelle possede, fait poures et mendiens, en
tant q̄lle ne mect point de fin de tousiours
plus acquerir. Le ydropique est aussi cōpare a celluy q̄ en ce monde prend toutes
les delices et plaisances de son corps, car
les deux filles de la sansue qui dient tousiours apporte, sont la volupte et plaisance
du corps et la couuoitise dauarice. Et po²
ce q̄ es phariseez estoit le desir et la soif dauarice, et orgueil et elacion, Ihesucrist voulut deuant eulx guerir lōme q̄ estoyt ydropique corporellement, affin que par luy ap-
prinssent de eulx donner guerison spūelle.
Il leur mōstroit par la maladie de cest hōme corporelle, la maladie qui estoyt en leur
ame, et leur vouloyt monstrer cōme ne deuoyēt pas eslire les plus hōnourables sieges aux lieux ou deuoyent menger. Il les

admonneste q̄ quand ilz seront inuitez, ou
appellez a aulcunes nopces ou aultres festes q̄lz gardēt bien q̄ ne se sȳet au premier
lieu, pour monstrer humilite, non seulemēt
enuers dieu, mais enuers les hōmes, selō
ce q̄ dit le saige, que celluy q̄ est humble merite gloire et de dieu et des hōmes. Lintēn-
cion de ihesucrist nestoit pas de seulement
enseigner ce q̄ est presentement dit quāt au
sens litteral, mais mistiquemēt vouloyt entendre par le siege hōnourable toutes dignites de saincte eglise, car nul bon catholique qui est appelle aux nopces de ihesucrist et de leglise se doyt ingerer digne
de telles dignitez, mais quāt est de soy les
doyt desirer a ceulx qui sont selon son estimacion meilleurs q̄ soy. Aultremēt dieu q̄
est le principal inuitateur quāt a telles choses, auquel appartient toute puyssance, le
mectra dehors de telle dignite par sentēce
de dampnacion eternelle, combien q̄ pme-
ce aulcueffoys q̄ on euade en telles dignite la confusion et honte temporelle. Et cōme dit crisostome, nulle creature en ce mōde est tant aymee de dieu, cōme celle q̄ se repute et se nombre la plus humble, car cest
le cōmancement de toute vraye science, p̄
laq̄lle on vient a dieu. En ce mōde sont plusieurs q̄ se seent bien au dernier lieu, mays
cest par iactance et orgueil, et pour apparoystre deuāt les hōmes humbles. Aussi
aulcunes sont vrays humblez, qui de cueur
et en leurs consciences se reputēt indignes
de se seoyr au dernier lieu de la cōpaygnie.
Crisostome. Nostre seigneur nous ȳmā-
de seoir au dernier lieu, non seulement corporellement, mais veult q̄ par humilite aisi le sentons en nostre cueur, car sans cause par dehors on se humilie, se en son cue-
par orguell on se prefere aux aultres. Icy
est a noter quilz sont aulcunes nopces spirituelles, et aulcūs celestes. Les spūelles
sont q̄ fait dieu en ce monde auec lame deuote en la chābre de la cōscience. Or lunlō
de lame a ihesucrist se fait par vraye foy et
dilection, de laq̄lle vnion viēnent trois grās
biens, cestassauoir le biē de foy, de lignee
et du sacrement. Le premier est, a ce q̄ lame

rr iiii

ne preigne le dyable cõme adultere en lyeu de son espour ihesucrist. Le bien de lignee est assin q son espouse se excerce en bõnes oeuures. Le bien du sacremẽt est assin que iamais ny ayt separacion ou deuision entre lespour et lespouse. Les nopces celestes sont la refection de la visiõ diuine, en laquelle sera souuerayne et pleyne refectiõ car en vnes nopces tous biens abondent. Or la voye de venir a ces nopces est humilite, de laquelle nostre seigneur dit. Va et te syez au dernier lyeu Et en concluant dit la raison pourquoy. Quia omnis qui se exaltat humilabitur, car toute personne qui par orgueil se esliue, sera humiliee. Il ne dit pas celluy qui par aultruy sera esliue en aulcune eminence ou dignite, car cõme dit saint gregoyre, elaciõ et orgueil qui est on cueyr de la personne desplaist a dieu, τ non pas la puissance ou dignite quil a. Et aussy celuy qui de sa bonte et bonne voulẽte se humilie, non pas comme celuy qui est par force humilie, sera apres de dieu exaulce. Ceste sentence est vraye infalliblemẽt dit cirille quãt au iugement de dieu q hayt tout orgueil et ayme humilite, combiẽ que quant au iugement des hõmes est souuẽt le contraire, car lorgueilleux est souuẽt honoure, et lumble et bon contempne et desprise Mais se les orgueilleux et mauluais sont esleues et honnoures en ce monde ils seront en enfer humilies, et se les humbles y sont desprises, apres serontesleues et hõnoures on ciel. Et certes celuy qui desire et a les honneurs du monde, nest pas tousiours honnoure, aincoys est vitupere aulcuneffoys de ceulx desquels par dehors luy semble estre hõnoure Icy est a noter que vne foys vng orgueilleur fut par sa pcuracion esleue en grand honneur Et oyãt lyre en leglise ces paroles, omnis q se exaltat humilabitur, commẽca a dire ql nestoit pas vray, en disant cõme par pole de blaspheme et de moquerie, que sil se fust humilie ainsi quil se estoyt esleue τ orgueilly, ne eust pas lonneur ql auoyt Et en disant telles parolles cheut a terre on lieu mesmes, ou il estoit, et fut du diable tormente et suffoque, et mourut miserablement. Or q plusieurs sont en ce monde, qui dient en leur cueur ou monstrent par oeuures les paroles que disoit ce fol, combien que par honte ne les osent dire de bouche, cest qlz sont venuz a honneur par soy preferer. Or est assauoyr q vraye humilite q est meritoyre a laquelle est de dieu deue gloire et hõneur est en troys choses. Premierement, en soy adnichilant en toutes choses, car par telle humilite on vient a cõtempnement de soy mesmes. Et doyt estre telle, que la personne ne se repute riens en recognoissant que tous les biens que elle a viẽnent de dieu q est le principal donateur. Secondement telle humilite est, en contempnant et fuyãt toutes dignites du monde, car en cela la personne en toutes choses honnoure dieu Et telle humilite est quãd la personne ne se eslyeue point en orgueil, pour qlque vertus hõneurs, ou aultres biens qlle peut auoir en ce monde, mais recognoist celluy, duql tout bien vient, et auql tout doit estre refere. Tiercement telle humilite est demõstree en honnourant moindre q soy, et preferant vng chescun a soy, et supportant lung laultre. Cõmme pourroit on garder ce q dit la postre, que no9 deuons preuenir lung laultre en honneur, si nous ne estimons les aultres plus dignes en bien et en merites que nous mesmes. Et quand le seig’ des nopces viendra et trouuera le vray humble cõme son amy, le fera monter en plus hault et digne lieu, car quicõque en ce monde se humiliera pour lõneur de dieu, cõme le petit enfant, sera de dieu esleue le plus grant on royaulme des cieulx. Et pource conuenablement est dit q en paradis sera la gloire τ remuneraciõ de ceulx q sont en ce mõde pour lamor de dieu vrays humbles, affin q ne se efforcent de acquerir en ce monde ce q leur est de dieu garde a la fin On peut encore entendre q ce qui est dit, peut estre acõply en ceste presente vie, car tous les iours nostre seigeur entre a ses nopces ausquelles sil trouue vng orgueilleux, neu tient compte/et le desprise/ et souuent les humbles enlumine tellement que en leurs esperitz sont moult consoles/et si fort que vng chescun se esbahist. Et nest point a doubter q̃ tous ceulx qui se preferent/et glorifyent/ et orgueillyssent des biens que dieu leur donne en ce monde/apres de luy seront humilies/et ceulx qui plus sen humilient a la fin seront exaulces. Jhesu crist prouue par troys raisons pourquoy en ce mõde on ne doit desirer ne appeter le premier lieu. La premiere est par la comparacion de plus digne que soy en honneur/ ou dignite/lequel pourroit estre appelle a telles nopces/ et auquel on deuroyt fayre honneur. Or selon dieu le plus vertueur est digne de honneur. Et pource vng chescun de quelque dignite quil soyt peut licitement fuyr honneur/sil considere et pense que en la congregacion peut estre appelle et esleu plus honnourable q̃ luy. La vraye excellence de hõneur nest point deue a nulle dignite/si non entant quelle tesmoygne lexcellence des vertus qui sont en la persone qui la. La seconde est par abiectiõ et deboutement de celluy qui est indigne, car le hault et digne lyeu nest pas stable et perpetuel a celluy qui en est indigne/mays seulement est despose pour les bons. Et pource dit il que celluy qui les aura inuitez viendra et dira a celluy qui est indigne/quil descende et q̃l donne lieu au digne. Ceste chose aduient souuent/cestassauoir que celuy qui se repute digne en son cueʳ et en son estimacion est humilie et mis hors a sa honte et cõfusion. La tierce est pour la confusion de celuy qui ainsi est boute hors, car de tãt que plus auoit de soy presume grande chose/detant est il plus humilie/et a grãd hõte descend. Apres il demonstre q̃ cõuient garder a celluy qui veult tant enuers dieu q̃ enuers les hõmes vray hõneur acq̃rir/cest que sur tur toutes choses doit de soy sentir humblement/et pource dit nostre seigneur Quãd tu seras appelle aux nopces/ou a aultre feste/va non pas en toy excusant/et te syes au dernier lieu par humble reputaci

on/en te demõstrant estre le moindre de toꝰ aut moins quant a merite non obstant que tu soyes par dignite ou noblesse plus excellant. Et sachez quil y a trois differances de dernier/cest ou dernier estat ou dernier degre/ou dernier lieu. Quãt a lestat/le dernier estat est des commãcans. Le moyen des prouffitans/et le plus hault des parfaitz. Quant au dernier degre/le moindre lieu est des subgectz/le moyen des prelatz moindres/et le plus grant/des grandz et souuerains prelatz. Quant au dernier des lieux/le dernier lieu est enfer/le moyen est le mõde/et le hault est le ciel. Assiez toy dõc ou au moindre lieu/cestassauoyr en lestat des commancans/en te reputãt en estre ꝑ humilite/ou au dernier lyeu/cest au degre des subgectz par la craincte de dieu/ou au tresderrain lieu/cestassauoyr en enfer par continuelle meditacion des peynes qui y sont. Et mõstre nostre seigneur troys choses/pour lesquelles on doyt voulẽtiers eslyre le dernier lyeu. La ꝑmiere est/car par ce on acquiert la grace et amour de dieu/lequel quand viendra pour visiter lame/ou a la mort/pour discuter les merites/dyra a celluy qui ainsi se sera humilie. Mon amy monte plus hault pour la grande humilite que tu as eue pour lamour de moy. La seconde est/car par elle on acquiert lieu plus digne en ce monde par grace/ et en lautre par gloyre. La tierce est la gloyre de honneur/laquelle ensuyt tousiours vraye dignite/car il dit que adoncques te sera donne gloyre deuant tous ceulx de la compaygnie/cestassauoyr de ceulx qui sont au repoz pardurable en paradis/tant pour ton humilite/tant pource que tu es amy du prince/que aussi poʳ ce que tu es esleue en hault lyeu et en dignite. Et sachez que ihesucrist ycy na pas entencion de nous enseigner comment nous deuons acquerir humayne ou mondayne gloyre/mays nous veult enseigner que a lexemple de acquerir telle gloyre/noꝰ acq̃rons la vraye gloyre de padis/car humilite est necessaire poʳ acquerir l'une et l'autre gloyre. Or il y a plusieurs manieres de humilite. Aulcune qui est faulce, entant que par dedans la personne est toute pleine de maulvais et puant orgueil. Aultre est quand on se humilie pour estre esleue et promeu en aulcune dignite, et en telle humilite y a pechié. mais la personne qui se humile selon verite, affin qu'elle soyt exaulcee en don de grace en ce monde, et a la fin de dieu remuneree en la gloire de paradis, a droicte entencion. car comme dit saint Iherosme, c'est bon et saint orgueil, desirer les vrayes et parfaictez vertus. Apres comme a la fin il assigne la raison de tout ce qu'il a dit par avant et dit que toute personne, soit du monde, de religion, ou de eglise, qui par orgueil se voudra esleuer, sera de dieu humiliee, et a l'opposite se elle se humilie pour l'amour de dieu, apres sera esleuee. Les humbles sont dits ab humo, qui est terre, a laquelle ils sont prosternes, pource que en eulx mesmes ne se reputent riens si non terre, car en leur reputacion ilz sont contés de estre foulez et marchés de tous côme on fait la terre. Et pour ce l'ôme qui est fait de la terre, se doyt bien humilier, car nul hôneur ne luy est deu, si non par le merite de humilite, laquelle fait plaisante et agreable la personne a dieu et aux hommes, ainsy que a l'opposite orgueil la fait digne de toute confusion et mocquerie. Bernard. En tous temps tu dois auoyr en ton cueur que tu es ung grand pecheur et indigne de la grace et des dons de dieu. Ne vueillez point craindre se en perdant ton honneur temporel tu es humilié en toy mesmes, car saches de vray que ta gloyre en est plus grande et plus esleuee envers dieu. Certes vraye humilite est la porte, par laquelle on entre en paradis. Et pource se en paradis desirons estre grans, ne le pourrons estre si non que en ce monde soyons desprisez et contempnés de tous, car envers dieu ceulx sont les plus grandz qui sont en ce monde des aultres humiliez et moqués, et desquelz on ne tient compte, car ceulx sont les plus eureux et les plus aymés de dieu, qui en ce monde pour l'amour de luy sont les plus humples. Quelle chose doit plus desirer la personne en ce monde si non vraye humilite

par laquelle elle est tant playsante a dieu et aux hommes, car une personne vertueuse est prisee et honouree de tous. Et pour ce que nostre seigneur auoit instruit ceulx qui estoyent appellés aux nopces en la vertu de humilite, maintenant il enseigne ceulx qui appellent les aultres, comment se doyuent auoir aux oeuures de pitié et de misericorde, en tant qu'ilz doyuent plus tost appeller les poures et debiles a leurs conuys et festes qu'ils ne font les riches ou leurs amys, a ce que ce qu'ilz font ne soyt pas pour vanite ou faueur des hommes, mais pour charite et pour la necessité des poures. Et pour ce il reprend les phariseés qui faisoient grandz appareilz et conuys par couuoitise seulement de en auoir plus grand proffit ou honneur temporel de ceulx qu'ilz appelloyent auec eulx, et ne auoyent nul regard aux oeuures de misericorde et de de pitie. Et disoit a celuy qui le auoit appellé pour manger, en luy voulant donner enseignement spirituel de pitié pour la refection corporelle que l'autre luy donnoyt, et aussi pour instruyre ceulx qui estoient presens. Quand tu fais ung disner, ou ung soupper ne appelle pas tes amis qui sont selon le monde, ne tes freres qui sont de ton sang, ne aussy tes cousins qui sont de ton affinité, ou lignaige, ne tes voisins qui te sont familiers, ne les riches pour en auoyr aulcun proffit ou vtilité. Or ceste determinacion, riches doit estre entendue en tous les aultres qui sont nomez, c'est a sauoyr, freres, cousins, amis, et les aultres, car s'ilz estoient poures on les deuroit appeller pour leur bien fayre pour l'amour de dieu, comme on feroit les aultres poures qui sont estranges. La cause pourquoy on ne doyt point appeler les riches est affin que derechief ne appellent celuy qui premier le auoyt appellé pour luy fayre chiere semblable, car c'est la coustume des gens du monde et charnelz de reinuiter ceulx qui par auant les auoyent appellés, et en ce on na point de merite ne de loyer enuers dieu, mais seulement des hommes. Et comme dit saint Ambroise, par ceste reinuitacion qu'on fait l'ung a l'autre est entendue toute recompensacion d'aulcun bien temporel quel qu'il soit, car vouloir auoir remuneracion ou bien que on fait est ce monde/est vne affection et espece dauaricer. Il est aussi assauoyr se en aulcune refection on appelle lung lautre po² nourrir ensemble charite que telle chose est meritoire/mais quand cest pour affinite et plaisance mondaine/et pour acomplir le peche de glotonye/cest pechie Et ce est seulemēt par le beniuolence ou liberalite de la personne cest indifferent/car telle chose se peut fayre en bien ou en mal selon la fin et entencion que on a en la faysant/laquelle peut estre bōne et mauluaise. Et telle inuitacion nest point parmise estre faicte/si non du patrimoyne de ihesucrist/lequel doit estre tout despandu aux vsaiges des pouures/ainsi q̄ on ne peut despendre en aultres choses ce qui est laysse par testamēt pour fayre aulmosne/et pour dōner aux pouures Mais dit ihesucrist/quand tu fais aulcun conuys ou dōnez refection/appelle les pouures q̄ nont dequoy viure/et les foibles z debilez qui ne pouuent labourer/et les boeteux q̄ ne pouent aller pour mendier/et les aueugles qui ne voyent goutte pour faire aulcū mestier pour gueygner le² vie/et en ce tu seras benoist pource q̄ ceulx q̄ tu as appelle nont dequoy le te retribuer/et par ainsi dieu qui iamais noblie le bien tant soit petit pour lamour de luy le te rendra/et sera cōme ton debteur. Certes pitie est en toutes choses vtile et valable/laq̄lle de dieu a remuneracion et guerdon/tant en ceste vie q̄ en lautre. Crisostome. Nous deuōs plus nous courroucer et troubler/quand pour aulcun bien q̄ nous faisons en ce mōde en receuōs remuneracion/q̄ ne faisons quād de ceulx/ausquelz tel bien nous faisons ne receuons riens/car se la personne ne retribue/sans nulle faulte dieu le retribuera/et se de la personne riens ne receuōs/a la fin de dieu sera retribue aux persōnes q̄ pour lamour de luy auront fait du bien. Et ainsy que dit bede/combiē que a la fin du mōde toutes creatures ressusciteront/ toutesfois telle resurrection est appellee la resurrection des iustes/car pour les biēs quilz ont fait en ce monde ilz sont de dieu appelles/et ont ferme foy quilz serōt de dieu retribues ou royaulme du ciel. Gregoyre ni-

cene. Garde toy de desprifer et de negliger ceulx qui sont pouures/et ceulx qui ne sont de nulle dignite. Pense bien q̄z ilz sont et tu cognoystras la dignite quilz ont et/les auras en grand reuerāce/car ilz sont creez a lymaige et semblāce de dieu. Ilz sont heritiers des biens auenir. Ilz sont les portiers de paradis ydoynes de accuser ou de excuser Crisostome Il appartiēdroit et seroit decent/que pour lamo̅ de dieu les poures fussent mys hault et nō pas bas auec les seruiteurs de la mayson Et se en poures ihūcrist est receu cōme il le tesmoigne au moins qui soit loge en aulcū lyeu hōneste de la maisō. Certes on logis. onq̄l voulētiers aulmosne po² lamour de dieu est dōnee/le dyable nose entrer Et se on ne peut loger les poures en sa mayson/au moins on leur doit donner des biēs. Et se tu dis q̄ les pouures ne sont point nectz/estudie toy pour lamour de dieu de les nectoyer et et lauer leurs vestemens/ou se tu as puyssance leur en donne dau̅tres Considere q̄ ce que tu leurs fais/tu le fais a ihesucrist/ et pource tu ne sauras tant trouuer de excusacion que on ne te trouue de solucion.

Moralement quād tu fais conuys/cest assauoir quand tu veulx acceder a oraison pour estre repu du pain de larmes/et en y ure du vin de cōpunction/ne vueilles pas seulement prier pour tes amys/ou do² les riches/cestassauoir po² les iustes qui sont riches en vertus/mais prie pour tes ennemys ou pour les pechies q̄ sont vrays poures quant a bien. Le prescheu² aussi de la parole de dieu fayt vng spūel conuyt/mais sil le fait pour acquerir seulement honneur tēporel ou pour aultre gueyn de son labo̅ il ne aura de dieu a la fin nulle retribucion. Et sil le fait po² le salut des ames/il aura a la fin auecles iustes/ la vie eternelle. Pour ceste parole q̄ dit ihesucrist/cestassauoir q̄ po² le bien q̄ on fera en ce mōde aux pouures/on receura la retribucion en la resurrection des iustes/aulcun de la compaignie q̄ estoit rude dētēdemēt/fut esmeu en croyant q̄ en la resurrectiō future seroyt encore besoing de boire et de menger cōme en ceste vie presente. Et adoncq dist cuidant que ihesucrist promist viandes corporelles a ceulx qui seront on ciel. Beatus est qui manducat panem in regno dei. Bieneure est celluy qui menge du pain on royaulme du ciel. Cirille. Cest homme estoyt tout bestial, entant quil ne sauouroit pas ce q ihesucrist disoit, car il pensoyt q en choses corporelles fust la remuneracion des iustes. Aulcuns dient que cest homme entendoit par le pain la vraye beatitude, laquelle est constituee en la vision z fruicion de la deite de ihesucrist pricipalement, et puys en son humanite secondement, lequel se appelle pain de vie. Augustin. Cest homme souspiroit de loing quant aux choses aduenir, et touteffoys il veoyt deuāt soy le vray pai de vie qui est le pain du royaulme de dieu, lequel est la refection, car il dit. Ie suys le pain de vie descendu du ciel. A tel pain on ne doit pas preparer la bouche pour le mēger, mais le cueur. Bieneureux serōt ceulx qui mengeront cest pain on royaulme de dieu, lequel est la refection des ames quāt a sa vision et fruiction, duquel il est dit, que ceulx qui le mengeront, auront apres encore faim, pour le desir quilz aurōt de son abscence. Bede. Le pain que on menge on royaulme du ciel ne doit pas estre entēdu cōme viande corporelle de ce monde, mais doit estre entendu celluy qui de soy dit Ie suys le pain de vie q suys descendu du ciel Et celluy qui megera de cest pain viura ppetuellement. Comme sil disoit. Celuy qui sera parfaictement incorpore au sacremēt de mon incarnacion, meritera apres auoir de ma diuinite vraye fruictiō, et aura ioye en la beatitude inmortelle.

Oraison

Sire ihucrist prens moy de la main de ta misericorde, et me deffendz, a ce que ydropisie de charnelle volupte, dorgueil ou de auarice ne me surmōte, et me donne, que par vraye humilite de cueur, de bouche, et doeuure me puisse reputer le moindre des aultres, en eslisant le dernier lieu, en aidāt aussi par les oeuures de misericorde aux indigens selon mon pouoyr. O sire qui es tresriche, donne moy le pain celeste, pour lequel pain auoir, tous les iours en ce monde nous bataillons cōtre noz ennemys, et nous mortiffions, afin que auec toy viuons perpetuellement Amen

De ceulx qui furent appelles a la grand cene, et au grant souper. lxxxi. chapitre.

Et pourtant que aulcuns abandonnes aux choses terriennes et voluptez de ce monde, desirēt seulement par foy le pain, duql dessus est dit, et ne pouuent gouster par goust spirituel la vraye doulceur, pour demonstrer telz pour leur tepidite nestre pas dignes de la refection des viandes spirituelles, nostre seigneur dit vne parabole en laquelle demonstre la grant affluēce de la bonte diuine, et reprent la grand ingratitude des iuifs, lesquelz deuant tous aultres furent de dieu appelles pour veoyr la beatitude eternelle, premieremēt par les pphetes, secondemēt par ihucrist, tiercemēt p les apostres, et touteffoys ont touliours refuse a venir a la vraye foy catholique, et pource a elle furent appelles les payens z gentilz. Dit donc nre seign' homo quidā Ung hōme cest ihesucrist estoit, qui est dit hōme a cause de nature humaine, lequel a fait vne grant cene, ou souper, cest la refection de la vie eternelle, laqlle est appellee cene, car ainsi q a la fin du iour on dōne a souper, et apres ny a aultre refectiō, pareillement la vie eternelle est dōnee aux bons apres le iour de ceste presente vie, et apres on ne doit plus riens actendre. Et ceste cene est dicte grande et tresgrande, pour demonstrer que le cueur de la creature, ne la peut compēndre. Aycelle a appelle plusieurs, car il veult le bien et saulnement de tous. Il appelle aulcuns a ce souper par les anges, Aulcuns par les peres pphetes, et patriarches. Aulcuns par soy mesmes. Aulcuns par les apostres, et aultrez prescheurs de la parole de dieu. Aulcuns aussi par inspiracion internelle, et aultres plusieurs manieres, cōe par aduersite, ou prosperite. Et enuoya son seruiteur, cest a sauoir le prescheur du sainct euangile. Et combien que nostre seigneur ayt plusieurs seruiteurs/selon lestat diuers de plusieurs personnes/touteffoys ilz doyuent estre ditz tous vng par lunite de foy et charite q̃ doit estre entre eulx. Enuoya donc a leure du souper/cestassauoir en la derniere eage et on temps de grace/dire a ceulx qui estoyẽt appelles quilz vinssent a ceste cene/et se preparassent par bõnes oeuures/car par ladueniment de ihesucrist et par son incarnacion/toutes choses sont appareillees Et cõbien que aux aultres eages precedens fust faicte ceste vocacion/touteffois par la mort et passion de ihesucrist fust pleine preparacion et entree on royaulme de paradis Ceste cene est constituee en troys choses/cest en visiõ de la diuinite des troys personnes en la compaignie des anges et de tous les saintz de paradis/onquel lieu toutes choses sont appareillees Lors tous ceulx q̃ a ceste cene furent appellez/commancerẽt soy excuser/cest adire que par mauluaises oeuures se retiroyẽt de ycelle/car ilz aymoient plus les choses terriennes et corporelles/q̃ les spũelles et celestes. Tous se excusent/ou par parolle ou par cogitacion/ou par mauluaise operacion/car pou sont saulues au regard de ceulx qui vont a perdicion. Et ainsi que dit saint gregoire/plusieurs sont appelles/ī bien pou sont q̃ viẽnent/car plusieurs sont qui se sont soubzmis a dieu par foy/a laq̃lle cõtredict par mauluaises oeuures Et grãd malediction sera sur nous/si nous excusons de venir/veu q̃ les pouures et estrangiers de la foy y viẽnent. Ceste excusacion nest aultre chose q̃ lindisposicion de mauluaise voulente/par laq̃lle aulcuns choyent en orgueil/les aultres en auarice/ou en luxure. Les excuses sont myses/quand il est dit que le premier excusant dist/villam emi. Jay achete vne ville/et est de necessite que la voye En quoy sont signifies les orgueilleux et amateurs du monde/lesquelz desirẽt seigneurie qui est signifiee par la ville q̃ doyt estre subgecte a son seigneᵘ. Et lautre dit. Jay achete cincq iougz de beufz/et fault que ie les voye. Enquoy sont entendus les aua

ricieux qui ont toute leur affection et desir enuers les choses terriẽnes. Et lautre dist Vxorem duxi ɫc. Jay prins femme a espose et ne puys venir. Enquoy les luxurieux sont signifiez qui sont abandonnes a toutes delices charnelles et voulũtes du corps Bien doncques tous/nous ne pouuons venir/car selon saint basille quand lentendement humain est occupe enuers les choses charnelles et mondaines il est fort debile a contempler et mediter les choses diuines et spũelles. On peut veoyr que touz ceulx deuant nõmes sont indignes de nopces du souper du vray aignel. Et de ce sõt telz versetz La ville/les beufz/la fẽme/ont clos la cene aux cõuies/et le monde/la sollicitude/et la chair/ont clos le ciel aux baptisez. Par ces troys choses deuantdictez/sont entenduz tous les aultres vices q̃ empeschent la personne de venir a la beatitude eternelle Car cõme dit saint iehan/tout ce qui est au monde/ou cest concupiscence des yeulx ou du corps/ou orgueil de vie. Augustin. O vous tous q̃ desirez a paruenir au souper et a la cene de dieu/gardes bien de aymer le monde ne les choses qui sont en celuy/car lamour des choses terriennes/cst le glutz des peynes de lame. Ostons dõc toutes variables et mauluayses excusaciõs/et venons a la cene et souper de dieu/par lequel en nostre ame serõs refectionnes. Gardons bien q̃ orgueil ou aultre maniere dambicion/ou illicite curiosite ne noᵘ empesche de venir a dieu ɫ a son grand souper. onquel se en nous ne tiẽt/seront nos ames refectionnees Et selon crisostome/combien q̃ les excusacions de ceulx qui estoyent appelles a ceste cene semblẽt raisonnables/touteffoys premieremẽt on doit faire les choses spirituelles/et q̃ sont pour le bien de lame/veu que lame est plus digne q̃ toutez chosez qui sont soubz le ciel En quoy sont a reprendre/clercz et religieux q̃ se occupẽt plus au iourduy aux choses mondaines/que plusieurs seculiers/tellement que souuent on ny voit differãce. Gregoyre. Nous pouons penser ce q̃ nos cueurs pouuẽt dire et respondre. Ilz pou vent dire. Nous voulons aller au souper de dieu sans excuse/et sommes ioyeulx de y estre appelles. Certes bien no⁹ dient nos pensees qui ainsi respondent/mais que pl⁹ ne ayment les choses terrestres q̃ celestes si plus ne se occupent aux choses corporelles que spirituelles. Et quand le seruiteur eut ouy les excusacions des appelles a cest souper/retourna a son seigneur et luy raconta ce quil auoit trouue. Les pscheurs du saint euangile retournent apres leurs pdicacions a contemplacion/en laquelle ra content a dieu le proffit et le mal de saincte eglise. Et dieu pere d̃ famille/cest assauoir des anges et des esleuz/fut courrouce cõtre ceulx qui despisoyent ainsi le bien quil leur vouloit faire/non pas que en dieu soit affection de ire/mais par effect/car il punist cõme courrouce. Et cõme dit saint augustin/ire de dieu nest aultre chose que la vengence de pechie. Et couenablement est dit courouce des negligences des hõmes/quand ilz ne tiennent cõpte du souper de la vie eternelle/laq̃lle si curieusement et diligenment leur a prepare/et seulement se delectent a ordes et charnelles viandes. Et dist a son seruiteur/qui est le prescheur du saint euãgile Va bien tost du repos de cõtẽplacion au lieu public de predicaciõ q̃ sont les places et rues de la cite. Par la cite qui est close/est entẽdue la vocacion des iuifz/lesquelz estoyent clos par les obseruances de la loy/et estoyent cõme citoyens de dieu/duquel ilz tenoyent la loy/desquelz aulcuns estoiẽt en la place/cest a dire en la large voye de psperite et volupte/les aultres au chemi de estroicte tribulaciõ Et luy dist Appelle les poures par deffault de grace et de vertus/les debiles par deffault de bõne operacion/les aueugles par deffault de vraye cognoissance/et les boyteur par deffault de droicte affection et entencion. On peut veoir ycy que dieu veult que les humbles soyent appelles a sa cene et souper/z que on laisse les princes et seigneurs et orgueilleux iuifz ingratz/non pas les humbles et pecheurs/comme appert aux apostres z plusieurs aultres qui sont declairez en leuangile. Gregoyre. Pource que les orgueilleux refusent de venir a la cene de dieu/les poures sont esleuz/car dieu pour les confondre a esleu les choses enfermes et petites/et ayme pl⁹ les humbles peche⁹ s̃ q̃ les iustes orgueilleux. Certes souuẽt dieu eslist a soy/ceulx desquelz le monde ne tient compte/et fait retourner souuent la personne a soy et penser en dieu. car detãt plus voulentairement la personne opt la voir de dieu en son amie/de tant quelle na en ce monde chose en laquelle se puisse delecter. Augustin. Qui sont ceulx qui viennent au grant souper de dieu/si non les poures/debiles/boyteur et aueugles. La ne sont pas les riches z bien cheminãs z mõt de soy presumãs/et pource de dieu/autãt sont desprises/que en leur reputacion sont orgueilleux. Viennent donc au cõuy les poures/car celluy qui les appelle est fait poure pour eulx/combien q̃l soit le plus riche de tous/mais a voulu lestre/affin que les poures par luy fussent enrichiz Viennent aussi les debiles/car les sains ne ont point besoing de medicin/mais seulemẽt les malades et debiles. Viennent les aueugles q̃ peuent dire/o dieu enlumine mes yeulx/affin q̃ iamais ne dorme en la mort de peche Et le seruiteur retourne dist a son seigneur Sire iay fait selon ton cõmandement/non pas tant q̃ as õmande. mais selon la maniere q̃ as cõmande. En quoy est demõstree vraie et parfaicte obedience /en oeuure et en maniere de faire Et encores dist. Il y a place pour en mectre aultres Cõe sil disoit Cõbien q̃ aulcuns iuifz soyent venus a ceste cene/ touteffois y a encores assez lieu pour receuoir les payens et gentilz/car saincte eglise est tousiours preste de receuoir ceulx q̃ a elle veulent recourir Et adõc dist le pere d̃ famille a son seruiteur Va tost aux voyes cest a dire au peuple gentil/car p̃ les voyes et haies despinez est entẽdue la vocaciõ du peuple paye dispse z dispose a tout mal/z les contrains par grande instance et inportunite de predicacion de entrer en ma cene et souper A cestuy souper ceulx sont appelles qui par feruentes exortacions sont re traitz de faire mal, et ceulx sont contrayns a ycelle qui sont retraitz de mal par dures menacez et cōminacions, affin que ma maison soyt pleyne, c'est le ciel, auquel est fayt le souper eternel, a toꝰ ceulx q̄ a la vie eternelle sont predestines, desquelz le nombre ne demeure point qu'il ne soit parfait. Aussy on peut dire q̄ les heretiques sont contrais d'estre a ce souper, quād par la p̄secucion q̄ leꝛ fait sainte eglise sont ō trains de retourner a dieu, et mesmes aussi toꝰ ceulx qui par aduersite se retournent a aymer dieu parfaictemēt. Bienheureuse est la necesite et la tribulacion q̄ fait retourner a dieu. Plusieurs en ce monde viuent en prosperite, qui en aduersite se retournēt de tout leꝛ cueꝛ a dieu. Crisostome. Plꝰ fort est et plꝰ difficile vaincre en prosperite les concupiscences et delices, tant du corps que du monde, que en aduersite despriser les richesses et aultres biens. La crainte de aduersite ayde a l'ame, et fait que facilement surmonte la delectacion corporelle. Combien sont en ce monde qui en prosperite et seurete n'eussent pas voulu estre poures, et touteffois ont este plus contens de perdre on tēps de persecucion tous leurs biens, que de periller auec culx. Et a telz souuent dieu p̄mect que leurs richesses leur soyēt ostees, affin que plus legierement retournent a luy. Tout clair donc est dit saint gregoire, que aulcuns sont appelles a la cene de dieu, et touteffois refusent y venir, cōme ceulx, ausquelz dieu dōne le don d'entendemēt, mais ne mectent point par bōnes oeuures en effectz. Et aulcuns sont appelles et viēnent et acōplissent ce qu'ilz sauent estre de fayre et selō la voulēte de dieu. Les aultres sont contrains de entrer, cōme sont ceulx q̄ saincte eglise punist et corrige pour aulcun mal ou exces. A la fin Ihesucrist dit et conclud. Je vous diz q̄ nul des appelles goustera ma cene, car ilz ont refuse de y venir, et ne voyrront mye ma ioye, mais bien les bons la verront et la sentiront, et iā en cestuy mōde selō q̄ dit le psalmiste. Goustes et voiez combien dieu est doulx. Ceste sentence dit sainct gregoyre qui est de dieu, est moult a craindre, et pource nul appelle recule de entrer, a ce que quand il vouldra ny puisse entrer. Et certes qui ny entrera, sera famelic de la diuine fruicion et vision. Crisostome. Estudions noꝰ de demourer en la dignite en laquelle dieu nous a ordonnes, et querons de iour en iour le royaume de paradis, en desprisant toutes choses presentes cōme umbre et songe. Ainsi que se ung roy terrien te p̄noit et adoptoit en son filz toy poure et de petite reputacion, tu ne regarderoyes plus a la pourete que auoyes parauant, semblablemēt tu ne doys riens reputer precieux en ce mōde, au regard des biēs spirituelz qui te sont de dieu p̄mys, et ausquelz auoir es appelle.

Oraison.

Seigneur ihesucrist qui desires toute personne sauluer, ⁊ as p̄pare la refection de la beatitude eternelle en appellant plusieurs en moult de manieres, ie te prie que ne me separes ō ta grace moy poure et meschant, laquelle grace es venu despartir a tous. Dōne moy sire que puisse suppediter et despriser tout orgueil, ambicion et auarice, cōcupiscence et volupte, affin que par telles choses ou semblables ne soye empesche de paruenir a la refection de la vie eternelle, mais que par ta misericorde moy poure de grace et de vertus, debile en toute bōne operacion, aueugle en vraye cognoissance, et boyteux par faulte de bōne et droicte affection y soie cōduyt et mene Amen.

De la scenophegie q̄ est la feste des tabernacles des iuifz, chapitre lxxxii.

Car apres ihesucrist estoit et demouroyt en galilee, et ēseignoyt le peuple en la synagogue des iuifz, car il ne vouloit pas encore aler on pays de iudee, pource q̄ les iuifz le vouloyent mectre a mort. Et combien q̄ il eust peu estre entre eulx sans ce q̄ lz luy eussent peu nuyre, il voulut touteffoys pour aulcun temps deuāt sa passion se absenter de leur compaignie. Premieremēt poꝰ luy mesmes, car le temps n'estoit pas venu, on quel il deuoyt souffrir mort et passion,

Secondement pour consoler nostre enfermete, en nous donnant exemple que aulcuneffoys nous pouons fuyr et euiter persecucion. Tiercement pour les iuifz, c'est asauoir que s'il eust demoure auec eulx, il les eust plus prouoquez a le persecuter et hair. Et estoit pres de la feste des iuifz qu'ilz appelloiēt scenophegia, c'est adire la feste des tabernacles qui estoit en signifiāce que les filz d'israel auoyent habite par le cōmandement de dieu sept iours aux tabernacles faitz de branches de arbres, en memoyre q̄ leurs peres auoyent habite on desert long temps, que dieu les myst hors de la terre de egipte. Et en ces lyeux faictz ainsi de branches de arbres, mengeoient durant le temps de la feste, laquelle se celebroyt quād on auoit cueilly tous les fruitz et aultres biēs de la terre, c'est on septiesme mois nomme septembre, car on temps q̄ on cueilloyt les grappes des vignes, ilz issirent du desert pour venir a la terre de promission. Dōc pres de ceste feste les freres, c'est adire ceulx qui estoyent de vng lignaige, et nō pas ses apostres, mais seulement ceulx q̄ luy estoyent prochains quant de la partie de sa mere veoyēt qu'il ne se preparoit poīt po[ur] aller a ceste feste qui se deuoit celebrer en iherusalem p̄ncipale ville du royaulme le inuitoyēt y aller pour se manifester et de monstrer la gloyre des miracles q'il faisoyt Ihesucrist auoit aulcuns cousins de la p̄tie de sa mere, appelles ses freres selon la maniere des iuifz, qui luy dirent. Va ten d ce lieu, et va en iudee, c'est en iherusalē, affin que tes disciples et le peuple qui te suyt et aultres qui la viēnēt de toutes pars, voyent tes oeuures et miracles. Comme se ilz disoyent selon bede. Tu faiz grandz miracles, mais nul ne les voit, et po[ur] ce faiz toy apparoystre au monde et va en la cite de iherusalem, la ou sont les princes et grans seigneurs, affin que en voyant les signes et miracles que tu faiz soyes loue et honnoure de tous. Ses amys qui estoyēt charnelz queroyent la gloyre de ihesucrist, affin quilz en fussent participans. Et pource a ce que pour ses miracles fussent magnifies, luy donnoyent tel conseil. Selon le mōde, ilz pensoyent que la louenge et faueur du peuple fust le fruict des vertus, et des miracles qu'il faisoyt. C'est la propriete de ceulx qui desirēt vaine gloyre, que tout ce qu'ilz sont de bien veulent qu'il soyt manifeste en lyeu publicq. Encore ceulx qui luy disoyent telles choses ne croyent pas fermement en luy, et pensoyent q'il aymast vayne gloyre. Et po[ur] ce qu'ilz luy suggeroyent mal refusa faire ce qu'ilz luy conseilloyent en nous dōnant exemple de non querir en noz bonnes oeuures la gloyre humayne. Ausquelz il dist. Mon temps de manifester ma gloire n'est pas encore venu, laq̄lle seulemēt sera manifestee ap[res] ma resurrectiō Mais vostre tēps qui est de acquerir vayne et mondayne gloire est tousiours prest Vous queres et aymes les choses que le monde baille en tous temps, c'est les hōneurs, richesses, et delices. Les mondains ont tousiours le temps de leur gloyre appareille, entant qu'ilz ayment ce que le monde ayme, et luy cōsentent, et pource ilz trouuent tousiours en ycelluy ce q̄ ilz y quierēt Mais les saintes gens qui ne quierent q̄ la gloyre spirituelle, n'ont pas en ce monde leur temps appareille, car ilz vituperēt toutes choses que le monde peut promectre a ses amoureux. Et po[ur] ce il leur disoyt Le monde ne vous peut hair, car vous estes des amoureux du monde, et vous plaisent toutes les choses q'il promect. Crisostome. Cōment peut le monde hair ceulx qui font tout ce qu'il veult, et se estudiēt de toute leur force a luy complaire. Le monde me hayt, et tous ceulx qui me veulēt ensuyuir pour la dissimilitude q̄ est entre no[us] et luy, entant que nous ne approuuons point ses oeuures qui sont mauaises, mais les reprenons de nostre pouoir. Icy est demōstree la differāce des bōs et des mauluaiz, car le temps de la gloire et felicite des mauluaiz est tousiours p̄st en ce monde, mais le tēps de la gloyre des bons sera a la fin du monde, quand les passions et tribulaciōs q'ilz endurent maintenant pour l'amo[ur] de dieu seront passees. Ce est donc dit des bons aux amoureux du monde ce que nostre seigneur dit. Uostre temps en ce monde est tousious prest. mais le nostre nest pas encore venu. Disons aussi ardiment. car nous sommes le corps et les membres de Jhesucrist. entant que par vraye foy nous sommes ioingz a luy. car il est nostre chief. auquel pour nous pleust de dire ceste parolle pour nous enseigner coment nous deuons respondre aux amoureux du mode quand ilz dient aulcune chose contre nous Uostre teps est tousiours prest/mais le nostre nest pas venu. Le teps aussi des riches est tousiours prest/car il est en leur bource/car se il faist froit ilz sont bien vestuz. ou ilz se chauffent bien. se il faist chault ilz ont les maysons froides: et en toutes aultres deffaultes corporelles. ilz ont les remedes promptement. mais les poures ont tout a lopposite combien que sera bien aultrement en laultre monde. Et pource q̃ les mondains ont en ce mode leurs festes teporelles/cest ascauoir eulx esiouyr en toutes delices exterieures et les sainctz qui vituperent et cotempnet telles choses et toutes aultres choses du monde ont leurs festes spuelles qui sont en la delectacion delesperit. Jhesucrist leur dist bien. Vous q̃ queres et desires les festes de la ioye mondaine. ales a la feste en laql le vous voules veoir et estre veus en toute vanite et concupiscence. Laquelle chose touteffois ne leur disoit pas pour les enhorter de y aler/mais en le permectant/ et pour monstrer leur erreur/mais moy qui ne me delecte point en telles choses ie ny vray pas. cest ascauoir auec vous au iour de la feste/ne aussi ny ray en la maniere que vous voules/car le temps de la gloire de mon humanite/laquelle doyt estre acomplye par humilite de ma passion/nest pas encore acoplie. Ou au temps auquel il disposoit de aler a la feste nestoit pas encore venu. car au comecemet de la solempnite plusieurs vaquoyet plus a comestations quilz ne fassoient a doctrine. mais vers la fin de la feste ou quel temps Jhesucrist disposoit de y aler. le peuple estoit plus entetif a doctrine et choses spuelles que il nestoit par auant. Principalemet aussi dirent les deuotz a ceulx qui les appellent a aulcũe lassiuite ou a aultre plaissãce modaine Ales mondains a telz festes. nous ne pros point. Certes le bon seruiteur de Jhesucrist ne se doit point point delecter en telles choses corporelles. car bien est delicat le chauaillier qui veult auoir ses plaissances selo le monde/ et puys a la fin auoir la ioye perpetuelle auecques Jhesucrist. Il est escript que malediction est sur ceulx qui en ce mõd de employent leurs ioins aux delices du corps ou en aultres plaissances modaines car a la fin ilz descendront en enfer pour ce quilz ont receu le louyer du bien qlz ont faist en le² vie: Ilz sõt trois choses q̃ nous doiuet retirer q̃ nous ne faissõs nre feste en ce mode La premiere pource que ceste presente vie est la vigille de celle qui doit venir/ et pour ce yci il fault ieusner et plourer nos pechés affin que nous puissõs paruenir a la vraye feste de paradis. Benoistz sont ceulx qui icy pleurent en quoy est demõstree la vigille/ car apres ilz serõt consoles de dieu et la sera la feste: mais au iourduy plusieurs mettent la feste deuant le vigille. car ilz veullet auoir tousiours plaissances du monde et la louange. les plaissances du corps/ et ne riens endurer de peine pour lamour de dieu Et pource que en ce monde leur feste est toute pleine de plaissances et de delectacions selon la sensualite et vanite ilz viedront a la fin a eternelle vigile: q̃ est la peine dã fer en laquelle ilz auront. faim/soif/pleurs et toute aultre tribulacion. Luc. Malediction soit sur vous que prenes en ce monde vos consolaciõs corporelles/ car apres vous ares toute tribulacion et maleurete. La seconde est car ceste vie presente nest aultre chose que vng exil / et bien seroit le peleri fol qui vouldroit faire feste se il estoit mis en prison ou en exil. mais il doit atendre ius ques ace quil soit retourne en son pais. Or nostre pais est le royaulme du ciel/ouquel seront recepuz en ioye ceulx qui auront en ceste presente vie et vigille peine et labour pour lamour de dieu.et pour acquerir vertu? Et pource que les pecheurs font de ce present exil leur pais.ilz seront apres banniz et mis hors du pais celeste.et demoureront en toute misere et tribulaciõ. La tierce cause est car ceste vie est le lieu d labour: et pour ce en ycelle les seruiteurs de dieu doiuent estre en labour cõtinuel par lequel ilz viennent apres au repos perpetuel/mais les hõmes selon le monde veulent estre tous iours sans riés faire.et pource de tel repoz ilz viẽdrõt a peine sans nulle fin. Et quãd ihesucrist leur eust dit les choses deuant dictes il demeura encore en galilee pour les causes deuant touchees: mais apres que ses freres furent ales a la feste d curious a pres et sans eulx: cõme secretement y ala. car ainsi que ne voulust pas aler au cõmencement de la feste/affin q̃ ne semblast quil eust fauorise a ceulx quiainsi luy cõseilloient questoit mal: pareillement ilz ne voulet pas differer quil ny alast affin quil ne semblast quil denyent la doctrine salutaire. laquelle il estoit venu enseigner au monde. Fais doncq̃s en telle maniere ta feste que ihesucrist y preigne plaisir de y venir/car ceulx q̃ la font magnifestemẽt/et affin quilz soient veuz des hommes recoipuent en ce mõde leur payement. Note bien que ihesucrist voulant enseigner grãdes choses: qui plus est en toutes les oeuures de sa puissance et vertus il fuyoit sa ppre gloire ⁊ ne vouloyt point auoir de cõpaignons ne aultres qui allassent deuant luy/cõme appert en ce lieu cy et en plusieurs aultres de leuangile. cõme se par operation il nous demonstroit de autant que on est plus grand.de autant on se doit plus humilier en toutes choses. mais aux oeuures de humilite il eust bien du peuple cõmun qui le ensuiuoyt. cõme quand il aloit a sa passion. et quãd il enuoya ses disciples pour querir lanesse pour aler dessus en iherusalẽ. Pareillemẽt quand il voulut mẽger laignel paschal.il enuoia biẽ deux q̃ le prepareroient.et faisoit tout par mistere de tel sacremẽt.le q̃l on ne doit prẽdre sans grande preparacion spũelle de vertus et de bõnes oeuures. Bõcq̃s les iufz le iour de la feste le queroiẽt pource q̃ ne le veoyent point estre auec ceulx de son lignaige.et disoient. Ubi est ille. Ou est il.cest ascauoir tel prescheur.et feseur de telz miracles: Et par telles paroles le peuple murmuroyt de luy: car aulcuns qui le queroiẽt par bõne entẽcion disoient quil estoit bon en approuuant sa doctrine.et ses miracles. Les aultres auxquelz sa doctrine et miracles ne plaisoient point disoient quil nestoit pas bon/mais q̃l seduysoit et deceuoit le peuple: Ce nest pas dõc merueilles se les mauluais hõmes parlẽt des seruiteurs de dieu. quãd on veoit q̃ du vray filz de dieu ilz disoient telles choses. Augustin. On peut entendre ce q̃ est presentement dit a ihũcrist qui peut estre dit tous les iours de ses seruiteurs/qui ont en ce mõde aulcune grace spũelle. car aulcũs sont q̃ peuẽt dire q̃lz sõt bons.et les aultres q̃ nõ/mais q̃ font tout par vanite. Ce qui fust dit a nostre seigneur vault moult a nostre consolacion/car vne poure personne le peut et doit bien porter paciẽtement. quãd on veoit que nostre seigneur endure. et se encore on pense bien toute la derogacion des mauluais et grãde recommandacion des bons/car cõme dit sainct gregoire. Cest grãd folie d acquerir ⁊ vouloir plaire a ceulx q̃ nous sauõs q̃ ne plaisẽt pas a dieu. Certes la grãde approbacion de nostre bõne vie. est le mal/et derogacion qui dient les mauluais de nous. car par ce il est demõstre q̃ nous auõs aulcune chose de bien et de iustice: quãd nous desplaisõs a ceulx qui ne plaisent point a dieu. Et pour ce en tout ce que on dit de nous soigneusement nous deuõs retourner a nostre cueur et la q̃rir le vray iuge ⁊ le vray tesmoignage de nostre conscience q̃ est dieu. Que peut il prouffiter a vne personne se on le loue par dehors. τ que sa cõscience le repreigne par dedens. et aussi quelle chose peut nuyre p̃ dehors quãd la conscience ne reprent point de ce q̃ on fait. Boece. On ne se doit poit esmerueiller se en ce monde on a des tribulacions: car les bõs desplaissent tousiours aux mauluais, et leur donnent tousiours a souffrir. Seneque. C'est aussi laide chose d̃ estre en ce mõde loue de ceulx qui font laydes choses, cõme cest de estre loue de faire mal. Et de rechief il dit. Il me sẽble q̃ celuy est en ce monde le plus vertueux et le plus deuot: lequel ayme mieulx perdre sa bonne renõmee que ne fait sa bonne conscience. C'est vne honeste honte quand elle est fundee pour bonne chose. Il est aussi ascauoir que tous ceulx qui disoyẽt q̃ ihũcrist estoit bon, ne le ousoyent dire publiquement: pour la crainctre quil auoient des iuifs. cest ascauoyr des maistres, et des principaulx des iuifs: affin que on ne les boutast dehors de la sinagogue, et congregacion des iuifz. En quoy appert que les princes et les plus grans du peuple disoyent quil estoit seducteur et quil decepuoit le peuple combien q̃ la plus grand partie du peuple dist et creust le contraire: car les mauluais crioyent plus fort quil decepuoit le peuple que ne fessoyent ceulx qui disoyent quil estoit bon. En quoy appert combien verite estoit abaissee. et faulsete exaulcee. Certez il y auoit en la compaignie plusieurs qui estoient poureux et auoyent grant paour les quelz deuant les iuifz ne ousoyent dire verite, et pource ilz pechoient en verite. laql̃le pour paour corporelle ne ousoient confesser. Pour quoy est ascauoir q̃ on peut pecher en trois manieres cõtre verite: cest ascauoir de la taire par trop grãd craincte ou quand on cõmue la verite en menterie: ou aussi quand on ne la deff̃ent pas en tẽps et en lieu, cõme il apartiẽt. De la premiere maniere aulcuns disoyẽt q̃ ihesucrist estoit

bon. touteffoiz ne le osoyent dire publiquement. pour la paour et crainte quilz auoyẽt des iuifz. Augustin. Celuy qui taist verite et celuy qui dist faulz et mensonge sont to? deux coupables deuant dieu en tant que le premier ne veulst prouffiter aux aultres. et le secõd veulst enseigner selõ faulsete Des aultres il est dist quilz disoyent quil n'estoit pas bon: mais q̃l decepuoit le peuple. desquelz dist lapostre quilz ont muee la verite en mensonge. De la tierce maniere du peuple est dit. q̃ grand murmure estoit entre le peuple des iuifz de la persone et doctrine de ihũcrist. car aulcuns murmuroient de ce que les pharisees, et aultres princes de la loy persecutoient ihũcrist. combien que en publiq ne eussent ose deffendre ne resister contre ceulx qui en disoyent mal. qui est contre le dit du saige. cest ascauoir que on doit batailler fort et iusques a la mort pour deffendre et soustenir iustice. Or le quart iour qui estoit le meilleu de la solempnite q̃ deuoit durer sept iours. nostre seigneur ihũcrist alla au temple et seignoit le peuple publiquement. Les euãgelistes aulcunesfoiz selon la maniere des iuifz appellent vng iour de la sepmaine de la feste qui duroient sept iours vng iour de le feste, car le huytiesme iour ne estoit pas de la sepmaine de la feste lequel touteffoiz estoit celebre cõme le premier: Et en icelluy estoit faicte la collecte et le amast des aulmosnes du peuple pour la necessite des poures et de la fabrique et vtensiles du tẽple. Et mesmes aulcuns de ceulx du peuple dissoyẽt quil auoit en soy le dyable. mais le doulx ihesus ne le? rendit pas mal pour mal. ne malediction pour malediction, mais en grande trãsquilite respondit a tous. En quoy selon bede nous demonstre bien la vertus de paciẽce affin q̃ toutes les foiz q̃ on no? imposera aulcune chose faulse, que pour lamour de luy la portons paciemment. et que dõnons a loppositu du mal salutaires monicions de bien. Et quãd les princes de la loy veoiẽt que le peuple en parloyt ainsi en diuerses manieres ilz queroiẽt occassion et maniere de le mectre a mort. mais par la diuine ver-tus et puissance furent a telle heure refrais et confundus de leur maulaise voulẽte. tel-lement que nul de eulx ne peust mettre la main a luy pour luy faire mal. car seulemẽt est en sa voulẽte de permettre quãd le tue-royent. et aussi encore ne estoit pas venue leure q̃l deuoit estre de eulx prins por estre mis a mort/ car ainsi q̃ de la vierge vouluſt naistre apres q̃ les prophetes eurẽt de luy moult pphetize. pareillemẽt vouluſt mou-rir apres que par luy le saict euangile feuſt au monde presche. Touteffoiz aulcuns du peuple hũbles et poures qui creoyẽt en luy voians sa predicacion/ et les miracles que fasoit glorissioyent les paroles et les faitz de luy. Leuangeliſte ne dit pas que aulcũs des grans creussent en luy/ car de tant q̃lz estoient plus grãs de tant estoient contre luy: Et quãd les prices de la loy et les pha-risees oyrent le peuple qui ainsi secretemẽt murmuroit de luy en le glorissiant des bon-nes oeuures quil faisoit: por oster les opi-nions diuerses q̃ estoyẽt entre eulx: pour la grant enuye quilz auoyent contre luy en-uoyent aulcuns sergens de la iustice secu-liere pour le prandre. car par eulx mesmes ne le ousoyent faire pour la craincte quilz auoyent du peuple. Ausquelz dist ihũcriſt pour leur enseigner la voye de salut cõbien quilz eussent male voulente contre luy. Por quoy me voules vous mectre a mort. Leure nest pas encore venue/ car il fault que ie soye encore vng pou de temps auec vous: Actendes vng pou de tẽps: cest ascauoir sept moys/ a la fin desquelz vous feres de moy ce que maintenent vous voulles faire mais maintenẽt ne le feres pas: car ie ne le veul pas. Il nest pas en voſtre puissance de moy prandre pour mectre a mort/ mais en la mienne seulement. Actendes dõc iuſqs a ce que le temps de ma passion soit venu. onquel legierement ie vous laisseray quãd leure de la redẽption humaine sera acõplie

pour laq̃lle suys encore vng pou de temps auec vous/ et qui apres selon ma voulente et non pas par contraiucte/ voys a celuy qui ma enuoye au mõde par mon incarna-cion. Je doitz tant que ie suys au monde a cõplir la dispensacion de ma predicacion. laquelle doit estre conformee par miracles et apres ie viendray a ma passion. Vous me queres et ne me trouueres point. laq̃lle parole ainsi q̃ dit sainct augustin feuſt acõ-plye apres son ascẽsion quãd plusieurs iuifz ayans cõpunction de ce q̃ luy auoyent fait en sa passion creurent a la predicacion des apoſtres. Touteffoiz tous les iours il ad-uiẽt q̃ plusieurs q̃rẽt ihũcriſt ⁊ ne le treuuẽt poit, car ilz le querẽt la ou il nest pas. Cer-tes ihũcriſt nest pas trouue aux delices et playsances du monde/ ne aussi aux riches-ses et honneurs diceluy. Por nyãt le quiert on en telles choses. car nullement ny est trouue. Et de ce dit iob lõg tẽps par auãt Jhesucriſt qui est la vraye sapiẽce de dieu le pere nest point trouue en la terre de ceulx que selon le monde viuent a leurs plaissan-ces et delectacions. mais est seulemẽt trou-ue en vraye humilite: pourete. et apsse. Ce sont les choses ausquelles veritablement et sans nulle faulte il est trouue/ car quand il est venu en ce monde il a aporte ces trois choses ⁊ auec elles a voulu naistre. Et ce dit saict luc en son euãgile. Vos trouueres diſt lãge aux paſteurs vng enfant. en quoy est demõstree sa grãde humilite. enuelope de petis drapeaulx/ en quoy est demõstree sa pourete/ et est mys en la creche des be-ſtes. par quoy est demõstree sa durte et as-presse quil auoit quãt au corps. Le septi-esme iour doncques de la feste qui estoyt dit le dernier ouquel cõe on premier estoit grande aseemblee de peuple et estoit cele-bre et solẽpnise cõme le premier: estoit no-ſtre seigneur ferme: car pour verite iamais ne flechiſt. et estoyt constãmẽt en preschãt publiquement la parole de dieu. yci nous voyõs que noſtre seigneur appelle les per-sonnes non seulement de sa voix/ mais en

criant: pour demõstrer la grand affection
quil a de nostre salut et la grãd ferueur quil
auoit a denũcer au peuple la parole de dieu
Et ainsi que dit crisostome le premier iour
de la feste: le peuple vaquoit alouãges τ a
sacrifices a dieu: les aultres iours de la sepmaine vacquoyt a boyre, et a mẽger
deuant dieu, et le dernier iour plus fermement tous vaquoiẽt a ouyr aulcune doctrine
la quelle peussẽt raporter auec eulx en leurs
maisons. Et pource le dernier iour nostre
seigneur estoit fort atentif a enseigner le
peuple et bailloit sa doctrine estant droit:
cõme viande de salut. affin que ceulx que la
uoyẽt la meditassent iusques a lautre feste
aduenir. Par les sept iours de ceste feste
sont signifies les sept festes de nostre cueᷓ
lesquelles deuons faire a nostre seigneur.
Desqueles la premiere est le sacrifice de lo
uange que nous luy deuõs offrir. Les aul
tres cinq sont aulcunes reffections spiritu
elles que de luy nous recepuõs. La premie
re est le pain de larmes poᷓ nos pechez. La
secõde est en la cõfortaciõ de bõne consciẽ
ce et des vertus. La tierce est en nectete et
repos de lame quant aux reliques des pe
ches passes. La quarte est en la reffection
desir et cõsolacion du sainct esperit. Et la
quinte en la refection spirituelle du saint sa
crement de lautel. Le septiesme iour ihesu
crist se leua pour reffectioner lame du pain
de la pole de dieu: Et disoit au peuple. Si
quis sitit. τc. Se aulcun a soif. cest a dire se
aulcun desire en grand feruerur leaue de do
ctrine de vie, et de la grace du sainct esperit
vienne a moy qui suis la fontaine de vie nõ
pas par les piedz corporelz, mais en moy
aymant: et de ceste eaue de vie boyue. nõ
pas seulement a soufisance, mais a redun
dance. Et adõc les fleuues de leaue de vie
laquelle nectoye les ames et les viuifie. en
grace par bõne doctrine et beniuolance et
aultres dons de grace decourront abundã
ment du ventre dicelluy, cest a dire de la bõ
ne cõscience du cueur τ par redundãce aux
aultres, car la foy et bõte de vne bõne personne se doyt par charite espandre iusques
aux aultres. Les eaues de vie ne decourẽt
point du ventre de celuy que cuyde q̃ ce q̃l
boit doit soffire a luy mesmes: mais en les
pandant iusques a son prouchain iamays
ne seiche, car de plus en plus abũde en biẽ
Et cest ce de quoy amonneste sainct peirre
en disant. que selon la grace q̃ vng chascũ
recoipt de dieu la doit cõmuniquer et des
partir a son puchain. Nostre seigneur appelle yci ceulx qui ont soif, ceulx q̃ en leurs
ames sont mortifies de lamour du monde
car quand on est plein par affection de la
mour du monde il nya point de lieu en lame
pour receupoir lamour de dieu. le vaisseau
est plein et ny peut plus riens entrer. On
doit donc oster de son cueur lamour du mõ
de, affin que lamoᷓ de dieu y soit receu. Et
ainsi que dit crisostome. Le sainct esperit
est appelle fleuue, car ainsi q̃ le fleuue ne
retourne point au lieu dont il vient et aussi
ne se tiẽt point en vng estat. mais tousioᷓs
court, pareillemeut ceulx qui ont la grace
du sainct esperit ne retournẽt plus aux pe/
ches cõmis le temps passe: et ne sont point
oyseulx. mais de plus en plus courẽt de ver
tuz en vertuz. Aussi le sainct esperit est dit
eaue viue, entant q̃ quãd aulcun a cõtinue
en grace doit auoir perseuerance, car sans
elle tout le bien que on auroit fait par auãt
seroit de nulle valeur. Bernard. Se perse
uerance nest en toute bõne oeuure. de tout
ce que auras fait par auant nen auras nul
louyer de dieu ne louange ne retribucion.
Et quand ceulx q̃ les scribes et pharisees auoyent enuoyes pour le prandre ouy
rent sa doctrine et ses paroles, ilz prindrẽt
si grande delectacion et plaisir quil retour
nerent pour soy excuser: en disant q̃ iamais
hõme ne auoit ainsi bien parle. Cõme sil di
soiẽt. Cest hõme parle si bien quil ne semble pas estre hõme pur, mais plus q̃ hõme
Et pource ce seroit grãde temerite mectre
sans cause la main en luy. A la nostre vou

lente vous eussies estre present pour ouyr sa doctrine et ses paroles/car par auenture iamais nemachineries aulcun mal contre luy. Mais les pharisees q estoiēt tous pleis de enuye disoyēt et reputoyent que ceulx q leur disoiēt telles choses estoient deceupz ainsi que le peuple: lequel de legier est seduyt par ignorance/qui disoyent estre mauldotz selon la loy ceulx q diēt .que mauldits sont ceulx qui ne demourent aux cōmandemens de la loy. En moy dist sainct augustin soit faicte ceste maledictiō se ie ne garde la loy. Pareillemēt on veoit souuēt q en saincte eglise les simples gēs sont plus deuotz q ne sont les grans clercz ou les seigneurs.

Et pource q la doctrine de ihesucrist ne la foy du peuple ne les paroles que auoiēt dit les ministres de luy ne auoyēt point retire les pharisees de leur mal. entre eulx se lieua nychodeme/qui estoient parauāt venu de nuyct a ihūcrist et se efforcoit de les refraindre de persecuter ihūcrist et le excusoit fort par les auctorites de la loy/en disant. Selon vostre loy est nul hōme peut estre iuge et cōdampne a mort ainçoys quil soit ouy/ et que le mal quil fait soit cogneu Certes nul selon la loy est condāpne a peyne se premieremēt na cōfesse le cas. ou quil soit cōuaincu par aultruy/voire en sa presence. et non en son abscēce. car on ne doit pas proceder de legier a la cōdāpnacion de vng hōme. et pour mesmes selon la loy ciuile on doit en tel cas faire grande inquisicion auant que on donne sentence de mort Mais ceulx cy vouloyēt pour leur mauuaistie cōdampner auant que cognoistre. Le bō nychodeme creoit q̄ se les pharisees eussent voulu ouyr en pacience les paroles et la doctrine de ihūcrist quelle estoit de telle efficace quelle les eust couerty cōme elle auoit fait ceulx quil auoyent enuoyes pour le prandre. et eussēt peu croire en luy. mais les pharisees cōmeus de yre/ de impaciēce et de enuie ne vouloyēt receuoir quelque persuasion de verite. que on leur dist/car de plus en plus contredisoyent a tous

mesmes a nichodeme qui estoit leur compaignon. Et pource a la fin en toute confusion retournerēt en leurs maisōs en grāt desplaissāce de ce que ne pouoyent accōplir leur male voulente contre ihūcrist. car a ceste fois leur conseil fust dissipe et diuise. Or le doulx ihesus qui tous iours en misericorde habūdoit se partist de la et sen ala en la montaigne de oliuet au couste de laquelle estoyt bethanie en la mayson de marthe/ en laquelle auoit acoustume se loger. Nostre seigneur ihesūcrist auoyt ceste coustume que p̄ iour quand il estoit en iherusalem prescheoit on tēple publiquement on quel souuent faisoit signes et miracles et au soir retournoit en bethanie po² estre loge et pour la repouser.

Oraison.

O Sire ihesucrist dōne moy que en mon cueur: et par grand desir puisse monter a la solēpnite de la feste de paradis eternelle. et que a ycelle me puysse tousiours preparer/ affin que quand le tēps de ta visitacion sera venu/ q̄ est a la mort. puisse puenir a ycelle et te voir face a face. O fontaine de eaue viue ie ay grand soif en desirant pouree que ie suys ta grace: ie souspire a toy d toute mō affectiō pour la demander. Bōne moy dōc abouir en telle habūdance que elle redōde par beniuolence iusques a mes prouchains et en voyāt en moy les oeuures de misericorde soyes esmeu de men dōner de plus en plus habundamment. Amen.

De la femme q̄ fust prinse en adultere.

L E iour de apres bien matin vint ihesucrist de rechief au temple: en quoy est demonstre le grand zele qlauoit d sauluer les ames: et la a luy vint tout le peuple. en quoy est demōstree la deuocion quil auoiēt de ouyr la pole de dieu lequel en seant les enseignoyt. Ce voians les scribes et pharisees en auoyent grand enuie. et queroyēt cōtre luy tout le mal qlz pouuoient. Et pour ce quilz sauoient bien

qui estoit doulx et qͥl p̃eschoit misericorde et po̗ auoir la grace du peuple luy amene⸗ rent vne fẽme q̃ auoit este prinse en adultere et la mirẽt deuãt luy ou meilleu de tous. et pour le tẽpter luy demandoyẽt qͥl en estoyt de faire:a ce q̃ se il eust dit q̃ la falloit lapi der eussent dit en leur moquant de luy quil eust este cruel quil estoit contre la miseri⸗ corde quil preschoit. Et se il eust dit quil la failloit laisser aler sans estre punie. eust sẽ⸗ ble estre contre la loy: que commandoit q̃ telle fẽme deuoit estre lapidee. Mais par sa grãd prudence escheua toute la calũpnie et obiectiõs q̃ luy faysoyẽt/car en p̃sserãt iuste iugemẽt/et en gardant misericorde tẽ pera ainsi sa parole. q̃ ne cõtredisoit point a la loy. et saulua misericorde et pitie. Tou⸗ teffois ne dõna tost sa sentence/mais auãt se iclina humblemẽt po̗ escripre de son doigt a la terre po̗ signifier: ainsi q̃ dit sainct au⸗ gustin. que ceulx q̃ accusoiẽt ceste femme es toiẽt plus dignez destre escripz a la terre q̃ on ciel. cõe se il leur disoit. Vous me ap⸗ portes tesmoignaige de vostre loy/laq̃lle vous ne entẽdes pas vous mesmes. Vray est que la loy cõmande q̃ telle fẽme soit la⸗ pidee. mais nõ pas de telz gens que vous estes. Par la terre peut estre entẽdu le cueͬ humain. leq̃l rend le fruict selon les bõnes ou mauluaises opacions et cogitaciõs qui

sont en luy. Par le doigt du quel escripsoit en la terre . leq̃l est flerible est signifie la discrecciõ que on doit auoir a dõner iuge⸗ ment en grãdes choses. Et nous voulut p̃ telles choses enseigner q̃ quãd nous oiõs aulcun mal de noz prouchains/q̃ de legier nous ne le iugeons pas temeremẽt. mais p̃ le doigr de distribucion nous deuons recou rir en nostre conscience. et en ycelle bien re garder se nous sommes sans peche. Aussi vng iuge q̃ ot les accusations contre aulcũ ne doit pas de legier dõner sa sentẽce mais doit en son cueur escripre tout ce que oyt. ⁊ enquerir discretemẽt et bien peser ce q̃ est a faire. Mais pource q̃ en linterrogãt de⸗ mouroient en leur mal et temerite. se leua pour reprimer limportunite. et leur propo sa la sentẽce de iustice. en disant: Se entre vo̗ est aulcun q̃ soit sans peche et sans cri me preigne la premiere pierre pour la la⸗ pider: cõe sil disoit Cõuiegne vng chascun sa cõscience. et certes trouuera qͥl est peche̗ cõme les aultres. Et pource ou laissez aler ceste poure fẽme pecheresse: ou receues a⸗ uec elle vous q̃ estes pecherus la peine d̾ la loy q̃lle a deserui. a ce q̃ soit acõplie la loy q̃ vous aleguez. mais nõ pas par ceulx q̃ sõt tous les iours cõtre la loy. Soyes premiere mẽt en vous mesmes bõs et iustes. et puis aps vo̗ punires les maulx facteurs. Nõ voiõs ycy la vraye et p̃fecte iustice q̃ est en ce q̃ le iuste punisse les maulx facteurs. et nõ pas le mal faicteur cõe luy. Augustin Jhesucrist ne dist pas q̃ ceste fẽme ne fust point lapidee, affin q̃ ne semblast q̃ fist cõ tre la loy. aussi iamais ne eust dit q̃ on leust lapide/car il estoit venu en ce monde pour querir ce q̃ estoit perdu: et nõ pas pour per dre ce q̃ auoit trouue. Quand aulcun dõc est en aulcun peche mortel/ne doyt point iuger les aultres/car q̃ iuge vng aultre du pareil ou semblable peche auquel il est de⸗ tenu et coulpable. se iuge et cõdempne luy mesmes. car la rigueur de la iustice dõmã̃ de requert q̃ nul argue. acuse. porte tesmoi gnage ou iuge du cas pͥl du q̃l luy mesmes

ss iiii

est coulpable. Mais souuent nous atrempons trop ceste rigueur et la rebaissons souuent plus q̃ raison ne reqert. Escouste que dit seneque de telz. Ssay q̃ en toy mesmes tu soyes premier bon/et puis aps quiers vng aultre q̃ te soit semblable: ⁊ ce en toy trouue3 q̃ es mauluais corrige toy. Or selon le texte d̃ leuãgile il est incertain quil escripuoit en la terre. Touteffoiz sainct augustin dit q̃l escripuoit ce q̃l leur proffera de bouche. cest ascauoir celuy de entre vous q̃ est sans peche : et plus iuste/et plus innocent. et de meilleure conscience preigne lo premeer: la pierre pour la lapider. En quoy appert/que selon la maniere de la sentence dung iuge iugant autentiquement il proceda/car il escript premierement auant q̃l la profferast. Sainct hierosme en vne epistre dit/que nostre seigneur escripuoyt. O terre terre engloutis/et absorbe ses hommes mauluais. Selon sainct ambroyse il escripuoyt. O terre terre tu accuses les aultres. ou ainsi que dict aulcũs premie remēt en soy enclinãt escript ces paroles. Terre terre a moy appartiēt a rēdre a vng chascun selon ce q̃l a deserui. et a faire droit iugemēt tãt aux hõmes q̃ aux femmes. Et quād la seconde fois il se inclina il escript. Terre terre tu accuses les aultres. mais a moy appartient/comme a iuge general sa chãt toutez choses faire iugemēt vray. ou mesmes ainsi q̃ dit la glose. escripsoit leurs peches pour leur demonstrer q̃ ilz nestoiēt pas ydones d̃ mettre a execution telle sentence. Lesq̃lz quād les lisoyēt de grāde hōte quilz auoient sen aloyēt. Car ceste escripture la estoit de si grāde vertu q̃ vng chascung de eulx tant grant et honnorable mondain feust en ycelle cognoissoient ses peches. Il ne les escripuoit pas lung apres laultre: mais par la vertuz diuine se pouoit faire q̃ par aulcũe figure q̃l auoit faicte en la terre vng chascun veoit ses propres peches et les plus enormez et secretz et a dieu

detestable. et non pas ceulx des aultres. combien quilz feussent semblables/et de telle espece de peche. Derechief encore escripuoit en terre pour demonstrer la grāde seurete qui estoyt en sa sentence/pour demõstrer aussi quilz estoient indignes de voir sa doulce et plaisante face. En quoy nous enseigne/comme deuant nous que corrigons aulchuns de noz subiectz ou de noz amys/et prochains: Nous deuons biē regarder en nous mesmes : se noꝰ auōs le sēblable peche/cōme est cellui duquel nous voulons aultruy corriger. Le doulx et debonnaire seigneur se enclinoit et tournoit son visaige cōme dissimulant: et nõ voyant le faissō de faire ne le maintien. affin q̃ ses ennemys eussent cōfusion de leur mal et de leur folye: et affin aussi q̃l leur dōnast frāche liberte de yssir du tēple a leur hōte ⁊ cōfussion. Il cognoissoit bien que quand ilz verroient ce quil auoyt escript sen iroyent plus tost quilz ne demouroyent pour le plꝰ interroger. Car sil les eust parfaictement et attentiuement/comme faisoyt aulcuneffoiz les poures et les malades bien regardes en la face ilz eussent eu plus grāde honte quilz ne auoiēt de leur en aler. Estudie toy escriprie le semblable: cest auoir cōpassion des mauluais et des confus. et ne les rgardes mye en leur visaige/ affin q̃lz ne ayent douleur sur douleur. Nous sommes de nostre seigneur et en cestuy par tres bien et parfaictement instruictz et enseignes comme vne chescune bonne creature se doyt auoyr a iuger les deffaultes de son prouchain. Sur quoy est ascauoir que personne qui veult corriger vng aultre: premieremēt doit escripre ses propres peches et les mectre deuant les yeulx de son entendement. Et par ainsi se doyt en vng secret/ et en sa conscience propre iuger soy mesmes: et puys apres est digne de iuger les aultres. Yci est vne question: Se vng pecheur peult iuger et reprandre les aul tres soient meilleurs que luy ou semblables tant en peche que en bonte. A quoy on respond que se le iuge est coulpable seulement des peches comuns et legiers: il nest pas randu ne fait indigne quil ne puisse licitement corriger les aultres. ou il a en soy semblable de plus grand peche que nest celuy du quel il veult corriger les aultres. ou aussi le peche de tel corrigeant est manifeste ou secret. Et se il est manifeste alors il ne peult corriger les aultres pour lescandale quil feroit a son prochain: mais se son peche est secret. et ia en a desplaissance, il peut licitement corriger son prochain. voyre en toute humilite. Et se tel corrigeant ne fait point de penitence de son peche: et non a douleur, ne contricion, nullement est digne de reprandre ou de corriger les aultres pource que telle correction ne procede point de charite ne de testacion du vice et du peche, car il se deuroit premierement corriger que les aultres. car vng chescun est plus tenu de soy aymer quil nest aultruy: Et qui plus est en tel cas ou quel il iuge son prochain il condampne soy mesmes. Secondement a ce que vne personne corrige les aultres fault quil le face par grade discrection en consideràt deux choses. La premiere est se la presonne que on veult corriger soit disposee de prendre correction et soy amender de la faulte de quoy on la veult reprandre. La seconde est la consideracion du fait et la circunstance, tant en la qualite que en la quantite: Cest ascauoir se le fait duquel on veult corriger vng aultre. est de soy mauluais: et adoncques on peut corriger. ou sil est indifferant: tant a bien: que a mal. et adonc on doit tel fait interpreter a la meilleure partie Tiercement on doit aregarder de quel entencion on est esmeu de faire telle correction se cest pour charite ou aultrement: ou pour passion: suspicion: ou ostentacion. et de telz iugemens: est dit en vng aultre lieu la ou est escript. Nolite iudicare et non iudicabimini. Les phanisees donc se despartirent de la face ne ihesucrist lung apres laultre, et les plus en siens les premiers tant pour ce quilz estoient appliques a plus grans peches que ne estoient les aultres plus ieunes. tant aussi que cognoissoient mieulx la verite et lequite de la sentence qui estoit profferee par ihesucrist. Et en la place demoura ihesucrist tout seul quàt a la compaignie de ceulx qui luy vouloyent mal car ses disciples et grande compaignie de peuple demouroient auec luy et la femme quil auoit amenee estoit deuant luy toute droicte. Et apres donc que ihesucrist eust proffere la timeur de iustice la tempera par la doulceur delsa misericorde. car quand ceulx qui ainsi le calompnioyent furent par grant honte confundus: ses leua de rechief et dist a la femme. O femme ou sont tous ceulx que te accussoient. Comme sil disoyt. O u sont ceulx que tant diligemment estoient venus pour demander iustice de toy. Ilz sen sont fuys par le iugement de vraye iustice. Nul de tous eulx ta condampnee. La quelle respondit que nul. car ilz estoyent ia tous departis du lieu ou telz estoyent, en tant que vngchescun deulx se veoit clercmèt estre plus pecheur que la feme quilz auoyent amenee. Augustin. La cause pour quoy nostre seigneur deliura iustement la pecheresse, fust pource quilz nauoyent nul qui peut mettre sur elle les pierres pour la lapider iustement. Comment leust aulcun lapidee, quàd il se cognoissoit estre mesmes digne destre lapide pour ses deffaultes et peches. Et pour ce que ceste femme estoit toute espauentee et pouuoyt encore craindre que celuy qui estoit sans peche la punist. apres est misse par ihesucrist a deliurace: et son absolucion. et est dit Ne moy aussi q suys venu en ce monde po[ur] deslier les peche[ur]s. ne te cōdempneray poit. va donc toute franche et absoluee de tout peche de toute coulpe et peine. et te garde le temps aduenir de rechoier pl[us] en peche: cest adire que nayes plus voulente de faire mal et peche. car cest peche dauoyr voulente de pecher. Soyes sure du têps passe, et te garde le temps aduenir/ace que a la fin tu treuues le bien que aux bons ay pmis. On doit aymer la bonte et doubter de nostre seigneur: et auec ce on doit bien craindre sa iustice et verite, car en toutes choses il est doulx et veritable. Il dôna donc luy estant droit la sentence de iustice contre ceulx qui accusoiêt la fême, et pareillemêt tout droit donne la sentêce de misericorde pour celle q̃ estoit accusee, car lung et laultre appartient a dieu, cest ascauoir pugnir et pardonner. Il punist iustemêt et pardône piteusemêt. Il appartiêt a vng iuste de garder misericorde côe iustice. Et ainsi que premierement a ceste femme il donne iugemêt de misericorde en gardât iustice aussi côe misericors et piteux luy pardôna les peches passes, et pareillemêt côe iuste luy eniouct qlle ce garde de pecher le têps aduenir. car toutes les voyes de nostre seigneur sont misericorde et verite. Ainsi dôc par le cômandement de misericorde la poure meschâte fust deliuree. Et combien que dieu est iuste côe il est misericordors. toutesfois sa propriete est plus de estre misericors et de pardôner que ne est de iuger. car nens ne est requeru acôplir leuure de misericorde sinon sa voulêté seulemêt. mais pao² côplir leuure de iustice est reqru aulcune chose mesmes de la partie de lôe, cest ascauoir bônes oeuures Aulselme. Vienne maintenât au deuât de la memoire la femme qui fust prinse en adultere et la sentence que ihûcrist bailla po² elle. lequel tourne ses yeulx en terre/ ace q̃ celle qui estoit accusee neust trop grâde confusion et ne la regarde on visaige. Et po² confundre ceulx qui ainsi laccusoyent/ escript en terre. Celuy qui est de vo9 sans peche preigne premierement la pierre po² la lapider. O grande et ineffable bonte de thesucrist quand pouuoit iustement condâpner ceste fême. toutesfoiz bien iustemêt et selon sa misericorde la deliura. Ce iteson peut penser que quâd il eust faict paour et

boute hors du têple tous ceulx qui luy vouloyêt mal esleua ses doulx deuoirs et piteux yeulx enuers ycelle femme et côment en toute doulceur proffere la sentence de son absolution. Pêse que il souspira quâd il luy dit. O fême nul ne ta côdâpnee. Bien feust eureuse ceste poure fême laquelle fust absolue par le doulx ihesus de tous ses peches passes. et de luy fust enseigne de se garder le temps aduenir O bon ihesus q̃ est celuy qui côdempnera aulcun quâd tu dis que tu ne le côdêpneras point. Se ihûs est celuy qui iustifie: qui est celuy qui condempnera. Soit dôc du temps aduenir ta voix ouye: laquelle dit. Va et ne vueille plus pecher. Et côbien que nostre seigneur ihûcrist en absoluant ceste fême des peches passes et en ladmônestât que elle se gardast le têps aduenir. ne luy enioing nulle aultre penitêce: toutesfoiz tel fait nest pas a tirer a consequance. cest ascauoir que par cest exemple aulcun absolue vng aultre sans confession et infliction de paine selon la condition du pechant et du peche: car ihûcrist estoit par dessus les sacremens. et pouoit côferer le fect du sacrement sans le sacrement: et donner aussi telle contriction a la personne qui peust effacer les peches et la peine q̃ pour yceulx on a deserui. Et auec ce pouoit cognoistre telle côtriction on cueur de la personne. ce que ne peut faire vne aultre pure creature laquelle ne peut veoir ne mouuoir le cueur de aultruy. Par ceste fême pecherêsse est signiffiee vne chescune personne q̃ est par foy espouse d ihûcrist. et puis apres par peche mortel est faict adultere auec le dyable denfer. Par les scribes et pharisees sont signifies les dyables q̃ sont diuises de la côpaignie des bôs. lesqlz escripuêt noz peches en leur memoire pour nous accuser a leure de la mort: et ameinent ceste femme pour estre iugee et côdâpnee. car ilz querent tressoigneusement la pdicion de tous Et po² ce nostre seigneur ne veult poît la mort des pecheurs: mais les recoipt a penitêce po² sa misericorde en les enortât q̃ le têps aduenir se gardôt de mal et q̃ se estudiêt a bien

Oraison.

O Ihesus debõnaire qui as par ta pitie deliure celle qui auoit este prinse en adultere de tous ceulx q̃ la accusoiẽt:laquelle par ta misericorde as delaisee en pais sãs de toy estre cõdãpnee soit deuãt toy presentee mon ame q̃ est grãde pecheresse:laquelle par peche tans de fois cest despartie de toy qui es son vray espoux. Ie te prie sire que tu ne entre point en iugement pour la cõdempner:ne que tu ne ayes point memoire de ses peches passes:liure la poure pecheresse de tous ses maulx voulans:et la laise en paix en estant absoulte de ton grand et espouẽtable iugement:car ta propriete est tous iours depardonner/et de ta misericorde nul ne scet le nombre. Amen.

Des poles de nostre seigneur po² lesq̃lles les iuifz le vouloiẽt lapider. cha. lxxxiiii.

Et pource que ihesucrist auoit absolu la femme q̃ auoit este prinse en adultere/affin que aulcuns ne puissent dobter q̃ luy qui veoyent pardehors pur hõme ne eust pas puissance de pardonner les peches. vouluft plus clerement encore demõstrer sa dignite:en disãt Ego sum lux mondi. Ie suys la lumiere de tout le monde vniuersal enluminant essencialement tous ceulx qui sont en ycelui. Toute cognoissance de bien est diriuee de luy et par la particion de luy. tous les sainctz sõt enlumines. Il est dist lumiere selou lune et laultre nature. car selon la diuine il enlumine lame par dedens:et selon la humanite il informe cõment on doit bien viure. Cest ascauoir en trois mananieres:par miracles: predicaciõ/et exemples Le premier est par sa puissance:le second par sa sapience:et le tiers par sa bonte. Et cõme dit sainct augustin. La lumiere yssãt du pere est couuerte de la nuee de chair/et tellement est temperee quelle peut estre veue des hões du monde. affin q̃ par lumilite on pemist a sa diuinite:Et pource il dit. Qui sequitur me nõ ambulat in tenebris: Qui me ensuyura en croyant en moy/et en me aymãt ne cheminera point en tenebres de ignorance/car ie suis verite:ne de coulpe/car ie suis la voye Et parcõsequent ne viendra point a la fin aux tenebres denfer/car ie suis la vraye vie Il demonstre apres le fruict de ceste lumiere. en disant. q̃ celuy qui lensuyura par lumiere de vie q̃ e en ce mõde p grace z en laultre par gloire/aura ihesucrist qui est la sapience de dieu. et la lumiere quil ne peut faillir. z yci p foy est en paradis par clere visiõ Et pource ce q̃l dit q̃ me ensuyura est quãt au merite. et ce que dit quil aura la lumiere de vie est quãt au louyer. Augustin. Et pource mes freres quãd nostre seigneur dit quil est la lumiere du mõde et qui lẽsuyura neyra point en tenebres. mais aara la lumiere de vie. En ces paroles sont deux choses. cest ascauoir ce q̃l veult q̃ on face: et ce quil promect. ffaisons doncq̃s p̃mier ce quil cõmande/affin q̃ licitemẽt no9 puissons de sirer ce quil promet: Et quelle chose est ce q̃ cõmãde nostre seigneur a faire. Il dit seulement que on lensuyue: et pource fayso maintenãt et le ensuyuõs. Ostõs de nous ce que nous peut empescher: et ensuyuõs ihũcrist qui est la lumiere du monde/affin que ne cheminons en tenebres. lesquelles sõt bien a craindre autmoins les tenebres des yeulx interiores desquelz on discerne la chose iuste de la mauluaise. De lexcelleuce de ceste vraye lumiere qui nous est de nostre seigne² ihũs promise. dit aussi sainct augustin. La ioyeusete de la lumiere eternelle est si grãde q̃ mesines sil nestoyt licite q̃ de demourer en elle p lespace dung seul iour. on deuroit licitemẽt cõtempner et despriser toutes les plaisances et delices q̃ on pouroie auoir en ce present mõde en plusieurs ans. et toes aultres biens temporelz

En apres ia cõmensant a puoquer les iuifz a sa passion leur dit. Quãd vous aures eslicue le filz de lomme en la crois. adõc vous cognoistres que ie suis dieu qui suis venu par mon humanite. Augustin. Ie differe me faire cognoistre a vous. affin q̃ le mistere de la passion soit acõply/la quelle chose deuoit estre acomplye par les mains de ceulx q̃ deuoyent apres croire en luy. Et cecy est pour demonstrer que nul pour quelque grant peche quil ait faict se doit desperer duq̃l il veoit q̃ dieu donne pardon a ceulx q̃ le auoiēt crucifie et fait mourir. En trois manieres nous offesons dieu et le humilions. C'est ascauoir par mauluaises cogitacions/mauluayses paroles/et mauluaises oeuures. Mais quand en nostre cueur nous en auons cōtricion et nous en confessons et en faisons satiffaction. A donc nous te esleuons en noz ames en le aymant sur toutes aultres choses: Et par ainsi nous venons a la vraye cognoissance de luy. Se tu veulx donc bien cognoistre dieu: faitz que en ton ame il soyt exaulce et esleue en ces trois manieres deuant dictes

Apres il disoit a aulcuns iuifz qui ya creoyent en luy. Se vous demoures en mes paroles. C'est adire se vous perseueres iusques a la fin en ma doctrine vous seres mes vrays disciples. Il leur disoyt ceste chose pource que aulcuns de eulx creoyent en luy seulement par fiction et non pas veritablement et ainsi ne estoyent pas vrayemēt ses disciples/et vous cognoistres la verite laquelle parle a vous maintenant/combien quelle soit couuerte de la chair q̃lle a prinse on ventre virginal : ou cognoistres la verite de doctrine laquelle ie enseigne maintenent/et la verite de la foy laquelle vous croyes: Et par ainsi la verite cogneue vous deliurera et vous rendra francz en tant que en ce monde elle deliure de la seruitude de peche z donne la liberte de grace. Et adonc la vraye franchise de la creature est cōmensee. Car apres ce monde elle sera deliuree de toute seruitude de misere: et luy sera donnee la liberte de gloire: et la vraye liberte de la personne sera parfecte. Adontques luy respondit et ceulx q̃ ne croyēt pas en luy: en soy louans et disans q̃lz estoiēt de la lignee de abraham. et quilz estoient francz/et ne auoiēt oncq̃s serui a psonne. et pource ne auoyent pas besoing de estre deliures. Cōbien q̃ clerement il aparoist q̃lz disoiēt faulx

car en egipte et en babilloyne ilz furent en grādes seruitudes: et mesmes en leur terre ilz auoiēt serui au roy des assuriēs. z a plusieurs aultres nations en payant aussi le tribut aux romains. Et nostre seigneur leur proposa seruitude plus difficile q̃ nest celle des hommes. en disant. Amen dico vobis quia omnis qui facit pctm seruus est peccati Je vous ditz certainemēt q̃ toute psonne de quelq̃ condicion quelle soit q̃ fait peche est seruāte a peche. Crisostome. Toute psonne qui fait la voulēte du dyable est son scruiteur mesmes se selon sa cōdicion estoit franche. Et celle qui obeist a dieu est vray noble se mesmes selō sa cōdicion estoit serf car la seruitude corporelle ne deturpe point la noblesse spūelle de lame/ne aussi la liberte corporelle ne peut ennoblir ne honorer la seruitude de lame laquelle par violence humaine/et nō pas par disposicion de dieu a este introduite et imposee et mise au monde: car toute creature a este cree de dieu frāche par son frāc arbitre q̃ luy auoit donne au cōmencemēt se mesmes corporellemēt elle est en seruitude. mais le maulnais est serf: quelq̃ puissance et seigneurie q̃l ait en ce monde sur les aultres. Et non seulemēt est seruiteur a vng: mais q̃ est plus grief. il a autant de seigneurs. cōe en son ame a de vices et de peches. Et pource a la mienne voulēte tel fust seruiteurs des hōmes et nō pas de peche. o miserable seruitude. Souuēt les hōmes du monde quand ilz ont maulnais seigneurs en desirent estre deliures en voulēt estre sans seigneur. ou aulmoins le chēger Mais q̃ fera le seruiteur de peche. a qui recourra il pour estre deliure de son maulnais maistre. Qui est celuy q̃ le frāchira. Aulcuneffoiz les seruiteurs des hōmes quād p trop durs cōmandemēs de leurs maistres sont affliges p sen fuyr ont repos. Mais en quel lieu pourra fuyr le meschant seruiteur de peche Il porte tousiours auecques soy son maistre en quelque lieu quil voyse. Certes nulle male conscience ne peut fuyr elle mesmes. Nest nul lieu ou elle puisse aler sans elle iamais ne se peut departir de soy car le peche quelle fait est dedens: lequel a cõmis pour auoir aulcune volupte et plaisance corporelle/laquelle volupte passe et le peche demeure en la conscience. Ce en quoy on a delectacion est tost passe/et demeure seulement ce que poinct la cõscience cest ascauoir le peche. Et pource fuyons tous a ihucrist pour nous deliurer de ceste male seigneurie z seruitude de peche et luy prions quil nº deliure de tel mal seigneur et nous face franchz qui sõmes rachetes de son propre sang. Cest celuy q̃ peut deliurer toute personne de telle seruitude/et ne la iamais eu car en ce monde est venu seul sãs quelque peche. Bonq̃s cõme est dit le pecheur est serf et a autant de maistres que en soy a de vices. De quoy on list que quand le grãt alexãdre disoit q̃l estoit seigneur de tout le mõde:le philozophe dyogenes luy respondit: Certes tu ne es pas seigneur. mais es le seruiteur de mes seruiteurs, car orgueil est ton seigneur/lequel est mon seruiteur. pource q̃ le lay mys soubz les piedz. Glotõnie et aultres charnelles cõcupiscẽces sont tes dames/qui te meinẽt la ou veulent: par quoy appt q̃ en toy ont seigneurie lesquelles iay vaincues et suppeditees. Et ainsi appert clerement que tu es le seruiteur de mes seruiteurs. En apres nostre seigneur demõstre la peine de telle seruitude en disant. Le seruiteur de peche ne demeure point perpetuellement en la maison qui est saincte eglise. combien que maintenent il demeure par aulcun temps/car les bons crestiens sont mesles auec les maulvais. mais apres ce monde seront separes lung de laustre. et le filz de dieu naturel demeure perpetuellement/car il est seul sans peche. et par ainsi il a puissance de deliurer les aultres de tº peches/et les faire filz de dieu par grace de adopciõ/et p ainsi ilz pourõt demeurer tousiours auec luy en la maison de toute franchise. Et ce cõclud en disant: Se donc le filz qui est franch en la maison de franchise vous deliurera de la seruitude

de pechie. vous seres veritablement deliures: non pas de la puissance des hõmes. mais du dyable. non pas de la captiuite du corps/mais du mal et peche de lame. Cest ascauoir que nul peche au moint mortel ne ait seigneurie sur vous car en cecy est cõstituee la vraye franchise et liberte de lame. Bregoire. Celuy est veritablement franc entre tº ces accuseurs. lequel sa seulle cõscience defend sans auoir remors de aulcũ peche. Et cõme dit boece. Celuy est franc qui a franche et bõne conscience. Il appt doncq̃s que la mõdaine liberte, de laquelle les iuifz se glorifioiẽt. estoit pas la frãche liberte qui fait la personne plaisãte a dieu ne aussi la noblesse selon le corps nest poit vraye noblesse. qui est cõstituee des vertus qui sont en lame. Mais au iourduy sont plusieurs qui se veulent seulemẽt glorifier et esleuer de la seule liberte et noblesse du corps les quelz ne ont point de honte de seruir a peche. Et ainsi q̃ dit sainct augustin. Celuy est clerement sef a peche qui peche par amour deshordõne. et non pas par enfermete de nature. ou par ignorance. Car aulcungs peches sont commis par enfermete/les aultres par ignorance/et les aultres par malice. Les premiers sont contraires a vertuz et a sapience/ et le tiers a bonte. En apres aussi il leur monstre quilz ne sont pas vrays filz de abrahaz/mais adulteres/parce quilz ne le ensuyuent point par les oeuures de foy /car le vray signe dung bon filz/est quãd il ensuyt en biẽ son pere. mais les iuifz ne ensuyuoiẽt point les bõnes oeuures de abrahaz. En quoy appt quilz nestoient pas ses vrays enffans en ce quilz queroiẽt occasiõ de mettre amort ihũcrist. ce que nauoit pas fait le bon abrahaz cõbien que selon le corps ilz feussent descẽdus de luy. En quoy aussi appt que pour nyant aulcun se glorifie q̃l est filz de sainct benoist/ou de sainct augustin: si nõ quil ensuyue son pere. par bõnes oeuures. Voiẽt doncq̃s les iuifz q̃ ihũcrist les reprenoist p les ²s oeuures q̃lz nestoiẽt pas vrays filz de abraham.pource ilz luy dirēt quilz estoyēt filz de dieu en tant quilz gardoient sa loy. en disant. Nous ne sommes point nez par fornicacion/car nous seruons seulement a vng dieu. Ilz appellēt icy fornicacion ydolatrie/ainsi que souuāt elle est nōmee en la saincte escripture. laquelle separe lame de dieu: Nous auons disoyēt ilz vng seul pere qui est dieu/auquel nous seruons. lesqlz ne seruoyent pas a plusieurs dieux: comme faisoient les payens. Mais nostre seigneur excluo ceste paternite entāt qlz ne aimoiēt point son bien ayme filz quil auoit enuoye au mōde pour leur salut/car le vray signe q on a de estre filz de dieu: est lamour et cognoissance de son filz ihūcrist. En apres il demōstre de qui ilz sont filz: en disant quilz estoiēt enfās du dyable leur pere. nō pas p creacion/mais par ymitacion: en tant qlz vouloyēt p faire les mauluais desirs de le pere. en voulant mettre a mort le vray iuste ignoscent. Laquelle chose il prouue p les condicios: desquelles la premiere il touche en disant. Le dyable estoit homicide des le comencemēt du mōde en mectant les hōes a mort spuelle par les mauluaises persuasions et tēptacions. ql mectoit en leur cueur et en leur ostant la belle immortalite. Lōe raisonnable est lespace humaine i epsēte par son ame. Et pource celuy est plus promiēr homicide qui mect a mort lame par aulchun peche mortel: que nest celuy qui mect a mort le corps par lequel lōme est semblable aux bestes. Augustin. Ne pēse pas aultrement que tu ne soyes homicide quād tu thorte aulcū mal ōtre tō frere. cra p telle mauluaise persuasion tu le metz a mort spirituellemēt. Il touche aussi vne aultre condicion du dyable quand il dit que il ne cest point tenu en la verite de bōte et de iustice cest a dire en la deue obedience ql deuoit a dieu pource que en eulx il nya point de verite. Pour quoy est ascauoir que toutes choses sont dictes vrayes en tant qlles se cōforment a la premiere verite. Laquelle verite le dyable denya par son mauluais orgueil

et delaissa lordre que dieu auoit donne a sa nature: laquelle estoit cree affin quelle fust subiecte a dieu cōtinuellemēt. Luy mesmes ne se tint pas en verite quāt a sa voix et pole/car il est tous les iours menteur/et le pere. cest adire le trouueur de toute mensonge. Ainsi que dieu est le pere de toute verite. Beuāt que le dyable fust il nestoit point de mēterie ne qui dist la menterie qui seroit trouuee par vng aultre. Et celuy est menteur et pere de mesonges qui ne reffere pas seulement ce quil a ouy des aultres: mais le fait luy mesmes. Et pource le dyable est dit le pere de menterie/car cest celuy qui la trouua pmieremēt quād il dist a la premiere femme que ce elle mengoist du fruict qui leur estoit de dieu deffendu que nullement mourroyent. Cest le mauluais heritaige. et la mauluaise ppriete que le dyable a delesse a ses enfās. cest ascauoir qui soiēt mēteurs et quilz ensuyuent leur maulues pere en menterie: car quand aulcun ment a son aciant. telle menterie vient du dyable: et en telle chose le ensuyt. O que les menteurs doyuent bien pēser la parole que dit nostre seigneur de soy mesmes. Ie suys la vraye verite et la vie. Ceulx donc qui par menterie se deprēt de verite se deparēt de la voye et vie qui meine a dieu. Et pource telz en la saincte religion crestienne doiuēt estre reputes cōme illegitimes et non pas vrais enfans/car en telle chose ilz suyuēt le dyable leur lere et non pas dieu: O que en ce mōde y a de telz manieres de filz du dyable: et mesmes de religion. Et pleust a dieu que tous portassēt bien leurs frochz deuāt toutes gēs le signe de leur pere le dyable: affin quilz feussent bien cogneus. et que par leur menterie les aultres ne feussent trompes. Mais helas y sont plusieurs qui sont cōe effrontes et qui bien pou de cōpte font de mentir. pour quoy occupent ilz la terre. et sont aussi mauluais seducteurs mectans en erreur tous ceulx qui les veullent ouyr/ et en ce ensuyuent leur pere le dyable/ qui au commencement tout le monde deceupt.

Donc celuy qui meust par sa parole et q̃ fait et trouue mēterie prant la propriete du dyable par male vie. Augustin. C'est nom dyable n'est pas special nom de l'ennemy d'enfer, mais est cōmun. Et pource en quelq̃ psonne q̃ les oeuures du dyable seront trouuees, cōme sont menteries ou aultres mauluesties, elle peut estre licitemēt appelle dyable, car cest nom selon l'oeuure et nō pas selon nature. O toy donc creature crestienne, τ toy plus encores religieulx ayes grāt honte de auoir po[ur] ton mal tel nom. garde toy pour l'amour de dieu de toute mā terie. Car en tout crestien verite doit estre trouuee en telle maniere que entre iurement et simple parole on ne doit trouuer nulle difference. Et pource que on a decoustume auant que aulcuns innocens soyent condānes, de bien examiner leur iugement. nostre seigneur ihesucrist sachant de verite que les iuifz auoyent conspué de le faire mourir, il leur voulist deuant demander le iugement de examinacion pour leur mōstrer son ignorance, et leurs mauluais iugement. Car combien que de sa bōne vouleote il voulust souffrir mort pour nostre redempcion, touteffoiz il voulut biē que son innocence fust demonstree a tous. Et po[ur] ce il disoit. Qui a aulcun de vous deuant lequel i'ay enseigné publiquement la voye de paradis τ fait miracles, qui me puisse reprendre de aulcun peché? Cōe se il leur disoit. Vous me voules faire mourir, monstres moy le peché po[ur] lequel ie soye digne de mourir. et se vous ne le pouues mōstrer, il est tout magnifeste que vous me voules faire mourir sans cause. Gregoire. On doit ycy penser la grande doulceur et mansuetude de ihesucrist, lequel ne eut pas de daing de se monstrer par droicte raison qui n'estoit pas pecheur. Lequel par la vertuz de sa diuinite pouoit tous pecheurs iustiffier, et pource que ne me pouues reprendre de aulcun peché se ie vous dis verité q̃ ie suys le vray filz de dieu, pour quoy ne croies vous en moy? Et certes celuy qui p

amour et nō pas seulement par parole est de la partie de dieu il oyt voulentiers les paroles de dieu, car celuy voulentiers oyt la doctrine a laquelle il a son affection qui luy est vne chose cōme naturelle. Par les paroles de nostre seigneur vng chescun peut cognoistre se il est de la partie de dieu ou non, car qui oyt voulentiers les paroles qui sont que on doit desirer le royaulme de paradis, cōtempner les desirs du corps et la gloire du monde, ne desirer point les biens d'aultruy, et donner aux poures de ce que dieu luy d'donne, et toutes aultres telles choses lesquelles il acomplist plus voulentiers de faict que ne les oyt par parole, tel ne doit point doubter quil ne soit de la partie de dieu. Mais celuy q̃ par la durte de son cueur ne voulut ouyr les paroles de dieu, ou se il les oyt de l'oreille du corps et ne les veult acomplir par bon oeuure sans nul doubte il ne demonstre pas quil soit de la partie de dieu. Et pource disoit il au iuifz vous ne oyes pas, c'est adire vo[us] ne recepues pas les paroles de dieu p moy pource que vous n'estes pas de la partie de dieu. Augustin. Il disoyent quilz ne estoyent pas de la partie de dieu nō pas par nature, mais par leur mauluais vice et peché. Pourquoy est ascauoir, comme dit sainct gregoire, quil est trois manieres de gens q̃ ne sont bien affectionnes a la pole de dieu desquelz les premiers sont qui ne veulent ouyr les paroles de dieu mesmes des oreilles du corps. Les aultres sont qui voulentiers les ouyent, mais ilz ne mectent rien de ce quilz ont oy en bonne opacion. Les aultres sont, lesquelz mesmes, en les ouyant ōt en les oeuures d'grande compunction, mais apres telles larmes quād ilz sont aleches de aulcunes delectacions, ou oppresses de tribulacions, ilz retournēt a leurs premiers pechés. Tous ceulx deuant ditz sans nul doubte ne ouyent pas veritablement la parole de dieu, pource quilz refusent a la mectre a effect par oeuures.

Et cõbien que tous soyent filz de dieu par nature/touteffoiz telz sont de la partie du dyable par peche en tant que ilz ne ayment pas la parolle de dieu. Mais ceulx qui sõt par grace filz de dieu oyent voulentiers la parole de dieu/et par bõne operacion la gardẽt, car quand vne terre est a couuert: et qui ne pluist poit dessus: on ne peut cognoistre quel fruit elle peut apporter. mais se elle est soubz le ciel et quil pleuue dessus on peut aparceuoir quelz fruictz ilz peuent venir en telle terre. Et pource se la parole diuine est a auchun griefue: et comme vne charge: tel doit craindre quil nescoit cõme estoyent les iuifz qui estoyent arouses de la parole de dieu. et touteffoiz ne apporterẽt que espines et chardõs. En quoy apparoist que telle terre estoit pres de toutes maledictiõs et de estre boutee au feu denfer. Et pource que la maniere des maulnais est: quãd ilz ne scauent par raisons respõdre ilz se couertissent a dire iniure a ceulx qui leur demonstrent leur mal. Quand les iuifz furent cõuaincus par ihesucrist quil ne estoiẽt pas filz de abrahan ne de dieu: mais du dyable. ilz luy dirent iniure en disant quil estoit samaritain/ et quil auoit le dyable en son corps. Cestoit vne chose cõmune entre les iuifz/que ilz appelloyẽt les maulnais hõmes et ceulx quilz hayoient samaritains pouse quilz fussent mesmes de leur lignee, car cõme deuãt est dist. les samaritains estoient heretiques. lesquelz en partie gardoyent la loy de moyse et en partie la violoyent. Et pource que bien leur sembloit que ihesucrist en aulcunes choses ne gardoit pas la loy. et qlz sauoiẽt ql auoit quelse auec les samaritais. et ql cõtredisoit aux maulualses mœ*s et cõdictiõs des pharisees: ilz lappelloyent samaritain. et disoyent encore quil auoit le dyable: ou pour les miracles quil faisoit/ou pour ce que leur reueloit les cogitaciõs et aultres secretz de leurs cueurs. lesquelles choses attribuoyent au dyable. lequel touteffoyz ne peust

cognoistre les secretz des cueurs. si nõ par signes exterioræ. ou aussi po[2] ce qlz veoiẽt que aulcuneffoiz il parloit de haultes. difficiles. et obscures matieres: lesquelles ilz ne entendoyent pas. par quoy ilz creoyent quil fust plain du dyable et q par luy il dist telles choses. Et combien que selon verite nostre seigneur leur eust peu respõdre, que en eulx mesmes auoient le dyable: touteffoiz il ne voulut pas, mais pluftost voulut tayre le mal quil cognoissoyt estre en eulx par pacience. laquelle en toutes choses nous enseigne de le ensuyuir en ycelle vertu. Car pour quelque iniure que luy fissent ou luy dissent. ne se courouffa pas. ne aussi ne rẽdist poit mal pour mal. En no[9] enseignãt que toutes les foys que nostre prouchain nous faist aulcun mal/ou iniure nous deuons porter et tayre le mal en toute pacience, affin que ne semblast que telle correctiõ ne procedast plus par hayne que par amo[r]. Et regarde bien yci cõe dit sainct gregoire cõme nostre orgueil est cõfundu. lequel se il est par auchun petit exaspere et agite: il rend plus de mal et de iniures que on ne luy a faictes. Il fait tout le mal quil peut a son prouchain: et se il ne luy peut faire de fait. il le menace p parole. Nostre seigneur ihesu crist qui auoit decoustume de reprandre durement taut par sa doctrine: cõe par aultre correction les vices et pechies des iuifz. touteffoiz on ne treuue point ycy ne en aultre lieu quãd ilz luy dissoient dures paroles ou que luy faisoyeut aulcun mal, quil leur ait respondu rudement. pour nous donner enseignement que nous deuons vẽger les choses qui appartiennent a dieu. mais ce que appartient a nous. nous le deuõs porter paciente mẽt. Les iuifz luy dirent deux choses desquelles il denya lune, et a laultre consentist. en soy taisant, car samaritain est interprete garde: et nostre seigne[ur] ihus est nostre principal gardeur et deffenseur. Et pource il ne denya pas quil ne fust samaritain, mais il denya bien quil ne auoyt pas en soy le dyable/ leql resiste tous iours a lomme de dieu que nostre seigneur queroit. Et pource il disoit quil ne honnoroyt son pere en luy attribuant toutes les oeures qui faisoyt. Mais o iufz en tant quil est en vous/ vous me deshonores p faulx obprobres τ iniures q̃ vous me dictes/ car quicunque a le dyable en soy est orgueilleux et quiert tousiours soy esleuer et querir sa propre gloire/ et ie ne foys pas ainsi/ car ie ne quiers point ma gloire comme font les simulateurs q̃ quierent estre veuz des aultres ce q̃ ne sont pas. Et veritablement luy qui se estoyt tant humilie iusques a prendre nostre humanite/ et iusques a mourir en la croyx pour nous/ ne queroyt ne gloire ne magnificence/ car il est venu pour nous enseigner comme toute gloire du monde est a mespriser et a fuyr. En tant quil estoyt home il disoyt. Je ne quiers pas ma gloire/ car seulement dieu est celluy qui peut par droyt q̃rir sa gloire sans pechie/ et les creatures ne le peuent faire se non en dieu. Et disoit. Mais dieu mon pere est celluy qui quiert la vraye et pfaicte gloire qui luy est deue/ laquelle il distingue τ discerne de vostre gloire humaine/ car il remunere ceulx qui me glorifient/ τ mect en peine perpetuelle tous ceulx qui ne me glorifient. Nous voyons donc que le filz de dieu pour quelque grand oeuure de bien quil ait faict en ce monde ne a point queru sa propre gloire a ce que soyons enseigne par son exemple de non querir honneur ne louange. Et combien q̃ iuger luy fust donne de dieu son pere/ toutesfois de toutes les iniures τ obprobres que on luy a faict/ luy en a reserue le iugement. Donc quand on nous fera aulcun mal soit de parole ou aultrement/ il nous doit souuenir de la parole de nostre seign̄r ihesus qui dit. Je ne quiers point ma gloire/ dieu est celluy qui la quiert/ et qui iugera tout. Et ainsi q̃ dit saint pierre quand on le mauldisoyt/ ne remauldisoyt nul. Or quand la puersite des mauluais croyst/ on ne doyt point cesser de predicacion/ mays fort y vaquer a lexemple d ihesucrist/ lequel apres qil fust fort iniurie des iuifs plus largement se estudia p̃ sa predicacion leur demonstrer leurs deffaultz en disant. Je vous ditz veritablement que celluy qui gardera ma parole par foy/ par bonne vie/ par bonne oeuure/ iamais ne verra point la mort. Cest a dire qil ne aura esperience de la mort eternelle/ ne en lame ne ou corps. Et les iuifs encore par ces paroles vouloyent monstrer quil auoit le dyable en luy τ disoyẽt. Abraham et tous les aultres prophetes sont mors. Et fundoyẽt leurs raisons sur chose faulse/ car ihesus entendoit de la mort eternelle/ et ilz entendoyent de la mort temporelle. Et dist encore Se moy seul sans mon pere oultre la regle de la diuine verite me glorifie/ ma gloire nest riens/ car la gloire qui est du monde est comme fumee passant et comme vent/ mais ma gloire qui est dieu le pere du quel ne peut procede chose faulse me glorifie par luy/ et par operacion des miracles/ le quel vous dictes estre vostre dieu/ et touteffoys comme encores errans ne le aues pas encore cogneu cest assauoir par foy formee de amour en laquelle est constituee la vraye filiacion de dieu p adopcion. Parce qui luy disoyent quil ne estoit pas plus grand q̃ auoit este leur pere abraham. vouloyent demonstrer quilz attendoyent encores ung plus grand que ihesus pour le bien de la redempcion humaine q̃ leur estoit pmis. Et pource il leur disoit/ vostre pere abraham selon la chair du quel vous vous glorifies en esperit eust grãde esperance quil verroit mon iour/ cest a dire mon aduenement au monde et en figure/ et p foy a veu mon iour de eternite et le iour de ma natiuite temporelle/ τ en fust moult esiouy en tant quil preuieust que le saulueur de tout le monde deuoyt naystre de sa lignee/ par le quel tout le mõde seroit saulue. Et pource q̃ les iuifs en ihesucrist ne regardoyent seulement que leage du corps/ et non pas a sa diuine nature/ luy dirent. Tu ne as pas encore cinquante ans et tu ditz que tu as veu abraham qui est mort ia long temps. Comme silz disoyent Cest chose impossible. Et ihesucrist respondit en les voulans retrayre de la c̃sideracion du corps a la diuinite. Je vous dis que auāt que abraham fut ne p̄ téporelle generacion ie suis eternellement En quoy leur demōstra sa vraie eternite. Jhūcrist donc vit abrahā de loeil de sa diuinite/et abraham vist ihū crist de loeil de foy enlumine p amour. Et encore les iuifz ꝯsiderans que eternite ne cō uient a nul si non a a dieu/et que ihesucrist se disoit estre dieu p eternite/ilz le reputoi ent cōme folz/et que cestoit toute blaffeme/ et selon le cōmandemēt de la loy le vouloient lapider et prindrent des pierres pour iecter contre luy. Augustin. Gens durs courroy ent a pierres cōme eulx durez/mays le be noist ihesus qui estoit venu pour tout vain cre par humilite/et non pas par puissance se muffa et sen ala hors du tēple. Surquoy est a noter que aulcuneffoys nostre seigneur sen fuyoit des iuifs/et aulcuneffoys aloyt deuant de eulx/et aulcuneffoys se muffoit Il fuyoit leurs hōneurs cōme quand ilz le voulurēt faire roy. Il ala au deuāt de eulx quile vouloyēt crucifier. Il se muffoit des iuifz qui estoyent contre luy tous ennuyez a ce quil leur ostast loccasion de acomplir leur mauluaise voulēte. Par ces troys ex emples il nous donne troys salutaires en seignemens. Cest assauoir que nous fuy ons toutes les p̄sperites du monde/et que pour lamour de luy desirons souffrir aduer site et toutes noises et dissensions. Mays souuent faisons le cōtraire en tant que nous appetons et desirons les bonneurs/et fuy ons toutes aduersites/et souuent nous mel lons auec ceulx qui ont noises et dissensiōs Aussi peut on dire quil se muffoit corporel lement des iuifz pource quilz ne meritoiēt pas le veoyr et le auoyr en leurs ames spū ellement. Gregoire. Jhesucrist qui est ve rite se muff: de ceulx qui desprisent et con dempnent ses paroles/en ne les voulāt en suyure par oeuure/car la verite fuyt tous iours lame orguilleuse et non pas humble Et sainct augustin dit. Comme hōme ihe sucrist sen fuyt deuant ceulx qui le vouloy ent lapider. Mays bien sont mal cureur ceulx qui par la durte de leur cueur sen fuy ent de luy. Il nest pas a croyre quil se muf

fast en aulcun cornet au aultre lieu secret/ mays par sa vertus diuine se fist comme in uisible a ceulx qui le vouloyent lapider/et passa entre eulx sans estre veu/combien qil fust tousiours veu de ses disciples quilz le suyuoiēt. Il sen voulut fuyr pour troys cho ses. La premiere pource que leure de sa pas sion et mort nestoit encore venue. La seco de pource quil ne auoyt pas esleu mourir de telle mort La tierce pour nous donner a entendre que nous deuons fuyr et donner lieu a ire et malice que aulcun a enuers nous car quand la p̄secucion est p̄sonnalie et sās peril de la foy/la personne persecutee sen peut fuyr licitement. Gregoire. Par ceste fuyte humble de nr̄e seignr̄ nous est mōstre que mesmes quād pourriōs resister a nos ad uersaires chose licite est de fuyr/Par quel le humilite lomme doyt fuyr lyre de son pro chain on le peut cognoistre en ce que ihūcrist faist lyre de ses aduersaires. Et pource ia mais on ne doyt rēdre iniure pour iniure ne ru desse pour rudesse En ensuyuāt ihūcrist cest plus grand bien et plus glorieuse chose a la p̄sonne fuyr en soy taisant le mal ou les iniures que on luy fayct/que y respondre. Selon sainct gregoire. plusieurs sont au iourduy que sauent bien reprendre la durte des cueurs des iuifz pour ce quilz ne se vou lurent conuertir a la predicacion de nostre seigneur/et touteffois ilz sont p operacion telz comme estoyent les iuifs/car ilz oyent bien ce que dieu cōmande/et voyent les mi racles/mays pour quelque chose que on leur die ne veulent puertir leur cueur a bien Regarde bien icy nostre seigneur ihesus le quel pouoit par sa puissance diuine en vng seul moment mectre tous ses persecuteurs a mort/et aux peines perpetuelles et com me vng homme paoureux se muffe en don nant lieu a leur ire et fureur/et cōment luy et ses disciples se en vont de la compaigne/ et de eulx aye grand compassion.

Oraison

Seigneur ihesucrist qui nous inuites pour ouyr la parole de dieu/apr̄s nous deporter et endurer toutes in iures et obprobres que on nous pourra faire et que ne querons nostre gloire/et ne laissons verite de vie/de iustice et de doctrine/ pour quelque scandale qui puisse venir/et ne laissons faire et dire bien pour quelque iniure q̄ on nous puisse faire. O doulx ih̄ucrist souueraine verite/boute/iustice/misericorde/largesse/nectete/sobriete/humilite/et charite. q̄ es lapide/et te musses des mensongiers/des mauluais iniustes/couuoiteux/luxurieux/orgueilleux/⁊ noiseur. Ie te prie q̄ ne te vueiles despartir du temple de mon ame/mais me faitz corrigible ⁊ me rendz en toutes choses conforme a toy Amen.

De celluy qui fust ne aueugle. lxxxv.

IHesucrist yssu du temple/et chemināt vist vng homme aueugle depuis le ventre sa mere qui se seoyt pres du temple pour demander laulmosne aux passās. Et fort le regarda ihesucrist/come sil voulust aulcune chose faire sur luy/et pour demōstrer q̄l estoyt piteur a tous et misericors/⁊ affin qui prouocast ses disciples en admiracion/⁊ a luy demander po² quoy tel estoit aueugle/ainsi quilz firent quand ilz virent q̄ leur maistre ainsi le regarda/et dirent. Rabi/maystre. quel pechie a faict cest hōme ou ses parens pourquoy il est ne aueugle Ilz pēsoyent q̄ nulle peine peut estre infligee a aulcune psonne sans aulcun pechie. Or ih̄ucrist ne denye pas q̄ simplement il ne ait pechie ou ses parens mais seulemēt respond a ce de quoy estoit interrogue ⁊ dist. Cestuy homme na point pechie ne ses parēs a ce que p̄ telz pechiez soyt ne aueugle Il nest pas aueugle pour son propre peche/car auāt sa natiuite il ne pouoit pecher. Par quoy appert que la questiō des apostres estoit simple quāt a ceste partie. Et nest pas de merueilles/car ilz estoyent encore rudes. Aussi ilz pouoient demander se le peche originel d̄ cestui aueugle/ou le peche actuel des parens estoit point cause que cestuy fust ne aueugle/car tous naissons enfans de ire/et pour ire a bon droyt on est puny. Et se on

dit qui sensuyuroit que vng chescū fust puny qui seroyt cōceu en pechie originel. On respōd que cest par la misericorde de dieu que nous auons pardon de tout peche/ et quād pour tout peche sommes punys/cest par sa iustice. Et pource est il dit en treuez. Cest la misericorde de dieu q̄ nous ne sommez dampnez. Et lapostre dit. Tous ont peche/⁊ ont besoig de la grace de dieu. Et ainsi selon ceste partie la questiō des apostres fut raisonnable Aussi po² les pechez des parēs nul nest puny. Et sur ce on doyt sauoyr que de dieu on est puny de double peine. Lune est spūelle et quāt a lame/ de laquelle iamais dieu ne punist la personne pour les pechez des parēs car lame est de dieu cree non pas des parens venue. Lautre est corporelle ⁊ appartient aux corps de laquelle a cause q̄ le filz prend son estre corporel du pere pourroyt estre puny corpellement/car po² le mauluais pere le filz pourroyt estre puny. Mais cecy nestoit pas la cause pour laquelle cestuy hōme estoyt ne aueugle/mays la cause estoyt a ce que par son enluminacion merueilleuse le filz de dieu et ses oeuures fussent manifesteez et notoyrez/et les hommes fussent tyrez a la foy. Sur cecy donc est a considerer q̄ quād ih̄ucrist yssit du temple/il vinst bien diligemment pour manifester son oeuure car il vit laueugle lequel ne alla pas a luy. Et comme dit crisostome. Luy yssant du temple guerit laueugle/et par son absence vouslut apaiser la fureur de ceulx qui luy vouloyent mal/et par ceste oeuure vouloyt amollir la durte ⁊ insensibilite de leur cueur en faisant foy de tout ce que deuant a este dit. Et adonc il cracha sur la terre po² demoustrer que la vertuz sanatiue aulcunemēt estoyt par son humanite/en tant q̄lle estoit organe d̄ sa diuinite/⁊ fit de la boue de sa liue et de la terre/a ce quil se demonstrast estre celluy qui au cōmancemēt du monde auoyt forme lomme du limon de terre. Et mist de ceste boue sur les yeulx d̄ laueugle et apres lenuoya a vne fontaine appellee natatoria syloe pour lauer ses yeulx Et a la laueugle a ceste fontaine/et se laua/et

tt ii

reuinst au lieu ou ilz estoyt par auant tout cler voyant. Et cest assauoyr que ceste fontaine est au pres de la montaigne de syon q̃ na pas tousioᵘrs eaue, mais par certaines heures, comme troys ou quatre foys en la sepmaine par aulcunes veines elle rend eaue doulce au dessus, de laquelle fontaine estoyt comme vng estang, on quel se receuoyent les eaues qui partoyent de ladicte fontaine, leq̃l lieu lescripture appelle maintenant piscine, et aultreffoys natatoria. Ca est aussi la fontaine de la vierge marie, de laq̃lle elle puisoyt de leaue pour elle et pour son filz, et lauoyr ses drappeaulx. Or quand ihesucrist fist ce grand miracle se estoit le sabbat, et pource quãd les pharisees virent ceste chose, disoyent quil ne le deuoyt pas faire a tel iour et erroyent car les oeuures ordonnees a la louange et magnificence de dieu, se peuent licitement faire le iour du sabbat. Crisostome. Ihesucrist gardoit mieulx le sabbat luy q̃ estoit sans peché q̃ ne faisoient les iuifz, car garder le sabbat et les festes spũellemẽt est en elles ne faire peché. Et cest ce de quoy admoneste dieu quand il cõmande garder le sabbat. Ne faictes dist il point en ce iour oeuures seruiles. Nostre seigneur demonstre qui sont les oeuures seruiles en disant que celluy qui fait peché est serf de pechie Mais les pharisees gardoyent le sabbat charnellement et non pas spũellement On voyt icy cõment ilz estoyent cureux de garder ce qui leur auoit este baillie de leurs parens, mays ilz laissoyẽtbien degarder les cõmondemens de dieu qui sont plus necessaires a salut, ausq̃lz au iourduy sont plusieurs semblables qui gardent plus aulcunes cerimouies quil ont qui ne font les cõmandemens de dieu, et doyuent craindre que ainsi quilz sent semblabes aux pharisees par oeuure qui ne le soient aussi quãt a la retribucion. Et ainsi q̃ entre eulx pour la chose que ihesucrist auoit faicte de enluminer laueugle auoyt dissension et scisme laueugle enlumine virilement et constamment contre les plus grandz des iuifz defendoit la partie de ihesucrist. En quoy ap

pert la grande cognoissance quil auoyt du bien que le doulx ihesus luy auoit fait, car quand dieu fait a aulcun aulcune grace ou bien, on le doyt recognoystre, et nen estre pas ingrat. Crisostome. Voyes tu en cest aueugle vng bon champion de verite, voyes tu cõment il, oyoit que on le menassoyt tant par paroles que par aultres choses, τ touteffoys se tenoyt constamment. Il ne a uoyt point de honte de ce quil auoit este aueugle, et ne auoyt point de paour de lyre et fureur tant des iuifz que du peuple, et ne se mussa point, mais õstammẽt prescha deuant tous celluy qui tant de biens luy auoit fait. Cecy est a ce que noᵘs lensuiuons
Et apres quilz eurent longuement estriue et fort parle õtre cest aueugle a la fin le mauldirent selon leur reputacion, combien que selon verite ce estoit plus benediction que malediction. Et luy dirent, tu soyez de ses disciples et nous sommes les disciples de moyse, lequel a presche que ceulx q̃ garderont la loy auront fertilite et grand habundance de biens temporelz, et pource il a plusieurs disciples que na ihesucrist qui a presche pouurete et aultres semblables vertus. Et comme iniustement le condampnerent et le bouterent hors de leur sinagogue cest adire hors de leur compaignie laquelle chose quãd a eulx estoit grand honte et grand opprobe ainsi que en saincte esglise la sentẽce est de excõmunicacion q̃ est separacion des aultres crestiens, mais affin que ne contempnast dieu vouluit estre contempne et desprise de tous, et souuent faysons le contraire, car a ce q̃ ne soyons desprisez nous contempnons τ ne tenons compte de dieu Et apres qui fust ainsi mis hors de la compaignie des iuifz vinst a ihesucrist du quel fust interrogue τ instruict, τ receust la lumiere de foy la quelle confessa de bouche, et dist. Credo domine Sire de tout mon cueur ie croy en toy, et se prosterna a terre en le adourãt, et confessoit en luy la vertus diuine, car sternaction et adoracion est deue seulement a dieu. en signe que par sa puissance de riens nous sommes esleuez. Celluy donc que les iuifz gectoyent

de leur compaignie. Ihucrist de sa grace recoyt, car de tant q̃ aulcun est pour lamour de dieu contempne et desprise des aultres, de tant est il plus aymé de dieu. Crisostome. Eulx qui pour la verite et cõfession de Ihesucrist ont des aultres aulcũe peine ou affliction sont merueilleusement honoures et aymes d̃ dieu, cõme appert en cest aueugle, lequel les iuifz bouterent hors de leur tẽple, et apres trouua le seigñr du mõde leq̃l le receut doulcement cõe vng bon chãpion q̃ auoyt pour luy fort laboure, et a la fin luy a donne la coronne de gloire. Et en louant laueugle de sa foy et de sa deuociõ luy dist ihesucrist Je suys venu en ce monde p̃ mon incarnation a ce q̃ les humbles et simples qui ne voyent, cest a dire ceulx q̃ ne se veulent point monstrer par vanite deuant les aultres, voyẽt et soyent enlumines par vraye foy, et les saiges selon le monde ce sont les orgueilleur qui se vantent q̃ voient bien cler, pour leur contempnement soyent aueugles poꝛ la grand durete quilz ont de demourer en leur infidelite, comme appert estre acompli en cest aueugle, et aussi aux apostres, lesquelz pour la grãde humilite sont de dieu enlumines, et les pharisees et les aultres orgueilleur sont de dieu en leur infidelites delaisses. Aussi on peut exposer ce que nostre seigneur dit de la vraye illumination des gentilz et payens, lesquelz auant lauement de ihesucrist estoient reputes des iuifz cõme aueugles, et les iuifz en leur reputacion estoyent bien voyãs. Tou loyt donc dire ihesucrist q̃ ie suys venu en ce mõde pour separer les poures desperit des orgueilleur, a ce qlz soyent enlumines et les aultres aueugles. Or les pharisees ouyans tes paroles repugnoyent cõtre ihesucrist en disant Sommes nous aueugles qui sommes religieur et docteurs d̃ la loy. Et pl̃ responce il les confond en disant Si vous estes aueugles par nõ sauoyr les escriptures qui parlent de mon aduenement vous ne auries en vous nul pechie comme vous aues. Mais pource que vous reputes estre voyans et entendre ce que vo9 ne faues, vostre pechie demeure agraue et di-

gne de plus grãde dãpnacion. Par quoy appert q̃ ceulx encourent plus grande peine qui sauent les escriptures, et ne les gardent pas par bonnes oeuures que ne font les ignorãs, car le seruiteur q̃ scayt la voulente de son seignr et ne la faict sera bastu fort. On peut aussi exposer ce q̃ dist est de la vision des miracles de ihesucrist, lesquelz se les iuifz ne eussent point veu eussent peu auoyr aulcũe excusaciõ de ne croyre en luy. Du mesmes se les aueugles, cest a dire les pecheurs estoyẽt hũbles en leur reputacion et coꝛussent a dieu pour auoyr pardon ne auront point de pechie, car ihesucrist en ce monde est venu pour oster, et pardonner les pechies par sa grace laquel le nest iamais donnee q̃ aux humbles. En la illumination d̃ cest aueugle est signifiee et demonstree la maniere de donner guerison a vng chescũ pecheur q̃ veult estre iustifie, et est bien entẽdu par la veugle, car peche nest aultre chose que vne tenebrosite et aueuglement des yeulx de nostre ame. Sur quoy est anoter q̃ la cecite spirituelle vient pour trois choses. La p̃miere pour la pouldre de couuoitise terriene, la seconde poꝛ le feu de charnelle concupiscence, la tierce pour mal orgueil. Et aduient souuent que le pecheur ou par coustume de pechie, ou par mal obstinacion de pensee ou p̃ la tenebrosite du dyable ne voit point son pechie pource que ne le veut veoir, car il ne repute poit pechie estre pechie. Gregoire. Quãd vne miserable personne choit en aulcun grãd pechie, le dyable luy suade tousiours quelle se garde bien se repentir et soy confesser et luy dist en son cueur quil est legier et petit et que dieu est misericors et piteur poꝛ luy pardonner, et que peut viure longuement pour sen repãtir tousiours, et luy conseille demourer en son pechie, mais la fin aquoy il tend est de mectre telle personne a contempner dieu, et en desesperacion de soy mesmes a ce quelle soyt perdue cõme il est. Il fault donc troys choses poꝛ enluminer tel aueugle. La premiere est le regard de la diuine grace preuenãt en son ame, la seconde est compunction de cueur des pechies pas-

ses. Et la tierce est pure et entiere confessi
on des peches. Ces troys choses p ordre
demonstra Ihesucrist en la curacion de cest
aueugle La premiere en ce quil regarda la
ueugle de loiel de sa misericorde, par quoy
est entendue sa grace preuenante, laquelle
est requise a la couersion de tout pecheur
deuant toutes aultres choses, car la psonne peut par soy mesmes sans aultruy choir
en pechie, mays p soy mesmes na puissance de soy releuer. La seconde est en ce quil
fist de la boue de sa saliue quil auoyt crachee contre terre, et de ycelle boue oygnist
les yeulx de laueugle. Par la saliue que
descend du chief en la bouche est entendue
la diuine sapience, laquelle est procedee de
la bouche a dieu le pere, et par la terre est
entendu le corps humain, lesquelles deux
choses furent meslees en Ihesucrist, cest assauoyr le verbe eternel qui est entendu par
la saliue, et la chair humaine par la terre.
Et ceste benoiste boue est le souuerain remede d nostre cecite, mais quelle soyt mise
dessus les yeulx de nostre cueur, laquelle
chose se faict quand le pecheur est ramene
par la cognoyssance de dieu quil a offense
par pechie, a la cognoissance de luy z de sa
vilite. Adonc la noble boue de ihucrist est
mise sur la vile z orde boue du peche, p la
quelle la compunction en son cueur est cau
see. Et a ce que pleinement le pecheur soyt
enlumine a la droicte cognoissance de son
mal, et a la vraye compunction dicelluy, il
fault quil cosidere par la grace de dieu ces
sept choses p ordre. Premieremet il doyt
considerer le pechie quil a comis a ce quil
voye la multitude de ses pechies comment
il a laisse a bien faire, et a comis mal p les
cogitacions, locucions, z operacions, par
ses cinq sens de nature, et contre les dix co
mandemes de dieu, les sept sacremens de
saincte eglise, les oeuures de misericorde,
et aultres plusieurs choses, et adoc de son
mal se repentir. Aussi doyt regarder la gra
deur de ses pechies, et q en plusieurs manieres il les a commis si grandz, et cotre si
grand seigneur come est dieu, et adonc die
O dieu pere par mes grandz pechiez ie ne

suys pas digne de leuer mes yeulx au ciel
ne a toy. Il doyt regarder aussi la laideur
et vilite de pechie et lordure. Secondemet
doyt considerer le temps quil a perdu, cest
assauoir tant de iours, de moys, et de ans
lesquelz par pechie il a si inutilement em-
ploye, car comme dit sainct bernard, on ha
perdu tout le temps, on quel on na poit eu
aulcune cogitacion de dieu. Tierncemet doit
considerer comment son ame que est la pl9
belle et la pl9 digne de toutes aultres creatures du monde, et est faicte a lymaige de
dieu, est polue et faicte orde par pechie et
comment elle se est abandonee a telle ordure. Quartemet doyt penser la grace et tant
de biens quil a perdu par pechie, Or q sont
plusieurs qui tiennent bien pou de compte
de la grace de dieu qui est tousiours prest
de la doner, et bien pou la voulent prendre
Quintement doyt cosiderer lyre de dieu la
quelle pour son pechie a contre soy prouoque et coment il a este ingrat de tant de benefices q dieu luy a faict. La siziesme est q
doyt penser la peine que par ses pechies a
deseruy la quelle est moult amere en diuer
ses manieres. La septiesme est q doyt pen
ser la gloyre q l a perdu par ses pechies la
quelle est infinie, pour la quelle seulement
gouster par vne heure on deuoyt despriser
toutes choses mondaines. Les sept choses considerees bien auroit la personne le
cueur dur et come de pierre se elle ne auoyt
grand contriction et conpunction. La tierce chose requise pour enluminer le peche
aueugle est confession, et cecy le monstre no
stre seigneur quand il enuoya lauer laueugle. Ainsi doit faire la creature par pure z
vraye confession deuant le prestre vicayre
de Ihesucrist, car combien que dieu pardon
ne le pechie par la contriction q a le peche
touteffoys il le oblige de le pfesser au pres
tre vicaire de dieu, et telle absolucion faicte
par le prestre rameine selon sainct augustin le penitent a la purte de baptesme. Et
quand ces trois choses deuantdictes sont
acomplies adonc comencele pecheur veoir
et par ainsi est deliure et guery par la grace
diuine, et se doyt prosterner et rendre gra-

ces a dieu de si grand benefice q̄ luy a fait Et le vray signe en quoy on cognoist que aulcun pecheur est po̊ grace enlumine, est quand il voit clerement ⁊ cognoist ses defaults Et ceste cognoissāce est en deux choses, cest assauoir a cognoistre dieu, et soy mesmes. La cognoissance de dieu quant a present est cognoissance de sa puissance q̄ engendre en nous crainte q̄ nous fait garder de mal. La cognoissance d̄ la boute engendre en nous amour qui nous induyct a faire bien. Semblablemēt la cognoissance de nous engendre en no̊ la vertus de humilite qui est la mere des vertus. Gardons donc le precieux temps que dieu no̊ a donne en ce monde pour nous amender et nous gardōs de toutes choses que peuent nostre salut empescher affin que p̄ mal occuper le temps ne demourōs aueugles. Crisostome. Dieu en ce monde ta donne espace pour curer et nectoyer ton ame, et tout mal et pechie, lequel tu espens et cōsumes en toute vanite. Et tu reputes a grād dommaige se vng pou dargent tu despens inutillement. Certes tu dois exercer ta vie tant que tu as le temps cōuenable en oraison et en aultres biens sp̄uelz Mais souuent tu la consumes vainement en paroles et plaisances mōdaines en labeurs ⁊ oeures de nul proffit, et ne penses point que sur toutes choses le tēps est precieux. Car se on despend or et argent, derechief on le peut recouurer, mais a grand difficulte ou peut recouurer le temps perdu. Quelle excusacion pourra lan auoyr de ce q̄ est tant precieux comme est le temps quād si vainement ⁊ sans quelque proffit q̄ plus est souuent en grād mal est perdu et consume. O la grāde insensible indeuocion de la p̄sonne quād celle de quoy on deuroit rēdre grādz graces a dieu, comme est du temps q̄ nous est donne pour amender nostre vie, et po̊ acquerir le repos pardurable, sonuēt en acquerons peine et misere.

Oraison

Seigneur ihesucrist qui as enlumine les yeulx de lomme ne aueugle, ie te prie q̄ enluminez les yeulx de mō cueur, affin que ie ne choie en tenebres et q̄ ne dorme en la mort de pechie. O dieu de ma vie cōment tant vainemēt ⁊ infructueusemēt son passes et cōsumes les ans de ma vie, et les iours lesquels tu me as dōne affin q̄ face ta voulente laquelle ie nay pas faict. O qui nombreroit les ans, les moys les iours ⁊ les heures q̄ sont passes quād a moy sans fruict. O pere amoureux, ie te prie que le residu de mon temps soit fait enuers toy fructueux, et p̄ ta grace soyt sanctifie affin q̄ se trouue lieu en iours de ton eternite, ⁊ q̄ soie digne de estre compte deuant toy Amen.

Du bon pasteur des brebis. lxxxvi.

Et pource q̄ les phasisee⁊ iuifz incredules ne veulent entrer on parc des brebis de ihesucrist, se ventoyent pouoir sauoir ⁊ entēdre la verite sans ihūcrist, et peunir a ycelle sans luy, a ce que encore de plus en plus abaisse leur orgueil, leur p̄posa la similitude de huilite, cest assauoir du parc des brebis, et de la porte p̄ laq̄lle on entre on parc qui sont choses humbles, et nul ny peut entrer sinon les humbles, et veult monstrer q̄ sans luy ⁊ sa grace ne sapiēce quel q̄ soit ne obseruāce de la loy, ne bōne vie ou aultre bien nest valable a vie eternelle, ⁊ q̄ il est impossible estre enlumine ne venir a vraie verite sans ihūcrist, et dit. Amen amē dico vobis, q̄ non intrat p̄ ostium ⁊c. Je vous dis certainemēt qui ne entre par luys cest assauoir p̄ moy en la bergerie des ouailles cest en saincte eglise q̄ est la semblee des bons est larron, cōme sont tous infideles ⁊ maluais crestiens Augustin. Cellup entre par luys et est pasteur q̄ entre p̄ ihesucrist, cest qui ensuyt sa vie et sa passion, et cognoyst bien sa misere ⁊ son humilite, ⁊ est digne d̄ gouuerner les brebis, car tous ceulx q̄ entrent p̄ luys ne sont pas pasteurs. Par celluy huys mesmes les ouailles entrēt et sōt refectionnees tous les iours tāt de parole que de exemple par lunite de saincte eglise A tel pasteur le portier qui est le sainct esperit en luy reuelant luy oeuure luys de verite/ pour droictemēt entendre τ de iustice. pour bien viure/affin quil puisse bien gouuerner les brebis/lesquelles oyent voulentiers sa voyx et sa doctrine/et les appelle p̄ leˣ nom en ce cōdescendāt a elles p̄ familiarite a ce q̄ vng chescun aye aulcune hardiesse de venir voulentiers a luy. Et les oste p̄ bōne instruction des tenebres de erreur/en les menant en la lumiere de verite au roiaulme de liberte. Et quand il aura oste ses propres ouailles des tenebres de ignorance/et mises a la lumiere de la chartre d̄ la coulpe en la liberte de grace/il va deuant elles par exemple de bonnes oeuures/car cōmunement selon le chemin que le pasteur va/les ouailles lē supuēt. Et pource dit nostre seigneur q̄ les brebis en suyuēt le pasteur par bōne et droicte opacion/car elles cognoissent la voix dicelluy/en laquelle prenēt plaisir/τ nen suyuent point vng estranger/ne p̄ voir q̄ p̄ vie en ne receuuāt de luy ne doctrine ne exemple/pource q̄ les paroles de telz menent la p̄sonne a erreur/et les exemples a mal. Les bonnes brebis senfuyent de tel pasteur cōme deuant vng larron et vng ennemy/car p̄ approbacion de voye et de doctrine ne la cognoissent poit. Donc saincte eglise est le parc soubz vng pasteur qui est ihesucrist. Les eglises qui ont leurs cōgregacions particulieres sont les petitz parcs ainsi que sont les couens et monasteres de religieux/et eglises collegiales τ parrochiales. Or le heretique nen entre pas en la religion crestienne par le moyene de verite le simoniaque par grace de dieu/celluy qui demāde force et puissance a entrer en dignite ny entre pas p̄ liberte ecclesiastique. Le fraudulent et cauteleur ny entre pas p̄ simplesse/mais tous telz entrent par voye oblique/car aulcuns sont qui entrent p̄ hault/comme sont les ambicieux auec lucifer dathan τ abyron/lesquelz pour les ambiciōs la terre les absorbe toˢ vifz. Les aultres sont qui pour entrer rompent la paroy/come les auaricieux/desquelz estoit symō lenchâteur. Les aultres en fouant les fondemens/cōme les heretiques. Lentree donc de la voye de leglise catholique est verite/ gratuite/et liberte/bonte et simplesse/τ de tout ce ihūcrist est la porte. Mays se vng aultre vouloyt entrer aultrement on luy deuroit dyre. mon amy cōment es tu icy entre que ne as pas le vestement nupcial. Et tel doit estre enuoye aux tenebres exteriores. Il y a donc trois manieres de portiers qui ouurent luys au bon pasteur/cest assauoir ihesucrist par exemple/la saincte escripture par doctrine/et le sainct esperit par son inspiracion. Ce sont les trois portiers de saincte esglise/car ihesucrist dōne les clefs cest a dire la puissance d̄ absouldre τ de lier. La saincte escripture enseigne commēt on doit trouver les clefs τ ouurir les sarrures et le sainct esperit dōne et confere la dignite pour mectre dedens. Tel portier cest assauoyr lexemple de ihesucrist la doctrine de lescripture/et la dignite du sainct esperit ouurēt au bon pasteur voire luys de humilite au quel les orgueilleux hurtēt/mays le vray et humble pasteur ne se fait point mal car de tant quil se baisse poˢ y entrer d̄ tant plus est il seuremēt. Aussi on doyt noter la cause pour la quelle plusieurs desirent les offices et dignites qui est pour ces troys dons qui recoyuent/des quelz le premier est du cueur qui est faueur et grace humaine. Le second est de la bouche/cest adoulacio du peuple/le tiers est de la main cest les dons τ gratuites que on a en telz beneficies. Certes celluy est bien eureur q̄ par vraie intention pourra oster son cueur poˣ lamour de dieu de ces troys choses deuāt dictes/car celluy qui entre en dignite de leglise auec ces troys entencions est larron et maulais. Le prouerbe disoyt ihūcrist aux pharisees et puis apres leur disoyt. Ie suys le vray huys des ouailles p̄ bone doctrine τ exēple/p̄ lesquelles on doyt entrer en la maison. Mais tous ceulx q̄ sont venus/τ q̄ ne sont pas entrez p̄ moy/cest a dire p̄ lintencion de querir la gloire diuine mais seulement leur p̄pre/sont larrons eu voulant vsurper τ prēdre a gouuerner les ouailles de dieu q̄ ne sont pas a eulx p̄ leˣ mal exēple τ puerse doctrine q̄ leurs baillent/et pource les mectent a mort tant q̄ est en eulx/combien q̄ les bonnes brebis des quelles il est dit q̃ nostre seigneur cognoist bien celles q̃ luy appartienẽt ne ont z poit voulu ouyr telz pasteurs. Apres il mõstre et prouue quil es luys en tant q̃ loffice de luys est garder les choses q̃ sont dedãs la maison/z q̃ p luys on doyt entrer z yssir Pareillement ainsi est il de ihesucrist/par lequel tous loyaulx crestiens sont gueris/z sauluez Aussi q̃ ihesucrist est lentree a la foy catholique z lyssue a la gloire pourable. Il est certain q̃ celluy q̃ entrera par le seul huys q̃ est ihesucrist/et q̃ en la foy pseuerera iusq̃s a la fin sera saulue/car soubz le ciel il ne est aultre nom dõne aux hõmes on quel nous pouõs estre sauluez. Par cest huys il entrera yssi p foy/z par icelluy ystra de ceste misere a la gloire de padis de foy a claire vision/et de credulite a prẽplacion Il entrera aussi p lestude de ptemplacion et secrete oraison/et ystra p lexercice de bonne operacion/et exemple de bien et p ainsi trouuera en le eternele refection la pasture de toute verdure/cest assauoir le miel de la diuinite/et le laict de lumanite/car les benoitz on royaulme de paradis seront refectionnes p dedens leur ame du regard de la diuinite/ et par dehors du regard de lumanite de ihesucrist/p laquelle sonttous sauluez Ou aussi les bons trouueront mesmes pastures en leglise militãte/cest assauoyr de doctrine et de grace/et en la triumphante de ioye et de gloire Augustin Combien que en ce monde aux brebis de dieu les pastures ne deffaillent point/touteffoys il est vne aultre maniere de pasturages la ou ilz seront ressasies a plein/lesquelles trouua celluy au quel fut dit tu seras au iourduy auec moy en paradis. Le mauluays et le larron ne vient pas pour le salut du peuple · mays plus a sa destruction/cest pour embler ce qui nest pas spen/en les tuant par mauluais exemple et doctrine/po² les mectre et perdre en eternelle dampnacion. Mais ie suis venu dit nostre seigneur non pas comme larron mais enuoye de mon pere po² le salut des hõmes/affin quilz entrent par foy en saincte eglise/z ayent la vie de grace/z a la separacion de lame du corps la vie eternelle

en plus grãd habondance q̃ ne ont de present/car la gloire de lame nest aultre choseq̃ consummacion de grace q̃ dieu donne en ce mõde. Gregoire. Les ouailles de ihesucrist trouuẽt bons pasturages/car tous ceulx q̃ le quierent p droicte z simple entẽcion seront nourris de la viande eternelle. Enflambons doncq̃s no⁹ desirs aux choses celestes. Gardõs q̃ nulle aduersite ne no⁹ reuoq̃ de la ioye de telle solẽpnite/car quicũque desire aler en aulcun lieu la difficulte qui trouue en la voye ne le destourbe mye de son desir. Gardons bien q̃ nulle psperite mondaine ne no⁹ empesche/car le cheminãt est fol q̃ oublie le lieu ou pretend pour regarder des choses qui empeschent son chemin. Et pource se veritablement nous sommes les ouailles de ihesucrist gardons de mectre en la voye nostre delectaciõ a ce q̃ a la fin soyons ressasies de le ternelle refectiõ. Il demõstre encore q̃l est vray pasteur p telle raison. Par le pasteur les brebis sont gouuerne ceste nourries. Pareillement les bons sont gouuernes par moy/et sont refectionnes de la viande spirituelle de mon precieux corps et sang/ergo ie suis bon pasteur. Il adiouste bon a'la difference dung mauluais et larron pasteur.. Crisostome. Ihesucrist se dit pasteur z la porte indifferemẽt/car il est dit porte en tãt q̃l no⁹ meine a son pere. z pasteur en tãt q̃l pcure nre salut Et il met les pdiciõs du bon z mauluais paste²/car le bon paste² q̃ a seulemẽt regard au loyer de la vie eternelle/doit auoyr telle affection a ceulx q̃ luy sont cõmis q̃ sil est necesste il doit souffrir mort pour eulx Certes le bon pasteur doit dõner son ame/cest sa vie corpelle quãd le cas le reqroit po² le salut de ses ouailles/z en ce appert le signe z la bõte du bon paste² Mais est fort a doubter z a craindre q̃ on ne trouue q̃ bien peu d tels pasteurs/car plusieurs sont q̃ relieuẽt la beste du pchain quand elle est cheute/et peu sont qui relieuent vne ame cheute perpeche que ihesucrist a racheté de son sang combien que on est plus tenu de aymer lame de son prochain que son propre corps. Mais cõment helas pour elle pourray ie dõner mon propre corps quãd ie ne veulx donner les biens temporelz pour la deliurer de pechie. Et est a noter q̃ en troys manieres on peut mourir pour les ouailles de ihesucrist, c'est assauoir pour les pmouoyr de bien en mieulx, et ceste maniere est de supererogacion quāt a tous prelatz. Combien que nul n'est tenu a telz oeuures de superogacion s'il n'y est cõtrainct par veu, ou pour les deliurer de peril et de dangier euident, et en tel cas, vng chescun prelat qui a prins la cure et la sollicitude des ouailles de nostre seigneur est tenu, car il luy demandera compte. Ou en mourrãt pour elles se elles estoyent en extreme necessite tellement que ne peussent euader dampnacion si nõ que aulcun mourust pour elles, et telle maniere est de necessite, comme est de vendre ses biens tẽporelz, et les donner aux poures en cas extreme. Et encore est assauoir que en persecucion generale contre le peuple de dieu se doit mectre le bon pasteur au deuant, et exposer son ame, affin que tous les aultres ne soyent disperses et perdues. Mais se la psecucion est psonale et on le quiert luy seul luy est licite s'en fuyr, a l'exemple de ihesucrist qui s'en fuyst en egipte deuant herode, et a l'exemple de saint paul qui fut mis hors d̃ la cite par le mur en vne corbeillie, leque par ses oraisons recommendoyt les ouailles au grant pasteur q̃ estoyt ou ciel, et par sa fuyte se gardoit pour leur grande vtilite. Et c'est ce que nostre seignr dit. Se on vous pfecute en vne cite, fuyes en l'autre. Aulcunesfoys le pasteur ne doyt point fuyr ne mectre aussi son ame, mays doit saigemẽt actendre, c'est assauoir quãd seulemẽt on oste les biens temporelz et nõ pas les personnes. Le mercenaire q̃ ne actend que le louyer temporel, et n'est pas propremẽt pasteur pource qu'il ne regarde pas au louyer de la gloire eternelle, mays seulement au gueyn temporel, selon sainct gregoire bien raisonnablemẽt pert le nom de vray pasteur, pour ce qu'il ayme plus la substance terrienne que ceulx qui luy sont cõmis. Et pource les ouailles ne sont pas a luy proprement comme on voyt p effect, car quand il voyt le loup venir qui est le dyable pour deuorer les brebis, ou les heretiques pour les deceuoir ou aultres tyrãs pour les affliger corporellemẽt, pour la crainte q̃ il a de son corps ou des biens tẽporelz, laisse les brebis en peril, et s'en fuyt sans ryen dire ou sans resister. Et de cestuy est dit en zacharie O pasteur et ydole laissãs tes brebis. Tu ne es mye pasteur, mais pdo le ayans semblance du pasteur. Et ne aymes pas ihesucrist et ses ouailles, mais seulemẽt le laict et la layne. Et p ainsi le loup vient et espant de sa et de la toutes les brebis par les deuiser de charite ou pour les affliger. Gregoire. Celluy est droyt mercenayre qui tient le lieu du bon pasteur, et ne quiert point le salut des ames, et ne desire que les biens temporelz et seulement se esiouyst de l'onneur exteriore que vng chescũ luy faict. En telles choses sont constituee les payemens de telz mercenaires. Mays le bon pasteur q̃ ne quiert point son pufit particulier, mays seulemẽt ce qui appẽtient a ihesucrist veille soigneusement sur ceulx qui luy sont cõmis et mect son ame ou teps de necessite contre telz manieres de loupz, car il resiste contre les temptacions du dyable en demonstrant et reprenãt les vices et pechies. Il resiste aussi aux fallaces des heretiques en preschant verite, aux persecucions des mauluais aussi par bonnes oraisons en demandant l'ayde de dieu, et pense tous les iours quelle rayson il rẽdra a dieu de tous ceulx qui luy sont cõmis. Et pour ce disoit saint augustin. Mes freres vous appartenes a nostre sollicitude et diligence car de nous deuons estre soigneux d'en rendre bon compte a dieu de vous. Et voules vous sauoir quelle est la rayson que nous deuons rendre a dieu. Sire tu ses que i'ay parle pour les amonester et que ne me suis pas teu. Tu ses aussi q̃ du bon cueur ie l'ay faict et que mesmes ie ay ploure quand ie leur disoye et ne estoye point ouy. Ie pense q̃ en telz choses est ptenue l'entiere rayson q̃ nous deuons rendre a dieu de vous. Il pu ue aussi p signes ce q̃ par auant auoyt dit. Ie suis le bon pasteur, et cognois mes ouailles non seulement de cognoissance de vision, car toutes choses sont cleres et apparêtes deuant les yeulx de dieu, mays de cognoissance de approbacion & de dilectiõ par laquelle dieu cognoist seulement ceulx q̃ sont dignes de la vie eternelle. Il les cognoist aussi par son ymage et semblance, laquelle leur a imprime par les armes & vestemens des vertus, desquelles il a enbelli les bons par les signes de bõnes oeuures et par sa doctrine. Aussi speciallement les cognoist p̃ charite laquelle il veult trouuer en to⁹ les bons. Et mes brebis me cognoissent aussi, car les bons cognoissent ihesucrist p̃ amour feruent, et pource ilz ne peuẽt estre deceuz, car ilz cognoissent les benefices q̃ dieu leur a faitz. Le signe dõc du bon pasteur est la cognoissance quil a d̃ ses brebis, & les brebis a luy, laquelle chose vient par ce que le pasteur souuent & soigneusement visite ses brebis, & ainsi les cognoist particulieremẽt et leurs condicions, et les brebis cognoissent & ayment leur pasteur p̃ la diligẽce que voyent quil a a elles. Le second signe du bon et vray pasteur est lamour et la bonne affection quil demonstre a ses ouailles, laq̃lle ne peut estre plus grãde q̃ de mectre son ame en cas de necessite pour elles. Et pource d̃isoit ihesucrist. Et ie mectz mon ame pour mes ouailles, laq̃lle chose il faisoit par le grãd amour quil auoyt a elles, car cõme dit pierre de rauẽne Vray amour ne repute riens dur ne amer ne grief, et ne fait cõpte ne de plaies ne de perilz, ne mesmes de la mort. Il desprise tout empeschemẽt que luy peut venir en ce monde, affin quil viegne au dessus de son desir. Et comme il soit ainsi que la p̃sonne ait troys choses, cest assauoir les biens tẽporelz, les amys charnelz, et sa p̃pre personne, ces trois choses doit exposer quand le cas le req̃rt po² ses brebis. Mais ceulx ne exposent pas leurs biens tẽporelz q̃ ne les veulent departir. Aussi ceulx ne exposent pas leurs amys qui les font p̃mouoir aux dignitez de leglise, et sont indignez. Ceulx aussi ne exposent pas leur p̃pre personne qui ne tiennẽt compte de resister au mal q̃ voyẽt estre en leurs subiectz. Mais

nostre seignr̃ ihesucrist a mys aux troys choses deuant dictes pour ses ouailles, cõme il dit par iheremie. Je laisse ma maison et ma famille qui sont les anges. Jay delaisse mon heritaige q̃ est la substance celeste. Jay mys ma bien aymee ame aux mais de mes ennemis pour lamour de mes brebis. Le tiers signe du bon pasteur & vray est car il ramene toutes ses brebis au soyr a la bergerye. Et affin que on ne creust que ihesucrist deust seulement morir pour le peuple des iuifz et non pas pour tout le mõde Il dit apres. Jay encore aultres ouailles ia en p̃destinacion, q̃ ne sont pas de ce parc cest assauoyr de la synagogue des iuifz, mais de aultre peuple des payens, lesquelles me fault amener a la foy catholique auec le peuple des iuifz, et ce fust acomply p̃ la predicacion des apostres, qui se faisoyt par operacion de ihesucrist. Et comme dit crisostome quand il dit il fault, ce nest pas de necessite demonstratiue, mais est po² cõfermer quil veult toutes ses brebis sauluer lesquelles cõme il dit oyront ma voyx, car les gẽtilz a la p̃dicacio des apostres receurent deuotemẽt la foy de ihesucrist. Et ainsi des deux peuples des iuifz & gentilz sera faicte vne assemblee en saincte eglise, de laquelle sera ihesucrist le vray paste², car cest cellluy qui des deux choses en a faict vne. Et come dit hugues de sainct victor. Celluy a mis son ame pour ses ouailles q̃ mis au lieu perilleux de gouuerner, & se estudie de guarder ceulx q̃ luy sont cõmis en paix par la bõne discipline, et se estudie la faire garder en cloistre & en aultres lieux Cellui aussi mect son ame, lequel entre les perilz du monde et affaires exteriores quiert sur toutes choses le plus necessaire cõme est le salut des ames. Aussi celluy mect son ame qui chemine droict entre les louanges des adulateurs & detracteurs, et q̃ refectionne les malades & les labouras & ayans peine Sainct bernard exhorte et demõstre a vng abbe cõmẽt on doit porter le fais & la charge de p̃lacio, & p̃mẽt en icelle on doit q̃rir le salut des ames en disãt. Tu dois refectionner tes ouailles de bõnes p̃oles, de bõnes exemples/et du fruict de bonnes oraisons Et bien q̃ ces trois choses soyẽt necessai res/touteffoiz la plus grande est oraison, laquelle desfert que grace soyt donnee a la voir et a bon exemple. Pour quoy te com plais tu en disant q̃ tu es pl⁹ grieue q̃ ꝑsone Saiches de vray que de tant que de tu es grieue et afflige en faisant ton deuoir po⁹ leur salut de tant tu as plus grand merite enuers dieu/et de tant que de eulx as ayde tant est ton merite diminue enuers dieu. Eslis donc ce que tu vouldras pour auoir merite on ceulx qui en te greuant te peuent ayder/ou ceulx qui en toy aydent te greuẽt He sces tu pas q̃ ceulx q̃ seront participãs du labour/seront et participãs du loyer de la retribucion. Considere donc q̃ tu es mis et enuoye pour ayder/et nõ pas pour estre ayde. Cognois q̃ tu es vicaire de celluy q̃ est venu en ce mõde pour administrer ⁊ nõ pas po⁹ estre seruy ne administre. Benoitz serõs se tous iours pouons demourer en ce propos iusques a la fin en tous iours q̃ rant ce qui appartient a Jhesucrist/cest assa uoyr le salut des ames ⁊ nõ pas nostre ꝑfit singulier. Certes il fault que a ce faire vne persoune aye le cueur nect sans reprehen sion de grief pechie et aye bonne consciẽce et seure. De quoy dit encore saint bernard Ung vray pasteur en tous ses ditz et faitz ne doyt point q̃rir son propre proffit/mais seulemẽt ou lõneur de dieu/ou le salut de son proyme/ou les deux ensemble. Et pu rement ne peut querir lonneur de dieu/ne le proffit de son prochain se premier ne contẽ pne le syen propre. Ce est bonne obliẽce quand on oblie soy mesmes pour proffiter a son proyme ⁊ q̃ telle obliance est neces saire au cueur q̃ est sans reꝑhension de pe chie/car autant que dedens soy aura seu re et bonne conscience/de tant se efforcera plus seurement querir le proffit de son pro chain par dehors. Et que pourroit il prof fiter a vne personne gueigner tout le monde et se perdre elle mesmes. Certes lordre de droicte raison requiert que se on est tenu ꝑ le cõmandement de dieu aymer son ꝓchain comme soy mesmes que premier on est te

nu aymer soy mesmes. Di deux choses sõt qui rendent la conscience bonne apres les pechiez cõmis/cest desplaisãce des maulx que on a faict le temps passe/et de yceulx/ et de aultres se garder le temps aduenir. Et cest ce que dit sainct gregoire q̃ on doit plourer du mal cõmis ou temps passe ⁊ ne le plus cõmectre/car lung ne souffist sans lautre. Et quand ces deux choses sont en vng bon cueur/seuremẽt se laisse soy mes mes a ce q̃ puisse gueyner les aultres. Les bons pasteurs se doyuent bien garder que ne scandalisent leurs subiectz/et q̃ ne leur donnent occasion de ruyne ou de mal/car eternelle dampnaciõ sera sur ceulx par les quelz les aultres sont scandalises/et ꝑ les quelz les ames sont mises en peril/car com me dit saint gregoire/de tant de mors sont dignes les platz quilz baillent a leurs sub iectz maluais ẽxẽple de poision. Et saint augustin dit. Ceulx pechent plus griefue ment qui enflambẽt les ames a mal en les substraiant de dieu/que ne firent ceulx qui crucifierent la chair et le corps de ihũcrist. Et ysidore. Ceulx qui ꝑ mal exemple cor rũpent la vie ⁊ les bonnes meurs des bõs sont pires et plus mauluays que ceulx qui ostent la substance temporelle de aultruy. Ne aussi telz donans mauluais exemples ne doyuent pas presumer pour quelque iu stice ou bonnes oeuures q̃lz sont estre saul ues silz negligẽt leur prochain et ceulx qui leur sont commis. Que peut proffiter la iu stice ou le bien fait de aulcun/au q̃l sera de mãde raison des ames q̃lluy sõt cõmises/se ꝑ sa negligence elles sont dãpnees ⁊ pdues. Crisostome. Se vng prestre se estudie tant q̃ en luy est bien viure/et neglige et ne tient pas grã cõpte de la vie de ceulx desquelz a la charge/silz perissent va a perdicion a uec culx. Doyuent aussi les pasteurs cõ siderer que dieu punist bien legieremẽt les pechies de leurs subiectz/mais bien grie uement punist les leurs. Aussi les sub iectz doyuent penser quilz ne deffailliẽt du bon propos q̃lz ont entreprins/cest de che miner en la voye de vertus pour les negli gences et deffaultes q̃ voyẽt estre en leurs prelatz, mais en tel cas lievent leurs yeulx au mirouer de tout bien qui est ihesucrist, pour lamour duquel doyuent paciemment endurer toutes rudesses que on leur fayt en ce monde, car pour certain ilz ne auront a la fin autre iugement, pour ce q̃ dieu ne punist pas vng pechie deux foys. Certes se les subiectz de leurs deffaultz sont iuges par leurs prelatz icy bas, et se paciemment prennent ce iugement en corrigeant leurs meurs doyuent estre certains que plus de dieu ne seront iuges. Aussi les subiectz doyuent fort se humilier, car souuent aduient q̃ les deffaulx et negligences des pasteurs viennent par les demerites des subiectz, et pour ce est permis de dieu que telz subiectz ne merite point auoyr bons pasteurs. De ce parle saint gregoire au clergie de mylan q̃ luy demandoyet vng pasteur en disant. Mon intencion a este de loing temps que a nulle personne vouldroye enioindre la charge et le seruice de la cure pastorale, pource que par oraisons vous aideray a vostre election, a ce que dieu tout puissaut vous baillie tel pasteur que vous puisses trouuer en sa langue et bonnes meurs les pasturages de diuine exhortacion. Mais souuent selon le merite du peuple, par disposicion et iugement diuin on puoyt des pasteurs Queres entre vous les choses spirituelles et aymes les celestes en desprisant les fugitiues et temporelles, et en ce faisant soyes certais q̃ dieu vous donnera bon pasteur a luy plaisant et a vous profitant.

Oraison

Seigneur ihesucrist qui es le bon pasteur, et qui as baille ton ame pour tes ouailles pour le pris de leur redempcion, et ta chair et ton sang en viande pour leur refection, et nous es fait huys en leglise militante et triumphante, a ce que par toy pour nous saluer entrons en toy, cognoys moy sire entre tes ouailles, et me garde par ta misericorde en me adroissant en la voye de salut, a ce q̃ te cognoisse et q̃ soie conforme a toy et te ensuyue, et ne ouye la voix des estrangiers, qui sont le monde, la chair, et le dyable, mais seulement la tiene en obeissant a tes commandemens et conseils affin que icy aye la vie de grace, et apres en grand habundãce la vie de gloire, en laq̃lle enuers toy trouueray les pasturages de vie eternelle. Amen.

De la feste de la dedicace du temple, en laquelle les iuifz vouloyent lapider ihesucrist. Chapitre lxxxvii.

En iherusalẽ fut celebree la solẽpnite de la dedicace du tẽple appellee encenia le xv. io² du mois de decembre, comme est cõtenu aux liures des machabees, et estoit yuer et faisoyt froyt. On list quil y eust troys manieres de dedicacez du tẽples faictez en diuers temps et par diuerses personne. La premiere fut faicte par salomõ le dixiesme io² de septembre, celluy propre iour tous les ans iusques a la destructiõ du tẽple faicte par les babyloniens. La seconde fut faicte ou tẽps de esdras notaire de la loy, par neemie et zorobabel, et par ceulx q̃ retournerẽt de la captiuite de babylone apres q̃ le temple fut par eulx repare, et ceste consecracion fut faicte le douziesme iour de mars. Et to² les ans estoit telle solempnite celebree iusques a ce q̃ fut polu en mectãt on tẽple lidole de iupiter. La tierce fut faicte par iudas machabee, a cause de telle pollucion, et de plusieurs aultres inhonestetez faictez par les payens. Et cecy le quinziesme iour de decembre, et to² les ans estoit celebree mesmes on tẽps de ihesucrist, et de ceste est cestuy euangile. A ceste solẽpnite ihesucrist cheminoit on tẽple cest a dire on portal de salomõ, car le nom de tẽple nest pas seulemẽt a entẽdre le corps du tẽple, on quel deuoient et nõ aultrez entrer les ministres dicelluy, mais aussi on peut entendre les lieux q̃ estoyẽt en tour dudict tẽple, ausquelz le peuple se tenoit pour prier dieu. Deuãt le tẽple le roy salomon auoyt fait son oratoire, et la le iour de la dedicace ledict roy fit leuer vne colũpne de arayn laq̃lle auoit cinq coudces de loig et trois hault, sur laq̃lle il pria dieu agenolz, et estoit dit loratoire du roy ou le portal de salomõ

Theophile. Soyt diligent tant q̃ la vie pre
sente dure qu est cõme ung yuer de celebrer
les spũelles encenes et dedicaces de ton tẽ
ple en gectant de toy toute malice/ et en te
renouellant a bien/ et te disposant de mon
ter de vertus en vertus/car en lautre siecle
on ne pourra plus se renoueller Estant
donc ihesucrist en cellux lyeu/ les iuifz se
misrent entour de luy cõme en le pressant p̃
leur mal coraige/a ce quil le puissent prẽdre
en ses paroles/et luy dirent. Pour quoy
nous laisses tu tant suspens sur la doubte
que auons de toy. Se tu es crist/cest a dire
le roy qui est auenir ⁊ qui nous est promis
selon la loy et les ꝓphetes/dis le no9 ma
nifestement et publiquemẽt a ce q̃ saichõs
que deuõs suyure. Ilz parlent icy p adula
cion en voulant par ce monstrer q̃ desiroyẽt
cognoistre la verite de ihesucrist/ com
bien que en leur cueur estoyt telle decepci
on que sil se fust dit estre vrayement crist le
eussent prius incõtinent et baille aux mini
stres des romains po² le faire mourir/ car
en ce faisant roy contredisoit a cesar empe
reur d̃ rome. Sur ce dit la glose. Les iuifz
ne desiroyent pas cognoistre verite/mais
tout qui disoyent estoyt p machinacion q̃lz
auoyent en leurs cueurs contre ihesucrist.
Or ihũcrist cognoissant leur malice respõ
dit. Je vous dis tous les iours la verite et
vous ne me croyes pas. Et a ce quilz fus
sent encore plus connaincus leur dist. Les
oeuure que ie fais ou nom de mon pere en
luy attribuant tout testifient de moy et de
ma diuinite/car telz choses ne se peuent fai
re se non p̃ la puissance de dieu/p quoy cle
rement appert que ie suys venu p la voulẽ
te de dieu. Comme sil leur vouloyt dire.
Uoules vo9 ouyr de moy se ie suys crist ⁊
celluy q̃ est promis. Il ne fault point q̃ le
vo9 die/po² ce que les oeuures que ie fays
deuant vous enbeillent asses tesmoigna
ge. Et se vous ne veules croyre a mes oeu
ures/comme croyres vous a mes paroles
Et ainsi ne leur dit pas expressement estre
celluy qui leur estoit promis/ainsi quil de
mandoyent mais leur dit chose a lequiua
lent ou plus. et encore ne leur souffisoyt

pas/⁊ attrempe tellemẽt sa responce quilz
ne eurent point occasion de le calumpnier.
  Encore mect sainct iehan aultre tesmoi
gnages pour demonstrer cõment il est vray
dieu ⁊ vray homme/et dit que trois choses
sont qui donnent tesmoignage au ciel/ cest
le pere/ le verbe qui est le filz/et le saint es
perit. Et troys aussi dõnent tesmoignage
en la terre/ lesperit/ leaue/ et le sang. Que
ihesucrist fust vray filz de dieu/ le pere luy
en dõne tesmoignage quãd il dit. Hic est fi
lius meus dilectus/cestuy est mon bien ay
me filz. Le sainct esperit aussi de luy dõne
tesmoignage quand il descendit sur luy en
espece de colombe quand de sainct iehan
fust baptise. Luy mesmes se dõna tesmoy
gnage quand il dist. Moy et mon pere ne
sommes q̃ une mesme chose Aussi y a trois
tesmoingz cõment il estoit vray hõme/ cest
assauoir lesperit q̃ est lame/ laq̃lle il rendit
a dieu son pere en la croix/ leaue et le sang
qui yssireut de son couste/ et de ses veines.
La cause pour quoy les iuifz ne croyent en
luy la demonstre en disant. Pour chose q̃
vous voyes vous ne croyes en moy po² ce
car vo9 ne estes/ et ne voules estre du nom
bre de mes ouailles qui sont les innocens ⁊
et hũbles/mais estes orgueilleux et maul
uais/ et estes de dieu ainsi laisses to9 aueu
gles. Les humbles qui sont mes brebis
oyent ma voix en la croyant/et en luy obeys
sant. Et aussi ie les cognoys par approba
cion et me ensuyuent par bonnes soeuures
ycy par grace/et a la fin en gloyre/car ie le²
donne la vie eternelle/ et ne periront point
perpetuellement. Et nul ne les pourra prẽ
dre par violence des mes mains en les ty
rant en ce monde a pechie/ ou en lautre/ a
peine/ car mon pere ma donne la deite/
qui est plus grande que toutes aultres
choses/ veu quelle passe et excede tout
p son infinite/ a laq̃lle nul ne peut resister.
  Augustin. Ihũcrist dit mon pere ma dõ
ne estre son verbe/ ⁊ son seul ⁊ son bien ay
me filz la beaulte et splendeur de sa lumie
re/laquelle chose nul ne peut prendre. ⁊ luy
et moy sommes ung. Sur quoy est a noter
que p ceste parole de nostre saulueur sou

confondus deux erreurs contraires a larticle de la souueraine trinite. Le premier est de sabellie qui mect en dieu tant vnite de personnes que de essence, et cecy est cõfundu par ce que nostre seigneur dist, moy et mon pere ne sommes que vne chose, car silz ne eussent este que vne personne il eust dit en singulier. Le secõd est du mauluais arrien qui mect a lopposite diuersite de essence, et tel erreur est oste p ce q̃l est dit vne mesme chose. Augustin. Escoute lung et lautre, cest assauoir, vnũ ⁊ sumus, vng et sommez car quand il dit vne mesme chose il te deliure de lerreur des arriens, et quand il dit sommes de ce luy des sabelliens. Silz sont vne mesme chose elle nest point doncques separee. Et silz sont il se doyt entẽdre le pere ⁊ le filz par quoy appert que on ne doit pas chanter vnus patri cum filio, mais on doyt dire, vnũ patri cum filio, pource q̃ le pere et le filz ne sont pas vng quand aux personnes, mais vne mesme chose en substãce.

Aussi est assauoir q̃ les ouailles d dieu sont cogneues par quatre signes, lesquelz sont icy touchez par ordre. Le premier est bõnes oeuures, par lesquelles on cognoist q̃ est des ouailles de dieu. Ce signe a mys nostre seigneur de soy qui est le pasteur en disant, les oeuures que ie fais rendent tesmoigne de moy. Sur quoy est a noter que aulcunes ocuures demonstrent la sainctete de la personne, et ne la font pas saincte, cõme sont les oeuures de miracles, lesquelles mesmes les mauluais fõt aulcunefoys par la vertuz de la foy. Aultres font la personne saincte, ⁊ ne la demonstrent pas cõme est la simplesse et humilite des simples et sainctes gens, et aultres vertus lesquelles deuant dieu font la personne saincte et bonne, combien q̃ souuẽt la rendent vile ⁊ desprisee deuant le monde. Aultres oeuures font la personne saincte et la monstrent, comme sont les oeuures de pitie qui sont faictes p charite. Le second signe est que les ouailles qui appartiennent a ihesucrist oyent voulentiers sa voix, car ihucrist dit, mes ouailles oyent ma voix. Et saches que ce pasteur donne a ses ouailles quatre

voix. La premiere est exhortaciõ exteriore, la secõde inspiracion interiore, la tierce largicion de benefices, et la quarte flagellaction corporelle. Mais plusieurs sont qui ne veulent ouyr ses deuant dictes voix, ⁊ nostre seignr̃ sen complaint en disant. Je vous ay appelle et vous ne aues voulu ouyr ma voix. Jay estendu ma main en vous faisant plusieurs biens, et nul de vous la considere. Vous aues despreise tout mon conseil par lequel ie vous inspiroye bon propos. Et aues neglige mes increpacions par lesqueles aulcunesfoys ie vous reprouoye et flagelloye. Et apres dit vne grande menace. Je me riray et moqray du mal qui vous en peut venir. Le tiers signe est que aulcuns sont les ouailles de ihesucrist quand luy mesmes les cognoist par son ymage ⁊ semblance quil leur a donne cõe est dit ou chapitre precedant. Le quart signe est que les ouailles de ihesucrist le ensupyẽt, car il est le vray pasteur. Et touteffois aulcuns suiuent ihesucrist par fiction comme les ypocrites, les aultres negligemment cõme les tepides et negligens, les aultres soigneusement comme les feruans en son amour. Or quãd ihesucrist dit moy et mon pere ne sommes que vne chose, les iuifz le auoyẽt voulẽtiers ouy iusq̃s a ce, mais ilz ne peurent porter ceste pole, et prindrent des pieres pour le lapider cõme blasfemeur, ⁊ tout pour leur mal enuie. Et non pas pour lamour de iustice, et ne le faisoyent pas en la memoire que la loy cõmandoit. Aux quelz ihesucrist respondit doulcemẽt pour repr̃imer leur mauluaistie, et dist. Je vous ay demõstre plusieurs biens de la part de mon pere pour vostre vtilite, et me deuryes regracier, ⁊ me voules lapider. Sur quoy est assauoir que aulcuns rendẽt mal pour mal, et est deffendu, car dieu seulement reserue a luy toute vengance en disant. Se on vous fait aulcun mal, reserues moy la vengance et ie leur rendray. Les aultres rendent bien pour bien, ⁊ ceste chose est naturelle ⁊ deue et nest point meritoire, car mesmes les publicais le font. Aultres rendẽt bien pour mal ainsi q̃ fait ihesucrist ⁊ en toutes manieres

lenseignoit faire/et est grande demonstra
ce de parfaicte charite. Aultres rendent mal
pour bien/cest tresmal et telz estoyent les
iuifz contre ihesucrist lesquelz encore en la ma
niere des maulaais adioustent menterie et
ypocrisie en leur malice en disant Du bon
oeuure ne te lapidons point/mais du blas
pheme q tu as dit en te faisant dieu toy q es
pur homme come nous. Encore ihesucrist
voulant moderer leur fureur leur dit que il
nestoit pas blasphemeur en se disant estre roy
et filz de dieu naturel. et le prouue pmier p
lescripture inspiree par le saint esperit qui
ne peut estre faulse. par quoy conuient dire
qles saintz hommes et pphetes ont eu aulcu
ne participacion de la deite de dieu en tant
q de luy ont estez inspirez/et p luy ont par
le du messias et dit verite. Et donc p plus
fort celluy q le pere a sainctifie, cest a dire
celluy quil a engendre eternelement selon la
diuinite/et la remply de plenitude de grace
selon lumanite/et lenuoye au monde pour
le saulter et sanctifier come p les pphetes
pauant auoit este dit tel peut estre dit dieu
pprement. Se donc ceulx qui sont p adop
cion appelles/et ditz filz de dieu pour quoy
ne le sera appelle et dit le ppre filz naturel.
Et come dit saint augustin, en troys ma
nieres on est dit dieu/cest assauoyr p natu
re/come le vray dieu tout puissant. p adop
cion/come ceulx qui ont aulcune participa
cion de sa deite/et p opinion ou nominaci
on/comme sont les dyables et les ydoles.
 Il demostre encore ceste chose p raison
car il faisoit les pproes oeuures de la diui
nite lesquelles estoyent par dessus toute
faculte de nature et de propre vertus. Or
selon le philosophe toutes choses sont de
terminees selon leurs propres oeuures et
pour ce par lopperacion nous deuons e
stre certifiez de la nature de la chose. Par
quoy il conclud q en luy estoyt vraye natu
re diuine/et ainsi il nestoyt point blasphe
meur. Come sil vouloyt dire, Se a mes pa
roles ne voules croyre/au moins croyes
aux oeuures/a ce que par la cognoissance
de mes oeuures venes a la foy de la deite/
et que croyes et cognoisses que en moy est

dieu mon pere p inseparabilite de nature/
et moy en luy/du q say la nature et les ver
tus et les oeuures. Considere bien icy la
maulaistie des iuifz. Ilz vouloient sauoir
seulement sil estoyt celluy qui leur estoit p
mis/et a cause quil leur demonstroit p pa
roles et p oeuures quil estoyt tel le vou
loyent lapider. Et ainsi qlz quoyent come le
prendroyent/p sa vertuz diuine yssit d leurs
mains come aultre foys auoyt fait pour de
monstrer que de eulx ne pouuoyt estre de
tenu si non quand luy plairoit/et pour nous
donner exemple de decliner et fuyr la malice
et fureur des maulaais quand ce peut fai
re sans le peril de la foy. Et delaissant le
pays de iudee ala derechief oultre le fleu
ue iordain ou lieu on quel sainct iehan ba
ptisoyt. premierement/et y demoura par
vng temps auec ses disciples a ce q le peu
ple venant a luy eust memoire du tesmoi
gnage de dieu le pere/et de aultres choses
que furent en ce lieu la dictes et faictes.
 Icy est assauoir q non seulement les iuifz
ne sont pas ceulx qui defendent la loy selon
la lectre/et la circuncision de la chair/et q blas
phement ihesucrist/mais tous maulaais cre
stiens seulement de nom et non pas de oeu
ures qui confessent dieu de bouche/et le
renyent par male operacion, car souuent
ilz prennent les pierres pour lapider ihesu
crist. Ambroyse. Au iourduy les maulaais
crestiens sont contre ihesucrist ce q les iuifz
faisoyent luy estant en terre/car ilz lapident
et mectent a mort ihucrist qui est verite et
paix/et iustice. Certes ceulx qui delaissent
verite par faulsete et mensonge/paix et vni
te pour noises et discordes/vraye iustice pour
biens temporelz ou aultre craincte ne font
aultre chose q lapider crucifier/et mectre a
mort ihesucrist en tant q est en eulx/et tuent
les dons quil leur a donne. Et telz lapidans
sont en troys manieres. Aulcuns le lapident
seulement de cueur/les aultres de bouche
et les aultres de main. Les premiers sont
ceulx q ont les cueurs endurcy p males co
gitacios et puerses voulentez. les seconds
sont qui proferent et dient paroles de blas
pheme contre dieu et contre es saincts/et iurent

et despitent sans raison,ou ceulx qui contredient aux commandemens de leurs maieurs et prelatz,en ny voulant obeyr Les tiers sont qui grieuet leurs prochains par violēce ou force,ou aultres plusieurs manieres Les premiers donc lapident nostre seigneur, car toute male cogitacion et male voulente est vne pierre, laquelle est gectee contre luy. Bede. De tant que vne personne retient de malez cogitaciōs en son cueur de tant prent de pierres poʳ tirer et lapider ihesucrist Et pource saint ambroyse nous admonneste,en disant. Gardes vous bien mes freres que par males cogitaciōs,ou peruerses operaciōs ne lapides ihesucrist Mais tu diras. Comme peut estre le pechie de cogitacion iuge si grief, quād il ne pcede iusques a effect par oeuure Aquoy on te respond, que toute la cause et racine de pechie est au cueur de la personne, et loperacion exterioze agrieue bien le pechie, mais touteffois loperacion interioze et exterioze nest q̄ vne chose et vng pechie. Et pource q̄ ihesucrist a son demeure on cueʳ de la personne, comme dit saint paul vous estes le temple de dieu le vif, ainsy quil est appelle en son temple de cueʳ par bōnes cogiracions et voulentes, pareillemēt est debouté dycelluy par males cogitacions et puersez affections. Et selon ce,vne chescune male cogitacion et male voulente,est cōme vne pierre, de laquelle ihesucrist est lapide, et est mys et boute hors de son tēple. O que cest vne male et detestable chose lapider le seigneʳ et le mectre hors de la mayson, O quelle conuenance du temple de dieu a celluy des ydoles. Certes les cogitacions que on forme en son cueʳ ne sont aultres choses si non aulcunes ymages contre lonneur de dieu, que on peut appeller ydoles. Et nest point a doubter que ihesucrist ne vouldroyt pour riens demourer auec telles ordures. Et pource saint pierre nous admoneste de le garder ou temple de nostre cuenr, en disant. Sanctifiez nostre seigneur ihūcrist en voz cueurs. Celluy en son cueur le sanctifie q̄ en ycelluy ne recoyt sinon ce qui est saint et plaisant a dieu.

Les secondz lapident ihūcrist en moult de manieres, selon q̄ blaspheme ōtre dieu est cōmise en plusieurs manieres Premierement elle est ōmise, quand on denye a dieu ce qui luy est propre, cōme se aulcun denyoit en dieu toute puissance, toute science et toute prouidence Et ceste espece de blaspheme ont ceulx qui en leurs aduersitez dient de dieu en leur cueur, dieu ne a soing z ne luy chault des choses humainez ou aultres semblables choses. Et pareillement q̄ vouldroyēt cōme dit sainct bernard,q̄ dieu ne peust et ne voulust punir et se vēger de leurs pechiez on ne les cogneust point Telz vouldroyent donc, que dieu ne fust pas dieu, car entant q̄l est en eulx vouldroient, ou quil fust impotent, ou quil ne fust pas iuste, ou quil ne fust rtēs. Bien est telle malice a detester et a blasmer, qui desire que dieu ne fust, puissant, iuste, sage, et sauant, veult que dieu ne fust pas dieu Et en desirant telles chosez, lapide et mect a mort cruellement dieu. On cōmect aussi en vne aultre maniere blaspheme cōtre dieu, cest quand on luy attribue ce que ne luy appartient point, comme sont ceulx qui le dient acteur de pechie, de laq̄lle maniere de blaspheme sont ceulx qui retournent leurs pechiez en dieu, en disant Dieu a voulu q̄ ainsy soyt aduenu, et que ie aye este adultere, larron ou murtrier, et que par ce soye ainsi confondu et trouble, et acribuent tout aux planettes et constellacions Et ceste maniere de blaspheme tiennent et font plusieurs ioueurs, lesquelz quand en leurs ieux nōt prosperites, mauldifent et renyent dieu, et dient infames parolles contre dieu et contre les saintz. Et pareillement ceulx qui iureut par paroles vituperables et deshonnestes le nom de dieu, cōme en disant par les vertus, par le sang, par la teste, par le ventre dieu, et aultres semblables treserecrables mesmes a les ouyr La tierce maniere de blaspheme en dieu est ōmise quād on actribue a aulcune creature ce q̄ appartient a dieu et non a aultre, comme ont este ceulx qui ont voulu vsurper lonneur diuin ainsi que fit symon lanchāteur et ydolatre.

Et les ambicieux ont ceste maniere de blaspheme/ et les orgueilleux et vain glorieux qui se attribuent gloyre propre comme silz lauoyent par leurs propres merites ou p eulx mesmes/ combien q̄ toute gloyre doyt estre donnee et attribuee a dieu. Aussi les furieux et ireux sont de ceste maniere qui se veullent de ce q̄ on leur fait venger/ et aussy ceulx qui veulent et presument iuger le secret des cueurs daultruy qui sont choses a dieu proprement appartenantes. Sans ce que deuant est dit de blaspheme, il en est encore vne aultre maniere/ laquelle se commect contre les sainctz qui sont ia en paradis auec dieu/ ausquelz regne ihesucrist, le quel est en eulx loue/ et aussi en eulx blaspheme/ et mesmes est aux prelatz qui seruent a dieu en leurs subgectz/ ⁊ qui sont comme vicaires de dieu sur eulx/ ausquelz dieu est honnoure/ et pareillement blaspheme. Les tiers lapident nostre seigneur ainsi que les iuifz lapiderent sainct estiēne. car les mauluays crestiens spirituellement lapident saint estienne/ ou qui plus est ihesucrist/ quand par violence et force affligēt et oppriment leur prochayn. La pierre est dicte pource quelle blesse. Et donc quand le prochain qui est mēbre de ihesucrist est blesse ihesucrist est lapide en son membre Mais souuenteffoys la tristesse de telz ainsi affligez est tournee en toute ioye/ ainsi q̄ les pierres desquelles les iuifz lapidoyent sainct estienne corporellement luy estoyent tresdoulces pour la grand ioye quil auoyt en son ame/ car elles luy estoyent conuerties en pierres precieuses de la belle couronne de dieu qui est mise sur son chief pour la peyne quil a souffert pour lamour de luy.

On peut aussi generalement dire q̄ toute personne qui cōmect pechie mortel lapide ihesucrist. Ambroyse. O q̄ pou de gens sont en si grand multitude de crestiens qui ne persecutent ihesucrist en le lapidant et mectant amort, laquelle lapidacion est ainsi declairee. Ihesucrist est nostre aduocat et celluy qui prie et interpelle pour nous ⁊ pour noz pechiez a son pere ⁊ a doleur de noz pechies et luy en desplaist, cōme a lopposite il a ioye de nostre conuersion a biē et de nostre perseuerance. et pource toutes les foys que nous pechons/ courrouçons dieu et le vendōs/ et aulcunemēt nostre lapidons, non pas que ihesucrist en son corps ia glorifie, soit blesse sensiblement, car son corps est ipassible, onquel ne choyent nulles passions, comme sont en nous, mais telle lapidacion est methaforique cōme est la crucifixion dicelluy, de laq̄lle dit sainct paul, que aulcuns derechief en eulx mesmes crucifient le filz de dieu. La glose Il nest pas a entendre, que telz derechief crucifient le filz de dieu, mais sont semblables a ceulx qui le crucifioyēt en sa passiō. et entant quest en eulx le crucifient et lapident par le pechie mortel. Et a ce propos parle sainct bernard au pecheur en la personne de ihesucrist, en disant. Ne suys ie pas pour toy en plusieurs lyeux de mon corps naure/ et pour tes pechies afflige en moult de manieres. Et pourquoy adiouste tu p tes maulx/ ⁊ afflictiōs a celuy q̄ pour toy est tant afflige. Sachez que plus me agrieuent les playes de tes pechies, que ne font celles que en mon corps ay receues pour ta redēpcion. Bien doyuēt estre mauldits tous ceulx qui ainsi lapidēt nr̄e doulx et redempteur ihesucrist. Telz perdent la cognoissance de luy, et se despētēt de son tēple qui deuroit estre leur cueur/ et seulemēt se donne a cognoistre a ceulx qui le aymēt de cueur parfaict/ et demeure en leur cueur par grace/ et a la fin par gloyre.

Oraison

Seigneur ihesus fay moy celebrer spirituellement la dedicace et innouacion de mon cueur/ en le renouuellant de iour en iour en ton amour/ et en ycelluy disposant aftensions et degres de vertus en vertus. Donne moy que puysse faire bōnes oeuures/ lesquelles deuāt toy puissent donner tesmoygnaige de moy/ et que puisse ouyr ta voix en la croyāt de cueur et obeissant p̄ oeuure/ en te ensuyuant tousiours par bōnes operacions/ affin que entre tes ouailles de toy soye cogneu. Gar de moy aussi sire/ q̄ iamais ne mecte hors de mon cueur par males cogitacions, voulentes, locucions, ou aultres maulx faictz desquelz aulcunemēt tu es lapidé, mays q̄ par ta grace te sente tousiours habiter en mon cueur Amen.

Des cerimonies et tradicions des pharisees mesmes contre le cōmandement de dieu. lxxviii. chapitre.

Pource que les scribes q̄ cuydoyent auoir perfection de science, et les pharisees qui par simulacion faignoyent auoyr perfection de vie, ne auoyent peu aprehēder ne reprendre Ihesucrist estant ou temple, se partirent de Iherusalem pour le suyure en galilee. En quoy appert la grande maulnaistié de eulx quand ilz descendirent de Iherusalem cité saincte et laisserent le temple q̄ estoyt en ycelle pour ensuyure Ihesucrist, a ce quilz le peussent prendre en aulcune parolle ou fait, et a ce quilz le fissent hair du peuple, entant quil leur sembloyt quil ne tenoyt compte de la doctrine des anciens, quand ilz veoyēt ses disciples mēger sans lauer leurs mains, et tout le reputoyent cōtre leur maistre, en disant. Pourquoy trespassent tes disciples les tradicions et cerimonie des anciens, car ilz ne lauent point leurs mains quand ilz mengent du pain. Bede. Les pharisees prenoyent charnellement les parolles des prophettes qui se deuoyēt entēdre spüellement, entant quilz parloient de la locion du cueur, et des oeuures en disant Lauamini mundi estote etc. Lauez vous et soyez nectz en vostre cuer, lesquelles choses ceulx cy entendoyent du lauement du corps et non pas de lesperit. La tradicion et cerimonie supsticieuse des hommes commandoyt que on lauast souuent les mains quand on vouloyt mēger du pain, mais il est plus necessayre de souuēt purger les oeuures de ceulx q̄ desirēt p̄ticiper au vray pain q̄ est descendu du ciel cest le saint sacrement de lautel par le fruyt de iustice, de larmes, et aulmosnes et aultres biens spirituelz. Ceulx cy ressemblent a ceulx qui ont plus grant zel de garder les ordonnances et commandemens des hom

mes, quilz ne ont ceulx de dieu, et qui ont plus le regard aux loix ciuiles ou decretz, quilz ne ont au saint euāgile, plus aux coustumes du pays, que à la vraye vtilité des ames. Telz sont aussi semblables aux ypocrites qui sont bien curieux de la necteté exterioxe, mais bien pou leur chault de celle du dedans, par laquelle on est playsant a dieu, et reprenent bien les aultres de aulcunes petites faultes, et ne regardent pas les leurs q̄ sont bien grandes. Certes les disciples de Ihesucrist estoyent bien enseignes des oeuures qui appartenoyent aux vertus, et pource ne leur challoyt pas trop de menger sans lauer leurs mains, car ilz desprisoyent toutes superfluytez, et seulement auoyent le soing a ce qui estoit de necessité de salut. Pour lamō de la vie eternelle ilz desprisoyent les viandes corporelles, et par plus fort ne auoyent pas soing ne sollicitude de ce q̄ appartenoit a la maniere de mēger, comme lauer les mains, ou aultres faicons. Et a cause que ce dequoy les pharisees le arguoyent, nestoyt pas contrayre a la loy, nostre seigneur les reprend pour reprimer leur orgueil de la p̄uaricacion de la loy, laquelle par male doctrine enseignoyent à leurs subgectz, et le disoyt. Quare et vos transgredimini mandatum dei. Pourquoy trespassés vous le commandement de dieu par la faulse doctrine que vous bailles aux aultres. Comme sil leur disoit selon la glose. Se voꝰ cōtempnes et desprises les commandemens de dieu, et les enseignes aussi aux aultres pourquoy reprenes vous mes disciples q̄ laissent les ordonnances et cōmandemēs des hommes, et gardent les cōmandemēs de dieu. Par ce nostre seigneur ne reprend pas la necteté corporelle q̄ est par dehors mays reprend les pharisees pource quilz laissoyent la necteté interioxe de lame, par laquelle on est plaisent a dieu, et cuydoyēt estre souffisante la necteté par de hors.

Apres il prouue ce q̄l dit, en disant. Dieu dit que on doyt honnourer pere et mere ouquel commandement est entendu aussy le prochain, mais seulemēt il nomme le pe

vv ij

re et la mere/ausquelz sommes plus obliges Et quiconques mauldira son pere ou sa mere/non seulement de parole ou de signe/mais de fait selon la loy doyt mourir Le commandement fit dieu par moyse/a ce que par les enfans/les peres ne fussent foulles et desprisez. Et pource ceulx sont bien mauldits qui desprisent leurs parens quand ilz viennent a pouurete ou debilite. et quand pour telles choses on les laysse a exhiber reuerance/et de seruir en leurs necessitez. Or les pharisees pour accroystre leur auarice par leur faulse doctrine/subuertoyent ceste loy de honnourer pere et mere/en enseignāt mauluaistie sur le nō de pitie/en disant aux enfans/que cestoyt meilleure chose/offrir et vouer à dieu les biens que on deuoyt despartir aux parens en leur necessite/que de leur en aider/entāt que dieu est le principal pere/z aussi que se les parens soustenoient aulcune souffrete corporelle par deffault dauoir ce qui est offert a dieu ilz en auroyent plus grand merite en lame spirituellement/entant que dieu comme ilz disoyent les en remuneroyt/et par telles persuasions les enfans licitemēt pouoyent denyer et refuser les choses necessayres a leurs parens/et loblacion des enfans qui deuoyt estre pour ayder a leurs parens venoit a lutilite et proffit des prestres de la loy. Et qui plus est enseignoyent aux enfans comment en tel cas deuoyent respōdre a leurs parens silz venoyent en pourete. Et cest ce q̄ leur dist nostre saulueur ihesucrist. Vous enseignes par vostre auarice aux aultres faulse exposicion du commandement de dieu de honnourer pere et mere/et dictes. Quiconques dira a son pere ou a sa mere silz demandent aulmosne/ou ayde a leurs enfans/ce que vous demādes/par deuocion ay offert a dieu/et vous proffitera plus a lutilite et au salut de voz ames que ne feroyt/se seulement le vous bailloye/car seulement il prouffiteroyt au corps z le proffit spirituel de lame en seroit meyndre bien dit et respond et acquiert le royaulme des cieulx/laq̄lle chose est faulse car selon la vraye verite tel est trāsgresseur

du commandement de dieu/entāt que par telles persuasions des pharisees les filz ne honnouroyent pas ainsy que deuoyent leurs parens/car par telle oblacion ilz le soubstrayoient ce que de droyt leur estoyt deu Et par telles exposicions males estoit venu comme ayant le commandement de honnourer pere et mere et de leur ayder en leurs necessites Encore se peut il entendre en aultre maniere. Cōme se les enfans disoyent a leurs parens. Gardez bien de prēdre ce qui est offert et cōsacre a dieu/car ce seroit sacrilege. Et se les parens fussent poures ou riches/en ouyant telles parolles de leurs ēfans craignoyēt d'encourre le crime z pechie d' sacrilege/z aymoiēt mieulx ēdurer grād souffrecte q̄ de pērdre de leurs enfans ce quilz disoyent estre consacre a dieu. Considere bien quiconcq̄ tu soyes qui as les biens de saincte eglise a distribuer que ne abuses de ceste auctorite en voulāt bailler a tes parens les biēs de leglise qui appartiēnent aux poures plus que raison ne requiert. Pour auoir de ce qui est dit plus grande intelligence/est a cōsiderer q̄ le pere est tenu prouueoyr ses enfans entāt quil est leur cause quant a leur estre naturel et leur doit enseignement/et aussi le filz est tenu prouueoyr ses parens en leurs necessites/silz en ont besoing/et aussi se il a dequoy/et q̄ le pere soyt en necessite. Or nul ne peut et ne doit faire a dieu sacrifice des biens daultruy/car cōme dit saint bernard quelque chose que tu offres a dieu/ryens ne luy playst/se tu negliges ce aquoy tu es tenu Mais cest autre chose se le filz auoit voue ses biens a dieu/aincoys que les parens vinssent a necessite/car en tel cas/de telz biens ne seroit pas licite prouueoir ses parens. Apres il les reprend de leur symulacion et ypocrisie/car ilz monstroyent au peuple par dehors vne maniere de saincte et de perfection/et leur dist. O ypocrites bien de vous prophetisa le prophette ysaye/quand il dist. Le peuple me honoure seulemēt de bouche/mais leur cueur est bien loing de moy. Ceulx honnourent dieu de bouche/et non de cueur qui parlent bien, et viuent mal, et telz sont tousiours sans fruyt de bõ oeuure. Et quãd il eust moult reprins lorgueil des scribes et des pharisees qui auoyent dit aux disciples de ihesucrist appart ce q̃ deuant est dit, il tourna ses paroles au peuple humble et simple en les voulant reuoquer de la faulse doctrine des pharisees, et en les appellãt a luy leur dist. Audite et itelligite. Escoutes ma voix et entendes la vertus dycelle. La viãde corporelle q̃ entre p̃ la bouche on corps de la personne, ne souille point la personne, ne quant a lame, ne quant a dieu, si nõ entant que par male delectaciõ on est trop affectionne a la viande que on prend, ou quand la viande seroyt deffendue a la personne. Et pource quant a ce nen doit chaloyr, se on prend telle viande les mains lauees ou non. Mays ce qui procede de la bouche, cestassauoir les paroles qui sont aulcunemẽt signifiance de la malice qui est dedans le cueur de la personne, soyllent et demonstrent que cueur est ort, quãd les paroles ne sont pas bonnes et honnestes et qui est nect quand elles sont de bonne edificacion. Adoncles disciples ouyant de la bouche de ihesucrist que la regiõ des pharisees ne se pouoyt pas longuement tenir pource quilz ne estoyent pas fermes en verite, approcherent de luy et luy dirent. Ne cognois tu pas bien que les pharisees qui ont grandes cerimonies a prendre les viandes corporelles, en ouyant ce que tu as dit de ne tenir pas grant compte de telles cerimonies aux viandes sont scandalizes et indignes contre toy. Ce ne estoyt pas scãdale actif, car tout ce que ihesucrist faisoyt estoyt bien fait et bien dit, mais estoyt passif, car en ouyant la parolle de verite, de pitie, et de equite, furẽt scandalises car la lumiere nest pas plaisante aux yeulx q̃ sont debiles et malades. Et pource poͬ tel scandale des aultres, la verite de vie, de iustice, et de doctrine ne est point a delaisser, car tel scandale pcede du cueͬ mauluays qui est aux personnes. Gregoyre. Quand aulcun scandale naist de verite, on le doit mieulx laisser naistre que on ne fait

laisser la verite, pour laquelle tel scandale est procede. Et ihesucrist respondit a ses disciples. Toutes plantes, cestassauoir ordonnances humaines et doctrines seulement trouuees par creature humaine, laquelle na pas plante mon pere du ciel, cest q̃ ne sont consonantes a la loy de dieu, seront arrachees pource quelles nont pas bõne ferme fondemẽt. Laissez passer et aller telz en la voye de dampnacion, et vous gardez de ensuyure leur doctrine. Ilz sont tous aueugles, entant quilz ne ont point le vray entendement de la loy de dieu, et meynent les aueugles entant quilz veullent gouuerner les aultres, et ne se sauent gouuerner eulx mesmes. Or il est tout clair que se vng aueugle meyne vng aultre aueugle, et en chemins trouuent vne fosse ilz choyent toͬ deux en ycelle. Gregoyre. Quand le pastour qui doit cõduyre et mener les aultres en la voye de vertuz, chemine par la voye de vices et de pechies, il demonstre que le peuple quil a mener le doyt pareillement ensuyure en la male voye quil tient. Bernard. Cest vne chose en ce monde bien perilleuse, quand celluy qui fait le guet est aueugle, celluy q̃ doit les aultres enseigner est fol, celluy qui doyt monstrer la voye et aller deuant est boeteux, quãd le prelat est negligent, et quand le messagier est muet. Mais helas au iourduy ainsi que les boeteux veullẽt tousiours aller deuant les aultres, pareillement les folz veullent tousiours dominer et auoyr seigneurie sur les aultres. Apres il exposa a ses disciples la parabole deuant dicte pource que saint pierre luy proposa et dist. Tout ce qui entre par la bouche on corps de la personne, est mis dehors par les pties de bas, mays ce qui procede de la bouche vient du cueur soyt nectete ou ordure, ainsy que la fumee procede du feu, et lordure de la latrine, et telles choses souyllent la personne qui est ia souyllee au cueur par male cogitacion, et lest encore plus par male et orde locucion. Certes du cueur yssent les males cogitacions, qui sont le cõmancement de tout mal car male operacion viẽt de male cogitaciõ

vv iii

comme est homicide, auarice et aultres vices. Auarice nest aultre chose que tenir iniustemēt ce qui nest syen. Mauluaistie est quād on a affection a mal, et on ne le peut accōplir. Fraude est quād on veult deceuoir son prochain. Aussi par loeil mauluais est entendue haine et adulacion, car ainsi que celluy qui hait vng aultre luy mōstre mauluais oeil, a semblable le adulateur ne regarde poit de bon oeil le bien et proffit de son prochain. Donc tous les maulx deuātditz et les transgressions des commandemens de dieu pcedent du cueur de la mauluaise corrompue voulente, par laquelle la personne est orde et souillee quant a dieu. Et telle ordure est imputee a lomme, pour ce q cest en sa puissance de la receuoyr, ou de la debouter, entantiquelle procede de la voulente interiore, par laquelle lomme est maistre de ses operaciōs. Et pource la seule male voulēte de la personne est cause de toute lordure qui est ou cueur z qui procede dicelluy. Et par ainsi nostre seigneur demonstre que les choses spūelles ne se doyuent pas tousiours entendre selon le sens d la lectre, cōe quād il est pmādé en lescripture soy lauer, telle lociō doyt estre plus tost entendue de la lotion spirituelle, que de la corporelle. Mays comme dit crisostome, nous voyons plusieurs quand veulent entrer en leglise sont soigneux de lauer leurs mains et leur bouche, mays bien pou leur chault de offrir leurs ames nectes a dieu. On peut aussi considerer par ce q dit est, q du cueur yssent toutes males cogitacions, car le dyable ou cueur ne peut mectre male cogitaciō. Et se on dit que le dyable mist la mauluaise cogitaciō ou cueᵘ de iudas qui bailla nostre seigneur aux iuifz, se doit entendre de la suggestion, car aultremēt il na nulle puissance sur lame de la psonne. Iherosme. Par ceste sentēce sont a reprēdre ceulx qui pensent que les males cogitaciōs qui sont aux cueurs des personnes y sont mises par le dyable, et q̄lles ne procedent pas de la voulente de la personne, car le dyable peut seulemēt enflamber et ayder a auoyr males cogitacions,

mais il ne peut estre acteur. Et combien q̄ soyt tousiours en ire et en escout pour no⁹ deceuoir, et se aulcunement enflambe noz cogitacions a mal, touteffoys ne deuons pas pēser quil ayt cognoissance de tout ce qui est en nostre cueur, mais seulement par les gestes exteriores il peut cognoistre ce qui est en nous dedans. Exemple. Quand il apparcoit que souuent ou trop curieusement nous regardons aulcune belle femme il peut coniecturer que par dedans nostre cueur est naure du mal amour. Augustin. Nous deuons estre tous certains que le diable ne peut cognoistre ne veoir les cogitacions internelles de nostre ame, mays seulement par les mouuemens et affectiōs du corps par dehors, en peut auoyr aulcune experience. Seulemēt celluy duq̄l il est dit, toy seul congnois les cueurs des hommes, cest dieu a congnoissance parfaicte de ce qui est parfaictement aux cueurs des psonnes. Or le dyable a de coustume, a coᵖ quil viegne au cueur de la personne, de enuoyer ses messagiers q̄ sont les males cogitacions, lesquelles quand on les recoyt et quand par delectacion on les nourrist en son cueur, on prepare au dyable habitaciō pour demourer en lame de la personne. Et combien que aulcuneffois le dyable soit aide et occasion des males cogitacions qui sourdent en nostre cueur, touteffoys il ne lest pas de toutes, car aulcūes sont q̄ pcedent seulemēt de no⁹, et nō pas du diable. Augustin. Il nest pas a croire que toutes males cogitacions qui sourdent en nostre cueur soyēt par linstigaciō de lennemy dēfer enflambees, mays souuent procedent par le mouuement de nostre franc arbitre, et les bonnes cogitacions viennēt et procedent tousiours de dieu. Or comment on doyt resister aux males cogitacions q̄ viennent au cueur de la psonne, lenseigne saint anselme, en disant: Entendes bien et retenes le petit conseil que ie vous baille comment vous bouteres hors de vostre cueur vne male voulēté ou cogitaciō, se elle y est par quelq̄ maniere. Gardes vous bien de batailler alencontre de voz peruerses voulentes/mais quand vous feront ēnuy et infesteront/occupes fort vostre pensee et voulente en aulcune bonne et vtile cogitacion iusques a ce q̄ les males se soyet departies et venues a nyant/car iamays vne male cogitacion/ou voulente nest boutee hors du cueur de la personne/si non p̄ vne bonne voulente qui soit plus forte au cueᴿ que la male/a laq̄lle ne veult cōsentir Estudies voᵘ dōc auoir en vr̄e ame bōnes ⁊ vtiles pensees et soyes mal contens de auoyr memoyre ou souuenance des males et inutiles cogitaciōs et pensees. Et quād voᵘ vouldres prier dieu ou occuper vostre entēdement a aulcune bōne meditacion/⁊ a celle heure vous viendra au deuāt vne importune et male pensee/laquelle ne deues pas receuoyr/gardez voᵘ bien que pour telles pensees qui vous molestent ne delaisses le bien que vous aues cōmance/a ce q̄ le dyable qui est enflambeur de telles puerses cogitacions ne se esiouysse de ce que vous a fait laisser le bien pour lamour de dieu cōmance Mais selon la maniere q̄ ay dit p̄auant pour nen tenir compte et en les desprisant vous en pourres estre victorieux et auoir merite envers dieu. Et ne vous couᵘrouces pas oultre raison de ce q̄ voz molestes voᵘ font ēnuy/a ce q̄ pour tristesse ne retournent derechief plus fortes que parauant/car lame de la personne raysonnable est de telle condicion que souuent elle mect au deuant de la memoyre ce dequoy elle se esiouyst/ou ce de quoy elle a tristesse et doleur plᵘ tost q̄lle ne fait ce de quoy ne tient compte/et ce que desire oblier, Semblablement la personne studieuse et voulant proffiter en bon et en saint propoz/se doit auoir en toᵘ mouuemēs deshōnestes et inptinans/tant a lame que au corps/cōme elle fait aux stimulaciōs et temptaciōs de la chair ou de ire/de enuye/ou de vayne gloyre/lesquelz troys vices de legier sont estaintz et mis a nyant quād on les desprise et neveult on point occuper sa pensee en eulx ne a leurs persuasions. Et telz mouuemens ou cogitacions deshōnestes ne sont point imputees a pechie deuant dieu/se la voulente y resiste et ne si veult cōsentir/car nulle dampnacion est a ceulx qui sont par bon amour cōioinctz a dieu ne a ceulx qui ne cheminēt pas selon les plaisances et voluptes du corps. Or sait paul appelle tout mauluais mouuement/soyt en lame ou au corps charnelz quād il dit q̄ la chair a cupiscence cōtre lesperit/et lesperit contre la chair De legier nous tuons toutes males delectacions et suggestions qui peuent venir en nostre ame/se diligentement considerons le commācement dicelles selon le conseil deuant dit/mais quand nous leur baillons entree sans resister au cōmancement a tresgrand peyne et difficulte on les boute hors. Iherosme. Iamais tu ne viēdras a cōmectre pechie par dehors/se tantost te estudies mectre a nyant les mouuemēs p̄miers qui sourdent en ton cueur/et casses les petis babiloniēs a la pierre qui est ihesucrist, onq̄l on ne trouue point la trace ou chemin du mauluais serpēt denfer. Et poᵘras promectre a dieu que tu seras deuant luy sans soilleure quand les mauluais pechies ne auront point eu de seigneurie sur toy. Aussi pour euiter les peruerses pensees moult vault auoir le cueᴿ vny et ioinct a dieu/car cest la chose q̄ souueraynement requiert de nous. Hugues. En toute creature qui soit soubz le ciel a diuerses choses occupee nest riēs plus noble ne plus hault ne que on trouue qui soyt tant semblable a dieu comme est le cueur de la creature raisonnable. Et pource pour tous les biens quil nous fait/il ne demande q̄ nostre cueᴿ

Moralement en cestuy euangile nostre seigneur mect aulcunes choses qui sont a lā crepacion des pharisees/et aulcunes choses qui sont pour linstruction et enseignement des apostres. De troys choses principalement il reprend les pharisees. La p̄miere est de leur malice/quant il dit/pourquoy ne gardes vous pas les commandemens de dieu. La seconde/de leur simulacion/quād il leur dit/ypocrites/biē de voᵘ auoyt par auant prophetise ysaye. La tierce de leur supersticion/quād il dit quilz appelloient a eulx le peuple pour le deceuoir

vv iiii

En la premiere sont reprins les tirans qui sont status mauluais et iniustes, en la second de les faulx freres, qui monstrent par dehors le bien quilz ne ont pas par dedans, et en la tierce les heretiques qui deffendēt aux personnes mēger des viandes q̄ dieu a cree, et ne se gardent pas de males et peruerses doctrines, par lesquelles ilz corrōpent eulx et les aultres. Aussi quand au second point il baille troys beaulx enseignemens. Le premier est pour destruyre le peché et vice de glotonnye, quand il dit, que tout ce qui entre en la bouche va on ventre et par enbas est mis hors cōme puanteur et ordure. Le secōd est pour refrener le peché de langue, et de bouche quand il dit q̄ tout ce qui procede de la bouche vient du cueur. Le tiers est pour garder le cueur, quand il dit que du cueur procedent toutes choses males.

Oraison

Sire ihesucrist dōne moy tellemēt garder les cōmandemens de dieu, sans aulcūe transgression q̄ ie les p̄fere et mecte deuant toutes aultres chosez et que pour quelque occasion ne me departe de lobseruance diceulx. Donne moy aussi q̄ a tout ce qui entre en ma bouche puisse resister cōme au pechie de glotonye, et que puisse tousiours entēdre a la perfection et necteté de mon cueur, et de mon corps. Et pource que a ce faire la grace humayne ne souffit pas se la diuine nest auec, ie te prye sire et te demande humblement q̄ tu soyes la garde de lune et de lautre bouche, cest du cueur et du corps, a ce que en elles ne ysse ne entre chose qui me puisse souiller spirituellement que ie ne te soye tousiours plaisant Amen.

De la cananee qui auoit sa fille tormētee de lennemy, chapitre lxxxix.

Quand ihūcrist eut laissé les scribes et pharisees pour leur grād ingratitude, et se fut desparti du pays de iudee, il alla au pays de tire et de sydone, a ce quil donnast santé et guerison aux malades des de cellup pays et aydast a saluer les payens qui la estoyent. Tyre et sydon estoyēt cites des payēs et des cananees, combiē qilz fussent situes et edifies en la terre de promission, car les filz disrael ne peurent mectre hors de leur pays tous les payens. Et quand ihesucrist fut entre en vne maison auec ses disciples poᵘʳ soy reposer du labour quil auoyt eu en la voye vint a luy vne femme payēne laquelle nestoyt pas enseignee, ne par les prophettes, ne par la loy, car elle estoit de la nacion syrophenisse, cest a dire de ceulx qui estoyent descendus de la lignee des syriens et pheniciens. Syrie est le nom general de celle prouince, et phenis est vng nom de vne cité, laquelle estoyt assise en celle prouince. Vint donc ceste femme a ihesucrist de la derniere partie de la prouince, qui estoyt le lyeu, onquel demouroyēt les payēs et ceulx qui ne croyent point en la loy.

Par ceste femme qui vint de loing a ihesucrist, est signifiee lame qui est en peché laquelle de tout son cueur se veult conuertir a dieu, et amender de tous les pechies quelle a fait. Car pour estre playsant a dieu il ne souffit pas se conuertir a luy de aulcuns pechies particuliers, se on ne se amēde de tous et de toutes les occasions q̄ pouent tendre a peché. Augustin. Vouloyr la personne se despartir pour lamour de tout peché, fault premier quelle oste toute occasion qui la peut induyre et mener a peché, et fort resister a la forte suggestion q̄ encline a peché. Or ceste femme cananee auoyt bien ouy la grande renomme que auoyt ihesucrist, et les miracles que continuellement faisoyt en toutes manieres, et pource fermement elle croyt que sans nulle faulte pouoyt bien donner santé a sa fille. Et a haulte voix se escria, en disant. Miserere mei fili dauid. O filz de dauid ayes mercy de moy. Ceste femme auoit ouy par auant que celluy qui estoit promis pour racheter les iuifs et deliurer de toute misere et captiuité deuoit estre de la lignee de dauid le prophette. En ce q̄lle dit ayes mercy de moy, appert la grand affection et desir de son cueur, entant quelle repute le mal de sa fille estre syen, et ainsi doit faire vng chef cun prelat. Crisostome, O tresbelle et clayre confession. Ceste femme est faicte euangeliste, en tant quelle denonce et sa diuinite et la dispensacion de son humanite. Elle confesse la grande seigneurie et puissance qui estoit en luy, en disant sire, et aussi son incarnacion, en disant filz de dauid. Regarde bien ceste femme qui ia estoit prophette, quand elle disoit, sire ayes mercy de moy, car en ma vie ie nay fayt nul bien, et nay fiance en quelque bien que en ma vie aye fait, et pource premierement ie demande misericorde, ie viēs au port d toute tranquillite, qui est le port de misericorde, auquel cesse toute iustice, et auquel on trouue toute doulceur. C'est vne petite parole, miserere mei, ayes mercy de moy, mais en elle est contenue grand abisme de toute doulceur car la ou on demande misericorde, to⁹ aultres biens sont comprins. Et encore, affin quil fust plus esmeu luy octroyer ce quelle demandoit, dist. Ma fille nō pas ma chamberiere ou aultre estrange, est moult ⁊ mal tormentee, non pas de douleurs comuns au corps humain par aulcuns accidens, mais par le dyable denfer qui est plus perilleux. En ce elle demonstre les playes de sa fille au vray medicin, tant selon la grandeur que selon la qualite de la maladie. Et ihesucrist rien ne respondit, non pas qil fust indigne de ce quelle demandoit, mais a ce quil approuuast plus sa foy et sa constāce, laquelle se deuoit publier apres aux aultres, et pour demonstrer aussi que par sa foy et perseuerance elle estoit plus digne de estre de luy ouye et exaulcee. Et comme dit saint augustin en silence, ihesucrist et ses disciples yssirent de la maison, en laquelle estoyent loges, et ceste femme par le chemin les supuoyt, et crioit apres eulx a haulte voix, tellement qlz furent contrains de luy octroyer ce quelle demādoit et prier pour elle ihūcrist, en disant Laisse la ⁊ luy octroye ce quelle demāde, car elle prie fort apres nous. Ffay luy selon ce quelle demāde et nous laissera en paix. Ausquelz ihūs respondit. Ie ne suys enuoye de mon pere sinon aux brebis et ouailles de la mayson

de israel, c'est adire aux iuifz, ausquelz ay este promys. En ce entant que en luy est, il suyt et euite le scādale des iuifz, et les rēd sans excusacion. Et la poure femme ne sen va pas pourtant, mais tousiours demande misericorde, et na point de honte de fort crier apres eulx en demandant misericorde Et vint deuant nostre saulueur ihesucrist pour le adourer, en disant. Sire ayde moy A laquelle respondit. Il nest pas bon, et est contre lordre de droyt de nature de prēdre et oster le pain, c'est adire la doctrine et les oeuures miraculeuses aux vrays et legitimes enfans qui estoyent les iuifz, et le bailler aux chiens qui estoyent les payens Lesquelz deuant leur conuersion estoyent appelles chiens, tant pour la grant ordure qui estoit en eulx, que pour la grande ydolatrie, a laquelle estoyent tous abandonnes, et aussi pour la grand cruaulte qlz faisoyent aux seruiteurs de dieu. Laquelle luy respondit. Sire ce que vous dictes est vray en quoy est demonstree la grande humilite de ceste femme, laquelle elle demonstra en troys choses, car elle ne fut pas de ihesucrist appellee fille, mais la cōpara a vng chien, en tant quelle nestoit pas digne de auoir du pain des enfans, et confessa tout, et touteffoys ne laissa point a le prier pour tant, car de tant plus quelle estoit certaine de son indignite, de tant plus auoir grāde fiance en la misericorde de ihūcrist. Et comenca comme par raison a le prouoquer, en disant, que mesmes les petis chatons mengent des myettes qui choyent de la table de leurs seigneurs. Et pource sire se ie suys ton chien, tu me doys nourrir, et non pas degecter, car ie ne puys laisser la table de mon bon seigneur. En ce appert qil nya nulle contrariete en la parolle de ihesucrist et de ceste femme, car la parolle de ihesucrist est a entendre, que le bien quil disoyt nestoit pas vniuersal, pource q seulemēt il estoit pmis aux iuifz, mais la parole d ceste femme est a entendre on cas, c'est assauoyr pour la grande deuocion du requerant, et pour demonstrer aussi que le temps aduenir saincte eglise deuoit estre fondee sur le peuple des gentilz et payens comme icy est demoustre, et aussi quand Jhesucrist prescha deuotement aux samaritains, et mesmes en ce quil dit par auant aux apostres quilz ne alassent point en la terre des payés et des gentilz pour leur prescher. Il deffend seulement que en leur mal on ne les ensuyue, et ne deffend pas que en la foy on ne les recoyue. Et ceste chose fut signifiee a laduenement des troys roys qui furent de Jhesucrist receuz, comme le commandement des gentilz, et pource pouoyt dire ceste femme que les chatons, cest a dire les payens qui sont ordz et meschans, doyuent menger des myettes et reliques qui choyent de la table de leurs seigneurs qui estoyent les iuifz, en tant que tout ce qui appartenoit au salut de la personne leur auoyt este de dieu reuele. Comme se elle disoit. O sire se ie ne suys digne que tu me donnes du pain entier, au moins donne moy des miettez, en donnant sante a ma fille, laquelle chose sera reputee comme miette au regard des aultres grans miracles que tu fais. Crisostome. Regarde bien ycy la grande pacience et humilite de ceste femme. Jhucrist appelle les iuifz filz, et elle les appelle seigneurs, et elle ne eust point de douleur et desplaysance de ce que Jhesucrist louoyt ses enemys, ne de ce aussy que Jhesucrist de elle ne tenoyt compte, mais qui plus est de tout elle sen humilioit plus fort, car Jhesus appelloit les payens chiens, et elle les appelle chatos. Jherosme. En ceste cananee est demostree la merueilleuse foy de sainte eglise, et auec ce grande pacience et humilite. La foy est demonstree, entant quelle creut fermement que Jhesucrist pouoit donner sante a sa fille, sa pacience, en ce que tousiours elle le perseueroit en sa demande et priere, combien que de Jhesucrist elle fust plusieurs fois desprisee, sa grand humilite, en ce quelle se compare aux petis chatons, et non pas aux chiens. Je cognois et scay sire disoit elle que ie ne ay pas desseruy auoyr du pain des enfans, ne auoir des viandes entieres, ne me seoir a la table du seigneur, et du pere, mais seulement ie suys contente des miettes et reliques des chatons, affin que par lumilite des myettes ie viegne apres au pain entier cestassauoir a pleyn pardon de mes peches. Et pource que tant prudentement elle seruist enuers Jhesucrist en toutes choses, elle deseruist auoyr de luy sa doulce et benigne response, quand il luy dist. O mulier magna est fides tua. O femme moult grande est ta foy, par laquelle tu mas vaincu, et pource te soyt faict ainsy que tu veulx. Et a celle heure fut sa fille toute guerie, cestassauoir quand Jhesucrist luy dist quil luy fust fayt ainsi quelle demandoyt, car le dire de dieu est le faire. Et pource que pour la taciturnite de Jhesucrist, ne pource quil luy disoit, elle ne se refroidit point du grand feruer quelle auoyt a demander, et auec ce en toutes choses elle se humilioit plus fort, pour ce que la diuine pitie laquelle regarde tousiours a lozaison des humbles ne se peut plus contenir quelle donnast plus a ceste femme quelle ne demandoit, car elle ne demandoit fors que Jhesucrist donnast sante et guerison a sa fille, et elle obtint de luy remissio plenayre de ses pechies, et sa conuersion a la foy catholique. Certes souuent dieu donne plus que on ne luy demande, pour la grand foy quil voyt estre en celluy qui luy faict la priere ou demande. Crisostome. O femme bien grande est ta foy. Tu ne as point veu par Jhesucrist ressusciter aulcuns mors, ne guerir les ladres, ne les prophettes, ne la loy. Tu ne as point cogneu ne veu deuiser la mer en deux parties, et qui plus est de Jhesucrist aulcunement tu as este desprisee et contempnee, et touteffois tu perseueres tousiours en ta demande, et de luy ne te despars point pour quelque chose que on te face, et pource que ta foy fut bien grande, de luy te fut octroye grand grace, car a ceste heure ta fille fut toute guerie, non pas quant tu vins a la maison pour parler a Jhucrist, mais quand il te dist que pour ta foy te fust fait ainsi que tu demandoyes. En ceste femme bien fut demonstree la grande bonte de Jhesucrist, lequel la renuoya toute pleyne de grans dons pour demonstrer quil peut plus donner que nous ne pouons demander, et quil ne de-

nye riens a ceulx qui deuotement luy demã-
dent aulcune chose appartenante a salut.
Et par ce aussi il demonstra q̃ les iuifz po‍
leur grande tepidite et paresse/ne desseru‍
rent pas auoyr les biens et les dõs que di
eu leur vouloyt donner/mais meritoyẽt de
perdre le bien que par auant auoyent aque
ste et gueigne. O que cest vng grãt bien de
auoyr vraye foy et oraison perseuerãte cõme appert en ceste cananee/car dieu veult
que nous le prions plus nous mesmes po‍
noz deffaultz que les aultres. Moral‍
ment la fille de ceste cananee/est lame ou
la conscience dungchescun crestien qui est
possede du dyable/pour lequel la mere sai
te eglise prie/ou luy mesmes po‍ les grãs
pechies qui sont en son ame. Rabane.
Quand aulcun a la conscience poluee par aul
cun mauluais pechie il doit sauoir certay
nement quil a sa fille trauaillee du dyable.
Et quand aussy il ordist par pechies les
liens qͥl a fait/il a sa fille toute agitee des
dyables et mauluais esperitz/et pource luy est
necessite de recourir a dieu par oraisons
et larmes en demandant layde et interces-
sion des benoistz saintz de paradis Crisostome. O toy hõme ensuis en tes oraisons
la maniere que tint ceste poure femme cananee. Mais tu pourras dire que tu nas
point de fille qui soyt trauaillee ne pleyne
du dyable Je te dis q̃ tu as vne ame q̃ est
toute pleyne de pechies/et que pour la deliurer tu dois dyre a dieu. Sire ayes mercy
de moy/car mon ame est malement trauaillee de lennemy denfer. Sachez que pechie
est vng grãd dyable denfer. Moult est trauaille lame quand elle ne sent point la peyne de son trauayl. Pyrement quand elle na point esperance dauoir sante et guer‍
son/et tresmaluaisement quand elle desprise et ne tient compte du medicin. Et prime et theophile/quand aulcune personne peche elle a son ame p̃ tel pechie veree du dia-
ble/voire et qui plus est possedee. car tou
te male operacion contraire a charite est cõme vng grand dyable denfer. Et quand p̃
vraye humilite nous cognoissons veritablement noz deffaultz/et cõfessons noz pe-

chies/adonc la fille recoyt guerison/car p̃
telles choses est effacee la male et orde operacion. Selon saint augustin/par ceste femme cananee peut estre entendue la souueraine porcion de raison. qui a seulemẽt son
regard aux choses diuines et eternelles/et
par la fille peut estre entendue la sensuali-
te/laq̃lle est mesme signifiee par le serpent.
Adonc la fille de ceste femme est trauaillee
quand raison est contraincte de obeyr et cõ-
sentir a aulcun pechie mortel/par la sensu
alite inferiore. Or par la mere est demãdee
a dieu guerison de ceste fille/car quand la
souueraine porciõ de raison est droicte/el-
le tend tousiours aux choses souueraines
de dieu. Et ainsi q̃ ihesucrist fit aulcune dilacion et refus de ouyr la demãde que luy
faisoit ceste cananee/affin q̃ sa foy fust demonstree plus clerement/aussi il laisse aulcunesfois q̃ raison est fort trauaillee et impugnee par la sensualite inferiore/a ce que
par telles temptacions le merite de la personne en soit plus grand enuers dieu. ainsi quil dist a saint paul qui luy demandoyt
que la tẽptaciõ de la stimulaciõ de la chair
luy fust ostee. Ma grace te doyt souffire/
car la persecucion des vertus/est cõstituee
en temptacion et en enfermete. Ensuyuõs
donc qui sommes filz de sainte eglise ceste
femme/laq̃lle par sa foy et creance est faycte nostre mere/car nous sommes venꝰ cõme elle de la lignee q̃ des gentilz et des payens. Ayõs en dieu telle foy q̃ nous croyons que de luy pourrons empetrer tout ce
q̃ iustement luy demanderons. Ayõs aussy en luy telle confiance q̃ combien que par
sa diuine dispensacion il differe aulcunement donner ce q̃ luy demãdons/nõ pourtant ne delaissons pas luy demander. iusques a ce q̃ nous octroye ce que iustement
luy demandons. Et sil aduient que nous
sentons nestre pas ydoynes de obtenir ce
dequoy nous le prions/querons layde p̃
les oraysons de noz freres spirituelz/car
ainsi que ceste fẽme cananee obtint de ihesucrist ce quelle luy demandoit par le moyen des apostres qui prierẽt pour elle/pa-
reillement nous deuons fermement croy-

re que nous ferons plus aides par les prieres communes des aultres pour obtenir de dieu ce que nous luy demandons/que nous ne ferons par les nostres propres et singulieres Ayons aussi auec ce qui est dit vraye humilite/en telle maniere que quelque chose que les aultres sentent haultemēt et en bien de nous que en vraye reputaciō de nous/nous iugons estre tousiours les meindres et plus petis Certes vraye humilite en son cueur auoyt celuy qui disoit en estant desprise de tous les aultres. Ludam et vilior fiam. Je me ioueray/et seray en mes ieux plus abiect et vil que par auant/Je ay este et seray humble en moy reputaciō et en ma reputacion. Demandons donc perseueramce humblement a dieu/en disant/comme disoyt la cananee. O filz de dauid/ayes mercy de moy/et vous plaise de moy aider Lame de la creature est bien du dyable trauaillee q̄ perseuere en pechie/et pour chose que on luy die ne le veult laisser. Mays se dignement a luy se veult conuertir/et en sa misericorde mect toute sa fiāce/il luy sera dit du doulx et debonnaire seigneur. O ame te soyt fait ainsi que tu veulx. Et a donc de toꝰ ses maulx elle sera guerye/car a quelque heure que le pecheur par penitēce se cōuertira a dieu/r aura desplaysance des maulx qu'il a le temps passe faitz/il viura de vie de grace/et ne mourra point de mort eternelle. O toy donc pecheur/garde toy bien toy desesperer/et ne vueille point cesser de demāder a dieu pardon de tes pechies/car se de cueur entier/loyal et pur tu perseueres en oraison/en te humiliant parfondement deuant ton dieu/en te reputant indigne de tous les biens que te peut faire croy trescertainemēt q̄ de luy tu obtiēdras tout ce q̄ iustemēt luy demāderas/et ainsi que les apostres prierent pour la cananee a ihesucrist/pareillemēt ton bon ange priera a dieu pour toy/en offrant ton oraison/et en te procurant tout bien.

Oraison

Sire ihesucrist/ie te requers et prye que ayes mercy de moy/et que me vueilles ayder en mes necessites/

tribulacions/temptacions/et veracions. Je cognois sire que enuers toy ne suys pas digne a uoir du pain/car ie ne suis que ung chien indigne de auoir ton pain entier/cest adire de receuoir la grandeur de tes dons aumoins donne moy des miettes petites cest aulcune chose de ta grace/sans laquelle mon ame est malement trauaillee du dyable/et moyenāt elle sera deliuree de pechie et de tout mal/car ta grace estant en lame/ efface tous pechiez/et la faict ta fille par adopcion Amen

Du sourd/et muet possede du dyable chapitre .xc.

I Hesucrist apres les choses faytes se partant du pays r terme de tyre et sydone/vit a la mer de galilee on meillieu des termes et fins de la cite dicte de capoleos. Decapoleos est le nom dune region q̄ contient dix cites. Et vne partie de ceste region est par deca le fleuue iordain/et lautre par dela. Et la mer de galilee qui est cōme ung lac/ par leql passe le fleuue iordain est on meillyeu/et regarde la fin et les termes de lune et de lautre partie ceste region. Et amenerent a ihesucrist par deuociō de foy vng sourd et muet/non pas que tel fust muet ou sourd de sa natiuite/ne par aulcune maladie/mais seulement par le dyable qui le possedoyt/et luy faisoyt perdre louyr et le parler. Et ihesucrist en cestuy fit troys miracles/car le muet fit parler le sourd ouyr et le possede du dyable delivra. Et le prioyent quil mist sur tel malade sa main qui est toute puissance et qui a puissance de guerir toutes maladies/car il est medicin/et a medicine telle qͥl ne demāde ne herbes ne pociōs Il touche/⁊ guerist regarde/et dōne sante. Celuy que ihesus touche/est guery/celluy que le saulueur taste est sain/car il est salut et vie.   A moralement parler/toute laction de ihesucrist est a nostre īstrutiō. Si donc le pecheur veult estre guery ensuyue lexēple et instruction de ihesus vray medicin. Saille de tyre/cest de pechie par contricion Tyrus est interpte angoyſ se viennent par sydone/cest par confessiō. Sydo est interprete chacer/et la confession chace et quiert les circonstances de pechie venant a la mer de galilee/en passant par satiffaciō des delectaciōs de la chair aux oeuures satiffatoyres par les termes et fins de decapoleos/cest en gardant les dix cōmandemens de la loy. Et a ce conduyent le pecheur. crainte et amour   Et ihūcrist print le malade/et le separa du peuple/et mist ses doigtz aux oreilles dudit malade/⁊ cracha et de sa saliue toucha la langue dicelluy. Aulcuneffoys ihesucrist a guery aulcuns en les touchant corporellement/pour demonstrer que son humanite estoyt instrument de sa deite/car par son humaniˉ te il faisoit instrumentalemēt miracle. mais principalement par sa deite. Et luy regardant au ciel ploura par compassion/et demanda ayde a dieu son pere/en demōstrāt quil estoit pur et vray homme Et dist Effecta/cest adire ouure et deslie les liēs/tāt de ta langue que de tes oreilles/a ce q̄ par es et ouyes parfaictement/en quoy se demonstre estre dieu qui guerist par commādement. Par celle seule parolle effecta/il guerit le pacient/car tantost a son commā dement furent ouuertes ses oreilles/et sa langue fut desliee et parloyt parfaictement

A parler en figure et mistere par le sourd et muet est entendu lumain lignaige qui ne ouyoyt mie les monicions de salut/et cessoyt de parler paroles diuines/pour leqͣl humain lignaige prioyent les patriarches et prophettes qui desiroyent lincarnacion du filz de dieu. Prioyent dōc quil mist la main de sa misericorde/laquelle guerist lōme par laduenement de son incarnacion. Lumain lignage par le pechie du premier parent fut separe et naure de diuerses pestilences et maladies Il fut aueugle quād il veoyt ce que ne deuoyt veoyr. Fut sourd quant il ouyt choses de nō a ouyr. Quād il odore choses illicites il se souylle Quād il parle choses indecentes il est faict muet. Quād il leua la main poᵘ prendre le fruict deffendu/fut faict manchet/Fut courbe et bossu/quand se esleua par orgueil. Il est ydropique par desir. Est boeteux/quand chemine en lieux indecēs Est lepreux quād il na vertus quelconque Est rempli du dyable/quād il appete la deite Meurt. quād ardiement et sans honte excuse son pechie Huyt choses furēt a la guerison de cestuy malade. La premiere est/que on le mena a ihesucrist/en quoy est signifie/que par les prieres des saitz peres est mene a dieu poᵘ auoir sante spirituelle La seconde est que ihesucrist le print/car pour donner sante a lumain lignage conuenable a este que dieu prinst nostre humanite La tierce est quil le separa de la cōpaignie du peuple/en nous enseignant fuyr vayne gloyre en tous noz faitz. La quarte fut quād il mist ses doigtz aux oreilles du malade/pour donner a cognoistre que en ses membres habitoyt la diuinite/non obstant q̄ par sa seule parolle le peust guerir. Les doigtz q̄ sont mis aux oreilles. sont les dons du saint esperit. de quoy il est escript/le doigt de dieu est ycy. Et ainsi dieu mect ses doigtz en noz oreilles/quand par les dōs du saint esperit ouure nostre entendement pour entēdre les parolles de salut/et quand donne sa grace de acomplir ses cōmandemens. La quite est quand il toucha la langue du pacient de sa saliue/enquoy voulut demonstrer q̄ mesmes les supfluytes q̄ yssoyēt de son benoist et sacre corps/cōe est la saliue/estoyˉ

ent choses diuines. On peut entendre par la saliue qui descend du chief en la bouche la sapience diuine, laquelle deslye les liés de la bouche, quand elle donne sapience pour confesser et prescher la foy catholiq̄ La sixiesme est le regard q̄l fit ou ciel pour demōstrer que en toutes maladies on doit ou ciel querir remede, et que ou ciel deuons mectre nostre tresor, et que a dieu deuons adroisser toutes noz entencions. La septiesme est le gemissement quil fit, non pas quil luy fust besoing de riens demander a dieu son pere en larmes ou gemissemens, car il donne toutes choses auecq̄s le pere, mais le fit pour nous demōstrer, que pour noz pechies et pour ceulx de noz amys deuons plourer, et aussi pour le desir du royaulme du ciel, ou pour la longue demeure du present exil de ce monde. Il ploure en prenant nostre enfermete et humanite, en ayant cōpassion de tant de miseres, esquelles sommes subgectz, et tout fut pour pe= che La huytiesme est quād il comanda que ses oreilles et sa langue fussent desliez, en disant effecta qui est parole hebree, par la quelle est donne a entendre que le malade estoit guery de toutes ses maladies Et sur ce dit bede. En cestuy miracle la double nature de ihesucrist est demonstree, car ainsi que homme leua les yeulx ou ciel et pria, mais comme dieu par sa seule parole guerit toute la personne. Les oreilles sont ou uertes pour ouyr, quand par le touchemēt de la grace de dieu, et par compunction le pecheur a son cueur esmoly pour obeyr a tout ce quil scet qui est plaisant a dieu.
Et la langue est deslyee selon dieu, quand on vse dycelle en oraison, a la edificacion du prochain, a confession de ses pechies, et a la louenge de dieu. Bede. Celluy est sourd et muet qui na oreilles poᵘ ouyr les parolles diuines, ne langue pour les racōter. Et saint gregoyre. A celluy auquel seront les oreilles du cueur ouuertes, pour ouyr et obeyr a ce que dieu commande, est necessaire que sa langue soyt desliee, affin que les biens quil fait les demonstre aux aultres par bonnes parolles. Et pour=

re est il dit apres que ce muet parloyt bien droictement. Celluy parle droyt q̄ par louenge confesse dieu, et q̄ presche a son prochain pour son bien et pour amener a dieu le bien quil fait. En tout ce que deuāt est dit sommes enseignes de nous estudier de amener a dieu par bon exemple et bonnes parolles les pecheurs et de faire oraison a dieu pour eulx. La priere de ceulx qui amenerent le malade, signifie la priere de leglise   Et apres quil leust guery commanda quil ne dist au peuple le miracle, non pas par commandement de obseruance, mays par maniere de instruction pour demōstrer que en faisant bonnes oeuures on se doit fort humilier.   Mays pource que ceulx qui receoyuent aulcun benefice daultruy cōuient quilz louent tel bienfait. Il est dit apres, que de tant que par grande humilite commandoyt que tel miracle ne fust publie de tant estoit plus raconte et manifeste et glorifie, car humilite est la vertus q̄ merite gloyre, et orgueil confusion. Theophile. Nous sommes ycy enseignes, que quād nous faisons du bien a aultruy, que ne querons la gloire ou louēge mōdaine, ⁊ quād de aulcun receuōs benefice nous le deuōs publier, combien quil ne le vueille point. Augustin. Celluy qui cognoyssoit toutes choses, ainçoy que fussent faictes, sauoyt bien que de tant plus que diroit que on ne dist ce quil auoyt faict, de tant plus seroyt reuele, mais en commandant q̄ on le tinst secret, voulut monstrer aux prescheurs de quelle estude et feruour doyuent prescher et oyre ce qui leur est commande, veu que ceulx ausquelz estoit deffendu ne se pouuoyent tayre de non donner louenges a dieu de ce que auoyent veu. Et de tant plus quil deffendoit par son humilite que le miracle ne fust publie, de tant le louoyent, et se esmerueilloyent, en disant. Il faict tout bien et toutes choses, car il faict ouyr les sours et parler les muetz, et combien que ycy ne soyt fait mencion que de vng sourd et muet qui fut par ihesucrist guery, toutes foys cōme appert au chapitre aps en guerit plusieurs mais entre les aultres en auoyt vng qui fut plus merueilleusement guery que tous les aultres, car comme dit sainct Iherosme, en sa guerison furent demonstrez troys grans miracles, ainsi que par auant est dit. Et de nostre seigneur notamment est dit quil faict toutes choses bien, car il ne souffit pas faire bien, se on ne le fayt bien. On fait le bien bien, quand on demande pour le bien acomplyr layde de dieu, et quand on fuyt la gloyre du monde. La nature de gloyre est, que ceulx qui plus veullent musser les biens quilz font, de tant sont prises et loues, et ceulx qui se veullent publier et louer sont des aultres vituperes. Certes se par bonne maniere on fuyt la gloyre ou louenge du monde, on sera a la fin plus honoure, et se on lappete, et que on la vueille en suyure, elle fuyra la personne, et nul nen tiendra compte. Augustin. Cest grand vertus a ceulx qui sont bien vertueux et bons de contempner la gloyre et louenge du monde, pource que tel contempnement est pour lamour de dieu q̄ en est en cause, et ne est point monstre par iugement humain. La vertus nest pas vraye se elle ne tend a la fin la ou est le bien de la personne raisonnable, qui est le meilleur qui peut estre. Crisostome. Vayne gloyre est celle q̄ deçoipt plusieurs personnes, car elle aueugle la pensee de ceulx qui entendent a elle. Ebriete est comme vne parfonde fosse, et pource a grand difficulte on peut reduire celluy q̄ est prins de telle passion. Soyons donc vigilans en bien, et prenons les belles armes de humilite, qui est la vertus que dieu ayme tant. Desprisons la gloyre et louenge de plusieurs, car il nest riens qui tant nous face dignes de mocquerie, et de deshonneur et de toute confusion, que passion de vayne gloyre. Cest toute confusion desirer gloyre, et tout honneur la despriser et de elle ne tenir compte, mais seulement auoyr sa consideration a ce qui est plaisant a dieu, et en telle maniere nous pourrons auoir grand merite enuers dieu, quand seulement serons contentz de luy et quil nous souffre estre la gloyre et retribucion de noz biens faictz. Oraison.

Sire ihesucrist qui finablement laissez les mauluais, viens par ce don de predicacion a la mer de contricion, de confession, et de satiffaction, et nous prendz et separe hors de la turbe de toute temptacion, et mectz le doigt de discrecion aux oreilles de nostre entendement, et le goust de ta sapience en la bouche de nostre affection, et que les lyes de nostre langue soyent deslies pour te donner gloyre et louenge, et que parlons droyctement de fayt et de parolles non discordantes a ta voulente. Garde nous par ta grace de vayne gloyre des hommes, a ce que les sourdz oyent par conuersion, et les muetz parlent par confession Amen.

De la refection de quatre mille hommes. chapitre.cxi.

Les choses deuant dictes acomplyes ihesucrist alla on desert, monta la montaigne, et la se seit et se reposa. Et luy estant la, vint a luy grande multitude de peuple de plusieurs cites chasteaulx et villes pour empetrer cuers luy sante et guerison a plusieurs maladez q̄ estoient en sa compaignie, car auec le peuple estoient plusieurs aueugles, boeteux, debiles et aultres malades de diuerses maladies, comme expressement mect leuangeliste lesquelz on ne peut en brief exprimer. Et tous les malades qui la estoyent furent mys deuant les piedz de ihesucrist pour moustrer de fait et non seulement de parolle la foy et deuocion quilz auoyent a luy. Bien sont eureux les benoistz piedz de ihesus car la on aprend toute saincte doctrine et toute ioye spirituelle est renouuellee. Et donna guerison et sante par sa seule parolle a tous ceulx qui la estoyent malades tellement que tous les aultres se esmerueilloient et glorifioyent le vray dieu disrael car comme dit crisostome la multitude de ceulx qui estoyent gueris τ la maniere qui estoit treslegiere donnoyt crainte et esbahissement a tous ceulx qui le voyent car icy comme en vne generalite sont comprins plusieurs miracles et en diuersez manieres lesquelz pour la grand multitude on ne pouoyt escripre en particulier. Et pource disoit saint iehan q̃ se to⁹ les faitz de ihucrist estoyent escriptz tout le monde ne les pourroit comprendre Toutesfoys entre les aultres il fait mencion de quatre manieres de malades ce sta sauoir muetz aueugles boeteur et debiles lesquelz pouuent estre entenduz spirituellemẽt car les muetz sont ceulx qui deffaillent de bonnes paroles les boeteur de bonnes oeuures les aueugles de vraye cognoissance et les debiles de bonne voulẽ te Et est a noter ainsi que dit origene que la debilite est premierement en la voulente et apres laueuglesse en lentendement et p ces deux deffaultz on est boeteur en bonne operacion, et apres vient q̃ on est muet a louer dieu. mays icy sont ordonnes selon la grandeur du mal quilz font a la personne. Glose. Ceulx sont muetz qui ne louẽt point dieu, aueugles qui nentendẽt point la droicte voye de vie, boeteur qui ne cheminent point droyt en la voye de bonnes oeuures, debiles qui sont malades en toute bonne operacion. Auquelz ihesucrist donne sante, car il deslie la langue des muetz pour luy donner louenge, enlumine les aueugles, quand aux ignorans donne vraye cognoyssance de leur salut, guerist les aueugles quand les adroisse en la voye de

iustice, fortifie les debiles quãd fait virilement faire bonnes operacions aux negligens et paresseux. Le peuple qui la estoyt se esmerueilloyt de veoyr faire a ihesucrist telle guerison, et de tout glorifioyent dieu auquel doyt estre louenge de tout bien. Rabane. Ihesucrist monta en la montagne, affin quil esleuast les cueurs de ceulx qui le suyuoyẽt, a mediter et penser les choses celestes et diuines, et la se seoyt, pour demonstrer que on doit querir vray repos en paradis, et non en aultre lieu. Et ainsy quil estoit sus, vint a luy par deuocion grande multitude de peuple, et auoyt en la compaignie aueugles muetz et aultres plusieurs malades lesquelz misrent deuant les piedz de ihesucrist et les guerit tous tellement que le peuple sesmerueilloit fort, et donnoyt grans louẽges a dieu, car cest la maniere des bons, quand ilz voyet que ceulx qui sont spirituellement malades sont par la vertus diuine guerys pour faire bonnes operaciõs, en donnãt louẽges a dieu. Et ainsy que cest peuple estoyt auec luy, et quilz ne eussent riens que menger, appella ses disciples po⁹ parler a eulx de ce que auoyt entencion de faire. Et ainsy que dit la glose ihesucrist auoyt par auant donne sante a tous les malades qui estoyent en la compaignie apres fut soygneux comment seroient refectionnes, car premierement on doyt oster de lame les pechies, et apres on la doyt nourrir de la parolle de dieu. Pour plusieurs causes ihesucrist vouloyt auant ql fist le miracle des pains appeller ses disciples, τ parler auec eulx des choses qui estoyent a fayre. La premiere selon sainct iherosme pour donner exemple aux maistres quilz ne doiuent pas tousiours despriser ne contempner le conseil des petis quant aux choses q̃ sont a faire. La seconde est affin que par telles collocucions entendissent la grandeur du miracle. La tierce est pour demonstrer la grandeur de sa misericorde, laquelle ne se peut mucer quelle ne se monstre. Et dist a ses disciples. Je ay grand pitye et compassion de ce peuple q̃ ainsi viẽt apres nous.

de quaresme on list. Accesserunt ad ihesus scribe dicentes. Magister volumus a te signum videre. mys en sainct mathieu on xii. chap: et en ceste partie. lxxiiii.

La quinte ferie de apres on list. Egressus ihus secessit in ptes tiry τc. de cananea. en saict mathieu on. xv. et en ceste ptie. lxxxix

La sexte ferie. Erat dies festus iudeorum et ascendit ihesus iherosolimam. Erat aūt iherosolimis probatica piscina: en sainct iehan on. v. et en ceste partie: lxxviii.

Le second dimanche de quaresme on list. Egressus ihes secessit in partes tyris τc. en sainct luc. en. xi. chapitre. et en ceste partie. lxxxix.

Le tiers dimāche de quaresme. Erat ihus eiciens demoniū et illud erat mutū: mys en sainct luc. en. xi. et en. lxxii. de ceste ptie

Le lundy apres. Quāta audiuimus facta in capharnaum/fac et hic τc. en sainct luc on quart chap. et en ceste ptie. on. lxv.

Le mercredi apres on list. Accesserunt ad ihesum τc. Quare discipuli tui trāsgrediū tur traditiones seniorum. en sainct mathieu on. xv. et en cest. partie. lxxxviii.

Le ieudy qui est la quinte ferie. Surgens ihesus de synagoga intrauit in domū symonis. en sainct luc on. iiii. chapitre. τ en ceste partie on. xliii.

La sexte ferie. Uenit ihesus in ciuitatem samarie q̄ dicitur sichar. mys en sainct iehā on quart chap. et on. lxii. de ceste partie

Le samedy. Perrexit ihesus ad montem oliueti τc. De muliere apprehensa in adulterio. en sainct iehan en. vii. et en ceste partie on. lxxxiii. chapitre

Le quart dimanche. Abiit ihesus transmare galilee et saciauit quinq; milia hominuz en sainct iehan on. vi. et on lxvii. chapitre de ceste partie.

Le tierce ferie apres. Jam die festo mediā te ascendit ihesus in templum et docebat. en sainct iehan on. vii. et on lxxii. de ceste ptie

La quarte ferie. Preteriens ihesus vidit hoinez cecū a natiuitate. en sainct iehan on neufuieme. et en ceste partie. lxxxv.

La quinte ferie: Ibat ihesus in ciuitatem que vocatur naym. en sainct luc. on. vii. et en. xliiii. chapitre de ceste partie

Le samedy. Ego sum lux mundi. en sainct iehan. en. viii. et en ceste partie: lxxxiii

Le quint dimāche. Quis ex vobis arguet me de peccato. en sainct iehan en. viii. et en ceste partie. lxxxiiii.

Le endemain qui est la seconde ferie on list Miserunt principes et pharisei ministros vt apprehēderent ihesum. en sainct iehan on. vii. et en ceste partie on. lxiii.

La tierce ferie. Ambulabat ihesus in galileam. Non enim volebat. en sainct iehan on septiesme. et en ceste partie. en. lxxxii.

La quarte ferie. Facta sunt encenia iherosolimis et yems erat. en sainct iehan on. x. et en ceste partie: on. lxxxvii.

La quinte ferie. Rogabat ihesum quidem phariseus vt manducaret cum illo. en sainct iehan on. vii. τ en ceste partie on. lx. ch.

Le second dimāche apres pasques. Ego sum pastor bonus. en sainct iehan. on. x. et en ceste partie. lxxxvi.

La feste du corps de ihū crist. Caro mea vere est cibus. en sainct iehan. on. vi. et en ceste partie. on. lxx.

Le second dimanche apres la penthecoste Homo quidē fecit cenā magnaz. en sainct luc. on. xiiii. et en ceste partie on. lxxxi. cha.

Le sixiesme dimenche. Cum turba multa esset cum ihū. en sainct marc en luytiesme. et en ceste partie. xci: chapitre

Le vnziesme dimanche. Exiens ihūs de finibus tyri adducūt ei surdū et mutū. on. vii de sainct marc. et on. lxx. de ceste ptie.

Le douziesme dimanche. Beati oculi qui vident que vos videtis: en sainct luc. on. x. et en. lviii. de ceste partie

Le quinziesme dimanche. Ibat ihesus in ciuitatem que vocatur naym: en sainct luc. on. vii. chap. et en ceste partie. on. xliiii.

Le seziesme. Cū intraret ihesus in domuz cuiusdā principis. Et eccce homo quidem

ydropicus.en sainct luc:on.xiiii.et on.lxxx
chapitre de ceste partie
Le samedy des ieunez doublez de septēbre
Arborē habebat quidē plantatā in vineaz
suam.en sainct luc.on.xiiii.et en ceste ptie
lxxix.chapitre
Le.xviii.dimenche. Ascendens thesus in
nauiculam trāsfre:auit et venit in ciuitates
suam. en sainct mathieu.on.ix.et en ceste
partie. xlviii. chap.
Le.xx.dimenche. Erat quidiem regulus
nius filius infirmabatur. en sainct iehan.
on quart chap.et en ceste partie.lxiii.
Le.xxiii.dimenche on list. Loquēte ihūs
ad turbas ecce princeps rc. Dūe filia mea
modo deffuncta est.en sainct mathieu.on
ix.chap.et en ceste ptie.on.xlix.

Sensuyt la table des festes sollempnez
pour les euangiles mys en ceste partie.

Le iour de sainct mathias on list: Cōfite=
or tibi pater dūe celi et terre.prins en sainct
mathieu en.xi.cha.et en ceste ptie on.lviii.
Le iour de sainct iehan et sainct paul. Attē
dite a fermēto phariseorū.en sainct marc.
xii.chap.et en ceste ptie pour aulcune clau
se on.xcii.et en.lii.de ceste partie
Le iour des sept freres. Loquēte ihūs ad
turbas. Ecce mater tua et fratres tui. en
sainct mathieu on.xii. et en ceste partie en
septante et cinquiesme.
Le iour de la magdalene. Rogabat thesus
quidē phariseus vt manducaret. en sainct
luc:on.vii.chap.en ceste ptie on.lx

Le iour de lassūmption nostre dame on list
Intrauit ihūs in quoddā castellū.prins on
dixiesme chp.de sainct luc.et mis en.lxi.de
ceste partie.
Le iour de la decollacion saict iehan. Mi
sit herodes ac tenuit iohannem: en sainct
marc on sixieme cha.et pour vne partie en
ceste partie on.lxvi.et de ce regarde deuāt
on vingt et septiesme.

Du commun des euangelistes
Pour les euangelistes. Designauit dūs
et alios septuaginta duos en sainct luc.on
.x.et en ceste ptie. on.lviii.chapitre.
De vng martir. Qui amat aiaz suā plus q̄
me non est me dignus:en sainct mathieu.
on.x.cha.et en ceste partie.en.liiii.
De plusieurs martirs: Actendite a fermen
to phariseorū quod est ypocrisis. en sainct
mathieu on.xii.chap.et en ceste ptie en.lii.
et.xcii.

Des vierges.
Simile est regnū celorū tstesauro absco̅=
dite in agro.en sainct mathieu on.xiii.cha
et en ceste partie.lxiiii.
De la cōmemoracion de la vierge marie:
Extollens voce quedam mulier de turba
dixit. Beatus venter. en sainct luc. on.xi.
et en ceste partie.on.lxv:
Des mors. Omne quod dat michi pater:
et. Ego sum panis viuus q̄ de celo descēdi
en sainct iehan on.vi.et en ceste partie: on
septantiesme chapitre.

Niffēt les trois
tables de ceste partie

En quoy appert vne gole de grand doulceur et amour qui procedoit de la vraye mamelle de son cueur, et par vigueur frappoit iusques aux nostres. Certes on ne treuue nul q̃ tant ait eu de pitie et de cõpassion de noz pouretez et miseres en toutes choses cõme nostre saulueur ihūcrist, car : en toutes aultres oeuures sa pitie surmonte tout. Il dit ceste parole aux apostres, a ce q̃ tousiours esmeust et inclinast leurs cueurs a pitie et a misericorde. Et cõme dit la glose, du peuple qui la estoit, ihūcrist eut pitie et cõpassion cõme vray hõme, et leur dõna reffection cõme vray dieu. Et meet apres double raison pour quoy il auoit ainsi cõpassion du peuple, c'est ascauoir pour la lõgueur du tẽps, car ia auoiẽt estee auec luy par lespasse de trois iours pour actẽdre et procurer la sante de ceulx qui estoiẽt malades en leur cõpaignie, et perseuerent auec moy en me suyuant en oyent mes paroles et en voyent les miracles. L'aultre raison pour laquelle il auoit si grant pitie du peuple estoit la neccessite q̃ veoit quilz auoyẽt, car ilz ne auoyẽt riens pour menger, et touteffoiz ne leur enchailloit, et pour celuy appartenoit de les prouuer. En quoy est demonstree la grãde deuocion q̃ auoit le peuple a luy et duquel desiroient ouyr sa doulce doctrine et veoir sa gracieuse face et les euures merueilleusez q̃l faisoit. Ilz auoiẽt si grand amour et affection a luy que ia estoient cõme hors de eulx mesmes, tellemẽt quil ne leur chailloit de la viãde corporelle car ia par trois iours ne estoiẽt poit retournes en leurs maisons. Or iesucrist ne fist pas ce miracle le premier ne le second iour tant pource q̃ le peuple auoit apporte vng peu de viure de leurs maisons, tant aussi affin que le miracle apparust plus clerement qñd ilz veoyẽt quilz ne auoyent q̃ manger. Et se ie les laise aler a leurs maisons tous ieuns demouront au chemin, tant pour le labour quilz ont ia prins q̃ pour la deffaillãce du corps, tar aulcuns de ceulx estoiẽt venus de loing : pour la renõmee q̃ auoyt

ihūcrist mesmes aux pais loingtais. Adõc luy dirẽt ses disciples par vne cogitacion enferme, car ilz ne entẽdoyent pas encore ce quil vouloit faire ne la grãd puissance q̃l auoit. Qui est celluy q̃ pourroit saouler et reffectionner de pain ceste grãde multitude de peuple en cestuy desert : lesquelz interroga quand les oyt ainsi parler, non pas quil ne sceust bien tout, mais affin que par leur response prouueust a tout. Quans pains aues vo⁹. Et respõdirẽt Sept et vng pou de petis poissõs tant en nõbre que en quãtite. En quoy appert la grãt sotzesse des disciples, car ilz ne mãgoient poit de chair mais pou de poissons. Et adonc cõmenda q̃ le peuple se mist en ordre sur la terre, car en l'autre reffection quil fist pres de pasq̃s l'erbe froiche estoit sur la terre, mais a ceste cy elle estoit ia faylice. Car ainsi que dit origene, et plusieurs aultres docteurs : Le miracle fut fait en yuer et le iour de l'epyphanie. Et print en ses mains les sept pois et les petis poissons, affin q̃ par l'atouchement de ses benoistes mains feussent multiplies, et esleua ses veulx en hault en rendant graces a dieu son pere. En quoy no⁹ dõne exemple de rẽdre graces a dieu de toutes les biens quil nous faict, et pour monstrer la difference q̃ est entre nous et les bestes quant nous cognoissons celuy qui no⁹ a cree et qui nous dõne les biens que nous auõs. Lesquelz pains il benist, et apres les brisa po² estre pl⁹ cõuenables a distribuer a plusieurs et les bailla a ses disciples, non pas quilz les retinsent pour eulx, mais a ce cõme ministres les distribuassent a tout le peuple. Et de sept pains mangerent quatre mille hõmes, sãs les femmes et les petis enfans qui estoient en la cõpaignie, et tous furent saoules, et n'est pas de merueilles, car ilz auoyent vng bon prouueur. Et eucere de ce quil leur demoura apres quilz furent reffectionnes les disciples recuillirẽt sept corbeilles pleines pour dõner aux aultres poures. En quoy appert combien vault aulmosne et les biens cõmuniques :

xx i

car de tant plus quilz sont distribues/de tant plus croissent.et de tant plus quilz sõt gardes/de tant plus viennent a pourete et a neant. Et quãd cõme dit est furent tous reffectiõnes leur dõna cõgie: car ilz ne sen vouloyent aler pour la grãde bõte et doulceur qlz trouuoiẽt en ihũcrist. et aussi pour les miracles quil faisoit: ⁊ se ne leur eust dõne cõge et cõmande ne se fussent departys de auec luy. Par ce miracle est demõstre q aultremẽt ne pouõs passer seuremẽt la voie de ce present monde se nostre redẽpteur de sa grace ne dõne reffection spũelle a nos ames. Le peuple soustint et actendoit troys iours ihũcrist: car cest le tiers tẽps onquel la grace de la foy crestiẽne fust par ihũcrist dõnee. Le premier tẽps fut deuant la loy Le second soubz la loy. et le tiers sonbz la grace de leuãgile. Et pource q le quart est en ce te aduenir onquel par la grace de dieu serõs au repoz pourabl en paradis vouluft dõ er reffection au peuple/affin que ne demourast en la voye: par laquelle nous alõs en paradis. Et pource les bons catholiqs doyuent estre reffectiõnes par les preltz ⁊ docteurs de saincte eglise de bõne doctrine et du sainct sacremẽt de laultel/ace que ne defayllent en la voye. On treuue en plusieurs maniers troisiours/cest ascauoir de penitẽs de proufitans: et de cõtemplatifz des prelatz. des prescheurs et des parfaitz de cõtricion/de cõfession: et de satifaciõ. de saincte locucion.de vraye et bõne opacion. Les cõtemplatifz doyuẽt auoir meditacion/leccon/et oraison. Les prelatz discrecion en lentẽdement/zel en la voulẽte et iustice en opacion. Les prescheurs doyuent auoir pouurete/chastete/et obediẽce Aulcuns de bien pres viennẽt a ihesucrist et sont ceulx q ont garde la belle innocence quilz ont receue ou sacremẽt de baptesme. Les aultres viẽnent de loing/et sont ceulx qui sont penitẽce de leurs peches: car de tãt plus q aulcune psonne se est formoye par peche de la droicte voye qui meyne a dieu. de tant est elle esloingniee de luy. Mais les disciples reputoyent estre cõme chose impossible de pouoir saouler si grand multitude de gẽs on desert ou ilz estoiẽt. la ou ny auoit que les sept pains deuãt ditz. En quoy moralemẽt est a noter q selõ verite on ne treuue mye en la solitude et desert õ celp sent mõde le vray pain de lame/duquel elle doit estre reffectionnee q est cognoissance de verite/ et amour de bien/car le pain de verite quãt a la sciẽce mondaine est meslee de plusieurs erreurs. et aussi le pain de lamour des creatures est mesle de plusieurs amertumes. Augustin. Toute ame de creature raisonnable est bien miserable quand elle est liee oultre rayson en lamoᵣ des choses corporelles et mortelles/car elle na que toute peine et amertume/quãd il fault qlle les perde. Il ya aussi telle differance en ceste reffection/ de quoy est presentement faicte mencion. et celle que feust faicte des cinq pains et des deux poissons/car par les cinq pains est signifiee la doctrine du viel testament selon les cinq liures de moyse: Et par les sept pains est signifiee la doctrine du nouuel testamẽt. onql plꝰ pleinement est dõnee et reuelee la grace des sept dons du sainct esperit. des sept beatitudes des sept sacremens de saincte eglise: et des vertus desquelles les troys sont theologales. et les aultres quatre cardinales. Et a cause de ce les cinq pains estoient de orge Et ceulx de quoy est maintenẽt faicte mencion estoient de frument. car la doctrine du nouuel testamẽt est plus delicieuse/sauoureuse et magnifeste/que nest celle du viel testament. Par les deux poissons sont entẽdues les deux manieres de personnes qui donnoient reffection spũelle au peuple qui estoiẽt les roys et les prestres: Et icy par le pou de poissons sont entẽdus les sainctz qui ont estes deliures des grandes vndes de la mer de ce monde qui donnent a nos ames reffection internelle par lexemple de leur bõne vie/et la saueur de la vraye sapiẽce quilz auoient en leur cueur. lesquelz sont appelles petis poissons pour la grande humilite quilz auoient en eulx/mais sont pou pource q̄ peu sont qui viennēt a vraye perfection au regard des folz/desquelz le nōbre est ifiny. La estoiēt assis sur du fein et icy de fein ne st faicte nulle mencion. car seulement ilz estoiēt assis sur la terre pour demōstrer que en la vieille loy seulles choses terriennes estoyent promisses. Mais au nouuel testament par nostre seigneur sont enseignees a despriser.cōme richesses delices.et qui plus est le propre corps leq̄l on deuroit exposer a toute peine quād la necessite le requerroit po² lamour de dieu. La estoient cinq mille hōmes selon le nōbre des cinq pains/par lesquelz sont signifies tous ceulx qui sont occupes en la vie actiue quand ilz eusent bien des cinq sens de nature que dieu leur a donne pour le seruir. Et par les femmes et petis enfans sōt signifies les enfermes q̄ ne sont pas ydoinez estre mys en la bataille spirituelle et ne sont pas dignes de estre du nōbre des aultres. Et sont tous reffectiōnes ou des cinq pains ou des sept/car ihūcrist ne laisse nul q̄ de tout son cueur veult retourner a luy que ne luy dōne reffection/tant spirituelle que corporelle. Et cōbien que en plusieurs choses cōme dit est ses deux reffections ayent aulcune difference.touteffois elles furent celebrees en la montaigne/car lescripture de lung τ de lautre testamēt droictemēt entendue/nous demōstre la haulteur des cōmandemens de dieu et la remuneracion q̄ les bōs auront q̄ ont suppedites leurs passions. Il donne reffection au peuple seulemēt de pain auec pou de poissō.car le pain est la viande/par laquelle est plus soustenue la vie de la personne/et auec le pain leur donna vng pou de poissō/pour donner plus grand saueur au pain/et pour demonstrer que on doit aiouxter le cōdiment de bons exemples auec le pain de la parole de dieu/cr plus prouoquent a bien faire bons exemples de fait/que ne font seules parolles de bouche. Nous donc qui par la grace de dieu auons receu le pain de diuine science.estudions nous par bonne predicacion la mectre deuant les aultres/a ce que ne deffaillent et demeurent en la voye par nostre negligēce.car quand aulcun pecheur est conuerty a penitence, il fauldroyt en la voye se en sa cōscience estoit laisse sans viāde spirituelle de la parole de dieu. Me soiōs point lasses/car toutes ames sōt reffectionnees de sainctes admonicions. Aussi ce q̄ les disciples receurēt apres que tout le peuple fust reffectiōne sept corbeillons des reliques et demouras. fust fait po² trois causes. La premiere pour le mistere/car les cōseilz du sainct euangile sont de si grāde perfection que le peuple commun ne y peut atteindre pour les garder/car proprement il appartient a ceulx qui sont du tout spūelz. Il est fait mencion que le peuple fut tout reffectiōne/car silz ne peuuent laisser tous leurs biēs pour lamour de dieu/touteffoiz en oyant les cōmandemes de dieu prouffitent en bien. La seconde pour lexemple en tant que nous deuons donner aux poures ce que nous auons a superfluite/et ce que par abstinence nous soustraions de nostre corps. La tierce pour enseignement/a ce q̄ par ce qui est dit soyons enseignes que les biens temporelz acroissent de plus en plus a ceulx qui voulentiers en donnent aux poures. Sur quoy est ascauoir que les poures reffectionnent plus ceulx qui leur donneut du bien que ne les reffectionnent ceulx qui leur dōnent/soit en leur empetrant enuers dieu les biens spirituelz/soit en leurs multipliant par leurs oraisons les biens tēporelz. Regarde bien icy qui sont ceulx que ihesucrist reffectionne par sa grace. Certes cōme dit sainct ambroise il ne la donne pas a ceulx qui estoient oiseulx/ne a ceulx qui estoient aux cites/ou en la sinagogue/ou en aultre dignite du monde/mais a ceulx qui estoiēt aux desers/et qui se estudicīt seulement le querir. Auxquelz il distribua les viandes. Il veult donner a tous et ne deffault a nul. Il est le vray dispensateur de toutes choses cōbien que voulentiers il distribue de ses biens a ceulx qui par bonne voulente demeurent auec luy on desert/et qui de luy ne se partent ne le premier. ne le second ne le tiers iour. Il ne les veult point renuoyer tous ieuns. a ce que ne deffaillēt en la voye. et pource ne deffaillons que ne soyons tousiours soubz la discipline de nostre seigneur. ¶ Considere aussi la grand pourete de leur table et le peu de viande q̄ y estoit dessus. Desprise toute volupte qui est ennemye et du corps et de lame. Crisostome. Il nest riens en ce monde qui soyt tant ennemy et nuysant au corps humain. comme est volupte: et nest riens qui tant le corrumpe et mecte aneāt. Certes tout mal en vient. Et pource disoit Orose. Fuys et desprise toute volupte. car a la fin nen viēt que toute douleur. Par les sept pains deuātditz peuuent estre entendues les sept parties de penitence. Le premier pain est est le soing que on a de amander sa male vie Le second est vraye et humble accusacion de tous deffaultz. Le tiers est auoir continuel desplaisir de ce que on a ainsi offense dieu. Le quart est la diligence et soing que on a. que on ne rechoye aux pechez passes. Le quint est le bon desir q̄ on a de proffiter de bien en mieulx. Le sixiesme est suyure le bon exemple de ceulx qui ont bien en ce monde vescu. Et le septiesme est punir du bon du cueur tout ce q̄ on a faict de mal. Se sont les sept degres de leschelle par lesquelz on monte au ciel. et le mal des sept pechez mortelz est deuant dieu efface/ et la grace des sept dons du sainct esperit est infuse en lame et on adquiert toutes les vertus. Or auec ses sept pains auoit aulcuns petis poissons au moins deux. lesquelz on doit menger auec les pains. par lesq̄lz deux poissons sont signifies la tīmeur. et amoᵣ de dieu. Et sont appelles petis. pource q̄ bonne tīmeur faict la personne petite et la rend bien humble/ et lamour que on a en ce

monde de dieu est aussi bien petite au regard dicelle que on aura en paradis. ¶ Encore y a sept pains. cest ascauoir des cōmensans des proffitans/ et des parfaictz desquelz nostre seigneur refectiōne ses amys selon la diuersite de leurs estas. Et premierement sainct Bernard propose sept pains aux religieux qui sont en claustre enfermes lesquelz representent la vie des cōmansans quant au cōmencement de leur conuersion Le premier pain est la parolle de dieu/ en laquelle est constituee la vie spirituelle de lomme/ car on ne vit pas seulemēt de pain materiel/ mais aussi de la parolle de dieu. Or ne disons riens de la pole d̄ dieu vocale/ par laquelle il a souuent parle aux saintz peres du temps passe/ cōme a moyse/ abraam. et aux aultres. soyt par ses anges. soit pour soy. ou aultrement. mais seulemēt disons aulcune chose chose d̄ la parole qui procede de la bouche de dieu/ laquelle peut estre entendue en deux manieres. La premiere est sans moyen. cest ascauoir quand dieu parle par son instinct et inspiracion au cueur de la personne en luy inspirant ce que doit faire ou ce que doit laisser. Et en ceste maniere dieu ple aux cueurs des pecheurs et des hommes mondains. en les prouocāt et instigant a faire penitence. La seconde maniere est quand dieu parle aux creatures par aulcun hōme. cest ascauoir par aulcun prelat et prescheur: ou aultre amy. par leq̄l comme par vng refferandayre dieu enuoie sa parole au cueur de la personne. Il y a encore vne aultre maniere par lequelle dieu parle aux creatures. et principalement aux religieux. cest ascauoir par les escriptures lesquelles on doit oyr comme la parole de dieu. car elles sont toutes escriptes par son inspiracion pour donner reffection a ceulx qui les estudierōt. comme du vray pain de vie spirituelle. Le second pain comme dit saint Bernard est obedience laq̄lle est bien conuenablement mise apres le premier. car bien pou proffite a ouyr les poles de dieu si non que on ny veueille obeyr pour les mettre en oeuure, en viuant selon ce quilz enseignent estre a faire ou a laisser. Le tiers pain est saincte meditacion lequel pain est bien mys apres les deux premiers, car apres que en son cueur on a receu la parole de dieu, et que on est du tout delibere obeir apres est de neccessite que continuellement la personne medicte comment elle pourra ordonner sa vie pour estre tousiours playsante a dieu. Le quart pain est les larmes de compunction que souuent ont ceulx qui de bon cueur font oraisons a dieu. Lequel est bien ioinct aux precedens. car quand vne personne medite parfondement la grandeur de ses peches, et la misere de cest meschant monde, la gloire de la vie eternelle et la bonte de dieu qui est si grande enuers elle nest point a doubter. que en telle meditacion le feu de deuocion ne se alume on cueur de la personne, laquelle par telles consideracions est toute resolue en larmes de compunction, et adonc tout son refuge est en oraison. Le quint pain est le labour de penitence, lequel est bien neccessaire a ceulx qui commancent a viure spirituellement. Car comme dit sainct augustin, il ne souffist pas muer ses meurs et condicions en bien et mesmes se garder de mal faire si non que on face satiffaction a dieu du temps passe par le labour et douleur de penitence. Le sixiesme pain est vne ioyeuse concorde et vnanimite que on a de bien viure auec son prochain. Et est bien appelle pain, car il refectionne et conforte ceulx qui viuent en vne communaulte en saincte eglise. Le septiesme pain est le saint sacrement de lautel, duquel il est dit en plusieurs lieux de cestuy liure. Apresque on a veu des sept pains, qui sont des commancans en la vie spirituelle, consequemment est auoir des sept aultres pains, cest des prouffitans. Sur quoy est ascauoir comme dit lapostre que tout nostre salut est en la misericorde de dieu constitue et non pas en noz operacions. Et pource il fault que celluy qui veult courir en la voye de perfection spirituelle totalement mecte son esperance en la misericorde de dieu et aye deuant les yeulx de son entendement tous iours les biens q dieu par sa misericorde luy a faict et deuotement luy en rende graces, et par ceste maniere pourra prouffiter de bien en mieulx. Et pource sainct bernard pensant en soy toutes les grandes misericordes que dieu luy auoit faites, les ramenna a sept pains desquelz dieu par sa bonte luy en a donne en son ame reffection. Et nous aussi pareillement de ces pains deuons auoir se nous voulons bien prouffiter en la vie spirituelle a ce que nous pouons dire auec le psalmiste dauid. Ie prie dieu que en mon ame par recordacion viennent les grandes misericordes que luy a faictz, car en ycelles est la vie spuelle. Le premier pain donc de la premiere misericorde que dieu fait a la personne, est quil la preserue de plusieurs peches aux qlz elle eust peu choyr se la grande misericorde ne leust gardee. Et ainsi que dit sainct bernard de ce pain ya trois pieces, car dieu preserue la personne en trois manieres quelle ne commecte peche, cest ascauoir en luy ostant toute occasion, en luy donnant force et vertus de resister, et en son affection amour et doulceur de le bien aymer. Le second pain est la piteuse dissimulacion que dieu a enuers le pecheur quand il a peche, car il dissimule la vengence, et ne requiert excepte que on luy demande pardon du mal que on a fait, lequel pain a comme le premier trois parties, cest ascauoir la longueur que dieu a de attendre le pecheur a penitence, la election de predestinacion, laquelle veult estre acomplye sur tous, et la grand charite de laquelle tousiours nous ayme. Le tiers est le pain de la grande miseracion que dieu demonstre au pecheur quand il le conuertist a penitence, Lequel a comme aultres trois parties, car il frappe et excite le cueur pour se conuertir a regarder et co-

xx iii

gnoistre la grande enormite et playe de ses peches.et espouente fort en le menant par bonnes consideracions iusques aux portes denfer/en luy monstrant les grandes peines qui sont preparees aux mauluais. Bonne esperance de pardon se de cueur on la demande. Le quart pain est le grand pardon que dieu donne au pecheur quand selon sa grade misericorde le recoit a penitece. lequel pain a trois parties/car dieu luy pardonne totalement.et si liberalemet quil luy pardonne tout ce quil a offense. tellement que iamais de luy ne demande vengance. qui est le premier.et ne luy reprouche quelque mal quil a fait qui est le second.ne pour quelque mal quil ait fait il ne le ayme point moins qui est le tiers. Le quint pain est la vertus et force que dieu donne au pecheur de soy abstenir et contenir de pecher/et de viure le temps aduenir plus purement sans plus rechoyr a peche. lequel pain a troys parties selon les trois grans ennemys que a nostre continence qui sont.la chair.le mode.et le dyable.aux quelz de nostre seule force ne pouons resister.mais auons besoing estre confortes par le pain de la grade misericorde de dieu/cartout bien et toute vertus pour nous ayder vient de luy. Le sixiesme pain est la grace que dieu donne au pecheur qui par penitence veult retourner a luy.par laquelle il donne voulente de bien viure et conuerser.laqlle grace est en trois choses par lesquelles on peut auoir aulcune coiecture que on a la grace de dieu.ceft asçauoir quad on a desplaissace des maulx et peches commis.quand on contempne et que on ne tient compte des biens de ce present monde.et quand de cueur on desire les biens aduenir qui sont en paradis. Le septiesme pain est esperace de obtenir de dieu pardon de tous les peches que on a fait3. qui est quand dieu donne a la personne indigne et pecheresse esperance de pouoyr paruenir au royaulme de paradis. duquel

pain comme des aultres sont trois parties Car come dit sainct bernard trois choses sot ausquelles doit estre fundee toute nostre esperance. Cest asçauoyr la grande charite de dieu enuers nous/quand apres tant de maulx nous a voulu prandre comme ses enfans par adopcion La verite de la promesse qui nous fait que ne peut faillir. La puissance quil a de acomplir ce qui luy plaist de nous donner et promectre. Apres donc que par la grace de dieu nous auos este reffectionnes des sept pains que sainct bernard a baille aux commencans.et de ceulx quil a donne aux proufitans. estudions nous de gouuer et de menger auec grand auidite des sept aultres pains qui nous sont proposes par le sainct esperit. desquelz les ames des parfais sont en ceste vie reffections. lesquelz pains sont les sept dons du sainct esperit. Bien est eureuse la creature qui peut meriter et deseruir en auoir aulcune reffection.Et bien conuenablemet les sept dons du sainct esperit sont aux personnes distribuees en maniere de pain. pour ce quilz donnent grande delectacion et reffection a lame.et moult la fortiffient et confortent. Le premier pain donc est la crainte de dieu.non pas la seruile crainte/mais la filiale/car la craincte seruile apartient aux commancans.et la crainte filiale est celle q procede de amour quand aulcun craint seulement estre separe de dieu son createur /et bien se garde de peche q separe de lamour de dieu. Et a ceste cause que apres que on a decline τ fuy le mal il fault faire le bie pource vient et sensuyt le second pain qui est le don de pitie par lequel le sainct esperit nous prouoque τ exite faire du bien a la louange de dieu. et a lutilite de nous.et au bon exeple de nostre prochain. Pitie come dit sainct paul est a toutes choses prouffitables et vtiles.et procede de vng cueur piteux et plein de compassion. lequel dieu regarde seulement/car sans ceste pi tie toute le labeur corporel que on peut fayre est de petite ou de nulle valeur et proffit. Le tiers pain est le don de science, qui est compaignon aux deux aultres. Car côme dit crisostome. Nul ne se peut garder de mal ne faire bien, s'il ne cognoist et mal, et bien. Et telle cognoissance procede, et est donnee a la personne par le don de science, par lequel est donne droyt iugement quât aux choses inferiores, pour cognoistre ce qui est nuysable ou prouffitable a son salut. Le quart pain est le don de force qui vient bien convenablement apres le don de science, car apres que on a congnoissance du mal duquel on se doit garder et du bien que on doit faire par le don de science, comme a este dit il fault avoyr le don de force pour mettre a exccecution, tant pour soy garder du mal que on cognoist ne estre pas a faire que aussi pour faire le bien que on cognoist estre a faire. Les sainctz martirs furêt tous par la grace du sainct esperit confortés de ce don de force, par lequel tous les tourmens que on leur faisoyt ne les pouvoyent suppediter qu'ilz ne feussent tousiours perseverans, et plus fors en l'amour de dieu. Le quint pain est le don de conseil, par lequel la personne est adroyssee: comme par le conseil de dieu aux choses qui sont par dessus raison humaine. Et est bien mys cestuy don de conseil apres le don de force. Car comme dit sainct gregoire. Se force n'est aydee par le don de conseil, de legier elle est destruicte et vient a nyant, car quâd une personne regarde ce qu'elle peut faire: et en son œuvre n'a aulcune moderacion, son operacion ne peut longuement durer, car nulle chose violente est perpetuelle. Et quand l'ame a perdu le don de conseil elle est vague, et espandue par dehors, car il fault que l'ame aye quelque plaisance et delectacion, ou par dedens en soy mesmes et avec dieu, ou par dehors quât aux delecta-

cions du môde. Le sixiesme pain est le don d'entendement, lequel vient bien proprement apres le don de conseil, et fait deux grans biens en l'ame en laquelle il habite. Le premier est qu'il enlumine l'entendement a saynement prandre le conseil du sainct esperit, quant a la vie speculative ou contemplative. Le second bien est qu'il depure la voulente et affection de tout amour inhoneste et desordonne, et garde que on ne face chose qui desplaise a dieu. Le septiesme pain est le don de sapience qui vient apres le don de dentendement et apres tous les aultres devant ditz, lesquelz ne sont riens sans cestuy, car sapience est une doulce congnoissance que on a en son ame de dieu, par quelque experiêce, et pource sapience vault autant a dire côc savoureuse bien aymee et delectable science. Certes par le don de sapience la personne n'est pas seulement aydee a venir a la congnoissance des choses divines, mais aussi a la savoureuse degustation d'icelles.

Oraison.

Sire ihucrist ayes pitié sur la multitude des penitens, commensans iustes, prouffitans, parfaitz et contemplatifs, et actifs qui actendent en ce monde pardon par ta grace, et a la fin la gloire de paradis, par trois iours, qui sont cognoissance de peche, confession, et satisfaction par la victoire du monde, de la chair et du dyable, par vision corporelle, ymaginative et spirituelle. Bonne reffection aux premiers par discrection, diligence, et solicitude, cautelle indignacion et timeur. Donne aussi reffection aux secondz par l'esperit de timeur, de pitié, de science, de force, de conseil, d'entendement, et de sapiêce. Donne

xx iiii

auec ce reffectiō aux tiers sōt p̄ les trois dou
ayres de lame/et les quatre du corps en ce
present monde par esperance.qui sont com
me sept peniers.ou corbeilles promis a tous
ceulx qui seront auec toy en ton royaulme
de paradis.Amen.

De laueugle qui fust enlumine ou païs de bethsayde.et coment on se doit garder de la male doctrine des pharisees.et saducees. chapitre.xcii.

Apres que nostre saulueur ihesucrist eust donne la reffection au quatre mille hommes/comme on chapitre deuant a este dit/et que si grant miracle fust clerement diuulgue et publie.laissa le peuple quil auoit si abundamment reffectionne.et se mist en vne nacelle et bateau auec ses disciples pour fuir la gloire et la louange du monde.et affin quil peust plus en paix et sans tumulte vaquer a oraison. et a endoctriner ses disciples et escolliers.la quelle chose ne se pouoit pas bien faire en la compaignie et turbe du peuple. en nous donnant semblable doctrine et exemple de ainsi faire Et ainsi quil fust venu au païs dit magedan vindrent a luy pour le tempter aulchuns iuifz.et aulcuns saducees pour veoir sil le pourroyent prandre en aulcune faulte tant en sa parole que en ses faitz.et moult fort le prierent quil leur mōstrast aulcun signe du ciel.cest assauoir quil leur declarast par aulcun signe du ciel le temps de laduenement du grant messyas aux iuifz promys Sur quoy deuons scauoir que aulcuns des scribes et pharisees des iuifz laissoyent lestude de la loy de moyse et des prophetes et estudioyent fort en astrologie.et en la constellacion des corps celestes tellement que encores iusques a ce temps present plusieurs de eulx y sont moult instruictz.et bien curieux.et fort si occupent.Et pour ce que les astrologiens aulcunesfois par leur scięce et consideracion des planettes.et des estoilles du principe.et du commencement de la diuersite des loys et des sectes.et pour quoy telle.ou telle loy a este dōnee et faite et pour quoy telle secte.et maniere de viure est aduenue en tel tēps.pour tant ses iuifs et saducees curieux astrologues pareillement vouloyent cognoistre et scauoir par les estoilles et corps celestes.et prenostiquer de laduenement de ihesucrist qui estoit chose impossible.car la vertuz des corps celestes ne se estādēt pas iusqz a telz choses diuines:combien que aulcunesfois elle se estādent bien iusqz a scauoir prenostiquer de la disposition aduenir en laier.come est de sekheresse/ou de pluye.ou de tonnoire/ou daultres telles choses.et aussi donne a scauoir la disposicion de aulcunes creatures. Ou aussi luy demandoyent aulcun signe du ciel pour cognoistre se cestoit luy qui leur estoit promis par la loy.et par ce vouloyent certainemēt veoir.et cognoistre aulcune chose de sa maieste/come se royt faire grans tonnoirres.et subites coruscacions:tremblement de terre.ou grandes pluyes.ou choses semblables inacoustumees.ou que a lexemple de leur maistre amy de dieu moyse donnast par vng long temps reffection de la manne par miracle venant du ciel.et en grand multitude.ou quil fist arester visiblement le soleil ou ciel par aulcun temps come fist iosue.ou le retourner de aulcuns degrez ques mes visiblement.comme fist ysaye a la requeste de ezechie roy disrael.qui fist descendre le feu du ciel nouuellement cree.ou de lespere/et de la region du feu a hault.come fist helye le prophete sur ses ennemys. Mais ihucrist en les reprenant de ce que demandoyent.leur respondit.et dist. Vous dictes en commun prouerbe.cest q par la consideracion des estoilles et planettes.et disposicion du ciel vous poues predire aulcune disposiciō du temps aduenir. c'est asçauoir que quand le ciel est rouge au soyr, que le iour ensuyuant fera beau temps et bien atrempe. car la disposicion du soyr est signe souuēt ainsi que communemēt on dit. que le iour ensuyuant fera serenite et beau temps, combien que ceste chose ne soit pas tousiours vraie et que souuent y ait empeschemēt, et vienne au cōtraire. Et au matin aussi vous pōues dire pource que le ciel est rouge quil fera celluy iour tēpeste. car tel signe est souuent signifiance de tempeste. Veult donc dire nostre seigneur. Vous sçaues bien cōmunement par les signes du ciel aux'quelz toutesfoys ne estes pas bien souuent enseignes ne bien certains, car dieu est par dessus, et souuent par interposicion de aul cun corps aduient lopposite, iuger c'est a sçauoir, ou du beau temps, ou de la pluye. Par plus forte raison par la saincte escripture de la loy et des prophetes en la quel le vous estes enseignes pourres voir que ie suys celuy q̃ en ycelles suis promys. Veult donc dire ihesucrist a telz curieux en les reprenant de ce que demandoyent signes fal libles et ne estudiēt la saincte escripture in faillible. Vous sçaues bien iuger de la disposicion de lair parce q̃ vous voyes au ciel en prenostiquāt aulcunes choses aduenir: par signes qui sont aulcunesfoiz fallibles. mais les signes du tēps de mō aduenemēt au monde q̃ ont este ditz veritablemēt par les prophetes et par moy en ezechiel, et en daniel demōstres, ne peuuēt estre fallibles car le premier aduenemēt de ihūcrist, et le second sont cōme deux temps. Et pource vostre mauluaistic et enuie, vous oste la fa culte de bien cognoistre et iuger des choses veritables selon la loy et les pphetes.

Moralement telles choses sont dictes cōtre ceulx qui sont trop soigneur de consi derer la qualite de lair, ou aultres choses pour le tēps aduenir. et rien ou pou pēsent du tēps de leur mort et du iugemēt q̃lz ont

a receuoir du grant et iuste dieu. Et cōme dit sainct augustin la personne q̃ bien pfaictemeut cognoist son impfectiōn et enfermete, est pl' a louer q̃ n'est celle qui se estu die a cognoistre les cōstellaciōs et disposi ciōs du ciel et le fundemēt de la terre. Aussi sont ycy signifies ceulx qui se veulent trop entremectre des faicts de aultruy, mais de leurs propres cōsciēces ausqlles deuroiēt estudier ne tiennent q̃ bien pou de compte Jherosme. A peine et a grāt difficulte en ce monde on peut aulcun trouuer q̃ veuille mener sa vie sans reprehēsion, et ne veuille voulētiers parler de la vie dultruy et la reprādre sil y voit aulcūes faultes, car du pe che et vice de iuger et de mal iterpreter. les personnes sont tellement entachees q̃ mes mes se on a vaincu plusieurs tēptaciōs pe ches et vices, pour viure purement. toutes fois a grāde difficulte ōt peut auoir victoi re d'cestuy vice et deffault. et pou sont q̃ s'en peuuēt parder Moralemēt le vespre du quel nostre seigneur a dessus ple est la viel liesse de la personne. et le matin le ieunesse la rougeur est la feruer de charite. la serenite est la trāsquilite de lame. Quand donc au matin de ieunesse le ciel est rouge, c'est si gne de tribulacion future et aduenir. Et pource dit le saige en legesiastique. Mon filz qui veulx aler au seruice de dieu tiens toy tousiours en iustice et en crainte, et pre pare et dispose ton ame a tēptaciō. Mais quand a la fin qui est le soir charite est rou ge, c'est signe de grande serenite aduenir. qui viēt apres grāde tribulacion et tristesse Et de ce est dit en thobie. O sire dieu tu donnes grande transquilite, et paix apres grande tribulaciou. car comme dit nostre seigneur. La peine et la tristesse que on a en ce monde au seruice de dieu sera a la fin cōuertie et tournee en toute ioye. Semblablement quand en ceste presente vie est serenite ou matin de prosperite tant en biens mondains que en aultres choses, ce est signe de peine et de tempeste on temps ad uenir. Et quand au vespre qui est la fin de la vie est serenite. ce st signe de toute consolacion on temps aduenir. Et adonc ihesucrist eu son esperit gemist et ploura/ car ainsi que se crioupt du salut et du bien des personnes. pareillement il a douleur et desplaisance du mal et des erreurs dicculx Et leur dist. O male generatiou et faulce lignee quanta la peruersite de voz meurs. et adultere quant a la violacion de la foy en vous deptent par vostre infidelite du vray dieu qui est le vray espoux des ames. vous demandes signes de la demonstrance de ma maieste/ mais saches que nul signe vo9 sera donne/ sinon celuy de ione le prophete qui est vng signe denfermete. cest ascauoir de ma passion par laquelle toute personne est aydee et consolee. Et ihesucrist voyāt les ppharisees et saducees. tellemēt ostinez et arrestez en leur erreur. les laissa quāt a la pnce corpelle. et a leffect de correcciō. Et de rechief se mist a la nacelle auec ses disciples en laqlle il passa oultre le lac et lestāg de ienazareth po9 laisser le tumulte du peuple et du monde. Et quand ilz furent passes les disciples auoyent oublie a prendre du pain qui estoit demeure au peuple auql ihesucrist leur donna la reffection on desert: et que les disciples amaserēt sept pleins corbeillons. et seulement pour toute la compaignie ne auoyent que vng seul et petit pain. Plusieurs causes pouoyent estre de aisi prēdre pou de pain L ne estoit pour la deffense que ihesucrist leur auoyt faict quand il leur dist quilz ne eussent poit de soing du iour aduenir. Laultre cause estoyt pour la multitude des pouures qui venoyent a eulx aux quelz tous iours laysfoyent tout ce quilz auoyent asemble et demande pour dieu de porte en porte/ ou achete par iudas. La tierce cause estoyt la la grande esperance quilz auoient en ihesucrist/ car ilz scauoient bien que iamais ne les laisseroit auoir souffrete ou deffault de leur viure. combien quilz pensassent que leur obliance seroit apres de luy reprinse. et quilz en seroyent corriges. La quarte cause mect bede en disant. Vng seul pain que auoyent les disciples auec eulx en la nacelle et nauire signifie mistiquement nostre seigneur/ et saulueur ihesucrist/ qui est le vray payen de vie/ du quel les disciples estoyēt pour son amour reffectiones en leurs ames Et pource ne leur chailloit de la viande q donne reffection et nourrissement au corps Sur ce dit sainct remyge. Les disciples de ihesucrist estoyent si fort affectionnes et arrestes en lamour de leur bon maistre/ que mesmes par nul mouuement de temps/ tāt feust petit ne vouloiēt estre separes de luy On peut bien veoir comme voulentiers ilz estoient separes de toute volupte charnelle. et appetit des delices du mōde quād ilz tenoyent si pou de compte de ce mesmes qui leur estoit neccessaire/ comme estoyt le pain materiel sans lequel on ne peut viure corporellement. A lexemple donc des disciples on doit auoir plus grand cure et soing de la reffectiō de lame que de celle du corps et plus de la vertus de lame que de la substentacion du corps: Car comme dit crisostome. La possession de aulcune bōne vertus en lame/ fait mectre dehors toute sollicitude. cure et tristesse mondaine. et mect en ycelle grand ioye et esperance. et faict la psonne plaisante et acceptable/ tant a dieu que aux hommes. Adonc ihesucrist dist a ses disciples. Regardes bien par diligente consideracion et vous gardes totalemēt du leuain. Cest adire de la doctrine faulce et corrupue des pharisees et des saduces. Aulcunesfoiz par le leuain en lescripture est signifiee et entendue la mauluaise doctrine pour la corrupcion qui est on leuayn Aulcunesfoiz il signifie. la ferueur de foy: pour la chaleur. et ferueur qui est en luy. et vous gardes aussi du leuain du roy herode cest ascauoir de ses mauluaises meurs, en quoy appert qlya trois manieres de leuain. Le premier est des saducees qui dient quil nest point de resurrection generale, ne de anges, ne de messias qui est ihesucrist, et ne tiennent compte des prophetes, et des sainctes escriptures, et seruent seulement a dieu pour la remuneracion des choses presentes, cest des biens mondains. Le secod leuain est des pharisees qui mectent les ordonnances de la loy diuine apres la tradicion et constitucion des hommes. Ilz preschent la loy par parolles et la contradient par mauluaises oeuures, et mauldiz faitz car en leur doctrine auoit deux choses, cest ascauoir la peruersite de la doctrine, et la fantasie et simulacion de leur vie. Le tiers leuain estoyt des herodiens qui estoyent de males meurs, et mal composes et condicionnes et adulteres homicides, iurans, et abandonnez a faire tous maulx par grand tement: et de toute simulacio et ypocrisie de religio pleins. Le pmier leuain est de erreur. Le second de dissimulacion. Et tiers de mauluaises meurs: le pmier corrupt raison, le second lintencion, le tiers la bonne operacion. Et quand les disciples ouyrent ce que leur disoit leur maistre ihesucrist du mauluais leuain ilz entendoyet du pain materiel, on quel pour donner saueur on mect du leuain, et disoient en eulx mesmes en leur cueur, comme en vne secrete murmure. Il dit ses parolles pource que a nostre partement de la ville nous ne auons point prins du pain, car il ne veult pas que nous preignons du pain des pharisees, au quel ya du leuain. Or en pesant telles choses les apostres erroyent en deux choses. Cest ascauoir q doubtoient de la diffaillance de pain materiel, pource quilz ne auoyet point aporte. et auec ce ilz prenoyent la parole de ihesucrist trop a la lectre, car ilz len

tendoient du leuain que on met en la paste de laquelle on fait le pain. Et pource il les reprinst du premier qui estoit de la deffaulte du pain materiel, et apres luy comme dieu cognoissant les cogitacions de leurs cueurs les reprinst de la petite foy quilz auoiet en leur disant: O vous qui estes de petite foy que penses vous en voz cueurs, pource que vous ne aues poit de pain. Et comme dit crisostome nostre seigneur faisoit ceste chose po^2 mectre hors des cue^{2}s des apostres tout soing et sollicitude des viandes corporelles, comme sil leur disoyt par mes faitz precedens et par ma doctrine vous pourries estre tellement enluminés que vous pourries entendre que ie ne vous parle pas du pain materiel, du quel ie vous puis tousiours souffisamment pronuoyer quand en est neccessite. Et cecy prouue par deux exemples, et dist. Vous ne entendes pas encores le mistre, car se par les pains est entendue vraye et bonne doctrine, il fault de neccessite que par le leuain soyt entendue la mauluaise doctrine, et corrumpue. Aussi il semble que vous ne ayes point de souuenance de la vertus et puissance que ya deuant vous monstree en la multiplicacion des pains, lesquelz furent distribues au peuple pour luy donner refection. Ce fust de cinq pains que furent distribues a cinq mille hommes et apres en demoura douze pleines corbeilles. Fust aussi de sept pains qui furent distribues a quatre mille hommes, et des reliques, vous en demoura sept pleines corbeilles. En apres il les reprét du second: cest ascauoir du deffault quilz auoyent en leur entendement, car ce quilz deuoyent entendre spirituellement lentendoyent charnellement, et leur dist. Pour quoy ne entendes vous, que ie ne vous parle pas du pain materiel, car di celluy vous ne deues poit doubter q en vre neccessite ne le puisse multiplier, cöe vous aies veu des aultres, et pource de cestuy ie ne suys point soigneux, et ne vous en par le plus, et pource vous deues plustost entēdre de vng aultre pain et de aultre leuain cest ascauoir de mauluaise doctrine qui est comme leuain, lequel semble auoir la substance du vray pain. mais selon verite corrumpt tout ce auec quoy est mesle et le tire a saueur. pourquoy on sen doit bien garder cōme de viāde tres nuysante. Ambroyse. Se diligentement on se garde de la viande materielle qui est nuysante au corps: par plus fort on se doit gaeder de la viande qui est nuysante a lesperit. Adonc quand les disciples leouyrent ainsi parler entendirēt bien quil ne parloit pas du leuain que on mect au pain materiel. mais parloyt de la doctrine peruerse des pharisees, et des saducees. laquelle est appellee leuain pour les raisons deuant dictes. Et vindrent apres en bethsaide la ou on luy amena vng aueugle en luy priant quil le voulsit toucher de ses benoistes mains. en croyāt fermement que sil le touchoit q̃l seroit du tout guery: Et quand ihesucrist vit la grande deuocion du peuple prist la main de laueugle et le mena apart hors de la compaignie du peuple et luy mist d̃ sa saliue sur les yeulx et puys ses mains apres et luy demāda sil veoit riens. Et en regardant luy dist Je vois les hommes cheminans, comme arbres, car encore il ne pouoyt distinguer les statures des corps humains. Et de rechief ihūcrist mist ses mains sur les yeulx du pacient. et adōc il vit toutes choses clairement. Il est donc tout certain que ihesucrist le pouoit sans quelque demeure parfaictement enluminer. mais ne le voulust pas faire pour demōstrer que ses disciples estoiēt encore en partie en tenebres de ignorance et auoient besoing de plus grande illuminacion pour bien entendre les choses spirituelles. Et pource apres la resurrection il ouurit leurs entendemens pour entendre les sainctes escriptures. Aulcuns veullent dire que cest aueugle ne fust pas encontinent enlumine, pour la petite foy q̃ estoit en luy. et en ceulx quile ouffrirent a ihesucrist. mais petit a petit fust enlumine. Et quand il fust enlumine ille enuoya en sa maison. en luy commādant quil ne le dist a nulli. pour nous enseigner que en noz biens fais deuōs fuyr la vaine gloire du monde qui est cōtre ceulx qui font toutes leurs oeuures pour estre veus des hommes. et pource en ce monde recoiuent leur labeur. Garde toy donc bien de receuoir en ce monde le loyer qui est deu des biens que tu faitz car par ce tu perdroyes ceulx de paradis. Racōte aux aultres plustost tes deffaultz que tes vertus. a lexemple de sainct paul q̃ disoit quil auoyt este blasphemeur et persecuteur de leglise de dieu. Augustin. Veulx tu que les vertus que tu as soyent bien gardees. Garde toy bien de les racōter ou publier a aultruy. Estudie toy nestre pas veu des aultres ce que tu es en verite. Garde que ne publies ce que en publiant peut estre perdu. Bede. Tous ceulx aux quelz ihesucrist donne sanite corporelle estoient signes de la maladie et langueur spirituelle par laquelle lame se aprouche de la mort eternelle q̃ est deue aux pecheurs. car ainsi que par la sanite que ihesucrist donna au sourt et muet est signifiee la sanite spirituelle de lame donnee a ceulx qui ne vouloyent ouyr la parole de dieu. et qui ne la vouloyent par parole annuncer a leurs prochains et en la reffection de ceulx qui furēt de dieu refaciés est signifiee reffection spirituelle de lame. pareillement en cest aueugle qui fust petit apetit enlumine. sōt signifiez les cueurs des folz q̃ ne sont pas en la droicte voye de verite. Le peuple prioit quil touchast de ses mains cest aueugle, car ilz scauoient bien que par le toucher le pouuoyt guerir, cōme par le toucher auoyt nectoie le ladre de toute la maladie quil auoyt. Nous touchons nostre seigneur, quand nous adherons a luy par vraye, et entiere foy.et nostre seigneur nous touche quand la grace du sainct esperit enlumine nostre ame.et nous enflamble en la vraye cognoissance de nostre enfermete/et a lestude de bonne operacion. Et pource a tous ceulx qui desirent auoir la lumiere eternelle. est de neccessite ensuyure le chemin que nous a monstre le benoist redempteur ihesus/ et non pas cellui que ensuyt la grande multitude du peuple. Il aussi donner guerison a cest aueugle pou a pou.et le eust subitement guery sil eust voulu.mais le fist pour demonstrer la grande cecite en quoy estoit lumain lignaige/lequel vient par aulcuns degres a la lumiere de la diuine visio. Aussi quil enuoya cest aueugle en sa maison apres quil feust gueri/fust pour demostrer a tous ceulx qui sont enlumines de la cognoissance de veriteq:uilz doiuent apres retourner en leurs cueurs pour penser soingneusement les benefices que dieu leur a fait/et que luy en randent graces. Aussi ce quil luy commande.comme a plusieurs aultres que ne le dist a nulli quil lauoit guery. fust pour donner exemple que on ne doit point querir faueur ou louange du monde pour quelque chose que on face/mais que on soit seulement contant que dieu le voye et en soit le remunerateur.

Oraison.

Seigneur ihucrist fays auec moy de bon signe de to enfermete et passion. ace que par toy seul soye ioyeux et console. O vray pain de vie. donne moy que de ton amour soye tousiours refectionne.ace que aye moins de soing du pain materiel.et de toute aultre consolacio temporelle. Done moy aussi que me puisse garder du leuain de doctrine peruerse.z heretique.de iniustice et de operacion illicite et que en telz choses ne puisse nullement offeser. O lumiere de la gloire du pere par ta grace enlumine mon cueur et me deliure de tous erreurs/et de tous aultres maulx. et me adroisse en la voye de verite.de iustice.et de vie eternelle. AMEN.

Cy finist la seconde partie selon le translateur.et la premiere selon lacteur de cestuy prouffitable liure de la grad vie de ihesucrist.

Sensuyt la premiere table de ceste tierce partie qui est selo lordre des chapitres.

Du seruiteur de centurion. qui estoit paralitique.xlii
De la guerison tant du demoniacle q de la mere:de la femme de sainct pierre .xliii.
De la suscitacion du filz de la vefue. xliiii.
Du faulx scribe.xlv.
De ce que ihesucrist dormoyt en la nacelle et de ce quil comm ada aux ventz et a la mer se apaiser. xlvi.
Des deux demoniacles possedes de la legion des dyables.xlvii.
De la guerison du paralitique.xlviii.
De lemorroisse/et de la fille du prince de la synagogue.xlix.
Des deux aueugles qui furent enlumines par nostre seigneur ihesucrist.l.
De ce que ihesucrist enuoya ses apostres pour prescher le sainct auangile. li. chap.
De auoir pacience en aduersite.lii.
De ne craindre point la mort.liii.
De aulcunes choses qui empeschent la personne rendre a perfection.chap. liiii.
De la consolacion des disciples qui portoyent la charge des commandemens/ et conseilz diuins.chapitre.lv.
De la question que firent les iuifs a sainct iehan baptiste et de la recommandacion de cellui par ihesucrist chapitre.lvi.
De lincrepacion que fit nostre seigneur aux iuifz.lvii.chapitre
Comme les apostres retournerent de pres

cher chapitre. lviii.
De lomme batu et naure par les larrons. chapitre. lix.
De la penitence de marie magdaleine. chapitre. lx.
Du seruice que marthe fist a ihesucrist chapitre. sexante et vng.
De la samaritaine chapitre. lxii.
De la guerison et sante du filz du petit roy chapitre. lxiii.
Des quatres paraboles que ihesucrist proposa au peuple/et des trois quil dist a ses disciples. chapitre. lxiiii.
De laduenement de ihesucrist en nazareth chapitre. lxv.
De la decollacion sainct iehan baptiste. chapitre. lxvi.
De la reffection des cinq mil hommes chapitre. lxvii.
De labicion et aultres defaultz qui se treuuent en aulcuns clers et religieux. chapitre sexante et huitiesme.
De ce que nostre seigneur chemina sur la mer/et quil garda sainct pierre de noyer. chapitre. lxix.
Des paroles de nostre seigneur pour lesquelles aulcuns se partirent de sa compaignie. chapitre. lxx.
Du passement de ihesucrist et de ses disciples par les champs ou estoient les bles. chapitre. lxxi.
De celluy qui auoit la main seiche. chapitre. lxxii.
Du demoniacle aueugle et muet. lxxiii.
Des iuifz qui demandoyent a dieu signes du ciel/et de lesperit immunde regecte. chapitre. lxxiiii.
De la femme estant en la multitude qui esleua sa voix pour louer ihesucrist/et de la mere et des freres de nostre seigneur. lxxv.
De lincrepacion des pharisees et maistres de la loy. lxxvi.
De celuy qui demanda a ihesucrist qui dist a son frere quil luy baillast sa part de lentage. chapitre. lxxvii.

De la piscine qui estoit en iherusalem et du paralitique qui gisoit pres dicelle. lxxviii.
De larbre infructueur et de la femme qui estoit courbee vers la terre. lxxix. chap.
De lomme qui estoit ydropique et de la exortacion a humilite et misericorde. lxxx. cha.
De ceulx qui furent appelles a la grande cene et au grant souper. lxxxi.
De la scenophegie que est la feste des tabernaclez des iuifz. lxxxii.
De la femme qui fut prinse en adultere chapitre. lxxxiii.
Des paroles de nostre seigneur pour lesquelles les iuifz le vouloyent lapider. chapitre lxxxiiii.
De celuy qui fust ne aueugle. lxxxv.
Du bon pasteur de berbis. lxxxvi.
De la feste de la dedicace du temple en laquelle on vouloit lapider ihesucrist. lxxxvii.
Des ceremonies et tradicions des pharisees mesmes contre le commandement de dieu. chapitre. lxxxviii.
De la cananee qui auoit sa fille tormentee de lennemy. lxxxix.
Du sourder muet possede du dyable. xc.
De la reffection de quatre mille hommes chapitre. xci.
De laucugle enlumine en bethsaide. xcii.

Sensuyt la table des euangiles selon lordre des dimanches et feries mis en ceste partie.

Le dimache de la seragesime on list Exiit q seminat seminare semen suū. mys en saict luc en. viii. chap. et en ceste ptie on. lxiiii.
Le premier iuedi de quaresme on list. Cum introisset ihesus capharnaum etc. De seruo centurionis en saint mathieu en. viii. cha. et en ceste partie on premier.
Le pmier samedi de quaresme on list. Cū sero esset erat nauis i medio mari. en saict mathieu on. vi. et en ceste partie. lxix:
La quarte ferie apres le premier dimache